JN198605

日本怪異妖怪大事典

普及版

【監修】小松和彦

【編集委員】小松和彦・常光徹・
山田奨治・飯倉義之

東京堂出版

❶尾上梅幸演じる猫又／梅堂国政　国際日本文化研究センター蔵

❷蜘蛛の妖怪を退治する源頼光と渡辺綱

❸大蛇を恐れず瀬田の唐橋を渡る田原藤太秀郷

❹頼光の兜にくらいつく酒天童子の首

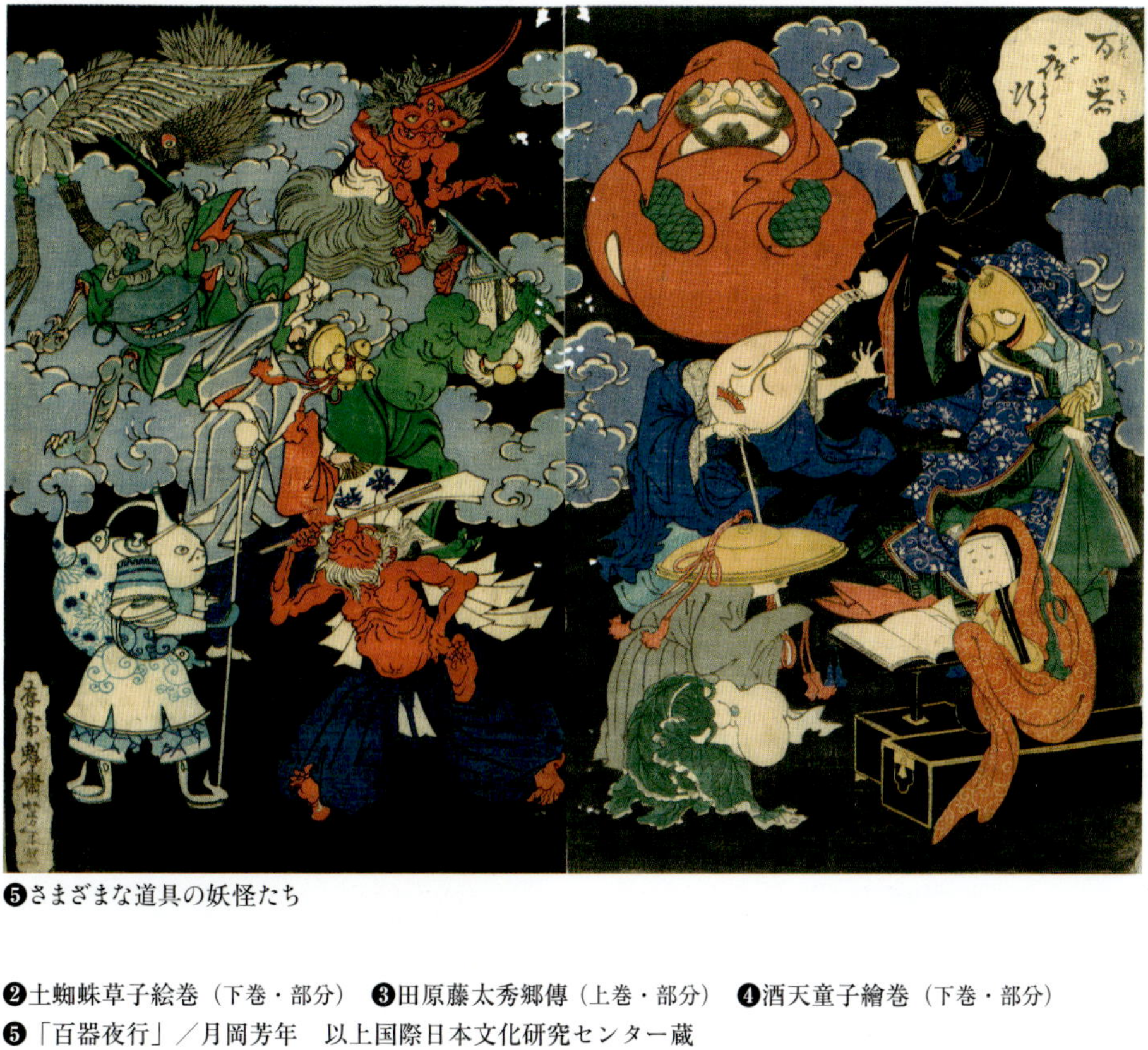

❺さまざまな道具の妖怪たち

❷土蜘蛛草子絵巻（下巻・部分）　❸田原藤太秀郷傳（上巻・部分）　❹酒天童子繪巻（下巻・部分）
❺「百器夜行」／月岡芳年　以上国際日本文化研究センター蔵

❻牛若丸と鞍馬の大天狗

❽茂林寺の文福茶釜

❼つづらから出た化け物たち（「舌切雀」）

❾上総介に退治される九尾の狐

⓫疫病を予言する姫魚

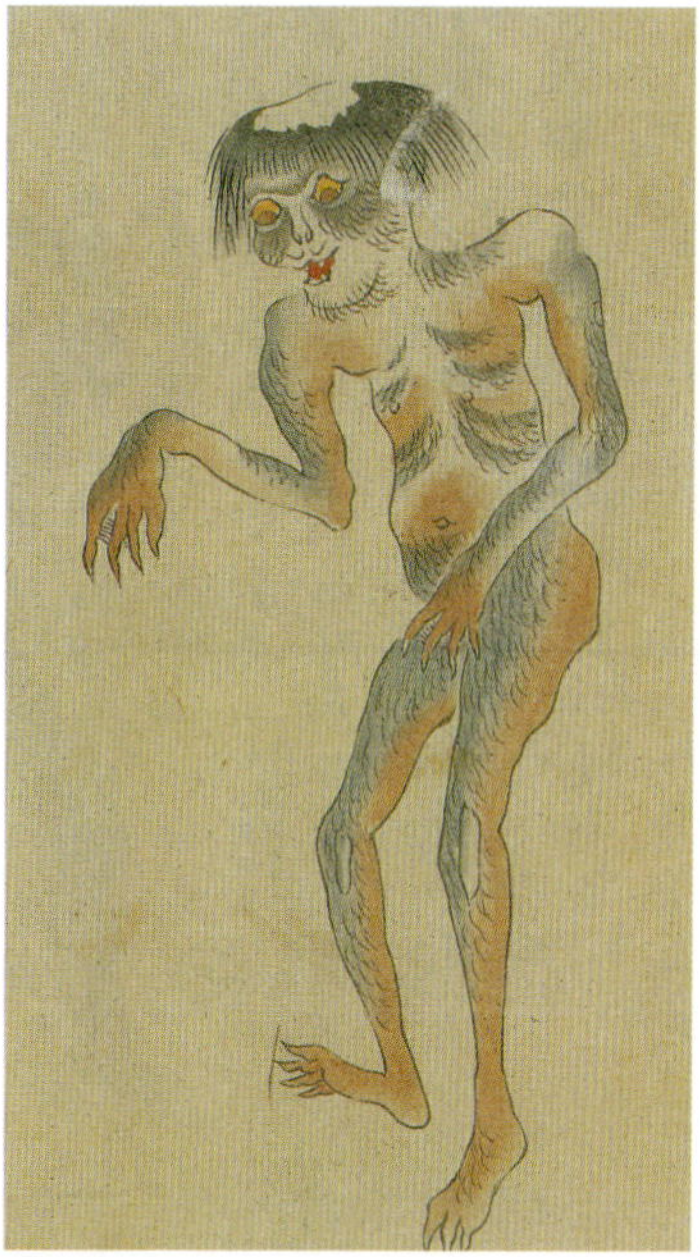

❿河童

❻大あんどんの絵　❼「新形三十六怪撰　おもゐつつら」／月岡芳年　❿河童・川太郎図（部分）　⓫肥前国平戸において姫魚龍宮より御使なり　以上国立歴史民俗博物館蔵　❽「新形三十六怪撰 茂林寺の文福茶釜」／月岡芳年　❾「那須野九尾狐討取」／國義　以上国際日本文化研究センター蔵

⓬行列する化け物たち

⓭孫悟空の噂をする日本の妖怪たち

⓮三々九度をあげる化け物たち

⓬百鬼ノ図（部分）／伝土佐吉光画　⓭「画本西遊記百鬼夜行ノ圖」／玉園　⓮化物婚礼絵巻（部分）
以上国際日本文化研究センター蔵

⑯

⑮行進するさまざまな妖怪たち

⑰

⑱髪切

⑲はぢっかき

㉑ろくろ首

⑳山童

⑮⑯⑰百鬼夜行図（部分）　国立歴史民俗博物館蔵

⑱⑲⑳㉑化物尽絵巻（部分）　国際日本文化研究センター蔵

はじめに

二〇世紀の後半以降、私たちの周囲から河童や天狗、鬼、あるいは不思議な能力をもった狐や狸、猫、大蛇といった動物たち——昔の人が「変化」「もののけ」「化け物」などと呼んで恐れていた存在が、急速に消え去っていきました。しかし現在、そのような存在が小説やマンガ、アニメーション等のエンターテインメントの分野で注目され、かれらをモチーフにした様ざまな作品が世に生み出されています。消え去ってしまった「もののけ」や「化け物」の伝承世界が、日本人の心の「ふるさと」の一翼を担っていたことに、われわれはやっと気づいたのかもしれません。

そうした「もののけ」や「化け物」たちの伝承世界を知るための基礎資料として、国際日本文化研究センターではデータベース「怪異・妖怪伝承データベース」「怪異・妖怪画像データベース」（代表・小松和彦）を作製・公開してきました。これらは貴重な資料として広く活用されています。しかしいま、怪異や妖怪について知りたい人たちは、より深く正確な解説を求めているのではないか、そうした解説を世間に提供する必要があるのではないか。この事典はそのようないきさつから企画されました。

かつての日本人が語り継いできた、また現代の日本人が生み出している、民俗文化のなかの怪異・妖怪を、民俗学関係雑誌や江戸時代の随筆類・各県史類に採録された資料を基として立項・解説しています。

本事典が、妖怪文化の理解と妖怪文化研究の発展の一助となれば幸いです。

編集委員一同

目次

怪異・妖怪とはなにか

小松和彦

怪異・妖怪という言葉について

最初に、本書を『日本怪異妖怪事典』と名づけた理由について述べる。「怪異」という言葉も、「妖怪」という言葉も、文字通りに理解すれば、不思議な、神秘的な、奇妙な、薄気味悪い、不安を抱かせる、といった形容詞がつくような現象や存在を意味する。したがって、怪異・妖怪と並べることは同義反復ということになる。しかし、あえて並べて記すことにした。というのは、「怪異」という語が、どちらかといえば「現象」を想起させるのに対して、「妖怪」は「存在」を想起させるからである。しかしながら、本書をひもといていただければわかるように、日本の妖怪は、現象としての妖怪がとても多いのである。そこで、おびただしい数にのぼる怪異現象の呼称をできる限り拾い上げたいとの思いから、本書ではあえて「怪異・妖怪」としたのである。このことを踏まえて、以下では、煩雑になることを避けるために、「存在」としての妖怪だけでなく、「現象」としての妖怪を含めて「妖怪」という語を用いることにしたい。

「妖怪」や「妖怪学」という用語は、もともとは怪異として把握される現象・存在を意味する用語として研究者たちが用いだしたものである。もちろん、世間ではそれに相当するものとして、「もののけ」とか「鬼」「魔物」「化け物」、その幼児語である「おばけ」、「変化」「あやかし」といった語が用いられていた。したがって、こうした通俗的な語の一つを取り出して、「化物《ばけもの》学」とか「変化《へんげ》学」といった学術用語を作ってもよかったわけであるが、通俗的には用いられていなかった「妖怪」という語によって、そうした通俗的な対象を論じようとしたのであった。その理由はいろいろ挙げることができるが、ようするに、日本文化を眺め渡し、時代を超えて、また地域を超えて、妖怪現象・妖怪存在を比較検討しようとする場合には、新しい用語を作る方が作業がしやすかったからである。「妖怪」とは、「もののけ」とか「鬼」「魔物」「化け物」といった通俗的用語・概念の上位の概念もしくは総称として、学術的に設定されたものだったのである。

当初は「妖怪」という語は研究者たちの間だけの用語であった。だが、しだいにその研究成果が学界だけでなく世間にも知られるようになり、さらには小説やコミック、アニメなどでも用いられるようになるにつれて、通俗語としても流通するようになっていった。この結果、研究者と一般の人々の妖怪概念のズレや一般の人々の間でのズレも生じることになったわけである。

次に確認しておきたいのは、世間には、幽霊を見たことがあるとか、狐の中には人をたぶらかす妖狐が実在すると信じている人がいるが、ここでは「妖怪」を「文化」と考えているということである。したがって、妖怪に関する伝承・言説はすべて「文化」なのである。このことは、他の民族・文化における怪異・妖怪現象や存在と比較すれば明らかになる。例えば、地球上には幽霊という概念をもたない民族・文化があり、また狐が化けるということを知らない民族・文化が存在しているからである。

妖怪文化の三つのカテゴリー

すでに述べたように「妖怪」とは、文字通りに理解すれば、不思議な、神秘的な、奇妙な、薄気味悪い、不安を抱かせる、といった形容詞がつくような現象や存在を意味する。しかしながら、厳密にいえば、そのままでは「妖怪」ではない。あえていえば「妖怪の種」であって、そうした出来事・現象を「超自然的なもの」の介入によって生じたとみなすとき、はじめてそれは「妖怪」となる。これが「妖怪」についてのもっとも広い意味での定義である。

こうした「妖怪」の中身をさらに眺めていくと、①現象（出来事）としての妖怪、②存在としての妖怪、③造形化された妖怪、の三つのカテゴリーに分けることができる。これらの相互の関係のなかに、日本の妖怪の特徴を見いだすことができるはずである。

・現象としての妖怪

①のカテゴリーの現象としての妖怪について、具体例を挙げて説明しよう。例えば、「小豆トギ」とか「小豆洗い」といった呼称で呼ばれる妖怪が報告されている。これは、夜中に小豆を洗っているような音がする怪異現象であって、そのような怪異現象を引き起こしている存在を指している呼称ではない。ところが、やっかいなことに、こうした怪異現象が「小豆トギ」といった名づけがなされると、やがて「小豆トギ」という「現象」が「小豆トギ」という「存在」へと変質するということがしばしば生じるのである。つまり、小豆をといでいるという音を立てる「妖怪存在」がいるのだということになるわけである。こうなると、それは②のカテゴリーに属することになる。

ところが、その一方では、その種の怪異現象の発生の説明として「狸」や「貉《むじな》」、「狐」「獺《かわうそ》」「鼬《いたち》」などといった妖怪的動物の名が挙がってくることがある。これらは②のカテゴリーの妖怪である。この場合には、妖怪存在としての

「狸」や「狢」「狐」「獺」等が引き起こす怪異現象の一つとして、「小豆トギ」等の怪異現象（①のカテゴリー）がある、ということになるわけである。

視点を「狸」や「狐」等のような②のカテゴリーの妖怪存在に移すと、そうした妖怪存在は、さまざまな怪異現象を引き起こすとみなされていたことがわかる。例えば、「狸」を例にとれば、砂をパラパラとかけるという妖怪現象があり、これは「砂撒き狸」と呼ばれている。また、祭りのお囃子のような音を立てるという妖怪現象があり、これは「狸囃子」と呼ばれている等々。

もっとも、「砂撒き狸」「狸囃子《ばやし》」のような妖怪現象は、その呼称にそうした妖怪現象を引き起こした妖怪存在がどのような存在かが指示されているので、妖怪現象と妖怪存在の相互の関係が明瞭なわけであるが、妖怪現象の呼称や現象の状態だけでは、それを引き起こした妖怪存在がわからない場合もある。例えば、「見上げ入道」という妖怪現象は、小坊主のような姿をした者が行く手を塞ぎ、見上げるとどんどん背丈が高くなるという怪異現象で、こうした怪異を引き起こすのは「獺」とか「狸」とかであると説明されることがある。この場合、「小僧の姿をした存在」は「獺」などが作り出した幻想、もしくは変化した姿にすぎない。ところが、この「小僧の姿をした者」と「獺」などとの関係が忘れられたりすることで、「見上げ入道」などと呼ばれる、「妖怪現象」にして「妖怪存在」が生まれることになる。つまり、「見上げ入道」とは、小坊主のような姿をした者が行く手を塞ぎ、見上げるとどんどん背丈が高くなるという怪異現象をもっぱら引き起こす妖怪存在がいる、というわけである。

日本の妖怪文化の特徴として指摘できるのは、「小豆とぎ」とか「砂撒き狸」「見上げ入道」などのような、名づけられた妖怪現象がおどろくほど多いことである。これをもし「怪異・妖怪現象名彙」と呼ぶとすれば、本書の大半はこうした名彙で占められている。しかもその全貌はまだ明らかになっているとは言えない状態にある。

•存在としての妖怪

ところで、②のカテゴリーに属する、さまざまな怪異現象を引き起こすことができる妖怪存在は、それほど多くはない。日本では古来、あらゆるものには「霊魂」が宿っていると考えるアニミズム的観念が広く浸透している。「霊魂」（霊的存在）は、「神」「霊」「魂」「もの」などとも表現されてきた。動物はもちろんのこと、山や川、木や水、岩などにも、霊魂が宿っており、さらには人間が発する言葉にさえもそれは宿っているとなされていた。また、この霊魂は人格化されているので、人間と同様に喜怒哀楽の感情をもっている。要するに、喜んだり怒ったりするのである。こうした霊魂のさまざまな感情の動きは、神秘的なかたちでその周囲にあるものにも影響をもたらすと考えられた。人間にとっては、その怒りは天変地異や疫病などさまざまな災厄をもたらし、その喜びは豊作や豊漁をもたらすというわけである。この災厄をもたらす超自然的現象・存在が「妖怪」として把握されてきたのである。

理論的にいえば、あらゆるものが妖怪化する可能性をもっている。しかし、日本では、蛇、狐、狸・狢、蜘蛛、百足などの限られた実在動物しか妖怪化がなされなかった。またそうした動物が妖怪化するのは、百歳とか三百歳、八百歳といったように歳をとる必要があった。妖怪化した狐や狸が「古狐」「古狸」と表現されるのはこのためである。

こうした自然系の妖怪とは別に、想像力によって生み出された妖怪、独自の妖怪存在名彙をもつ妖怪として、古代では「鬼」、中世では「天狗」、近世では「河童」が生み出された。鬼は人間や馬や牛等をモデルに、天狗は鳥や人間等をモデルに、河童は亀や獺、猿、人間などをモデルに作り出されたが、その属性は独自のものとなっている。これらの妖怪存在は長い伝統をもち、その間に数々の物語・伝承を生み出し、それらのなかでさまざまな怪異現象を示してきたのである。そしてこのような妖怪存在がいるがために、①のカテゴリーの怪異・現象の原因を示唆する、例えば、「狐火」「鬼火」「狸囃子」「天狗倒し」等といった呼称の怪異・妖怪現象名彙がたくさん存在しているのである。

ところが、こうした妖怪存在に加えて、日本では中世以降、人間が自然物を加工して作り出した道具のたぐいをも妖怪化する思想が盛んになってきた。道具に宿る霊魂も古くなるにつれて霊力を増し、百年経ったならば化ける能力を獲得するとされたのである。これを「つくも神」という。「つくも」の語源は「九十九」で、百年に一年足らなくても妖怪化したという「つくも神絵巻」の物語に由来しているようである。

道具の妖怪化は、自然物の妖怪化の延長として生まれたものである。そして日本の妖怪文化史において、この道具の妖怪化はじつに大きな役割を果たした。というのは、人間が作り出す道具を次々に妖怪化することができることになったからである。釜の妖怪、琴の妖怪、琵琶の妖怪、葛籠《つづら》の妖怪、等々。その結果、日本の、存在としての妖怪の種類を飛躍的に増加させることになったのであった。

もっとも、ここでもやはり注意しなければならないのは、こうした道具の妖怪が道具の魂魄が妖怪化したものなのか、狸や狐などの妖怪存在が道具に変化したり、その魂魄が道具に乗り移って怪異を生じさせているのか、といったことを見極めることであろう。例えば、有名な「分福茶釜」の話の茶釜は、古狸が化けた、いわば現象としての妖怪であって、古道具が妖怪化したものとはいえないからである。

・造形化された妖怪

③のカテゴリーは、造形・絵画化された妖怪である。日本では早くから妖怪存在の絵画化が進められ、長い伝統と蓄積をもっている。妖怪的存在については、『古事記』や『日本書紀』『風土記』にも、「鬼」や「大蛇」などの記述がみえるので、日本人の先祖たちが文字を用いるはるか以前から語られていたようである。しかし、そこにはそうした妖怪的存在がどのようなかたちをしていたかが語られてはいるものの、その姿かたちを描いた絵画・図像が伴っていたわけではない。したがって、断片的な説明からぼんやりと私たちなりにイメージしてみることしかできない。もっとも、そのイメージが当時の人々が思い描いたイメージと一致するという保証はどこにもない。大幅に異なっていることも、十分に予想されるわけである。

ところが、中世になると、貴族や僧侶、商人たちがたくさん住む京都では、絵と詞書の両方でもって物語を描き語る「絵巻」という表現方法が開発され、有名な物語や政治的事件の顚末、寺社の霊験譚などが絵巻として制作されるようになり、そのなかに、脇役ながらも、神秘的な存在、妖怪的な存在も描き込まれるようになった。『北野天神縁起絵巻』には、鬼の姿をした雷神や地獄の獄卒の姿が描き込まれており、『病草紙』には、「もののけ」と思われる異形の者が描かれている。また、『不動利益縁起絵巻』では、安倍晴明が病人祈祷（寿命の移し替えの祈祷）をする場面には、晴明が操る「式神」とともに、さまざまな姿をした疫病神も描かれている。この頃から、文字によって語られていた妖怪が、造形化して登場することになったのであった。

さらに、中世も後半の室町時代になると、絵巻や絵本といった形式をとった絵物語の享受層が、それまでの貴族や僧侶から庶民にまで拡大し、民間に流布していた伝説や物語もたくさん絵物語化されていった。そのなかには、鬼その他の妖怪退治をテーマにした物語もたくさん含まれていた。たとえば、すでに言及した『大江山絵巻』も大江山に本拠を置く酒呑童子を首領とする鬼の一団を退治する絵巻であり、『土蜘蛛草紙』も都のはずれの廃屋に出現した妖怪化した土蜘蛛を退治する絵巻である。そこには、多様な姿の妖怪や土蜘蛛の姿かたちが、たくさんの場面に描き込まれているのである。

妖怪の図像・造形化は、日本の妖怪文化史にとって、画期的な出来事であった。絵巻の作者やそれを享受する貴族や庶民たちは、夜の闇の奥に潜むあるいは異界からやってくる妖怪たちをなお恐れていたはずである。しかし、そのいっぽうでは妖怪退治の物語を語ることによって妖怪に対する人間の優位を示そうとした。さらにいうと、妖怪を造形化することそれ自体にもまた、妖怪に対する優位性が物語られているのであろう。この頃から、妖怪絵巻は信仰の対象としてよりも、むしろ娯楽の対象になり始めていたわけである。

妖怪の絵物語は人気があったようである。妖怪的存在が登場する伝説が次々に絵物語化され、妖怪の絵物語も新たに作りだされた。さらに木版技術が普及すると、絵入りの印刷絵本としても制作されて、都市に住む庶民を中心に広く流布していった。

造形化された妖怪は、大いに人々の好奇心を刺激し、満足感を与えたことだろう。しかしながら、造形化された妖怪は、語られただけの段階では許されていた、その姿かたちを自分たちなりに自由に思い描くという力を萎えさせてしまう側面ももっていた。絵師が造形化すると、その造形が人々に共有され、その結果、妖怪イメージは固定化される傾向をもっているからである。それは、比較的早くから造形化された鬼が、当初は「百鬼夜行」と呼ばれ、多種多様な姿かたちを示していながらも、やがて虎の皮の褌をはき、角をもった筋骨たくましい姿として固定化してしまったことに示されている。このことは、妖怪の種類（妖怪種目）が少なければ、造形化された妖怪もやがて新鮮さを失って、飽きられる運命にあることを物語っている。

ところが、とても興味深いことに、妖怪絵師たちは主に次に述べる二つの方法によって、妖怪種目を飛躍的に増加させることに成功したのである。その一つは、すでに述べた道具の妖怪を積極的に描いていったことである。道具は人間の手で次々に生み出される。それらを興味を引くような姿かたちで妖怪化して描くことで、人々の関心を引きつけたのであった。もう一つの方法は、①のカテゴリーに属する、現象としての妖怪を、絵師の想像力を駆使して積極的に絵画化していったことである。例えば、「やまびこ」は山の中での怪音にすぎないのだが、絵師がこの「やまびこ」を絵画化するといったことがなされるようになった。この結果、現象としての妖怪が、絵画化を通じて存在としての妖怪、造形化された妖怪へと変貌を遂げていったわけである。

これによって、妖怪存在は、そのイメージを固定化させつつも、つねに増殖してゆくことになった。日本の妖怪画のおどろくべき豊富さは、このあたりに起因しているのである。

幽霊と妖怪の違いについて

最後に、よく受ける質問である、「妖怪」と「幽霊」との関係について述べておこう。「幽霊」は「妖怪の仲間」であり、「妖怪」の下位のカテゴリーである。その関係は、動物と人間の関係にたとえることができる。人間は動物の一種である。にもかかわらず、人間であるがゆえに、しばしばあたかも動物ではないかのように、他の動物から区別され特別扱いされてきた。

人間の霊魂も、狐や狸の霊魂と同様に妖怪化する。人間も歳をとれば妖怪化するという観念は古くからあって、鬼女や山姥はそのたぐいの妖怪である。死者の魂魄が怨霊となって神秘的な力を発揮して人間に災厄をもたらすとも考えられており、道具や動物に化けて出たりするということもあった。赤子を抱いて出現する「産女《うぶめ》」という妖怪の場合は、子どもは産んだが産婦は亡くなった、もしくはお腹に赤子をはらんだまま亡くなった産婦の幽霊であるとされている。幽霊はそうした妖怪化した人間の特殊形態にすぎない。しかしながら、これらの幽霊の一人ひとりに関する物語が多数生み出されてきたためであろうか、他の妖怪とは区別される存在として特別扱いされてきたのである。

幽霊には、二つのタイプがある。一つは、このタイプの幽霊とは、人間世界になんらかの未練を残したために、死者の世界に赴くことができずに、生前の姿でこの世にさまよい出てくるというものである。生前の姿で出てくるということに、このタイプの幽霊の特徴があるのである。現実の世界に現れるという幽霊の多くはこのタイプである。このタイプの幽霊の場合、幽霊と生前に面識をもっていない限り、幽霊を幽霊として認識することができない。また、未練の多くは、この世に住む特定の人物への恨みであることが多いが、深い友情や愛情を抱いていた場合でも幽霊になることがある。ようするに、幽霊とは生前の人間関係の有り様から生み出されるものだといえるわけである。

もう一つのタイプは、絵画や芝居などに登場する幽霊であって、この種の幽霊は、足がない、あるいは棺桶に納められたときの死装束を身につけているなどといった、第三者がその姿かたちを見ても幽霊であることがわかるように描かれている。現実の世界で語られる幽霊遭遇譚では、このような姿かたちで出現することはほとんどない。

ようするに、幽霊は、特定の人々を目指して出現する。その人が好きだから、その人が懐かしいから、その人が恨めしい等々の理由から出現するのである。もっとも、その過程で、「タクシー幽霊」のように、幽霊と生前なんら関係をもたなかった者が幽霊を目撃したり接触してしまうこともある。

人間がいかに他の動物と異なるかを考えるために、人間と他の動物とをしばしば対比させて考察することがある。これと同様に、幽霊と他の妖怪とがいかに異なるかを考えるために、幽霊と妖怪を対比させて考察することも大切である。そのようなときに、幽霊と妖怪とが対立する異なった存在であるかのように記述されるのであるが、幽霊が人間の妖怪化の特殊な形態なのだということを忘れるべきではない。

以上、手短に日本の妖怪の特徴を述べてきたわけだが、最後に、本書は「事典」であって「図鑑」ではない、ということを強調しておきたい。本書でとくにこだわったのは、民間伝承のなかに語られてきた、現象としての妖怪の呼称であり、そのような現象を引き起こしたとされる妖怪存在であり、そうした妖怪の属性・特徴についてである。その多様な様相を示すことが、日本の妖怪文化の特徴を物語ることだと思われるからである。日本には古くから妖怪を描いた絵巻や絵本、錦絵等があるが、それに基づく妖怪図鑑の作成については、別に考えるべきなのである。

なお、本書は国際日本文化研究センターが制作し公開している「怪異・妖怪伝承データベース」を基礎にして、それを増補するかたちで項目の選定を行なっている。しかし、ここに収録されていない妖怪名彙はまだたくさんあると思われる。今後、さまざまな機会を見つけて、絶え間ない増補がなされる必要があろう。

妖怪と呪的なしぐさ

常光　徹

山中や海上で怪しい現象に遭遇したとき、それを狐狸や船幽霊など妖怪のしわざだと考えて、その場の危難を乗りこえるための呪的なしぐさが各地に伝承されている。妖怪を退ける手段は実に多彩だが、相手の正体を見抜くことによって災厄を逃れるのも有力な方法である。ここでは、妖怪の本性を見破る呪的なしぐさについて紹介してみよう。

股のぞきと袖のぞき

自分の股のあいだから顔をだして逆さまにものを見ることを、股のぞきとか、股屈《またかが》み、股眼鏡《まためがね》などという。海上で怪しい船に出合ったときには股のぞきをして見るとよい。もし、それが船幽霊の場合には「船底が海面をはなれて走っている」（山口県周防大島）とか、「帆柱の十字の先がない」（長崎県五島）などと、なんらかの異常が現れるという。股のあいだから見ると妖怪の正体がわかるとの伝承は多い。昭和の初めごろ、長野県坂城町の小学校で緋の衣を着た大入道がでるとのうわさが広まった。大入道はだんだん大きくなるが、股のあいだから見れば小さくなって消えるといわれていた。島根県江津市桜江町では大入道のことをシダイダカというが、これに遭遇したときにはやはり股の下から見なければならぬとされていたという。人を化かそうとする怪しいものに対しては、股のぞきをして見ることが一つの対処の仕方であった。そうすることで、怪しいものの本性を見抜き、その害を回避できると信じられてきた。新潟県北蒲原郡では、コト八日の前夜をオッカナの晩げといい、この夜は一つ目の化け物が来るとおそれられ、目の多い籾とおし・箕・ザルなどを門口に下げる。六日町五十沢郷（南魚沼市）では、屋根のグシの上で股からのぞくと、化け物や死者の姿が見えると伝えられている。

股のぞきのしぐさの特徴は、対象に尻を向けた格好で、つまり相手を無視しながら、それでいて相手の様子をうかがう姿勢である。上半身と下半身の向きが逆で、顔は下にさげて後ろを見ているが足は前を向いて立っているという、上下と前後があべこべの関係を同時に体現した形といってよい。言い換えれば、一つの形のうちに上下・前後を同時に表現するこのしぐさ自身が、二つの領域に接していながらそのどちらでもないという境界的な性格を帯びている。妖怪変化の姿やその正体を見破ることは、同時に、それらの侵入を防いで退散させる力でもあり、股のぞきには魔除けの効果もつよく意識されている。また、富山県氷見市の唐島の弁財天のお堂の縁から股のぞきで海を見ると異国の人家が見えるともいわれるように、股のぞきは通常では見えない異界をのぞくしぐさでもある。

日本三景のひとつ天橋立を「股のぞき」や「袖のぞき」をして眺めるのはよく知られている。この袖の下からのぞくのも、妖怪や幽霊など異常なものを見るときの呪的なしぐさのひとつである。袖の下からのぞくと「船幽霊が見える」（鹿児島県瀬戸内町）、「川の神の正体が見える」（長崎県壱岐）、「人魂が見える」（秋田県鹿角郡）などという。通常では見えないものの正体が見えるので「袖の下から見るものではない」との禁忌を伴っている場合もある。片袖を頭上にかざす、もしくは袖を被った状態は、妖怪変化などの影響を遮断し、つまり自らの姿を覆い隠した上でそっと相手をのぞき見るしぐさであろう。

狐の窓

動物をモデルにした妖怪の話題は少なくないが、なかでも狐の知名度は群を抜いている。少し前まで、狐に化かされた世間話はよく耳にしたもので、そのため、いざという時に備えて種々の対抗手段が用意されている。いくつか事例をあげてみる。

(a) 狐に化かされた時は、頭に草履をのせるとよい（愛知県）

(b) 狐に化かされたら背中に犬という字を書いてたたくとよい（愛知県）

(c) 夜、山道を歩くとき、親指を中にして手を握っていると狐に化かされない（和歌山県）

(d) 狐に化かされぬためには、着物の裾をしばって旅をすればよい（愛知県）

(e) 狐に化かされた時は、地にかがんで棒でなぎ払えばよい（鹿児島県）

(a)の、足に履くものを頭にのせるのは、身体の一番下につけるものを一番上に移すわけで、踏むものに踏まれるというあべこべの行為である。つまり逆さまの呪法の一種と考えられるが、身体を「踏みつける」ということに意味があるのであろう。(b)は、化け物や幽霊が犬を嫌うという伝承を下敷きにしたもので、鋭い嗅覚で人間が気づくよりもまえに怪しいモノを察知して吠え立てる犬の習性が背景にある。(c)は「霊柩車に出合ったら親指を隠す」まじないと同じで、邪悪なモノが爪の先、とくに親指の先から侵入するという観念からきている。(d)の場合も、着物の先端部分から霊的なモノが出入りするとの恐れから裾をしばって防御するためのようだ。(e)は、人を化かしている時の狐はその正体が低いところにあることを教えている。福島県南会津郡舘岩村では「魔物に化かされた時には地六《じろく》を狙え」というう。地面から六寸（約一八センチ）上に魔物の正体があるという意味である。他にも「狐に化かされたら眉に唾をつけるとよい」という俗信も広く知られている。

『民俗学』一巻五号（一九二九年）に、竹本健夫は石見地方に伝承される狐の嫁入りについて「日が照っているのに雨が降ることがある。その時は狐が嫁入りするのだという。指を組んでその隙から遠くの山際を望むと嫁入りが見えると言ってよく私もやったものだ」と紹介している。この記事にヒントを得た南方熊楠は同誌の六号（一九二九）に「狐と雨」という論考を発表し、次のように述べている。

竹本健夫氏の「石見通信」に、日当り雨の節、指を組んでその隙から遠く山際を覗けば狐の嫁入がみえるという、と記されてある。紀州田辺でも、日当り雨の際、指を組んでその前で、口を尖らし犬の字を三度かくまねして、三度息を吹き、組んだ指の間より雨を覗けば、狐の嫁入行列がみえるという。ただし、指を無法に組んではみえず。定まった組み方がある。かつて荊妻から伝授したが、ロハでは教えられぬ。また日当り雨の最中に、拙宅より遠からぬ法輪寺という禅刹の縁下を、吹火筒で覗いてもみえるという。

日当り雨（天気雨ともいう）とは、日が照っているのに雨の降る天気のことである。狐の嫁入りは「狐火が多く連なって嫁入り行列のように見えるもの」（『広辞苑』）だが、日当り雨のことを狐の嫁入りということもある。日当たり雨の際に特別の指の組み方をしてその隙間（窓・穴）からのぞくと狐の嫁入り行列が見えるというほかに、狐火がでたときにもこの窓からのぞいて相手の正体を見破ったり、あるいは、窓から息を吹きかけて退散させる。

ところで、右の文章で南方が、狐の嫁入行列を見る指の組み方に定まった形があるといっているのは「狐の窓」とか「狐の穴」「狐格子」などと呼ばれるしぐさのことに他ならない。南方は明治四二年（一九〇九）の日記に「松枝曰く、田辺、日あたり雨のふるとき、両手にて狐頭の状をなし、合せて（口にて犬という字を三度かくまねし）其すきまより山を臨めば、狐の嫁入見ゆる。狐の窓という」と、妻の松枝から聞いた話を書き留めてスケッチを添えている。狐の窓をつくるのに実際にどのように指を組み合わせるのかは本書「きつねのまど」の項の図を参照されたい。最初に両手の中指と薬指を曲げて親指につけた狐頭の形をつくり、それから順に左右の指を組んでいく。特徴的なのは、手の平と甲が同時に両面にある点で、これは裏と表が同時に存在するという形で、象徴的に解釈すれば、異なる二つの世界に接していながらそのどちらでもないという境界性を表現している。そこに開けられた中央の窓（穴）は、まさしく妖異の潜む異界を透視する隙間としての意味を帯びている。中沢新一は『森のバロック』で、南方が関心を寄せた狐の嫁入りを構造分析の手法を用いて敷衍し、こういう現象を人間が「見る」ことができるという特別のやり方について「いっさいが玉虫色に変化をおこす境界の領域が人間の意識に開かれてくるためには、ルイス・キャロルの鏡とか、魔法の扉とか蝶番などが必要だ」と述べて、狐の窓を両義性をもつ象徴的な蝶番に例えている。

狐の窓に関する記録は、藍亭晋米作・歌川国丸画『新板化物念代気』（文政二年〈一八一九〉）に「化もの見やうの事」と題して挿絵とともに紹介されている。それには「此見やうハ日にも時にもかまハづ　なンでもあやしいと見たらバづのごとくゆびをくミ　けしやうのものかましやうのものか正たいをあらハせト三べんとなへてのぞけハ　もとのすがたをあらハす」と見えている。また、文政一三年（一八三〇）に成立した喜多村信節の『嬉遊笑覧』には「わらべの戯に左右の手をうしろ前にして指を組合せ、中に穴あくやうにする、是を狐の窓といひて其穴より覗き見る事すなり（中略）狐の窓の戯は是其穴より狐を覗くなり、狐火を狐の挑灯ともいふ」とでている。子どもの遊びになっていたほどだから、かつてはよく見かけたしぐさではなかったかと思われる。長野県北安曇郡では、「狐食ってうまかった尻尾の先は窓にかかった」と言って両手で狐の窓をこしらえて三度吹けば狐火は消えるという。ただし、この窓〈穴〉からのぞいたり息を吹きかける相手は狐や魔物であって、人に向けて行なってはならない。大分県直入郡では、狐の窓から人を吹くと吹かれた人が死ぬといって禁忌とされている。

狐の窓に限ったことではないが、人を化かしたり驚かしたりする妖怪変化は、その正体が露見したとたんに力を失う。つまり、妖異の正体を見破った瞬間から人の側が優位に立つといってよい。また、狐の窓は別名「狐格子」ともいう。これは、家の上部に取りつけられた格子窓を「狐窓」とか「狐格子」と呼ぶことと共通の発想に拠っていると考えられる。それは、こちらの窓（穴）から相手を見ることはできても、相手には容易にこちらの姿を見られない、つまり、身体の肝要な部分を覆い隠したうえで相手を覗き見ているることを意味しているのであろう。

穴や隙間からのぞく

「股のぞき」や「狐の窓」以外にも、異常な事態に出くわしたときに、すばやく危難を逃れる手段として、身近にある道具を利用する方法がある。

- 三峰川谷では、人間が狐やくだんぼうなどの憑きものにとり憑かれると、やまどりの十二節の尾羽をたがねて輪をこしらえ、この中からのぞいてみれば、憑きものの正体が狐かくだんぼうか、はっきりすると言われていた（長野県）。
- 馬の手綱を棕櫚縄で作り、その先端をわご（輪）にしてある。荷車の馬が突然動かなくなったり、何ものかに恐れて進まなくなったりした時、この輪を通して見ると、災いのもとになるものの本性がわかる（高知県檮原町）。
- 亡霊船を識別するには、船人の多年の経験と、また胆力とにもよるのだが、墓に埋めた六文銭、これは決して腐食することは無いというが、この六文銭の穴を以って覗けば判別がつく、それは燈火の光り様が異なっている。或は眼の下を押えて眺めても、亡者船なれば燈火が後光を放たない（三重県志摩）。

いずれも小さな穴を通して見ることが、得体の知れないものの正体を見抜く有効な方法だと説明している。物の穴や隙間から密かにのぞき見たために相手の本性を知るというのは、昔話の「鶴女房」や「蛇女房」のモティーフとしてもなじみが深い。

異常な事態に気づいた時、身辺にある道具類を眼前にかざしたり狐の窓をつくってのぞくのは、のっぺりと際限なく広がる空間を意図的に仕切る行為である。日常世界のなかにもう一つの別の世界、異界を創出する仕掛けといってもよい。穴や隙間は二つの世界の間に穿たれた空隙といえる。桂井和雄は「妖怪の本性」と題した論文で、妖異の本性を見破る一連の伝承について「時にあたって恐れることなく、落ちついて対処すべきことを教えているように考えられる」と、冷静さを取り戻すための心理的な効果について触れている。確かに、異界というもう一つの世界を思考のうちに対置させ、それとの関係で見失いがちな状況に意味を与え、対処しようとする営みといってもよいだろう。そこでは、股のぞき、狐の窓、銭や草履の穴というように特定の形を伴ったしぐさや道具類の使用が力を発揮すると信じられ、類型化されている。そして、こうしたさまざまの言い伝えの根源には「覗き見る」というしぐさや行為の侵犯性、隠されたものの正体を密かに手に入れようとする人間の抜き去りがたい衝動のようなものが渦まいている。

妖怪変化の正体を見破り退散させる呪的なしぐさを中心に見てきたが、災いをもたらすモノの侵入を防ぎ排除する民俗は数多い。そこには、鋭い突起や棘を利用したもの（スイジガイ・ヒイラギ・ハリセンボンなど）や、独特の臭いを発するもの（ヤイカガシ・ショウブとヨモギ・生臭物のしみ込んだ鍋蓋など）のように、人びとの身辺を取り巻く自然環境と日々の生活に裏打ちされた五感の想像力が如何なく発揮されている。

《引用・参考文献》

石川県図書館協会『三州奇談』一九三三年。

井之口章次『日本の俗信』弘文堂、一九七五年。

岩田準一『志摩の海女』中村幸昭、一九七一年（本書は『志摩の蜑女』アチックミュウゼアム刊、一九三九年の復刻である）。

桂井和雄「妖怪の本性」『仏トンボ去来―桂井和雄土佐民俗選集第1巻―』高知新聞社、一九七七年。

小松和彦『妖怪学新考』小学館、一九九四年。

酒井薫美「七尋女房―山陰の妖怪考①」『怪異の民俗学②妖怪』河出書房新社、二〇〇〇年。

信濃教育会『北安曇郷土誌稿 四』郷土研究社、一九三一年。

関山守彌『日本の海の幽霊・妖怪』中公文庫、二〇〇五年。

高田十郎「各地のいひならはし其六」『なら』三一、一九二五年。

常光徹『しぐさの民俗学―呪術的世界と心性―』ミネルヴァ書房、二〇〇六年。

登山修『奄美民俗の研究』海風社、一九九六年。

中沢新一『森のバロック』せりか書房、一九九二年。

長野県『長野県史　民俗編　第四巻（三）北信地方　ことばと伝承』長野県史刊行会、一九八六年。

新潟県『新潟県史　資料編二二　民俗・文化財一　民俗編Ⅰ』新潟県、一九八二年。

氷見市史編集委員会『氷見市史』氷見市役所、一九六三年。

松山義雄『続々・狩りの語部—伊那の山峡より』法政大学出版局、一九七八年。

南方熊楠『南方熊楠日記４』八坂書房、一九八九年。

宮本常一『周防大島を中心とした海の生活誌』未來社、一九九四年。

現代の怪異・妖怪と都市伝説

飯倉義之

事典の特色とその狙い

はじめに、既存の妖怪辞典・事典類と比較しての本事典の特色を確認しておきたい。

まず本事典では、国際日本文化研究センターの研究支援データベース「怪異・妖怪伝承データベース」（http://www.nichibun.ac.jp/YoukaiDB/ で利用可能）に収録された、民俗学関連雑誌・都道府県市・『日本随筆大成』記事・柳田國男「妖怪名彙」（『妖怪談義』収載）からデータ化された「民間に伝承されていた怪異・妖怪の民俗資料報告」に拠って立項し、ほぼすべての項目に具体的な事例の要約を付している。

これまでの多くの妖怪事典は、民俗学の報告書に記載された民間伝承の妖怪と、近世〜近代の絵師・作家らの創作による妖怪、たとえば近世の絵師・鳥山石燕が『画図百鬼夜行』（一七七六年）などで創作したような化け物たちを同列に扱って記載している。民間伝承の妖怪と創作された妖怪との区別をしないそうした排列は、日本の妖怪文化の広さや深さを知る事ができる利点があるものの、民族文化において広く共有された概念と、文芸的な創作とが混同されてしまう懸念がある。本事典では、あえて後者の、創作された妖怪を立項せず、日本の民俗文化の中で無意識的に共有されてきた言語芸術や心意現象、いわば集団の想像力における怪異・妖怪を把握する事典を目指した。

急いで付け加えるが、決して民間伝承の妖怪が真作で創作の妖怪が贋作というわけではなく、「多くの人に語り継がれてきた妖怪概念」と「個人により創作され、印刷物等で高い知名度を持つようになった妖怪キャラクター」とをいったん区別して考える必要がある、ということである。

創作を元としていながらも、その造形や性質が民俗の心意と響きあったがために、多くの人に共有され話されるようになった怪異・妖怪の例もまれではない。

そして今一つの特色は、「都市伝説」や「学校の怪談」、またはオカルト的な文脈で多く取り上げられる、現代社会に特有の怪異・妖怪を、口頭伝承の採集報告資料があるかぎりにおいて、積極的に立項している点にある。たとえば都市伝説に登場する怪異である「くねくね」や「メリーさんの電話」、学校の怪談の「二宮金次郎像」や「紫鏡」や「ヨダソウ」、オカルト的な話題である「心霊写真」や「UFO」や「幽体離脱」などである。

こうした怪異・妖怪が、伝統的な村落共同体において語り継がれていた妖怪たちと並べて立項されていることに違和感を感じる読者もあるいはいるかもしれない。

「民間伝承の妖怪」のなかの「現代の妖怪」

たしかに「妖怪」には「日本の伝統的な信仰や風土、慣習に根差して、古来綿々と語り継がれてきた存在」というイメージが強くある。現代においてイラストやマンガに描かれる妖怪たちも、笠や蓑、帯や草履といった「伝統的な和装」に身を包み、「昔ながらの風景」の中に配置されることが多い。そうした和風で自然を身にまとった「妖怪」たちと、現代都市の「隙間女」や「首なしライダー」たちは、一線を画する存在と感じられる。

しかしそのような「妖怪」の前近代的なイメージは、近代以降の日本社会において民俗学の聴き取りによって報告された、第二次世界大戦期や高度成長期以前の農山漁村の伝承資料に基づいて妖怪イメージが形成された影響と考えることができる。怪異・妖怪伝承の聴き取りを積極的に行ったのは、柳田國男を中心とする民俗学研究者とその協力者であった。彼らは「民俗文化の古層」に迫るべく、農山漁村をフィールドとして聴き取り調査を行ってきた。そうした営みによって整えられた、「かつての村落共同体において信じられ、語られていた妖怪の容貌や習性」が、例えば水木しげる氏の『ゲゲゲの鬼太郎』などの作品に引用されたり、子ども向けの読物に紹介されるなどの過程を経て、現在の妖怪全体のイメージをも形作ったといえるだろう。

しかし怪異・妖怪は、決して「かつての村落共同体」や「古くからの伝承」にのみ存在していたものではない。町場や都市においても伝承は生成していたし、その時々の社会状況を背景として、怪異や妖怪は新たに出現していたのである。たとえば幕末の社会動乱期には、「千年モグラ」や「アメリカギツネ」という不可思議なモノが、黒船に乗って外国から渡ってきて日本にコレラを撒き散らしているという噂が流れたり、人面牛身の「件《くだん》」という不可思議なモノが出現して、豊作や悪疫、戦争の予言をしたという内容の瓦版が流行したりした。「件」の予言は明治維新以降にも、西南戦争や日露戦争、太平洋戦争といった動乱が巻き起こるたびに蘇ってきている。

日本が開国し文明開化の文物が多く入ってくるようになると、それにつれて化け物も変化した。明治五（一八七二）年に新橋—横浜間に日本初の鉄道が開業して以来、十数年で鉄道網は日本各地に進延した。その鉄道の引かれた地では、名のある狐・狸が汽車に化けて本物の汽車に挑み轢き殺された、という伝承が発生した。この狐狸の「偽汽車」とよばれる怪異譚は、鉄道網の進展に伴って日本各地で話されるようになっていく。

このように怪異・妖怪の伝承は、あらかじめ存在するものではなく、その時代や場所を生きている人たちの「いま・ここ」で実感され、名付けられ、生起するものなのである。現代においては「かつての村落共同体の記憶」となってしまっているような怪異・妖怪伝承も、その「村落共同体」に暮らし、我々には「かつて」となってしまった時間を「いま」として生きていた人たちにとっては、生々しくも新しい「現代の妖怪」であったと言えるだろう。

現代の怪異・妖怪——都市伝説、学校の怪談、オカルト

さて、それでは二一世紀に生きる私たちの「現代の妖怪」とはどのようなものであるだろうか。まず「現代の妖怪」としてイメージされるのは、現代的・都市的な生活を背景として話される真偽不明の噂話である「都市伝説」に登場する怪異・妖怪であるはずだ。例えばタクシーの客が消える「消える乗客（タクシー幽霊）」や、夕暮れの街で子どもを襲う「口裂け女」、繁華街で捨て台詞を残し去っていく「人面犬」などは、都市という場所と密接に関わる伝承であるし、高速道路で車を追い抜く「百キロ婆あ」や「首なしライダー」、電話というツールを使って背後に近づいてくる「メリーさんの電話」などは、近代のテクノロジーがもたらす身体感覚と結びついた伝承である。こうした伝承は、見知らぬ他人と二人きりの密室に籠らざるを得ないタクシーという〈場〉や、遠く離れた相手の肉声だけがゼロ距離で聞こえるという電話の会話の〈場〉など、近代以前には存在しなかった〈場〉を土壌として生成された怪異・妖怪だと言いえるはずだ。

また都市伝説は、テレビ、ラジオ、新聞、雑誌、インターネットといった媒体を伝播経路として、大量に複製・拡散され定着するという特徴も持っている。「くねくね」や「隙間女」などは、そうした回路を通じて知名度を高めた話と

言えるだろう。

「学校の怪談」はそうした「都市伝説」のなかでも特に、小中学校・高校を舞台として、主に児童生徒によって伝承される説話ということができる。『学校の怪談』（常光徹著、講談社）は一九九〇年代に児童向け図書のシリーズとして刊行されたことを契機に、映像化等のメディアミックス作品とともに大ヒットし、社会現象ともいえるブームを巻き起こした。学校に伝わる怪談自体の歴史は古く、戦前の旧制高校にはすでに「開かずのトイレ」などの怪異が伝承されていた。「学校」という〈場〉もやはり、例えば「軍隊」や「工場」などと同じく、近代に作られた新たな制度である。そうした新たな〈場〉にも人びとは、怪異や妖怪を誕生させずにはいられなかったのだ。

そうして現在において最も信じられている――「いる・いない」「ある・ない」の次元で議論されている――怪異・妖怪は世間で「オカルト」とよばれるような話題に属する存在である。例えば幻の怪蛇と言われる「ツチノコ」などの未確認動物、宇宙からくる異星人の乗り物とされる「UFO」、心霊現象の発露とされる「幽体離脱」や「心霊写真」などである。

その中でも最も真剣に議論されるのが「幽霊」や「霊魂」だろう。柳田國男は「幽霊」と「妖怪」を別個のものと論じたが、現在の妖怪研究においては、「幽霊」は「妖怪」の特殊な形態であるという理解が大勢を占めている。「幽霊」はいわば「人間の化け物」であり、広い意味での「妖怪」存在の一部をなすと言える。しかし「幽霊」は「人間の化け物」であるがゆえに、その個性や習性は千差万別であり、伝承や説話においてもひとくくりにしがたく、その点で「妖怪」との差異がある。妖怪と幽霊の関係はいわば、「妖怪」の領地のうちに、「幽霊」という大きな特別自治区が存在し、なかば独立地区として機能しているようなものだと例えられる。そうした幽霊・霊魂の探求は、第二次世界大戦や高度経済成長を経過しても全く衰えることなく、むしろ一九七〇年代の「オカルトブーム」と呼ばれた時代には「自縛霊」「背後霊」「浮遊霊」などの用語や、霊が写真に写るとされる「心霊写真」という概念などが一般的なものとして定着するなど、さらなる隆盛を招いた。

妖怪の実在などまったく信じることが出来なくなってしまった現代の私たちにも、家族写真の中に心霊写真を探したり、心霊スポットを訪ねたりする好奇心や、夜道や曰くつきの場所で霊との遭遇を恐れる恐怖心は、必ずあるはずだ。または「実は……」と話し始めるような、現実の遭遇譚の話し手も、少なからずいるものと思われる。そうした霊的なモノへの想像力は、近年は「実話怪談（怪談実話）」

と呼ばれる怪談文芸のジャンルに結実している。そこには現代の社会や都市において、因果を喪失した霊に理不尽に襲撃される話が、数多く収録されている。近代の科学と制度によって、かつての民俗文化の中で伝承されてきた怪異・妖怪を信じなくなってしまったわれわれの語る、幽霊やＵＦＯ、都市伝説や学校の怪談などに現れる怪異や妖怪は、現代を生きるわれわれ自身の「怖れ」がかたちをとって現れたものである、といえるだろう。

凡例

1 項目の設定

本事典の項目は、国際日本文化研究センターの怪異・妖怪データベースプロジェクト（代表・小松和彦）が製作した「怪異・妖怪伝承データベース」収録の、民間に伝承されていた三万五七〇一件の怪異・妖怪事例、および同データベースに収録されていない現代の民俗事例、アイヌの事例から立項した。

したがって本事典では、民間に伝承されていなかった、近世の絵師や文人、近代の作家や画家・漫画家が創作した妖怪については、知名度が高くとも立項は避けた（例：江戸期の画家・鳥山石燕が『画図百鬼夜行』で創作した「甕長」や「泥田坊」、現代の漫画家・水木しげるが創作した「鬼太郎」や「ねずみ男」等）。反面、既存の事典では立項されてこなかった現代の伝承も、報告のある限り積極的に立項し収録している（例「UFO」「メリーさんの電話」等）。

同データベースは、竹田旦編『民俗学関係雑誌文献総覧』（国書刊行会、昭和五三年）に目次が収載されている民俗学関係逐次刊行物、『日本随筆大成』第一期〜第三期（吉川弘文館、昭和五〇〜五三年）、各都道府県史の民俗編、柳田國男著『妖怪談義』（昭和三一年刊、『柳田國男全集』二〇）所収の「妖怪名彙」を資料として、収録している。本事典ではこれらのデータを基本とし、データ数の多い事例、またデータ数はさほどではなくとも日本の怪異・妖怪文化を考察するうえで重要であると思われる事例を選定して項目とした。その際、同様の伝承と考えられる事例は「別称・類似現象」として項目内に㊮で名称を併せ掲げた。また、怪音や怪火など「各地において固有の名称で呼ばれる類似の伝承」に対しては、そうした怪異を総合する項目名を立てた（例「石の怪異」「学校の怪談」）。これら個別の項目間の関係、項目名と「別称・類似現象」とは、解説文の末尾に⇩で指示した「みよ参照」および索引で連携しうるようにした。

なお、項目の大小については以下の基準によった。すなわち日本の怪異・妖怪文化の中で特筆すべき伝承は「特大項目」（例「鬼」）に、重要な意味をもつ伝承は「大項目」（例「狼」）に、全国的によく知られたり、分布域は狭くとも怪異・妖怪文化の本質を現すような伝承は「中項目」（例「小豆洗い」）に、地域的によく知られているような伝承、特大〜中項目の下位項目である伝承は小項目（例「ミントゥチ」）に、特大〜小項目の下位項目である伝承は半小項目（例「トンチトンチ」）に、主要な解説を特大〜半小項目に委ねるものは一行解説（例「青坊主」）に割り振りし、特大〜半小項目を参照すれば理解できるものは見出し項目（例「青大将」⇩「へび」）などとした。

2 各項目の構成

項目名

怪異・妖怪呼称を項目名とし、五十音順に配列した。呼称にはさまざまなバリエーションがあるが、本事典では標準的と考えられる呼称を項目名に選定した。項目名はひらがな表記を基本とし、アイヌ語の語彙に関してはカタカナ表記とした。項目名には編者の責任において可能な限り漢字表記を【】で併記したが、表記の妥当性については議論の余地を残している。

別称・類似現象

項目名に続いてその「別称・類似現象」と考えられるものを㊫で示した。㊫は執筆者の意見を交えて作成したものであるが、最終的な選定は編者の責任において行った。なお、「別称・類似現象」と考えられるものであっても、別項が立っているものは解説文末尾の「みよ参照」で示した。また、「〇〇様」など修飾語をつけただけのもの、項目名の上位・下位概念に当たるものは除いた。

みよ参照

「みよ参照」は、解説文に続く⇩で示した。項目名にあげた怪異・妖怪現象に類似したものや、本文中や事例で言及のあったもの、参照先の記述に当該項目に関連する内容が含まれているものを指している。なお、「みよ参照」は編者が作成した。

事例

・事例は、前述の民俗調査報告、近世随筆などに登場する、代表的な事例を抜粋したものである。

・文学作品などからの引用も、読みやすさを考慮してできる限り現代仮名遣いでの要約につとめた。引用部分は「　」で括った。

・事例の冒頭に当該事例が採集された地名を市区町村レベルで〔　〕内に記した。県・郡レベルしかわからないものは、市区町村名を割愛した。地名は原典の表記や原典執筆時の地名を原則とし、それに現代の地名を付記した。郡が分割され消滅している場合は、分割後のすべての市区町村を現代地名とした。なお、合併等に伴う境界変更は、すべては考慮しえていない。地名がわからない事例は〔不明〕と記した。

・各事例の末尾には、出典・掲載頁を記した。（例　雑誌『沖縄民俗』二一号、昭和五〇年、六九ページ→『沖縄民俗』二一、昭五〇、六九）ただし、『柳田國男全集』（筑摩書房）『日本随筆大成』『続日本随筆大成』（吉川弘文館）など、頻出する全集の類は出版社名、刊行年を省略した。『柳田國男全集』は新版を用いることとした。

参考文献

主に中項目以上の項目に、解説を執筆するにあたって特に参考にした文献や、その項目に関してより理解を深めるために参考になる資料を〔参考文献〕に示した。

アイヌ語の表記について

・アイヌ語の項目は見出しをカタカナ表記とした。

・アイヌ語の表記は、様々な表記法が試みられてきた経緯があるため、同じ音に対しても表記の揺れが見られる。本事典では現在多く使われているアイヌ語カナ表記、すなわち実際の発音に近くなるような表記に統一したが、引用においてはこの限りではない。

人権への配慮

怪異・妖怪事例のなかには、現代の社会規範に照らすと差別や人権侵害にあたるものも混在している。そのため、地名表記は原則として市区町村レベルにとどめ、差別が疑われる事例の詳細な場所を記述することを避けるよう努めた。しかしながら、項目名や引用資料に登場する差別的な表現のうち、資料性を保持するうえで必要と判断したものは、あえてそのまま残してある。

日本怪異妖怪大事典

●監修
小松和彦

●編集委員
小松和彦
常光徹
山田奨治
飯倉義之

●執筆者一覧
（五〇音順）

アダム・カバット
阿部宇洋
阿部敏夫
飯倉義之
飯島吉晴
五十嵐大晃
池田浩貴
磯貝奈津子
一柳廣孝
伊藤純
伊藤慎吾
伊藤龍平
今井秀和
入江英弥
岩倉千春
梅屋潔
遠藤志保
及川祥平
大里正樹
大島廣志
大森亮尚
岡田浩司
岡田真帆
荻野夏木
小澤葉菜
香川雅信
金子祥之
川島秀一
神田朝美
木場貴俊
熊倉史子
熊澤美弓
久禮旦雄
桑野あさひ
小池淳一
小松和彦
後藤知美
小堀光夫
近藤祉秋
小馬徹
財津直美
齊藤純
斎藤英喜
佐々木高弘
佐藤太二
澤井真代
七田麻美子
杉本栄子
大門哲
髙岡弘幸
髙塚さより
高津美保子
高橋奈津子
竹内邦孔
田中久美子
田畑千秋
玉水洋匡
田村明子
田村真実
塚原伸治
堤邦彦
常光徹
土居浩
鄧君龍
徳永誓子
中野洋平
永原順子
永松敦
中村祥子
中村遼
中山和久
野田岳仁
花部英雄
菱川晶子
平井勇介
広川英一郎
廣田龍平
藤井紘司
古屋綾子
保科友希恵
堀口祐貴
前川智子
三柴友太
三村宜敬
三好周平
村山弘太郎
森本恵一朗
矢崎春菜
安井眞奈美
山口拡
山越英嗣
山田奨治
山田栄克
湯本豪一
横山泰子
米屋陽一
渡邉一弘
渡部圭一
渡辺節子

●口絵デザイン
長谷川　徹

日本怪異妖怪大事典

あ

アイヌカイセイ

アイヌ（人間）・カイセイ（死体）＝「死体」の意。アイヌの伝承にみられる化け物。死者の霊魂が人間に危害を加えるものと思われる。

⇩れいこん

事例 ［北海道十勝地方］主に夜、空家や古屋などに現れる。手足がなく地面につくほどの長い髪をした女で、みすぼらしいぼろのアットゥシ（樹皮衣）を着ているという。空家などで昼寝をすると、この化け物の仕業によってうなされ、恐ろしい夢を見ることがある（『とかちあいぬ研究』昭四五、一二一）。

（矢崎春菜）

アイヌソッキ

アイヌの伝承にみられる化け物で、海におり、上半身は人間、下半身は魚という、いわゆる人魚の姿をしているものだという。

⇩にんぎょ

事例 ［北海道虻田村（現・洞爺湖町）］この肉を食べれば千年もの長寿を得る。アイヌソッキは捕えられるとしきりに放してくれと頼んでくるが、良い獲物であるので決して放してはいけないものだという（『愛郷譚叢』昭三一、一二一）。

（矢崎春菜）

アイヌトゥカプ

㊩ **アイヌライトゥカプ、カイトゥカプ、トイヘンクラ、ライカムイ**　アイヌ語で幽霊のこと。アイヌは「人間」、トゥカプは「幽霊」の意味。N・G・マンロー『アイヌの信仰とその儀礼（AINU CREED AND CULT）』によると、死者の魂のうち、心根の良いものは「ラマッ（魂）」としてポクナモシリ（死者の国）へ赴くが、悪いものは死者の国に行けず、「トゥカプ」となってこの世をさまよう。このように行くべきところに行けない人間の霊のことを言う語であるらしい。

⇩ゆうれい

事例 ①［北海道虻田町（現・洞爺湖町）］幽霊の姿は人間には見えないが、犬にだけは見える。だから、犬がさびしい声で遠吠えするときには、幽霊が来ているので、乾《ほし》魚《ざかな》などをばらまいてやると吠えなくなる（『アイヌ伝説集』昭五六、三九-四〇）。②［北海道幌去村（現・平取町）］アイヌトゥカプとは死者の魂が墓地などに残って、幽霊などになって悪事をなすものである（『愛郷譚叢』昭三一、五九）。

（遠藤志保）

あおさぎ【青鷺、鵁鶄】

青サギは夜間に光を放つ怪異となる。青サギが飛ぶとその光は火の玉や月の様に光るという。また帯を後ろに締めて夜道を歩くと、青サギが入道となって後ろから覗き込むとも伝えられている。鳥山石燕の『今昔画図続百鬼』には「青鷺火」として描かれている。一七世紀中葉に中山三柳が著した『醍醐随筆』にも、青サギの光る姿について記されている。

⇩ごいさぎ、しらさぎ、とりのかいい

事例 ①［茨城県明野町（現・筑西市）］青サギは滅多にいない鳥で、この鳥が飛ぶと火の玉かお月様のように光る（『民俗採訪』一〇周年記念号、昭三六、七〇）。②［茨城県明野町（現・筑西市）］帯を後ろに締めて暗い夜道を行くと、青サギが入道になって後ろから顔を覗き込む。ある人は気に病んで死んだ。だから夜歩くときは帯を後ろで結ばぬ方がよい（『民俗採訪』一〇周年記念号、昭三六、七〇）。（五十嵐大晃）

あおだいしょう【青大将】

⇩へび

あかいかみ・あおいかみ・きいろいかみ【赤い紙・青い紙・黄色い紙】

トイレに入るとどこからともなく声がして、紙の色を選ばせるという学校の怪談。赤または青を選ぶと恐ろしいことが起こるが、黄色と答えると何も起こらない。黄色と答えても危険な目にあう場合もある。赤と青の二色から選ぶという話も多い。

⇩あかまんと、がっこうのかいだん、べんじょのかいい

事例 ［宮城県］「赤い紙と青い紙と黄色い紙とどれがいいか」と聞かれ、赤なら血まみれで死に、青なら血を抜かれて死に、黄色だと狂気の世界へ連れていかれるらしい（『不思議な世界を考える会会報』五八、平二一、五八）。（岩倉千春）

あおぼうず【青坊主】

狸やイタチが化けるとされる、僧形の妖怪。

⇩みこしにゅうどう

あかいちゃんちゃんこ【赤いちゃんちゃんこ】

トイレの怪談の一つで、学校の女子トイレで起こるとされる場合が多い。トイレに入ると「赤いちゃんちゃんこ着せましょか」と声がする。返事をすると、刃物で切られて服が血で染まり、ちゃんちゃんこを着たようになるという。「赤いマント」「赤いはんてん」の場合もあり、「赤いはんてん」では、血の斑点があたりに飛び散るという話もある。

⇩がっこうのかいだん、べんじょのかいい

事例 ①［不明］トイレに入っていて「赤いちゃんちゃんこ着てますか？」ときかれて「着ていません」というと、包丁が胸と背中にささって血がでて、赤いちゃんちゃんこを着たみたいになる（『不思議の世界を考える会会報』三〇、平五、五七）。②［不明］ある学校で、夜の一一時三〇分に一番奥のトイレに入ると「赤いはんてん着せましょか」という声が聞こえるので、警察に調べてもらうことになった。婦警が「着せられるものなら着せてみなさい」と答えると、トイレの中からナイフを持った手が出てきて、婦警の胸を刺した。あたりに血が飛び散って、赤い斑点ができていた（『不思議な世界を考える会会報』四三、平八、二六）。（岩倉千春）

あかがんた

㊩あかかなじゃー、あかがみ、あかぶさー

キジムナーの別称とされるが、邪神の一種

であると伝えられている地域や、木の精と伝えられている地域もある。漁がうまく、魚の目玉だけを食べる。アカガンタと仲良くなると豊漁になると言われている。姿は赤子位の大きさで赤ら顔をしているとされる。仲良くなった漁師が夜中でも連れだされるのに嫌気がさし、嫌いな蛸を投げつけると、家を焼かれる、子どもの目がくり抜かれるなどと言った復讐をされると伝えられる。また、寝ている赤ん坊にいたずらをし、金玉をいじくって膨らませるという伝承もある。

⇩きじむなー

事例 ［沖縄県伊是名村］漁師が夜の海に出ていると全身真っ赤な、髪の長い赤子位のアカブサーが現れ、魚を取ってくれた。毎晩豊漁だったが、夜中に連れ出されるのが嫌になり、アカブサーの嫌いな蛸を投げつけると逃げて行った。それから数日後、漁師はアカブサーに惑わされて家を焼かれてしまった（『沖縄民俗』二一、昭五〇、六九）。

（三好周平）

あかげもの【赤毛者】

ブナガヤが化けるとされる、背が低く毛の赤い者。

⇩ぶながや

あかごづか【赤子塚】

塚の傍を通りかかると赤子の泣き声が聞こえ、掘り起こすと赤子が見つかる。その後寺で育てられ優れた僧になるという伝説、またはその塚。有名な僧の出生譚となることが多い。また「子育て幽霊」の昔話と結びつくこともある。この場合、死んだ妊婦をそのまま埋葬したが、土中で胎児だけ生き残ったとされる。こうした塚は集落の境に位置し、道祖神信仰と結びつきが強い。子どもの泣き声がする岩に参ると、夜泣きが治る、母乳の出が良くなるといった信仰は、境の神の生死を司る性質と関連している。

⇩こそだてゆうれい、つかのかいい、どうそじん

事例 ［岩手県石鳥谷町（現・花巻市）］大興寺の九世・宿鷺充葦和尚が塚の前を通りかかると、経を読むような赤子の泣き声が聞こえる。掘り起こすと子どもが生きており、寺で育てた。才に優れ後に如幻充察和尚となった（『旅と伝説』二（六）、昭四、一〇―一三）。

（堀口祐貴）

あかしさま【明石様】

明石御前という名前の殿様が乱心で人を切ったという伝承に由来する名前。子どもの外出を叱るために語られる。

⇩とおりあくま

事例 ［神奈川県横浜市］昔、明石御前という乱心の殿様がおり、人を斬りたくてならなかった。そこで外に出てはいけないというのに外で遊んでいた猟師の女の子を切ってしまった。以来、「今日は明石様が通るから外に出てはいけない」といって子どもを叱る（『民俗』四、昭二九、一三―一五）。

（塚原伸治）

あかしゃぐま【赤シャグマ】

㊫しゃぐま　四国に伝わる、赤い髪の子供

のような姿をしているとされる妖怪。東北のザシキワラシとほぼ同じものであるともされる。人家に現れるものと、山中に現れるものがある。また山中では、山の尾が寄り合い、谷川の流れが渕になっている所に現れるといい、日が暮れると同じところにそうれんかきが現れるという。

⇩ざしきわらし、そうれんかき

事例 ①［香川県］山の尾が寄り合って谷川の流れが渕になっている所では、アカシャグマという妖怪が出現する。大きな声を出しながら空を飛び、大きな馬鍬のような歯をむき出しにして笑っているという（『あしなか』二二一、平三、四）。②［愛媛県西条市］西条市付近では、かつてザシキワラシと似た家の怪をアカシャグマといった。頭の赤い子どものようなものだという。徳島県のアカシャグマは、仏壇の下から出てきて、寝ている人をくすぐるというが、愛媛県ではそのような伝承はない（『伊予の民俗』三七、昭六〇、三〇）。（岡田浩司）

あかずのといれ【開かずのトイレ】

⇩べんじょのかいい

あかてんどり【赤テン鳥】

秋田県仙北郡角館町の愛宕山付近に謂れのある、正体不明の化け物。報告者は赤テンドリの正体を「どんな化け物なのか判らない」と記している。愛宕山の麓の人々は、「天狗の太鼓が聞こえる」「赤テンドリが飛んで来る」と言って子供達を泣き止ます。或いは「赤テンドリを飛ばすぞ」という言葉は、火を付ける意味であり、放火の場合などに使用された。『秋田民俗語彙事典』によると、テンドリとは、農家の囲炉裏にある大きな鉄製の湯沸かしを指す。

⇩てんぐ、とりのかいい

事例［秋田県角館町（現・仙北市）］愛宕山の麓の人々は「赤テンドリが飛んで来る」「天狗の太鼓が聞こえる」と言って子供を泣き止ます。「アカテンドリを飛ばす」は火を付けることである（『旅と伝説』一一（七）、昭一三、三〇）。（森本恵一朗）

あかはち【赤蜂】

能登の海上に夜中赤い灯火のような光が見られる。その光は赤蜂という怪物の所業であるという。

⇩かいか、りゅうとう

事例［石川県富来町（現・志賀町）］六月一七日の夜には決まって龍燈を見ることができる。赤蜂という怪物の所業であるという。住民にとってはあたりまえのことであり、不思議なことではないという。最初船の火のようにも見えるが、怪火のようだという（『郷土研究』三（六）、大四、一七－二八）。（保科友希恵）

あかまた【赤又】

㊫**あーまてぃぶ、まったぶ** 琉球弧に分布するナミヘビ科マダラヘビ属に分類されるヘビ。背面には赤と黒の横縞があり、奄美諸島ではこれをマッタブと呼ぶ。琉球弧ではこれが美男に化けて若い娘を身ごもらせるという伝承があり、身ごもった際には浜下りなどをするとそのヘビの子が流れるという。三月三日の浜下りの起源説話として語られる。

⇩へび、ゆーむちかみ

事例 ①［沖縄県］昔、美貌の娘がいた。夕闇が迫る頃になると娘は人目を忍んで森の中でアカマタの化けた美青年と会っていた。不審に感じた親たちの助言に従って娘は男の着物に糸を付けた針を刺して別れた。夜が明けて皆が糸をたどって行くと森の中の小さな穴にたどりついた。一方、禊のために海に入水すると娘は一匹のヘビの子を産み落とした（『旅と伝説』二（六）、昭四、三八－三九）。②［鹿児島県龍郷町］マツタブによって身ごもった娘は、四月初めの午の日にビラゾネ（ニラの煮物）を食べるとヘビの子が流れるという（『奄美民俗』九、昭四三、一一）。（藤井紘司）

あかまんと【赤マント】

昭和一〇年代に広まった噂では、赤いマントをはおった謎の人物が子どもをさらっていくとおそれられた。最近では、学校のトイレの怪談に「赤いマント」の話がある。「赤いちゃんちゃんこ」と類似した話で、「赤いマントはいらないか」という声に答えると、首などを切られてマントのような血のしみができるという。また、「赤い紙、青い紙」と同様に、「赤いマントと青いマント（または、青いスカーフなど）のどちらがいいか」と選ばせるという話もある。

⇩あかいかみ・あおいかみ・きいろいかみ、あかいちゃんちゃんこ、がっこうのかいだん

事例 ①［不明］小学校のトイレで、窓を三センチあけて「赤マントさま」と三回いってトイレに入り、鈴が鳴ったらすぐに出ないと天井から包丁がおちてくる（『不思議な世界を考える会会報』三七、平六、七一）。②［千葉県］学校のトイレに入っていると、誰もいないのに「赤いマント、あげましょう」という声が聞こえる。「ほしい」というと、天井からナイフをもった手がおりてきて、背中をマント形に切っていく（『不思議な世界を考える会会報』一九、平一二、二四）。（岩倉千春）

あかんぐわー・まじむん

沖縄で伝承される妖怪。アカングワーは赤ん坊の意で、赤子の死霊とされる。這って人間の股の間をくぐろうとする。これに股の間をくぐられるとマブイ（魂）を取られて死ぬとされる。

⇩まじむん

事例 ［沖縄県］アカングワー・マジムンとは赤坊の死霊である。四つん這いになって人間の股の間をくぐろうとする。これに股の間をくぐられた人は、マブイを取られて死んでしまう（『郷土研究』五（二）、昭六、五八）。（田村明子）

あきばさま【秋葉様】

秋葉信仰に基づいた秋葉大権現の通称。静岡県の秋葉神社は、火伏せの神として近世から江戸庶民に爆発的な人気を博し、秋葉講や秋葉道が作られた。秋葉信仰の源流は、秋葉三尺坊という天狗が登場したことから始まる。秋葉三尺坊は長野県の戸隠や新潟県の修験道場で修行をした天狗で、飯《い》縄《づな》信仰を伝えていたため、火炎を背負った飯縄権現によく似た天狗像を有する。秋葉信仰は確たる本山が無く、信濃戸隠宝光院、

越後長岡蔵王堂（栃尾常安寺）など各地に点在しているため、伝承も各地に残されている。

⇨あきばさんじゃくぼう、てんぐ、ひのかみ

事例 ［新潟県］秋葉山で雪折れの木を背負おうとしたら倒れて転がり、谷に落ちそうになったが、途中の木に引っ掛かって助かった。怪我もしておらず、秋葉様（天狗）に助けられたという。また、秋葉様は火事を防いだり、心の良くない若衆を改心させたりと、神徳を称える話は多い（『高志路』八（六）、昭一七、三一）。（古屋綾子）

あきばさんじゃくぼう【秋葉三尺坊】

㊫さんじゃくぼう【三尺坊】 静岡県の秋葉神社で崇敬される天狗。『秋葉寺縁起』によると長野県の戸隠山や、新潟県の修験道場で修業をし、生あるまま天狗になり、白狐に跨って秋葉山に来山した。飯縄信仰と関わりが深く火炎を背負った姿をしている。

⇨あきばさま、いづな、てんぐ

事例 ［静岡県］秋葉山の麓にいた男が、三尺坊に連れられ富士山の山頂まで行き、その後投げ返されたが傷一つ無かった（『郷土趣味』一一、大八、二）。（古屋綾子）

あくぜんじのかぜ【悪禅師の風】

駿河国（静岡県）に伝わる風の怪異。『斉諧俗談《さいかいぞくだん》』（宝暦八年〈一七五八〉）では、暴風を吹かせて木を倒し家を壊す悪神を、伊勢・尾張・美濃・飛騨で一目連、相模では鎌風、駿河では悪禅師の風と呼ぶとしている。悪禅師の風は人型で、褐色の袴をはいているという。また『新潟県史』では、手足に傷を作る鎌鼬の怪異と同じだとしている。悪禅師の風は、風の怪異を憎形の悪神に擬人化した伝承といえる。

⇨かまいたち

事例 ①［駿河国（現・静岡県）］伊勢・尾張・美濃・飛騨の一目連の怪異と同様に、駿河の国では悪禅師の風という暴風が吹く。神風の一種で、褐色の袴を着た、人のような姿をしているという（『斉諧俗談』『日本随筆大成　第一期一九』三〇三）。②［静岡県］新潟のカマイタチと同様の風の怪異を、静岡県ではアクゼンシカゼという（『新潟県史　資料編二二』昭五七、六四二）。（飯倉義之）

あぐどかじり

㊫あくどぼっぽり　あくど（踵）にとりつく妖怪。青森県に伝わる。『大舘村誌』によると、小雨の降る晩などに大塚家の稲荷堂の下道にある藪に出現し、歩き回っていたという。具体的な外見や、人に害をなしたかどうかなどは、特に伝えられていないようである。

事例 ［青森県八戸市］大館の大塚綱吉の屋敷は与太屋敷と呼ばれ、先祖を与太郎といった。屋敷内には稲荷堂があったがすでに無くなり、桧の樹が二本、その跡に立っていた。この御堂の下道にアハタボダケーヤダケの藪があり、小雨の降る晩などはヌノバヒ、アグドカジリという怪物が出て歩き回ったと言い伝えていた（『青森県史　民俗編資料南部』平一三、四四八）。（財津直美）

あくぼうず【灰坊主】

㊢ぼこ　炉の灰を深く掘ると出現するとされる怪物。福島の一部ではこれをアマノジャクとも呼ぶ。その他、湯に二回入るとボーズに皮を剥がれる、裸で便所に行くとボーズに遭う、とも言われている。主に、子どもを戒めるために語られる。

⇩あまのじゃく、ゆりばーさ

事例　①［秋田県］秋田県仙北郡、雄勝郡では、炉の灰を深く掘ると、アク坊主が出ると言って子どもたちを戒める（『宮城県史　二二』昭四八、四五二）。②［岩手県］九戸郡では、飯をたった一膳食うとボーズに遭う、湯に二回入るとボーズに皮を剥がれる、裸で便所に行くとボーズに遭うと言われている（『九戸郡誌』昭一一、五五七、五七二、五七六）。

（保科友希恵）

あくみしんぐん【飽海神軍】

年に一度、嵐とともに庄内飽海社に降るとされる矢の根。

⇩やのねいし

あくろおう【悪路王、阿黒王】

里の人々を悪事で苦しめていた鬼、または蝦夷の首長を悪路王という。朝廷から派遣された坂上田村麻呂によって成敗された。悪路王の首は玉造郡の鬼頭まで、体は鬼死骸というところまで飛んだと伝えるところもある。悪路王の妻は鬼女である立烏《たと》帽子《ぼし》といわれており、鬼女伝説が残っている。

⇩おに、かしまみょうじん、さかのうえのたむらまろ

事例　①［宮城県栗原市］江刺郡の岩屋堂という所に、前九年の頃アクロ王という悪者がいた。女をさらったり田畑の収穫物を奪ったりしていた（『不賢堂の民俗』一六、昭五一、一三九）。②［秋田県］「ささら」が崇神天皇の御代に我国に渡ってきて、悪路王という賊を鹿島明神の加護によって退治したが、その亡魂は陸奥の徒党軍忠平に生まれ変わり皇軍に火をかけて悩ませた（『秋田県史　民俗・工芸編』昭五三、六八八）。

（熊倉史子）

あくろじんのひ【悪路神の火】

怪火の一種で、この火に行き合うと病気になるという怪異。『諸国採訪記』に愛知県津嶋大社の牛頭天王を日本悪路神の宰ということが記されている。六月七日から一四日の船祭の日に、この船から松明の様な火が出て津嶋大社へ入って行き、ここから流行病の厄神が出るといって、一四日には家々は戸や窓を閉めて静まりかえるという。また『閑窓瑣談《かんそうさだん》』には伊勢国間弓村唐子谷（三重県）の猪草が淵の畔に、悪路神の火が出るという伝承が記されている。

⇩かいか、ごずてんのう、のび、やくびょうがみ

事例　［三重県玉城町］この辺りに悪路神の火と言って、雨の夜には特に多く燃えて、提灯のように往来する。この火に会った者は、すぐに地面に伏せて身を縮める。すると火は人の上を通過するので、火が通り過ぎるのを待って逃げ出す。その火に近付いてまもなく病気になり、煩う事が多いと言う（『閑窓瑣談　三二』『日本随筆大成　第一期

一四』三九二—三九五）。　（高橋奈津子）

あごなしじぞう【顎なし地蔵】

⇩じぞうのかいい・れいげん

あしがるさま【足軽様】

柴などを供えると道中するときに足腰を軽くしてくれるという祠。

⇩しばおりさん

あしまがり【足まがり】

〔類〕あしがらみ**【足絡】**、しろまくれ　四国の香川県を中心に伝承される、足元に悪さをして、人の往来を邪魔する怪異。手鞠のような灰色の毛のような姿や、猫の子のような姿で足にまとわりついてきたり、綿のようなものを往来の人の足に絡みつけたりといったことをするという。狸の仕業とされることが多い。

⇩けまり、すねこすり

事例　①［香川県琴南町（現・まんのう町）］夕暮れの道を歩いていると、手鞠のような灰色の毛のようなものが足元にまとわりついてくる。邪魔になり蹴飛ばすたびに大きくなって戻ってくる。そして蹴り上げることも出来ない大きさになり、歩くこともできなくなる（『香川県史　一四』昭六〇、五九七）。②［香川県岡田村（現・丸亀市）］狸の中には「又足まがり」といって、正体を見せずに糸のようなものを人の足に絡みつけるものがいた。ある年、大水で一頭の狸が死ぬと、このようなことはなくなった（『讃州高松叢誌』大一四、一一二）。　（岡田浩司）

あずきあらい【小豆洗い】

〔類〕あずきさらさら**【小豆さらさら】**、あずきとぎ**【小豆研ぎ】**、あずきとぎばばあ**【小豆研ぎ婆】**　川のほとりや橋の下などの水辺で、小豆を洗うような音をさせるという怪。その伝承は東北から九州まで広い範囲に分布しており、また江戸時代から多くの文献に記されていることから、日本の妖怪のなかでもポピュラーなものの一つであるといえるだろう。小豆以外にも米とぎ婆さま（栃木県芳賀郡）、米かし（愛知県佐久島）、箸洗い淵（徳島県西祖谷後山）、砂洗い（愛媛県）などの事例が見られるが、やはり小豆を洗う音として怪音が認識されていることが圧倒的に多い。怪音を発する者の正体は、狐や狸、ムジナ、イタチ、大きなヒキガエルなどとされ、殊にヒキガエルは、イボのある背中どうしをこすりあわせた時にそのような音がするのだとされている。また、川で死んだ者、殺された者の霊がこの怪異をひき起こしているとする伝承もある。天保一二年（一八四一）に刊行された『絵本百物語（桃山人夜話）』では、谷川に小豆を洗いに行った山寺の小僧が同宿の坊主に突き落とされて殺され、以来その霊が時折現れて小豆を洗うようになったとされている。

女性の霊とする伝承も多く、小豆の研ぎ方が悪いと姑に責められた嫁が川で身を投げ、怪異を起こすようになったという話もある。中山太郎は、小豆洗いの名前を冠した土橋がしばしば見られることに注目し、崩岸を意味するアズという地名から小豆洗いの伝承が起こったのではないかという仮説を提示したが、柳田國男はそれを退け、実際に動物などがそのような音をさせていた可能性を指摘した上で、なぜそれを小豆を洗う音と聞き取ったかを、小豆にまつわる俗信と関係づけて考えるべきだとした。井之口章次は、静か餅、畳たたきといった他の怪音の伝承と照らし合わせた上で、それらが祭りや晴れの日の準備にかかわりのあるものであることに注目し、神を迎え祀る時の心意が妖怪化したものではないかと推測している。

⇩いどのかいい、おとのかいい

事例 ①〔群馬県倉淵村（現・高崎市）〕長井と権田の間の黒橋で、アズキトギが出て、「アズキトグベカ、ヒトトッテクベカ」と言うので、そこを通るときは、「アズキ研いでくれ」と言って通った（『民俗採訪』昭和四二年度号、昭四三、一〇四）。②〔神奈川県横浜市〕旧城寺の北方の恩田川と梅田川の合流点をオハルブチと呼ぶ。昔、オハルという女がそこで小豆を研いでいると、奇麗なカンザシが流れてきた。カンザシを拾おうとして近づくと、河童が出てきて川の中へ引きこまれてしまった。それで今でもその辺を通ると、小豆をとぐザアザアという音が聞こえるという（『ひでばち』七、昭三二、五）。

（香川雅信）

〔参考文献〕井之口章次「妖怪と信仰」『日本民俗学会報』三四、昭三九。大野芳宜（柳田國男）「小豆洗ひに就て」『郷土研究』四（二）、大五。清水時顕（中山太郎）「小豆洗ひ」『郷土研究』三（一二）、大五。

あそびだま【遊び魂】

火の玉の一種。

⇩ひのたま

あたけまる【安宅丸】

寛永九年（一六三二）に、徳川家光の命で新造された軍船形式の御座船。その巨大さから「日本一の御舟」などとよばれたが、実用性に乏しく、将軍の権威を示す以外にはほぼ機能しなかったとされる。その後、維持費用がかかりすぎるために、天和二年（一六八二）に解体された。安宅丸には、その存在感から「建造された伊豆に帰りたいと船が泣いた」「解体後、安宅丸の魂が女中に取り付いて口走った」などの民間伝承が生じた。

事例 〔不明〕天和年中に、安宅丸を解体して払い下げたところ、酒屋市兵衛という者がその板を買って穴蔵のふたにしていた。しかしその召使いの女に安宅丸の魂が憑いた。自分を穴蔵のふたにするのが許せず、取り殺すと言った。そこで亭主は驚いて作り替えたという（「新著聞集」『日本随筆大成　第二期五』三四一）。

（玉水洋匡）

あたごさん【愛宕さん】

京都府の愛宕山を総本山とする、全国一五〇〇社を超える愛宕社の総称。火伏せの神として名高く、「阿多古祀符火廼要慎」と書かれた札は竈の火伏せに霊験があるとして庶民に親しまれている。中世には神宮寺である白雲寺が勢力を高め、多くの修験者を排出し、近世には全国各地にその信仰を広めた。現在愛宕神社の若宮となっている迦遇槌命《かぐつちのみこと》は、以前は奥の院として太郎坊が祀られており、愛宕山太郎坊の名で知られる大天狗が棲んでいたと言われる。

⇩てんぐ

事例　〔兵庫県氷上郡（現・丹波市）〕家が火事の時、「早く消えますように。消えたら願済ましに行きます」と愛宕さんに祈ったら消えた。三年願済ましをしていなかったらまた火事になった。そこで願済ましへ行く途中、火縄を持った坊さんに会う。今から家に火をつけに行くというので、泣いて頼んだら棟だけですんだ。坊さんは愛宕さんであった（『旅と伝説』一〇（九）、昭一二、三七-三八）。

（古屋綾子）

あだちがはらのおにばば【安達ヶ原の鬼婆】

福島県の安達ヶ原に住むという鬼婆伝説に基づく。鬼婆は、旅人をもてなすふりをしながら殺して食べる、あるいは妊婦の腹を裂き、胎児を取り出して食べるともいう。平兼盛が「みちのくの安達ヶ原の黒塚に鬼こもれりと聞くはまことか」と詠んだほか、浄瑠璃や長唄にも取り入れられている。忠義のために自身の娘を殺してしまった女の話としても語られる。

⇩おにばば

事例　①〔福島県二本松市〕安達が原の岩屋に住み、旅人を殺しては食べる。ある日、僧侶を殺そうとしたが、観音像を取り出し経を読まれたため、鬼婆は近づくことができず、朝日を浴びて死んだ（『西郊民俗』一二六、平一、二七）。②〔福島県塙町〕鬼婆は昔、子を捨ててとある殿様に仕えていたが、殿様の子の病を治すため、生血を集めようと旅人を泊めては殺していた。ある日、夫婦連れが泊まったところ妻が産気づいたため、夫が産婆を呼ぶ間に妻を殺したが、それは自分の娘だった（『東白川の昔話』昭四六、八三）。

（中村祥子）

アッコロカムイ

㊩アトゥイイナウ　アイヌに伝わる、船を沈めるほど巨大なタコの化け物。内浦《うちうら》湾の主だともいう。アッ「紐《ひも》」コロ「〜を持つ」カムイ「神」の意味で、これは巨大なタコに限定された名称である（通常のタコは「アトゥインネ」）。アトゥイイナウ（アトゥイ「海」イナウ「木幣《もくへい》」）ともいう。エゾノリュウキンカ（キンポウゲ科の草花）が海に流れて変化したものだとも言われ、その出自をあばかれて退散するという説話もある。

⇩ぬし

事例　〔北海道虻田村（現・洞爺湖町）〕アトゥイナ（アトゥイイナウ）は内浦湾の主であるという。このタコは約一ヘクタールほどもあり、漁師の舟をひっくり返し、弁財船をも呑むとして恐れられていた。そのため、昔はこれに備えて舟に大鎌を用意したという。この大タコの住むところは、その上空までもが体の色によって赤く輝いて見えるので、そういうところは避けたという（『人類学雑誌』二九（一〇）、大三、四〇七-四〇八）。

（遠藤志保）

アトゥイカクラ

アイヌに伝承される巨大なナマコ。アトゥイは「海」、カクラは「キンコ（ナマコの一種）」の意味。タコほどの大きさであるという。内浦《うちうら》湾に住み、流木などに口で吸いついては海上に浮かび上がり、近づいてきた船などをひっくり返す。報告例はそれほど多くなく、吉田巌《いわお》が『帯広市社会

教育叢書三　愛郷譚叢』などで紹介した伝承以外には、ほとんどないようである。

⇨ぬし

事例　［北海道虻田村（現・洞爺湖町）］内浦湾には、非常に大きなナマコの一種がいて、アトゥイカクラという。口で流木などに吸いついて海上に浮かび、知らずに近寄ってきた漁船などをひっくり返すことがあり、昔から恐ろしいものだとされた。アトゥイカクラは人文神が川で洗っていたモウㇽ（女性の下着）が海に流れこんだものだが、神の持ち物をそのまま腐らせるのはもったいないので、化してアトゥイカクラになったのだと昔から伝えられている（『愛郷譚叢』、昭三二、一〇）。（遠藤志保）

アトゥイコㇿエカシ

㊫レプンエカシ　アイヌに伝わる、海に住む巨大魚。アトゥイ「海」コㇿ「〜を領有する」エカシ「老人」の意。口を開けば天に届くとされるほど、体長が大きい。同様の巨大魚には、レプンエカシ（レプン「沖の」エカシ「老人」）やオキナがあるが、アトゥイコㇿエカシは室蘭《むろらん》近海の、レプンエカシは内浦《うちうら》湾の主《ぬし》とされる一方で、オキナは主《ぬし》とされることはないらしく、性質を異にすると考えられる。

⇨ぬし、オキナ

事例　［北海道虻田村（現・洞爺湖町）］アトゥイコㇿエカシは、舟をも呑むという巨大な化け物で、室蘭近海の主。しばしば見たという人間もおり、室蘭の輪西から大黒島の方にアトゥイコㇿエカシが出ていったのを見て、老人たちは恐れていたという。体の色は少し赤いが、同じく室蘭近海に住むアッコㇿカムイ（大タコ）とは別のものだという（『人類学雑誌』二九（一〇）、大三、四〇八）。（遠藤志保）

アナイシㇼ

アイヌ語で「死者」あるいは「死者の霊」を言うが、あまり用いられない語であるともいう。アイヌシㇼ（沙流）、アイシㇼ（美幌、屈斜路）という言い方もあり、同じものを指すと考えられる。この他にも「幽霊」をあらわすアイヌ語には、「トゥカㇷ゚（アイヌトゥカㇷ゚）」、「ライカムイ」など複数あるが、これらの語の違いや使い分けについては未詳の部分が多い。また、藤村久和《ひさかず》『アイヌの霊の世界』では、アイヌの古老に「幽霊」というものをどのように捉えていたのかを尋ねても、明治以降の書籍・絵・テレビなどの影響もあって、はっきりしないと述べられている。

⇨ゆうれい

事例　［北海道平取町］アナイシㇼと対面する場合は、背を向け右手のこぶしを前へ突き出し、肘を屈伸させながら「なんだそのざま、なんだその姿」と何回も言うものだという（『萱野茂のアイヌ語辞典』平一四、二二四）。（遠藤志保）

あなぐま【穴熊】

⇨たぬき

あのよ【あの世】

⇨ぐそー、じごく

あふぃらー・まじむん

㊫あひらー・まじむん　沖縄で伝承される妖怪。あひるの幽霊で、股をくぐられると死ぬとされる。石を投げつけるとたくさんの蛍になって、身の回りを飛び交うが、鶏の声で消え去る。

⇩とりのかいい、まじむん

事例　①［沖縄県］農夫が夜道で怪しい家鴨に会う。しきりに股をくぐろうとするので石を投げつけたところ、たくさんのジンジン（蛍）になって身の回りを飛び囲まれたが、鶏の声が聞こえたら消え去った（『郷土研究』五（三）、昭六、四一）。②［沖縄県那覇市］夕方六時頃、細い道を歩いていると日の丸鉢巻きをした一匹のアヒルが追いかけてくる。よく見ると旧日本軍の軍服を着ている。いつの間にか消えていた。このアヒルは、日本兵に食べられて骨が投げ捨てられたものだという（『沖縄の幽霊』平一二、一二六―一二七）。

（田村明子）

あぶらすまし【油すまし】

㊫あぶらずまし【油ずまし】　熊本県天草《あまくさ》の草隅越《くさずみごえ》という峠（現在の草積峠）に出た妖怪。この妖怪を巡る事例に関しては、浜田隆一が「油ずまし」の名で報告した一件を数えるのみである（『天草島民俗誌』、昭和七）。浜田の報告を、柳田國男が「民間伝承」誌上の「妖怪名彙」において「アブラスマシ」として紹介した。

今日、「油すまし」の名が広く全国区で知られるようになったことに関しては、漫画家・水木しげるの仕事を抜きにして語れない。水木は、解説付きの妖怪画で「油すまし」を描き、また『ゲゲゲの鬼太郎』『悪魔くん』等の人気漫画にもこれを登場させた。作家の京極夏彦が指摘するように、水木は柳田「妖怪名彙」に載るスナカケババ、コナキジジ、イッタンモメン、ヌリカベ等に独自の姿を与え、『ゲゲゲの鬼太郎』における鬼太郎の味方として設定した。油すましも、同様の経緯を経て水木漫画に登場し、広く全国区でその名を知られるようになった。

水木は、口承のみで伝わり、姿の描かれてこなかった油すましに独自の姿を与えたが、その際には、江戸期に作られた文楽人形の首《かしら》のデザインをほぼそのまま用いている（今井秀和「現代妖怪図像学」『怪』一八）。具体的には、齋藤清十郎『日本の首』等に載る写真を参考にしている（「タンコロリン」等も同様）。京極は、水木が「蓑」「杖」など、民俗学において「まれびと」（来訪神）の装束と考えられている要素を妖怪の造形に役立てていることも指摘しているが、油すましは、その最たる例である。

近年、草隅越に程近い栖本町河内にある三体の石仏が「すべり道の油すましどん」と呼ばれていることが、地元からの報告で明らかになった。浜田隆一による「油ずまし」の報告との間にどのような関係があるのかは不明であるが、名称の類似および報告地が近接していることは興味深い。

事例　［熊本県天草郡（現・天草市）］栖本村字河内と下浦村との境に草隅越というところがある。ある時、一人の老婆が孫の手を引きながらここを通り、昔、油ずましが出おったという話を思いだし、「ここにゃむかし油瓶さげたとん出よらいたちゅぞ」というと、「今も一出るーぞー」といって出

てきた（「天草島民俗誌」『日本民俗誌大系二』昭五〇、一三四）。（今井秀和）

〔参考文献〕京極夏彦『妖怪の理　妖怪の檻』平一九、角川書店。

草隅峠（今井秀和撮影）

あぶらとり【油取り、脂取り】

㊖あぶらしぼり【油搾り、脂搾り】　人間から油や血をしぼりとる妖怪、場所、またはしぼりとられそうになったという話。昔話や世間話として全国的に伝承される。

昔話の場合は「怠け者が働かないで食べさせてくれると言われ、人里離れた一軒家へ行く。そこは人間の脂をしぼりとるところで、自分も危うく脂をしぼりとられそうになるが、夢だった。」というような教訓話的な例が多い。脂取りの正体は様々。はっきりしない場合もある。『日本昔話大成』では「脂取り」として逃竄譚《とうざんたん》に分類されている。逃げる途中で隠れる場所が囲炉裏の上である点に逃竄譚の特徴の一つをみることができ、話の伝承と囲炉裏端の問題に通じる事例としてもあげられる。

世間話としての伝承は、明治維新後に出された、戸籍法、徴兵令などが、人々の不安を煽り、「外国に連れて行かれて脂や血をしぼりとられる」という流言が広まった事例などがある。中には高知の「膏《あぶら》取騒動」など社会的騒動へと発展したものもあった。

また、文献上では、慈覚大師が纐纈城《こうけつじょう》から逃れた話として、『今昔物語集』『打聞集』『宇治拾遺物語』などの説話集に記されている。纐纈とは絞り染めの一種であるが、話の中では人血を染料として絞り染めの布を作る城となっており、地獄のイメージとの類似性が指摘される。

柳田國男が纐纈城式風説を一種の伝統的不安と述べているように、これらの話は社会的不安が背景となっていると考えられ、それぞれの伝承の場に応じた検証が求められる。また、人や動物の油や血に関する民俗などから見直すことができると思われる。

⇩ことりばあ

事例　①〔岩手県紫波郡〕怠け者の男が願掛けすると足の向くままに行けとお告げがある。山奥に立派な舘があり女がご馳走をしてくれる。女が留守のとき奥座敷を覗くと、太った男が逆さに吊るされて膏をしぼりとられている。男が逃げ出すと荒くれ者が追いかけてくる。一軒屋にかけこむと見張りの婆がいるが俵の中に隠し囲炉裏の上に吊るす。荒くれ者がきて俵を切り落としたところで、男は神社の高縁から落ちて目が覚めた（『紫波郡昔話集』昭一七）。②〔島根県〕夕暮に、路で遊ぶ子供が見えなくなると「子取りぞ」が奪ったという。「子取りぞ」は、子供の油で南京の皿を焼く者だという（『郷土研究』二（四）、大三、四八）。③〔高知県土佐清水市〕明治二二年の頃、遠奈呂の林区（営林署支部）に異人さんが来たが、異人さんは女子の膏を取ると言ってお茶を汲んでいく子はいなかった。（『聞き書　明治生まれの土佐』昭六一）。④〔岩手県土淵村（現・遠野市）〕「油取ガ来レバ、戦争ガハジマル。（油取リハ、人間ノ油ヲ取ルモノダト想像サレテキル見知ラヌ旅人。）」（『なら』大一四、三）。⑤〔平壌（現・朝鮮民主主義人民共和国平壌市）〕「日本ハ「ガソリン」不足ノ為十五才以上ノ未婚ノ女子ヲ供出サセテ之ヲ殺シ油ヲ取リ「ガソリン」代用ニ使フサウタ」（「憲兵司令部資料」『近代庶民生活誌』四、昭六〇、五三）。（高塚さより）

〔参考文献〕赤坂憲雄「油取り譚」『現代詩手帖』四、平二。佐竹昭広『酒呑童子異聞』昭五二、平凡社。橘弘文「膏取り一揆と託宣」『大阪明浄大学紀要』三、平一五。

あぶらなせ【油なせ】

旧家に出没する妖怪。当時、現在に比べ貴重であった油を家人が粗末に使うと出てきて、「アブラナセ」と言ってくる。アブラナセとは「油を返済せよ」という意味である。当時の村人の説では正体を、病死したその家の次男が化けたとしている。

事例 ①〔新潟県三条市〕家人が油を粗末に使うと、すぐ出てきて「アブラナセ」と言ったという。アブラナセとは「油を返済せよ」という意味である。それは病死をしたその家の次男が化けて出たともいう（『越後三篠南郷談』大一〇、一〇）。②〔新潟県〕旧家にアブラナセという妖怪がいた。家人が油を粗末に使うと、すぐ出てきて「アブラナセ」と言ったという。アブラナセとは「油を返済せよ」という意味である（『民間伝承』四（六）、昭一四、一六）。（中村遼）

あぶらび【油火】

㊩あぶらかえし【油カエシ】、こうせい【鵁鶄】　大阪、滋賀などにおいて、初夏の闇夜や冬の寒い夜、あるいは雨の降る夜にあらわれるという怪火。『諸国里人談』、『古今百物語評判』など近世の怪談集にも、同様の怪異が記載されている。多くの場合、生前に寺社の油を盗んだ者の魂とされているが、狐や狼などの動物が火をともしているとする地域もある。

⇩かいか

事例 ①〔大阪府〕昆陽池の北堤のあたりでは、初夏の闇夜や冬の寒い日に、アブラカヘシという怪火がともる。かつて中山寺の油を盗んだ者の魂だというが、狐の嫁入りとも、狼が火をともして行くともいう（『民間伝承』五（五）昭一五、五–六）。②〔滋賀県甲南町（現・甲賀市）〕六月一日になると、油日岳の山頂に火がともるという伝承があり、油日岳の「油日」とは、本来「油火」であったと考えられる（『民俗文化』一三一、昭四九、一〇九七–一一〇四）。（三柴友太）

あぶらぼう【油坊】

夏の夜に飛ぶ火の玉のこと。照明用の油を盗んだ者の霊だといわれている。盗んだのが坊主なので、炎が僧侶の形に見えるというところもある。近世の『諸国里人談』には比叡山の西の麓に油坊が飛ぶとし、道元の火もこの類のものだろうとしている。また、全国に同様の話があるという記述も確認できる。

⇩かいか、ひのたま、りんか

事例 ［滋賀県秦荘町（現・愛荘町）］金剛輪寺の本堂に燈明の油を指す坊さんがいた。この坊さんが、遊びのためにこの油を売ってしまう。そして遊びに行こうとしたが病気によって死んでしまう。その翌日から山門にその幽霊が出るといううわさが広まった。その幽霊は油を持ってかすかな声でしきりに何かをつぶやく。今でもこの油坊はでるという（『民俗文化』一八、昭四〇、一一二）。（山田栄克）

アフンラサンペ

アウ（あの世）・ウン（に住む）・ラサンペ（化け物）＝「あの世に住む化け物」の意。アイヌに伝わる不吉な鳥。コノハズク、コミミズク、ヨタカなどといった鳥であるという。また、ケナシウナラペの正体であるとする伝承もみられる。

⇩ケナシウナラペ、ふくろう

事例 ［北海道幌別村（現・登別市）］この鳥が野山に作った枯枝の小山を間違えて拾い焚いてしまうと、家の近くまでやって来て夜通し恐ろしい声でチャランケ（談判）してくるという（『分類アイヌ語辞典 動物編』昭三七、二一六-二一七）。（矢崎春菜）

アペサマタソモアイエプ

アペ（火）・サマ（の側）・タ（で）・ソモ（否定）・アイェ（人が言う）・プ（もの）＝「火の側で言わぬもの」の意。アイヌに伝わる、沼に住む巨大な化け物。火の側のような温かい所では元気なため、そこではその名を言ってはいけないという。サクソモアイェプとほぼ同じものと思われる。

⇩いけ・ぬま・しみずのかいい・れいげん、サクソモアイェプ

事例 ［北海道千歳市］形は舟を伏せたようなもので足があり、口の周りは真っ赤な布を縫いつけたようである。陸上を歩くと、その部分の木が枯れるという（『アイヌ語千歳方言辞典』平七、一七）。（矢崎春菜）

あべのせいめい【安倍晴明】

平安時代の実在の陰陽師。九二一年に生まれ、一〇〇五年に没した。天文博士を経て主計権助、穀倉院別当などを務めた。子孫の土御門家が陰陽頭を務め、近世には全国の陰陽師を統括する位置にあったことが、安倍晴明の伝説化、そのイメージの伝奇化に力があったと推察されている。

説話文学における晴明の活躍は、時空を超えて現代でも小説やマンガに素材を提供し続けている。『今昔物語集』『宇治拾遺物語』をはじめ、『大鏡』や『古事談』『続古事談』などが主要なものである。なかでも『古事談』における晴明の前世が那智瀧の行者であったとするもの、『宝物集』における三井寺との交渉を語るものは、陰陽道が修験道や密教と密接にかかわっていたことを示している。

全国各地の安倍晴明伝説を調査・分析した高原豊明によれば、晴明伝説は、各地で

の多様な晴明像を生み出すに至っており、それは陰陽師の管理を超えてさまざまな展開をみせている。それらの多くは晴明に代表される陰陽師の呪的な力を物語るものであるが、文芸の面からも、晴明の出生が異類婚姻譚（狐女房）と結びつけられ、さらに芸能としても成長しており、その受容を示すものも多い。そのなかでとりわけ注目すべきなのは生活必需型の性格を持つ塚・井戸・屋敷にまつわるものであろうとされる。こうした伝説の背景には陰陽師のみならず、陰陽道の知識を駆使し得た宗教的な職能者の中近世における活動が推測されるのであるが、他の多くの宗教的職能者との区別は甚だつけにくい。かえって「晴明」を固有名詞と見ずに、陰陽道の知識を駆使する者をさす一般名詞と考えた方がよいのかもしれない。そうすることで、逆に晴明伝説から庶民生活における陰陽道のイメージや痕跡を探ることが可能になるであろう。

⇩きつねにょうぼう、せいめいづか、しきがみ

事例 ①［京都府亀岡町（現・亀岡市）］田圃の中に古い欅の木が一本あるが、もとは安行山に聳えていたものを、現在の地に移し植えたもので、昔安倍晴明が戦塵の一日も早くおさまることを祈願して安行山に籠った際に、この欅の木の下で祈祷したという。その念力が籠ったせいか今日に至るまで、この木を傷けると祟りがあるという（『旅と伝説』一〇（九）、昭一二、七六）。②［神奈川県鎌倉市］晴明さまの石を踏むと、バチがあたる。車が石の上を通ると、車がひっくり返る。この石を知らずに踏めば、足が丈夫になり、知っていて踏めば、足が悪くなったり、病気になったりする。足が悪くなったら、足を清水で洗い、塩や線香をあげて拝むと直るという。だからこの石をビッコ石ともいう。（晴明の）井戸は、鎌倉の四方ガタメの井戸で、ここにアンテイヤシキという黒漆屋敷があった。屋敷には稲荷様を祀っていた。この家は晴明が火伏せの呪をした吉相の家で、頼朝が伊豆から出てきて一時住んでいた所である。だから、新宅の火伏せには、晴明さまが霊験がある、山ノ内に大火事がないのは、晴明さまがいるからだと信じられている（『西郊民俗』九四、昭五六、一〇）。

（小池淳一）

〔参考文献〕高原豊明『晴明伝説と吉備の陰陽師』平一三、岩田書院。林淳・小池淳一編『陰陽道の講義』平一四、嵯峨野書院。繁田信一『陰陽師』平一八、中央公論社。繁田信一『安部晴明』平一八、吉川弘文館。

あまざけばば【甘酒婆】

夜中に、「甘酒は無いか」などといって軒ごとに戸を叩く。この問いかけに返事をすると病気になる。戸口に杉の葉を吊るすとそれを防げるという。また、戸口に甘酒や酒は嫌いだと書いて貼っておくと来なくなるという。

⇩ほうそうがみ

事例 ①［青森県］疱瘡の神の姿は赤い頭巾と赤い着物を着た子供の姿である。甘酒婆の問いかけに答えると病気になる。杉の葉を吊るすことでそれを防ぐことができる（『旅と伝説』一三（六）、昭一五、一四）。②［山梨県］山の中にはアマザケバンバア

という怪物もいて、毎夜村里の戸口を訪れ、「あまざけよしか、酒よしか」といって売りにくる。甘酒が嫌いであることを紙に書いて戸口に貼っておくと、その翌日からはアマザケバンバアが来なくなった（『ひじろ』一一、昭三八、一）。（磯貝奈津子）

あまさんちゅう

運の弱い人。奄美諸島の加計呂麻《かけろま》島薩川《さつかわ》では、アマサンチュウはユーレイ（幽霊）に身体を害されることがある。

⇩れいかん

事例 ［鹿児島県瀬戸内町］加計呂麻島薩川集落では、ユーレイの姿は「コーマブルシャンチュウ（霊感の高い人）」にはよく見える。ユーレイは、青い色や黒い色で人間の形をしているが足は見えず、空中を飛んで歩いている。このユーレイに、アマサンチュウは身体を害されることがある（『南島研究』二二、昭五六、三三）。（澤井真代）

あまてらすおおみかみ【天照大神】

類 あまてらすひるめのみこと【天照日女之命】、おおひるめのむち【大日孁貴】 記紀神話に登場する女神。皇祖神であり、また太陽神的性格を持つ。古代日本の各地にあった太陽信仰が、皇室形成の過程で吸収され、天照大神に統一された。記紀中の天《あまの》岩屋戸《いわやど》神話は、日食や冬至祭の起源神話とされる。天照大神は伊勢神宮（現・三重県伊勢市）に祀られ、後に神仏習合の影響を受けて大日如来の垂迹と考えられるようになる。近世以降、お伊勢参りの流行とともに民間信仰として広まる。

⇩いせじんぐう、だいにちにょらい

事例 ［愛知県］三河国の百姓が東照宮の神勅を受けて医師になった。頭に浮かんだとおりに薬を調合すると、諸人の病は悉く治った。後に伊勢国を歩いていたところ、空中に天照御神が現れて、心が真っすぐなため東照宮の神慮に叶ったのだという神勅が下った（「巷街贅説」『日本随筆大成 別九』一三三）。（田村明子）

あまのじゃく【天邪鬼】

類 あまのしゃぐ、あまんじゃく 古典や昔話にたびたび登場するが、正体や姿形は曖昧である。性別も不明である。名はアマノサグメ（天探女）に由来するといわれる。『古事記』によれば、天照大御神の言葉を伝える雉の声を「不吉」と偽り、天若日子《あめわかひこ》の死の原因を作ったのがアマノサグメである。柳田國男は、あまのじゃくの性質として「人間や神の望みを邪魔すること」「憎らしくはあるが滑稽味を帯びること」等を指摘している（『桃太郎の誕生』）。折口信夫の説では、あまのじゃくは土地の精霊であり、神が土地を開拓する時邪魔をするあまのじゃくは、芸能や狂言の起源でもある（『鬼の話』）。また、仏教で仁王や四天王の足下に踏まれている小悪鬼もあまのじゃくと呼ばれる。あまのじゃくが仏神や僧の行為を邪魔する物語を伝える地方もある。全般的にあまのじゃくは石や山との関係が深く、しばしば奇石や山の起源譚と結びつけられる。山の怪異現象であるヤマビコと同一視され、山父《やまちち》やサトリと互換性を持つこともある。昔話の世界では、「瓜子姫」で姫の敵対者として登場するあまのじゃくがよく知られている。詭弁を弄して姫や爺婆を騙すあまのじゃくを、山姥とする話もある。以上の如く、あまのじゃくはきわめて多面的であり、その正体は謎に包まれている。

⇩さとり、やまちち、やまびこ、やまんば

事例 ①［新潟県柏崎市］昔、羅石《らせき》明神が越後と佐渡の間を連結しようと橋を架ける工事をはじめたが、眷属の中のアマンジャクが鶏の声を真似したので、明神たちは欺かれ、橋は出来なかった（『郷土研究』一（一）、大二、五八）。②［愛知県］アマノジャクは親の言うこととの反対のことをした。母は死ぬ時、アマノジャクの行動を予測し、わざと自分の死体を川へ投げよと言った。アマノジャクはこの時だけは母の言いつけを守ったが、命日の時に困り、トンビになって死体を探している（『民俗学』三（九）、昭六、四〇-四一）。③［長野県下條村］ひでりが続くので、農民はあまのじゃくを利用することにした。あまのじゃくをつかまえ、「雨が降らん」というと、あまのじゃくはすぐに「雨が降る」と反対した。にわかに大雨になったという（『伊那』一九（一）、昭四六、三八）。④［鳥取県中山町（現・大山町）］炭焼きが人間の考えを見通すあまのじゃくに出会う。何も思うまいとすると、火のついた竹がはぜてあまのじゃくにあたり、難を逃れた（『伝承文学研究』二二、昭五四、三、六八-六九）。⑤［福島県南会津郡］昔婆さんが川で拾った胡瓜から、女の子が出て来た。瓜姫と名付けられたその子は、機織り中にあまのじゃくに食われた。あまのじゃくは姫に化けたが、正体が露見し、退治された（『あしなか』七六、昭三五、二四-二五）。⑥［鳥取県］あまんじゃくがモッコに土を運んで来たが、こぼれたのでそのままにして逃げた。それが大路山と雲山にある山である（『因伯民談』一（二）、昭一一、七六）。⑦［岐阜県上宝村（現・高山市）］双六の岩波橋の傍らに盤の石がある。昔天邪鬼が小葉石《こっぱいし》を双六の盤としていたが、負けた方が怒って盤を投げたので、山麓に落ちて盤の石となった（『民族学研究』八（三）、昭一八、一一五）。

（横山泰子）

〔参考文献〕折口信夫「鬼の話」『古代研究民俗学篇第二』大岡山書店、昭五。柳田國男『桃太郎の誕生』三省堂、昭八。

あまのまひとつのかみ【天目一箇神】

『日本書紀』等に記述のある独眼の神。鍛冶の神ともされる。

⇩ひとつめこぞう

あまびこ【天彦、尼彦】

類あまびこにゅうどう【天彦入道】予言する怪異。近世後期から近代初頭にかけてかわら版や護符として流行した。かわら版には、天彦が現れ、災厄の予言とその回避策として自身の絵姿を貼り置くよう告げたことが記され、天彦の図像が描かれる。図像は多様で、人魚や猿のような形状をもつものもある。一方、予言内容やその対処策は類型的なものであり、天彦以外の予言する存在を描いたものも多い。例えば、『暴瀉《ぼうしゃ》病流行日記《びょうりゅうこうにっき》』によれば、安政五年（一八五八）、御神武烏なるものが災厄を予言し、自らの姿を仰ぎ信心すれば助かると告げたとされ、甲府ではその絵姿を神棚に祀ることが流行したという。

⇩くだん

事例　［秋田県］西郷合戦の前、天彦入道の像を白紙に書き、表裏の戸口に貼れば悪魔除けになると噂になり、地蔵尊様の形をした入道を墨絵でしたためた（『旅と伝説』一〇（五）、昭一二、三二）。（及川祥平）

あまびこ
（錦絵「猿のかたちの光物」国立歴史民俗博物館蔵）

あまびと【あま人】

死ぬ前に抜けた霊のこと。

⇩しのよちょう

あみだにょらい【阿弥陀如来】

西方極楽浄土にあって、衆生を救済するという仏の名。この仏を信仰すれば、村落の災厄や疫病を防ぎ、日照りに雨を降らせ、村の異変を予言するなどの利益がえられる。信者の夢枕にたち、難病を治し、有事にはその身代わりとなって危機を救うなどの加護があるとされる。一方で、仏像を盗む、粗末に扱うなどの不道徳な行いをしたものには、災いと戒めがもたらされる。人々の前に現出するとき、その多くは金色の姿をなし、光明を放つ。化身は美しい女性であるともいう。琉球でアミダノフトゥギは、あの世の最高位にあたる神である。

⇩にょらい

事例　①［長野県下伊那郡］日照りが続くとき、裸になった男たちが津島神社の阿弥陀様を天竜川で洗うとどしゃぶりの雨になる（『伊那』一九（一二）、昭四六、三七）。②［岩手県東和町（現・花巻市）］怠け者の若い衆がとっ組み合いをして、相手の腕をもぎとった。翌朝、阿弥陀如来像の片腕が無くなっていた。若い衆は反省して働くようになった（『常民』二九、平五、一二二）。

（岡田真帆）

あめふりいし【雨降り石】

㊍あまごいいし【雨乞い石】　日照りなどで雨を望む時に、人が石に対して何らかの行為をすると雨が降るとされる石。小石を投げつける、または雨乞いの祈祷をすると雨が降ると言われている。

⇩いしのかいい

事例　①［岩手県松尾村（現・八幡平市）］字長者屋敷の東北にある林の中の、中央に凹みがある石は、障ると雨が降ると信じられ恐れられている（『旅と伝説』三（一一）、昭五、三五）。②［宮城県仙台市］青葉区片平丁の茂庭周防屋敷の西角の石垣には雨降り石とお天気石があった。晴雨を祈るとき、どちらかの石に小石を投げつけたという（『宮城県史　二二』昭三一、二三八）。③［新潟県金井町（現・佐渡市）］新保の寺沢五兵衛家の小堂には雨乞い石がまつられており、干ばつの時には村々が石を借りて雨乞いの祈祷をしたという（『新潟県史　資料編二三』昭五九、六四八）。

（田村真実）

あもれをなぐ【天女】

類あまをなぐ【天女】、あむろ【阿室】、あもろがみ【アモロ神、阿室神】 天から下りてくる女。羽衣天女と同類の説話が多い。一方では、白風呂敷包みを背負った姿で、泉や村境の辻などに現れる。アモレヲナグが現れる時は、晴天でも雨あるいは小雨が降る。着物の左褄をまくりあげ、下裳を覗かせ誘惑する。アモレヲナグが勧める柄杓の水を飲むと命を失うという。

⇩てんにょ

事例 ①［鹿児島県笠利村（現・奄美市）］山仕事の休憩中、男の前に美女が現れ、柄杓の水を勧めた。男は女を睨みつけ誘惑を振り払ったところ、女は消えた（『旅と伝説』一七（一）、昭一九、三七）。②［鹿児島県笠利村（現・奄美市）］山仕事の休憩中小雨が降り、男の前にアモレヲナグが現れ、自分の素性を明かさないという約束で男に結婚してくれと頼む。しかし、男は、生まれた子どもの母親がアモレヲナグであることを村人に口外してしまう。アモレヲナグは怒り、男の命を奪った（『旅と伝説』一七（一）、昭一九、三七-三八）。

（保科友希恵）

あやかし

類ほうづ 正体がはっきりしていないものの総称。水死人の亡魂とも亡霊ともいわれている。海に多く出没し、海幽霊などと同じようなものとされている。海に出没するアヤカシは、人を呼び、声に呼ばれて来た人を殺したりする。山に出没するアヤカシは、呼び声につられて来た人を山奥へと迷わす。

⇩ようかいのこしょう、ニッネカムイ

事例 ①［大阪府］海上で時化《しけ》があると、船客は窓を締め切って船底にじっとしているものだ。そのような時にほうづという長い物が現れ、船の上を通ることがある。これが通り過ぎるのには時間がかかる。このことからキリがないことを「ほうづがない」とも言う（『郷土研究上方』九〇、昭一三、四六-四七）②［広島県］子どもの頃、日が暮れてから父親に背負われ陶晴賢《すえはるかた》が切腹した所を通っていると、父親の髪が急に1本立った。どうしたのかと父親に尋ねると父親は言葉を制して真言を唱えた。すると髪は寝た（『広島民俗』三七、平四、一六-一七）。③［広島県］海から「こっちに来い」という声が聞こえてくる。声に呼ばれて行ったら死ぬ（『広島民俗』三七、平四、一二六）。

（中村遼）

アㇻサルㇱ

アイヌの伝承に現れる化け物。アㇻ「一つの」サㇻ「尾」ウㇱ「〜に付く」の意。多くの場合は熊のような化け物だといわれる。その具体的な姿についての描写は比較的少なく、赤毛で尾が長い（北海道・地域不明）、耳の先と尾の先に少しだけ毛が生えているがその他は毛がなく、歯は上も下も長い牙をむき出している（北海道門別町）などとされる程度である。説話では、非常に気が荒く、人や他の動物を襲うものとして語られる。

事例［北海道新平賀村（現・日高町）］一匹のメス狼が子供たちと暮らしているところへ、上あごの牙と下あごの牙が露出して食い違い、歯ぐきも露出して引きつれているといった姿のアラサルシが現れてメス狼と戦う。共倒れになろうとしたとき、狼の子供が天の国に住む父狼に救援を求める。父狼が下りてきてアラサルシを倒し、狼は親子そろって天の国へ帰った（『神謡・聖伝の研究』昭五二、一五八−一五九）。（遠藤志保）

あらはばき【荒脛】

東北地方を中心に伝承される民間信仰上の神。宮城県多賀城市市川の荒脛神社にもまつられている。『宮城県史　二二』（昭三一、三一八−三一九）によれば、塩土翁神《しおつちのおじ》が製塩法を教えた時に、燃料の釜木を刈り出しに来た所で、藪《やぶ》のため茨で神の両脛《りょうすね》が傷だらけになったため、社名を荒脛としたという。脚気など足の病に利益があり、願をかける時に木綿や藁で作った脚絆、ハンバキを奉納する。また、安産や性病・婦人病など、腰から下の健康祈願や病気平癒にも利益があるとされ、木製の男根や赤い布製の女陰が多く奉納されている。（田村真実）

あらぶるかみ【荒ぶる神】

⇩かみのたたり

あらみたま【荒魂】

⇩かみのたたり

ありどおしみょうじん【蟻通明神】

賢い父親を持つ中将が、唐の皇帝から朝廷に課せられた「七曲の玉に糸を通せ」などの難問三題を、父の教えにより解き明かす。中将は後に大阪泉佐野市長滝の蟻通明神として祀られる。昔話「姥捨て山」として知られるこの話は『枕草子』二二三段に記載されるほか、『法苑珠林』棄父部・『祖庭事苑』にも類話があり、汎アジア的な説話といえる。蟻通明神は霊威を持つ神としても知られ、下馬せずに前を通ると必ず落馬させられるという。

事例　［大阪府泉佐野市］長滝蟻通神社の由緒。中将に一人の賢い父親があった。唐の皇帝から朝廷に送られた難問を三度に渡り解決し、蟻通明神として祀られたという。第一の難問は木の本末、第二は蛇の雌雄、第三は七曲の玉に糸を通してみよという問題。中将は、蟻を二匹捕えて腰に糸を結び、片方の穴に蜜を塗り、もう片方の穴から蟻を入れてみよとの案を父から授かった（『旅と伝説』一三（一二）、昭一五、七四）。（五十嵐大晃）

あるく【歩く】

人は死ぬ前に歩くという。青森県の伝承。

⇩しのよちょう

あわつきおと【粟搗き音】

アイヌに伝わる音の怪異で、穀物を搗《つ》くような音が聞こえてくる現象。搗きものをしている音が、どこから、どのように聞こえてくるかによって、その年の豊凶や津波の襲来などを予測する手立てにしたという。久保寺逸彦《いつひこ》『アイヌ民族の宗教と儀礼』によると、地下から聞こえる搗きものの音は、ポクナモシリ（死者の国）からのものだという。

⇩おとのかいい、ポクナモシリ

事例 ①［北海道幌別村（現・登別市）］炉ばたで寝ているときなど、ふと地下で盛んに穀物を搗いているような音が聞こえてくることがある。そういう年は豊作だという（『分類アイヌ語辞典　人間篇』昭五〇、六〇二）。②［北海道沙流地方］枕に頭をつけていると、戸外の幣場《ぬさば》の方で穀物を搗いている音が聞こえることがある。その音が臼に綿でも入れて搗くように静かに聞こえればその年は豊作だが、空臼をつくように、それも急ピッチで搗くような音だと、その年は冷害などで不作になるという（『分類アイヌ語辞典　人間篇』昭五〇、六〇二）。

（遠藤志保）

あわび【鮑、蚫、鰒魚】

ミミガイ科の巻貝の総称であり、食用としても馴染みの深い貝である。貴人や神の乗る船を沈没から救ったり、大鮑が嵐を呼んだりしたといった話が伝わっている。

事例 ①［新潟県赤泊村（現・佐渡市）］出羽の羽黒山から勧請されてきた羽黒権現が海を渡り佐渡へ向かう途中、船底に穴があいてしまった。その時、大鮑が船底の穴にすいつき、浜に辿り着くことができた。そのため羽黒の氏子衆は鮑を採りも食べもしないようになったという（『新潟県史　資料編二三』、昭五九、四七五）。②［千葉県浪花村（現・御宿町）］海岸に住む大きい鮑にふれると海が荒れると伝えられていた。むかし、美しい海女が、海が荒れると漁に出られずに男が会いに来てくれるからと、大鮑に他の鮑を投げつけていた。ある日、一度に大量の鮑を大鮑に投げつけると、大しけがおこり二人とも海に沈んでしまった（『総南文化』三、昭三九、三）。

（岡田浩司）

あんばさま【阿波様、安波様、安婆様】

千葉県・茨城県・福島県・宮城県・岩手県などの太平洋沿岸の、主として漁村で信仰されている神である。船や漁業の守護神としてまつられる。茨城県稲敷市阿波《あば》の大杉神社が阿波様の総本宮とされる。小祠としてまつられている場合もあるが、祠をもたず、臨時にまつる場合もある。まんなおし（不漁直し）や、まんゆわい（大漁祝い）の時、船主に対して休漁の要求をする時にまつられる。阿波様をまつっている時に、船を出すことや海に入ることは禁じられている。禁を破ると、他の船の人から制裁を受ける。

事例 ［福島県平市（現・いわき市）］休漁の規則を破ったのがもとで、人殺しになりそうな大事件を起こしたり、網を波にたくさんとられたりした。これはあんば様のたたりだと伝えられている（『福島県史　二三』昭三九、五五七–五五八）。

（田村真実）

い

イウェンテプ

⇩オコッコ

いえぎつね【家狐】

類うちぎつね【家狐、内狐】 主に山梨県で報告されている狐の憑きもの。山陰地方の人狐、関東のオサキ狐、九州西南部の野狐と同じく、特定の家に住みつき、その家に財産をもたらしたり、気に入らない者にとり憑いて病気にしたりする。

⇩おさきぎつね、きつね、つきもの

事例 ［山梨県上野原町（現・上野原市）］家が貧しくなった時には、イエギツネが米を体毛の間にはさんで、どこからともなく運んで来る（『井戸の民俗』六、昭五四、五九）。

（近藤祉秋）

いがとうめ【伊賀専女】

伊賀では白狐をこう呼ぶ。

⇩きつね

いきいし【生き石】

⇩いしのかいい

いきかえり【生き返り】

類よみがえり【蘇り】、よみじがえり【黄泉路返り】、よもじがえり【よもじ返り】 死者が、再び息を吹き返すこと。死者の霊魂は、死の直後はまだまわりに浮遊していると考えられていた。なかには、四十九日間は家の棟に留まるとする地域もある。それゆえ、死者の名前を呼ぶと生き返ると信じられ、屋根の上から死者の名前を大声で呼ぶ「魂呼ばい」などの習俗が全国的にみられた。生き返りの伝承の中には、実際に生き返った人が語る話もある。多くは三途の川を渡ったり、立派な船に乗ったり、また花畑を歩いたりしている時に、どこかで自分の名前を呼ぶ声がしたので引き返したという。これらの伝承に描かれている、死への世界に至る場面は、現在の臨死体験者が語る場面と多くの共通点があって興味深い。なお、「生き返り」は死者の霊魂が再び元の身体に戻ることを指すのに対し、「生まれ変わり」は、死者の霊魂が他人や動物として生まれてくることを指す。いずれも、霊魂は不滅であり、生から死へ、そして再び生へと循環するという霊魂観が背後にある。

⇩さいのかわら、たまよばい、むかえにくるふね

事例 ①［京都府舞鶴市］お花さんという婆さんが、花のたくさん咲いた綺麗な野原を緋の衣を着た坊さんに導かれて歩いて行った。すると後ろから自分の名を呼ぶ声が聞こえたので、ふと振り向く途端に気がつき、生き返った（『旅と伝説』六（七）、昭一八、一一三）。②［山梨県御影村（現・南アルプス市）］御影村の野牛島《やごしま》である人が死んだ。お葬式をしてから四十九日の間、毎晩お墓へ燈籠を上げた。死んだ人が旅をするため、真暗ではいけないと唐傘をさし、お天気が

続いてノドが乾いてはいけないと水もあげた。家の人が三日の間お籠りをしていると、三日目に墓の中で「助けてくりよう」と唸るので、家の人がびっくりして掘ってみると息を吹き返していた。その後その人は丈夫で長生きした。だから人は死んでも一日一晩置いてみないとわからない（『民間伝承』一〇（三）、昭一九、三二）。③〔新潟県下田村（現・三条市）〕村のゴンゾウという家で、七つの男の子が死んだため、逆さ屏風を立てて寝かせ、葬式の準備をしていた。そのうちに、子どもがヨモジガエリ（ヨミジガエリ、生き返り）した。その子は三月ほど生きたが、また死んだ。その子に「お前、どごまで行ってきた」と聞いたら、「おら、川のどこまで行ってきた」という。「お前、川を渡ったか」と聞けば「あ、川を渡った」という。川を渡れば、ヨミジガエリをしても、また死ぬものである。むこうに見えた川は、三途の川だということだ（『新潟県史　資料編二二』昭五七、一〇二五）。

（安井眞奈美）

いきにゅーど【いき入道】

人を食う入道。神奈川県三保村（現・山北町）の伝承。

⇩みこしにゅうどう

いきまぶい【生きマブイ】

生きている人間のマブイ（魂）。

⇩まぶい

いきみたま【生御魂、生見玉】

㊫いきだま【生魂】　生者の魂の意。盆行事として存命の親に魚などを供する儀礼、すなわち生盆《いきぼん》をいきみたまという。藤原定家の日記『明月記』の天福元年（一二三三）七月一四日の条に記載があり、鎌倉時代初期まで遡る古い習俗であることがわかる。兵庫県香美村では、両親が健在の家では盆の一四日に塩鯖二匹を茗荷の葉の上に並べて食べるという。折口信夫は、いきみたまについて、一族の長者の霊にめでたくあれと祝うことが元来の意味だと説いている。また、精進料理を常とするお盆に魚を用いるのは、柳田國男によれば、祝い事をするものを新精霊の死穢から隔離するためだという。

⇩いきりょう

（常光徹・鄧君龍）

いきりょう【生霊】

生きている人間の霊。一般に、恨みを抱いた相手に取り憑き、災いをもたらすものをさす。『源氏物語』の六条御息所の事例が最もよく知られる。御息所の霊は光源氏と関係を持った女性たちの許にあらわれ、彼らを悩まし、死に追いやった。御息所は無意識のうちに生霊となっており、その間のことはおぼろげにしかおぼえていなかったという。

多くの場合、生霊となるきっかけは、御息所と同じように、恨みや妬みなど強いマイナスの感情に求められる。ただし、好意や些細な関心によって相手に取り憑く場合もあった。憑かれる相手は、恨みの対象となる本人、あるいはその近親者であり、家畜や作物など所有物に災いが及ぶこともあった。

生霊になるのは主に女性という見方が強く、憑かれる相手も女性が多いとする地域もある。特定の家系に生じる、いわゆる「憑きもの筋」と見なす事例もみられる。

生霊の祟りから逃れるために、憑かれた相手は祈祷師に憑き物おとしを依頼したり、まじないを行ったりした。これは、死霊や動物霊に対する場合と同じである。ただし、死霊などに比べて、生霊はおとしづらかったという。また、生霊となった人物も非業の死をとげると考えられた。

こうした災いをもたらす事例とは別に、死を直前にした人が、生霊となる場合も知られる。彼らは霊となって遠方の近親者の許に向かい、意識を取り戻した後、いつ誰のところに訪ねたか、はっきり語ったという。また、巫女の口寄せで、生きている人の霊を呼び出すこともあった。死んだ人の霊を呼ぶ死口に対して生口《いきくち》といい、主に相手の安否を確かめるために行われた。

南西諸島では、他地域とは異なる現象が見られた。マブイ（魂）が身体から離れると、病気やけがが起こるというもので、その際には祈祷師によりマブイグミ（魂籠め）が行われた。相手に取り憑いて災いをなすものは、イチジャマなどと呼ばれた。

⇩いちじゃま、いきみたま、ゆうれい、れいこん

事例 ①〔京都府京都市〕お梅という娘が養子を迎えた。この養子が母親とできてしまい、母は娘を色々と苦しめ、そのことが村中で評判になった。娘は病気になり、憑きもののように狂った。百万遍の僧が数珠でなでて理由を尋ねると、母の生霊が憑いていることがわかった。憑きものは落ちたが、娘は衰弱して死んでしまった（『郷土趣味』三（九）、大一一、一二）。②〔高知県大方町（現・黒潮町）〕ある夫婦が寺に訪れ、妻の祈祷を依頼してきた。病人に御幣をつけた榊をもたせて大般若経をとなえると、御幣を持った手が荒々しく動き出し、問いかけに対して大根がほしくてたまらないと答えた。そこで大般若経一巻を肩のあたりに打ち付けたところ、ばったり倒れて正気に戻った。その後、何があったか尋ねると、昨日隣の人に畑から採ってきた大根をほめられたが、何もあげずに帰ってきてしまった、この後すぐ大根をもっていこうと思う、と答えた。憑いていたのは、その隣人であった（『土佐民俗』一六、昭四五、一六－一七）。

（徳永誓子）

〔参考文献〕桜井徳太郎『沖縄のシャーマニズム―民間巫女の生態と機能―』昭四八、弘文堂。

いくさのおと【戦の音】

古戦場や落ち武者の墓などの近くで、刀を打ち合う音や鎧のすれ合う音、鬨《とき》の声や軍馬のいななきなどが聞かれる音の怪異。旧日本軍の連隊跡地や八甲田山で軍靴の響きが聞かれるというのも、この伝承の系譜に属するものだろう。

⇩おちむしゃ、おとのかいい

事例 〔岡山県勝山町（現・真庭市）〕星山集落の二ヶ所の五輪塔は討ち死にした敵同士の墓で、弓矢の唸りや刀を打ちあう音が聞こえるという（『あしなか』三一、昭二七、二七）。

（飯倉義之）

いくれいじん【イクレイ神】

人に憑く神で正体は狸だといわれる。

⇩たぬき

いけ・ぬま・しみずのかいい・れいげん【池・沼・清水の怪異・霊験】

池は、水を供給する大切な場所である。だが、深く水をたたえていて、底がみえない池に対しては、人々は恐れも抱いてきた。こうした背景から、池には河童やクモなどの妖怪が現れるとされた。河童は人の尻子玉を狙うといい、クモは人や牛馬を池に引き込もうとすると伝える。怪異としては、二つの火が現れる、すすり泣きの声が聞こえるといった話や、姿を映すと引き込まれるという影取の話のほか、片目の魚や片葉の葦の伝説がある。

また、池には、水の神秘性から、大蛇や竜が棲むと信じられた。とくに大蛇は嫁を求めて女を引き込もうとすると伝えていて、人に敵対する存在として捉えられてきた。竜神は雨乞いの対象となる。入水して非業の最期を遂げた人物が、のちに姿を変え、大蛇や竜といった池の主になったとする例も多い。このほか、池の底には異世界が存在すると信じられてきた。そのため、水底で女が機を織り、その音が聞こえるという伝承がみられる。

沼は、湖ほど水深はないものの、沈水植物が生え、泥が多く、底が見えない。そのため畏怖の対象となり、恐ろしい妖怪が棲むとされてきた。ヌノガラミ、サクソモアイエプ、そして河童などである。怪異としては、沼から捨てられた子の声が聞こえる、片目の魚や片葉の葦など、池の場合と同様の伝承がみられる。沼の主が旅人に手紙を託すといった文使いの話もある。そのほか、大亀と大蛇が争うといった、沼の主同士の闘争譚がある。

清水では、弘法大師が水のないところに水を湧出させたといった霊験譚が目を引く。高僧といった偉人と結びつけて清水の由来が伝えられてきたことがわかる。

⇩いけのかみ、かがみがいけ、ごぜんぶち、たき・たきつぼのかいい・れいげん、はたおりぶち、ひととりぶち、やしゃがいけ、わんかしぶち

事例 ①［滋賀県浅井町（現・長浜市）］雨を降らす約束を果たした夜叉ケ池の主である蛇が、武士になって現れ、娘を望む。娘はそうした因縁だと語り、嫁の姿となって池に入水する。その後、里帰りして、その寝所をのぞくと大きな蛇だったという（『日本伝説大系 八』昭六二、二一七―二二〇）。②［高知県長浜町（現・高知市）］宇賀の長者の留守中、旅の山伏が長者の娘に結婚を申し込む。強引なため、娘は乳母と逃げ、池に身を投げる。山伏もあとに続く。これよりこの池に人の飛び込む音や、女の泣き叫ぶ声がしたので神社をまつったという（『旅と伝説』一一（五）昭四、九）。③［青森県田子町］昔、布沼という大きな沼があった。そこにヌノガラミという沼の主がいた。布に化けて沼のほとりの垣根に掛かっていて、村人が取ろうとするとからみつき、沼に引き入れてしまうという（『日本の伝説二五 青森の伝説』昭五二、一四）。④［北海道幌去村（現・平取町）］「サキソマイエプ。沼に居る蛇形

の怪物」（『北海道あいぬ方言語彙集成』平一、一七九）。⑤〔千葉県白浜町（現・南房総市）〕弘法大師が芋を望む。老女が石芋だからと断わると、芋は石芋となり、捨てたところから水が沸く。芋が生えているため芋井戸と呼ばれる（『日本の伝説六　房総の伝説』昭五一、九九）。（入江英弥）

〔参考文献〕荒木博之ほか編『日本伝説大系』全一七巻、昭五七–平二、みずうみ書房。

いけづき【池月】

磨墨と並び称される名馬で、各地に伝承が残る。

⇩うま

いけのかみ【池の神】

類いけたがみ【池太神】　池の底にいる神。干ばつで水が不足した際に祈願すると雨を降らしてくれる、池に落としたものを拾ってくれるなど、人に加護をもたらす一方で、災いをなすこともある。

⇩いけ・ぬま・しみずのかいい・れいげん

事例　①〔山梨県早川町〕昭和三〇年頃、木を切り出していた人夫がイケタガミサンの太鼓を鉈で傷つけたところ、機械に巻き込まれ腕を切り落としてしまった。一方、社を作る際に落下した作業員は助かった。途中で誰かが受け止めてくれたような感じがしたので、イケタガミサンが助けてくれたのではないかといわれている（『雨畑の民俗』平一、七一）。②〔茨城県神栖町（現・鹿嶋市）〕不漁のため、神社に鳥居を奉納すると約束したところ、魚が取れるようになったが、神は鳥居と娘のおとりを聞き違え、大蛇が娘をもらいに来た。娘は抵抗したものの力尽き、池に引き込まれたか、蛇に姿を変えられたという（『茨城の民俗』六、昭四二、八六–八七）。（後藤知美）

いけのぬし【池の主】

⇩ぬし

いげぼ

鬼火の地域呼称であり、三重県渡会郡での伝承である。柳田『妖怪名彙』によると「伊勢度会郡で鬼火をイゲボといふ。他ではまだ耳にせぬので、名の由来を想像し難い。」とあり、なぜイゲボと呼ばれているのかは現在でもわかっていない。

⇩おにび、ごったいび

事例　〔三重県度会郡〕岡山県地方ではゴツタイビとよび、三重県度会郡では、昔これをイゲボといったという（『宮城県史　二一』昭三一、四五三）。（阿部宇洋）

いしがみ【石神】

⇩いしのかいい

いしづちさん【石鎚山】

愛媛県西条市にある、標高一九八二メートルの西日本最高峰の山。古代から山自体が信仰の対象となっており、修験道の修行場として記録されている。霊場であるため、登山中などにおける怪異が報告されている。

事例　①〔高知県月灘村（現・大月町）〕石鎚山には一週間くらい行をして登る。山の中で髪をとくといつの間にか弁当の中に髪の毛が入る、虫を殺すと白い着物に血がつくなどの不思議な現象が起こるという（『民俗採訪』昭和三九年度号、昭四〇、三五）。②〔愛媛県関前村（現・今治市）〕家を移す際、石鎚山から受けてきた御神体も一緒に移したところ、夜物音がして寝られなかった。おみくじを引いたところ、元の場所から動きたくないとの託宣であったため、元の場所に戻すと安まった（『民俗採訪』昭和四二年度号、昭四三、三四）。（田村真実）

いしなげげんじょ【石投げげんじょ】

㊫いしなげんじょ　五月ころ霧の深い夜に海で漁をしていると、近くで岩が崩れる大きな音が聞こえる。次の日音がした方に行っても何も変化がない。空木倒《そらきだお》しや天狗《てんぐ》礫《つぶて》などと同様の幻覚の一種か。海姫・磯女と同系ともいわれる。イシナゲンジョは石投女の意とも考えられる。

⇩いそおんな、そらきがえし、てんぐつぶて

事例　①〔佐賀県鳥栖市〕江島にはイシナゲンジョがいるという。五月の霧もやの深い夜、漁をしていると、突然岩が崩れ落ちるような大きな音がする。翌日音のした辺りへ行ってみても何もない。これをイシナゲンジョというのだという（『俚俗と民譚』一―二、昭八、六）。②〔長崎県崎戸町（現・西海市）〕肥前江ノ島でいう海姫の磯女などの同系だという。五月の霧の深い晩に突然岩の崩れる音が聞こえ、翌日そこに行っても、何も変わったことも無いという（『民間伝承』三（一一）、昭一三、一一）。（三村宜敬）

イシネレプ

㊫イシネカプ　イ（それが）・シネレ（化けた）・プ（もの）＝「化け物」の意（北海道南西部）。北海道東北部及び樺太では、同じ意味だが「イシネカプ」という。アイヌに伝わる化け物で、動植物が人間の姿に化けたうえで、人間に危害を加えるもののこと。イワンレクトゥシチロンヌプやペンタチコロオヤシがこれにあたる。

⇩ペンタチコロオヤシ

事例　〔北海道荷菜村（現・平取町）〕オキクルミ（伝説の主人公）の妹に恋をし、イシネレプ（人間に化けた狐）がオキクルミの家へ行く。しかし尻尾が出てしまい、狐は逃げたが、捕まってみじめな死に方をした（『神謡・聖伝の研究』昭五二、一四三―一四五）。（矢崎春菜）

いしのかいい【石の怪異】

石もしくは石化は、しばしば時間の停止あるいは生命力の枯渇を意味する。土地で採れる里芋が全て石になったという、いわゆる弘法伝説の一つである石芋・くわず芋の話はその一例である。しかし石にまつわる不思議の伝承からは、むしろ石に生命力や霊性を感じることが前提とされる。たとえば信仰対象など特別視される石は、人工／自然を問わず、しばしば祟るとされる。その石に直接関わる場合（事例①）はもちろん、信仰対象に関係する石の転用（事例②）や、信仰対象を取り巻く植生（事例③）などでも同様である。その前提は、石に何らかの神霊が籠もり、周囲に影響するとの観念である。これが現在でも一般通念であることは、墓石の改葬などに際し魂抜《たまぬ》きと呼ばれる儀式が執行されることからも、う

かがえる。

日本における「石」の象徴性を考えるに際し、『古事記』が伝えるイハナガヒメ・コノハナノサクヤビメ姉妹の挿話は無視できない。開花した木《コ》の花《ハナ》（桜）が美と短命（時間性）を象徴するのに対し、醜さと永遠性とを象徴するのが「石長比売《イハナガヒメ》」すなわち岩石である（『口語訳古事記神代篇』）。この石の永遠性を、きわめてゆっくりと成長する意味だとすれば、さざれ石あるいは生石伝説となる。高木敏雄『日本伝説集』では石伝説として、一間ほどある石が当初は袂に入る大きさだったと伝える「袂石」や、軒下に埋めておくと数が増える「那智石」などを取り上げている。これらは石に生命が籠もるというよりは、事例④と同様に石そのものが生命体としてみなされているといえよう。

⇩いしふり、おしゃくじさま、おっぱしょいし、おにいし、せっしょうせき、たていし、てんぐつぶて、ばけいいし、やのねいし、りゅうせき

事例 ①［長野県下條村］下條さまの身内の若侍が病にかかり大変苦しんでいた。熱にうかされ石の上に身を横たえて亡くなった。人々はこの石には若侍の霊が宿っていると信じ、石を粗末にすると祟ると言い伝えた（『伊那』八二四、平九、二六―二七）。②［茨城県笠間市］山にある大日如来を移転した際、不要になった石段をぬかるんでいる道に敷いたところ、運んだ村人が不幸になったので、また元に戻した（『茨城の民俗』三一、平四、六一）。③［三重県栗真村（現・津市）］村の女が病気にかかり、占いの結果、石神を囲う叢林の枯枝を燃やした罰だと分かった。その後、叢林を苅る者もなかったが、他所から村へ来た人が祝日に鏡餅と灯明をあげるようになり、その家の人々だけは叢林の枯枝を燃やしても何の咎めもなかった（『民俗学』一（三）、昭四、六八）。④［岡山県笠岡市］伊予の石屋が白石島にある「みくに石」という大岩を切ろうとすると、割れ目から流血した。石屋は切るのをやめて伊予に帰り、石屋もやめた。その後この人は、なにをしたかは判らないが、大金持ちになったという。「みくに石」の流血跡は今も黒く残っている（『岡山民俗』一三五、昭五四、七）。　（土居浩）

〔参考文献〕高木敏雄『日本伝説集』大二、郷土研究社。三浦佑之訳注『口語訳古事記神代篇』平一八、文春文庫。

いしふり【石降り】

㊮つぶていし【礫石】、とびぜに【飛び銭】、ひれき【飛礫】　突然どこからともなく石が降ってくる怪異現象のことで、音だけしかしない場合もある。降る物は石や小石のほかに銭、毛、蜘蛛の巣など様々で、それらの石や銭はふつうのものと何ら変わりはないという。昔は各地に見られた現象のようで、ポルターガイスト現象の一種とする見方もある。

⇩いしのかいい、かんろ、てんぐつぶて、やのねいし、らいふ

事例 ①［宮城県仙台市］元禄二年（一六八九）の六月、東一番丁の大町刑部《おさかべ》頼利《よりとし》の家に無数の小石と百数十枚の銅銭が降った。その後、中島丁に屋敷替えとなったが正徳六年（一七一六）五月一二日にまた銭

が降り、三月間で二五枚になった。（『宮城県史 二二』昭三一、二八八）。② ［京都府京都市］寛政七年（一七九五）二月二〇日頃、烏丸下立売の人家と武家屋敷で石を打つ音がした。降ってきた石はそのあたりにある石であった（「閑窓自語《かんそうじご》」『日本随筆大成 第二期八』三一四-三一五）。（財津直美）

いしゃとう

類 むぬ　与論島だけでいわれる妖怪。片足で人の高さほどあり、常に立っている。浜にいて、貝などを拾って食べる。飛ぶこともあり、沖や他島から渡ってくるともいわれる。形ははっきり見えず、影の様なものであるという。人を迷わせ、夜に珊瑚礁でいざり漁をする。

⇩はたぱぎ

事例 ① ［鹿児島県与論町］夕方に漁船の前に、似た形の舟が走っていることがある。この後についていくと、危険な目にあうことがある。イシャトウの仕業だろう（『奄美民俗』二、昭三六、四七）。② ［鹿児島県与論町］大島のケンムンに性格がよく似ている。体格は小さく、子供くらいという。夜いざりをする。魚の目を抜き取ったりする点が似ているが、人はだまさない。火になって飛ぶともいわれている（『琉大史学』六、昭四九、三六）。（磯貝奈津子）

いせじんぐう【伊勢神宮】

三重県伊勢市に鎮座する神社。天照大神《あまてらすおおみかみ》を祀る内宮と、豊受大神《とようけのおおみかみ》を祀る外宮の二つの正宮を総称して呼ぶ。皇祖神と同時に国家守護の最高神。古代には朝廷の祭祀の対象として私幣の奉納は禁じられたが、平安末期より、御師《おし》が全国を巡回して信仰の拡大に努め、各地に分祀され多くの神明神社が建立された。室町時代以降は信徒集団である伊勢講が各地で形成された。江戸時代には熱狂的かつ大規模な集団参詣であるお蔭参りが定期的に発生し、伊勢神宮の札が降ったとの噂は幕末のええじゃないかの引き金ともなった。

⇩あまてらすおおみかみ、ふだふり

事例 ① ［宮城県］お伊勢様が自分に降りてきたと言っても周囲は信じず、魔神だから祓えと言われて祓ってもらった（『日本民俗学』一七三、昭六三、一六）。② ［愛知県南知多町］ある人の家に伊勢神宮の神札が降り、夜が明けて家人が発見し大騒ぎとなった。神札は屋根にも家の裏にもあった。話を聞いた村人がお祝いの言葉を言いに現れ、その家では盛大な祝宴を挙げた（『みなみ』七六、平一五、三三）。（池田浩貴）

いそおんな【磯女】

類 いそおなご【磯女子】、うみひめ【海姫】

乳から上は人間の上体に似ており、下半身は幽霊のようにぼやけている。声を掛けようとすると鋭い叫び声をあげ、相手を硬直させる。他所の港に碇泊するときは、磯女に生き血を吸われないように、苫の屋根の藁毛を三本着物に乗せる、艫綱《ともづな》を伝わってくるから岸に結ばないなどするという。

⇩いしなげげんじょ、うみにょうぼう、ぬれおんな

事例 ① ［長崎県］漁をしてはならない

と言い伝えられる大晦日の晩と盆の一七日の晩に、一人で漁に出た者が、成果をあげたので帰ろうとすると、闇の中から何者かの声がし、横顔を殴りつけられ、床から離れることなく死んだ。磯女の祟りだといわれる（『旅と伝説』八、昭三、七〇-七一）。②［長崎県北松浦郡］磯女と海姫様は同じもの。正体は水死者。凪の日に女の姿で出て、海の中にある魂を陸に帰してくれるよう、船頭に頼む（『常民』二、昭三八、三九）。

（磯貝奈津子）

いそてんぐ【磯天狗】

㊫うみてんぐ【海天狗】　位のない天狗。人を化かす、魚を盗むなどの悪戯をする。遭遇した際はわらじを頭に載せて念仏を唱えるとよいと言われている。

⇩てんぐ

事例　①［愛知県一色村（現・西尾市）］採った魚が無くなっていたら、磯天狗の仕業である。「左京さん」は天狗と問答をして連戦連勝であったが、ある時せき立てられて杓を忘れて行ったら負けて二つに裂かれた。それは、彼の妻の出産の穢れのせいでもある。また、天狗に連れられて金比羅様や江戸に行ったものもいる（『民間伝承』一五（七）、昭二六、一〇）。②［愛知県南知多町］おじいさんが若かったころ、鳶ヶ崎に漁に行ったとき、今にも雨が降り出しそうな暗い夜だったが、たいまつに火をともし、魚をとっては腰のびくに入れていた。面白いほど魚がよくとれ腰のびくはずっしり重くなった。突然あたりが明るくなったので驚いて空を見上げると海田の海の方から大きな火の玉が二、三こちらに飛んできた。磯天狗と思いわらじを頭に載せ一心に念仏を唱えた。そのうち火の玉は南の方へ飛んで行ったが、びくの中の魚はなくなっていた（『みなみ』七三、平一四、四八）。③［三重県北牟婁郡］海辺で、木の下に魚を積んでおくと、磯天狗が磯で火を焚いてみせるという（『宮城県史　二一』昭三一、四四八）。

（中村遼）

いそなで【磯ナデ】

イソナデは尾の長い鮫。磯端で尾で打つ。海辺で亡くなったことを「磯ナデになでられた」という。

⇩さかなのかいい

事例　［三重県熊野市］イソナデは尾の長い鮫。磯端で尾で打つ。海辺で死んだ人がいると「磯ナデになでられたんだろう」などという（『民俗採訪』昭和三四年度号、昭三五、五二）。

（中村遼）

いそゆうれい【磯幽霊】

⇩ふなゆうれい

いそらがみ【磯良神】

宮城県色麻《しかま》村（現・色麻町）の磯良神社の祭神で河童神《かっぱがみ》さんとも称される。大崎義兼が松山城に攻める際や、その孫の義隆が辻堂城を攻める際に、磯良神の化身が現れて手助けをするという話が残っている。この社は地名も宮司の姓も河童であり、旧六月一五日の祭には社の裏を流れる河童川に、初生りの胡瓜を流して供えないうちは食べない風習があるという。また、安曇氏の祖神とされる阿曇磯良《あづみのいそら》も磯良神や磯良大神などと呼ばれている。

⇩かっぱ

事例　［宮城県色麻村（現・色麻町）］大崎左京大夫義兼が志田郡松山城に松山治部大輔治次を攻める際、長雨で鳴瀬川が増水し渡れなかった。その時、軍奉行中里豊後の船に一二、三の子どもが現れ、水棹をとって対岸に渡し、後続の船に綱を結び全軍川を渡って松山城を攻め落とした。後日、豊後の家に子どもが現れ、船を渡したのは上一ノ関の磯良明神であると告げて行方知れずになった（『宮城県史　二一』昭三一、三一五―三一六）。

（岡田浩司）

いたち【鼬】

姿を変えて人間を化かす。新潟県では小さな子供の姿をとり（古志郡、三条市、東蒲原群、十日市市など）、福島県などでは大入道に化けるといわれる（相馬郡、利根郡、南会津郡、大沼郡など）。新潟では他に娘の姿になったり（中魚沼郡）茶釜に化けて樹にぶら下がっている（北蒲原郡）などというが、これらは暗い夜道で出会う場合が多い。この他にも、姿は現さなくても様々なイタズラをおこない、ぱらぱらと砂をふらせたり（新潟県中頸城郡、栃尾市）、火柱を立てたりする（茨城県）。また何もいないのに足音がする（新潟県中頸城郡）、小豆をとぐ音（千葉県、群馬県利根郡、新潟県松代町）、ヤカンがころがる音（新潟県十日町）を立てる。このような怪音にかかわる伝承は全国的に見ればタヌキやキツネのしわざと言われている場合が多い。これらは説明のつかない体験や状況を説明する手段として、不思議な能力のある動物に原因を求めたものである。「正体」がタヌキ・キツネとなるか、イタチとなるかは生物学的な問題ではなく、伝承における心意の問題といえる。

　イタチの仕業として著名な「カマイタチ」は、報告が新潟県・福島県から東海地方、関西まで広い地域にまたがっており、特におぼえも無いのに刃物で切ったような深い傷ができ、不思議と血が流れないという現象である。特定の場所に頻発するとも言われる。古くは『黄華堂医話』（橘南谿、宝暦三―文化二年）に記述があり、越後のカマイタチというものは烈風でこれに当たれば死ぬとあり、地形によって陰の気が強まった毒の風であろうと分析している。風にまつわるカマイタチのイメージはすでにこの当時から存在していたようである。また同書ではカマイタチは鼬ではなく、風神が太刀で斬りつけるカマエダチであるという説も紹介している。この「構え太刀」説も現代まで伝わり、新潟県や愛知県南設楽郡、富山県砺波市などで確認されている。しかし両者とも近代に入るとカマイタチ現象の説明としては陰が薄くなり、かわりに真空発生説が唱えられるようになる。これは一見すると科学的であるが、実はカマイタチがつむじ風に乗ってやってくるという伝承から連想された説であるといえる。昭和四八年、集配業務中の郵便局員が「カマイタチ」によって負傷し、補償を巡って労働争議がおきる。真空発生説を採る郵政当局は「自然災害」とし、一方の局員側は「カマイタチは特定の地点に出没する」という伝承に基づいて勤務地の特殊性による労災を主張した。結局、人事院は気象台関係者による「空気のウズの中心に真空ができる事は気象学上ありえない」という意見を採用し、当該事件を「職務遂行中、なんらかの急激な動作か不慣れな動作による筋肉の異常な動きが原因」と結論付け、治療費の補償を命じる事となる。真空発生説という科学の仮面を被った「合理的」な説明が、結局は「迷信的」な想像の延長線上にあるに過ぎない事を示す興味深い事例である。

⇩おくりいたち、おこじょ、かまいたち、こってんぼうず、ちょうちんころばし、とまこ、みずいたち

事例 ①〔新潟県〕イタチはフキの葉をかぶってクルッとひっくり返ると、ツマオリ笠をかぶった娘に化ける（『新潟県史　資料編二二』昭五七、九〇二）。②〔富山県鷹栖村（現・砺波市）〕マオウサマが剣術をしているところに行きあたると剣の刃があたる。これがカマイタチである（『とやま民俗』一〇、昭五二、三）。③〔新潟県三条市〕翁坂に砂撒き鼬が出る、後ろ足で砂をかける（外山暦郎『越後三条南郷談』大一〇、四九）。

（広川英一郎）

いたちのひばしら【鼬の火柱】

⇩ひばしら

いちじゃま【生霊】

㊫いきじゃま【生霊】　沖縄で、他人に取り憑き害をなす邪術またその使い手をいう。使い手は非社交的、嫉妬、強欲等の性格的特徴を持つ。主に女性だが、男系・女系とも遺伝するとして通婚を忌んだ。

⇩いきりょう、つきもの

事例 ①〔沖縄県石垣市〕一六七六年にある女が生霊を仕って他の女を果てさせた、と告発され、評定所はその女を死刑に処した（『沖縄旧法制史料集成　三』昭四二、八）。②〔沖縄県名護市〕ある娘が咳をしてイチジャマヤシキの側を通ったため、その家のイチジャマの女に見つかり頭痛になった。アンキングヮ（脈を取る人）がウシヌキウガン（除災の儀式）をして治った（『沖縄県史　二二』昭四七、八二九）。③〔沖縄県〕イチジャマは土人形を刺して嫌いな人の体を痛める。また恨んだだけでも人を病にする。非イチジャマ系統でも深く憎めば相手を病にすることがある（『日本民俗文化資料集成　九』平一、一九七）。

（大里正樹）

いちもくれん【一目連】

㊫いちもくりゅう【一目龍】、ようかくふう【羊角風】　建物を壊すほどの暴風。一筋の風で、風の通り道以外は被害が無く、当たると裂けたような傷がつく。この風を羊角風といい、北国では一目連といい、俗にカマイタチともいわれる。

⇩かまいたち、ひとつめこぞう

事例 ①〔三重県桑名市〕多度明神の別殿に一目連というものがいる。災いがあるときは忽ち現れて救ってくれるという。洪水のときに人々が助けを求め、いまこそ一目連が現れて救ってくれるに違いない、皆で祈れ祈れと叫ぶと、その日の夜から急に水が引き、人々は助かったという（「猿著聞集」『日本随筆大成　第二期一〇』四三三－四三四）。②〔京都府京都市〕一筋の暴風が吹いて屋根を破り天井床畳までも吹き上げた。風の通

り道以外は被害が無かった。蛇が登るのなら雨が降るはずだが一滴も降らなかった。これは羊角風というものだろうか。北国では折々あることで、一目連と称する（『閑田耕筆』『日本随筆大成　第一期一八』三〇五）。

（磯貝奈津子）

いちょう【銀杏】

イチョウ科の樹木。巨木になると枝から円錐状の突起が生じ、これを「乳銀杏」といって信仰の対象となる。また伐ってはならない木の一つであり、粗末に扱うと様々な怪をなす。銀杏の精霊が若い女であるとする例は多い。

また高僧が銀杏杖を地面に挿したところ大銀杏になった、という伝承もある。

⇩きのかいい

事例 ①［鳥取県］銀杏は位の高い木なので、俗人の家の庭木には適さない（『因伯民談』四（二）、昭一三、七三）。②［山形県飯豊町］中津川の正光院にある大銀杏を住職が伐ろうとした時、夢枕に美しい女が立って命乞いをした（『民俗採訪』昭和二九年度号、昭三〇、六五）。③［宮城県仙台市］明暦年間のこと、称覚寺の道知和尚が銀杏杖を境内に挿したところ大銀杏となった（『宮城県史　二一』昭三一、二一九）。④［山口県平郡（現・柳井市）島］疫神様の銀杏を伐ってまな板にした大工は、死んでしまった（『常民』二三、昭六二、一〇四）。（中野洋平）

いつくしまみょうじん【厳島明神】

㊩いつくしまべんてん【厳島弁天】　厳島明神は、広島県の厳島神社の尊称である。『広島県史　民俗編』（昭五三、三一一）によれば、厳島明神は漂着神といわれ、佐伯鞍職《さえきのくらもと》の導きによって厳島に鎮座したとされる。

平家の氏神として崇敬されたため、平清盛の娘天女姫の伝承に登場する。厳島は全体が神域とされていることから、厳島にはカラス以外の鳥がいないなどの怪異や七不思議が報告されている。

事例 ①［広島県広島市南区］平清盛が娘の天女姫の埋葬卜定の事を厳島明神に祈り託宣を得た（『広島県史　民俗編』昭五三、一二二四）。②［広島県岩国市］周防国の岩国稲荷が遣わしたカラスの内二羽は厳島弁天が孵したもので、他の鳥は厳島には生息しない（『宝暦現来集』『続日本随筆大成　別七』二五六－二五七）。③［広島県］厳島の七不思議は、宮うつし貝、サルの口どめ、つもごり山伏、多賀江念仏、そとば石、満干岩、厳島の神馬である（『伝承文学研究』二五、昭五六、七六）。

（田村真実）

いっすんぼうし【一寸法師】

⇩こびと

いったんもめん【一反木綿】

水木しげるのマンガ作品『ゲゲゲの鬼太郎』において、主人公の鬼太郎を助け、共に戦う仲間として高い知名度を誇る妖怪。伝承地域は九州に集中している。布の単位である一反（約一〇・六メートル、幅約三〇センチ）の大きさといわれ、夜間に出現する性質を持ち、闇夜に紛れ人を襲う。ゲゲゲの鬼太郎に描かれた様相とは違い、目も手もない「布に似た」飛行物体の目撃談が多数を占める。伝承地の周辺では、土葬の際に木綿の旗を掲げ死者を弔う風習があり、その風習との関係が指摘されている。また、現代では、東京都、静岡県、兵庫県、福岡県などで目撃談が存在する。

事例 ①［鹿児島県高山地方（現・肝付町）］一反木綿という怪物。そういう形のものが現れてひらひらとして夜間人を襲う。大隅高山地方ではいう（『民間伝承』三七、昭一三、一二）。②［鹿児島県志布志町（現・志布志市）］某家の門前には、昔、椿の木があり、一反木綿がでたという（『民俗採訪』昭和六三年度号、平一、一八六）。 （阿部宇洋）

いっちくたっちくこぞう【いっちくたっちく小僧】

明治一〇年頃に飴売りが歌い流行した俗謡「いっちくたっちく」の調子にあわせて、夜中に溝の端を跳ねまわる、青白い顔をした小僧。

事例 ［大阪府大阪市］淡路町井池東南角には溝が流れていた。「いっちくたっちく太右衛門さんチンガラモンに追われて……」のいっちくたっちくという俗謡が流行した頃の夜中、瓦町の四ツ辻から何心なく北を見ると、真っ青な顔をした小僧が、いっちくたっちくの調子に合わせて、溝の端をヒョイヒョイ跳ねまわっていた（『民間伝承』一二六（二）、昭三七、八〇-八一）。 （保科友希恵）

いづな【飯縄】

㊮いいづな【飯綱】、えじな、えたかきつね【エタカ狐】、えづな【飯綱】、かせぎ、もうすけ　人間や馬に取り憑くとされる想像上の動物。その姿は狐か、一回り小さいムジナやリスのようだとされることが多い。ほとんどの場合、「飯縄使い」によって使役され、取り憑く。取り憑かれると気が狂う、いつもと異なる行動をとる、大食らいになるなどの症状がでると報告されている。他にいづなを使って占いもできた。

「飯縄使い」とは、いづなを使役していると信じられた人物に附せられた呼称である。その人物の実際は僧侶・神職・修験・陰陽師・巫女・行者など宗教的職務を専門とする宗教者から、そうでない素人まで幅広く存在する。彼らはいづなを飼育して使用するといわれる。ただ、いづなは繁殖力が強く、増えすぎると逆に飼育者の負担となる場合もあった。彼らは自他の求めに応じていづなを駆使する。ただしこの行為は表立って容認されるものではなく、もし露見した場合「ブラクハズレ」など何らかの社会的制裁を受けた。

狐が人に憑く例は古く『日本霊異記』にみえるが、人が狐を使う例は室町時代に入ってから確認できる。『看聞御記《かんもんぎょき》』などによると当時、狐を使役する呪術師を「イタカ」と呼称していた。江戸期に入ると文政一一年（一八二八）の『待問雑記《たいもんざっき》』などに飯縄使いの記録がみえる。

飯縄使いがいづなを使役したという報告は長野、山梨両県に際立って多く、次いで関東や東北にみえ、西日本では少ない。この分布は、長野県北部の飯縄山に座す飯縄権現の信仰圏と重なる。飯縄権現は白狐に乗った烏天狗として描かれ、いづなはこの使いであるという報告もある。ただ、神仏としての飯縄権現と、憑き物としてのいづなの関係は未解明の部分が多く、安直に同一視することはできない。

いづなを落とすには、同じような「飯縄使い」や様々な宗教者に祈祷してもらうか、三峰神社から「お犬様」を貰い受けてくるなどの方法がとられる。

⇩おさきぎつね、きつね、くだぎつね、つきもの

事例 ①〔青森県東通村〕エジナ（いづな）は狐のようなもので、人にも馬にも取り憑く。落とすには田名部のイタッコに頼まなければならない。エジナが憑くと大食漢になる（『民俗採訪』昭和三七年度号、昭三九、三四）。②〔長野県白馬村〕馬にいづなが憑くと、いつもと異なる草を食べ、よじけるように歩くという（『長野県史　三（二）』平一、八一八）。③〔長野県信州新町（現・長野市）〕イヅナ使いは行人《ぎょうにん》であり、狐使いともいう。イヅナが憑くと、とてつもないことを口走ったり、素足で山中を歩き回るという。落とす場合も行人に頼む（『下野民俗』九、昭四四、一二）。④〔岩手県九戸村〕昭和九年頃、ある集落にイヅナ憑きが多く出た。これは別集落の悪魔祓いなどの祈祷をしている別当が放ったものであるとされ、犯人とみなされた別当は「ブラクハズレ」となった。（『民俗採訪』昭和六二年度号、昭六三、一〇〇）⑤〔兵庫県尼崎市〕むかし飯縄使いという人がいた。いづなを使ってなんでもした。いづなが増えて困ると、飯縄流しをする。笠をかぶってそのまま川の中へ入る。すると笠の上にいづなが集まってくるので、それを脱ぎ捨てて流す。だから川で笠を拾ってはならないのだという（『近畿民俗』五五、昭四七、三五）。

（中野洋平）

〔参考文献〕西山克「媒介者たちの中世―室町時代の王権と狐使い」『中世都市史研究　市と職能民』平一三、新人物往来社。宮本袈裟雄「飯縄信仰の分類」『下野民俗』九、昭四四。

いっぽんだたら【一本ダタラ】

類いちがんいっそく【一眼一足】、いっぽんあし【一本足】、ひとつたたら【一つタタラ】、ひとつめたたら【一つ目タタラ】　山に住む一本足の妖怪で、出会った人を食べたり病気にしたりするという。特に熊野をはじめ奈良県吉野の伯母《おば》ケ峰《がみね》や果無山《はてなしさん》、和歌山県の那智山《なちさん》など、近畿地方に伝承が多い。こうした地域では一二月二〇日を「果ての二十日」と呼び、一本ダタラが山中を飛び回る日として恐れるなど、猪笹王《いのざさおう》の伝承との関連を思わせる。また、姿は見なくとも足跡を目撃したという話も多く、四国などでは雪の上に所々穴があいていると、それは一本足の足跡だと伝えられている。

⇩いのざさおう、しっけんけん

事例 ①〔和歌山県熊野地方〕熊野の山中には今でも一本ダタラという怪物が住むという。姿を見た者はいないが、幅一尺ばかりの足跡が一足ずつ雪の上に残っていることがあるという（『郷土研究』四、大五、二八）。②〔奈良県果無山〕一本足の怪物が一二月二〇日に人を害する（『伝承文学研究』三、昭三七、六八）。

（財津直美）

いとう

アイヌ語で「チライ」。大きなものは湖の主とされることがあり、十勝の然別湖に

はイワンオンネチェプカムイ（六倍の老大魚神）という巨大なイトウの主がいるという。

⇩さかなのかいい、ぬし

事例 ［北海道音更町］昔、猟師が追っていた熊が沼に飛び込んで逃げた。残念に思って見ていたところ、沼の中頃で熊が急に沈んでしまう。丸木舟を漕いで行ってみると、熊を飲み込み損ねたイワンオンネチェプカムイが、口から熊の掌の片方を出して死んでいた（『アイヌ伝説』昭五六、一九五）。（矢崎春菜）

いどがみ【井戸神】

⇩いどのかいい

いととりうば【糸取り姥】

㊮もめんひきばば【木綿引き婆】 人里離れた山の上で火あるいは行燈を灯し糸車をまわしている老婆。狸が化けたものであるとされる。老婆自体を鉄砲で打っても、次の晩にはまた火が灯り、老婆が糸車をまわしている。火をねらって打つと、次の晩から火が消え、糸車の音もしなくなる。

事例 ①［山形県］村の東山に毎晩一つ火が灯る。若者が、火が灯る先で糸車をまわしている老婆を見つけ、老婆を鉄砲で打ったが、次の晩また火が灯り、糸車をまわしていた。火をねらって打つと、次の晩から糸車の音が消えた。老婆のいた所には小判が散らばっていた。村の古老が言うには、老婆の正体は狸だという（『季刊民話』二、昭五〇、一二七–一二八）。②［福岡県福岡市］夜に大木が強風にどよめく音を樹の下で白髪の老婆が糸車をまわしている音だと子どもに聞かせていた。人が見に行くと恐ろしい目でにらんだという（『宮城県史　二一』昭四八、四五四）。（保科友希恵）

いどのかいい【井戸の怪異】

一般に井戸は、地下水を得るために掘った穴をいうが、古くは真水が湧く泉なども井戸と称し、生活に欠かせない飲用水などを確保した。人々の生活になくてはならないもので、共同井戸の場合は人々が集まる賑やかな場所となる。弘法井戸など、高僧の霊力によって湧き出したとされる井戸などが各地に伝わることからも、人間生活におけるその重要性が確認できる。病に効く水が出るとされる例があるように、神聖な水が沸くとの伝承もみられる。

だが深く水をたたえ、底がみえない井戸には畏怖心も生ずる。人間に落下と溺死の不安を抱かせる井戸は、神聖さだけでなく不気味な印象も併せ持つ。人工的に作られた井戸は地下へと垂直に深く掘られていることから、この世とあの世とを結ぶ通路とも考えられ、幽霊が出やすい場所と理解された。女性が井戸に身を投げ、その後、さまざまな怪異が起きるとする話は多い。大切な皿を割ってしまった女中・お菊が井戸に身を投げ、夜な夜な皿を数える声が聞こえるという皿屋敷の怪談は浄瑠璃『播州皿屋敷』で有名である。他にも井戸に誤って子を落とした乳母が入水し、井戸で乳母の名を呼ぶと泡がでるという伝説や、井戸から声が聞こえる、光り物が飛ぶ、などの例がある。これらも、霊が水辺に出やすいことのほか、井戸があの世への通路であると信じられたことが関係する。京都府京都市東山区の六道珍皇寺の、小野篁《たかむら》が地獄と行き来したと伝える井戸が好例である。また、井戸には小豆とぎや河童などの妖怪が出現するという言い伝えもある。その他、人が井戸に引きずり込まれたという話も多く、それは井戸神や、カムロ、影法師などのしわざとされた。また、井戸の水面で姿見をして映らないと死ぬという伝承などもある。

井戸に投げ込まれて死んだ、あるいは自ら井戸に身を投げて死んだ女を巡る話は枚挙に暇がない。映画化もされた鈴木光司の小説『リング』における怨霊「貞子」も、ビデオ画面に映った井戸から現世へと這い出して来る。井戸の底は人の命を左右する水に遮られて見ることが出来ない。従って井戸は現代においても何が出て来るか分からない不気味な縦穴として認識され続けているのである。その意味で井戸は、日常と異界とを結ぶ「境界」としての役割を今なお帯びていると言えよう。

⇩おきく、かっぱ、さらやしき

事例 ①〔島根県松江市〕正保年間に、松江の武士が秘蔵した皿一〇枚の内、一枚を下女が取り落として砕いた。その武士は怒って下女を井戸へ落として殺した。下女の亡魂は消えず、毎夜井戸の端に現れて皿の数をかぞえ、「一つ、二つ、三つ……九つ」といったあと、「一〇」とはいえずに「ワッ」と叫ぶ。ある時、知恵者の僧が来て、幽霊が「九つ」と言うやいなや「一〇」と言った。幽霊は消え失せ、再び出なくなった（『医聖堂叢書』大一二、八七二―八七三）。②〔新潟県三島町（現・長岡市）〕蓮華寺の姥ケ井は、預かった幼児を井戸に落として死なせてしまった下女が身を投げた井戸である。今でも「おばー」と呼ぶと、井戸の底から泡が浮かぶという（『三島町史 上』昭五九、六八二）。③〔徳島県名西郡〕井戸を覗くと影法師に引っ張り込まれる（『郷土研究』三（八）、大四、六〇）。④〔奈良県賀名生村（現・五條市）〕常覚寺の姿見の井に影を映して、はっきりと映らない人は死ぬという（『郷土研究』三（一〇）大五、五六）。⑤〔千葉県長柄町〕稲垣家には昼でも星の映る井戸があったので、屋号を星谷という（『長柄町の民俗』昭四七、二七〇）。

（入江英弥・今井秀和）

〔参考文献〕秋田裕毅『井戸』平二二、法政大学出版局。

いなご【蝗】

㊮いなむし【稲虫】 しばしば大群をなして襲来し、稲田を荒廃させる。よって農民から害虫として恐れられた。農民は、虫害を成仏し得ない霊魂の祟りであるとして、「虫送り」という行事により、祀り込めようとした。

⇩さいとうべっとうさねもり

事例 ①〔福井県〕斎藤別当実盛が越前篠原で手塚光盛にうたれるとき、馬の足が稲の切り株にかかって躓いたために無残な最期をとげることになったことから、実盛は稲の害虫になったと伝えられている（『郷土趣味』四（二）、大一二、一六）。②〔静岡県浜松市〕元亀三年合戦に敗れた武田方の軍兵が、淵に身を投げて死んだ。翌年そのあたりが稲虫に襲われたが、亡塊の祟りであると噂された（『郷土趣味』四（二）、大一

二、一八)。③〔長崎県〕壹州生まれの盗賊である熊沼植右衛門が、平戸で打首。獄門になった。その後、怨霊がいなごになって戻り、田を荒らした(『民俗学』二(三)、昭五、六二)。④〔広島県〕土用五郎の日は、斎藤実盛が死んで稲虫になった日である。この日、農民は稲田に入ることが出来ない(『広島県史　民俗編』昭五三、一二六二)。

(森本恵一朗)

いなだかせ【イナダ貸せ】

㊫あかとり、えながくれ【柄長くれ】、しゃくくれ【杓くれ】　航海中に海中から現れて、「杓くれ」と杓を要求してくる妖怪。杓のことをほかに「イナダ」や「アカトリ」、「エナガ」などと言う事から、地域によって名前が異なるが、基本は要求するものが名前になっている。こうした妖怪が出た時には絶対に杓を貸してはいけない。もし貸す場合には必ず底を抜いて貸さないといけない。そうしないと、その杓で海水を船にかけられ、船が沈んでしまうからと言われている。海に出る似たような妖怪に幻の船の姿を見せる船幽霊や、船をいくら漕いでも前へ進ませない海坊主などがいる。

⇩うみぼうず、ふなゆうれい

事例　①〔福島県浜通り地方〕イナダは船中に用いる水の杓で、それを貸せと言ってくるものが海にいる。それに行き会った船は、必ず底を抜いて貸さねばならない(『島』一(二)、昭八、八二―八三)。②〔愛媛県〕女の姿で海面に現れ「杓くれ、杓くれ」という。船には必ず底を抜いたしゃくを備えていて、シャククレが出たらそれを渡した(『伊予の民俗』五、昭五〇、五)。(熊倉史子)

いなぶらさん【稲叢さん】

イナブラさんの「イナブラ」とは、伊豆地方の訛りで「イナムラ」、即ち稲叢の意味であり、その名の通り田んぼの稲叢のような姿をした伊豆地方に伝わる妖怪。晩秋から初冬にかけて海上から吹きつける冷たい風雨である「ナライシブタ」に乗って現れ、人に覆いかぶさって、攫っていってしまうという。イナブラさんにかぶさられた人は、死骸も残らないといわれている。急いで逃げようとすると急いで追いかけられ、こちらが立ち止まると向こうも立ち止まるという。

事例　〔静岡県熱海市〕晩秋から初冬にかけてナライシブタが吹く頃、晩方時分に神社下の御浜付近を通ると、イナブラさんがやって来て人が攫われる、と怖れられていた。イナブラさんを見た人は何人もいるといい、とあるお婆さんが子どものころに追いかけられた際には、浜の家に飛び込んだために助かったものの、二、三人が隠されたそうである(『民間伝承』四五(二)、昭五六、五〇)。

(岡田浩司)

いなり【稲荷、伊奈利】

㊫おこんこんさま【オコンコン様】、おとうかさま【御稲荷様】、さぐじ【三狐神】、しちじゅうごじん【七十五人】、はつうまさま【初午様】　稲作に霊験のある神や、その眷《けん》属《ぞく》または使いとされる狐、およびそれらと交流する宗教者を指すことが多い。

『延喜式神名帳頭注』によると、『山城国風土記』には、既に「伊奈利」が稲神として祀られていたとする記述があったとされ、その信仰は八世紀以前に遡る可能性が高い。この神を秦氏《はたし》が祭った社が現在の伏見稲荷大社（京都市）であるという。

『類聚国史』によると八二七年に稲荷神の祟りで淳和天皇が病となる事件が起きた。これは東寺の塔木として稲荷神社の樹を伐った罪とされ、稲荷の怪異が真言密教を背景に語られる一因になったと思われる。『古今著聞集』には藤原忠実が真言僧に吒祇尼法《だきにほう》を行わせ、狐の尾を得た不思議から栄進を果たした話がある。『稲荷記』では、藤原鎌足がキツネから鎌を得て蘇我《そがの》入鹿《いるか》を誅したのは稲荷大明神命婦の霊験であり、その神と契ったのが真言宗祖弘法大師空海であるという。空海の実弟である真雅が書いたとする『稲荷大明神流記』には「告狐《つげぎつね》」の怪異が記されている。

⇩いなりさげ、おいつきさま、きつね、じじん

事例 ①［神奈川県山北町］初午の稲荷講では富士の行者が男にキツネを乗り移らせて年の豊凶や病気治療の託宣を得る。乗り移る時の状態を稲荷踊という（『神奈川県史 各論編五』昭五二、五九-六〇）。②［大阪府］飼い猫が行方不明になったとき西長堀の猫稲荷に祈ると戻る。御礼には土で猫を造って納める。この猫形を受けて家に置けば鼠が来ない（『浪華百事談』『日本随筆大成 第三期二』一二五二）。③［埼玉県蕨市］錦町では男を囲んで「トオカミエミタメ」などと唱えて稲荷をカジつかせ、作柄や災害、故郷の親の様子などについて尋ねた。稲荷がのりうつると足を組んだまま三〇センチも飛び上がったり榊《さかき》や拳で人の頭を叩いたりするが、本人は全く憶えていない（『西郊民俗』一二五、昭六三、一〇-一一）。④［愛知県江南市］村の産土神と崇められる稲荷は、昔旅人を殺しては金品を奪っていた駅舎の老婆が死んで祟ったので、里人が祀ったものだという（「塩尻拾遺」『日本随筆大成 第三期一八』一二六-一二七）。⑤［茨城県稲敷郡（現・龍ケ崎市）］女化《おなばけ》稲荷は農夫が助けた狐を祀った神社である。狐は女に化けて農夫との間に三人の子を産んだ。その子孫は狐に似ている（『民族と歴史』八（一）、大一一、二三一-二三二）。⑥［長野県小川村］怨みのある人はホウゲン様に頼んで稲荷を使う。憑かれた家は味噌が傷む。狐つきは背中に鼠のようなものがつき、目が見えなくなったりする（『民俗採訪』昭和三五年度、昭三六、一一二）。⑦［岐阜県恵那市］女の病人が急に起きて走って行き、七枚も油揚げを食べて稲荷の縁の下で座ったりしていた（『旧静波村の民俗』昭四六、一八七）。（中山和久）

［参考文献］山折哲雄編『稲荷信仰事典』平一一、戎光祥出版。

いなりさげ【稲荷下げ】

㊮いなりおろし【稲荷下ろし】 稲荷の神を招き寄せて託宣すること。また、それを行う人物のことで、ダイサン（代参）などとも呼ばれる。病気などの変事に際して、原因を尋ねるために行われた。稲荷以外の神や狐、狸が憑くことも多い。稲荷下げには、伏見稲荷で修行した者もおり、信者によって講を結び、参詣を行うなどした。稲荷・狐による託宣は各地で行われたが、「稲荷下げ」と呼ぶ事例は江戸時代から近代にか

あ

けての近畿地方周辺に集中している。

⇩いなり、きつね、たくせん

事例 〔大阪府〕大阪で稲荷下ろしをやると、難波のお福と阿波座の団尻吉兵衛という狸がよく出てくる。お福は料理屋の人形に憑いており、これが稲荷おろしに出てくると、代さん（ダイサン）はしきりに髪を気にする。吉兵衛が出てくると口囃子手拍子をする。ふたりは仲良しで、大抵同じ時刻に前後して出てくる（『民族と歴史』八（一）、大一一、一二〇五―一二〇六）。（徳永誓子）

〔参考文献〕久下正史「キツネとダイサン」『鶴山論叢』九、平二一）。

いにんびー【遺念火】

㊫いねんび【遺念火】、つらまかとぅ　生前の遺念が遊離し、灯火を立てて一定の場所を往復する怪異。沖縄県では亡霊のことを遺念と呼ぶ。遺念火は直径五―一〇センチ程度の丸い火の玉で、土地と結びつき、自由に遠くへ飛んでいくことはない。また長い時間、人の高さくらいに現れる。未婚・既婚の男女に関する伝説を伴うことが多い。主に、夫婦の死後の亡霊が二つの火の玉となって飛び交うようになったというものである。

⇩かいか

事例 ①〔沖縄県〕昔、仲の良い夫婦がいたが、夫は妻が浮気をしていると勘違いして自殺した。それを見つけた妻も後を追って死んだ。それ以来、その場所ではイニンビーが行き交うという（『南島研究』一六、昭五〇、一二八―一二九）。②〔沖縄県本部町〕誤解から夫を殺してしまったことに気付いた女は夫のあとを追って自殺した。その後、二人の遺念火が現れるようになったという（『南島研究』三八、平九、七―八）。（高橋奈津子）

いぬ【犬】

最も古くから人間の伴侶とされてきた動物。我が国においても、犬は常に人々の身近なところにいたため、犬にまつわる伝承は多岐に亘る。

例えば主人と共に猟に出ていた犬が、大蛇から主人を守るために激しく吠え立てたのを、それと知らぬ主人に殺されたという伝承がある。古くは『今昔物語集』巻第二九や『三国伝記』巻二にも類話が見出されるものだが、悔いた男は犬を手厚く葬ったといわれ、他にも何らかの理由で殺された犬や、主人への忠義を果たして命を落とした犬を埋葬したという犬の宮や犬の堂が各地に伝わる。その一方で、人に殺された犬が後に祟ったという伝承もあり、犬の霊は丁重に祀らなければならないと考えられていたようである。

犬の霊が祟るというのは、四国や中国地方、また九州東部に特に多い犬神の伝承にも結びついている。犬神は、土中に犬を埋めて頭部のみを出し、わずかに届かない鼻先に食物を置いて極限まで飢えさせた後に頸をはねて、その頭蓋骨等を祀って犬霊を操るというものである。犬神を祀り養う家筋があることや、犬神は代々女性に受け継がれるとの伝承は多く、「犬神持ち」に妬まれたり好意をもたれたりすると犬神に憑かれるとして恐れられた。これを避けるために、歳の晩に便所に浸した草蛙を投げて犬神の家の屋根を越させる等の呪いも伝えられている。

犬は他の動物に比べて人間に近しい存在であるが、自然界あるいは異界と繋がる存在とも考えられ、人間には認知できないものを鋭い嗅覚と聴覚とによって察知すると認識されてきた。犬が遠吠えをすると近い将来に死人が出るという類例の多い俗信も、これを表したものだろう。妊娠五ヶ月目の戌の日に妊婦が「戌」の字を書いた腹帯を身に付けたり、初外出する赤子の額に「犬」の字を書いたりするのは、そのような犬に、不安定な立場にある者の守護を期待したからである。犬の能力はまた、清水等の水源を発見する際にも発揮され、現代に至っても犬による泉発見譚は誕生している。

⇩いぬがみ、おおかみ、こまいぬ、しろいぬ

事例 ①〔長野県南信濃村（現・飯田市）〕昔、一人の猟師が池口山へ狩りに出かけた。ところがその日に限って、獲物が思わしくなく、猟師はさらに山深く入ったが、日がとっぷり暮れたので野宿をした。昼の疲れでうとうと眠っていると、連れてきた犬が、何におびえたか急に吠えたてた。目をさました猟師があたりを調べてみたが、別に異状がないので再び眠りにつこうとしたが、犬は益々吠え立て、果は噛みつきそうに思えたので、猟師は止むなく愛犬の首を打ち落した。すると犬の首は宙を飛んで、松の下枝に達したと思うと、どさりと地上に落ちてきたものがあった。それは胴まわりが五尺もあろうかと思われる大蛇であった。犬の首はその大蛇ののどくびに噛みついたままだった。危うく難を逃れた猟師は、自分を助けた愛犬の首を抱いて、西国三十三カ所を巡礼し、その霊を供養し、帰ってきてその首を手厚く葬った。それが犬神様の由来とされている（『伊那』三二（五）、昭五九、一六）。②〔富山県氷見市〕「夜犬が遠吠をするとその附近の誰かが死ぬ」「犬が変な声で独り鳴きをすると必ず人が死ぬ」（『旅と伝説』一五（九）、昭一七、三四-四〇）。

（菱川晶子）

〔参考文献〕大木卓『犬のフォークロア 神話・伝説・昔話の犬』昭六二、誠文堂新光社。小松和彦『憑霊信仰論』平六、講談社。

いぬがみ【犬神】

(類)いんがめ【犬神】 中国・四国・九州地方を中心に伝承されている憑きものの一種。とりわけ、徳島県・高知県・大分県にはその伝承が色濃く残っている。なお、大分県ではインガメと呼ばれることが多い。「犬神筋」（「犬神持」「犬神統」「犬神系統」とも）と呼ばれる特定の家筋の者（特に女性）が他人に恨み・妬みなどの強い感情を持つと、この犬神が相手に取り憑くという。ただ「犬神筋」の者が意図的に犬神を憑かせるということはほとんどなく、多くの場合、無意識のうちに相手に取り憑いてしまうと考えられている。「犬神筋」の人々は共同体の中で恐れられ、婚姻等の上で厳しい差別にさらされている。

犬神は小さな子犬のような姿をしているとも、鼠のような姿をしているとも、また「犬神筋」の人自身の生霊であるともいう。「犬神筋」の家には七五匹の犬神がいて、

それが唐臼や甕、箪笥の中で飼われているとされる。「犬神筋」から嫁をもらうと犬神が随伴してくると考えられているため、「犬神筋」と縁組をすることは非常に嫌われている。なお、中国・九州地方では「犬神筋」は財産家とされることが多いが、四国では必ずしもそうではないようだ。

犬神に取り憑かれると、突然の高熱や激しい腹痛、そして異常な精神状態など、普通とは異なる病気に襲われると考えられており、現在では子どもの非行や不登校まで犬神のしわざとされる。また犬神は人に取り憑くだけではなく、羨ましいとか欲しいと思った物を駄目にしてしまうこともある。餅を搗いても糊のようになって固まらなくなり、また食物や酒などを腐らせたりする。それを防ぐため、あらかじめ「犬神筋」の人にお裾分けをしておくという。

人に憑いた犬神を落とす方法としては、①青竹や荒縄などで病人を責めたてる、②祈祷によって追い払う、というのが主なものである。犬神落としで有名なのは徳島県三好市山城町の賢見《けんみ》神社で、現在も各地から祈祷を受けに来る者が絶えない。また犬神を除ける方法には様々なものが伝わっており、大小便をつけた草履を、「犬神筋」の家の屋根を越すように投げるという方法は比較的広く伝承されている。徳島県では、雪隠の踏み板を削って「犬神筋」の者に食べさせると、犬神が人に憑くことができなくなるとされていた。

犬神（化物尽絵巻）国際日本文化研究センター蔵

犬神の起源を説く伝説もしばしば伝わっている。飢えさせた犬の首を切り落とし、神として祀ったのが最初とする話はよく聞かれるものである。徳島県には、源頼政が退治した怪物・鵺の蛇の尾は備中のスイカズラ（蛇神）に、猿の頭は讃岐の猿神に、犬の胴は阿波の犬神になったという伝説がある（『郷土研究』二―（五）、大三、五二―五三）。また弘法大師（空海）が与えた猪除けのお札に描かれた犬が抜け出して犬神となった（『郷土研究』一―（二）、大二、四七―四九）など、弘法大師と関連させた伝説もいくつか伝わっている。

⇩いぬ、かぜもち、つきもの、とうしん、ねこがみ

事例 ［徳島県］次男が中学二年の二学期から学校に行かなくなった。ギョウジャサンに見てもらうと、同級生の母親が犬神筋で、次男の頭のよいのを妬んで取り憑いたことがわかった（『四国民俗』三二、平一一、五五―五六）。

（香川雅信）

〔参考文献〕石塚尊俊『日本の憑きもの』昭三四、未來社。小松和彦編『怪異の民俗学（一）憑きもの』平一二、河出書房新社。

いのくま【猪熊、玄熊】

牡牛のような大きさの猛獣。湖の主の大蛇と戦い勝利した。手に負えなくなった村人の猛獣退治の依頼を受けた日本武尊《やまとたけるのみこと》によって射殺される。

事例 ［福島県福島市］伊達郡・信夫郡は昔は大きな湖で七頭の大蛇が主であり、三年に一度人身御供をとっていた。あるとき玄熊が現れて大蛇と七日七夜の噛み合いをして、大蛇が負けた。大蛇は人身御供をおこなっていればおとなしかったが、玄熊は手に負えないので日本武尊に退治を願った。日本武尊は掘割をつくって湖水を抜き、岩上から弓で玄熊を射殺した（『民俗採訪』三七、昭三九、一一九）。　　（中村遼）

いのこ【亥の子】

㊫ゐのこのばさん【亥の子の婆さん】　西日本で旧暦一〇月の亥の日に訪れるとされる田の神。その祭日のことを指して「亥の子」や「イノコサン」と呼ぶ場合もある。亥の子の日にはこたつやいろりの使い初めをしたり、餅を供えたりといった俗信が存在する。岡山県県北などでは「亥の子荒れ」といって旧暦一〇月の亥の日は天気が悪くなるという。

⇨きょらいしん、さくがみ、たのかみ

事例 ①［鳥取県赤碕町（現・琴浦町）］亥の子は田の神であり、二月の亥の日に神棚から田へ行き、一〇月の亥の日に戻ってくる。一〇月の亥の日には餅を神棚に供えるが、餅をついた臼を洗って朝まで置いておくと、亥の子はそれに触って確かめてから神棚に帰るという（『赤碕の民俗』三、昭三六、二七）。②［福井県敦賀市］旧暦一〇月の亥の日をヰノコサンというが、この日はヰノコノバサンが大根畑の守をしており、行き当たると怪我をするので、入ってはいけないという（『大阪民俗談話会々報』四、昭一五、一二）。　　（岡田浩司）

いのざさおう【猪笹王】

㊫くまざさおう【熊笹王】　奈良県吉野の伯母《おば》ヶ峰《がみね》に伝わる背中に熊笹の生えた大猪。鉄砲で撃ち殺されて亡霊となり、一本足の鬼と化して伯母ヶ峰を通る人々を食べるようになった。のちに封じられたが毎年一二月二〇日だけは自由に動くことができ、人々はその日を「果ての二十日」と呼んで怖れ、伯母ヶ峰の厄日となっている。こうした猪笹王の伝説は伯母ヶ峰付近の川上村伯母谷《おばたに》、上北山村小橡《ことち》、白川などに伝わっている。

⇨いっぽんだたら、いのしし

事例 ［奈良県川上村］昔、射場兵庫《いばひょうご》という武士が伯母峰の奥深くで背に熊笹の生えた大猪と遭遇し、鉄砲で撃ち殺した。猪笹王の亡霊は野武士に化けて和歌山県湯の峰へ湯治に行き、恨みを晴らそうとするがかなわず、一本足の鬼と化して峰を通る旅人を取るようになった。丹誠《たんせい》上人がこれを封じたが毎年一二月二〇日だけは自由になれるため、「果ての二十日」は伯母峰の厄日として怖れられている（『奈良県史　一三』昭六三、三九九-四〇〇）。　　（財津直美）

いのしし【猪】

猪に関する怪異は各地に伝わっており、

人に祟ったり山の神として祀られたりする話が多い。また、実際の猪と同一視できるか定かではないが、『嚶々筆話《おうおうひつわ》』「忍熊王《おしくまのみこ》の御事」に、赤猪《あかい》という毛が火のように赤い神獣が出現したという記述がある。

⇩いのざさおう

事例 ①［愛知県八名郡（現・新城市）］山吉田村のある女が島原某という狩人の女房になった。ある時、彼が猪を狩ってその腹を山刀で突き通すと、猪が一声「痛や」と叫んだ。その時女は臨月で間もなく子を生んだが、その子は猪と同じように胸から腹にかけて一太刀割られた姿であったという（『旅と伝説』一一、昭三、一九-二〇）。②［愛媛県城辺町（現・愛南町）］ある家ではかつて猪を殺して祟られたため、山の神として祀ったという（『民俗』二四、昭三二、五-六）。③［福島県平市《たいらし》（現・いわき市）］草野村のある家では、高祖父が禁を破って猪の肉を食べたら口がまがったことがあるため、代々四つ足を禁食としている（『福島県史　二三』昭三九、五八二）。

（財津直美）

いばらきどうじ【茨木童子、茨城童子】

㊫いばらき【茨羅鬼】　酒呑童子とともに退治された酒呑童子の家来の鬼。酒呑童子の眷属であるとか、茨木の里（大阪府茨木市）出身の童子が拾われて養育されたなどという。生まれながらにして異形で、眼光鋭く牙が生え、人血を好んだという。源頼光四天王の渡辺綱を羅生門で襲い、腕を斬られた鬼は茨木童子だったとの説もある。福島の渡辺姓や新潟の茨木姓の家では、茨木童子の所縁なので豆まきをしない、家に破風を作らないなどの伝承もある。

⇩うしおに、おに、しゅてんどうじ、らしょうもんのおに

事例 ①［大阪府茨城町（現・茨木市）］ある髪結商の夫婦は榎の木の下に捨てられている赤ん坊を拾った。眼光鋭く牙が二本もある人間離れした異形の赤ん坊であったが、夫婦は慈しみ育てた。ところがおかしな噂が広まり、童子は家を出た。これが後の茨木童子だという（『郷土研究上方』一（五）、昭六、五八-五九）。②［茨城県石岡市］茨城童子という鬼が居て、里の人をさらっていった。西から強い男が退治するという噂が立った。童子は逃げ去った（『茨城の民俗』六、昭四二、九一）。

（玉水洋匡）

いぶきどうじ【伊吹童子】

酒呑童子の前半生を、近江国伊吹山に生まれた伊吹童子とするもの。お伽草子『伊吹童子』では、酒呑童子が大江山に移るまでが描かれており、異類婚姻や捨子、異常児、伝教大師の験力譚などを含みながら、童子を伊吹山の麓、比叡山の北谷、西坂、そして丹波の大江山へと移していく。この『伊吹童子』は伝本が近世以降のものばかりであり、その内容からも、お伽草子『酒呑童子』の前編として後世に作られたとするのが妥当である。また、源頼光が伊吹童子を切った太刀は「童子切丸」と呼ばれ、所持者に次々に悲劇をもたらす呪いの太刀として知られている。

⇩おに、しゅてんどうじ、どうじきりまる

事例 ［滋賀県］頼光の弟美女丸は童子切丸のせいで手のつけられない乱暴者とな

り、父満仲は家臣藤原仲光に美女丸を討てと命じた。仲光は代わりに自分の息子の首を差し出した。美女丸はこれを知って改心し、比叡山で高僧となった（『民俗文化』四六四、平一四、五三〇二-五三〇三）。

（中村祥子）

イペエカリオヤシ

類 イペカリオヤシ、マワオヤシ　樺太アイヌに伝わる説話に登場する化け物。イペ「食べ物」エカリ「～をもらう」オヤシ「化け物」の意味。別名はマワ「腹が減った」オヤシ「化け物」の意味。山野で弁当などを食べようとすると、突然、背後から手を出してきて際限なく食べ物を求めてくるという。

事例 ［ロシア連邦樺太］山野で腐れ木の根もとなどで火を焚いて、火にあたりながら弁当の包みをといていると、とつぜん背後から手を出して、「食べもの、おくれ！」と言う声がする。言うままに食べ物を与えると、いくらでも手を出して、きりがない。そこでありあわせの砥石を真っ赤に焼いて、手のひらに乗せてやると「ないならないと、なぜ言ってくれないのですか？」と叫んで退散するという。砥石がない場合には熾《おき》を乗せてやってもいいという（『アイヌ民譚集』昭五六、一七八）。

（遠藤志保）

イペタム

アイヌの伝承に登場する、ひとりでに鞘《さや》を飛び出して人を害する刀。イペ「食べる」タム「刀」の意。北海道各地に伝承がある。長い間人を斬らないと勝手に人を斬りに行くので、箱の中に石と一緒に入れておく。すると、石をガリガリとかじる音がする。また、大勢の敵に襲われそうな時に、目釘の緩んだ刀をカタカタ鳴らしてイペタムだと思わせ、撃退したという話も多い。

⇩かたなのかいい

事例 ①［北海道新十津川町］イペタムは石と一緒に箱に入れておくものだが、石がなくなると箱を飛び出して人間を襲う。あまりに危険なので、淵に沈めたり山に捨てたりしたが、すぐに戻ってくる。そこで底なし沼に沈めたところ、やっと戻って来なくなった（『アイヌ伝説集』昭五六、一五二）。②［北海道穂別町（現・むかわ町）］鵡川上流の砦に夜盗の群が来た。その時、留守番をしていた一人の老婆が目釘を抜いた山刀を振って鳴らした。夜盗はそれを聞いて「イペタムか」と恐ろしくなり逃げ出した（『アイヌ伝説集』昭五六、六二）。

（遠藤志保）

いまじょ【いま女】

類 いまじょう　奄美大島に伝わる幽霊。美貌のヤンチュ（下女）が主人の妻の嫉妬により惨殺される。娘は怨霊となり主人一家を滅ぼした。今でも祟りを恐れて口に出すことを忌む。髪の長い美しい娘の姿、もしくは、白か黒の小犬や黒い牛の姿で現れる。

⇩ゆうれい

事例 ①［鹿児島県瀬戸内町］加計呂麻《かけろま》島の青年が恋人だと思い込んで追いかけた女は墓地へ入っていく。一つの墓石の前で止まったので、青年が女の手を握ると、女の姿は消えた。青年はいま女であることに気付き一目散に逃げたが、家にたどり着いたときには傷だらけになっていた。青年は恋人をあきらめ嘉鉄《かてつ》の村には近づかなくなった（『ドルメン』三（九）、昭九、一三一一五）。②［鹿児島県瀬戸内町］明治維新の頃、釣り人たちが夜中の一時か二時にイマジョを見る。髪の長い美人で、風呂敷包みを斜めに背負い足早に歩く（『南島研究』二五、昭六〇、九）。

（神田朝美）

いらずのま【入らずの間】

㊫あかずのま【開かずの間】　ある特定の家にあるとされる、入室を禁じる部屋、あるいは開けることができない部屋。庄屋の家にあるとされる場合が多い。部屋の中には、神などの特別な存在がいるとされる。女性の入室や就寝が禁じられている。

事例　①［愛媛県南宇和郡］昔庄屋を殺した人が捕えられ死刑になった後に祟ったので、庄屋が殺された部屋に祀った。この部屋では女子は絶対に寝ない。この部屋の床の間にはセイショコサマがまつってある（『女性と経験』二（二）、昭三二、一〇）。②［滋賀県大津市］延暦寺の竹林院に児かやという開かない部屋があった。宝暦七年（一七五七）に開けた人がいた。中は暗く何も無かったが、冷気を感じた。開けた人も開けることを命じた人も後に病死してしまった（『閑窓自語』『日本随筆大成　第二期八』二九九）。

（田村真実）

いらぶー

イラブーは南西諸島を中心に分布する有毒種のエラブウミヘビである。霊威のあるものとされ、かつては女性の神役である祝女だけが捕ることを許されていた。

⇩へび

事例　［沖縄県与那国町］ある女性が好意を寄せる男は、蛇穴に棲んでいた。蛇の子を宿してしまったと知った女性は、流産するため、三月三日に磯へおり、岩を跳んだ。ひと跳びごとに、蛇の子が下りた。これがイラブーである（『名古屋民俗』一五、昭五二、一二）。

（金子祥之）

いるか【海豚、江豚、入鹿魚】

漢籍の海豚という字義を踏襲しており、鰐や鯱《しゃち》などと比べると比較的大人しい食用の海洋生物として古くから認識されてきた。知能の高さや、捕獲時に大量の赤い鮮血を流すところから、人間になぞらえた不気味なイメージでとらえられている。

事例　①［長崎県対馬市］イルカは平家の落人が化したものだという。イルカの体に平家の紋があり、人のような泣声を出し人間のような血が出る（『西郊民俗』二八、昭三九、一六）。②［新潟県相川町（現・佐渡市）］海豚は人間のことばを話し、船べりによってきて「某（屋号、名字、名前）いるか」とはっきり言う。名前を呼ばれるのは船中で人を殺して金品を奪い、財を為した人物であるという。「某は居ない」と答えると姿を消すが、長年船乗りをしているものでも寒気がするという（『季刊民話』一（五）、昭五〇、四四）。

（広川英一郎）

いわいじん【祝い神】

㊫いえじん【家神】　屋敷内に、多くが家を単位として祀られている神で、よく人に祟ると言われている。その祠や祀っている場所の近くの木を伐ったり、粗相をしたり

すると害をなす。

事例 ①［鳥取県岩美町］イワイ神は土の神様で、よく祟る。ある家では法印に「この屋敷の下に死んだ者がいる。それが祟っているからよく祀れ」と言われ、屋敷内を探したところ、小さな祠があったので祀り始めた（『民俗採訪』昭和四四年度号、昭四五、五一）。②［山梨県北杜市］ある家の人が、顔見知りの上人が役人に捕らえられたときに庇い立てをしてやらなかったため、その上人が処刑されてしまった。それからその家には病気や流産などの不幸が相次いで起こったため、上人をイエジンサンとして祀った（『柳沢の民俗』平八、一二三）。

（後藤知美）

イワエトゥンナイ

「深山の怪鳥」と訳される。アイヌの伝承にみられる化け物で、コタンカラカムイ（国造神）が使ったドロノキの火きり臼（又は火きり杵）が変じたもの。ただし、北海道平取町にはチシナオッ（埋葬するために死者をござで包んだもの）に足がついたような姿をした力の強い神だという伝承もある。

事例［北海道平取町］ある若者が山の中で、彼の猟運をねたむ者に頼まれたイワエトゥンナイに襲われるも、ミントゥチ（水神の親戚にあたる者）たちに助けられた（『アイヌ文化』九、昭五九、二七–二八）。

（矢崎春菜）

イワコシンプ

類イワコシンプイ、イワコシンプク　アイヌに伝承される化け物。コシンプの一種で、山にいるものを特にイワコシンプという。イワは「山」の意。他のコシンプと同様に、美男美女の姿で現れることが多く、魅入られた人間は遠からず死んだり、気が変になったりするという。イワコシンプに関する説話は、他のコシンプと比べるとそれほど多くは見られないようである。

⇩コシンプ

事例［北海道荷菜村（現・平取町）］私が薪を取りに行くと、美貌の男（実はイワコシンプイ）が現れた。彼は、自らの頭のてっぺんを切り裂くと、懐から出した小さな杯に自分の血を受け、その血の酒を私へ差し出した。私はそれを飲んでしまい、今度は私が自分の胸をはだけて、胸を切り裂いて血潮の酒を男に差し出した。それから、私は気が変になってしまった。と、人間の女が語った（『神謡・聖伝の研究』昭五二、四一〇–四一一）。

（遠藤志保）

いわしみずはちまんぐう【石清水八幡宮】

京都府八幡市の男山山上に鎮座する神社。祭神は誉田別尊《ほんだわけのみこと》・比咩《ひめ》大神《おおかみ》・息長帯《おきながたらし》姫命《ひめのみこと》。大安寺僧行教が宇佐八幡宮にて神託を受け、貞観二年（八六〇）清和天皇の命で八幡宮を勧請したのを起源とする。以来伊勢神宮に次ぐ国家第二の宗廟として、また京の裏鬼門を守る王城鎮護の神として、皇室の篤い信仰を得た。また清和天皇の所縁もあり源氏が氏神として信仰し、源頼義による壺井八幡宮や鶴岡若宮（今の鶴岡八幡宮）を始め、各地に八幡宮が勧請された。軍神としての性格を持ち、蒙古襲来の折に鏑矢の音をさせたなどの伝承がある。

⇩はちまんぐう

事例 ①［陸奥国］前九年合戦中の天喜五年（一〇五七）、源頼義軍は水に飢え渇きに苦しんでいた。頼義が石清水八幡宮に祈念して近くの岩を弓で突くと、たちまち清水が湧き出した。戦勝後頼義は水を持ち帰り、河内国壺井八幡宮の井戸とした（『前太平記』）。②［京都府八幡市］弘安四年（一二八一）の蒙古襲来のとき、石清水八幡宮の神前から、鏑矢が一本鳴り響き西へ飛んで行った（『増鏡』）。（池田浩貴）

いわだけまる【岩嶽丸】

㊮おにのくび【鬼の首】　岩嶽丸は八溝山に住み、人間や家畜を喰っていた鬼の首《しゅ》魁《かい》。京の姫君である若狭姫をさらったことから、須藤権守貞信が率いる追討軍に討たれたという伝説が残っている。また刎ねられた岩嶽丸の首が飛翔し、岩嶽丸を裏切った案内者の家の裏にある古木に止まった、あるいは殺された岩嶽丸の悪霊が大蛇と化して悪行を働いたため、社を建てて八竜神として崇めたともいわれる。刎ねられた鬼の首が仇敵のもとに飛翔するエピソードは酒呑童子の説話とも共通するものである。

⇩くびづか、しゅてんどうじ

事例 ［栃木県］刎ねられた岩嶽丸の首が飛翔し、彼を裏切った者の家の裏にある古木に止まった。あるいは飛翔した首は大木にぶつかり、下の池に落ちて死んだ、朴の木にぶつかり、木を折ったともいう。更に岩嶽丸の悪霊は大蛇になって悪行を働いたため、八竜神として崇められた（『下野民俗』一一、昭四六、一四）。（三柴友太）

いわな【岩魚、篠魚】

㊮ささうお【笹魚】　渓流に生息し、岩穴にいるのでその名前がついたとされる。飛驒地域では、岩魚は元々小竹の実であり、夏の霖雨の頃、次第に鰭《ひれ》などが生じ、渓流に落ちて岩魚になるという。枝に付いている時は笹魚と呼ばれる。山中の美味であり、岩魚を独り占めして蛇体になり、湖や潟の主となったという伝承もある。

⇩さかなのかいい

事例 ①［岐阜県］飛驒国の谷間には笹が多く生えているが、その中に魚の形に似た物が生える時がある。頭と思われるところが笹に付いており、三月から四月になると動き出し、水中に落ちると魚になる。ゆえにその地では笹魚と呼ばれている（『碩鼠漫筆』『続日本随筆大成　七』一六一－一六四）。②［青森県］八太郎という男が、食事のために岩魚を釣った。焼いて食べるとあまりに旨いので、全て食べてしまった。喉が異常に渇いて川の水を浴びるほど飲むと、八太郎の姿は蛇体となり、周辺も震動して湖水が現れた。これが十和田湖で、蛇体となった八太郎はその主となった（『旅と伝説』二、昭三、一六）。（森本恵一朗）

イワポソインカラ

イワ（岩山）・ポソ（透かす）・インカラ（見る）＝「岩山を透かして見る」の意。アイヌの伝承にみられる化け物で、狩りの邪魔をして人間に危害を加える。

事例 ［北海道］自分の叔父のせいで飢饉が起きたことに気づいた飢饉の神が、村人たちに食事をさせ、動けるようになった彼らと共に鹿の群れ先頭を走るイワポソインカラをヨモギの矢で退治した（『知里幸恵のウウェペケレ（昔話）』平一六、五四–九五）。

（矢崎春菜）

イワメテイェプ

山に棲む恐ろしい女の怪。

⇩ケナシウナラペ

いわややま【岩屋山】

愛知県知多郡南知多町の寺院である岩屋《いわや》寺《じ》の通称。山号は大悲山。寺伝では霊亀元年（七一五）に行基により開山され、その後空海も三度当地を訪れたと伝える。本坊と奥院がそれぞれ知多四国八十八ヶ所霊場の札所で、近在の信仰を集める。難病治癒など様々の霊験を現すほか、岩屋山参詣の途上にも怪異が起きるという伝承がある。

事例 ①［愛知県南知多町］大正一一年頃、伊勢のある女性が肺の難病にかかり、いかなる名医名薬も効果がなかった。そこで岩屋山の霊験を聞き、三七日間の断食祈願を行った。すると参籠の初日から次第に気分が良くなり、一週間で全治した（『みなみ』一五、昭四八、三三–三四）。②［岐阜県垂井町］昭和六年、岐阜県に住む男性が腸チフスにより入院し四〇度以上の発熱が五日間続いていたところ、夢枕に日頃から信仰する岩屋山の身代大師が現れた。夢告に従い熱が上がるたびに大声で「南無大師遍照金剛」と唱えると、在院一〇日で熱は下がり退院することができた（『みなみ』一五、昭四八、三五–三六）。

（池田浩貴）

イワラサンペ

萱野茂氏によると、イワ（岩山）・ラウ（底）・サンペ（心臓）＝「岩山の底の心臓」の意。黒色で大きさ犬あるいは狐ほど。とても長い耳と二本の歯があり、約三〇センチのものが下あごから生えているという。

事例 ［北海道十勝地方］生き物を捕って苦しめているという怪物を退治するため、サマイクㇽ（伝説の主人公）が生け捕ってみたところ、毒の精が六つに凝り集まったイワラサンペであった。サマイクㇽはこれをエサマンと名づけて川へ追い流した（『とかちあいぬ研究』昭四五、二八）。（矢崎春菜）

イワンオンネチェプカムイ

然別湖に棲んだという巨大なイトウで、湖の主。

⇩アトゥイコロエカシ、イトウ

イワンレクトゥシチロンヌプ

類イワンレクッコロシトンピカムイ「六つの咽喉をもつ狐」の意。アイヌの伝承において狐の鳴き声は、時間と場所によっては忌み嫌われるものとなるが、一方で人間に危急を知らせる声とされることもある。

⇩きつね

事例 ［北海道］虻田周辺では狐が鳴くのは悪いことの前兆であり、また沙流では分娩の夜に家の東北方に狐が鳴くのは悪いこととされているという（『人類学雑誌』二九（一〇）、大三、四〇一–四〇二）。（矢崎春菜）

いんか【陰火】

怪火の一種。

⇩かいか

いんねん【因縁】

憑き物の一種。当事者やその血縁者、家などに少なからず関係のある人間の死霊や生霊、狐などの動物の霊、神仏などが、供養不足等の理由を知らせるため、または悪意的感情によって人にとり憑くことである。時には、精神の異常や内臓疾患、皮膚病などの病をもたらすこともある。これを取り除くには、要求に応えたり、供養をすることが必要となる。また、生まれつき定められた環境や関係のことも因縁という。

⇨かぜ、たたり、れいこん

事例 ［東京都八丈町］戦前に、ある男性Aが精神を病み、東京の病院に入院させてもよくはならなかった。ミコに拝んでもらうと、Aの祖父が、別のBという男性と経済的な争いを起こし、そのために自ら命を絶ったBのインネンが、Aに憑いているのだということがわかった。そこで、供養のために地蔵を建てて祀ったが、Bが、もっと値打ちのある地蔵を建てるように怒ったため、別の地蔵を建てたという（『民俗学評論』二〇・二一、昭五六、七一―七七）。

（小澤葉菜）

いんまお【犬魔王】

㊮いんまほ、いんみゃお　犬のような姿をした奄美群島の妖怪。人が病気を患っているときなどに、その人の魂を取りにやってくる。目撃したり接触したりすると、しばらくして死んでしまうとされる。

⇨いぬ

事例 ①［鹿児島県瀬戸内町］インマオは後生からの使いである。耳が長く垂れた大きな犬の姿をしている。夕方、死期の近づいた人の家の縁側に来て、死期を知らせる。また、夏の夜に浜辺で寝ている若者を長い舌で舐めることもある。舐められた若者はやがて死ぬ（『南島研究』二二、昭五六、三四）。②［鹿児島県瀬戸内町］インミャオは山羊とも犬ともつかない姿をしていた。月夜にパチャパチャと耳の音を立てながらやってきて通行人の前で立ち止まりしばらく見ていたが、すれ違って後ろを向くといなくなっていた（『季刊民話』八、昭五一、一八―一九）。③［鹿児島県瀬戸内町］インマオは霊魂を取るために、人が死ぬ直前に墓からやってくる（『奄美民俗ノート』六・七、昭五七、一二―一三）。④［鹿児島県瀬戸内町］加計呂麻島では、インマオーという犬が病床の床下に死人を呼びに来るという（『奄美の島かけろまの民俗』昭四五、一一一）。

（廣田龍平）

あ

う

ウエクル

㊫ウエアイヌ、キムンクル　アイヌの伝承に登場する、人を食う人間。ウ「互いに」エ「～を食べる」クル「人」の意味とされる。散文説話などに登場する。人間のようではあるが、一つ目だとか、顔の半分が黒くなっているなどのように、普通の人間とは異なる姿だとされる。アイヌに伝わる人を食う化け物としては、このほかにニッネカムイが人間を食うという説話もある。

⇩キムナイヌ

事例　［北海道平取町］流行病で村が全滅しかけた時、一人生き残った子どもを、ウエアイヌが育てる。育てた子どもが大きくなると食べたくなってくるが、女の子は機転を利かせてウエアイヌを焼き殺した。すると、ウエアイヌは「お前のおかげで人を殺さずに済んだので、神の国で神の仲間入りをすることができた。今後は、お前とその一族を見守ろう」と夢で女の子に告げた。その後、女の子は結婚して幸せに暮らした（『カムイユカラと昔話』昭六三、一五九―一七〇）。

（遠藤志保）

うえてはいけないき【植えてはいけない木】

⇩きのかいい

ウェンカムイ

人に害をなす悪神。

⇩にっねかむい

うごくかいが【動く絵画】

音楽室の壁に貼られた音楽家の肖像画や美術室のモナリザの絵は小さいころからなじみが深い。夜、きびしい表情のベートーベンの目が光ったり、キョロキョロしたり、髪の毛がもじゃもじゃと動いたり、笑ったり、涙をながしたりする。学校の七不思議の一つで、音楽室の怪として、ピアノの音とセットにして語られることが多い。絵画の中の人物と目が合った人にはよくないことが起こるともいわれている。美術室のモナリザもまばたきしたり、横をむいたりするという。

⇩がっこうのかいだん

事例　①［千葉県］高校の階段に美術部の描いた絵が飾ってある。その中に三人の子どもの絵があり、子どもたちが夜一一時を過ぎると学校の中を歩き回る。絵を描いた人は交通事故で亡くなったそうだ（『不思議な世界を考える会会報』四〇、平一七、五三）。②［埼玉県］階段のおどり場付近に掲げられた絵の中の兎が、真夜中の一二時の時計の音が鳴ると、絵から抜け出してピョンピョンと跳ね回る（『民話の手帖』五、昭五五、五四）。

（杉本栄子）

うごくぞう【動く像】

寺社の木像や石像などが、ひとりでに動き、人間を助けたり困らせたり、予兆を示したりする。像の身体的特徴や向き、祭祀の由来などを説く場合もある。左甚五郎など伝説的職人の作と言われる山門の龍などは、彫刻者の魂が籠もるとされる。また、地蔵にはこうした伝承が多く、地蔵遊びの習俗や昔話の笠地蔵もその周辺的な事例として考えることが出来る。

⇩にのみやきんじろうぞう、がっこうのかいだん

事例 ①［長野県三井村（現・佐久市）］安養寺の木像は、火災の時、境内の池に飛び込み尻の火傷を治した。以後その池の田螺には尻がない（『民俗学』三（一〇）、昭六、五二－五八）。②［東京都檜原村］五社神社の牛の像を刻んだ時、重くて持って行けずにいると、牛は自分で登って行った（『常民文化研究』九、昭五八、四六）。③［埼玉県秩父市］左甚五郎作といわれる秩父神社の竜の彫り物は、毎夜水を飲みに出ては田畑を荒らすので鎖に繋がれた（『新編埼玉県史別編二』昭六一、五九九）。（髙塚さより）

うし【牛】

農民にとって牛は、家族でもあり、異人でもあった。日常の耕作や荷役から神事、災厄の予兆、人を襲う変化と、あらゆる場面に登場した。『沖縄民俗辞典』には、棺桶が牛マジムンに化けて人を襲うと記されている。

⇩うしいし、うしうちぼう、うしおに、うしおんな、うしがみ、うし・まじむん、きんのうし、なまとんかなし

事例 ①［長野県武石村（現・上田市）］大昔、神様が笹原を切り開くために乗ってきた牛が死に、石になった。牛石様と呼ばれ、疫病の神様とされている。県道を設けるために移したら、翌年百日咳が流行したので、祟りだと言われた。また、欠けたときに牛の乳のようなものが出たそうである（『民俗学』三（一二）、昭六、三三）。②［沖縄県］来間のウプ・プーイが役によって中止されたのを怒った神様は、牛になって島人を次々さらった。しかし二人の力持ちが牛を捕えて、桑の木にくくりつけた。牛は木を引きずって逃げた。木は張水御嶽《うたき》の前に捨ててあった。近くにいる女の子に聞くと、お父さんが「鼻が痛い」といって寝ているというので行くと、牛になった神様だった。二人が鼻の綱をとってやると、神様は村を元に戻し、誰の家かを書いた白い紙をそれぞれの家に貼った（『国立民族学博物館研究報告 別冊三』昭六一、四二）。（森本恵一朗）

うしいし【牛石】

㊫うしいわ【牛岩】 牛のような形をした自然石で、何か重要なはたらきをした牛がそのまま石と化したとするいわれをもつ場合が多い。例えば、小石川牛天神（東京都文京区）の牛石は、菅原道真が源頼朝の夢に現れた際に乗っていた牛が化したものだとされ、真野の鹿島神社（宮城県石巻市）の牛石は、鹿島の神が乗っていた牛が化したものだと言われている。また、寺院などの造営の折に資材を運んだ牛が石となったとする話も広く見受けられる。

⇩いしのかいい、うし

事例 ①［宮城県塩竈市］一森山の釜社の境内には池があり、その中に牛石がある。これは塩土翁《しおつちのおじ》神が塩を焼く時、汐を運んだ牛が石と化したものだという（『宮城県史 二一』昭三一、一三四）。②［大阪府大阪市］

四天王寺には石神の祠がある。当山創立の時に材石を牛車で運送したのだが、成就の後、その牛が石と化した。それを祀っているのである（『浪華百事談《なにわひゃくじだん》』『日本随筆大成第三期二』二六一－二六二）。（財津直美）

うしうちぼう【牛打坊】

㊮うしうしにゅうどう【牛々入道】、うしかいぼう【牛飼坊】　徳島県北部に伝わる、牛馬に害を為す妖怪。夜、人の知らない間に村の牛馬を襲う。襲われた牛馬は、血の吸われた傷跡を残して死んでいるらしい。狸に似て黒く見えるも、あまりに素早い動きの為、はっきりと姿を見た者はいない。

⇨うし

事例　①［徳島県］板野、名東、名西、海部郡あたりでは、毎年陰暦七月一三日に村落のすみに盆小屋をたて、僧侶の読経の後焼き払う行事を行う。これは牛打坊という怪獣が夜更けに牛馬に疵《きず》をつけるか、或いはまぐさ箱をなめるとこの牛馬は必ず死んだというので、この牛打坊を小屋に封じ込め焼き殺すのだという（『郷土趣味』二二、大九、二三－二四）。②［徳島県名西郡］旧暦七月七日に子供等が作った盆小屋は、一四日に焼き払う。これは牛々坊という悪獣が家畜に被害を及ぼすので、この小屋に祀って焼き殺すのだという（『民間伝承』九（三）、昭一八、一四）。（森本恵一朗）

うしおに【牛鬼】

㊮ぎゅうき【牛鬼】、ほた　牛のような姿の怪物。『太平記』巻三二には、源頼光の家来・渡辺綱に切り落とされた腕を、頼光の母親に化けて取り戻しに来る牛鬼が登場する。これはのちに酒呑童子の家来とされる茨木童子の物語として知られるようになっていく。一方、民間伝承のなかで語られる牛鬼は、淵や滝、海など水辺に出没することが多い。

島根県の石見地方では、牛鬼は牛と同じような姿かたちをしているが、ただ大きな目が額に一つあるだけというのが普通の牛と異なっている。石見の牛鬼はもっぱら海のなかから現れるものとされ、また濡女という妖怪を斥候として使うという。濡女は赤子を抱いた女性の姿で現れ、海岸で出会った人間に赤子を抱いてくれるように頼むが、言うとおりにしてしまうと、赤子は重い石に変わって手に吸いつき、身動き取れなくなったところを海から出てきた牛鬼に突き殺されてしまう。そのため濡女の赤子を抱く時は手袋をはめ、手袋ごと赤子を投げ捨てるようにするのだという。

また和歌山県の南紀地方に伝えられる牛鬼は、影を食うと伝えられている。まったく牛らしくない牛鬼の伝承もあり、近世の随筆『異説まちまち』に記された出雲の牛鬼は白く光る蝶のようなもので、雨が続いて湿度が高い時などに橋の辺りに現れ、通行する者の体にまとわりつくとされた。

京都・丹後半島の最北端の久美浜湾では、海で灯火を頼りに船を操っていてどうしても目的の地点にたどり着けない、いわゆる「化かされた」状態になることを「牛鬼につかる」または「牛鬼につけられる」という。このように、同じ「牛鬼」という名称で呼ばれながら、その内実はかなり多様であり、地域ごと、あるいは時代ごとの

「牛鬼」を注意深く選り分ける必要があるだろう。
⇩いばらきどうじ、おしみ、ぬれおんな

牛鬼（『化物尽絵巻』国際日本文化研究センター蔵）

事例 ①［島根県大田町（現・大田市）］ある男が夜釣りから帰ろうとした時、海の中から濡女が現れ、赤子を抱いてくれと言ってきた。男は手袋を用意してこなかったので、前垂れを脱いでその上に赤子を受け取ると、濡女は海中に消えた。男は前垂れごと赤子を投げ捨てて懸命に逃げたが、その後を牛鬼が追いかけてきた。男は農家に逃げ込んで戸棚の中に隠れた。牛鬼は家の周囲を駆け回ってから「ああ取り逃がして残念だ」と言って去った。その声は濡女の声であった（『郷土研究』七（五）、昭八、四四－四五）。②［和歌山県熊野地方］熊野の牛鬼は山中で人に会うと見つめて去らず、人はついに疲労して死ぬ。これを「影を呑まれる」という。その時には「石は流れる、木の葉は沈む、牛はいななき馬吼ゆる」と逆さごとを唱えればよいという（『南方熊楠全集三』一九八）。③［京都府久美浜町（現・京丹後市）］ある人が久美浜湾で夜釣りをしていると、向こう岸から呼ぶ者があったが、舟を着けても誰もいない。すると今度は元の所から呼ぶ声がするので、陸に上がって声の後を追ったが、行けども行けども声は遠くなるばかりで、あきらめて舟に帰ると、釣った魚はすべて取られていた。また帰路も迷ってなかなか自分の舟小屋にたどりつけなかった。牛鬼につけられたのだという（『季刊民話』一、昭四九、八）。（香川雅信）

うしおんな【牛女】

㊫うまばばあ【馬ババア】 バイクや車など高速で走るものを追ってくる怪の一つ。「顔が女で体が牛」という件のような牛女（ただし予言はしない）と「顔が牛、体が女」の牛女がいる。後者は着物を着ていたりして女と知れる。出没は関西、主として六甲山から甲山あたりで、時に四つん這いで追ってくる。追われた車はしばしば事故を起こす。一時西宮市の某寺に牛女が出るとの噂がたち、若者達が肝試しにおしかける騒動になったことがある。

また福島県には同様の、車が百キロ以上出すと「馬ババァ」（顔が老婆で体が馬）が追ってくる話がある。
⇩ひゃっきろばば

事例 ［兵庫県］裏六甲を走っている走り屋の間では有名で、夜の峠道を走っていると、後からすごい勢いで追い上げてくる生物がいる。そいつの顔は女、体が牛で、ものすごく速い。追い抜かれると食われてしまう（『大学生の伝承する現代伝説』平一七、五六）。（渡辺節子）

うしがみ【牛神】

牛の守護神、または牛自体を神と祀ったもの。大日如来、大威徳明王《だいいとくみょうおう》、荒神など様々な神仏が牛の守護神とされるが、牛神という名は岡山県や大阪府に多く分布している。牛を連れて参るほか、土や藁で牛を形作ることもある。牛神信仰は地域ごとに特定の寺社と結びついており、その性格は不明な点も多い。現在は牛の生産労働における役割がほぼ消滅したため、他の神格と習合されたような例もみられる。

事例 ①［岡山県美作市］金原では荒神は百姓の神とも牛の神ともいわれた。雌牛が生まれると荒神様に参り、近所を招いて祝った（『岡山県史　一五』昭五八、五四一）。②［愛媛県今治市］昔、家族が次々重病にかかったので占うと、牛神の祟りだといわれた。牛肉を食べず客にも出さないようにすると治った。また牛神講といって牛を祀るが、火事で死んだ牛の祟りを恐れてだという（『あゆみ』一〇・一一、昭四九、六）。（山口拡）

うじがみ【氏神】

元来、氏人《うじびと》の祀る神のこと。氏族と関係の深い神や祖先神を含む。現在は村落などの鎮守神《ちんじゅがみ》や産土神《うぶすながみ》、各戸の屋敷神《やしきがみ》と混同されている。その形態は神札、小祠《しょうし》、敷地内の森など多様である。子孫の行く末を見守り、その危機を救ったり、跡継ぎの子を授けたりする。氏神を粗末にすれば家人を祟る、という荒神《こうじん》のような性格も伝えられる。稲荷などの氏神が嫌うので、氏子は犬を飼わないとする禁忌もある。

事例 ①［岡山県］子供の生後七日目の名付けに姓名を書いた小石を氏神や荒神に供える（『岡山県史　一五』昭五八、五三〇）。②［山口県柳井市］兵隊に出たときに氏神様が目の前に現れて助かった（『常民』二三、昭六二、一〇三）。③［福島県いわき市］新しく買った土地の氏神様を引き続き祀らないと祟りがある（『福島県史　二四』昭三九、五六〇）。④［新潟県村上市］犬を飼うと氏神の神罰があり、この禁を破った主婦がいずれも病気や死んだりした（『民間伝承』一三（一〇）、昭二四、二）。（岡田真帆）

うしのこくまいり【丑の刻参り】

丑の刻は現在の午前二時を中心とする約二時間をさす。「草木も眠る」「家の軒が三寸下る」といわれ、異界のものが跋扈《ばっこ》するにふさわしい時であるとされる。その時刻に、白装束で頭の上に蝋燭《ろうそく》を立て、のろい殺したい相手に見立てた人形を、神社の太い木に五寸釘で打ち付ける行為。七日、四八日、百日など、日にちを限ることが多い。途中で誰かに見られると願が破れるといい、見た者は殺されるという。多くは女が嫉妬の感情から恨みをもった相手（後妻、浮気相手など）をのろい殺すときに行われる。全国的に見られる行為であるが、京都の貴船神社が有名である。

もともとは、何らかの祈願のため、丑の刻に参拝すること全体を指していた。子供の無事を祈ったり、狐を憑けたり、などの他、男性も行ったという記述もある。

古くは、延喜式内において刑罰を規定している「律」に、人形《ひとがた》を使って人をのろい殺す厭魅《えんみ》の記述が見られる。『平家物語』（屋代本）の「剣巻」には、宇治の橋姫が、嫉妬のため、貴船の社に願を掛け生身の鬼になり、恨んだ相手およびその親類縁者をのろい殺したという逸話が残る。この橋姫の話に素材を求めたものに、たとえば謡曲『鉄輪《かなわ》』がある。『鉄輪』では、安倍晴明が、先妻の呪いで殺されそうになっている男と後妻を助けるため、彼らの形代《かたしろ》（身代わりの人形）をつくって祈祷を始めたところ、鬼となった先妻が現れ、人形の髪を手に絡めたり打ち据えたりして襲いかかる。しかし鬼は神力に封じられ、再来を期して姿を消す。

これらの話から、呪詛を目的とする丑の刻参りのかたちが確立したと考えられる。

⇨きふねみょうじん、のろい、はしひめ

事例 ①［新潟県佐渡市］丑の刻参りには、お宮の杉に五寸釘でわら人形を打ち込む。「お宮の杉にはのろいがかかっているから、やたらに伐るものではない」といわれた。人形を川に流したり土に埋めたりするものもある。このような方法で他人からのろわれなくても、神様が罰をあててくれることもある（『新潟県史　資料編二三』昭五九、八〇二）。②［兵庫県八多村（現・神戸市）］丑の刻参りは、のろいのかみと言われる。昔の鏡を下げてお宮に行くと、お宮の前にいた大きな牛が、頭をぴよこぴよこしているという。（『ドルメン』三（九）、昭九、三三）③［滋賀県大津市］宮さんの境内の木に、紙に人形を書いて貼り、喉首に五寸釘がささっているのを子供のときに見た。皆がノロイだと言っていた。紙をめくるとノロイが移るというので、そのままほっておいた（『民俗文化』一〇八、昭四七、八三三–八三四）。④［東京都新島村］子供が出征したので丑の刻参りをしたら、七日目にカワカミサマにおさえられて、礼をしたまま頭が上がらなかった。子供は無事帰った（『民俗採訪』昭和三〇年度号、昭三一、七二）。⑤［島根県都万村（現・隠岐の島町）］人に憑く狐は普通の狐とは違う。狐を憑けるには丑の刻参りをする。（『民間伝承』二五（二）、昭三六、七七）。

（永原順子）

〔参考文献〕麻原美子・春田宣・松尾葦江編『屋代本高野本対照平家物語』新典社。「謡曲集（下）」『日本古典文学大系　四一』。

丑時参（『今昔画図続百鬼』東北大学附属図書館蔵）

うし・まじむん【午・マムジン】

㊫いちぶる・まじむん、どーこー・まじむん

沖縄で伝承される妖怪。牛の化け物で、

棺を入れる龕《がん》が牛に化け、夜道で人に突進してくる。朝にはもとの姿に戻るとされる。また、昭和初期から戦時中に現れたとされるウシ・マジムンは、人に危害は加えず、遺念火《いねんび》となってついてくると言われた。

⇩うし、まじむん

事例 ①［沖縄県］唐手の名人が夜道を歩いていたとき、赤牛が突進してきた。両角をへし折って組み伏せたが、力尽きて倒れる。朝になって見たところ、龕《がん》の両側につける鳥型の飾り物を握っていた（『郷土研究』五（三）、昭六、四二）。②［沖縄県］牛マジムンは、昔、人骨が放置されていたドーコー（板敷路道）の海岸べりから現れ、帰宅途中の人々を驚かせた。ときには遺念火となって前や後ろにゆっくりと現れ、遠ざかっていった（『沖縄の幽霊』平一二、一四〇―一四一）。（田村明子）

うしろがみ【後神】

屋敷の付属地に祀られる屋敷神の一種で、守護神的な性質を持つといえる。屋敷神としては稲荷を祀る事例が多いが、後神に関しても狐やミサキがそう考えられる場合が多い。なお、江戸時代の絵師・鳥山石燕の『今昔百鬼拾遺』では、後神は人に臆病風を吹かせる妖怪として描かれている。ただしこれは、「後ろ髪を引かれる」という言い回しにかけた石燕の創作とも言われ、ここでいう後神とは別物と考えられる。

⇩きつね、みさき

事例 ①［岡山県足守村（現・岡山市）］山伏寺である神福寺のウシロ神は狐で、これを使って「幣づけ祈祷」を行った（『民間伝承』三四（一）、昭四五、五二）。②［岡山県落合町（現・真庭市）］屋敷の北西にある榊のところに小祠を設け、ミサキを祀っている。これはウシロ神（守護神）で、祀ればその威光でこの人物に立ち向かえなくなる。またゲドウ（悪霊）も近づけなくなる（『岡山県史　一五』昭五八、五二八―五二九）。（山口拡）

うすごろ

陰気な夜に、子どもの姿をしたものが家の中を横切る。間引きされた子どもを指すという説がある。

⇩ざしきわらし、みずこ

事例 ［宮城県］ザシキワラシは若葉の魂だという。陰気な夜に奥座敷から勝手の方へ一〇歳ぐらいのザシキワラシがしおらしい姿で歩いていくのをみるがすぐ消える。若葉の魂をウスゴロという。臼の下にしいて殺した子供という意味かもしれない（『郷土趣味』五（二）、大一二、五）。（荻野夏木）

うたき【御嶽】

琉球列島における各集落の聖地・拝所の総称。その多くは鬱蒼とした木々に覆われており、ヤマ、モリ、スク、オン等、地域により様々に呼称される。クバ等の神木や自然石あるいは香炉のある、神が座すとされるウタキ最奥の至聖所（「イビ」「イベ」「ウブ」等呼ばれる）には、女性神役しか入ることができない。まつられる神は、祖霊神やニライカナイの神など、集落を守護する神である。概して一集落に一ウタキの沖縄諸島に対し、宮古・八重山諸島の集落には複数のウタキがあり、神の性格も多様かつ具体的である。至聖所の外の広場には村落祭祀の際、ウタキに帰属する地域住民が集まるが、一般にウタキはみだりに入ってはならないとされ、域内の草木を勝手に取ると神罰があると言われる。

事例 ［沖縄県石垣市］昔、川平《かびら》集落で、群星《ンニブシ》（すばる星）から霊火が昇降していた所に白米の粉で丸い印がついていたので、住民は神の天下りした所として群星御嶽《ンニブシオン》を建て、拝むようになった。霊火昇降を見た宗家の娘が初代のツカサ（女性神役）となった（『川平村の歴史』昭五一、六五）。

（澤井真代）

〔参考文献〕大本憲夫「沖縄の御嶽信仰」『神々の祭祀』平三、凱風社。

うつろぶね【うつろ舟、空船】

球形・箱状の船に閉じ込められた女性が漂着したという伝承。近世随筆に事例が多い。もともとは漂着先で殺されて祟りをなしたり、養蚕や機織りを伝えたりして祀られるという漂着神の縁起説話であったものが、江戸期に外国船の漂着などを背景に、同時代のおどろおどろしい異事奇聞・怪異譚に作り替えられたといえる。

事例 ①［大分県南海部郡（現・佐伯市）］美しい女がうつろ舟に乗って流れ着いたが、村人は女の目を突いて殺し、財宝を奪った。以来その浦には盲人が生まれる。女は許されぬ恋のため流された姫君という（『民俗採訪』昭和五〇年度号、昭五一、五七）。②［茨城県］常陸国原舎浜に奇妙な形状の船が漂着した。釜のような中空の船で、四方に窓があった。中に見慣れぬ衣装を着た二十歳ほどの美しい婦人が乗っていたが、一切言葉が通じなかった（「梅の塵」『日本随筆大成第二期二』三七七―三七八）。

（飯倉義之）

〔参考文献〕加門正一『江戸「うつろ舟」ミステリー』平一〇、楽工社。

うどぅいがみ【ウドゥイ神】

三線や太鼓の音を鳴らす神。ウドゥイは沖永良部の言葉で踊りを意味し、ガミは神を表す。敬老会で踊りを行った後に、支度直しと呼ばれる踊り納めを行わないと、普段練習していた場所にウドゥイガミが残り、災いを起こす。災いには二種類あり、毎晩演奏者が、太鼓や三線の音に悩まされるというものと、足が悪くなるなどの健康被害を受けるものである。沖永良部島のアニミズムを反映した怪異である。

事例 ［鹿児島県和泊町］一九五〇年頃、刈り取り後の田で踊りを練習し、仮説舞台で敬老会を行った。その後伴奏者の何人かが、毎晩太鼓の音に悩まされるようになった。太鼓を探してみると、敬老会を行った場所の隣の家の床下で見つかった。支度直しを行うと、音はしなくなった。また琉球舞踊の踊り手三人が、健康を害したり、亡くなったりした。高齢者は、支度直しをしないからだと噂した（『南島研究』四三、平一四、九―一〇）。

（堀口祐貴）

うなぎ【鰻】

鰻にまつわる怪異譚は数多いが、虚空蔵《こくうぞう》菩薩《ぼさつ》が鰻に乗って現れたといわれていることから鰻が虚空蔵菩薩のお使いとの言い伝えは各地に残り、虚空蔵堂に鰻の絵馬が掲げられたり、虚空蔵菩薩を守り本尊とする丑年や寅年生まれの人は鰻を食してはいけないといった信仰がある。耳のある鰻も各地に伝えられており、団扇のような耳を持つ巨大鰻の存在なども語られているが、怪異譚との関わりで耳のある鰻が登場するケースが少なくない。また、鰻は沼や淵の主として存在し、大風や洪水を起こしたり、鰻の出現が大雨の前兆であるなどの言い伝えもある。鰻が出て来るか否かによって晴れか雨かを占うケースもあり、雨乞いを鰻に願ったりもしている。さらには、地震をもたらす元凶として伝えられるなど、天候や天変地異と深い関わりをもって語られてもいる。

鰻が人に化ける伝説も各地にある。美男子に化けて村娘を妊娠させた鰻、坊主や白衣の大男に化けた鰻などといったものだ。いっぽうで山芋が鰻になるといった話も数多く伝えられているが、こうした事例は明治時代に入ってからも存在する。明治一四年（一八八一）三月二九日の『普通新聞』は徳島県阿波郡で発見されて新聞社に持ち込まれた、半分ほど鰻と化した山芋を図を入れて紹介し、書物や噂は知っていたが実物を見るのは初めてだと記している。この山芋鰻は大阪の興行師に売られ、アルコール漬けにして見世物に出されるといった後日談も別の新聞で報じられている。

⇩さかなのかいい、ななめ、やまいもうなぎ

事例 ①〔福島県いわき市〕好間川下流の今新田に耳のある鰻がすんでいたが、近くの寺の住職がこの鰻を獲って囲炉裏で焼いていると尻尾で囲炉裏をかき回して寺を焼いてしまい、平（現・いわき市）地域を全焼させるほどの大火となった。これを平の大火という（『福島県史　二四』昭四二、五八三）。②〔香川県三豊郡（現・三豊市）〕二宮神社東境内の鰻淵に雨乞いを祈願して、白い鰻が現れると大雨の前兆、黒い鰻が現れると雨が降らない（『旅と伝説』一〇（八）、昭一二、四九-五〇）。③〔不明〕旅僧がやって来て藩主の命で行っている毒流し漁を止めるように宿主に訴えたが、宿主は粟飯を僧に食べさせて帰した。そして、毒流し漁で川面に浮上した大鰻の腹を割くと粟飯が出てきた。その後、大地震や藩主の早世などが相次いだ（『日本常民文化紀要』二〇、平一一、五三）。④〔不明〕ある田舎人が山芋が半ば鰻となったものを得て、都で高く売ろうとしたが都に着くとすでに山芋は全体が鰻となっており、わけを話しても誰にも相手にされなかった（『筱舎漫筆《ささのやまんぴつ》』『日本随筆大成　第二期三』二五六）。（湯本豪一）

〔参考文献〕後藤明『「物言う魚」たち』小学館、平一一。

うなりいし【唸り石】

⇩よなきいし

うなりごえ【唸り声】

⇩こえのかいい

うばいし【姥石】

㊫ばんばあいし【ばん婆石】　姥石とよばれる石にはさまざまな伝承があり、夫の帰りを待つ女や、女人禁制を侵した乳母や比丘尼が石に変じたとされる。形状は、単なる自然石のほか、老婆の形をしたものもある。

それらが時に祟りをおこしたり、女に化けたり、奇声を発したりといった怪異をおこす。また、石に願をかけると子宝に恵まれる、雨を降らせてくれるといった霊威を発揮するものもある。

⇩いしのかいい、やまんば

事例 ①［岩手県志和村（現・紫波町）］手をつけてはいけないと言われていた姥石に、名工といわれる石工が手をつけると、雷雨とともに身の丈一丈余りの大男で、赤い衣で、赤い顔に鼻の長いものが石工を罵り、地面にたたきつけた（『旅と伝説』三（一）、昭五、六七―六八）。②［愛知県犬山市］ある比丘尼が禁を冒して尾張富士に登り、傍らの石に手をついたところ、手が石から離れなくなった。祈祷師を頼んで手を離してもらったが、放置していたら姥石になっていたといわれる（『美濃民俗』二三二、昭六一、五）。

（竹内邦孔）

うばがび【姥が火】

㊟うばひ【姥火】、ばばひ【婆火】　神社の油を盗んだ姥が死後、火の玉となって雨夜に飛び回るという話。こうした寺社の油を盗んでいた者が死後、火の玉となるという事例は多く、「油坊」など様々な呼び名で呼ばれている。

⇩あぶらぼう、かいか、ひのたま

事例 ①［不明］ある人の前に姥火が飛んできて落ちた。近づいて見ると、鶏のような鳥であったが、突然飛び立ち、離れて見ると、丸い火であった（『諸国里人談』『日本随筆大成　第二期二四』四七三）。②［京都府］死霊は様々な形で現れるが、保津川に現れる火の玉は姥ヶ火という（『郷土研究上方』三（三三）、昭八、五）。

（山田栄克）

姥が火（『怪物画本』国際日本文化研究センター蔵）

うばがみ【姥神】

㊟うばごぜんさま【乳母御前様】、せきばばさん【咳婆さん】　村に逃げてきて亡くなった高貴な女性を供養したり、予知などの特殊能力をもった女性や、奪衣婆を祀ったりしたもの。むやみにその社を移動すると祟ったり、祠から女性が現れたり音がしたりするといった怪異を起こす。また、各地で咳の婆さんともよばれて、子供のひどい咳を治す神といわれるほか、乳の神様として祀られることも多い。

⇩やまんば

事例 ①［青森県］ある年の大雨で恐山の三途の川の水かさが増し、奪衣婆の像を安置した姥堂が、下流の正津川へ流されたので、人々は運び帰ったが、何度戻してもひとりでに流れていくので、像に伺いを立てると、正津川が気に入ったというので、堂の場所を移した（『あしなか』三五、昭三一、九）。②［島根県八雲村（現・松江市）］田の畦に咳婆さんという自然石が祀られている。咳がついたときに参ると治るといい、盆や正月にも参る。以前、大水が出たとき、水に浸からぬようにと咳婆さんを動かした人が病気になった（『民俗採訪』平成三年度号、平四、六〇）。（竹内邦孔）

うぶがみ【産神】

㊩うぶのかみ【産の神】、おぶのかみ【オブの神】、おぼすなさま【オボスナ様】　出産の前後に訪れ、産婦と生児の安全を守る神の総称。山の神、厠神《かわやがみ》、箒神など地方により様々な神が考えられる。これらの神が出産に関わる時、産神とされる。産神だけは他の神と異なり、出産の血の穢《けが》れを厭わないという。また昔話「産神問答」にみられるように、生児に対してはその運命を司る神と考えられている。

事例　①［福島県猪苗代町］難産の時は、お産の神である山の神さまを迎えに、馬を引いて山へ行く。馬が止まると、山の神さまがお乗りになったとして帰る（『福島県史　四』昭四二、二三一）。②［青森県田子町］難産の時は、産の神であるホウキを立てる（『青森県史　民俗編資料南部』平一三、二四三）。③［福井県越前町］赤子の笑いをむし笑といい、産神があやしている。また尻に青味があるのは、生まれる時に「男になるか、女になるか」と尻をつねって問われた痕である（『福井県史　資料編一五』昭五九、一五三）。（山口拡）

うぶめ【産女、孕女、姑獲鳥】

㊩うーめ、うぐめ、うばめどり【ウバメ鳥】、うんめどり【ウンメ鳥】、おごめ、おんめ、こかくちょう【姑獲鳥】　一般的に産褥で死んだ女性の変化で、夜の道や川辺で赤子を抱いて立ち、通行人に赤子を抱くように強要するものとされるが、実際は多様な形態で語られる。

本来ウブメは産婦のことを指す（『和名《わみょう》類聚抄《るいじゅうしょう》』）。「妖怪」ウブメの初出とされる『今昔物語集』は、夜の川辺に産褥にある女性が出没することの不気味についてを語り、「産褥で死んだ女性の変化」は狐の変化とともにあくまでも後解釈であって、この時はまだ重要な属性ではなかった。室町時代の『むらまつの物語』になると、ウブメは墓場で聞こえる赤子の泣き声を指し、音の怪異として紹介される（『梅村載筆』『奇異雑談集』等に類例）。

江戸時代には、中国の姑獲鳥《こかくちょう》という、産褥の女性が死んで変化する夜鳴く鳥がウブメに取り込まれ、後に「姑獲鳥」と書いて「うぶめ」と読まれるほど一般化した。しかし姑獲鳥は夜飛行し赤子を攫う鳥で、冒頭のものとは正反対の性格である。この同一視については「夜鳴く」行為を共通項にして、姑獲鳥に適当な和名「うぶめどり・ぬえ」を付けた、林羅山の『新刊《しんかん》多識編《たしきへん》』にその淵源を求めることができる。

また、この時期からウブメの絵が描かれるようになる。基本は、腰から下が血に染まった経帷子や白装束を着て、赤子を抱いた姿である。それに姑獲鳥の表現として翼や鳥の足が付加されたり、雨や流れ灌頂等定式化した背景が描かれるようになった。

そして、当時の仏教説話で、ウブメを語る場合があり（鎌倉大巧寺等の産女済度や高僧出生譚）、これは飴買い幽霊や子育て幽霊等との関連性も指摘できる。

赤子を抱かせる理由は、百万遍念仏を唱えて成仏するため、便所に行くため、草履の鼻緒を直すためと様々であり、抱かされた赤子もいつの間にか消失したり重くなったり噛みついたり、木の葉や石、藁打ち槌等に変わったりする。その代わりに赤子を抱くと、勇気の証として金品や大力を授かる場合もある。

　伝承では、胎児を分娩せずに死ぬとウブメになるので、赤子を取り出し身二つにして埋葬するという（熊本）。また夜道にチッチッチッと泣いてついてくる赤ん坊の声（大分）、死んだり捨てたりした嬰児がなるもの（愛媛）、炎をともなう鳥や船幽霊、海上の怪火をウブメといった（九州地方ウグメ・ウーメとも）。他に、茨城では子供を害する鳥ウバメドリや壱岐のウンメドリ、伊豆三宅島の山中で笑う怪鳥オゴメなど、姑獲鳥が日本に定着して以降伝承化したと思しき事例もある。

　同じものとは思えない程、多彩な事例があるウブメは、時代を通じて物象と現象両方の様々な属性を帯びていった歴史的産物といえる。

産女（『怪物画本』国際日本文化研究センター蔵）

⇨おぼだき、きしゃちょう、こそだてゆうれい

事例　［不明］「懐妊不産して死せる者（中略）胎内の子死せずして野に生まるれば、母の魂魄、形に化して、子を抱き養ふて夜歩くぞ。其の赤子の泣くをうぶめなくといふなり。そのかたち、腰よりしもは血にひたつて力よはき也、人もしこれに会へば、負うてたまはれといふをいとわずして負へば、人を福裕になすといいつたへたり（中略）。唐に姑獲といふは日本の産女なり。姑獲は鳥なり」（『奇異雑談集』）。（木場貴俊）

〔参考文献〕木場貴俊「歴史的産物としての『妖怪』」『妖怪文化の伝統と創造』平二二、せりか書房。

うま【馬】

　馬は他の動物と異なり、人を乗せ、物を運び、戦争にも加わることから、密接に人間の運命と結びついていると考えられてきた。米国の「首無し騎士」の伝説や北欧神話のオーディンが乗る八本足のスレイプニルは、まさに盲目の騎士を地獄あるいは天国に導く馬の怪異・妖怪である。昼は人間が馬を制御するが、夜は馬が盲目の騎手の案内役となる。この二者間に争いが生じれば狂気と死が、協調があれば勝利が待っている。このことから、馬は昼は太陽（天界）と、夜は月（冥界）と結合すると考えられてきた。この二つの異界を行き来する特性から、「神の乗り物」でもあり「悪魔の乗り物」ともなる。したがって伝承には、豊饒や幸運をもたらす水神とともに、その出現は死の予兆ともなる。

　馬の毛色でこれらの特性を語る場合もあ

る。例えば柳田國男は『山島民譚集（一）』の中で「葦毛は最も霊異なるものなると同時に、又最も災厄に罹り易い」と述べている。また白馬には神も妖怪も乗る。神社の神馬像や絵馬は前者の例、後者の代表例は夜行や亡霊の乗る首切れ馬をあげることができる。馬と同様に神聖視されるもう一つの動物に蛇があるが、両者が合体すると龍《りょ》馬《うま》になる。対立する場合は馬が善、蛇が悪となる場合が多い。

　馬が直接引き起こす怪異として、絵馬や神馬像が夜に動き出す伝承は全国にある。また岐阜から愛知、静岡にかけて、取り憑いて馬を殺す提馬風《だいばかぜ》の伝承（『伽婢子《とぎぼうこ》』）、また稀に馬が人を食い殺す伝承もある。天狗や河童、七人童子、川猿などの妖怪と関わる伝承も見られる。また馬頭観音に馬の怪異が結びつけられる伝承も多い。オシラサマのような馬と娘の婚姻譚も怪異伝承といっていいだろう。

⇩うまづか、うまのあし、うまのくび、おしらさま、くびきれうま、こまいわ、だいば、ちんちんうま、てんま、ばかくさん、はくば、ばとうかんのん、りょうば

事例 ①［岩手県水澤町（現・奥州市）］地蔵尊の前で寝ていると夜中に騎馬の神様がやってきて、地蔵に今日誰々が子供を産んだが、その子はある年齢で水死すると予言した。それを聞いていた者が知らせたので、その家では子供がその年齢になったとき、あらゆる水を遠ざけたが、いつの間にか子供は暖簾の穴に首を引っかけて死んでいた。暖簾には水という字が染め抜かれていた（『旅と伝説』一二（四）、昭一四、六）。②［美濃国志津野村（現・岐阜県関市）］近江の大津東町の皮剝職人の娘が死んでギバになり、馬を倒す。ギバは女で、玉虫のような黄金色で、鹿ぐらいの小さな馬に乗っている。この小さな馬は切れた凧のように、天からひらひらと下りてくる。すると馬は首を上げ、ただごとでない声で嘶く。ギバの小馬はそのとき、前足を馬の口に、後足を馬の耳に踏みつけて、馬の顔に抱きつく。そこでギバの女は必ずにっこりと笑い姿を消す。そうすると馬は右の方へ三度廻って倒れそのまま死ぬ（「想山著聞奇集」『日本庶民生活史料集成一六』昭四五、一四）。

（佐々木高弘）

〔参考文献〕柳田國男「山島民譚集」『柳田國男全集　五』ちくま文庫。小島瓔禮編著『人・他界・馬』平三、東京美術。

うまつ【怪火】

鹿児島県大島郡でいう怪火・火の玉のことであり、海上の怪異の一つである。赤い火を「アハ・ウマツ」、青い火を「オー・ウマツ」という。鹿児島県大島郡瀬戸内町ではイカ釣りの際にウマツに遭遇したという話が残されている。袖の下からウマツを見ると、白衣を着た神様のような姿の人がはっきり見えたと言う。

⇩かいか、ひのたま

事例 ①［鹿児島県瀬戸内町］子供の頃、イキャビキ（烏賊釣り）のときにウマツ（怪火）が行ったり来たりしていた。祖父の言うとおりに袖の下から見ると、白衣を着た神様のような姿の人がはっきりと見えた（『南島研究』二五、昭六〇、一二）。②［鹿児

島県大島郡〕ヒジャマは直径二〇センチぐらいのアハ・ウマツ（赤い火）でもあるとその夫は語り、オー・ウマツ（青い火）であるとその妻は言った（『南島研究』一七、昭五一、四）。（五十嵐大晃）

うまづか【馬塚】

㊫ばさいづか【馬災塚】　馬にまつわる伝承のある塚。武将の愛馬を埋葬したとする事例（源頼朝の馬の墓といわれる、東京都目黒区の芦毛塚など）が多い。『平家物語』に登場する、梶原景季が源頼朝から賜ったという名馬磨墨にまつわる塚は、東京都大田区、愛知県犬山市など、各地に存在する。住吉神社の神馬塚（大阪府大阪市東住吉区）など、神馬を祀る事例もある。これらの中には、当麻東原古墳（神奈川県相模原市）のように、実際に古墳であるものも見られる。塚の前を馬が通る、あるいは騎馬のまま通ると、馬に災いが起こるという伝承が多い。逆に、祈願すると、馬の病が平癒するという事例もある。

⇩うま、つかのかいい

事例　〔宮城県名取市〕増田の第六天神社は、馬塚であった。愛島小豆島の牛頭天王（清水峯神社）の神輿がここを通った時、天が俄に荒れて神馬が亡くなったという。牛馬の病の平癒を祈ると験がある（『宮城県史　二一』昭三一、二五五―二五六）。（徳永誓子）

うまにゃーず

宮古島に現れた人魚。漁師の少年と結婚した。

⇩にんぎょ

うまのあし【馬の足】

馬の足が木の枝から下がるという怪異。袋下げやつるべ落とし同様の、頭上から落ちてくる怪異の一種と言える。

⇩うま、つるべおとし、ふくろさげ

事例　〔福岡県福岡市〕道の上に枝を伸ばしている古木の枝に、夜になると馬の片足が下がり、ぶらぶらと揺れる。気づかずにその下を通りがかると蹴飛ばされてしまう。福岡のあちこちに出たという（『民間伝承』四（七）、昭一四、六）。（飯倉義之）

うまのくび【馬の首】

殺された馬の首。村中を飛びまわるとも、沼から浮かびあがり見たものは死ぬともいわれている。

⇩うま、くびきれうま

事例　①〔福島県田人村（現・いわき市）〕人間の娘に惚れこんで殺された馬の首が、正月二四日村中を飛び回る（『民俗採訪』昭和三〇年度号、昭三一、四二―四四）。②〔宮城県栗駒町（現・栗原市）〕飛騨守が追手から逃れる際、沼地で足を取られ、乗っていた愛馬を殺し、難を逃れた。それから三年に一度この旧暦五月五日に馬の首と黄金の鞍が浮かび上がる。それを見ると三年で死ぬ（『季刊民話』七、昭五一、四三）。（保科友希恵）

うまのくら【馬の鞍】

㊫くらかけぬま【鞍掛沼】、くらふち【鞍渕】　池や沼、淵などに馬の鞍が浮かぶ怪異。その水辺で死んだ武将や貴人と乗馬の霊や無念がこの怪異を起こすとされる。鞍が浮

かぶ日は貴人の死んだ日や七夕と定められている場合が多い。また河童が鞍を浮かべて人間を水中に誘い込むという伝承もあり、生きた馬を沈めて水神に奉納した信仰や、河童駒引伝承との関連がうかがえる。

⇩いけ・ぬま・しみずのかいい・れいげん、うま

事例 ①［埼玉県比企郡、入間郡］昔、山の城に住む貴人が、誤って馬ごと渕に落ちて沈んだ。この渕を鞍渕といい、それ以来毎年一月のある日、必ず水面に鞍が浮かび上がるという（『あしなか』一六、昭二五、五七）。②［宮城県栗原市］沼倉山の城主が戦いに敗れ逃げる際に、倉掛沼に愛馬を沈めて主とした。以来三年に一度、旧暦五月五日にこの沼から馬の首と黄金の鞍が浮かび上がるが、それを見た者は三年のうちに死ぬという（『季刊民話』七、昭五一、四三）。

（飯倉義之）

うまれかわり【生まれ変わり】

㊮てんせい【転生】 死者の霊が、再び他の人間や動物に生まれ変わることを指す。

生まれ変わった者の身体には、死者の身体にあった同じ痣《あざ》や傷が現れるなど、何らかの痕跡が見られることが多い。また母体で胎児を包んでいた胞衣《えな》（後産《あとざん》ともいい、胎盤や卵膜などを指す）の形状や模様も、生まれ変わりを示す手がかりと考えられた。全国の産育習俗を集めた『日本産育習俗資料集成』（昭五〇）には、「胞衣を酒で洗うとだれの生まれ変わりか判明するという」（岩手県盛岡地方、二四三頁）や「胞衣を広げてみると、何某の生まれ変わりと書いてあるが、それを見ると目がつぶれるので見た者はいない」（秋田県北秋田郡大館町地方、二四三頁）などの例が紹介されている。

また、死者の足の裏や掌《てのひら》に墨で文字を書くと、それが生まれ変わった赤子の足の裏や掌、また牛の背中などに現れるという伝承もある。それらの文字は、その死者の墓の土でないと消えないとされ、むやみに死者の身体に印をつけてはいけないと戒める伝承が多い。

このほか、現代では、死者の生まれ変わりを期待して、あえて死体に文字を書いたり、何か跡をつけておいたりする伝承も報告されている（松谷みよ子「生まれかわり考」）。死者に会いたい、この世に存在してほしいという遺族の強い気持ちが、これまでの生まれ変わりの伝承を基に、新たな形を生み出していると考えられる。いずれにせよ、これらの伝承の背景には、死後は三界六道の世界に生死を繰り返すという仏教の輪廻転生の考えや、霊魂は生から死、死から生へ循環するという日本人の霊魂観などがある。

⇩しるしご

事例 ①［長野県松本市］死児の手足などに墨で印をつけて葬ると、どこかに生まれ変わる子の、その部分にそのまま印が現れる。その印を落とすには、死児の墓の土をつけて洗わなければならない（『郷土研究』三（六）、大四、五〇）。②［福島県福島市］生まれ変わってこの世に出てきた者はゴザン（後産）に誰の生まれ変わりと書いてある。しかしこれを見たら目が見えなくなる。また死人の身体に墨で書くと、次に生まれ変わった人のアザになって出てくる（『民俗

採訪』昭三七年度号、昭三九、一〇八)。③［宮崎県宮崎市、串間市］宮崎市南町・串間市では死亡者が出た直後もしくはその年のうちに子どもが生まれ、性格が同じであれば、それは死者の魂の生まれ変わりだと言われている（『宮崎県史　資料編民俗二』平四、二九二）。④［群馬県大間々町（現・みどり市）］大正年間、大間々の桐原で太郎という名の大きい犬が、村の若い衆に殺された。殺した人が子供に太郎という名前をつけた。犬の脇の下には痣があったが、生まれた子供にも痣があった。むごいことをしたから、生まれ変わって出てきたのだという（『群馬県史　資料編二七』昭五五、九四七）。

（安井眞奈美）

［参考文献］松谷みよ子「生まれかわり考」『現代民話五　死の知らせほか』昭五一、立風書房。

うみかぶろ【海禿】

海に現れる怪。カブロとは、頭髪がないか、もしくは髪を短く切りそろえた髪形のことであり、海カブロは、そうした特徴を持つ動物が想定されていたようである。これは、水の怪を河童という場合と通ずる考え方であろう。また、地域によっては川獺《かわうそ》を河童と考えていた場合もある。

⇩かっぱ、かわうそ

事例［新潟県］佐渡では海獺を方言でうみかぶろといい、両津附近にいてよく人をたぶらかす（『佐渡叢書　二』昭三三、二三六）。

（小澤葉菜）

うみがめ【海亀】

海に棲息する大型の亀の総称。日本では食用の他、装飾品として鼈甲《べっこう》が珍重されてきた。亀を瑞兆や長寿の象徴とする習俗があり、亀食が忌避される地域もある。昔話では浦島太郎に代表されるような亀報恩の話が多く残っている。『今昔物語』には、漁師によって捕獲された亀を哀れに思い、買い取って海に放したところ後に助けられた話がある。亀を放したことで豊漁になったとする話型もある。このことから逆説的に、海亀に害を与えると祟られると伝承する地域がある。

⇩かめ

事例①［香川県三豊市］亀エビスという海亀を祀ったものがある。大きな海亀が死んでいたので海に捨てたが、翌朝またあったので、今の亀エビスのところに埋めて祀った（『民俗採訪』昭和四七年度号、昭四八、四七）。②［千葉県銚子市］捕獲したウミガメを見世物にして売ったところ、当事者が変死した（『日本常民文化紀要』一三、平一五、一六一）。

（田村明子）

うみこぞう【海小僧】

㊫こぼうし【小法師】、にいぎょ　海の底にいて、三歳くらいの童子の形をし、目のふちまで毛で覆われている小僧。釣針の糸をたどって海面に浮かび、にったり笑うという。

事例①［長崎県呼子町（現・唐津市）］漁に出ていたら、船に小法師が上がってきた。船は進まなくなったが、一心に経を読んだら助かったという（『島』昭和九年前期、昭九、一五六）。②［岩手県普代村］海の底にいると信じられている。漁師は、船から海に潜るときには、舷を叩いてから入るものとされていた（『宮城県史　二一』昭三一、四四八-四四九）。③［愛媛県宇和島市］西の某が夜に漁へ出ると、何故か鯖がわく。ともへ乗った者があった（『伊予の民俗』一一、昭五〇、二六）。

（磯貝奈津子）

うみしょうじょう【海猩々】

山口県岩国市の新湊の沖に多く出現する。酒を好み、通りかかる船に酒樽を要求する。酒樽がないと祟りをおこし、投げ込むとその樽で水を汲み、船を沈める。

⇩しょうじょう

事例　［山口県周防大島町］村に未だ二隻も三隻も渡海船があった。その渡海船には必ず底の抜けた樽が積んであった。その訳を、やはり夜引きの夜半老いた船頭から聞いた。海には海猩々というものが居る。殊にそれが、岩国の新湊の沖あたりに多い。この海猩々は酒が大変好きで、夜半、このあたりでもはしって居ようものなら、必ず、「樽を呉れえ」というもの恐ろしい声を海の底から聞く。樽を海へ投げ込まないと、恐ろしい祟りがある。投げ込めば又その樽で海猩々が船へ水をくみ込んで沈めてしまう。だから、底をぬいたのを積んでおく。底さえなければ水が汲めないから大丈夫だと。この話は対岸の玖珂郡（山口県）の漁夫からも、広島県佐伯郡から炭を積んで来る船の船頭にも後になって聞かされた（『山口県史　資料編民俗一』平一四、一八）。

（阿部宇洋）

うみなりこぼうず【海鳴り小坊主】

海鳴りとは、海から聞こえる断続的な遠雷に似た音である。低気圧の時や台風が接近している時に発生する。海岸付近だけでなく、内陸部の山頂で聞こえることもある。この音が人間の悲鳴にも聞こえる。また海鳴りが聞こえると不漁になるという俗信もある。海鳴り小坊主は、この音に関連する怪異であり、石川県羽咋郡気多神社に関係する伝承である。

事例　①［石川県一の宮村（現・羽咋市）］石川県羽咋郡一の宮村の気多神社は、両部神道で、真言宗の寺が多くあった。謙信の能州侵略の時、この村の城に籠もっていた僧兵が落城と共に海へ没したという。以後、どんな凪の日でも、どうどうと海鳴りが聞こえるという。これを村人は僧兵の悲鳴だとして「三千小坊主の海鳴り小坊主」といっている（『民俗学』一（四）、昭四、四〇）。②［宮城県］海鳴りの翌日は時化で不漁（『宮城県史　二〇』昭三一、一九二）。

（阿部宇洋）

うみにょうぼう【海女房】

類うみあま【海女】　浜辺あるいは海上に現れ、無塩の生魚をねだる、または赤子を抱いてくれと頼んで人を襲うという。人の生き血を吸うとも一度見たら命は無いとも言われている。塩鯖を食べた例もある。

⇩いそおんな

事例　①［島根県北浜村（現・平田市）］十六島《うっぷるい》のある小屋で、老人が鯖の塩漬けが入った桶の番をしていると、窓から光る目が見えたので屋根裏へ逃げ込んだ。すると、子どもを抱いた女が小屋に入ってきて塩鯖を食った。女は「さっきの男はどこへ言ったやら、口直しに食おうと思ったのに」と言って、小屋を出ていった（『郷土研究』一（七）、大二、五七―五八）。②［島根県］石見地方では、磯女は人に会うと、赤子を抱いてくれと頼むという。赤子を抱くと女は消え、牛鬼が波間から現れる。赤子を手放し逃げようとしても、赤子は石のように重くなり、吸いついたように離れない。そのうちに牛鬼に刺されて死んでしまう。赤子を抱くよう頼まれたら、手袋をして抱き、逃げる時には手袋ごと赤子を投げだせばよいという（『日本怪談集　妖怪篇』昭五六、二三九―二四三）。（保科友希恵）

うみぼうず【海坊主】

㊥うみにゅうどう【海入道】　海中から現れる怪物で、坊主や入道のような姿に見えることからその名がある。江戸時代から多くの文献に記されており、正徳三年（一七一三）成立の『和漢三才図会』には、海坊主は坊主頭の人の顔とスッポンの体を持つ怪物で、大きなものは五、六尺（約一五〇―一八〇センチ）に及ぶとある。これははなはだ動物的であるが、天保八年（一八三七）序の『燕居雑話《えんきょざつわ》』には、一〇丈（約三〇メートル）ほどの巨大な海坊主が、晴天で凪の日にごく稀に現れるとあり、より妖怪的である。寛政年間（一七八九―一八〇一）の『閑窓自語《かんそうじご》』には、貝塚（大阪府貝塚市）の辺りの海辺では、全身が漆のように黒い海坊主というものが子どもを取ることがあり、恐れられていたとある。

なお、いわゆる河童や舟幽霊とイメージが混淆している地域も多い。長崎県五島の樺島（福江市）では、海から出てきた坊主が人を海の中に引き込んだり、柄長《えなが》（柄杓）で舟の中に海水を汲み入れたりするといわれていた。愛媛県には海坊主の伝承が豊富にあるが、その多くが河童や舟幽霊の伝承と酷似している。海坊主に出会った時の対処の方法として、新潟県では味噌を海中に撒くといい、兵庫県洲本市では舟で一番大切なものを舟のミヨシ（舟の先に突き出た木）から投げるという。山口県萩市見島では、海坊主が舟に乗り込んできた時は、庖丁を砥石にかけて研ぐと海に逃げるという。

海上で海坊主に出会い、「この世の中で何が一番恐ろしいか」と問われて「世渡りが一番恐ろしい」と答えると姿を消したという話は広く分布しており、とりわけ伝説的な名船頭・桑名屋徳蔵のエピソードとして伝えられている。この話の原型は一二世紀末成立の『宝物集』にすでに見られ、そこでは海中から現れた赤い髪、青い体の「鬼」に対し、より恐ろしいのは煩悩である、と答える形になっており、もとは仏教的な説話であったことがわかる。

⇨いなだかせ、かわぼうず、ぎおんぼうず、しくび、ばかび、ふなゆうれい

事例　①［徳島県、高知県］阿波と土佐の境の沖に、高さ一〇丈（約三〇メートル）ばかりの大仏のようなものが現れた。上の方は細く、下の方は裙《もすそ》（スカート）のように広がっていて、頭のような部分もあるがはっきりしない。それが走る船の先、五～六町（約五五〇～六六〇メートル）ばかりのところを行く。しばらくして次第に薄くなり、どこへともなく消え失せた。船頭の言うには、これを海坊主と言い、稀に見ることがある。必ず晴天で風のない日に出ると

いう（「燕居雑話」『日本随筆大成　第一期　一五』二三五–二三六）。②〔兵庫県明石市〕海坊主が舟に乗る事がある。オモテ（舟先）に何かが乗った感じがするが、行ってみても何もいない。こんな時には杓子で海水を汲み、オモテをめがけて投げかけ、その杓子の底を抜いて海へ流す。海坊主は時化の日には出ないで、凪の日に限って出る（『旅と伝説』八（六）、昭一〇、五九）。（香川雅信）

〔参考文献〕花部英雄「船幽霊の型」『昔話伝説研究』一〇、昭五八。

海坊主（歌川国芳「東海道五十三対　桑名」国立国会図書館デジタル資料より）

うみゆうれい【海幽霊】

⇩ふなゆうれい

うめ【梅】

バラ科サクラ属の樹木。果実は食用にされる。梅に関係する怪異は少ないが、梅の精霊は女性であることが多い。また女性と梅の実に関する説話がいくつかある。女性の他に、金銭との関係を示すものもあり、富の象徴としての性格もうかがえる。

⇩きのかいい

事例　①〔長野県飯田市〕戦国時代に、埴科文次が下川路の開善寺にある梅を見物した。その時現れた、美しい女性と童は梅の精であった（『旅と伝説』二、昭三、四六–四八）。②〔神奈川県鎌倉市〕源頼朝の妾であった阿安姫は、正室政子の嫉妬を恐れて、梅の木に実を結ぶなと願い続けた。梅は決して実を結ぶことはなかったという（『旅と伝説』二、昭三、四〇–四一）。③〔千葉県睦沢町〕お長堰の決壊を防ぐため、一人の女乞食が人柱にされた。女は生梅を半分だけ食べていたところだった。後日、人柱の跡に生えた梅の木の実は、半実だけしか実らなかったという（『旅と伝説』二、昭三、四一–四三）。④〔群馬県前橋市〕娘の将来を案じながら死んだ父が植えた梅の木から、死後、何度か銭が落ちてきた（『旅と伝説』九（一）、昭一一、一一三）。（中野洋平）

うめわかさま【梅若様】

平安時代の公家、吉田少将惟房《これふさ》の子、梅若丸。若くして父を亡くし比叡山に入ったとされるが、三月一五日の雨の日に奥州の人買いにかどわかされ、隅田川のほとりで亡くなったと言われている。この日に降る雨のことを梅若の涙雨ともいう。そして、梅若丸の死を悼んだ高僧忠円阿闍梨によって塚が築かれ柳の木が植えられた。また、その後母が探し訪ねて来たが、梅若丸の死を知り悲嘆にくれ、池に入水したとも伝えられている。話の終わりに、その池の水鏡に梅若丸が映ったことから、鏡が池と呼ぶようになったと由来を説く話もある。

事例　①〔宮城県白石市〕三月一五日の雨。

梅若丸は人買いにかどわかされ、隅田川のほとりで三月一五日に死んだと伝えられる伝説からでた（『宮城県史　二〇』昭三一、一六六）。②［東京都恩方村（現・八王子市）］三月一五日は梅若様の亡くなった日という。この日は梅若様の涙雨といって、必ず雨が降る（『西郊民俗』三、昭三二、一二）。

（熊倉史子）

うら【温羅】

岡山県に伝承される伝説上の鬼神。吉備《きびの》冠者《かじゃ》とも呼ばれる。巨体で恐ろしい容姿と怪力を持ち、性格は獰猛・凶悪である。垂《すい》仁天皇《にんてんのう》の頃、百済の鬼神温羅が一族郎党を引き連れて吉備国へ飛来し、略奪を繰返した。温羅討伐のために派遣されたイサセリヒコノコミト（吉備津彦命）によって、左目を射抜かれ、首を刎ねられて曝されたが、その首が何年も大声でうなり続けたために、吉備津神社（岡山市）に温羅の霊を祀って鎮めたという。

⇩おに、きびつのかま

事例 ①［岡山県倉敷市］はるか昔、垂仁天皇（又は垂神天皇）の時代、異国の鬼神が吉備国に飛来して来た。彼は百済の王子で名を温羅といい（或は吉備冠者）、その姿形は獰猛で恐しく、性格は凶悪であった（『歴史民俗研究』二、昭五四、二四-二五）。②［岡山県］両目が爛々として虎狼に似ており、長く乱れた髪と髭は赤く燃えるようであった。身長は四メートル半ほどで、腕力は強く、荒々しく凶悪な性格であった（『えとのす』二五、昭五九、一〇五）。

（高橋奈津子）

うわーぐわー・まじむん

類うわー・まじむん、じるむん、ぢんもら、わんぐゎー　鹿児島の南島から沖縄にかけて伝承される妖怪。ウワーグワーは子豚の意。夜道に現れ、しきりに人の股の下をくぐろうとする。くぐられた者は魂をとられるといい、くぐられないように足を交叉する。姿は子豚だが、子供の霊だとする地域もある。沖縄では豚は日常食、また人の排泄物を食べる家畜として屋内で飼われていたため、身近な動物であった。

⇩まじむん、みんきらー・うわーぐわー

事例 ①［鹿児島県大島郡］ジルムンは夜道に現れ人の股下をくぐる。くぐられたら死ぬといって、足を交叉して歩かなければならない。これは軒下に埋められた子供の霊である。（『琉球史学』六、昭四九、三四-三五）。②［沖縄県］豚の形をして現れて、しきりに人の股の間をくぐろうとするが、くぐられたらマブイをとられて死ぬ（『郷土研究』五（三）、昭六、四一-四二）。

（田村明子）

ウンカヨオヤシ

類ウンカヨばば【ウンカヨ婆】　樺太アイヌの伝承にみられる人肉を食べる化け物。子供をさらい、育てて食べようとしたり、赤ん坊に化けて近づいてきたりする。物語によっては大男や老婆の姿をしている。

事例 ［ロシア連邦樺太］ウンカヨ婆が少女を食べるために育てていたが、ある日、泊まっていた男が「娘食べたい」といういびきを聞いて娘を連れ出した。婆は少女を追いかけるも、下りてきた沢山の化け物に捕まり引っ張られて死んだ（『浅井タケ口述 樺太アイヌの昔話』平一三、一二一―一二五）。

（矢崎春菜）

え

えい【鱏】

㊮えいのうお【円魚】　南西諸島では人に姿を変えて人間の男との間に子を為したという伝承がある。一方ではエイそのものを犯した結果、人間の子供が生まれるという伝承もある。ジュゴン同様、これら「人魚」と遇される海獣に対して直接に交接を行う風習は近代まで存在しており、折口信夫はそれを「祖先を同じくするものへの親近感」と位置付けている。

⇩さかなのかいい

事例　①［沖縄県平良市（現・宮古島市）］海岸でエイを釣ると美女に変わり、これを犯す。後日同じ場所でエイとの間の子供に出会い、竜宮に案内される（『フォクロア』三六（三七）、昭五三、一五）。②［三重県］ある漁村の男が大きな円魚を獲って仰向けに置くと、その女陰の動きが人間と同じであったのでこれを犯し、海に放す。後日、夢に円魚が現れ、浜に行ってみると円魚との子供がいた（「奇異雑談集」『假名草子集成』二一、平一〇、一三六―一三八）。③［山口県下関市］馬関辺では、鱝魚《あかえい》の大きなのを漁して砂上に置き、その肛門が動くのを漁師が犯し、また別の漁師を呼んで悦びを分ち合った（『南方熊楠全集　六』昭四八、三〇五）。

（広川英一郎）

えちごななふしぎ【越後七不思議】

越後は現在の新潟県のことである。越後国の不思議な自然現象や景観、動植物などを七つ挙げたもので、内容は諸説ある。橘崑崙《たちばなこんろん》『北越奇談』には、「古の七奇」として、燃土・燃水・火井といった、新潟県内で多く産出された石油や天然ガスが取り上げられていることが特徴である。また、有名なものに、越後国に流罪になった親鸞聖人の伝説に関わる、鳥谷野の逆さ竹、小島の八房の梅、山田の焼鮒、小島の数珠掛《じゅずかけ》桜、安田の三度栗、田上の繋ぎがや、国府の片葉の葦がある。他、三条市妙法寺の燃風火、西頸城郡名立町の四海波、中頸城郡妙高山の赤坊主八滝、中頸城郡柿崎町米山腰の燃石、新津市柄目木《からめぎ》の臭水、中蒲原郡村松町河内墓坊塔、栃尾市塩谷の塩水（『伝承文学研究』二五、昭五六、七二）もある。

⇩かたはのあし、さかさだけ、ななふしぎ

（田村真実）

えのき【榎】

榎にかかわる伝承は、もともと二本が並びたっていた、墓印・塚印として植えた、道や家のそばの大樹を伐採し祟りにあった、聖人が境に突き刺した杖が現在の大木へ成長した、など類似例が全国にひろがる。

柳田國男は、榎について、人間が栽植した最も古い歴史を有する樹木であり、もとは、道祖神の神木として崇め、全国的に境に植えられたと指摘したが、まさしく各地の伝承は、榎を嘉樹・霊木と神聖視し、生活領域に積極的に栽植してきた歴史を物語るものであろう。

榎はハレの行事の素材としても重視された。小正月に供える団子をさすのに榎の小枝を用いたほか、豊橋神明社の鬼祭りでは、今も境内樹林を伐採し、木の玉に削り、奪い合う習俗が伝わる。

榎が信仰と結びついた背景について、柳田は、トビザサ・トビヅタなどのほかの草木を寄生させる「宿り木」の現象が目立つこと、内部が朽ちやすいのに対し樹皮が活発なため幹が空洞になりやすいこと、根から吸い上げた水を空洞にたたえたことがあると解釈した。

神木として神聖視され、かつ身近に多く植栽されたため、榎はほかの樹木に比べ怪異譚が多い。著名なのが東京の王子稲荷神社の装束榎で、毎年一二月晦日の夜、榎に狐が集まり、衣装を改め、参詣するといわれた。百姓たちは、その狐火を見て翌年の豊凶を占った。装束榎は江戸の名所として広く知れ渡り、狐が集まる情景は安藤広重『名所江戸百景』や、斎藤月岑《げっしん》『江戸名所図会』に描かれ、また落語「王子の狐」に語られた。

また板橋の縁切り榎は縁切り祈願の対象として広く知られる。信仰を集めたのは、「縁尽き」「縁退き」などの語呂合わせによる（長沢利明）、また並び立っていた榎が枯死したことによる（常光徹）など、諸説がある。

⇩きのかいい

事例 ①［不明］化け物を一目見ようと、深山に分け入る男たちを、「榎木の精魂」が翁となって諫める（「悪次郎天狗の栖に至る事」『太平百物語』享保一三）。②［愛知県］長さ三尺ばかりの顔の巨大な女が榎の切口をなでる（「長面妖女」『三州奇談』宝暦・明和頃）。③［不明］古木の榎を切断したところ、その夜、足を傷ついた女性が近づく（『新御伽婢子』天和三）。④［兵庫県］榎の古木に巣くう大蛇を焼き殺したが、その報いとして焼死する（「東本郷村蝮蝎を殺し報の事」『西播怪談実記』宝暦四）。⑤［静岡県］駿河城東小屋に灯明榎と呼ぶ二本の大木があり、大木の空洞から金色の光を発する（『駿国雑誌』天保一四）。⑥［武州鎌形村（現・

埼玉県東松山市〕享保年間の末頃、武州比企郡鎌形村で、夏の日の午後、木のまくらのようなものが突然家に飛び込んできた。下女が怖がり、庭の榎の空洞の中に入った。人々が空洞を探しまわっても何もみつからなかったが、後にこの木を刈り倒そうとすると、木から血が流れ出た（『山吹日記』天明六）。

（大門哲）

〔参考文献〕常光徹「絶縁の呪力」『妖怪文化研究の最前線』平二一、せりか書房。長沢利明「縁切榎」『江戸東京の庶民信仰』平八、三弥井書店。柳田國男「争ひの樹と榎樹」『定本柳田國男集　一一』。柳田國男「榎の杖」『定本柳田國男集　二七』。

えび【海老、蝦】

エビは俗信においては麻疹や疫病除けに使われるが、エビにまつわる怪異・妖怪伝承は、同じ甲殻類であるカニに比べて格段に少ない。巨大な海老を池や淵、湾の主とする伝承があるほかは、「狸が正月の飾り海老を這い回らせた」「海老だと思って捕って帰ったら石だった」など、他の妖怪が操る対象として登場するのみである。

⇩かに

事例 ①〔宮城県柴田町〕柴田町の大字・海老穴の由来は、昔溜め池の中に大きな海老がいて、娘を人身御供に取っていたからだという（『民俗採訪』平成四年度号、平七、一四五）。②〔徳島県徳島市〕自宅で、正月の飾の海老が壁を這い、三方が壁に吸いつく怪異があった。狸の仕業だといわれた（『郷土趣味』三（五）、大一一、二六）。③〔徳島県宍喰町（現・海陽町）〕釣りの餌にするために海老をたくさん捕って帰った。次の日見たら、みんな石だった（『民俗採訪』昭和五三年度号、昭五四、一一二）。

（飯倉義之）

えびす【恵比寿、恵比須、夷、戎、蛭子】

諸生業に幸をもたらす神。七福神に数えられる代表的な福神である。一般的に右手に釣竿、左手に大魚、狩衣姿で上機嫌な表情に描かれる。もとは漁民に信仰される豊漁の神であったと考えられるが、多様な期待に応える神として広く祀られるに至った。エビスは欲が深いといって、供えるものはお金や財布であるとか、供えた物に手を付けてはならないなどといわれる。留守神ともされるが、秋のエビス講は稼ぎに出かけて春のエビス講に帰ってくるという伝承もある。地域によっては鯨・海豚・海で拾った石や水死体などをエビスと称する。また、エビスを祀る神社では事代主やヒルコと同一視している場合がある。

⇩だいこくさま、ふくのかみ

事例 〔東京都多摩村（現・多摩市）〕エビス、大黒様は欲が深いため一生独身だった。それでお供えしたものを若い人が食べてはいけないという（『西郊民俗』五、昭三三、一九―二一）。

（鄧君龍）

〔参考文献〕『えびすのせかい：全国エビス信仰調査報告書』平一五、成城大学大学院文学研究科田中宣一研究室。

エラシラシケポンヘカチ

「エラシラシケ」はアイヌ語で「かさぶただらけである（幌別《ほろべつ》）」や「〜のいらない所を切りとる（沙流《さる》）」、ポン・ヘカチは

「小さい・男の子」を意味する。すなわち、「かさぶただらけの小さい男の子」あるいは「はげている小さい男の子」で、ミントゥチの姿を説明する語である。

⇩かっぱ、ミントゥチ

事例 ［北海道］ある人が石狩川で、頭のはげた子供のような河童《ミントゥチ》を見た（『北海道の伝説』昭五二、五五）。（小澤葉菜）

えんこう【猿候】

㊫いえんこう、えんこ、えんこー　中国・四国地方及び岐阜、群馬に分布する河童のごとき妖怪の名。その姿は頭に水皿があり、右手を長くしようとすれば、左手を片方にめり込ませ、水の中に人間や馬を引きずりこむ。それが人間であるなら肛門や舌を抜く。現れるのは川だけではなく、海にも現れるが、仏飯を食べたり、七夕の竹、金物を持ったりしていると襲われない。頭の皿の水をこぼしてしまえば力がでない。

⇩かっぱ、かわこ、さる、しばてん、たきわろ

事例 ①［山口県防府市］池に水三合あればエンコウが住むといい、頭に皿がある（『民族と歴史』七（五）、大一一、五七）。②［山口県萩市］カキワロウは山に三年川に三年おり、これが海に入ればエンコになるという（『島』一（三）、昭八、六三）。③［広島県］エンコウは海にいて河には上がらぬものといっている。形は河童と同じ様なものらしい（『民俗』三（五）、昭三、一八七）。（三村宜敬）

えんしゅうななふしぎ【遠州七不思議】

遠江国（現・静岡県西部）に伝わる七つの怪異。七つについては諸説ある。文政八年（一八二五）の『蕉園涉筆《しょうえんしょうひつ》』は①竜神伝説のある桜ヶ池②天狗火③年に三度熟す三《み》度《たび》栗④夜啼き石⑤東西を動く波の音⑥空海伝説のある日坂の湧き井戸⑦海上に一丈ばかりの水が出ていて雨を降らす高脚巌、を挙げている。⑥⑦は知名度が低く、無限の富と無間地獄行きをもたらす無間の鐘、片葉の葦、心中した若者の魂とされる京丸牡丹などのほうが知られている。他にも候補は多い。

⇩かたはのあし、ななふしぎ、むげんのかね、よなきいし

事例 ①［遠江国（現・静岡県掛川市）］佐夜の中山夜啼《よなき》の石は、妊婦の殺害された跡である。この石を掘り出そうとすると風雨の害が起こる（「煙霞綺談」『日本随筆大成第一期四』二〇六）。②［静岡県久努村（現・袋井市）］片葉の葦は、茎の片方にしか葉が生えない。平安末期の武将熊谷直実《くまがいなおざね》が馬をここに繋ぐと、馬が一方を食べつくしたので、片側のままとなっている（『磐田郡誌』大一〇、一二〇一）。（廣田龍平）

えんき【冤鬼】

人が死んで魂が散じる前のもの。

⇩れいこん、ゆうれい

えんきりえのき【縁切り榎】

⇩えのき

えんぜるさん【エンゼルさん】

⇩こっくりさん

えんのぎょうじゃ【役行者】

山岳呪術者。名は役小角。強い祈祷力を持ち、前鬼・後鬼を従え、葛城山の一言主神も使役していたという。自らの呪術のため、伊豆に流罪となるが、伝承では一言主神を冷遇したためだとされる。さまざまな神と出会い、本尊として導いたとも伝えられる。死後は石窟に納められるが、訪れようとすると天変地異などが起こったという。また病魔の侵入を防ぐなどの力を持つものとして、役行者の石像を置く地域もあったという。

⇨ぜんき・ごき、ひとことぬし

事例 ①［奈良県吉野町］行者が岩橋を作ろうとした際、葛城の神である一言主は醜い顔を見られたくないと昼間は働かなかった。怒った行者は一言主を縛り付けて谷間に突き落とした。一言主は行者が国を狙っていると帝に進言した。行者は伊豆大島に流罪になった（『旅と伝説』五、昭三、一八―三二）。②［大阪府］行者の死骸は石窟に納められたが、七日もたたない頃、商人が摂州で行者に会った。石窟を見に行くと、行者の死骸はなかった（『旅と伝説』九、昭三、一七―一八）。（玉水洋匡）

えんのこ

山に出没する、子犬ほどの獣。毛色は白だったり赤だったりする。特に害をなすわけではないようだが、猟師たちは山奥でエンノコを見るのを不吉だとして嫌っている。

⇨いぬ

事例 ①［静岡県水窪町（現・浜松市）］常光寺山のえんのこ沢という場所を中心として、エンノコという獣が現れる。目撃するのは不吉だとされる（『民族』三（二）、昭二、一四〇）。②［山口県見島村（現・萩市）］エンノコは手が長い妖怪である（『見島聞書』昭一三、八四）。（廣田龍平）

えんまだいおう【閻魔大王】

(類)じゅうおうさま【十王様】、つけひもえんま【付紐閻魔】 仏教や道教における冥界の裁判官。他に裁判官を九人加えて十人で死者を裁くとする十王信仰も広まっている。閻魔の扮装をして人々を騙そうとしたが逆に自らに災難が降りかかった話や、地獄行きが決まったものの、とんちを利かせて回避しようとする話が多く知られている。

⇨じごく、ぶつぞうのかいい・れいげん

事例 ①［東京府東京市四谷区（現・東京都新宿区）］太宗寺に付紐閻魔がある。乳母が泣きやまない子供をおどかそうと閻魔像の口のあたりに持っていくと、口が開いて子供が一呑みにされてしまった。それで口元から子供の付紐だけが垂れ下がっている（『旅と伝説』三（一二）、昭五、七四―七五）。②［青森県東通村］ある日、目名の若い杣たちが、道具を毎日持って帰るのが面倒だったので、十王様のところに預けておいた。翌日見てみるとすべて盗まれていたので、怒って十王様の像の鼻を削ぎ落した。それ以来十王様は目名の者を憎み、彼らが恐山に入ってくると大雨を降らせた（『あしなか』五五、昭三一、九―一〇）。（廣田龍平）

お

おいつきさま【オイツキ様】

岡山県の一部で信仰されている、狼に似た異形の小動物。鎮守社の末社などとして斎《いつき》神社が祀られているケースが多い。その使いしめをヤテェーさまとも呼ぶ。村の危難のときなど、異様な声で鳴くのを聞いた者もあるという。オイツキさまの祭りは宮座の形式をとることが多く、村落内に散在する「名」を単位とし、毎年その中から選ばれた当屋がオイツキさまを一年間預って祭祀にあたる。

⇩いなり、きつね

事例 〔岡山県真庭市〕上河内の熊野神社の摂社斎神社にオイツキさまが祀られている。銅版の絵馬には、裂けた口と尾は狼に似るが、耳は兎のように長く垂れ下がり、胸が突き出た異様な動物がレリーフされている。上河内では地区内にある四〇の「名」を二つの組に分け、交替でトウヤを出す。トウヤは一二月の祭りで小さな祠を預り、自宅の庭に設けた仮小屋に安置して一年間オイツキさまを祀る（『岡山県史　一五』昭五八、五九-六〇）。　（渡部圭一）

おいてけぼり【置行堀】

本所七不思議の筆頭によく挙げられる怪異。よく魚の釣れる堀があるが、魚を持って帰ろうとすると、「置いてけ」と連呼する声が堀から聞こえ、いつのまにか魚籠《びく》から魚がなくなっているというもの。その正体は河童とも狸とも言われるが、江戸期の絵画では青白い幽霊や真っ黒な坊主の姿で描かれている。具体的な場所については諸説あるが、現在の錦糸公園（墨田区）にあったとする説が有名。初出は天明七年（一七八七）の黄表紙『亀山人家妖《きさんじんいえのばけもの》』。関東地方をはじめ日本各地に置行堀伝説がある。

⇩ななふしぎ

事例 ①〔東京府東京市本所区（現・東京都墨田区）〕釣り人が釣果を携えて帰宅しようとすると、堀から「置いてけ」と声が聞こえる。そのまま行こうとすると、必ず魚がなくなっている。それゆえに置いてけ堀という。今は埋め立てられている（『大日本名所図会　六二』明四一、三二）。②〔埼玉県名細村（現・川越市）〕よく魚が釣れる堀がある。帰ろうとすると、魚を全部返すまで「オイテケ」という声が続く（『川越地方郷土研究』一（四）、昭一三、二〇四）。　（廣田龍平）

おいぬいし【狼石】

宮城県仙台市の中山峠に建てられた石碑をいう。この付近はかつて狼が多く出たが、あるとき実沢の百姓が、喉にトゲが刺さっている狼を助けてやったところ、翌日お礼にと猪が届けられていた。それ以来、百姓が町から帰るときは狼が出迎え家まで送ってくれたので、峠から実沢の分かれ道に碑を建てたという。

⇩いしのかいい、おおかみ

事例 〔宮城県仙台市〕実沢の旧家白石家の話で、碑はこの狼の供養碑である。毎年

旧暦四月八日、白石家では狼石に赤飯を供える。これを狼のオボタテという（『宮城県史　二一』昭三一、二三七）。（中村祥子）

おいわ【お岩】

⇩よつやかいだん

おうぎやおつる【扇屋おつる】

些細なすれ違いで恋人に殺されるが、死後幽霊となって通い、土中で子を出産する女性。岩手県の伝承。

⇩こそだてゆうれい

おうせいちゅう【応声虫】

㊫こたえむし【応虫】　人間の腹の中にいて、人が話しかけるのに応じて言葉を返すという虫の怪異。基本的な筋は以下の通り。ある人が腹に話しかけると、腹の中からそれに応じた声がする。治療法が見つからないが、薬草の名前を読み上げていると、反応しないものがある。それを服用してみると、声が止むようになる。もとは中国の伝承であり、唐宋代から知られていた。日本では中国の文献を引く鎌倉期の『医談抄』あたりが初出と思われる。

⇩じんめんそう、むしのかいい

事例　①［山城国京都（現・京都府京都市）］ある人が発熱し、数日後に収まったが、腹から声がするようになった。雷丸を服用させると次第に声が弱まり、最後には肛門からトカゲのようで角のある虫が出てきた。これを殺すと病気は回復した。これが応声虫である（「塩尻」『日本随筆大成　第三期一六』一六二）。②［山城国京都（現・京都府京都市）］ある子供の腹中に蛇のようなものが生じ、その子の腹に口が開いて、言葉を発するのみならず食事もしていた（「新著聞集」『日本随筆大成　第二期五』四四六－四四七）。（廣田龍平）

おうてくれればば【負うてくれ婆】

⇩ばれろんばけもの

おうまがとき【逢魔が時】

㊫あずきどき【小豆時】、うそうそ、おおまがとき【大魔時、大禍時】、おもあんどき【オモアン時】、かはたれ、けそけそ、しけしけ、たそがれ【黄昏】、まじまじごろ【マジマジ頃】、まじまじどき【マジマジ時】、めそめそじぶん【メソメソ時分】、もーもどき【モーモ時】　昼と夜の境界にあたる夕暮れは、精霊や妖怪が跳梁跋扈《ちょうりょうばっこ》する時間帯と考えられた。『万葉集』（巻一一、二五〇六）から、その力を借りて豊凶を判断する夕占があったことが認められる。

　妖怪出現の記録は、『日本書紀』の斉明七年（六六一）八月条に「是夕於㆓朝倉山上㆒有㆑鬼、著㆓大笠㆒、臨㆓視喪儀㆒。衆皆嗟怪。」とあるのが古い。出現例が多いのが子供をさらう妖怪で、カクシ神（佐渡）・ヒトサライ（東京）・モノマヨイ（沖縄）など、全国に伝承がひろがる。現代社会においても夕暮れは恰好の怪異の舞台であり、口裂け女や足売りおばさんなど、下校時の子供を襲う話が多い。

　このような意識から、夕暮れを表す方言は、相手の素性を問いかけるタソガレ・カハタレ、目をこらす様子を表すマジマジゴロ・マジマジドキ（山梨・神奈川）・シケシケ（富山・新潟）、心の動揺をしめすメソメソジブン（愛知）、ウソウソ・ケソケソ（各地）、妖怪名にちなむモーモドキ（山口）・アズキドキ（長野）など、不安定な心情をかたどった例が目立つ（柳田國男『妖怪談義』昭三一、修道社）。

　なかでも、オウマガトキは畏怖の念をもっとも率直に象った言葉である。漢字は逢魔時（天明六年〈一七八六〉序『譬喩尽』）、大魔時（文政六年〈一八二三〉『和合人』）、大禍時（昭和七年〈一九三二〉『大言海』）をあてる。語源については、林羅山が「国俗謂レ黄昏、為二王莽時一、言晝前漢、夜後漢也。以二日氣已没夜氣未一レ萌」（寛文二年〈一六六二〉『羅山文集』）と説いた影響から、同様の解説が各書（『譬喩尽』『画図百鬼夜行』『嬉遊笑覧』）に援用された。なお、鳥山石燕『画図百鬼夜行』（安永五年〈一七七六〉）の「逢魔時」はその時間帯の心象風景を描いた図像として注目できる。

⇩かくしがみ

事例 ①［新潟県長岡市］オウマガトキに用を足すと不意の災難を受けるといい、はばかりに行くことを厳しく避けた。夕方六時は、はばかりの神様が集会する時間で、その時に用を足すと、神の怒りに触れて、怪我をするといった。実際、用を足しているときに縁側から落ちて、亡くなったこともあった（『社会史研究』九（四）、大一二、六五）。②［山口県］日の暮れ方をモウモウ時といい、日暮れ方、子供が親に叱られた時に隠れると、モウモウが隠して行方不明になるといった（『民間伝承』五（一一）、昭一五、一一六）。③［香川県多度津町］昭和四九年一二月二一日の夕方五時半頃、かぞえで三つの子が神隠しにあり、八時一五分頃、浜辺で発見された。途中、靴が落ちていたのに、靴下は少しも汚れていなかったという（『香川の民俗』五四、平二、五三）。④［肥前国五島（現・長崎県五島市）］午後三時頃をエビスドキといい、この時刻に女性が入ってくるのを料理屋は嫌い、まんが悪いと言った（柳田國男『禁忌習俗語彙』昭一三、七八）。　（大門哲）

〔参考文献〕赤坂憲雄『境界の発生』平一四、講談社。野村純一『日本の世間話』平七、東京書籍。柳田國男『妖怪談義』昭三一、修道社。

おおあしさん【大足さん】

㊮おおひとそくせき【大人足跡】　大人《おおひと》もしくは大男、巨人の足跡または足そのものをいう。日本全国に幅広く存在し、現在では、窪地、池、水田、山として形を残している。不思議と、その池や水田は、水が枯れないといわれている。その他に、大足さんとして語られる大きな足が出現する怪異は、歌川国輝『本所七不思議之内　足洗邸《あしあらいやしき》』にも図像化されている。

⇩おおひと

事例 ①［山形県中津川村（現・飯豊町）］武士が山道を越えて行くとき、突然道に大足が出て「乗っ越えんな、ひっ越えんな、脇道すんな」と云う。武士が怒って切りつけたところ、石になった。その石は今もあるが斬り傷は苔で見えないという（『民俗採訪』昭和二九年度号、昭三〇、六六）。②［鳥取県岩美町］唐川の奥に泉があり、そのそばに池がある。大足さんの足跡という（『民俗採訪』昭和四四年度号、昭四五、五八)。③ [徳島県名西郡] 大人様の足跡と言われる池があり、夏の土用にも水が枯れない(『郷土研究』三(八)、大四、五四—五五)。(阿部宇洋)

おおあめます【大アメマス】

アイヌの伝承では、国造りの神が大きなアメマスの背の上に大地を作ってしまったため、地下にいるこの魚が時々動いて地震が起きるという。また、洞爺湖、屈斜路湖、支笏湖などに極めて大きなアメマスが住んでいたともいう。頭は湖の上手に、尾びれは湖の下手に届き、腹びれは湖底をこすり、背びれは水の上に出て天日に焦げるというほど大きく、そのアメマスが人間に危害を及ぼしていたという説話が伝わっている。

⇩さかなのかいい

事例 [北海道弟子屈町] 屈斜路湖には昔、大アメマスが住んでいた。湖を渡ろうとする人は舟ごと丸呑みにされる。ある時、神が退治しようと、銛《もり》で大アメマスを突くと、命中したものの縄の引っ張り合いになった。神は近くの小山に縄を結びつけるが、大アメマスが暴れて山が湖の中に崩れこみ、大アメマスは山の下敷きになった。その山が現在の湖の中島である。現在でもこの辺りで時々地震が起こるのは、アメマスが死にきれずに暴れるためであろうという(『アイヌ伝説集』昭五六、二四二)。

(遠藤志保)

おおかみ【狼】

(類) **おいぬ【お犬】、おいの【お犬】、おおいぬ【大犬】、おーいん【大犬】、おおかめ【狼】、かめ、やまいぬ【山犬】** 明治三八年(一九〇五)を最後に絶えたとされる肉食獣。狼は『万葉集』に「大口《おおぐちの》真《ま》神《かみ》」と歌われ、我が国に棲む動物の中でも特異な存在として長く人々に意識されてきた。例えば狼は三本の茅やススキがあれば姿を隠す、あるいは一本の茅に千匹隠れるといった俚諺があり、目には見えなくても、付近に狼がいれば五体がしびれてくるのですぐにわかるともいわれている。

全国に広く伝わる「送り狼」の話は、夜の山道を行く人の後に狼がついて来るものだが、やはり姿は見えず後ろの方で何かが歩く音がしたのでわかったという。また、暗闇の中に眼光が二つ光っていた、頭上を飛び越えながら送ってきた等とも語られている。狼の眼光は燃えるように光るといい、これを煙草の火と間違えた旅人の話もある。

狼に「送られた」際には、襲われるのを防ぐために転倒しないように特に注意を要した。褌や帯を後ろに引きながら歩き、所持していた火や刃物を使って難を逃れたという例もある。無事に家に帰り着いた時には、礼を述べて狼の好物とされる塩や小豆飯を供しなければならないと伝えられる。

四国地方では、出産のあった家で飲食をすると狼につかれるとして忌む風があるが、その一方で、狼がつくと他の魔物が寄ってこないともいい、山中で道に迷った時に山の神に頼んで狼に道案内してもらったという話もある。

狼は墓地にもよく出没していたため、狼除けに遺体の胸、あるいは新墓に刀や鎌を置く習俗があった。もっとも、狼が墓を暴くのは、狼と約束を交わしたある特別な人物などともいわれ、狼に特に好まれる家筋について説く伝承もある。夜間に狼が白装束の死体を運んでいるのに遭遇したという話も伝わっている。

山中で野宿をする旅人を狼の群れが襲ったと語る「鍛冶屋の婆」では、狼は樹上に逃れた人物に肩車を組みながら迫っていく。本来ならば木に登れない狼が次々に上がってくる様は、人々の恐怖心を強く刺激したようであり、その様は「犬梯子」「つぎ狼」「オオインツナギ」等と名付けられている。

人に化けた狼が人間を襲うというのは、数ある狼伝承の中でも珍しいものであり、土地によっては出産や安産信仰と結びついた話や、狼が稲の豊作をもたらしたと語る伝説もある。『金玉ねぢぶくさ』等の江戸時代の書物には、狼との間に子供が誕生する類話が記されている。

狼の出産時に小豆飯を届けると、空の重箱を返しにきたとその律儀さが説かれる反面、狼は自分の獲物が勝手に持ち去られたり、巣穴から子を奪われたりすると、必ず何らかの報復をすると人々に恐れられていた。柳田國男の『遠野物語』には、萱刈りに出掛けた村人が、岩穴で見つけた狼の子のうち二匹を殺して一匹を持ち帰ったところ、その日から村の馬が狼に襲われるようになり、狼狩りを行った際には、雌狼と闘った力自慢の者が死に至ったという話が載っている。

狼には、後をつけられた時には絶対に後ろを見てはいけない、どこで聞いているかわからないので悪口をいってはいけない、狼が交わっているところを見たり口にしたりしてはいけないといった禁忌伝承もある。これら一連の伝承は、狼が近しい動物でありながら、常に畏敬・畏怖の念を持って対峙すべき相手と人々に意識されてきたことを示唆している。

⇩いぬ、おいぬいし、おくりおおかみ、かじやのばば、せんびきおおかみ、やまずみごんげん

事例 ①〔和歌山県南部川村（現・みなべ町）〕狼は今でもいないわけではない。冬、奥山へ行くと足跡を見つけることができる。「狼はススキ三本で姿を隠す」といわれているので、姿を見ることはできないが、山で犬が尾を腹のほうへ入れるとき、犬には狼が見えている（『南部川の民俗』昭五六、四六六）。②〔栃木県粕尾村（現・鹿沼市）〕馬置のある人が昔、馬方をしていた。帰りが遅くなり、赤岩の所に来ると、その付近に赤い火の玉があった。そのため煙草の火をかしてもらおうとすると、赤い火がうなったので、よく見ると狼であったと言う（『粕尾の民俗』昭四九、二五一-二五二）。③〔和歌山県日置川町（現・白浜町）〕奥村キヨさんがあるとき遅く帰って来ると、狼が送って来た。姿は見せないが、後になり前になりして時折ガサガサ音をさせて送って来た。家に帰って御飯をやり、「オーキニ御苦労サン」と云って水を打ってやった。こうするのが、送り狼に送られた時の作法である（『ひでばち』六、昭三二、一七）。④〔和歌山県南部川村（現・みなべ町）〕つむじが前の方にある人は、死んで墓に埋められたあと、狼がそのまわりを三度回ると、死体がとび出し、そのまま引きずられて、食べられてしまう（『南部

川の民俗』昭五六、四六六）。⑤［山梨県清里村（現・北杜市）］昔の話に、ある人が山中で鈴の音を共《ママ》に山犬の来るのに出逢い樹上に避けていると、オモリ（女行者）の死骸を運んできた。思はず咳をすると山犬は驚いてガブリと死骸の喉をかみついたが、やはり死んでいるので腕をくわえて一振りすると、死骸が山犬のせにおぶさって又運びさったなどときいた（『民間伝承』九（六・七合併号）、昭一八、四一–四二）。⑥［奈良県十津川村］かつてはオオカミが殺したシカをひろって帰ると、必ず夜オオカミがやってきて家の外でなく。これをシュウタン（愁嘆）するといい、塩を一つかみ出してやるとよい。山中などでオオカミの殺した獣をみつけたら、その場に塩を一つかみおいてくればはじめからシュウタンに来ないともいわれる（『奈良県史一二　民俗（上）』昭六一、二二五–二二六）。

（菱川晶子）

狼（静岡県浜松市水窪町　山住神社蔵）

〔参考文献〕菱川晶子『狼の民俗学　人獣交渉史の研究』平二一、東京大学出版会。

おおさかまる【大阪丸】

瀬戸内海に現れた、沈没した汽船の幽霊。大阪丸は海軍省所属の実在の汽船で、明治八年に周防灘で衝突事故を起こし沈没、二五人の死者を出した。

⇨ゆうれいせん

事例 ［山口県柳井市］夜に沖に見えた大きな船の速い火が急に消える。電気をつけた大阪丸がシュッ、シュッと音を出して海を回り、元に戻って沈む。船の乗組員の泣く声も聞こえた。供養してからは出ないという（『常民』二三、昭六二、九八–九九）。

（飯倉義之）

おおそうげこぞう【オオソウゲ小僧】

山梨県芦川村鶯宿集落と中芦川集落の境にある峠に住んでいたという妖怪。通行人に害をなした。

事例 ［山梨県芦川村（現・笛吹市）］山梨県芦川村鶯宿集落と中芦川集落の途中にオオソウゲと呼ばれる峠がある。ここに大きな岩があって、そこには髪の長いオニバンバやオオソウゲ小僧がいた。オオソウゲ小僧は下を通る者に泥団子を投げつけたという（『甲斐路』七六、平五、四六–四七）。

（三柴友太）

おおびたき【大火焚き】

香川県で報告がある妖怪。夜中や早朝に大火を焚いていて、近づくと逃げていく。

⇨かいか

事例 ①［香川県坂出市］塩田の仕事に行ったところ、オオビタキが釜の中で火を焚いていた。近寄ると黒いもの二人が釜を担いで行き、一定の距離をおいて火を焚いている。焚いている場所には燃えカスはなかった。父親が実際に見た（『香川の民俗』五四、平二、一八）。②［香川県］夜中に大火をたく。閻魔のような顔をしたものが頭巾をかぶって畳半畳ほどの火を四人で担いで走ってくるという。相撲取りの恰好をして山からナワスジを通って火を担ぎながら下りて来るともいう（『四国民俗』八、昭五三、一二三）。

（山田栄克）

おおひと【大人】

類おおおんな【大女】、おびと【巨人】、きょじん【巨人】　当時の人間より大きな人、又は神、鬼などの人以外の存在をいう。大きさは、六尺（約一八〇センチ）から山を一跨《また》ぎに出来る位までとさまざまである。その多くが、遺物と共に伝承されることが多く、伝説化しているものが多い。日本各地に伝承されている。なかには見世物として記述されている例もある。

事例　①［不明］万寿三年四月頃、身の丈七尺余り、顔の長さ二尺余りの女が丹後国から船に乗った。船中で酒飯があった時に周りの人が皆病気になったので着岸したが、死んでしまったという（「嬉遊笑覧」（『日本随筆大成（別八）』一二五）。②［東京府八丈島（現・東京都八丈町）］これは山の神と云うものか山男と云うものかは知らぬが、矢張或男が二人の巨大な怪人に会った。一人は眼が実に物凄く、一人は富士山より大きかった。会った男は病みついて其後小笠原諸島へいって死んでしまった（『民族』一（六）、大一五、一五〇）。③［和歌山県清水村（現・有田川町）］大人が天から下りてきて、一夜にうちに荒地を切り平らげて人の住めるようにした。村人は喜んで七堂八社を作り、大人を大梵天として祀った（『近畿民俗』六六－六八、昭五一、七四）。

（阿部宇洋）

おおぶろしき【大風呂敷】

山の怪異の一つであり、香川県において伝わっている。炭焼小屋で茶を沸かしていると、何者かが火に当たりに来る。じっと見ているとその者は自分の金玉（睾丸）を火であぶり、大きく広げて包み込もうとしてくる。広げ続ける金玉の中に薪の燃え株を投げこむと逃げることが出来るという。

事例　［香川県琴南町（現・まんのう町）］小屋で茶をわかしていると火にあたりに来るものがある。見ていると、金玉を広げ始める。うかうかしているとその広げたもののなかへ包み込まれてしまうわいと、小屋の主は身構えた。オオブロシキは火の前でまだまだというように広げていて、焚火の燃え株を投げこんで小屋の主はさあっと立ち上がった（『香川県史　一四』昭六〇、五九六）。

（五十嵐大晃）

おきく【お菊】

浄瑠璃『播州皿屋敷』で有名なお菊は、主の大事にしていた皿を割ってしまい、折檻の末に井戸へ投げ込まれて死んだ。その為、お菊の霊は夜な夜な井戸から現れて皿を数えるという。お菊伝説に皿が関わるようになるのは比較的後世のことと考えられているが、当初から水とは縁が深かった。

柳田國男によれば、全国に伝わるお菊井戸の伝説は、群馬県甘楽《かんら》郡の小幡氏に端を発するものであった。小幡氏は室町時代からお菊の霊を祀っており、豊臣勢に敗北して各地に離散したことをきっかけとして、全国にお菊伝承が伝播することになる。甘楽郡の宝積寺にはお菊の墓が現存し、近隣の山中にはお菊が投げ込まれた池もある。

お菊の名を一躍有名にしたのは寛政七年（一七九五）のお菊虫騒動であった。この年、お菊の怨念が「お菊虫」となって井戸の周りに大量発生したという噂が、姫路・大坂・尼ヶ崎の三箇所で世間を騒がせた。その正体はジャコウアゲハのサナギである。

折口信夫も指摘するように、お菊という名は、水で死んだ女に関わる名であったようだ。江戸期、皿屋敷伝説に先行して存在していたのが、後に『累死霊解脱物語』や『真景累ヶ淵』等を通して有名になる、「累《るい》」を巡る怨霊譚であった。夫に謀られて水死した「お累」の祟りが連鎖的な事件を引き起こす物語であり、実際に起こった殺人事件と、祐天上人による累解脱の説を下敷きにしている。ここにおいて、累に憑依されてその「口走り」役を果たすのが、累の娘の「お菊」であった（高田衛『江戸の悪霊祓い師』）。皿屋敷伝承におけるお菊の名との間にも、何らかの形で関連している可能性が高いと見られる。

⇩いどのかいい、おきくむし、かさね、さらやしき、ゆうれい

事例 ①［群馬県妙義町（現・富岡市）］妙義の中里で美しい娘を見つけた小幡の殿様は、これを侍女にした。名をお菊という娘は気立てが良かったが、奥方やほかの侍女から妬まれ、お菊が給仕する殿様の御膳に針を入れられてしまった。針を見つけた殿様に責められたお菊は城から逃げ出して宝積寺の山門を叩くが、寺は門を開けなかった。お菊は追手につかまり、蛇と百足の入った樽に入れられて池へ投げ込まれ、死んだ。これを聞いて悔しがったお菊の母が「もしお菊が無実だったら、この煎りゴマから芽を出してやる」と言って蒔くと、何本も芽が出た（『群馬県史　資料編二七』昭五五、七九六–七九七）。②［滋賀県神崎郡（現・東近江市）］八風峠の八風大明神は雨乞いの神である。この社の側に「お菊の皿池」があり、皿を投げ込むと池が荒れて雨が降ると信じられている（『民俗文化』一九、昭四〇、一二一）。③［静岡県須津村（現・富士市）］強欲な者がおきくに、一町六反ばかりの田を一人で植えよと命じた。おきくは苦しさのあまり死んでしまった。それからは田を作れば凶事があるので、作る者がなくなった。これをおきく田という（酒井卯作『稲の祭と田の神様』平一六）。　（今井秀和）

〔参考文献〕伊藤篤『日本の皿屋敷伝説』平一四、海鳥社。

おきくむし【お菊虫】

㊟きくまむし【木熊虫】　浄瑠璃『播州皿屋敷』等で有名なお菊が死後に変じたとされる虫。寛政七年（一七九五）、姫路・大阪・尼崎の三ヶ所の都市でお菊虫を巡る世間話が流行した。その正体は、後ろ手に縛られた人の姿に見える「ジャコウアゲハ」なる蝶のサナギである。このサナギを巡る説話はお菊虫騒動の以前にも、僧が変じた「常元虫」という名で伝承されていた。常元虫・お菊虫成立の背景には、中国の『爾雅』に載る「縊女」という虫を知る知識人の関与があり、それが寺院による仏教唱導に利用されたものと推察される。また、お菊虫伝承は各地に伝播するに従って変容を遂げ、新たな名称や特徴を備えるようにもなる

（今井秀和「お菊虫伝承の成立と伝播」）。

⇩いどのかいい、おきく、さらやしき、じょうげんむし、むしのかいい

事例　［近江国（現・滋賀県）］別保の悪僧「常元」は、死後異形の虫に変じた。物産家は常元虫、縊女、お菊虫が同一のものだと言う（『三養雑記』『日本随筆大成　第二期六』一二一）。　（今井秀和）

オキナ

㊫シオキナ、ショキナ　アイヌの伝承に登場する巨大な怪魚。口を開けば、上あごは空に、下あごは海底に届くという大きさである。劫《ごう》を経た巨大クジラであるとも言われる。海上を往来する舟を人もろとも飲み込んでしまい、さらにはクジラまでも丸呑みにする。そのため、多くのクジラが乱れ走るのは、これに追われているためだとも言う。

⇩アトゥイコロエカシ、さかなのかいい

事例　［北海道］昔、オキナが海の魚ばかりか漁に出た人間をも呑み込んでしまうので、神々が心配して、刀をカワウソの神に持たせて退治に向かわせた。ところがオキナと相対したカワウソは、一向に刀を抜こうとしない。そこで登別の神が「なぜ刀を抜いて切ろうとしないのだ」とカワウソに注意したので、忘れっぽいカワウソは、そこではじめて刀を持っていることに気づき、刀を抜くなりオキナを真っ二つに切り、頭の分を登別の神にお礼として置いて行った。それが現在フンペサパ（クジラの頭）と呼ばれる丘になったという（『コタン生物記 Ⅱ』昭五四、四一七）。　（遠藤志保）

おくないさま【オクナイ様】

㊫おこないさま【オコナイ様】　岩手県や山形県に伝承される民俗神。男女対の木偶《でく》を神体とする家の神である点はオシラサマと同様。しかし、養蚕信仰や巫女との関連が希薄で、主として女性や子供が遊行させている。オクナイサマを祀る家では四足二足や卵を食べない禁忌があり、食べると口が曲がるといわれる。

⇩おしらさま

事例　①［岩手県土淵《つちぶち》村（現・遠野市）］ある夜盗人が入ったところ、オクナイ様に取り押さえられて動けなくなった。夜明けて家の者が起きて見ると、オクナイサマは神棚から降りて盗人の荷物の上に乗っていた（『郷土研究』三（一）、大四、五三―五四）。②［愛知県富山村（現・豊根村）］大谷の熊野神社では最も神聖視しているものの一つに「おく（こ）ないさま」と称す「ひのう」と「みづのう」の面がある。取り出して被ることはせず、拝観する事も許されなかった（『旅と伝説』一二（一二）、昭四、五一八）。③［岩手県土淵町（現・遠野市）］土淵町字柏崎にも田植えで人手が不足していると小僧が出てきて手伝ってくれた。オコナイ様であったという（『東北民俗』六、昭四六、一三）。　（鄧君龍）

おくらぼうず【お倉坊主】

㊫くらぼっこ【倉ボッコ】　村の旧家の蔵などにいる妖怪。糸車の音がしたり、赤い塗桶を下げていると言われている。お倉坊主と似た存在に座敷童がいる。
⇩ざしきわらし

事例 ①［岩手県遠野市］岩手県上伊那郡遠野地方で、村の旧家の土蔵などにクラボッコ（オクラボウズ）がいるという。糸車の音がしたり、赤い塗桶を下げているという（『宮城県史 二一』昭三一、四五一）。②［山梨県東八代郡（現・笛吹市、甲府市、甲州市、中央市）］山梨県東八代郡で倉の中にいるという妖怪をお倉坊主と呼ぶ（『西郊民俗』九、昭三四、六）。（熊倉史子）

おくりいたち【送り鼬】

夜道に現れる動物の怪。夜中に山道を一人で歩いていると、後ろをぴたりとついてくる。草履を投げてやると、それをくわえて帰っていくという。

同様の伝承は全国にあり、後をついてくる動物は犬（送り犬）や狼（送り狼）とする地域が多い。後をつけられている時に転んでしまうとたちまち食い殺されてしまうが、「どっこいしょ」と座ったように見せかけると襲ってこないという。また、後をつけられたら「守ってくれよ」と言って持っている食物を投げると、家まで無事に送り届けてくれ、家に着いたら改めて別の食物を礼としてやらねばならないともいう。これらの動物の行動については地域により異なり、ついてくる動物を鼬《いたち》だとするのは静岡県伊豆地方や埼玉県戸田市である。

⇩いたち、おくりおおかみ

事例 ［静岡県］北伊豆地方には送り鼬というものがあり、夜間道行く人の後をついて来る。草履を投げると、ついてくるのをやめる（『郷土研究』二（七）、大三、五五）。（池田浩貴）

おくりおおかみ【送り狼】

㊫おくりいぬ【送り犬】 夜道を往く人の後をついてくる狼の伝承。ある場所を通るといつも狼に送られたと語るものもある。転ぶと喰い付かれるといって、特に用心された。仮に転倒しても声を掛ければ大丈夫とも伝わる。送り狼は頭上を飛び越えながら砂等をかけて人を転ばせようとしたともいい、これへの対策として火や刀等の光り物を所持することや、解いた帯等を後ろに長く引いて歩くのが良いとされた。また狼に送られて無事に帰着した時には、その労をねぎらい礼を述べる必要が説かれている。狼の好物と伝わる塩や小豆飯を与えたという土地も多い。

⇩おおかみ、おくりいたち、おくりすずめ

事例 ①［神奈川県津久井郡（現・相模原市）］狼に道で出会《ママ》ってもしっかりしていれば食われないが、「送り狼」といって人について来る。人が転ぶかすると跳びかかって食ってしまうという（『ひでばち』一、昭三一、三一四）。②［愛知県北設楽郡］夜道をすると狼に送られる事がある。其の時家に帰れば御苦労様と礼を言い必ず塩を与えるものだという（『設楽』八、昭八、復刻二七六）。（菱川晶子）

おくりすずめ【送り雀】

㊫たもとすずめ【袂雀】 夜に道往く人の前後をチンチンと鳴きながらついて来るといわれ、その声からアオジとも兎ともされるが、正体は不明。提灯の灯についてくるといい、特に悪いことはしないと考えられ

ている。送り雀は、後から来ている狼の存在を告げているという伝承も多い。奈良県では夜雀と同一のものともいう。紀伊半島に伝わる。

⇩おくりおおかみ、とりのかいい

事例 ①［和歌山県南部川村（現・みなべ町）］晩方、「チンチン」鳴いてついてくるが、悪い事はしない（『南部川の民俗』昭五六、四七三）。②［和歌山県］送り雀。紀伊の山奥では、提灯の火について来る。恐しい声ではなく、ち、ち、という小さい声である。その正体を見たものがない（『旅と伝説』一二（三）、昭一四、一七）。③［和歌山県熊野地方］夜山道を歩いていると、チンチン鳴きながらあとをつけて来る鳥がある。誰も見た者は無いがこれを「送り雀」と呼んでいる。これが後をつけると狼もついて来ていると言う（『民間伝承』一二（一一・一二合併号）、昭二三、三五-三七）。

（菱川晶子）

おけたたき【桶叩き】

橋をコンコンたたく音がする怪異。香川県で伝承され、谷川にかかる橋から落ちて死んだ人であるとされる。聴覚に現れるこのような原因不明の不可解な現象を、妖怪の仕業であると説明した。音の怪異には、他に、「小豆洗い」を代表として「天狗倒し」「ベトベトサン」「タヌキバヤシ」などが全国に分布する。

⇩あずきあらい、おとのかいい、そらきがえし、べとべとさん

事例 ①［香川県琴南町《ことなみ》（現・まんのう町）］谷川にかかる橋から落ちて死んだ人がいた。それからというもの谷川から橋をたたく音が夜になると、コンコンコンと小止みなく聞こえてくる（『香川の民俗』四一、昭五九、四）。②［香川県］沖野にはオケタタキという化け物が出る。谷の橋から落ちて死んだ人が、死んでからオケタタキになったのだという（『香川の民俗』四三、昭六〇、六）。

（神田朝美）

オケン

山にいる男の妖怪。禿げ頭の容姿からの呼び名。

⇩キムナイヌ

おこじょ

㊮やまおこじょ【山オコジョ】 白色が多く、いたちに似た小動物。すばしこい。群馬県と長野県を中心に伝承されている。山の神の使いであるとされ、捕えてはいけない、猟に行くときにおこじょを見たら猟を止めるなどと言う。憑き物であるとも言われ、殺すと祟りを為す。

事例 ①［群馬県片品村］いたちより少し小さく、りす位、色は白・赤・ぶちもいる。ねずみを捕って食う。悧巧げで、胴と首が長い。又すばしこく、人の顔をじっと見ているので気味が悪い（『民間伝承』一四（三）、昭二五、二九）。②［長野県］オコジョを山の神の使いという。サワクダショウともいい、高山の沢ばた、水の近くにいて、白・斑・灰色などあり、群をなしていることもある。そういうときは人がしゃべるように小声でグシャグシャという声がする。平気で人に接近するが、犬などにはこれを捕えることができぬほどはしっこい（『伊那』三七六、昭三四、一九）。

（高橋奈津子）

おこぜ

㊫おこじ　カサゴ科の海魚。醜い顔つきとされ、背びれにはとげをもつ。山の神は醜女であるため、機嫌を損ねた山の神に対して顔の醜いおこぜを供物にさしだしたという説話や、山の神がオコゼに恋心を抱いたという説話が残されている。

⇩さかなのかいい、やまのかみ

事例 ［奈良県天川村］山の神の御神体は、おこぜ、または天狗であるという説がある（『近畿民俗』一（二）、昭一一、五七）。

（山越英嗣）

おこぞうび【お小僧火】

和尚さんにいじめられ、苦しめられて、死んでしまった小僧の魂が、火の玉となって現れるものだという。長野県安曇地方の満願寺という寺の和尚と小僧の話というように、場所が限定された伝承である。

⇩かいか、ひのたま

事例 ［長野県堀金村（現・安曇野市）］栗尾の満願寺の大きな杉の木のてっぺんに烏川のこちらからみると、お小僧火が見える。烏川を渡ると見えなくなってしまうと言うが、それは、満願寺の坊さんが小僧をいじめて、死んだので大きな杉の木の根元に埋めた。お小僧火はその魂だという。そのうち、その大杉に雷が落ち、その根元から焼けたが、蛇がいっぱい出たという（『長野県史 民俗編三（三）』平二、四七五‐四七六）。

（玉水洋匡）

オコッコ

㊫アシトマプ、アラウェンアイヌトゥカプ

アイヌ語で「化け物」と訳される語。「化け物」を表すアイヌ語には、他に「カミアシ」「イシネレプ」などがあるが、「オコッコ」は子どもを脅かしていう場合などに使われることが多いことなどから、単に「化け物」というより「恐ろしいもの」というニュアンスが強い語なのではないかと考えられる。また、北海道の様々な地域で蛇をオコッコと呼ぶ事例も多く見られる。

⇩カミアシ、ようかいのこしょう

事例 ①［北海道平取町］化け物（オコッコ）は、道の下側（＝西側）を歩くものなのだ。だからお前たち子供は、道の下側を決して通ってはいけない（『萱野茂のアイヌ語辞典』平一四、一七〇）。②［北海道帯広市］口笛は昼間にしか吹いてはいけない。暗くなってから口笛を鳴らすと「オコッコが来るよ」と叱られた。オコッコとは、「お化け」「悪者」「猛獣」のことで、散文説話に出てくるオコッコは人を襲う熊である（『アイヌ民俗文化財調査報告書 アイヌ民俗調査一七 補足調査四』平一〇、八九）。

（遠藤志保）

おさかべひめ【長壁姫、刑部姫、小刑部姫】

姫路城の天守閣に隠れ住み、城の運命を告げるという女神。『甲子夜話《かっしやわ》』『諸国百物語』といった江戸時代の書物にも数多く登場していることから、当時から知られた存在であったと考えられる。長壁姫が八百の眷属を従え、人心を弄んでいたという記述が『西鶴諸国ばなし』に見られる。正体は狐とされる場合が多いが、異説も多く伝えられている。

事例 ①〔兵庫県姫路市〕おさかべの神という女神が姫路城の天守閣の壇に棲んでいる。豊臣秀吉は、天守閣は狭いので城内に社を作って祀らせたという（『筱舎漫筆』『日本随筆大成　第二期三』一〇四）。②〔兵庫県〕源九郎きつねは諸国の女の髪を切り、焙烙を割り、万民を悩ました。姫路に長く住み、おさかべどのの四天王のひとりだとか言われた（『嬉遊笑覧』『日本随筆大成　別九』三四三―三四四）。（中村祥子）

おさきぎつね【オサキ狐】

㊫おおさき、おおさきどうか　イヅナ、クダギツネなどと同様の狐系統の憑き物の一種であるが、しかし正体はオコジョ、イタチ、ネズミなどのような小動物のイメージで受けとめられている。埼玉、群馬から長野県東部にかけて信じられている。オサキは尾が二つに裂けているからと説明されるが、オサキはミサキと同義であろう。海に突き出た陸の先端を御崎（尾崎）といい、そこは神が祀られる聖域である。一方で尊い方々の先頭に立ち案内するのが御前神《みさきがみ》で、神の使わしめの動物としてカラスやキツネなどがその役目を担う。ミサキ、オサキは本来神の使者であったのが、やがて「丑寅ミサキは恐ろしや」（『梁塵秘抄』）などと邪霊へと落ちていくことになる。

精神科医の立場から群馬県のオサキを研究した後藤忠雄は、オサキの実態を調べるアンケートで「オサキは人につきますか家につきますか」という質問項目を立てている。人に憑いた場合に、急に家を飛び出したり暴れ騒いだり、また大食するなどの異常行動や、妄想、幻覚など精神の異常をきたし、あげくには病死する事態になる。一方家につくと、身上はよくなるが、それはオサキが他家から品物や財貨を運ぶからだとされる。そのためオサキモチの家とは交際を絶ち、知らずに婚姻するとオサキが婚家先に付いてくるといって忌避される。埼玉県比企郡辺りでは、養蚕が盛んであった頃、繭に紅を塗っておくと、それがいつのまにかオサキモチの家に移っていたと言う。価格の変動の激しい養蚕を取りこんでの噂話の域を出ないような内容ではあるが、リアリティーをもってひそかに話されるところに事の深刻さがある。

一八世紀中ごろの禁令に、オサキは「俗説」に過ぎないが、これに惑わされて加持祈祷をしたり、また特定の家のオサキがとり憑いたなどあらぬ妄言を吐いたりした者は厳しく吟味し処罰するとある。オサキ落としなどにかかわる修験や行者などの宗教者を、為政者側は強く警戒していた様子がうかがえる。オサキに限らないが、こうした憑き物を宗教的現象とのみ解釈するだけでは一面的である。江戸中期以後の農村への貨幣や商品経済の浸透が、村のそれまでの旧支配層と財力を持つ新興勢力との対立に要因を求める速水保孝や石塚尊俊らの考えもある。また憑き物を、社会構造や生活変化に伴う社会的緊張や人間関係の軋轢による不幸の説明原理とする吉田禎吾の社会人類学的見方もある。憑かれた人を統合失調症とする精神医学の立場からのアプローチもあるなど、時代や研究者のパラダイムによって解釈や対応も異なっている。

⇩いえぎつね、いづな、きつね、きつね

つき、くだぎつね、つきもの、みさき

事例［埼玉県玉川村］「お蚕を昔してたんでしょ。そしてそのオオサキドウカのいる家の人が褒めるでしょ、お蚕を。そうすると、ちゃんとそこん家《ち》に行ってるんだって。こちらん家のお蚕こ、いいですねって言うと、そのお蚕が、いつのまにかとても減るんだって。だから、こう紅《べに》くっつけといてみたんだって、その人が。そしてそこん家へ行ったらね、その紅のついたお蚕がいっぱいいるんだって」（『口承文芸の教材化』『調査資料』一四五、平一、二三）。

（花部英雄）

〔参考文献〕石塚尊俊『日本の憑きもの』昭三二、未來社。谷川健一編「憑きもの」『日本民俗文化資料集成』七、平二。吉田禎吾『日本の憑きもの』昭四七、中公新書。

おさだがい【長田貝】

⇩おさだがに

おさだがに【長田蟹】

源義朝を殺害した長田忠到は頼朝に誅されたが、その怨霊が長田蟹という蟹になったという。甲羅の模様が人の顔に似る。

⇩かに、しまむらがに、たけぶんがに、へいけがに

事例［愛知県美浜町］甲羅が人の顔に似た蟹がとれる。これは頼朝に殺された長田父子の恨みが蟹に宿ったもの。また父子の死体を埋めた長田山から出る貝の化石も彼らの化身といわれ、長田貝と呼ばれる（『みなみ』五二、平三、六七）。

（三柴友太）

おさび【筬火】

機織り道具の一つである筬《おさ》の返却をめぐり、二人の女が争って池に落ちて死んだ。それから毎晩、二つの火の玉が喧嘩するように飛び回るようになった。この二つの火の玉をおさ火という。

⇩かいか、ひのたま

事例［宮崎県延岡市］三角池では雨が降る晩に、筬火という火の玉が二つ出る。昔、筬の返却をめぐり二人の女が喧嘩して、池に落ちて死んだ。それで今も二つの火の玉が現れて喧嘩をするのだといわれている。明治二四、五年ごろまではみた人がいたという（『延岡雑話』昭六、二八–二九）。

（山田栄克）

おさんぎつね【おさん狐】

㊩はやさかおさん【早坂おさん】　化け狐のひとつ。馬・ライオン・自転車乗りなどに化ける。人間の魚を盗んだり、大名行列に化けて人を騙すなどの悪戯をした。

⇩なのあるきつね

事例［新潟県］工場帰りの人が自転車に乗って来ると後の方から来た同じ自転車乗りが「一緒に参りましょう」と言って山の下橋の所まで来ると急に姿が失せ、狐が走っていったというような話があった（『高志路』五（四）、昭一四、三四–三八）。

（伊藤純）

おしどり【鴛鴦】

ガンカモ科の水鳥。雌雄の仲が良いと考えられており、夫婦愛の深さを表すことわざにこの鳥の名が用いられる。鎌倉時代成立の説話集『古今著聞集』や『沙石集』に、

鷹狩りをする者が、自分が殺したオスおしどりを思うメスの愛情の深さに打たれて、出家するという話がみえる。前者の舞台は陸奥国田村郷赤沼（福島県郡山市）、後者は下野国阿蘇沼（栃木県佐野市）と異なり、福島・栃木両県内を中心に、千葉・長野・静岡・福岡他の地域にも類似の伝承がのこる。具体的な人名・地名などに因むものも多い。

⇩とりのかいい

事例［栃木県宇都宮市］大町にある五重の石塔は、鴛鴦塚と呼ばれている。昔、この辺りに住んでいた猟師が、オスの鴛鴦を射止めて首を切り、体だけを持ち帰った。翌日、同じ場所でメスを射止めると、翼の下にオスの首を抱いていた。殺生の罪を痛感した猟師は、出家して日光の本宮寺に入り、大町の地に鴛鴦夫婦を祀った塚を設けて、冥福を祈ったという（『栃木県史 一二』昭一三、一七八-一七九）。

（徳永誓子）

おじへび【おじ蛇】

蛇にまつわる伝説として、蛇が天に昇る話が伝承されている。蛇が龍となって昇天するとも言われ、蛇神信仰と竜神信仰との関連がみられる。オジヘビは昇天しそこなった蛇のことであり、落第の意味からオジ蛇と名付けられた。オジヘビもまた蛇が昇天する伝説の類話と考えられる。

⇩へび

事例 ①［新潟県亀田町（現・新潟市）］オジ蛇は、昇天しそこなったので、落第という意味からオジと名付けられた。色は漆黒で、人に危害を加えるものではなかった（『高志路』六（一）、昭一五、五〇）。②［愛知県新城市］小さな山ガカシ（蛇）が空に向かって頸をあげているので、不思議に思って眺めていると、尾をふるってするすると空に昇っていった。驚いて人を呼び集め、見えなくなるまで見物した。その日は雲ひとつない、よく晴れた日であったという（『三州横山話』大一〇、七四-七六）。

（金子祥之）

おしみ

島根県に伝わる怪異で、梅雨時などに現れる。着物の袖に蛍のようなものがくっつくことがあり、これをオシミと呼ぶ。オシミを払おうとすると、その場で増え、手を当てれば当てるほど増える。この場合は手に小便をつけてぱっぱっと払えば、それでオシミは消えてしまう。このオシミとは、牛鬼の訛りであるという。

⇩うしおに、かいこう

事例［島根県］主に梅雨時などに袖に蛍のようなものがくっつくことがある。手で払おうとするとぱっと増える。これはオシミだから、こういう時には小便をかける。きたなくても我慢して、手に小便をつけてぱっぱっと払えば、それで消えるということである（『山陰民俗』五五、平三、一一三）。

（五十嵐大晃）

おしゃくじさま【お石神様】

㊊おさくじん【オサク神】、おしゃもじさま【オシャモジ様】、さくじ、しゃぐじさま【シャグジ様】、みしゃくじさま【ミシャクジ様】

シャグジ、サクジと呼ばれる神。石神《いしがみ》とは異なる。オシャモジ、シャクチ、ミシャグジ、オサクジンなど多様な呼称がある。サクジ系とシャクジ系の名称があり、前者は山梨、神奈川など東日本に分布し、後者は長野県諏訪地方を中心に分布する。伝承が多岐に及び、社祠等の消滅も続いており、研究上その実態は解明されていない。

⇩いしのかいい

事例 ①〔東京都恩方村（現・八王子市）〕咳が出るとオシャモジ様のシャクシを借りてきて飯を盛ると治る。この祠の前はご祝儀が通ってはいけない（『西郊民俗』三、昭三二、一一）。②〔愛知県小原村（現・豊田市）〕日面、岩下、茆萱などにあるオシャクジ様は由来が分からなくなっており、意地悪な神でよく祟るなどと言われている（『民俗採訪』昭和四九年度号、昭五〇、一〇七）。（田村真実）

〔参考文献〕柳田國男『石神問答』明四三。

おしょうろうさま【お精霊様】

㊮おしりょうさま【お死霊様】、しゃあら【精霊】、しょうらいさま【精霊様】、しょうりょう【精霊】、ほかどん　目に見えない超越的な存在や、死者の霊を意味する。お精霊様は、盆に墓地から家にやってくるという伝承があり、屋敷内で祭る習俗もある。事例②のように、人に祟りをなす例もある。

⇩それい、れいこん

事例 ①〔岐阜県丹生川村（現・高山市）〕昔はどの家でもショーライ様を飾った。ある家の主人がショーライ様を飾らずに昼寝をしていると、仏壇の前をショーライ様が上がったり下がったりしている夢を見た（『民間伝承』八（六）、昭一七、一七）。②〔不明〕祀ってもらえなかったシャアラが人に憑き、「子供を炉に放り込んでやった」と言った。帰ってみると、子供が炉に落ちていた（『民間伝承』一五（一）、昭三六、七八）。

（山田奨治）

おしらさま【お白様】

㊮おしらがみ【お白神】、おしらぼとけ【お白仏】　主に東北地方を中心とする民間信仰のご神体を指す。中国の『捜神記《そうじんき》』にある馬娘婚姻譚《ばじょうこんいんたん》に基づくとされる、馬頭と姫頭に布きれをかぶせた一対が典型例であるが、このような布きれから頭を出した貫頭型よりも、頭を出さない包頭型のほうが実際は多い。それぞれ約三〇センチの長さで、材質は桑などの木製が多いが、竹製の場合もある。オシラサマという呼称は、青森県から岩手県、宮城県北部までであり、同じものをオクナイサマと呼ぶのは山形県の庄内地方と宮城県の南三陸町や北上町（石巻市）、トドサマの呼称は山形県の村山地方、オシンメイサマは福島県でそう呼ばれる。また、トドサマはオナカマという民間巫女が所有し、オシンメイサマはワカと呼ばれる巫女が主に所有する。オシラサマも青森県から岩手県のイタコや、宮城県のオカミサンと呼ばれる巫女と関わりが深い。ただし、イタコはオシラサマを所有するということはない。オカミサンは竹製に赤い布製の形のものがほとんどである。

イタコやオカミサンの地域は、ムラの旧家でオシラサマを所蔵している場合が多く、オシラサマのご縁日である正月十六日などに、オシラサマアソバセという儀礼を行う。オシラサマアソバセとは、オシラサマを所蔵している家か巫女宅に、所蔵者のシンルイの女性を中心に集まり、オシラサマに新しく布（これをオセンダクという）をかぶせる。巫女が祭文を唱えた後に、巫女にオシラサマが憑き、一年間の世の中の様子や各家の各個人の吉兆禍福の予言を行う。その祭文の内容は馬娘婚姻譚を主とし、「オシラ祭文」と呼ばれ、青森県のイタコ（盲巫）や岩手県宮古地方のイタコ（晴眼者の神子）が伝承している。

一方、宮城県や岩手県南部の巫女であるオカミサンは「オシラ祭文」を伝承していない。この地域では、オシラサマアソバセと同様の儀礼としてカミサマアソバセがあり、オシラサマを持たない人々が、巫女の家に集まり、巫女が所有するオシラサマを用いて行われる。オシラサマアソバセ同様、巫女に憑いたその集落の神が世の中や各家各個人の一年間の占いを行う。オシラサマアソバセの基盤には、このようなカミサマアソバセがあった。オシラサマには柳田國男の「日本の固有信仰」説や喜田貞吉のアイヌ起源説、ご神体ではなく「採り物」説や養蚕信仰に絡ませる説、あるいは抽象的な「家の神」とするものなど多岐にわたるが、オシラサマにまつわる信仰は現在でも生きている民俗であり、その実態的な研究がまだまだ必要な分野である。

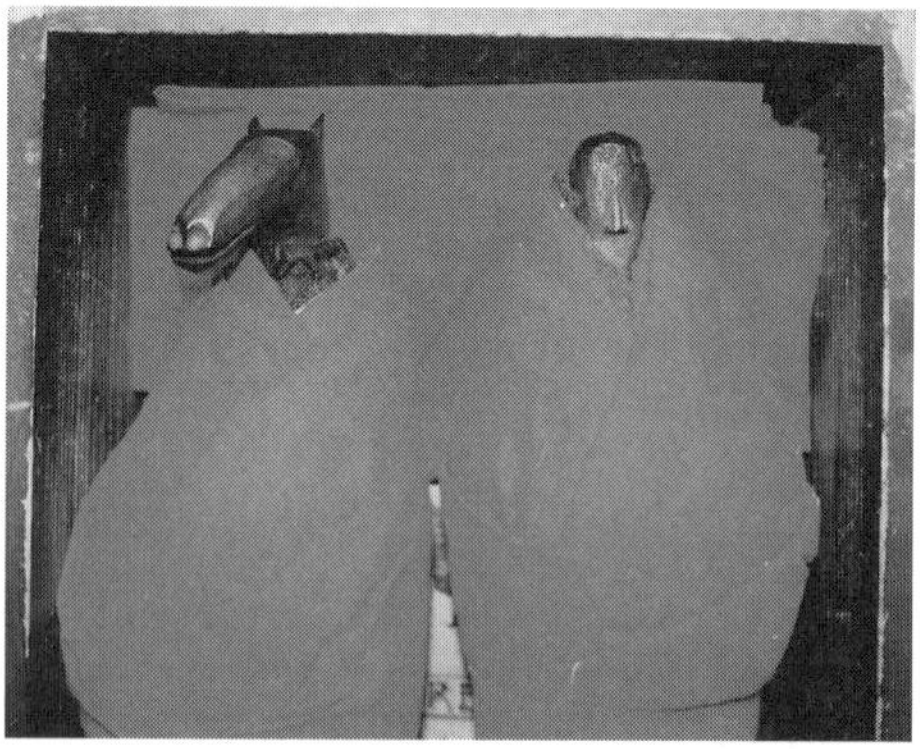

宮城県気仙沼地方のオシラサマ（川島秀一撮影）

⇩うま、おくないさま、おしんめいさま、かいこ、かいこがみ

事例　〔岩手県一関市〕オシラサマが夢枕に立つのは、その家の火災とか、大黒柱がたおれるとか、世の中に大きな災害が起きる時などである。大乗寺境内の「教祖旭大法尼、貝田大法尼供養碑」にオシラサマが刻みつけられているのは、ある夜、オシラサマが初代管長米倉如山師の夢枕に立って、「あの供養碑に、主な行事に必ず祭られているおしらさまがないので、浮ぶ瀬がない」という御告げがあったので、後から刻みつけられたものである（『民間伝承』三九（二）、昭五〇、八二）。（川島秀一）

〔参考文献〕柳田國男『大白神考』昭二六、実業之日本社。三崎一夫『図説 陸前のオシラサマ』昭四七、萬葉堂書店。

おしんめいさま【御神明様】

㊫おしめさま【御神明様】、おしんめいさま【御神明様】　木や竹の棒で男女対をかたどった神像。分布はほぼ福島県域を範囲としている。東北に広く分布するオシラサマの同系と思われるが、養蚕信仰や馬娘《ばじょう》婚姻譚の伝承はほとんど見られず、家の女性による個人的な信仰の色が強い。神体は長さ一五〜三〇センチ程で、祭日などには採物《とりもの》風に扱われる。

⇩おしらさま

あ

事例 ①〔福島県郡山市〕昭和三六、七年頃まで女の人たちが集まってオシンメ遊びが行われていた。車座になってオシンメイサマで背中を叩いたりして、オシンメイサマを遊ばせた。集まった女の人にオシンメイサマが憑く人と憑かない人があるという（『日本民俗学』一七六、昭六三、八-九）。②〔福島県塩川町（現・喜多方市）〕旧暦一一月一五日にオシンメイサマをアソバセルといって小学生位の子供を呼び集める。タユサマに祝詞をあげてもらうと集まった子供の一人にオシンメイサマがウツリ、座ったままで部屋中をピョンピョン跳ね回る（『日本民俗学』一七六、昭六三、一二）。（鄧君龍）

おすぎおたまのひ【お杉お玉の火】

天竜川沿いに語られる世間話の一つ。夕刻、辺りが暗くなると、二つの火の玉が現れるという。二つはくっついたり離れたりしながら進み、あるところまで来ると消える。地元の人はよく見かけたと言い、それほど恐怖とも思っていなかったようだ。この火の玉にはいわれがあり、ある男が芸人を妻にすると言って連れてきたが、既に妻があったので、結局一緒になることができず殺してしまったという。その芸人がお玉とお杉といい、二人の亡魂が火の玉になって現れるのだという。

⇩かいか、ひのたま

事例 ①〔長野県豊丘村〕夕方暗くなるまで騒いで遊んでいると出砂原辺からお杉お玉の火が現れた（『伊那』三五二、昭三二、三七-三九）。②〔長野県天竜川〕明治三五年四月の菅公一千年祭の暗夜に二つの火の玉をあかあかと見付けた（『伊那』三五四、昭三一、三五）。③〔長野県天竜川〕亡霊が今も火になって現れ滝の口までいく。盆の一六日の晩には毎年現れる（『伊那』三五四、昭和三一、三五-三六）。（熊倉史子）

おすんつさま【オスンツ様】

青森県にみられる湧水の神。

⇩すいじん

おそ

かわうその地方名。

⇩かわうそ

おそでだぬき【お袖狸】

㊫おそでみょうじん【お袖明神】 愛媛県松山市に伝わる女の狸。松山城堀端の榎に祀られている。

⇩たぬき

事例 〔愛媛県松山市〕お袖明神は松山城の森から堀端の大榎に移り住んだ。市内電車を複線化する時、大榎の伐採を試みたところ不幸が続いた。稚児行列を仕立てて榎を移転したが、榎は枯死した。その後、お袖は大西町の大井にも現れたが、やがて古巣に戻ってきた（『伊予の民俗』四二、昭六一、三）。（及川祥平）

おそれざん【恐山】

青森県むつ市田名部にある山。日本三大霊場の一つとされ、曹洞宗の円通寺が管理する霊山である。他界や地獄を連想させる景観、また行者の修行場であったことから、死者の魂が行き着く場所という信仰があり、山中で死者に会った、恐山へ向かう死者を目撃したなどの怪異談が多く報告されている。恐山信仰には時代の中で形成されてきた三つの側面がある。一つめは、春・秋のマイリの習俗で、豊作や豊漁などの祈願と感謝をこめる。二つめは、死者供養の儀礼で七月の地蔵盆の際の夏参りである。この時には東北地方のみならず、全国各地から参拝に訪れる。三つめは湯治場としての側面である。恐山信仰は、現世利益と死者供養が混在している。

事例 ［青森県むつ市］夫を亡くした婦人が恐山の賽の河原で一晩泊り、明朝「本当に自分の主人がやってきて、会うことができた」と言ったという（『民俗学評論』一六、昭五二、六二）。　（田村真実）

おだいしさま【お大師様、お太子様】

類だいしこさま【ダイシコ様】　おだいしさまは、弘法大師とする例、聖徳太子とする例、大師とも太子とも特に示さない例がある。弘法大師とする例が最も多い。福島県や岩手県では、大師講の際に小豆の入った飯を供える。山形県や新潟県、長野県では、足の悪い神様であるといわれ、雪を降らせるとされる。また、高野山や真言宗寺院に置いてある身代わり大師というお守りが、事故や病気などの災厄の身代わりとなったという事例は、全国各地で多数ある。

事例 ①［福島県須賀川市］小倉では大師講が一一月に三回あり、小豆ごはんを供える。埋平では一回のみ行い、タイシとは聖徳太子のことだという（『宇津峯山麓の民俗』二、昭三八、一一七）。②［山形県小国村（現・小国町、最上町）］だいしこ様は片足の無い、足の悪い神様である。だいしこ様が通ったあとは必ず雪が降る（『成城大学民俗調査報告書』二、昭五二、七七-七八）。③［愛知県南知多町］自動車ごと列車にはねられ、車が大破したが、体には全く傷が無かった。身代わり大師の守り札が二つに割れた（『みなみ』一五、昭四八、三三）。　（田村真実）

おたけだいにちにょらい【お竹大日如来】

お竹は、近世初期に江戸に実在したとされる女性で大日如来の化身であったという。「流行り神仏」の一種である。羽黒山の正善院（山形県田川町）にはお竹大日堂があり、大日堂の由来を説く「於竹大日如来縁起絵巻」が残る。山伏によるお竹大日如来堂喧伝の出開帳が、元文五年（一七四〇）以降嘉永二年（一八四九）まで計四回行われ人々の信仰を集めた。略縁起やお札が頒布され、嘉永二年（一八四九）の出開帳の際には前垂れなど竹の「遺品」も展示されたという。『玉滴隠見』『新著聞集』にお竹説話の記事があり、曲亭馬琴の随筆『兎園小説』には「安永六年丁酉七月、江戸にて於竹大日如来の開帳あり」と安永六年（一七七七）開帳の記録がみえる。出開帳にともなってお竹の由来を描く錦絵も出版された。作例に「賢女烈婦伝」「婢女於竹之説」「於竹大日如来だい所どうぐさんけいのづ」ほか（歌川国芳画）「孝貞女鑑」（橋本貞秀画）「婢女於竹之説」（歌川豊国画）、「於竹大日如来略縁起」（歌川貞秀画）「於竹大日如来之由来」（歌川芳虎画）「於竹大日如来の由来」（歌川国麿画）「北陸出羽国安置於竹大日如来」「於竹大日如来略縁起」（歌川国輝画）がある。歌川派の作が多く、国芳が多数手がけている。文化七年（一八一〇）には式亭三馬が『於竹大日忠孝鏡』、文化一二年（一八一五）に『お竹大日如来稚絵解』（十返舎一九作、歌川国芳画）『応現於竹物語』（緑亭川柳作、一勇斎国芳画、嘉永二年刊）が著わされ、草双紙（合巻）も出版された。さらに『お竹大日如来稚絵解』は合巻と同じく一九作国芳画で一枚物も摺られている。演劇では元治元年（一八六四）に河竹黙阿弥作「双蝶色成曙《ふたつちょういろのできあき》（通称於竹大日如来）」が江戸守田座で興業され、国周、国貞の役者絵がのこる。大日お竹は沢村田之助。明治一六年（一八八三）に第六・八場が「身光於竹功」として上演され、大正一一年（一九二二）には小寺融吉作の野外劇が坪内逍遥監修で試演。近代以降信仰は弱まるものの「於竹大日如来行跡絵」（鶴遊画）、木版画（川喜多半泥子作）が奉納されるなど、その痕跡が認められる。

⇨だいにちにょらい、はやりがみ

事例 ①［東京都］江戸時代の元和寛永（一六一五―一六四三）の頃、江戸の佐久間家に仕えていた竹は、自分の食事を減らしてまで飢え苦しむ人に分け与えていた。武蔵野国の僧乗蓮が生身の大日如来を拝みたいと願っていたところ、夢でお告げを受けお竹を拝した。竹の全身から光が発せられ乗蓮は歓喜して帰った。お竹は部屋に籠って念仏に専心し、寛永一五年三月二一日に亡くなった。竹の死後、家の主人は等身の像を彫刻し持仏堂に収め毎日供養した。羽黒山黄金堂境内に仏殿を建立。竹の像が移され玄良坊が世話を務めた（「於竹大日如来縁起絵巻」正善院）。②［東京都北区］善徳寺（東京都北区赤羽西）に「お竹の墓」が残る。③［東京都中央区］お竹の使用した井戸跡に「史蹟於竹大日如来井戸跡」（日本橋本町三丁目）の石碑が建っている。④［東京都港区］お竹が実際に使用したとされる「前垂れ」「流しの麻袋」「洗い桶の水板」「流し板」が心光院（港区東麻布）に伝存する。

（桑野あさひ）

〔参考文献〕板橋区郷土資料館『江戸の旅と流行仏』平六。渋谷区立松濤美術館『変容する神仏たち』平七。

おたふく【お多福】

㊫おかめ、おたやん【お多やん】 お多福の顔が現れて大きくなったり、笑ったりする怪異。徳島県の福島橋にあるお福石は人に向かって笑うと変事があると言われたが、笑い返すと何も起きなかった話など、お多福の顔をした石が笑ったり祟りを為したりするという伝承も各地に見られる。

事例 ①［京都府京都市］ある部屋に寝ていると天井へ小さなお多福が浮かんでくる。それがだんだんと大きくなってきて、天井一杯になる（『郷土研究上方』三（二八）、昭八、二〇）。②［兵庫県尼崎市］「大覚寺の裏の古榎「あの榎でおたやんが笑う」子供達はそんな事を言い合って夕方にはこわいものの様に早々に帰る」（『近畿民俗』五五、昭四七、五〇）。③［奈良県吉野町］「その籔を、夜さり通ったらな、お多福が長い竹の先っちょから、ワーッとこう下がって来て、皆をおびやかした」（『昔話―研究と資料』二〇、平四、一六七―一六八）。

（高橋奈津子）

おちむしゃ【落ち武者】

㊮おちうど【落人】 戦に敗れて落ちのびた武士のこと。落ち武者は戦いのさなかに討ち死にしたり、逃げのびる途中で殺されたという。また、平家の落人伝説のように、落ち武者は逃げのびて隠れ住んだとされる。落ち武者の亡霊は、火の玉や武者姿で現れたり、地域社会に病気・怪我といった祟りや不漁不作などの災厄をもたらすという。そのため墓が建てられたり、神名が与えられて祀られるようになった例もある。

⇨へいけのおちうど

事例 ①［愛媛県三間町（現・宇和島市）］昭和三〇年頃病人が出て医者にみてもらったが治らないので、宇和島市の行者にみてもらったところ昔の落人の霊が出て、若宮大明神として祀ってくれというお告げがあったのでそのように祀っている（『愛媛県史 民俗下』昭五九、一〇二）。②［福岡県小郡市］昭和四七年頃、小郡大保原に自衛隊の隊舎が建設されたが、武者姿の亡霊が現れ人骨が発掘された。そこで「大保原決戦場の跡」と刻んだ碑を建て、清掃し供養した（『小郡市史 三通史編』平一〇、六二五―六二六）。

（田中久美子）

おっぱしょいし【オッパショ石】

㊮おんぶいし【オンブ石】 オッパショとは、徳島県の方言で「おんぶして」という意味であり、通行人に石が背負ってくれと呼びかけてくる怪異である。土地によっては、ウバリオン、オバリヨン、ウバリ、バウロ石などと言う。

⇨いしのかいい

事例 ①［徳島県上八万村（現・徳島市）］オッパショ石は名のある力士の墓だと言われていた。いつからか、夜遅くに人が前を通ると「オッパショ、オッパショ」と墓がしゃべるようになった。ある時非常に力の強い男がそれならおぶされと言って石を背負うと、徐々に石が重くなった。石を投げたところ二つに割れてしまい、それ以来怪異は絶えた（『阿波伝説物語』明四四、四―五）。②［三重県鳥羽市］おんぶ石。海女が磯端に行くと「おんぶ、おんぶ」と呼ぶ石があり、子どもを背負ったような形をしていた。その石を家に持ち帰ると家運が栄えたという（『郷土志摩』四四、昭四八、四八）。

（田村真実）

おとのかいい【音の怪異】

その場にはありえないはずの音が聞こえるという怪異。音のみが人間の耳に届き、原因となる存在の目撃は少ない。

音の怪異は山中で頻繁に起こり、深夜、木を伐り倒す音が山中に響く空木倒しや、笛太鼓などの音が聞こえる山囃子は、天狗や山の神、あるいはタヌキ・イタチ・フルソマの仕業とされる。山崩れの轟音などで樵《きこり》、炭焼き、猟師、修験者など山中に滞在する人間を惑わすのは、山の神や天狗による度胸試しともいわれる。

里においては路傍の怪音として、夜道でついてくる足音、薬缶《やかん》や臼が転がる音、また小川や台所で小豆などを研ぐ音が聞かれ、これも狐狸の類が出す音だという。

他にも深夜の小学校から授業の音が聞こえるなどの伝承は、神霊や妖怪が自然音や生活音をまねしてみせて、人間を脅すものといえる。

　逆に、水底から機織りの音が響く機織淵や、山中で米搗《つ》き音、麦搗《つ》き音を聞くなどの怪異は、竜宮や隠れ里といった異界の生活音を人間が漏れ聞くものといえる。

　さらに神霊や死霊がメッセージとして音を発することがある。神霊がその出現を音で告げる、予兆として鳴動や山鳴りを起こす、船を守る霊である船玉が鳴り勇んで危険を告げるなどである。天狗が通過時に羽ばたきの音をさせるというのもこれに当たるだろう。神霊の訪れや示しが音に託されて告げられるのである。

　また、死霊が近親者や檀家寺に死を告げるため戸を叩いたり足音を出したりする、悲惨な死を遂げた者の生前の仕事音や演奏の音（特に笛、三味線）が最期の場所から夜ごと聞こえる、城跡や古戦場に戦の音や断末魔が響くなど、死者の思いや無念が音となって現れるという伝承も数多くある。

⇩あずきあらい、こえのかいい、こくうだいこ、こだま、そらきがえし、たぬき、なりいし、はたおりぶち、めいどう、やまばやし

事例 ①〔埼玉県秩父市〕夜、牛首峠で岩石の落ちてくる音がして、進めなくなった（『民俗採訪』昭和二七年度号、昭二八、三九）。②〔岐阜県高鷲村（現・郡上市）〕夜中山道を歩いていたら、木の葉の落ちる音や大きな光、壁を叩く音に追いかけられた。占うと、山の神が度胸を試したのだといわれた（『民俗採訪』昭和六一年度号、昭六二、七七）。③〔秋田県〕小学校に宿直で泊まると、夜に子どもの走る音が聞こえた（『西郊民俗』一〇九、昭五九、二五）。④〔静岡県〕膳椀を貸してくれる楠御前の森から雨の夜、麦を搗く音が聞こえた（『日本民俗学』四、昭二九、一一五）。⑤〔兵庫県高橋村（現・豊岡市）〕旧暦一一月三日の夜、牛頭天王《ごずてんのう》社の森の木々が騒ぐ。神が出雲から帰る知らせという（『民俗学』二（三）、昭五、五九）。⑥〔福島県いわき市〕山の神社で賽銭を失敬していたら、発動機船のようなドドドという音が近づいてきて大音響で鳴った。神様の戒めだろう（『福島県史　二三』昭三九、五〇八）。⑦〔秋田県角館町（現・仙北市）〕寺で位牌が倒れる音がした。その家の者が亡くなったので知らせに来たのだという（『旅と伝説』一一（七）、昭一三、二九）。⑧〔秋田県〕坑内で死んだ者の執念はその場に残り、槌の音や鉱石を運ぶ音を出す（『あしなか』四七、昭三〇、一三）。⑨〔福井県南越前町〕晴れた月夜に城山から陣太鼓の音が聞こえる。戦死者の妄念だという（『南越民俗』三（一・三）、昭一五、四九）。

（飯倉義之）

〔参考文献〕内田順子「音の想像力と異界」『異界談義』平一四、角川書店。笹本正治『鳴動する中世』平一二、朝日新聞社。

おとひめぎつね【乙姫狐】

㊈かすごうじのおとひめ【カスゴウジの乙姫】、きゃっつあんばやしのおとひめ【キャッツアンバヤシの乙姫】　化け狐の一つ。曲がり角や山の陰にあらわれ、人びとに悪さをした。油揚げなど狐にお供えするために山に入ると災いごとは解消したという。

⇩なのあるきつね

事例 〔福島県塙町〕トウヤシキという高

い山の陰ある、キャッツアンバヤシにキャッツアンバヤシの乙姫という狐がいて人を馬鹿にした（『東白川の昔話』、昭四六、六八）。（野田岳仁）

おとぼうなまず【オトボウ鯰】

㊫いぬぼうなまず【イヌボウ鯰】　ナマズを捕らえると、オトボウ、或いはイヌボウと呼ぶ声がするという。それはナマズの親であったり、切り分けられた身であったりするとされる。

⇩さかなのかいい、なまず、ものいうお

事例　［群馬県前橋市］上大島の清水の三歳ナマズを取ったら、山から「オトボウヤ、オトボウヤ」と声がし、腰篭のナマズが「オオイ」と返事をした。怖くなってナマズを置いて逃げ帰った（『群馬県史　資料編二七』昭五五、八〇七–八〇八）。

おとらぎつね【おとら狐】

愛知県を中心に伝わる狐の妖怪で、狐憑きの一種。おとら狐は長篠の戦いで流れ弾にあたって左目を失ったといわれ、おとら狐に取り憑かれた者は左目から眼やにを出し、左足が痛むという。おとら狐を取り除くには陰陽師や修験者を招いて祈禱をするが、それでも離れないときはお犬様を迎えるとよいとされている。

⇩きつね

事例　①［愛知県下山村（現・豊田市、岡崎市）］長篠の合戦で鉄砲の流れ丸があたり、片目を失ったオトラ狐がいつの頃から下山村に棲みついた。今でも眼の悪い人がいると、オトラサンが祟ったとか、オトラサンがとり憑いたという。オトラ狐は代々目病みで、家に憑くとみられている（『名古屋民俗』一九、昭五四、九）。②［愛知県長篠村（現・新城市）］「おとら狐が憑けば、先づ陰陽師や修験者を招いて祈禱をして貰ふのであるが、それで救の無い時には、遠州秋葉山の奥の山住様と云ふのを迎へて来る」（『郷土研究』四（六）、大五、四五）。（伊藤純）

おなりがみ【オナリ神】

㊫うなりがみ【ウナリ神】　奄美・沖縄において兄弟に対する姉妹をウナリ・ウナイなどと呼称し、オナリ神とは姉妹の生御魂《オミナリオスジ》の霊威を表す。霊魂観の一種であり、この霊威が兄弟を守護し祝福する。白い蝶や鳥に化して、旅先や危機にある兄や弟を救うなどとされ、男子の旅立ちの際には、姉妹の項の毛髪や手拭（おみなり手巾《てさじ》）を受けてお守りとする風習があった。

事例　［沖縄県］兄とその父とが支那へ旅に出た。その妹がある晩、家で就寝中に大声を出してもがくので、母親は一方の手を取って揺り起こした。目覚めた妹は兄と父の船が難破し右手で兄を助けたが父は助けられなかった、と語った。後日兄から手紙が来て、はたして船は難破し兄だけが助かったと分かった。この妹は嫁がず家族以外に姿も見せなかったが、義弟に見られたために普天間の洞窟へ逃げ隠れ、のち神に祀られた。今も旅立つ人は普天間に旅の安全を祈る（『民族』二（二）、昭二、五一–五二）。（大里正樹）

おに【鬼】

鬼とは、さまざまな災厄、邪悪な出来事の原因として生み出された想像上の存在・霊的存在である。「かくかくの天変地異は鬼が引き起こした」とか、「これこれの疫病は鬼がもたらした」と語られる。

鬼は、通常、次のような属性・特徴をもっているとされる。その姿は人間に似ているが、筋骨たくましく、顔は醜悪で、頭には角が生えており、肌の色は赤や青、黒といった原色であって、左右の口から鋭い牙がはみ出ている。虎の皮のふんどしを締め、山の奥や天上界、あるいは地下世界、地獄などに隠れ住んで、夜陰に紛れて人間界に出没し、悪事を働く。

こうした特徴のなかでも、頭の角が生えているがどうかが、もっとも重要な指標とされてきた。今日では多くの場合、角の有無で、鬼であるかどうかの判断が下される。

鬼は長い歴史をもっている。鬼という語は、早くも古代の『日本書紀』や『風土記』などに登場し、中世、近世と生き続け、さらには現代人の生活のなかにもしきりに登場してくる。ということは、長い歴史をくぐり抜けて来る過程で、その言葉の意味や姿かたちも変化し多様化した、ということを想定しなければならない。

実際その歴史を眺め渡してみると、姿かたちもかなり変化している。平安時代には、夜中に群行する鬼たちを、「百鬼夜行」と称したが、これは、たくさんの鬼たちという意味ではなく、さまざまな姿かたちをした鬼たちということであった。例えば、鎌倉時代の鬼と思われる画像をみると、見ただけではとうてい鬼と判定できない、角がない鬼もいれば、牛や馬のかたちをした鬼もいる。それがだんだんと画一化されていって、江戸時代になって、角をもち虎の皮のふんどしをつけた姿が、鬼の典型的イメージとなったのであった。逆にいえば、こうした属性をもたない鬼たちは、鬼とはみなされなくなっていったわけである。

しかしながら、怪力・無慈悲・残虐という怖ろしい属性は、歴史を通じてほとんど変化していない。鬼はなによりもまず怖ろしいものの象徴なのである。もちろん、鬼のなかには、人間に慈悲深い鬼もいれば、人間にこき使われる鬼もいれば、人間に適当にあしらわれる愚かでか弱い鬼もいる。しかし、そうした鬼は、怖ろしい鬼がいるからこそ生み出された変則的な鬼であり、そこに鬼の本質を見出すことはできない。

それでは、このような恐ろしい鬼は、どのように生み出されるのだろうか。それはこの世に偏在する邪気から生み出された。邪気は、存在するあらゆるものに宿る霊魂＝たましいがいだく怒り、怨み、妬みといった念から生じる。動物や植物、器物などに宿る霊魂はいずれも、さまざまな契機で邪気となる。もちろん、そのなかには人間の、すなわち生者や死者の魂も含まれている。そのような邪気が姿かたちを得たのが鬼なのである。

したがって、こうした鬼のイメージは、人間の反対のイメージとして構成されている。すなわち、日本人がいだく「人間」概念の否定形、つまり反社会的・反道徳的「人間」として造形されたものなのである。

鬼は集合名詞であるので、たくさんの鬼がいるということでもある。そのなかで、もっとも有名な鬼が、大江山の「酒呑童子」である。酒呑童子は、南北時代製作の絵巻『大江山絵巻』（逸翁美術館蔵）のなかに初めて登場してきた、伝説上の鬼である。この物語はきわめて単純で、酒呑童子という鬼の大将が多くの鬼を従えて丹波の大江山に住み、ときどき都に現れては、貴族の子女や財宝を奪っていった。このため、勅命を受けた源氏の武将・源頼光とその配下の渡辺綱たちが出かけて行って退治する、というものである。この物語が室町時代にもてはやされたのは、足利将軍家が源氏の流れを組んでおり、その「起源神話」「王権神話」という性格をも付与されていたからであろう。この話が広く世間に流布した結果、いつのまにか頼光たちに退治された酒呑童子は鬼の代名詞となったのであった。

鬼の歴史、さらにいえば妖怪変化の歴史を眺め渡して気がつくもう一つの特徴は、中世までの「化け物」（妖怪）の多くが鬼と深い関係を保っていたことである。古代から中世にかけての妖怪種目はそれほど多くはない。鬼以外では、大蛇（龍）、天狗、狐、狸、土蜘蛛、つくも神（古道具の妖怪）などがその主たるものであるが、大蛇にせよ、土蜘蛛にせよ、つくも神にせよ、鬼の性格ももっている。たとえば、『土蜘蛛草紙絵巻』によれば、やはり頼光に退治される土蜘蛛の妖怪は「鬼」の姿になって出現しているし、『つくも神絵巻』では、古道具たちは「鬼」になって悪事を働いたために退治されている。さらにいえば、狐の妖怪を描いた『玉藻前絵巻』でも、退治された妖狐の魂魄は「鬼」となって出没し、玄《げん》翁《のう》和尚に引導を渡されてようやく鎮まった。鬼の歴史は、日本の妖怪変化史の太い地下水脈ともなっているのである。

ところで、鬼を考えるとき忘れてはならないのは、「怖ろしいもの」を意味する鬼という語を手に入れた日本人は、この「鬼」というラベルをさまざまなものに貼っていったことである。例えば、トンボのなかでも最大級のトンボにはオニヤンマ、百合《ゆり》のなかでも最大級の百合には鬼百合、情け容赦もなく厳しい指導をする監督などには鬼監督等々。

見逃せないのは、このラベルを、自分たちとは「異なる」人びと、たとえば海を渡って侵入して来る異民族の海賊や漂着者、山に棲む先住の集団、自分たちの支配に従わない周辺の人びとにも貼ったことである。その痕跡は、上述の大江山酒呑童子伝説にも刻み込まれている。この物語は、都（天皇・貴族）の側からの物語である。その秩序を乱したから、酒呑童子は鬼として退治されたのであった。酒呑童子は都の勢力について、次のように批判する。「先祖伝来の土地である比良の山に住んでいたところ、都から伝教大師という悪人がやってきて強力な呪力で私を追い払って、延暦寺を建てた」。この言葉のなかには、高度な知識と軍事力を背景にして、抵抗する人びとを制圧しながら周辺地域を支配下に収めていった天皇政権の征服と開発の歴史・記憶も刻み込まれているようである。酒呑童子の側からすれば、都の勢力こそ征服者であり「鬼」なのである。

さらに興味深いのは、鬼が怖ろしい者・否定的なものを表す言葉でありながらも、その子孫と称する人びとが散見されることである。大峰山の麓の洞川は、修験道の祖・役の行者に従っていた前鬼・後鬼のうち、後鬼の子孫の集落であるという。彼らは山で修行をする宗教者や信者の道先案内を勤めたという。また、比叡山の麓の八瀬《やせ》も、鬼の子孫（八瀬童子）の集落であるといいい、彼らは冥宮の従者である鬼の子孫で、天皇や天台座主などの葬送の折に、その柩を担ぐ役を勤めることを特権としていた。さらにいうと、播磨の国・書写山円教寺の修正会で代々鬼役を務める家も、自ら寺を開いた性空上人に従っていた鬼（護法童子）の子孫であると伝えてきた。しかも、こうした、鬼の子孫と称する人びとの家では、節分の豆まきのさいには、「福は内、福は内、鬼も内」と言って豆を撒くという。なぜ鬼の子孫を名乗るようになったのかの理由は一概にいえないが、体制の外部に排除された鬼ではなく、体制のなかに組み込まれた鬼、鬼の役を引き受けることで体制内で生きようとした人々の、複雑で屈折した歴史が隠されているようである。

現在では、超自然的存在としての鬼の信仰は、ほとんど衰退したといっていい。しかし、鬼は、伝説や昔話などに登場するだけでなく、文化のさまざまな領域、例えば、能や浄瑠璃、歌舞伎などの芸能、さらには現代のコミックやアニメなどにも登場している。したがって、邪悪なものを象徴する記号として、今もなお生き続けているのである。

⇩いばらきどうじ、いぶきどうじ、あくろおう、うら、おにいし、おにがじょう、おにすじ、おにづか、おにばば、さんきちさん、しゅてんどうじ、ぜんき・ごき、にっねかむい、はちめんだいおう、らしょうもんのおに

事例 ①［大峯山（現・奈良県天川村）］様々の異類の形なる鬼神共来る。或は馬の頭、或は牛頭、或は鳥の首、或は鹿の形、如此くの鬼神出来て（『今昔物語集　巻一三第一』）。②［平安京（現・京都府京都市）］手三つ附きて足一附きたる者あり。目一つ附きたる者あり。早く鬼なりけり（『古本説話集　下　第五一』）。③［岩手県八幡平市、滝沢町、雫石町］岩手山の屏風岩を鬼ヶ城という。坂上田村麻呂に退治された、大猛丸という鬼が立てこもった場所だという（『あしなか』一二九、平五、九）。④［岐阜県郡上市］瓢ヶ岳に鬼が棲んで人家を荒らしたので、勅命を受けて藤原高光が退治に来た。白鰻が道案内をし、高光は鬼を退治した（『和良の民俗』昭五四、二四九）。⑤［長野県鬼無里村（現・長野市）］昔、平惟茂《これもち》が戸隠山の鬼を退治し、鬼無里の鬼塚に埋めた。近年、塚を掘ったところ、角のある大きな鬼の頭骨が出た（『天野政徳随筆』『日本随筆大成　第三期八』三五）。⑥［秋田県男鹿市］男鹿半島の神山には九九段の石段がある。鬼が田畑を荒らすので村人は困り果て、鬼が一晩のうちに百の石段を築けばよし、さもなければ暴れるのをやめるようにと約束をした。九九段まで築いたところで一番鶏が鳴き、鬼は姿を消した。村人は神山に祠を作り、鬼を祀った（『郷土研究』一（三）、大二、五三―五四）。⑦［宮城県登米郡（現・登米市）］刀鍛冶が殿様に百本の刀を献上することになった。斎戒沐浴し、家人を近づけず一人で火事場に

篭ったが、不思議と相槌の音がする。妻が覗くと、鍛冶屋は真赤に焼けた鉄を口に咥えて鍛えており、赤鬼と青鬼が相槌を打っていた。覗かれた気配を察して鬼は消え、刀は九九本しか出来上がらなかった（『東北民俗』三一、平九、五）。⑧［奈良県天川村］大峯山の行者祭には鬼の行列が出る。行者に従って斧を持った鬼と壺を持った鬼が続き、その後に数十名の赤鬼青鬼が続く。この鬼はゼンキ、ゴキといい、地元では、行者を助けて行場を作った民衆たちだと解釈されている（『民間伝承』三三（二）、昭四三、一六四）。⑨［奈良県五條市］鬼筋と言われる、鬼の子孫と称する家がある。節句の粽や菱餅は作らず、節分にも「鬼は外」とは言わない（『民族と歴史』二（三）、大八、四〇）。⑩［長野県南佐久郡］節分に米の団子三つを串に刺して門口に刺す。これを「鬼の目玉」という。豆撒きで追い出された鬼が家に入ろうとするとき、この目玉を見て、自分より一つ目が多いと恐れて退散するという（『民間伝承』三（八）、昭一三、四-五）。⑪［秋田県男鹿市］男鹿の本山の神様は鬼たちを家来として使っていたが、正月一五日の夜だけは鬼たちの乱暴狼藉を公認していた。それがナマハゲ行事の由来である（『芸能復興』一八、昭三三、一八）。⑫［福岡県吉井町（現・うきは市）］若宮八幡宮の鶯替え神事では最後に鬼ヤライの儀式がある。太鼓の連打とともに鬼倉から赤鬼、青鬼が飛び出して暴れ回り、参詣人を追いかける。鬼は松明持ちたちに追われて鬼倉に戻り、鬼倉が閉められて祭りは終わる。この儀式をオニフスべと呼んでいる（『民間伝承』三三（二）、昭四四、三七）。⑬［静岡県静岡市］宇津の谷の梅林寺の和尚が病になり、小僧に膿血を吸わせて治療していたところ、小僧は人の血肉の味を覚え、ついには鬼となって山に棲み、人を食うようになった（『土の鈴』一五、大一一、一九）。⑭［山形県真室川町］爺様が落とした団子を追いかけて穴の中へ行くと、団子は地蔵が食べてしまっていた。地蔵は爺に肩に上がれという。言う通りにすると鬼がたくさん来て、地蔵の前で銭を出して宴会を始めた。爺様が一番鶏の鳴き真似をすると、鬼は夜明けと思って慌てて逃げ、爺様はたくさんの銭を手にした（『芸能』六（一〇）、昭三九、六三）。⑮［青森県五戸町］爺婆は桃から生まれた男の子を桃太郎と名付けた。すくすくと育った桃太郎は鬼退治に行き、犬・猿・雉をお供に鬼ヶ島に渡り、鬼を退治して宝物を持ち帰り、天子様に褒美をもらって幸せに暮らした（『民間伝承』一九（二）、昭三〇、二〇-二一）。（小松和彦）

鬼（『地獄草子絵巻』国際日本文化研究センター蔵）

おにいし【鬼石】

鬼の手形や足跡のような窪みが残った

石、あるいは鬼そのものが石になった、という類の伝説が付随する石。伝説自体は全国各地に多く存在しているほか、三途の川にかけられた三途の橋の先にも鬼石があると伝えられる。菅江真澄の『遊覧記』にも、三途の橋の先方に据えられた鬼石は、生前に悪事を犯した者には本当の鬼が睨み付けてくるように見えるため、川を渡ることができない、という伝承が記載されている。

⇩いしのかいい、おに

事例 ①〔宮城県白石市〕甲冑堂の東二町、岩倉山の鬼が旅人を捕らえて臼でひいて食った。この臼が石と化した（『宮城県史二一』昭三一、一二三五）。②〔長野県北安曇郡〕佐野坂峠にある鬼石は、鬼が手をついた石だといわれていて、手形がついている（『長野県史　民俗編三（三）』平一、四二九）。

（中村祥子）

おにがじょう【鬼ヶ城、鬼ヶ定】

(類)おにおおぐすく【鬼大城】、おにがしま【鬼ヶ島】　かつて鬼が住んでいたという伝説を持つ洞穴。たとえば、岩手山には鬼ヶ城という竪穴があるが、これは昔、人間に悪事をはたらいていた鬼たちの住処となっていたものだという。また徳島県の高越山の山腹にも鬼の伝説が残る場所があり、かつて鬼が入定した（悟りを開いた）として、鬼ヶ定と呼ばれている。

⇩おに

事例 ①〔徳島県〕高越山は役行者に縁ある山である、この山腹には鬼が入定したと言われている鬼ヶ定というところがある。また焼山寺山には鬼が住んだという場所が残っており、そこにはいまも鬼城某という家が一軒と、鬼が住んでいたという岩屋がある（『郷土研究』四（五）、大五、四六一-五五）。②〔瀬戸内海〕鬼ヶ島には鬼が住んだという洞穴がある（『旅と伝説』一〇（五）、昭一二、七五-七六）。

（三柴友太）

おにご【鬼子】

(類)おにこ【鬼子】、げっけ、やしゃご【夜叉子】　異常児誕生伝承の一つ。一般的には歯が生えて生まれてきた子を指す。ほかにも歯の生える時期や順番が通常と異なるなど歯に因んだものが多い。生まれた場合は、呪術を施してから育てる、殺すなどしていたことから、他界に属するもの、共同体や親にとって不都合な子と認識されていた。その一方で英雄的痕跡を見出せる事例もあり、両義的性格を有していることが分かる。また家の盛衰と結び付いた霊的存在として語られる場合もある。

⇩おに、けっかい

事例 ①〔長野県小川村〕鬼子はゲッケと言い、生まれてすぐに歩いて勝手口のベトを食べる。人を食うようになるので始末する（『民俗採訪』昭和三五年度号、昭三六、一〇二）。②〔青森県南郷村（現・八戸市）〕難産の末、白髪で歯がザックリ生えたケダモノが生まれた。魔性の物が若者に化けて来ていた（『常民』一七、昭五五、一二三六）。

（髙塚さより・山田栄克）

おにすじ【鬼筋】

(類)おにのしそん【鬼の子孫】　奈良県や高知県の一部集落には自分達を「鬼の子孫」と称する人々がいる。奈良県宇智郡の周囲の家々では三月節句に菱餅を、五月節句には粽を作らない。鬼の角の形をした粽、鬼の舌の形をした菱餅を作ることは先祖である鬼への非礼として禁じたからである。また節分で豆打ちをしても、通常その地域では「鬼は外、福は内」と言いながら豆を撒くが、鬼筋の人々は「鬼は外」とは言わず、「福は内」とのみ言った。高知県吾川郡などの地域では、節分において豆打ちを行わなかった。

⇩おに

事例 ［奈良県宇智村（現・五條市）］周囲一四、五件の家では、鬼の子孫として三月節句には菱餅を、五月節句には粽を作らなかった。節分の日にもこれらの家では「鬼は外」とは言わずに「福は内」とだけ言う。そのため彼らを鬼筋という（『民族と歴史』二（三）、大八、四〇）。 （五十嵐大晃）

おにづか【鬼塚】

戸隠山の鬼を討ち、埋葬した塚。また、鬼塚八郎経衛門という豪勇が追手から逃れる時に雑兵に殺され、それを手厚く供養して祠を建てたところとも言われている。

⇩おに、つかのかいい

事例 ［長野県鬼無里《きなさ》村（現・長野市）］信州水内郡鬼無里村という所がある。ここは昔、平惟茂《これもち》が戸隠山の鬼を討って埋めた所（「天野政徳随筆」『日本随筆大成　第三期八』三五一―三六）。 （熊倉史子）

おにばば【鬼婆】

類おにおば【鬼おば】、おにばん【鬼婆】、おにばんば【鬼婆んば】、ばにょ【婆女】

山中などの人里離れた所に住む鬼のような婆。山姥とされる場合もある。山中に訪れた人を襲ったり、里に下りて人を喰ったりする。昔話にも多く登場する。

⇩あだちがはらのおにばば、おに、やさぶろうばば、やまんば

事例 ①［福島県平田村（現・福島市）］昔、現在の二本松の近くの安達ケ原に住んでいた鬼ババアは、甲州街道を通ってやって来る旅人を殺しては食ったり、金品をまきあげたりしていたと言う（『小平の民俗』昭和四九年度号、昭五〇、一八七）。②［岡山県久世町（現・真庭市）］大晦日の晩には鬼婆が来るといって大火をたいて起きている（『岡山民俗』一一七、昭五〇、四）。③［千葉県鋸南町］人骨山《ひとほねやま》には鬼ばあさんがすんでいて、節分の日ごとに人年貢を取りにきたが、旅の六部が犬を連れてきて退治した（『西郊民俗』一三三、平二、三三）。 （高橋奈津子）

おにび【鬼火】

類きか【鬼火】　火の玉のこと。大きな火の玉が細かく分かれたものだともいう。地方によってさまざまな呼び名がある。例えば岡山県ではゴッタイビ、三重県度会郡ではイゲボなどという。鬼火については、大きく分けて二種類の伝承がある。一つはどこそこで人が亡くなって以来、鬼火が出るようになったという、人の魂が鬼火になるというものである。もう一つは狐が燃やす火、或いは狐の息が鬼火であるというものである。また化け物などのともす火が鬼火だともいう。ほかに古戦場の血が化ける、それが鬼火だという例もある。

⇩いげぼ、かいか、ごったいび、ひのた

ま

事例 ［群馬県］人が死ぬとき、魂が人魂になって出て行く。鬼火などという。三日前に出て寺に行くこともあるという。長さ三センチ、幅一五センチ程度。色は青、赤、赤い玉で尾は青、お月さまのような色などという。波のように上下しながら飛ぶ、などという（『群馬県史　資料編二六』昭五七、一二三二）。　（玉水洋匡）

おねき

㊫おまく、おもかげ【面影】　死者、生者の恨みや恋慕の念が凝固して現れるもので、幽霊とは別である。東北地方で言われ、ザシキワラシの正体とすることもある。幽霊ほどはっきりしたかたちではない、白いもやもやなどの人影を目撃したという話は、近年でも各地にある。

⇩ざしきわらし、れいこん

事例 ①［奥州地方］オネキとは、怨念や愛着恋慕のために死人や生霊の思いが凝結して一種の声となり形と変ずるという思想。幽霊とは別であるという（『郷土趣味』五（二）、大一三、九－一〇）。②［青森県］ザシキワラシは死人のオネキ（怨念が凝結して声や形に変じたもの。怨みでなく愛着恋慕や生霊の場合もある）だろうという。形は小さく頭と胸だけで脚はない。音も無く座敷の中を歩いている。それが出た家では無縁仏の供養をしてやるという（『郷土趣味』五（二）、大一三、五）。　（荻野夏木）

おののこまち【小野小町】

平安初期の女流歌人で、六歌仙、三十六歌仙の一人。絶世の美女であったが、老いて零落したとされ、後世には謡曲、浄瑠璃、お伽草子などの題材となった。墓とされる地は全国各地に点在する。死後野ざらしになっている自らの髑髏の供養を頼んだり祟りをなしたという伝承もある。

事例 ①［宮城県古川市（現・大崎市）］年老いた小町が暮らした地であり、氷室薬師に日参して夜烏屋敷で死んだ。小町の頭骨の眼の孔からススキが生え出て、小野とはいわず、あなめあなめと言った（『宮城県史　二一』昭三一、一二六〇）。②［山形県米沢市］小野小町が川面に顔を映すと鬼のような顔に見えたから、この川を鬼面川と呼ぶ。小町の怨霊の祟りで岸に生える葦は全て片葉となり、また毎年のように子供が水死するのも怨霊への人身供養だといわれた（『置賜の民俗』七・八、昭五一、四二）。　（中村祥子）

オハイヌ

㊫オワイヌ　物音を聞いたり名を呼ばれたりしたのに、実際には誰もいないことをアイヌ語で、オハイヌという。「幻聴」「空耳」などと訳される。オハは「空《から》」、イヌは「聞く」の意味。化け物の声や、あの世の人同士の呼び声だと考えられ、聞いたり返事をしたりしたら、改名しなければ寿命が短くなるなどと言われる。また、化け物は一度しか呼ばないので、三度呼ばれてから初めて返事をするものだともいう。一方で、山で誰とも知れぬ名を聞いたら、その名を子どもにつけると長命になるといった話もある。

事例 ①［北海道平取町］アイヌの若者が

三人ほど道に迷った。野宿した時、アオバズクの声のオハイヌを聞いた者は死に、聞かなかった者は生きのびた（『萱野茂のアイヌ語辞典』平一四、一七七）。②［北海道美幌町］明治初頭、あるお婆さんが、名を呼ばれた気がして返事をしたが、誰もいない。名も変えずにいると、数年後に原因も分からず突然死した（『アイヌ民譚集』昭五六、一八七－一八八）。（遠藤志保）

オハインカㇻ

アイヌ語で「幻」「幻視」などと訳される語。オハは「空《から》」、インカㇻは「見る」の意味。単なる幻覚ではなく、神が善悪を示すためや、化け物に狙われているために起こる現象だと解釈されていたようである。平坦な野に山や川が現れて、行く手をさえぎるのも、神が人間に見せているのだという。また、モシㇼシンナイサムなどの化け物を見たと思ったらすぐに消えてしまうのも、オハインカㇻの一種だという。

事例 ①［北海道］平坦な野に山や川などが現れて、行く手を塞ぐことがある。これは、その向こうに魔物がいるためなので、引き返さなければならない。そのまま進むと悪い熊に殺されるか、種々の不運を招く（『アイヌ物語』大七、一二一－一二三）。②［北海道沙流地方］道端などで大きな雄鹿が草を食べているのを見ても次の瞬間にはどこにも姿が見えないことがある。これはオハインカㇻの一種で、この化け物に狙われているためである（『分類アイヌ語辞典　人間篇』昭五〇、三九一）。（遠藤志保）

おはぐろばば【お歯黒婆】

㊫ついたかみてくろ【ついたか見てくろ】

京都の大徳寺に住んでいた狸。深夜、門前の松林でお歯黒の道具を前に置き、お歯黒をやたらにつけて通行人を驚かせていたが、最後は盲目の按摩によって捕えられた。また岐阜県谷汲村（現・揖斐川町）には、ついたか見てくろという妖怪が出たとされ、これもやはりお歯黒をつけた妖怪であったという。

⇩たぬき

事例 ①［京都府京都市］嘉永の頃、大徳寺にはお歯黒狸という名の狸が住みついており、夜間、やたらとお歯黒をつけた姿で人を驚かせた。ある時、一人の按摩が狸の好きな食物を袋に入れ、それで狸を捕まえた（『郷土趣味』一七、大九、三七－三九）。②［岐阜県谷汲村（現・揖斐川町）］ついたかみてくろは牛洞の道を通る人の前に現れ、「ついたか、見てくろ」と言って驚かせた。お歯黒のお化けであるという（『民俗採訪』昭和四六年度号、昭四七、一六八）。（三柴友太）

おばけやしき【お化け屋敷】

⇩ばけものやしき

オハチスイェ

樺太アイヌに伝わる、空き家に住みつく老爺《ろうや》の姿の化け物。樺太アイヌは、夏と冬とで居住地が異なっているため、その空いている方の家に住みつく。全身毛だらけで魚皮衣《ぎょひい》をまとっており、人の動作を真似する。凶暴で、非常によく切れる刀を持っており、多くの人畜を殺傷した話が樺太には多く伝わっていたという。

事例 ［ロシア連邦樺太］ある男が春に、東海岸北部にあるタライカの村に遊びに行ったが、そこは既に夏用の居住地に引っ越した後だった。そこで一軒の空き家に入って火を焚くと、粗末な魚皮製の衣服を身にまとった、顔も手足も毛だらけの爺が座っていて、男がするのと同じように火を焚く。男がタバコを吸っても刀を抜いても、爺はすることなすこと、そっくり真似る。男が怖くなって戸外へ出ると、男の犬ぞりの犬がいつのまにか綱を切っていて、家の中へ飛びこんで行った。その途端、化け物が犬を斬り刻む音がした。翌日、様子を見に行くと、犬は無残に殺されていた（『アイヌ民譚集』昭五六、一九四一－一九五）。（遠藤志保）

おひなさま【お雛さま】

三月節供に飾る雛人形。祓いの形代として海や川へ流された人形が始まりとされる。現在でも、雛人形を海や川、辻などに送って供養する例がある。こうしたことから、霊が入りやすいと考えられたのか、雛人形が動くという伝承は多い。

⇩にんぎょうのかいい

事例 ［香川県三木町］ある家では雛人形を飾って声をかけていた。この家が火事になったとき、お性根が入っていたのか雛人形は外へ転がり出ていた（『香川の民俗』六六、平一四、四六）。（山口拡）

おふくだいじゃ【お福大蛇】

福島潟（新潟県新潟市北区）の主の大蛇。長者の娘お福は紫雲寺（同県新発田《しばた》市）の僧に思いを寄せるが、失恋してしまう。逆上したお福は僧を追いかけて潟に引き込み、自らは大蛇と化した。開拓が進み、お福は引っ越したとも伝わる。

⇩だいじゃ、ぬし

事例 ［新潟県豊栄市（現・新潟市）］天王神社はお福大蛇を祀る。神社の祭礼にお福が来るため、行きは晴れて、帰りは雨が降る（『常民』二〇、昭五八、七五）。（近藤祉秋）

おぼ

新墓をあばき、脳みそを食うという妖怪。山犬にも似ているが、姿を見たことがないという神秘的な獣と信じられている。また、赤ん坊を産めないまま死んだ妊婦が墓の中で赤ん坊を産み、その死霊が育てた赤ん坊もオボという。

⇩おおかみ、こそだてゆうれい

事例 ［福島県檜枝岐村］死霊が育てた赤ん坊をオボという。そのオボを抱いてあめ屋に駄菓子を買いに行ったり、通りがかりの人に抱いてくれと頼んだりすることがあるという（『福島県史』二三、昭三九、二二六）。（山田栄克）

オホケルイペ

類 オホケオヤシ　樺太アイヌの伝承に登場する、屁をする化け物。家の中にいるときに際限なく屁をしたり、屁で舟を壊したりするという。オホケは樺太アイヌ語で「屁をする」、ルイは「激しい」、ペは「もの」。ただし、知里真志保《ちりましほ》編著「えぞおばけ列伝」では、用字の都合上「オッケルイペ」と記されている。

事例 ①［ロシア連邦樺太］屋内にひとり

でいると突然、際限なく屁の音がする。そういう際には、屁をしかえすか、屁の口真似をすると退散する（『アイヌ民譚集』昭五六、一七六）。②〔ロシア連邦樺太〕ある男が舟をつくって川を下ると、川岸に一人の若者がいて、舟に乗せてくれと頼む。乗せてやると、若者は突然放屁して舟は船首まで裂け、若者は舟から逃げていった。今度は別の男が舟を作って川を下ると、同じように若者が船に乗りたがる。仕方なく舟に乗せ、隙を見て若者をなぐり殺すと、その正体は一匹の黒狐だった（『アイヌ民譚集』昭五六、一七六―一七八）。（遠藤志保）

おぼだき【オボ抱き】

㊮おぼうりき【おぼう力】、おんめ【産女】
福島県など東北地方を中心に伝えられている妖怪で、産女《うぶめ》の異称である。夜間に赤子を抱いた女が現れ、赤子を抱いてくれるよう頼む。その赤子は非常に重く、女の用事が済むまで赤子を抱いていると、お礼として宝物や「おぼう力」と呼ばれる怪力が授けられる。もし失敗した場合は命を取られるなどの不幸に遭う。

⇩うぶめ

事例 ①〔秋田県〕夜中に墓地を通ると、小児を抱いた女の姿が朦朧と現れる。ある年の夏、男が「おぼう力」を得ようとして失敗して、恐怖症になり廃人同様の生活を送った（『旅と伝説』七（三）、昭九、四三）。②〔福島県檜枝岐村〕おぼとは赤ん坊を産めないまま死んだ妊婦が墓の中で産み、その死霊が育てた赤ん坊のことを言う。通りがかりの人に死霊がこのおぼを抱いてくれと頼むが、普通に抱いてはならない（『福島県史　二三』昭三九、二二六）。（五十嵐大晃）

おまつたぬき【お松狸】

㊮おまつさん【お松さん】　徳島県の女の狸。徳島市にはお松狸の小祠がある。また、美馬市半田町にもお松狸が住み、しばしば人を化かした。

⇩たぬき

事例 ①〔徳島県徳島市〕大谷臨江寺にはお松さんという狸を祀った小祠がある。縁結びの神で、祈願するには蕎麦を供える。狸合戦に関係した女狸である（『民族と歴史』八（一）、大一一、二八七―二八八）。②〔徳島県美馬市〕半田町の人が晩に歩いていると美しい娘さんがその人にほれ込み、一緒に歩いてきた。きれいな人なので抱きついたところ、気づけば墓石と相撲をしていた。そのまま谷に落ち、大けがをした。これはお松狸にやられたのである（『西郊民俗』八二、昭五三、二三）。③〔徳島県美馬市〕お松狸が木に登って尾を左右に振ると、川向いにいた人々が左右に動いた（『西郊民俗』八二、昭五三、二三）。（及川祥平）

おまんのはは【おまんの母】

㊮おまんのおや【おまんの親】　山中のオマンコシカケとか、オマン岩と呼ばれる岩のあたりに行くと、老婆が出てきて、自分はおまんの母親だと名乗るという怪異。香川県仲多度郡琴南町（現・まんのう町）で伝承されており、山姥伝承の一種だと考えられる。その容貌は、馬鍬のこのような歯をしているといったり、ぼろぼろの着物を着て、髪はシャグマ、つまり赤い縮れ毛だと

いったりする。

⇩やまんば

事例 ①［香川県琴南町（現・まんのう町）］中熊の谷には、おんぼろの着物を着たシャグマのばあさんが出てきて、「おまんの親でございます」と言う。そこの岩をオマン岩と呼ぶ（『香川の民俗』四三、昭六〇、六）。②［香川県琴南町（現・まんのう町）］オマンコシカケという石がある。薄暗くなって通りかかると笑い声がする。誰だと問うと、「オマンの親でございます」と答える。よくよくみてみると馬鍬のこのような歯を見せて笑った（『香川県史　一四』昭六〇、五九七）。

（竹内邦孔）

オマンルパラ

㊮アフンパラ、アフンルパロ　アイヌに伝承される、通るとあの世へ行くという入り口。オマン「行く」ル「道」パラ「口」、アフン「入る」パラ「口」など地方によって様々な呼称がある。知里真志保《ちりましほ》らによると、多くは海岸や河岸の洞穴だが、登別のそれは地上に掘った竪穴だという。北海道各地に伝承があり、ここを通ってあの世から死者が出て来たり、この世の人があの世に行くことがあったりしたという。そのため、近づくことは禁忌とされた。

事例［北海道幌別村（現・登別市）］ある男が妻に死なれて悲観して寝てばかりいた。ある日、気が変わって磯へ出てみると、女が昆布を取っている。近寄ってみると死んだ妻だったので、捕まえようとするとアフンルパロに逃げてしまった。彼女を追って洞穴を通ると、そこはあの世だったが、さとされてすぐに帰った。しかし、彼は一週間ほどして死んでしまったという（『和人は舟を食う』平一二、一五四）。

（遠藤志保）

〔参考文献〕知里真志保・山田秀三「あの世の入り口」『和人は舟を食う』平一二、北海道出版企画センター。

オヤウ

㊮ホヤウ　アイヌの伝承に登場する大蛇。毒気を含む強い悪臭を発していて、それに当たると体が腫れたり死んだりしてしまう。天空を飛ぶという点も特徴としてあげられるらしく、翼のあるオヤウを特に「ラプシオヤウ」ともいう。洞爺湖など、いくつかの湖の主だとも言われる。サクソモアイェプと同様のものと見なされることもある。

⇩サクソモアイェプ、だいじゃ、ぬし

事例 ①［北海道］オヤウの通ったあとにはハエがたかっていて、そうしたところを通ると身体が腫れる（『コタン生物記Ⅲ』、昭五二、七三四―七四四）。②［北海道平取町］私が自分の翼を乾かしていると、二人の人間がやってきた。私が彼らを追いかけまわすと、一人は力尽きて死んだ。もう一人が水の神に頼むと、激しい雨が降って羽根が利かなくなり、ついには地獄に落とされた。だから、今のホヤウたちはそんなことをするなよ。と、あるホヤウが語った（『アイヌ・フォークロア』平三、二五二―二五七）。

（遠藤志保）

おらびそうけ

㊮おらび【叫び】、おらびごえ【おらび声】、ひとこえおらび【一声おらび】、やまおらび

【山おらび】 オラブとは「叫ぶ」の意。主に山中において叫ぶと叫び返す怪異で、西日本に見られる伝承。山彦や山響とは異なる。オラビは変事の前兆ともいう。

⇩こえのかいい、やまびこ

事例 ①［佐賀県大浦村（現・太良《たら》町）］竹崎《たけざき》観音堂では、旧正月六日に隣の多良村沖合いにある小島・沖ノ島の鬼と竹崎観音堂の鬼箱の中の鬼とが呼び合い応ずると災難が起こるという伝承がある。そのため、この呼び交わすオラビ声を妨げるよう鬼祭を執行する。また、オラビ合うのは沖で遭難し生死を分かった二人兄弟で、ちょうど遭難した時刻に沖の方からオラビ、これに答えると悪いことが起きるので祭が始まったともいう（『旅と伝説』一〇（四）、昭一二、四九）。②［高知県富山村（現・四万十市）］オラビが叫ぶと姿は見えないが、あたりの生木の葉が散る（『旅と伝説』一五（六）、昭一七、二三）。

（神田朝美）

おりひめ【織り姫】

㊫はたおりごぜん【機織り御前】 木こりが斧や鉈を池に落としてしまい、取りに行くと、水底で美しい女が機を織っている。木こりは斧を返してもらって三日間を過ごしたのち、女にここであったことは決して口にせぬようにと念を押されて帰される。村に戻ると木こりの三年目の法要をしていた。水中での三日間が地上では三年の月日であった。村の者に水底でのことをしゃべると、途端に木こりは命絶えてしまう。水底から機を織る音が聞こえる「機織り淵」の伝承や、竜宮や異界に通じる池や滝壺の伝承と関連する伝承である。

⇩いけ・ぬま・しみずのかいい・れいげん、ごぜんぶち、はたおりぶち

事例 ①［福島県いわき市］大家の娘さんが紅花を摘みに行って、水鏡で自分の顔を見ていたら、御前様にみいられて淵の中へ引き込まれた（『福島県史 二四』昭四二、五七七）。②［新潟県畑野町（現・佐渡市）］岩の淵の広い広場があり、機を織っていたという伝説。それが遍照寺の宝物になっている（『伝承文芸』二〇、平一三、五三）。

（熊倉史子）

おわおわどり【オワオワ鳥】

㊫うまのこどり【うまのこ鳥】、くさむこ、ごきとんどり【ごきとん鳥】 山形県最上郡有屋地方でアカショウビンを指す。秋のどんよりした雨降りの日などに、「オーワ、オーワ」と寂しい声で鳴く。オワオワ鳥の巣は葬送の用具を連想させ、これを見つけてしまうと三年以内に死ぬなど、農民には凶兆を抱かせた。

⇩とりのかいい

事例 ①［愛知県］秋の夜、非常に淋しい声で鳴くのはごきとん鳥である。はすとん鳥とも言う。鷹に似た小さな体、あるいは、機織の杼《ひ》のような形をしているとも言う。人がこの鳥を見ると死ぬといわれる（『旅と伝説』一〇、昭三、二四）。②［新潟県佐渡市］初夏に来るアカショウビンのことをクサムエ、またはウマノコドリという。真っ赤な鳥で、鳴くと人が死ぬという（『民間伝承』四〇（二）、昭五一、一五）。③［山形県金山町］オワオワ鳥は尻尾の長い鳥で、秋のどんよりした雨降りの日などに「オー

ワ、オーワ」と寂しい声で鳴く。オワオワ鳥の巣は葬式のガンダイと同じ形だと言い、これを見つけてしまうと三年以内に死ぬという（『有屋の民俗』昭六二、一六二）。

（森本恵一朗）

おんがくしつのぴあの【音楽室のピアノ】

真夜中に誰もいないはずの音楽室からピアノの音が聞こえてくるという学校の七不思議の一つ。七思議の中では語られる率が高いようである。ひとりでに鳴るピアノの音の恐怖のみを伝えるシンプルなものが多いが、音のするところをのぞくと、女の人が弾いていた／ピアノの中にヤモリが釘付けにされていた／ピアノの前で死んでいた／鍵盤が血だらけだったなどとその場の状況を語り、さらにその理由として、突然ピアノのふたが閉まり、弾いている人の指が全部切れて死んでしまった／白血病や結核、または事故で亡くなっていた／学校は墓場の上に建っているなど霊との関係が加わる場合もある。

⇩おとのかいい、がっこうのかいだん

事例 ［静岡県］女の子が毎日放課後に音楽室のピアノで練習していた。ある日、家に楽譜を取りにいく途中、交通事故にあって死んでしまった。それから放課後にピアノが鳴るようになり、父親が音楽室のみえる真向かいの山に墓を作った（『不思議な世界を考える会会報』二六、平四、一九）。

（杉本栄子）

おんねん【怨念】

⇩たたり

おんぶおばけ【おんぶお化け】

⇩ばれろんばけもの

おんぼのやす

深山で怪異を起こす存在。深山幽谷では、このオンボノヤスに「霧を吹かれる」ことがあるので、天狗が木を倒す音を出す「カラキダオシ」同様、用心しなくてはいけないという。この事例の報告者は福島県滝根町（現・田村市）在住で、福島県南地域での聴き取りと推測されるが、この事例に類似した伝承の報告は他にない。オンボノヤスは霧を吹くという行動以外の詳細は全く不明である。「オンボ」が隠亡《おんぼう》（死骸の火葬・埋葬や墓守を職業とした人たち。賤視され、差別を受けた）からきたとするならば、実在の人物や社会集団が妖怪視されて成立した伝承かもしれない。

事例 ［福島県］深山幽谷には天狗がいてカラキダオシをする。天狗のほかにもオンボノヤスというものがいて、霧を吹くので用心しなければならないという（『民間伝承』五（一〇）、昭一五、八）。

（飯倉義之）

か

か【蚊】

(類)ぶとう、ぶんぶおう【文武王】 人の血を吸う虫で、その量の多いことを怪異とする伝承がみられる。大和に蚊が多いことを説明する伝承（奈良県）や、人を取って食う恐ろしい鬼を退治して焼いた灰が風に飛ばされてブトウ（蚊）になったという伝承（鳥取県）がある。また、蚊柱が立った後に藩主が死んだ、山から蚊の塊が落ちて来て水中で魚に変わったなどという不思議な話が伝承されている。一方で夜に用水桶がひとりでに唸るが、実は中に蚊が湧いて一度に巣立つ為に鳴ったのだと怪異の説明として蚊が登場する場合もみられる。

⇩むしのかいい

事例 ［奈良県生駒市］文武王という人の生血を吸う王が居た。家来と王子が計って王を生駒山に連れ出し、岩屋に閉じ込めた。家来達は、決して戸を開けてはいけないと王子に言ったが、一月ほど経って王子が戸を開けた。すると中からブンブとうなりをあげて幾万もの蚊が飛び出した。文武王が蚊となったのである（『奈良県史 一三』昭六三、三八二）。

（高橋奈津子）

がーっぱ【河童】

(類)があっぱ、かあぱ 河童の別称とされ、人間や馬を川に引きずり込むと言われる。頭のくぼみに水があり、相撲好きである。頭の水が無くなると力を失う。しばしば人間に取り憑くとされ、憑かれると狐憑きと同様の症状が出るという。

⇩かっぱ

事例 ［熊本県］ガーッパを見たという人がいる。猫より一回り大きく、立ち姿で、事情に皿を持ち、相撲を好む。人馬を水中に引きこんで溺死させる（『みんぞく』一三、昭二三、一-六）。

（三好周平）

かいか【怪火】

火の玉、鬼火など正体不明の火の総称。火は世界の様々な宗教において象徴的意味を帯びている。太陽、稲妻、南、赤、夏、心（愛情）などの豊饒を導く肯定的側面と、反面それらが持つ破壊力（愛情は怒りに）の否定的側面を合わせ持つ。火の持つ浄化と再生のイメージは新年や復活祭などの夜に明確化するが、怪火には日本における火の否定的側面が現れる場合が多い。

怪火の種類は、文献・伝承ともにその数が百以上に達し、全国的でもある。その呼び名から怪火の来る世界、色、形、死者の霊魂、名前、死のあり方、出没場所・日時、動物や妖怪などとの関連性を推し量る事ができる。

例えば、地獄から罪人を迎えに来るのが火車。天からの火を天火・神火。海からの火を不知火《しらぬい》・龍灯・船幽霊の火。木の枝からぶら下がるのが釣瓶火《つるべび》。怪火の放つ色から青い火・赤い火・紫の火、火の形態から提灯火・提灯行列・矢火などと呼ぶ。

また、死者一般の霊を火の玉と呼ぶが、死者の名前が付くのが建五郎火・宗源火・掃部様《かもんさま》の火など、無念の死を遂げた者の霊は遺念火・じょうが火、犯した罪から油坊・姥ヶ火、死者の顔が見える火が二恨坊《にこんぼう》の火・迷い火、出る場所から名づけられたのが、虎の宮の火・辻の火・古戦場の火、出る日時で四九火《しくび》・巳亥の火などとなる。

また火を出す動物から、狐火・狸火・ムジナ火・カワウソ火・イタチ火などが、鳥の場合は、ぶらり火・青鷺《あおさぎ》火・火吹鳥、虫では蛍火・蜘蛛火がある。火が出す音から名づけられたものにジャンジャン火などもある。妖怪が出す火を天狗の火・猫又の火・ケンムン火・鬼火・キジムナー火といい、これらをまとめて幽霊や妖怪の出現の前触れとして現れる陰火と言う場合もある。

その他にもこれら分類に当てはまらない怪火の呼び名も多々あるが、このような呼び名群からでも怪火の性質とその多様性を知ることができるし、怪異・妖怪の多くがこの怪火と何らかの形で関連していることも分かるだろう。

⇨おにび、かいこう、きえずのひ、きじむなーび、きつねび、さんとう、しらぬい、しんか、たぬきび、てんぐび、てんび、とびだま、ひかりもの、ひのたま、ひばしら、りゅうとう、りんか

事例 ①［若江の郷（現・大阪府東大阪市）］寛永一一年七月、四、五人の男が夜に涼みに出て、田を歩いていると、火が四つ五つ燃えては消えしている。追いかけると逃げる。元和の戦（大坂夏の陣）で死んだ侍の魂だと言う。（『宿直草』『江戸怪談集　上』昭六四、一四四―一四六）。②［加賀国大聖寺（現・石川県加賀市）］逢坂清右衛門という足軽が、永町の祭礼の夜、夜中に帰ろうと、紺屋で提灯を借りたが、弓町の中ほどで提灯の火が消えてしまった。荒町の木戸まで来て、二つ屋の方に火が見える。清右衛門は、いつも十一という所に火が出て飛び歩くと聞いているので、この火だろうと思い鉄砲町に来たが、その火は後から追っかけてくる。清右衛門は杉垣の間に隠れて伺っていると、火の中に、腰より下のない男と女の姿が見えた。驚いて思わず声を上げて前に出ると、その火が後へ戻ってきて、また鉄砲町の端に坐っていたという（『聖城怪談録』寛政一一）。（佐々木高弘）

〔参考文献〕神田左京『不知火・人魂・狐火』平四、中央公論社。

カイカイウント

㊊カムイト　アイヌ語で「白い波の立つ湖」の意。日高のポロシリ山の頂などにあるという不思議な湖。山の上にあるにもかかわらず、海鳥や海の魚介などが住むという。

事例 ［北海道平取町］厚別の老人がポロシリ山に登ると大きな沼があり、白い熊が「他人に口外したら命を取るぞ」と言う。家に戻った老人は、その話をしてしまったため行方不明になった（『人類学雑誌』二九（一〇）大三、四〇五）。（遠藤志保）

かいこ【蚕】

㊊おこさま【お蚕様】、さん【蚕】　蚕にまつわる伝承は幾つかに大別できる。まず「蚕にまつわる俗信」。他の作物によって出来を占い、出来る繭によって不幸の兆しだと

言う。次に「人が蚕に変身する」という話。新田義貞が死んだ時、骸骨が蚕に変身し、祟りをなしたという話などがある。次に「オシラ様信仰」。オシラ様は蚕神だとして、祠の付近を開発しようとすると、祟りをなすなどの話がある。「オシラ様」は女の神で二月初午に白い馬に乗ってやってくるという。最後が「馬娘婚姻譚」で、蚕の起源を馬と娘の婚姻に求める話である（事例参照）。

⇨おしらさま、かいこがみ、まつむしひめ、むしのかいい

事例 ［不明］昔、ある所にたいへんな長者があり、その家にひめこという美しい娘がいた。その家の馬がひめこに恋をした。親は馬を殺し、皮をはいで外に干した。数日たったある日、突然雨が降り黒雲と共に観音様が現れ、ひめこを馬の皮で包み連れ去った。のちにひめこは蚕になって地上に戻り、ひめこ蚕と言われるようになった（『民俗学』四（四）、昭七、一八–一九）。

（玉水洋匡）

かいこう【怪光】

柳田國男が、茨城県北部の「トビモノ」に触れる中で「光り物といふ言葉は中世には色々の怪火を呼んで居る、此中には流星もあり、又もつと近い処を飛ぶ火もあつた」（「妖怪名彙　五」『民間伝承』四–一二）と述べるように、不思議な発光現象である怪光（光物や人魂も含む）と不思議な燃焼現象である怪火を識別することは、きわめて困難である。怪光と怪火が混同されているのは、前近代においてもそうであり、『古今百物語評判』「西の岡釣瓶をろし并陰火陽火の事」で「釣瓶をろし」を「火の丸かせ鞠のごとき物」「ひかり物」「陰火」と表現していることや『伽婢子《おとぎぼうこ》』「鬼谷に落て鬼となる」の中で見られる「狐火の光り物」という表現などから窺うことができる。

不思議な発光現象は、古くから史料として書き残されている。神体や神鏡、社殿が光を発したという記事は古代より見られ、それらは神霊の意思表示だと受け止められていた。また移動する光物について、それは神霊が意思表示として飛行しているのだという認識が、鎌倉末期以降現れるようになった。光物を人魂や流星とする場合もあり、人魂は個人の邸宅や市中を浮遊するものから天空を飛び渡る大規模なものまで様々あり、流星は彗星の場合と同様に兵革《へいかく》などの凶兆と見なされていた。とはいえ、こうした発光現象が何を意味しているのかは、発生した場所や時期によって大きく左右された。例えば『看聞御記《かんもんぎょき》』では、一四二四年六月二三日に北野社宝殿で光物が出現し南へ飛んでいった際は北野（菅原道真）の御霊だとされ、一四三五年八月二四日に天に出現した光物の正体には特に触れられていない。こうした発光現象を怪異とするか霊験とするかは、目撃者や知識人の判断に委ねられていて、目撃当初は怪しんでいても、後にそれが神仏の霊威の現れだと判明する場合は多い。

また五位鷺《ごいさぎ》や狐といった生類の仕業とされ、例えば『閑窓瑣談《かんそうさだん》』では一七一六年家屋に入ってきた光物は「猿の年経りし怪物」によるものであったという。この他、水中

の玉や古木、髑髏《どくろ》など様々なものが発光していて、その事例は枚挙に暇がない。

さらに怪光という現象自体が、別の怪事の前触れという事例も見られる。山梨県北巨摩郡清春村（現・北杜市）諏訪神社境内の樅の木の下を通ると、必ず足許にパッと怪光があり、その時驚いて倒れると忽ち樹上から巨大な怪物が飛び降りてきて、瞬く間につるし上げてしまう、という「足もとコロリン天吊し」はこの一例である（北巨摩郡教育委員会編『口碑伝説集』昭一〇、八五）。

⇩かいか、ひかりもの、ひかるいし、ひのたま、やこうのたま

事例 ［不明］「トビモノ（光りものともいう）これには、夜空を飛ぶ流星もあり、もっと近いところを飛ぶ火もあった。地方によってコンニャク玉が光って飛ぶともいわれ、また山鳥が夜飛ぶと光るともいわれた。丹波の山村では、光り物にはこのテンビ、次にヒトダマ、次に蒼白い柄杓形ののがふわふわ飛ぶワタリビシャクがあるともいわれている」（『宮城県史　二一』昭三一、四五三）。

（木場貴俊）

〔参考文献〕神田左京『不知火・人魂・狐火』平四、中央公論社。高橋美由紀「延徳密奏事件の一考察―『光物』との関連において―」『日本思想史研究』七、昭五〇。

かいこがみ【蚕神】

㊮おすがさま【お菅様】　蚕神は養蚕の守護神である。養蚕業は江戸時代から明治時代にかけて日本の各地で広く行われていたため、蚕神の信仰も全国的に広まった。東北地方に根強いオシラサマは蚕神としての信仰も持っており、また、鼠が蚕を食べぬよう飼われていた猫は、蚕神の使いであると考えられている。猫の像や絵を神社に奉納することもあった。正月の松飾りを燃やすとき、その煙に乗って蚕神が降りてくるといった伝承もある。

⇩おしらさま、かいこ、まつむしひめ

事例 ①［福島県郡山市］将軍の妻であるお菅さまが子どものころ、山で蚕の幼虫に葉を与えたところ、うまそうに食べた。それを「ねえさん食うわ」と言ったことから、その葉を「クワ」というようになった。嫁いでからも蚕を飼って着物を作ったので、養蚕の上手な神様になった（『猪苗代湖南の民俗』八、昭四五、一四七）。②［茨城県つくば市］金色姫が桑の舟に乗せられ、筑波山近くの豊浦湊に漂着した。上陸した姫は変身して蚕になった（『伊那』五〇（一）、平一四、二四‐二五）。

（中村祥子）

がいこつ【骸骨】

㊮どくろ【髑髏】　前世の髑髏が今生に影響を及ぼすという話は、頭痛の原因が前世の髑髏にあったという花山院の例をはじめとして間々みられる。昔話の歌い骸骨などもやはりしゃれこうべを媒介して過去の因縁を説く話といえよう。また異形の者の骸骨が出土したという話も多く存在する。

事例 ①［富山県］役行者が三四歳の時、剣岳で九尺五寸ほどの骸骨を見つけた。骸骨が持っていたものを行者が取ろうとしたが、取ることができなかった。それでも取ろうとして修業を続け、ついに倒れた行者に天からの声が聞こえた。骸骨は行者が更生する前の姿で、第三生のものであった

(『旅と伝説』一〇、昭三、八三-八四)。②〔東京都〕雷の最中に異形のしゃれこうべが落ちてきた。長さ六寸、幅は八寸、嘴のような口があり、歯が上唇のみに生えていた(『月堂見聞集』『続日本随筆大成　別四』二〇)。

(三柴友太)

かいじん【海神】

㊮うみのかみ【海の神】、うんじゃみ、わたがなし、わだつみ　海を司る自然神で、海の彼方から来る来訪神とされる。沖縄ではニライカナイ・竜宮信仰と関連する。

⇨ねりやがみ、にらいかない、りゅうぐう

事例 ①〔東京都伊豆七島〕七島のほぼ全般に、悪事をして殺された者は盆に出てきて海岸の村を脅かすと信仰される。村人はうら盆や大晦日の晩に海に出る船幽霊と同性質に考えている(『旅と伝説』四(一)、昭六、七)。②〔沖縄県〕ミルク神や海神《わたがなし》などは男性来訪神であり、『南島雑話』には「ナルコ・テルコより来る神とは別也。島の神也。陰嚢大にして地にひく。茎も又嚢に類す」とある(『南島雑話二』昭五九、六六)。③〔沖縄県伊良部町(現・宮古島市)〕昔、富豪が海神の使いの魚であるユナイナマを捕え俎上で切った。これに怒った海神が津波を起こしこの家を陥落させたという(『沖縄県立博物館紀要』二九、平一五、六九)。

(大里正樹)

かいなで【掻い撫で、腕手】

㊮かいなぜ【掻い撫ぜ】、がいなぜ　京都の伝承で、節分の夜に厠へ行くと尻を撫でる妖怪。厠神の仕業とする伝承もある。

⇨からさでばば、べんじょのかいい

事例 ①〔京都府美山町(現・南丹市)〕節分の晩にはガイナゼが来て、用を足しているとそっと近づいて来て尻を撫でる(『近畿民俗』一三六・一三七、平六、五)。②〔京都府〕節分の夜、便所に行くとカイナデに尻を撫でられる。入る前に「赤い紙やろか、白い紙やろか」と言えばよい(『宮城県史二二』昭三一、四五二)。

(山田奨治)

かいなんほうし【海難法師】

㊮かいなんぼう【海難坊】　一月二四日の夜に出歩くと必ず出会うという恐ろしい神。東京都の島嶼部で伝承され、海の彼方から来る来訪神としての性格が認められる。二四日の夜は油揚げや揚げた餅を供えるという。また内陸では、囲炉裏の五徳を叩くと出てきて、珍しいものをねだるという。

事例 ①〔東京都三宅村〕一月二四日はカイナンボウシの日で、晩にカイナンボウシが「皿かせ、コゲかせ、皿なきゃ人間の子をかせ」と言って回るので、皆家にとじこもり、油揚げを戸外に置いた(『民俗採訪』昭和三〇年度号、昭三一、二〇)。②〔東京都三宅村〕一月二四日の夜、「わしはカンナンボウシだ。狐寿司を持って出ろ」と声がするので、おそるおそる出すと、声の主は家で使っていた流人だった(『民俗採訪』昭和三〇年度号、昭三一、二〇-二一)。

(山田栄克)

かいば【海馬】

㊮いるか【海馬】　九州地方の妖怪。鹿児島県大島郡徳之島町において海馬は馬のよ

うな魚であり、たてがみのようなものが生えているという。沖縄県では亀や鱶《ふか》と並び、海神の使いとして考えられている。長崎県対馬市厳原《いずはら》町小茂田の地名に「海馬の町」というものがあり、この「海馬」もこの妖怪を基に名付けられている。また同地域周辺において海馬は平家の落人が化けたものだといわれている。

⇩さかなのかいい、へいけのおちうど

事例 ①［鹿児島県徳之島町］海馬は馬のような魚で、たてがみが生えている。大島には海馬が草を食べに来る所があるが、井之川にはない（『南島研究』四三、平一四、四二）。②［沖縄県］海神の使者となる亀や海馬や鱶が長途の航海に慰安を与える（『沖縄県史』二二　昭四七、三九七）。③［長崎県］イルカは平家の落人が化したものだといい、イルカの体に平家の紋があり、人間のような泣声や血が出る（『西郊民俗』一八、昭三九、一六）。

（五十嵐大晃）

かいふきぼう【貝吹坊】

備前国熊山城址にいたという、山伏の吹く法螺貝のような音を出す妖怪。音は聞こえるが、どこにいるのか誰もわからず、姿を見た者もいないといわれる。

水辺から法螺貝の音や自動車の警笛の音が聞こえるという怪異の報告は昭和初年ごろに多発したが、その多くは養殖用に移入された食用蛙（ウシガエル）が野生化したものの鳴き声であった。貝吹き坊もこうした、聞きなれぬ声や音から想像された妖怪といえる。

⇩おとのかいい

事例 ①［岡山県赤磐市］熊山の古城址にいたという。ほら貝を吹くような声を出したが、どこにいるのか誰も知らず、姿を見た者もいない（『民間伝承』三（一〇）、昭一三、一一）。②［東京都板橋区］昭和四、五年ごろのこと。石神井川の川辺で自動車の警笛の音が聞こえ、運転手の幽霊のしわざと噂になり、見物が集まったが、結局食用蛙の鳴き声とわかった（『季刊民話』八、昭五一、八二－八三）。

（飯倉義之）

がいらご

㊩がいらーご、げーらご　形はナメクジの様とも蛙の様ともいわれるが、尺取虫の様に歩く。大きさは二〇センチから一〇メートルともいわれる。大きなものは民家をつぶす。人に襲いかかるが、驚かせるのみで害は加えないとも、血を吸うともいわれる。その気性はひどく臆病であるとされる。

⇩かえる

事例 ①［山形県南陽市］ナメクジの様な形をしており、人があまり通らない淵にいる。ひどく臆病で、人に出会うと物陰に隠れる（『西郊民俗』一一七、平一、一六）。②［山形県南陽市］巨大なガマ怪物だともいわれ、一〇メートルはあり、人里におりてきて、民家をつぶし回り、帰っていく（『西郊民俗』一一七、平一、一六）。③［山形県南陽市］蛙の様な形で口は大きく牙が生えている。首すじにへばりつき、血を吸うともいわれている。二〇センチたらずで、キーキーと鳴く（『西郊民俗』一一七、平一、一六）。

（三村宜敬）

か

かえる【蛙】

㊫がいろ、かわず　水辺に生息する、生活に身近な爬虫類だが、たたりや巨大化、人に化けるなど様々な怪異もなす。田の神の使者として祀られるなどの神性を伴うものや、前足が二本で後足が一本の三つ足の蛙や、一つ目の蛙のように、その姿に怪異性を伴うものがある。

⇩がま

事例　①［奈良県斑鳩町］三室山には昔から三つ足の蛙が一匹いる。この蛙が鳴き出すとその年の蛙が鳴き始める（『奈良県史一三』昭六三、三八四）。②［山形県小国町］苗代田に蛙が入り害を成してもそれを殺してはならない。殺してしまうと、蛙が仇討に苗代を荒らしに来るので、蛙をあがめ「田のお姫様コ」と呼ばねばならない。あるオヤジが、苗代田に蛙が入り、怒って蛙を串刺しにし畔に刺した。その後蛙の群れが次々と押し寄せた。また、生まれたオヤジの子どもは蛙のように四つん這いでとび跳ねたという。これは水神様のお使いの蛙を殺したたたりだという（『羽前小国郷の伝承』昭五五、一四六―一四七）。

（保科友希恵）

かえるいし【蛙石】

㊫ひきいし【蟇石】、わくどいわ【わくど岩】

蛙と何らかの関連がある石の怪異を蛙石と呼ぶことがある。石が蛙に似ていることに由来するものが多い。また、蛙のように口が開くところが似ていたり、叩くと雨が降ることから蛙と関連付けられたりする蛙石もある。「帰る」とかけていることもあり、その場合は石を動かしてももとの場所に戻っていたり、ある人が帰らなかったことに対する怨念だったりする。

⇩いしのかいい、かえる

事例　①［大阪府大阪市］大阪城下に蛙の形をした蛙石がある。ここに腰かけると自殺したくなる。僧侶が供養して池に捨てたが、一夜で帰ってきた（『郷土』二（一―三）、昭七、一六九）。②［摂津国林寺村（現・大阪府大阪市）］ある民家の裏に蛙石がある。石の上に鳥や虫がとまると上部が蛙の口のように開いて鳥や虫を落とし込み、また閉じる（『諸国里人談』『日本随筆大成　第二期二四』四四五）。③［熊本県中田村（現・天草市）］蛙の形をした蛙岩があり、死人があるとその方角を向いていた（『天草島民俗誌』昭七、一二三）。

（廣田龍平）

がおう

死者の魂が鳥などの姿をとって、家族などに姿を見せることをいう。岡山県に伝承がある。死者の魂が鳥や虫の姿で戻ってくるという信仰は日本各地にある。

⇩とりのかいい、れいこん

事例　［岡山県吉井町（現・赤磐市）］弟がサイパンで戦死したちょうどその頃、父が農作業中に白い衣をつけた鳥のような姿をしたものが飛んできて、墓のある裏山に消えたのを見た（『岡山民俗学会会報』一四一、昭六一、三）。

（渡邉一弘）

かがみいわ【鏡岩】

㊫かがみいし【鏡石】　光を反射して形や姿を映すような岩。種々の伝説を伴って岩の中で特別視される。実際には表面に光沢

がなく、伝説のみが伝わっている場合も多々ある。

⇩いしのかいい、かがみのかいい

事例 ①［三重県鳥羽市］石の表面が鏡のように平らで、みがかれたようになっており、行き来の人の全身が写されたので、身なりをととのえて通ったと言われている。現在は中学校の校庭の下にあるが、苔むして鏡のようではなく、ただ「鏡石」と呼ぶ地名が残っている（『郷土志摩』四四、昭四八、四八-四九）。②［広島県安芸高田市］犬伏山のふもとに鏡岩という岩があり、二つに割れた間から藤蔓が出ている。昔、出羽《いずわ》の牛市に行こうと、遊女が岩の上で化粧をしていて、割れ目に鏡を落とし込んだのだといわれており、藤蔓を振ると鏡の音がするという（『民俗採訪』昭和五四年度号、昭五五、二〇三）。③［滋賀県山東町（現・米原市）］鏡岩のおかげでうまく化粧ができて、幸せな結婚ができた女性が多くいるという（『民俗文化』四七〇、平一四、五三七二）。（鄧君龍）

かがみがいけ【鏡池】

鏡に関する由来が存在する池や淵。女が鏡を池に落とし、拾おうとして溺れた、映らないはずのものが映るなどという。神・貴人が鏡として用いた話もあり、鏡石と近い伝説である。

⇩いけ・ぬま・しみずのかいい・れいげん、かがみのかいい

事例 ①［茨城県］富士山が見えない村だが、この池にだけは映った（『民間伝承』四（六）、昭一四、四）。②［宮城県大和町］船形山の女神が姉神に追われた時、この池で乱れた髪を直した（『宮城県史 二一』昭三一、二四二）。（堀口祐貴）

かがみのかいい【鏡の怪異】

鏡の怪異化したもの、あるいは、鏡を介して顕在化する怪異。鏡は宗教的な用具としての色彩がつよく、これを呪具・祭具とする文化は古い。また、鏡を神体とする例も多い。

物の姿・形を「映す」特性から、鏡は、霊魂を吸い取り、あるいは宿しておくものとして想像された。『古事記』に見える「八咫《やた》の鏡」は、霊魂の容器としての性格を端的に示すもので、鏡が神体足りうるのも同様の発想による。多くの鏡の俗信もまた、自身の霊魂や何らかの対象物が、鏡に吸着せられるという想像に基づいている。各地に見える鏡池は、そこに鏡を投げ込んだという伝説が語られる場合が多いが、これは霊魂を移しこめた鏡の神への奉納とみるむきもある。

同様に、「映す」特性から、鏡は、そこにはないもの、不可視のもの、怪異の正体などをそこに捉えるものとして想像された。地獄の閻魔《えんま》が用いる浄玻璃《じょうはり》の鏡は、亡者の生前の悪行をそこに映し出す。現代でも、鏡（あるいは水面）をのぞくと自身の未来（死に顔、結婚相手など）が見えるという説話や、鏡に怪異が映るという話は枚挙にいとまがない。また、現代の説話には、鏡面の向こう側の世界への関心から、これを異界との回路とみる発想も見受けられる。特定の日時に、あるいは特定の所作をとることでこれらの怪異が生じるとするものが多く、特定の場所の鏡、あるいは三面

鏡や合わせ鏡にこの種の説話が語られることもある。

⇩きぶつのかいい、かがみいわ、かがみがいけ、むらさきかがみ

事例 ①［秋田県］小児に鏡を見せると蟲《むし》をおこす。あるいは、童顔が失せない（『旅と伝説』一〇（六）、昭一二、一五－一六）。②［不明］小児がわけもなく夜泣きする時は、明鏡をかけておくとよい。夜泣きがおさまるという（『半日閑話《はんじつかんわ》』『日本随筆大成　第一期八』四四一）。③［和歌山県那賀郡（現・岩出市）］鏡を仰向けにおくと出世できなくなる（『郷土研究』三（六）、大四、一六）。④［東京都］学校の宿舎の入り口にある大きな鏡は、夜中の二時になると骸骨が映る（『昔話伝説研究』一二、昭六一、二五）。⑤［栃木県宇都宮市］夜一二時に三面鏡をみると自分が映らなくなる（『下野民俗』三九、平一一、四八）。⑥［栃木県宇都宮市］「紫の鏡」という言葉を二〇歳までに忘れないと、鏡の中から血だらけの女性がかみそりを持って現れ、殺される（『下野民俗』三九、平一一、五四）。⑦［兵庫県神戸市］トイレの鏡の前で三回まわると別の世界へと連れていかれる（『山陰民俗研究』六、平一一、六二）。⑧［北海道函館市］深夜一二時、合わせ鏡の前に立つと、前の鏡に映っていた自分の顔から未来の結婚相手の顔が見える（『走るお婆さん』平八、一〇五）。⑨［東京都］午前〇時〇分〇秒に、カミソリを口にくわえて水をはった洗面器をのぞくと、未来の結婚相手の顔がみえる（『走るお婆さん』平八、一一〇－一一一）。⑩［東京都］一三日の金曜日、午前〇時ちょうどに小学校の図書館の鏡に手をのばすと、悪魔の大王が出てきて引きずりこまれてしまう（『走るお婆さん』平八、一〇七）。⑪［神奈川県横浜市］真夜中に三面鏡を見て、八番目に映った自分の顔が、自分は笑ってないのに笑うと、二四時間後に死ぬ（『走るお婆さん』平八、一〇八）。

（及川祥平）

かくしがみ【隠し神】

㊮かくれんぼがみさま【隠れんぼ神様】　明暗の定かでない逢魔が時に、子どもをさらう物の怪。さらわれることを神隠しにあうといった。神隠しにあうのは、夕暮れ時に外で遊んでいるときが多かったので、暗くなるまで子どもが遊んでいると戒められた。隠し神の容姿は、鬼や天狗、狐、あるいは女性であると言われる。神隠しにあった場合には、村人は総出で、呼ばわり山に登り、鉦や太鼓を打ち鳴らして、子どもを探し回った。

⇩おうまがとき、かみかくし、ことりばあ、じゅうじぼうず

事例 ①［新潟県畑野町（現・佐渡市）］夕方、外で泣いていた子どもの声が聞こえなくなる。不思議に思い探してみると川の淵に浮いていた。隠し神にあったものだという。淵はその子の名を取ってウシ淵という（『新潟県史　資料編二三』昭五九、八〇九－八一〇）。②［香川県］タネの花が咲くころになると、二、三才の子どもがよく神隠しに会う（『香川の民俗』七（二）、昭四八、四）。

（金子祥之）

かくしばあさん【隠し婆さん】

㊮かくればば【隠れ婆】　遅くまで遊んで

いる子どもをさらう妖怪。路地の隅や、道の行き止まりなどに現れる。隠し神と類似の伝承である。

⇩かみかくし、かくしがみ、ことりばあ

事例 ①［兵庫県神戸市］夕暮れに、かくれんぼをして遊んでいると、路地の隅や家の行き詰まりには隠れ婆がでるという。夕方に遊ぶのは戒められた（『兵庫県民俗資料』一一、昭八、七五）。②［東京都］夜かくれんぼをすると、鬼や隠し婆さんに連れて行かれる（『なら』三七、大一四、一）。

（金子祥之）

かくしぼうず【隠し坊主】

㊇かくしっぽ【隠し坊】、かくしぼう【隠し坊】、かくしんぼ【隠しん坊】　夕暮れ時に、外で遊んでいる子供をさらっていく妖怪。子供たちが夜遅くまで外で遊ぶことはきびしく戒められた。人通りの少ない道では人が行きあった時には、挨拶を交わすのが仕来りとされた。

⇩かみかくし、かくしがみ

事例 ［群馬県吾妻町（現・東吾妻町）］夕方子供が遊んでいると、かくしぼうずが出て来てさらうと言って、家の者が迎えにきた（『群馬県史　資料編二七』昭五五、九四四）。

（野田岳仁）

かぐはな【聞鼻、嗅鼻】

閻魔庁にある人頭をのせた幡《はたほこ》。十王図などでは男の「見目《みるめ》（視目）」とともに女の「聞鼻」として、双頭の幡という形態で浄玻璃鏡や罪の重さをはかる天秤などとともに描かれる。両者はそれぞれ凝視・嗅ぐ相をあらわしており、亡者の行状の善悪を判断するといわれる。落語などにも登場し、そこでは亡者の生前の罪状を語る存在とされる。このようなことを背景として生前の行状を探索すると考えられたためか現世にも出没することがあるが、その際には悪鬼とされ、人を奪い去り食べたと伝えられる地域もある。

⇩おに

事例 ［高知県］節分（年越）に鬼の来るのを防ぐ行事は各地に多いが、土佐では昔、聞鼻という悪鬼が年越の夜出て家々を廻り、人を奪い去って食ったという伝説がある（『民俗文化』三〇六、平一、三四〇四）。

（村山弘太郎）

がぐれ

㊇がご　おもに九州南部に伝わる妖怪で、河童とも山の神ともいわれる。また、熊本県や鹿児島県などでは、お化け全般をガゴと呼ぶ地域もある。

⇩かっぱ、やまのかみ、ようかいのこしょう

事例 ［熊本県八代市］山の神様はガゴであり、一月一一日に供物を捧げる。半夏生に田に御神酒をあげるとガゴはガワッパとなり、八朔の晩、不知火《しらぬい》が出る前に山へ帰る（『季刊人類学』一六、昭六〇、一九五）。

（財津直美）

かくれざと【隠れ里】

㊇かくれくに【隠れ国】、かくれざとう、かくれよ【隠れ世】　山奥、洞窟、岩穴、塚穴の奥、地底、淵、池、沼などの先にあると思われている理想郷、桃源郷、仙郷をい

か

う。猟師や樵《きこり》が偶然に紛れ込んでしまった人里離れた別天地。そこは心地よい気候の土地で住む人びとは争いごともなく平和でゆったりとした暮らしを営んでいた。異郷を訪問した者は歓待され、生まれて初めての心地よい日々を過ごす。日常の生活にもどり、もう一度訪ねてみようと試みるが不可能であった、と多くは伝承されている。

山中で米をつく音や機を織る音が聞こえてきたり、川上から椀や箸が流れ着いたりする話もある。全国各地に分布している隠れ里伝説は、村人が椀貸し穴・椀貸し塚・椀貸し淵などから椀や膳を貸してもらったという椀貸し淵伝説、竜宮淵伝説、平家谷・平家の落人伝説とも共通している点が多い。江戸時代初期の『御伽草子』には「隠れ里」という作品がある。また、柳田國男の『遠野物語』六三・六四の「マヨイガ」に隠れ里の話が記されている。

⇩まよいが、わんかしぶち

事例 ①［秋田県］昔、秋田の田代沢の農民二人が深山に入り木を伐っていると、見知らぬ老翁が現れた。面白い所へ案内してやろうと奥地へ入ったところ、幽蒼な林の中に村があった。鶏や犬も飼われ、麻を栽培し、村人は豊かにみえた。二人はある家へ入り、ご馳走になった。酒はうまく、ヤナで取った魚は美味だった。村人はかわるがわる現れては接待した。どこからか「麦つき歌」が聞こえてきた。この村は麦を作っていた。村から帰った二人は、木切りの現場まで来て別れた。その際、農民は「なんという村か」、「その道の方向は」と老翁に聞いてみた。老翁は笑いながら「隠れ里だから」とのみ教えて姿を消したという。農民はその後も隠れ里への道を探して出かけたが、その村へ行くことはできなかった（『伊豆園茶話』『新秋田叢書』昭六一、六四）。②［栃木県茂木町］夜、ドシンドシンと米搗きの音が聞こえる。この音を聞く人は長者の暮らしをすると言っている。この音は「カクレザトノコメツキ」の音である（『芳賀郡土俗研究会報』一、昭四、三）。③［長野県松本市］カクレサト。信濃国松本領の猟人が谷底に落ちたところ、武田信玄のために滅ぼされた小笠原長時の一族が籠もる場所に迷い込んだという。人に知られると殺されるというので猟人は逃げて帰った（「梅翁随筆」『日本随筆大成　第二期一一』六六－七七）。

（米屋陽一）

〔参考文献〕柳田國男「隠れ里」『一目小僧その他』昭九、小山書店。

かくれざとう【隠れ座頭】

子供などを神隠しにあわせる妖怪の一つである。家にやってくる妖怪で、隠れ座頭の餅を拾うと長者になるとか隠れ座頭をみつけると福を授かるといわれている。柳田國男は『山の人生』のなかで、隠れ里という富貴具足の仙界の名前がいつしか変化していったのだろうと述べている。

⇩かくれざと

事例 ①［神奈川県相模原市］夜中に箕を戸外に置いておくと、隠れ座頭という者が借りていくという。隠れ座頭は踏みがらで物をつく音をさせているが、のぞきに行ってみるといつの間にか隣家の踏みがらでついているという（『民間伝承』六（四）、昭一六、七）。②［千葉県遠山村（現・成田市）］米

つきに似たような音をたてるので狸の腹づづみだといわれている（『民間伝承』四（七）、昭一四、六）。（野田岳仁）

かげとりぬま【影取沼】

水面に影が映ると、水中に住む魔物が人間を引き込むという沼・淵。水中に引き込まれる点では賢淵《かしこぶち》の伝説と共通点があり、沼や淵に対する恐怖心が窺える。また影自体を食べる妖怪もおり、水面に影や姿を映すことが禁忌と考えられていた。

⇩いけ・ぬま・しみずのかいい・れいげん、かげのかいい

事例 ［秋田県角館町（現・仙北市）］淵や沼の畔を歩いている人間の影が水面に映ると、魔物によって引き込まれてしまう（『旅と伝説』一〇（六）、昭一二、一二―一九）。（堀口祐貴）

かげのかいい【影の怪異】

影によって認識される怪異。影が映ることを怪異とする場合と、影が人間に対してなんらかの行為を働く場合がある。こうした怪異は、夜に、月明かりによって影が作られた際に起こることが多い。影は人間が視認できないものを映し出しており、正体は明示されないことがほとんどであるが、死者や妖怪、蛇などの超越的な能力を持った動物だとされる事例もある。影は何かの反映であると解釈され、種々の祈祷や供養がなされることもあり、効果があれば怪異は消える。井戸を覗くと影法師に引き込まれるといった禁忌に近い報告もあり、影に対する本源的な恐怖を読み取れる。平成に入ってからでも中高生が体験した影に関する怪異が報告されており、現代でもなお力を持った話題であるといえる。

また影は、その肉体と直接的な関係があるとされ、影に異変があると、人間に不幸が起こる予兆ともされる。特に死期の近さを表すものが多く、旧正月に月明かりで映った自身の影に頭がないと年内に死ぬとか、影が体から離れて歩いていくと死んでしまう、といったものがある。影と体が結合されていることが正常な状態であり、影の分離は肉体異常の反映とされていた。影が肉体と連関関係にある以上、影に対する接触行為は、身体にも影響を及ぼす。影を踏まれた人物が、月を怖れ閉じこもるようになったり、影が自立して笑ったりする報告もある。他にも水に映った影を食べたり、引き込んだりする妖怪がおり、影と身体は不可分の関係であったことを示している。影への接触が肉体に影響するという点では、鬼に影を踏まれることで捕獲とみなされる、子どもの影踏み遊びと共通点がある。

事例 ①［大阪府大阪市］ある冬の夜、座敷と縁側との間の欄間の明かり障子に、坊主の上半身の影法師が見えた。何かの反映だと思って種々の実験をしたが影法師は動かない。翌日、僧侶を呼んで祈祷したところ、その晩から影法師は出なくなった（『郷土研究上方』七（七八）、昭一二、五一―五二）。②［徳島県名西郡］井戸を覗くと、影法師に井戸の中に引っ張り込まれるといわれている（『郷土研究』三（八）、大四、六〇）。③［栃木県南河内町（現・下野市）］一二月の寒い日、月が出ている夜に友達と二人で帰っていると、月明かりでできた二人の影の他に、も

う一人の影が見える。振り向いても誰もおらず、振り向きながら歩くと影は前に回り、立ち止まると影は消えてしまう（『下野民俗』三九、平一一、五一）。④〔宮城県〕旧正月一四日の夜、月影に身を映したとき、身体の影だけ映って頭の影が映らないと、その人は年内に命をおとす（『宮城県史　二二』昭三一、四六二–四七〇）。⑤〔山形県〕自分で踏んだ自分の影が起き上がって前を歩いていき、振り向くと白い歯を剝き出しにして大声を出して笑う。そのまま影だけが歩いていってしまうとその人は死に、自分に戻ると助かる（『西郊民俗』一三三、平一二、四〇–四一）。

（堀口祐貴）

〔参考文献〕戸塚ひろみ「影へのまなざし」『伝承文学研究の方法』平一七、岩田書院。

かげわに【影鰐】

海面に映った漁師の影を飲み込む怪異。影鰐に影を飲まれたものは死ぬ。影だけでなく、直接海中に引きずり込み、体を食べる場合もある。また影鰐の骨と思われるもので体を傷つけ、死に至った話もある。いずれも海中に潜む脅威として話される。海中以外にも、沼や池などに引きずり込まれる話は多く、未知の世界として水中が捉えられていたことがわかる。影に異変があれば体にも害が及ぶという考えがあり、影と人の身体が不可分の関係にあるという認識が伝承の背景にある。

⇩かげのかいい、さめ、わに

事例 ①〔島根県温泉津町（現・大田市）〕海面に投影された船夫の影が影鰐に飲まれると、船夫は死ぬ（『宮城県史　二二』昭三一、四四八）。②〔島根県邇摩郡（現・大田市）〕海洞で漁師二人が魚を捕っていると、一人の漁師が悲鳴をあげていなくなった。探してみたが見つからず、その後服だけが見つかった。この洞窟には影鰐が住むと伝えられている（『郷土研究』七（四）、昭八、四二–四六）。

（堀口祐貴）

がごじ【元興寺】

㊫がごうじ【元興寺】、がごぜ【元興寺】、がごどん、がごめん　妖怪全般を指して「がごじ」「がごぜ」などと呼ぶ。おもに子どもが使う言葉で、大人も叱るときには「がごじが来るぞ」と言って脅した。鬼面のような形相をつくりあって「ガゴ」と言い合う遊びもある。奈良の元興《がんごう》寺に伝わる道場法師の鬼退治の説話が元になっているとも言われるが、柳田國男は『妖怪談義』で、かつては妖怪が「咬もうぞ」と言って出現すると信じられており、それがガゴやモッコへ転じたと推測している。

⇩ようかいのこしょう

事例 ①〔徳島県〕ガゴウジという一番恐い物がある。それがどんな物か見た人は一人もいないが、子どもが泣くとガゴウジが来ると言っておどかす（『郷土趣味』二〇、大九、二六）。②〔鹿児島県大隅町（現・曽於市）〕子供をおどかすのに、両手の小指で口を左右に広げ、両の親指を耳朶《みみたぶ》の下辺りにあて、両の食指で両目の下瞼を下げて「ガゴドンのソラ」という。さびしい場所を通行する時にもこの語を唱えて走り出す。ガゴとは河童（ガワッパ）と信じている（『民族と歴史』六（五）、大一〇、四五）。

（荻野夏木）

かざあな【風穴】

常に風が吹き出すという岩穴や洞窟の伝承。「龍宮穴」「椀貸洞」の伝承のように、洞窟は異界との通路とされ、風穴から吹く風も異界からの霊威あるものと考えられていたのだろう。また洞窟にまつわる神秘的な伝承としては、ある洞窟が遠く離れた場所とつながっているというものもある。

事例 ①［岡山県］美作のある山に風あなと呼ばれる穴があり、周囲は常に風が吹いている。石で蓋をしているが、蓋の隙間から小石を投げ入れると風が激しく噴き出す。この蓋を取ると国中に大風が吹き、木を折り家屋を倒すという（『寓意草』『続日本随筆大成　八』五七）。②［福島県福島市］信夫山の羽黒権現の堂の床下の穴からは、常に風が吹き出している（『寓意草』『続日本随筆大成　八』五七―五八）。③［福井県池田町］穴石という岩の穴に犬を入れたら、隣村の寺の縁の下から出てきた（『福井旧上池田村の民俗』昭四三、一七九）。（飯倉義之）

かさとさま【笠取様】

㊫じょうどごさま【ジョウドゴ様】 特定の沢を通ると必ず被っている笠が取られるという伝承。また、その正体はかさと様やジョウドゴ様と呼ばれる神様とされる。この神は、マタギの神様とも言われ、女人禁制の猟場に悋気を起こした女房が現れたため、飛神になったとも言われる。

⇩そでもぎさま

事例 ①［愛知県東栄町］中在家の森井戸という辺りに石祠があり「かさと様」という。雨の降る日、草刈などに笠を被って其前を通ると笠をとられた（『設楽』七、昭八、復刻二二六）。②［青森県］大川にジョウドゴといふ場所がある。マタギがシシを獲ると唱言に「ジョウドゴ様へ上げます」と言うが、ジョウドゴ様はマタギの神様で、あとで飛神になったという。昔はその沢へ何気なく入っても編笠を不意に剥ぎ取られるので、ああここだったなと気がついたという。今でも山へ入る時は必ずジョウドゴ様の所でお神酒を上げる（『津軽民俗』四、昭二七、六）。（熊倉史子）

かさね【累】

江戸の四大怪談（四谷怪談、皿屋敷、牡丹燈籠、累ケ淵）のひとつである「累もの」の主人公。累の怨霊物語は鶴屋南北の歌舞伎、曲亭馬琴の読本などに脚色され、明治期になっても三遊亭円朝の人情咄『真景累ケ淵』に継承され今日に至っている。

これら文芸の源流となったのは浄土宗の高僧・祐天（一六三七―一七一六）にまつわる下総国羽生《はにゅう》村（現・茨城県常総市水海道）の怨霊成仏事件であった。祐天の法弟・残寿が編んだ『死霊解脱物語聞書』（元禄三年〈一六九〇〉）によれば、羽生村の農民・与右衛門は女房の連れ子の「助《すけ》」の障害を嫌悪し、女房に息子を殺させる。そののち二人の間に娘の「累《るい》」が誕生するが、これも助と同様に目や足が不自由だった。累は成人して入り聟をとる。二代目の与右衛門は、累の醜貌をきらい、田畑家財を自分のものにするため、正保四年（一六四七）八月一一日に絹川の淵に女房を沈めて殺害する。やがて次々と後妻を迎えるものの、累怨霊の祟りによっていずれも命を失なう。六人目の妻との間にやっと娘をさずかり菊

累『死霊解脱物語聞書』挿絵（『仮名草子集成三九』）

と名付ける。一四年後、菊に再び累の霊魂が憑依して責め苦を与えた。そこで村人たちは隣村の飯沼弘経《ぐきょう》寺に居た祐天を招き、念仏の功力で積年の怨霊を成仏させる。ときに寛文一二年（一六七二）のことであった。

現在、水海道の法蔵寺には、累、助らの位牌、木像と怨霊解脱の物語を画いた絵解き用の絵曼荼羅が伝存し、また千葉県松戸市の浄土宗・東漸寺にも累の成仏を図像化した「累姉怨霊得脱絵図」（一幅）が伝わる。弘経寺、東漸寺は、ともに関東十八檀林《だんりん》（近世浄土宗の主要十八ケ寺）に属する寺院であり、累の怨霊譚が、祐天を導師とした浄土宗の法力説話として成立し、江戸の民衆に流布した経緯を示す。そこに怪談文芸に変容する以前の仏教唱導の場の累解脱説話を垣間見ることができるだろう。

なお、仏教説話のながれや、文芸への展開とは別に、下総周辺の在地伝承のなかには、初代与右衛門の妻を「横曽根の後家・お杉」とし、二代目与右衛門を「谷五郎」（のちに出家して西入と法号）とする俗伝もみられる（「累物語」『日本伝説大系　四』）。

⇨ゆうれい

事例　［茨城県常総市］正保四年八月一日、かさねが夫・与右衛門に絹川で殺された。その後、夫は再婚するが、妻に取り殺される。六番目の妻がキクを産むが、寛文一一年八月にその妻も殺される。翌年、累の霊が菊につくが祐天上人の教化により救われる（山東京伝『近世奇跡考』）。

（堤邦彦）

〔参考文献〕高田衛『江戸の悪霊祓い師』平三、筑摩書房。

かさのかいい【傘の怪異】

古寺に傘の化け物の出る怪異。ただし傘だけということは少なく、蓑や太鼓などと共に登場する。いずれも年経た古道具であり、付喪神《つくもがみ》に対する信仰と結びついていると考えられる。傘の付喪神は、中世の『百鬼夜行絵巻』にすでに登場するほど古い妖怪であり、江戸のおもちゃ絵などでは一本足・一つ目の「唐傘お化け」としても描かれている。また福井県安島や新潟県佐渡島では、海中に傘が浮いているという怪異の目撃談も伝えられている。

⇨きぶつのかいい、ひゃっきやぎょう

事例　［山形県遊佐町］「あんじょ寺」と呼ばれる寺には化け物が出るという噂だった。そこへ旅人が来て泊まったが、夜一二時も過ぎた頃、台所の囲炉裏を焚いて話をする声が聞こえた。古傘、古蓑、古太鼓、古鼓の化け物であった。見つかりそうになった旅人は杓子の化け物のふりをしてやりすごした。翌朝寺を探すと、昨夜の古道具があちこちに放ってあった（『昔話—研究と資料』二八、平一一、一五四—一五五）。

（山口拡）

かじか【鰍、杜父魚】

背部の雲形斑紋に特徴がある淡水魚。清澄な河川を好む。そして美味である。山形県飽海郡平田村（現・酒田市）の矢流川流域には、「片目鰍」の伝承がある。平安時代後期の武将、鎌倉権五郎が戦の傷を癒す為に目を洗った川の水を飲んだ鰍は、全て片目になったという。アイヌ語ではトウベツカジカとは、「醜い顔の鰍」を指す。

⇩かためうお、さかなのかいい

事例 ①［北海道網走市］和人が一人で暮らしていると、一人の女がやってきて、脱糞したものを食事に出した。女の正体はトウベツカチカという魚の頭領で、食べられる事を人間に教える為にやってきたのであった。女が出していたのは、卵であった（『旅と伝説』七（一二）、昭九、九九—一〇一）。②［秋田県西明寺村（現・仙北市）］八津観音のそばに堂の澤という渓流がある。そこに鰍がいたが、その奥にある鉱山の坑道がつぶれたときにながれた坑夫の血で目が潰れて片目になったといわれている（『旅と伝説』九（四）、昭一一、五一）。

（森本恵一朗）

かじがみ【鍛冶神】

類かじのじい【鍛冶の爺】、かんじゃのかみ【カンジャの神】 奄美諸島、沖縄・先島で鉄の道具を製作し、修理をする鍛冶職人がまつる神。または、鍛冶の技術や製鉄の農具を伝えたとされる人物をまつる御獄の祭神であり、多くはカネドノ（金殿）といわれる。鍛冶職人は強固な鉄を扱う特殊技術を有したため、人々から尊び恐れられ、彼らが祀る神もその守護神として畏怖された。また、大分県には鍛冶の翁伝承があり、八幡信仰における鍛冶神との関わりを示す。

事例 ①［鹿児島県］カンジャの神（鍛冶神）を祀っている家の牛は角が鉄のようで非常に強いが、だれかが買ってつれて帰ると弱い。カジガミから離れると弱くなる。カジガミを祀っている人のクチ（呪文。多くは人に危害を与えるもの）は強くて怖ろしい（『人類科学』二九、昭五二、一一五）。②［大分県宇佐市］宇佐八幡にある高い峯には、岩クツの中に鍛冶の爺が隠れている。大神比義が訪ねると、神さまが現れる（『日本常民文化紀要』一六、平三、一五一—一五二）。

（前川智子）

かしこぶち【賢淵】

類みずぐも【水蜘蛛】 淵に住む蜘蛛が水辺にいる人の脛や足の親指に糸をまきつけ、淵に引きこむ怪異。各地に伝承されている。淵で釣りをしたり休んだりしていると淵から蜘蛛が出てきて、足に糸を巻き付けて淵へ帰って行く。これをくり返して居るのを見て、巻き付けられた人は途中で近くの大木に糸を巻きつけて助かる。大木が引き入れられ、淵から「賢い」と言う声が聞こえるという話が多い。

⇩いけ・ぬま・しみずのかいい・れいげん、くも

事例 ［宮城県仙台市］「淵のヌシは大蜘蛛、一人の男が岸の岩の上で釣りをしているとクモが男の脛に何かくッつける。それを拭い取って傍の柳の大木の根にくッつける。これを何度もくり返すうちに大木は根こそぎ淵に引き込まれ、淵の底から「賢い、賢い」という声がする」（『宮城県史 二一』昭三一、二四九）。（高橋奈津子）

かしまみょうじん【鹿島明神】

茨城県鹿嶋市にある鹿島神宮の祭神の総称。現在の祭神は武甕槌神《たけみかづちのみこと》であり、関東・東北経営の守護神、武神として崇拝された。その託宣は鹿島の事触《ことぶれ》と呼ばれ、下級の神人《じにん》が正月にその年の吉凶を諸国に触れ歩いた。これを芸能化した鹿島踊りは東海地方まで伝えられた。主に関東地方では、鹿島の大助《おおすけ》人形などと呼ばれる武士を模った藁人形を作り、鹿島の地へ災厄を追い払い、送る行事がある。地震を鎮めるという境内の要石《かなめいし》にあやかり、地震除けの信仰もある。

⇩あくろおう

事例 ①［秋田県］忠平との戦いで皇軍の大将頼秀は消火の法を授けた。この軍勢をかたどったのがささらである（『秋田県史 民俗工芸編』昭五三、六八八）。②［秋田県］武士姿で等身大の藁人形を藁の馬に跨がせ、社前へ置く。各戸では一尺五寸の藁人形を屋上に置くと三日以内に雨は止む（『旅と伝説』一〇（三）、昭一二、五六）。③［岐阜県吉城郡（現・高山市）］カシワの神は地震を押さえつけているという（『西郊民俗』四、昭三一、六-九）。（岡田真帆）

かしまれいこ

㊫かしまさん、きじまさん　現代の怪異。無惨な死に方をした人物であり、その話を聞いてしまった者のもとに必ず現れると語られる。この種の、聞き手を怪異に巻きこむ形の怪談では、怪異の回避策も同時に示される場合が多い。

⇩がっこうのかいだん、さっちゃん

事例 ①［福島県福島市］かしまさんという人が交通事故で亡くなった。この話を聞くと、夜中かしまさんが現れて、聞いた人を殺そうとする。これを避けるためには、「かはかり、しはしぬ。まはまりょく」という呪文を三回早口で唱えなければならない（『不思議な世界を考える会会報』五六、平一九、五五）。②［不明］童謡の「さっちゃん」は、交通事故で死んでしまった「さっちゃん」の歌。この話を聞いた人は、寝る前にバナナの絵を描いて枕の下に入れて寝ないとさっちゃんが枕元にくる（『不思議な世界を考える会会報』四八、平一〇、二六）。（及川祥平）

かしゃ【火車】

㊫ひのくるま【火の車】　生前に悪業を行った者の葬列を襲い、棺の屍を取り去るというもの。中世、近世の六道絵《ろくどうえ》や熊野観心《くまのかんしん》十界図《じゅっかいず》、立山曼荼羅《たてやままんだら》などに亡者を乗せて地獄へ飛び去る火車の図様が描かれ、悪事を戒める寺院説法の話材として民間に普及した。平仮名本『因果物語』巻四の五「生ながら火車にとられし事」は、古い仏教説話に拠りながら、地獄に堕ちていく悪女の目撃奇談をしるした江戸怪談の典型である。そもそも中世末の僧院においては、火車

の報いを受けるほどの悪人さえも救済する高僧の法力譚が寺院開創のエピソードをともない縁起化していた。『奇異雑談集《きいぞうたんしゅう》』刊本巻四の一にみえる越後国・雲洞庵《うんとうあん》の話には、檀家の野辺送りに際して雲雷とともに葬列をおびやかす火車から死人を護りぬいた和尚の魔払いが描かれている。雲洞庵のような曹洞宗《そうとうしゅう》系の禅寺では、中世なかばより庶民の葬送儀礼を積極的に勧める宗風がいきわたり、特に雷災の多い山間部を中心に、「火車落し」の呪符や呪的儀礼が宗門に行われていた。『北越雪譜』によれば、越後・雲洞庵は「火車落しの法衣」を伝えていたという。これに限らず、和尚の絶大な法力を示す証拠の袈裟、火車爪、払子《ほっす》などの霊宝が全国の古寺に散在する。大田南《なん》畝《ぽ》の『一話一言』に載る、火車の腕を斬り落した侍の武勇伝は、この種の仏教説話の民談化を想察させる。

一方、屍を奪う火車の怪異は、一六・七世紀の民間において、化猫話の様相に変容していった。宝永元年（一七〇四）刊の怪異小説『玉すだれ』や同二年刊『御伽人形《おとぎにんぎょう》』は禅寺を舞台とする僧の化猫退治を描く。それらは、寺の飼い猫が、葬列の屍を奪う相談をするのを聞いた高僧によって、亡者の棺が守られたという話であり、火車を猫の怪異とみる習俗の流布をうかがわせる。かような話型の延長上に「猫檀家《ねこだんか》」に分類される昔話の一群の生成を考えることもできる。貧乏寺の飼い猫が、報恩のため火車に化けて葬列をおびやかす。和尚は打ち合わせのとおりに火車を退け、領主の信頼を得て寺を再興する。そのような法恩型の火車猫伝承は、再び寺院の縁起にとりこまれて、東京世田谷の豪徳寺の伝説（『世田谷区史』）などを生み出した。

⇩かたわぐるま、くるまのかいい、てんまる、ねこ、もうみ

事例 ①［不明］下女の伯夫が死の七日前から青や赤の鬼が来ると言って恐れていた。七日目に、火車には乗りたくないと、もう長い間腰が立たなかったのに急に走り出し、門口の敷居につまづいて倒れて死んだ。（神谷養勇軒『新著聞集』五巻）。②［山梨県］左右口村の寺の方丈が、葬式で瀬戸山の前を行列していると、黒雲が出てきて火車が来て棺をつるし上げた。方丈が印を結んだら火車は棺を下ろした。そこを火車穴という（『民俗手帖』二、昭三〇、六-七）。③［静岡県志太郡（現・藤枝市、焼津市、島田市、川根本町）］猫が化けて魔になったものをカシャという。昔、天桂和尚が葬式に行ったとき、急に曇って雷鳴が轟いた。そこで和尚が如意で何かを打つと、空は晴れた。翌日、寺にやってきた猫を見てみると、眉間に疵があった。前日のことは、この猫が悪戯をしたのだった（『郷土研究』一（六）、大二、二八）。

（堤邦彦）

火車　『奇異雑談集』挿絵（『仮名草子集成二一』）

〔参考文献〕堤邦彦『近世説話と禅僧』平一一、和泉書院。

かしゃねこ【火車猫】

⇨かしゃ

かじやのばば【鍛冶屋の婆】

㊫かじがばば【鍛冶が婆】、かじやのかか【鍛冶屋の嬶】　厄難克服の昔話の一つ。東北から四国地方まで、分布域は広い。六部や侍が、峠越えの時に山中で野宿をしていると狼に襲われる。木の上に逃れると、狼が群れてつぎつぎに肩車を組んで迫ってくる。しかしもう少しのところで男に届かなかったために、「鍛冶屋の婆」が狼に呼び出され、婆が肩車の一番上に現れたところを刃物で斬りつけて退散させる。夜明けを待って男は山を下り、鍛冶屋を訪れると婆は怪我をして寝ている。踏み込んで退治すると正体（狼・猫）を現し、床下から人骨が発見されたというのが話の骨子である。

　本話は、話の内容から三タイプに大別できる。一つは全国的に広く分布するもので、婆の名前は土地によって異なり、狼が猫になっている例も多い。最後には正体を見破られて退治される。二つ目は主に四国地方に伝わる伝説で、山中で狼に襲われた妊婦が旅人の助けによって難を逃れて出産し、その際に使われた杉の木が安産の守りとして人々の信仰を集めたと伝わる。狼は退治されるが、残された子孫の背筋には狼の毛が生えていたといわれている。三つ目は鳥取県に実在したという「藤助」を主人公にした伝説であり、昔話「狐女房」の田植え・豊作型と結合した形で中国地方を中心に分布している。恩返しのために男と夫婦になっていた狼は、正体を知られると山へ逃れるが、後に稲の豊作をもたらしたと語られ、子供が生まれたという。これら三タイプは、元禄一七年（一七〇四）の『金玉ねぢぶくさ』等の江戸時代の文献にも載っていることから、当時既に流布していたことが知られる。また、それらの記事には狼が子供を残したと記されているため、古くは狼と人間との婚姻に何か重要な意味付けがなされていた可能性も考えられる。

「鍛冶が嬶」（竹原春泉『絵本百物語―桃山人夜話―』多田克己編、国書刊行会、一九九七）個人蔵

　中国の類書『太平広記』収載の話が起源と見なされている本話だが、鍛冶職人との関わりも指摘されている。古代には、鍛冶集団は安産の呪術を持つと信じられ、また狼も安産の守り神と考えられたことから、鍛冶屋の老母と狼とを同一視する話が生まれたというものである。

　幾世代にも亘って広く伝承されてくる間に、怪異性の強い話は動物が狼から猫に転化し、また各地の狼の信仰や伝承が話に取り込まれてきた様子が本話には垣間見える。

⇨おおかみ、せんびきおおかみ

事例 ［長野県小川村］東筑摩郡に狼ヶ番場という峠があり、あるとき一人の武士がそこを通りかかった。狼に出くわし大きな木に逃げ登ると、狼はイヌツギをして追っかけたが、どうしても一匹分足りない。「カジヤババを呼んでこよう」と云い、しばらくして大きな猫を連れてくる。猫はイヌツギを登って来たので、武士は刀でその手を切った。すると狼と猫は逃げていった。血をたどっていくと村の鍛冶屋に入っている。武士は医者に化けて猫の手を提げて行き、診察してやろうとするが婆はことわる。無理に見ると婆には片腕がないので退治する。驚く家人をしりめに縁の下を探るとお婆さんの骨が出てきた（『民俗採訪』昭和三五年度号、昭三六、二六）。（菱川晶子）

〔参考文献〕谷川健一『鍛冶屋の母』昭五四、思索社。菱川晶子『狼の民俗学　人獣交渉史の研究』平二一、東京大学出版会。

かしゃんぼ

㊮がしゃんぼ、かしらんぼ　和歌山県などで伝承される山中の妖怪。ゴウラと同じものであるとされ、冬は山に登ってカシャンボになり、夏は川へ下ってゴウラになるとされる。カシャンボは毛むくじゃらな、人のような姿をしており、山で人を化かすという。河童の仲間であるとも、山姥のことであるともいわれている。

⇩かっぱ、ごらんぼー、やまんば

事例 ①［和歌山県川添村（現・白浜町）］山仕事の人たちが食事をしていると麓で女の子がニヤニヤ笑っている。丸太を落とすから危ないと言っても笑い続けているので、腹を立て丸太を投げ落としたが、何度落としても笑っている。カシランボが化けているのだと気付き逃げ帰った（『民間伝承』一三（九）、昭二四、二三）。②［和歌山県南部川村（現・みなべ町）］昔、ゴウラは水辺で人の尻を抜いた。冬はカシャンボになり、山で木を伐る音を出すなど、人を騙した（『南部川の民俗』昭五六、四六四）。（岡田浩司）

かすがみょうじん【春日明神】

奈良県春日野町の御《み》蓋山《かさやま》山麓に鎮座する春日大社の祭神の総称。また大社の別名のこと。春日権現《かすがごんげん》ともいう。現在の祭神は第一殿の武甕槌命《たけみかづちのみこと》、第二殿の経津主命《ふつぬしのみこと》、第三殿の天児屋命《あめのこやねのみこと》、相殿の比売神《ひめかみ》を祀る。藤原氏の氏神とされたが、庶民にも親しまれ、春日大社に参詣する春日参りが行われた。さまざまな霊験が伝わる。

事例 ①［京都府］円覚上人の父母は子がないことを憂い、春日明神に参籠した。夢で夫婦のうち一人の命にかわり子が生まれると告げられた。懐妊して男子が生まれたが、夫婦には何も起きず、夫が神を嘲《あざけ》ると家に雷が落ち、一族に悪病が起こり皆死んだ。盲目になった妻は神慮を恐れ、子を春日の野辺に捨てた（『山城四季物語』『続日本随筆大成　別一一』一五五―一五六）。②［新潟県柏崎市］春日は藤の木がなく、胡麻も作らない。昔、春日社の神様が村を回ったとき、藤つるに躓いて転び、胡麻のさやで目をつぶされたからである。片目の神様であるという（『新潟県史　資料編二二』昭五七、一〇一九）。（岡田真帆）

がすだま【ガス玉】

人の魂が成す玉のこと。火の玉とほぼ同様の意で用いられる。人が死ぬ前には魂が抜け、ガス玉が見られるという。そしてその一、二日後には、その人は亡くなってしまうという。また人が死ぬと、お寺の方へ飛んでいくと、昔はよく言ったのだという。その他にも、ガス玉が爆発をしたり、学校のあたりで飛んでいたりしたという。

⇩かいか、ひのたま

事例 ①［山梨県都留市］かみのおじいさんが、桂川でガス玉が爆発して昼間のようだったと話した（『平栗・加畑の民俗』一一、昭六〇、六九）。②［山梨県都留市］おじいさんが谷村へ用足しに行った帰りに、学校のところで、中が透き通るようなガス玉がほわんほわんと前のほうへ行くのをみた（『平栗・加畑の民俗』一一、昭六〇、六九）。

（玉水洋匡）

かぜ【風】

㊮かじ、はかぜ　これに出あうと身体や精神の異常をきたし、場合によっては死に至るとされる怪異の一種。海、山、畑、道などで偶然に「あう、あたる」ものとして、全国各地から報告されている。海や山で死んだ人の霊、無縁仏、あるいはより漠然と、自然の霊力ないし自然に宿る神の霊力などが、カゼの正体とされる。カゼへの対処は地域により、祈祷師や占い師などの宗教的職能者にたよる場合とたよらない場合があり、後者の場合、釜の蓋や箕であおぐ、呪文を唱えるといった方法がとられる。ここでの「カゼ」という名指しにおいては、空気の移動としての風の状態如何と同等かそれ以上に、人の心身に異常が起こっている状態に、重点があると言える。

⇩いんねん、かぜもち、くち、とおりあくま、みさきかぜ

事例 ①［大分県海辺村（現・臼杵市）］山中や船上での仕事中、タチアイの風（イキアイの風、通り神とも）にあうと気色が悪くなる。婆さんたちが心経をあげると治る（『民間伝承』五（一）、昭一四、三）。②［高知県三原村］ハカゼは生暖かい風で、川や山で凍え死んだ人の霊によるものであり、病気や死をまねく。これにあたったら、家に入る前に箕を逆さにして「ハカゼおとし、ハカゼおとし、ハカゼおとし」と唱える。治った時も「まんまる桶に四角蓋、おうてもあわぬアビラオンケン」と唱える（『常民』三、昭三九、九七）。③［高知県富山村（現・四万十市）］字中ヶ市の某は、幡多郡中村町より鋤先を買って帰る夜の山道でカゼウテにあった。突然風が起こり、何かがチーンと鋤先にあたって、鋤先は欠けたが、本人は病気にならずに済んだ（『旅と伝説』一五（六）、昭一七、一六）。④［新潟県佐渡郡（現・佐渡市）］野良仕事中の百姓が急な発熱と頭痛にみまわれ、寝込む現象は、日暮れ時に起こることが多く、イキヤアにあった、山の神（天狗）の羽風にあたったという。男子が藁製の胴蓑を逆に着て、患者に向かって「ハラヒタマヘキヨメタマヘ」と唱えながら蓋（経二尺余）で三度あおぐと、効験がある（『民間伝承』四（三）、昭一三、四）。⑤［青森県階上町］畑仕事中に急に気持ちが悪くなり帰宅した祖母は、その後一ヶ月も

起き上がれなかった。占いによると、神様のハカゼだという。神様のあそんでいた所に鎌のようなものがさわったらしい（『奥南新報「村の話」集成　上』平一〇、七四）。⑥［沖縄県中城村］ある未亡人は、子供の高熱が一〇日続いたのでユタに占ってもらうと、イチャイカジと言われた。仏壇の亡き夫に子供をしっかり見守るよう苦情を言うと、子供はまもなく快復した（『南島研究』三九、平一〇、一一）。⑦［沖縄県平良市（現・宮古島市）］四辻でカジ（悪い風）にあたると手足の皮膚が変色し紫の斑点ができる。茅葺き屋根から抜いた茅を四辻で燃やした火で草履の裏をあぶり、皮膚をこすると治る（『沖縄民俗』一二、昭四一、九〇）。

（澤井真代）

〔参考文献〕酒井卯作「死神の話（前）」『御影史学論集』三三、平二〇。佐々木宏幹「『カゼ』と『インネン』―沿岸の宗教的性格に関する一試論―長崎県・福江島の場合」『人類科学』三七、昭六〇。

かぜだま【風玉】

光り物の一種。岐阜県徳山村に伝承される。しかし、火を伴ったものかどうかは定かではない。風が強い日に山からたくさん出現し、何度も往復する。風玉の光は明るいものである。風玉の他に、徳山村では多くの光り物が出現している。天火やユウダチサンノタマ（夕立様の玉が出ることあり。）、アオダマ（明るいときでも時をかまわず、晩に出る）、ヒカリダマなども出現したようである。現在徳山村は徳山ダムの下に沈んでいる。平成元年には伝承母体となる住民、約一五〇〇人が村外に移転している。そのため、伝承自体の確認をすることが難しい状態に陥っている。

⇩ひかりもの

事例［岐阜県徳山村（現・揖斐川町）］明治三〇年度の大風の時、澤山、盆のまわり位の風玉が出て明るいものであった。アラシの最中に、山から出て、何回もイキキした（『旅と伝説』一三（五）、昭一五、六二）。

（阿部宇洋）

かぜのかみ【風の神、風邪の神】

㊫たどかみ【多度神】、ふうじん【風神】

二月八日には様々な霊的存在が来訪するが、風の神もその一つである。古来、風邪は疫神の仕業とされたため、風邪をもたらす神の侵入を防ぎ、送り出す様々な習俗が各地にあった。風邪の神が嫌いなスルメの臭いで侵入を防いだのもその例である。風の神は障子の隙間から入り、患者にだけみえるという。風は病の風邪を指すだけでなく、山で熱を出すなどの正体不明の病も指す。人に病をもたらす風邪の神の伝承もあるが、風神・多度神は風雨を起こし、時に雲を呼び、大嵐をもたらす神とされた。

⇩かぜのカムイ、かぜのさぶろう、やさぶろうばば

事例①［愛媛県］河内橋の畔に巨岩があり、石祠がある。ここにはもともと集落の奥に祀られていた風神も移された。風神は山神を鎮め、タゴリ（咳）に効く神とされた（『四国民俗』三三、昭一二、九九―一〇〇）。②［三重県］暴風の神、多度神が罪を償うために仏弟子になりたいと、満願禅師の夢枕に現れて何度も託宣するので、受け入れた（『伊勢民俗』

一（二）、昭二六、一〇―一一）。 （前川智子）

かぜのカムイ【風のカムイ】

アイヌの世界観では、風を司る神がいるのではなく、風自身が神である。そのため、風の神が舞ったり暴れたりすることによって大風が起きる。そうやって大風で人間の国を荒らした風の神が、人文神に懲らしめられるといった伝承がある。なお、風を鎮めるおまじないとしては、灰を投げたり（幌別）、鎌を立てたり（屈斜路）するという。

⇩かぜのかみ

事例 ①［北海道平取町］私が人間の国に行って踊ると、人間の国は大荒れになった。私が疲れて自分の家に帰ると、人間の男が来た。彼が踊ると、激しい風や氷、炎暑が起こって、私は死にそうになった。男の正体は人文神で、人間の国を荒らした私を懲らしめに来たのだった。それからは人間の国には穏やかな風を送ることにした。と西南の風の女神が語った（『金田一京助全集 一二』平五、三五三―三五五）。②［北海道平取町］つむじ風が来たら、風に向かって鎌をぶつける。その後で鎌を見ると、血がついているという（『萱野茂のアイヌ語辞典』平一四、九八）。 （遠藤志保）

かぜのさぶろう【風の三郎】

㊫かぜこぞう【風小僧】、ゆきさぶろう【雪三郎】 風の神と考えられており、風が強い日になると現れるという。子どもをさらったり、祭りを行わないと村を荒らしたりと、恐ろしい存在として認識されているようである。雪の降る前に戸がバタバタ鳴るときは、雪三郎が子どもをさらいに来ると伝える地域もある。

⇩かぜのかみ

事例 ①［青森県三戸郡］風のサブロウは鬼のように恐ろしいもの。風が強いときに来るという。子どもが言うことを聞かないときは「風のサブロウが来るぞ」と脅す。熊野神社の祭礼では「風祭り」を行って、風が強く吹かないことを祈る（『上郷の民俗』昭五二、一八五）。②［青森県三戸郡］風の強い夕方、原集落で七、八歳くらいの男児がいなくなった。翌日、夏坂の山でキノコ狩りをしていた人々が、その子が大きな切株に座っているのを見つけた。風の三郎にさらわれたのだという（『上郷の民俗』昭五二、二九五）。③［長野県上田市］山にはカゼコゾーがでる（『長野県史 民俗編 一（三）』昭六二、八二）。 （中村祥子）

かせぶら

因島田熊町の憑き物。果樹栽培が生業であるこの地域で、果実の盗難を防ぐための呪術に使役する。カセブラサンがついた樹の果実を盗むと、尻から血が出るという。

⇩つきもの

事例 ［広島県因島市（現・尾道市）］蜜柑や柿が盗まれるのを防ぐため、赤か黄の色紙を短冊形に切り、薬師堂に持っていき祈願をし、樹の傍に立てておく。この樹の果実を盗むと尻から血が出る（『山陰民俗』八、昭三一、二二）。 （堀口祐貴）

かぜもち【風持】

宮崎県東臼杵郡の憑き物。キンタカコウや犬神に憑かれた人を指す場合もある。家筋によって継承され、憑かれた家は富む。正体は様々に言われ犬神だとも、子猫くらいの動物だともいう。風持に憑かれると色々なことを話し出し、憑かれた人に嫌われると死ぬという。

⇩いぬがみ、かぜ、つきもの

事例 ①［宮崎県西郷村（現・美郷町）］キンタカコウという犬神のようなものに憑かれた人を風持ちという。これに憑かれると様々なことを話す。憑かれる人は家筋による（『民俗採訪』昭和三八年度号、昭四〇、四四-四五）。②［宮崎県西郷村（現・美郷町）］犬神持ちを風持ちという。気を失うと治る（『民俗採訪』昭和三八年度号、昭四〇、四四-四五）。③［宮崎県西郷村（現・美郷町）］風持ちは猫の子くらいの動物で、いると家が繁盛する（『民俗採訪』昭和三八年度号、昭四〇、四四-四五）。④［宮崎県西郷村（現・美郷町）］風持ちの人から好かれると、体調が悪くなるが死なない。嫌われると死ぬ（『民俗採訪』昭和三八年度号、昭四〇、四四-四五）。

（堀口祐貴）

かたなのかいい【刀の怪異】

刀及び刃物は魔を祓う力があるとされ、妊婦・病人や死者に魔が近づかないよう枕元に置くなどする。須佐之男命《すさのおのみこと》が八岐《やまたの》大蛇《おろち》を退治し天叢雲剣《あめのむらくものつるぎ》を得た神話のように大蛇を倒して宝刀を得る例や、刀が蛇と化す伝承の例もある。また神社の神体として祀られる一方、人を殺めたなど不吉な謂れのある刀は祟りをなす場合もある。

⇩イペタム、きぶつのかいい、どうじきりまる

事例 ①［和歌山県北山村］ある人が峠に白鞘の刀を置き忘れた。他人が刀を見つけ拾おうとすると刀は蛇になり、驚いて石を投げつけた。鞘に傷がついているのは石が当たった跡である（『近畿民俗』七二、昭五二、八-一六）。②［高知県吾北村（現・いの町）］和宮と恋仲になった医師が授けられたという刀が、家に盗人が入った時に鳴り出して、家族が騒いだために盗人は出て行った（『土佐民俗』三三、昭五三、一三-一四）。③［山形県小国町］刀が祟るので土に埋め、その上に祠を作って神として祀った（『成城大学民俗調査報告書』二、昭五二、四五-四六）。

（池田浩貴）

かたはのあし【片葉の葦】

葉が茎の片側のみについている葦、またその形態の由来を説明する伝説を指す。全国各地に分布する。刀を洗う時に片側のみ切り落としたため、池で太刀を洗ったため、天皇御幸の後を慕ってなびいたため、怨霊の祟りなどと説明される。片側のみという連想から、片目の魚の伝説と共に伝えられている場合もある。また、地域の七不思議の一つに数えられている場合もある。

⇩いけ・ぬま・しみずのかいい・れいげん、かためうお、ななふしぎ

事例 ①［茨城県高道祖村（現・下妻市）］昔、八幡太郎義家が池で太刀を洗った時に片葉になった（『民間伝承』四（六）、昭一四、三）。②［山梨県早川町］孝謙天皇の御還幸の後を慕って数万本の葦が片葉となった。また一説では婦人の神である奈良王神社の方へ向いているといい、村人や湯治客はこの葦を出産のお守りとしていた（『甲斐路』六七、

平一、一五〇)。③〔宮城県仙台市〕黒沼のほとりにあった観音堂を建てた満海商人は片目で、沼の鮒も片目で、葦も片葉であった(『宮城県史 二一』昭三一、二四四-二四六)。

(田村真実)

かためうお【片目魚】

㊮かためのさかな【片目の魚】、すがめうお【眇魚】 ある特定の池や清水、川に棲む魚が揃って片目である、一匹だけ片目の魚が常にいる、という伝承。片目魚を釣ったり食べたりすると祟りがある、その池に放した魚も片目になる、ともいう。水地の所在を社寺の敷地内とする伝承が多い。また、片葉の葦と並んで七不思議の一つに数えられることも多い。魚の種類は鮒が多いが、泥鰌《どじょう》、鰻、鰍《かじか》、鮭という例もある。

魚が片目となる理由は、(一)ヌシである魚の目を何者かが潰したため、(二)殺された、あるいは恨みを持って自死した者の祟り、(三)武将や貴人が傷ついた眼を池で洗ったため、(四)高僧が調理された魚を蘇生させ、放生したため、の四つに大別できる。(三)では、目を洗った武将を鎌倉権五郎とする例が多く、(四)では弘法大師や親鸞聖人の奇徳譚とされている。

柳田國男は片目魚の伝承を、片目の神の伝承と同じく、古代には神への供物とする生物や人を聖別するため片目を潰し片足を折っていた名残と説いたが、そのような風習が実在したのかは疑問視されている。

しかし、片目や一つ目は霊力の標としてイメージされており、片目の魚は強い霊威を持つものと畏れられた。また「村人の数と必ず同じである」など、神や氏子と密接に関連する存在と考えられていた。

天狗やケンムン、キジムンが好んで魚の片目を持ち去るという伝承も、片目魚と通底するイメージがあるのかもしれない。

⇩いけ・ぬま・しみずのかいい・れいげん、かたはのあし、さかなのかいい、ななふしぎ、ふな

事例 ①〔山梨県大月市〕天神淵の鰻はすべて片目で、これを捕ると必ず災難があるという(『甲斐路』六、昭三七、五八)。②〔茨城県谷田部町(現・つくば市)〕谷田部町島名の薬師の池に魚を放すと眼病が治り、奉納した魚は片目になるという(『西郊民俗』一五一、平七、四二)。③〔埼玉県飯能市〕円照寺七不思議の一。池の鰻が片目になる(『民族文化』三(八)、昭一六、一七)。④〔新潟県三島郡〕池の主の鯉が釣針で右目を傷つけられ、怒って釣り人を殺した。以来この池の魚は片目が多い(『民族』三(四)、昭三、一六二)。⑤〔長野県塩尻市〕村人が一太郎という片目の乱暴者を殺して池に投げ込んだ。以来、その池の泥鰌は皆片目になった(『長野県史 民俗編三(三)』平二、四八三)。⑥〔三重県津市〕鎌倉権五郎が目を洗った目洗池の鮒は片目である(『民間伝承』五(一一)、昭一五、七)。⑦〔愛媛県松山市〕伊予七不思議の一つ。百姓が弘法大師に鮒を焼いてごちそうした。大師が鮒を憐れんで井戸に放すと鮒は生き返って泳ぎだした。以来その井戸の鮒は片目になった(『愛媛県史 民俗下』昭五九、五九二)。⑧〔山形県鶴岡市〕薬師社の池を掃除して雨乞いをすると、池の小さな片目の鮒が怒って雨が降る(『庄内大谷の民俗』昭三九、五三)。⑨〔愛媛

県伊予郡〕中山の片目鮒は村人の人数と常に同数だという（『愛媛県史　民俗下』昭五九、五九二）。⑩〔静岡県〕片目の魚ばかりが大量に釣れるが、家に持って帰るとすべて消え失せている。ゴヒンサン（天狗）の悪戯だという（『民族』一（二）、大一五、一八〇）。

（飯倉義之）

〔参考文献〕柳田國男「片目の魚」「一目小僧その他」『柳田國男全集　七』。

がたろ【川太郎、河太郎】

類がしたんぼ、がたろう、がわたろ、かわたろう　近畿地方で河童の別称とされる。盆に川で泳ぐと尻から内臓を抜かれると言われる。相撲を好み、人に勝負を持ちかけてくるが、勝負の前に頭の水をこぼさせると力を失わせる事が出来る。初成りの胡瓜や茄子を川に流すと河童に引かれないと伝えられる。金物を嫌う。コボセ（辛夷）の木には一種の臭気があるため、これを嫌って寄って来ない。また、仏壇に供えた御飯を食べると河童に取られないともいう。ヤマワロが川に下りてガタロになると伝える地域もある。

⇩かっぱ、けしぼうず、とりき、やまわろ

事例　①〔京都府美山町（現・南丹市）〕筬さしの竿にはコボセの木が使われた。コボセの木は一種の臭気があるので川太郎が嫌って寄って来ないとされた。水の事故は全て川太郎の仕業とされ、水難除けのお守りとしてコボセの竿が使われた（『近畿民俗』（一〇七）、昭六一、二八–二九）。②〔奈良県大塔村（現・五條市）〕男の子がお昼を食べに帰る途中、橋の真ん中にガタロウがいた。相撲を取ろうと言うので、食べてきたら取ると言った。食べて戻ると、男の子が仏さんに供えた御飯を食べていたので、相撲をやめて川に飛び込んだ（『昔話—研究と資料—』（一五）、昭六二、一七七–一七八）。

（三好周平）

かたわぐるま【片輪車】

類おぼろぐるま【朧車】、やぶれぐるま【破れ車】、わにゅうどう【輪入道】　夜道を行く車の妖怪。見てはならない禁忌を破った母親から子供を奪った話が、江戸期の『諸国百物語』『諸国里人談』に載る。前者の片輪車は男の姿で描かれる。後者の片輪車は女だが挿絵はない。鳥山石燕は『画図百鬼夜行』シリーズにおいて、これら二つの説話から派生させた三種の妖怪画を描いた（片輪車、輪入道、朧車《おぼろぐるま》）。この内「片輪車」は地獄絵等の「火車」図像をモチーフとする。今日、輪入道、朧車は独立した妖怪として認識されることが多いが、江戸期の絵師達は、これらの図像が片輪車の派生であることを認識していた（今井秀和「妖怪図像の変遷」）。

⇩かしゃ

事例　〔近江国（現・滋賀県）〕ある女房が禁忌を破って片輪車を見ると、牽く人もない片輪の車に美女が一人乗っていた。子を隠された女房が嘆いて歌を詠むと、その思いに免じて子は返された（「諸国里人談」『日本随筆大成　第二期二四』四五六–四五七）。

（今井秀和）

がっこうのかいだん【学校の怪談】

学校を舞台にした怪談や妖怪話。学校の怪談は校内の特定の場所と結びついて話される傾向がつよい。とくに児童・生徒が一日の大部分を過ごす普通教室よりも、音楽室、理科室、美術（図工）室など特別教室にまつわる怪異が話題になりやすい。ここには、ピアノや有名な作曲家の肖像画、人体模型や各種の標本、絵画などの教材が置かれ、音・匂い・色彩などの面で普通教室にはない雰囲気が漂っている。特別教室が備えている独自の教材が怪談の素材として利用され、話の効果を高める重要な役割を果たしている。

トイレや階段、鏡、銅像などにまつわる話も多いが、なかでもトイレは怪異現象の集中的に発生しやすい空間のようで、さまざまな話が伝えられている。小学生女子のあいだで話題になった「赤いはんてん」「赤い紙・白い紙」「赤い手・白い手」など、子どもたちが話すトイレの怪談には赤色が深く関わっている。赤は血のイメージと結びついているが、この点に関して宮田登は、初潮を体験する前後の女子の不安心理と裏腹にあるフォークロアであろうと指摘している。また、孤立した空間のなかで下半身を露出した状態のままかがむという、動物としての人間の弱点をさらけだした姿勢が、抜き去りがたい不安を誘う面も考えられる。

夏休みの合宿などでは、上級生から下級生へ学校の怪談などが繰り返し伝えられ再現される。そこには、夏の夜のスリルを味わうというだけでなく、話に興じ共鳴していくプロセスのなかで、集団の一員としての仲間意識や連帯感を深める機能もある。

怪談を創造し、話していく過程で立ち現れる多様な現象は、現代の子ども文化をさぐる一つの指標ということもできるだろう。

⇩あかいかみ・あおいかみ・きいろいかみ、あかまんと、かみをくれ、きもだめし、といれのはなこさん、としでんせつ、ななふしぎ、よすまさがし

事例 ①〔北海道函館市〕先生が夜、書類をとりに音楽室に行った。すると、誰もいない音楽室からピアノの音が聞こえてきた。ドアを開けたとたんピアノが止まったが、また鳴りはじめたので先生は逃げ帰った（久保孝夫『女子高生が語る不思議な話』平五、四七）。②〔千葉県市川市〕旧体育館の講堂にある初代校長先生の肖像画をにらむと、絵のほうもにらむ。こっちが笑うと絵のほうも笑う（松谷みよ子『現代民話考第二期Ⅱ　学校』昭六二、一二〇）。③〔東京都東久留米市〕転校していった友達の小学校では、美術室に飾ってあるモナリザの絵がある時間になると泣いたり笑ったりするという。ある女子生徒が、朝早く美術室で忘れ物を探していると、モナリザの手がのびてきて生徒の首を絞めはじめた（『昔話伝説研究』一二、昭六一、一九）。④〔大阪府枚方市〕N小学校では、四月四日四時四四秒にトイレのドアを四回たたくと、四時ばばあが出てきて、何にもない所に連れて行かれるらしい（近藤雅樹ほか『魔女の伝言板　日本の現代伝説』平七、一一〇）。⑤〔埼玉県春日部市〕昔、焼却炉の隣の女子トイレの三番目で花子さんという女の子が死んだって。それ以来、

そのトイレを三回ノックすると花子さんの幽霊が「はーい」と返事をして、トイレに引きずり込まれる（『不思議な世界を考える会会報』六〇、平一二、六八）。（常光徹）

〔参考文献〕常光徹『学校の怪談―口承文芸の諸相と展開―』平成五、ミネルヴァ書房。松谷みよ子『現代民話考第二期Ⅱ学校』昭六二、立風書房。

がっこうのななふしぎ【学校の七不思議】

⇩がっこうのかいだん、ななふしぎ

かっぱ【河童、川童、河伯】

㊇がぁたろ、かぁば、がーら、かーらんべ、がーらんべ、がおら、がおろ、がご、がっぱ、がっぽ、がらんどん、がろ、かわっぱ、がわっぱ、がわっぽ、かわんし、ごーご、ごーら、ごーらいぼうし、すいてんぐう【水天宮】、すじんどん、どんがす、みっしどん、わろ

【童】水中に棲み、人や牛馬を害するとされる存在。関連する伝承は北海道南部から九州南部にまで及び、現代においても知名度の高い水の妖怪である。

現在の一般的な河童のイメージは、子どもほどの背丈の人型の生物で、ザンバラ髪で頭頂部に皿をもち、この皿に水がある間は強いが、失うと弱くなる。体色は青や緑でぬめぬめとした皮膚、指の間に水かき、背に甲羅という、亀や蛙などの水棲生物を思わせる姿で造形されることが多い。左右の腕がつながっていて、片方を伸ばすと片方が縮むともいう。好物はキュウリや瓜のほか、人間の血や内臓、尻にあるという尻子玉、特に「紫尻（蒙古斑のある尻）」の者の尻子玉を好むという。また相撲を取るのも好きとされる。苦手なものは鉄製品や刃物、植物のタデ、鹿の角、仏壇に供えたお仏飯などといわれる。

しかし意外なことに、このような河童の伝承は比較的新しい。日本における水の神霊は、古代には内陸では夜刀の神、蛟などヘビの姿で、海浜においては鰐、鱶の姿で想像されていた。そのイメージは現在、湖や池の主の龍や大蛇、大魚などに受け継がれている。それら夜刀の神等の記述が『古事記』『日本書紀』『風土記』等に遡りうるのに対し、河童の記述は文安元（一四四四）年序の『下学集』の「獺《かわうそ》老いて河童《かはらふ》になる」が現在確認されている最古のものとされている。河童のような「水中の人型の怪異」は、中世以降に一般化した、比較的新しい怪異のイメージである。

中世〜近世初期においては、河童は「水中の猿」とイメージされていた。例えば慶長八（一六〇三）年刊行『日葡辞書』の「カワラゥ（河朗・河童）」の項目では、「猿に似た一種の獣で、川の中に棲み、人間と同じような手足をもっているもの」という解説がなされている。こうした猿型の容姿と、河太郎から転訛したカワロ・ガタロという呼称は、当時の近畿地方以西における在地の伝承を反映している。江戸時代初期までは、全国的に通用するような現在の「河童」のイメージは、いまだ存在していなかった。

現在のような亀・蛙型の容姿と、「河童」呼称の一般化は、江戸時代中期以降、本草学的見地から河童に注目した知識人の活動を通して広まっていったと考えられる。あまねく動植物・鉱物を分類し記述しようと

した本草学において、未発見動物であった「河童」は一つの注目すべきトピックだった。江戸期の知識人は河童の目撃証言や絵図を集めてその正体を追い求め、古賀侗庵《どうあん》『水虎考略』（文政三（一八二〇）年）などの著作をものして情報を交換し、日本における「河童」の実在を確かめようとした。そうした、江戸を中心とした知識人のネットワークにおいて、関東地方の方言にすぎなかった「カッパ」という呼称が全国の童形の水の怪異を総称する共通語として認知され、そのイメージも実在の水棲の生物らしく固まっていったといえる。「河童」は単一の怪異の呼称ではなく、土地土地に存在していたさまざまな水の怪異を総称するため採用された、いわば江戸期の「学術用語」である。そうした「河童」のイメージは浮世絵や黄表紙、おもちゃ絵等の創作物としても広まり、多くの人の共通認識となっていった。

一方、民間伝承における「河童」は、子どもを溺れさせる、牛・馬を水中に引き込む、物に化けて人を水に誘う、人に憑く、女性を犯し子を産ませる、ネネコや九千坊などの親分河童を筆頭に集団で悪さをするなど人間に害をなす一方で、性質は悪戯好きで愛嬌があるとされ、生活への近しさから、昔話や伝説に登場する機会も多い。河童が牛馬を水に引き込もうとして失敗し、人を害さないことを誓って詫び証文などを遺したとする「河童駒引」伝説も日本各地にあり、証文といわれるものが現存する場合もある。詫び証文の他に刀や壺を遺す、魚を届けるなどの場合もあるが、特に河童が医薬の技を伝授したという伝承は多く、金瘡薬（傷薬）や骨接ぎ、刺抜き、打ち身、婦人病などを家伝薬として伝える家も全国的に分布している。傷薬や骨接ぎの場合には、便所で尻を撫でるいたずらをして手を切られ、その手を返してもらう替わりに伝授したとする場合も多い。

河童の伝承にはこうした遺物が多いことも注目され、河童の手や全身のミイラを宝物として伝える社寺や旧家が各地にある。また必要な分の膳椀を貸してくれる「椀貸淵」の主を河童とする伝承や、東京都台東区の合羽橋など河童が治水工事を手伝ったという伝承もある。

河童は社寺とも関係が深く、宮城県色麻町の川童神社や福岡県久留米市の水天宮など、河童そのものが水神・安産の神として祀られるだけでなく、左甚五郎や飛騨匠などの名匠や、渋江氏などの一族が社寺を建立する際に木偶人形・藁人形に命を吹き込んで使役した。その人形が川に捨てられて河童になった、という河童の起源譚も存在する。

一方、現在のわれわれの河童イメージからはかけ離れた伝承も全国各地にある。河童は淡水のものと思われがちだが、対馬や五島などでは海にも棲むとされる。九州南部や紀伊半島では、河童は秋に山に入ってヤマワロになり、春に川に降りて河童になるとする。山陽地方・四国地方のエンコウは川の中にいる猿のようなものといい、東北では河童は顔や身体が赤く、毛に覆われているともいう。また座敷ワラシは河童が家に上がったものだとする伝承や、河童を憑き物の一種として扱う土地など、河童の伝承は多種多様である。

さらに河童は、北東北のメドチ、関東のカッパ、中部のガーランベ、北陸のガメ、近畿のガタロ、九州のセコやヒョウスベ等、地域によって多様な異名を持つことでも知られている。このような河童伝承の多様さは、土地土地で伝承されてきた様々な童形の水の妖怪の伝承が、後世に「河童」という語で総称されていったことを示すと言える。

こうして各地の水の怪異は現在「河童」として知られるイメージに収斂していったことで一般性を増し、キャラクターとしての性格を確立して、創作や商標、マスコット等に活用されていくことになる。特に昭和初年と昭和三〇年代には河童ブームといえる状況があり、河童をモティーフにした創作や商品、CMなどが多く世に送り出された。平成以降は河童連邦共和国などの河童伝承愛好団体の活動などが盛んになっている。河童の伝承を核にすえた町興し活動や、河童を自然環境や清流を代表する存在としてエコロジー活動のマスコットにするなど、河童伝承は本来の文脈から離れたところで活用されている。現在の河童伝承の根強さは、こうした河童の再創造や商品化に寄る所も大きいと思われる。

なお、沖縄のキジムナー（キジムン）、奄美のケンムン（ケンモン）は、容姿や性質、行動の類似から「沖縄（奄美）の河童」と言われることも多いが、水の怪異としての性質が薄く、木の精とされることが多いなど、河童とは相違する点も多く認められる。

⇩いけ・ぬま・しみずのかいい・れいげん、いどのかいい、えんこう、がたろ、かっぱつき、かはく、がらっぱ、かわうそ、かわのかみ、きじむなー、けんむん、さる、しばてん、すいこ、ひょうすべ、ぶながや、ミントゥチ、めどち

事例 ①［長野県上高井郡］河童は口がくちばしのように尖っている。頭に皿のようなくぼみがあり、そこに水を溜めている。この水がないと力が出ない。体は人に似て、腕は長く、背中は堅くて平ら。大きさは五、六歳の子どもほどで、髪はもじゃもじゃしている。川の中に棲み、人の尻く玉を抜く。六月から盆の頃によく出る（『郷土』一（一）、昭五、一一一―一一三）。②［新潟県小国村（現・長岡市）］河童はキュウリが大好きなので、キュウリを食べた日は泳いではいけない。河童が嫌うのはカボチャの花や仏様に供えた飯である（『高志路』一（一二）、昭一〇、三八）。③［岩手県雫石町］カッパ淵にはカッパがいて、ムラサキ尻の子どもを水中に引き込み、くすぐって水を飲ませて溺れさせ、尻から手を入れてキモを抜いて食うという。カッパは三寸の水隠れをするといい、馬の足跡に溜まった水にも隠れるという（『旅と伝説』四（八）、昭六、三七～三八）。④［滋賀県湖北地方］日暮などに水辺で「ガタロこい、相撲とろー」と呼べばすぐにガタロが出て来て相撲を取り、負かした相手を水に引き込むという（『民族と歴史』七（五）、大一一、六三―六四）。⑤［岩手県紫波郡］ある家の妻に知らない男が密かに通い、子が出来た。生まれた子は河童の子であったので、密かに川に流したという（『旅と伝説』三（四）、昭五、四一）。⑥［茨城県］利根川にネコという名の河童がいて、子分を従

え、毎年居場所を変えて人に害をなした（赤松宗旦『利根川図志』安政元）。⑦［高知県中村市（現・四万十市）］河童は鹿の角を嫌うので、山師や猟師は必ずこれを携行するという（『あしなか』一四六、昭五〇、一二）。⑧［三重県紀北町］赤羽川の河童が、侍の馬を引き込もうとして手を切られた。人を害さない旨を詫び証文に書かせ、手を返してやった（『伊勢民俗』四（三）、昭三三、四）。⑨［長野県鬼無里村（現・長野市）］銚子の口という淵で水浴びさせていた馬を厩に入れようとしたら、尻尾に河童がすがりついていた。打ち殺そうとしたが、必死で詫びるので逃してやった。以来この淵で膳椀を貸してくれるようになり、河童の恩返しと言われていたが、一組を横領した者があって以来貸してくれなくなったという（『民族』二（五）、昭二、一五二）。⑩［岐阜県荘川村（現・高山市）］カオロが馬を水中に引こうとして失敗し、魚を毎日届ける約束で許してもらった。カオロは毎朝、家前の石に魚を数尾ずつ届けていたが、家人がその石に包丁を置き忘れていたため、それ以来魚を届けなくなった（『ドルメン』三（九）、昭九、四二）。⑪［埼玉県熊谷市］ある後家さんが毎夜、便所で何者かに尻をなでられたので、懐刀でその手を切り落とした。翌日、老人に化けた河童が無礼を詫びに来て、手を返してもらうお礼にと、秘伝の傷薬の製法を伝授した（『旅と伝説』一（二）、昭三、一一五）。⑫［佐賀県武雄市］渋江氏の祖先が春日社を造営したとき、人形を動かして使役した。その人形が川に捨てられて河童になった。渋江氏を祀った潮見神社の神職は水難除け・河童除けの歌を伝える（『郷土研究』二（七）、大三、二八―三一）。⑬［熊本県南関町］河童は四、五歳くらいの子供程の大きさで、頭に皿があり、体に毛が密集していて、強烈に生臭い。人間の内臓を好み、唾を嫌うという（『旅と伝説』五（八）、昭七、一五）。⑭［岩手県岩泉町］ザシキワラシと河童は同じもの。髪は赤く、頭に皿を載せている。魚油をなめに家に入って来る（『郷土趣味』五（二）、大一三、三）。⑮［和歌山県富里村（現・田辺市）］ゴーライ（河童）は夏は川にいて、秋に山に入ってカシャンボになるという（『民間伝承』一二（八・九）、昭二三、三六）。⑯［大分県直入郡（現・竹田市）］春秋の彼岸の雨の夜にヒュウヒュウと鳴きながら行くものがある。河童が春には山から川へ、秋には川から山へ去来するのだといい、翌朝見ると赤子の足跡のようなものがあるという（『民俗学』一（五）、昭四、四六）。⑰［大阪府大阪市］ドンガス（河童）の像を飾る、肺病薬で有名な店がある。主人が夢で水天宮さまから授けられたという触れ込みの薬である（『郷土研究』三（一一）、大五、五四）。⑱［宮崎県諸塚村］諸塚村民俗資料館には、ある家の便所でいたずらをしてで刀で切られたという、カッパの手のミイラが展示されている（『宮崎県史資料編』民俗二、平四、一六〇）。

（飯倉義之）

［参考文献］石川純一郎『新版 河童の世界』昭六〇、時事通信社。河童連邦共和国『日本のかっぱ―水と神のフォークロア―』平三、桐原書店。中村禎里『河童の日本史』平八、日本エディタースクール出版部。小松和彦編『怪異の民俗学三 河童』平一二、河出書房新社。和田寛『河

童伝承大事典』平一七、岩田書院。同『河童の文化史　明治・大正・昭和編』平二二、岩田書院。同『河童の文化史　平成編』平二四、岩田書院。飯倉義之編『ニッポンの河童の正体』平二三、新人物往来社。

平瀬徹斉『日本山海名産図会』（一七九七）「豊後国の川太郎」（猿のイメージで描かれる川太郎。国際日本文化研究センター蔵）

かっぱつき【河童憑き】

河童にとり憑かれることや、そのような状態になった人のことで、常に川に行きたがるなど異常な行動をとるという。特に若い女性の場合、河童の子を宿すということがあり、出産すると最悪の場合死んでしまうといわれた。このような話は、東北地方や九州地方に多く伝わる。

⇩かっぱ、つきもの

事例　［鹿児島県上屋久町（現・屋久島町）］狐憑きや河童憑きなどが、人をかどわかすといわれた（『南九州郷土研究』一四、昭四六、一四）。

（小澤葉菜）

かなしばり【金縛り】

もともと「金縛り」は、密教の呪法に由来する。不動明王は左手の羂索《けんさく》を用いて苦しむ衆生を救い上げる傍ら、悪しき心の持ち主や魔物を縛り上げて叱り、善心へ導き諭すとされる。修験者がこの不動明王の力を借りて用いるのが、僧や信徒らを害する者の自由を奪う「不動金縛りの法」である。寺で盗みを働こうとしたり、修験者や僧に乱暴しようとしたりする者を、神仏が金縛りにかけるという説話も多い。

このことから転じて、睡眠時に不意に覚醒したにもかかわらず身体が動かせなくなる現象を「金縛り」の語で呼ぶようになったと考えられる。金縛りにあっている人の多くは、何者かに胸の上を押されているような圧迫感を覚えるという。

日本では鼠がこの怪異を起こすという伝承が根強く、「昼間に鼠の悪口を言うと夜に鼠に押される」という。また過去に惨劇などの因縁を持つ建物や部屋などで起こる

ヨハン・ハインリヒ・ヒュースリー『夢魔』（一七八一）。西洋では金縛りは悪魔、悪霊のしわざとされた。

とされる場合もあり、この点で「枕返し」の怪異とも関連が深い。現在では多く死者の霊の仕業とされ、金縛りの最中に霊の姿や声を見聞きする場合も多い。近年は宇宙人の姿を見たというような報告もある。また、意識が体外に離脱して遊離する感覚を覚える場合もあるという。お経や真言を唱えたり、神仏やご先祖に祈ったりしたら解けた、戻ったという報告もある。

金縛りは医学的には睡眠麻痺と呼ばれ、レム睡眠時に意識が覚醒していても身体が自由にならない状態と説明される。金縛りと同様の伝承が世界各地に存在することからも、この現象が人類一般に普遍的な生理現象であることがうかがえる。しかし、身体の変調は生理機能の問題であっても、それを霊的なものとの関係において説明しようとするのは伝承された文化といえる。金縛りという異常事態に直面したとき、人びとは普段は意識していない霊魂観の理を用いて説明づけようとする。また金縛りの原因を睡眠のメカニズムに求める医学的説明も、科学的事実であると同時に、私たちの身体観・霊魂観を表すものいいであり、現代の金縛り伝承の一部を示している。

⇩ねずみにおされる

事例 ①［神奈川県横浜市］終戦直後、占領軍の黒人兵が御嶽講の先達の首を締め、金を取ろうとした。先達が印を結び金縛りをかけると、兵隊は苦しんでうずくまり、動かなくなった（『あしなか』一八〇、昭五七、一五）。②［栃木県宇都宮市］よく金縛りにあう。体を動かそうとしても動かせない（『下野民俗』三九、平一一、四七）。③［徳島県美馬郡］どうしんという坊主が殺された山をドウシンコロバシといい、そこに宿るとこの坊主が出て人の胸や腕を押さえ、眠らせないという（『阿波民俗』三、昭二四、一七）。④［岩手県江刺郡（現・奥州市、北上市）］ある旧家の座敷に出るものは、泊り客を布団の上から押し付け、恐ろしい翼の音を出す（『郷土趣味』五（二）、大一三、五）。⑤［東京都］深夜、近所の飛び込みがよくある踏切で救急車のサイレンの音が聞こえた。気になったがそのまま眠ったら、金縛りにあった（『昔話伝説研究』一二、昭六一、二七）。

（飯倉義之）

〔参考文献〕常光徹「金しばり」『世間話研究』二、平二。デヴィッド・J・ハフォード『夜に訪れる恐怖』平一〇、川島書店。

かなぶい

㊫かなぶやあ　沖縄において霊魂を見ることができる人を言う。カナブイの袖を通せば、普通の人でも幽霊が見えると言われる。

⇩れいかん

事例 ［沖縄県中頭郡］まじものや生まぶい・死まぶいを、かなぶいあるいはかなぶやあは見ることができる。これは特別な能力をもっている人である。普通の人もかなぶやあの袖を通せば、幽霊や化け物が見える。かなぶやあが生物を屠ると、首を切られ皮をはがれても絶命せずに駆け出すことがある（『島』昭和九年前期号、昭九、五〇八）。

（荻野夏木）

かなへび【カナ蛇】

㊫かなげっちょ　カナヘビに関する伝承は蛇に比して少なく、その伝承中における役

割も、蛇や蜘蛛といった動物の役割に類似する。そのためか伝承の世界におけるカナヘビは水怪の魔物、あるいは神として表現されることが多い。

⇩へび

事例　①［福島県田人村（現・いわき市）］大沼に夏草刈りに行ったら、小さいカナ蛇がいた。鎌で首を切ると大蛇になった。七つに切ってとどめをさし、蛇塚というところで、すっかり切ってしまった。その人は家に帰って死んだ。その家はタタナイという（『民俗採訪』昭和三〇年度号、昭三一、一四五）。②［宮城県柴田町］いまゴルフ場になっている船迫の蚕神さんはカナヘビさんといい、大蛇が御神体。ゴルフ場の造成中、ブルドーザーが蚕神さんの付近に行くと、大蛇が出て来て動かなくなった（『民俗採訪』平成四年度号、平七、一五六–一五七）。（三柴友太）

かなやごがみ【金屋子神】

類かなやごさん【金屋子さん】、かなやまさま　中国地方を中心に信仰される金屋・鉄山師・鋳物師などの火の神・製鉄の神である。金屋子さんが宿を求めた時、出産があった家では断られたが、死人がでた家では快く泊めてくれたため、金屋子さんは産褥を嫌い、死を好むという。八丈島ではカナヤマサマに拝むと罪を犯した者に罰がくだるという。

事例　①［島根県］金屋子さんは女の神で、人間の女が大嫌いなので絶対に女を鑪《タタラ》に入れない。女を入れると穴がつまると言われている。出産があったときには、女子ならば三日、男子なら五日間、鑪を休むという（『民間伝承』一一（一〇・一一）、昭二二、一三）。②［島根県］金屋子さんが天降ったとき、犬に吠え掛かられたので蔦につかまって逃れようとしたが、蔦は切れてしまった。藤につかまって逃げることができたので、金屋子さんは藤が好きで、犬と蔦は嫌いだと言われている（『民間伝承』一一（一〇・一一）、昭二二、一二）。（前川智子）

かなよめじょ【カナ嫁女】

類かなじょ【カナ女】　惨殺されたカナ女という女性の亡霊と言われている。昭和四四年、金ヶ迫《かながさこ》で夜中に水浴びをしている姿を見た者がいる。鹿児島県熊毛《くまげ》郡の伝承。

⇩ゆうれい

事例　［鹿児島県上屋久《かみやく》町（現・屋久島町）］峯村の星が峯カナ女は湯向《ゆむき》（城の寺）に住む種子島から来た坊主との間に子どもを儲けた。僧が肉食妻帯を禁じられていた時代だったので、カナ女の兄は妹の行いを知ると、坊主の所から戻る妹を寝待《ねまち》温泉上の一本松で待ち受けて首をはねた。カナ女の頭部は一本松の枝まではね飛び、胴体は子どもとともに谷へ落ちた。母子の死体は見つからなかった。この惨劇が旧暦九月一日に起こったので、大山家ではこの日にカナ女の霊を弔う祭を行っている。木村区営温泉小屋ができる前の温泉小屋では、湯治客が宿泊していると、子どもの泣き声が聞こえ窓からニューッと手を出す者がおり、カナ女の亡霊だと言われていた（『南九州郷土研究』一四、昭四六、一〇–一一）。（神田朝美）

かに【蟹】

蟹は、はさみ、多足、飛び出た目、水陸

往来、潮の干満への反応など特異な姿と生態を持つ。それに応じた伝承が各地にあるが、特に水に関わる超能力が注目される。蟹が現れると雨になるという言い伝えがあり、雨乞いに蟹を供える風習もあった。また、脱皮が死と再生の象徴にされた。

蟹と蛇が戦う話は多い。有名な京都府の「蟹満寺《かにまんじ》縁起」や各地の民話「蟹報恩」がそうである。一方、大蟹と大鰻《うなぎ》が戦う話もある。『最上《もがみ》地方民俗』一巻三号掲載の山形県最上郡最上町の伝説では、大昔、この一帯は湖で、湖水が落ちる白川の大滝の大鰻と、湖底の大蟹が主《ぬし》の座を争った。鰻は狩人に加勢を求め、月の出の時、光る蟹の両目の間を射るよう頼んだが、狩人は逃げ、鰻は蟹のはさみで三つに切られた。この戦いで山が破れて湖水が流れ出し、蟹も姿を消した。大滝は鰻が切られた時に三段になり、今は三個《さんこ》の滝と呼ばれる。下流の農民は雨乞いの時に川蟹を捕まえ、滝壺に放すと、昔の争いに因んで大雨になるという。

同様の伝説は宮城県刈田郡蔵王町の三階滝と不動滝のほか、県内の滝・淵・池に伝わる。なかには、そこに住む大亀や蜘蛛が鰻と戦う話もある。これらの生き物は、地域の水界の霊的支配者、つまり主になっている。蛇は、古来、水霊とされたが、その蛇と対峙する蟹にも同じ性格が存在するわけである。なお、蟹・蛇・鰻などが原初の大洪水や地震を起こす話はアジア各地にあり、大地の創造や安定に関わる神話的存在と見られる。

主の怪異を伝える話も多い。石川県の『能美郡誌』によると、日照りの年、和気（能美市）の村人が水源の蟹淵《がんぶち》で雨乞い中、鍬で大蟹の足を傷つけ大雷雨になった。その後、村人が山中温泉で、足を怪我した立派な男に会い、一緒に帰るが見失う。同じ頃、山で男を見た炭焼きが尋ねると、千年来この谷川に住む者と答えて去ったという。

蟹の怪物を僧が退治する話もある。「蟹問答」の民話では、化け物が発する「大足二足小足八足、目は天に輝く」といった謎を解き、正体を蟹と見破る。この話は狂言「蟹山伏」と通じる。また、山梨県山梨市の長源寺、石川県珠洲市の永禅寺《ようぜんじ》（蟹寺《がんでら》）など、実在の寺院、あるいは蟹坂などの地名と結びつき、土地の伝説にもなっている。

蟹は亡霊の伝承とも関わる。平家の武者の生まれ変わりという平家蟹は有名だが、別伝もある。近世の滝沢馬琴の随筆『燕石雑志』が記す伝承によると、摂津大物浦《だいもつのうら》（兵庫県尼崎市大物町）の武文《たけぶん》蟹は尊良《たかなが》親王の従者秦武文《はたのたけぶん》の転生という。正慶二年（一三三三）、謀《はかりごと》で親王の妃を奪われた武文は、その船を追って海で自殺。霊が風波を起こして主人の妃を救い、蟹になった。また、摂津安里河《やすさとかわ》（大阪市西淀川区野里川）の島村蟹は、享禄四年（一五三一）の戦いで敗れた細川高国の家臣島村貴則が主人を助けて戦死し、蟹になったと伝える。

⇩おさだがに、しまむらがに、たけぶんがに、へいけがに

事例 ［新潟県］妙高山と黒姫山の間を流れる関川の地震滝《ないのたき》（苗名滝《なえなたき》）に雄雌の大蟹が住むという。この蟹は、毎年、野尻湖の主だという雄雌の大蛇と戦う（『西郊民俗』一八、昭三六、一七）。（齊藤純）

〔参考文献〕小島瓔禮「鰻と蟹が地震を起

こす神話」『日中文化研究』五、平五。藤島秀隆『加賀・能登の伝承』昭五九、桜楓社。

かねだま【金玉】

㊮かなだま【金玉】　赤く光る玉で、飛んでおり、これが落ちた家は金持ちになる。逆に出ていった家は没落するという。

⇩かねのせい、ひかりもの

事例　①［静岡県沼津市］金玉を拾って床の間に安置すると一代で大金持ちになれる。ただし自然のまま保存せねばならず、加工すると家が絶える。夜、赤い光を出しながら足元を転げていくという。腰巻をかぶせると動きが止まるので、動きが激しい時はそうやって取ればよい（『民間伝承』一五（二）、昭二六、三二）。②［埼玉県東秩父村］ある人が蛍を採っていると、観音山の上の方から五〇センチぐらいのカネダマが横切った。その日、知人が死んだという（『秩父民俗』一〇、昭五〇、三九）。（山田栄克）

かねのかいい【鐘の怪異】

鐘の怪異の中でも有名なのは「沈鐘伝説」である。何らかの理由で鐘が水底に沈み、そこから今でも鐘の音を響かせるというもので、日本のみならず世界各地で知られている。鐘を引き上げようとしても動かないことが多い。そうした伝説のある土地は鐘崎や鐘ヶ淵などと名づけられている。また、鐘を沈めたり他の鐘と突き合わせたりすると雨が降るという、雨乞い儀礼と関連付けられる事例も数多い。

⇩きぶつのかいい、いけ・ぬま・しみずのかいい・れいげん

事例　①［千葉県神崎町］鐘を船に積んで運ぶ時には、むき出しにせず箱に入れなければならない。鐘が水面を見てしまうと、船と一緒に水の底へと沈んでしまう。そのとき、既に沈んでいる鐘が様々な音を響かせる。近くにあるナンジャモンジャの木も悲しそうに歌を歌う（『日本伝説集』大二、一〇五－一〇六）。②［長野県上田市］須川湖畔に鐘が沈んでいる。水が少なくなって龍頭が見えてくると、その龍が雲を呼んで、たちまち雨を降らすという（『長野県史　一（三）』昭六二、五一二）。（廣田龍平）

かねのせい【金の精】

㊮おかねのかみさま【お金の神様】、かねんぬし【金ン主】　きんのはは【金の母】　大判小判などのお金が化けて人前に現れるという妖怪。小さい男の子や、ハンセン病にかかった遍路さん、武士、または女の姿などで現れる。金の精に対して、力や度胸を示すと大金が手に入る。また、金の精が自分の埋められている場所を教え、お金をもたらす場合もある。

⇩かねだま

事例　①［高知県大月町］ハンセン病にかかった遍路さんを泊めたら、あちこちに唾を吐くので追い出す。するとその唾はお金になっていた（『民俗採訪』昭和三九年度号、昭四〇、六〇）。②［秋田県］土蔵の奥で「ガラーン、ドンドン」と毎度のように恐ろしい音がするが、勇気ある者が入っていくと、金の母であったため大儲けをした（『旅と伝説』一一（七）、昭一三、三〇）。③［熊本県］大晦日の真夜中、金ン主という妖怪が出る。

武士に化けた金ン主と力比べをして勝つと、大金持ちになるという（『民間伝承』四（六）、昭一四、一六）。（五十嵐大晃）

かはく【川伯、河伯】

㊮かわはく【河伯】「かっぱ」と読む場合もある。そもそも古代日本では、河伯を「かわのかみ」とも読んでいることから、河川の神の意味も持つ。

⇩かっぱ

事例 ［不明］洪水の時、水中を牛のようなものが下り、水が引いていく頃には、また水中を川上へ上っていった。水は逆立ち、牛のような背中だけが見えて、誰もその顔を見たものはなく、昔から河伯だろうと言い伝えられてきた（『橘窓自語』『日本随筆大成　第一期四』四四〇）。（小澤葉菜）

かぶきれわらし【かぶきれ童】

㊮かぶきりこぞう【かぶきり小僧】、かぶろっこ【かぶろっ子】、かむろ【禿】　童子姿の妖怪。東北地方では訪れた先の家や集落を豊かにさせると言われる。下総では、同じく「カブキリ」と呼ばれる妖怪が、寂しい夜道に出て茶をすすめるなどの伝承もある。子どもやオカッパ（禿）の姿とされることが多く、家運や集落の盛衰を左右するなど、ザシキワラシと共通する伝承が多い。

⇩ざしきわらし

事例 ①［秋田県上小阿仁村］カブキリは古い家やお金持ちの倉にいて、これが出て行くとその家は家運が傾く。カブキリは真っ黒で汚い子どもの姿（『上小阿仁の民俗』昭五五、四四〇）。②［千葉県下総地方］カブキリコゾウはおかっぱ姿の小さい小僧で、さびしい山道や夜道に出て「水飲め茶飲め」という。ムジナが化けたものらしい（『民間伝承』五（二）、昭一四、九）。（荻野夏木）

かべぬりてんぐ【壁塗り天狗】

天狗沢に住んでいる天狗。長野県北相木村の「京の岩の七不思議」の一つである。

⇩てんぐ、ななふしぎ、ぬりかべ

事例 ①［長野県北相木村］京の岩の相木川の岸にある岩壁のうち、二メートル四方ほどの部分が荒壁を塗ったように見える。これは壁塗り天狗の仕業だという。そして、その岩壁の面積は昔より小さくなったという（『長野県史　民俗編一（三）』昭六二、五二三）。②［長野県北相木村］天狗沢では天狗によって夜の一二時過ぎになると大きなのこぎりで木を伐るような音が聞こえる（『長野県史　民俗編一（三）』昭六二、四九六）。（中村遼）

がま【蝦蟇】

㊮あくど、ごっと、ごっとら、ごどう、ひき【蟾蜍、蟇】、ひきがえる【蟾蜍、蟇】　物をにらむと引き寄せることができることから「ひき」、また遠くへ行っても必ず帰るから「かえる」であるといわれる。殺したりいじめたりすると、身体に蝦蟇の皮のようなものができ、また毒を吐きかけられる。大事にするとその家に福を呼ぶという。術を使うといわれ、人に化けることもある。

⇩かえる、せんぽくかんぽく、どうさい

事例 ①［福岡県久留米市］ワクド（蟇）は殺した者にすぐ憑いたり祟ったりする。蟇に憑かれた者は蟇の形になって死ぬ（『民族と歴史』八（一）、大一一、三〇六）。②［岩手県］一六歳になる美しい娘が、段々と顔色が悪くなっていくのを心配した両親は、通ってくる者がいることを知り、どこの者か確かめようと裳に糸をつけた針を刺しておいた。つけていくと、蝦蟇が腹に針を刺されて死んでいた。娘に通ってきていたのは蝦蟇が化けたものであった（『旅と伝説』四（八）、昭六、二六）。（磯貝奈津子）

がまのおばけ（『新板化物づくし』国際日本文化研究センター蔵）

かまいたち【鎌鼬】

㊫かまえたち【構え太刀】、かまかぜ【鎌風】、かまぎり　気づかぬうちに手足に切り傷ができるという怪異。傷は大きく開くわりにあまり痛まず、出血もほとんどない。この傷を、突風や旋風に潜むイタチの仕業と想像し、鎌鼬と呼んだ。鳥山石燕『画図百鬼夜行』では、旋風の中心にいる、前脚が鎌のイタチとして図像化されている。

『北越奇談』で越後七不思議新撰七奇の一つとして挙げられているように、新潟や長野・岐阜の山間部で報告が多く、特に冬場に起きたという事例が多い。

鎌鼬の傷は大事にならないといわれ、古暦の黒焼きを用いると治るともいわれている。飛騨では鎌鼬は三人連れで、先頭が人を倒し、二番目が刃物で切り、三番目が薬をつけるので痛まないと伝承している。山の神が神罰として当てるともいわれる。

山の神や天狗が構えた太刀に当たったとする「構え太刀」、悪霊が起こす「鎌風」、墓場に捨てられた鎌の怪異である「野鎌」なども、同様の超自然的傷病といえる。

明治以降、鎌鼬の正体が真空だとする説が広まった。つむじ風の内部に真空が発生し、人体がその真空に触れると内側から皮膚が裂けるというのが「鎌鼬＝真空」説で、この説明は民俗知識のうちにも広く浸透している。実際には鎌鼬の傷は、乾燥し緊張した皮膚が何らかの衝撃で裂けるというあかぎれに似た生理的現象と考えられ、真空説は疑似科学的な俗説にすぎないが、小説やマンガなどに再創造され広まったことで現在でも多くの人に信じられている。

⇩あくぜんじのかぜ、いたち、いちもくれん、だいば、のがま

事例 ①［埼玉県秩父市］風の強い日はカマイタチに足を切られる（『西郊民俗』二三六、昭四一、一〇）②［新潟県新発田市］鎌鼬の傷は鎌の形に切れており、傷は深いが痛みや出血は少ない（『新潟県史　資料編二二』昭五七、六四二）。③［新潟県］鎌鼬の傷は、古い暦を黒焼きにして白湯で飲むと数日で治るという（「楓軒偶記」『日本随筆大成　第二期一九』三六）。④［岐阜県上宝村（現・高山市）］鎌鼬は三人連れの神。一人がつき倒し、一人が切り、一人が薬をつけるので血が出ない（『民俗採訪』昭和三二年度号、昭三三、一一九）。⑤［岩手県軽米町］六月一日は桑の木に山の神がいるので登ってはいけない。登るとけがをしたり、カマイタチにあう

（『晴山の民俗』昭五八、一八〇）。⑥［富山県砺波市］目には見えない天狗様《てんごーさま》（魔の人）が剣術の稽古をしていて、構えた太刀に当たると怪我をする。これが鎌鼬である（『とやま民俗』一〇、昭五二、三）。⑦［愛知県下山村（現・岡崎市、豊田市）］悪い風が吹いて、血が出ずに皮膚が切れるのを、鎌風という（『民俗採訪』昭三一年度号、昭三二、一二二）。⑧［不明］カマイタチは畑や水中に起きる旋風に伴う真空現象で、触れる者を切り裂くという事である（『高志路』四（八）、昭一三、五三）。

（飯倉義之）

かまいたち（鳥山石燕『画図百鬼夜行』国立国会図書館蔵）

〔参考文献〕大竹信雄「かまいたち談義」『高志路』三三〇、平一〇。飯倉義之「鎌鼬存疑」『妖怪文化の伝統と創造』平二二、せりか書房。

かまがふち【釜ヶ渕】

㊖かましずみいけ【釜沈池】　神が釜を運ぶ時に誤って落としてしまった池を釜ヶ渕ともいい、地名にもなっている。そうした地には、子供が渕に石を投げたり、小便をすると翌日には必ず雨が降るという俗信がある。

⇩いけ・ぬま・しみずのかいい・れいげん

事例　①［宮城県仙台市］塩釜の神が釜を運ぶ途中、一つを円福寺の庭の所にあった池に落として行った（『宮城県史　二一』昭三一、二四二）。②［栃木県鹿沼市］六〇年ぐらい前まで、釜が渕に遠足に行くと、その日が晴れ翌日必ず雨が降った（『粕尾の民俗』昭四九、二四九）。

（熊倉史子）

かまどがみ【竈神】

㊖おかまさま【お竈様】、おくどさん【オクドさん】、かまがみ【釜神】、ひぬかん、ふげんさま【普賢様】、ろっくう　竈《かまど》や囲炉裏など火を扱う場所に祀る神。オカマサマ・ロックウ・フゲンサマ、沖縄ではヒヌカンとも呼ぶ。火伏や火を司る性格をもつ。神札や幣束のほか、壁土で作った面を竈近くの柱に掛けて御神体としたり、大釜や囲炉裏を祀ったりする。竈と出産、生児の健康にまつわる俗信も多い。

関東では旧暦一〇月の祭日に講や各家で、団子や餅を奉じる地域もある。とくに中国地方を中心とする西日本では、陰陽道の影響から三宝荒神《さんぽうこうじん》や土公神《どこうじん》と同一視されることもあり、山伏や僧など民間宗教者らによって地神経があげられ、その祟りを払う荒神払いが行われた。

⇩こうじん、さんぽうこうじん、どこうじん

事例　①［静岡県小笠郡（現・掛川市、袋井市、菊川市、御前崎市、森町）］妊娠三ヶ月の時に竈を直すと三つ口の子を産む（『郷土研究』三（三）、大四、五八）。②［茨城県那珂郡］九月二八日は、出雲に村の婚姻を決めに行く

オカマ様のために団子を作る（『民俗採訪』昭和五七年度号、昭五八、一五六）。③［山口県阿武郡］四十用に坊様が琵琶を弾いて地神経を唱えた（『西郊民俗』三、昭三二、七）。

（岡田真帆）

かまなり【釜鳴】

㊮なるかま【鳴釜】 釜で湯を沸かしたり飯を炊いたりするときなどに釜が鳴ること。熱の加減や振動によって釜が鳴ること自体は別段不思議なことではないが、釜が鳴ることやその鳴り具合によっては、何らかの先触れや影響であると考えられ、特に干支との関わりで吉凶を占った。神事として行われる占いでは吉備津神社のものが有名である。また、鳥山石燕の『百器徒然《ひゃっきつれづれ》袋《ぶくろ》』には鳴釜という名で釜を被り絵馬を手にした毛だらけの妖怪が描かれており、付《つく》喪神《もがみ》の一種に数えられる。
⇩かまのかいい、きびつのかま、つくもがみ

事例 ①［秋田県平鹿町（現・横手市）］酒屋の西村家では酒米を蒸かす大釜が次第に熱してくると、もんもん！・もんもん！・と響き出す。その釜鳴りは、西村の家の中で聞いても、また四五軒離れた家の前で聞いても、少しも変わらない。この釜を売払うと酒屋は衰えたといわれている（『旅と伝説』九（一一）、昭一一、一六一—一七）。②［不明］「拾芥抄」には釜の鳴ることを釜鳴怪としており、子の日から亥の日までの鳴る日によって兆が変わる。大方が凶事である（「嬉遊笑覧」『日本随筆大成 別九』三三七—三三八）。
（鄧君龍）

かまのかいい【釜の怪異】

釜に化けた狐狸による怪異や釜が音を立てる怪異。前者は文福茶釜が有名で、いくら湯を汲んでも尽きなかったといわれる。釜が音を立てる現象は釜鳴りと呼ばれ、特定の所作によって釜が鳴ったり鳴り止んだりするなどの伝承がある。釜鳴りは吉兆とすることもあるが、多くは凶事の前兆と考えられた。吉備津神社の釜鳴神事は釜の鳴り具合による占いである。

⇩かまなり、きびつのかま、きぶつのかいい、ぶんぶくちゃがま

事例 ①［岡山県岡山市］巫覡が釜の下に火をたいて、あらい米を一つまみ入れて水を入れて沸かすと、備中吉備津宮ではいつも釜が動く。神が受け入れれば、雷のように鳴り動くという（「消閑雑記」『日本随筆大成 第三期四』二二一）。②［山梨県三富村（現・山梨市）］『裏見寒話』には「川浦の釜」として笛吹川の釜について言い伝えがある。山で採った材木を川下に流すとき、この釜に流れ掛かれば水底へ巻き込まれる。酒一樽と赤飯一櫃を水神に献納すれば渦へ巻き込まれることはない（『甲斐路』九一、平一〇、七七—七八）。
（鄧君龍）

カミアシ

㊮カミヤシ 「化け物」「魔物」などと訳されるアイヌ語。方言あるいは話者によって「カミアシ」「カミヤシ」「カムヤシ」「カメアシ」などの語形がある。強調の意をあらわす「アラ（全くの）」をつけて「アラカミアシ」ともいう。日常会話や説話では、「こんちくしょう」のような、相手を罵る

か

語としても使われる。また、説話においては多くの場合、漠然と「化け物」を指す語として使われるようである。

⇨オコッコ、ようかいのこしょう

事例 ［北海道平取町］私の村の近くでは、見たこともない者が村長になっているという。その男は熊を送る（＝熊を殺して魂を神の国に帰す）際に、人間も一緒に殺しているという。そのように人間の風習を持たないものはカミヤシ（化け物）であるから、私はその男に罰を与え、地獄に落とした。と、石狩川中流域に住む男が語った（『萱野茂のアイヌ神話集成 四』平一〇、八-五一）。

（遠藤志保）

かみかくし【神隠し】

㊫かみがくし【神隠し】、きつねかくし【狐隠し】、こうじんがくれ【荒神隠れ】、てんぐかくし【天狗隠し】、ものまよい【物迷い】、やまかくし【山隠し】

人が不意に行方不明になったことを神の災いによるものとして言う語。古くは人や物が不思議と見えなくなることを指し、大蔵虎明が明正一九（一六四二）年に書写した狂言「居杭《いぐい》」では、天狗の隠れ蓑笠譚にあるように、人が透明人間となって姿を消すことを神隠しと呼んでいる。一八世紀後半編纂の『譬喩尽《たとえづくし》』でも、物が俄かに見えなくなることを神密しとしている。

現代語に近い用法は文化一一（一八一四）年刊の式亭三馬作『浮世床』二編巻之上に既に見られ、爺さまが鼻高さま（天狗）にさらわれて愛宕山や彦山、二荒山などを巡り、杉木の葉陰にいる話で使われている。民俗学では、柳田國男が明治四三（一九一〇）年刊『遠野物語』六～八話で、物に取られることや神隠しの話を挙げて以降、行方不明や山人の伝承全般に神隠しを探求する傾向にある。昭和元（一九二六）年刊『山の人生』では、発狂や精神錯乱による失踪や迷子を神隠しとの関連で説いたことから、狗賓や狐に誑《たぶら》かされることや、鬼や山人に取られることなども、一種の神隠しと解されるようになった。また、浦島太郎などの異界訪問譚も、主人公を取り巻いていた人々による受け止め方を想起すれば、神隠しの伝承として分析することができる。

こうした広義の神隠しから、その優しさを解読したのが小松和彦である（『神隠しと日本人』）。日本人は、失踪事件に神を介入させることで、生々しい現実の欲望や矛盾、悲惨さを覆い隠してきた。また、神隠しによって、人は一時的にでも、現実社会から隠れることを許されたのである。

⇨かくしがみ、かくしばあさん、かくしぼうず、かくれざとう、ことりばあ、てんぐ、よばわりやま

事例 ①［京都府久美浜町（現・京丹後市）］嘉永元年八月一九日、綱家の当主が氏神（熊野新宮神社）に背負われて山海を越え、国中の諸社を順拝したという。三日目に帰宅した。その翌年も同じ日に姿を消し、三日後に帰って来た（『季刊民話』一、昭四九、一〇-一八）。②［和歌山県上太田村（現・那智勝浦町）］明治三〇年、四八歳の女性が夫と娘を残して失踪し、一二日後に稲田の草部屋で発見された。女性は何者かに連れられ、海上を飛んで北海道へ行き、昨晩ここに落とされたという（『民俗学』二（九）、昭九、

三四-三六）。③〔滋賀県信楽町（現・甲賀市）〕伊勢に行った村人が帰って来なかった。不動さんの行者が聞いた神さまの耳うつしから、宮さまの木の上で服が発見された（『中京民俗』一四、昭五二、一五六-一六二）。④〔静岡県静岡市〕慶応末年頃、金比羅社の境内で遊んでいた男児が天狗にさらわれた。ふわりふわりと浮かぶように空に上り、風に吹かれるように山奥へ行ってしまった。少し口のどもる児で、一〇日目に戻って来たが、その後もたびたび連れて行かれた（『民族』一（四）、大一五、一八九-一九五）。⑤〔千葉県八千代市〕山の神のカミカクシにあった子供はこめかみにアザが出来る（『勝田の民俗』昭五八、五九）。⑥〔長野県下伊那郡〕下栗の人々は、神隠しに会った者は、柿ノ島の白岩に開いた底なし穴にはまって地獄まで行ってしまったのだろうと語り草にした（『あしなか』六二、昭三四、六-九）。（中山和久）

〔参考文献〕小松和彦『神隠しと日本人』平一四、角川書店。

かみかぜ【神風】

神が吹かせる風。

⇩かぜ、かみのたたり

かみきり【髪切】

江戸期の随筆にみられる、人に気付かれぬように髪を切る妖怪。狐や髪切虫という虫の仕業とする説もある。切られた髪には粘り気があり、臭気がすることがある。鳥山石燕は、ザリガニのような髪切虫を描いている。

⇩むしのかいい

事例 ①〔江戸紺屋町（現・東京都千代田区）、伊勢松坂（現・三重県松阪市）〕元禄の初め、夜中に往来の人が髪を切られる事があった。切られた人は気付かずに帰ってきた（『諸国里人談』『日本随筆大成 第二期二四』昭五〇、四五二-四五三）。②〔不明〕寛永一四年に髪切虫というものが流行した（『嬉遊笑覧』『日本随筆大成 別九』三四三-三四四）。（山田奨治）

髪切（「髪切の奇談」国際日本文化研究センター蔵）

かみだーりぃ【神祟り】

㊫かんぶり 奄美〜八重山の琉球列島地域におけるノロ・ユタなどの宗教的職能者が、成巫の過程で経験する心身異常。頭痛、幻覚、夢遊、皮膚炎、全身の倦怠や激痛など、様々な形で表れる。宗教的職能者になるべく、神など超自然的存在からの召命を受けている状態と考えられ、就任を受け入れると治る場合が多い。

⇩かみのたたり

事例 ①［沖縄県平良市（現・宮古島市）］二三歳の時から、大男の姿をした神が夢や幻覚に現れ、身体には肩凝りや震えが生じ、カミダーリィであると周囲からも言われた。神の命に従い、カンカカリヤー（ユタ的職能者）になるための知識と技術を学ぶと、夢の中で神から免許証を授けられた（『シャーマニズムの人類学』昭五九、二一九―二二一）。②［沖縄県竹富町］黒島《くろしま》のツカサ（女性祭司）が就任前に経験した、御嶽《ワン》の神と名乗る白髪の老人を夢にみた幻視体験や、ひどい頭痛は、カミダァーリィの症状として分類できる（『民族学研究』五二（四）、昭六三、四〇一―四〇八）。

（澤井真代）

かみなり【雷】

㊊いかずち【雷】、なるかみ【鳴神】、らいこう【雷公】、らいじん【雷神】　雲と雲、もしくは雲と地表との間に起きる放電現象。強い光と音とを伴う。雷は「神鳴り」であり、神々の仕業であるとされた。謡曲「賀茂」では、賀茂別雷命《かもわけいかづちのみこと》（上賀茂神社の祭神）の足音が雷として描かれている。

地「雨を起こして降りくる足音は。
シテ「ほろほろ。
地「ほろほろとゞろとゞろと踏みとゞろ
　かす。鳴神の鼓の。

また、雷は、雷神すなわち「カミナリサマ」をさすこともある。虎の皮を腰につけ、連鼓を背負ってそれを打ち鳴らす姿が一般的だが、この種の画像は六世紀の敦煌壁画にさかのぼることができる。その他『北野天神縁起』に描かれた菅原道真の眷属《けんぞく》の雷神、俵屋宗達の『風神雷神図』などが有名である。そのほか、猫、子犬、猿、鶏、火の塊などの姿かたちをしているとされる。特にイタチのようなけむくじゃらの獣とされることが多い。鋭い爪を持ち、落雷の後に爪痕があるという。眷属としての雷獣や雷鳥の存在も語られる。

雷除けとしては、獣の狩りのように、雷狩・雷獣狩がおこなわれる地方もある。

稲の結実時期に雷が多いことにより、雷の光は稲の実をつけるという信仰が古くからあった。そこから、稲の夫《つま》、稲妻《いなづま》という呼び名も生まれた。そこに雷＝雨という構図も加わり、雷神は農耕信仰の対象にもなる。落雷した場所に青竹をたて、しめ縄をはるという習俗も残る。

しかし一方で、平安時代後期、憤死した菅原道真が雷神となって、生前の政敵に災いをなすという逸話が生まれる。その頃から雷は、災いや祟りと強く関連して語られるようになる。雷除けの習俗も各地に残る。

雷除けの呪文としてよく知られる「くわばらくわばら」の由来は、「菅原氏所有の土地が桑原であった」「桑原の井戸で重源上人と老女によって雷神が懲らしめられた」など諸説がある。そのほか、「モチバシの木を小豆粥にさし、神棚に供える」「仏壇に線香をあげる」「節分の豆を食べる」「箒ではらう」「蚊帳に入る」などがある。

落雷の際、霹靂碪《へきれきちん》が落ちていることもある。ほかに雷墨、雷公墨、雷鑽などがある。また雷糞といって、麝香《じゃこう》の臍のようなもので良い香りがするものもあるという。雷糞には薬効がある。

⇩カンナカムイ、すがわらのみちざね、らいじゅう、らいふ

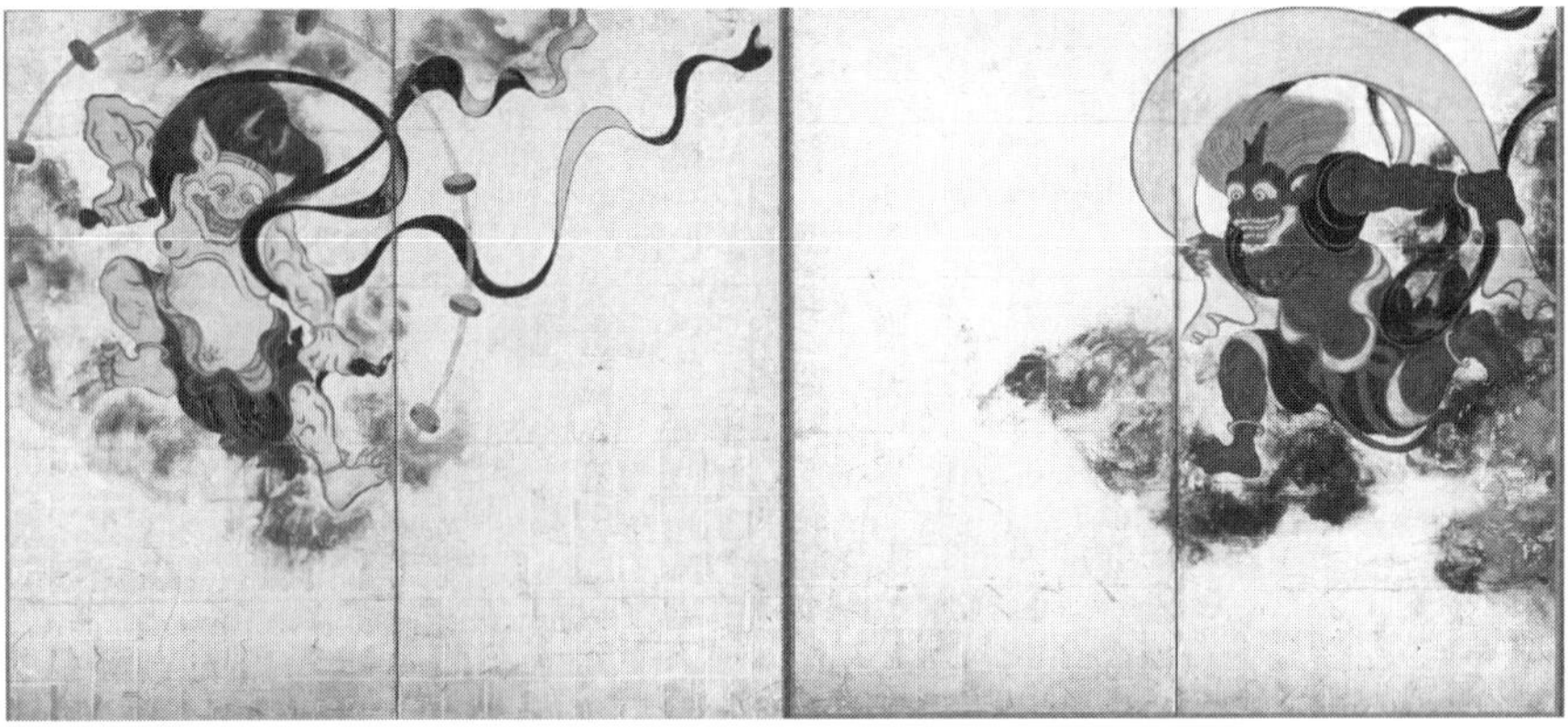

俵屋宗達『風神雷神図』(建仁寺蔵)

事例 ①〔京都府京都市鹿ヶ谷町(現・左京区)〕お宮の御旅所の松に落雷があったが、その雷は猫のようなもので、手に毛が生えていて、雲に乗って走り去った(『郷土趣味』三(三)、大一〇、四八)。②〔大阪府泉北郡〕桑原の井戸に落雷があり、村人がふたをしたら雷が苦しみ、二度とこの地に落ちないというので許された(『郷土趣味』三(三)、大一〇、四八-四九)。③〔大阪府〕秋篠寺におちた雷は、人間の臍《へそ》をとった罰として自分の臍をとられた(『郷土趣味』三(三)、大一〇、一-四四)。④〔静岡県〕雷が、二人の女のうち美しい女の臍だけを捕ってたべた。美しくない女の臍はまずいという(『日本民俗学会報』一三、昭三五、一一)。⑤〔宮城県〕雷が一回だけなら長雨、凶作、国の騒動、大雷は豊作、など(『宮城県史 二〇』昭三、一九六)。⑥〔徳島県徳島市〕落雷のあと、異物が落ちている。三味線のばちに似たものは霹靂斧《へきれきふ》、輪のようなものは雷環《らいかん》とよばれる(「卯花園漫録」『日本随筆大成 第二期 二三』六三)。

(永原順子)

〔参考文献〕「謡曲集(一)」『新編日本古典文学全集五八』。竹居明男編『北野天神縁起を読む』吉川弘文館。

かみのけのかいい【髪の毛の怪異】

女性の髪の毛には、その人の魂が宿っているとされ、抜け落ちた後も霊的な効果を持つとする伝承がある。

事例 ①〔大阪府大阪市〕墓地の生け垣の上に女の髪の塊が乗っていた。それがスウと動いて消えた。近くには年頃の娘の新墓があった(『郷土研究上方』七(七六)、昭一二、二四)。②〔秋田県角館町(現・仙北市)〕鳥の巣に使われた女の髪の毛が巣からフワリと落ちるとき、その髪の持ち主だった女は飛ぶ夢を見る(『旅と伝説』九(四)、昭一一、四七-四八)。③〔愛媛県松山市〕鳥が女の髪で巣を作ったら、髪の持ち主の女は狂人になる(『郷土研究』三(八)、大四、五八)。

(山田奨治)

かみのたたり【神の祟り】

㊫けち、しんばつ【神罰】、とがめ【咎め】

人間の過失、侵犯、穢れ、祭祀の不都合

などによって神霊が咎める形で災厄が起きること。また御霊《ごりょう》信仰の成立によって政治的な失脚者、冤罪をこうむったものの報復行為的な意味ももつようになる。しかし柳田國男、折口信夫の説によれば、タタリの原義は「タツ＋アリ」で、人間の側の予測を超えた霊的存在の意志が突発的に出現してくることを意味し、神霊からの厳罰や咎めというのは後発的な意義変化であるという。

文献上の「祟」の初出例は『古事記』中巻の垂仁天皇条。皇子のホムチワケが喋れなかったとき、天皇の夢に「出雲の大神」があらわれ、神殿が荒れ放題になっていることが会話不能の原因であると諭される。これは上巻の「国譲り神話」と繋がる。出雲のオホクニヌシは天皇の宮殿と同等の神殿で祭られることを交換条件に国の支配権を天つ神に譲った。その神代の約束を違反したことがホムチワケへの「祟」となったのである。出雲のオホクニヌシの「祟」は敗れた神霊の祟りとして、御霊信仰の先駆けという面も見える。

一方、皇祖神のアマテラスもたびたび天皇にたいして祟る。神亀六年（七二九）、聖武天皇が突然、発病したので、神祇官、陰陽寮で占ったところ「巽の方の大神」＝アマテラスが、死穢に触れて祟っていることが判明した。同様の事例は仁寿二年（八五二）、貞観一五年（八七三）、仁和三年（八八七）、寛平三年（八九一）など、天皇にたいする祟りが頻出する。これらはすべて伊勢内宮の神官・荒木田氏に伝来した資料『太神宮諸雑事記《しょぞうじき》』に伝わる。アマテラスの祟りが伊勢神宮内部の記録に伝わるのは、伊勢神宮に鎮座する神がつねに神意を発動し、メッセージを送ってくる「生きた神」であることを証すともに、そうした神霊を祭る神官たちのアイデンティティともなる。柳田・折口が説いたタタリの原義に近いところといえる。またアマテラスの祟りが必ず天皇本人に向けられるのは、先祖神が子孫に祟るという民俗信仰とも通じよう。アマテラスは天皇に祟ることで「皇祖神」たることを証明しているのである。ちなみに宮中では「御体御卜《おおみまのみうら》」という年中行事のなかで、年二回かならずアマテラスが天皇に祟ることが占われている。その秘儀は卜部から選出される宮主《みやじ》が伝える（『宮主秘事口伝』）。

民俗社会における祟りの事例は数多い。まずは岩や樹木などが祟る例など（事例①②③）。また特別な力をもつ宗教者と関わるものもある（事例④⑤）。ほかに土地そのものが祟るもの（事例⑥）もある。それらは土地神やさらに陰陽道の土公神信仰とも関わろう。また蛇や狐、犬などの動物霊の祟りの事例も多い（事例⑦⑧⑨⑩）。これらの動物霊の祟りは、また憑き物信仰とも繋がることが考えられる。憑き物としての犬神や蛇神などの場合は、それを使役している宗教者が呪詛として行使したことも考えられる。たとえば高知県香美市物部町の「いざなぎ流」では、「蛇式《じゃじき》の法」として蛇神を使役する呪法が伝わっている。また狐の祟りの場合は、それを占い判じるものも含めて、稲荷行者の活動が背後にあることが考えられる。「祟り」は、それを判断し、除き、鎮める役割までふくめて宗教者の活動と不可分にあることが重要であろう。アマテラスの祟りも、それを祭っている伊勢神宮の神官たち、あるいは占いの技術を伝える卜部氏と密接な関係をもつ。「祟り」の解明、除去は宗教者にとっての、その能力の自己証明ともなるのである。

ところで死霊の祟りは、六部殺しの祟り、旅の座頭殺しの祟り（事例⑪⑫）など近年になっても数多くの事例が採集されているが、家の先祖霊が祟った事例はあるものの（事例⑬）、意外と数は少ないようだ。おそらく民俗社会のなかでは特定の家の先祖霊が祟るということは記録には残しにくいのだろう。

⇩かみだーりぃ、かみのれいげん、ごりょう、しんぼく、たたり、めいどう

事例 ①［和歌山県清川村（現・みなべ町）］尼が残した小判を埋めた土地の岩を動かすと頭が痛くなった（『南部川の民俗』昭五五年度号、昭五六、四七五）。②［群馬県沼田市］迦葉山で「神のまれ木」「おぼしめし木」「神の遊び木」と呼ばれる樹木を伐採するときは神の許しを得る。それをせずに切ると、風もないのに家を揺るがされたとか、何かが飛んできた（『上毛民俗』四〇、昭四一、三七―三八）。③［京都府船井郡］神木とされた老杉を伐ったために祟りできこりの息子夫婦が相次いで死んだ。とくに三叉になっている「くせ木」なども神木とされた（『旅と伝説』一二（三）、昭一四、四三）。④［京都府亀岡町（現・亀岡市）］岩、樹木の自然霊の祟りの由来に安倍晴明が祈禱をして念がこもった樹木を傷つけると祟られる（『旅と伝説』一〇（九）、昭一二、七六）。⑤［福島県須賀川市］「貴人塚」の伝承では、南朝の偉人の塚の周りの樹木は切り込むと祟りがあった（『宇津峯山麓の民俗』昭三八、一二四）。⑥［群馬県］特別の理由で忌み嫌われる土地を「忌み田・忌み畑・たたり畑」などと呼ぶ（『群馬県史　民俗二』昭五七、三〇四）。⑦［新潟県佐渡郡（現・佐渡市）］子どもが腹痛を起こして手術したが、原因が不明。八海山の修験に見てもらうと、大事にしていた鳩を食った蛇を殺して腹を割いたことが判明。行者に蛇の祟りを除いてもらうと治癒した（『新潟県史　民俗二』昭五九、八〇八）。⑧［茨城県潮来市］犬を殺した老人の眼が見えなくなったので、犬の祟りであろうと道祖神を祭ったら治った（『海女部落と台地端の村と』三（三）、昭四二、七四）。⑨［滋賀県］狐を叩いたために祟りで死んだ男（『旅と伝説』一三（三）、昭一五、三一）。⑩［山形県西五百川村（現・朝日町）］先祖が狩人で狐を撃ったために病死したので、それからは稲荷を祀っている（『民俗探訪』昭和五六年度号、昭五七、八六）。⑪［宮城県本吉町（現・気仙沼市）］六部殺しの祟り（『小泉の民俗』昭和五六年度号、昭五七、四二一―四二二）。⑫［岐阜県山岡町（現・恵那市）］旅の座頭殺しの祟り（『中京民俗』一六、昭五四、二三四）。⑬［群馬県］子どもが火傷するのは仏様（ご先祖さま）を粗末にした祟り（『群馬県史　民俗二』昭五七、三〇〇）。

（斎藤英喜）

［参考文献］折口信夫「「ほ」・「うら」から「ほがひ」へ」『折口信夫全集　一六』昭五一、中公文庫。斎藤英喜『アマテラス』平一三、学研新書。柳田國男「みさき神考」『柳田國男全集　一五』ちくま文庫。

かみのつかい【神の使い】

㊫おつかいしめ【御神使】、おつかわしめ【御神使】、しんし【神使】　人間をこえた霊能ある存在、すなわち神に使役される動物。神によって使者となる動物は決まっている。使者となる動物自体が霊能ある存在とされ、信仰の対象となる場合もある。

⇩おおかみ、からす、さる、しろねずみ、しろへび、しんじゃ

事例　①［茨城県］虚空蔵菩薩《こくうぞうぼさつ》の使いは鰻であり、丑年生まれの人は虚空蔵菩薩が守本尊であるため、生涯鰻を食べない（『旅と伝説』一一(六)、昭一三、四-五）。②［岡山県久米町（現・津山市）］久米郡桑上貴布禰《きふね》神社の奥の院では、狼を祀っている。狼の好む塩が供えられ、信者は米を奉納し屋敷地に小祠を勧請して、病魔、災厄、盗難のないよう祈願する（『岡山県史　一五』昭五八、五一〇-五一二）。③［岡山県笠岡市］笠岡市北木島の氏神である諏訪大明神のおつかいしめは鱶《ふか》である。昔は三つの集落が一緒に神輿をかついだのだが、これらの集落が喧嘩して別に神輿を新調したところ、沖に鱶が現れ海が荒れ、赤痢が流行し神輿が出せなくなった（『岡山県史　一五』昭五八、五〇七）。

（後藤知美）

かみのれいげん【神の霊験】

㊫しんい【神威】、しんとく【神徳】、れいい【霊威】　神や仏、菩薩などがもっている不思議な力の験。人間の側が祈願することで現れる神仏の感応のことをさす。人びとが神仏にたいする信仰心をもつ契機として「霊験」が語られることが多い。したがって中国では『金剛般若経集験記』『冥報記』『三宝感通伝』などの霊験記が多く作られ、日本でも奈良末期〜平安初期に作られた『日本霊異記』以下、中世にいたるまで多数の霊験記が作られた。たとえば『日本霊異記』には、仏像を作り終えず捨てた木が人びとに踏みつけられているので「ああ、痛く踏むことなかれ」と声を発した。それを聞き取った禅師弘達がその木で「阿弥陀仏・弥勒仏・観音菩薩」などの像を作った（中・二六）という話。同様の霊験譚は寺院の本尊の縁起として広く伝えられている。また「弥勒菩薩」の像に祈願していた男の願いに応えて姿をあらわした（下・八）、観音の木像が「神力」を示した（中・三六）などの仏像にまつわる霊験譚も多い。民俗信仰の世界でも仏像の霊験譚は多い。事例①は「祟り」の伝承とも通じるものもあるが、一般に霊験があらたかなこと意味する「霊験掲焉」という用語（『今昔物語集』）や、仏・菩薩などの霊験が際立ったところを示す「霊験所」（『法華験記』）、また「霊験仏」という用語など、「霊験」の用語はどちらというと仏教サイドに多く用いられるようだ。

しかし神仏習合の時代、平安後期から中世にかけては霊験ある神々が土地の神社を超えて、各地方に勧請されていく神社勧請の由来譚となって広がった。たとえば『平家物語』には熊野社について「日本第一大霊験熊野三所権現」といった表現がでてくる。また八幡神の霊験が「武徳」にあるとされて、八幡神を信仰する武士たちが領内に八幡社を勧請したために八幡信仰が全国

に広がったともされる。

近世になると火難除けの愛宕神・秋葉神、疫病除けの祇園神・津島神、商売繁盛の稲荷神・恵比寿神などのように特定の祈願にのみ霊験をあらわす信仰が盛んになるが、それはまた一種の流行神の信仰とも結びついている。江戸時代に書かれた随筆などにそうした事例が多く伝わっている。事例②の話は疫神の牛頭天王伝承とも通じていよう。それまでは何もなかった街中のちいさな稲荷や地蔵、七福神が、巫女や童子にお告げがあって信仰したところ霊験があった。それが噂となって広がり、稲荷の祠や地蔵のもとに人びとが殺到したという事例が江戸の都市社会には多く見られる。流行神のパターンである（事例③）。

またそうした神仏の霊験は実はなんの根拠もなかったという例も少なくない（たとえば事例④など）。このような人びとの噂から「霊験」が広がっていく事例は江戸の社会では数多くあった。これらの事例からは、神仏の霊験とは庶民たちが諸々の神仏にたえず救済を求めていたことの証拠ともされる。霊験には「お札」が降ってきたというパターンも多い。その代表的な事例が幕末の伊勢神宮の「エエジャナイカ」。伊勢神宮のお札が降ってきたという霊験の背景には、室町時代に流行った「飛び神明」、つまりアマテラスの神霊が光りものとなって飛んでくるという霊験譚があった。

こうした霊験譚、流行神の信仰は、現代における「パワースポットブーム」にも繋がっているようだ。東京都千代田区の東京太神宮は、縁結びの神社として若い女性たちに流行っているが、ここで祈願して結ばれた人が多いという噂がもとになっている。現代では霊験譚の噂はインターネットの情報となって広がるのである。パワースポットと呼ばれる場所は神社の場合も、本殿の祭神とはまったく関係のない井戸や岩、樹木であることが多い。それは神社の神々が「管理」されてしまったことへの反発とも考えられる。管理された神社の祭神とは関係のないところに、その神社の神のパワーが噴出する形で、あらたな「パワースポット」が誕生していくのである。まさに現代における霊験といえよう。

⇒かみのたたり、しんぼく、たくせん、ふだふり、ようごういし

事例 ①［静岡県大日村（現・吉田町）］に、戦国時代に行方不明になった行基作の大日如来の像が、その後大井川で日輪の光をはなつ像として見つかった。しかしそれを発見した漁師が放置して帰宅したところ、翌日から高熱を発した。しばらくすると病人が「われは大日如来像である。引き上げて山に送り返せ」というお告げを発したので、その通りにすると病人は快癒した（『民間伝承』一〇（八）、昭二七、三六）。②［江戸巣鴨（現・東京都豊島区）］砂利場に住む国府安平という御家人の肉親に疱瘡を患う人がまったくなかった。その理由は安平の先祖が、元和元年（一六一五）のころ、一二月の晦日の夜にひとりの旅の童子を丁寧にもてなしてあげたところ、翌朝童子は自分が疱瘡神であることを打ち明け、子孫には疱瘡に煩うものはないだろうと約束して、織物の小袖を授けた。それが疱瘡から守ってくれる「守り」となったという（『古今雑談・

思出草子」『日本随筆大成　第三期四』四三―四四）。③〔不明〕寛政八年（一七九六）の秋ごろ、ある人が霊夢を見たといって椙田稲荷の近くに住む老婆に祈禱を頼んで以来、その稲荷は流行神となった。しかし無縁の人の参詣を断ったところ、とたんに流行は衰退したという（「梅翁随筆」『日本随筆大成一一』一二二）。④〔江戸本郷（現・東京都文京区）〕宝暦の頃（一七五一―一七六三）、本郷加賀屋敷の中間侍が古道具屋で釈迦の古仏を購入して部屋に安置し、供養していた。しかし仲間たちから馬鹿にされたので、古道具屋に引き取るように頼んだところ、いったん売ったものは買い戻せないと断られた。そこで中間侍は夢のなかで古仏が元の所に戻りたいとお告げがあったので、金はいらないから元に戻したいと嘘を語ったところ、店主は俗家に置けない霊験仏と思いこみ、近所の菩提寺へ祀りこめた。この話が広がって、しばらくは霊験あらたかな仏像として参詣者が絶えなかったという（『耳袋』三）。（斎藤英喜）

〔参考文献〕宮田登『江戸のはやり神』平五、ちくま学芸文庫。

かみをくれ【髪をくれ】

トイレに出る「カミをくれ」という声と手のみの怪。最後に話者が聞き手の髪をつかんで「お前のだ！」とおどす話になっている場合もある。

⇩がっこうのかいだん、べんじょのかいい

事例〔不明〕トイレに入っていると隣りから「カミをくれ」。紙を渡すがまた「カミをくれ」。ついになくなり、「ありません」と言うと「その紙じゃない、お前の髪だ」と毛を引き抜かれてしまった（『不思議な世界を考える会会誌』四三、平八、四五）。（渡辺節子）

カムイラッチャク

アイヌに伝わる怪火の一種。カムイは「神」、ラッチャクは「灯」（方言によってはラッチャコ）。山などに見え、疫病が流行しそうな時、それを人々に知らせるために神がともしていると考えられた。アイヌに伝わる怪火・怪光の伝承としては他に、札幌藻岩山にともるとされた「カムイスネ」（スネは「明かり」）という火や、駒ヶ岳の噴火などの際に現れる「イメル（光）」などが伝わっている。

⇩かいか、かいこう

事例〔北海道白老町〕昔は、白老から見て西にあたる登別温泉の方向に時々不思議な火が見えることがあった。カムイラッチャコと呼び、悪い疫病が流行する兆しを知らせるお告げとして、大いに警戒した。登別温泉の神は病気を治す神であるから、疫病が流行する兆しがあれば山に火を点じて、あらかじめ知らせて下さると言い伝えている。そのため、この火を見たら村中で集まって疫病除けの祈祷をした（『アイヌの足跡』平一五、八三）。（遠藤志保）

かむらーぐわ【カムラー小】

沖縄の伝承。井戸や水辺に棲む小人で、人を水に引き込むという。

⇩きじむなー

かめ【亀】

古くから神聖な存在であるとされ、吉凶と関わる事が多く、人々の関心を集めてきた。『日本書紀』、『続日本紀』において、天皇に霊亀が献上されたという記述が残されている。また、執権争いの時には両頭の亀が現れるとも言われる。

伝承においては、川や淵、海の主とされ、水神としての役割を持って語られる事が多い。網に捕まった亀を放してやると豊漁になった、海でおぼれた時に以前に助けた亀が背に乗せ、助けてくれたといった恩返しの話が多く報告されている。網や針にかかった亀に酒を飲ませて帰す、漁が悪くなるので漁の間は亀を見つけても食べてはいけない、という漁師の伝承も、水神信仰に基づくと考えられる。また、眼病を患い盲目となった男が、亀の背に乗り清水のそばに降りる夢を見て、実際にあったその清水で目を洗うと盲目が治ったとの話もある。

その一方で亀が人間に害をなす話も伝えられており、久留米地方では亀を「ガメ」と呼び、美人に好んで憑き、また飼っていた者が憑かれて病になるとされ、これを治すにはガメを神社の神池に放すとよいとされている。また、沼で漁をしている所に大亀が現れ、毒気のある息を吐き、人を殺したという話もある。

子どもが河童に捕られたので川をせき止めると亀がいたとする静岡県の話、水泳中の子どもが亀の仕業で溺死したとする岡山県の話から、河童伝承との関わりも見られる。

⇩うみがめ、かめいし、すいじん、すっぽん、どち

事例 ①［肥前国（現・佐賀県、長崎県）］「延宝五年一〇月に、肥前の唐津の海上にて人魚をとれり、又両頭亀をとれり。執権威を争へば両頭亀出ると古文にあり。又元亀二年霊陽院義昭公の、信長公にをしこめられしとき、両頭の亀出づ、先は不吉の例なり」（『嘉良喜随筆《からきずいひつ》』『日本随筆大成　第一期二一』一一七）。②［岡山県］亀や鼈《すっぽん》は水の主と考えられている。岡山城と後楽園の間にある旭川の淵では、以前よりよく水泳中の小児が溺死した。それらの死体の揚がった場合、いずれも肛門がすっぽんあきに開いていたのを、大亀がいてこんな業をするのだといっていた（『民俗』三（五）、昭三、一八六—一八七）。③［新潟県両津市（現・佐渡市）］昔、海老家の先祖が漁師衆を集めて船で沖へ漁に出ていると急に赤い霧につつまれて帰る方向がわからなくなってしまった。困っていると、大きな赤亀が浮んできた。この赤亀に導かれて赤亀岩のところまで無事たどりついたという。その後、祠同を建ててまつり、助けられた九月一日（旧八月一日）に村の人々が祭りを行い、海老家が代々モリ（鍵取）をつとめるようになったという（『新潟県史　資料編二二』昭五九、六七八）。④［岡山県岡山市］岡山県今保に大川という沼がある。これは笹ヶ瀬池が流路を変えたために出来た排水池である。今から六〇年も雨、この川（沼）を掘っていた時、一升徳利ほどもある頭を出して亀が浮かび上がったという。昔からここに大亀が住んでいて畳一畳もあると伝えられ、これがこの川の主だといわれていた。川を掘る時、い

つも雨が降るが、これはこの主の怒りの為とせられたという（『岡山民俗』一一一、昭五〇、八）。

（三好周平）

〔参考文献〕石上七鞘『水の伝承　民間信仰にみる水神の諸相』昭五四、新公論社。

かめいし【亀石】

㊫かめいしつるいし【亀石鶴石】　亀に似た石のこと。亀石が西を向けば大和の平野が湖沼になる、洗うと雨が降るなど、雨に関連する伝承がある。また石が成長する、泣くなどいう話が伝承されている。

⇩いしのかいい、かめ

事例　〔宮城県七ヶ浜町〕亀石は佐藤氏屋敷、鶴石は内海氏屋敷にあり、年々成長するという（『宮城県史　二一』昭三一、二三五）。

（高橋奈津子）

かも【鴨、鳧】

カモ目カモ科の水鳥の総称。水鳥は古来より、霊魂の具象した姿であるとされ、漂流神の信仰が遺されている地域がある。

⇩とりのかいい

事例　①〔群馬県〕高野辺左大将家成には先妻の娘三人と長子左少将がいたが、家成が留守のとき、後妻が娘二人を殺した。家成は山の池で殺された二人の娘が鳧に乗っているのを見た。この鳧は島になり、それが赤城山頂にある大沼の中の小鳥ヶ島だと言われている（『民俗学』三（一二）、昭六、六四）。②〔香川県三豊市〕蔦島に一羽の鴨が飛んできた。それを漁師が見ていると島に光り輝くものがあった。行って見てみるとそれは神様だったので、祀った。現在でも祭りでお供えする榊の木は蔦島に採りに行く。（『四国民俗』一一、昭五八、四）。③〔長門国豊浦郡（現・山口県下関市）〕亀山八幡宮で毎年三月一四日・一五日に豊浦祭がある。その祭の前後三・四日の間は鳧や雁は飛ばず、平家蟹は赤間関の海辺に上がるという。他の日にはこのようなことはないらしい（「年中故事」『続日本随筆大成　別一二』三三六）。

（森本恵一朗）

かものまくれ

奈良県天理市でいわれる、夜道で起こる音の怪異。夜道を歩いていると、急に空が暗くなり、鳥の群れが急降下をするような大きな音が頭の上から降って来てあたりを包み込んだかと思うと、すーっとそのまま遠のいていく。鳥の大群が出す音だといい、カモノマクレと呼ぶが、いかなる鳥の起こす怪異であるかは不明とされる。マクレは転落する（まくれる）の意味で、カモの大群が空から落ちてくるという意味ではないかと説明されている。夜に野外で不意に起こる大きな音への恐怖感から生まれた、音の怪異と言える。

⇩おとのかいい

事例　〔奈良県天理市〕風呂屋へ行く夜道などに考え事をしながら歩いていると、急に空が暗くなり、鳥が急降下をするような大きな音が頭の上から降って来たと思うと、そのまま遠のいていく。カモノマクレと言われ、鳥の大群が出す音だという（『民間伝承』三一（一）、昭四二、三二）。

（飯倉義之）

カヨーオヤシ

樺太アイヌの説話に登場する、山中などで名を呼んでくる化け物。アイヌ語樺太方言でカヨーは「呼ぶ、叫ぶ」、オヤシは「化け物」の意味。カヨーオヤシの呼びかけに答えてしまうと命が危ういという。なお、山びこのことは「イワハ」と言い、カヨーオヤシとはまったく別のものとして考えられていたようである。北海道アイヌにおいても同様に名を呼んでくる怪異「オハイヌ」があるが、こちらは特定の化け物の仕業とは見なしておらず、漠然と魔物やあの世の人が呼んだものだとされる。

⇩オハイヌ、こえのかいい

事例 ［ロシア連邦樺太］樺太アイヌの化け物で、カヨーオヤシというのがいる。山に狩りなどに行ったとき、どこかでオーイと呼ぶ声がする。うっかり誘い込まれて行ってしまうと、命が危ない（『アイヌ民譚集』昭五六、一八六）。

（遠藤志保）

からさでばば【カラサデ婆】

出雲地方の伝承で、出雲に集まった神々が帰る日（旧一〇月二六日頃）をカラサデさんという。夕方から夜にカラサデ婆がやって来るので、家を閉め切る。この晩に便所に行けば、カラサデ婆に尻を撫でられるという。サデルは方言で、引っ掻くなどの意味がある。

⇩かいなで、きょらいしん、べんじょのかいい

事例 ①［島根県］旧一〇月二六日をカラサデさんといい、この晩便所に行けばカラサデ婆に尻をなでられるという（『出雲民俗』二一、昭二八、二〇-二一）。②［島根県］カラサデさんの日には搗きたての餅を戸口に付け、外へ出ない（『民間伝承』一四（五）、昭二五、三五-三六）。

（山田奨治）

からす【烏、鴉】

スズメ目カラス科カラス属の鳥。主にハシブトガラスとハシボソガラスが日本に生息している。

神武天皇を先導した三本足の烏（八咫《やた》烏《がらす》）をはじめ、多くの地域において烏は神使・眷族ないし吉凶の兆とされている。特に熊野神社の御使いとして知られ、熊野の牛王宝印《ごおうほういん》の烏文字は、その誓約を破ると熊野の烏が死ぬとされ、その罰が破棄者に及ぶのだともいう。烏を神使とするのは熊野神社のみではなく、しばしば山の神の使いともされる。それらの地域ではこれを害さない。とりわけ、御鳥喰神事《おとぐいしんじ》・烏勧請《からすかんじょう》をはじめとする、儀礼の中で烏に供物を食べさせ吉凶を占う習俗に烏の神使としての側面が表れている。

一方、烏鳴きを凶兆とする伝承はひろく一般的である。烏を不吉な鳥とする意識は現在でも共有されている。特に近くに人死にがある兆とする場合が多い。鳴き方や鳴く場所、鳴く時間、烏の数などで予兆される内容が異なることもある。また、不幸のある当の家では、そのような烏鳴きは聞こえないともいう。烏の鳴き声の真似をすると烏のお灸（口角炎）が出来るという俗信も、烏を神聖視する心性の表れと見るむきもある。

⇩かみのつかい、からすなき、くまのごんげん、けんぞく、しろからす、とりのかいい、ににんぼうず

事例 ①〔奈良県奈良市〕暮れの餅搗きの際、赤い小さなカワラケに小さく切った餅を一二個載せて戸外の藁積みの上に置き、「カラコイ、カラコイ、モチヤルゾウ」と歌うと、不思議に烏がすぐ食いに来たという。同様のことは一帯で行われおり、烏は熊野権現の使いだと考えられている。物堅い老人などは烏がすぐ取って行けば喜び、遅いと気に病んだという（『奈良市史　民俗編』昭四六、五〇一）。②〔新潟県〕正月一六日をトキ日、又は仏様のトシトリ、仏様の正月、地獄の釜のフタのあく日、先祖正月、あるいは烏のトシトリなどという。精進料理を一人分膳にのせ烏に与える。この日のカラスをトキガラス・メイドガラスといい、この膳のものを食べぬと不幸なことがあり、食べれば今年の作がよいと、年占をしている（『日本常民文化紀要』一八、平七、五三）。③〔岡山県岡山市〕深田神社では、一〇月九日が祭りである。当人が祭りに先だち、本殿の屋根の上に供え物をのせる。すると、オドクウ様という烏が来てそれをついばむ。烏が供え物をとると世話人が太鼓を叩いて知らせる。これを「オドクウ様があがる」といい、周囲の者が「オドクウ様があがられておめでとうございます」と挨拶し、祭が始まる。烏が現れないと当人の精進が悪かったということで、再び当人を勤めるが、たいてい一時間も待てば烏が来るという（『岡山県史　一五』昭五八、五〇二）。④〔茨城県水戸市〕「烏なき」が悪いと死人がでる。ただし、その家の人にはきこえない（『なら』一八、大一二、七）。⑤〔鳥取県日吉津村〕烏啼きが悪いと死人がある。死人の際は墓所の方向で鳴き、お産の知らせは荒神の社から聞える（『民間伝承』一四（三）、昭二五、二六）。⑥〔奈良県丹波市町（現・天理市）〕烏がコカコカと鳴くと人が産まれ、カワイカワイと鳴くと人が死ぬ（『田舎』六、昭九、四六）。

（及川祥平）

〔参考文献〕新谷尚紀「人と烏のフォークロア」『ケガレからカミへ』平九、岩田書院。

からすてんぐ【カラス天狗、烏天狗】

㊮あおてんぐ【青天狗】、このはてんぐ【木の葉天狗】　鳶のような翼長六尺ほどの大鳥の姿とされることが多いが、くちばしをもつ真黒い顔ともされ、その造形はインドの神像に由来するともいわれる。仏門の者を堕落させる存在であったが、修験道の浸透とともに、山の守り神であり妖魔・悪疫を退治する力を持つと信じられるようになった。観音のお使いや屋敷神として祀られることもあり、ハラの神・ハッチョウの神・ゴンゲンサマとも呼ばれる。頭蓋骨や爪などが残されている。

⇩てんぐ

事例 ①〔静岡県大井川〕大井川に夜になると鳶のような翼長六尺ばかりある大鳥のようなものがたくさん飛んでくる。木の葉天狗の類らしい（『郷土趣味』一一、大八、五）。②〔岩手県平泉町〕中尊寺薬師堂の宝物のなかには、烏天狗の頭蓋骨がある。その特徴は、鼻らしきものがとても長く、頭部は人とかわらない位のものである（『郷土趣味』三（一二）、大一一、四〇）。③〔不明〕家康の頃、力自慢だった和尚のところへ大敵と勝負するのでその右腕を貸せという天狗が来た。切るには及ばず、ただ貸すと言えというので、貸すと言うと、右腕の力のみ借りていった。七日後、天狗は力を帰しに来て、お礼に天狗の爪をくれた（『旅と伝説』五（四）、昭七、一二―一三）。 （中村遼）

からすなき【烏鳴き】

類 **あれがらす【荒れ烏】、こうまれがらす【子生まれ烏】、さわぎがらす【騒ぎ烏】、しにがらす【死に烏】、つげがらす【告げ烏】**

烏が通常とは違う鳴き方をすることを、身近な人の死の予兆だとする俗信。烏がそのような鳴き声をすることを「烏鳴きが悪い」という。現在も多くの人が「烏鳴き」を気にしがちである。

烏鳴きは死ぬ当人や近親者には聞こえず、周囲の非血縁者にのみ聞こえるとする伝承も多い。また、寺の境内や特定の森、樹木などで鳴いた場合や、屋根の上を飛び越えて鳴いた場合を烏鳴きとする例もある。人の死ばかりでなく、災害や火災、荒天、赤子の誕生や来客の予兆とされる場合もある。

烏鳴きの俗信は、烏には人間の生死を予知予感する能力があるという民俗知識を背景とする。烏に限らず小鳥一般や蝶やトンボ、蜂などの飛来する昆虫は魂の導き手、あるいは魂の化身そのものとされ、この世とあの世を往復するものだと考えられてきた。とりわけ、その体色が僧衣や死穢を連想させる烏は、死を敏感に予知し知らせる鳥だと考えられたのだろう。

烏鳴きの際の鳴き声は、沈み込むように悲しく聴こえる、カァーカァーと尾を引いて哀しく鳴く、哀れそうにゆっくりと鳴く、ガアガアと騒ぐように鳴く、一声、あるいは三声のみ鳴く、お辞儀をしながら鳴く、ヘラヘラと笑うように鳴く、などと各地で異なり、「常とは違った鳴き方」という以上の共通点はない。

烏鳴きのような「予兆」は、実は未来の出来事の報せではない。災いに見舞われたあと、思い起こせばあれが「予兆」であったのか、と気づく場合が大半である。そうした出来事の積み重ねが伝承となり、多くの人びとの経験を通して結びつきが強化され、災いが予期される場合の解釈に用いられる。動物としてのカラスにはおそらく、人の生死や災害を予知する力もなく、また格別に常と変った鳴き方もしていないはずだ。知人に容体の思わしくない病人がいるなど、心に不安を抱えた人間の側が、烏の鳴き声に常ならぬ「予兆」を聴き取ってしまうケースが多い。「烏鳴き」の俗信は、聴く側の心の声が投影されているといえる。

⇩からす、しのよちょう、とりのかいい

事例 ①［埼玉県横瀬町］烏鳴きが悪いと人が死ぬ。烏がお辞儀する方角に葬式がある（『新編埼玉県史　別編二』昭六一、一二七）。②［滋賀県西浅井町（現・長浜市）］烏が悲しそうに鳴くのを「烏鳴きが悪い」といい、人が死ぬ予兆である。この鳴き声は他人には聞こえても、死者の身内の者には聞こえない（『成城大学民俗調査報告書』九、昭六一、七九）。③［島根県出雲市］善哉寺の松の木で烏が鳴くと人が死ぬ。または人が死ぬと松で烏が鳴く（『成城大学民俗調査報告書』一〇、昭六二、五六）。④［福井県名田庄村（現・おおい町）］烏が屋根に止まって長く尾を引いて鳴くのは「シニガラス」といい、その家の誰かが死ぬ兆し。ギャアギャア賑やかに鳴くのは「子生まれガラス」といい、どこかで子供が生まれた兆し（『福井県史　資料編一五』昭五九、二〇一）。（飯倉義之）

〔参考文献〕鈴木棠三『日本俗信辞典』昭五七、角川書店。常光徹『うわさと俗信』平九、徳島新聞社。

からすへび【烏蛇】

色彩変異で黒色になった蛇をカラスヘビと呼ぶ。黒色に変異した蛇には、特別な力があるものと考えていた。馬具を投げるとどこまでも追ってくる。また打ち殺そうとして、危害を加えられるなどの伝承が残されている。

⇩へび

事例 ①［愛知県長篠村（現・新城市）］寺の小坊主がカラスヘビに馬の沓を投げたところ、ヘビが追いかけてくる。小坊主は寺の本堂に逃げ、箒で打ち払った。すると小坊主は発熱し、ついには死んでしまった（『郷土研究』三（二）大四、五四-五五）。②［愛媛県］カラスヘビに追われたときは竈の上に逃げるとよい。荒神様の力で蛇は危害を加えることができない（『郷土研究』四（四）大五、六一-六二）。③［愛知県南知多町］むかし大きなカラスヘビが棲んでいて、村を荒らしていた。困った村人は、山にカラスヘビを祀り、烏蛇明神として崇めた。すると、被害は治まり、作物が実るようになった（『みなみ』七一、平一三、六一）。（金子祥之）

がらっぱ

㊩はんざどん　河童の別称とされるが、正体を渡り鳥のトラツグミと伝える地域もある。背が低く、座ると膝が頭よりも高くなるのが特徴である。頭の皿にある水が無くなると力を失う。いたずら好きで、人に相撲を挑んだり、馬や人を川に引いたりする。仏壇に供えられた仏飯を食べると引かれないという。金物を嫌う。ピーピーやヒョウヒョウと鳴きながら川に沿って、春の彼岸に海へ下り、秋には山に登っていくとされているが、その姿は見える事がない。

⇩かっぱ、かわんとん

事例 ①［鹿児島県指宿町（現・指宿市）］この地方では、河童の事をガラッパと呼ぶ。ガラッパはヒョウヒョウという鳴き声をあげながら、一年に二回、春と秋の彼岸の頃に山と海の間を川に沿って往来する。春の彼岸の西風の夜に海へと下り、秋の彼岸の頃に山へと帰っていく（『薩南民俗』四、昭二九、四八）。②［鹿児島県志布志町（現・志布志市）］仏壇のご飯を食べると、線香の匂いがして、仏様が来ると思い、ガラッパから守ってもらえる（『民俗採訪』昭和六三年度号、平一、一七七）。（三好周平）

がらんこうじん【伽藍荒神】

南九州などで屋敷地や村の小祠などの聖地をガランといい、侵す者には病や火災などの災いがもたらされる。岡山県では荒神の一種としてガラン荒神・ガロン荒神が知られる。

⇩こうじん

事例 ［鹿児島県郡山町（現・鹿児島市）］集落の山裾にガランがある。威の強い十六人の神が宿り、女性は立ち入れない。ガランのすぐ下の工事で五輪塔を掘り出した人が頭痛を起こしたことがある（『民間伝承』三一（三）昭四二、一四六）。

がらんぼ

主に近畿地方で呼ばれている河童の別称。童子の姿で、頭上に皿があり、手足には水掻きがある。沼や川に現れいたずらをする。胡瓜が好物である。

⇩かっぱ、ごらんぼー

事例 ［和歌山県本宮町（現・田辺市）］大塔山には、ギャーと大声を出すと、向こうの方からギャーと大声が返ってくる所がある。これはガランボが大声を出していると言われていた（『近畿民俗』一〇一―一〇三、昭六〇、二七一）。

（保科友希恵）

かりこぼう【かりこ坊】

㊮かりこぼうず【カリコ坊主】 山に住む子どもの姿をした妖怪。山の神と同一であるとも伝えられ、宮崎県の児湯郡などでは河童をカリコボウと呼ぶ。通常では考えられない素早い移動をしながら、ホイホイと澄んだ声で鳴く。いたずらが好きで、話し声や木を切り出す音、崖崩れや鉄砲の音を真似て人を驚かせるが、カリコボウの出す音は響かないのですぐわかるという。

⇩かっぱ、ほいほいどん、やまのかみ

事例 ①［宮崎県西米良村］カリコボウに対して不遜な振る舞いをすると、大木を倒す音や山崩れの音を出されたり、土砂や石を撒かれたり、家を揺すられたりするという（『宮崎県史　資料編　民俗一』、平四、六一九）。②［宮崎県］かりこ坊とは河童の異名であり、山の神と同一だという信仰が強い。ある人が夕暮れに山道を歩いていると、つむじ風のような空気の塊がシャーシャーと響きながら川に飛び込んだ。かりこ坊は川へ入って水神、山に登って山神ということらしい（『宮崎県史　別編　民俗』、平一一、三六―三七）。

（岡田浩司）

かわうそ【獺、川獺】

㊮かねこ【川猫】 全国各地で、カワウソに関する神秘的伝承が語られている。魚が好きで、夜、魚釣りなどに行くと、いつの間にかびくの魚を食べられている、いかだの竿にぶらさげておいた魚が、帰って来てみると無くなっている、カワウソが通ると川魚がみんな食べられてしまい、一匹もいなくなるといった話がある。

狐狸と同様に化けるとされ、しばしば二〇歳前後の娘や小童になると言われている。縞模様の着物を着て現れる事が多く、その縞はどんな闇の夜でも鮮明に見えるのが特徴であるとされる。これを判別する際には「誰や」と問いかけるとよい。人間であれば「おらや」と答えるが、カワウソは「あらや」と答える。

大坊主に化ける事もあるが、この時に上を向くと背がどんどん伸びてしまうので、足元を見なければいけないとされる。足元を払うと消えると言われる。川で死人を洗っている姿に化ける事もあり、これを見た人は直後に死亡したという伝承がある。

幻を見せて人をだます事があり、人家の無い所に人家が現れる、逆に人家があるはずなのに見えなくなる、ごちそうだと思って食べたものが馬の糞であったなどという話がある。

河童の同類と見なす地域もあり、カワウソと相撲を取った話、捕まえたカワウソの頭をしゃもじで叩いた所、頭の鉢に水が入り、カワウソが元気になって逃げ出したという話、川に遊びに行くとカワウソに尻を抜かれる話が伝えられている。

また、川の向こうに火が見え、歩くとついて来て、止まると火も止まる。火に向かって石を投げても何事もない。また、遠くから見ると火が燃えているのが見えるが、行ってみると燃えた様子は何もない。これをカワウソの火と呼ぶ。

⇩うみかぶろ、かっぱ、こってんぼうず、やまじょーろ

事例 ①［茨城県美和村（現・常陸大宮市）］カオス（川うそ）というのがよく人をだました。足の短い、胴の長いイタチのようなもので川にもぐって魚をおさえて食べる。夜、魚とりなどにいくと、いつのまにかカオスにびくの魚をとられてしまっていたりした（『民俗採訪』昭和五七年度号、昭五八、一六八）。②［愛媛県伊予市］伊予市福田寺の中門に雨のしとーと降る梅雨時分の蒸し暑い晩にタカタカ坊主が出たという話を子供の頃、父親から聞いて気味悪かった。或る晩、中門の戸がドンドンたたかれるので開けると高下駄をはいた小僧がいる。顔をみるとずんずん背が高くなるので「高いねや」というと低くなる。それで「低くなったのう」というと今度はどんどん高くなる。伸びきった頃を見計らって棒で足を払うとギャッと叫んで一匹のカワウソになり、そこそ竹藪の中へ逃げて行ったそうな。最近、父に確かめると、この話は自分の母（私の祖母）から聞いたという。祖母の里は北条市である。北条のカワウソが若い日の祖母とともに伊予市まで嫁入って来たのであろうか（『伊予の民俗』三九、昭六〇、一九―二〇）。③［愛媛県宇和島市］後ろから付いてきて人を化かしたりする。カワウソに会った時は下を向いた方がいい。上を向くとカワウソが大きくなる（『常民』二一、昭六〇、七三）。（三好周平）

〔参考文献〕阿部主計『妖怪学入門』昭四三、雄山閣出版。

かわうそ（アイヌ）【川獺】

アイヌ語ではエサマン。このアイヌ語名称がシャーマンと関係するという説もあるが、説話においては、あまり良い役回りでは登場しない。たとえば、人間に化けて人間の娘を嫁にもらおうとするが見破られて失敗する話がある。この話では、元がカワウソであるために、男の肌の色は黒いという。また、物忘れが激しい動物としても有名で、それにかかわる伝承も少なくない。

事例 ［北海道虻田町（現・洞爺湖町）］私たち夫婦は裕福だったが、子がなかった。子供が授かるように神に祈ると、上半身がカワウソで、下半身が人間の子供が生まれた。これはカワウソが私の命をとりたくてやったことだろうと思ったので、川に行きカワウソを退治した。すると、殺したカワウソが私の夢に現れて謝罪し、「お前の子供は自分が引き取って育てる」と言う。その次には立派な子供が授かり、幸せに暮らした。と、ウラシベツの男が物語った（『アイヌ民話集』昭五六、八七―八九）。（遠藤志保）

かわこ【川コ】

㊈えんこ【猿猴】、かわそそ【川ソソ】 川の神。河童のこと。頭に皿があり、皿を取ると力を失ってしまう。普段、川スソという神がカワコに乗っているので悪さをしないが、六月三〇日は放している。この日に川に入ると、肛門から手を入れて臓物を引き出されてしまう。

⇩えんこう、かっぱ

事例 ［島根県都万村（現・隠岐の島町）］川子淵のそばに馬を繋いでいたが、カワコが馬を引いて行こうとして、逆に引きずられて頭の骨を折った（『民間伝承』二五（二）、昭三六、七七）。

（磯貝奈津子）

かわこぞう【川小僧、河小僧】

川や淵などの水界に棲む妖怪。全国的には「河童」の呼称が知られているが、静岡県や愛知県などでは「川小僧」と呼ぶ例が多い。人間と親しくしており、囲炉裏にあたったり、夏など夕立が降りそうになると洗濯物のとりいれを手伝ったりするという。一方で「祇園祭の日に水を浴びると川小僧がシンノコを抜く」などという。また大きな煙管で殴ろうとしたら、逆に投げられたともいう。

⇩かっぱ、かわぼうず

事例 ①［静岡県引佐町（現・浜松市）］久留米木には河小僧がいて、夕立のときに部落の干し物をしまう手伝いをした。村人と仲がよくなったが、タデ汁を村人に飲まされ、死んでしまった。葬ったところから泉が湧き出た（『中京民俗』一七、昭五五、一五二―一五三）。②［愛知県三輪村（現・設楽町）］豪胆な鬼久右エ門という男が淵で川小僧に出会った。大きな煙管で殴ろうとしたら、逆に川小僧に投げられた（『設楽』一三、昭一〇、四二〇）。

（玉水洋匡）

かわじょろう【川女郎】

香川県に特に伝承される。大雨が降って川の水かさが増えたとき、川で女の泣くような声がする。それが川女郎の声だといい、家や赤ん坊が流されてしまうために泣くのだという。川女郎は山姥が川にいるときの呼称とされ、綺麗な女の姿であるとも、馬鍬のような歯をした老婆だとも伝えられている。

⇩かわひめ、やまんば

事例 ①［香川県琴南町（現・まんのう町）］川女郎は川岸の岩と岩の間に子をもうける。川幅いっぱいに水があふれそうになると赤ん坊が流されてしまうといって泣く。サバエ髪の川女郎と行き会うと、馬鍬のような歯を出して笑う（『香川県史 一四』昭六〇、五九六―五九七）。②［香川県満濃町（現・まんのう町）］大水が出て堤が切れそうになると、「家が流れるわ」と人のように泣く（『讃岐民俗』二、昭一四、四）。③［香川県坂出市］カワジョロは人が通りかかると川のなかへ引っ張り込もうとする（『香川の民俗』五四、平二、一八）。

（中村祥子）

かわてんぐ【川天狗】

㊈かわてんごう 川や滝に出没する天狗。女天狗で鼻が低くやさしいともいう。何にでも化けることができ、大きい人間の姿や恐ろしい声で脅すこともある。火の玉を

操って漁の邪魔や魚を奪うなどの悪戯をする。往来を猛火で通れなくした際には、草履を頭に被って謝ると通ることができるという。何にでも化けることができ、河童のことを川天狗と呼ぶ地域もある。

⇨てんぐ、かっぱ

事例 ①［山梨県上九一色村（現・甲府市、富士河口湖町）］夏の夜、清進の者二人が湖水の中の島へ鯉取りに行った。投網を打っていると、一人の子どもが湖水の中を歩いて渡ってくる。湖水は深くて立って歩ける筈はない。二人が見ていると子どもが湖水を横切って行ってしまった。これも川天狗ではないかということである（『甲斐路』二四、昭四八、四二–四三）。②［東京都］川狩に行った帰り、提灯がこちらに近づいてきて話し声もするので隠れると、間近に来て提灯の火は消え声もしなくなったので、不思議に思い帰宅してみると、魚がすっかり捕られていた（『郷土研究』七（六）、昭八、五七）。（中村遼）

かわのかみ【川の神】

川に住む神であり、水害や火難を防ぐとされるが、河童のような水怪の属性を担う場合もある。茨城県つくば市では、二月一日に柿餅を作り川に流すが、これは水難よけのためにカワ神様（河童）に供えるものだという。また長崎県壱岐市では、川の神がひょうひょうと言いながら通るというが、同地ではこれを河童の鳴き声と考えることもある。

⇨かっぱ

事例 ①［長崎県壱岐市］雨の晩にひょうひょうと言って通るのは川の神である。大勢連れで、高帽子をかぶっている。袖口から覗くと見える（『民俗学』一（二）、昭四、三七）。②［熊本県多良木町］幼児のピンタに毛を少し残すのは、川にはまったとき、川神様がひっぱってくれるため。川神様は金物が嫌い。またハツチギリの茄子はカワンタロウにあげるといい、そうしないと茄子に川神様の爪あとがつく（『民俗学評論』昭四五、二九–三八）。（三柴友太）

かわのぬし【川の主】

⇨ぬし

かわのひと【川の人】

㊟かわんし【川主】、かわんひと【川人】、かわんもん【川者】　主に九州地方における河童の異称の一つ。また、忌詞《いみことば》としても用いられる。春の彼岸に山から川へ下り、秋の彼岸に山へ上がるという地域もある。人に災いをもたらそうとすることもある。

⇨かっぱ

事例［宮崎県延岡市］カワノヒトが秋に山に帰る際、通り道である山の尾根に家を建てると、七代先まで祟られる（『日本民俗学』一二三、昭五六、三二）。（小澤葉菜）

かわひめ【川姫】

水に縁のある化け物で、いつの間にか美女が現れ、これに心を動かす者は精気を抜かれてしまうという。

⇨かわじょろう、はしひめ

事例［福岡県築上郡］村の若者が水車場に集まっている時などに、いつの間にか水車の影に美女が立っている。それを見つけ

ると、その場にいる年寄りが合図をして、皆下を向いて息を殺すという（『民間伝承』四（七）、昭一四、六）。　（山田栄克）

かわへび【川蛇】

一般的にカワヘビという場合、タウナギの別称として用いられる。伝承として残されてきたカワヘビには、川の淵に棲み人を川に引き込むものとされ、しばしば河童と混同して伝えられている特徴がある。川に引き込まれ溺れると、「カワヘビにやられた」といった土地もあった。人を引くときには尻尾を巣穴や石垣に掛けて引き込むから、抵抗できないのだという。溺死者の尻に穴があいていれば、その穴からカワヘビが腹に入った証拠であるとされる。

⇩かっぱ、へび

事例 ①［長野県稲荷山町（現・更埴市）］投網に直径三寸長さ七尺の川蛇がかかった。河童が尻の子を抜くのは、この川蛇が引きずり込むからだという（『民族』二（五）昭二、一五三-五四）。②［沖縄県］尚巴志王の頃、蔡譲は中国へ旅立った。途中、台風で船が難破するが、亀と鱣（かわへび）が現れ命を救われる。恩に感じて、蔡氏一族は鱣の肉を食べなかった（『旅と伝説』八（五）昭一〇、一八）。　（金子祥之）

かわぼうず【川坊主、河坊主】

川に住み、時折川から出て来て人に怪異をなす妖怪。愛知県の伝承では人に化けて仕事をし、えんどう豆を嫌う。無理に食べさせると、大鯉の正体を現して死ぬ。また長崎県の伝承では、川の飛び石を渡っていると現れ、タイマツを吹き消す。逃げようとすると、後ろから帯を強く引っ張られる。山形県の童謡「蛇遊び」にその姿が見られ、海坊主と共に生きた蛇を食べるという。

⇩うみぼうず、かっぱ、かわこぞう

事例 ①［長崎県有喜村（現・諫早市）］乙市という有喜村の鍛冶屋が帰宅する際、河の飛石を渡っていた。すると河の中から河坊主が出て来て、つけていた松明を吹き消した。乙市が逃げようとすると、後ろから帯を強く引っ張られた（『民俗学』三（一）、昭六、五二）。②［愛知県小原村（現・豊田市）］人に化けた川坊主に、嫌っているえんどうを無理に食べさせると姿を見せなくなる。淵を見に行くと大鯉が死んでおり、腹を切り開くと中からえんどうが出てきた（『中京民俗』二五、昭六三、一一六）。　（五十嵐大晃）

かわぼたる【川蛍】

千葉県印西市で見られる怪異で、蓑火《みのび》の一種と考えられている。蹴鞠《けまり》のような大きさで、蛍の光の色に似ており、夏秋の夜に出現し、雨の降る夜は特に多い。水上から約三〇センチから約六〇センチの高さを浮遊しているが、逃げる時は矢のように速くなる。川蛍を追い払おうとして叩いたりすると、砕け散り舟に火をつける。その火のもとになるものは、大変生臭く、油や阿《あ》膠《きょう》（上質の膠《にかわ》）のような粘液状で、光沢もあり洗っても落ちない。

⇩かいこう

事例 ［千葉県印旛村（現・印西市）］夜中、二人が釣りに出たら、突然嵐のような天気になり、やがて周りは真っ暗になった。そのとき、水中より青い火が燃え上がり、一人の舟の方に近づいてきた。目をつぶって念仏を唱えたら消えた。翌日、漁師に話を聞くとこのようなカワボタルが出る事は常のことであるとわかった。もし追い出そうとして叩いてしまったら、砕け散って舟に火をつける。単なる炎ではなく油のようにぬるぬるして落ちないという（『利根川図誌』安政二）。（阿部宇洋）

かわみさき【川御崎】

㊩かわしりょう【川死霊】 川で死んだ人が祟る怪異。川に行く人間を襲って疲労させたり、取り殺したりするという。

⇩みさき、やまみさき

事例 ①［徳島県三名村（現・三好市）］川で急に疲労を覚えると、川ミサキにつけられたという（『旅と伝説』一六（三）、昭一八、二四）。②［長野県遠山村（現・飯田市）］川死霊は、一人殺すと神様の弟子になれる。川で人が死ぬと「川死霊にとられた」という（『あしなか』六八、昭三五、九）。（廣田龍平）

かわやがみ【厠神】

⇩べんじょのかいい

かわらんべ【河童】

㊩がわら【河童】、かわらんべー 河童の別称として伝えられ、人間を川に引きずり込んだり、尻子玉を抜いたりする。一方で膳を貸したり人の手伝いをするとも伝えられる。ヒュウヒュウ、ヒヨリヒョリと鳴くと言われる。塩気の物、蓼を嫌う。

⇩かっぱ

事例 ［愛知県富山村（現・豊根村）］淵のそばの橋で、膳を貸してくれと河童に頼むと岩の上に並べてあった。ある人が河童の嫌いな蓼をあげてしまい、河童は血の泡を吹いて流れ、膳は借りられなくなった（『長野県史 民俗編二（三）』平一、五九四-五九五）。（三好周平）

がわろ

㊩かーぼーざー、がいたろうぼうし、がおら、かおろ、がしら、がらぼし、がわいろ、かわえろ、がわる、かわろ、かわろう、がわろー 岐阜県や南九州での河童の別称。顔は魚、手足はイタチに似る。頭には毒の入った皿をのせている。丘に棲み、水中を泳いで魚を食う。瓜が好物。金物を怖がる。「イヤーイヤー」という猫のしゃがれごえに似た声を出す。秋になると「ヒヨリヒヨリ」と鳴きながら山に入る。とても力が強く、よく子どもに化けて相撲を挑む。川に引きずり込み水死させると同時に人の肛門を抜き取る。

⇩かっぱ

事例 ［岐阜県洞戸村（現・関市）］川に、瓜を食べてから行くと、ガワイロにケツノコ（肛門）を抜かれる（『常民』二四、昭六二、八五）。（中村遼）

かわんとん【川ん殿】

㊩がらんでんどん、がらんどん 鹿児島の河童の神で水神といわれる。荒神で木や枝を取ると祟る。祭りを正月五日に行い、赤飯の握り飯や小さい餅を供えて祀る。

⇩かっぱ、がらっぱ、こうじん、すいじ

ん

事例 ①［鹿児島県伊集院町（現・日置市）］昔、大島神社の神が河童を集めて悪戯をしないよう約束させ、石にその文字を刻んだ。この石が「ガラン田」にあるため、河童はここで暴れることができない（『民間伝承』三一（三）、昭四二、一四五-一五〇）。②［鹿児島県東郷町（現・薩摩川内市）］ガランドンは小さい石祠で、正月五日に祭りを行う。小さい餅を一二〇ほど作って供えたのち、その餅と銭を撒く（『民間伝承』三一（三）、昭四二、一四七）。③［福岡県直方市］かわんとんの墓という石墓がある。河童と相撲をとって勝ち、打身・捻挫の薬を教えてもらったと伝えられる（『福岡県史　民俗資料編二』昭六〇、四〇六）。（磯貝奈津子）

がんのかいい【龕の怪異】

沖縄県にある怪異。ガン（龕）とは沖縄の葬具の一つで、棺桶を乗せて担ぐ神輿のようなもの。朱塗りで彫刻や仏画が施される。沖縄では、ガンや棺桶が人を化かすといわれる。動物に化けることが多く、手に入れた牛やその角、鶏などが、夜が明けるとガンやその飾りになっている。ガンは死人を運ぶので、精霊がこもりやすいと考えられた。そのため、年に一度はガン祝いといって供養したという。古くて不要になったものも、ユタ（巫女）などによって供養された。

⇨きぶつのかいい

事例 ［沖縄県沖縄市］葬具のガンが妖怪になる。夜中に男を呼ぶ声がし、外へ出てみると牛が襲ってきた。両角をつかみ一晩中押し合っていたが、夜が明けるといつのまにかガンに姿を変えていた。また棺桶のきれっぱしは小さい子豚の幽霊になるという。鳴き声からヂーヂー子豚というが、悪さはしない。捕まえたがいつの間にか、棺桶のきれっぱしになっていた。以後、それを焼き捨てるようになった（『南島研究』三九、平一〇、九）。（山口拡）

かんごふのゆうれい【看護婦の幽霊】

夜の学校に現れ、見た人を追いかけてくる。車いすやストレッチャーを押していることが多い。追いかけられた人がトイレの奥の個室に隠れていると、個室のドアを開ける音が聞こえるが、隣まできて音がやむ。安心してふと上を見ると、ドアの上から看護婦が見下ろしている、という怪談。学校の場所が昔は病院だったから幽霊が出ると理由づけされることもある。神社や公園で丑の刻参りをしている女を目撃して追いかけられるという話も同様の展開であるが、こちらは幽霊ではなく、生身の人間であるようだ。

⇨がっこうのかいだん

事例 ［不明］夜おそく、ある生徒が学校へ忘れ物をとりに行った。忘れ物をとって急いで帰ろうとしたら、向こうの方から車椅子をひいた看護婦さんが近づいてきた。生徒はこわくなってにげたが、追ってきたので、トイレの個室に隠れて身をかがめていた。看護婦の足音はトイレの中まで聞こえたが、途中で静かになった。もう大丈夫かなと思って上を見ると、看護婦が個室の上からのぞいていた（『不思議な世界を考える会会報』五三、平一五、六八）。（岩倉千春）

か

かんごろうび【勘五郎火】

愛知県の青木川に夏に出る怪火。この火には次のようないわれがある。貧しい勘五郎は他人の田んぼから水を引いて盗んでいるところを見つかり、隣人に殺されてしまう。母は勘五郎を探すが、ついに勘五郎は見つからず、後追いをする。二人は火になり現れるようになったという。

⇩かいか

事例 ［愛知県］勘五郎とその後を追った母の陰火は、夏の夜の橋爪田圃に永く根を引いている（『郷土趣味』四（八）、大一二、二〇-二一）。（熊倉史子）

かんころぼし

㊮かんからこぼし　三重県における河童の異称の一つ。人の尻や肝を抜くといわれ、天王祭など決まった日が過ぎるまでは川で泳いではいけないという。

⇩かっぱ

事例 ［三重県南勢町（現・南伊勢町）］子供が水死すると、カンコロボシに尻を抜かれたなどといった。桂雲寺の縁日にお札を買い、小さく丸めて竹の皮で包み、紐を通して首にかけて泳ぐと溺れないとされた（『中京文化』二、昭四一、七四）。（小澤葉菜）

カンナカムイ

アイヌにおける雷の神。カンナ「上方の」カムイ「神」の意味で、普段は天の世界に住む。巨大な蛇のような姿であるともいわれ、竜と同一視されることもある。人間の世界ではシンタ（ゆりかご）という空飛ぶ乗り物で移動し、それを叩くことによって雷鳴が轟くという。

⇩かみなり、りゅう

事例 ①［北海道二風谷村（現・平取町）］私は人間の村を見に行った。沙流川中流の村の人は私に向かって恐れ謹むが、次の村の人は「なぜ雷の神が通るからって、自分の仕事を中断しなければならないんだ」と文句を言う。私が怒ってシンタを打ちつけると燠《おき》の虹が降り、村は焼けてしまった。と、雷の神が語った（『神謡・聖伝の研究』昭五二、三五一-三五三）。②［北海道平取町］雷の神が神の国で結婚相手を探したが見つからず、人間の国に美しい娘がいたので嫁にしようとする。彼女には許婚がいたので二人の仲を裂こうとするが失敗。謝罪して娘を一生守護することを約束した（『炎の馬』平一〇、一〇二-一〇九）。（遠藤志保）

かんのん【観音】

観世音菩薩の略で、仏教の諸菩薩の一。法華経等の経典に見え、平安初期の『日本霊異記』は観音霊験譚を収めるなど、日本では現世利益的・密教的受容がなされた。観音信仰は以後民衆に流布し、様々な霊験や伝承を由来とする観音が全国に祀られる。民間信仰では観音霊場や観音講などが作られ、また正式な仏典に基づかない魚籃観音等の造像も生まれた。

⇩こやすかんのん、ばとうかんのん

事例 ①［福島県相馬市］夕顔観音は夕顔に乗って海上を漂い、磯部の浜の鵜の尾岬についたという。そして村人の夢枕に立ち、白河の浜に着いたから上の山に祀ってくれと告げた。祀るとその傍に小石が生まれ出たので、お産の神として参詣が絶えないという（『福島県史　二四』昭四二、五九六）。②［豊後国耶馬渓（現・大分県中津市）］観音を信仰する婦人がいた。人に殺されそうになった時、観音が現れて、代わりに凶刃を受けてくれたという。これは僧侶の作った話だろうが、人々は信じて疑わない（「九桂草堂随筆」『続日本随筆大成　二』二六五）。

（大里正樹）

がんばりにゅうどう【がんばり入道】

㊮かんじょばば【閑所ばば】　便所に出るという妖怪。鳥山石燕『今昔画図続百鬼』には窓の外から便所を覗き込む姿で描かれており、大晦日に便所で「ガンバリ入道ホトトギス」と唱えると妖怪を見ずにすむとされている。だが、同様の行動を不吉とする言い伝えもある。閑所《かんじょ》ババという妖怪の伝承もあり、夕方六時頃に便所へ入ってきた人の手足をつねって黒あざをつくらせるという。

事例　⇩べんじょのかいい　①［不明］大晦日に厠で「がんばり入道ほととぎす」という言葉を思い出すとよくないという（『伝承文学研究』二〇、昭五二、一二七–一二八）。②［宮城県白石市］午後六時ころの閑所（便所）には閑所ばばがおり、入ると手足をつねられ黒あざができる。誤って誰かが入った時には、外から「○○さん」と名を読んでやるとつねられずにすむ。この黒あざは痛くも何ともない（『民間伝承』三七（二）、昭四八、八二–八三）。

（荻野夏木）

かんろ【甘露】

㊮こうろ【膏露】、しんしょう【神漿】、ずいろ【瑞露】、てんしゅ【天酒】　為政者が善政を行うと吉兆として草木、特に松や竹に降るという露。脂のように粘りがあり、飴のように甘い。食べると長期間空腹感が無くなるという。また不老不死の仙薬ともされる。本来は中国の伝承が日本に移入されたものであるが、日本での報告例も多い。かなり早い例としては、天武天皇七年（六七八）一〇月に難波に降ったものがあるが、長さ五、六尺、幅七寸で、風に漂っていた綿のようなものを甘露と称している。

⇩いしふり

事例　［但馬国（現・兵庫県）］享保一四年（一七二九）五月一六日、甘露が降った。紅葉に付いたものを京都の人が貰いうけ見たところ、露は乾いて跡が白く光っていた。舐めたら甘かったという。また法皇御所の西王母という桃の葉、楓の葉、柏の葉にも降った。頂戴した者の話では但馬のものと同じであったという（「月堂見聞集　下」『続日本随筆大成　別四』七九）。

（村山弘太郎）

か

き

きーぬしー【木の精】

㊮ひーぬしー【木の精】、ひーぬむぬ　木の精。木に宿る妖怪。アコウの木や桑の木、ガジュマルの古い大木に宿る。屋敷の大木を伐る時は祈願してから伐る。祈願をしないと、伐る時に木の精がのり移って病気になるなど災いが起こる。

⇩きじむなー、きのかいい

事例　①［沖縄県］一二月八日のムーチー（餅）の日は、キーヌシーが不在だと信じられているので、普段は伐れない聖木でも伐ってよい日だと言われていた（『日本怪談集　妖怪篇』昭五六、三〇一）。②［沖縄県］実際には木が倒れていないのに夜中に木の倒れる怪音がすることがある。これは、キーヌシーが苦しんでいる音で、二、三日後しばらくして枯死するという（『日本怪談集　妖怪篇』昭五六、三〇二-三〇三）。

（保科友希恵）

きえずのひ【消えずの火】

㊮きえずのとうみょう【消えずの燈明】　竈や燈明が絶えず点いて居るという怪異。離れた集落の間で互いの方向にいつも不思議な火が見えるが、自分の所の火は見えないなどともいう。広島県宮島の弘法大師求聞《ぐもん》持《じ》満座の火など、高僧伝説と関連した伝承も見られる。

⇩かいか

事例　①［長野県山口村（現・岐阜県中津川市）］電燈がひかれない頃までは駅の北の「大松」という所から霧が原の「桜の木」という辺に、また霧が原からはこの大松の辺に、いつも不思議な火が見える。その辺は人家やお宮のある所でない。両方とも自分の方の火が見えないのに先方の火だけが見えるという。土地の人は今だに奇怪なこととして消えずの燈明と言っている（『郷土』一（四）、昭六、一二六）。②［福岡県新宮町］「横大路家の竈の火は伝教大師が唐土より持ち帰った火種を保存したものといわれ、"消えずの火"と呼ばれている」（『福岡県史　民俗資料編（一）』昭六〇、一三四）。

（高橋奈津子）

きえるじょうきゃく【消える乗客】

㊮たくしーゆうれい【タクシー幽霊】　タクシー運転手の乗せた客が幽霊で、指定された目的地に着くと、座席に客の姿はなかったという話。座席シートが濡れていたという話もある。乗客となるのはたいてい若い女性で、タクシーに乗る場所は、事故現場、病院、墓場など、その乗客の死とかかわるところである。時期は、死者が帰ってくるとされるお盆やお彼岸、亡くなった人の命日、梅雨どきなど雨の降る日が多い。時間は夜が好まれる。なお、タクシー幽霊の話は世界の広い地域で語られている。

⇩くるまのかいい

事例　［不明］橋の上で乗せた客は目的地に着くと、座席におらずハンドバックがおいてあった。翌日同じ場所で同じ目的地を

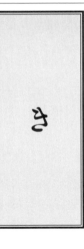

告げる中年女性をのせたので、前日の話をすると、自分の娘でしょうといったという。娘の幽霊はタクシーを見ると自宅まで走らせるようにいい、ハンドバックをおいていくという（『大学生の伝承する現代伝説』平一七、五七）。（高津美保子）

ぎおんさん【祇園さん】

⇩ごずてんのう

ぎおんぼうず【祇園坊主】

特定の日に川へ行くと現れる、海坊主の一種。この日には雨が降るとも言われているという。

⇩うみぼうず

事例　〔愛知県下山村（現・岡崎市、豊田市）〕一三日の祇園に川へ行くと、ギオン坊主にずり込まれるといい、同じ日に雨が降るなどというそうである（『西郊民俗』九、昭三四、九）。（玉水洋匡）

ききりぼう【木伐り坊】

山中に響く木を伐る音や笑い声。

⇩そらきがえし、てんぐ

きじ【雉】

キジ目キジ科の鳥。野鳥の中では身近な存在であり、昔話「桃太郎」など様々な説話に登場する。狩猟の対象であるため、猟師と関わる伝承が多い。白い雉の出現は吉兆と見なされ、七世紀、孝徳天皇の時代に、長門国（山口県西部）から白い雉が献上されたことにより、「白雉」年号への改元が行われた。江戸時代にも、白い雉は朝廷や幕府に献上されている。雉が鳴くと地震がくる、という説も広くみられる。

⇩とりのかいい

事例　①〔三重県熊野市〕妻が妊娠したら、夫は生きものを殺してはならない。雉を殺すと、足だけ雉のような子が生まれる。妊娠六ヶ月目に、雉の卵を懐に入れたため、足に瘤のある子どもが生まれたことがある（『民俗採訪』昭和三四年度号、昭三五、三四）。②〔長野県上田市〕一匹の雉が毎日のように、ある泉へ行っていた。不思議に思って人々が行ってみると、その泉は温泉だったので、「きじが湯」と名付けた。これが現在の別所温泉の大湯である（『民俗学』三（一二）、昭六、二五）。（徳永誓子）

きしおじんすじ【キシオジン筋】

「ナメラ筋」に類似した岡山県の伝承。

⇩なめらすじ

きしだけばっそん【岸岳末孫、岸嶽末孫】

㊮きしだけさん【岸岳さん】、ばっそんさん【末孫さん】　佐賀県唐津市北波多と唐津市相知町の境にあった岸岳城落城にまつわる落人の墓のこと。豊臣秀吉は朝鮮出兵の際、名護屋城に在陣したが、岸岳城主波多三河守の奥方に横恋慕して岸岳城を攻めたため、波多家の家臣が討ち死にしたり行き倒れたりして、墓が建てられたという。岸岳末孫の近くを通る、周囲の木を伐る、岸岳末孫を移動させるなど、岸岳末孫に関わった人は病気にかかったり、事故にあうとされ、岸岳末孫の祟りだといわれる。

⇩おちむしゃ

事例 ①［佐賀県鎮西町（現・唐津市）］横竹では病気にかかった人が拝んでもらうと、岸岳の落人らの霊が誰にも弔ってもらえず祟っているのだと言われ、石塔を建てたという（『民俗採訪』昭和四二年度号、昭四三、三八）。②［佐賀県呼子町（現・唐津市）］岸嶽サンの土地に手をいれると祟りがある。以前、岸嶽サンの土地で工事をしていた時、ブルドーザーがひっくり返り、乗っていた人が下敷きになったことがあるという（『常民』三五、平一一、五六）。

（田中久美子）

きしぼじん【鬼子母神】

㊫おじゅらっさん、きしおじん【鬼子オジン】　子授けや安産、子育ての神。仏教伝説によると、彼女は五百の子を持つ母親だった。しかし他人の幼児を襲っては食べていたため、仏が子を一人隠した。子を失う悲しみを実感した彼女は仏教に帰依して善神となった。左手に子供を抱き、右手に吉祥果（主に柘榴《ざくろ》）を持っている姿で描かれる。十羅刹女《じゅうらせつにょ》（おじゅらっさん）と同一視されることもある。

事例 ①［岡山県北房町（現・真庭市）］庚申の夜、遊びに行っていた子供が戻ってこない。三日ほど経って寺跡でその子の髪と紐帯が見つかった。祈祷師に聞くと、キシオジンに掴まれたのだという。キシオジンの通り筋というのもあり、家を建ててはならないという（『岡山民俗』一六、昭三〇、一）。②［愛知県南知多町］この地に鬼が住み、子供を七人食べたので、鬼の子を隠すと、鬼は後悔して子供の守り神になった。これをおじゅらっさんと呼んでいる（『みなみ』三七、昭五九、四五）。

（廣田龍平）

きじむなー

㊫いんがまやらう、きじむん【木の精】、すのーら、せーま、はんだみー　子どもの姿で、赤い髪、赤い顔をしているとされるが、黒い顔という説もあり、大きな睾丸を持つともいわれる。沖縄各地で報告されており、ガジュマル・アカギ・アコウ・ウスクといった古木の精が子どもの姿をして現れたものと言われるが、海で亡くなった人の魂が昇天出来ずにさまよっているという説もある。『沖縄県史　二三』では本土における河童と位置付けている。

魚が好きで魚取りをするが、魚を食べる時は片目しか食べないため、片目の魚が釣れた時は、これはキジムナーが食べたと言って、人々は食べないそうである。人の屁、蛸、釘、熱い鍋の蓋が嫌いとされている。刃物も怖がり、ハサミを枕元に置いておくと来ないとも言われる。

キジムナーは火との関わりが深く、夜道で提灯をつけて歩いていると火を取ってしまう、漁師が松明をつけ船をこいでいると現れる、漁師から火をもらう、イサリ火をかざして漁をする、火で所構わず焼く、架空の動物の火の玉としてキジムナー火というものがあるなどと言われている。

力が強く、山仕事や家を建てるのを手伝ってくれる一方、いたずらが好きで、寝ている人の上にのしかかることがある。この状態の時、人は意識があるが、身動きをする事が出来ない。キジムナーには男女の区別があり、男のキジムナーは女性を、女のキジムナーは男性を襲うと言われている。キジムナーと仲良くなると、漁を助けてくれたり、金持ちになったりするとされる。また、キジムナーと縁を切るには、キジムナーの嫌いな蛸や熱い鍋の蓋を投げつける、屁をする、住んでいる木を焼いたり釘を打ちつけたりすればよいと言われている。しかし、キジムナーの嫌う事をすると復讐に遭う事がある。また、その復讐が本人ではなく、家族に向かう場合もある。

⇩かっぱ、きーぬしー、けんむん、ぶながや

事例 ①［沖縄県伊平屋村］キジムナーが海でイザイ（漁）をしている人々から火をもらって歩くのが集落から時々見られる。キジムナーヤーチューといってキジムナーに大きな灸をすえられる事もある。畑などや時には家の中でも子供をひとりねかせると、体中キジムナーヤーチューをされる。キジムナーにおそわれたら家人がその人をたたくとキジムナーはにげるといわれている（『民俗』五、昭三六、三二）。②［沖縄県那覇市］真謝の人が、家の裏のウスクの木に住むキジムナーと友達になって毎晩魚取りをしたが、うるさくなったので木を嫁に焼かせた。後日、那覇の崇元寺の大木に移ったキジムナーを尋ねた男は、目に火をつけられ苦しめられた。それ以来目の悪い子孫が続く。ウスクの木があったからウスクシチャという屋号がついた（『南島研究』三三、平四、三）。③［沖縄県豊見城村（現・豊見城市）］火を奪うこともある。夜道で提灯をつけて歩いていると火をとってしまうこともある。（提灯の火がパッと消える時はそういわれた）人家に入って来てとることもある（『豊高郷土史』二、昭四四、八）。　（三好周平）

〔参考文献〕和田寛編『河童伝承大事典』平一七、岩田書院。

きじむなーび【キジムナー火】

キジムナーの持つ火の玉。かつてはキジムナーが畦道でキジムナー火を照らしており、村人たちも畦道を歩いているキジムナー火をよく見たと言われる。

⇩かいか、きじむなー、しぇーまび、すのーらび、ぶながやび、むぬび

事例 ［沖縄県豊見城村（現・豊見城市）］昔は那覇に在来する人たちの足元を照らしながら畦道の側をキジムナーが歩いていた。村人たちも畦道を歩いているキジムナー火をよく見た（『豊高郷土史』二、昭四四、八）。

（三好周平）

きしゃちょう【鬼車鳥】

（類）きしゃどり【鬼車鳥】、むこちょう【無辜鳥】　正月七日、人日の節句に中国から飛来するといわれる悪鳥、毒鳥。切って捨てた人の爪を食べる。子供の衣服に毒をかけ、知らずにその衣服を着れば無辜疳《むこかん》を患う。七草粥の七草を刻む際にまな板を打ち鳴らしながら、唐土の鳥が日本の国に渡らぬさきに、と歌うのはこの鳥を避けるためであり、音を打ち鳴らすと鬼車鳥が止まらないという。

⇩うぶめ、とりのかいい

事例 ［兵庫県加東市］正月七日の朝早く、なづな、すずな、すずしろ、ごぎょう、せり、ほとけのざ、はこべら、の七草を入れた雑炊をたき、「唐土の鳥が、日本の国を、

渡らぬさきに、七葉なづな、コトコトやコトコト」あるいは「唐の鳥が　日本の国に　渡らぬさきに　なずなや　コトコト」といった歌を三度繰り返して唱えながら食するが、古老の話では、この日唐土の鬼車鳥という悪鳥が、日本の国の上を渡るので、渡らぬ先に右の歌を唱えると悪魔災難を逃れ、家の中でコトコトと音さす時は、その悪鳥が止まらないという（『旅と伝説』九（一二）、昭三六、四九-五〇）。（村山弘太郎）

きしゃにばけたたぬき・きつね【汽車に化けた狸・狐】

⇩にせきしゃ

きじょ【鬼女】

⇩おに

きじょもみじ【鬼女紅葉】

㊮もみじきじん【紅葉鬼人】　長野県長野市戸隠と鬼無里《きなさ》にまたがる戸隠山塊の荒倉山に住んでいたという女性の鬼。源経基に寵愛された紅葉が、呪詛の罪で戸隠の村へと送られ、村人の病を治したり読み書きを教えたことから貴女紅葉として尊崇される。しかし、ついには鬼となり荒倉山へ移り、悪事を働いたため、朝廷の命を受け、北向観音の守護を受けた平維茂《これもち》に征伐される。鬼がいなくなり、その村は鬼無里と呼ばれることになったという。この鬼無里では、多くの地名由来に紅葉が関わっており、東京、西京、二条、三条、五条、加茂神社や春日神社は紅葉が都をしのんでつけた名だという（『むしくら』）。また、荒倉山中には、紅葉が住んだ「鬼の岩屋」や洗顔をした「化粧清水」があり、戸隠祖山の柵神社は維茂と紅葉の戦場跡地で、近くには維茂が戦闘の際に踏ん張った「足跡石」がある。志垣の「鬼の塚」は「紅葉塚」とも呼ばれ、紅葉の首を埋めたところという。

この「鬼女紅葉」の成立に影響を与えた謡曲「紅葉狩」は、山中で酒宴を開く美女と出会った平維茂が、その酌で酔いつぶれてしまうが、夢中で八幡神から神託を受け、太刀を授けられ、正体を現した鬼神を退治するという筋立てであり、間狂言にその舞台が戸隠であることが述べられる。これを下敷きにしたと思われる説話は、享保十五年（一七三〇）の『戸隠山大権現縁起』にも取り上げられている。また、上田市別所の北向観音の縁起にも、維茂が北向観音に祈願し霊験を得て紅葉を討伐したとあり、この伝承の伝播には信仰を伝え歩いた修験者や聖といった宗教者の存在が考えられる。

なお、紅葉の活躍の場は戸隠にとどまらず、安曇野市の有明山に住む八面大王とは夫婦で、彼と同様に坂上田村麻呂に成敗されたと伝えられたり、大王との間に金時を生し、大町市八坂の大姥山や長野市中条の虫倉山に住んだなどと、戸隠山に連なり、信仰の面で関係のあった山々の山姥・大姥伝承とも結び付いている。

⇩おに、やまんば、はちめんだいおう

事例　①［長野県上田市］安和二年（九六九）、紅葉と名乗る鬼女が戸隠山に住み、妖術で住民を苦しめていた。平維茂は紅葉退治の詔を奉じて信濃に派遣された。維茂は北向観音に参篭祈願し、鬼女を滅ぼした。将軍塚は維茂の墓だと伝えられている。直径一五メートル、高さ二メートルほどの円墳で、上に石造の多重塔がある（『長野県史　民俗二』三、昭六二、四八九）。②［長野県］戸隠の西谷にある社の杜には、箭篦竹《やのたけ》と呼ばれるところがある。ここは昔、維茂が鬼女を射た矢を二本土に立てて、そこから根が生えてきた所だと言われている（『旅と伝説』三（二五）、昭五、四－五）。③［長野県明科町（現・安曇野市）］もみじ鬼人と有明山の八面大王は夫婦の鬼で仲が悪かった。坂上田村麻呂は八面大王を退治するが、もみじ鬼人には苦戦する。田村麻呂の三本目の矢が命中し、もみじ鬼人は泣きながら逃げて行った。そこが今の名九鬼である（『中京民俗』一三、昭五一、八三）。（竹内邦孔）

〔参考文献〕虫倉山系総合調査研究会『むしくら』平六。

きしん【鬼神】

⇩おに

きずい・きせき【奇瑞・奇蹟】

⇩かみのれいげん

きってはならないき【伐ってはならない木】

⇩きのかいい

きつね【狐】

㊮いがたうめ【伊賀専】、おこんこんさま、おとうか、けつね、まよわしどり【迷わし鳥】、やかん【野干】、やこ【野狐】　人智を超えた不思議な出来事の原因を動物に求めるさいに、それを狐の仕業と考えることが全国的にもっとも多い。狐とおなじ機能をはたすものに狸や狢がいる。とくに狸の怪との類似性が高いが、狸は入道に狐は女に化け、狸は絵を描き狐は書をたしなむ傾向が、民俗事例にはみられる。

狐の怪異譚は、古くは九世紀からみられる。『日本霊異記』には、結婚した妻が狐だったという話や、子を殺された親狐が人間に復讐する話などがある。一二世紀はじめの『今昔物語集』には、美女に化けた狐に男がからかわれる話などがみられる。一二世紀ころまでには、女性に化けた狐を性愛や異類婚の対象とする説話が民衆に広まっていた。また『今昔物語集』には狐憑きと狐落としの説話もあり、今日の狐の怪異譚の原型が、このころにはできあがっていた。

一二世紀後半までにはダキニ信仰と狐が習合し、富貴や無病、調伏祈願の対象となった。ダキニが稲荷信仰と習合するにいたって、一四世紀初頭までには稲荷神の使いとしての狐のイメージが定着した。

一五世紀前半には、公家や武家の支配階級に狐憑きがみられる。『看聞御記《かんもんぎょき》』などによると応永二七年（一四二〇）に足利義持が病気になり、その原因は狐を憑けられたからだとして、犯人にされた者たちが死罪や流罪になった。また、永享四年（一四三二）二月に三条中将妹に狐が憑いて狂気になった。当時の支配階級社会における葛藤や精神的あつれきが、狐憑きになってあらわれたのだと思われる。

支配階級での狐の怪としては、玉藻前《たまものまえ》伝説が有名である。玉藻前は金毛九尾の狐（二尾の狐という説もある）の化身で、才知に富む絶世の美女として鳥羽上皇の寵愛を受けた。ところが上皇が病気になり、その原因が玉藻前だと陰陽師に見破られるに及び、武士に退治された。そしてその霊は那須野の殺生石になったとされる。物語の舞台は一二世紀だが、伝承としての成立は一四―一五世紀ころ、説話としての完成は一七世紀ころだった。

江戸には農耕と結び付いた、土着の狐信仰があった。そこへ大名が国元の稲荷社を勧請したため、稲荷信仰が江戸に広まった。稲作が大名の富の源泉だったことから、江戸の社会と稲荷＝狐の親和性は高かった。江戸の稲荷社は、火事・疱瘡・麻疹・皮膚病・梅毒からの守り神にもなり、遊郭には稲荷社が置かれた。狐が美女に化けること、遊女が女狐にたとえられることとの関連もあるだろう。

狐の怪異譚は北海道と沖縄を除くほぼ全国にみられるが、東日本のほうが多い。旧環境庁が昭和五三年に行った調査によると、動物としての狐は四国と北関東で有意に少なく、佐渡のような離島にも分布しない。事例⑤にみられるような、狐は四国へ来ないようにと弘法大師が命じたという伝説が生まれた背景には、四国に狐が少ないという事実がありそうだ。

事例①⑦⑨⑩にみられるように、狐に化かされたという譚には、いくつかのパターンがみられる。道だと思っていたら田畑や川を歩いていた／川だと思っていたら田畑だった／風呂に入るつもりで裸になったら山中だった／道に迷いいくら歩いても目的地に着かない／道のまん中でズボンを脱いで立っている／化かされた人が他人の家に入ってくる／お金だと思ったら木の葉だった／魚を買ったのに、まだ買っていないと思って魚屋に戻る／居眠りしている間に買った魚がなくなる／餅を食べているつもりが馬糞だった／美人が実は狐の化けたものだった／汽車が走っていると向こうからも汽車が走ってくる／夜に提灯の行列がみえる（狐火、狐の嫁入りともいう）／太陽が出ているのに雨が降っている（これも狐の嫁入りという）、などである。

事例②のように、現代的な観点からは婦女暴行殺人事件とみられるケースでも、狐の仕業で片付けられたこともあったようだ。また、狐は悪さをするために化かすだけでなく、事例③⑥のように人への恩返しをして富をもたらすこともある。

狐は人に憑いて狐憑きと呼ばれる事象を巻き起こす。体の調子が突然おかしくなる、あるいは気がおかしくなる、いくら食べても痩せていく、突然金持ちになるなどである。若い女性や妊婦が狐憑きになりやすいとされる。狐憑きの家は狐持と呼ばれ、しばしば結婚差別の対象になってきた（事例④）。術者が狐を使うという話は、一七世紀末までには成立していた。そして一八世紀半ばまでには、狐持の家筋というものが山陰地方に生まれていた。また、民間宗教者によって狐憑きと認定される者が頻出する村が、昭和五〇年代まであったという報告もある。村の名前を冠した病名が狐憑きに付けられ、そこに差別の構造が残されていたことがうかがえる（事例⑪）。

狐落としにたずさわったのは、陰陽師や修験者、民間宗教者などである（事例⑧）。その方法としては、祈祷によるもの、護符によるもの、言語によるもの、武力によるもの、天敵を使うもの、薬物を使うものなどがある。なかには、大きな桶に水を入れ狐に憑かれた人を真っ逆さまにつっこみ半死になるまで責める、憑かれた人を火あぶりにするといった手荒なこともなされた。

狐に化かされないためには、下駄の裏に唾を付ける、下駄や草履は午後におろさぬなどがある。爪を伸ばしていると狐が宿るともいう。狐を見破るには、指を組んで窓を作ってそこからのぞく、手をさわると丸みがある、眉に唾を付けるなどがある。いずれも狸の場合と共通している。

⇩いづな、いなり、イワンレクトゥシチロンヌプ、おさきぎつね、きつねつき、きつねにょうぼう、きつねのまど、きつねび、きゅうびのきつね、くだぎつね、けんぞく、なのあるきつね

事例 ①［岩手県大東町（現・一関市）］おにぎりだと思って食べたら、馬の糞だった／道だと思って進んだら、水田の中へ入ってしまった／風呂に入ろうとして裸になったら、そこは山の中だった／山へ行ったらあたりが急に暗くなったが、犬が吠えたらあかるくなった／道路のまん中で、ズボンを脱いで立っている人がいた／魚を買って帰ったのに、まだ魚を買っていないと思い、また魚屋へ戻った／山中で方向がわからなくなり、歩き回った／魚を買って帰っていると急に暗くなったので、近くの家で休んで起きたところ、まだ昼間で魚は全部なくなっていた（『旧中川村の民俗』昭四八、二三五―二二七）。②［千葉県遠山村（現・成田市）］女性三人が山に枯れ枝取りに行ったところ、ひとりが行方不明になった。四日目に、素裸で脱いだ着物を下に敷き仰向けになって死んでいるのが発見された。これは狐の仕業ということになっている（『旅と伝説』一三（一）、昭一五、一七―二一）。③［滋賀県］山で松を伐っていると、伐ってくれるなという狐の声がした。男は狐に憑かれて体が弱くなり、祈祷をしてもらったが死んでしまった／ある医者が、子どもがなかなか産まれないという依頼で駆けつけたところ、産婦は結局男ばかり三人産んだ。医者は帰り道、女は狐だったなと思った。翌日、産婦が御礼を持ってきたが、どうせ木の葉だろうと思ったところ、本物の札だった／御堂の下で狐がお産をしたので寺の者が面倒をみてやると、狐が喜んで薬の製法を教えてくれた。狐がその薬を売り歩いてくれて、お寺はたいへんお金持ちになった／男が白狐を困らせたら、男に狐が憑いて変死した（『旅と伝説』一三（三）、昭一五、二四―三三）。④［島根県］狐は目に見えないが、本当にいるといい、大きさは年老いた大鼠くらいだという。出雲地方を対象にしたある調査では、一集落の半分の家が狐持とされる例も珍しくない。狐持には資産家が多い。狐を床下などで飼っていて、目には見えぬが餌を与えている。狐持の家とは平素の付き合いは世間並みだが、陰では後ろ指を指し、婚姻の場合はとりわけ注意する。狐憑きは小さな集落では年に六、七件はある。憑かれるのはだいたい若い女で、突然倒れて気が付くと別人のようになり妙なことをしゃべりだす（『出雲民俗』八、昭二四、一二―一六）。⑤［香川県］四国には昔から狐がいない。弘法大師が「四国には渡ってはならぬ。ただ本土との間に鉄の橋が架かったら渡って

もよい」と狐に命じたからである。いまは海底電線という鉄の橋が出来たから四国にも狐がいる（『郷土研究』五（七）、昭六、四五－四七）。⑥［鳥取県中山町（現・大山町）］罠にかかった狐を百姓が助けたら、きれいな女が訪ねてきて嫁にしてくれという。百姓は女を嫁にしたところ、女の働きで豊作になり、百姓は金持ちになった。すると女はこれで恩返しができたといい、狐の姿になって山へ帰って行った（『伝承文学研究』二二、昭五四、六八－八七）。⑦［不明］狐が女に化けるときは二匹でやる。陰部は一匹の狐の口であるから、交合すると男根に歯形が付く。狐が人をだますときは小便を酒に、トカゲをうどんに、馬糞をぼた餅に、肥溜めを風呂とする。日が当たっているのに雨が降るのを狐の嫁入りという（『民族と歴史』七（五）、大一一、五九－六五）。⑧［山形県］若い女性が狐に憑かれた。行者と弟子が般若心経を繰り返して逆に読み、四方から矢を射つづけたら狐が落ち、女性は元気になった（『山陰民俗』三、昭二九、七－九）。⑨［不明］明治二四年九月に東北本線が全通した前後、狐の化け汽車が話題になった。おぼろ月夜に汽車が走っていると、向こうから警笛を鳴らして汽車が突っ込んでくる。急停車すると向こうも止まり、動きはじめると向こうも動きはじめる。あるとき、機関手が思い切って突っ込んでみると、向こうの汽車は消えた。翌朝、そこに数匹の大きな古狐の死骸があった（『宮城県史　民俗三』昭三一、五二八－五二九）。⑩［新潟県中蒲原郡］嫁と姑が畑仕事をしているとき、石を投げたら狐に当たってしまった。三ヶ月後、嫁は病気になり巫女に占ってもらうと、男狐が憑いていた。女房の狐が石に当たって死んだので、嫁を取り殺すという。狐の後添えを探してくれたら許すというので、娘をひとり嫁にやってほしいと稲荷社に祈願した。二、三日後の晩に狐の嫁入りがみえ、それから嫁は少しずつ丈夫になっていった（『民族』三（六）、昭三、一七七－一八〇）。⑪［滋賀県］民間宗教者によって狐憑きと認定される人が頻出する村がある。その村の名を冠して「K村病」だといわれる。医学的には精神疾患だとみられる（『国立民族学博物館研究報告』一二（四）、昭六二、一一一三－一一七九）。（山田奨治）

瓦版麻布の狐（国立歴史民俗博物館蔵）

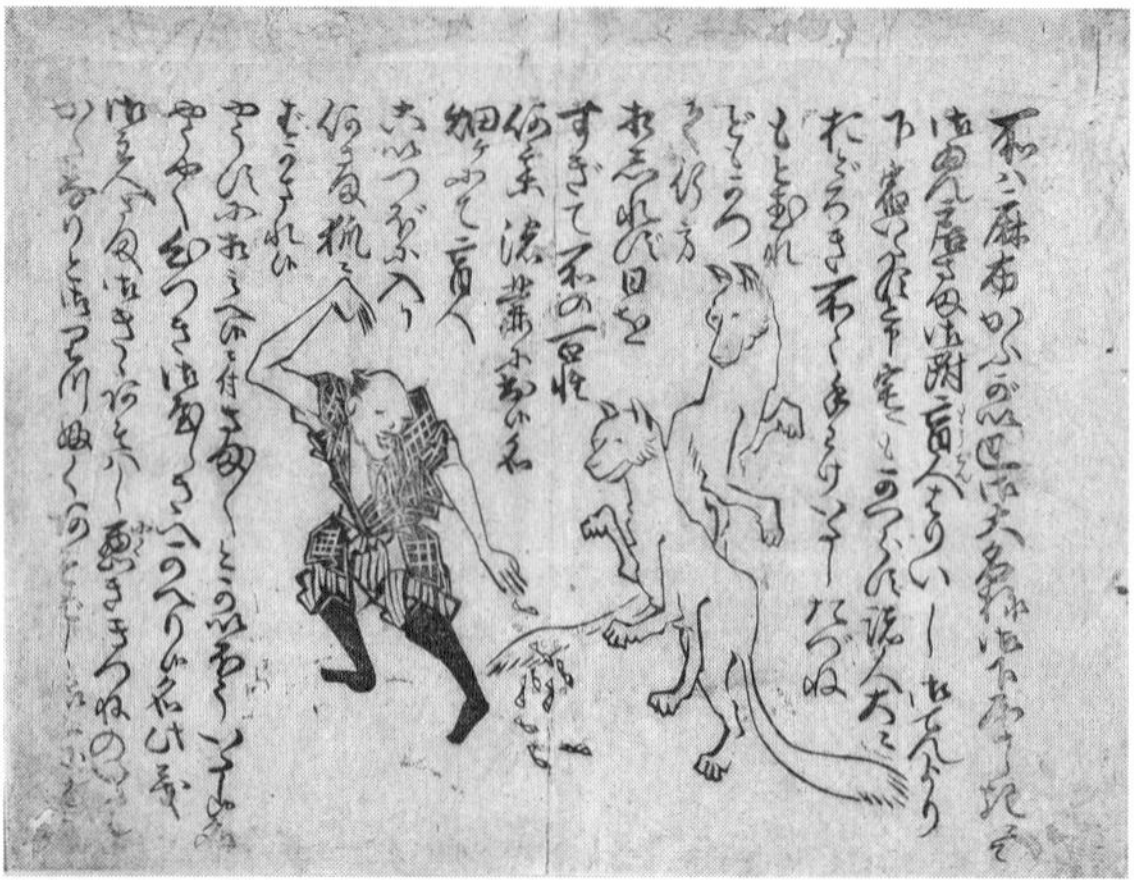

〔参考文献〕中村禎里『狐の日本史　古代・中世篇』平一三。同『狐の日本史　近世・近代篇』平一五、日本エディタースクール出版部。山田奨治「みえる狐、みえない狸―計量妖怪学の第一歩」『日本人の異

界観』平一八、せりか書房。

きつね（アイヌ）【狐】

アイヌ語では一般的に「チロンヌプ」と呼ばれるが、他にも「スマリ」、「ケマコシネカムイ（足の軽い神）」などの呼び名がある。日常生活の中で人間を助ける善神としての狐もいれば、人間に化けたり取り憑いたりして命を狙う悪神としての狐もいる。北海道北部から樺太にかけての地域では、日蝕や月蝕は悪い狐が太陽や月を襲うために起こると言われている。

⇩きつね

事例 ①［北海道平取町］テンと力競べをして負けたモシリシンナイサム（河童）が焼けた灰のうち、黒い灰からシトンピカムイ（山にいる狐神）という心の良い黒い狐が、赤い灰からサクキムンペ（夏山にいるもの）という人をたぶらかす赤毛で毛の薄い狐が生まれた。（『アイヌ民話集』昭五六、七五－七七）。②［北海道虻田町（現・洞爺湖町）］虻田村にある一本スモモの木の近くでは、昔からそこを夜通る人がよく道に迷うという、ある人は道を外し有珠山《うすざん》の麓まで迷ったともいう（『人類学雑誌』二九（一〇）、大三、四〇一－四〇二）。（矢崎春菜）

きつねたいまつ【狐松明】

⇩きつねび

きつねつき【狐憑き】

㊫じんこ【人狐】、にんこ【人狐】、ひとぎつね【人狐】　前近代の日本人は、突然の不可解な病気、とりわけ精神の異常を、狐が憑依することによって起こる現象と考えた。最古の説話集である『日本霊異記』にも狐憑きの話があり、八世紀末から九世紀初めには、狐が人に取り憑くという信仰が広まっていたと考えられる。とりわけ近世以降、狐憑き事件は随筆などの文献に多く記載されるようになるが、一八世紀頃からはさらに狐を人に憑ける特定の家筋（憑きもの筋）の観念が発生し、共同体のなかに社会的緊張をもたらすようになる。

狐憑きとみなされる症状は、大半が精神的な疾患であり、特に人格の変換を伴うケースが多く見られる。その場合、病人は狐として振る舞い、狐の好物とされる油揚げや赤飯などを欲しがったりする。また身体的な症状として、皮膚と肉のあいだに塊のようなものが生じ、それが皮膚の下を動き回るとされた。これは体内に侵入した狐の精であるという。

狐憑きであるかどうかを見極める方法もある。墓の苔や万年青《おもと》の葉、干し蛸、スルメなど、狐が嫌うとされるものを蒲団の下に入れたり、塩辛や狐の黒焼き、あるいは人間の唾などを食事のなかに入れて、騒ぎ出したりすれば狐憑きであるという。

狐憑きを落とす方法としては、まず宗教者による祈祷がある。すでに一〇世紀には、六字経法という修法が狐落としを目的とするものとして真言宗・天台宗で行われていた。修験道や日蓮宗中山派など、密教の流れを汲む宗派に狐落としの呪法が伝えられており、神職によっておこなわれる祈祷も密教に由来するものとされている。また煙で病人をいぶす方法は、多くの地域で見られる。木の棒などで折檻するという方法も

か

多く見られるが、これにより病人が死亡してしまうケースもしばしば発生している。

なお、特定の家筋（憑きもの筋）と結びつけられる狐は、普通の狐とは異なるものとされ、関東地方ではオサキ、中部地方ではクダ、因幡ではトウビョウ狐、出雲では人狐《にんこ》、九州ではヤコ（野狐）など特別の呼称がある。狐と言いながらその形はイタチの類に似るとされることが多く、七五匹もの数が群れをなしているともいわれ、幻想動物としての性格が色濃い。こうした憑きもの筋と結びつけられる狐は、その家筋の者が他の者を恨んだり、妬んだりした時に相手の者に取り憑くと考えられており、そのために狐を「持っている」とされる家は非常に恐れられ、婚姻を忌避されている。ただそうした家には富裕層が多いとされているのが、狐系統の憑きもの筋の特徴である。

⇩おさきぎつね、きつね、くだぎつね、つきもの、とうびょう

事例 ［鳥取県津ノ井村（現・鳥取市）］ある女性が精神病になった。スルメを病人の寝床の下に入れて、痛いと言うようであれば狐憑きだと言われて、試してみると痛い痛いと言い出したので、狐の祈祷で有名な美作の神社から御札をもらって貼っておくと全快した。その後再発しないようにするには狐の舌を食わせればよいと聞いたので、その通りにすると再発することもなかったという（『出雲民俗』一九、昭二八、一七）。

（香川雅信）

きつねにょうぼう【狐女房】

狐と人の異類婚姻は各地に伝えられている。主に、狐が人間に化けて恩人の嫁となり子を成すが、正体が露見したために破局するという内容である。男女の別離より子別れに重点が置かれる。また、子の異常な能力が語られ、始祖伝承となることもあり、安倍晴明の出生譚が有名である。『日本霊異記』『今昔物語集』などの古典にも収録されている。

⇩あべのせいめい、きつね

事例 ①［山形県米沢市］物ぐさ太郎が後妻に迎えた女は、子どもが三歳の時、素性が狐と分かり立ち去った。太郎が子の世話をしながら農業に励んだため家は栄えた。狐の子は八〇余歳まで生き、子孫も栄えて大百姓となった（『民間伝承』一三（九）、昭二四、一〇）。②［大阪府和泉市］摂津住吉に阿倍保名と葛の葉姫という夫婦がいた。妻が病弱なので信太明神に祈願すると、猟師に追われた狐が来たので助けた。結願の日、夢で老人が、妻の病を治し子を与えるといった。男児が生まれたが、ある日妻が狐になり、信太明神の神旨で妻になったと語った（『旅と伝説』七（六）、昭九、七九－八〇）。

（中村祥子）

きつねのほーしだま【狐の宝珠玉】

⇩ほーしのたま

きつねのまど【狐の窓】

㊫きつねこうし【狐格子】、きつねのあな【狐の穴】 妖怪の正体を見抜いて退散させるしぐさの一つ。両手の指を組み合わせて中央に窓（穴）ができる形をつくり、この窓から覗くと狐の嫁入り行列や化け物の正体

が見えるという。南方熊楠は『民俗学』一巻六号（一九二九年）で「紀州田辺（和歌山県田辺市）でも、日当り雨の際、指を組んでその前で、口を尖らし犬の字を三度かくまねして、三度息を吹き、組んだ指の間より雨を覗けば、狐の嫁入り行列がみえるという。ただし、指を無法に組んではみえず。定まった組み方がある」と述べている。狐の窓（図参照）の特徴は、手の平と甲が同時に両面にある点で、これは裏と表が同時に存在するという形であり、象徴的に解釈すれば、異なる二つの世界に接していながらそのどちらでもないという境界性を表示している。狐の窓に関する記録は、文政二年（一八一九）の『新板化物念代気《しんぱんばけものねんだいき》』に、化生のものか魔性のものか正体を現せと三べん唱えてのぞけばもとの姿を現す、と見え、狐の窓を覗く図を添えている。また、文政一三年（一八三〇）に成立した喜多村信節の『嬉遊笑覧』には「わらべの戯に左右の手をうしろ前にして指を組み合せ、中に穴あくやうにする、是を狐の窓といひて其穴より覗き見る事すなり（中略）狐の窓の戯は是其穴より狐を覗くなり、狐火を狐の挑灯ともいふ」とでている。子どもの遊びになっていたほどだから、かつてはよく見かけたしぐさではなかったかと思われる。ただし、この穴からのぞいたり息を吹きかける相手は狐や化け物であって、人に向けて行ってはならないとされる。狐の窓のことを狐格子ともいう。これは、家の上部に取りつけられた格子窓を「狐窓」とか「狐格子」と呼ぶことと共通の発想に拠っていると考えられる。それは、こちらの窓（穴）から相手を見ることはできても、相手からは容易にこちらの姿が見えない。つまり、身体の肝要な部分を覆い隠したうえで相手を覗き見ていることを意味しているのであろう。

⇩きつね、きつねび

事例 ①［石見地方（現・島根県）］日が照っているのに雨がふることがある。その時は狐が嫁入りするのだという。指を組んでその隙から遠くの山際を望むと嫁入りが見えるとよくいった（『民俗学』一（五）、昭四、三四八）。②［長野県北安曇郡］「狐食ってうまかった尻尾の先は窓にかかった」と言って両手で狐の窓をこしらえて三度吹けば狐火はきえるという（『北安曇郡郷土誌稿』四、昭七、二〇五）。③［神奈川県］キツネッピが出た時は指を組んで指の穴からキツネッピを見ながら、ソーコーヤ、ソーコーヤ、ハタチガカドニモンタテ、トウヤヒガシヤランヤ、アランヤ、アララン、ランランと三度言ってその指の穴をつッつッとふくと、ぱっとキツネッピが消える（『民間伝承』四（一一）、昭一四、一三〇）。④［和歌山県有田郡］狐にだまされた疑いのあるときには、手の

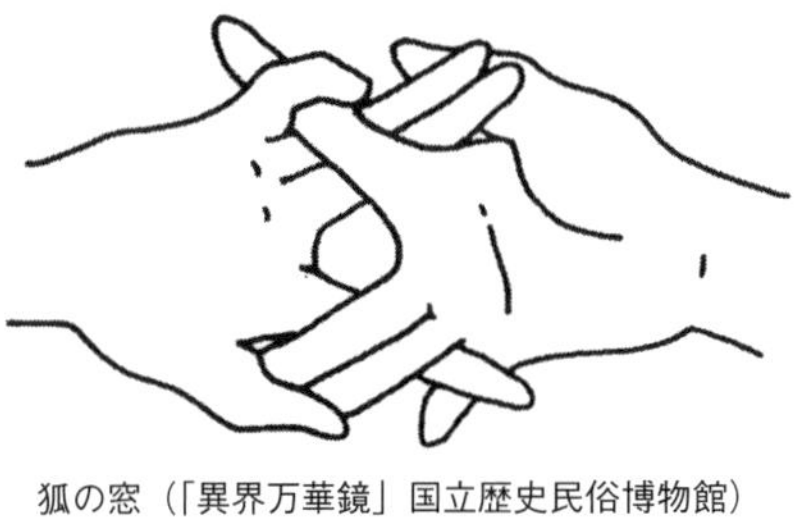

狐の窓（「異界万華鏡」国立歴史民俗博物館）

指を二本ずつ分けて一方は表向き、一方は裏向きにして組合せ、中央のあなからのぞいて見ればわかる（『なら』一八、大一二、一二）。⑤［大分県直入郡（現・竹田市）］狐の窓から人を吹くと吹かれた人が死ぬ（『なら』一三一、大一四、七）。（常光徹）

〔参考文献〕常光徹『しぐさの民俗学―呪術的世界と心性―』平一八、ミネルヴァ書房。

きつねのむさかり【狐のムサカリ】

「狐火」の地方名。ムサカリとは祝言、すなわち嫁入り行列のこと。

⇩きつねび

きつねのわびじょう【狐の詫び状】

狐が書いたとされる手紙。狐が犯した罪を告白した証文や人に施しを受けたときの礼状のようなもの。その文章は短い場合もあれば流暢な漢詩を書く場合もある。

⇩きつね

事例 ［美濃国春近村（現・岐阜県岐阜市）］「或時狐いふには、近日用事有て旅立けるよし申けるに依て、井上も選別として銭など与ふ。野干大によろこび、これに謝するに書を以す。筆格文語人に異ならず」（「宮川舎漫筆」『日本随筆大成 第一期一六』二九五―二九七）。（伊藤純）

きつねび【狐火】

類 おとうかのよめいり【オトウカの嫁入り】、おとーかっぴ【オトーカッ火】、おにび【鬼火】、きつねのよめいり【狐の嫁入り】、ちょうちんぎょうれつ【提灯行列】、とうかび【稲荷火】、りんか【燐火】

狐が何らかの方法で引き起こすとされる怪火。狐は古来、特殊な霊力を持つ動物として認識されてきたことから怪火の原因とされたのだろう。京都の狐信仰が中世に稲荷信仰と結合し全国に拡散したことから、狐火の伝承も地方地方の土着の信仰を取り込みながら全国的となった。

狐がどのようにして火を発するのかについては様々な説があるが、絵画によると、狐の尾から火を出すものに平安時代の『鳥獣人物戯画絵巻』や、室町時代にまで遡ると考えられる『付喪神《つくもがみ》絵巻』があり、狐が吐く息が火となる様子を描く、王子稲荷の狐火の絵（『江戸名所図会』一八三四）や『一宵話《ひとよばなし》』（一八一〇）に先行することから、前者の方が古いのかも知れない。また狐がくわえた骨が光るとの説もある（『訓蒙天《きんもうてん》地弁《ちべん》』一七七〇）。その他にも狐のよだれ、尻尾が木にこすれて、二、三匹の狐の毛がこすれて火となる、などの伝承がみられる。またその正体を燐《りん》、山鳥の尾の光、枯れ木などと解釈するものもある。

狐火の伝承には目撃談が多い。それによると火が複数目撃され、それが提灯のような光り方なので提灯行列と見なされ、人間の婚礼との類似から、狐の嫁入りとも呼ばれるようになり、後にその異常さから、晴れながら雨が降る現象を指すようになる。また狐火の数から農作物の作柄や商売繁盛を占ったりもした。出没場所は山が多いが、川や池などの水辺も多い。遠くに見えているようで、実は足元に狐がいるとの伝承もかなりある。墓地や神社、寺、祠《ほこら》などにも出たようだが、道の怪としても知られている。出没する日時は、例えば王子稲荷では冬・夏を問わず、また、夕方から夜中・朝方まで目撃されており、やはり稲荷の使いとされる伝承もある。目撃したことによって祟られるような伝承は少なく、道に迷わされたり、食べ物を取られる程度の悪戯が多く、なかにはしばしその美しさを愛でつつ見物する人もあり、狐に対する悪感情があまりなかったことが分かる。

⇩かいか、かいこう、きつね、たぬきび、ひとぼし

事例 ①［石川県加賀市］竹内宅右衛門が夏の夜、岡領へ涼みに行ったところ、向こうに火が見える。田の畔に伏してその火を伺い見ていたが、よく見ると狐である。その狐は尾を真っ直ぐ上に立てて振ると、その尾の先から火のようなものが出て、その辺りが明るく見えた。その様子を見ていると、その光でイナゴを捕って食べている。近づいてきて宅右衛門が伏しているのを見て、狐は驚いて逃げた（『聖城怪談録』寛政一一）。②［群馬県嬬恋村］戸花（大字大前）にキツネ火がともった。遠くに見えるときは、キツネが足もとにいると言われているので、鎌で足もとをはらったら、カサッと音がして逃げて行った。同時に戸花の火も消えた（『群馬県史　資料編二七』昭五五、九三三）。

（佐々木高弘）

〔参考文献〕柳田國男「狐猿随筆」『柳田國男全集　二四』ちくま文庫。神田左京『不知火・人魂・狐火』平四、中央公論社。

狐火（『怪物画本』国際日本文化研究センター蔵）

きつねひきゃく【狐飛脚】

狐が人に化けて飛脚を行ったという昔話。人間の何倍もの速さで荷物を運ぶことができる。罠に掛ったり犬に噛み殺されたりと道中で死を遂げることが多い。

⇩きつね

事例 ［鳥取県］経蔵坊は鳥取県久松城の山に住んでいた古狐であったが、江戸へ二日で飛脚をつとめて、非常に調法がられていた。或る時播磨国を通る時、焼鼠の匂いに心制し切れず、狐わなにかかって非業の死を遂げた（『旅と伝説』八（八）、昭一〇、五一）。

（伊藤純）

キナポソインカラ

キナ（草）・ポソ（透かす）・インカㇻ（見る）＝「草を透かして見る」の意。アイヌの伝承にみられる化け物で、狩りの邪魔をして人間に危害を加える。

事例 ［北海道登別村（現・登別市）］白ギツネの神が、世界が飢饉で苦しんでいるのに気がつき、かろうじて動ける狼の兄弟と協力し、神や人間たちを鹿の群に近づけないようにして狩りの邪魔をしていた青白い目のキナポソインカラを、ヨモギの矢で退治した（『炎の馬』昭五三、七一－八二）。

（矢崎春菜）

きのかいい【木の怪異】

樹木は生活資源として必要不可欠な存在であり、同時に鑑賞や信仰の対象とされた。一方で怪異をなす存在として畏れられもした。怪異は大きく三つに分けることができるだろう。

ひとつは、樹木の祟りである。多くは樹木を伐採したり移植した後、関係者に死や何らかの災厄が訪れ、これを伐られた（植え替えられた）樹木の祟りであるとするものである。

祟りをなすのは、神社の境内にある神木など元々神聖視されていた樹木や、何らかの「化身」であった樹木である場合が多い。「伐ってはならない」という禁忌を破ったために祟りが起こる。伐ってはならない木として、神木一般の他に、アシバ木、ミサキの木、マルシテンの木、天狗の座り木などが報告されている。逆に神仏の化身である樹木が人間を助ける場合もある。

もうひとつは樹木に関係する怪光や怪音、血を流すなどの現象である。樹木が発光した、あるいは枝に小さな灯がいくつも付いた場合、それは神仏や天狗が樹木に留まっているからだと考えられた。

山中で樹木が倒れる音を聞いたが、確認してみると何も倒れていない。このような現象を、天狗倒し、空木倒し、イタチの木倒し、フルソマ、狐の空木がえしなどと呼んだ。夜中や雨の日など特定の期間に起こるとされる場合もあるが、地域によって異なる。また原因も、呼称の多さからわかるように、天狗、山の神、狐、イタチ、ムジナ、伐採作業で死んだ者の霊など多くの存在に求められる。

最後は樹木に関する何らかの禁忌である。これを破れば怪異が起こると信じられた。植木や庭木、作物など人間の手が加わった樹木の場合が多い。例えば庭木の高さは屋根を超えてはならない、もし超えると家運が傾く、柿の木から落ちると死ぬ、六月朔日は「ムケツイタチ」といって蛇の皮が剝ける日で、桑の木にはその皮が掛かっているので近付いてはならない、などである。

⇩さかさばしら、しんぼく、たんたんころりん、てんぐのこしかけぎ、もりさま

事例 ①［京都府富本村（現・南丹市）］神木とされていた老杉を切り倒したところ、祟りで樵夫の息子夫婦が相次いで死んだ（『旅と伝説』三（三）、昭一四、四三）。②［岡山県哲西町（現・新見市）］ミサキの木として伝えられているフジの木があったが、知らずに伐って腹をこわしたことがある（『奥備中の民俗』七、昭四五、一〇四）。③［愛媛県丹原町（現・西条市）］石鎚山山麓の村では、烏天狗が樹木に留まって休むと信じられた。その時は枝の間から小さな火の光がいくつもみえたという（『あしなか』一一六、昭四四、五－六）。④［福岡県星野村（現・八女市）］山奥へ猟に行った夜、大きな木が倒れる音がする。翌日行ってみると何もない。それを天狗倒しと呼ぶ（『民俗採訪』昭和五五年度号、昭五六、一九八）。⑤［新潟県津南町］小雨の降る晩などに、山小屋に泊まっていた村人が、大木の倒れる怪音をきいた。朝方見に行っても木は倒れていない。これをイタチノ木倒シという（『新潟県史　資料編

二二』昭五七、一〇四九)。⑥〔滋賀県神崎郡(現・東近江市、彦根市、愛荘町)〕庭木が屋根よりも高くなるとその家が潰れるといわれている(『郷土研究』三(七)、大四、五九)。⑦〔東京都八王子村(現・八王子市)〕柿の木から落ちると三年以内に死ぬと言われる(『郷土研究』三(五)、大四、六〇)。 (中野洋平)

〔参考文献〕浅井治海『樹木にまつわる物語―日本の民話・伝説などを集めて』平一九、フロンティア出版。

きのこ【茸】

椎茸、松茸、テングダケなど、比較的大型の菌類の俗称。食用のものもあるが、有毒性の茸は恐れられた。茸が怪異をなす、というよりは、茸自体が化け物か、化け物の変化である場合が多い。大きく成長した茸がその典型とされた。おろし汁や茄子の煎じ汁をかけて退治する。

⇩きのかいい

事例 ①〔岐阜県高山市〕樵夫の山小屋に毎夜、化け物がやってくる。しかし正体がわからない。恐ろしくなった樵夫が旅の六部に相談すると、それは古い猿の腰掛が化けた物なので、茄子の煎じ汁をかければ退散すると言われた。山小屋へ行ってみると傍の木に巨大な猿の腰掛があり、これに汁をかけるとぽろりと落ちた。それから怪物は来なくなったという(『ひだびと』六、昭一一、三三―三四)。②〔秋田県角館地方(現・仙北市)〕昔、寺の小僧が花摘みに行ったところ、悪巧みを相談する茸の声が聞こえた。茸は「おろし汁をかけられたらたまらん」と言ったので、小僧はそれを和尚に伝えた。後日、寺に大きな茸が生えたが、これにおろし汁をかけたところ、狐か狢の姿に変って死んでしまった(『旅と伝説』一四(六)、昭一六、二八―二九)。 (中野洋平)

きはちほうし【鬼八法師】

熊本県阿蘇市と宮崎県高千穂町で、降霜をもたらす鬼伝説である。阿蘇では、大明神である健磐龍命《タケイワタツノミコト》が外輪山の大石を的にして弓の稽古をした。放った矢は鬼八に拾わせた。鬼八は千本目の矢を足で蹴り返した。怒った神は鬼八の首を斬る。鬼八は「霜を降らせ、五穀に害を与える」と言い残し、その後、人々は霜害に苦しんだ。神は鬼八を神として祀り、霜宮を建立した。火焚き乙女が鬼八の首を暖めるために、八月から一〇月までの五九日間火を焚き続けた。現在は、初日と最終日だけ乙女がその任に当たる。高千穂の鬼八伝説は、神武天皇の兄にあたる三毛入野命によって鬼八が退治されたという。鬼八の霊が霜を降らせるので、生贄として女児を捧げた。戦国期に高千穂を治めていた甲斐宗摂が生贄を女児から猪に替えたという。甲斐は高城山(現、日之影町)の巻狩で得た猪を捧げたとされる。現在、高千穂神社では旧暦一二月三日にしかけ祭りが行われ、猪の丸物を神社に供えて笹ふり神楽を奉納し、その後、鬼八の首を埋めたとされる鬼八塚を祀っている。 (永松敦)

事例 〔宮崎県〕鬼八は二上山の乳が窟に根拠を置いた鬼神で、正市伊様(十社大明神)と右大臣富高氏、左大臣田部氏に退治された。鬼八の遺体は三つに分けられて埋められた(『宮崎県史 資料編 民俗二』平四、五―六）。

〔参考文献〕永松敦「阿蘇・高千穂の鬼八伝説　狩猟・野焼きとの関連性」『妖怪文化の伝統と創造』平一二、せりか書房。

きびつのかま【吉備津の釜】

岡山県の吉備津宮（現・吉備津神社）には釜殿という大きな釜があり、在所の者たちはそれで吉凶を占う。社人は玉襷をして幣を釜の中に入れ、法を修すると釜が鳴動する。数十町先まで聞こえるその音の響きによって成就するかどうかを占うという。吉備津神社ではこの神事の由来をかつて百済から来訪し、吉備国で悪事を働いた温羅《うら》という名の鬼の伝説に求めている。またこの神事は現在でも行われている他、上田秋成の読本『雨月物語』にはこの神事に題を採った怪談「吉備津の釜」があるなど、近世期より広く知られている。

⇨うら、かまのかいい、かまなり

事例　［岡山県岡山市］吉備津神社では、祈願の人の吉凶を判断するために社人が玉襷をして幣を釜中に映し法を修すると釜が鳴動する。その音は数十町に響くとされ、これによって、祈願成就や病人の快全不快を占うという（「塩尻」『日本随筆大成　第二期二四』四二四―四二五）。

（三柴友太）

きぶつのかいい【器物の怪異】

古くなった物には霊異が宿ると信じられ、役に立たなくなり打ち捨てられた器物は、怪異現象を引き起こすと考えられた。平安時代『今昔物語』巻二七第六話は、器物にまつわる最も古い怪異のひとつだろう。この話では東三条の銅器が人の形となって歩き回る。

このような器物にまつわる怪異として代表的な存在が付喪神《つくもがみ》である。付喪神は平安末期頃には出現し中世から近世にかけ活躍した。室町時代に成立したお伽草子『付喪《つくも》神記《がみき》』では、煤払いで捨てられた洛中洛外の古道具が化け物となり人間に報復を始める。付喪神は道具類に口、目、手足などを書き加え、原形を誇張し、擬人化されて描かれる。

近世には、多くの器物の怪異が仮名草子などに描かれた。例えば、『曾呂里《そろり》物語』（寛文三年刊）巻四の四「万の物年をへてば必化事」では、伊予国出石の山寺に数百年を経て化け物となった古道具が関東の足柄から訪れた僧によって退治される。草双紙（絵入り小説）でも、付喪神と同様に、器物の化け物は擬人化され描かれた。

付喪神とは別に、民間でも器物にまつわる怪異が多く伝承される。柳田國男は「妖怪名彙」で、多摩のヤカンザカや長野のヤカンズルを挙げている。夜分に通ると薬缶が転がったり下がったりする怪異である。荻窪の薬鑵坂に現れる薬缶の化け物は毛むくじゃらの手足が生え、踊りだす（『郷土趣味』三五、大一一、三六）。器物が踊り歌いだす怪異は少なくない（事例①）。さらに、器物の化け物が幸運をもたらすこともある（事例②）。

同様に、古い器物を放置すると怪異現象が現れると説くことが民間でも多い。長野では欠けた茶碗を放置すると茶碗ころがしが出るという（事例③）。岡山では茶碗ころばしといい、擂粉木《すりこぎ》や砧《きぬた》が化ける話も伝わる。古い器物が人に害を加えないよう、鋏供養などの器物供養行事が各地で行われている。

⇩かがみのかいい、げんじょうびわ、たこのかいい、ちゃわんころがし、つくもがみ、ていていこぶし、とけび、にんぎょうのかいい、みしげー・まじむん、やかんころがし、やかんづる、よこづちのかいい

事例 ①［岩手県盛岡地方］山奥の古寺ではホイト（乞食）が、夜中に酒盛りをして歌って踊る欠けた茶碗などのがらくたを覗き見る（『郷土研究』七（一）、昭九、八一－八二）。②［新潟県阿賀町］歌いながら坂を上るカネガメの化け物を取り押さえた男は大金持ちになった（『西川の民俗』昭五一、二三三）。③［長野県伊那市］中村城落城後に堀へ捨てられた茶碗などの欠片が起き上がって道を歩くようになった。皇室に使えた人がそれらを一箇所に集めて燃やし経を唱え供養した（『長野県史　民俗編二（三）』平一、六二九－六三〇）。（神田朝美）

〔参考文献〕小松和彦『憑霊信仰論―妖怪研究への試み』昭五九、ありな書房。

きふねみょうじん【貴船明神】

貴船神社に祀られている神霊の総称。本宮には高龗神《たかおかみのかみ》、奥宮には闇龗神《くらおかみのかみ》がそれぞれ祀られている。二神とも女神で、水域を守護する水神あるいは龍神であるともいわれる。神社は京都の北方、貴船川の上流に位置する。社名の由来は玉依姫が「黄船」に乗って淀川から賀茂川を遡上し、当地に一宇を築いたとも、樹木の生茂った「木生《きふ》根《ね》」から名付けられたともいう。いずれにせよ京城の水源地一帯を守護する神であり、弘仁九年（八一八）以降、祈雨止雨の祈願社として朝廷や諸氏の崇敬を集めている。明治期になるまでは、賀茂別雷神社《かものわけいかづち》の摂社であった。

貴船明神の怪異は二種が知られている。一つは、鞍馬寺の成立譚において、伊勢人の夢中に出現した白髪の翁が貴船明神と名乗った例である。この説話はすでに『今昔物語集』巻一一に見えている。今一つは祟り神としての貴船明神で、後奈良天皇の頃（戦国時代）、京中に流行した咳の病気によって多くの子供が死亡した原因とされた。

貴船が関係する怪異譚として著名なのは、『平家物語』（屋台本）剣之巻や謡曲「鉄輪《かなわ》」だ。前者では嫉妬に狂った公卿の姫が貴船神社に参籠し、鬼となって敵を取り殺したいと願う。貴船明神は姫に、姿を変え宇治川に浸れば成就すると告げる。姫は髪で五つの角を作り、頭に鉄輪を戴き松明を咥えた姿で宇治川へ至った。川へ浸るとたちまち鬼に変じたという。後者でも男に捨てられ復讐を誓う女が、丑の刻に神社へ向かう。そこでも貴船明神は、鬼となる方法を女に示すのである。この説話が流行し、貴船神社は丑の刻参りの聖地と認識されるようになった。

また貴船神社と鬼との関係は、室町後期に成立した奈良絵本「貴船の物語」「貴船の本地」でも語られる。物語で中将が恋した姫は鬼国の大王の娘だった。鬼国は鞍馬寺の奥、僧正谷のさらに奥の洞窟にあった。姫は中将を庇って大王に殺された後、人間に転生して結ばれる。そして死後は貴船明

神として祀られたという。

　神社境内にある牛一社はかつて、貴船社家筆頭の舌家の先祖を祀る社だった。『黄船社秘書』によれば、祖師を仏国童子といい、舌家は四代目まで牛鬼の姿をしていたという。

⇩うしのこくまいり、はしひめ

事例　①〔京都府京都市〕藤原伊勢人が信仰する観音の安置所を探していると、夢中に白髪の翁が現れた。翁は王城の鎮守貴船明神と名乗り、城北の山へ安置すればよいと告げた。伊勢人は覚醒すると、その山を探すために鞍を掛けた白馬を放った。白馬が止まった山中はまさに夢中の通りであり、ここに観音と毘沙門天を祀った。これが鞍馬寺の始まりである（『豊芥子日記』『続日本随筆大成　別一〇』三九二―三九三）。②〔京都府京都市〕後奈良院の御世、京中に咳疫が流行し、子供が多く死んだ。卜者によると、貴船の神の祟りだという。弘治二年九月二日にこの神を祀り、疫病を退けた（「諸国年中行事」『続日本随筆大成　別一一』二一七―二一八）。

（中野洋平）

〔参考文献〕下坂守「貴船神社」谷川健一編『日本の神々―神社と聖地　五』平一二、白水社。山路興造「貴船のささ神輿考」伊藤唯真編『宗教民俗論の課題と展開』平一四、法藏館。

キムナイヌ

(類)キムンアイヌ、ロンコロオヤシ　キム（山）・ウン（の）・アイヌ（人）＝「山の人」の意。樺太では「ロンコロオヤシ（禿げ頭をもつお化け）」とも言う。アイヌの伝承にみられる化け物で、人間に幸運をもたらす善神的な者もいれば、人間に危害を加える悪神的な者もいる。北海道では、地域差もあるが、多くの場合煙草が好きな怪力の大男で、かんじきを履いていたりキムンセタ（山犬）を連れていたりする。全身が毛だらけの者や、ウエクル同様に一つ目の者や顔の半分が白く半分が黒い者もいるという。

⇩やまおとこ

事例　①〔北海道平取町〕人食いのキムンアイヌに嫁入りした女が自殺する。その息子は別の村で育てられるが、自分の人を切りたい衝動に疑問を抱く。事情を聞くとキムンアイヌのところへ行き、息子に殺されるのを待っていたキムンアイヌの首を切った（『語りの中の生活誌』昭六一、七―四三）。②〔ロシア連邦樺太〕山の中で荷物が重い時などに呼んだら助けてくれるが、禿頭の話をしたら憤慨し、大木を倒すなどして山が荒れる（『アイヌ民譚集』昭五六、二二一―二二三）。

（矢崎春菜）

きもだめし【肝試し】

(類)したんかい【試胆会】　夜中に墓場や寺社などの暗く恐ろしい場所を、単独、もしくは少人数で訪れることによって度胸を示す遊び。目的地の物品を持ち帰るなどして、課題を果たしたことを証明する。道筋に先輩格の者が脅かし役として潜み、通りかかる参加者を怖がらせたりもする。主に若者組や子供仲間の間で行われ、集団の与える試練、通過儀礼としての意味合いも持っていたと考えられる。近代以降は、青年団や学校集団の夏の催しとしても根付いている。

　肝試しは、もともとは胆力の訓練・顕示

のための行為であった。『大鏡』には花山天皇が五月の蒸し暑く暗い不気味な夜、近習の道隆・道兼・道長に肝試しを命じ、道隆・道兼は逃げ帰ったが、道長は見事に実行し剛胆さを証明する逸話がある。血気盛んな若い武士の間でも肝試しは行われ、若侍が怪異と遭遇しこれを打倒する『稲生物怪録』や『大石兵六夢物語』などの物語では、主人公の若侍が朋輩との怪談の語り合い（百物語）の挙句に、度胸を証明するため怪異の起きる場所に肝試しに赴くのが発端となっている。こうした胆力錬成の機会であった肝試しや百物語が、近世の都市文化の中で徐々に遊戯化され、娯楽としての意味合いを強めて現在に至ると考えられる。

作られた怪異空間であるはずの肝試しの場で本物の怪異を体験するという世間話も多くあり、現代では学校を舞台とした「学校の怪談」として伝承されている。

肝試しに類似の行為として、近年若者の間で行われている、マスメディア等で紹介された、怪異現象が頻発するという「心霊スポット」を自主的に訪問する「心霊スポット巡り」がある。これは集団内での鍛錬や度胸の示威ではなく、個人の興味で行われる点が肝試しと異なる。また興味本位で聖域・霊域を侵す後ろめたさからか、心霊スポットで霊にとり憑かれ、恐怖を味わったり悲惨な結末を迎えたりする、という世間話・都市伝説も多く話されている。

⇩がっこうのかいだん

事例 ①［島根県松江市］小学校時代、男子は赤穂浪士討入の晩に恒例で肝試しをした。学校で怖い話を聞いてから、お墓、神社、池を廻り、名前を書いた紙を貼って帰った（『佐陀宮内の民俗』平一七、二七四）。②［鳥取県若桜町］青年団がよく肝試しをした。墓や氏神様のところに新入りを行かせ、古い者が仕掛けをして脅かしたりした（『因幡若桜の民俗』昭四八、一三一）。③［鳥取県西伯町（現・南部町）］女衆が夜なべ仕事の折、今から滝山神社まで行けるか賭けをした。オタキさんという気丈な嫁が子を負ってお宮に行くと、帰りに「おかしーなー、おかしーなー」と声をかけられた。言い返して戻り、子どもを背から降ろすと、子どもの首が無くなっていた（『常民』二六、平一、一六二）。④［東京都］林間学校の肝試しの時、誰もいないのに後ろから三度も背中を叩かれた。怖くなって逃げたら道に迷い、ボロボロの服の男が見えたので駆け寄ったら、そこにも誰もいなかった（『昔話伝説研究』一二、昭六一、二四）。⑤［栃木県宇都宮市］五人で肝試しをし、横に手をつないで歩いていたら、真ん中の一人が消えてしまった（『下野民俗』三九、平一一、五一）。（飯倉義之）

〔参考文献〕大門哲「肝試しのフォークロア」『加能民俗研究』二七、平八。常光徹「『肝試し』譚における怖さの変容」『説話・伝承学』五、平九。

きもとり【肝取り】

人の肝を取って薬にする妖怪、もしくは犯罪者。

⇩ことりばあ

きもん【鬼門】

艮《うしとら》、北東の方角のこと。またその方角にあたる所を陰の気が宿り、百鬼や災厄が出入りするとして忌み嫌う観念のこと。これを表鬼門、反対の南西の方角を裏鬼門といって同じように忌む。平安時代に隆盛した陰陽道《おんみょうどう》による影響が大きく、今日でも家宅の建築とその儀礼において注意が払われている。災難を避けるために鬼門の方角に神仏を祀る、桃や梅などの植物を植える、家の東北の隅を切り取った形にするなどして鬼門除《よ》けが行われた。

⇩まよけ

事例 ①［神奈川県津久井郡（現・相模原市）］昔、ある大工が誤って柱を短く切り、妻が知恵を授けて上手くいったが、自分より賢い妻を置いておけないと妻の首をはねた。首は即座に鬼門へ飛んだ。それで魔が差さないように鬼門に向けて矢をたてる（『神奈川県史　各論編五』昭五二、四二七）。②［長野県北佐久郡］鬼門除けのけやきが八幡様と明神様の中間にあったが、馬が通れないといって三人で木を縛って引っ張ったところ、皆若死にした（『長野県史　民俗編一（三）』昭六二、四五七）。

（岡田真帆）

きゅーぴっとさん【キューピットさん】

⇩こっくりさん

きゅうびのきつね【九尾の狐】

㊮たまものまえ【玉藻前】　九尾の狐ははやく中国古代の文献に見られ、子孫繁昌などの予兆をする一種の瑞獣であり、食べれば怪異に会わないとされるが、日本では妖狐として伝承されるようになった。室町時代以来の物語草子『玉藻の草子』（絵巻や絵本もある）、能「殺生石」に代表される芸能、さらに浮世絵などの絵画の題材などとなり、玉藻という名の代表的な妖狐として広く知られてきた。古代インド、中国で国を乱し、渡海して日本で仏教を滅ぼそうとしたといわれる齢八万歳の古狐である。室町期の辞書『下学集』ではこれを白狐とする。栃木県の那須野の殺生石の由来としても著名な玉藻の前はもともと二尾の古狐であった。それが『封神演義』を受けて江戸中期に九尾金毛の狐とする説が広まり（『謡言粗志』「殺生石」、『通俗武王軍談』）、さらに近世後期に流布した『三国悪狐伝（三国妖婦伝）』の中で通説化したとみられる。ただし、昔話「鶴女房」に付会した異伝もある。鶴が置き土産に去った衣を盗んだ狐が九尾の狐になったという。

また玉藻の前退治譚は古くから犬追物の起源としても説かれてきている。民間においては九尾の狐が退治されたとき、尾が天に散り散りに飛散したという。それらは日本中に散らばり、人に憑くクダギツネまたはオサキになったと伝える。落ちてきた家の人は「オサキが憑く」などと言われ、その地域で仲間外れにされ、結婚もできない家筋となった。これを落とすのは行者のほか、九尾の狐の尾と称する馬の毛のような物による土地もある（長野県高森町）。このほか、殺生石を砕いて、その破片を踏むとコマメができるという地域もある。

⇩おさきぎつね、きつね、くだぎつね、せっしょうせき

事例 ①［滋賀県余呉町（現・長浜市）］九尾の狐が中国から来て美女に化けて妃になっていたが、山鳩の尾羽を輪にして覗く

と狐の本性が現れたので、関東の那須の原に逃げて岩と化した。この岩に近づいたり割ったりした者が次々に死んだ。そこである坊さんが読経し、玄翁が粉々に砕いて全国にばらまいた。その一つが話者宅の庭の隅にあり、月の一七日には赤飯を炊いて供える。この石をなぶるなとか、庭石に使うなとか、またこの石があると難を逃れるなどと言われている（『余呉村の民俗』昭四五、一六七）。②［香川県仏生町（現・高松市）］むかし猟師が獲物を探して歩いていると、矢に当たった鶴を見つけた。鶴は望みをかなえるから命を助けてくれと言った。つれて帰ると鶴は妻となって仕えたが、居室を覗かれて去った。このとき置いていった衣を盗んだ狐が九尾の狐の祖となったという（『中国民俗研究』一（四）、昭八、二〇―二一）。③［栃木県奈佐原町（現・鹿沼市）］初午にはシモツカレといって、人参・大根を荒おろしにしたものに、塩引の頭、油揚げ、酒粕、年越の夜の豆を入れて煮て汁を作る。そのいわれは、昔那須の九尾の狐がおり悪さをして困るので、これを餌にしておびき出し殺生石のところで殺した。その狐の供養のために、初午にこれを作り、赤飯などと一緒にウチガミ様（稲荷様）に供えるのだという（『西郊民俗』七、昭三三、七）。

玉藻前（『怪物画本』国際日本文化研究センター蔵）

（伊藤慎吾）

きょうづか【経塚】

㊫ねんぶつづか【念仏塚】　経典を地中に納めて築いた塚。平安時代から作られるようになり、近世には石経（経典の文字を書いた石）を埋めた塚が多く作られた。経塚と呼ばれる塚の中には、築かれた当時の目的が忘れられたもの、実際には経が埋められていないものも多い。関連して名僧の霊験にまつわる伝承や、非業の死を遂げた人物の霊や怪異を鎮めるために設けたとする伝承がみられる。塚やその周辺に手を加える、立ち入ることを禁忌とする場合も多い。

⇩つかのかいい

事例　［長野県北相木村］くもが淵には多くの魚がいたが、ふだんは大きなクモの巣が張られていて、人が近づけなかった。ある男がこの淵で釣りをしていたら、淵の主の大グモが現れて、男の足に糸を絡めて滝つぼに引き込もうとした。男は必死に逃げて、竿だけとられて助かったという。村人たちが淵へ出かけて経をあげると、それ以来クモの巣がかからなくなった。その時の経文を埋めた場所が、今の経塚である（『長野県史　民俗編一（三）』昭六二、四八八―四八九）。

（徳永誓子）

ぎょうにんづか【行人塚】

㊫にゅうじょうづか【入定塚】　仏道修行者を埋葬した塚。東日本に多く残る。即身仏になるために、生きたまま地中に入り臨終

を迎える「入定」は、江戸時代、特に、山形県湯殿山の僧によって行われた。災害を鎮め、人々を救済するために入定がなされる場合もあった。ただし、「行人塚」の中には、入定以外の原因で死んだ修行者を埋葬したものもある。埋葬された者の祟りがあるという伝承は広くみられる。一方、塚にあげた線香の灰をつけるとイボやオデキに効く、寝小便が治るという伝承も一部の地域（千葉県南房総市）にのこる。

⇩つかのかいい、ひとばしら

事例 〔宮城県仙台市〕広瀬川が直接海に注いでいた頃、流れが定まらず住民は水害に苦しんでいた。ある行人が、土中で二一日間鈴の音がしたら流れが定まって水害はなくなると言って、生き埋めになった。塚にさした竹から聞こえる鈴の音は二一日間続いて絶えた。その後、広瀬川は名取川に合流して水害はなくなった（『宮城県史 二一』昭三一、二五八―二五九）。

（徳永誓子）

きょうふのばしょ【恐怖の場所】

人のあらゆる経験は、場所と切り離すことができない。そのため人と場所の関係は、何よりも密接で濃厚とならざるを得ない。したがって両者の関係は、自ずから愛憎をともなうことになる。

怪異・妖怪は、ほとんどが具体的な場所で生じたと報告されており、柳田國男が『妖怪談義』の中で、幽霊は人につくが、妖怪は場所に出る、と言って妖怪の特性の一つとしたほどである。

またこれら怪異・妖怪の伝承の多くは、伝説というジャンルに属するが、『日本伝説名彙』においても柳田は、場所ごとに伝説の分類を試みている。それによると木の部（木・菜など）、石・岩の部、水の部（橋・清水・井・湯・池・川・淵など）、塚（穴）の部、坂・峠・山の部（谷・洞・屋敷・城跡・田・村・畑など）、祠堂《しどう》の部（地蔵・薬師・観音・不動・神社・寺など）があり、家屋内、集落内から山や川まであらゆる場所が恐怖の対象となる。

しかしながら、これら場所に詳細な検討を加えると、場所には異なる二つの次元があることに気づく。例えば水の部で多くの事例が挙がる橋は、異なる地域（世界）を結ぶ、あるいは区切る場所であるため、一般的には境界、あるいは異界性が指摘される。ところが伝承者との関係を聞き取り調査で確認してみると、橋を挟んで向かいあう集落で伝承の有無や差異が生じる場合がある。このように、その橋に対して誰が、あるいはどの集落が、また、集落のどのような生業に従事している人が、その伝承を語り、あるいは語っていないのかを見ない限り、人と場所の具体的で密接な関係は浮かび上がってこないであろう。また聞き取りの現場では、言語化できない場所（「ここ」とか「そこ」）も多々登場する点にも留意すべきである。

さらに文献や絵画資料からは、時代によって怪異・妖怪の生じるとされる場所が変化することも指摘されている。例えば古代においては大自然に生じた怪異が、平安時代になると都の大道に出没するようになる。その後山中に追われた妖怪たちが、近世になると人間の身近な集落内や家屋内に戻ってくる。このような怪異・妖怪の場所の時代的な移り変わりに、政治・経済・社会組織・思想の変革を見出そうとする研究もある。

このように、人間の内面が生みだした恐怖の場所は、抽象・具象の両面から、あるいは時代ごとの変化等から、人間と場所、環境、自然、風景との関係を読む重要な資料たりえる。

事例〔宮城県古川市（現・大崎市）〕江戸時代の中頃、古川市新田中宿を流れる小川の石橋に、夜になると大入道が現れるという評判がたち、人の往来がたえてしまった。岩出山の武芸者がこれを聞き、ある夜そこに行くと大入道が現れた。切りつけると手応えがあり、それは消えてしまった。翌朝検分したら石橋が斜めに切られていた。よく調べるとその石は南北朝戦争の際討死した北朝武士の碑であった（『宮城県史　二二』昭三一、四八二）。

（佐々木高弘）

〔参考文献〕佐々木高弘『怪異の風景学』平二一、古今書院。

きよひめ【清姫】

⇩どうじょうじ

きょらいしん【去来神】

コト八日を中心とする一年の節目の日に訪れる神々や妖怪。来訪する期日や神名は地域によって異なる。コト八日の二月八日の晩には、東北から関東にかけて厄神・災神・山の神・悪魔・疫病神・一つ目小僧・一つ眼の団十郎・大黒様・笹神・大眼・田の神・えびす様・みかわりばあさん・コトの神などが訪れ、一二月八日もほぼ同様の神霊がやって来ると信じられていた。神が来訪するコト八日には、八日吹きや八日荒れといって天候が荒れるともいわれている。

東京都の南部丘陵から神奈川県の北東部では、みかわりばあさんが訪れるのは、コト八日のほか、一〇月の三隣亡の日・一二月一日・一二月二五日・節分の日とされ、それ以外の地域では一つ目小僧が訪れるという。房総のミカリ伝承などから、「みかわり」は「身変わり」で正月の神を迎える際の物忌を意味するとされ、みかわりばあさんは物忌の日であることが忘れられて、災厄をもたらす恐ろしい妖怪に変化したとされている。これが訪れる日に脱穀でこぼれた籾などで土穂団子を作って供える。土穂団子は収穫がすべて終了したことを象徴する供物であり、この団子を作って祀らないと火の元が不用心になるとか、みかわりばあさんが自分の子供をさがしている内に家が火事になって三人の子供を亡くしたので団子を作るのだなど火をめぐる伝承もある。コト八日には、災厄や病をもたらす一つ目小僧などの疫病神がやって来るので、魔払いのため目籠《めかご》を屋根に高く掲げる。また、帳面に災いの印を書いていくので、その帳面を小正月の道祖神祭りで焼いてしまう由来伝承もみられる。新潟県の秋山郷などでは、春の二月八日にコトの神が天や山から種を持って訪れて農作業を助け、秋の一二月八日にはその一切を終えて帰る日とされ、男が団子を作って祭るという。旧一〇月に全国の神が集う出雲では神在月と称し、神々の滞在期間は物忌をして過ごし、とくに神々が帰る日の晩をカラサデといって早く休むが、夜中に便所に行くとカラサデ婆に尻をなぜられるという。

⇩としどん、なまはげ、ひとつめこぞう、まゆんがなし、みかりばあさん、やぎょうさん、ようかぞう

事例 ①〔神奈川県松田町〕コト八日には一つ目小僧が来るので、目籠を軒先に掲げ、履き物をしまい込み雨戸を閉めて外出しない。二月八日にはコトの神が農業を助けに来て、一二月八日にはその一切を終えて天に帰るという（『神奈川県史　各論編五』昭五二、六五二）。②〔神奈川県横浜市〕一二月一日にハナヨゴレダンゴを悪い米でこしらえて、ミカワリ婆さんにげる。皿一枚ぐらいを床の間に供え、家族はあんこをつけて食べる。一二月八日・二月八日はヨーカゾーといい、一つ目小僧が来るが、庇にトオシをかけておけばよい。目の多いのを見て、おれは目が一つだからと逃げていくという。また一二月八日は子が祝い、二月八日は親が祝う日であって、小豆粥をこしらえて仏壇、床の間に供える。小豆粥は米・小豆・手打ちソバを切ったものをいれて作る（『日本民俗学』七三、昭四六、五六）。

（飯島吉晴）

〔参考文献〕牧野眞一「ミカリ伝承について」『日本民俗学』一九六、平五。石塚尊俊『神去来』平七、慶友社。

きょんしー【殭屍、僵尸】

中国の民間伝承で、室内に安置された遺体が夜になって突然動きだし人を驚かすという怪異。紀暁嵐『閲微草堂筆記《えつびそうどうひっき》』など明代・清代の志怪小説に記述がある。日本では、一九八〇年代半ばに映画『霊幻道士』シリーズがヒットし、キョンシー・ブームが起きた。キョンシーの知識は映画、テレビ、マンガ等のメディアを通じて主に子供たちの間に広がり、キョンシーの出現・目撃が学校の怪談の一つとして話された時期もあった。硬直した手足を伸ばしたまま関節を曲げずに跳ね回る、清朝の役人の衣服を着ている、道教の呪符を額に貼られると動けなくなる、等のキョンシー像は民間伝承に由来するものではなく、映画・ドラマの創作によるところが大きい。

⇩がっこうのかいだん

事例〔栃木県石橋町（現・下野市）〕小学生の時にキョンシーを見た（『下野民俗』三九、平一一、四九）。

（飯倉義之）

キラウシカムイ

アイヌの伝承。角を持ち、雷を司る神。

⇩カンナカムイ

きんけい【金鶏】

㊇きんのにわとり【金の鶏】　元旦の朝、黄金の鶏を埋めたといわれるところから鶏の鳴き声が聞こえるという伝説。この鳴き声を聞いた者は立身出世するというところもある。また、災いが起きるとき、鳴き声が聞こえるとするところもある。この金鶏を掘り起こそうとすると、災いが降りかかるともいう。

⇩つかのかいい、とりのかいい、にわとり

事例 ①〔不明〕昔、四郎秀清がいた館が落ちるときに金の鶏を井戸の中に投げ入れて落ちのびた。この金鶏が時々鳴くことがあるのを村人は聞くことがある（『土の

鈴』一〇、大一〇、七七-七八)。② ［愛知県美浜町］「朝日さす夕日かがやく木のもとに金の鶏埋けられて居り」という歌が城山の物語とともに伝えられている。夏から秋にかけて、天気の良い日が続くと、城山から火が出るといわれていて、その火は下から上へ上り、ある一点まで来るとぱらっと散ってしまうという(『みなみ』七五、平一五、四九)。 (山田栄克)

きんたかこう

宮崎県の伝承。犬神のようなもので、人に憑く。⇩かぜもち

きんたろう【金太郎】

㊫さかたのきんとき【坂田金時】 金太郎は、大江山の酒呑童子を退治したとされる源頼光の家来、坂田金時の幼名。童子でありながら、大岩や大木を持ち上げる、熊を相撲で負かす、爪で地蔵を掘るなど、怪力を発揮する。金太郎が育った場所は、浄瑠璃や歌舞伎で、その舞台となる相模国足柄山が有名だが、その他にも長野や新潟など、全国各地の山姥伝承と結びつき、それぞれの山にその事蹟を残している。⇩しゅてんどうじ、やまんば

事例 ① ［長野県八坂村(現・大町市)］ 大姥様は坂田時行の女房となり、金時を生む。金時は山中にて成長し、熊に乗って川を下ったり、松を根こぎにして橋を渡したり、熊と相撲を取ったりしたが、六歳の時に源頼光の養子となって山を出た(『西郊民俗』七九、昭五二、一一)。② ［長野県飯田市］ 坂田金時が川に沿って登って行くと、山から落ちてきた石で進めず、百姓が困っている。金時はまさかりを振り上げて大きな石を二つに割って道を開いてやった(『伊那』三二(一)、昭五九、一七)。 (竹内邦孔)

きんちょうだぬき【金長狸】

徳島県の著名な狸。狸合戦の伝説における一方の総大将であり、小松島市では神格化され、金長神社に祀られて多くの崇敬者を集めている。⇩たぬき

事例 ［徳島県］ 小松島町の染物屋・茂右衛門は、敷地内の狸の巣穴を燻そうとする奉公人を止め、供物をそなえた。巣穴に住まっていた金長は恩義を感じ、染物屋の奉公人に憑いて、守り神となることを告げたので、金長は近隣でも評判になった。やがて、金長は位の高い狸になるべく、茂左衛門に暇を告げ、四国の狸の総大将という名東《みょうどう》郡津田浦の穴観音の六右衛門狸のもとに弟子入りするが、諍いを生じ、戦を起こす。六右衛門は戦死し、金長もまた重傷のため力尽きた。茂右衛門は、金長が正一位になるべくしてなり得なかったのを憐れんで、吉田家から正一位を授けてもらったといい、子孫の家ではその位記の古文書なども保存している(『阿波の狸の話』昭二、九八-一〇六)。 (及川祥平)

きんのうし【金の牛】

㊫おうごんのうし【黄金の牛】 金の牛とは岩手・福島・山梨県に伝わる怪異である。岩手県では牛の形をした黄金が金鉱にあり、その黄金を引っ張り出そうとして、坑

道が崩れ落ち沢山の人が死んだという。福島県や山梨県では、金の牛は沼や淵の主として伝えられ、恐れられている。

⇩うし、ぬし

事例 ①［岩手県小友村（現・遠野市）］金鉱で牛の形をした親金に掘りついた。牛の角に手綱を付けて引くと角は折れた。首に綱を付けて引くと、坑道が崩れ落ちて坑夫が七五人惨死した（『土の鈴』一四、大一一、四二―四三）。②［福島県いわき市］濁り沼には金の牛がいて、湖畔を通る時は咳払いをして通らなければしばらく寝込んでしまう（『旅と伝説』九（八）、昭一一、四〇―四一）。③［山梨県身延町］古谷城の牛淵には深い穴があり、渦を巻いている。淵からはゴーンゴーンと音がする。潜水した人によると、淵には金の牛がいたという（『民俗採訪』平成六・七年度号、平八、八三）。（五十嵐大晃）

きんまもん【君真物】

㊮きみてずり【君手摩】　琉球列島の女性神役に依り憑くことによって人々の前に出現する神の名称。『琉球国由来記《りゅうきゅうこくゆらいき》』（一七一三）等の史料中に記される。『琉球神道《りゅうきゅうしんとう》記《き》』（一六〇五）巻五「キンマモン事」の章には、国を守護する神で、海底を宮とし、毎月現れて託宣するとある。同章に記される「キミテズリ」は伊波普猷《いはふゆう》によればキンマモンの異名。『中山世鑑《ちゅうざんせいかん》』（一六五〇年）には、キミテズリは聞得大君《きこえおおぎみ》（王府の整備した祭祀組織の頂点に立つ女性神役）等の高級神女に依り憑いて、琉球国王一代に一度現れ、王を祝賀するとある。

⇩つきもの

事例 ①［沖縄県］キミテズリ出現の前には、国頭《くにがみ》のアヲリ岳に「アヲリ」（色鮮やかな傘）が立った（『琉球神道記　弁蓮社袋中集』昭一八、一一四―一一五）。②［沖縄県、鹿児島県］女性神役自身が来訪神として出現する儀礼は、琉球王朝文化的な君真物の祭りをうけつぐもので、奄美・沖縄諸島に多い。一方、八重山諸島やトカラ列島には女性神役による来訪神事が少なく、男性来訪神事が多い（『国立民族学博物館研究報告別冊三』昭六一、一一一―一一五）。

（澤井真代）

〔参考文献〕伊波普猷「君真物の来訪」『伊波普猷全集　五』昭四九、平凡社。小島瓔禮「首里城―王権を讃える神々」『日本の神々―神社と聖地』一三、平一二、白水社。

く

くうちゅうしゅつげん【空中出現】

空中に文字や不可解な物体、偉人や聖人の姿、神秘的な気象現象などが出現する怪異。一回性の事件として出現する場合と、繰り返し出現が目撃される場合とがある。前者の場合は瑞祥・吉兆と解釈されることが多い。後者の場合には、出現が噂となって広まり、多くの見物人が集まることもある。

事例 ①［長崎県平戸市］永禄年間、平戸港上空に雲間から燦然と光輝く十字架が出現した。伴天連はこれぞ切支丹興隆の前兆と喜んだ（『旅と伝説』一〇、昭三、二七）。②［不明］享保一四年八月一七日の夜明け頃、東の空が赤く染まり、「蚕裳莅日国立」の六字が現れたという風説が流れた（「月堂見聞集（下）」『続日本随筆大成　別四』八七）。③［大阪府大阪市］明治一六年のこと。弘法大師のお姿が夜な夜な空に現れるという評判が立ち、市内に見物人が多く出た（『郷土研究上方』二六、昭八、五九－六〇）。

（飯倉義之）

くさっこ

岩手県の伝承。手足が犬のような赤ん坊が生まれたという。

⇩くだん

くじら【鯨】

鯨に関する口碑は多い。主に、鯨が夢枕に立ち、「孕み鯨なので捕獲をしないでくれ」と頼むが漁師が捕獲してしまったため、祟りが起こったと伝える伝説と、実際に打ち上げられた鯨に対する供養の話が多い。また、打ち上げられた鯨の体内から出てきた石を鯨石と呼び祀る例や、鯨に乗って来たとされる観音像を祀る寺院もある。

事例 ①［山口県長門市］龍宮の使いとして鯨が枕元に立ち命乞いをしたにもかかわらず漁師がそれを無視して捕獲したので貧乏になったり、不幸になったり、死んだりした（『日本常民文化紀要』一九、平八、五九）。②［佐賀県唐津市］小川島では、鯨の皮の下にある薄い皮は、鯨の前生が和尚であったしるしといっている（『旅と伝説』六（二）、昭八、六八）。

（熊倉史子）

くすのき【楠、樟】

クスノキ科の常緑樹で、巨木に育つ。関東以南の暖地に多い。大きく育った楠が怪異を起こした例がいくつかある。その多くは、伐採の際、伐採者に怪我や病気などの災厄が訪れる、というものである。

⇩きのかいい

事例 ①［兵庫県尼崎市］武庫川堤にある老樟は、二またに分かれていて小祠が祀られている。武庫川改修のとき、これを伐ろうとした人夫が一週間発熱した（『郷土研究上方』六八、昭一一、三〇）。②［京都府京都市］若一《にゃくいち》神社には楠の神木がある。都市計画に際してこれを伐ろうとしたところ、人夫の手が曲がり腰が抜けて、大熱を出してしまったという（『郷土研究上方』六八、昭一一、三二）。③［和歌山県日高川町］昔、ミソギ矢之助という者が阿田木神社の神木である大樟を伐ろうとしたところ、いくら伐ってもその晩には元に戻ってしまったという（『土の鈴』一三、大一一、四-五）。④［和歌山県田辺市］旧富里村付近の山には大きな楠があって、伐ると蛇が鳴くといわれた（『民俗採訪』昭和五一年度号、昭五二、二〇五）。

（中野洋平）

くずのはぎつね【葛の葉狐】

人間に化けて安倍安名に嫁し、安倍晴明となる男子を産んだという狐。人形浄瑠璃・歌舞伎の『蘆屋道満大内鑑《あしやどうまんおおうちかがみ》』で広く知られる。

⇩きつねにょうぼう

くずりゅう【九頭龍】

九つの頭を持つ龍。九頭龍が高僧に調伏されて霊山の守護になるという、社寺の建立にまつわる縁起譚が、神奈川県の箱根神社や長野県の戸隠神社など各地で伝承されている。一方で九頭龍山の本性である龍の姿を見ようとしたために、山奥で命を落としたという伝説もある。元々は仏教における蛇神ヴァースキが、中国伝来を経て九頭一神の龍になったとされる。後に神仏習合により、仏教と神道を守る神となる。

⇩りゅう

事例 ①［神奈川県箱根町］箱根神社の祭神は九頭龍権現である。昔、芦ノ湖に住む毒龍が娘を人身御供にしていたが、万巻上人がこれを調伏した。この毒龍が九頭龍権現となり、箱根の山を守護している（『神奈川県史　各論編五』昭五二、七二九）。②［長野県戸隠村（現・長野市）］戸隠山は九頭龍神の仮の姿である。その本性を見ようと山に入った者が、池に呑まれて死んだ。後に子孫が夢告を受けて夜明けに山を見ると、九頭の龍が山を七巻き半していたという（『旅と伝説』一（二）、昭三、八）。

（山口拡）

ぐそー【後生】

㊫ぐしゅ、ぐしょー　奄美～八重山の琉球列島地域において観念される、死後の世界。同地域の墓制と結びついた観念で、天然の地形を利用した風葬と関わって、洞窟や山や崖そのものをグショーと呼ぶ場合もあれば、洗骨の過程を有する二重墓制を反映し、墓をグショーと呼ぶ場合もある。

⇩じごく、ぶーすう、れいこん

事例 ①［鹿児島県喜界町］喜界《きかい》島では死後の世界に、この世に近い「ハンサ」と、現世から七日七夜の間歩いて行く「グシュ」がある。盆に際し先祖達は、七夕の日にグシュを出立して、この世に帰ってくる（『旅と伝説』七（七）、昭九、一五二）。②［沖縄県与那国町］与那《よな》国《くに》島では、四十九日を過ぎてこの世と縁の切れた死者は個性を保って後生に安定するとされ、その骨は、記名された甕《かめ》に入れられ墓内に置かれる。三三回忌の後、死者は「カミ」として天に飛翔すると考えられ、骨は墓内の「グショーの溝」に投げられ、位牌が処理される（『国立民族学博物館研究報告　別冊三』昭六一、九〇-九二）。

（澤井真代）

〔参考文献〕伊藤幹治「奄美・沖縄の来世観複合」『沖縄の宗教人類学』昭五五、弘文堂。

くだぎつね【管狐】

㊫おくださま【お管様】、かいこぎつね【カイコ狐】、くだしょう【管ショウ】、ちぐま【地熊】　オサキ、イヅナなどと同様の狐系統の憑き物の一種。新潟、長野、山梨、静岡、愛知県などの中部、東海地方、および神奈川、千葉県の一部など広い地域で信じられている。家や人につき、富や災い、不幸をもたらすという大筋ではオサキなどと変わらないが、呼称が異なることからその差異を重視する必要がある。クダの呼称の由来について、一致した見解はない。聞き書きレベルでは、管を仕切った中に雌雄の小狐を入れておくとか、イチコ（民間巫女）などが箱や竹筒に入れて持ち歩くということから、入れ物のクダからきたのだとされる。一方で、お山くだりの略とか、伏見稲荷から受けてくだってきたものだとする説もあるが根拠に乏しい。クダを始めとした憑き物は、霊的動物の狐を祀り、必要に応じヨリマシ等に降霊させて占いを立ててきたのが、狐が宗教的儀礼や宗教者のもとを離れて跋扈《ばっこ》し、単独に取り憑く段階になって起こった「物憑きという精神現象」だと柳田國男は説いた。その後の憑き物研究は、柳田の宗教的解釈の延長上に展開してきたといえる。

千葉徳爾は、迷信根絶の立場からクダを山間高地の生活と結びつけて分析した。厳しい環境の山間地を開発し、生活を維持していくためには、一族郎党が結束して、労働や治安等に対処していく必要がある。同族結合を高める象徴的役割としての山の神の使いである「オコジョ」を祝神《いわいがみ》の表象として祀り信仰した。それによって伸張してきた時期はよかったが、近世中期になると社会的経済的事情により、それまでの同族意識の結合が弱まり、また他の同族との緊張や軋轢も強まり、それまで支配してきた旧勢力は弱い立場に立たされてくる。加えてオコジョを山の神とする信仰が衰えてくると、ここに山伏、巫女らの宗教者の介在があって、旧家や草分けの家がクダ憑きの家として否定されてくるのだという。クダの正体をオコジョと仮定し、かつての富裕層がクダ憑きとされる要因を、山間部の現実生活に起因するとした千葉の説明は、山間地の現状の解釈としては説得力があるが、クダが山間地から平野部に移行浸透し、結婚忌避や精神異常の説明へと変質していく過程については、別の視点から説明されなければならない。

長野県南信濃村ではクダ落としに太夫や行者などがかかわり、その退散には剣や蟇《ひき》目《め》弓などが用意され物々しく行われる。クダを筒に入れて持ち歩き、病気等の占いの商売にかかわってきた旅の宗教者に加え、こうした地域に根を下ろして活動する宗教者の動向についても追究する必要がある。幕末期の安政五年（一八五八）に静岡県の富士宮市で、政情不安にともないコレラやクダ騒ぎが起こった。コレラの死者が百人を越えた時に、その死因はクダのしわざであるとなり、結局武州三峰の狼を勧請したと記されている（事例参照）。理解しがたい現象を身近な事例で説明しようとしたともいえるが、潜在的なクダへの恐怖が引き起こした事件といえよう。
⇩いづな、おさきぎつね、きつね、きつねつき、さいきょうねずみ、つきもの、みさき

事例 ［駿河国大宮（現・静岡県富士宮市）］安政五年、「袖日記」に「今夕上州（武）三峯山行者帰町、生ニ見ゆる御犬をかり度由申候処、坊ニて申ニハ生ノカゲノと二色ハなし、左様ニうたがふ心ある処へハかしがたし、前々之通りかげニて遣スへしと申由、とあり、本物の犬ではなく「カゲ」になる御札をもらってきて祀ったという（『静岡県史別編一』平七、六三六）。 （花部英雄）

〔参考文献〕石塚尊俊『日本の憑きもの』昭三四、未来社。『静岡県史 別編一 民俗文化史』平七。千葉徳爾「中央高地における一迷信の地域的基礎」『民衆史叢書三〇 憑霊信仰』平四、吉川弘文館。柳田國男「おとら狐の話」『定本柳田國男集』三一。

くだん【件】

半牛半人の予言する怪異。生後すぐに予言して死ぬ。その予言は必ず的中するとされ、証文等で結びの文句とされる「よって件の如し」という表現は、件の予言が確かなためであるという俗説とともに語られる。

件は、多くは人面牛身であるが、まれに牛面人身とする場合もある。また、馬、蛇、魚など、人と牛以外の動物との組み合わせの件についてもごく少数ながら報告がある。出生に関しては、牛から生まれるとするものが多いが、人から生まれるとする例もみえる。世の中に変事がある際に生まれるなど、なんらかの兆しと見られる場合がある一方、親の因果《いんが》や獣姦《じゅうかん》と関連づけられる事例も見られる。

件の伝承は主に西日本に分布し、第二次大戦前後に噂話・流言として流布した形跡がある。まれにこれを実見したという語りも記録され、なんらかの異常児が件と見なされたこともあったことがわかる。一方、近世には件を描いたかわら版が板行され、図像が護符になると謳われていた。このことから、件は近世のかわら版文化の中で、言葉遊びから生み出されたとする説もある。

近代以降、件の剝製《はくせい》が見世物にされた例もあるが、それらは異常な形状をした牛馬の遺骸を加工したものである。また、小説・漫画等の影響で件は近年でも知名度が高い。
⇩あまびこ

事例 ①［広島県］満州事変当時、クダンが「来年は大戦争と悪疫で国民の大半が死ぬ。この災いを免れようと思うなら、豆を煎って七つの鳥居をくぐれ」と予言したという（『民間伝承』一二（六）、昭一二、四）。②［岡山県草間村（現・新見市）］子供のころ、草間村に生まれたクダンを見に行った。ぶよぶよした赤い肌にちらちら毛がはえていた（『岡山民俗』一六、昭三〇、三）。③［香川県］昭和五年ころ、小豆飯を炊き、手首を糸でくくる厄除けがあったが、それは山の中のくだんという人身牛頭の怪物から出たことである（『ドルメン』二（七）、昭八、一一）。④［岡山県八束村《やつかそん》、川上村、中和村《ちゅうかそん》（現・真庭市）］昭和三六年ころ、八束村で、川上村で生まれた件が、来年大戦争があるという予言をしたという話を聞いた。川上村に行ってみると、件が生まれたのは中和村で、

予言の内容は「来年は大豊作だが流行病がある」というものだと言われた。そこで中和村にいってみると、件が生まれたのは八束村で来年は「大風が吹く」という予言だったと聞かされた（『岡山民俗学会会報』七四、昭四八、二―三）。⑤〔宮崎県〕クダンは人頭獣体の化け物で、首から下は馬・蛇・魚のこともあるが、牛が多い。天下の重大事の予言をし、三日で死ぬ。その予言ははずれたことがない。昭和の初め、クダンが生まれ、親に「大変なことが起こるので食糧の備蓄をするように」と予言した。間もなく、第二次世界大戦が起こった（『宮崎県史　資料編　民俗一』平四、三四七）。⑥〔和歌山県新宮市〕村はずれの漁師の家で、件を檻で養っていた。それはその家に生まれた子で、成長しても白痴で、獣のように這うだけだった。顔はまるで牛で、体は人だった（『民族と歴史』六（五）、大一〇、五五）。

（及川祥平）

〔参考資料〕佐藤健二『流言蜚語』平七、有信堂。及川祥平「くだん考―近代『くだん』イメージの再検討」『世間話研究』一七、平一九。

くち

（類）くちいれ、ふいぐち、ふつ　奄美諸島や先島諸島における一種の呪術。人に対する妬みなどの悪感情を、言葉や飲食物に込めて行う。大島本島では、飲食物を介して相手に害を与えるクチを特にフイグチといい、クチが入ると体調を崩すため、モドシグチやカエシグチなどといって、相手にすぐにそれを返す必要があった。クチイレやフイグチは、特定の人や、職業上特定の神を祀っている人などにできる人が多いといわれた。

⇩かぜ、のろい

事例　①〔鹿児島県〕女性の中には、悪影響を及ぼすクチを使うことができると同時に、悪霊払いができる人もいた（『人類科学』二九、昭五二、一三三―一三四）。②〔鹿児島県徳之島町〕セイクノ神を祀る大工は霊力の強い人であり、クチイレができるとされた（『人類科学』二九、昭五二、一二四―一二五）。③〔沖縄県〕宮古島の諸地域などでは、悪感情をクチやフツと呼び、良くも悪くも人の噂になった時には、フツガエシを行わなければ自身に害が及ぶとされた（『人類科学』二九、昭五二、一一八―一一九）。

（小澤葉菜）

くちさけおんな【口裂け女】

夕暮れの街角で、マスクで顔を隠した女が「私きれい？」と質問してくる。きれいだと答えると「これでも？」と言ってマスクをとり、耳まで裂けた口を見せ、追いかけてきて鎌で口を裂くという現代の妖怪。きれいでないと答えると即座に殺されるともいう。

この口裂け女の噂は、昭和五三年末から小中学生の間で爆発的に広まり、全国を席巻した。口裂け女を実在の危険人物と受け取った地域では、ＰＴＡが集団下校を指示するなど社会的なパニックを引き起こしたが、マスメディアが取り上げてからは鎮静化に向かい、昭和五四年夏には終息した。

学校・塾などを中心に都市部で話され、マスメディアにより大規模に報道されたこの噂は、現代の都市的生活を背景とした口承文芸である「都市伝説」だといえる。

　口裂け女は当初、岐阜の一地域で話されはじめた際には単に口が耳まで裂けた不審な女というだけであったが、伝播の過程で「マスクで顔を隠している」「質問をしてくる」「鎌で口を裂く」「三姉妹の末妹で、姉も口裂け女」「整形手術の失敗で口が裂けた」「一〇〇メートルを五秒で走る」「赤い服を着て赤い車に乗っている」「三という字がつく場所に出る」「ベッコウアメを投げれば逃げられる」「ポマードと三回唱えればいい」など多くの要素が加わり、わずか半年間で急速に物語化した。

　口裂け女の造形や性格には山姥の、三回の繰り返しや呪具・呪文を用いての逃走には昔話の逃竄譚《とうざんたん》の影響が指摘されており、口承文芸の成長という点でも注目される。

　噂の鎮静後も口裂け女の恐怖は子どもたちの間に深く残り、学校の怪談として定着し、映画・マンガなどで再創造されていく。

　また二〇〇〇年代にこの噂は韓国で再燃し、韓国においても現代の妖怪として定着する様相を見せているという。

⇩がっこうのかいだん、としでんせつ

事例 ①〔東京都〕小学校に口裂け女が出た。マスクをしていて「私きれい？」と訊く。ブスと言うと殺される。ポマードというと逃げる（『昔話伝説研究』一二、昭六一、二〇）。②〔宮城県名取市〕口裂け女は髪が長くすらりとした美女でマスクをしている。鎌と斧を持ち歩き、赤い車に乗っている。一〇〇メートルを五秒で走る。通行人に「私きれい？」と訊き、マスクを外して追いかけてくる。犬とポマードが苦手で、整形手術の失敗か歯医者の事故で口が裂けたという（『いわき民俗』二七、平二一、二二）。③〔宮城県仙台市〕口裂け女は髪が長く、口が耳まで裂けている。ポマードの香りが嫌い。三姉妹でほかの二人も口裂け女だという（同前、二二）。④〔栃木県宇都宮市〕口裂け女は十字路に出る。ポマードと三回唱えると消える。ベッコウアメをあげると喜ぶ（『下野民俗』三九、平一一、四九）。⑤〔東京都〕口裂け女は三の字が好きで、三軒茶屋に出る。アパートでは三号室を訪ねてくる（『西郊民俗』一二六、平一、二八）。⑥〔京都府京都市〕口裂け女は追ってくるときガオーッといって四つんばいで犬のように走ってくる（同前、二八）。⑦〔鹿児島県阿久根市〕口裂け女は夜道で苦しそうにしゃがんでいて、心配して近づいた人を脅かす（『鹿児島民俗』八四、昭六一、四三）。（飯倉義之）

〔参考文献〕野村純一『日本の世間話』平七、東京書籍。マイケル・フォスター「私、きれい？」『日本妖怪学大全』平一五、小学館。

くねくね

田んぼや川などの向うに見える白色、もしくは黒色の、くねくねと動く存在。この正体を知ると、精神に異常をきたす。インターネットの投稿サイト「2ちゃんねる」などに投稿されたネットロア（インターネットを媒介とした伝承）として広まった。

　ネットロアには既存の伝承がネット上に取り上げられる場合もあるが、「くねくね」はネット上で生成され伝播したものと考えられる。ただし、既存の伝承との関連性もあり、例えば、昔話の「こんな晩」や現代説話の「おまえだ！」における結末部分の影響が見られる。

事例　［不明］田舎の祖父母宅に遊びに来た兄弟が、田んぼの中にくねくねと躍る何かを見つける。兄が双眼鏡で眺めると真っ青になって双眼鏡を落とした。弟も見ようとすると、兄は「わからないほうがいい」と言う。その時から兄は精神に異常をきたし、祖父母に引き取られた（2ちゃんねる、平一五）。　（神田朝美）

くねゆすり【クネ揺すり】

クネ（生垣）をいきなりザワザワと揺する音を出し、人を驚かせる化け物。

⇩あずきあらい

事例　［秋田県中川村（現・仙北市）］生垣をひどくゆする化け物をクネ揺すりという。小豆とぎ（小豆をとぐ音を聞かせる化け物）のすぐ傍らにいる（『旅と伝説』一一（七）、昭一三、三〇）。　（磯貝奈津子）

くびきれうま【首切れ馬】

㊜くびきりうま【首切り馬】、くびなしうま【首無し馬】、じゃんじゃんうま【じゃんじゃん馬】、しりなしうま【尻無し馬】　首切れ馬の伝承は多様であるが、共通しているのは、首の無い馬がある特定の場所に出没し徘徊し、これに出会うと何か良くないことが起こる、という点である。首の無い馬の妖怪であるが、首だけの馬や、尻のない馬の伝承もある。

出没する日時は、大晦日、月の晦日、節分、庚申さんの夜、雨の降る陰気な夜、夜行日などで、ジャンジャン、シャンシャンなどの鈴や轡《くつわ》の音をたてて走る。出没場所は地蔵、寺、神社、庚申塔、燈籠、城跡、古戦場、藪、山などまちまちだが明確に語られる。徘徊の道筋も明確に伝えられており、四つ辻などが多い。

出没の原因は怨念や祟りで、戦国時代の戦とのつながりもある。地蔵や祠《ほこら》や石碑を建てて祀ると出なくなる場合もある。遭遇したときの対処方法としては、念仏を唱える、片袖を置く、お守りをもつなど多様である。

徳島、香川、愛媛の伝承には、首切れ馬の走る道筋を縄目《なわめ》、縄筋《なわすじ》などと呼び、そこには家を建てない。これらの点から、古い時代の字界《あざかい》、村境などの境界線を維持するための伝承との見解もある。またごく稀ではあるが、遭遇すると運がつくとか出世する、分限者になるなどの話もある。

しかし一方で、首の切れた理由を語る伝承は少ない。分布は四国がほとんどで、夜行さんや六部《ろくぶ》、首の無い武士や、姫などが騎乗したり、七人童子や、一つ目小僧、大入道などの妖怪を伴う場合もある。

⇩うま、うまのくび、ちんちんうま、なめらすじ、ひゃっきやぎょう、やぎょうさん

事例　①［香川県三野町（現・三豊市）］山条山に城を築いていた片山民部という武士が、長曽我部元親の軍と戦って敗れ、長曽我部の軍は片っ端から民部方の軍馬の首を刎《は》ねたので、首切り馬の伝説が生まれた。（『三野町誌』昭五五、一〇二八）。②［愛媛県玉川町（現・今治市）］小鴨部集落と別所集落の境の道にそって、小鴨部の方に「なわめ」

と呼ばれる土地がある。毎年節分の夜遅く首のない人が首のない馬に乗って「なわめ」を通る。昔の人は、ここには家を建てるものではない、と言っていた。またこの馬に出会うと、縁起が良い、誰でも出世できると言われた。（『玉川の民話』昭四四、一四八）。③［徳島県石井町］石井町西覚円の堤防より警察署に通ずる道は、たくさんの地蔵さんやほこらのある古い道である。この道は北へ吉野川をこして板野郡上板町の大山寺にいたり、南へいくと地蔵越えで入田町の建治寺にぬける道である。この道は昔から「魔の道」といわれ、魔物がおるとか、首切り馬が走るとかいわれ、この道を通っていたら神隠しにあうことがたびたびあった。そんなときは村人が寄って、鐘や太鼓で「だれそれかえせかえせ」と、いなくなった者の名前を呼んで道を歩くと出てくるといわれている。また、この道を歩いていて狸に化かされたという話も多い。ごく最近では、三〇年前に狸の化けた大入道にあい驚かされた人がいる（『名西の伝説』昭五二、一〇七−一〇八頁）。（佐々木高弘）

〔参考文献〕佐々木高弘『怪異の風景学』平一一、古今書院。

くびづか【首塚】

無念の死を遂げたり、死後に祟りを為したりした者の首を祀った塚。各地に見られるが、東京都の平将門《たいらのまさかど》の首塚が良く知られている。首塚が首の上の病に霊験があるとして、参拝・信仰の対象となっている場合も多い。また、粗末に扱ったり、移動したりすると祟るという伝承もある。

⇩たいらのまさかど、つかのかいい、なまくび、まさかどづか

事例 ①［島根県］松山村に首塚があるのは、落城の殿の武士の死骸を祀ったところだという。今でもそこを通ると、何処からともなく剣戟の声と女の叫び声が夢の様にきこえるという（『旅と伝説』五（七）、昭七、六〇）。②［東京都千代田区］「戦後アメリカ軍が進駐しモータープールの建設を進めていた際、ブルドーザーの運転手と作業員二人が突然の事故で死亡した。原因を糾明していくと、そこが将門の首塚であることが判明し、米軍と地元の人々との折衝の結果保存されることになった」（『日本常民文化紀要』一八、平七、九七）。（高橋奈津子）

くびつりがみ【首吊り神】

⇩さそいがみ

くびなしぎょうれつ【首無し行列】

福井市の伝承。夜、馬に乗った首のない人が、白装束の供を連れて行列する。この行列を見た者は命がなく、血を吐いて死ぬという。これは柴田勝家の行列といわれ、行列に出会った時「柴田勝家公の家来」と言えば、命が助かるともいう。四月二四日の夜に出るとも、春先に毎夜出るともいう。各地に伝わる「クビナシウマ」などの怪異の一系統とみられる。

⇩くびきれうま

事例 ［福井県福井市］四月二四日の夜、白衣の首のない人が白馬にまたがり、行列をつくって行く。戸の隙間から覗き見る者も皆死ぬ。この行列に出会った時、「柴田勝家公の家来」と言わねば命がない。また

「お前は誰か」と聞かれたら、「天下の名将柴田勝家公」と言えばよいともいう。さらに行列の出るのは四月二四日にかぎらず、ほととぎすのなく頃は毎晩だともいう（『南越民俗』二（四）、昭一四、三一-三二）。

（玉水洋匡）

くびなしじぞう【首なし地蔵】

⇩じぞうのかいい・れいげん

くびなしらいだー【首無しライダー】

頭部のないバイクライダーの亡霊。スリルを求めて集まる「走り屋」と呼ばれる若者たちの間でスピードの出し過ぎによる死亡事故がうわさ話となる。東京都奥多摩や栃木県日光などカーブが連続する地名をともなって語られることが多い。暴走族への嫌がらせとして張られたロープが死亡事故の原因とされている話もある。

⇩くるまのかいい、としでんせつ

事例 ①［京都府宇治市］信貴生駒スカイラインでは首なしライダーに追い越しをかけられ、そのテイルランプを追って走るライダーは全て事故に遭うといわれている（『不思議な世界を考える会会報』三九、平一七、一六-一七）。②［大阪府、奈良県］宇治川ラインのバイク事故でライダーの首が飛んだ。息子の首を探す両親が現場近くのお地蔵さんに張り紙と息子の写真を貼ったが見つからない。夜に首のないライダーが走るといううわさが広まった。また夜にはお地蔵さんの目が光り、その前で写真を撮ると後ろに首のない男が写るという（『夢で田中にふりむくな』平八、六三-六五）。

（杉本栄子）

ぐひん【狗賓、狗嫁】

㊩ごひん【狗賓】　多くは天狗の別称。山中での怪異現象を指し、姿の見えない山の精霊の化身として語られることが多いが、稀に鼻が高かったり僧侶の恰好で現れることもある。岐阜県では木を伐採する時に狗賓餅を供えなければ祟りがあると言われる。

⇩てんぐ

事例 ［岐阜県加茂郡］狗賓は天狗様ともいう。深山に住み、夜は火の玉で人を驚かす。夜中に山道を歩いて笑い声のする時は天狗の機嫌が良い（『郷土研究』三（八）、大四、五五）。

（古屋綾子）

くま【熊】

山で生活する人々にとって、熊は危険であると同時に身近な動物である。肉を食用にしたり内臓を薬にしたりと、その身体は無駄になるところがない。また、熊を山の主、山の神と見なし、熊を捕ると七日間は天候が荒れると伝える地域もある。アイヌでは古熊は化け、人を捕るとも伝えられる。

⇩ばけぐま

事例 ①［北海道石狩郡］熊は古くなると化け、山野の草木まですべて熊になって大きな害を及ぼすので、それを防ぐため城砦を作る（『民族学研究』一（三）、昭一〇、五三）。②［徳島県三好市］熊を狩ったらすぐに目を隠し女性に見せないようにしないと蘇る。熊を捌くときは頭だけ残しておき、固い石と焼いた大豆を袋に入れ、『この豆が生えたなら石を噛んで出て祟れ』と唱えて埋める（『祖谷山村の民俗』三、昭一六、一一七）。

③［長野県小県郡］熊が吹雪に迷った子を助けた。猟師は子から熊の穴を聞き出し熊を仕留めたが、間もなく次々と不幸が起り、家が途絶えてしまった（『上田盆地』二一、昭五七、二〇–二二）。（中村祥子）

くまいむしろ【九枚筵】

㊫きゅうまいむしろ【九枚筵】　皿屋敷伝承が変化を遂げたものとして考えられる。皿屋敷伝承では、一〇枚揃いの皿の一枚を割ってしまった女中が、奉公先の主人か妻に責められて死に、井戸に落とされるというパターンが多い。しかし九枚筵伝承では、武家の姑が、嫁に罪を着せる為に筵一〇枚の内の一枚を隠す。井戸に身を投げた嫁は幽霊となり、夜な夜な筵の数を数えるようになる。細部に異同はあるが、基本的な構造は皿屋敷伝承に共通している。

⇩さらやしき

事例　［宮城県亘理町］武家の姑が、嫁に麦を搗かせて一〇枚の筵に乾させると、一枚を隠して濡れ衣を着せ、日夜責め立てる。嫁は口惜しさから井戸に身を投げて死んだ。その後、毎日のように井戸から嫁の幽霊が現れては「一枚、二枚…」と筵の数を数えるようになり、やがて家は断絶した。この屋敷の跡地は雨が降っても筵九枚分だけ濡れないといい、明治末まで、子供達はこわごわ見物に行っていた（『宮城県史　二一』昭三一、五一一）。（今井秀和）

くまのごんげん【熊野権現】

㊫くまのしんめい【熊野神明】、くまのみょうじん【熊野明神】　熊野三山の神を本地垂迹思想により熊野権現と称する。浄不浄を問わず受け入れる神とされる。使いは烏だが、近世随筆などに鱸《すずき》とする例がある。沖縄でも琉球八社のうち普天間宮ほか七社は熊野権現を祀り、信者に神徳や黄金を授けた等の伝説がある。

⇩からす

事例　①［岩手県］熊野権現の像はもと光興寺にあった。ある時京から来た修行僧がこの堂を一夜の宿とした。僧が火を焚くと、その火は堂に燃え移ってしまった。その時熊野権現の像は遥か離れた畑中まで飛び移り、いたやの大木に引っ掛かっていたという。この熊野権現の像は今日柳玄寺にあるが、柳玄寺が出す八咫烏《やたがらす》の護符は罪を犯した者が飲むと顔が腫れだすという（『民俗と歴史』八、昭五四、二一–二二）。②［三重県熊野市］火葬の煙は、熊野の神が嫌うので、火葬を喜ぶ一向宗の信徒も、これを行わない（『旅と伝説』八（一）、昭一〇、一五）。（大里正樹）

くまむすめ【熊娘】

見世物小屋の演《だ》し物の一つ。顔は普通の娘だが、体には黒い毛が生えていて熊そっくりだという。熊娘に限らず、人体の奇形を演し物とした見世物の多くは、前世や親の因果応報を売り文句とした。

⇩くま

事例　［愛知県南知多町］見世物小屋の演し物に熊娘があった。顔は普通の娘だが、体には黒い毛が生えており、熊のようだった。体を見せるだけで他にはなにもしない（『みなみ』七六、平一五、一〇–一五）。（三柴友太）

くも【蜘蛛】

㊫こぶ、じょろうぐも【女郎蜘蛛】　クモ目に属す節足動物《せっそくどうぶつ》の総称。蜘蛛の出現を吉凶の兆とみなす俗信は多く、一般に夜蜘蛛を忌み、朝蜘蛛を喜ぶ。夜蜘蛛は泥棒の使、朝蜘蛛は来客の兆などという。もっとも、九州を中心に時刻を問わず蜘蛛の出現を喜ぶ地域もある。また、九州地方には蜘蛛を戦わせることで吉凶を占う習俗も伝承されており、かつて蜘蛛に神使としての側面があったことを暗示している。

蜘蛛の怪異を語る説話もまた数多い。とりわけ、西日本では「食わず女房」説話に蜘蛛が登場し、夜蜘蛛を忌む俗信などと関係づけられる。また、足の指に巻きつけられた蜘蛛の糸を手近な樹木にかけかえることで水中に引き込まれずに済んだという「賢淵《かしこぶち》」の類話は広い分布を示している。蜘蛛は滝や淵の主とされる場合も多く、水神との関連性が指摘されている。「蜘蛛の糸」あるいは「蜘蛛女」など、その糸で人を絡めとり襲おうとする化け蜘蛛の説話も伝えられている。

蜘蛛の怪異は源頼光《みなもとのよりみつ》の土蜘蛛《つちぐも》退治でも広く知られている。土蜘蛛については、古記録の記述に基づき、当時の朝廷に服従しなかった勢力を称したとする見解もある。

⇩いけ・ぬま・しみずのかいい・れいげん、かしこぶち、つちぐも

事例　①［静岡県三島市］朝蜘蛛が下るとその日客が来る。夜の蜘蛛は泥棒の使をする（『郷土研究』三（八）、大四、六〇）。②［和歌山県南部川村（現・みなべ町）］夜の蜘蛛は親に似ていても殺せというのは、昔、山姥《やまうば》が蜘蛛に化け、自在鈎《じざいかぎ》を伝って家に入り、家の人を食べてしまったからである。また、降りてくる姿が福を運ぶように見えるので、朝の蜘蛛は鬼に似ていても殺すなという（『南部川の民俗』、昭五六、四七四）。③［島根県隠岐郡］頭の真中に口のある女が嫁にいって、それを家人に見破られて離縁になった。女はその夜、蜘蛛に化けてその家に現れたが、見破られて焼き殺された。それで夜蜘蛛は見つけ次第焼き殺す習慣がある（『民族と歴史』八（一）、大一一、二一五）。④［宮城県仙台市］淵で土地の男が釣糸を垂れていると、小さい蜘蛛が出て来て糸を男の足先につける。見ていると、それを何度も繰り返す。男は薄気味悪くなり、糸をとって傍の柳の大木に擦りつけた。すると突然大きな音がして、柳の大木は引きたおされ、そのまま淵の中へ引込まれた。男が驚いて見ていると、淵の中から、賢い、賢い、と云う声がした。その時からこの淵は賢淵と名づけられた（『旅と伝説』二（五）、昭四、一二一‐一二三）。⑤［静岡県伊豆市］浄蓮《じょうれん》の滝で農夫が休んでいると女郎蜘蛛《じょろうぐも》が農夫の足に糸をかけはじめた。不審に思い糸を傍の切り株に移すと、切り株が滝壺に引き込まれていった（『旅と伝説』七（四）、七〇‐七一）。⑥［鳥取県船岡町（現・八頭町）］山道で道に迷ってしまったところ、娘が現れて道安内をしてくれるという。山の峠まで来たところで娘から金色の手毬《てまり》のようなものを渡される。受け取ってみると手から取れなくなり、慌てるうちに両手足がくっついてしまった。すると娘の姿が消え、大きな蜘蛛が襲ってきた。通りすがった侍が蜘蛛を斬り、無

事に帰ったという（『伝承文学研究』二五、昭五六、九七-九八）。

（及川祥平）

〔参考文献〕斎藤慎一郎『蜘蛛』平一四、法政大学出版局。

くら【鞍】

⇩うまのくら

くらまさんそうじょうぼう【鞍馬山僧正坊】

類そうじょうぼう【僧上坊】　鞍馬山は京都の北東に位置する修験の霊場である。貴船へ続く山奥は「僧正が谷」という魔所で、天狗が出るとされていた。『平治物語』や『太平記』には、ここで源義経が天狗に武芸を伝授されたと記され、後に謡曲『鞍馬天狗』で義経伝説として有名となった。鞍馬山は元来愛宕山の管轄であり、古い諸本に僧正坊の名は確認されないが、伝説隆盛に伴い鞍馬に棲む大天狗を僧正坊と呼ぶようになった。室町時代末期の絵師、狩野元信の「鞍馬大僧正坊図」は、鼻高天狗像発生の起因になったという説もある。

⇩てんぐ

事例　〔不明〕ある夜、徳川将軍の夢に鞍馬僧正という名の僧が現れ、自分の像を狩野元信に描かせ、安置するよう頼んだ。元信も将軍と同じ夢を見たという。しかし元信がその姿を描くことが出来ずにいると、クモが糸を引いて紙の上を歩いていた。それが僧の姿だったので描くことが出来た（『筠庭雑録』『日本随筆大成　第二期七』七九-八〇）。

（古屋綾子）

くらわらし【蔵童】

類おくらぼうず【御蔵坊主】、くらぼっこ【蔵ボッコ】、くらわらす【蔵童】　蔵の中にいる美しい子供で、ときどき蔵の中で踊りを踊ったり、遊んだりしている妖怪。ザシキワラシと同様に、いなくなるとその家はつぶれるという伝承がある。

⇩ざしきわらし、なんどばば

事例　①〔岩手県洋野町〕蔵の階段で、よくクラワラシが遊んでいた。とんとん下りたり上がったりし、時には姿を見せた。一尺五寸くらいの身長で、赤い帽子を被っていた。主人が「クラワラシを生け捕る」という話をしてから知人友人が訪問しなくなった（『民間伝承』一二（五・六）、昭二三、一〇）。②〔岩手県遠野市〕私の家の土蔵にはクラワラスがいると、祖母から聞いた。土蔵の窓からクルミを投げて、子どもの頭にあてるということだった（『あしなか』一四〇、昭四九、一八）。

（山田栄克）

くり【栗】

ブナ科の落葉樹。栗に関する禁忌や俗信は多くあるが、怪異譚は少ない。伐採に関する怪異も他の樹木にくらべ少ない。栗の由来を、弘法大師や慈覚大師、行基菩薩など貴人と関連させて説く場合も多い。

⇩きのかいい

事例　①〔宮城県石巻市〕箱泉寺の垂れ栗は、慈覚大師が法衣を枝に掛けたので垂れ下がったのだという（『宮城県史　二一』昭三一、二二五）。②〔秋田県秋田市〕藤倉の村の山中に栗の木があって、山の神を祀っていた。これを切り倒しても、何度も起き上がるのだという。あるとき、弥兵衛という者が伐ろうとしたところ、最初に血が出て中から五、六歳の童子がでてきた。童子は怒り、弥兵衛を投げ飛ばして伐らないよう警告したという（『日本民俗学』一八一、平二、一二）。③［福島県浪江町］昔、少女が病で死んだ。その時食べていた栗も一緒に埋葬すると、跡に栗の木がはえた。そこから実る栗には、必ず少女の歯形がついている（『旅と伝説』九（六）、昭一一、四七-四八）。

（中野洋平）

くるまのかいい【車の怪異】

牛車・馬車・人力車・汽車・自動車など、物・人の輸送道具ないしその部分の怪異化したもの、あるいは、それらを介して顕在化する怪異。

荷車やその車輪をモチーフとする怪異には片輪車《かたわぐるま》・火車《かしゃ》などがある。片輪車は燃えさかる車輪ないし異形のモノの乗った荷車が夜道を走りぬけるというもので、子を連れ去る。一方、火車は葬列から遺体を奪い去る。火車は年を経た猫がなるなどといい、明確に車の存在を説かない伝承も多いが、死者を地獄に連れ去る火の車の伝承を伴う場合がある。また、荷車・牛車など、車が通行するような音をたてる怪異も数多い。

近代以降、鉄道が敷設されると、これに関する怪異譚が語られるようになる。「偽汽車」の話のように、運転士を化かそうとした狐狸《こり》が逆に轢き殺されるというものなどは類例が多い。自動車の怪異としてはタクシーに霊が乗り込むという話をはじめ、自動車の怪異化というよりも、日常生活での自動車を介した経験の中に怪異が顕在化するものが多い。見知らぬ同行者が怪異であったという物語は、人々の移動手段・交通文化の変化の影響を受けながら、様々に道具立てを変えて語られている。幽霊の乗客の話はアメリカではヒッチハイカーとして語られ、自動車登場以前は馬車や人力車の例がみえる。

また、轢死者《れきししゃ》・交通事故死者に関する怪異譚は現在むしろ盛んに語られている。

⇩かしゃ、かたわぐるま、きえるじょうきゃく、くびなしらいだー、にせきしゃ

事例 ①［近江国甲賀郡（現・滋賀県湖南市、甲賀市）］寛文の頃（一六六一-七二）、片輪車という怪異が現れて、夜道で行き逢うと気を失うとされた。ある家の嫁がこれをのぞき見たところ、牽く人もない片輪の車に、美女が乗っていた。怪異はその家の前でとまり、私を見るよりも自分の子を見よといった。驚いて我が子を探したが、見つからなかった。罪は私にあるという歌を戸に貼っておいたところ、子供を返してくれた（『諸国里人談』『日本随筆大成　第二期二四』四五六-四五七）。②［鹿児島県志布志町《しぶし》（現・志布志市）］かじゃねことといって、悪人が死んだ時、火の車が迎えにくる（『民俗採訪』昭和六三年度号、平一、一八〇）。③［京都府京都市］安永三年（一七七四）四月のある宵、御殿の上に牛車をひく音がして、帝や女房、殿上人らが恐れおののいた（『閑窓自語《かんそうじご》』『日本随筆大成　第二期八』二八二-二八三）。④［大阪府枚方市《ひらかた》］京阪電車の開通後間もない頃、枚方の山麓を夜走ると、同じ線路を電車が下って来て、急停車すると何もないということがしばしば起きた。そこで運転手らで協議し、同じようなことがあった時は停車

せずにつっ走ることになった。ある晩、また上り線を下って来る電車に出会ったので、上り電車は無停車で走った。しかし何も事故はなかった。翌朝大きな狸が死んでいた（『郷土研究上方』九（一〇〇）、昭一四、七二-七三）。⑤［東京都］雨の晩、タクシーが女性を乗せたところ、目的地の団地で乗客の姿が消えてしまい、シートが濡れていた。団地の自殺者の霊であろうとされた（『ピアスの白い糸』平六、二一二）。（及川祥平）

〔参考文献〕今野円輔『日本怪談集〈幽霊編〉』昭四四、社会思想社。J・H・ブルンヴァン『消えるヒッチハイカー』昭六三、新宿書房。

くろがねざあしゅ【黒金座主】

琉球の伝説的僧侶。荒淫を重ねた悪僧として知られる。幻術を用いて信者の女人を犯したため、国頭の金武《きん》に流された。そこでも同様の悪事を行ったが、利口な娘は幻術を破れたという。またその非道から、大村御殿《うどぅん》に住む北谷《ちゃたん》王子に討たれ、それ以降大村御殿を呪う怨霊となった。死に際に耳を切られたともいい、彼のことを歌う耳切坊主の民謡も伝わっている。

⇩みみちりぼーじ

事例 ①［沖縄県］黒金座主は国頭の金武に流されたが、そこでも女を誑かした。だが一人の娘には近づけず幻術を用いたが、破られてしまった（『旅と伝説』一一（五）、昭四、三五-三六）。②［沖縄県］北谷王子は黒金座主を退治しようと、大村御殿に誘い囲碁の勝負をした。黒金座主は負けそうになると幻術で逃げようとしたが、失敗して殺された。その後怨霊になり、王子の子どもを殺したが、子どもと逆の性別を叫ぶことで難を避けた（『沖縄県史　二二』昭四八、二九八-二九九）。

（堀口祐貴）

クントゥカプ

㊫アラクントゥカプ　アイヌに伝わる魚の化け物。海に住み、カスベ（ガンギエイなどのエイ類）のような魚だという。ジョン・バチェラー著のアイヌ語辞典では同じものが「クントゥカパプ」という名称で載っており、これは海魚の一種で角がある扁平な魚だという。これを捕ると不幸に見舞われるとされたため、漁師はこの魚を恐れた。

⇩さかなのかいい

事例 ［北海道佐瑠太村（現・日高町）］ある親方が沙流太の海で漁をしていて、カスベのような妙な魚を捕った。老人にその正体を鑑定してもらうと、「これはクントゥカプという恐ろしい化け物だ。このような不吉なものを捕ったのだから、災いを避けるためにさっそくお祈りをして送る（＝魂を神の国に帰す）のがよい」と言うので、さっそく送らせた。しかし、親方の助手をしていた人間は災いを受けてしまい、不幸に終わった。親方自身もまもなく破産してしまった（『人類学雑誌』二九（一〇）、大三、四〇九）。

（遠藤志保）

け

けがふる【毛が降る】

⇩わたふり

けさらんぱさらん

類けさらばさら、けせらんぱさらん、てんさらばさら、へいさらばさら　白い綿毛もしくは毛玉で、持ち主に幸福をもたらすという呪物。山形・宮城に伝承例が多く、寺社や旧家の神棚に祀られる場合もある。天から降る授かりもので、落雷のあとよく落ちているという。白粉箱に入れておくと白粉を食べて成長し、子を産み増えるといい、生物のようにも考えられている。一九七〇年代にブームとなったことで、学校の怪談や都市伝説の中でおまじない的な存在としても伝承されている。　動物質の毛玉、鉱物質の球体、植物質の綿毛の三種類がある。動物質のものはテンサラバサラと呼ばれ、佐藤光民が山形県田川郡の事例を『民間伝承』に紹介した（事例①）。正体は捕食されたウサギの毛皮の一部が雪の上で乾燥し、丸くなったものである。同様の物体で神奈川県の個人蔵のものはケサランパサランと呼ばれている（川崎市市民ミュージアム『呪いと占い』平一三）。狐が人を化かすときに使う「ホーシの玉」と同じものともいう。

　鉱物質の球体は動物の体内にできる結石で、ヘイサラバサラ、牛黄《ごおう》、馬の玉、鮓答《さとう》などと呼ばれ、『本草綱目』などの文献には雨乞いや毒消しに効果があると記述されている。『民間伝承』誌上の佐藤の報告に寄せられた回答では、テンサラバサラはこのヘイサラバサラのことだとしている。

　植物質のものは主にケサランパサランと呼ばれ、風に乗って飛ぶキク科植物の冠毛、特にアザミの冠毛を指す。昭和五二年にテレビのワイドショーで宮城県気仙沼市の個人蔵のものと同県子牛田町・孝勝寺の寺宝のケサランパサランが放映されてブームとなり、この呼称が広がった。

　もとは別々の存在であったテンサラバサラ、ヘイサラバサラ、ケサランパサランは、形状・名称・性質の類似から昭和時代に「同一のもの」とされるようになり、メディアを通じてそのイメージが広がり、伝承されるようになった存在といえる。

⇩がっこうのかいだん、ほーしのたま

事例　①［山形県念珠関村（現・鶴岡市）］テンサラバサラは真っ白で丸く、兎の尾の先を切ったような形で、白粉を食べて大きくなり、子を産んで増える。これのある家には良いことがあるという。天からの授かりもので、普段は神棚に上げてある。落雷の後によく落ちている（『民間伝承』一六（一）、昭二七、二五－二六）。②［宮城県本吉町（現・気仙沼市）］狐は尾にあるふわふわのケサランパサランを振って人を化かす（『小泉の民俗』昭五七、四一一）。③［埼玉県川越市］文政四年の春、増田半蔵という男の夢に馬が現れ、胎内の玉を授ける約束で亡骸の埋葬を頼んだ。その玉は鮓答《さとう》またはへいさら

ばさらと言い、雨乞いに使う（「兎園小説」『日本随筆大成　第二期一』五三）。（飯倉義之）

山形県立博物館所蔵のてんさらばさら（けさらんぱさらん）　阿蘇和夫氏による再現

〔参考文献〕阿蘇和夫『生物学からみたてんさらばさら』平五、自刊。飯倉義之「『名付け』と『知識』の妖怪現象」『口承文芸研究』二九、平一四。

けしぼうず【芥子坊主】

おかっぱ頭の男児の姿をした妖怪で、山や道中に出現する。長野県南佐久郡北相木村及び川上村では、むじなが変化《へんげ》した姿だと伝えられている。また兵庫県相生市矢野町小河ではガッタロ（河太郎）がケシ坊主の姿に化け、水中から現れて人々に相撲を挑む妖怪として伝わっている。

⇨がたろ、むじな

事例 ①〔長野県塩尻市〕道にはケシボーズが出る（『長野県史　民俗編三（三）』平一、九四）。②〔長野県北相木村、川上村〕山にケシ坊主（男のおかっぱ姿）が出ることがある。むじなのいたずらだという（『民俗』六、昭二九、一一）。③〔兵庫県相生市〕ガッタロは七、八歳のケシ坊主に化けて、水中から現れ相撲を挑む（『なら』三、大九、九）。（五十嵐大晃）

げたのかいい【下駄の怪異】

下駄にまつわる怪異。最も有名なのは、昔話で「化け物寺」や「山寺の怪」と呼ばれるもので、年経た古道具が付喪神となり動くというもの。下駄だけが現れることは少なく、草履やその他の古道具と登場する。粗末にされた下駄が足音とともに現れ、人に害をなすという伝承もみられる。

⇨きぶつのかいい、つくもがみ

事例 ①〔岩手県盛岡地方〕男が古寺の庭で寝ていると、酒盛りの音が聞こえる。覗いてみると、下駄や草履、茶碗などのガラクタが踊っていた。やがて一番鶏が鳴くと、みんな逃げてしまった。翌朝、和尚に話して縁の下や裏を探すと、山積みのガラクタが見つかった（『郷土研究』七（一）、昭八、八一—八二）。②〔宮城県蔵王町〕寺子屋を建てる際、二つに割れた古下駄を何気なく土台の下に入れた。寺子屋が出来てから、毎晩のように下駄の音がして「割れた背中に重石がめりこむ」という低い悲鳴が聞こえるようになった。掘り起こして古下駄を発見し、取り除いた（『宮城県史　二一』昭三〇、五二四—五二五）。（山口拡）

けっかい【血塊、結界】

㊫おけつ、けっけ、ぶどうけっかい【葡萄血塊】　ブドウ状の血の塊もしくは毛だらけの怪物。怪異譚や事実譚として、多くは出産の際の呪術とともに語られた。異常児誕生伝承の一つであり、生まれても他界に

帰ろうとする異形のものと考えられていた。語ることで、出産にあたっての「異常」への心構え、異形の子をもうけた際の対処法を示す役割を果たしていた。伝承の背景には医学上の胞状奇胎や見世物としてのケッカイ（猿）もある。

⇩おにご

事例 ①［神奈川県寄村（現・松田町）］ケッカイは体中に黒い毛の生えた生き物、生まれるとオカマサンを上がって屋根から逃げるので、ミヅブサの縄を切ってオカマサンを落とす（『民俗採訪』昭和二六年度号、昭二七、一八）。②［埼玉県浦和地方］ケッカイは出産時に現れる妖怪。縁の下に駆け込むと産婦の命が危ないので屏風をめぐらす（『宮城県史　二一』昭三一、四五五）。

（髙塚さより）

げどう【外道】

山陰地方を中心に分布する憑き物。猫ほどの大きさで、褐色をしている。七五匹おり、外道憑きの家に女子が産まれると七五匹増えるという。この女子と結婚すると、外道も付いてくるため縁組みを忌む。鳴き声は蛙に似て、主食である小豆飯が貰えないと家の者にも祟る。そのため毎朝お膳を以て祀るという。短期間で裕福になった家を外道持ちといい、この家のものに恨みをかうと外道に憑かれる。四国では恨みを持つ者や、その者が死んだ時に外道となり、取り憑くともいう。

⇩つきもの

事例 ①［広島県三次市］外道持ちは茶褐色の動物を飼う。その家に女が産まれると獣が増える。祀られなければ家の者にも祟る（『民俗と歴史』八（一）、大一一、二八〇-二八一）。②［島根県石見町（現・邑南町）］短期間で富んだ家を外道持ちと呼ぶ。稲を盗み祟られた者がいた。この家では毎朝膳を以て祀っており、下げる時には供物がなくなっている（『民俗と歴史』八（一）、大一一、七六-七八）。

（堀口祐貴）

ケナㇱウナㇻペ

㊫ケナㇱコㇿウナㇻペ、ニタッウナㇻペ　ケナㇱ（木原）・ウナㇻペ（おばさん）＝「木原のおばさん」の意。同様の化け物に「ニタッウナㇻペ（湿地のおばさん）」がいる。コタンカㇻカムイ（国造神）が使ったドロノキの火きり杵（又は火きり臼）が変じたもの。また、ケナㇱウナㇻペの正体は「アフンラサンペ」という無気味な鳥とする話もある。ボサボサの長い髪をしており、地域によってはその髪をよけるととても美しい顔をしているという。人間の運を悪くしたり命を奪うほか、その嫉妬心で子供をさらっていったり飼熊にいたずらをしたりもする。

⇩アフンラサンペ

事例［北海道新平賀村（現・日高町）］神に好かれた女をケナㇱウナㇻペが妬み、その子供をさらって腐れ木の下に隠してしまう。子供は腐れ木にくっついたまま、苔やキノコだらけになり泣きながら日々を過ごしていると、死んだ母の霊が現れ事情を話し、それを聞いた少年は父のところへ行き、人間の姿に戻って幸せに暮らした（『神謡・聖伝の研究』昭五三、三九四-三九九）。

（矢崎春菜）

か

けまり【毛毬】

㊫けまくり、しろまくれ　香川県において伝承される妖怪。夕方に道を歩いていると手毬のようなものが足元へ寄って来る。これを蹴飛ばすと少しずつ大きくなって転がってくる。最終的には股あたりまでの大きさとなり、蹴る事も歩く事も出来なくなってしまう。

⇩あしまがり

事例　①［香川県琴南町（現・まんのう町）］ハエゲ（灰色の毛）のものが足もとへ寄ってくる。夕暮れの道を足ばやに歩いていると、ころころとまくれてくる。邪魔になると、ぽいと足先で蹴る。また、まくれてくる。また蹴とばす。ますます大きくなってくる。力まかせに蹴りあげる。しまいには、股くらいっぱいの大きさになり蹴りあげることができない。歩くこともできないありさまになる（『香川県史　一四』昭六〇、五九四―六〇〇）。②［香川県琴南町（現・まんのう町）］一つ蹴とばしたら大きくなり、また蹴とばしたらまた大きくなる。こうして次第に大きくなってゆく妖怪をいう（『香川の民俗』四一、昭五九、四）。

（三村宜敬）

けやき【欅】

ニレ科の落葉樹。人家の防風林に用いられるほか、寺社の境内に神木として植えられることも多い。発芽や葉の生長の速度で、その年の作柄を占うことがあり、予兆を示す木としての側面がある。老木や神木は伐ってはならない木とされる。また、怪火や神火が欅に灯る、という伝承もみられる。

⇩きのかいい、しんぼく

事例　①［愛媛県伊方町］伝宗寺の境内にある大欅は、日清日露戦争の勝利を予言したという。その際には白い花が咲き、太平洋戦争の際は咲かなかったという（『伊予の民俗』一三、昭五一、四七）。②［長野県麻績村］叶里の神社の欅を、集落の樵夫が伐ったところ、木から血が流れて樵夫もやがて死んでしまったという（『長野県史　民俗編三』平二、四二四）。③［東京都練馬区］谷戸の白山神社の境内には大きな欅が生えている。その内の一本には大きな空洞があり、大正一三年一二月、突然その中から炎が吹き出た。住民が鎮火にあたったが、原因は不明のままだったという（『旅と伝説』三（四）、昭五、七九―八〇）。

（中野洋平）

げんくろういなり【源九郎稲荷】

㊫げんくろうぎつね【源九郎狐】　奈良県大和郡山市にある、洞泉寺の境内に鎮座する源九郎稲荷神社、または源九郎という名を持つ狐を指す。神社は日本三大稲荷の一つとされ、源九郎の名は源義経から贈られたものと言われている。源九郎狐が、白鳳年間の大伴金持道鷹の平群真島討伐や、徳川・豊臣合戦に現れたといった伝承、源九郎狐が男に化けて綿帽子を買いに来たという世間話、近畿地方で寒に行われている「狐の施行」習俗の起源譚に源九郎が登場する。

⇩いなり、きつね、なのあるきつね

事例　①［奈良県大和郡山市］柳町の綿帽子屋が、綿帽子を買った男の言う通り代金を源九郎稲荷神社に取りに行くと、狐が綿帽子をかぶって眷属を連れ現れた（『奈良県史　一三』昭六三、三四四）。②［大阪府取石村（現・高石市）飢えて焼け死んだ源九郎狐が家人にのり移ったため、狐に食物を与えたところ治った。これが寒施行の起こりである（『近畿民俗』一（四）、昭一一、四四–四五）。

（田村真実）

げんじょうびわ【玄上琵琶】

村上天皇の遺愛の品であるとされる琵琶。絃上、玄象とも書く。類い希なる名器と言われ、伝説も多い。

『今昔物語集』巻第二四「玄象琵琶為鬼被取語第二十四」には、村上天皇の治世に玄象が紛失した逸話が残る。玄象の行方を気にしていた源博雅《みなもとのひろまさ》が、ある夜玄象の音を耳にして、それを追っていくと羅城門まで辿り着いた。博雅は不気味に思いながらも、玄象を捜し求めてやってきたと語る。すると天井から縄につるされて玄象が下りてきた。後日談にて、それは鬼の仕業だったのだろうということになった。

また「此玄象ハ生タル者ノ様ニゾ有ル」とある。奏者が下手だったり、塵のつもるほど弾かれなかったりすると、腹を立てて鳴らなかった。内裏が火事の時は、人が持ち出さなくても、自分勝手に庭に出ていたという。

『平家物語』巻第七「青山《せいざん》之沙汰」では、仁明天皇の時代、遣唐使藤原貞敏が唐の廉《れん》承武《しょうぶ》から玄象・師子丸・青山、三面の琵琶を相伝されたことが語られる。持ち帰る際、龍神が師子丸を欲して海底に沈めたので、二面の琵琶のみが伝わっているという。後述の事例のように、玄象を弾く源高明のもとへ廉承武が訪れたという逸話もある。

江戸中期の浮世絵師である鳥山石燕は、『百鬼徒然袋』の中に、玄上と牧馬からできた琵琶牧々《びわぼくぼく》という妖怪を描いている。牧馬とは『枕草子』や『禁秘抄』に名の上がる琵琶の名器である。室町時代に端を発し、江戸時代に多く制作された『百鬼夜行絵巻』にも、琵琶の妖怪がよく見られる。おそらく石燕はそれらをモデルにして琵琶牧々を描いたのであろう。

琵琶の中程の左右に空いた共鳴孔である半月の部分が目、弦を楽器の下部で繋ぎ留めている覆手が口のように見えるので、楽器本体を顔と見立てて図像化しやすかったのだと思われる。「玄象ハ生タル者ノ様」とされた一つの要因として、この顔に似た形状があげられるだろう。また、半月は閉じた目のようであるので、琵琶法師からの連想も加え、琵琶牧々は盲目者のように杖をついている。

⇩きぶつのかいい、つくもがみ

事例 ①［不明］玄上の琵琶は天下第一の楽器であり、時によって響が違ったり、小弦が一度の演奏で九回切れたり、など不思議なことが多く起こる。藤原孝道が修理で預かっていた際、夜更けに玄上の精とおぼしき白髪白鬚の翁が現れたという。（岩佐美代子『文机談全注釈』平一九、七〇–七三）。②［不明］源高明が明月の夜に玄上という琵琶を弾いていた時、あやしいものが現れた。高明が何者かを問うと、自分は唐の琵琶の師である廉承武で、音色の素晴らしさに感動して出て来たのだ、と答えた。そして秘曲を伝えたという（『岩佐美代子『文机談全注釈』平一九、五六–六二）。（永原順子）

〔参考文献〕小松和彦「琵琶をめぐる怪異

か

の物語」『妖怪文化研究の最前線』平二一、せりか書房。

げんすけむじな【源助狢】

㊮げんすけだいみょうじん【源助大明神】

佐渡島に住む狢。真野町新町の酒造業・山本半右衛門家を守護する屋敷狢であり、源助大明神として祀られている。

⇩なのあるきつね

事例 ［新潟県真野町（現・佐渡市）］近世のある日、山本半右衛門家の杜氏が酒倉に酒をとりに行ったところ、ものに憑かれたように「今日相川の二つ岩団三郎のところから西三川の鵜懸の長老のところに嫁入りがあり、いま昼飯の最中に杜氏が土足のまま入ってきたので憑いた」と四つん這いになって主人に話した。主人が怒ると源助狢は当家の守護を申し出た。その後、盗賊が「半右衛門さんに忍んで入ったが、一晩中人影が見えたり、咳払いが聞えたりして何もとることができなかった」と述べたという（『新潟県史　資料編二三』昭五九、七二九-七三〇）。

（及川祥平）

けんぞく【眷属】

神仏に従属する下位の諸神仏ないし動物。稲荷に対する狐、熊野に対する烏などがこれにあたる。

⇩からす、きつね、しろねずみ、たぬき、つきもの、むじな

事例 ［大阪府］生駒《いこま》の瓢箪《ひょうたん》山稲荷では、願をかける人は近くの叢に身をひそめ、通行人の風体や話題を観察し、それを占所に報告して占ってもらう。この通行人は実は眷属さまが仮の姿をとったものである（『旅と伝説』四（一二）、昭六、六二一-六二二）。

（及川祥平）

けんむん

鹿児島県の奄美諸島のうち奄美大島と徳之島に棲息する妖怪。「ケ」の音はもともと中舌母音なので、「ケィンムン」、「クィンムン」等と表記されることもある。

奄美のムン（モノ。つかみどころがない存在や現象。主に物の怪を指す）の代表で、語義は未詳だが、ガジュマルやアコウの古木に棲んでいるという伝承から、木のムン（樹木の精）だと主張するむきが多い。田畑英勝（『奄美の民俗』）は、研究者達がケンムンを木のムンだと強調しすぎるのに危機感をいだき、「山の怪、道の怪、木の怪、水の怪、海の怪、家の怪（火の怪）の何れの怪にも関連のあるムン」と、まずは総合的性格をケンムンのなかにとらえている。ちなみに徳之島のケンムンの多くは、山、川、田、海等に火の怪として出没する。

ケンムンの系統をめぐっては、いくつかの説がある。金久正（『奄美に生きる日本古代文化』）は、ケンムンとウバとを考察して、「二つながら一ツ目小僧系統の話であることは明らかである」と述べる。田畑英勝は名称を軸に、出没場所、姿形、坐り方、行動の仕方等々をかんがみて、祖霊神として出発したのではないかと論じている。

ユタ（巫女）のクチ（呪詞）は「サンダウヤノロ（沖縄の平安座の親ノロ）の継子」とケンムンの出自をうたい込み、同じ内容の伝説、昔話も伝承されている。また、「ケンムンはノロ神様の姪と甥」「ケンムンは

鬼子母神の末っ子」等ともいう。集落によっては「ケンムンの本名はアザガワリというので、山でアザガワリという言葉を使ってはいけない」「ケンムンはジロウ、タロウともいうから、山や海でジロウ、タロウという人の話をしてはいけない」「ケンムンのはじまりはネブサワという男だから、家の外ではネブサワという言葉をクチにしてはいけない」等、人間起源の伝説、昔話もある。

ケンムンは音の怪、臭いの怪としても現れ、視覚ではとらえられないこともあるが、最近はよく火玉となって現れる。声を聞いたり姿を見たという人も多い。姿形は、小さい子供のような身体で、顔は猿（犬・猫）に似て、身体には毛があり、裸で赤いという。髪は赤毛のおかっぱで、脛が長く、坐るときは両膝を立てて坐る。それで島の人は今でも、両膝を立てて坐るのを「けんむん坐《ゐ》り」といって嫌う。沖縄のキジムナーとともとても近い関係にあり、ヤマト（鹿児島以北の日本）の河童とも類縁関係にある。「ケンムンはわら人形からなった」という伝承は河童と同じく山の神、天狗の神、大工の神との関係で話される。「相撲が好き」というのは、河童だけでなく朝鮮半島のトッケビの性格にもあり、人間と似た姿形を持つ妖怪の特徴である。

ケンムンは怖ろしいムンであったが、現在では、「ケンムンとコウミニャ」「ケンムンのがぶとり」等、昔話の主人公としても語られている。

⇩かっぱ、きじむなー、けんむんび、とけび、ぶながや、やちゃり・むちょり

事例 ①〔鹿児島県奄美大島（現・奄美市、龍郷町、大和村、宇検村、瀬戸内町）〕ケンムンは人間からなったものという話もある。ノロの姪と甥の兄妹二人が母親の死後叔母に引きとられた。山へ行ってアザハ（すすき）をとって来いといいつけられたが、アザハがわからず泣いていると、白髪の爺さんが来てとってくれ、「これを後ろ手に家に投げ入れて、二人は浜に来て暮らせ」といったので、子どもたちは海にすむことにした。しかし、冬は潮風が吹いてとても住めないので山へ行った。するとまた、爺さんが現れて理由をたずねたので答えると、「では山に三か月、川に三か月、海に三か月暮らせ、そして人間が山に来たら谷に行き、谷に来たら山に行って絶対に顔を合わすな、人間にいたずらするとすぐ海にやるから」といって、「ケンムン」と名付けたという。だからケンムンは山に三か月、川に三か月、海に三か月住むのだという（『奄美の伝説』昭五二、三三二）。②〔鹿児島県伊仙町〕カンニョ小父という人が、新しく家普請をした。その晩大風が吹いたが、「いくら吹いたところで吾が家が崩れるものか」といい、そこでクチズリ（言挙げ）した。それをケンムンが聞き、その晩に、作ったばかりの新家《ミーヤ》をサネクダした（ひねりつぶした）という話もある（『徳之島の昔話』昭四七、三五三）。③〔鹿児島県奄美大島（現・奄美市、龍郷町、大和村、宇検村、瀬戸内町）〕夜の一一時頃小便に外に出ようとしたらケンムンを見た。体は大きな猿くらいで、長くて細い赤みがかった毛が生え、頭を両足ではさむようにして座っていた。髪の毛は長く額の辺りまで垂れ下がっていた。口からはダラダラと

よだれを流していた（『奄美大島物語』、昭三二、二八〇―二八一）。④［鹿児島県大和村］ある人が、かつお節を乾燥させるために、ココのガマ（ココは地名、ガマは崖の意）のガジュマルの木を懸命になって伐っていた。その人の妻がそれをむかい側で見ていて、「あら、あんなケンムンのいるところのガジュマルを伐っているが、困ったことをするもんだなあ」と言い、家に帰ったが、それから二、三日すると足を病み、手術までしたそうな（『奄美大島の口承説話』平一七、一〇一―一〇二）。（田畑千秋）

［参考文献］金久正『奄美に生きる日本古代文化』昭四九、刀江書院。田畑英勝『奄美の民俗』昭五一、法政大学出版局。田畑千秋「ケンムンの諸相」『國學院雑誌』九九（一二）、平一〇。

けんむんび【ケンムン火】

㊫けんむんちょうちん【ケンムン提灯】、けんむんまつ、ぼー　ケンムンが灯す火の事で、懐中電灯の明かりと違い、飛び跳ねると言われる。ケンムンが移動する時、嶺伝いに見えるともされ、この火で道を迷わせ危害を加える事もあるとされる。この火を見た時は漁をしても収穫がないといわれる。

⇩かいか、けんむん、むぬび

事例［鹿児島県］夜、漁に行き焚き火をしていると山から明かりがいくつも海に下りてきて、海の上を渡るという事を繰り返した。母はケンムンが騒ぐ日は漁が成功しないと言った（『奄美民俗ノート』五、昭五六、七）。（三好周平）

こ

こい【鯉】

鯉が黄河の一番の難所である竜門を上ると竜になるという伝説は、『後漢書』に記された「登竜門」の故事由来である。古来より、鯉は縁起の良い魚とされてきた。一方で緋鯉には、不吉な怪異が伝承されている。

⇩さかなのかいい、ひごい

事例 ①［福島県湖南町（現・郡山市）］湖水の水が氾濫して、鯉がたくさん昇ってきた。その中に特に大きな緋鯉がいた。それを網元の家中で食べた。すると次々と家の者が病気になった。ワカサマに拝んでもらうと、鯉の霊の祟りだという。供養をするから恨みをとくようにと頼むと家の人は全快した（『猪苗代湖南の民俗　福島県郡山市

か

湖南町三代』八、昭四五、一三四）。②［栃木県小山市］角田将監という人が、長元元年に大風があったとき、庭の大榎が枯れたのでそこに井戸を掘った。一丈ほど掘り進んだところ、地中から清水と共に三尺あまりの大緋鯉が出た。奇端と言って、神主の持田某と京都に上ったところ、時の天皇に禁鯉宮の勅額を賜ったうえ井戸を掘ることと鯉の合火を禁じられた。後に生活に困難を来したために禁制は解かれたが、氏子は今でも鯉を神聖視している（『民間伝承』五（五）、昭一五、五）。（森本恵一朗）

ごいさぎ【五位鷺】

帰りが遅くなった者が樹齢何百年も経つ大木の下を通ると、木の上でがさがさと音がし「どこに行く」と大声がしたり、怒鳴られたりする。その怪異は年古い大木に巣くう五位鷺の仕業と言われている。また、漁師が見るという光の怪異の正体ともされる。多くは夕刻に現れる。光の原因は五位鷺の胸にある燐であるとか黄色い粉であるとか言われているが、その正体は魚の骨であったとオチをつける話も見られる。

⇩あおさぎ、しらさぎ、とりのかいい

事例 ①［茨城県］毎夜遊び歩いていた男衆が、ある晩いい気持ちになって唄を歌いながら帰ってくると、樹のてっぺんからがさがさという音がして、あたりに響き渡る大声で「大将、どけえ行く」と怒鳴られた（『ひでばち』一一、昭三三、六）。②［茨城県茨城町］ゴイサギも若い鳥は光らないが、年の功のたったのが光る（『茨城の民俗』二〇、昭五六、三八）。（熊倉史子）

こいちろうさま【小一郎様】

㊩こいちろうがみ【小一郎神】 福岡県豊前地方、大分県国東半島周辺などにおいて小祠に祀られる神で、小市郎、今日霊などとも表記される。気性が激しく粗末にすると祟りがあるという。先祖を祀ったとされる一方、敗死した馬ヶ岳城主新田義氏、義高、さらには新田義貞など新田氏関係者を祭神とするものがみられる。

事例 ①［福岡県大任町］上今任野原八幡神社境内に小一郎社の祠がある。小一郎とは馬嶽城主新田義高のことで、新田義貞の子である。南北朝のころ南朝に関与し、菊池一族と呼応して戦死した。小一郎祭は神家五戸の神事で、祭田を耕し、祠にお参りののち座元でお籠りをする。十二月第一日曜日を祭日とし、祭壇には掛軸「小一郎社」をかける（『ふるさと大任　下』平一六、五五六）。②［大分県安心院町（現・宇佐市）］中村の小一郎様はお産の神様として霊験いやちこである。小一郎様とは馬嶽城主新田小一郎義氏である（『ふるさと佐田』昭六三、一一四）。（田中久美子）

こうがいへび【笄蛇】

福岡県の遠賀川流域に棲むと噂されるいわゆる槌子蛇《つちのこ》。笄《こうがい》は髷《まげ》を作るときに使う棒状の結髪用具であり、笄蛇は「笄の形状に似た蛇」の意味だと考えられる。昭和四〇年代の槌子ブームで取りあげられ、野槌《のづち》、槌子と同様の存在だと想定されるようになった。

⇩つちのこ、のづち、へび

事例 ［福岡県遠賀川流域］昭和四三年、笄

蛇の情報を得たため、捕獲しようとしたが正体を現さなかった（『あしなか』一二二、昭四五、七）。（近藤祉秋）

こうがさぶろう【甲賀三郎】

伝説上の人物。『神道集』では諏訪明神の縁起伝説とされる。類似する伝承に、兄弟に謀られて蛇となり人身御供をとっていたが、経文の功徳で成仏し、那波大明神となった那波八郎の説話があり、白倉神社（群馬県）の縁起となっている。

⇩すわみょうじん、へび

事例 ［長野県上田市］蓼科の小さい村に甲賀一郎、二郎、三郎の兄弟がいた。三郎の妻が美人であることを嫉んだ兄達の謀略によって、三郎は蓼科山の頂にある岩穴に落とされた。三郎は竜宮にたどり着いて、しばらくそこで過ごすが、地上に戻る。地上に戻った三郎は蛇の姿になっていた。三郎が妻を探すと、三郎を呼ぶ声が聞こえる。三郎は諏訪湖に飛びこんだ。妻も三郎を失った切なさのために竜になって湖底で暮らしていて再会を果たしたという（『長野県史　民俗編一（三）』昭六二、五二六）。（高橋奈津子）

こうしん【庚申】

庚申の日にまつわるさまざまな信仰を庚申信仰と一括する。庚申という神がいるわけではなく、さまざまな神仏が庚申に付会され信仰されてきた。主として講行事として伝えられ、道教の三尸《さんし》説に基づいて庚申の日に眠らずに過ごす行事が中国より渡ってきて、月待ちや日待ちなどの習俗とも融合しながら現在に至っている。道教では人体の中に三尸という虫がいて庚申の夜に天に登り、天帝に人間の悪業を報告するとされ、それを防ぐために眠らずに過ごし、三尸を絶やそうとする。こうした教えに基づく庚申講で祀られる対象は青面金剛や帝釈天といった仏教の諸仏諸神が多い。青面金剛は「庚申縁起」において礼拝の対象とされているためであり、帝釈天は三尸が人間の悪業を報告する天帝と結びつけられ、特に日蓮宗では庚申講における礼拝の対象とされた。神道の立場からは猿田彦に付会され、道の神である道祖神と結びつく場合もある。他にも申＝猿の連想から猿を使わしめとする山王権現を祀る場合もあった。近世の富士講でも庚申の年を御縁年とすることから庚申を重視した。庚申で祀られる神仏の利益としては広く豊作や大漁あるいは商売の成功をいい、厄除けや長寿とも結びついている。

庚申講において祀られるこうした神仏は一般に極めて強力な祟りをなすと考えられ、庚申の日には夜を徹して近隣の人びととともに念仏や祝詞《のりと》を唱えることが広く行われた。庚申の日にはさまざまな禁忌があり、特に男女が同衾することを忌んだ。また庚申の日に生まれた子供は、頭が良いが泥棒になるといい、それを防ぐためには金に関係がある名をつければよいとされる。夏目漱石の本名、金之助はそうした信仰に基づくものであることはよく知られている。こうした庚申講を一定の期間、続けるとそれを記念して塔を建てたり、塚を築いたりした。そうした信仰に伴う造形物が庚申に対するイメージをふくらませた面もある。修験者は密教をはじめとするさまざまな宗教的な知識をもとに活動を繰り広げたが、庚申信仰にも関わる場合が多く、各地の庚申塔の建立や「庚申縁起」の書写にはその関与が確認できる。

⇩さんしのむし、さるたひこ、しょうけら、こんじん、とうぼうさく

事例 ①〔岐阜県坂下村（現・飛騨市）〕庚申様は養蚕の守護神と考えられており、御神体は手が六本ある猿だという。庚申の夜にはらむと、その子は盗人になるといって夜這いも行わなかった（『西郊民俗』四、昭三二、六-七）。②〔鳥取県赤碕町（現・琴浦町）〕庚申の日に生魚を食べ、酒を飲んだら祟りがあり、火事になったという。また庚申の日に夜業をすると、仕事が後戻りするので、夕飯を遅らせて、夜業をしなかった（『赤碕の民俗』昭三六、七八）。③〔新潟県小木町（現・佐渡市）〕むかし、ある家の主人が庚申講に出た。宿の主人が人間に似たものを調理しているのを見て驚き、料理を食べずに持ち帰ったところ、その娘がそれを食べてしまった。するとその娘は八百年も生きたという。宿の主人は庚申さんだった、という（『庚申』三二、昭三八、一-二）。（小池淳一）

〔参考文献〕窪徳忠「庚申信仰の研究」『窪徳忠著作集』一-三・五、平八-一〇、第一書房。庚申懇話会編『民間信仰の研究—庚申』昭五三、同朋舎出版。小花波平六編『庚申信仰』昭六三、雄山閣出版。

こうじん【荒神】

㊫あらがみ【荒神】、どこうじん【土公神】

荒々しい祟りをなす神の総称である。なかでも火にかかわる神格とされる場合が多い。西日本では特定の区画や集落において祀られる神をさすことも多く、その性質が荒神の名の前に冠される。例えば、生まれた土地をへその緒を切った土地であるとして、その地の荒神をヘノソオ荒神と呼び、婚出した後も祭祀に参加し続ける例がある。祭祀場所が藪の中で、そこに茂っている樹木を伐ることを忌む感覚が強いことから藪荒神と呼ばれたり、株という地縁集団での祭祀の対象となっているために株荒神と呼ぶこともある。屋内の代表的な火処である竈で祀られているので、カマド荒神と呼ばれる場合も多い。また中国地方では荒神は牛の守り神としての位置づけもあり、その場合は牛荒神と呼ばれる。さらに三宝荒神という名は仏教の影響を受けた呼称であろうが、一方で南島の火の神を三つの石に表象する感覚との関連にも留意すべきであろう。このように荒神の性格はかなり多様である。なお、中国地方の山間部では荒神を毎年、あるいは数年おきに神楽を執行して祀ることが広く行われており、芸能伝承の核となってきた面もある。

土公神は陰陽道に基づく火の神の呼称で、訛ってロックサンと呼ばれることもある。土公神は四季によって宿る場所が異なるとする伝承もある。そして土公神が宿っている場所に人の手が加わることを避けるのも、強力な祟りにつながるという意識によるものであろう。中世末に成立した陰陽道書『簠簋抄《あいのうしょう》』には「五帝龍王戦之事」と題した四季を領有する四人の龍王が五番目の末弟に所領を分けるように求められ、争いになるという説話がある。争いを仲裁し

たのが文選博士で、その結果、五番目の強力な龍王が領することになったのが土用であり、犯土の禁はそれに基づくとする。この説話は先述した中国地方山間部をはじめとする西日本各地で神楽の演目に取り入れられ、さらに盲僧が管理した地神経の骨格ともなっている。盲僧たちはこの経典を竈祓に際して唱え、それによって荒神を祀った。このことから荒神の本源が中世に陰陽道の教理のなかに位置づけられていたことが明らかであり、さらに荒神祭祀の必要性が、陰陽道の知識を持つものによって広められていった面があることがうかがえよう。

⇩がらんこうじん、こんじん、さくがみ、さんぽうこうじん、じじん、ぢこうじん、どこうじん、はちだいこうじん、ひのかみ

事例 ①〔福島県檜枝岐村〕荒神様は目も耳も口もきかない神で、機嫌が悪いので祟られないように拝まなければならないといった（『福島県史　二三』昭三九、一二二）。②〔香川県詫間町（現・三豊市）〕荒神さんは百姓の神、大漁の神である。農事災難を除いてくれて魔除けにもなる。ニワトリは荒神さんの使わしめである。荒神さんに行きあうと急に頭が痛くなり、荒神さんの屋敷の木を伐るとバチがあたる（『民俗採訪』昭和四七年度号、昭四八、五三）。③〔宮崎県西郷村（現・美郷町）〕荒神さんのたたりは激しく、神体のあるところにふみこむと、とたんに体に変調があらわれる。頭や腰が痛んだり、吹出物が出来たりする（『民俗採訪』昭和三八年度号、昭三九、一二）。（小池淳一）

〔参考文献〕三浦秀宥『荒神とミサキ―岡山県の民間信仰―』平一、名著出版。小池淳一「龍王たちの行方―陰陽道「神話」の唱導性―」林雅彦・小池淳一編『唱導文化の比較研究』平一三、岩田書院。

こうみいし【子産み石】

⇩いしのかいい

こうもり【蝙蝠】

被膜を使い飛行する、夜行性の小型哺乳類。その姿が獣にも鳥にも似ているところから、態度のはっきりしない存在を例えて「コウモリ」と言ったりもする。またその生態や容姿の不気味さが恐れを喚起するからか、俗信では「コウモリを指さすとその指が腐る」などという。これを逃れるには指に唾をつける、年の数だけ噛む、などの呪《まじな》いが伝えられている。他に、夜間に野原を行く人を包むノブスマや、夜に人の寝息を吸うヤマチチの正体をコウモリとする伝承もある。

⇩のぶすま、やまちち

事例〔兵庫県加西郡（現・加西市）〕蛇や蝙蝠の所在を指さすと、その指が腐るという。その指に唾を三度吐くとその難を逃れられる（『旅と伝説』八（九）、昭一〇、一一三―一四）。

（玉水洋匡）

こうりんぼう【高林坊】

高野山に棲む天狗。真言密教の道場である高野山は、熊野・大峯の修験道場へと続き、天狗伝承も残されている。『紀伊続風土記　高野山之部』には、高野山に棲む天狗は仏道を擁護する善天狗であるとし、遍照か岡の覚海上人、金剛三昧院の毘張房、

宝光院の妙音坊と共に高林坊が紹介されている。これによると、高林坊は谷上大日堂の山林に棲むとされる。その他、開山伝説で登場する狩人に扮した地主神、狩場明神がその素性ではないかとする説もある。

⇩てんぐ

（古屋綾子）

こえのかいい【声の怪異】

その場では聞こえ得ないはずの声が聞こえるという怪異。声のみが耳に届き、声を発した存在が目撃されることは少ない。

声の怪異は大きく三つの位相に分けて考えられる。まず神霊が霊威を現すため、もしくは託宣として発する声がある。神が神殿の中から参詣者に声を発し託宣をするものや、神が氏子や尊崇者に、先祖が子孫に声をかけて落盤や雪崩などの災害から救うなどの伝承である。

次に、人間の死霊が生者に声を発する怪異がある。死んだ者の霊がいまわの際に近親者に声を届ける「死の知らせ」は類例が多い。また城跡から断末魔が聞こえる、石や井戸から殺された女の泣き声がする、蚊帳や着物、布団などから泣き声がするなど、横死の場所や遺品から声が聞こえる伝承がある。こちらは死者がその無念を、無関係の第三者に訴えているものと考えられる。特に母子や赤子が死んだ場所から泣き声が聞こえるという伝承は多く、各地に泣き石・赤子石・赤子淵が伝えられている。

三つ目には、妖怪から人間への攻撃のための声である。山中の天狗笑いは聞く者をぞっとさせるし、やろか水の声に答えると洪水が襲ってくる。狐狸の呼びかけ、山爺や山太郎の一声《ひとこえ》オラビ（叫び）に返事をしてしまったあとに返事を返せなくなると生命が危ういとされる。こうした妖怪の呼びかけは「おーい」などの一声だといわれ、山中では一声の呼びかけには答えてはいけないという。しかし「とっつくひっつく」などの昔話では、そうした呼びかけに答えて打ち勝った者に富や力が与えられている。

また川辺や山中、海岸などの人気のない場所で赤ん坊の泣き声を聞くウブメやゴンギャ泣き、川赤子などの怪異は、山中や深夜の笑い声や泣き声が、怪異の一つの類型であることを物語るといえる。

⇩おとのかいい、ささやきばし、てんぐわらい、もんどういし、やまびこ、よなきいし

事例 ①［新潟県中蒲原郡（現・五泉市、新潟市、加茂市）］山仕事の男がお彼岸に粥を仏様に供えたら、仲間は縁起が悪いと怒った。夜、山から呼ぶ声がして男が出て行くと、小屋はたちまち雪崩で潰され、一人だけ助かった（『あしなか』一〇四、昭四二、五）。②［栃木県田沼町（現・佐野市）］人が死ぬ前には、魂が親類をまわって声をかけるという（『民俗採訪』昭四一年度号、昭四二、八七）。③［秋田県山内村（現・横手市）］女を生き埋めにした沢から朝、女の声が聞こえる（『伝承文芸』一七、平二、一六五）。④［新潟県佐渡市］難破船から拾った蚊帳を吊って寝たら「助けてくれ」という声が聞こえた（『季刊民話』五、昭五〇、四五）。⑤［長野県下條村］城が落城して奥方が逃げる途中で産気づき、石の上で子供を産んだがすぐに死んでしまった。以来その石は赤子石と呼ばれ、

夜、赤子の泣き声が聞こえる（『伊那』三三（八）、昭六〇、三四）。⑥〔山梨県上野原市〕山で天狗が「オイオイ」と声をかけてくる。それに返事をすると連れて行かれてしまう（『甲州秋山の民俗』昭四九、八九）。⑦〔沖縄県〕夜、声をかけられたら必ず二声で返事をしなくてはならない。一声で答えるのは亡霊か妖怪（『徳之島郷土研究会報』二五、平一三、四）。⑧〔香川県高見島村（現・多度津町）〕竜王山では、誰もいないのに子供の声が聞こえたり、大きな音がしたり、笑い声がしたりする（『香川の民俗』五四、平二、五三）。

（飯倉義之）

〔参考文献〕常光徹「『一声』と『二声』、『片道』と『往復』の俗信」『伝承文学研究の方法』平一七、岩田書院。

ごき【後鬼】

⇨ぜんき・ごき

こくうぞうぼさつ【虚空蔵菩薩】

㊟こくうぞうぼう【虚空蔵坊】　日本の仏教伝来当初に伝えられた菩薩。一三歳の男女が参る十三参りや、丑・寅年生まれの守り本尊として民間に浸透した。俗信として、この菩薩の信者は虚空蔵菩薩の乗り物や使いとされた鰻を食べないという禁忌がある。

事例　①〔福井県福井市〕福井愛宕公園の御堂の虚空蔵様はナマズ病という皮膚病を治す。お願いする時は「白ナマヅ」を描いた額絵を奉納し、全治したら「黒ナマヅ」の額絵を奉納する（『旅と伝説』二（一）、昭四、四〇）。②〔福島県伊達市〕虚空蔵堂の尊像は僧都が虚空蔵求聞持法を修しようと百日参篭し、五月頃、前川で閼伽水《アカミズ》を汲んだら明星が天堂の内に来影し、虚空蔵尊像が現れたものだという（『福島県史　二四』昭四二、一〇六）。③〔兵庫県洲本市〕虚空蔵坊のある場所まで石段で行く時、万一つまずいたら、虚空蔵坊に何か祀る。祀らないと災難がおきる（『旅と伝説』五（六）、昭七、二六）。

（前川智子）

こくうだいこ【虚空太鼓】

㊟かわつづみ【川鼓、河鼓】、たいこのおと【太鼓の音】、てんぐのたいこ【天狗の太鼓】、でんでこたいこ【デンデコ太鼓】、やまのかみのたいこ【山の神の太鼓】、りゅうぐうさまのたいこ【龍宮様の太鼓】　海、川、山中などから聞こえてくる原因不明の太鼓（鼓）の音。聴覚に働きかける怪異。虚空太鼓は山口県の伝承で、このような太鼓の怪音は全国的に分布する伝承である。原因を、亡霊の他、天狗、河童、狸、山の神などに求める場合もある。

⇨おとのかいい

事例　①〔山口県大畠《おおばたけ》町（現・柳井《やない》市）〕大畠瀬戸は潮流の急な所で、陰暦六月になると中程から太鼓を打つような音がする。地元ではこの怪音を虚空太鼓と呼んでいる。昔、宮島の祭に向かう途中、難船し死んだ軽業師が、毎年祭り頃になると太鼓の音をさせる（『郷土趣味』四（二）、大一二、三七）。②〔富山県太美山《ふとみやま》村（現・南砺《なんと》市）〕秋の夜長にステテンテンテン、ステテンテンテンと、よい音がする（『伊勢民俗』三（三―四）、三四）。

（神田朝美）

こさぶろう【小三郎】

類しょうざぶろう【小三郎】　岐阜県に伝えられる伝説。小三郎という男が岩魚を食べ、喉が渇いたので川の水を飲んでいると、水がどんどん増し小三郎ごと池になってしまう。干ばつのときはこの池で雨乞いをするという。

⇩いけ・ぬま・しみずのかいい・れいげん、だいじゃ、ぬし

事例　①［岐阜県高山市］岩魚を食べた小三郎が川の水を飲むと、川はたちまち池になり、小三郎はその中に消えた。母が呼ぶと蛇身になった小三郎が現れた（『ひだびと』一一（二）、昭一八、八-九）。②［岐阜県］飛騨の小三郎池に雨乞いで酒を持っていくと、雨の日は酒樽が中央で沈み、空になって岸へ戻るが、雨の降らないは酒樽が真ん中へ行かず、酒も減らない（『飛騨昔話集』昭一七、七）。　（中村祥子）

こじょろうぎつね【小女郎狐】

類おとんじょろう【おとん女郎】　化け狐の一つ。夕方や夜に池や山にあらわれることが多い。若い娘や遊女に化ける。その正体は狐以外に、大蛇や女神という話もある。

⇩なのあるきつね

事例　［京都府宮津市］百姓が夕方大根を小舟に積んだ帰り道、若い女に舟に乗せてくれるように頼まれた。小女郎狐だと思い、船に乗せるやいなや縄でしばった。帰ると青松葉を燃やした上に女を投げ込むと、それは大根であった。小女郎狐はとっくに逃げていた（『季刊民話』一、昭四九、七-九）。

（野田岳仁）

こじょろうび【小女郎火、小女良火】

浜松歌国による大阪の風俗考証『摂陽奇観』（天保四年）に記された怪火。大阪の八町畷《はっちょうなわて》という松原に出るもので、昔から雨の夜には必ず現れるという。かつて、小女良という女が害されて死んだその妄執が、火となって現れるのだとされる。通行人の傘や荷物の上に止まるが、念仏などを唱えたのでは退散せず、立ち止まって小唄や浄瑠璃の類を唄うと逃げだすという。

⇩かいか

事例　［大阪府八町畷松原（現・高槻市）］高槻安満間の八町畷という松原では、雨の夜になると必ず小女良火という怪火が出た。かつてこの場所で殺された小女良という女の執念といい、通行人の傘や荷物の上に止まるが、念仏題目を唱えても効果がない。構わず立ち止まって、小唄や浄瑠璃の類を声高に唄えば、たちまち逃げ去るという（『郷土研究上方』三（三三）、昭八、三〇-三一）。

（三柴友太）

コシンプ

類コシンプイ、コシンプク　アイヌの伝承に登場する化け物。地域によってコシンプ、コシンプイ、コシンプクと呼び方は変わる。海の泡など、様々なものに化けることができ、特に色白な美男美女の姿で現れるという伝承が多い。魅入られたものは遠からず死んでしまうとも言うが、人間の憑き神として一生不自由しないように守る場合もあり、善いものも悪いものもいると言う。

⇩イワコシンプ、ルルコシンプ

事例　［北海道平取町］私が交易に行く途中、海の真ん中にある山に行きたくなった。

実は、それはコシンプの山で、自分に似合いの結婚相手を探しているコシンプが私に目をつけたため、神通力を発揮して私を引き寄せたのだった。寒い冬の間に私が死んだら魂を奪って神の国に連れて行き、夫にしようとしていたのだが、それを知ったカラスの神がコシンプを倒し、私は助けられて生きて帰ることができたのだ。と、一人の男が語った（『ウウェペケレ集大成』平一七、六一―七二）。　（遠藤志保）

ごずてんのう【牛頭天王】

㊮ぎおんてんじん【祇園天神】、すさのをのみこと【素盞烏尊】、てんげしょう【天刑星】

京都の八坂神社（旧・祇園社、祇園感神院）の祭神。もともとはインド・祇園精舎における仏道修行者の守護神であったが、日本に伝来以降、御霊信仰とも結びつき、恐ろしい行疫神でありつつ防疫の神ともされた。京都の夏の祭礼・祇園祭（祇園御霊会《ごりょうえ》）は、本来は牛頭天王を祭り鎮め、疫病を防ぐための祭りであった。愛知県・津島の天王祭をはじめ、祇園系の祭礼として数多く伝わっている。

祇園社の祭神は、鎌倉時代後期に卜部兼文・兼方の『釈日本紀』によって、古代神話のスサノヲと習合し、室町時代には牛頭天王＝スサノヲの信仰が広まった。室町時代に作成された『祇園牛頭天王縁起』によれば、牛頭天王が妻となる波梨采女《はりていじょ》を訪ねる旅の途中、宿貸しを拒否した巨旦長者《こたんちょうじゃ》は、その一族すべてを殲滅されてしまうが、宿を貸してくれた蘇民将来《そみんしょうらい》は、巨旦長者に嫁入りした娘とともに命を助けた。そこから「蘇民将来之子孫也」という札をもつ者は恐ろしい疫病の難から免れるという信仰が広がった。

この縁起は、安倍晴明に仮託された『簠簋内伝《ほきないでん》』にも伝えられ、そこでは牛頭天王は「天刑星」、あるいは「天道神」という陰陽道の暦神として信仰されていく。また牛頭天王の縁起や祇園信仰を広めるために、各地域には独自な縁起や祭文が作られた。たとえば愛知県・奥三河（上黒川）に伝わる「牛頭天王島渡り祭文」では、牛頭天王の子どもの「八王子」のひとり、蛇毒気神が産の穢れである胞衣・月水（経血）から誕生したという物語をもち、牛頭天王を凌駕する恐ろしい神とされる。また高知県香美市物部町に伝わる「いざなぎ流」の「天刑星（天下小）の祭文」では、天刑星と祇園大明神とを夫婦と設定し、お産の血の穢れが巨旦から宿を貸しもらえない理由としている。牛頭天王信仰のなかには、産血の穢れに関わるテーマが隠されていたようだ。

これらの祭文は、神楽や病人祈禱の場で禰宜、大夫たちによって読誦されるもの。とくにいざなぎ流では、病人祈禱に「天刑星の祭文」は不可欠なものとされ、祈禱の現場では、病人の体から疫神を切り離し送却するときに、「巨旦の里」で美しい乙姫女郎が待っているから、急いでそこに赴けと、けしかける詞章を伝えている。いざなぎ流では、牛頭天王は防疫神ではなく、他界に送却される疫神そのものとして信仰されていたようだ（『いざなぎ流　祭文と儀礼』八七―八八）。

なおその他、牛頭天王、祇園信仰を伝え

る縁起、祭文は、「灌頂祭文」(天文一九年)、「八王子祭文」(伊勢外宮の祠官)、「牛頭天王ノ祭文」(宝暦八年)、「牛頭天王祭文」(信濃国分寺)、「天形星祭文」(広島)、「津島牛頭天王縁起」(愛知)など数多い。また現在、スサノヲを祭神とする神社は全国に八千―九千社あるが、そのほとんどは「牛頭天王」を祭神としていたもので、明治以降に「素戔鳥尊《すさのおのみこと》」に変更された神社が多い。牛頭天王信仰がいかに隆盛を極めていたかがわかるだろう。

⇨あくろじんのひ、たいさいさま、てんのうさま

（斎藤英喜）

〔参考文献〕山本ひろ子『異神』平一〇、平凡社。斎藤英喜『いざなぎ流　祭文と儀礼』平一四、法藏館。

ごぜんぶち【御前淵】

池や沼の中に女性がおり、機織りしているという伝説。その女性に誘われて、水中に入ると御殿があり、少しの間のつもりが数年経っていたという事例や、その正体が蛇だとする事例も確認できる。また、機織から七夕と関連させる事例もある。

⇨いけ・ぬま・しみずのかいい・れいげん、おりひめ、はたおりぶち

事例 ①〔福島県〕木を伐っている時、山刀を淵に落としたのがきっかけで水中に入ると御殿があった。そこで過ごしてもとの世界に帰ると、三年の月日が流れていた（『旅と伝説』九（八）、昭一一、三九―四〇）。②〔長野県佐久穂町〕長者が重病にかかって寝込んでしまう。すると信仰の篤かった娘の夢枕に女神が現れ、「池の底の黄色い花を取って、その花の中で生活すればよい」と告げた。娘が父を連れてお告げどおりにすると、父はたちまち丈夫になった。長者は家に帰ったが、池の底に行った娘は、池から迎えにきた白馬の背に乗せられて池の底に沈み、二度と姿を現さなかったという。池の名前は白馬にちなんでつけられた（『長野県史　民俗編一（三）』昭六二、四七六―四七七）。

（山田栄克）

こそこそいわ【コソコソ岩】

(類)うぐいすいわ【鶯岩】、こえいわ【声岩】、しゃべりいし【喋り石、囀石】　音を出す石の怪異。夜にその石のそばを通るとコソコソという音がするという。類似の石の怪異として鶯岩や囀石《しゃべりいし》など多くの伝承が各地に伝わっている。祀られていることもある。

⇨いしのかいい、こえのかいい

事例 ①〔岡山県円城村（現・吉備中央町）〕夜にコソコソ岩のそばを通ると、コソコソと音がする（『岡山文化資料』三（四）、昭六、二〇一）。②〔京都府梅田村（現・京丹波町）〕鶯岩の中からは鶯の鳴く声が聞こえてくる（『旅と伝説』一一（一一）、昭一三、四七）。③〔美作国長内村（現・岡山県美作市）〕声岩の上に登って聞くと必ず鶯の声が聞こえる（『新訂作陽誌　東作誌　二』大二、三〇九）。④〔群馬県伊参村（現・中之条町）〕親の仇を探していた武士がある岩の下で眠っていると、岩の中から仇の居場所が聞こえてきた。それに従って武士は仇討ちを果たした。これを囀石という。刀で角を斬られてからは声を出さなくなった（『旅と伝説』八（九）、昭一〇、四三―四四）。

（廣田龍平）

こそだてゆうれい【子育て幽霊】

㊫あめかいゆうれい【飴買い幽霊】　死んだ妊婦が埋葬後に墓中で出産し、幽霊となって飴屋（団子屋）で飴（団子）を買い求め子育てする話。一文商いの飴屋に毎晩決まった時刻になると一文銭を持った女が飴を買いに来る。飴屋の主人は不思議に思って後をつける。女は墓地まで来るとすうっと消え、そのあたりから赤ん坊の泣き声が聞こえてくる。和尚に知らせてそこを掘り起こしてみると、母親の死体の脇には生まれた元気な赤ん坊がいた。死んだ母親は飴を乳がわりにわが子になめさせ育てていたのであった。

　このようにほぼ定まった話型は、青森県から沖縄県まで伝説や昔話の形で全国的に分布している。古くは墓中から赤ん坊の泣き声が聞こえたという赤子塚の伝承があり、その伝承に子育て幽霊の話が付加したと考えられている。伝説の場合には、異常誕生した赤ん坊が後に高僧や名士になったと伝える。如幻和尚、頭白上人、日審和尚、通幻禅師、上達上人、学信和尚などがよく知られている。慶安二年（一六四九）写の『通幻和尚行実』には通幻の墓中出生が記されている。この話が全国的に分布している背景には、仏教の布教活動・僧侶の説教などが考えられる。母親の無念さ、慈愛の深さ、幽霊になっても子育てする母性愛など、多くの人びとの共感が物語を支えている。死んだ妊婦はそのまま埋めてはいけない、身二つにしてから埋めるといった異常死の埋葬儀礼を説くものもある。

⇩あかごづか、うぶめ、おぼ、はかのなかでうまれたこ、ゆうれい

事例　①［長野県飯田市］身ごもったまま死んだ時には、板屋銀次郎が呼ばれて、屋根に上がってその名前を呼んで魂呼びをした。しかし、助からなかったので、猟師が山刀で腹を裂いて胎児を取り出し、二つの仏様にして葬った（『伊那』二〇（一）、昭四七、一〇）。②［福井県］龍泉寺の開山通幻和尚は、懐胎した母が死んで土中で生まれた人である（『加能民俗研究』一四、昭六一、八二）。③［鳥取県中山町（現・大山町）］濡れたような感じの女が夜飴を買いに来る。店の親父があとをつけると、寺の墓地で消えた。それから村人総出で掘り起こしてみると、身重で死んだ女の人が墓の中で赤ちゃんを産んでいた。この子供は死人から生まれたので影がなかったという（『伝承文学研究』二二、昭五四、七七）。④［高知県月灘村（現・大月町）］妊婦が死んだときには、胎児を取り出して別々に埋葬する。昔、毎晩女が菓子を買いに来るのであとをつけると、墓のところで消えた。墓を掘り返すと、赤子が生まれて泣いていた。こういうことがないように「身二つにして埋めにゃああかん」という（『民俗採訪』昭和三九年度号、昭四〇、四六）。⑤［高知県］臨月近い女が死亡すると、開腹してから埋葬する。そうしないと、母が子育て幽霊となって出てくるといわれる（『土佐民俗』三〇、昭五一、一）。⑥［愛媛県関前岡村（現・今治市）］昔は臨月の女を土葬にし、棺に節を抜いた竹筒を挿して、夜に確かめに行っていた（『民俗採訪』昭和四一年度号、昭四一、一九）。

（米屋陽一）

〔参考文献〕堤邦彦『近世仏教説話の研究』

平八、翰林書房。

こそでがい【小袖貝】

戦で海に沈んだ姫君や女房が化したという貝。

⇩たけぶんがに

こだま【反響、木霊】

山などで声が反響する現象をこだまという。これは山男や天狗、山の神などがおこす山中の怪異であるとされた。一方で、古い木には霊が宿り、これをこだまと呼ぶこともある。こだまを神格化したものが一言主神であるともいう。

⇩おとのかいい、ひとことぬし、やまびこ

事例 ①〔和歌山県和歌山市〕宇治では冬の夜元寺町あたりを通ると、明け方にははたはたと音がする。その音は東の方角より起こって近づいたり遠ざかったりする。これを宇治のこだまと呼んでいる（『紀伊続風土記』一、平二、八四）。②〔徳島県名西《みょうざい》郡〕こだまは山男が口真似をするのだという。子どもが失踪し数日経って帰ってくると、天狗様につかまれたという。そのため天狗様というあだ名の子どもがいた（『郷土研究』三（八）、大四、五四）。（神田朝美）

こだまねずみ【木霊鼠、小玉鼠】

秋田県を中心として、マタギの間で伝承されている怪異。大きさは南京鼠ほどで、山の神の機嫌が悪い時に出現し、身体を破裂させて大きな音を出す。この音を聞いてしまうと、不猟やなだれなど災禍が起きるため、木霊鼠の破裂する音が聞こえたらマタギは狩りを中止し山を下りなければならない。かつて小玉流と呼ばれたマタギの一派が、山の神の怒りに触れて鼠に変えられて、それが木霊鼠となったという話がある。

事例 ①〔東北地方〕コダマ流といった一派のマタギが、昔山神の罰で鼠になったという俗信がある。マタギは山中でこの鼠のはぜ裂ける音を聞くと、雪崩や禍がおこるといって狩りを中止して帰った（『宮城県史』二一、昭三一、四四三）。②〔秋田県〕コダマ鼠は鉄砲の音をして跳ねる。自分が死んでも狩人に邪魔をする。見ても悪いと言って、狩人はこれを見ると下山する（『旅と伝説』一六（一二）、昭一八、二六）。（五十嵐大晃）

こっくりさん【狐狗狸さん】

㊮けいせん【乱仙】　コックリさんとは、特定の装置を用いて複数、もしくは単独で霊的な存在を呼び出し、質問に答えてもらう占いの一種である。その起源については、織田信長が最初におこなったとするもの、薩摩から発生したとするもの、キリシタンが伝えた邪法であるというもの、明治維新のさいにアメリカから日本人が持ち帰ったとするものなど諸説あるが、判然としない。中国には古来からコックリさんに類似した占いの技法である扶鸞《ふらん》があり、それとの関連も考えられる。

井上円了『妖怪玄談』（明二〇、哲学書院）は、明治中期に欧米で流行していたテーブル・ターニングが伝わり、日本的に変容したものとする。当初は生竹三本を紐で結び、上に飯櫃の蓋、お盆などを乗せ、複数の人間がこれに手を添えて呪文を唱え、霊を呼び出した。コックリさんという名称は、この蓋やお盆が「コックリコックリ」傾くことから命名されたと円了は言う。一方、道理を告げるものという意味の「告理」が変化したという説もある。やがて、この装置によって呼び出される霊的存在は、人間を騙す機会を窺っている狐狸の類であると考えられた。人を化かす動物たちが、コックリさんの主役とされた訳である。その結果「コックリ」に「狐狗狸」の漢字が当てられることで、コックリさんは伝統的な憑物信仰と結びつき、場合によってはとりつかれることもある、恐怖の儀式となった。

戦時中や終戦直後には、コックリさんで肉親の安否や復員の有無などが占われている。その後、一九七〇年代半ばのオカルトブームの時期に、主に小中学生の間で大ブームとなった。あまりの流行ぶりに、多くの小中学校がコックリさんを禁止した。九〇年前後に再度ブームを迎えたものの、それ以降は沈静化して現在に至っている。

この間、コックリさんの装置もさまざまに変化した。先に示した生竹とお盆の装置から、割り箸で作った三叉に指を置き、西洋数字と五〇音、鳥居、はい、いいえなどを記した紙の上を走らせるスタイルへ、またこの三叉が盃に、さらには硬貨へと変わった。七〇年代以降になると、ボールペンを何人かで握り、霊を降ろすと自動的にボールペンが動いて文字を綴る、といったスタイルも登場する。この頃には、コックリさんの派生形も複数現れていた。エンゼルさん、キューピットさん、星の王子さま、権現さま、などである。

七〇年代までは狐などの動物霊が災いをなすという文脈が残っていたものの、それ以降は地縛霊、浮遊霊など、人間の霊が現れるという解釈が優勢になっていった。近年では韓国の分身娑婆《ぶんしんさば》、台湾や中国の筆仙《ひっせん》、銀仙《ぎんせん》、碟仙《ちょうせん》など、コックリさんに類似した占法が東アジア全域で流行しており、コックリさんとの関連性が指摘されている。

⇩べろべろのかみ

事例 ①［群馬県倉渕村（現・高崎市）］コックリサンとは白狐のことであり、尋ね人や失せ物探しをする。そのさいには榛名町の御嶽《おんたけ》行者のオガミヤさんが輪になって座り、占ってもらう人とオガミヤさんが輪になって座り、庭に面した戸を開けておく。輪の真ん中に五〇音を書いて、神棚に上げて拝んだ半紙を敷き、その上に箸を結わえて作った三脚をおく。拝んでいると誰かにコックリさんが乗り移り、三脚の箸で字を指すので、それを読んで判ずる（『民俗採訪』昭和四二年度号、昭四三、一三〇）。②［愛知県］管孤に類したもので、竹三本を組み立てて白布で覆い、呪文をして「コックリサン、コックリサン」と要求すれば効験がある。金や物品の融通を容易にするという（『民俗と歴史』八（一）、大一一、二二三）。③［佐賀県呼子町（現・唐津市）］カトリック信者のいる所にはキツネが降りてこないので、コックリさんができない（『常民』三五、平一一、五八）。

（一柳廣孝）

〔参考文献〕一柳廣孝『〈こっくりさん〉と〈千里眼〉日本近代と心霊学』平六、講談社選書メチエ。志賀市子『中国のこっくりさん　扶鸞信仰と華人社会』平一五、大修館書店。

流行こっくり踊り（国立歴史民俗博物館蔵）

ごったいび【ゴッタイ火】

鬼火の異称。原因不明の浮遊する火の玉のこと。岡山県では「ゴッタイビ」と言うが、各地で様々な方言で呼ばれている。

⇩いげぼ、おにび、かいか

事例 ［岡山県］岡山県地方ではゴッタイビとよび、三重県度会郡では、昔これをイゲボといったという（『宮城県史　二一』昭三一、四五三）。（熊倉史子）

こってんぼうず【コッテン坊主】

背の高い大坊主のような妖怪で、その正体は川うそやイタチが化けたものだとされる。人を驚かしたり、コッテン坊主を見たことを他人にしゃべると命を取られたりするという。

⇩いたち、かわうそ

事例 ①［新潟県阿賀町］川うそが上川村の地蔵屋敷の辺りに出てコッテンホウ《（ママ）》ズ（背が高くて大きい首の長い化け物）となり、人を化かした（『西川の民俗』昭五一、二七二―二七三）。②［新潟県阿賀町］上川村の高谷というところで太田の村人がコッテンボウズに会い、「俺を見たと言うな。もし見たと言ったらお前の命を取るぞ」と言われた。その人は、しばらくは黙っていたがとうとうしゃべってしまい、若死にしたそうである。コッテンボウズというのはイタチで、人の肩に上がって大きくなって見せるという（『西川の民俗』昭五一、二七三）。（財津直美）

ことりばあ【子取り婆】

㊫ことりぞ【子取りぞ】、こぶつたうし、ひとさらい、ふくろかつぎ【袋担ぎ】　子供をさらっていく妖怪。夕暮れ時などに子供がいなくなると神隠しにあったと考え、それを隠し神や天狗、河童、狐狸、山人、山の神などの仕業とした。子取り婆もそうした妖怪の一つである。子供をさらっていく妖怪の呼称は様々であるが、婆のように女性を指す呼称、尼や坊主のように宗教者を指す呼称などが含まれるものもある。

柳田國男は子取り婆について、山の神などの信仰的存在との関わりで捉えようとし、次のような指摘をしている。「子取り」は、産婆のことであるが、同時に子供をさらう妖怪もそう呼んでいた。古くは『園太《えんたい》暦《りゃく》』文和二年の条にも記されている。また、夜にかくれんぼをすると隠し神さんや隠し婆さんにつれていかれるという伝承があることなどから、かくれんぼも子供の遊戯となる以前は信仰と関係があったのではないかと考えられる。子供をさらって血や油をとるなどの風評は、伝統的な不安からくることで、話のレベルで考えるべきである。村々を訪れる諸国修行の法師も子供をさらう妖怪の一種として考えられるようになった。これらの指摘は柳田以後の研究においても踏襲される傾向があり、「取り上げ婆」（産婆）や山姥の両義性と重ねられたり、山姥を含む神隠しとの関わりで論じられたりしてきた。

今後は、「子取り」の語に注目しながら、産婆（助産師）の民俗、あるいは「子取り鬼」「子取ろ」、かくれんぼなど、子供の遊びとの接点から伝承を見直すことも可能と思われる。また「子取り池」などの伝説、さらには「口裂け女」など、話としての広がりや女性という視点からのアプローチもあるだろう。

⇩かくしがみ、かくしばあさん、かみかくし

事例 ①［長野県倉科村（現・千曲市）］夕方、隠れ鬼（かくれんぼ）をすると、ふくろかつぎという魔に隠される（『郷土』一（四）、昭六、一〇八）。②［広島県三次市］昔々、「ことりぞう」というのが、大きなほほろを背負って通り、悪い子はほほろの中に入れて連れていった。（『広島民俗』一、昭四九、二四）。③［山口県萩市］萩沖の見島の海岸に凧揚げに最適の「おなる」と呼ばれる場所があった。「おなる」で凧揚げに遊び呆けて日が暮れて帰ると「おなるばあさんに連れて行かれるぞ」と言って怒られた。（『広島民俗』二、昭四九、二二一-二二三）。④［新潟県紫雲寺町（現・新発田市）］昭和三六年生まれの妻は、「子供がいうことをきかないとオスネババアが来るぞ」と紫雲寺町の祖母から聞かされたという。（『高志路』三二九、平八、一九-二〇）。⑤［名東県下高野村（現・香川県三豊市）］外国から子取婆が来て子供を殺し生血をしぼると言う噂があったところに、明治六年、子供を亡くして狂女となったノブが、徘徊中に子供をさらったことがきっかけで騒動となった（『旅と伝説』一五（一二）、昭一七、六五-七五）。

（高塚さより）

〔参考文献〕赤坂憲雄「油取り譚」『現代詩手帖』四、平二。小松和彦「天狗と山姥」『怪異の民俗学 五』平一二、河出書房新社。柳田國男『山の人生』大一五。柳田國男『妖怪談義』昭一一。

こなきじじい【子泣き爺、児啼爺】

㊐おぎゃーなき【オギャー泣き】、ごぎゃなき【ゴギャ泣き】 山中や夜道で赤ん坊のように泣いている妖怪。老人の姿をしているとも一本足の怪物とも語られる。この一本足の怪物の泣き声は地震の予兆であるという俗信もある。また、背負ってくれと要求する事例や、妊婦が死んだときの埋葬方法を誤ったときに現れる事例から、ウブメやウバリヨンとの類似性が認められる。

現代では、水木しげるの漫画及びアニメ「ゲゲゲの鬼太郎」の主要登場妖怪であるため、全国的な知名度が非常に高い。

⇩うぶめ、こえのかいい

事例 ［徳島県西祖谷山《にしいややま》村（現・三好市）］夜道で赤ん坊のような泣き声を立てる。行ってみても姿は見えない。負ぶってくれと言って出る場合があるが、負い紐が短いから負ぶえないと言って断らなくてはならない（『ひだびと』九（一）、昭一六、二四）。

（神田朝美）

こびと【小人】

身長が数センチから数十センチぐらいの

小さい人間。北海道のコロポックルがよく知られているが、他の地域にも小人の話がある。新潟の民話「ちいちい小袴」では、袴をはいた小男が現れて歌い踊るが、その正体は古くなった楊枝とされている。その他の話は、小人を見たという体験のみを語るものが多い。二〇〇八年頃からは、「小さいおじさん」を目撃したという体験談を何人かの芸能人が話し、テレビを通じて広まっているようだ。

⇩コロポックル、トンチトンチ

事例 ①［北海道十勝地方］家の東の窓から椀や鮭の卵がおかれ、それは大蕗《ふき》の下にいる小人ではないかということになった。青年二人が窓から伸びた真っ白な手を引くと、小人の女が引きずり込まれた。女の鼻の下には入れ墨があった（『旅と伝説』二〈八〉、昭四、四四）。②［不明］テレビである芸能人が話していた体験談。夜中に出窓のところで小人を見たが、夢だと思っていた。ところが、翌朝、その出窓のところにあった姫リンゴか何かの木のリンゴに、小さい歯形がついていた（『不思議な世界を考える会会報』三七、平六、三八）。③［不明］小学生の時、五時過ぎに体育館のわきを通ったら、中からボールの音や話し声が聞こえた。友達と中をのぞいてみると誰もいなくて、バスケットゴールの網のところに緑色に光る小さな人のようなものがたくさんいた（『不思議な世界を考える会会報』三七、平六、五八）。（岩倉千春）

こぶがはら【古峰原】

（類）こばはらさん、こぶがわら【古峰原】 栃木県西部、鹿沼《かぬま》市の北西部にあたる地域のこと。また当地に鎮座する古峰神社が祀る祭神の総称。祭神は日本武尊《やまとたけるのみこと》を祀り、五穀豊穣と防火の神として信仰される。修験道において同県日光山が霊山とみなされたことから、天狗にまつわる信仰も伝えられている。火伏せの神としての性格をもつ荒神《こうじん》と同一視する地域もある。

⇩こうじん、てんぐ

事例 ①［栃木県］鹿沼市の古峰ヶ原にある古峰神社は、社務代行の話によると祭神は日本武尊であり、天狗は古峰神社の眷属であるという（『あしなか』三三、昭二七、二）。②［千葉県君津市］近所に火災があったら一升御飯を炊いておむすびにし、おはちの蓋に入れ、屋根の上にのせて「コブガワラ様に上げます」と言う。コブガワラ様はおっかない天狗で、火は別の方へ向く（『民俗』四七、昭三七、四-五）。③［宮城県柴田郡］コバハラさんは火の神様なので、近くの木を焚き木にしてはならない。木を盗んだ家が火事になった（『民俗採訪』平成四年度、平七、五九）。（岡田真帆）

こふん【古墳】

⇩つかのかいい

こぼうず【小坊主】

（類）こわらわ【小童】 児童の姿をした妖怪。最初は小坊主だがだんだん大きくなったり、夜中に墓場近くの道に現れたりする。また屋内にいる気配があるが、家の中に入ると隠れてしまって見えなくなるという座敷童に近い伝承もある。大坊主（背高坊主）

と共に現れることもある。

⇩みこしにゅうどう

事例 ①［愛媛県魚島村（現・上島町）］小坊主という妖怪がたびたび出た。出た時は小さく見えるが、見る見るうちに大きくなる化け物である（『あゆみ』一、昭三五、三〇）。②［愛媛県］ふと見ると、この塀にそった道を、異常に背の高い坊さんが歩いてくる。（中略）よく見ると、すぐ後に小さな小坊主が提灯を持って従っている。道のゆくては墓地である（『伊予の民俗』三九、昭六〇、四-五）。③［岐阜県美山町（現・山県市）］樫瀬の土葬墓の下道を通ったら、透き通るような青い小坊主が現れて、「こっちいおいで、こっちいおいで」と墓場の方へいざなった（『美濃民俗』二六二、平一、四）。

（高橋奈津子）

こまいぬ【狛犬】

㊩からじし【唐獅子】　神社や寺の入り口に置かれている雌雄一対の聖獣像。境内を守護する役目を果たしている。神聖なものなので粗末にすると祟りをなすが、偶然に狛犬を得ることが吉祥とされる事例もある。

⇩いぬ、しし

事例 ①［岩手県水沢町（現・奥州市）］胆沢県（現在の岩手・宮城県）知事が公園の狛犬を土中に埋めた。するとその祟りによって小参事の妻が眼病にかかった。そこで掘り出すと眼病は快癒した。この狛犬は駒形神社の社前に据えられている。また土中から狛犬が激しく吠える声が聞こえたという話もある（『旅と伝説』一二（三）、昭一四、一五）。②［香川県琴南町（現・まんのう町）］氏神のカラジシは、氏神に呼ばれると犬に姿を変えて駆け出していく。雄の後から雌も従っていくが、弁当を持って走る雌はいつも丸い団子を口にくわえて用意している（『香川県史　一四』昭六〇、五九八）。③［富山県入善町］手繰り綱にデクサマと狛犬がかかり、その直後に大漁になった（『富山県史　民俗編』昭四八、三〇八）。

（廣田龍平）

こまいわ【駒岩】

㊩うまいし【馬石】、こまいし【駒石】、こまがたいわ【駒形岩】、こまのひづめいし【駒蹄石】、こまびきいわ【駒引き岩】　馬が石と化した、馬体や蹄の跡が岩に残った等、馬に関した由来を持つ石。駒形神社や源氏方の武将の名馬（池月や磨墨など）の名を伴うことも多い。

⇩いしのかいい、うま、しかいし

事例 ①［美濃国穴馬村（現・岐阜県郡上市）］山の深い洞窟に馬石がある。旱《ひでり》には馬石を鞭打てば必ず雨が降る。鞭を打った者は三年以内に死ぬため年長者を選ぶ（「笈埃随筆」『日本随筆大成　第二期一二』一六〇）。②［讃岐国大川郡（現・香川県さぬき市）］後陽成天皇の頃、細川國弘の道中を老婆が遮った。國弘が石を投げると老婆は飛び去り馬に化けた。馬を投げ飛ばすと大石と化した。これが御馬石で小倉山の入口の畑にある。他に移すと夜の内に元の位置に復すという（『ひだびと』一一（一二）、昭一八、二五-二六）。③［遠江国（現・静岡県）］駒形浜という灘の海底に馬形の大岩があり、往来の船に馬や馬の書画などがあれば船に怪異があるという（『雲根志　上』昭五、一五）。（大里正樹）

こめとぎばば【米とぎ婆】

⇩あずきあらい

こやすかんのん【子安観音】

(類)こやすさま【子安様】、さんのかみ【産の神】　安産、子授け、子育てを祈願する観音。産婆の家やある特定の家に祀られることが多く、近くに住む妊婦やその母親など近親者が安産祈願をしに行く。お参りした際に持参したものを妊婦が身につけると、安産になるとされる。

⇩かんのん

事例　①〔青森県新郷村〕家内の女性が産婆をしていた家には、家の神棚とは別に神棚を設け、子安様を祀っていた。正月と盆の二三日が御縁日で、近隣在郷から女性たちがお参りに来て、ひねりに包んだ米と一銭を供えた（『青森県史　民俗編資料南部』平一三、一九一）。②〔長野県佐久市〕江戸時代、子沢山の家と子宝に恵まれぬ家があった。そこで子どもに恵まれぬ家が、子沢山の家より子安様を分けてもらうと、子沢山の家には子どもが生まれなくなった（『長野県史　民俗編一（二）』昭六一、五八四）。（後藤知美）

ごらんぼー

(類)ごーら、ごーらい、ごらいほうし【五来法師】　和歌山県での河童の異称。子供くらいの背丈で、お皿をかぶっており、皿の水がこぼれるとだめになる。冬は山へ行きカシャンボになり、夏は川へ下りゴランボーになる。人間を川に引き込み、尻を抜く。人間のつばを嫌うので、つばを吐きかけておくと近付かないという。相撲が好きである。

⇩かしゃんぼ、かっぱ、がらんぼ、ごんご

事例　①〔和歌山県生馬村（現・上富田町）〕ゴーライもカシラも自由自在に化ける。友人と川岸にいると、友人が「かんざしが流れてきた。取ってくる」といって川に飛び込み、そのまま死んでしまった。そのかんざしは友人にしか見えず、死骸の尻が抜かれていた。ゴーライがかんざしに化けていたのである（『民間伝承』一三（九）、昭二四、二二三）。②〔和歌山県日置川町（現・白浜町）〕水遊びをしている子供がさらわれ死ぬことがある。尻に穴が開いて腸を抜かれている（『ひでばち』六、昭三一、一七）。（磯貝奈津子）

ごりょう【御霊】

(類)おんりょう【怨霊】　ふつう非業の死を遂げたり、生前の遺恨を晴らせぬまま憤死したりした人の霊魂で何らかのわざわいの原因とされ、祭祀の対象となるものをいう。そのような「御霊」の例としては『日本三代実録』貞観五年（八六三）五月二〇日壬午条のものが有名である。同書の記事は平安京の神泉苑で行われた御霊会について記されたもので、御霊とは、崇道天皇・伊予親王・藤原夫人・観察使・橘逸勢・文室宮田麻呂で、彼ら失脚した人々の霊魂が疫病を流行させたと説明されている。また『年中行事秘抄』などには北野天満宮に対する「北野御霊会」という恒例祭祀の記事が見える。崇道天皇（早良親王）は『日本後紀』延暦二四年（八〇五）四月甲辰条に「怨霊」

と記述されており、天満宮に祭られる菅原道真も『日本紀略』延喜二三年（九二三）三月二一日条に「菅帥霊魂」と記される。これらを根拠に、御霊は怨霊の延長線上に成立したものと一般には認識されている。

しかし御霊がすべて怨霊のように個性をもつ死者の霊魂と認識されていたかは疑問である。たしかに貞観御霊会に先行する史料にみえる「御霊」が個人の霊魂の呼称である例は存在する。例えば延暦二四年九月二四日内侍宣には「太上天皇御霊」という言葉がみえ、最澄の「長講金光明経会式」にも聖徳太子・崇道天皇たちが「御霊」として記されている。もっともこれらの霊魂がわざわいの原因とされていたかははっきりしない。

一方、祇園御霊会の祭神である牛頭天王は、防疫神として祭られており個人の霊魂とは無関係である。また『中右記』寛治八年（一〇九四）四月九日条には「稲荷御霊会」とある。『日本三代実録』仁和二年（八八六）八月四日庚戌条には異常気象を「鬼気御霊」の祟りとする例もあり、『本朝世紀』天慶元年（九三八）九月二日丙午条には平安京の都市民により「岐神」あるいは「御霊」と称される神が祭られたと記されている。このほか『日本紀略』『本朝世紀』の正暦五年（九九四）六月二七日条や『日本紀略』『扶桑略記』長保三年（一〇〇一）五月九日条には平安京周辺で「御霊」を祭る記述があるが、いずれも疫神を祭ったと推測される。なお『今昔物語集』巻二八「近江国矢馳郡司堂供養田楽語第七」には村落での「郷ノ御霊会」の記述があるが祭神はわからない。

櫻井徳太郎は、怨霊は怨念が晴らされることが願われたが、御霊はその霊威によりわざわいを除くと信じられたと論じる。また、大江篤は、怨霊とは平安時代初期の政治状況の中で創出されたもので、貞観御霊会における御霊の祭祀は、それとは別の政治的意図をもって行われたとし、怨霊・御霊と一般的な死者の霊魂は同一視できないと述べる。このような見解を踏まえるならば、御霊とは怨霊と必ずしも一致せず、神・霊を問わず霊威の強い存在を指す呼称であったように思われる。

⇩ゆうれい

事例 ①［鳥取県西伯町（現・南部町）］喧嘩をして殺された鎌倉山の侍、惣助の話がある。山へ狩に行った百姓が倒れているのが見つかり、祈祷師に祈ってもらうと惣助が供養して欲しくて憑いたということだった（『常民』二五、平一、一六四）。②［群馬県太田市］俗称御霊の地に祭られている「五霊様」は戦さの神として信仰されている。太平洋戦争の時に出陣して怪我をして帰ってきたという（『群馬県史　資料編二六』昭五七、九一）。

（久禮旦雄）

〔参考文献〕櫻井徳太郎「怨霊から御霊へ」柴田實編『御霊信仰』昭五九、雄山閣。大江篤「『祟り』『怨霊』、そして『御霊』」東アジア恠異学会『怪異学の可能性』平二一、角川書店。

ごりんとう【五輪塔】

密教などにおいて宇宙の五大要素とされる、空・風・火・水・土を象徴する五つの立体を積み重ねた塔。平安時代後期から、供養塔・墓標として建立され、特に中世に多く作られた。石垣や漬け物石などの日用品に転用されて、一部だけが残るものも多い。五輪塔を供養しなかったり、勝手に持ち去ったりすると祟りがあるという伝承は広く認められる。放置された塔を、寺院や神社境内に集めて祀るのも、同様の信仰に基づく。

⇩つかのかいい、きしだけばっそん

事例　［鳥取県岩美町］二上城を山名時氏が治めているとき、豊臣秀吉が附近一帯を焼き払った。そのため、城落ちの五輪さんと呼ばれる無縁仏が、いたる所にある。五輪さんは屋敷を開いた人や昔の士族の墓だといわれていて、古い屋敷にはたいていある。病気になって、法華さんにみてもらうと、どこどこを掘ってみろといわれるので、その通りにすると五輪さんが出てくる。祀ってもらいために祟るという（『民俗採訪』昭和四四年度号、昭四五、五一―五二）。

（徳永誓子）

コロポックル

類コロポクウンクル、コロボックル、コロポックン　アイヌ民間説話に出てくる日本石器時代の小人伝説。コロ（蕗《ふき》）ポク（～の下）ウン（～にいる、～に住む）クル（人）で、蕗の下の人という意味で、「北海道には曽てアイヌと異った人民がアイヌの村落に近く穴を掘り蕗の葉の屋根を作って住居したとの事を推知するに足る」（坪井正五郎）という伝説。サハリン・南千島にも流布。

コロポックル伝説は、文化五年の最上徳内『渡島筆記』、寛政一二年の村上嶋之允『蝦夷島奇観』の「夷人伝へ云。コッチャカムイといふ神ありて、體四尺はかり、手の長き神にて処々住給ふ。此神漁猟の術に通力を得給ひ土舍に住給（ママ）ふけるか、夷等に魚獣の肉なとを其窓よりあたゑ賜りける。この故に其漁猟の術をまなはんと近寄れは教へ杲（ママ）さすして、夷人等をきらひ給ふにや此地を去らせ給ふ。…」という記述に始まる。

その後、近世末期の松浦武四郎『久摺日記』、大内余庵『東蝦夷夜話』そして、近代はジョン・バチェラーなどが言及している。明治一七年の渡瀬荘三郎の第二回人類学会の報告を白井光太郎が批判したことをきっかけにしてコロポックル論争が起きる。坪井正五郎・小金井良精・鳥居龍蔵・河野常吉そしてマンロー、モースなど多くの研究者がコロポックル論争に参加した。この論争は考古学調査などの研究の進展で、多くの研究者はアイヌ＝コロポックル説を支持した。この論争もコロポックル説を主張する坪井正五郎の大正二年の死去で終わる。また、宇野浩二『蕗の下の神様』、宮本百合子『風に乗って来るコロポックル』などの文学作品も創作された。

⇩こびと、トンチトンチ

事例　①［北海道名寄市］蕗の葉かげに六〇人、とか三〇人、一〇人、…というふうに、共通しているのは蕗の葉かげとか下に生活したということ、姿を見せないで食物などを持ってきてくれたということ、姿をみられてから、何処かへ去ってしまったなどということである（大河上州『ナヨロの伝説』昭三九、八）。②［北海道帯広市］ずっとむかしはシベッ（十勝川）に沿って、アイヌのほかにコルポクウンクルも住んでいたと。コルポクウンクルは背が低くて、ふきの下に五人も六人もかたまって住んでるくらい、ちっちゃいものだったそうな。ごはんを作ると必ず村の人の所へ持ってきたそうで、何でも人にやるのが好きだったそうな。……アイヌコタンに一人者のウエンクル（悪い奴）がいて、ある日コルポクウンクルがアパオロッペ（戸口のかけござ）の下からイタンキ（椀）にごちそうをいれてよこしたとき、そのコルポクウンクルカムイの手首を押え、とうとう家の中へ引っぱっていれたと。やっと引きいれてそのコルポクウンクルカムイを見たら、まっぱだかの小さな女であったと。…コルポクウンクルたちがイケスイ（激怒）して…「このコタンをトカプチーって名前つけるから」と言ってどこかへ行ってしまったと。…」（語り手・三浦ノブ、浅井亭『アイヌの昔話』日本放送出版協会、昭四七、一四三－一四四）。

（阿部敏夫）

〔参考文献〕吉岡郁夫・小出龍郎「コロボックル説の成立と終焉」『愛知学院大学教養部紀要』四四（四）－四五（一－三）、平八－九。坪井正五郎「石器時代人民に関するアイヌ口碑の総括」『東洋学芸雑誌』一四八、明二七。

ごんご

岡山県の、主に県北では河童のことをゴンゴという。水場に住み、子どものような姿で頭に皿がある。好んで相撲を挑み、皿の水を失うと力を失うとされる点などは他所の話と同様である。また、ゴンゴは手が自由に伸びるともいう。

⇩かっぱ、ごらんぼー

事例 〔岡山県湯原町（現・真庭市）〕湯原町二川の種地区にはゴンゴが住むという赤子淵があり、夜に通りかかると赤子の泣き声が聞こえるという（『西郊民俗』一〇、昭三四、一〇）。

（岡田浩司）

ごんごろうび【権五郎火】

新潟県本成寺地区に伝わる、殺された権五郎という者の魂、遺念が燃えている火だという。柳田國男が「妖怪名彙」の中で取り上げている。火の由来として、権五郎が殺されたことが語られる。また今でも燃え続けているといい、権五郎火が出ると、雨が来る予兆なのだという。

⇩かいか、ひのたま

事例 〔新潟県本成寺村（現・三条市）〕本成寺村五十野の権五郎というものが旅の博徒と丁半を争って連勝した。権五郎は勝ちつづけをいいことにして勝銭を持って引上げようと夜の畦を歩いていると後から博徒が追駆けて来て殺してしまった。彼の遺念が燃えるのだという話だ。しかしこの殺害事件は昔のことだが今でもこの火は燃えている。この火が燃えると雨が近いというので火を見ると百姓達は稲架を外して直に家にとりこむという（『越後三條南郷談』大一〇、一二一－一二三）。

（玉水洋匡）

こんじきひめ【金色姫】

茨城県つくば市の蚕影神社の祭神。金色姫はうつろ舟で流された後、変身して蚕になった。

⇩かいこがみ

こんじん【金神】

㊫かながみ【金神】　忌避されるべき方位神・暦神。その本性については、金神を「巨旦大王精魂」とする『簠簋内伝《ほきないでん》』がしばしば参照されるが、『簠簋内伝』は「従来の安倍家や賀茂家の陰陽道とも異なる」「暦の禁忌を守ることによって疫病を防ぐという固有な牛頭天王信仰を創出」したもので、この説は江戸幕府や宮廷の暦家たちには受け入れられなかった一方、民間に流布した（「『簠簋内伝』の宗教世界」）。現在の民間暦では、たとえば高島易断所本部編纂『神宮館高島暦』は金神に大金神・姫金神・巡り金神があり、いずれも「金気旺盛にして殺伐を司る凶神」「その方位に向かっての普請、造作、動土、移転などは大凶で、誤ってこれを犯すと病災、盗難の方災を被り、重きは人命に関わる災厄がある」と説く。極端な場合は「金神七殺」といい、近親あるいは隣人含め七墓築くと恐れられている。

地域によっては、しばしば土公神や荒神・庚申などと同一視され、土地を司る神ともされる。たとえば金神信仰が色濃く分布する岡山県は、民衆宗教史／新宗教研究が注目する金光教の発祥地（浅口市金光町）としても知られ、その教祖・金光大神（俗名は赤沢文治。一八一四－一八八三）は近親者五名と飼牛二頭の「七墓築く」体験をしている。金光教教学研究所による昭和六〇年前後の調査（「金神とその信仰の諸相について」）によれば、金神には丑寅金神・未申金神・歳破金神・熊王神金神・日金神など様々あり、さらには暦にある太歳・大将軍・豹尾なども金神の一種とする伝もある。また金神の祟りを避ける金神除のみならず、屋外に祠をあるいは屋内に棚を設えて金神を祀る事例も報告されている。屋外では屋敷地の丑寅や未申に祀るなど方位神としての性格がうかがわれる。屋内では祭祀に用いる札に「一切金神」「諸金神」などとあり、数多存在する金神すべてを祀るという。

⇩こうじん、ぢこうじん、こうしん、ひめこんじん、まわりこんじん

事例　①［神奈川県逗子市］父親が病気になり、熱が出ると尻を叩き狂い廻り、手がつけられない。お山（法性寺）で伺うと、先月、コンジン様の遊んでいるのも知らず土にくいを挿したので、怒って祟ったという。くいを抜き、お山で御祈祷してもらうと、すぐに病気は癒えた（『民俗学』二一（四）、昭五、三八）。②［群馬県前橋市］姫金神様は女の神様で、荒神様よりなお悪いという。年によっている場所が違うので、暦を見ないとわからない。いると知らずに引っ越して、障ったこともあった。障りを避けるには、線香一本・塩・御札を持って、物を動かす場所で「アビラオンケンソワカ」と三回唱えると、祟りがない（『群馬県史　資料編二六』昭五七、三〇〇）。③［佐賀県鎮西町（現・唐津市）］金神様とは地の神様のこと。金神のお祓いをしないで土を取った場合、特に悪いところから取ると悪い病気が起こる。これを三年ふさがりという（『民俗採訪』昭和四二年度号、昭四三、五七）。　（土居浩）

［参考文献］岡成敏正「金神とその信仰の諸相について」『金光教学』二八、昭六三。谷口勝紀「『簠簋《ほき》内伝』の宗教世界」『佛

教大学大学院紀要』三三、平一七。

こんせいさま【金精様】

㊫かなまらさま【金魔羅様】　男性器を木や石、陶器などでかたどって祀り、信仰の対象としたもの。子授け、安産、子孫繁栄、五穀豊穣、性病など、性や夫婦和合から連想される利益のみならず、学業成就や合格祈願など、期待される効果は幅広い。金精大明神などの呼称もあり、東日本に多く報告され、温泉の湯元において祀られる例もある。

事例　①［栃木県日光町（現・日光市）］かつて日光町下河原の深教坊にあった金精大明神には奉納のリンガが山積しており、病気平癒を祈願したもの、商売繁盛の祈祷を捧げたものもあった。明治大正の頃、日光の湯元のある旅館には石の金精様があって、自室に安置して朝夕に礼拝して勉強すると試験に合格するといった（『旅と伝説』一〇（一）、昭一二、一–七）。②［岡山県］性病や寝小便に霊験のある金精様やカナマロ様には、桐の木や瓦製の男根を奉納する習慣がある（『岡山県史　一五』昭五八、二六–二八）。

（塚原伸治）

ごんぼだね【牛蒡種】

㊫ごぼうだね【牛蒡種】　岐阜県を中心に分布する憑き物。家筋の者が他人に憎しみを抱くと、相手は発熱し精神異常をきたす。家筋同士や年長の者には効果がないという。一部の集落では全戸が牛蒡種の家筋だとされ、集落自体が恐れられている。牛蒡種を捨てる場合には、金にこれを付けて捨てるとよいとされる。婚姻忌避や差別を受けるなどは他の憑き物筋と同様であるが、使役する具体的な動物を想定しない点は特徴的である。修験者の行う儀礼「護法実《ごほうざね》」との関係も考えられている。

⇩つきもの

事例　①［岐阜県］牛蒡種の人は、男女問わず憎い、嫌だなどと思って相手を睨むと、発熱・頭痛・精神異常にかけられる。死に至る事もある。牛蒡種の家筋の者には効果がなく、部外の者でも警察署長や村長など目上の人間には効かない（『郷土研究』四（八）、大五、四六）。②［岐阜県］牛蒡種は金につけて捨てることができる。ある村人が道に落ちている財布を猫ばばしたが、牛蒡種がついており憑かれたことがある（『郷土研究』四（一一）、大六、二九–三〇）。

（堀口祐貴）

さ

さいきょうねずみ【さいきょう鼠】

憑物の一種で、管狐《くだぎつね》の類とされる。特に東海地方に伝えられる。さいきょう鼠が憑いた人は、例えば踊りだしたり秘密を暴露してしまったりと、術者の言いなりになってしまうという。予言も的中させるという。

⇩くだぎつね、つきもの、ねずみ

事例 ①〔愛知県〕さいきょう鼠をかけるにはしばらく黙視して呪文をかける。その人は催眠状態になり、要求に何でも従ってしまうという。人が訪ねてくることを時間や距離まで正確に的中させることもある（『民族と歴史』八（一）、大一一、一二一三）。②〔静岡県御殿場市〕人の背中に「ネズミ」と三回書くと、サイキョネズミがその人に憑いていろいろと答える。済んだときには「猫」と同様に書けば元に戻る（『富士東麓の民俗』一五、昭五〇、一一八）。（中村祥子）

さいとうべっとうさねもり【斎藤別当実盛】

類うんか、こぬかむし【こぬか虫】、さねもりむし【実盛虫】、さんねこさま【サンネコ様】　木曽義仲討伐の際に討ち死にした斎藤実盛は、死後虫になり作物に害をなすようになったとされ、その霊を鎮めるために虫送り行事が生れたという伝承は全国に広く分布している。虫送りは主に初夏に行われ、実盛に見立てた藁人形を村境や川に捨てることが多い。

⇩いなご、じょうげんむし、しょうせつとんぼ、まつむしひめ、むしのかいい

事例 ①〔和歌山県中津村（現・日高川町）〕逃げ込んできたサネモリサンという武士が稲につまずいて倒れ、殺された。サネモリサンは稲を恨み、虫になって稲につくという。そのサネモリサンを弔うのが虫送りである（『近畿民俗』六〇・六一、昭四九、一三）。②〔岡山県総社市〕虫送りでは稲の害虫に見立てた藁人形を作り、それをサンネコ様と呼んで、かねや太鼓で囃しながら高梁川に流した（『岡山民俗』一〇七、昭四九、一二）。（三柴友太）

さいのかわら【賽の河原】

死んだ人が行くといわれるあの世の「三途の川」の河原のことをさす。臨死体験をして生き返った人の多くが見る花畑のそばを流れる川が三途の川で、そこを渡るともう生き返ることはできないといわれている。死んだ子どもはこの賽の河原で父母の供養のために小石を積み上げて塔を作ろうとするが、せっかく積み上げると鬼がやってきてくずされる。そこへ地蔵菩薩が現れて子どもを救うという。

⇩いきかえり

事例〔山口県〕美弥の景清穴にある賓の河原では砂をきれいにならしておくと、小さな足跡がたくさんついている（『旅と伝説』八（五）、昭一〇、三四）。（高津美保子）

さえぞぼん【サエゾ坊】

サエゾ（腸チフス）に罹ったとき、現れるという坊主姿のもの。病人の足元にたくさんのボン（坊）が現れ、身体や手足を押さえつけ揺すったりするので、これを気力で追い払えば治る。

⇩やくびょうがみ

事例 ［富山県砺波市］サエゾ（腸チフス）が重症の時には、病人の足許へたくさんの坊さんが来て体を揺する。このサエゾボンを気力で追い払えば回復する（『とやま民俗』一一、昭五二、七）。（荻野夏木）

さかき【榊】

ツバキ科の常緑樹。社寺における神事、年中行事における飾り物など、日本における宗教的行事で多く用いられる。一般に神の木という認識があるため、庭木に用いない。粗末に扱うと祟りが起きる、と信じられている。ただし他の樹木にくらべて、榊じたいが怪異や不思議をなした、という例は少ない。

⇩きのかいい

事例 ①［高知県四万十市］山で大木になった榊は、山の神の惜しみの木として神聖視する。また谷榊うね榊といって、谷と山の間にある榊を、山の神の止まり木であるとして伐採しない（『民間伝承』八四、昭一七、四二）。②［京都府八木町（現・南丹市）］明治維新のころ、男が安養寺の榊に鎌を打ち込むと、伐り口から血のようなものが流れ、叫び声が聞こえた。そして男は腹痛で倒れたという（『旅と伝説』三（三）、昭一四、四二）。③［鹿児島県龍郷町］昔、榊を折ってくるように言いつけられた継子が、榊の木がわからず折れなかったので説教されて自殺した。それがヤマワロになったという（『昔話—研究と資料—』一、昭四七、五九-六一）。（中野洋平）

さかさだけ【逆さ竹】

杖や矢、箸が根付いて成長したという伝説。枝葉が通常とは逆に下を向いている。竹だけではなく、杉や桜など様々な樹木の伝承が日本各地にある。また挿した人物も高名な武将や高僧など様々である。

⇩えちごななふしぎ、きのかいい、たけ

事例 ①［愛知県東栄町］故意に間違った道を教えられた座頭が頂上で息絶えてしまった。そのときついていた竹の杖に根がついたものが逆さ竹になったといわれている（『旅と伝説』三（七）、昭五、一〇六）。②［宮城県石巻市］北女川の村主、飯田能登の妻お節は、用人日塔喜右衛門と不義の仲となる。密会の現場を発見した能登を殺して、釜石へ逃走中、お節は持っていた竹の杖を突き刺し、のちに根を生じて逆竹となった（『宮城県史 二一』昭三一、二一九-二二〇）。（山田栄克）

さかさばしら【逆さ柱】

類 さかきばしら【逆木柱】、さかばしら【逆柱】 木造建築の俗信の一つであり、家の建築の際に木の上下が逆さまに建てられた柱を指す。逆さ柱がある家では家鳴りや震動が起き、または病人が出て家運が衰微するなどの不幸が続くという。長野県や岐阜県では逆さ柱は夜泣きをするという怪異も伝えられている。この俗信は日本のみならず中国にもある。他にも日光東照宮の陽明門は逆さ柱があることで有名であり、柱の模様が他と違い逆に巻いていることから逆さ柱だと分かる。しかしこれはわざと逆に建てることによる魔除けであり、逆さ柱の怪異とは異なる。

⇩きのかいい

事例 ①［東京都］家の柱の木が逆さまに使ってあると、その家は家鳴り震動がするという。また家運が衰微し、不幸が続くともいう（『民間伝承』三三（三）、昭四四、一七二）。②［岐阜県上宝村（現・高山市）］家の柱が逆柱だと、夜になると泣く（『民俗採訪』昭和三二年度号、昭三三、一一七）。③［宮城県南方村付近（現・登米市）］逆さ柱は祟る（『郷土研究』三（八）、大四、五〇－五一）。

（五十嵐大晃）

さかだちゆうれい【逆立ち幽霊】

類 さかさまのゆうれい【逆さまの幽霊】 逆立ちをした姿であらわれた幽霊。江戸時代の絵入本である草双紙や浮世絵に描かれる幽霊像は、基本的には手を前に垂らした足のない姿をしており、逆立ち姿ではない。

しかしながら、こうした現在にも通じる幽霊像に加え、服部幸雄は、近世に逆立ち姿で現れる幽霊像の系譜があることを指摘し「当時の人びとの常識の中に在ったのは確実」と述べている。逆さま姿の幽霊像は、近世の初期から中期においては、ごく一般的な事象であったという。

元禄期の歌舞伎で怨霊が演じられる際、女形は「軽業事」といわれる芸を行った。軽業事は宙返りなどを行う身体芸で、生身の人間と違った動きをすることで、女の一念を表出することに妙味があった。その中に、逆立ちする怨霊の姿もあり、狂言本『一心女雷師《いっしんおんななるがみ》』（元禄一二年〈一六九九〉上演）、絵入浄瑠璃本『けいせい反魂香』（近松門左衛門作）、加賀掾絵入浄瑠璃正本『他力本願記』（延宝七年〈一六七九〉）、説教節正本『念仏大道崙山上人之由来』（元禄六年〈一六九三〉）、狂言本『傾城蓮川《けいせいはちすがわ》』（元禄一二年〈一六九九〉）の挿絵にみられる。

怪談に、片仮名本『因果物語』（寛文元年〈一六六一〉）「下女死して、本妻を取り殺す事　付主人の子を取り殺す事」『諸国ゐんくわ物語』「妬て殺せし女主の女房をとり殺す事」『諸国百物語』「端井弥三郎、幽霊を舟渡しせし事」（延宝五年〈一六七七〉）があり、草双紙には、黒本『はんごんかう』、青本『思案閣女今川《しあんかくおんないまがわ》』（明和四年〈一七六七〉）青本『五衰殿熊野本地』（宝暦一一年〈一七六一〉）に描かれ、黄表紙『早野勘平若気誤《わかげのあやまり》』（寛政八年〈一七九六〉十返舎一九作）は忠臣蔵のパロディで定九郎が逆立ちする亡者の体。文化文政期以降も、歌舞伎「東海道四谷怪談」にてお岩が提灯から逆さまの姿で現れる演出がなされ、合巻『名残花四谷怪譚』（文政九年〈一八二六〉尾上梅幸作）、読本『浮牡丹全伝』（文化六年〈一八〇九〉山東京伝作、歌川豊国画）、錦絵「当吾の亡霊」「浅倉当吾の亡霊」（「東山桜荘子」嘉永四年〈一八五一〉歌川国芳画）「宗吾妻の霊」（「佐倉宗吾伝」明治二六年〈一八九三〉豊原国周画）、河鍋暁斎の「化物屋敷百物語」にも逆さまの亡者が描かれている。

⇩ゆうれい

事例 ①［不明］高遠家の腰元おみよは、放浪中の民弥を慕っていたが、お家横領の企みを知ったおみよは贋民弥に殺される。おみよは民弥の許嫁かつ姫の嫉妬の仕業と勘違いし、かつ姫、民弥の前に亡霊として現れる（近松門左衛門『けいせい壬生大念仏』元禄一五年）。②［不明］非道に亡くなった下女が、舟に逆さまにのり、本妻を殺しにいく。恨みをとげた下女は「真様（普通に立つこと）」になり、消え失せる（『片仮名本　因果物語』寛文一）。③［不明］庄屋の本妻が「丈なる髪をさばき、口より火焔を噴き出だし、逆さまになり、頭にて歩きける」姿となって現れ、妾を殺す（『諸国百物語』延宝五）。④［沖縄県］「逆立ち幽霊」というように、幽霊には名がつくことがある（『南島研究』三九、平一〇、一二）。（桑野あさひ）

［参考文献］服部幸雄『さかさまの幽霊』平一七、ちくま学芸文庫。「沖縄の妖怪変化」『南島研究』三九、平一〇。

さかなのかいい【魚の怪異】

魚の怪異は大きく四つに分けられる。

まずはヌシとしての魚である。大魚が池や沼、川のヌシとされる例は数多く、主にコイ・ウナギ・ナマズ・サケ・イワナなどがヌシとされ、英雄に退治される存在でもある。これらは巨大な体躯と霊威を備えた存在とされるが、一方でアメノウオが女に化けて人間を取って食った、イワナが僧に化けて毒もみ漁をする人間を諭したなど、ヌシとなった魚は人間に化けることもできると考えられていた。巨大な魚は船を沈める海の怪異としても出現した。また近世期にはたびたび異魚・大魚の目撃や捕獲が伝えられ、瓦版や見世物小屋を賑わせた。

二つ目は魚の変態（メタモルフォーゼ）の伝承である。山芋がウナギに変ずる、イワナやシシャモは木の葉が変じたものである、ボラが長じてトド・アザラシなどの海獣になるというような伝承は、本草学的な知識がその土台となっている。

三つ目は神威・霊威が魚をその現れとして使うもので、神域に棲む片目魚や、高僧が焼き魚を池に放したら甦ったというアブリ魚、氏子が特定の魚を神の眷族《けんぞく》として食べない俗信、寺社の池の魚を捕ると起こる祟り、などの伝承がある。また非業の死を遂げた人間の霊が魚や蟹、貝などの魚介に化したとする伝承も、浮かばれぬ魂の示現であると考えられる。

四つ目は人魚、もの言う魚の伝承がある。それらを背景として、神域の魚が予言をするという伝承なども存在する。前二者は魚の生態を説明する伝承、後二者は神霊の威力が魚を通じて示現する伝承といえる。

⇩オキナ、おとぼうなまず、かためうお、さけのおおすけ、さめ、どちゅうのうお、ぬし、ものいううお

事例 ①［愛知県南知多町］日間賀島の海に魚の主という大きな鯛がいて、泳ぐと海が盛り上がったという（『みなみ』七〇、平一二、一三二）。②［香川県］日本武尊《やまとたけるのみこと》が吉備の穴海で船を呑む大魚を退治した（『旅と伝説』一三（六）、昭一五、五七）。③［和歌山県上山路村（現・田辺市）］大きなアメノウオが美女に化け、男を水中に誘って食った（『土の鈴』一三、大一一、一）。④［石川県］

さ

海上で船が静止した。船頭は悪魚の背に乗った、たびたびあることだと語った（「閑度雑談」『続日本随筆大成　第一期六』二六六）。⑤［静岡県］駿府の浜に揚がった異魚は体は亀、頭は犬に似て、尾は三又に分かれ、二〇余人でやっと担いだ（「古老茶話」『日本随筆大成　第一期　一一』一一九）。⑥［不明］ボラは成長してトドやアザラシになる（「巷街贅説」『続日本随筆大成　別九』八二）。⑦［奈良県都祁村（現・奈良市）］子供が焼いていた魚を弘法大師が買い取り、深江川に放したら生き返った。以来この川の魚には焼け焦げの文様がある（『奈良県史　一三』昭六二、三七二）。⑧［東京都墨田区］新安楽寺の池の魚を捕った男が発熱して死に、手伝った男も発狂した（「新著聞集」『日本随筆大成　第二期五』三四六）。⑨［愛媛県内子町］おこんという女が男に捨てられて入水し、口髯八本で毒の棘のある赤褐色の小魚となった（『愛媛県史　民俗（下）』昭五九、五九二）。⑩［宮城県津山町（現・登米市）］横山不動池の魚王は正月一四日に一年の吉凶を告げたという（『宮城県史　二二』昭三一、二四三）。

（飯倉義之）

〔参考文献〕柳田國男「日本神話伝説集」『柳田國男全集　四』。後藤明『物言う魚たち』平一三、小学館。

さかのうえのたむらまろ【坂上田村麻呂】

㊫**たむらとしひとしょうぐん【田村利仁将軍】**　平安時代初期、蝦夷征伐で活躍し実在した武将。東北、関東を中心として東征の途上、各地で人々を苦しめる悪鬼、鬼神、悪竜を退治し、英雄として伝説化された人物。藤原利仁の伝承と融合して田村利仁将軍とも呼ばれる。

田村麻呂が鬼神等の退治を祈願、鎮魂したという延暦、大同年間創建の社寺は、東北地方を中心に数多く残され、関東地方にも見られる。田村麻呂に退治された悪鬼、鬼神、悪竜は、青森県では、蝦夷舘の赤治鬼、岩手県では、達谷窟の悪路王、赤頭、高丸、秋田県では、切畑山の悪路王、大石嶽の大石丸、米木山の大滝丸、宮城県では、篦岳の大竹丸、福島県では大滝根山西麓の鬼穴（鍾乳洞）に住む大滝丸などがいる。東北以外では、長野県では安曇野の八面大王を退治し、埼玉県東松山の岩殿山では、悪竜退治をしている。岩殿山の悪竜退治では、六月一日に大雪にあい、難儀していた田村麻呂らに土地の人々が小麦殻を燃やして体を暖めた。それ以来、この周辺の地域では、六月一日には、小麦殻を燃やして尻をあぶる「ケツアブリ」という行事を毎年行う。この悪竜退治と尻焙りは、「岩殿山正法寺縁由」「岩殿山千手観世音菩薩来由略記」等にも記されている。

田村麻呂の伝説は、多くの寺社の縁起と関わり、宗教者の活動、唱導によって展開したことや、東北地方では、田村麻呂（中央）に敗れ去った者たち（辺境）への鎮魂を背景としていることが指摘されている。東北地方の田村麻呂の伝承には、「田村三代記」など奥浄瑠璃を語ったボサマとよばれる盲僧の活動も関わっていた。

⇩あくろおう、しょうぐんづか、はちめんだいおう

事例　①［青森県青森市］蝦夷舘に籠る赤

治鬼を退治しに来た田村麻呂は、一策を案じて人形を拵えて囃し立て、見物に出て来た鬼たちを捕らえた。これ以来、ネプタがはじまった（『旅と伝説』三（一一）、昭五、五九―六〇）。② [岩手県江刺郡（現・奥州市、北上市）] 延暦年中、田村麻呂は達谷窟に悪路王赤頭を討ったが、その子人首丸がここに逃れた。田村麻呂は、これを追い山の東麓に陣を設け、夷敵降伏の祈願をしてからこれを誅した。それからこの山に愛宕神社を創建した（『江刺郡志』大一四、二九四―二九五）。③ [秋田県湯沢市] 相川の東鳥海山に坂上田村麻呂に討たれた蝦夷の首長、悪路王の腕を埋めた鬼子骨塚がある。この時植えた一株の山椿が今も咲くという（『羽後の伝説』昭五一、七二）。④ [宮城県鳴子町（現・大崎市）] 坂上田村麻呂が、蝦夷の頭目大武麻呂を捕らえて篦岳山で首を斬った。首は泣きながら西の空へ飛び、落ちた所から湯が吹き上がった。よってここを鬼首と称し、湯を吹上と呼ぶ（『宮城県史　二一』昭三一、二四八）。⑤ [埼玉県坂戸市] 旧六月一日は尻焙りといって、門口でコムギピール（小麦殻）を燃やして尻をあぶった。そうすると疫病にかからないという。昔、坂上田村麻呂が岩殿山へ大蛇征伐に行った。そのとき雪が降り、動けなくなった大蛇を無事しとめた。その労をねぎらい将軍に暖をとってもらうためのものだという（『坂戸市史　民俗史料編一』昭六〇、五三四―五三五）。

（小堀光夫）

[参考文献] 根岸英之「福島県大滝根山西麓の田村麻呂伝承―近世と現代のテキストにみる敗者たち―」『説話・伝承学』一、平成五。『日本伝説大系　二』昭六〇、みずうみ書房。

さがりっくび【下がり首】

道端の古い榎の木から馬の首がぶら下がるという怪異。また、そうした怪奇がおこった場所を「サガリ」という。子どもたちの肝試しの場所として使った地域もあった。

事例 ① [岡山県邑久郡（現・瀬戸内市）] 道の傍の古い榎の木から馬の首がぶら下がる（『民間伝承』四（二）昭一三、一二）。② [長野県高森町] 暗闇に上から生首が下がって来たが、腹を据えて煙草を吸うと化け物の方が逃げ去った（『長野県史　民俗編二（三）』平一、六一六―六一七）。

（熊倉史子）

さくがみ【作神】

㊮つくりがみ【作り神】、のうがみ【農神】

稲作の神。地方によって様々に信仰されるが、普遍的には稲作作業の開始する春に家や山から田へ降り、秋に帰るとされる去来神的な性格を持つ。また、播種、田植え、稲刈りなど農作業の節目ごとに来臨するとも考えられている。作神の信仰は年中行事にも見られ、特に正月に祀る風習や不具の神であるという信仰の共通性から年神と同一神として扱う地域もある。

⇩いのこ、えびす、こうじん、じじん、だいこくさま、たのかみ、としがみ、のがみ

事例 [新潟県東蒲原郡] 春は作の神が家から田へ、秋の社日は田から家へのぼる日といい、春は赤飯、秋は稲束を飾る。白飯、人参、芋などを供えて豊作の感謝を述べる（『新潟県史　資料編二二』昭五七、六九四）。

サクソモアイェプ

アイヌに伝わる、毒を発する大蛇。「夏に言わないもの」という意味。暑くなると自由に動けるようになって力を発揮するため、夏には呼んではいけないという。逆に寒さには弱い。激しい臭気を発しており、その毒気に当たったという話が多い。頭と尻の方が細く、腹は太くて翼が生え、全身は黒味を帯び、目と口のまわりが赤く、鼻先のみが尖っている（鵡川）とも言う。

⇩アペサマタソモアイェプ、オヤウ、だいじゃ

事例 ①［北海道鵡川町（現・むかわ町）］昔は鵡川の沼に住んでおり、その悪臭で周囲は草も木も枯れていた。人間が風下を通ると毒気で身体が腫れ上り、腫れがひけると髪が抜け落ちる有様だった。雪の上を通った跡を歩くだけでも毒気にやられたという（『アイヌ伝説集』昭五六、五七―五八）。②［北海道幌去村（現・平取町）］ポロシリ山の沼にいるという。非常に臭気が強い化け物で、その匂いに当たった男は全身が腫れて動けなくなった。彼を連れ帰って神に祈ると、やっと治った（『人類学雑誌』二九（一〇）、大三、四〇四）。

（遠藤志保）

さくら【桜】

桜の怪異や伝承については、杖立伝説のほか、殉死者や非業の死をとげた者を埋葬した跡に桜がなったというように、他の樹木と異なり、死や死体が関係する場合が多い。また天狗巣病に罹った桜を天狗や神の宿り木とみなす場合もある。

⇩きのかいい

事例 ①［長野県喬木村］城跡には何人かの武士が生き埋めにされ、その供養のために塚を作り桜を植えていた。後に、桜に傷が付くと血が流れ出たという。塚が崩され田が作られると、田を作った家では病人が絶えなくなり、凶事が続いた。行者に拝んでもらうと死人の祟りだという（『長野県史 民俗編二（三）』平一、六五一）。②［福島県いわき市］平絹谷の青滝の堤に大蛇がすみ、用水を止めてしまったので、ある若者がこれを切り殺し、死骸を池畔に埋めた。ここにある桜の木はどこを切っても血のようなものが吹き出るので血桜という（『福島県史 二四』昭四二、五四九）。③［高知県仁淀川町］山桜の枝が箒状に生えているのを箒桜と呼び、山の神の性根の入った木として伐採しない（『民間伝承』八四、昭一七、四二）。

（中野洋平）

さくらそうごろう【佐倉惣五郎、佐倉宗五郎】

（類）きうちそうご【木内宗吾】、そうごろう【宗五郎】 江戸時代の義民。無実の罪により処刑され、祟りを起こすと考えられた伝説的な人物。下総佐倉城主堀田《ほった》正信《まさのぶ》が万治三年（一六六〇）改易になった時期、当時の領内公津台方村《こうづだいかたむら》（現・千葉県成田市）に惣五郎という富裕な農民がいたことは確かめられている。藩主堀田氏の苛政を将軍へ直訴した咎で、妻子もとろも処刑され、怨霊化したとされるが、史実に乏しく詳細は不明である。堀田正亮《まさすけ》は、将門山の口の明神に惣五郎をまつり、宝暦二年（一七五二）

に百回忌法会を行い、以後も盛大な祭典を行った。後の堀田氏も惣五郎を崇敬した。また、惣五郎の物語は『地蔵堂通夜物語』などに書き残された。『地蔵堂通夜物語』は、下総国印旛郡大佐倉村（現・千葉県佐倉市）の勝胤寺《しょういんじ》にあった地蔵堂を舞台に、庵主あるいは惣五郎夫婦の亡霊が、修行者に惣五郎の物語を語る形式である。夫婦は一命を捨てる覚悟をしていたが、幼い子どもまでが捕らえられ、目の前で殺害されるのを見て、不正をはたらく役人と堀田氏に祟ることを宣言して刑死する。夫婦の怨念は殿中に現れて家臣を脅し、懐妊した奥方を殺し、正信を発狂させて改易に追い込んだ。

かくの如き物語は、講釈や歌舞伎などの芸能を通じて、多くの人々の知るところとなった。歌舞伎の場合は、嘉永四年（一八五一）には、『東山桜荘子《ひがしやまさくらそうし》』（三代目瀬川如皐《せがわじょこう》作）として舞台化されたのが大評判となり、以後異なる外題でも上演された。義民としての惣五郎は、農民一揆の際の農民の心の支えとなるとともに、自由民権運動の先駆者として賞賛された。惣五郎を葬ったという千葉県成田市の宗吾霊堂の他、彼をまつる霊堂や神社は全国二〇カ所以上に及ぶ。怨霊としての惣五郎の特徴は、怒りの力の強さにある。惣五郎信仰の根底には、非業の死を遂げた者は祟るとする御霊信仰と、将門信仰を認めることができよう。

⇩ごりょう、たいらのまさかど、たたり、ゆうれい

事例 ［三重県伊勢度会地方］作倉宗五郎の芝居をすると祟る（『民間伝承』三六（三）、昭四七、一九三）。

（横山泰子）

〔参考文献〕鏑木行廣『作倉惣五郎と宗吾信仰』平一〇、崑書房出版。

「東山桜荘子」（早稲田大学演劇博物館蔵）
資料番号401-0019

さけ【鮭】

鮭は神への生贄でもあった。漁民は鮭を手厚く供養し、また多くの儀礼に用いてきた。新潟県北部から秋田県南部の日本海側沿岸には、卒塔婆上に角柱を立てた、鮭の供養塔が多くある。卒塔婆上に角柱を立て、人間の墓と同様のつくりをしている。

東北地方には、旧暦の一一月一五日、もしくは一二月二〇日の恵比須講の晩に、大勢の子分を引き連れた鮭の王が、「サケの大助いま上る」と大声を上げて川を上る、この声を聞いた者は死ぬと言われる伝承がある。

⇩さかなのかいい、さけのおおすけ

事例 ①［茨城県町田町（現・常陸太田市）］山田川に上がってくる鮭は、金砂様のお使いの鮭だといい、片目で見ないと目が潰れる、という（『町田の民俗』昭六三、一一六）。②［新潟県］鮭が片目になったのは、網を避けて川を上っていると柚子のトゲで片目を突いたからである。川漁業者は柚子を食べないが、神への生贄でもあるという（『高

志路』三二〇、平八、二五)。（森本恵一朗）

さけのおおすけ【鮭の大助】

類おおすけこすけ【大助小助】　東北地方では一一月から一二月にかけての特定の日(旧一〇月二〇日と旧一一月一五日が多い)に、鮭の大助が「鮭の大助、今上るー」と言いながら川を遡上するという。その声を聞いたら死ぬとか大きな災難にあうといわれている。そのために人々はこの日に恐ろしい声を聞かないように鮭漁に出ないで、酒を飲んで大騒ぎをしたり、耳ふたぎ餅を搗いたりする。

「鮭の大助」は、岩手・秋田・山形・新潟の各県に伝承されているが、中でも山形県北部の最上・庄内地方の最上川及びその支流に色濃く伝わっている。山形県最上郡や岩手県宮古市には、人が大鷲にさらわれ遠方に運ばれてしまったが、鮭の大助の背に乗せてもらって故郷に帰ってきたという複雑化した「鮭の大助」もある。

「鮭の大助、今上るー」は、鮭が孵化《ふか》して数年後に産卵のために故郷の川を遡上する習性からきているのであろうが、「鮭の大助、今下るぞい」と川下りの大助の話もある。これは神が出雲の国へ行くためという。山形県最上郡真室川町安楽城《あらき》の大日堂へは、旧一〇月一五日に背中に十字のある注連《しめ》掛《か》け鮭を供えるという。尾花沢市の御所神社でも注連掛け鮭を供えたそうだ。鮭を食べない家や村もあり、このように鮭を特別な魚とする東北の民俗と深く関わって「鮭の大助」の怪異は成立、伝承してきたと考えられる。

⇩さかなのかいい、さけ

事例　①［秋田県東成瀬村］ある人が肴沢《さかなざわ》で鮭の大スケを釣りあげたことがあった。戸板にのせて運んだが戸板にあまる程の大きさで、淵の主であろうといわれた。この鮭の大スケを釣りあげた人は不治の病にかかって死んだ。人びとはたたりであろうとおそれて、水神様のお堂を建て、その床下に、釣りあげた時に使った釣針を埋めたという(『羽後の伝説』昭五一、七七)。②［岩手県花輪村(現・宮古市)］竹駒の美しい娘が大鷲にさらわれ、有住村の角枯し淵に落とされた。淵の中から老翁が出てきて、娘を背に乗せると家に送り届けてくれた。老翁は鮭の大助であった。後に娘と結婚し夫婦となった。その子孫は鮭を食わないという(『聴耳草紙』『佐々木喜善全集一』昭六一、五〇二)。③［山形県最上町］漁師の簗《やな》掛け八右衛門の牛が大鷲にさらわれた。八右衛門は大鷲を捕まえようと待っていると大鷲にさらわれ、佐渡ヶ島に連れて行かれる。八右衛門は大鷲を殺すが、家に帰れない。魚があらわれ、親方の大助が最上川を遡るから頼めという。今後魚捕りをしないと約束し、一〇月二〇日のえびす講の日に大助の背に乗って小国まで連れて行ってもらう。大助は「鮭の大助、今、のぼる」と叫びながらやってくる。この声を聞くと不吉なことが起こるといわれていたから、村人は餅搗きをして騒いでいた(『羽前小国昔話集』昭四九、二五三)。④［山形県新庄市］旧一一月一五日の晩は「鮭の大助」という鮭の王様が「鮭の大助、今通る」と大声で叫びながら川を登って行く。この声聞くと三日のうちに死ぬ(『新庄のむかしばなし』昭四六、六五五）。

〔参考文献〕野村純一『昔話伝承の研究（上）』平二二、清文堂。　（大島廣志）

さけびごえ【叫び声】

⇩こえのかいい

ささやきばし【耳語橋、細語橋】

夜、人のささやき声が聞こえる橋。橋は異界との境界とされ、橋を行きかう人の話声で占いをする「橋占」もあるように、橋で耳にする声は異界や妖怪からの通信だと信じられていた。福島県福島市のささやき橋には、橋にされた樹木の精がささやくのだと伝えられている。

⇩こえのかいい

事例〔福島県福島市〕夜中になると、橋の上でささやく声がする。行ってみると誰もいない。よって、ささやき橋といわれる。この橋をかける際、大きな杉の木を伐った。しかし一夜で切り口が塞がってしまう。やっとのことで切り倒して運ぼうとしても動かない。陰陽師に占わせると、大杉の精霊が武士の姿になって、笹木野の里に住む長者の娘のもとに通っていたとわかった。木の精と通じた婦人を連れてきて、木に別れをささやかせると動いたという（『福島県史　二四民俗二』昭四二、五四六-五四七）。（森本恵一朗）

ざしきわらし【座敷童、座敷童子】

㊧ざしきおぼこ【座敷おぼこ】、ざしきぼうず【座敷坊主】、ざしきぼっこ【座敷ぼっこ】

童子の姿をしたもので、座敷にいて、悪ふざけをしたり富をもたらしたりする。主として東北地方の北上山地で報告されている。特に、柳田國男の『遠野物語』にとりあげられたことで、一躍広められることになった。

『遠野物語』の題目では、「ザシキワラシ」は、「妖怪」ではなく、オクナイサマやオシラサマと共に「家の神」として一七話と一八話に載せられている。物語の一七話は、土渕《つちぶち》村飯豊《いいとよ》の今渕家と、土渕村山口の佐々木家のザシキワラシを採りあげているが、「この神の宿りたまふ家は富貴自在なり」とあり、「神」と記されている。佐々木家とは、『遠野物語』の話し手である佐々木喜善《きぜん》の家であり、特にこの家のザシキワラシは「鼻を鳴らす音」を立てたという。「鼻を鳴らす音」とは、鼻水をすすり上げる音だと理解すれば、これは昔話の「鼻たれ小僧様」と同様に、その家を富貴にする神様であったことがわかる。

しかし、この「家の神」としてのザシキワラシは、柳田國男が『妖怪談義』を発刊するときに「妖怪」の中に組み入れてしまった。柳田は「妖怪」を神々の零落した姿と捉えていたからである。

もう一つの『遠野物語』の一八話は、土渕村山口の旧家、山口孫左衛門家のザシキワラシの話である。山口家には「童女の神」がいるということが言い伝えられていたが、あるとき村の者が「留場の橋」のほとりで、山口家から来たという二人の女の子に出会う。村人が「どこへ行くのか?」とたずねたところ、ある遠くの村の豪農のところへと答えたという。そのときから山口家の没落が始まったというが、『遠野物語』

ではこの一八話の後、二一話まで山口家の衰退の話を載せている。ザシキワラシは、家で音はしても見えない存在、あるいは家の者だけが見えるような存在であったはずだが、家の外で、しかも他人によって見られるという出来事は、その家の守り神ではなくなったことを劇的に象徴している。ザシキワラシと出会ったという〈橋〉という場所も象徴的である。橋は川を隔てたムラとムラとの境界でもあったことが多く、まさしく「移り動く」ということを象徴している。

一方で、ザシキワラシが見えたことに、ことさらに家の没落と結びつけない語りかたもある。それが、『妖怪談義』の中に組み入れられた、佐々木喜善の執筆したザシキワラシである。『妖怪談義』のザシキワラシは、遠野の土淵小学校に現れたザシキワラシであり、尋常一年生にしか見えなかったという。また、遠野小学校でもザシキワラシが目撃されている。このような、家の没落と関わりをもたないザシキワラシであったからこそ、「家の神」ではなく、「妖怪」の一つとして、この書の中に組み入れられたものと思われる。こちらは、「家の神」としてのザシキワラシとは別な性格をもっているようにも考えられるが、ザシキワラシのザシキという意味を考えると、共通するものが見えてくる。

ザシキワラシは学校だけでなく、村の役場をしている家にも出現した。佐々木喜善の『奥州のザシキワラシの話』には、遠野の青笹村の某家は村の役場をしていたが、糸車をくるくる回すザシキワラシの手だけが見えた。村役場でもあったために目撃者が多く、見物客も出る始末だったという。学校も役場も公的な空間であるが、実は民家の奥座敷も、家の中では最も公的なときにだけ使用するハレの日の空間であった。たとえば、婚礼とか葬儀などの人を集めるとき以外には開けない部屋であって、通常は薄暗い部屋であった。あるいは賓客などを泊める部屋でもあった。ザシキワラシはこの奥座敷に居るという言い伝えが非常に多く、ザシキワラシのザシキとは、この奥座敷のことを指している。つまり、ザシキワラシも迎えられる客神であり、通常は閉ざされていて見えない部屋に、重要なものをしまっておくという、一種の家の神やタカラモノに近い存在であった。ただし、ザシキワラシは客神なるがゆえに、気分をそこなえば、あるいはその家が衰退に向かおうとすれば、いち早く去っていく存在でもあった。ザシキワラシは、家の者の力によってはどうにもならない、少し距離をもった、自由な意思をもって主体的に行動する「家の神」であったと思われる。それは同時に、ザシキワラシのワラシが児童のことであり、大人から見て子どもの世界は何か違和感を覚え、結局は差配することができない感覚と同様のものであった。このザシキワラシに対しては、ネフスキイの「ワカバ（水子）の祟り」説や、小野文真の小動物の「齧歯類」説など、多種多様の「解釈」が出されている。

⇨あかしゃぐま、おくらぼうず、おねき、くらわらし、さる

事例 ①［岩手県遠野市］「遠野町の小学校は、鍋倉山の云ふ昔の城跡の麓に在って、

是は城の御倉の建物を其侭使用してをった時分の話である。二十四、五年も前のことであろうか。毎晩九時頃となると、一人の白い着物を着た六、七歳の童子が、玄関から入って来て教室の方へゆき、机椅子などの間を潜って楽しそうに遊んでをる。かぶきれ頭であったと云へば、多分ザシキワラシであったろうと思ふ。いつか友人の伊藤といふ人から聞いたことがあった」（『奥州のザシキワラシの話』大九、二四―二五）。②［宮城県佐沼町（現・登米市）］「千枝家にては、陰気な夜などに、奥座敷から勝手の方へ、十歳位のワラシが、しおらしい姿をして、ひどく震えて歩いて行くのを見ることがある。一寸見ると直ぐ消える。それは若葉の魂だと言っている。若葉の魂のことをば、方言でウスゴロと言う。つまり臼の下に敷いて圧死させた嬰児という意味かもしれぬ」（『東北文化研究』一（三）、昭四、七四）。③［岩手県紫波町］大正七年の秋、村の駐在所の巡査小向定夫と小学校教員堀切一三の二人が、評判の「座敷わらす」の正体解明にと、意気ごんで来たのだったが、何もなかったので「我々の威勢に驚いて座敷わらすが出ないのだ」、と言って、夕食を御馳走になろうとしたそのとき、上からお茶ガラの入った「急須」が飛んで来て、煮ていたおみおつけの鍋に入り、折角ご馳走しようとしたものが、喰えなくなり、気味悪くなった二人は、こそこそと帰って行った（藤原正造『私達の郷土』平二、二一四―二一七）。

（川島秀一）

〔参考文献〕柳田國男『遠野物語』明四三、聚精堂。佐々木喜善『奥州のザシキワラシの話』大九、玄文社。柳田國男『妖怪談義』昭三一、修道社。

さすがみ【サス神】

便所の神。

⇨べんじょのかいい

さそいがみ【誘い神】

（類）くびつりがみさん【クビツリ神さん】 誘い神に憑かれるとどんな人でも長生きできない。川に行けば川に入って死にたくなり、良い枝ぶりの木があれば首を括って死にたくなる。また、当人にしか見えない人が、楽しそうに首を吊る真似をしているのを見ているうちに、つられて首を吊ってしまう。これをクビツリ神サンにさそわれるという。

事例 ①［長野県上伊那郡］昔、ある家で急病人が出た。早速お医者様を頼みに行ったが、その帰りに、自分が首を縊って死んでしまった。村の人は、誘いの神に憑かれたのだと言った（『郷土』一（二）、昭六、一三五）。②［香川県］「当人にしか見えないが、普通の人と同じかっこうで、木の枝に縄をかけて輪をこしらえ、そこへ首を入れてはこっちを向いてにこっと笑う。何度もそれを繰りかえしているのを見るうち、そなに楽しいならおらも、といって我も首を吊ってしまうのだといっている」（『四国民俗』一五、昭六〇、三一）。

（高橋奈津子）

さっちゃん

昭和三四年にNHKラジオ「うたのおばさん」で発表された童謡の歌詞から広まった都市伝説。「さっちゃんがバナナを半分しか食べられないのは小さいから」ではなく、交通事故にあったから全部食べることができなかったという。そのため、さっちゃんは死霊となってさまよっている。夜になるとでてきて寝ている人の手首・足首を切り取ったり、三番まで歌い終わった者を未知の世界に連れ去ったりすると恐れられている。バナナ、またはバナナの絵を枕元において寝るとさっちゃんの死霊は逃げていくので助かるといわれている。

⇩かしまれいこ、がっこうのかいだん

事例 ［不明］さっちゃんの話をしていると先生がきて「しずかに」といった。その夜クラスの子はみんな枕元にバナナの絵を置いて寝たが、話をした女の子は忘れてしまった。さっちゃんに手と足首を切られそうになったが、母親が机にバナナを置いていたので助かる。次の朝、担任の先生が手首・足首を切られて殺されてしまったと聞かされた（『不思議な世界を考える会会報』五八、平一一、三八）。

（杉本栄子）

さとり【悟り】

㊮おもい【思い】 山中に住み、人の心中のすべてを悟るという妖怪。風体などは山男や老人などである。人の考えをすべてを言い当て、おびえさせた後食べようとする。その時偶然に囲炉裏の木片がはねるなどしてサトリに当たると、「人間は思いもよらぬことをする。おっかない。」と言い、逃げる。また黄金の弾丸を見ると逃げるともいう。逃げるとき、自分を見たことは言うな、と告げて去る。現代では小松左京が「さとるの化物」という作品でサトリを超能力者と解釈して描いた。

⇩あまのじゃく、やまおとこ、やまちち

事例 ①［愛知県北設楽郡］サトリ男は杣が働く傍らに来て思うことを悟る。杣が木作りをしていて木片がはね飛ぶことに驚き、人間は悟りきれぬことをするといって逃げ去るなどという（『民族』三（一）、昭二、一四三）。②［山梨県精進村（現・富士河口湖町）］樵夫が木を切っていると、現れ思うことを言い当てた。男は仕事を続けると、おもいは食おうと近づいた。鉞《まさかり》が木の瘤に当ると、砕けて魔物の目にぶつかりつぶした。魔物は「思うことよりも思わぬことのほうが怖い」と言って逃げた（『甲斐路』一四、昭四八、三九）。

（玉水洋匡）

さぶとのむじな【寒戸の狢】

㊮さぶとさん【寒戸さん】、さぶとだいみょうじん【寒戸大明神】 佐渡島に住む狢。大杉神社の杉の根本の岩穴に住みついており、その岩穴から吹き上げて来る冷風にちなんでその場所は寒戸と呼ばれている。非常に力のある狢とされ、同所に祀られている。他の多くの狢と同様、佐渡の有力な狢たちとの間に縁戚関係があるとされる。

⇩なのあるむじな

事例 ①［新潟県相川町（現・佐渡市）］寒戸のムジナ神の長女は北鵜島の湯の花の二男に嫁いだが、その夜は前もって知らされており、真更川のはずれの方に二列の提灯行列が見えた。電話で確認したところ、その行列は北鵜島まで続いていた（『新潟県史 資料編二三』昭五九、七二九）。②［新潟県相川町（現・佐渡市）］関の寒戸のもとには二つ岩の団三郎の長女がとついできたという（『西郊民俗』八〇、昭五二、一二）。

（及川祥平）

さ

さむとのばば【寒戸の婆】

『遠野物語』に岩手県松崎村の寒戸で神隠しに遭った娘の話があり、後に年老いて帰ってきた彼女のことをサムトの婆と称している。一方、『遠野物語』以前に執筆された佐々木喜善の小説『館の家』では、サムトの婆は山から下りてきて子どもを襲うと説明される。ここでのサムトの婆は、座敷童やモッコと並んで恐ろしい化け物と見なされている。東北地方の家屋にある二重になった戸の外側を寒戸ということから、座敷童と対応させたものが寒戸の婆であるともいわれる。

⇩ざしきわらし、もんすけばばあ、やまひと

事例 ［岩手県遠野市］行方不明になった娘が三〇余年の後、年老いた姿で戻ってきた。人々に会いたかったと告げた彼女は、再び姿を消した。その日は風が激しく吹く日だったので、遠野では今でも風の騒がしい日にはサムトの婆が帰ってきそうな日だという（『遠野物語』『定本柳田國男集 四』一四）。

（中村祥子）

〔参考文献〕岩本由輝「サムトの婆と佐々木喜善」『東北民俗』三〇、平一八。

さめ【鮫】

㊫えびすざめ【恵比須鮫】、ふか【鱶】 どう猛な肉食魚として恐れられる反面、魚群を追う習性が豊漁につながるために「ヱビス」として祀られたり、神仏が鮫に化して転覆した船や遭難者を助けたりしたという伝承も多くある。また、好奇心の強い習性から人間の衣類や漁具に関連する俗信も多く、これを与えている隙に鮫の難を逃れたという説話も多い。

⇩えびす、かげわに、さかなのかいい、しちほんざめ、わに

事例 ①［福島県錦村（現・いわき市）］相馬候が江戸からの帰途、海浜で大鮫を射た。大鮫は手負いながらも川を遡って相馬候の渡河の瞬間を狙い、二度までも襲ってきた。候を救った馬が力尽きて死んでしまった（『郷土研究』九（六）、昭和八、四〇）。②［静岡県河津町］大鱶が舵に噛み付いて船が動かない。乗り合わせた番頭を見ると鱶が悦ぶので、船頭は番頭の着物を与えてその隙に逃げるが、後日番頭はその折の手の傷が元で死んでしまう（『西郊民俗』九四、昭五六、二〇）。

（広川英一郎）

さらやしき【皿屋敷】

㊫さらかぞえ【皿数え】 武家の女中が、家宝の十枚揃いの皿を一枚割って殺され、井戸に投げ込まれる。それ以降、井戸から皿を数える女の幽霊が現れ、やがて武家が断絶するという話。江戸期以来、浄瑠璃などの文芸や、播州、番町をはじめ各地に伝わる伝承で語り継がれてきた（伊藤篤『日本の皿屋敷伝説』出版年）。女中の名前は色々だが「お菊」が多い。また投げ込まれる場所も井戸のほかに滝、池などがある。上州（群馬県）の小幡氏が祀っていた祟り神「お菊」の伝承に、皿を割るという別系統の伝承が混ざって成立したものと考えられる。皿屋敷は人の住まない「更屋敷」が語源とも言う。

⇩いどのかいい、おきく、おきくむし、

くまいむしろ

事例 ［不明］武家の下女が十枚揃いの皿の一枚を井戸に落として殺されて以来、井戸端で皿を数える女の声が聞こえるようになったという話は有名である。こうした話は江戸牛込御門のほか、雲集松江、播州にも伝わる。いずれが本来の説なのであろうか（『諸国里人談』『日本随筆大成　第二期二四』四五五）。（今井秀和）

さる【猿】

㊫あにき【兄貴】、だんな【旦那】、やまのあにい【山の兄】、わかしゅ【若衆】　猿は人間に類似する点が多く、それゆえに他の動物とは異なる扱いをされることが多い。サルという呼称を避けて、ヤマノアニイ、アニキ、ダンナ、ワカシュなどと呼ぶのはその現れだろう。猿を神とみる猿神信仰は平安期の『今昔物語集』から見られる。人間を凌駕する強い力をもって脅かし、そして人間の娘を生贄として要求する。また、これより力は弱いが、農夫の仕事を助けた礼にその娘を嫁にしようとする昔話「猿聟入」も広く伝承されている。どちらも救出されるが、その際、猟師が直接、間接に関わってくる。また庚申信仰や山王信仰とも結びついてきた。厩猿《うまやざる》信仰といって牛馬の安全や健康を守るために猿を祀る習俗もみられる。厩につながれた猿の絵が古くからあり、室町末頃の物語絵巻『藤袋草子』には捕らえた猿が厩の番になって人間に仕えている。実際の民俗としては猿の頭蓋骨や手の骨を祀ることになっている。

狩猟対象としての猿は肉が食されるほか、胆や脳が薬用にされた。しかし祟りが説かれることも多い。とくに群れから離れた一人猿や孕んだ猿を撃ち殺すと、その妻の出産した子が猿もしくは猿のような異形の子であったといい、また一人息子が突然立てない体になったともいう。山女郎が生まれたという事例もある。このように、猿は祟りをなすこともあれば、一方で助けてやると、その恩に報いることも多かったようだ。ともあれ、猿を撃つのを嫌うのは信仰的理由からではなく、その死に際の様子が人間に似ていることから来る不快感に由来するようである。

特殊な能力としては人間に化けることもしばしばあった。なお、河童やザシキワラシもまた、地域によっては猿と近しい性格を持っている。馬を引く姿や相撲を取る説話が共通してあることや、河童をエンコウ（猿猴）と呼ぶのはその現れだろう。また六〇歳を過ぎて山に捨てた老人が猿になるとも言われる。

⇨えんこう、かっぱ、ざしきわらし、しろさる、ひひ、ふちざる

事例 ①［岐阜県荘川村（現・高山市）］昔、祭の日の夜更けに神殿の境内の宝庫で大猿に娘を生贄に出すことになっていた。その娘の婿となった僧が生け捕りにして殺そうとしたが、しきりに泣き叫び、情を乞うのであわれになり、山に放してやった。この僧はながく村に滞在し、その子孫が栄えたという（『美濃民俗』一〇一、昭五〇、六）。②［埼玉県毛呂山町］猿は山の神だから、申の日には山仕事に出掛けない。申の日に山へ行くと多く過ちがある（『西郊民俗』一八、昭三六、一二）。③［岐阜県山岡町（現・恵那市）］

昔は猿が沢山いた。猿の祟りというのがある。猿が足を叩いて「あの家燃えろ、あの家燃えろ」というとその家は火事になる（『中京民俗』一六、昭五四、二三）。④［秋田県角館地方（現・仙北市）］若い狩人（マタギ）が生け捕った猿を逃がしてやった。すると、猿は大勢の仲間と共に苺や栗をお礼に持ってきた（『旅と伝説』一六一、昭一六、五四）。⑤［高知県国府村（現・南国市）］淵猿とは河童のことで水中にすむ。胡瓜を好み、人の肛（イド）を抜く。それでお守りに鹿角の一片を身につけておく（『民間伝承』一二、昭一一、七）。⑥［岩手県岩手町］老人が六〇になると、山へ捨てに行くという風習が前にはあって、それが猿になるのだということを昔はよくいった（『民俗採訪』昭三二年度号、昭三三、三七）。

（伊藤慎吾）

さるたひこ【猿田彦】

記紀神話に登場する神で、邇邇芸命《ににぎのみこと》が天孫降臨した際に、神々を先導した。女神である天鈿女命《あめのうずめのみこと》と対になる。鼻が高く、眼光が鋭いものとされている。各地において祀られる場合には多様な性格を見せており、伊勢の猿田彦神社など神社の祭神として祀る事例をはじめとして、地神として祀られる地域、庚申信仰の祭神とされる地域、境界神的な性格をもつものとして道祖神と習合している地域などがある。祭礼の神輿渡御において猿田彦が先導することもある。

⇨じじん、こうしん、どうそじん

事例 ①［島根県知夫村］猿田彦は庚申の夜に、人の寝ている間に天に上り、人民の善悪を天に告げ、鶏が鳴くと下ってくる（『庚申』三六、昭三九、一-五）。②［三重県伊勢市］猿田彦神社ではサルタヒコさんは地神として祀られている。神社の砂を自家の土に混ぜることで浄められ、船に乗せることで海難に遭わない。開発、開拓指導の神ともされている（『伝承文学研究』二八、昭五八、七八-八八）。

（塚原伸治）

さんき【山祇、山鬼】

中国河北省の安国県（現・安国市）に伝わる妖怪。人のような形をしているが、片足で長さが一尺程しかないという。杣人《そまびと》から盗んだ塩で石蟹をあぶったものを好んで食べるという。また、鳥山石燕の『今昔画図続百鬼』にも、山精の名で登場している。相州の大山や上州の妙義山などの神社では、山祇が祀られているというが、これは天狗であろうといわれている。

⇨さんしょう、てんぐ、やまおとこ、やまひと

事例 ①［不明］永嘉記によれば、山鬼は人のような形をしており、片足で長さがわずかに一尺程である。好んで杣人の塩を盗み、石蟹をあぶって食べるという。人が山鬼を犯すと、病気を流行させ、人家を焼くといわれている（「斉諧俗談」『日本随筆大成　第一期一九』三六一）。②［不明］その昔は邪法の陀祇尼《だきに》を祀っていた社もあり、相州の大山や上州の妙義山などでは山祇を祀っていたというが、これはきっと天狗なのであろう（「塩尻拾遺」『日本随筆大成　第三期一八』二二八-二二九）。

（岡田浩司）

さんきちぎつね【三吉狐】

霞ヶ浦周辺で伝承される化け狐。雄の狐

である。雌狐と一緒にあらわれることがある。人を騙すが、殺したり、死ぬような目にあわせることはないという。

⇩なのあるきつね

事例 ［茨城県土浦市］豪胆な人が夜中に三吉狐の棲家を通ると、石段の上から女が何かを舐めながら髪を振り乱して降りてきた。狐かと思い身構えると、となり村の気違い女であった。狐も豪胆な人は避けたのだろう（『ひでばち』一一、昭三三、五）。

（野田岳仁）

さんきちさん【三吉さん】

㊮みよしじん【三吉神】 秋田の太平山に祀られる三吉神の信仰は東北地方を中心に色濃く、民間伝承のなかでは小童の姿として語られることが多い。三吉さんは怪力の持ち主とされ、力自慢の男に勝負を挑んだり、火事の際、消火に手を貸してくれたりした話が残っている。また天明期の国学者只野真葛の『むかしばなし』では、酒好きで大力の鬼とされている。

⇩おに、やまのかみ

事例 ①［岩手県］三吉神社の神はもと秋田の山男であったといわれ、痩せ形の若い男の姿となってあらわれる。秋田に相撲が立った時、ある相撲取りと三吉が勝負したが、三吉が負けた。その後、三吉は相撲取りの後をつけて殺してしまった（『旅と伝説』三（八）、昭五、八）。②［秋田県役内村（現・雄勝町）］戊辰戦争の時、三吉様が両脇に大砲を抱えて突進し、南の空に雪が降っているように見せて官軍を助けた（『雄勝役内の民俗』一七、昭五二、一四八）。

（三柴友太）

さんしのむし【三尸の虫】

㊮さんしちゅう【三尸虫】 人の体内に住むといわれる三匹の虫。上尸、中尸、下尸。庚申の日に睡眠中の人から抜け出て、日頃体内から観察していた罪過の一々を天帝に告げる。天帝はこれを聞いて人を早死させてしまうので、庚申の日には夜を徹して体外に三尸の虫を出さないようにする庚申待《こうしんまち》が各地で行われた。

⇩こうしん、しょうけら、むしのかいい

事例 ①［山梨県明野村（現・北杜市）］庚申講ではゆっくり世話話をして夜明かしをするのが普通である。道教の三尸説によると、庚申の日毎に三尸虫という虫が人の寝ているすきに天に上り、人間を早死させようと日頃の罪を残らず天の神に告げるという。しかし庚申の日に身を謹んで徹夜をすれば、三尸虫は天に上ることが出来ないから、長生きが出来るという（『甲斐路』一六、昭四四、四三）。②［不明］『大清経』よれば人のかたちに似て長さは三寸ばかり、上尸は彭倨《ほうこ》と呼ばれ人の頭に住み、中尸は彭質《ほうしつ》と呼ばれ、人の背中に住み、下尸は彭矯《ほうきょう》と呼ばれ人の腹に住むという（『伝承文学研究』五三、平一六、三）。

（鄧君龍）

さんじばばあ【三時婆】

⇩よじばば

さんしょう【山精】

㊮さんじょう【山丈】、さんそう【山魈】 山に住み、人と交わったり寒熱の病に罹らせたりする。『閭里《りょり》歳時記』や『諸国年中

行事』ではサンショウは竹を焼く音を嫌うとし、左義長《さぎちょう》の際に邪気払いで竹を焼くことと関連付けて説明している。

⇩さんき、やまおとこ、やまおに、やまひと

事例 ①［大分県宇佐市］猟師善助の妻くには、ある日山中で人事不覚に陥り、その後懐妊して岩八を生んだ。数年後、同じことが起こって喜八を生んだが、この二人の子どもは髪の毛が真っ赤であった。これは山精や山鬼と交合したためだという（「巷《こう》街贅説《がいぜいせつ》」『続日本随筆大成 別二』五二—二五四）。②［新潟県妙高山（現・妙高市）］ある夜山小屋で火を焚いていると、腰に草木の葉をまとっただけの山男が来た。翌晩、彼はカモシカを二匹持って来たのでその皮を剥いで与えた。二日後の晩にはその皮を着ていたが縮んでいたので、皮のなめし方を教えて帰らせた（『昔話伝説研究』二一、平一二、一一四—一一五）。（財津直美）

さんしんのかいい【三線の怪異】

三線とは沖縄の伝統的な弦楽器。中国から伝わり、一六世紀には薩摩藩（現・鹿児島県）へ伝わって三味線の元となった。三本の弦を撥で弾いて音を出す。本体には蛇の皮が用いられる。祝い事や毛遊び《モーアシビ》に用いられるが、高価なため、かつては豪農や三線を生業にする者しか所有できなかった。家宝として大切に取り扱われ、名器と呼ばれる三線が多数存在する。その中には所有者に祟りをもたらす、妖器と呼ばれる三線もある。

⇩きぶつのかいい

事例 ①［沖縄県南城市］自然橋（ハナンダ）の祠に供えられていた三線を、毛遊びに用いるため青年が無断で持ち出す。名器だったためそのまま所有していたが、体調が悪くなり、ムヌシリ（易者）の指示で三線を手放した。この三線はハナンダーと呼ばれ、その後も各地を転々とした。（『三線のはなし』平一一、四七）。②［沖縄県］遊女愛蔵《あいぞう》は死後も三線を弾きに現れるという（『ハワイ在の三線について』平一二、一八一）。（田村明子）

さんずのかわ【三途の川】

⇩さいのかわら

さんとう【山燈】

神社に飛来する火の玉のこと。多くは神聖なものとされている。海から来るとする伝承地が多い。

⇩かいか、しんか、ひのたま

事例 ①［富山県上市町］大徹禅師が眼目山立山寺を開いたとき、山神と龍神が助力を与えた。今でも毎年七月一三日、松の梢に灯火がのぼる。一つは立山の絶頂から、一つは海中から飛来し共に松の梢でとどまる。これを山燈・龍燈という（『加能民俗研究』一七、平一、一三—一六）。②［石川県羽咋郡］美女山の西端麓に鎮座する気多神社に毎夜山燈が飛来する（『加能民俗研究』一七、平一、七）。③［不明］山や海にある竜燈や山燈は、ものを照らすこともなく、ただ沈んでいて、人里離れた土地を自在に飛行する。これを神火として尊ぶ（「駿台雑話」『日本随筆大成 第三期六』二二五）。（山田栄克）

さんない【三内】
大男の名前。
⇩おおひと

さんにんみさき【三人御崎】
⇩みさき

さんのう【山王】
大山咋神《おおやまくいのかみ》の別名で、日枝神社・日吉神社の祭神となっている。神社の祭神としてのほか、山の神の名称とされている事例、庄屋の屋敷神として祀られている事例なども各地において報告されている。丁寧に扱わないと祟るとされていて、けが人や病人が出たり、遭難事故の原因になったりした例が報告されている。一部の山王を祀る集落において、犬や牛を飼わない、ゴマを作らないなどの禁忌がある。
⇩やまのかみ

事例 ①［新潟県糸魚川市］糸魚川市市野の氏神である日吉神社の山王様は夜に外出することが多かった。ある晩、犬に吠えられて逃げ、牛の糞に滑って転び、ゴマガラで目をつき、片目になった。そのため村では犬と牛を飼わず、ゴマも作らない（『新潟県史　資料編二二』昭五七、一〇一八－一〇一九）。②［岡山県総社市］総社市秦の庄屋の家で、屋敷神として祀られる山王様は、庄屋の家にいた白い蛇を殺したところ庄屋の家の老母の目が見えなくなったため、祀りはじめた（『岡山県史　一五』昭五八、四九〇－四九三）。
（塚原伸治）

ざんびきわらし【ザンビキ童】
㊫かんぎりつこ　ザンビキワラシとは、岩手県の一部における河童の異称である。小学校二、三年生の子供ほどの大きさで、うかつに近づくと水中に引き込まれるという。また、カンギリツコのカンは髪、カンギリは髪切の意味だという。
⇩かっぱ

事例 ［新潟県六日町（現・南魚沼市）］夜間、決まった場所におかっぱ頭の子供姿のカンギリツコという妖怪が現れる（『民間伝承』一四（八）、昭二五、二七）。
（小澤葉菜）

さんぽうこうじん【三宝荒神】
単に荒神とも称し、多くは家ごとの竈《かまど》神の一種と解される。荒々しく祟りやすい性格を有する一方、祭祀者を強力に庇護する神である。その信仰実態は多様で、主に火の神、屋敷神、農作神、子供や牛馬の守護神などと考えられている。屋敷神など屋外で祀る荒神と区別して、竈神のように屋内で祀る荒神を内荒神とも称す。
⇩かまどがみ、こうじん

事例 ①［岡山県旭町（現・美咲町）］旭町の荒神祠には二つの仕切りを等間隔に入れて、三室に区切った形が目立つ。ここでは三宝荒神と呼ぶ例が多いから、三という数を意識してそうなったのかもしれない（『岡山県史　一五』昭五八、五三七）。②［岡山県笠岡市］笠岡市高島では五年目ごとに荒神神楽を行い、その際石割りで占う。三宝荒神で島の守り神であり、子供の神であるが、また牛の神ともいう。石割りは備中南部に分布し、占いを伴わないものも含めて石割荒神と呼ぶ（『岡山県史　一五』昭五八、五

さ

四八)。

(鄧君龍)

さんぼたろう【三穂太郎】

東美作《ひがしみまさか》(岡山県)の霊山那岐山《なぎさん》の神。水精の子、大蛇の子、菅原道真の後裔などといわれた大人《おおひと》。成長して英雄となり近国を征服し、那岐山の神となって諸方に伝説を残した。子孫はわかれて豪族となり地方を支配したとされ、旧家の多くはこの子孫と伝えるなど、地域の信仰や伝説と深い関わりをもっている。

⇩おおひと、すいせい、はちろう

事例 ①[岡山県智頭町、奈義町] 那岐山の山上にはサンボ太郎のマスガタと呼ばれる石組みがあり、神聖視されている。また、三宝大明神として祀られ、集落の農耕神としても信仰されている(『伊勢民俗』三、昭三一、一四)。②[岡山県智頭町、奈義町] サンボタロウは巨人であり、母は大蛇であった。彼自身も元は那岐山付近の蛇渕にすむ大蛇であったという(『伊勢民俗』五、昭三四、六)。③[岡山県勝田郡] 勝田郡那岐山の麓の村では、初冬の頃に降る雨を「三穂太郎」と呼ぶ(『岡山県史 一五』昭五八、五〇二)。

(財津直美)

さんぼんあしきつね【三本足狐】

三本足をした狐の妖怪。秋田県では、三本足狐が三〇人の舌を抜き殺した昔話がある。一方で、三本足は神が与えたもので人間に対して凶事を未然に告げるといった場合もある。

⇩きつね、はくぞうす

事例 [秋田県山内村(現・横手市)]「舌取って食ってまえば、しゃべられねぐた。まずな。なんだから、その外れさ寝でるな、まさがりさないで、叩いだどころでその狐だけど、それが。それで三本足狐」(『伝承文芸』一七、平二、一三二―一三三)。

(伊藤純)

さんまいたろう【三昧太郎】

㊫さんまいだあら【三昧ダアラ】、やきたろう【焼き太郎】 富山県や石川県に分布する伝承。火葬場で死体を千体以上焼くと、死霊が集まって人間のようなものができる。これをサンマイタロウと言い、人間と相撲を取ったり死人が出る前の晩に拍子木をたたいたりする。また、サンマイタロウが杭を打つ音を聞くと死人が出るといった。このような怪異を前提に、火葬場で肝試しを行い、誤って自分の着物を杭で打ち込みサンマイタロウの仕業であると勘違いしたと落ちがつくこともある。

事例 [石川県門前町(現・輪島市)] 椎木《しいのき》の干場近くに火葬場があったとき、真夜中の一二時を過ぎて村人が寝静まった頃、干場にカーンカーンと杭を打つ音が響く。人だまがいっぱいになるから新しい火葬場へ移せ、と、杭打ちに合わせて火葬場の周りを火の玉が飛んだ。火葬場を西の墓場へ移したときのことだ(『加能民俗研究』三一、平一二、五)。

(神田朝美)

さんりんぼう【三隣亡】

暦にいう、建築に関することを忌むべき日。この日に高い所にあがると落ちる、屋根替えをすると家が焼けるとされた。江戸時代の暦本には三輪宝と表記され、蔵や家を建てる日として吉日とされたが、後に三

さ

隣亡と表記されるようになると、建築上の大凶日として大流行した。暦の上のみならず、一代でなり上がったり、急に財産を増やした家をサンリンボー信者と噂し、蔑視することがあった。

事例 ［群馬県］サンリンボーの信者は油じみた神様を祭って毎日拝んでおり、真夜中に特別の願い事をし、薄暗いうちに屋根に上がり、屋根裏をひっくり返して唱えごとを言い、四方を招くようなしぐさをするといわれる。また普段はけちだが三隣亡の日には近所に振舞をするという。昭和初期に隣村から伝わった信仰で、憑依現象、筋の伝播、通婚忌避などはないが、サンリンボーの信者は近隣の者の富を奪って豊かになるという（『民族学研究』四三（二）、昭五三、一六二―一六三）。（前川智子）

し

しい【黒眚】

㊮しおう【志於宇】 大きさは犬や猫くらい、あるいは高さ四尺長さ五尺ほどともいわれる。狸、犬あるいは狼に似ており、水かきがあり、尾は牛蒡、牙は鼠、歯は牛に似るともいう。黒気とともに出現し、飛ぶように速く走り、これに触ると顔や手足、咽に傷をうける。黒眚に出会った場合はそのまま倒れて伏せていれば害を受けることはないという。本来は中国の伝承が日本に伝わったと考えられる（『塩尻』）。

事例 ［山城国八幡（現・京都府八幡市）］安永年間（一七七二～八〇）のこと。八幡付近の野外で猫の死骸を食べている獣がいた。大きさは猫程であるが、猫や犬ではなかった。人を恐れず、猫を食べ終わると淀の方角へ去った。途中、道で犬に襲われたが、この獣のひと咬みで犬は即死した。人々はおそらく黒眚という獣だろうと噂した。私の家中の八幡出身の者がこれを見たという（「北窻瑣談」『日本随筆大成　第二期一五』二七二）。（村山弘太郎）

じーぬむん

㊮じーむん、じるむん　形は柱状であり、地面から聳《そび》え立つ。これに押さえられたら死ぬといわれる。または、夜道に現れ人の股下をくぐる。くぐられると死ぬというので、足を交差しながら歩かなければいけない。これは軒下に埋めた子供の霊だという。

⇩しち・まじむん、すねこすり、みんきらー・うわーぐわー

事例 ①［沖縄県久高島（現・南城市）］これを見たらすぐに「ハチ、ハチ、ハチ」と唱えなければならない。シチマジムンの「シチ（七）」は「ハチ（八）」にはかなわない（『民俗』一、昭三五、三六）。②［鹿児島県大島郡］雨スダレ（軒下）に埋めた子供の霊だという。夜道に現れて人の股下をくぐり、くぐ

られると死ぬという（『琉大史学』六、昭四九、三四―三五）。（三村宜敬）

しぇーま

㊫せーま　キジムナーの別称とされるが、キジムナーと違い人間をだますような悪い事はしないと伝える地域もある。木に棲むものと海に棲むものの二通りがあり、木に棲むものは蝸牛《かたつむり》を食べ、よくガジュマルの木の下に殻が落ちていると言われる。海に棲むものは松明を持って漁をし、魚の目玉だけを食べる。寒がりなので冬は山にいて漁には行かないと伝える地域もある。姿は赤い顔の子どものようであるとされる。

⇩きじむなー、しぇーまび

事例　①［沖縄県］昔は炭焼き小屋によくシェーマが現れた。顔は赤く、髪はぼさぼさで背が低い。何匹かで火にあたっているが、人の気配を感じるといなくなる。冬は山にいて夏は川で漁をしながら木に棲みつく。キジムナーは人をだますが、シェーマは悪い奴ではない（『日本民俗学』一七九、平一一、一一五）。②［不明］シェーマは木に棲むものと海に棲むものの二通りある。木に棲むものは蝸牛《かたつむり》をよく食べ、殻がガジュマルの木の下に落ちている。海に棲むものは漁がうまい（『日本民俗学』一七九、平一一、一一五）。（三好周平）

しぇーまび【シェーマ火】

㊫せーまび【セーマ火】　沖縄で伝承されている、架空の存在であるシェーマの持つ火のことである。シェーマとはキジムナーの別称であるとされる。沖縄のタキヌトウ（岳之当）ではイニンビー（遺念火）と呼ばれる火がしばしば見られ、岳之当から灰石の寺原まではイニンビーの通路であったとされる。タキヌトウではシェーマ火の多かった所と言われているが、イニンビーとの混用があるかどうかは定かではない。セーマ火とイニンビーは比較的容易に識別することが出来るとされているが、その識別方法については不明である。

⇩いにんびー、かいか、きじむなー、きじむなーび、しぇーま

事例　［不明］架空の動物の火の玉としてキジムナー火（セーマ火、スノーラ火）がよく知られる。家畜に丸い火傷状の傷が出来ると、キジムナーがキジムナー火を突きつけて火傷をさせた跡だとされる。集団で現れ、誰でも見る事が出来る。出るのは夕方以降で、人を祟るという伝承は見られない（『南島研究』（三九）、平一〇、一〇）。（三好周平）

しおのみ

㊫みおのし　海辺にみられる光るものをシオノミという。山の方で光るものをミオノシという。シオノミは妖怪とされ、夏から秋にかけて海辺で光っており、藁などにも付く。ミオノシは南西風の前兆とされる。

⇩かいこう

事例　［富山県新湊市（現・射水市）］シオノミという妖怪があった。大体海浜に多く、新湊でよく伝えていた。夏から秋に多く、海辺で光っていて、わらなどにも着いた。また守山の山の方で光るものをミオノシといったが、それによって、南西風の前兆だともいった（『富山県史　民俗編』昭四八、

八五八）。

（三村宜敬）

しか【鹿】

日本の山野の代表的な狩猟対象であり、狩猟民は鹿を重視した。食肉としてだけでなく、皮・骨は加工されて用具に、内臓は薬になった。胎内にあるという鹿の玉は幸福を引き寄せるといわれ、神の生贄としても奉げられた。鹿の生命力を尊んだといえる。一方で農民は鹿の食害に常に苦しめられ、鹿を狩る狼を「お犬様」といって尊崇した。

⇨しかいし、しかむすめ、しろしか

事例 ①［愛知県］女房が妊娠している間、狩人は獲物の臓腑《ぞうふ》を抜いたり、皮を剥いだりしてはいけない。ある狩人が、女房が妊娠中にもかかわらず皮を剥いだら、鹿が起き上がり、皮を剥がれたままで駈け出した。その後、家に不幸が続いたという（『旅と伝説』一一、昭三、五一）。②［長野県諏訪市］諏訪の祭礼の時は、必ず七五頭の獣の頭が生贄となるが、そのなかの一頭は必ず耳の裂けた鹿があるという（「笈埃随筆」『日本随筆大成　第二期一二』一一四）。③［大分県］鹿がタラの芽を食べると角が落ちる。その鹿の角を一か所で拾うと長者になる（『民間伝承』三九（一）、昭五〇、九）。

（森本恵一朗）

しかいし【鹿石】

〔類〕かていせき【鹿蹄石】、しかのあしいし【鹿の足石】　神の使いである鹿がその足跡を石に残したり、また神鹿そのものが石に変化したりする怪異。駒岩や馬蹄石の変種。

⇨いしのかいい、こまいわ、しか

事例 ①［宮城県石巻市］神鹿が石と化した鹿石というものが二つあり、大きいほうがオス、小さいほうがメスである。不踏石《ふまずのいし》ともいう（『宮城県史　二一』昭三一、二三七）。②［陸奥国唐桑村（現・宮城県気仙沼市）］御崎神社には鹿蹄石がある。昔、神が白鹿に乗っていて、その鹿の足跡がついているという（「奥羽観蹟聞老志」『仙台叢書一五』昭四七、三九一）。③［奈良県朝和村（現・天理市）］鹿の足石という大岩があり、鹿の足跡といわれるくぼみがある。昔、春日明神が常陸から奈良にやってきた時、鹿に乗っていたのだが、ここでしばし足を止め、北方の春日山を眺めた。このときの足跡であるという（『大和の伝説』昭八、九四）。

（廣田龍平）

しかた【死型】

奄美大島で、変死の前兆として幻像・幻音が出ること。

⇨しのよちょう

しかむすめ【鹿娘】

〔類〕しかひめ【鹿姫】　平安時代中期の女流歌人、和泉式部は鹿の子だという話が残されている。足の指を隠す為に、いつも足袋を履いていたと伝わる。その他、聖武天皇の皇后である光明皇后も同様の伝承がある。

⇨しか

事例 ①［奥州地方］昔、ある奥方が山奥で産をしたとき、鹿にその子を託して死んだ。鹿は赤子を角にくくりつけられたまま山を下り、老夫婦のところに赤子を連れて行った。その子は鹿娘（もしくは鹿姫）と名づけられた。成長した後、長者の家の火焚女になり、長者の息子と結婚したといわれている。この娘は雀がとまったまま梅の枝をおったり、引き綿の上を新しい草履で歩いたり、水の上を歩いたりできたという（『旅と伝説』四（一二）、昭六、三）。②［愛知県］昔、利修仙人が鳳来寺の山で修業していたとき、巌窟の外で小便をしていたのだが、これを鹿が舐め、孕んでしまった。生まれたのは美しい女の子で、奈良の貴人の家の前に捨てた。生まれながらに足の指が二本しかなく、鹿の爪のようであったといわれている（『旅と伝説』四（一二）、昭六、六）。（森本恵一朗）

しきがみ【式神】

㊫しきおうじ【式王子】、しきしん【識神】

陰陽師によって使役されていた神霊のこと。その姿は鬼神のような姿をしていたので、安倍晴明の妻が怖がったために一条戻り橋の袂に呪縛した（『出来斎京土産』）とか、晴明の家の扉は式神が開け閉めしていた、あるいは晴明と腕比べをしようと訪れた法師の童子の式神を消してしまった（『今昔物語集』）など説話に頻出する。また京都・晴明神社、大阪・阿倍王子神社に伝わる安倍晴明の肖像画には中国風の風采の式神が控え、また『不動利益縁起絵巻』に描かれた祈禱する晴明の横には、ふたりの小鬼のような式神が御幣をもって控えている姿が見える。これらの事例から「式神」とは、安倍晴明の陰陽師としての能力の高さを語るために登場した、説話的な存在という解釈もある。

鎌倉時代前期に安倍家で作られた『陰陽道旧記抄』には、天徳四年（九六〇）に、晴明が焼失した温明殿の大刀契という天皇守護の霊剣を復元するとき、焼失した剣の文様を「式神」が教えてくれたというエピソードが載っている。これも家祖としての安倍晴明の能力を賞賛するための「始祖神話」ともいえる。

「式神」の起源は「神ヲ式フ」の語源説、あるいは仏教の「識神」（心・意識）にもとづく説、または「護法童子」のバリエーションとする説などあるが、式神の「式」は、陰陽道の占いの「式占（式盤）」に由来するという説が妥当であろう。式盤には北斗七星、十二月将、二十八宿といった天体の星々が刻印されている。それら陰陽道の神々が「式神」として形象化されたと考えられるからだ。占いに秀でた有能な陰陽師は、優秀な式神を使役しえたという、陰陽師の術、知識のバロメーターの役割があったのである。

民俗社会では、式神と類似する「式王子」の呪法を伝える、高知県香美市物部町の「いざなぎ流」が有名。「式の王子」と呼称される特定の存在とともに、大夫が祭り鎮めている山の神、水神、荒神、天神などの神々を「法文」によって、式神化してしまう呪法ももっている。たとえば山の神ならば「山の神の祭文」をベースにした「山の神のけみだし式」「山の神のさわら式」「山の神のつけさわら」といった名称の法文が作り出され、山の神を「式王子」として使役した（斎藤英喜『いざなぎ流　祭文と儀礼』六三）。

「式王子」の呪法には、「裏式」と呼ばれる、呪詛調伏に使役される神格も少なくな

さ

い。ただし、それらは文句を一部変更するだけで、病人祈禱の場でも使用できるものも多く、式王子がもつ両義的な面が明らかにできよう。大夫たちは、日常的な会話にも「式をうつ」とか「式を飛ばす」といった言葉を使っている。あるいは明治初年に徳島県側の行者と「式」を飛ばしあう争いで死者が続出したとか、「千里つけ火の法」という式法で裁判の文書が燃やされたというエピソードも伝わっている。

⇩あべのせいめい

（斎藤英喜）

〔参考文献〕小松和彦『憑霊信仰論』平六、講談社。鈴木一馨「式神の起源について」『宗教学論集』二〇、平一〇。

じきとり

愛媛県や香川県で言われる。山に出るもので、これに遭うとひどい空腹で動けなくなるという。そのときには、豆や米などの穀物を口にすると、ふたたび動けるようになる。肉などでは効き目がなく、必ず穀物でなくてはいけない。持っていなければ、手のひらに「米」という字を書いてなめてもよい。ヒダルガミと同じと説明されることもある。

⇩だらし、ひだるがみ

事例 ①〔愛媛県北宇和郡〕ジキトリといって、山道に亡霊が出る。出るところは決まっており、これに遭うとひどい空腹で動けなくなる。防止のため、弁当は必ず少し残しておく。万一、すべて食べてしまったときは、わずかで良いから人の弁当をもらって入れておく（『民間伝承』一二（九）、昭二三、一二）。②〔愛媛県松野町〕明治村目黒では、猟に出た一人がジキトリに憑かれた。肉を食べたが治らず、やはり穀物を食べなければならないという（『民間伝承』九一、昭一八、一八）。

（荻野夏木）

しきゆうれい【シキ幽霊】

㊮しきぼとけ【シキ仏】、そこゆうれい【ソコ幽霊】、ひきぼとけ【引き仏】　三重県や九州地方に伝わる海上の怪異の一つ。夜に海面が白く光るように見える現象のことを指し、鹿児島県甑島辺りでは亡霊が魚になって船についてくる怪異だと考えられていた。魚の亡霊とも考えられており、沖縄では「シチマジムン」や「シチモウレェ」とも言う。白くなった海面一帯に入ると、船が動かなくなったり、船火事を出したり、舵を取り損なうなどの怪異が起こる。福岡県では船が動かなくなるだけではなく、柄杓を貸せと言われる。

⇩しち・まじむん、ふなゆうれい

事例 ①〔長崎県壱岐郡（現・壱岐市）〕旧師走の二九日の晩に船を出すとシキ幽霊が出る。水面が白くなっており、これに遭うと船にぴったりひっついて動くために、水面一帯が白くなる。ランプを点けると消える（『民俗学』一（四）、昭四、五六-五七）。②〔福岡県〕夜海面が一帯に白くなるのをシキユウレイといい、この中に入ると、船が動かなくなったり、又柄杓をかせと言われたりする（『旅と伝説』五（八）、昭七、二二）。

（五十嵐大晃）

しくび【四九火】

四と九の日に出る怪火のこと。袖に手を

入れて招くと、その火が飛んでくる。火が飛んできた時は雪隠に入って下草履を頭上に置くと、火は三回雪隠の上を舞って飛び去るという。また、海坊主や船幽霊などの出現に伴って現れる怪火のことを呼ぶ場合もある。

⇩うみぼうず、かいか、ふなゆうれい

事例 ①〔徳島県徳島市〕裏の庭を出隔てて、畑の奥に大きな榎がありその斜め横の柳の古木の所に、四と九の日の雨夜にはおりおり火が出た。四九火といって四と九の日は火の出るものだと云って格別不思議にも思わなかった（『郷土趣味』三（五）、大一一、二六）。②〔徳島県小松島市、徳島市〕徳島県南方に芝山という山があって、四と九の日には怪火が出る。手招きすると必ずその所に飛んでくる（『郷土趣味』二〇、大九、二四）。　（熊倉史子）

じごく【地獄】

地獄は悪業を積んだ者が堕ち、種々の責め苦を受けるとされる地下世界の総称であり、六道や五趣などの一つとされる。地獄は閻魔王によって統べられ、その下に刑罰を行う獄卒がいる。日本では、源信『往生要集』によって等活地獄・黒縄《こくじょう》地獄など八大地獄が紹介されて以来、『地獄草子』をはじめとする六道絵、十王図、熊野観心十界曼荼羅など、地獄を描いた絵画が多く作成され、視覚的イメージから地獄は広く浸透していった。そこに描かれる獄卒の姿は、日本における「鬼」のイメージ形成に大きな影響を与えている。

地獄の様相は、仏教以外の諸信仰や観念からの影響を受け、時代毎に変化していった。三途の川（『地蔵十王経』）や血の池地獄（『血盆経』）、賽の河原（地蔵信仰）、不産女《うまずめ》地獄・両婦《ふため》地獄（当時のジェンダー観・ケガレ観）などがそうである。中世以降の地獄絵には、地獄に堕ちた罪人の救済を扱ったものが多くなり、例えば地獄で苦しむ母を救済する僧・目連が描かれた『矢田地蔵縁起』がある。地獄へ連れて行くために悪業の者を乗せて走る火の車「火車」を獄卒が引く話（西村市郎右衛門『新御伽婢子』など）や絵（佐脇嵩之『百怪図巻』など）も、日本的な地獄観のもとで形成されたものである。

地獄は人生に関わる異界として多くの人の興味を引きつけ、それにまつわる話を数多く生み出した。特に、蘇生した人物が生死の最中に訪れた地獄について回想する、いわゆる地獄巡りは、『日本霊異記』『今昔物語集』をはじめとして枚挙に暇がない。地獄巡りといっても内容は種々であり、例えば浅井了意『伽婢子《おとぎぼうこ》』では、儒学を学んでいる者が地獄巡りをする話が二種類収録されている。一方は鬼神や幽霊の存在を否定し罵倒したため、鬼の責め苦に遭い、最後は自ら鬼になってしまう（「鬼谷に落て鬼となる」）、もう一方は金次第でどうにでもなるという地獄の有り様を、儒学の立場から批判し改心させ、そのお礼として地獄巡りをしている（「地獄を見て蘇《よみがえる》」）。また、地獄巡りの最中に地獄に堕ちた歴史上の人物を目撃するという話もあり、菅原道真を左遷した罪で醍醐天皇（『太平記』）や『源氏物語』を書いた罪で紫式部（『宝物集』など）たちが地獄に堕ちている。平安時代の官人小野篁《たかむら》は、地獄につながる井戸を通って、毎夜閻魔王に仕える冥官として活動していたという（『今昔物語集』『江談抄』など）。

さらに人が踏み入れにくいおそろしい土地を、地獄と呼ぶ場合がある。代表的なものとして富山県の立山地獄があり、『今昔物語集』には立山地獄に堕ちた女人の救済説話が収録され、また立山信仰を絵画化した『立山曼荼羅』には山中地獄が描かれている。他にも、摂津有馬山には「鳥の地獄」と呼ばれる、生類が入ると必ず死ぬ場所があったという（『塩尻』）。こうしたおそろしい土地を地獄と見なす一方で、大分県の別府温泉のように観光資源として地獄を活用している事例もある。

伝承としては、盆になると地獄の釜の蓋が開き、亡者が地獄から解放され家路に向かうというものが知られている。このように地獄は、日本文化の中に多彩に溶け込んでいる。

⇩えんまだいおう、おに、かしゃ、ぐそー、ポクナモシリ

（木場貴俊）

〔参考文献〕渋澤龍彦ほか『図説地獄絵をよむ』平一一、河出書房新社。

しし【宍、獣、猿、獅子】

食用にできる全ての獣の総称。狩猟を生業とする民俗では、シシは獲物であると同時に山の神の使いや所有物と考えられ、伝説や怪異が数多く伝えられる。年老いて智恵のある猿をシシと称する場合もある。また、シシは獣の総称であるため、狛犬などの架空の動物や、石像の唐獅子、獅子舞に用いられる獅子頭などもシシと呼ばれる。

⇩こまいぬ、ししがしら

事例 ①〔岩手県下閉伊郡〕ある晩、花嫁がシシ（年老いた猿）に奪われ、胤《たね》をつけられた。翌日帰ってきたが、二か月ほどで腹が膨れてきたため、産婆が胎内を見てみると、毛の生えた汚いものがあった。十月経っても生まれず、母体はそのまま死んでしまった。庭にシシが来て去らないため、殺してしまった（『芸能』三（七）、昭三六、二一）。②〔京都府宮津市〕成相《なりあい》山の山門外にある石の高麗獅子は、牡獅子の前足が斬り折られている。昔、性が入って宮津まで飛び、夜な夜な暴れまわったところ、ある浪人に斬りつけられたためと言う（『旅と伝説』一、昭三、九六）。

（田村明子）

ししがしら【獅子頭】

(類)ごんげんさま【権現様】　獅子舞の際に用いられる道具。鹿や猪などの獣や、唐獅子、狛犬など架空の動物の頭部を模っている。獅子舞は舞いによって土地の霊を鎮める作用を持ち、獅子頭そのものには神の宿る神座《かむくら》としての機能がある。また獅子頭は、悪事・災難を噛み消すとして、噛むことに重点を置いた信仰が残る。獅子頭には神霊が宿るとされ、害を与えた人間に祟る、ひとりでに動くといった怪異が伝えられている。

⇩しし

事例 ①〔山梨県〕八幡《やはた》の獅子が盗まれたが、盗んだ家に災難が続いた。盗んだ獅子頭を隠して置くためだと言われ、回収しようとしたが馬では引くことができない。人が担ぐと軽かったため、担いで帰った

さ

（『甲州八幡聞書』昭三二、四八-四九）。②［福島県喜多方市］獅子頭は水音を聞くと箱から出てしまう。水の側を通るときは笛や太鼓を鳴り響かせていたが、ある日演奏を忘れてしまった。すると滝の側で獅子頭が箱から飛び出し、滝壺に落ちた。そのため、神楽滝と名付けられた（『民俗採訪』五一、昭五二、一二三）。　（田村明子）

ししみさき【猪御崎】

愛媛県城辺町にある魔所。比叡山焼き討ちの折に殺された者が、猪となって復讐したという。

⇩みさき

じじん【地神】

㊫おかえびす、さいぎょうしん【歳刑神】、じがみ【地神】、じぐろーさま【ジグロー様】、じぬしがみ【地主神】、ちがみ【地神】、とちがみ【土地神】　屋敷、田畑、山林などの土地にまつわる神。全国に分布する。屋敷地に自然石や木、祠を設けて家主が祀ると、屋敷神として屋敷の守護を得られるが、気性の激しく祟る神ともいわれ、粗末に扱えば絶家し、家人が怪我や病死をする。その内容は狢《むじな》や蛇、稲荷、神明《しんめい》、弁財天、祖霊などを多様に含む。そこで横死した旅人や平家の落武者の怨霊を鎮めるために祀り始めたとする伝承のほか、山伏、巫女などの民間宗教者の指摘から普及した例も多い。また作神として田畑の周辺に祀り、春に天や山から訪れて秋に帰るという去来伝承を伴って、春秋の社日に地神講を営む地域もある。社日は地神に配慮して、畑に鍬を入れないなどの慣習がみられ、大根など田畑の初物を供える。荒神《こうじん》との関連から盲僧が地神経をあげる地域もある。

⇩いなり、おしんめいさま、こうじん、さくがみ、さるたひこ、たいさいさま、へび、べんてん、むじな

事例　［岡山県倉敷市］社日には地神様が地面に半分顔を出しているから、土をいじられないなどという（『岡山県史　一五』昭五八、五五二）。　（岡田真帆）

しずかもち【静か餅】

栃木県益子地方に伝わる、不可解な音の怪異。夜中に餅をつくような音を聞くという。聞こえる人と聞こえない人がある。この音を聞いた人は長者になるともいう。

⇩おとのかいい

事例　［栃木県益子《ましこ》町］丑三つ時に「コッコッコッ」と、遠方で餅をつくような異様な音が聞こえる。聞こえる者と聞こえない者があり、遠方から近づいてくるような音を聞く者は「シヅカモチにつき込まれた」と言い福運が向いてくる。段々遠方へ向かっているように聞こえた者は「つき出された」と言って福運が去ってしまう。そのため、この音を迎えて聞こえた者は、箕を後ろ向きに出すとたくさんの財産が入る（『芳賀郡土俗研究会報』一、昭四、二）。　（神田朝美）

じぞうつけ【地蔵憑け】

㊫じぞうあそび【地蔵遊び】　地蔵の霊をヨリマシに憑け、託宣を乞うこと。福島県東部の事例が知られており、この行事の系譜を継ぐ「地蔵遊び」は東北地方各地に伝わ

る。「かごめかごめ」遊びとの関連も指摘される。ヨリマシに幣や笹、場合によっては地蔵像などを持たせて、他の人々が周囲を囲み、地蔵を呼ぶための言葉を唱えると、霊が憑く。専門の憑依者ではなく、一般の者がヨリマシになった。子供から老人まで広い世代が行っており、特に女性がよく行ったとされる。福島県東部地域では、オカマサマやオシンメイサマの託宣を乞う行事もよく行われた。

⇩じぞうのかいい・れいげん、たくせん

事例 〔福島県相馬地方〕大病人のあるときや紛失物のあるときに、村の女たちが集まって子供を中に置き、幣を持たせて、「南無地蔵大菩薩おつきやれ……」と唱えると地蔵がつく。これにいろいろと尋ねる。これを地蔵遊びとか地蔵つけという。いたちよせ、いぬよせという類似の行事が行われた地域もあった（『福島県史　二四』昭四二、三四二）。　（徳永誓子）

じぞうのかいい・れいげん【地蔵の怪異・霊験】

地蔵は釈迦入滅後、弥勒菩薩が出世するまでの五濁悪時無仏世界で閻魔《えんま》王や地獄卒の身と化し衆生を救う菩薩であり、声聞姿なのは身近に楽を施し三有苦を救脱するためという（『大乗大集地蔵十輪経』）。また、六道の一切衆生に二十八種利益・七種利益をもたらすともいう（『地蔵菩薩本願経』）。

地蔵を地獄や六道の救済者とする七世紀の観念は三階教の隆盛もあって、九世紀の『日本霊異記』や一〇世紀の『往生要集』に受け継がれ、一一世紀に地獄への恐怖の増幅とともに日本で広まった。やがて地蔵は死霊を救う仏とされ、墓地や野辺に数多く祀られ、死や地獄と結び付く怪異の源泉としてしばしば語られるようになった。

一二世紀前半の『今昔物語集』には、武士の危難に際して地蔵が小僧と化して箭《や》を拾い与えて助ける矢取《やとり》地蔵の話がある。この怪異譚は勝軍《しょうぐん》地蔵譚へと派生した。また、地蔵による代受苦や蘇生を説く話もあり、これらは身代わり地蔵や延命地蔵の霊験へと展開した。

一二世紀末の『宝物集』には、いわゆる田植地蔵・土付地蔵の怪異譚がある。これらの話は鼻取地蔵や稲刈地蔵、泥足地蔵の不思議へと派生した。

一七世紀前半の『富士の人穴草子』は賽《さい》の河原で苦しむ幼き者を描くが、やがて地蔵が幼な児を救うとの観念が展開し、子守地蔵や子育地蔵、『西院河原地蔵和讃』が生じた。涎《よだれ》掛けの奉納も子安地蔵の霊験からだろう。古くは袈裟が奉納された。一三世紀前半には裸形地蔵像に袈裟を掛ける儀礼があり、それが変化したものだろう。

⇩じぞうつけ

事例 ①〔岩手県釜石市〕燈明の火が地蔵の衣裳に移って体焼《かばねや》けて居たのでイタッコに口聞きしてもらうと、祟りで家が焼けるのを身替りになったと神託があった（『土の鈴』一二、大一一、一〇四）。②〔山形県七軒村（現・大江町）〕昔、土地の子供達が地蔵を土手から転がしたり抱いたりして遊んでいた。村人が怒鳴ってやめさせると、その祟りで急に腹が痛み大病を患った。地蔵は「好きな子供達と面白く遊んでいた」と神おろしでわかり、以後は毎年正月一五日に地蔵まわしをすることになった（『民間伝承』一六（一〇）、昭二七、一五）。③［福島県船引町（現・田村市）］昔、地蔵さまと呼ばれる少女がいた。五歳くらいの頃「誰それはどこから嫁をとる」「誰それは何をなくす」などと思いがけないことを口走り、それがよく当たった。少女の母親は取り上げ婆（産婆）さんで、子育て地蔵の掛軸を持っていた。その地蔵さまが憑いていたのだという（『西郊民俗』五〇、昭四四、一三）。④［愛知県佐織町（現・愛西市）］根高の釜地蔵は、継母によって煮えたぎる湯釜に投げ入れられた子を、身代わりとなって助けたという。尾張六地蔵の一つである（『みなみ』七一、平一三、九－一〇）。⑤［鳥取県八頭郡］茗荷谷の外れに地蔵が立っている。誰かが大病になると町まで医者を迎えに行くが、そのとき地蔵がいつもと同じようにこちらを向いていれば病人は助かるが、反対に背を向けていたら助からない。伯父が重病で医者を迎えに行った時は反対に向いていたので助からないと思った。果たして家に戻ると死んでいた（『民間伝承』六（八）、昭一六、四）。

（中山和久）

〔参考文献〕桜井徳太郎編『地蔵信仰』昭五八、雄山閣。

したいのかいい【死体の怪異】

死体をまたナキガラとも呼ぶのは、カラ（からだ）からタマ（たましい）が抜け出た意である。この抜け殻となったカラ（からだ）に悪霊が入り込むのを防ぐさまざまな呪的作法の中でも、枕刀は広く知られた例である。この悪霊の正体は、行き倒れなど無縁の霊あるいは猫の魂とも観念されており、死体に猫を近寄らせない作法も伝えられる（事例①）。

この思想背景を民俗学や宗教学では「霊肉分離」と呼んできた。しかし死体が怪異妖怪現象の原因とされる場合、むしろ霊肉は密接に連関する観念がうかがえる。たとえば事例②の示す死体（骨）と死霊（人格）が分離していないとする観念や、事例③の示す生まれ変わる際に身体の特徴（悪戯／痣）を引き継ぐとする観念などである。また事例④⑤⑥のように、さほど霊魂（死霊）を問題にせず、死体そのものにある種の力を想定しているとうかがわせる報告も多い。これらに共通するのは異常死であり、異常死に対する恐怖が根強いことを示しているといえよう。

⇩はか、ねこ、ゆうれい、れいこん

事例 ①［熊本県阿蘇地方］では、人の死後直ちに床を換えて北枕西向に寝かせ羽織で覆う。猫が寄り付き死体を越えると死人が起き上がるといわれ、寄り付かないように箒で三回死人の体を撫でてから羽織を被せる。もし猫が飛んで死骸が起きたなら、箒を逆に持って打ち倒さなくてはならない（『旅と伝説』六（七）、昭八、一七〇）。②［青森県］悲恋のために津軽海峡で死んだ娘の骨を、父親が迎えに行き持とうとしたが、重くて持てなかった。恋人のところへ連れて帰るのだというと、急に軽くなった（『旅と伝説』一三（四）、昭一五、三一）。③［新潟県］昭和一二、四年頃、奇行が多かった男が死んだとき、その男の死体に村の若い衆が悪戯をした。一年後、男は離れた土地で生まれ変わり、その背中に悪戯が判読でき、その親がわざわざ男の墓の土を買いに来たとか、その土で痣状の字形を消すのだとか、その話でもちきりだった（『高志路』二〇八、昭四二、一〇）。④〔徳島県宍喰町（現・海陽町）〕昔、井上神社の近くの渕で、つづらを持った一九歳の男が悪者に襲われ渕に落ちて死んだ。死体があがらなかったため、たらいと鶏を使って探すと、鶏がコケッと鳴き、たらいが回り、そこに死体があった。以後、この渕をつづら渕といい、辺りで草を刈るときには「うとておくれよ一九の殿に、うたやうかべよ、こきゃと鳴く」と歌い、草を刈らなければいけなかった（『民俗採訪』昭和五三年度号、昭五四、二六）。⑤〔栃木県宇都宮市〕中学校で、地面から見ると何も見えないが、屋上から見ると地面に女性の死体の形がみえるという。落ちて自殺した人がいたのだという（『下野民俗』三九、平一一、四五）。⑥〔群馬県上野村〕役場の村長室のドアを開けるとゾクッと身震いが出たところ、その部屋の隣に尾巣鷹の尾根で亡くなった引き取り手のない遺骨が安置されていた（『上毛民俗』四七、昭六三、六六）。

（土居浩）

〔参考文献〕益田勝実「古代人の心情」『益田勝実の仕事4』ちくま学芸文庫。

しちじゅうごひきさん【七十五匹さん】

管狐の別称の一つ。管狐の眷族が七五匹であることからの呼び名。

⇩くだぎつね

しちなんのそそけ【七難の揃毛】

類しちなんのけ【七難の毛】 特殊な力をもった女性や神仏の陰毛や髪の毛とされ、社寺では神体や宝物として祀られている。特に「七難」という女性の陰毛、山姥の髪の毛ともいわれる。毛髪には特殊な力があるとされ、呪《まじな》いに用いられることも多い。異常な長さで、色は、黒や赤黒、五色などという。

⇩やまんば

事例 ①〔群馬県上野村〕慶長の頃の洪水の時、黒く美しく艶やかで三三尋余りもある、怪しい長い毛が板橋に流れかかった。巫女に占わせてみると、栗野権現の流した陰毛だというので、同社へ送り返したという（『旅と伝説』一一、昭三、一二－一三）。②〔長野県戸隠村（現・長野市）〕おまんは、怪力、俊足を兼備する鬼女。紅葉を支えて戦い、戸隠山の麓まで逃げ延びたが、無常を感じ、戸隠山本坊勧修院で出家した。その際に六尺余りもあったというおまんの遺髪が保存されていて、「七難の毛」「おまんぼぼの毛」などと呼ばれている（『長野県史 民俗編四（三）』昭六一、四九二）。

（竹内邦孔）

しちにんづか【七人塚】

類ななつづか【七ツ塚】 同時に不慮の死を遂げた七人の集団の霊魂を祀った墓のこと。集団は狩人や武士、山伏などだが、殺害された妊婦など、一人だけのこともある。七人塚があるから七人では猟にいくな、と伝えられていたり、祟りをなしたりもする。

⇩つかのかいい、みさき

事例 ①〔愛媛県中山町（現・伊予市）〕ある金持ちが金を埋めるため七人の村人を雇い、そのあと秘密が漏れないように殺した。

その墓が七人塚である。誰も金を掘り起こさないので、ダイバ（金の精）が出てきて悪さをした。ダイバが塔婆を建てろというので、建てて鎮めた（『中山の民俗』昭五四、二〇八）。②［静岡県天竜市（現・浜松市）］狩人が七人行方不明になったので塚に祀っている。犬の声や鉄砲の音が聞こえるともいう（『民俗採訪』昭和四〇年度号、昭四一、一一三）。③［奈良県］七ツ塚から火の玉が七つ、昼夜を問わず出てくる。これを見ると熱が出る。ここは妊婦が殺されて埋められたところである（『旅と伝説』八（五）、昭一〇、四二）。

（廣田龍平）

しちにんみさき【七人御崎】

⇨みさき

しちふくじん【七福神】

⇨ふくのかみ

しちほんざめ【七本鮫】

三重県志摩地方、愛知県佐久島にある七匹の鮫。佐久島では龍神の使いとされ、六月一四日には七本鮫が来るので泳いではいけないとされる。志摩では旧暦の六月二四、二五日に現れる。この日は磯部のオゴサイと呼ばれ、七本鮫が磯部の伊雑宮に参詣に来るのだという。七本鮫は磯部さんの使いだともいわれる。また、このうち一本を釣り上げたために、家が没落したり疫病が流行ったりしたという話も伝わっている。

⇨さめ

事例 ①［三重県磯部村（現・志摩市）］オゴサイには七本の鮫が上がってくる。昔、神島村でこの鮫を一本捕ったため、流行病があった。この日は船が通行止めとなり、海女も仕事を休んで磯部の宮に参詣する（『島』昭和九年前期号、昭九、一〇七）。②［三重県磯部村（現・志摩市）］旧暦六月二四日に、七本の鮫が伊雑宮の前の川まで上がってくる。その際は、蟹や蛙に化けて上がる。この一本を阪手村の者が捕ったため、村は没落した（『島』昭和九年前期号、昭九、一〇八）。

（山口拡）

しち・まじむん

㊫じーむん、しち、しちもうれぇ、しちゆうれい、ひち・まじむん　沖縄で伝承される妖怪。姿は見えず、節穴などの狭い隙間から入り込んで人を連れ去る。また、人に取り憑いて夢遊病者のようにすると言われる。人を迷わせるだけで危害は加えない。シチ・マジムンに遭遇する状況としては、原野での草刈り中や、筵《むしろ》を持った夜道、夜の浜辺なども伝えられている。久高島では柱状の妖怪をシチ・マジムンと呼び、おさえられたら死ぬとされている。

⇨まじむん

事例 ［沖縄県うるま市］義理の両親に酷使されていた継子が夕暮れの浜辺で泣いていたところ、漁師に化けたシチに連れ去られた。総出で継子を探したが、八日目になってシチが継子を連れて様子を見にきた。すると村人の祈願のため魔法が解け、継子は目を開いてシチの正体を見た。継子は泣き出し、その声に両親が気付き名を呼んで、祝女《のろ》も祈願を強めたのでシチは逃げ去った（『沖縄民俗』一（八）、昭三八、四八-四九）。

（田村明子）

しちめんだいてんにょ【七面大天女】

（類）しちめんさま【七面様】、しちめんみょうじん【七面明神】　蛇や龍にまつわる伝承のひとつで、法華経を守護するとされる女神。日蓮は七面山の高座石という石に登って毎日説教をしていた。すると美しい女が来て聴聞している。それが毎日続くので、その女は日蓮の妾だという噂が立った。あるとき日蓮は花瓶の水を女の髪にかけると、女は大蛇（もしくは大龍）に変わり、飛び去った。以上の伝説にもとづき、各地で七面大天女として祀られている。

⇩じゃたいのにょにん

事例　［長野県飯田市］飯田市蓑瀬町の長源寺にある七面様の由来は、以下の通りである。建治三年一二月のある夜、日蓮聖人が身延山で説法を行ったところ、その一座に一八、一九歳の少女がいた。聖人が尋ねたところ、少女は仏勅を受け手仏法を守護する吉祥天だという。少女は聖人に水を乞うたので聖人がこれを与えると、少女は二丈ばかりの蛟龍《こうりゅう》となり飛び去った。これが現在の七面大明神である（『旅と伝説』二（三）、昭四、五八－六一）。

（塚原伸治）

しっけんけん

（類）ひこけんけん　雪中に現れ、紐で人を縛ってしまうといわれる妖怪。一本足で片足跳びをするとか女であるなどと説明される。長野県茅野市に事例があり、長野県対馬などでは子供の片足跳び遊びを同じ名で呼ぶ。仙台地方のヒコケンケンも同様で、片足跳び遊びと雪中に現れる片足の妖怪が同じ名で呼ばれる。片足跳びをする妖怪であることから片足跳び遊びの地方名を冠するようになったのだろうと考えられている。

一本ダタラや一目小僧、雪夜に飛び歩く雪ん坊など、一本足の妖怪が山や雪の降り積もった夜に現れたという類話は多い。一本足の足跡のみが雪中に残されていたという場合もあるが、妖怪の姿を目撃したという話も伝えられている。

⇩いっぽんだたら、ひとつめこぞう、ゆきんぼ

事例　［長野県永明《えいめい》村（現・茅野《ちの》市）］長野県諏訪郡の永明、宮川の二村あたりで、雪中に出る女の怪をいう。紐で人をしばって行く。一本足で片足とびをするという。仙台地方では片足とびをヒコケンケンという（『宮城県史　二一』昭三一、四五〇－四五一）。

（鄧君龍）

しにび【死火】

（類）しにっぴ【死にっ火】、しのひ【死の火】　死を予言する火のこと。火の落ちた家には死人が出るといって、これが出ると人々は恐ろしがる。また、死人の出た家で飲食することを「火を食う」といって忌んだ。また死火の出た家の者は、狩りなどの外出を控えた。

⇩かいか、しのよちょう

事例　①［山形県］死の火……これが出ると、人々は恐ろしがる。火の落ちた家には、死人が出ると言うからである。死を予言する火である（『西郊民俗』一三五、平三、三六）。②［宮城県］死者の家で飲食すれば「死火」を食ったと称して神を祭ることをタブーとする（『宮城県史　二一』昭三一、六五）。

③［福島県檜枝岐村］忌む最も強いものは火で、しにっぴは死火、さんぴは産火で、ここでは産火より死火を忌んだ。火を食うといって、家族に不幸や出産があればもちろん狩りには出なかったし、そのような家で飲食をしたり、立ち寄ることも忌んだ（『福島県史』二三、昭三九、一九六二）。

（高橋奈津子）

しにまぶい【死にマブイ】

死んだ人間のマブイ（魂）。

⇨まぶい

しにんぼう【死人坊】

死ぬ二、三日前に通るというもの。旦那寺へ参詣するが、このとき来世に生まれ落ちるときの姿をとるという。

⇨しのよちょう

事例 ［石川県鹿島郡］人の死ぬ二、三日前に、死人坊というものが出る。これは檀那寺へお礼詣りするからであり、来世に落ち行く様子になって行くという（『民俗学』一(二)、昭四、四三-四四）。

（荻野夏木）

しのだぎつね【信太狐】

⇨きつねにょうぼう

しのよちょう【死の予兆】

㊫しのしらせ【死の知らせ】、しのよそく【死の予測】、しのよち【死の予知】、しらせ【知らせ】　人の死を、そのことを知らないはずの人が何らかの手がかりを得て、予め、またはその瞬間に察知すること。死の予兆にはさまざまな手がかりがある。たとえば「カラス鳴きが悪い（カラスがよく鳴く、悲しそうに鳴く）」「狐が鳴く」などと言い、動物の鳴き声、棺を作る音や釘を打つ音、米を搗く音などを聞いたり、また歯の抜けた夢や田植えの夢を見たりすることが挙げられる。その他、人魂を見る、靴の紐が切れる、味噌や漬物の味が変わる、などもある。いずれも、死者の家族や近隣の者が後から振り返ったときに、それが死の予兆だったと気づくことが多い。たとえば死期の迫った者の近親者はその人の夢を何度も見たり、いるはずのない場所や時間にその人を目撃したりして、死を予感するという。このような伝承の背景には、霊魂は死の直前に抜け出て、近親者のところに死を知らせに行くという考えがある。このほか、自らが死を予知する場合もある。たとえば「○日に死ぬから」と宣言し、葬式の準備まで済ませてから息を引き取ったり、「五歳の時に善光寺に行く」と言った子供が実際に五歳で亡くなったりする伝承である。これらには、人間の運命が、出産の神である産《うぶ》神《がみ》によって予め定められているという運命観がある。産神たちが生児の運を語る産神問答には、死の時期が明確に語られている。

⇨からすなき、しにび、しにんぼう、ほうもんだま、まえじらせ、ゆめまくら、れいこん

事例 ①［青森県野辺地町］夜中に戸を叩く音を聞きつけたり、うなされたり、大きな物音を聴いたりすると、翌朝に「死んだしらせ」を受け取ることがよくある（『旅と伝説』六(七)、昭八、二七）。②［群馬県川田村（現・沼田市）］母が真夜中にふと目をさますと、枕もとに出兵した息子がいた。

「おかあさん、僕はお腹がすいているので何か食べ物はありませんか」と言うので、急いで支度をしようとすると、「まあいいよ、じゃあさようなら」と言って消えてしまった。台所へ行くとお釜の蓋が開いていた。翌朝早くに役場から戦死の知らせが来た。母はお別れに来たのだろうと思った（『上毛民俗』四〇、昭四一、四〇）。③［和歌山県大塔村（現・田辺市）］空家に神さんが一人いた。そこへ別の神さんが来て、よそでお産があるから行かないかと誘った。今日は客があるので断ったら、一人で行った。その神さんにお産はどうだったと聞いたら、「産れた子は、八つの鎌よ」と言った。その子供は八歳の時、鎌で死んでしまった（『民俗採訪』昭五一年度号、昭五二、二一〇）。④［群馬県］寺の住職は一般に死の予知には敏感で、死にそうな人の歩いてくる草履の音や、女の場合は駒下駄の音が聞こえるという。また寺のナガシ（台所）で茶碗の音がすると女の、筆で字を書く音が本堂ですると男の死んだツゲ（お告げ）があり、この音も住職には聞こえると言う（『群馬県史 資料編二六』昭五七、一二三二）。

（安井眞奈美）

しばおりさん【柴折りさん】

類 あしかるさま【足軽様】、おしおりさま【オシオリ様】、しばおりじぞう【柴折地蔵】、しばがみ【柴神】　峠や山の入り口などの路傍にまつられており、通行者が柴を手折って捧げる神。西日本を中心に分布する。神に柴を折って供え、通行の安全や疲労軽減を祈願したり、集落への悪魔や悪病の侵入を防止したりする。また、まつられている場所は死者が出た場所とされ、供養として柴を手向けると伝える所もある。

事例 ①［愛媛県宇和島市］東予地域では、旧道の難所にある石地蔵・小祠・道祖神に柴を折って通行の安全を祈願した。狸・山犬・ノツゴなどの妖怪に憑かれないために青草を手折って供える場所もある（『伊予の民俗』三七、昭六〇、二六）。②［徳島県祖《い》谷山《ややま》村（現・三好市）］死人のあった場所で地蔵が祀られている所。柴折地蔵ともいう（『ひだびと』一（七九）、昭一六、一三）。

（田村真実）

しばかき【柴掻き】

夜、路傍で石を投げてくる妖怪。シバとは短い草の生えた所を指し、それを引掻く様な音をさせるためにこう呼ばれるのであろう。

⇩いしふり、すなかけばば

事例 ①［熊本県］夜路傍で石を投じる怪物（『方言と土俗』三（三）、昭七、七八）。②［不明］夜分に路傍で石を投げる怪物だという（『民間伝承』三（一一）、昭一三、一二）。

（三村宜敬）

しばてん【柴天、芝天】

類 しばてんぐ【柴天狗、芝天狗】　主に高知県に伝わる怪。小さい子供のような姿で、川の付近などで相撲を挑んでくる。これに応じると一晩中相撲をとらされたり、いつの間にか相手が棒や石などに変っていたりする。河童や猿猴《えんこう》とも似ているが、水中での活動は少ない点などで異なるようである。また、徳島県や愛媛県の一部では、山中で木の倒れる音などを立てる怪異とされている。

⇨えんこう、かっぱ、そらきがえし、てんぐ、ひるまぼうず

事例 ①［高知県］夜更けに川の堤防を通ると、芝天（芝天狗）に相撲を挑まれる。土地の若者の中にはこれを面白がり、芝天のふりをして人に相撲を挑むものもいた（『土俗と伝説』一（四）、大八、一二四－一二五）。②［高知県土佐山村（現・高知市）］芝天は、旧六月六日の祇園様の日から川に行き猿猴になるといわれる（『旅と伝説』一五（六）、昭一七、二八－二九）。③［愛媛県面河村《おもご》（現・久万高原町）］柴天狗は、身の丈三尺くらいの大きさで、相撲好きである。人が通りかかると、木を伐る音や木の倒れる音を立てる（『愛媛県史　民俗上』昭五八、八二四）。

（小澤葉菜）

しまむらがに【島村蟹】

甲面の凹凸が怒った人の顔のように見える、鬼面蟹の一種。細川高国の家臣島村氏が、享禄年間に行われた三好細川の戦で、敵二人と共に入水し、その怨霊が蟹になったという。場所が近いためか、武文蟹と同一視されることがある。

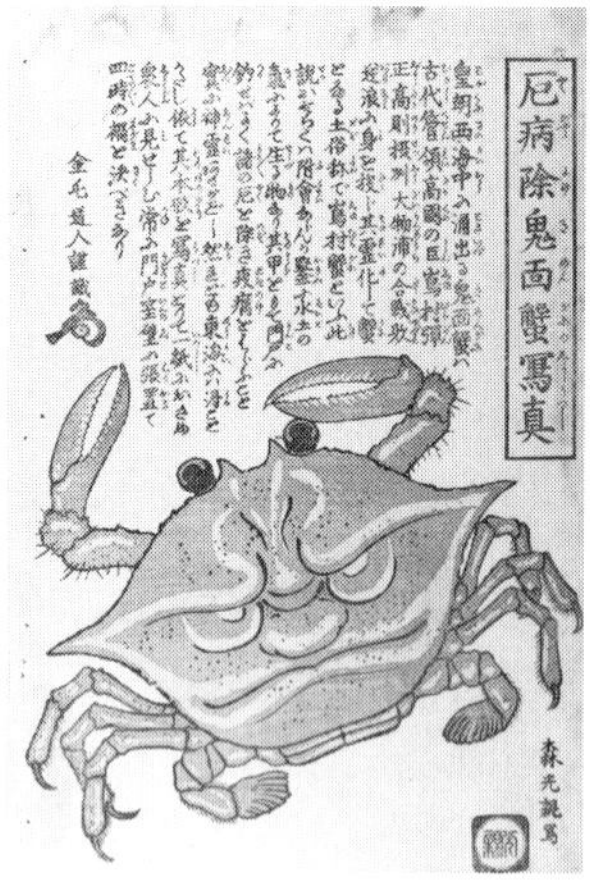

奇面蟹（「厄病除鬼面蟹写真」国際日本文化研究センター蔵）

⇨おさだがに、かに、たけぶんがに、へいけがに

事例 ［不明］島村ガニは尼崎でとれるが、享禄年間摂津の三好細川の戦で、細川の家臣島村氏が敵二人を両脇に抱え入水しカニとなったものだという（『西郊民俗』一八、昭三六、二〇）。

（玉水洋匡）

しゃか【釈迦】

仏教の開祖。その姿を彫った像にまつわる怪異が伝えられている。人々に加護を与える一方で、像の意に沿わぬことをした者に何らかの不幸が訪れるというものである。また、年中行事の由来にも釈迦にまつわる話は存在している。

事例 ①［神奈川県小田原市］鉄橋の下に石で彫ったお釈迦様が祀られており、朝、近くを通る石工が一日の無事を祈って手を合わせていた。その際にお釈迦様が彫ってある石の壁から土や石が落ちる日は、仕事場で事故が起きると信じられていた（『常民文化研究』六、昭五七、九一）。②［宮城県仙台市］龍宝寺の本尊である釈迦像は、福王寺のものであったものが縁の下に放り込まれたものであった。子どもたちが毎月のお祭りの日に堂の周りを引きずり回して遊んでいたところ、新しく来た住職が本堂に安置した。すると夢に釈迦が出てきてせっかく子供たちと遊んでいるのに、と叱責され高熱を出したため、元のように縁の下に置かれた（『宮城県史　二一』昭三一、三〇八－三〇九）。

（後藤知美）

しゃくとりむし【尺取(獲)虫】

シャクガの幼虫。一般に、体が細長く、全身を使って長さを測るような独特な歩き方をするため、「尺取虫」と呼ばれる。この虫に体を這われる、すなわち「尺を取られる」ことを凶とする伝承は各地にみられる。全身を測られる、首のまわりを測られる、あるいは一〇回や一〇〇回など特定の回数を測られると死ぬという事例が多く、寿命が短くなる、身長が伸びなくなるという説もある。なお、シャクガの幼虫以外のものを「尺取虫」と呼んだ事例もある。

⇩むしのかいい

事例 ［長野県立科町］尺獲虫は古木の霊気が固まったものである。人を害することはない。八重原堰の普請があった時、麦草の辺りを歩いていたら、山の際に苔むした古木があった。数人の子どもがその木に登ったら、木がまっしぐらに山の中に走り込んでしまい、子どもたちは振り落とされた。不思議に思い古老に尋ねたところ、「それはここの主で、尺獲虫という化物である」と教えてくれた。これを聞いて子どもたちは恐れたという（『旅と伝説』四（七）、昭六、七四）。

（徳永誓子）

じゃこつ【蛇骨】

㊮だこつ【蛇骨】 各地に蛇骨を宝物とする社寺がある。その多くは旱魃の際、雨乞いに用いられる。蛇骨伝承は湖沼の主としての大蛇伝説に通底すると考えられ、蛇と水との間にある強いつながりを窺わせる。大蛇を退治して蛇骨を得る話と蛇女房の異類婚姻譚との関連性を指摘する説もある。

⇩だいじゃ、へび、りゅうこつ

事例 ①［愛媛県松山市］湯山の湧ヶ淵には大蛇がいた。美女に化けた大蛇を三好秀勝が鉄砲で退治した。その蛇骨が三好家に伝わっており、旱魃時には淵で雨乞いする。一一月二三日に蛇骨祭りを行い、供物を流す（『近畿民俗』四九、昭四五、一一）。②［大分県国東町（現・国東市）］武蔵町（現・国東市）の谷に滝がある。そこに大蛇が棲むという噂があり、雨が降るとき、滝の付近に黒雲がかかる。これを「お滝が荒れる」と言い、人々は大雨に困らされた。あるとき、二人の猟師が鹿笛で大蛇をおびき寄せて射殺するが、祟りに遭う。山焼きをすると、蛇の死体が見つかった。その大蛇の頭骨は興導寺にある（『国東町史』昭四八、七七四）。

（近藤祉秋）

しゃじつさま【社日様】

㊮しゃにちさま【社日様】 春分、秋分に最も近い戊の日を社日と呼び、田の神である社日様が、春の社日には天から田に下り、秋の社日には田から天に上がる日とされる。

⇩たのかみ

事例 ①［新潟県六日町（現・南魚沼市）］社日様は社日の早朝に田におり、秋は夕方遅くにあがるため、社日の朝は早く起床しニワに鋤・鍬を立ててお参りをする。社日様は生臭物が好きな神様であるため、魚なます、鰊汁、小豆飯を供える。春の社日が遅く、秋は早ければ豊作と言われる。これは社日様が大食漢であるため、社日様が田にいる期間が長いほど食物を食べてしまい不作になるからである（『新潟県史　資料編二二』昭五七、八四七)。②〔新潟県新穂村(現・佐渡市)〕春秋の社日には畑野町内の飯持神社に、春は「社日様に稲を受けに行く」と米を供え、秋は「お礼に行く」と新米を持参する。また、春は早朝に、秋は夜にぼた餅を作り、神棚や仏壇、床の間に供える(『新潟県史 資料編二三』昭五九、五七一)。

(後藤知美)

じゃたいのにょにん【蛇体の女人】

類へびおんな【蛇女】、へびじょちゅう【蛇女中】、へびむすめ【蛇娘】 女人蛇体の伝承には、沼沢の水精が女性の姿であらわれる話と、情愛の激しさゆえに人間の女が蛇身に変化する話の二系統がある。

物語・芸能に描かれた前者の例として、説経節の『小栗判官《おぐりはんがん》』の発端にみえる深泥《みどろが》池《いけ》の蛇妖などがある。近世怪異小説の『拾《しゅう》遺伽婢子《いおとぎぼうこ》』(元禄一七年刊)巻一の三「毒蛇人に化して契る」等は、水底の妖婦伝承を怪談化したものである。水精を蛇身の女ととらえる伝承の成立と流布には、仏教の説く「竜女成仏」「女人成仏」思想の影響も考えられるだろう。曹洞宗系の禅僧や、真宗の親鸞・蓮如といった高僧が、女の姿で説教を聴きに来た土着の水精を救済する霊験譚が各地の寺院縁起、絵解き図に取り込まれ、近世中・後期になると勧化本や絵入高僧伝(『二十四輩順拝図会《にじゅうよはいじゅんぱいずえ》』など)に記され出版メディアを介して民間に伝播した。こうした仏教説話の伝統をふまえて、『新御伽婢子《しんおとぎぼうこ》』(天和三年刊)巻六の三「蛇身往生」のような江戸怪談が生まれた点は注目してよい。

一方、激しい恋心のために我が身を蛇に変えてしまう娘の物語は、道成寺伝説の清姫や近江の比良八荒《ひらはっこう》の伝承にその典型をみせている。とくに清姫の蛇身変化の場合には、中世のお伽草子、謡曲や江戸の浄瑠璃、歌舞伎、舞踊に脚色されて都市芸能の世界に伝承圏をひろげたことで知られる。

これに対して、道成寺伝説の発生地である和歌山県の在地伝承には、清姫を蛇の子孫と伝える民談の痕跡がうかがえる。清姫の出生地と伝える中辺路《なかへじ》町真砂《まさご》(真名古《まなご》)の旧説によると、この女は母親が蛇と通婚して生まれた子という(『日本伝説大系』9所収『熊野・中辺路の民話』)。また、この地方では、蛇の血筋の子が生まれるといった口碑も存在する(『新著聞集』)。『風聞雉子《ふうぶんきぎすの》声《こえ》』によれば日高郡の者は他所と縁組することをせず、髪に粘り気のある蛇性の娘が生まれる。同書は、この言い伝えを「浄土宗の僧」からの伝聞としており、あるいは、口碑の伝播に宗教者の関与があったことを想像させる。

⇩しちめんだいてんにょ、どうじょうじ、へび、へびにょうぼう、りゅう、りゅうがいけ

事例 ①〔滋賀県西浅井町(現・長浜市)〕お坊さんに恋した娘が、毎晩盥《たらい》の舟に乗って琵琶湖の対岸にある僧院に通っていた。迷惑に思ったお坊さんが目印の燈台の灯を消したので、娘は暗夜の湖で方向を失ない溺死して蛇になった。その後、比良の祭りの三月二八日頃になると湖上が荒れる(『西浅井むかし話』昭五五)。②〔和歌山県みなべ町〕安珍という山伏が近露のサンハンの清姫を嫁にした。清姫が髪を結うとき、まくれあ

さ

がっていたので蛇に違いないと思って安珍は怖くなり、日高川を渡って逃げた。清姫は追ってきて日高川を半人半蛇になって渡った。安珍は道成寺に逃げ込んで釣鐘の下に隠してもらったが、草鞋の紐が出ていて見つかった。清姫は鐘を七巻半巻いて溶かしてしまった（『口承文芸』七、昭五六、四三三）。③［和歌山県］紀伊国日高郡真名古村では、昔から蛇身の女が一人ずつ生まれるという。この女は容貌がとても優れ、髪の毛は身の丈以上に伸びる。そして梅雨の時期になると、髪の毛が非常に粘り、もつれ合って櫛が通らない。ただ梅雨が明けて日高川の水で洗うとさらさらになるという（神谷養勇軒『新著聞集』）。④［和歌山県富里村（現・田辺市）］清姫淵に娘がいた。子どもを産んだが、その子の背中には鱗が二つあったという（『民俗採訪』昭和五一年度号、昭五二、二〇七）。

（堤邦彦）

［参考文献］高田衛『女と蛇』平成一一、筑摩書房。堤邦彦『女人蛇体―偏愛の江戸怪談史』平一八、角川学芸出版。

じゃぬけ【蛇抜け】

日本の農業集落の半数は中山間地域に位置している。こうした地域では、がけ崩れ・土石流など土砂災害をしばしば蒙ってきた。山崩れをジャヌケ、ヘビノモノヌケというように、日本人は、蛇が山崩れを起こすと考えてきた。すなわち、山や谷地に住む大蛇が大水に乗って里に下ると、土砂災害が引き起こされるとみたのである。こうした蛇抜伝説は各地に伝えられている。

⇩だいじゃ、へび、ほらがい

事例 ①［長野県中野市］浜津ヶ池には昔、大蛇が棲んでいた。大雨の晩に、大蛇はどこかへ行ってしまった。朝になると、池から千曲川まで田畑が引き裂かれていた。大蛇の通った道であるという（『災害文化史の研究』平一五、二一九）。②［新潟県］座頭の琵琶に、美しい女が聴き入っている。女は自分が大蛇で、大水で下にある村を淵にすると告げる。座頭は急いで村人に伝え、術をもって大蛇を退治したが、絶命してしまった。座頭は大倉権現、大蛇は大利大明神として祀られている（『近畿民俗』五六、昭四七、二一一―二一三）。

（金子祥之）

しゃみがぶち【三味が渕、三味が淵】

川の中から三味線の音が聞こえる怪異。過去に事故や自殺で死んだ三味線の弾き手がおり、その妄念を原因として語られる。

⇩おとのかいい

事例 ①［長野県佐久穂《さくほ》町］昔一人の座頭が村人に諏訪へ行く道を尋ねた。村人がうそをついたため道に迷って途方にくれた座頭は、川の淵に立って三味線を持ったまま淵に飛び込んだ。今でもそのふちから三味線の音が聞こえてくるという。座頭が泣きながらさまよった坂は「泣き坂」と呼ばれている（『長野県史　民俗編一（三）』昭和六二、四八三）。②［奈良県橿原《かしはら》市］今井から五井《ごい》に入る道の小川にかかるびんびん橋では、昔一人の盲女が三味線を弾いて渡ろうとしたところ落ちて死んだ。それ以来川の中から三味線の音がする。音がやめば手をたたくとまたその音がする。盲女の妄念だといわれ、その橋をびんびん橋と称した（『奈良

県史　一三』昭六三、三六〇）。　（神田朝美）

じゃんじゃんび【ジャンジャン火】

奈良県における怪火の呼称。ジャンジャンと音をさせて飛ぶことからこの名がついたという。火は二つ出現し、出遭った場合は頭を下げて、この火を見ないようにしなければ死んでしまうという。乙女夫川や打合橋に、これにまつわる伝説がある。

⇩かいか

事例　①［奈良県大和郡山市］身分違いゆえに結ばれず死んだ男女が、六月七日に二つの大きな人魂になってジャンジャンと音を立てて舞った。今でも霊を慰めるために橋の袂で踊る（『民俗芸術』七、昭三、五五）。②［奈良県奈良市］雨の夜には決まってジャンジャン火が出て合戦をする。長い尾を引いた青い火の玉で、年輩の男の顔が映る。奈良時代の公卿の怨霊で、これを見て死んだ人もいる（『奈良県史　一三』昭六三、三四一）。　（中村祥子）

じゅうさんかいだん【十三階段】

上るときに十二段（十三段）の階段が、下りるときには一段増えて十三段（十四段）に変化する。学校の七不思議の一つとして子供たちの間で広く語られている。段数は上り階段、下り階段で増えるもの、減るもの、または昼間と夜間で変化するもの、時間は夜中の十二時、丑三つ時、四時、大晦日、特定の曜日と時刻などさまざまである。階段のある場所は墓地、兵舎、城の跡地などで、さらにそこでは事故や自殺があったと怪奇の由来が語られるものもある。階段は上と下の世界をつなぐものであり、異界への通路という意味があるのだろう。

⇩がっこうのかいだん

事例　①［滋賀県］中学校の階段は正面の踊り場から左右に分かれている。その左右の段数が日によって、また数える子どもによって違う（『現代民話考』七、平一五、八四）。②［千葉県］小学校の階段の手すりを滑って遊んでいた生徒が落ちて死んだ。夜そこでは子どもの遊ぶ声が聞こえたり、十二段のはずの階段が十三段になったりするという（『幸福のEメール』平一一、六八―六七）。　（杉本栄子）

じゅうじぼうず【十時坊主】

群馬県にある妖怪。家の中にでるもので、子どもを隠す隠し神の一種のような存在と考えられる。夜十時にでるので十時坊主というが、子どもの夜更かしを諌めるためのものであろう。

⇩かくしがみ

事例　［群馬県昭和村］家の中にも化け物がでる。夜の十時にでるのを「十時坊主」という。母親が子どもを寝かしつける時などに、「早く寝ないと十時坊主がでるぞ」などという（『上毛民俗』三二、昭三一、八）。　（山口拡）

じゅうにさま【十二様】

北関東から東北地方にかけて分布する、山の神の呼称。十二の意味は明らかではない。女の神とも男の神ともいい、山仕事や狩猟の神としてまつられることが多いが、田の神とする所もある。十二日を祭日とし、十二講を行いまつる。佐渡では山の神ではなく、山伏が依代に憑依させるむじなのことを「じゅうにさん」と呼び、地神としてまつる。

⇩じゅうにさん、じゅうにじんさま、やまのかみ

事例 ①〔群馬県六合村（現・中之条町）〕十二様は一年に十二人の子供を産む女の神というが、ヒトツマナコという異形のものとも言われる（『民間伝承』一四（二）、昭二五、二六）。②〔群馬県利根村（現・沼田市）〕根利の十二様は、昔瞽女《ごぜ》が殺されて祟ったため祀ったものである（『群馬県史　資料編二六』昭五七、三〇二）。③〔新潟県佐和田町（現・佐渡市）〕山伏が「代より」にジュウニサンというムジナを憑かせるムジナ依せが行われていた（『新潟県史　資料編二三』、昭五九、七二七）。

（田村真実）

じゅうにさん【十二さん】

㊫じゅうじんさん　佐渡島における狢の別称。じゅうにさんは山の神との関連をうかがわせる呼称であるが、佐渡では狢と山の神との関連が語られたり、あるいは狢そのものであるとする伝承もある。じゅうにさんは、人に憑く狢であり、一般の狢とは異なって、霊験あらたかであり、人の目には見えないともされる。

⇩じゅうにさま、むじな

事例 ①〔新潟県両津市（現・佐渡市）〕子どもが急に「藁を食いたい」とせがむと、人々は「ジュウニさんに憑かれた」といった。それは自然に治ったが、ジュウニさまとはムジナのことである（『新潟県市　資料編二三』昭五九、八〇六）。②〔新潟県佐和田町（現・佐渡市）〕じっさいに「むじな」は多かったが、憑く「むじな」はいっぱんに「じゅうにさん」と呼んで区別している。そして恐れ敬い「地神」にまつる家が多い（『西郊民俗』八〇、昭五二、一一）。

（及川祥平）

じゅうにじばばあ【十二時婆】

⇩よじばば

じゅうにじんさま【十二神様】

主に岡山県で信仰されている神格。集落や屋敷の守護神と言われている。狐との関係が深く、祟りやすい性格を持つ。山の神である十二様とは異なるが、その起源はわかっていない。十二という数も信仰とあまり関係がない。

⇩じゅうにさま

事例 ①〔岡山県美星町（現・井原市）〕十二神様は集落の守護神である。集落に火災があると、この神の使いである狐が鳴くと言われている。また近くに十二神やぶという場所があり、そこで夜中に狐が鳴くと、神職に頼んで拝んでもらう。夜中に狐が鳴くとそこに十二神を祀るのだという。祟りやすい神である（『岡山県史　一五』昭五八、五〇五）。②〔岡山県川上郡（現・高梁市）、小田郡（現・井原市）〕十二神様は家や株内、集落の守護神であり、祟りやすい。この神の使いである狐が鳴いて災難を告げるという（『岡山県史　一五』昭五八、五九八）。

（廣田龍平）

しゅうねん【執念】

⇩たたり

しゅてんどうじ【酒呑童子、酒顛童子】

京都の山奥、大江山に城を構える酒呑童子はもともと新潟県に住んでいた外道丸という者であった。伊吹明神の申し子ということで伊吹童子といい、また酒を好んでいたので酒呑童子という異名が付いたが、あるとき人肉の味を覚えた。人間離れした外見や所業に恐れをなした人々は神に祈願して伊吹童子を追い出してしまった。その後、各地を転々として最後に辿り着いたのが大江山であった。ここには童子を邪魔する神仏も高僧もいないので、城を築き、また鳥獣を食べていた。しかし次第に人を襲うようになっていった。そしてついに貴族の子女をさらうに至って、朝廷から派遣された武勇の名高い源頼光とその四天王によって退治されてしまう。

童子は新潟県に住んでいたという説が流布している。弥彦山の隣にある国上山国上寺には『酒呑童子絵巻』が伝わり、周囲に伝説が散在する。さらにこの寺では『酒呑童子略縁起』と題する一枚摺の略縁起を発行しており、広く知られた伝承地であった。一方、京都の大江山にもまた、屋敷跡と伝える岩や、血染めの衣を洗ったという場所に建てた仙丈ヶ滝下の不動堂、頼光が童子退治を祈願した鬼嶽神社など、多くの伝承が見られる。討たれた首が埋められた場所は京都市と亀岡市の境の老の坂という。これら越後、京都の酒呑童子誕生の伝説の他、奈良の白毫寺出身という説もある。そこでは師の僧に人肉を食べさせるために人を襲っていたと説く。また岡山県には樵が森の中にあった紅白餅を食べた結果、酒呑童子になったという伝承もある。

また新潟県栃尾市には眷属茨木童子の子孫と伝える家もある。他方で酒呑童子を退治した側に童子と関連づけた伝承が見られる。たとえば栃尾市の渡辺家は渡辺綱の子孫という。綱が酒呑童子の腕を取ったのが節分の日であることから、鬼を恐れることがなく、ゆえに豆をまかなくてもよいとされる。また富山県中新川郡上市町の平井保昌の家には代々退治の時に使った兜が伝わっていたが、不幸が続いたため、後に杉の下に埋めたという。

⇩いばらきどうじ、いぶきどうじ、いわだけまる、おに、きんたろう

事例 ①［新潟県大江山村（現・新潟市）］酒顛童子は、三年三ヶ月、母の胎内にやどり、生まれながらに牙が二本あった。その後、国上山国上寺に入り、稚児として過ごす。美しく秀才であったが、一六歳の時に送られてきたたくさんの艶書を入れた箱の蓋を取り去った。するとたちまち煙が立ち上り、童子は悪鬼の相を現した。以来、弥彦神社の稚児をさらうようになり、更に丹波仙丈ヶ岳に飛行して大江山の酒顛童子と名乗りを上げたという。童子の容貌は背が高く、髪は赤い（『土の鈴』三、大九、四一−四四）。②［岡山県下熊谷村（現・新見市）］樵の親方が多数の弟子を連れて深い山に仕事に出かけた。弟子の一人が、人影の無い森陰に一重の見事な紅白餅を見つけた。あまりにうまそうなので食べてしまった。すると、面相が一変して暴れるようになり、日夜、山奥をさまようなど、鬼のようになった。仲間が連れ戻そうとすると、「もう鬼になった

ので近寄るな」といい、最後に連れ戻しにいった者を殺して食べた。その後、親方に罪を告白し、仲間のもとに戻るが、再度山に入り、「丹波の大江山へいく」と言って飛び去った。これが後の酒呑童子だという（『民間伝承』一三九、昭二四、三七）。

（伊藤慎吾）

酒呑童子（『伊吹山酒呑童子絵巻』国際日本文化研究センター蔵）

〔参考文献〕徳田和夫「越後の酒呑童子」『伝承文学研究』五一、平一三。

しゅのばん【朱の盤】

会津（福島県）諏訪の宮に棲むという妖怪。大きな朱色の盤のような顔をしていることからその名がある。延宝五年（一六七七）の『諸国百物語』および寛保二年（一七四二）の『老媼茶話』にほぼ同様の話が掲載されているが、小泉八雲の「むじな」（『怪談』）と同じ「再度の怪」という話型の物語である。

事例 〔福島県〕ある夕暮れに、年の頃二五、六ほどの若侍が諏訪の宮の前を通りかかった時に、同じくらいの年代の侍と道連れになった。道すがら「ここには朱の盤という化け物が出るそうだ」という話をすると、「その化け物はこのようなものか」と侍の顔がたちまち額に角のある化け物の顔になった。それを見て若侍は気を失い、やがて目を覚まして近くの家に水を求めた。その家の女房が何があったのかと尋ねたので、先ほどの化け物の話をすると、「その朱の盤とはこのようなものか」と女房の顔がまた化け物の顔となった。若侍は再び気絶し、数日後に死んでしまった（「諸国百物語」『百物語怪談集成』昭六二、「老媼茶話」『近世奇説集成』平四）。

（香川雅信）

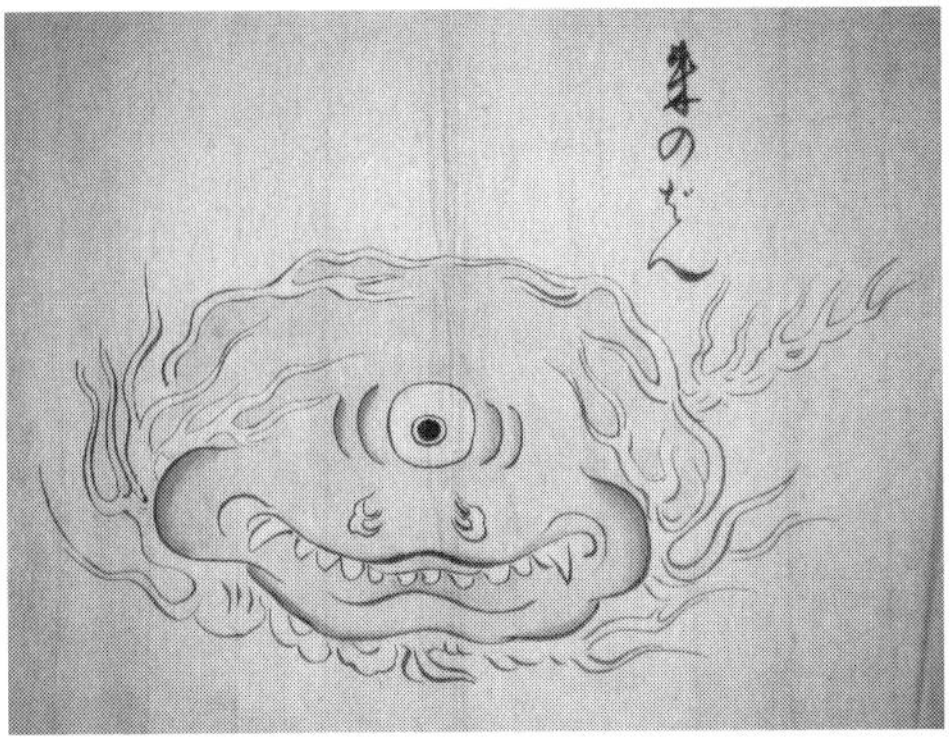

朱のばん（『化物づくし絵』江戸時代、個人蔵）

しゅま【酒魔】

人の鼻先に寄生し、酒に弱くする虫。針で突くと姿を現し、除去すれば酒が弱い者でも大酒飲みになる。現在であれば生まれつきの性質とされる酒の強弱や癇癪《かんしゃく》、陰気などを体内に寄生した虫によるものと解釈することがあり、医療としてこれを排除しようとする考えもあった。逆の事例もあり、大酒飲みが黄色い塊を吐き出してから、酒を飲めなくなったという。これも生来の気質を、虫が原因と解釈したものであろう。

⇩むしのかいい

事例 ①［不明］生まれつき酒を嫌う者がいた。匂いを嗅ぐだけで酔ってしまうほどであった。ある人が彼の鼻先を針で切ると、小さな虫が出た。以降一斗を飲むようになった。この虫を酒魔という（「斉諧俗談」『日本随筆大成　第一期一九』三三〇）。②［不明］大酒飲みがある日肝のような肉塊を吐いた。蜂の巣のようで動き、酒を注ぐと鳴く。これ以降酒を飲まなくなった（「塩尻拾遺」『日本随筆大成　第三期一七』六六）。

（堀口祐貴）

しょうき【鍾馗】

もとは中国の民間信仰で、疫病を追い払う神。科挙に落第して自死した男の霊で、唐の玄宗の夢に現れ病魔を退治したのが故事とされる。日本初伝は平安末期だと考えられているが、言及が多くなったのは室町時代からで、謡曲などにその物語がみえる。江戸時代には鍾馗信仰が盛んになり、現代では端午の節句に鍾馗の絵や五月人形が作られ子供を守る役割を担わされたり、また屋根に鍾馗像が置かれ魔除けとして使われたりしている。その姿は一般的に恐ろしい顔をした大男の姿で描かれ、常にひげを生やし、刀を携えている。

事例 ①［山城国京都（現・京都府京都市）］文化二年（一八〇五）、向かいの家が新調した鬼瓦を見て体調を崩した女がいた。医者が鬼瓦の上に鍾馗像を置くと、体調が全快した（『街談文々集要』平五、四五）。②［北海道］五月には鍾馗が山から火を背負ってやってくる。もし節句の祭をしないと暴れる。そのため、火に気をつけなければならない（『民間伝承』三一（一）、昭四二、一五）。

（廣田龍平）

しょうぐんづか【将軍塚】

将軍にまつわる伝承を持つ塚。京都府京都市東山の将軍塚が特に有名である。本来は古墳だが、『平家物語』などでは、桓武天皇が平安京を鎮護するために武具を備えた土人形を埋めた場所とする。人形は坂上田村麻呂を模している、花山天皇の墓所である、などの異伝もある。天下の変事に際して鳴動するといわれ、平安時代末～江戸時代の間、記録に残る鳴動は数十回に及ぶ。将軍塚あるいは将軍山と呼ばれる古墳は各地に多く残っており、武具などの出土品によって、埋葬者を武将とする伝承が生まれやすかったと考えられる。

⇩さかのうえのたむらまろ、つかのかいい

事例 ［長野県上田市］別所の将軍塚は平惟茂の墓だと伝えられている。安和二年（九六九）、戸隠山の鬼女紅葉が妖術で住民を苦しめていた。常陸に生まれ、近江の与吾村に住み、余吾将軍と呼ばれていた惟茂は、紅葉退治のために信濃へ派遣された。北向観音に参籠祈願して、惟茂は首尾良く紅葉を退治した。塚は円墳で、上に石造の多重塔がある（『長野県史　民俗編一（三）』昭六二、四八九）。　（徳永誓子）

しょうけら

庚申の夜に現れる鬼。『画図百鬼夜行』には家屋の屋根の上から中の様子を窺う妖怪が描かれているものの解説文がなく、その実態は様々に解釈される。『水木しげる妖怪画集』には屋根から家の様子を窺うのぞき魔として描かれるが、基本的には庚申信仰に関わって伝わり、三尸《さんし》の虫と同じものであるとか、庚申の夜に早く寝ると災いをもたらす鬼などといわれる。また、庚申待には「ショウケラはわたとてまたか我宿へねぬぞねたかぞねたかぞねぬば」という呪文が唱えられた。

⇩こうしん、さんしのむし

事例　［山形県遊佐町《ゆざまち》］むかし庚申講にやっていたら六部姿の人が来た。六部は泊めてもらい、講にも出席した。お礼に一同を招き次の庚申日に御馳走をした。なかの一人が酒を飲まず、台所に三尺たらずの小さな人を見た。直垂をきて料理をしていたショケラである。驚いて逃げたが、夜が明けるとみなは庚申さんの塔婆の前に正座していた。ショケラが料理していたのはクケツの貝であり、食べると長生きするといわれている（『庚申』一七、昭三五、一一一五）。　（鄧君龍）

じょうげんむし【常元虫、浄元虫】

㊫つねもとむし【常元虫】　滋賀県に現れたという怪虫。常元（浄元）という僧が木に縛られて斬首されて以来、その木の根元から毎年おびただしい数の人のような姿の虫が現れるようになった。人々はその虫を常元の怨念によるものと怖れた。関西ではうお菊虫と同様、その正体はジャコウアゲハの蛹と推定される。

⇩おきくむし、さいとうべっとうさねもり、むしのかいい

事例　①［滋賀県大津市］天正の頃、近江国の南蛇井《なだい》源太左衛門という男が諸国で悪行を重ねていたが、老いて改心し出家して常元と名乗った。しかし、慶長五年、常元は過去の悪事により、木に縛られて斬首された。それ以来、人が後ろ手に縛られたような形の虫が現れ、蝶となって飛び去るようになった（『三養雑記』）。②［滋賀県大津市］ある浪人が出家し浄元と名乗っていたが、家に旅人を泊めては殺し金品を奪うことを繰り返していた。悪事が露見し殺された浄元の遺体は柿の木の下に埋められ、そこから人の顔のような姿の虫が現れた（『煙霞綺談』）。　（池田浩貴）

じょうさがし【状探し】

愛媛県重信村（現・東温市）でいう火の怪。小雨の降る夜など、森の中に浮かぶほたる火のような火の玉がなにかを探すようにさまよう。かつて主人から急ぎの手紙を言いつかった中間が手紙を失くしてしまい、探し疲れて死んだ。中間の執念はその後も森に残り、小雨の夜など、提灯をかざして失くした手紙を探しまわるのだという。

⇩かいか、ひのたま

事例　［愛媛県重信村（現・東温市）］大正

さ

初期のうら盆の頃、森の中にほたる火のような火の玉がさまようのを見た。祖父に聞くと、状さがしというもので、かつて松山の武家屋敷に勤めていた中間が、主人から急ぎの手紙を言いつかったが、森の中でそれを失くしてしまった。手紙を探し疲れた中間は死に、その執念が小雨の夜などにさまようのだという。祖父が若い時分にはよく見たものだが、大正初期には、もうあまり見かけなくなっていた（『伊予の民俗』三九、昭和六〇、三一九）。　（三柴友太）

しょうじょう【猩々】

猩々は、もともとは中国の伝説上の動物である。日本に伝わり、芸能や祭りにとりいれられた。赤ら顔で人語を解し、酒を好むとされる。そこから酒好きな人、赤の象徴として使われることもある。

中国の紀元前後（戦国時代～漢代）に徐々に成立したとされる最古の地理書『山海経』では、南山経に「猩々」の文字が見られる。三世紀の『礼記』には、「鸚鵡《おうむ》能く言へども飛ぶ鳥を離れず。猩々能く言へども禽獣を離れず。今人にして礼無くんば、能く言ふと雖《いえど》も亦禽獣の心にあらずや。」とある。現代では、オランウータンの漢名としても使われている。

いつ日本に伝来したかは未詳だが、承平年間（九三一～九三八）に書かれた『和名類聚抄』には「中国に伝わっている、人の顔をして酒を飲む不思議な生き物」とある。その後、説話や芸能によってさまざまなイメージが付帯するようになる。

能の演目にある「猩々」では、福をもたらす神として登場する。親孝行の若者が営む酒屋を訪れて、毎晩酒を飲んでいく怪しい老人。その正体は酒の神猩々であった。ある日、本当の姿を現した猩々は、いくら汲んでも酒がつきることがない酒壺を与えて帰っていくのである。能での「福の神」のイメージが近世以降広まり、猩々は陽気な酒の神様として各地の祭礼でまつられることになる。名古屋南部（緑区から東海市北部あたり）の祭礼では、行列に登場し子供たちのおしりを叩いてまわる。猩々に叩かれた子は一年間病気にならないという。

一方、富山や山口の海岸付近では、事例にもあるとおり、海から現れて人に害を為す海の妖怪、もしくは船幽霊として現れるという話も伝わっている。

また、俗信に「疱瘡神は赤色を嫌う」というものがあり、猩々は赤の象徴であることから、疱瘡除けの神としても信仰を集めた。同じく赤色をあらわすものとして、ショウジョウバエ、ショウジョウバカマなど、動植物の名前にもなっている。

⇩うみしょうじょう、ほうそうがみ

事例　①［大分県宇佐市］とせという女が山に入って仕事をしていると、時々気を失うことが多くなり、しばらくして妊娠した。生まれた子どもは髪の毛が赤く、猩々に似ていた。年がたって、また同じ事があり、猩寿、猩美という名の二子をもうけた。この二人は猩々の子である（『柳庵雑筆』『日本随筆大成　第三期三』三七七）。②［山口県周防大島町］海には酒が大好きな海猩々というものがおり、夜半船を出せば「樽をくれえ」という物恐ろしい声が海の底から聞こえる。樽を投げ込まないと恐ろしい祟りがある。投げ込めばその樽で海猩々が船へ水をくみ入れて沈めてしまう。だから船には底を抜いた樽を積んでおく（『山口県史　資料編』平一四、一八）。　（永原順子）

〔参考文献〕高馬三良『山海経―中国古代の神話世界』平六、平凡社。「謡曲集（二）」『新編日本古典文学全集　五八』小学館。

名古屋市南区の七所神社例大祭の猩々（笠寺猩々保存会提供）

しょうずかのばば【葬頭河婆】

㊇そうずかのばば　三途の川の番人。一般には、死者の衣をはぎ取る恐ろしい形相の婆と理解されている。人は死んで十王（道教や仏教で、地獄において死者の審判を行う十尊の裁判官的な尊格）のところに出る前に三途の川を通らねばならず、この川を越した所に葬頭河婆がひかえていると考えられている。川を渡ってきた死者の衣服をすべてはぎ取って、衣領樹の枝に掛け、枝のしなり具合で死者の罪の重さをはかる。この婆がいるために、納棺に際して死者の着物の襟に小さな着物を縫いつける習わしがある。

⇨だつえば

事例　①［香川県］三途の川にはソウヅカノバアサマがいる。この婆さまは死者が三途の川を渡る時、死者の死装束をはぎ取る。だから、着物や晒しの切れ端を一枚余分に入れておかねばならない（『香川の民俗』五九、平八、六六）。②［新潟県］地獄を通るときにショウズカバサは死者の着物をはいで、毛髪を剃る。時間を短縮するために、前以て死人の毛髪をすっておく（『高志路』二二四、昭四二、四四）。　（平井勇介）

しょうせつとんぼ【正雪蜻蛉】

㊇しょうせつむし【正雪虫】　静岡県に現れたという怪虫。慶安四年（一六五一）、軍学者の由井正雪は江戸幕府への批判と浪人の救済をかかげ、浪人を集めて幕府への反乱を計画した。しかし、計画は事前に漏れ、正雪は駿河国の駿府で追い詰められ自害した。それ以来、静岡でのみ見られるトンボが現れるようになり、人々はこれを正雪の怨念が虫と化したものとして正雪蜻蛉と呼んだ。

⇨さいとうべっとうさねもり、とんぼ、むしのかいい

事例　①［静岡県静岡市］正雪トンボは、岩井屋という蕎麦屋で自害した由井正雪の怨念がトンボと化したものである。一般にカトンボといわれるもので、夏の初めに出る。静岡以外にはいない（『静岡県史　資料編二四』平五、一一九四）。②［静岡県静岡市］静岡市では蚊とんぼという虫が慶安の頃から出始めたので、この地で自害した由井正雪の亡霊が虫になったものといって正雪虫

という（『甲子夜話』）。（池田浩貴）

じょうどきつね【浄土狐】

巫女が口寄せするときに神仏を媒介する霊。秋田県仙北地方での報告があり、その一帯では葬式後にエジコオロシ（口寄せ）をした。

⇩きつね、たくせん

事例 ［秋田県神代村（現・仙北市）］巫女が仏降ろしをするとき、付近に刃物を置くと失敗する。そのことを「浄土狐が降りない」と言う。仏を媒介する狐が嫌がるためである（『旅と伝説』六（七）、昭八、四三－四四）。（近藤祉秋）

〔参考文献〕富木隆蔵『日本の民俗　秋田』昭四八、第一法規出版。

しょうどばば【ショウド婆】

滋賀県伊吹町甲賀（現・米原市甲賀）のショウド池付近に現れる妖怪。この池は姉川に架かる甲賀橋付近にあり、夜にここを通るとショウド婆にたぶらかされるという。

⇩いけ・ぬま・しみずのかいい・れいげん

事例 ［滋賀県伊吹町（現・米原市）］甲賀橋付近の泉をショウド池という。昔からこの橋の付近では、夜にショウド婆々と呼ばれる化け物が現れ、通行人をたぶらかすという（『民俗文化』一七八、昭五三、一六八八）。（岡田浩司）

しょうねんだま【ショウネン魂】

兵庫県神戸市周辺の農村に出現した人魂のことをいう。地方呼称であり、死の先駆けと考えられている。まれに、死後直後に出現する。夏の目撃が圧倒的に多いが、一年通して出現する。出現時間には決まった時間はない。自宅にいる病人のショウネンダマの場合、自宅周辺での目撃が多いが、事故の場合は、事故現場付近で目撃されることが多い。ショウネンダマの目撃から四日から一週間で死に至るという。

⇩かいか、ひのたま

〔参考文献〕森俊秀「ショウネンダマの話」『兵庫民俗』一（一）昭二七、兵庫民俗会。（阿部宇洋）

じょうねんぼう【常念坊】

常念岳（長野県）に現れる雪形伝承。雪形は、晩春から初夏にかけて雪解けにより現れる模様を何かの形に見立てたもので、農事暦や豊凶の目安にされてきた。最近では農事暦的な要素より風景美として注目されている。常念坊の伝承は雪形や農事暦との結びつきより、伝説としての伝承の要素が強く、常念坊を常に勤行をしている僧、怪行者、山姥とする伝承などいくつかの異伝もある。伝承地と常念岳との関係や人々の常念岳への意識などを含めて考えることが出来る。

⇩とっくりのかいい、やまんば

事例 ［長野県堀金村（現・安曇野市）］昔、夕方になると必ず田多井の酒屋に小さいとっくりを持って一人の坊さんが酒を買いに来た。そのとっくりには欲しいだけの酒が入ると言う。酒を買うと常念岳の方へ消えて行く。その坊さんを常念岳の常念坊だと言う。春の雪解け時には常念岳の東斜面にとっくりを提げた坊さんの雪形が出来る

（『長野県史　民俗編三（三）』平二、四五九－四六〇）。

（高塚さより）

しょうべんのみ【小便飲み】

夜中のうちに小便を飲んでしまう怪異。山で作業をする際の簡易式トイレとして、小屋の脇にタンゴを設置するが、朝にはからっぽになっている。小便が肥料として用いられた時代では、貴重な資源を失うという実害を伴う怪異であった。また炭焼き仕事のため、山に籠もった際に現れる、山中の怪異でもあった。姿を見て認知する怪異ではなく、不可思議な現象を怪異の仕業と解釈する点で特徴的である。

⇨おおかみ

事例　①［香川県］炭焼き仕事のため山小屋を作り、傍へ小便タンゴを置いた。夜何度か小便をするが、朝には空になっている。姿を見た者はいないが、小便飲みと呼ぶ（『あしなか』二二一、平三、七）。②［香川県琴南町（現・まんのう町）］小便飲みは山小屋の外に構えた小便タンゴを空っぽにする。狼の仕業とする人もいる（『香川の民俗』四一、昭五九、四）。

（堀口祐貴）

しょくじんき【食人鬼】

㊮ちゅとりもん【人喰人】　人を喰う鬼の一種。ここでは、人間が何らかの理由で鬼と化し、人やその死体を喰うようになったもの。謡曲『安達ヶ原』や、上田秋成の『雨月物語』中の「青頭巾」、小泉八雲の『食人鬼』など、古典文学の題材にも例が多い。これらの作品の影響か、現代の都市伝説にも類似の話がみられる。また沖縄では厄払いの鬼餅の由来として、鬼になった兄を退治した妹の話を伝えている。

⇨おに、がっこうのかいだん

事例　①［長崎県北有馬町（現・南島原市）］毎朝草履が濡れているのを不審に思い、父親が息子の後をつけた。すると息子は川向こうの墓場へ向かい、子どもの死体を掘り起こして食べていた。孫を心配した父親は、息子を退治しようとしたが逃げられた（『旅と伝説』二（三）、昭四、五〇－五一）。②［東京都］ある学校で、夜中に当直の女の先生が足音を聞く。音のする方に向かうと、学校の裏の墓場でお婆さんが死体を掘り起こして食べていた。見つかった先生も、殺されて食べられてしまった（『昔話伝説研究』一二、昭六一、一九－二〇）。

（山口拡）

じょろういし【女郎石】

㊮けいせいいいし【傾城石】、じょうろうせき【上﨟石】　怨みや情念などを抱いて死んだ女性が石になったものとされ、女神や高貴な女性、遊女の例がある。傾城石の怪異には男が触れると動くという類例が多い。

⇨いしのかいい

事例　①［愛知県音羽町（現・豊川市）］三頭山長福寺に高さ四尺ほどの女郎石がある。男を恋い慕って死んだ女の魂が石になったという（「斉諧俗談」『日本随筆大成第一期一九』三五一－三五二）。②［豊前国友枝村、唐原村（現・福岡県上毛町）］傾城越という峠に長さ七尺・幅四尺・高さ三尺ほどの傾城石がある。京の傾城が男を尋ねて石と化したもので、女では動かぬが男が登ると自然に動くという（『郷土研究』三（一二）、大五、五二）。③［大分県庄内町（現・由布市）］

平家滅亡の際落ち延びた女が責め殺され、怨念で黒岳の女郎石になった。触れると大雨が降り、他所に移すと自然に元の位置に戻るという（『大分県史　民俗篇』昭六一、四五二）。

（大里正樹）

しらこび【白頭】

石川県鹿島郡の妖怪。生まれて間もない赤ん坊を串刺しにしたりするなどの悪さを働いた。正体ははっきりしないが、狐あるいは狸が年をとったものとされる。

事例 ［石川県］赤ん坊が、小鳥を串ざしにしたように、串にさして囲炉裏にあぶってあった。これはシラコビの仕業である。このように、毎晩お宮にシラコビが出たのである（『ひでばち』八、昭三三、八）。

（伊藤純）

しらさぎ【白鷺】

白鷺は神の使いとされることがある。蒙古襲来の際、次々と西に向かっていったという伝承もある。

⇩あおさぎ、ごいさぎ、とりのかいい

事例 ［大分県］湯頭・下湯頭では温泉が沸いていたが、ある人が下肥桶を洗ったところ、白鷺が現れて「こんなところにはいられない」と言った。以来、温泉は止まってしまったという。また、広い田野を持った長者が正月にもちを的にして矢を射たところ、その餅は白鷺になって飛び去っていった。その後、田は荒れ果て、長者は没落したという（『旅と伝説』五、昭三、四四）。

（山田栄克）

しらとり【白鳥】

㊫はくちょう【白鳥】　羽毛が白い鳥の総称、もしくはハクチョウやカササギの異名。白鳥を特別なものとする見方は、広く認められる。代表的な事例に、ヤマトタケルが死後、白鳥になって飛び去ったとする、白鳥伝説がある。『古事記』『日本書紀』でタケルの死没地とされる三重県、白鳥の飛来先とされる奈良県、大阪府の他、各地に伝説に因んだ史跡がみられる。また、おごり高ぶった富豪が弓矢で射た餅が白鳥になったという伝説が、京都府京都市の伏見稲荷大社や大分県下にのこる。

⇩とりのかいい

事例 ①［福井県三方村（現・若狭町）］サバ漁に出た発動機船が、時化にあって浜にぶち上げられたが、白い鳥が舟のへサキにとまって案内をしてくれたので、無事に岩場を通り抜けることができた（『民俗採訪』昭和三三年度号、昭三四、一二五）。②［新潟県新発田市］父の死後、鳩ぐらいの白い鳥が七日間も家の梁にとまっていた。四十九日過ぎに、巫女にミチアケ（死者の呼び出し）をしてもらったところ、死んでも家から離れがたくて、鳥になって梁にいた、と言った（『新潟県史　資料編二二』昭五七、一〇三〇）。

（徳永誓子）

しらぬい【不知火】

㊫あれび【荒れ火】、むぬひ【不知火】　主に九州地方や愛媛県に見られる怪火である。夜中遠くの海上に、無数の火が並列して出現し、点滅を繰り返したり、分かれたり集まったりしながら低く走って飛んだりする。近くで見ることは出来ない。鹿児島

県や沖縄県、愛媛県などでは、不知火は死んだ人の魂であると伝えられている。古くには『日本書紀』、『肥前風土記』、『肥後風土記』にも景行天皇による熊襲《くまそ》征伐の条に見られる。

⇩かいか

事例 ①［長崎県］一月六日の夜中一時ごろに不知火が出る。火光が海上に一列左右に二里ほどの長さに広がり、点滅したりする（『土の鈴』七、大一〇、二二一―二二六）。②［愛媛県喜多郡］不知火は灘沖で溺死した船人の怨霊であるとし、これが現れると大時化になることから俗に灘沖の時化火とも言われている（『旅と伝説』三（一二）、昭五、四八―四九）。

（五十嵐大晃）

しらひげどうじ【白髯童子】

山に住む白髯で一本足の大男。神通力を持っており、神主に祠を作らせ雨乞いの神になった。遠州奥山郷（現・浜松市天竜区）の倉木山に棲む山姥の子であると伝えられる。

⇩やまおとこ、やまひと、やまんば

事例 ①［静岡県佐久間町（現・浜松市）］倉木山に住む山姥には龍筑坊、白髯童子、常光坊という三人の子があり、それぞれ龍頭嶺、神三沢（三つ森）、山住奥の院の山主であるという（『静岡県史　資料編二五』平三、八五七）。②［静岡県龍山村（現・浜松市）］角右衛門と助右衛門が山で「逃げよ、逃げよ」という声を聞いた。見ると白髯の大男が椛《かば》の樹の枝で煙草を吸っており、これは白髯童子で今の声は産土神だと思い逃げた。後日、角右衛門が味噌作り中に声をかけられて表を見ると、脛から上が見えないほどの大男がいた。気になって助右衛門を訪ねると寝込んでおり、まもなく亡くなった（『静岡県史　資料編二五』、平三、八五六―八五七）。

（岡田浩司）

しらひげみず【白髭水】

㊫しらがみず【白髪水】　昔、大水が出た時に、川の上に白髭の老人が座って下りてきたという伝説。さらには、老人が大水が出る予言をした時に、それを信じた者は助かったが、嘲笑ったものは皆助からなかったと説くものもある。また、自然現象が老人の白い髭のように見える現象を指していうこともある。

事例 ①［山形県南原町（現・米沢市）］吾妻山中腹の綱木集落では「万治二年の大洪水に白鬚の老人が水上に座して流れて行かれた」という伝説を持っている（『民間伝承』八（一）、昭一七、二五―二六）。②［福島県］明治年間の大洪水と伝える話に、川上から巨大なボデコイ（風などのために倒された大木）に乗った白髭の老人が手に鉄の斧を持って下り、村の中央にある丈夫な橋を打壊して行ったとある（『旅と伝説』一一（五）、昭一三、七一）。

（熊倉史子）

しらみゆーれい【白み幽霊】

愛媛県の宇和海に現れる水難者の亡霊。お盆や命日の夜、事故の現場付近を航行すると、海中を白いものが動き回り船にまとわりつく。このシラミが現れると船足が遅くなったり、吃水《きっすい》が深くなったりする。逃れるためには竿で海中をかき回す、海中に火を投げ込む、大般若経や金毘羅様を念ずるなどするとよい。漁師はシラミを馬鹿とも呼ぶが、これを聞かれてしまうと櫓にすがりついて離れなくなり、散々な目に遭う。

⇩ゆうれい

事例 ①［愛媛県宇和島市］宇和島市宇和海地区では水難者の亡霊をシラミと呼ぶ。遭難の命日、お盆、雨の夜に海中を人体のような白いものが出て船に取りすがる（『愛媛県史　民俗上』昭五八、八三一）。②［愛媛県宇和海村（現・宇和島市）］宇和島の庄屋三善家の主人小兵治は、雨の夜に漁に出てシラミに出遭った。亡霊は自らを九州の船乗りと語り、小兵治に供養を頼んだ。それから三善家では盆にシラミを供養するようになった（『伊予の民俗』五、昭五〇、五）。

（池田浩貴）

シリクルオヤシ

㊫シリクルま【シリクル魔】　樺太アイヌに伝わる説話に登場する化け物。名称について、アイヌ語学者の知里真志保《ちりましほ》はシリ「地面」コロ「〜を持つ」オヤシ「化け物」が転じたものと解釈している。化け物は夜に強く昼に弱いため、地中に暮らしているという。男も女もいて、人間の魂を盗んで連れ帰っては、自分の妻や子などにしようとする。魂を取られた人間は死んでしまうが、完全に連れ去られる前に元に戻すことによって助かるという話もある。

事例 ［ロシア連邦樺太］ばけもの婆（シリクルオヤシ）が幼児の魂を盗んで、自分の村へ連れ帰ろうとした。ヤイレスプ（樺太アイヌの説話の主人公）は、それを取り戻そうとして鳥に身を変じ、飛んで追いかけた。化け物は昼に弱いので、追っていくうちに、シリクルオヤシはだんだん体が地中にめりこんで行き、ついには頭まで地中に没してしまった。ヤイレスプは、幼児の魂を捕まえて連れて帰り、死者の体の中にそれを入れて蘇生させた（『アイヌ民譚集』昭五六、一八〇－一八一）。

（遠藤志保）

しりびきまんどん【尻引きマンドン】

㊫しりぬき【尻抜き】、じりひきほんどー【尻引きホンドー】　兵庫県や京都府、和歌山県の一部における河童の異称の一つ。「尻引き」や「尻抜き」は、水中で人の尻から尻子玉などを抜くという河童の伝承にもとづいている。

⇩かっぱ

事例 ［京都府三和町（現・福知山市）］川で水浴びをしたり、盆の間に川で泳ぐと、尻引きまんどん（すっぽん）に引っ張り込まれるという（『民俗採訪』昭和五〇年度号、昭五一、一一一）。

（小沢葉菜）

しるしご【印し子】

福島県で体に黒い痣《あざ》がある赤子をいう。昔死んだ子どもの体につけた印の痣が現れたものとされる。すなわち、「生まれかわり」の観念に支えられた伝承の一つであり、仏教の輪廻転生思想の影響も指摘されている。このような痣は、前世の人物の墓の土で拭わないと消すことができないという。新生児が前世の痕跡や神仏との縁を証するなんらかの印を携えて生まれてくるという例は枚挙にいとまがない。

⇩うまれかわり

事例 ①［福島県福島市］黒アザがあると、

しるし子とて昔死んだ子の体につけてやった記しのアザが現れたのだという（『民俗採訪』昭和三七年度号、昭三九、一〇二）。②［埼玉県児玉町（現・本庄市）］貧農の子の死を母親があわれみ、「今度生まれる時は金持ちに生まれな」と、尻に名前を書いたところ、遠い信州の豪農の家に生まれ、墓土をもらいに来た（『日本民俗学』一三三、昭五六、四一－四二）。（及川祥平）

しろいぬ【白犬】

毛並みが白い犬の説話は古く、『古事記』や『日本書紀』に既に確認することができる。真っ白な犬は珍しかったため、神秘的なイメージが付されたと思われる。

⇩いぬ

事例 ①［播磨国（現・兵庫県）］文石小麻呂《あやしのおまろ》という力持ちの男がいた。力にまかせて人々を傷つけ、物品を強奪し、納税もしなかった。そこで雄略天皇は臣下を使わして邸宅に火を放たせた。すると白い犬が飛び出て襲いかかってきた。斬り殺してみると、犬は文石小麻呂だった（『日本書紀　三』平六、七〇）。②［鹿児島県］明治末期、門前の木陰で、長い毛を振り乱した白犬が寝ていた。正体は河童か狐ではないかといわれた（『南九州郷土研究』二二、昭四七、三三）。③［奈良県吉野村（現・吉野町）］ある家に、毎晩七時半ごろ白い犬がやってきていた。拝んでもらうと祀り込めたらよいというのでそうすると、一週間目に来なくなった。それで、いまだにお稲荷さんを祀っている（『昔話　研究と資料』二〇、平四、一六四－一六五）。（廣田龍平）

しろうずま【白ウズマ】

香川県の妖怪。白い石のようなもので、畑に積み上げた藁などを取り除くと出てくる。

事例 ［香川県綾上町（現・綾川町）］綾上町牛川にシロウズマという妖怪が出る。畑のすみに積んである藁などをのけるとごろりと転がり出る。棒で叩こうとすると先へ先へと転がっていって、気がつくと自分は遠い山の中へきていた（『四国民俗』八、昭五三、二二）。（池田浩貴）

じろうぼう【次郎坊、二郎坊】

元来比叡山一帯の山を治めており、比叡山次郎坊と呼ばれていたが、比叡山延暦寺の勢力に押され近江の比良山に移ったと言われる。『今昔物語集』等でも活躍する大天狗である一方、民間では愛宕山太郎坊の兄弟として全国的に伝承を残す。

⇩たろうぼう、てんぐ

事例 ［宮城県気仙沼市］深山神社の前に向き合って立つ神木は次郎坊太郎坊杉といい、次郎坊・太郎坊という天狗が棲んでいた（『宮城県史　二一』昭三一、一二一〇）。（古屋綾子）

しろからす【白烏】

㊫はくう【白烏】　全身が白いカラス。瑞鳥とされる。出現例は多く、天明六年（一七八六）一二月に京都・山科に現れた際には、天覧に備えて上げられた菅家・清家、両局からの勘文が記録されている。それによると文武天皇慶雲年中（七〇四－八）に献上があって以降、多数の事例があるとされ

し

るが、全身が純白であるべきか、羽や尾など身体の一部が白いものを白鳥とすべきかで意見が対立している（『翁草』）。

⇩からす

事例 ［越後国魚沼郡塩沢（現・新潟県南魚沼市）］天保三年（一八三二）の春、鍵屋治左衛門という者の庭の木に鳥が巣を造り雛を三羽生んだ。その内に白鳥が一羽いた。家の主人は雛が盗まれることを恐れて、巣から雛を降ろして育てた。その鳥は純白で、初めは嘴と足が薄紅色であったが、成長にともない白くなったという。塩沢の庄屋がこれを見て、図にして送ってくれた（『兎園小説別集』『日本随筆大成　第二期四』一〇〇）。

（村山弘太郎）

しろぎつね【白狐】

類おみしゃけさん、びゃっこ【白狐】　白い毛色を持ち、人びとに幸福をもたらすとされる。家や寺の守り神として、異変があるときには白狐があらわれるという。日本の民間信仰では稲荷信仰が普及する以前に狐神信仰が濃厚であったといわれている。年頭には狐に供物をして豊年を期待するなどしてきた。稲荷神社に祀られている狐のほとんどが白狐であり、稲荷の本来的性格は白狐・老狐の類で、狐神ともいうべき神霊であるという。

⇩いなり、きつね、はくぞうす

事例 ①［石川県］桑原の家の漁を守る白狐の親子がいた。赤飯などでもてなし、粗末にすると家人が病気になった。狐が鳴くと明朝の網には必ず魚がかかった（『民俗学』一（六）、昭四、四五）。②［長野県］オミシャケサンに祈ると、子どもが夜泣きをやめたり、紛失物、盗難物が出現したり、養蚕が豊作になった（『日本民俗学』四（一）、昭三〇、九二－九三）。③［山形県］一六〇〇年頃、開墾地に水路を引いたがうまく流れず困っていると、白狐があらわれて水路の道筋を教えた（『常民』三一、平七、一〇八）。

（野田岳仁）

しろさる【白猿】

類はくえん【白猿】　猿の中でも白猿は、霊験ある山々において神仙の化身、もしくは使いとして畏怖された。山で白猿に遭遇すると、狩りを止めて、山を降りる猟師もいた。

⇩さる

事例 ①［山形県］剣術の達者な坊主がいたが、塚原卜伝がやってきて、これを苦もなく負かした。坊主の弟子たちが待ち伏せして卜伝を捕らえ、逆さ吊りにしようとしたが、白猿が眷属《けんぞく》を引き連れて助け出した。その後、卜伝は坊主や門弟を殺して寺を焼いた。白猿を神に祀ったのが叶宮権現であると言われている（『旅と伝説』一七（一）、昭一九、二一）。②［宮崎県諸塚村］ある男が、諸塚と椎葉の間の槙の大木を切り出そうとしたが、容易に倒れなかった。それは市山大明神の神木だからだと知り、京都滝口大明神の印入りの斧を用いて倒した。そのとき、槙の大木から白猿の夫婦が飛び出し、悲しそうな顔をして去った。男は木を川に流して美々津まで行ったが、猿もついてきた。その夜、槙は不審火で全焼してしまった。白猿の夫婦は市山大明神のお使いだった（『宮崎県史　資料編民俗一』

平四、八一五）。

（森本恵一朗）

しろしか【白鹿】

白鹿は神の化身であり、出現は吉兆とされる。『古事記』景行天皇の条に、倭 健《ヤマトタケルノ》命《ミコト》が足柄の坂に来た時、その坂神が白い鹿になって現れたという記述がある。貞観元（八五九）年頃、下野国の日光山大権現と上野国の赤木明神が争っていた。その際、日光権現が白鹿となって、日光山の麓に住んでいた弓の名手、万三郎を誘い出し、赤城明神との戦いに助勢せよと依頼した。万三郎は日光山大権現に味方して勝利した。以降、全国の山での狩猟を許された。

⇩しか、ばんじばんざぶろう

事例 ［福島県］人皇五六代清和帝のころ、下野国（栃木県）日光山ふもとに万三郎という弓の名人がいた。このころ、上野国（群馬県）赤城明神と日光山の大権現が亜呂阿蘇意、日光山大権現が白鹿となり、さらに老翁となって万三郎に助けを求めた。万三郎は赤城明神が一八丈の大蛇となって攻めてくるのを打ち破った。その勇が禁裏に聞こえ、以降日本国中の山について山立御免となり、そのご朱印をいただいた（『福島県史 二四』昭四二、一〇六）。（森本恵一朗）

しろねずみ【白鼠】

神の使いとされる白いネズミ。多くは大《だい》黒《こく》の使いとされる。大黒は元々、仏教の渡来とともに伝えられた外来神であるが、中世以降から徐々に記紀神話の大国主命《おおくにぬしのみこと》と同一視されるようになる。大国主命が野で火にまかれた際、ネズミの助言によって難を逃れたという説話から、ネズミは大国主命の使いと考えられるようになった。大黒は福の神であるため、白鼠も福をもたらすとされている。

⇩かみのつかい、けんぞく、だいこくさま、ねずみ

事例 ①［静岡県富士市］本市場の酒店に、雪のように白い鼠が多数現れるようになる。店は始めこそ貧しかったが、白鼠が現れるようになってから、裕福になった（『塩尻拾遺』昭五三、二〇八）。②［秋田県北秋田市］八郎太郎という男が七座の側に湖を作って住もうとしたが、七座の神に許可を得なかった。そのため七座の天神が怒り、使いの白ネズミに命令して湖を壊した。八郎太郎は現在の八郎潟へ逃げ出したという（『口承文芸』九、昭五五、四三六）。

（田村明子）

しろふすま【白フスマ】

㊫しろぶすま 香川県の妖怪。一つ目・一本足の姿で、旧家の土蔵に住む。また白い大きな顔をしているともいう。雨や雪の日は土蔵の外に出て家の周囲を歩き回るが、門の外には出ていかず、蔵の中へと帰っていく。雪の翌朝には数多くその足跡を見ることができるという。

事例 ①［香川県琴南町（現・まんのう町）］琴南町の造田《そうだ》氏は屋号を土居といい、その土居屋敷の隅にある土蔵にシロフスマがいる。目が一つ、足が一本で、雪が降りだすと屋敷地の中を歩き回る。シロフスマが現れるのは、土蔵の北隅に祀ってある護摩札がじーんと鳴り始める時である。またこの妖怪は造田家の者にしか見えない（『香川

県史　一四』昭六〇、五四六)。②［香川県］子どもが言いつけをきかないことがあると、蔵の中に入れる。すると子どもはシロフスマが出てくるかもしれないと、いたずらをしなくなる。白い大きな顔をしているが、誰も見た者はいない(『あしなか』二二一、平三、七)。（池田浩貴）

しろへび【白蛇】

㊮しろおろち【白大蛇】、はくじゃ【白蛇】

体色が白の蛇は霊性を有するとされる。神使や神そのものとして扱われ、吉兆としたり、反対に祟りを恐れたりした場合もある。倉に棲みついた蛇が時を経て白化するとか、神木に宿るとか言われる。動物学的には、先天的にメラニン色素が欠乏するアルビノ個体と考えられる。

⇩かみのつかい、はくりゅう、へび

事例 ①［三重県鳥羽市］安楽島の加布良湖神社の大明神は巨大な白蛇である。坂手島の山の池に棲む白蛇と夫婦であり、毎月晦日の深夜に逢瀬をする(『フォクロア』二八・二九、昭五〇、四〇)。②［栃木県佐久山町(現・大田原市)］農家の娘が水汲みに行くと、神社に白蛇が出る。娘には小さく見えるが、他の者には大きく見える。月に一度は娘の家に現れ、その家は栄えた。娘の死後、蛇は現れず、家は没落した(『旅と伝説』六(八)、昭八、六八)。③［愛知県長篠村(現・新城市)］縞蛇をシロオロチと言うことがある。烏蛇とシロオロチは夫婦(『郷土研究』三(二)、大四、五五)。（近藤祉秋）

しろぼうす【白坊主】

夜道で行き逢う怪異。白衣を着た大入道で、正体は狸であると解される場合が多い。

⇩たぬき、みこしにゅうどう

事例 ①［大阪府］泉州では夜分路の上でこの怪に遭うという畏怖がまだ少し残っている。狸が化けるというが確かな話ではない。狐は藍縞の着物を着て出るから、白坊主とは別である(『民間伝承』四(一)、昭一三、一一二)。②［静岡県芝川町(現・富士宮市)］白坊主や天狗をみた人には、災難が起こる(『静岡県史　資料編二四』平五、一一九五)。③［三重県久居《ひさい》市(現・津市)］いなし垣内の白坊主。与左衛門という爺さんが夜更けに帰ると、前方に白衣を着こなした大入道が歩いている。大入道の帯をとってやろうと思い、手をかけたところ、大入道は与左衛門を一手に握りしめた。与左衛門はもっていた胡椒を大入道の鼻の中に入れて、くしゃみをしているうちに、金玉をつかんで伸ばしたという(『民話』一四、昭三五、一三―一四)。（及川祥平）

じろむん

鹿児島の南島で伝承される怪異。兎のように素早く動くため、姿は伝承されていない。人に障《さわ》ることはないと言うが、出会ったら股の間をくぐられないようにしなければならないとも言う。

⇩うわーぐわー・まじむん、まじむん

事例 ［鹿児島県大島郡］ジロムンには真っ白いのも黒いのもいる。兎のように動くので早く見なければならない。足を交叉して股の下を潜られないようにしなければ、災難があるとされる(『季刊民話』八、昭五一、一九)。（田村明子）

しんか【神火】

㊖かみのひ【神の火】、たくひごんげん【焼火権現】 日本西部に伝承されている怪火の一種。出現期間や時刻、場所などは定まらない。ものを照らすことなく人里離れた所で自在に飛行する、安永の地震の際に神火があがったなどの伝承もあり、正体は不明である。焼火権現（島根県）の神火は、現在でも海難除けとして信仰されている。また、熊野権現（和歌山県）や山口県でも神火を祀ったという伝承が見られる。

⇩かいか、さんとう

事例 ①［沖縄県竹富町］干支「みちのえ」の当夜、竹富島ヨン崎附近の海中から一塊の火玉が出現したので、首里から馬艦船が石垣泊に入港したという（『旅と伝説』四（二）、昭六、一一四-一一五）。②［山口県］竜が口という山から、矢を射たように飛んで来る神火があった。里に人は、これを拝して年越しをした（「諸国里人談」『日本随筆大成　第二期二四』四七一-四七三）。

（高橋奈津子）

しんきろう【蜃気楼】

㊖さくだて、しん【蜃】 そこにあるはずのない物が見える現象をいう。蜃という生物が気を吐いて楼閣をみせる伝承に由来する。鳥山石燕は蜃を蛤の姿で描いている。狐の仕業とする伝承もある。

⇩はまぐり

事例 ①［不明］蜃蛟は蛇に似て気を吐き、その気が楼台の形にみえる（「ねざめのすさび」『日本随筆大成　第三期二』一七九）。②［長野県松本市］槍ケ岳が二つ見えることがある。狐火のせいだろう（『伊那』三五〇、昭三二、一七-一八）。③［岩手県］雪が溶け始める季節に、狐のオサクダテという蜃気楼のような幻覚を持ってその年の豊凶を占う（『民間伝承』一三（九）、昭二四、九）。

（山田奨治）

しんじゃ【神蛇】

蛇は日本各地で神聖視されてきた。湖沼の主、神使や神体として扱われる。白蛇や大蛇など、他の蛇と区別される場合が多い。美男美女に変身し、人間と交流を持とうとする話も聞かれる。

⇩かみのつかい、けんぞく、へび

事例 ①［群馬県尾沢村（現・南牧村）］養蚕業者は鼠駆除のため、秩父の三峰神社から蛇のお姿を借りる（『民俗採訪』昭和六二年度号、昭六三、一四四）。②［東京都神津島村］不動様の池で唐金の蛇を祀る（『民俗採訪』昭和三〇年度号、昭三一、五八）。

（近藤祉秋）

しんぜい【真済】

平安時代、実在の真言宗の僧で、空海の弟子である。空海のあとをうけて高雄山神護寺の第二世になり、のちに僧正位を得る。伝承では文徳天皇の女御の染殿后に恋をし、そのまま亡くなった。その執念で鬼となって染殿后につきまとい、その後天狗となったという。それにより愛宕山は不思議な力を持ち、信仰を集めたとする縁起へと結びついている。

⇩あたごさん、おに、てんぐ

事例 ［山城国愛宕山（現・京都府京都市）］弘法大師に密教を受け、高雄の峯で修業し

し

ていた。しかしいつの頃か、染殿后を見た真済は心迷って死んだ。その執心は青い鬼となって染殿后を驚かし、最後には大天狗になったという。愛宕山は軍隊を守り、また火難をのがすというので、信仰の対象となった（「江戸雀」『日本随筆大成　第二期一〇』一二四）。　（玉水洋匡）

じんたいもけい【人体模型】

⇩りかしつのひょうほん

しんぼく【神木】

神霊が宿るといわれる樹木。多くは神社の境内にあり、注連縄などが張られている。神木を神体として崇拝する神社もある。そもそも神社とは樹木の生い茂った聖地であり、その樹木は全て神木と理解できる。ただし原則的に、神木は一本とされる場合が多い。様々な木が神木となるが、稲荷・三輪の杉、熊野の竹柏、天満宮の梅、日吉の桂など、神社ごとに神聖視される樹木がある。また民間伝承では、山中の特徴的な木を神木とする場合がある。こうした神木は伐ろうとしても伐れず、無理に伐れば災いがあるという。

⇩かみのたたり、かみのれいげん、きのかいい、てんぐのこしかけぎ、やまのかみ

事例　①［茨城県古河市］虚空蔵《こくぞう》菩薩《ぼさつ》の神木である銀杏を伐採したが、いつまでも枯れず葉も落ちない。無理に製材すると死者が出た（『茨城の民俗』二五、昭六一、六四）。②［埼玉県大滝村（現・秩父市）］二股の木の、二股から下に枝のない木を山の神の木と呼び、伐ることを禁じていた。この木を伐ると、山の神に家を揺らされ、恐ろしい目にあった（『新編埼玉県史　別編一』昭六三、四五六）。　（山口拡）

しんめ【神馬】

⇩うま

じんめんけん【人面犬】

㊫じんけん【人犬】　人の顔をした犬の怪異。平成元年（一九八九）から翌年にかけて噂話として全国で流行し、マスコミでも盛んに取り上げられた。ゴミを漁っている犬に注意したところ、振り返った顔が中年男性のそれで、「ほっといてくれよ」と捨て台詞を吐くとされる。また、高速道路で猛スピードで車を追い抜いていくともいう。DNA実験説、犬の散歩中に事故死した人の霊とする説、ペットショップで中絶された犬の水子の霊とする説など、出生譚も盛んに語られた。人面の動物は類例が豊富であり、『街談文々集要《がいだんぶんぶんしゅうよう》』には、文化七年（一八一〇）に神田で人面の犬が生まれたので見世物にしたという記録がある。また、平成の人面犬の直後には人面魚が評判を集めた。

⇩がっこうのかいだん

事例　［山形県］人面犬は東京にいたが、騒がれすぎて、山形に逃げてきた（『西郊民俗』一三九、平四、三一）。　（及川祥平）

〔参考文献〕常光徹『学校の怪談』平五、ミネルヴァ書房。

じんめんそう【人面瘡】

㊫じんめんそ【人面疽】、にんめんそう【人

さ

面瘡】、ひざわろ【膝和郎】、まんまくい【まんま食い】　人体に生じた腫れ物が、次第に肥大化して人面を成すという怪。江戸期の随筆や怪談集に多く見られる。膝や腿などに生じることが多く、瘡（傷、腫れ物）の傷口がそのまま口となって、食物を摂取したり、人語を発する。『古今医統大全』『奇疾便覧』等の医書にも記載され、貝母《ばいも》を治療薬とする一種の病気としても認識されていた。ただし安政三年（一八二七）刊、管《かん》茶山《ちゃざん》の随筆『筆のすさび』には、医師・桂川甫賢《ほけん》の説として、顔のように見えるだけだという実に合理的な解釈が紹介される。

　人面瘡は『酉陽雑俎《ゆうようざつそ》』『太平広記』等の中国古典にすでに見られ、その知識が江戸期に至って文芸作品の筋に用いられたり、実話として語られたりしたのである。貝母を特効薬とする説も、中国文献の時点で記載されている。湯浅佳子は、殺された人間の怨念が人面瘡となり、加害者に祟ってその罪を告発するという江戸文芸に多く見られる筋書きが、中国古典に端を発するものであったことを指摘する。人面瘡に近しいものとしては、「応声虫《おうせいちゅう》」があげられる。これは腹中に生じて人語を発するが、薬の服用によって原因となっていた虫が排出される。応声虫ではないが、随筆『甲子夜話続篇』には、焼死体の中から亀に似た生物が出てきた話がある。こうした話は枚挙に暇がなく、その背景には中国古典からの影響と、実際に観察可能な寄生虫からの連想があるようだ。

　平安期の『医心方』には「寸白《すばく》」（サナダムシ）に関する現実的な治療法が記される。しかし中世の鍼灸書『針聞書』の挿絵に至ると、人体に潜む病気の原因が、様々な生物に似せて描かれる。こうした「腹の虫」にまつわる想像力の展開は、同じく人体に入り込む「憑き物」のイメージ形成にも近い。一方の人面瘡や応声虫は、一人の人間に生じた他人格とも捉えられ、「狐憑き」等、憑き物が起こす現象に似る。ただし、個人の肉体から別の人格が身体性をもって出現するという点で、人面瘡の持つ異様さは際立っている。文芸作品における人面瘡は死者の祟りという設定が多いが、実話として語られる場合には人格の由来が不明であることが多く、怪異譚としての質も異なる。

⇩おうせいちゅう、つきもの

事例　①〔山城国小椋（現・京都府宇治市）〕ある農民が発熱や全身の痛みを訴えて半年ほど経った頃、腿の上に人面を成した瘡が出来た。酒や食物を与えている間だけは痛みが和らぐが、症状は悪化するばかりである。そこにやってきた諸国行脚の僧が貝母という薬を服用させたことにより、ようやく瘡は癒えた（「伽婢子」『新日本古典文学大系　七五』）。②〔奥州仙台（現・宮城県仙台市）〕仙台の商人の話。少年の頃、左の脛に腫れが生じ、膿が止まらなくなった。医者を変えても悪化するばかりで何年経っても治らず、やがて人面を成すに至った。しかしこれは、瘡が人面に見えるだけのことである（「筆のすさび」『日本随筆大成　第一期一』一四八）。

（今井秀和）

〔参考文献〕小松和彦還暦記念論集刊行会編『日本文化の人類学／異文化の民俗学』平二〇、法蔵館。

じ

しんれいしゃしん【心霊写真】

㊮ゆうれいしゃしん【幽霊写真】、れいかんしゃしん【霊感写真】　死者の霊や神霊が写真に写る怪異。撮影時には存在しなかった顔や手、人影、光や炎などが、現像・再生された写真で確認され、心霊現象と判断される。初期の心霊写真は、霊媒が遺族の依頼により近親者の霊を撮影するものであった。記念写真やスナップに偶然写りこむ霊、という現在の心霊写真の定義は、一九七〇年代のオカルトブームの際に心霊現象研究家や「霊能者」によって提唱され、メディアを通じて広まったものである。

⇩しんれいろくおん

事例　①［東京都］観光バスを写真に撮ったら、バスの窓に、バイク事故で死んだ男の子の顔と、バイクと衝突した車のタイヤとナンバープレートが写った（『昔話伝説研究』一二、昭六一、一八）。②［千葉県柏市］布施弁天の鐘楼を写真に撮ったら、塔が猛火に包まれたように写った（『会津の民俗』二五、平七、六一－六二）。（飯倉義之）

しんれいろくおん【心霊録音】

霊魂が起こした声や音が、録音機器に記録されているという怪異。主に都市伝説や学校の怪談として話される。心霊スポットなどで、その場にいた人には聞こえなかった霊の声や物音が録音機器には記録されていたという話と、市販のＣＤやレコードの演奏に不審な声が録音されており、それが霊の声だという話とがあり、後者は都市伝説として広く流通している。機械装置に記録されたノイズを心霊現象として読み取るという意味において、心霊録音はまさに心霊写真の音声版であるといえる。

⇩こえのかいい、しんれいしゃしん

事例　［東京都文京区］小学校の時、クラスの友達から聞いた話。歌手の「オフコース」のファンだった女の子が、コンサート会場に行く途中、交通事故にあって死んでしまった。その後、オフコースのある曲の録音から、その子の声だか車のブレーキの音だかが聞こえるらしい（『不思議な世界を考える会会報』四三、平八、三七）。（飯倉義之）

す

すいかずら【吸葛】

徳島を中心に分布する憑き物。かつて鵺《ぬえ》を退治した時、その尻尾から産まれたとされる。葛のように人に取り憑き、次々と殺すことからこの名で呼ばれる。家筋の女には二匹、男には一匹憑いている。一匹が憑いている時、もう一匹は無防備なので、捕まえて黒焼きにして飲ませると退治できる。また密かに穴を掘り、蛇を大量に入れて祀り、これを用いるなどともいう。

⇩つきもの、ぬえ、へび

事例　①［徳島県］中国から獣が空を飛んで来たため、弓の名手が撃ち落とした。頭は阿波の犬神に、胴は讃岐の猿神に、尾は備前の吸葛になった（『郷土研究』四（一一）、大六、三二）。②［徳島県三好市］犬神のようなもので、女には二匹、男には一匹憑いている。一匹が憑いている時に、もう一匹を黒焼きにして飲ませると治る（『祖谷山村の民俗』三、昭一六、二六）。③［不明］密かに穴を掘り、蛇を入れて祀る。この吸葛を憎い人に憑ける。財宝を贈ると治る（「屠龍工随筆」『続日本随筆大成　九』六三）。

（堀口祐貴）

すいこ【水虎】

㊫おしっこさま【オシッコ様】、せっこうさま【セッコウ様】　一八世紀初頭の百科事典『和漢三才図会』には、水虎は三、四歳の子供のような姿で、体には鱗のようなものがあり、常に水に潜っていて、虎の掌爪に似た膝だけを出しているなどとある。これはもともとは中国の『本草綱目』からの引用であり、日本においてはこの名称や漢字のみが、河童の異称のような感覚で取り入れられたようである。

⇩かっぱ

事例　①［青森県車力村（現・つがる市）］山田川では、河童（水虎）が泳いでいる人の足を引っ張って溺れさせるので、それを逃れるために周辺の家々は、初物の胡瓜を川に流した（『常民』三四、平九、七〇）。②［青森県木造町（現・つがる市）］水虎様は水難除けの神でもある。明治初期に、実相寺の住職が、毎年川で水死する者が多いことをメドチ（河童）の仕業だと突き止めた。そこで、メドチを鎮めるために水虎大明神として神格化し、男女二体の河童像を作ってまつった（『津軽の民俗』昭四五、二六七－二七五）。

（小澤葉菜）

ずいごんぼう【ズイゴン坊】

静岡県引佐町（現・浜松市北区）の記録にみえる妖怪。詳細は不明だが、同地域では河小僧という妖怪についても同じ内容の話が伝わっており、関連性が推測される。

⇩かわこぞう

事例　［静岡県引佐町（現・浜松市）］干していた麦が雨に濡れないよう、ズイゴン坊がしまってくれた。嫌いなタデ汁を作られて消えてしまう。タデ汁を作ったおばあさんの家は祟られ続けている（『中京民俗』一七、昭五五、一五二）。

（山口拡）

すいしゃくさま【水釈様】

宮崎県高千穂町に伝わる蛇の怪異。雌蛇を殺された雄蛇の生霊が蕎麦の不作や大入道の怪異を引き起こしたので、水釈様として祀った。

⇩だいじゃ

事例　［宮崎県高千穂町］草場に住んでいた夫婦蛇の雄蛇が、農民に、雌蛇のお産を理由に野焼きを延期するよう頼んだが、農民は約束を破った。雄蛇は生霊となり、祟りや怪異を起こしたので、祠を建てて水釈様として祀ったところ、祟りや怪異は治まった（『宮崎県史　資料編民俗二』平四、八九三－八九五）。

（近藤祉秋）

すいじん【水神】

㊫みずがみ【水神】　水の神格化。水を司っているとして、井戸や川端、水汲み場付近などに祀られる事が多い。稲の生育が生活と直結していた農民にとって、水量に対する関心が強かった。そのため水神を祀り、

十分な雨を降らせてくれるよう願ったといえる。多くの場合に蛇・魚・竜の姿で祀られる事が多い。特に竜神は水を支配するものとされ、天に昇って雨を降らせると考えられており、雨乞いの際に祈りの対象となる事が多い。また、水神はしばしば小童の姿で表され、河童を祀って水難からの守護を祈ったりもする。

　体の具合が悪くなるのを、水神によるものとする地域がある。水神は金気のものや、川や池を汚される事を嫌い、そのような行動をした者に障りをなすのである。長崎では、川に金物や焼物を入れたり、体を入れたりすると体が痛む事があるが、これを「水神ざわり」という。その場合には川に詫びを入れ、盃一杯の神酒、塩、米を川に流すと良いとされる。福岡では目が悪くなったり、何となく体の調子が悪い日が続くと「水神さんのさわり」と言った。島根では水神様の近くやみみずに小便をすると男性器が腫れて痛み、汚れたものを水に捨てたり池を埋めたりしてもなると言われ、これも「水神様のさわり」とされている。

　九州地方では、水神はガラッパ・ガワッパと呼ばれ、語られる事が多い。春の彼岸頃、夜明け前後になるとガラッパが山の方から川に下りてくると言われ、その時の鳴き声はピーピーやヒューヒューという、鳥のような声であったとされている。秋には山に帰るとされている地域もある。その通り道に家を建ててはいけない。ナスやキュウリの初物を水神にあげないと、畑の作物全てに爪痕がつけられる。八月の彼岸に餅をついて川にあげる所もある。ガラッパは馬の足跡に水が溜まると、その中に千匹もいるとも言われる。大分では河童にばかされる事を「水神さんに憑かれた」、「河童に憑かれた」という。

　⇩かめ、がらっぱ、かわんとん、すじんこ

事例　①〔鹿児島県志布志町（現・志布志市）〕春の彼岸頃夜明け前後になると鳥のようにピーピーと鳴きながら、水神様が山の方から川へ下る声を聞いた。賑やかで眠れないほどであった。昭和三十年代まではよく聞いたが、最近は聞かない。秋に山へ帰るとかいうことは聞いたことがない（『民俗採訪』昭和六三年度号、平一、一七七）。②〔香川県白鳥町（現・東かがわ市）〕水神さんは井戸の傍らとか、谷川の水汲み場の付近に祀ってある。正月の若水迎えの時は必ず拝むものだし、月の朔日、一五日には花松と榊を上げる。水神さまがおきらいになるから金気のものは水の中に落としてはならぬと言っている（『香川県史　民俗一四』昭六〇、六二）。③〔熊本県多良木町〕茂原では、「茄子が出来ると、イドガミサンにあげる」というが、もしあげないと畑の茄子に全部水神の爪痕がつけられるという。また、スイジンサンは、ユゴといって湧水の所に祀り、盆・正月にハナをあげる。そのほか、カワマツリといって八月の彼岸に餅をついて川にあげる。川にはガワッパがおり、春と秋の彼岸にいれかわりをする（『民俗学評論』四、昭四五、三一）。

（三好周平）

〔参考文献〕柳田國男「妖怪談義」『柳田國男全集　二〇』。石上七鞘『水の伝承　民間信仰にみる水神の諸相』昭五四、新公論社。

すいせい【水精】

類みずのたま【水の精】 水の霊魂のこと。その現れ方は一様ではなく、実態ははっきりとしない。事例②のように英雄をもたらす水界の母性的存在は、民話や伝説中に多く知られている。

⇩さんぼたろう、れいこん

事例 ①［山城国京都（現・京都府京都市）］ある夏の夜、陽成院という邸宅で人が寝ていたとき、身長が三尺しかない老人が現れて、顔を覗き込んだ。恐ろしかったので空寝をしていると、池のほとりで姿が消えた。その後も毎晩現れたので、人に頼んで、現れたところを縄で縛りつけてもらった。水を入れた盥《たらい》を欲するので用意すると、「私は水の精《たま》である」と言って盥に飛び込み、水と化して消えていった（『今昔物語集　本朝部下』平一三、一三五−一三七）。②［岡山県奈義町］サンボ太郎という英雄の伝説がある。サンボ太郎は水底の珠を母として生まれた水精の子である。成長して英雄となり、周辺地域を征服して那岐山の神となった。その子孫は地方の豪族となった（『伊勢民俗』三（一・二）、昭三一、一四）。

（廣田龍平）

すいてんぐう【水天宮】

福岡県久留米市に総本宮をおく神社。河童とのかかわりが深い。

⇩がわろ

ずいとんぼう【随頓坊】

寺を舞台とする狐狸の説話。各地に類話が分布し、一般に「ずいとん」（あるいは「ずいてん」）とは狐狸に出会う人物（多くは僧侶）の名である。狐狸が僧侶を呼び、僧侶がそれに応答する、というやり取りを繰り返し、最後には狐狸が言い負けて撃退される。この説話の主要な要素を言葉の呪力とみる解釈もある。狐狸は「ずい」と尻尾をこすり、「とん」と戸を叩くことで僧侶の名を呼ぶともいう。

⇩たぬき

事例 ［長野県伊那地方］狸が毎晩のように随頓という坊様の名を呼びにくる。そこで坊様はご馳走や酒を用意し、「ズイトン居るか」と呼ばれたら、「ウン居るぞ」と大声で返事をした。それを繰り返すうちに、狸の方が元気がなくなったが、坊様は元気だった。やがて狸の声が聞こえなくなった。翌朝戸を開けてみると狸が腹の皮を叩き破って死んでいた（「昔ばなし」『伊那民俗叢書　二』昭九、三〇−三一）。

（及川祥平）

ずいま【随摩】

新潟県佐渡郡の海岸地方に出現する女の鬼。海岸沿いの交通の難所に住み、人をさらうという。また呉服屋が担いでいた嫁入り道具から腰巻にする赤い反物を奪い取ったと伝えられる。随魔が出た場合は「矢柄薬師が来るぞ」と叫べば難を逃れられる。

⇩おに

事例 ［新潟県佐渡市］随魔に馬鹿にされ怒った雷が雷を落としたところ、山の頂が割れ岩が海へと落ちた。驚いた随魔は一目散に逃げが、それを見ていた老婆が随魔の韋駄天走りだと叫んだため、この難所を「随魔の韋駄天走り」などと呼ぶようになった

（『季刊民話』二、昭五〇、五七）。（村山弘太郎）

すがわらのみちざね【菅原道真】

平安初期の公卿。藤原時平の中傷によって太宰府に左遷され、そこで没する。死後、都で相次いだ異変は道真の祟りであると考えられ、特に清涼殿の落雷事件により道真の怨霊は雷神と結びつけられた。後に北野天満宮に祀られ、現在は学問の神として信仰されている。江戸時代には浄瑠璃や歌舞伎の題材にもなった。

㊇かんこう【菅公】

⇩かみなり、てんじん

事例 ①［不明］道真は昇天して魔物になり時平を殺そうと考えたが、どうしても昇天できなかった。そのとき斧から千本の針を作ろうとする老人に出会って感心し、自分も天に昇れぬはずはないと高い岩の上から飛んでついに昇天し、雷になって時平をつかみ殺した。その老人は神であったという（『旅と伝説』四（三）、昭六、三八）。②［京都府京都市］菅公が神になって恐ろしい雷を閃かせ、清涼殿に落ちかかろうとしたが、時平が太刀を抜き語りかけると一度は静まった（『日本民俗学会報』一三、昭三五、七）。（中村祥子）

すぎ【杉】

スギ科の常緑針葉樹。人間の生活圏に多く生育しているためか、怪異報告数が他の樹木に比べ多い。神木や老杉は、伐ると血が吹き出たり、伐採者に災厄が訪れたりと、祟りをなす場合がある。また天狗や山の神の宿り木にもなる。杉の精霊は他の樹木と同様に美しい女性の場合もあるが、青年や子供の姿をとることが特徴的である。

⇩きのかいい

事例 ①［岐阜県揖斐川町］古ヶ池の森に一本だけある杉の木は、伐ると血がでる（『常民』一六、昭五三、八三）。②［東京都板橋区］志村の田にある大杉を天狗杉という。この枝が下に垂れているのは、天狗が来て、この樹の股に腰掛けたからだという（『旅と伝説』二（九）、昭四、四二）。③［福島県福島市］西光寺に大きな三本の杉があった。文化二年頃、この寺の坊さんがこの木を切らせることにした。その前日、怪しげな童が三人、手を取り合って泣きながら走り去ったのを見た、という人がいた（『福島県史 二四』昭四二、五四九）。（中野洋平）

すきまおんな【隙間女】

現代の怪談のひとつ。タンスや食器棚、冷蔵庫等と壁の間、家具同士、時にエレベーター等の二ミリから三センチといったごく狭い隙間にいる女。すごく薄いがきちんと人間の形をしている。似た存在に江戸時代の「耳袋」に戸袋からとび出してくる女の話がある。現代の隙間女は人に害をなさないが、部屋の住民の男性と恋愛関係になり、男性を引き籠りにすることがある。このパターンは九〇年頃、テレビでタレントが話した怪談から広まったと思われる。隙間男もおり、また仙台駅前を歩く「一ミリ女」のように隙間から外へ出てしまった例もある。

⇩がっこうのかいだん

事例 ［不明］ある人の友達が会社にこないので電話すると、「女が泣くから」と言い、また二ヵ月が過ぎ、出勤拒否と思って家に行ってみると、部屋は真っ暗で女の人は見当らず、「どこにいるんだ」と聞くと、女の人は壁とタンスの間にいてじっとこちらを見ていた（『不思議な世界を考える会会報』四九、平一七、五六）。（渡辺節子）

すさのおのみこと【素盞嗚尊】

日本神話に登場する素盞嗚尊を祭神とする地域において、ローカルな俗信が伝承されることがある。例えば祭りのときに胡瓜を乗り物とすると伝える事例や、ご神体である石の重さが重くなったり軽くなったりすること、また神楽が嫌いであると伝える事例などが報告されている。

⇩ふないし、やまたのおろち

事例 ①［長崎県勝本町（現・壱岐市）］勝本浦では壱岐祇園の行われる日に祭神の素盞嗚尊が胡瓜に乗ってお出かけになるからといって胡瓜を食べないという（『旅と伝説』八（一）、昭一〇、一七四）。②［神奈川県相模湖町（現・相模原市）］牛鞍神社の祭神である素盞嗚尊のご神体は蛇の形をした石だという。以前、別の寺に移そうとして運んだところ、その途中で重くなったり軽くなったりしたという。また、この神は神楽が嫌いで大正の初めにそれをしたところ悪疫が流行したという（『神奈川県史　各論編五』昭五二、七〇二-七〇三）。（藤井紘司）

すじんこ【水神子】

㊮すいじんさあ【水神様】　スジンコは、主に新潟県の一部における河童の異称である。スジンは水神の意と思われる。川や堤などの水中にいて、水遊びをする子供を溺れさせる。子供の水死は、このスジンコに「けつの穴を抜かれた」ためだとされた。一方水神様（水人サア）は、鹿児島県の一部における水の神的存在である。

⇩かっぱ

事例 ①［新潟県吉川町（現・上越市）］スジンコとは河童のことで、オカッパアタマをしている。盆の時期に、オショロイサマに捧げるために人の尻から肝を抜くので、盆には川に入ってはいけない。七月頃水死した子供は、このためだといわれる（『民俗採訪』昭和三一年度号、昭三二、五五）。②［鹿児島県上屋久町（現・屋久島町）］川の水神様（水人サア）には、米と塩をまいて祈ると悪戯をされない。川や海に行くときは、咳払いをして行くと、水神様を驚かさず、祟りもないといわれる（『南九州郷土研究』一四、昭四六、一五-一六）。（小澤葉菜）

すずかごぜん【鈴鹿御前】

㊮たてえぼし【立烏帽子】　鈴鹿御前は御伽草紙『鈴鹿の草紙』『田村の草紙』、奥浄瑠璃『田村三代記』などに登場する女性英雄。立烏帽子、鈴鹿権現、鈴鹿姫とも。立烏帽子の名は『保元物語』にあらわれる鈴鹿山の盗賊立烏帽子に基づくとされる。その正体は鬼女、女神、女盗賊、第四天魔王の娘など物語によって様ざまであり、統一をみない。物語の型にもいくつかのパターンが存在するが、盗賊、あるいは鬼女として都を荒らしていた鈴鹿御前と、彼女を討伐するために訪れた田村の将軍俊宗とが夫婦仲になり、共に力を合わせて高丸や大嶽丸などの鬼神を退治するというものが多

い。物語の後半部では、天命により夭折した鈴鹿御前を俊宗が冥途へ乗り込んで奪い返し、その後は幸せに暮らすというエピローグが語られる場合もある。

⇩おに、きじょもみじ

事例 ［京都府京都市］鈴鹿御前という女神が悪鬼を退治したという（『郷土研究上方』一（七）、昭六、三七）。（三柴友太）

すずりいし【硯石】

㊫ さされいし【硺石】 自然石でありながら硯状の形をしている石。類例の多くはくぼみの部分に水を常時湛えており、干ばつの時でさえも水位が変化しないとされる。溜まった水を掻き出すと大雨や大時化《しけ》になるという。また硯石の水を病などを治すまじないにも使う。硯石の由来には大師伝説等が伴い、弘法井戸に近い事例もある。

⇩いしのかいい

事例 ①［奈良県山添村］大塩から神野山に出る所に硯石という石があり、穴の中の潮水は伊勢の海の干満に合わせて増減するという。弘法大師が巡錫のおりに杖でこの石に穴を穿ち、村人に塩を与えたと伝える（『大和の伝説』昭八、七六）。②［摂津国菟原（現・兵庫県神戸市）］菟原《うはら》住吉社の前にくぼんだ石がありこれを硺石《さされいし》という。普段は水がなく、雨水さえも溜まらないのだが、年中土用になると自然に水が溜まり、旱《ひでり》の時も増減がない。しかし土用を過ぎれば水は涸れて元のようになる（「年中故事」『続日本随筆大成 別一二』四〇三）。（大里正樹）

すっぽん【鼈、泥亀】

カメ目スッポン科に分類される亀の一種で、他の亀に比べて甲羅が柔らかく、首が長い。淡水に生息し、日本では本州以南から四国、九州までの広い範囲に分布する。滋養強壮に効くとされ、多くの地域で肉食が好まれ、生き血も飲用される。甲羅は生薬として用いられるなど、ほとんどの部位が食用、薬用として利用される。一度かみついたらなかなか離れないことから、雷が鳴るまで離さないと考えられている。攻撃的な性質から、料理人や食べた者に祟ると考えられる他、子供が溺れるなどの湖沼の怪異をスッポンの仕業として伝承する地域もある。

⇩かめ

事例 ［新潟県］泥亀料理を生業にしている男がいたが、ある晩、夜具の上に沢山の泥亀が這い上ってきて苦しんだ。男は一念発起して、僧となった（『高志路』五（三）、昭一四、四四）。（田村明子）

すとくいん【崇徳院】

崇徳院（一一一九―一一六四）は平安期の天皇で、保元の乱に敗れて讃岐国に流刑に処される。その不遇な生涯から、古来名高い怨霊として知られる。もと、院号は讃岐院であったが、のちに鎌倉幕府の怨霊慰撫の意向によって崇徳院と改めた。怨霊化の詳細は中世軍記の『保元物語』に描かれている。五部の大乗経を書写して、せめてそれだけでも都近くに安置してもらおうとしたが、後白河天皇の近臣信西入道の反対でそれさえも叶わず、舌先を食い切った血で日本国の大悪魔になることを誓った。ついに生きながら天狗となり、荼毘の煙は都に流れていったという。その後、崇徳院の怨霊伝説は中近世の説話・物語・芸能・絵画など、さまざまなジャンルの題材となっていく。江戸後期の上田秋成『雨月物語』所収「白峰」はよく知られているところである。怨霊としての性格のほかに、妖怪としては天狗との関係も濃厚である。

こうした怨霊としての性格ゆえに、伝承地では怪異が語られることがある。明治初期、香川県綾歌郡綾上町の阿佐川神社では不景気のために神楽奉納を取りやめようとしたが、祭の後に村人が神楽の音を聞き、神楽の情景を目にしたという。これはその一例といえよう。崇徳院を祀る白峯寺をはじめ、香川県下には関連する神社や伝説が散見される。崇徳社は院を白峯に葬ったときに起きた雲が指したところにあったから祀られたものである。高屋社は崩御した院を白峯に遷すときに用いた輿をしばらく留めた場所に創られた神社であり、柩から血がこぼれ落ちたところから血の宮とも呼ばれる。鵜足郡の天王社も室町期に遷座した院を祀る神社と伝える。他にも院の行幸した桜や護念仏を安置する観音堂などがあり、また崇徳院にちなむ地名も随所にある。

⇩ごりょう、たたり、てんぐ

事例 ①［香川県綾上町（現・綾川町）］綾上町羽床上の阿佐川神社は通称シコクサンといい、崇徳天皇さんを祀っている。明治初期の話だというが、当時不景気で生活が苦しく、神楽米（神楽奉納の費用）を惜しんで宵祭りの神楽奉納を止めることになった。すると祭りの後、近隣の村の人々から「ゆうべは大きょに神楽やっりょたの」といわれた。聞けば社の杜にあかあかとサイトウの灯がはえて火の粉が上がり、笛や太鼓の音が聞こえたという。ところが不思議なことに氏子の内では誰一人として見聞きした人がない。これは神さんが神楽をしてくれということだろうというので、氏子が相談してまた神楽を奉納するようになったという（『香川の民俗』六七、平一六、五二）。②［香川県府中村（現・坂出市）］綾川を渡れば、左手に鼓ヶ岡の森が見える。畦道を国鉄予讃線の線路わきに出ると麦田の中に「柳田」という石碑がある。「讃州府志」によると讃岐の士人三木近安というものが上皇を弑し奉ったという。この近安が鼓ヶ岡を襲ったとき上皇はこれを避けて路傍の大きな柳の樹（人かくしの柳という）の穴にかくれられたが、その荒い息づかいから発見されたといわれ、この柳のあったあたりの地名を今に「柳田」と呼んでいる。それ以来、三木姓を名乗る者は白峰参拝を遠慮するという伝承をはじめとして、近安が葦毛の馬に、紫の手綱をとっていたというところから紫の着物を着ては白峰へは参詣できぬとか、葦毛の馬は飼ってもすぐ死ぬ、柳は枯れるなどいろいろ伝えられているという（『讃岐郷土研究』七、昭三九、六四）。

（伊藤慎吾）

すなかけばば【砂かけ婆】

㊜すなかけぼうず【砂かけ坊主】　頭上から砂をまく、あるいは砂をまく音をたてて人を驚かす怪異。水木しげるの作品の影響で老婆の姿のイメージが流布しているが、民間伝承においては、その姿を見た者はいないとされる。また、狸の存在を匂わせる事

例も見える。

⇩すなまきだぬき

事例 ①［奈良県］スナカケババというお化けがおり、人淋しい森の陰や神社の陰を通ると、砂をふりかけて人を驚かすが、その姿を見た人はいない（『奈良文化』二一、昭六、一〇三）。②［兵庫県西宮市］スナカケババは、某家の松の木に出た。狸が晩にそこを通ると、頭の上から砂を振りかけたというが、音がするのみで、砂は見えないという（『民間伝承』四（三）、昭一三、七）。

（及川祥平）

すなまきだぬき【砂撒き狸】

㊫すなまき【砂撒き】、すなまきむじな【砂撒き狢】　頭上から砂を振りかける、あるいは砂を撒くような音をたてる怪異で、主体として狸を想定するもの。砂かけ婆と同様の現象に対する、異なる説明のあり方と考えられる。

⇩すなかけばば、たぬき

事例 ①［香川県詫間《たくま》町（現・三豊《みとよ》市）］中節と黒崎の境の天神様の坂道で夜遅く空からばらばらと土を降りかけられた（『民俗採訪』昭和四七年度号、昭四八、七六）。②［奈良県大塔《おおとう》村（現・五條市）］日が暮れて道を歩いていたら狸が砂をまいてきた。狸が体に砂をつけて、木の上で体を振るのだという話もある（『昔話—研究と資料』一五、昭六二、一七六）。③［新潟県赤泊村（現・佐渡市）］辻堂坂というところに夜来ると、砂を撒く音がする。これを砂撒き狢といった（『伝承文芸』一八、平五、八四）。

（及川祥平）

すねこすり【脛擦り】

犬の形をした怪物。雨の降る夜道で通行人の足の間をこすって通る。人に害を加えることはない。

⇩あしまがり、じーぬむん

事例 ①［岡山県小田郡］犬の形をして、雨の降る晩に、道行人の足の間をこすって通るという怪物（『民間伝承』三（一一）、昭一三、一一）。②［岡山県小田郡］雨の降る夜道に、通行人の足の間をこすって犬の形をした怪物が走り通ることがあったという（『宮城県史　二一』昭三一、四四四）。

（三村宜敬）

すのーらび【スノーラ火】

㊫すのーら　沖縄で伝承されている、架空の動物であるスノーラが持つ火のことを指す。スノーラとはキジムナーの別称とされ、山原で報告例があり、海岸に出没し、魚の目玉が好きであるとされる。沖縄中南部では伝承が少なく、家畜にやや丸い形の火傷状のものが出来ると、この火を突きつけられて火傷をした後だとする伝承が残る程度である。しかし北部ではスノーラ火を見たという古老は数多くおり、それは一個だけではなく集団で現れたりするとされ、誰でも見ることが出来るといわれている。出現するのは夕方以降であり、スノーラ火が人間に祟るという伝承は残されていない。

⇩かいか、きじむなー、きじむなーび

事例 ［沖縄県］スノーラは山原で報告例があるもので、海岸に出没し、魚の目玉が大好きである。テービー（たいまつ）を持っていて、この火の事をスノーラ火と呼んでいる。これもキジムナーの別称であると思われるものである（『南島研究』（三九）、平

一〇、七)。　（三好周平）

すまぶくろ

伊豆半島の磯に出る怪異。南京袋のようなものがかぶさってくる。

⇩ふくろさげ

すまぼうず【隅坊主】

部屋の隅に居る見えない妖怪。

⇩よすまさがし、ざしきわらし

すみのばさま【隅の婆様】

山形県で行われていた、四隅探《よすま》しに類似する遊戯。

⇩よすまさがし

すみよしたいしゃ【住吉大社】

底筒男命《そこつつのおのみこと》、中筒男命《なかつつのおのみこと》、表筒男命《うわつつのおのみこと》の住吉三神を祀る。翁や蛇の姿で現れる。航海の神霊であり、南西諸島では海神の一種として祀られる。また、和歌の神とされる。

事例 ①［千葉県］神功天皇が住吉の神を祀り、諸神が神功天皇の力を借りて順風を起し、三韓を征伐できたため、帰国後、摂津住吉に三神を祀った。以来、房総では船玉様として祀る（『旅と伝説』八（八）、昭一〇、二四－二五）。②［大阪府大阪市］土佐より京への船旅の途中、住吉明神による強風のため船が進まなくなった。鏡を海に投ずると、海は静かになった（『旅と伝説』一三（四）、昭一五、一五－二〇）。③［長門国（現・山口県）］長州の大寧寺の祖師の前に住吉明神が翁の姿で現れた。祖師は尊体を顕すように言ったところ、明神は大蛇となった（『雑説嚢話』『日本随筆大成　第二期八』三七七－三七八）。　（山越英嗣）

すもとりぼうず【相撲取り坊主】

川の近くの道などを歩いていると出てくる子どもの妖怪。通りがかりの人に「すもうをとらんか」と誘いかける。相手になると意外と手ごわく、くたくたになるまで相撲をとらされるという。

⇩かっぱ

事例 ①［香川県琴南町（現・まんのう町）］山の尾が寄り合い、谷川の水が流れ込む渕がある。雨が降ると水量が急に増し、くわえて道が細く険しく、足を滑らせるものも少なくないところ。ここをとおりかかると小さな子どもが「相撲とらんか」とせがむように言う。くたくたになるまで相撲をとらされるので、相手になるなと戒められている（『香川県史　一四』昭六〇、五九七）。②［香川県］茶堂のあたりにはスモトリ坊主がいて、そこを通る人があると、小さい子どもの姿となって、「すもうをとらんか」と誘いかける。通行人は子供だとあなどってとりかかると、なかなか手ごわい相手だという（『あしなか』二二一、平三、九）。　（平井勇介）

するすみ【磨墨】

梶原景季の愛馬の名で、数々の伝説がある。

⇩うま

すわみょうじん【諏訪明神】

長野県諏訪大社及びそこに祀られる神で、全国的に信仰され、各地に分社がある。

『古事記』国譲りの段では、大国主命《おおくにぬしのみこと》の子の建御名方命《たけみなかたのみこと》が、葦原中国《あしはらのなかつくに》の支配権を天照御神《あまてらすおおみかみ》へ譲るように迫る建御雷命《たけみかずちのみこと》と闘い敗れて、諏訪へ逃げて服従し、以後諏訪の地に祀られることとなった。また「諏訪縁起」として広く知られている甲賀三郎《こうがさぶろう》伝説では、平安時代の伝説上の英雄甲賀三郎が、地底の国を彷徨う内に大蛇の姿となり、神として諏訪に祀られたとする。諏訪明神は多義的な性格を持つが、一般的には武神として知られている。

⇨こうがさぶろう、へび

事例 ［長野県］甲賀三郎は妻に隠された愛妾を探して蓼科山《たてしな》に登った。頂上の竪穴に入り、そこにいた翁と媼に道を教えられ、栗餅をもらった。湖畔に出て一宿したが、翌朝人が来て、三郎のことを大蛇と言って逃げる。夜になって神々に、冥土のものを食べたため人に戻れない、諏訪湖に入り神となるよう言われ、諏訪明神となった（『旅と伝説』四（七）、昭六、七四）。（田村明子）

ずんずくだいじん【ズンズク大尽】

ある家にむじなが入って「ずんずくまいこめ」といいながらおどりを踊ると、そのむじなの子供が寄ってきておどりを踊った。その後、その家は大尽になったが、それを寄せなかった家は滅びてしまったという昔話。「ずんずく」とは腹鼓の音とする場合や、「文福茶釜」の文福が変化したものだと解釈する場合もある。昔話では、むじなは狸と同様に擬人化して語られることが多い動物である。

⇨たぬき、ぶんぶくちゃがま、むじな

事例 ［東京都］文福茶釜の狸がまぎれ込んで踊を踊ってから急にお大尽になった。文福大尽とは言えないのでずんずく大尽と言ってきたのだろう（『常民文化研究』七、昭五八、三八－三九）。（山田栄克）

せ

せいくのかみ【大工の神】

㊫だいくのかみ【大工の神】 大工の神。主に鹿児島や沖縄に多く存在し、家内の祭壇や神棚に祀られている。男性が正月ごろに祀る。大工は古来より霊力の強い人と考えられており、憑依現象を起こすことのできる存在として考えられていた。

⇨くち

事例 ［鹿児島県徳之島町］大工の落としたバンジョウガネ（番匠矩、大工道具の一つ）を拾って自分のものにすると祟りがあるといわれている。あるいは大工道具を盗むとセイクノ神（大工の神）に「俺のものを盗んだのは誰だ、クチを入れたるぞ」といわれ、必ず祟りがあるので大工のものには手をかけないという。大工は非常に霊力が強く、「神高い人」と見なされ、与論島ではバンジョウガネをもっている人のクチアカシは、相手の生命をとるほど強いものと考えられている（『人類科学』二九、昭五二、一二四―一二五）。　（平井勇介）

せいじゅうろう

㊫せいじょ、まつわか　人間が鬼となる伝承の一つ。新潟県の池尻集落に住むセイジュウロウという人が、ある夜、魔物に連れ去られ、一年後に戻ってきたセイジュウロウの姿は鬼になっていた。和歌山県では、マツワカという人が山稼ぎの途中に妙なものを食って鬼になる話もある。新潟県松代の伝承では、セイジョという人が何者かに連れ去られ、大きい身体に変化して帰って来るという話が伝えられている。

⇩おに

事例　［新潟県十日町市］池尻集落のセイジュウロウという人が、ある晩「今晩は」と誰かが呼んだので、戸を開けると魔物にさらわれてしまった。一年後に戻ったセイジュウロウは鬼になっていた（『奴奈川の民俗』昭六〇、一〇二）。　（五十嵐大晃）

せいしょうなごん【清少納言】

平安時代の実在の女房で、中宮定子に仕えた。『枕草子』の作者として有名。清少納言にまつわる伝えとして、次のようなものがある。清少納言が罪を負って流され、若い漁夫たちに着物を剥ぎ取られ、辱められた。それに恥じた、または憤慨した清少納言は自分の陰部を切り取って海の中に捨てた。それが瀬戸貝になったという。

また、亡くなった清少納言を葬ったとされる尼塚や、清少納言の亡霊が現れて歌を詠んだという伝説も伝えられている。

事例　①［香川県］讃岐の金毘羅山の麓の寺で、鐘楼を築くときに昔から清少納言の墓だという土地の工事をしようとしたところ、和尚の夢に美しい女官が現れて歌を詠んだ（『旅と伝説』四（一一）、昭六、二一）。②［徳島県］粟津の里の人が清少納言を辱めたたたりで、粟津は急に病気が多くなった（『旅と伝説』七（一一）、昭九、三九）。　（熊倉史子）

せいめいづか【晴明塚、清明塚】

安倍晴明を祀ったとされる塚で、日本各地にある。福島県の清明塚はかつて杉の木の祟りを蘆屋《あしや》道満《どうまん》と共に鎮めたことから、道満塚とともに祀られている。

⇩あべのせいめい、つかのかいい

事例　［福島県］須川の北にあった杉を伐ったところ、杉の魂が朝廷に祟りを為した。詔命を受けた安倍晴明と蘆屋道満が天皇の御脳平癒を祈った。人々は杉を祀るために壇を築き、二人は杉の祟りをなだめ神に祀り奉った。これが晴明塚・道満塚と杉妻大明神である（「信達一統志」『岩磐史料叢書　上巻』大五、七）。　（高橋奈津子）

せきひ【石碑】

⇩つかのかいい

せきれい【鶺鴒】

セキレイ属の鳥。水辺を主な棲息地とする。長い尾を上下に振る動作が特徴的である。『日本書紀』神代上に、この鳥が尾を

せ

振る様子を見て、イザナギ・イザナギが性交の方法を知ったとあり、この故事に因むセキレイ石が茨城県筑波山や兵庫県南あわじ市の自凝島《おのころじま》神社などにのこる。また、この鳥に危害を加えると、災いが生じるとの伝承は、各地にみられる。

⇩とりのかいい

事例 ①［岐阜県大野村（現・飛騨市）］セキレイをとると、親も子も死んでしまう。この鳥をいじめると、その人を呪って「親死ね、子死ね、鍋も茶碗も破れてしまえ」と鳴くという（『西郊民俗』一〇、昭三四、一）。②［島根県西須佐村（現・出雲市）］セキレイの巣にさわったり、卵をとったりすると、火事になる（『西郊民俗』一〇、昭三四、一）。③［愛知県下山村（現・岡崎市、豊田市）］セキレイをいじめると馬に祟りがある。ある人が落ちていたセキレイの子を、石の上へあげてやった。その後、その人の牛が高いところから落ちたが、けがはなかった。セキレイを大事にしたお礼かもしれない（『民俗採訪』昭和三一年度号、昭三二、一一三）。

（徳永誓子）

せくらべ【背比べ】

岐阜県の郡上市や関市で伝承される、子供をさらう存在。麦の穂の伸びる五月、六月の日暮れ頃に麦畑の中から出てきて子どもと背比べをし、自分より背の低いものを麦畑の中に連れ去る。「セクラベが出るから遅くまで遊んではいけない」と子どものしつけに使われた。背の高さには関係なく連れ去るなどともいう。

⇩かくしがみ、ことりばあ

事例 ①［岐阜県洞戸町（現・関市）］セクラベは五月・六月の麦の穂が出る頃、麦畑から出てきて、自分より背の低い子どもを麦の中へ引きずり込み、帰さないという。昔の人は「セクラベが出るから日が暮れないうちに家に帰れ」と子どもをしつけた（『常民』二四、昭六二、一一九-一二〇）。②［岐阜県和良町（現・郡上市）］夕方、麦畑の中に背くらべがいる。子どもに背比べを挑んできて、背が高くても低くても連れて行かれてしまう（『和良の民俗』昭五四、二五五）。

（飯倉義之）

せこ

(類)せこご、せこぼず、せこんぼ、わっぱたろ【童太郎】 大分県や宮崎県、熊本県などの一部における河童の異称の一つ、もしくは山での怪異。河童の山へ上ったものを指す場合もある。春秋の彼岸や朝晩に山と川を行き来し、ホイホイなどと鳴きながら通るという。山中においては、木を倒すような音を立てたり、通り道に建てた山小屋を揺さぶるなどするという。

⇩かっぱ

事例 ①［大分県］秋の彼岸から春の彼岸まで河童は山に入るが、それをセコという。大きさは七、八歳の子供ほどで、毎晩木を倒す音などを立てて山で仕事をする人を驚かせるが、翌朝見ると何の異常もないという（『あしなか』三七、昭二八、一八-一九）。②［宮崎県北方町（現・延岡市）］セコボズは、夕方にホイホイ鳴いたり、蓋をしておかない風呂に入ったりする（『宮崎県史　資料編　民俗一』平四、三四三）。③［大分県蒲江町（現・佐伯市）］セコが馬を引くのを防ぐためには、馬小屋の入口に猿の左肱《ひだりひじ》を打ち付けておけばよいという（『西郊民俗』一四、昭三五、一八）。
（小澤葉菜）

せっしょうせき【殺生石】

栃木県那須野にある石。正体を見破られた金毛九尾の狐が化けたとされる。その石に近づく者は死んでしまうという。後に或る和尚が殺生石を破壊したところ、石は通力を失ったが、砕けた破片が全国に飛んだ。その破片を踏むとケガをするなどの俗信がある。また京都の室町に片割れがあるとか、石からクダギツネがあまた出て全国に散った、などとも伝えられる。さらに飛ぶ鳥が死んでしまうという、殺生石と似た石も、「殺生石」と呼ばれて各地に伝わる。

⇩いしのかいい、きゅうびのきつね、くだぎつね

事例 ①［栃木県鹿沼市］昔、支那から九つの尾を持つ狐が渡って来た。その狐が殺生石という石になり、近づく者は死んでしまうという（『粕尾の民俗』昭和四八年度号、昭四九、二四七）。②［福島県翁島村（現・猪苗代町）］人取り石といって、耶麻郡翁島村に、高さ二―三メートル余り、円周二〇メートル近いというほどの石があるが、これは毒石で、道行く人がこの毒にあたって死んだことがあるという（『福島県史　二四』昭四二、五六〇）。
（玉水洋匡）

せっしょうばし【殺生橋】

百済《くだら》にある霊山の巨木が山津波によって海へ押し流され、現在の熊本県宇土市の浜辺に漂着した巨木を、住民は拾い上げて橋にした。ところが夜になると怪光を放ち、橋に触れた者は怪病に付きまとわれて狂い死んだ。行基が順歴に訪れた際、橋の怪異に怯える諸人の懇願に応えるべく、「この橋を七つに切って海に投じ、その流れ着いた所に霊所を作り、観音像を刻み、悪木を衆生済度の善縁となさん」と大願を立てた。肥後の岩戸、佐賀の竹崎、南高の堂崎、佐世保の福江、西彼の脇岬の御崎、北高の田結、そして湯江の七か所に漂着した。行基はその橋木を引き上げ、法川山和銅寺を開き、沐浴精進して、御本尊十一面観音菩薩をつくった。

事例 ［長崎県］昔、百済の龍萬山の巨木が肥後国宇土郡に漂着したのを橋としたが、毎夜恐ろしい声を発したり怪しい光を放ったので殺生橋と呼ばれた。行基菩薩が錫丈で橋を八断して海に投じ、それが流れ着いたところで観世音の尊像を刻むと誓われた一片が長崎の脇岬村の観音であると（『旅と伝説』一〇（四）、昭一二、四六）。
（森本恵一朗）

ぜんかしいわ【膳貸し岩】

⇩わんかしぶち

ぜんき・ごき【前鬼・後鬼】

修験道の開祖である役小角が調伏し使役したという鬼。夫が前鬼、妻が後鬼という夫婦の鬼で、しばしば赤と青で色分けがなされる。『嘉良喜随筆《からきずいひつ》』では前笈、後笈とも記され、善童鬼、妙童鬼と称されることもある。山神ともみなされ、また、葛城山の一言主《ひとことぬし》との関連も指摘される。

⇩えんのぎょうじゃ、おに

事例 ①［奈良県吉野郡］役行者が岩橋を作る際、前鬼と後鬼は一生懸命働いたが、一言主は醜い顔を見られたくないため昼間には働かなかった。怒った行者は一言主を縛りつけて谷間に突き落としたが、鬼軍を使って国を狙っているという一言主の讒言《ざんげん》により、伊豆大島へ流罪になった（『旅と伝説』五、昭二、二八-三二）。②［奈良県吉野郡］柿阪秀元氏の家では節分の夜には玄関にすすぎ水を取り、奥座敷に床を敷いて鬼の来て宿る用意をする。この家では鰯の頭を柊にさすことはせず、豆まきは「福は内、鬼は内」という。この家は前鬼、後鬼の子孫といわれている（『大阪民俗談話会々報』二、昭一五、一五）。（中村祥子）

せんげんさま【浅間様、仙元様】

富士信仰に由来し、神霊「浅間大神」を祀ってきたが、やがて木花之佐久夜毘売《このはなのさくやひめの》命《みこと》と同一視されるようになっていった。信仰を怠ったために、船の沈没や病といった祟りにふれる事例が各所にみられる。また蛇の姿で人々の前に現れることが報告されている。

⇩へび

事例 ①［千葉県銚子市］伊勢徳の船は仙元様の御恩により沈没を免れてきたが、戦後に代替わりし、女男ヶ鼻御恩礼に参加しなくなったのを境に、船が時化で沈んだり廃船になってしまったりして店もつぶれてしまった（『あしなか』一九〇、昭六〇、一七）。②［山梨県忍野村］ある家の者が自分の家の屋敷神として京都から浅間様の位をとってきた。浅間神社の祭日と神輿の渡御を変更したところ、長男はコレラで倒れ、以降不幸が続き、とうとう家族は老婆を残して絶えた。新盆の竿に蛇がのぼったことから、浅間様は蛇ともいわれている（『民間伝承』一〇（一）、昭一九、四二）。（山越英嗣）

ぜんこうじ【善光寺】

長野県長野市元善町にある無宗派の寺院。人が亡くなった直後に霊魂が善光寺に参詣するという考えは広く人々の信仰を集め、枕飯や枕団子を善光寺詣りの弁当などとする説明もある。これに関連して、善光寺に行くと死んだ人に会えるとする考えがあり、善光寺で偶然知人に会ったところ、実はその日に亡くなっていたことがあとで分かったとする怪異が各地で語られている。この他、無信仰の老婆が迷い牛の角にかかった布をおいかけて善光寺に至り、信仰の道に入る（「牛にひかれて善光寺参り」）など、善光寺の霊験をたたえる話も残されている。

事例 ①［香川県詫間町（現・三豊市）］善光寺に詣ると、見覚えのある着物の男が歩いていた。いまどきこの人が善光寺などに来るはずがないと思い、しばらくして村に帰ってみると、ちょうど寺で会った日にその男は亡くなっていた（『日本民俗学』九七、昭五〇、二二）。②［香川県］善光寺で近所の人に会って「来とんな」と声をかけたが、その人はその頃死んでいた（『四国民俗』一五、昭六〇、三二）。（渡部圭一）

せんたくきつね【洗濯狐】

夜、川や沼の岸辺でザブザブ物を洗う音が聞こえる怪異。実際に狐が洗濯をしているかは定かではないが、静岡県西部ではこのような呼び方をする。

⇩あずきあらい、きつね

事例 〔静岡県浜松市〕平釜川の近辺にある寺の木が茂っている所に、夜になると狐が出て川でザブザブと物を洗う音が聞こえる（『静岡県伝説昔話集』昭九、二七五）。

（三村宜敬）

ぜんたつむじな【禅達狢】

㊫みつがやまむじな【ミツガヤマ狢】 新潟県佐渡島の東光寺に住む狢。有力な狢とされ、団三郎の四天王に数えられる。東光寺の住職と問答をかわしたという伝承がある。

⇩だんざぶろうむじな、なのあるむじな

事例 ①〔新潟県赤泊村（現・佐渡市）〕禅達と二ツ岩の団三郎とが化け比べをして禅達の方が勝ったという話がある。また、禅達狢は東光寺の住職に問答をしかけてくる。ある時、僧侶が、手を打って「右が鳴ったか、左が鳴ったか」と問いかけて、狢が負けたという話もある（『伝承文芸』一八、平五、八二－八三）。②〔新潟県畑野町（現・佐渡市）〕東光寺の住職のもとにミツガヤマが出て、「火打ちから火が出たか、角から火が出たか」と問答を仕掛けたが、住職に「汝は父の子か、母の子か」と問われて問答に負け、問答をしに出てこなくなった（『伝承文芸』一〇、平一三、六八－六九）。

（及川祥平）

せんちがみ【センチ神】

便所の神。センチは雪隠のこと。

⇩べんじょのかいい

ぜんとくむし【善徳虫】

善徳という僧の霊が虫になったもの。

⇩じょうげんむし

せんにん【仙人】

㊫しんじん【神人】、しんせん【神仙】、ちせん【地仙】 不老不死を得、変幻自在になった超人的能力の者を言う。古代の中国より日本に伝わった。老荘思想に発するもので、仙人になるための養生法が広まるなど古代より神仙思想は大きな影響を持っていた。『史記』では「僊人」と表記されていることなどから、元来天を自在に飛び回る者を指していたことが推測されるが、「仙人」の表記への移行など、山岳信仰との結びつきが指摘できる。日本には奈良時代には伝わっていることが確認でき、『万葉集』に「神仙」「仙媛」の語が見られる他、『日本書紀』「雄略紀」の浦嶋子伝には蓬萊山の仙人の姿が描かれている。これは異界へ渡った人間の男性が仙女と交流するというもので、こうしたいわゆる理想郷の仙人との交流を語るものは日本の神仙譚に特徴的に見られる。一方で中国の『列仙伝』等にもある、苦行の末または仙草などを服したため仙人になった者の伝説も多数存在する。こうした仙人の伝記はすでに平安時代には『本朝神仙伝』が編まれるなどして流布しており、高名な仙人として、修験道の開祖とされる役優婆塞《えんのうばそく》（『日本霊異記』）、女性に見とれて空より落ちて仙術を失った久米仙人（『今昔物語集』）、不老長生の常陸坊海尊（『義経記』等）などあり、各地にその伝説を引き継いだ話を残している。仙人の

姿はしばしば白髪白髭の老人として表されることがある。

⇩えんのぎょうじゃ

事例 ①［奈良県吉野町］母親が病気になったので、そのころ当地で布教が始まっていた黒住教の教会に快癒の祈祷をしてもらいに通っていた。ある晩、教会に向う途中、白髪に白髭の仙人のような姿の人が現れ、「あかん、あかん」と言った。実はちょうどその時母親は死去していたのであった（『昔話―研究と資料―』二〇、平四、一六九―一七〇）。②［山梨県上野原新町（現・上野原市）］里吉銀右衛門という人物は、毎朝未明から山田の水見に行っていた。その途中、大入道や妖怪に会うことがあったが、平然としていた。ある時仙人が現れ、恐ろしいものは何かと尋ねられた。銀右衛門が怖いものはマムシだけだと答えたところ、マムシの毒消し方を授けて去っていった。この法は卓効があり、やがてその話が広まり遠方からも毒消しに訪れる者がいたという（『北都留郡誌』大一五）。③［山形県鶴岡市］湯殿山に続く仙人岳には仙人が住んでいて、人間が登って浄域を汚すことを嫌う。そのため、山に立ち入った者は村に帰ってくることはできず、帰ってきても直に死んでしまう。山裾には仙人沢と呼ばれるところがあり、そこには一生山を下りない修行者がいて、湯殿山に奉仕している（『旅と伝説』一七（一）、昭一九、一七）。④［群馬県伊香保町（現・渋川市）］伊香保にある温泉に一人の樵が住んでいた。周囲の人は誰もその本当の歳を知らなかった。その土地の古老が言うには、その男は源義経の旗指であったということで、奥州合戦の時に義経と共に蝦夷地に逃げ、その忠勤により常陸坊海尊が習得していた灸の技術を授けられた。それにより地仙となり長寿を得たということである（『杏林内省録』天保年間）。（七田麻美子）

［参考文献］大星光史『日本文学と老荘神仙思想の研究』平二、桜楓社。下出積與『古代神仙思想の研究』昭六一、吉川弘文館。

せんにんづか【千人塚】

合戦や災害などで亡くなった多くの人々を埋葬もしくは供養するために作られた塚。現在の伝承と、塚が作られた当時の理由が、異なる場合も少なくない。東京都府中市の三千人塚は、上に立つ板碑や発掘調査などによって、一三―一四世紀頃の現地有力者の墓地であったことが明らかになっている。この塚の場合、江戸時代に入ってから、鎌倉幕府の滅亡を決定づけた、分倍河原合戦の戦没者を供養する塚との説が生まれ、広く受け入れられている。

⇩つかのかいい

事例 ［長野県飯島町］織田信長の軍勢に攻められ、上沼左近という城主が千人塚の地で戦って敗れた。その地に戦死者や武器を埋めて塚にした。死がいが数千もあったので千人塚という地名ができた。ここに草刈りに行って、刀などを拾ってくるとオコリになるという。集落一帯に悪病がはやった時、巫女に拝んでもらったところ、戦死者の霊が祟るといわれた。そこで千九人童子の墓という碑を建てたら、病気も治ったという（『長野県史　民俗編二（三）』平一、五九六―五九七）。（徳永誓子）

せんねんもぐら【千年土竜】

㊮あめりかぎつね【アメリカ狐】　地下から掘り出されたとされる異様な獣で、捕まったという風聞だけが記録に残されている。幕末期に報告例が集中し、外国から来た獣である、コレラ流行の原因だ、ともいわれた。流行病や変動する世相に人々が抱く不安感が、予兆としての異獣の出現の噂になったのだろう。

事例　①［東京都文京区］本郷の畑で一尺二寸（約三六センチ）の大きな白いもぐらが捕まった。俗に「千年もぐら」という（「半日閑話」『日本随筆大成　八』三五二）。②［静岡県富士宮市］安政六（一八五九）年、川尻村で大きさは猫ほど、顔は馬に、足は人間の赤子に似た異獣が捕まり、千年もぐらと言われた。同じものが蒲原宿でも一匹捕まった（『静岡県史　別編一』平七、六二二-六二三）。③［静岡県富士宮市］コレラの正体は唐からやってきた千年もぐらで、「あめりか狐」と同じものだという（『静岡県史　別編一』平七、六三〇）。

（飯倉義之）

せんびきおおかみ【千匹狼、千疋狼】

㊮おおかみのせんびきづり【狼の千匹連り】、せんびきづれ【千匹連れ】　群れ化している狼の伝承。狼が肩車等をして樹上の人に襲いかかる継ぎ狼や、大群が山中を駆け抜けて行く渡り狼の形で語られることが多い。昔話「鍛冶屋の婆」を指す場合もある。狼の連なる様は犬梯子やイヌ継ぎ等とも呼ばれ、千匹狼との遭遇は人の命を脅かすものとして特に恐れられた。

⇨おおかみ、かじやのばば

事例　①［宮城県本吉町（現・気仙沼市）］歌津仇討ちの敵が、狼の千匹連りに会って、逃げようがないので木に上った。そうしたところ、狼は次々に首をついで上がって来た。相手は武士なので、刀で斬った。血を見ると狼達はみんな逃げてしまった（『小泉の民俗』昭五七、四一二）。②［愛媛県、高知県］狼は千匹連れと言って必ず千匹が群をなしていて、人が山でもこえるとついて来るものであった。そして石や木の根につまずいて倒れるようなことがあると、おそいかかって骨ものこさず食うてしまうたものである（『民話』一五、昭三四、二一）。

（菱川晶子）

せんぽくかんぽく

㊮かさごっこ、てんてんごっこ　死人のある家の掛け蓆《むしろ》にいる怪物。一週間経つと大戸の外に出て番をする。三週間は家にいて、四週間位で墓場に行く。顔は人間に似ており、四つ足のもので、蛙の大きいもの。ガマと同じであるという。

⇨かえる、がま

事例　［富山県利賀村（現・南砺市）］昔かたりをする時によくこのバケモノが話に出た。「カサゴット」とか「テンテンゴットの神」とかいった。ガマは術を心得ているから神にされる。ガマは、虫でも蝶でも飛んでいるものを自分の口の中にとび込ませるからだという。生命の危険に際して、テンテンゴットの神を念ずることによりガマの術で助かる時があるという（『民間伝承』六（八）、昭一六、六-七）。

（磯貝奈津子）

せ

そ

そうげんび【叢原火、宗源火】

近世の随筆、怪談類に記述がある他、鳥山石燕の『画図百鬼夜行』にも描かれた京都の怪火。神沢杜口の『翁草』では、処刑された宗源という山伏の霊が変じたものとされるが、同時に叢原火の字もみえる。雨の降る夜にあらわれるもので、多くの火の玉がひとつになったり、あるいはまた飛び散ったりしながら、田野を走るという。前述の石燕は火のなかに僧侶の顔が浮かぶ姿を描いている。

⇩かいか、ひのたま

事例 ［京都府］千本の郊野にそうけん火という怪火が出る。多くの火の玉が飛来し、それがときにはひとつになり、あるいは飛び散り、また見え隠れする。昔、宗源という山伏が処刑され、その霊が火になったという。慣れてしまえば凄いとも思わなくなり、眺めていると蛍のようなものである。伴蒿蹊などは雷雨の夜にこの鬼火を見学し、漢詩を読んだ（『翁草』『日本随筆大成　第三期一四』四五一）。　（三柴友太）

そうぜんさま【蒼前様】

東北から関東・中部地方で祀られている馬の神を蒼前神といい、蒼前神社などの形で祭祀されている。東北地方では蒼前講や駒形講を組織し、馬の守護神として信仰している地域が多い。これに関連して、社寺の創始にあたって武将の名馬や異形の馬などを祀ったとするケースがある。

⇩うま

事例 ①［青森県六ヶ所村］昔、鞍を七つも置けるほどの黒毛の大馬が二百頭余りの母馬・父馬を食い殺してしまった。これは大馬が悪馬の根を絶やしたもので、生き残った母馬から生まれた駒はいずれも名馬となった。大馬を埋めたところを七鞍と呼んでいる（『青森県史　民俗編資料南部』平一三、三三一）。②［青森県階上町］壇ノ浦の戦いに敗れた平家の大将が名馬にまたがって海を漂流してきた。ついに倒れた愛馬を手厚く祀ったのがいまの蒼前神社である（『青森県史　民俗編』平一三、三三一－三三二）。　（渡部圭一）

そうたんぎつね【宗旦狐】

京都市の相国寺に伝わる狐の妖怪。千宗旦に化けて茶のお手前をすることから宗旦狐と称され親しまれた。人助けをしたお礼の鼠の天ぷらを食べると、神通力を失ってしまい、犬に追われ死んでしまった。

⇩なのあるきつね

事例 ［京都府京都市］宗旦狐の名で呼ばれるのは、利休の孫にあたる千宗旦に化けて、その代わりにお手前をやってのけたことからついた（『歴史民俗研究』一、昭五二、一一一）。　（伊藤純）

そうとうのへび【双頭の蛇】

⇩たとうのへび

そうれんかき【葬列担き】

香川で、たそがれ時に現れると言われる怪異。二人で輿をかついだ姿をしており、続々と現れるため、これが通ると他の人は通れなくなってしまう。死霊の仕業などと考えられたため、これを鎮めるために地蔵を祀った。山の渕に出るとも伝わる。

⇩ゆうれい、れいこん

事例 ①［香川県琴南町（現・まんのう町）］山の尾が寄り合い、谷川が深い渕となったところにアカシャグマが出る。また、日暮れになると同じ場所にそうれんかきが現れる。二人は輿をかいて通る（『香川県史　一四』昭六〇、五九八）。②［香川県］たそがれ時にはそうれんかきがよく出る。二人の男が輿をかついで続々と通るため、他の者はそこを通るゆとりがないという。死霊の仕業と考えられる（『あしなか』一二一、平三、四）。（荻野夏木）

そがきょうだい【曽我兄弟】

曽我五郎・十郎兄弟は鎌倉時代の実在の人物。建久四年五月二八日に父の仇・工藤祐経を討ち果たし、源頼朝に処刑された。この兄弟の生い立ちから最期までを記した『曽我物語』は、「曽我物」という演目として能や歌舞伎、人形浄瑠璃として多くの人々に親しまれてきた。兄弟が仇討を果たした五月二八日は御霊信仰と結びついて、日本各地で田植えを忌む日や、祭日とされている。

⇩ごりょう

事例 ①［福島県］旧暦五月二七日と二八日は曽我兄弟の日と呼ばれ、必ず雨が降るといわれている（『郷土研究』三（七）、大四、五五）。②［神奈川県山北町］五月二八日は「ソガドンの田植え」といって田植えをすると血の雨が降る、馬を植え込む、といって嫌う（『民俗採訪』昭和二六年度号、昭二七、六）。（山田栄克）

そこゆうれい【ソコ幽霊】

船を動かなくする幽霊。

⇩しきゆうれい、ふなゆうれい

そでひきこぞう【袖引き小僧】

道を歩いている人の袖を引く妖怪。振り向くと誰もおらず、歩き出すとまた引かれるという。埼玉県西部に多いとされる。袖を引かれる怪異は多くあり、夕方や夜に坂や峠を歩くと引かれるものもある。袖を引かれた時や特定の場所で転んだ時に、片袖を切って置かなければならないとする習俗は各地にあり、境にあって道中の安全を守る柴神の信仰と通じている。

事例 ①［埼玉県川島町］夕暮れに歩いていると袖を引く者がある。振り返っても誰もいない。また歩き出すと再び袖を引かれる。袖引き小僧と呼ぶ（『川越地方郷土研究』四、昭一三、二〇八）。②［埼玉県東松山市］ある坂では袖を引かれたものは小袖を作って坂の傍の木に吊さなければ、災いがあるといった。また後世では、この坂で転んだ時にも同様の所作をする（『東松山市の伝説と夜話　上』昭四八、三三五）。（堀口祐貴）

そでもぎさま【袖もぎ様】

㊟そでもぎじぞう【袖もぎ地蔵】、そでもぢき【袖もぢき】　中国・四国地方で、辻や峠などに祀られる路傍の神。地蔵の形で祀られている場合には袖もぎ地蔵の名がある。地蔵さまの前で倒れたときには袖をもぎとって帰らなければ不吉なことがあるという。この他、特定の祭祀対象を伴わないケースも多く、ある特定の道路や坂道などで転ぶと祟りがあるので身代わりに片袖を割いて置いてくる。

また特定の場所で何者かが現れて袖をむしり取るなどの怪異が語られることが一般的である。

⇩かさとさま

事例　①〔兵庫県〕袖もぎ地蔵様の前で躓き倒れると、着物の片袖をもぎとって帰らなければ必ずよくないことがある（『播磨』二（六）、昭八、一七―一八）。②〔愛媛県重信町（現・東温市）〕袖もぎ坂という小さな坂があり、ここで転ぶとよくないことがあるので、転んだときは必ず袖をもぎ、そこへ置いて帰る（『伊予の民俗』昭六〇、六）。

（渡部圭一）

そらきがえし【空木返し】

㊟いたちのきたおし【イタチの木倒し】、からきがえし【空木返し】、からきだおし【空木倒し】、ききり【木伐り】、きつねのききり【狐の木伐り】、てんぐだおし【天狗倒し】、てんぐのききり【天狗の木伐り】、むじなのからきだおし【狢の空木倒し】、むじなのききり【ムジナの木伐り】、やまのかみのききり【山の神の木伐り】　その場にはありえないはずの音が聞こえるという音の怪異の一種。深夜、木を伐り倒す音が山中に響きわたるが、翌朝確かめても木は切られていない。木こりや炭焼き、山菜取り、猟師、木地師らが山中に小屋掛けして泊まり込んでいるときに遭遇するとされる。大勢の人間の声、木に斧を当てる音、「倒れるぞー」という注意の声、大木の倒れる音など、伐採の作業音を忠実になぞる。しかし、斧の音が三回しかしない、木の倒れる音だけはしない、材木の端に綱を通す穴をあける音だけは出さないなど、現実の音でないことを聞き分けられる特徴があるとする伝承もある。

空木返しの音は、天狗や山の神といった山中の神霊が出すという伝承、あるいは狸・鼬《いたち》・狐といった人を化かす動物の仕業であるとする伝承、秋の彼岸に山に入った河童の仕業だという伝承、伐採の事故などで死んだ者の霊がフルソマや木伐り坊といわれる妖怪となり、事故の時の音をさせるのだという伝承などがある。

山中の怪音には、他にも叫び声や笑い声、お囃子の音、太鼓の音、落石や山崩れの轟音などがあるが、こうした音を出して山中に滞在する人間を惑わすのは、山の神や天狗が度胸を試しているのだともいわれる。いずれも、山中に起居して仕事をする集団が感じ伝えた共同幻想の一種と言える。

⇩いしなげげんじょ、おとのかいい、きのかいい、ふるそま

事例　①〔福島県田村郡〕山中でソラキガエシの怪異がある。斧で木を伐る音や、木が倒れる音がするが、倒れた木が地面に着

く音はしない（『民間伝承』三（一一）、昭一三、一二）。②［福井県名田庄村（現・おおい町）］山に泊まりこんで働いていると、誰もいないのに木を伐る音がしてくることがある（『民俗採訪』平成八年度号、平九、九九）。③［秋田県湯沢市］山中で山菜取りのとき、頭の上からゴリゴリと木を伐る音が聞こえ、寒気を感じた（『雄勝役内の民俗』昭五二、一〇一）。④［福島県会津地方］ソラキガエシは木を切り倒す音がするが、材木の端に牛の綱を通す穴をあける音がしないのでそれとわかる（『民間伝承』三（一一）、昭一三、一二）。⑤［新潟県塩沢町（現・南魚沼市）］山小屋で仲間と泊まっていると、雨の降る晩、夜なかに大木に斧をあててカシン、カシンと木を伐る音がしてくる。やがて、ワリワリ、ガシーンと大木が倒れる音がする。朝方に音のした方へ行ってみても大木などはいっこうに倒れていない。天狗の木伐りという（『新潟県史　資料編二二』昭五七、九〇〇）。⑥［大分県国東半島］山中で大木が倒れる音や、木立や竹に石が跳ね返る音が聞こえる。「空木返し」と呼ぶ。これは狸が尻尾で木を叩いたり、後ろ足で石を蹴って出している音だという（『大分県史　民俗篇』昭六一、三六二）。⑦［和歌山県南部川村（現・みなべ町）］ゴウラは冬になるとカシャンボになり、山で木を伐る音を出す（『南部川の民俗』昭五六、四六四）。

（飯倉義之）

それい【祖霊】

㊠せんぞ【先祖】、そせんのれい【祖先の霊】、ひがんさま【彼岸様】　先祖の霊魂。個人としてより「祖先の霊」としてまとめられていることが多い。盆や正月、彼岸に山や海の彼方から子孫のもとへ戻ってくるので、これをダンゴなどの供え物でもてなし、送り火や野菜で作った牛馬などで送り返す。こうした祀りを怠ると先祖の叱りを受け、病気や怪我などの祟りが起こる。

⇩おしょうろうさま、もうれん、れいこん

事例　①［鹿児島県］奄美群島の喜界島でも、七月の初めのとんぼを盆とんぼといい、先祖がのってくる、とか、背中に鞍に似た斑紋があるといって、とるのをいましめている（『日本民俗学』四（二）、昭三二、四七）。②［新潟県五泉市］彼岸あけには彼岸様が行きなさるといって、みやげダンゴと三途の川の渡し賃を仏様に供え、昼食にうどんをあげて渡し舟に乗り遅れないようにと早く出立させる（『新潟県史　資料編二二』昭五七、六九九）。

（荻野夏木）

そろばんぼうず【算盤坊主】

㊠そろばんこぞう【算盤小僧】　夜中に木の下に現れ、算盤を弾く音を出す坊主の怪異。京都府亀岡市西別院の西光寺の榧《かや》の木の下に出るという。また西光寺の隣にある素盞《すさの》雄《お》神社では、やはり木の下に算盤をはじく少年が出る。算盤は計算や学問を象徴しており、坊主という知識人と結びつけられる点で特徴的な怪異である。

⇩おとのかいい

事例　①［京都府亀岡市］夜遅く、西光寺の一本の榧の木の下で、坊主が算盤を弾いており、算盤坊主という。狸の仕業とも、かつて計算のことで怒られて自殺した小僧だともいう（『口丹波口碑集』大一四、五九–

さ

六〇)。②〔京都府西別院村(現・亀岡市)〕西別院村笑路の素盞雄神社では、毎夜一時頃境内の一本木の下に少年が現れ、算盤の稽古をする。神社の隣にある西光寺の開山・萬安英種和尚が、幼少の折に深夜勉学に努めたためだとされる(『旅と伝説』一〇(九)、昭一二、七五-七六)。

(堀口祐貴)

た

たーぼばあちゃん【ターボ婆ちゃん】

高速で走り、車を追い抜く老婆。背中に大きく「ターボ」と書かれているという。

⇩ひゃっきろばば

だいいとくみょうおう【大威徳明王】

密教における明王の一尊。六面六臂六脚の異様な姿をもち、水牛に跨った姿で表現される。阿弥陀如来の化身として、一切の悪を降伏させる力を有するものとされている。一方で神についても強力な神威をもつものに大威徳の語を用いる事例が散見する。伝承では何らかの怪異を大威徳の神仏の所業とするケースがある。

事例 ［秋田県角館町（現・仙北市）］昔は川に鮭が多く、大威徳神社の下の河原でも漁をしていた。それを背の高い坊主が毎日来て見ているので、漁師達が「坊主、鮭をやろうか」と聞くと要らないと答える。無理にアケビの蔓で結わえて持たせたところ、以来その川には鮭が上らなくなった。その坊主は大威徳神であった。異伝もあり、河原で鮭を焼いているところに赤い着物の子どもが現れ、アケビ蔓で鮭を背負って逃げてしまった。以来鮭がとれなくなった。この子どもが大威徳神であったという（『旅と伝説』九（四）、昭一一、四九-五〇）。

（渡部圭一）

だいこくさま【大黒様】

㊫おおくにぬしのみこと【大国主命】、だいこくてん【大黒天】 豊穣の神であり七福神の一人として知られる。七宝の入った袋を肩に担ぎ、頭には烏帽子、口元には微笑を浮かべ米俵に乗った姿で描かれる。のちには商売の神として信仰されるようになった。おもに東北地方では豆や二股大根に関連する説話が多数報告されている。これは子宝や子作り信仰との関連とされる。また大漁の神である恵比寿（夷）とともに登場する説話も多く、習合される傾向にある。

⇩えびす、きょらいしん、さくがみ、しろねずみ、ふくのかみ

事例 ①［栃木県日光市］探し物があるときは、走り大黒の像の右足に針を刺し、日を限って願を掛けると見つかるといわれている（『旅と伝説』三（一一）、昭五、五五）。②［秋田県］七福神が酒盛りをしているところに鳳凰が飛来し、くちばしにくわえていた稲穂を大黒天が取り上げて田に播いたところ、その年は豊作となった（『旅と伝説』一三（二）、昭一五、六五）。

（山越英嗣）

たいさいさま【太歳様】

㊫ださい【太歳】、だいさいこうじん【太歳荒神】 陰陽暦における木星の精。中世の陰陽書『簠簋内伝《ほきないでん》』によると、牛頭天王の息子で方角を司る八将神の一。江戸期の雑書では、太歳の方角に向けて葬式や伐採などを行うのは凶事があるとして禁じられていた。

⇩ごずてんのう、じじん

事例 ［岡山県］ダサイ荒神は祟ることが

多く、祀ってあるところの、木の落ち枝を拾ってもお咎めがあるとされる。田や畑の中や近くで祀られ、歳神、田の神の性格を持つ（『岡山県史　一五』昭五八、五三二）。

（廣田龍平）

だいじゃ【大蛇】

㊩うわばみ【蟒蛇】、おろち【大蛇】　蛇は陸生ながら鱗《うろこ》があり、手足がなくて細長く、流れるように動くなど特異な姿と生態を持つ。有毒種もいて恐れられ、捕食時の行動や、狭い所や高所にも侵入する能力から残酷で執念深いともみなされた。また、成長時の脱皮が生と再生の象徴になった。変温動物で湿地を好み、その特性と生息場所により、古来、野や山や水の支配者で、霊的な生物とされてきた。こうした蛇に因む超能力が伝承中で語られるが、大蛇はその力も並はずれていよう。

大蛇の伝承は古くからある。なかでも有名な『古事記』『日本書紀』の八岐大蛇《やまたのおろち》は八つの頭と尾を持つ。長さは八つの谷と山にわたり、目は赤い酸漿《ほおずき》のよう。背に蔓《かずら》や木が生え、腹は血が流れ爛《ただ》れている。この怪物の解釈には諸説あるが、体形が山や谷、川に関わるのは明白である。また『日本書紀』によると、伊吹山の山神は大蛇の姿で日本武尊の前に現れ、道に横たわった。『常陸風土記』香島郡の条にも、大昔、東の海に行こうと浜に穴を掘った大蛇の角が折れ、角折《つのおれ》浜の地名がついたという伝承が記されている。角を持つ蛇には『常陸風土記』行方《なめかた》郡の条の夜刀《やと》の神がいる。開墾を妨害していた蛇の呼び名で、これから逃げる際に振り返ると一族が滅ぶともいった。名前のヤトは湿地や谷を意味する言葉である。

野・山・水の主である蛇は、神として適切に祀れば恵みをもたらす。有名な奈良県の三輪山の神は蛇だという伝承が『日本書紀』にある。また『古事記』に、夜毎、女を訪れる男の正体は三輪の神だったという話があり、神と巫女の結婚の祭を物語った神話だと解釈されている。こうした神人婚姻の物語が民話化したのが「蛇婿入り」「蛇女房」の昔話と考えられ、なかには池・淵・滝の主である大蛇に人が魅入られたという伝説になった話もある。入水者が大蛇に化けた話なども、類似した神人の交渉が想定できる。

一方、水や土砂、溶岩の流れを大蛇に見立てることがある。一説では八岐大蛇は洪水を表したものという。また『日本三代実録』は、貞観一三年（八七一）四月八日の鳥海山噴火の際、大蛇二匹が連なって流れていったという記事を載せる。さらに現在も土石流を蛇抜《じゃぬ》けと呼ぶ地域がある。こうした地表の変動にともなう怪音、振動、痕跡も大蛇の仕業とされ、その存在に現実味を与えてきたのである。なお、天変地異を大蛇の行為とする考え方には、大地を支える蛇という神話的観念もうかがえよう。

⇩いけ・ぬま・しみずのかいい・れいげん、オヤウ、じゃこつ、じゃぬけ、だいじゃのまつえい、はちだいりゅうおう、はちろう、へび、ななめ、ぬし、やまたのおろち、りゅう

事例　①［福井県南条郡］庄屋の又平の家に不思議な男が通う。娘のお琴を折檻し納屋に閉じ込めたが、一夜のうちにいなく

なった。夜叉ヶ池の大蛇に嫁入りしたのである。ある年、大風の日に村が焼けたが、龍が現れて水を吐き、又平の家だけ助かった（『民族』三（四）、昭三三、一六一）。②〔兵庫県竹野町（現・豊岡市）〕山奥の大沼・小沼に蛇が住む。この蛇が沼から抜け出て里に下るのを蛇抜けといい、香美町（美方郡）辺りで三、四日も地鳴りが続く。昔、三川《みかわ》の集落が蛇抜けで流されたという（『民俗採訪』昭和三八年度号、昭四〇、一〇一）。

（齊藤純）

〔参考文献〕小島瓔禮『蛇の宇宙誌』平三、東京美術。笹本正治『蛇抜・異人・木霊』平六、岩田書院。

だいじゃのまつえい【大蛇の末裔】

(類)へびはだ【蛇肌】 首や手首や背中、腋の下、もしくは五体に鱗を持つ一族を指す。大蛇の子孫や竜神の眷属などに現れる特徴とされ、『平家物語』緒環の緒方惟義の出自の逸話が名高い。他にも家の祖先が蛇に残酷なことをした祟りとして、子孫代々に現れる場合もある。新潟県南蒲原郡を支配していた五十嵐小文治の初代は、五十嵐川の淵にすむ蛇（龍神）と笠堀村の名主の娘との間に生まれたと伝わっており、その証拠に彼の腋の下には三枚の鱗があるという。

⇨だいじゃ

事例 ①〔新潟県下田村（現・三条市）〕五十嵐家初代である小文治は五十嵐川にすむ蛇（龍神）と笠堀村の名主との間に生まれた子である。その証拠に腋の下に三枚の鱗を持っていた（『高志路』三〇五、平四、九）。②〔熊本県〕首や手首のところに鱗のような斑紋が出ることを蛇肌という。遺伝するもので、その家の先祖が蛇に残酷なことをした祟りだと言われている（『みんぞく』一五、昭二七、五）。

（五十嵐大晃）

だいしょうぐん【大将軍】

(類)だんじゅくさん【ダンジュクさん】 陰陽道における方位の神に由来する民間信仰。特定の方位や土地に宿る神とされる他、近畿地方を中心に、村の氏神や小祠、屋敷神、森、樹木などの形で祀られている。何らかの祟りの原因を探ったところ大将軍が見つかり祠に祀るようになったと伝承されたり、大将軍の祠や樹木を移動させたことが祟りを発生させたりするなど、さまざまな不幸や怪異の原因として畏怖されている事例が多い。

事例 ①〔群馬県尾島町（現・太田市）〕大将軍は四年ごとに巡っている。大将軍の方位に向かっていくと命を取られる。縁談や家づくりも大将軍のいる方向は悪い（『群馬県史 資料編二六』昭五七、三〇〇）。②〔滋賀県余呉村（現・長浜市）〕先々代の時分、嫁がお産で亡くなったりおじいさんが畑で眼を突いたり、よくないことが続いて起こったので、ダンジュク様を掘り出して祠に祀った（『西郊民俗』五一、昭四四、七）。

（渡部圭一）

だいだらぼっち

(類)だいたほうし【大太法師】、だいどうほうし【大道法師】、だいらぼう、だだほし、でーでーぼ、でえらぼっち、でーらぼっちゃ、でーらんぼー 関東・中部地方を中心に伝わる伝説上の巨人。大昔、藤蔓《ふじづる》や畚《もっこ》で山を運んだ、それが落ちて山になった、足跡が池・沼・泉になったなどといい、その土地に代《だい》田《だ》、だいの窪、だえら淵などの地名が残る。近江（滋賀県）の土を運んで富士山を造り、その跡が琵琶湖になったという話は、近江と東海地方を中心に有名。こうした巨人は全国的に大人《おおひと》と呼ばれた。一方、鬼、天狗、あまのじゃくが大人の役割を果す話もある。九州地方ではみそ五郎、弥五郎、沖縄にはアマンチューという巨人が知られ、その伝説はダイダラボッチとも共通する。ダイラ、ダイダラの意味は不明だが、ボッチ、ボーを法師や坊と解し、怪力の僧のようにも伝えている。この解釈が進み、近畿地方では武蔵坊弁慶が主人公になった。高田十郎ほか『大和の伝説』によると、奈良県橿原市八木では、耳成山と畝傍山は弁慶が担いできた大きな畚の担《にな》い棒が折れ、こぼれた土でできた。付近の二つの池は足跡だという。また、玉岡松一郎『播磨の伝説』によると、兵庫県明石市太寺《だいでら》町にある弁慶の担《にな》い塚は、弁慶が運んできた土が、担い棒が折れてこぼれてできた塚だという。

巨人の伝説は奈良時代の『風土記』にも記される。『常陸国風土記』那賀《なか》郡の条によると、昔、とても背の高い人がいて丘に座って浜辺の貝を食べた。その殻が積もって大櫛《おおぐし》の岡になり、足跡や小便の跡もあった。また『播磨国風土記』託賀《たか》郡の条によると、昔、大人がいて、（空が）低かったので屈《かが》んで歩いていたが、この土地は（空が）高いので腰を伸ばした。その時「高きかも」と言ったので地名になり、足跡は沼になったという。

神話の比較研究によると、これらの伝説は、神々の活動で世界ができたという天地創造神話に連なる物語と考えられる。こうした神話は世界中に見られるが、アイヌ民族にも巨大な国造りの神の伝承があり、足跡や尻餅の跡、持ち物が落ちた跡だという場所がある。また、沖縄のアマンチューも島造りの神で、低かった天を押し上げ、人が立って歩けるようにした。この時の足跡が岩に残ったという伝承がある。

⇩おおひと

事例 ①〔静岡県御殿場市〕昔、ダイダラボッチが山を運んできて、足柄山のところで縛っていた藤蔓が切れて落ちた。それが矢倉岳。そのため矢倉岳にクツバフジはない。ダイダラボッチはこの山を富士山に載せるつもりだったともいう（『富士東麓の民俗』一五、昭五〇、一七一）。②〔長野県三郷村（現・安曇野市）〕昔、飛騨のデーラボッチャが背負ってきて下ろしたのが室山。背負子《しょいこ》の土を払ったのが背中という山。縄の土を払ったのが背負縄《しょいなわ》の山。また、槍ヶ岳に腰をかけて諏訪湖で足を洗った、どこそこの池は足跡だとかいう（『昔話―研究と資料―』九、昭五五、二二四―二二五）。（齊藤純）

〔参考文献〕柳田國男「ダイダラ坊の足跡」『柳田國男全集 六』。吉田敦彦『天地創造神話の謎』昭六〇、大和書房。『季刊自然と文化』一〇（特集 巨人と小人）、昭六〇、日本ナショナルトラスト。

だいにちにょらい【大日如来】

㊫だいにちさま【大日様】 密教の本尊で、日本では平安時代前期、空海による密教導入により伝来した。その怪異として、仏像

た

を焼いても燃えることなく、流そうとしてもながれない、または盗まれた仏像が戻ってくるなどの大日如来像に関する伝承がある。江戸時代にはお竹という下女が大日如来となったという伝承があり、このお竹の像が東京港区の心光院や羽黒山黄金堂内の大日堂で祀られている。

⇩あまてらすおおみかみ、おたけだいにちにょらい、にょらい

事例 ①〔秋田県〕中川村神明社の大日如来は御堂前を馬から降りずに通る者を落馬させた。殿様が大日如来に墨を塗らせると被害はなくなった。（『旅と伝説』一〇（六）、昭一二、一二－一四）。②〔福島県会津若松市〕大日如来様の行方がわからなくなったら、預かっていた人が夜逃げしたという知らせが入ってきた。翌日三体とも元のところに安置されていて、夜逃げした人から電話連絡があり、少しお金がもらえることになった（『会津の民俗』二五、平七、五八）。

（前川智子）

だいば【頽馬、提馬】

㊫ぎば【頽馬】、だいばがみ【ダイバ神、大馬神】、だいばむし【ダイバ虫】、わたり

夏に野原や山道で馬（佐渡では牛）を襲う悪霊。馬の鼻や耳から入って尻に抜け、馬を殺す。アブほどの尻尾の長い虫だとも、緋の衣を着た姫が乗った蜂または玉虫色の小さな馬だともいう。佐渡・伊豆・土佐等にも伝承されるが、特に群馬県下で恐れられている。ダイバは赤い色や血が嫌いなので、ダイバ除けには馬の耳を切り血を流させる、赤い布、特に葬式の天蓋の紅絹をつける、「大津東町」と書いた腹掛けをさせる等する。道中している馬だけがやられ、耕作中や厩にいる馬はダイバにかからないという。

⇩うま、かまいたち

事例〔群馬県前橋市〕ダイバは馬を殺す恐ろしい魔物。夏にだけ発生する。ダイバは赤いもの、特に血を恐れるので、ダイバにやられた馬は耳を切り、血を流させる（『上毛民俗』三四、昭三一、三）。（飯倉義之）

だいまなく【大眼】

㊫だいまなこ【大眼】 一二月と二月の八日のこと八日の日に家々を訪れる「訪れもの」の一つで、人々に病気をはやらせる、人に敵対する負の霊的存在といえる。一つ目の疫病神とか、大きな眼の怪物と理解されている。その名称からは、眼の威力を全面に押し出した存在と考えられる。伝承地は限定され、おもに栃木県中央部地方にみられる。一方、そうした負の存在が来ないように目籠を掲げ、これを大眼と呼ぶ所も多い。眼には眼で対抗しようとしたのであろう。

⇩きょらいしん

事例 ①〔栃木県鹿沼市〕一二月と二月の八日にはダイマナクという一つ目の厄病神が来るので、それを見張る。団子を戸口に供える（『日本民俗地図　一』昭四四、五四八－五四九、五五九）。②〔栃木県鹿沼市〕二月八日に悪魔が来るので、竹竿の先に目籠をかけ、屋根に立て掛けて魔よけにした。これをダイマナクといった（『上石川の民俗』平一二、一二一八）。

（入江英弥）

たいよう【太陽】

太陽の起源や運行・日食についての神話や伝説は世界各地に残されている。太陽は崇拝の対象にもなり、日本では皇室の祖神としての天照大神の信仰が著名である。民間の伝承としても、太陽の異常な運行や、強い神威をもつ太陽神の祟りに関する伝説が存在する。南西諸島では海の彼方から来訪する神々の一つとしてテルコ神が信じられ、豊作の神、火の神として祀られる。

⇩てるこがみ

事例 ①［宮崎県西郷村（現・美郷町）］明治の半ば頃、太陽が三つ上がるのを見た人がいる。旧二月四日の朝八時頃、薄曇りのときで、この日は丙午の年の丙午の日だった。三人が三人とも違う場所から目撃した（『民俗採訪』昭和三八年度号、昭四〇、四五）。②［沖縄県］トネヤに祀るテルコ神は海の彼方のネリヤから招いた神で、村落内各戸の火の神の源泉である（『国立民族学博物館研究報告　別冊三』昭六一、一一五―一一六）。

（渡部圭一）

たいらのかげきよ【平景清】

平安時代の武士で、「悪七兵衛景清」の異名を持つ。頼朝成敗を試みるも失敗し、日向の国に流された。景清の亡霊が歌を詠んだとされる伝承もある。また、源氏の繁栄に耐えられなくなり両目をくり抜いたという伝説から盲人の神、眼病の神として祀られる場合もある。

事例 ［日向国下北方村（現・宮崎県宮崎市）］景清が日向の国に流された後、その娘人丸は梅が谷の長が預かった（「古今雑談思出草紙」『日本随筆大成　第三期四』三六―三八）。

（熊倉史子）

たいらのまさかど【平将門】

古代東国の武将平将門は朝廷に謀反を起こした者として知られるが、すでに平安期から伝説化され、また、各地にさまざまな伝承が残る。『将門記』はこの様子をつぶさに叙述しており、この段階で将門の堕地獄説話、地獄からの手紙など伝説的要素が見出される。

本拠地のあった関東では将門に同情的な伝説が多い。もっとも当地は将門の拠点でありながら、敵対する側の成田山もある。成田山といえば平将門が乱を起こしたとき、それを討伐する側、すなわち朝廷側について将門を調伏したことで知られる。これによって将門が神鏑を射られて他界することになったわけである。それゆえに、将門贔屓の心理からすれば敵視されても仕方がないのである。また、将門を裏切った女の名が桔梗ということから、桔梗を植えない、また植えても育たないという作物禁忌も広く分布する。このように、成田山を忌避し、また、桔梗を忌む風習は千葉県、茨城県、埼玉県、群馬県、福島県など幅広く分布している。将門伝承が東日本に広がっていたことを推測できるであろう。これは西に向かえば向かうほど、将門を悪者扱いするのと反比例する傾向にある。

将門を討伐する側の視点で描かいた中世の物語に『俵藤太物語』があり、これは近世に至るまで広く読まれた。将門の超人性として語られるものに、たとえば次のものがある。身長は七尺（二一〇センチ）あまり。総身が鉄でできている。ただしこめかみの部分だけ肉身。眼球が二つに分かれている。分身の術を使い、七つの同体を現す。もしくは六人の影武者がいる。長い竹の末に登り立つことができる。斬首された後も首が朽ちずにいた。このうち分身の術については後世の兵法の中に伝承されていく。

将門は、最後、弱点を見出した俵藤太に退治されるが、大路にさらされた首は七日過ぎても死なかったという（『太平記』『俵藤太物語』）。首にまつわる伝承としては斬首の地、梟首の地、飛来地、埋葬地など各地にある。その首が飛び超えた場所に創建した東京都台東区の鳥越神社、落下した場所という東京都千代田区の津久戸神社などがその例である。東京の神田明神は本来大己貴神を祀る神社であるが、江戸初期には本殿の傍らの小祠に祀った将門が優勢となり、次第に神田明神即ち将門の霊とみなされるようになったとされる（『月刈藻集』『水鳥記』）。

また将門の娘が尼（如蔵尼《にょぞうに》）となってとどまったという土地が千葉や宮城に伝わる。千葉県柏市の将門神社の傍らには如蔵尼の持ち運んだ地蔵が祀られている。中世の『元亨釈書』によると、如蔵尼が地獄から蘇生して地蔵を専ら信仰したという。

⇩くびづか、まさかどづか

事例 ①［東京都千代田区］昭和一五年に大蔵省本庁に落雷した時には、それが将門塚付近であったために、将門霊神の祟りということになり、慰霊祭が盛大に行われた（『日本常民文化紀要』一八、平七、九七）。②［奈良県奈良市］平将門の乱のとき、東大寺法華堂の執金剛神が忽然として姿を消した。乱を平らげた後、再び厨子の中に戻ったが、頭上の羽根のようなものが一つなくなっていた。それで、この神が蜂になって征討軍を助けたのだと言われている。そのため蜂神とも呼ばれている（『郷土研究』四（一）、大五、一一六）。　（伊藤慎吾）

だいろくてん【大六天、第六天】

㊮でいろくでんさま【大六天様】　仏教における他化自在天のことをさす。各地で集落の氏神や屋敷神として祀られ、とくに関東や静岡、山梨などの地域に多くみられる。霊威ある神とされ、太陽信仰や厄病除け、土地の守護神、作神、子孫繁栄などさまざまな信仰が報告されている。

事例 ①［東京都］熊野神社を祀っている神社の神主が、第六天で光がさすのを神のお告げだと思い山に登ると、かしの木に鏡がかかっていて、それを持ってきて熊野神社のご神体にした（『常民文化研究』七、昭五八、四五）。②［山梨県小菅村］デイロクデン様とよばれるモミの大木があった。太陽の神様で恐ろしい神様であった。この木に風があたって鳴るときは火に気をつけろといい、その音によって台風の流れや翌日の天気を知った。季節によって木の揺れ方が変わるともいい、「北へ揺れると天気が変わる」という（『民俗採訪』昭和五九年度号、昭五八、一七八）。　（山越英嗣）

たか【鷹】

ワシタカ目に属する鳥のうち、比較的小形なものを鷹と称する。この鳥を飼いならして、小動物を捕らえる鷹狩りは、古くから行われた。鷹自体も狩りの対象になっていたため、狩猟にまつわる伝承が多くのこる。聖地の起源に関わって、鷹が重要な役割を果たす場合もある。例えば、福岡県の英彦山《ひこさん》の開山伝承には、神の化身の鷹が登場しており、英彦山神宮の牛王宝印《ごおうほういん》にも鷹が刷られている。また、縁起の良い初夢にまつわる「一富士、二鷹、三茄子」のことわざにあげられるように、鷹が出てくる夢は一般に吉夢と考えられている。

⇩とりのかいい

事例 ①［静岡県本川根町（現・川根本町）］鷹を撃つ時は「千人殺す、千人殺す」と唱える。鷹の羽根は弓矢に利用されるので、千人殺すだろうと言われることによる（『成城大学民俗調査報告書』三、昭五三、四一）。②［青森県五戸町］町内荷軽井のある家では、タカが南から母屋の中に飛び込んできて、東へ抜けていった。それからカマドがどんどん良くなったという（『青森県史　民俗編資料南部』平一三、一九二）。（徳永誓子）

たかがみさま【鷹神様】

鷹神様に運悪く出会うと蹴られる。そのときは身体に猛禽類の爪の痕がついているという。

⇩てんぐ

たかつきわ【高月輪】

信濃国の小田井における怪異。広い野原の中に円形に草が生えない箇所がある。そこには雪や霜も降らないとされる。『和漢三才図会』『斉諧俗談《さいかいぞくだん》』に記述が見られる。また現在でも旧中山道沿いには「皎月原《こうげつはら》」と呼ばれる名勝地があり、皎月という女官の伝説が残っている。これは、「配流となった女官の皎月が小田井の原で馬の輪乗りをしていた。この馬は竜馬で、平尾山の頂上に来た時、皎月は「我は白山大権現だ。」と言って光を放ち岩の中に入った。その後、官女は白山大権現と崇められるようになり、時々小田井の原に下りてきて馬の輪乗りをしている。」というもので、高月輪と類似点が見られる。

事例 ［信濃国（現・長野県）］広い野原の中、草が生えない直径一町程の丸い箇所があり、ここには雪や霜も降らない。木幡山の峰にある権現社の神が馬に乗り、毎夜ここへ遊びに来る（『斉諧俗談』『日本随筆大成第一期一九』三〇五）。（三村宜敬）

たからぶね【宝船】

米俵や宝物、七福神などを乗せた舟。正月の縁起物ともされ、よい初夢を見る作法として宝船を描いた絵を枕の下に敷いて寝ることは、室町時代の京都には既に行われていた。宮中には悪い夢を食べてもらうという意味で獏の字を宝船の帆に書いたものが配られた。旧年の災いや穢れを乗せて流すことが本来期待されていたと考えられるが、現在では富をもたらす存在としての性格が強い。絵の中には「なかきよのとおのねふりのみなめさめなみのりふねのおとのよきかな」という回文歌が記されていることが多い。江戸時代には元日に「お宝、お宝」と声をあげて宝船の絵を売り歩く者があった。

⇩ばく、ふくのかみ

事例〔静岡県〕新島の東側の浜に見たこともない美麗な帆前船が一艘着いていた。波の荒い場所なので不思議に思うと、宝物が船一杯に積んであった。かねて聞いていた宝船と思い、村の人を呼んで来たが船はなくなっていた（『旅と伝説』八五、昭一〇、一六二）。　（鄧君龍）

〔参考文献〕民俗学研究所編『年中行事図説』昭二八、岩崎書店。

たき・たきつぼのかいい・れいげん【滝・滝壺の怪異・霊験】

㊫たきのしんれい【滝の神霊】　滝や滝壺ではその神霊や主が蜘蛛や大蛇の姿で現れ、人が連れ去られたり、化かされて道に迷ったりする。多留姫《たるひめ》の滝では滝の姫様が働き者の夫婦に膳椀を貸したが返さなかったため、膳や椀を貸さなくなったという話もある。また滝では山岳信仰の水行が行われ、病気平癒の祈願や呪詛が行われた。神霊がいる滝で身を清める者は瓢《ひさご》と煮豆を携え、川魚を食べないと即死するという。滝では雨乞いの行事が行われるが、女が水浴びすると大雨になったという言い伝えがある。

⇩いけ・ぬま・しみずのかいい・れいげん

事例 ①〔岩手県〕志和の大瀧にいる滝壺の主は、一丈以上の大木を滝壺に引き入れる。大木は「九尺、九尺」と叫ぶと通過できる（『旅と伝説』三（一）、昭和五、七〇）。②〔宮城県仙台市〕元和九年（一六二三）山形城主鳥居忠政と立石寺の間で争いが起きたとき、円海上人が三七日大滝に参籠して、忠政調伏の呪詛を修した。満願の日、藁人形が滝を昇った（『宮城県史　二一』昭三一、二五一）。　（前川智子）

だきに【荼枳尼】

インド仏教の鬼神の一種である。白狐に乗った女性像として描かれる。『大日経疏』には人の肉を食べることを禁じられ、死者の心臓を食べることを許されたとある。中世には霊狐と同一の存在とみなされたといわれている。日本では稲荷と習合し、荼枳尼の概念も含んだ稲荷信仰が全国に広まることになった。そのため、祟り神と恐れられながらも福神としても信仰されている。

⇩きつね、いなり

事例 ①〔長野県〕討ち死にした勇士を祀った塚があった。悪疫が流行した時に、その霊を恐れて千九人童子の墓を建て毎年弔う。ダキニは人の死ぬ六ヶ月前に人の心をとって食うという（『伊那』一七、昭四四、二四）。②〔不明〕知足院がだきにの法を修したところ、狐の生尾を感得したという（『嬉遊笑覧』『日本随筆大成　別九』三四一―三四二）。　（野田岳仁）

たきわろ【滝童】

㊫たけわり【滝童】、たけわろ【滝童】　タキとは崖のことであり、中国地方より西で多くいわれる。タキに現れるワロ（ウ）、つまり童形の怪がタキワロであり、石を投げたりして人を驚かすという。これに会うと長く患うともいう。

⇩えんこう、かっぱ

事例 ①〔山口県萩市〕タキワロウは、海辺の崖などにいて人を驚かす怪物であり、梅雨時によく山に出るという。また、タキワロウは山に三年、川に三年いて、これが海に入ればエンコになるという（『島』一（三）、昭八、六三）。②［山口県萩市］子供が牛を連れて牧場に行くと、時々顔の赤い小さな童が現れて、負けることを請いながら相撲を挑んでくる。そのとおりに負けてやると、起き上がることができないという。この小童はタケワリ（滝童）であり、牛の亡魂であるという。また時には、海岸の崖などで石を投げて人を驚かすが、その際石が当たったと叫べば投石をやめるという（『山口県史　資料編民俗一』平一四、六六）。

（小澤葉菜）

たくせん【託宣】

㊫おつげ【お告げ】、かじつき、かみおろし【神降ろし】、かみがかり【神憑り】、くちよせ【口寄】、しにくち【死口】、しんたく【神託】、ほとけおろし【仏降ろし】、ほとけだし【仏出し】、ほとけよびだし【仏呼び出し】

神などからの知らせ。仏や怨霊、狐などからのお告げも託宣と呼ばれる。その形は多様であり、乗り移った人間の口から言葉を伝える場合、夢に現れる場合がよく知られる。おみくじなどの占いも託宣の一種である。虫食い跡が文字になっているなどの怪異も、託宣として受け止められた。人々の求めに応じ儀礼などを通じてもたらされる場合、突発的に生じる場合、その両方が認められる。

託宣は、様々なレベルで人間の営みに関わる。住吉大神が神功皇后に乗り移って朝鮮出兵をうながしたなど、『古事記』『日本書紀』他の記録には、国家の命運に関わる託宣が少なからず見いだせる。託宣により、神社や寺院が造られることも多い。例えば、北野天満宮は子どもに憑いた菅原道真の霊の託宣により建てられた。また、夢に現れたことがきっかけで仏像が発見され、寺院が開かれたという伝承は、各地に残る。寺社の縁起には、託宣の形で語られたものも多い。個人に関しては、何らかのお告げをきっかけに裕福になる、例えば隠されていた財宝を発見するといった伝承が数多く認められる。

託宣は未来や過去、もしくは遠い場所で起こった出来事を伝えることにより、人々の生活に変化をもたらすものといえる。ただし、託宣をどのように受け止めるかは状況に左右されやすく、関係する者の都合により内容を操作されることも多い。

なお、近代以後も神がかりによる託宣が行われた行事に、中国地方の神楽（大元神楽・荒神神楽）や東北地方南部のハヤマ（羽山、葉山）ごもりなどがある。

⇩いなりさげ、かみのれいげん、じぞうつけ

事例 ①［神奈川県山北町］山北町市間《いちま》の稲荷講は、初午の日に宿を決めて飲食を行う。この時、富士の行者が、宿になった家の男性にキツネを乗り移らせる。乗り移った状態を稲荷踊《いなりおどり》という。講の人たちはその年の豊凶などについてキツネが乗り移った人に質問し、託宣を得る（『神奈川県史　各論編五』昭五二、五九-六〇）。②［愛知県南知多町］染色を商売とする大西という者が、藍色の染料の調合が上手くいかず苦しんでいた。一心に荒熊大神に教えを乞うたとこ

ろ、調合の仕方についてお告げを受けた。それに従い調合すると、色鮮やかな藍染の絞りの浴衣ができあがった。その後、注文が相次ぎ、藍染の名が一躍高まった（『みなみ』七四、平一四、四八-四九）。③〔福島県松川町（現・福島市）〕旧暦一一月に行われる松川町黒沼の羽山ごもりでは、最終日に結願の行事として羽山大神の前で託宣を行う。深夜から山に登り準備する。それが整うと、神霊を寄り憑ける者が祈祷する。最初は神官が託宣を聞いていく。神様の都合により毎年出てくる神様は違う。何については何神に聞いたらよいか羽山大神に聞いてから、その指示に従う。神官が聞き終わると、その他の人々も託宣を聞くことができる。これらが終わると行事は完了し、山を下りる（『福島県史　二三』昭三九、九二八-九三〇）。（徳永誓子）

〔参考文献〕『週刊朝日百科　占い・託宣・聖所での夢』昭六二、朝日新聞社。

たくろうび【多久良不火】

明け方に波が赤くなり、火のようなものが見える怪異。『芸藩通志』では、広島県の南海上に二つの火が雨の夜などに現れて波の上に燃えているのを「たくらふ火」と呼んでいるが、これは陰火であって明け方に波が赤くなる怪異とは異なると記している。

⇩かいか

事例 ①〔広島県三原市〕糸崎の南海上佐岐島と柄鎌迫門との間で、明け方頃、波が赤くなる。朝日の上る所であるためである。人々はこれをたくろう火という。又この海上に、二の火があった。雨夜などに出て、波の上で燃える。これもたくろう火というが、これは不知火の類で、先に挙げたたくろう火とは別物である（『芸藩通志』四、昭五六、一六六）。②〔広島県三原市〕「海上に現れるという怪火で、火の数は二つというから起りは「比べ火」であろう」（『民間伝承』四（六）、昭一四、一六）。（高橋奈津子）

たけ【竹】

日本には六〇〇種類以上の竹があり、多くが生活の場で利用されている。ただし同じように生活圏に多く生育する杉と異なり、怪異の報告数や種類は少ない。伐ると祟りがある、神霊の宿り木である、竹の精霊が出現するなど、他の樹木に該当する怪異譚はほとんどみあたらない。代わりに竹に関する俗信や、竹藪、筍についての怪異がある。

⇩きのかいい、さかさだけ、たけのこおんじょ

事例 ①〔宮城県〕竹に実のなった年は凶作になる（『宮城県史　二〇』昭三一、三〇三）。②〔鹿児島県屋久島町〕六月になると山中に筍を採る音が聞こえる。そこへ行くと男が座っていて、帰り道を尋ねても無言で指をさす。反対方向へ進むと帰ることができ、その通りだと迷う。男は筍おんじょ、という妖怪である（『南九州郷土研究』一五、昭四六、一三）。③〔静岡県〕元禄年中、駿府のある寺の庭に、一夜のうちに山のような地面の盛り上がりができた。一両日が過ぎると大きな筍が生えた。近くに藪がないのにと不思議がっていると、成長して廻り三尺ほどの大竹となった（「翁草」『日本随

筆大成　第三期二〇』二五四）。（中野洋平）

たけきりだぬき【竹伐り狸】

狸の仕業とされる音の怪異。夜中に竹を伐る音をたてるが、翌朝確かめてみると竹が伐られたような形跡はないという。

⇩おとのかいい、たぬき

事例　［丹波国保津《ほつ》村（現・京都府亀岡市）］夜分、ちょんちょんと小枝を払う音がし、やがて株を挽き切ってざざっと倒れる音がする。翌朝いってみると何事もない（『民間伝承』三（一一）、昭一三、一一）。（及川祥平）

たけこまいなり【竹駒稲荷】

宮城県岩沼市稲荷町にある竹駒神社。『宮城県史　二一』（昭三一、三一三）によれば、承和二年（八三五）に小野篁が多賀国府に下る途中、千貫松のふもとで、京の稲荷山の分霊を収めた長櫃から白狐が八声鳴いて飛び出し、森に走りこんだため、その場所に社を建ててまつったことが由来とされる。竹駒稲荷は人に憑くことがあり、秋田県のあるカミサマ（占い等を行う巫者）の主神、福島県の石ヶ森伝説などの報告がある。

⇩いなり

事例　①［秋田県西木村（現・仙北市）］あるカミサマは、若い時突然目が見えなくなった。竹駒様がついたため、竹駒神社に参拝して竹駒様に仕えることにすると、目が再び見えるようになった（『羽後檜木内川流域の民俗』昭三九、六八－六九）。②［秋田県西木村（現・仙北市）］竹駒神社に仕えていた加茂左衛門という男が竹駒稲荷神社の位階昇進の際に無礼をはたらいたところ、狐に憑かれ、法印の祈祷により石ヶ森の岩窟に封じ込められた（『磐城民俗』三三、平一五、二〇）。（田村真実）

たけのこおんじょ【筍おんじょ】

竹林で道に迷った者の前に現れ、無言で間違った道を教える怪異。逆方向に行くと村に着く。筍を折るポキッポキッという音で迷い人を呼び寄せるという。竹林で地面に腰を降ろしており、琉球人であるともいう。永良部島でオンジョダケンコ（大女筍）とは根元が大きく、丈が低い筍を言う。琉球人は背が低く肥えているため、別にリュキュジン（琉球人）ともいう。妖怪の容姿や性質に、実際の物を反映させた見立ての要素を含む怪異である。またカライモや飛魚の不作・豊作の予兆でもある。

⇩たけ

事例　［鹿児島県上屋久村（現・屋久島町）］六月頃、大女筍の最盛期になると、女達はカライモ植えの帰りに竹山深くに入り込む。道に迷うと、ポキッポキッという筍を折る音が聞こえる。音のする方へ行くと、三叉路になっており、腰を降ろした琉球人の男がいる。道を聞くと無言で指をさす。無言は筍おんじょの証拠である。反対の方向に降りれば村である（『南九州郷土研究』一五、昭四六、一三－一四）。（堀口祐貴）

たけぶんがに【武文蟹】

甲面の凹凸が怒った人の顔のように見える、鬼面蟹の一種。元弘の乱で、戦死したという秦武文の怨霊が蟹になったとする。

場所が近いためか、島村蟹と同一視されることがある。

⇩おさだがに、かに、しまむらがに、へいけがに

事例 ［兵庫県］元弘の乱の時、摂津国兵庫の海で死んだ秦武文の怨霊が蟹になったものだという。ゆえに兵庫と明石の蟹を武文蟹という。大きさは一尺ほどもあり、はさみは赤く、白い紋があるという（「斉諧《さいかい》俗談《ぞくだん》」『日本随筆大成　第一期一九』三六八―三六九）。

（玉水洋匡）

たこ【蛸、章魚】

多くの場合は巨大な蛸入道の姿で波打ち際や海上をゆく船に姿をあらわす。牛馬や猿などの動物を捕る、あるいは驚かせるなどの行為を行い、時には人間をも水中に引き入れてしまう。このような大きな蛸が棲んでいるとされる場所は明確に地名と実在の地形が意識されている場合が多く、老婆が引き込まれた「婆ヶ岩」（愛媛県大三島町）や、少女（しょうじゃ）が引き込まれた水中の大穴（がま）という意味の「しょうじゃがま」（愛媛県知多市南知多町）など、伝説に因んだ地名が付けられている例もある。松前方言では蛸のような異形の動物を「カッパ」と呼び、これが水中に入った状態を「ヤドリ」と区別しているという報告がある。人間が捕らえられる伝承の多くは、昼寝をしている大蛸の足を切り取って食べたところ美味であった為、欲が出て毎日一本ずつ切り取っていたら最後に残った足で水中に引き込まれるという話型で、全国の海浜に伝えられている。蛸はこの他にも水辺だけに止まらず、ある程度内陸まで陸上を歩行しながら入り込み、畑の芋を掘って食べたり、あるいは墓地に埋葬されたばかりの新仏を盗って海に逃げ帰ったりするという例も少なからず存在する。生物学的に蛸が上陸する事が可能かどうかという議論はあるものの、実は蛸の生態については未だ不明な領域が大きく、はっきりと否定する根拠はない。画家・マンガ家として知られる小野佐世男は蛸が掘った芋をかかえて浜へ戻るのを見たという話を得意として講演やラジオ番組で話して大きな話題を呼び、『文藝春秋』（一九五三年二月号）にも掲載された。これを読んだ三島由紀夫も『読売新聞』（同年一月三〇日朝刊）に「飛び切り面白かった」と記している。このように蛸は人々の想像のはたらき易い動物と言え、他にも夜に眼を光らせながら空を飛んでくるという例や、蛇が水際で蛸に変わる

たこ（『新板化物づくし』国際日本文化研究センター蔵）

のを目撃したという例もある一方、信仰の対象となったり、各地の神社に蛸の絵馬が奉納されたりしており、関西圏ではイボ取りの利益があるものとされている。

⇩へびだこ

事例 ①〔神奈川県北下浦村（現・横須賀市）〕漁師が磯で大きな章魚《たこ》を見つけ、一本で桶が一杯になるような大きな足を一本ずつ切っていたところ、八日目に最後の足で海の中へ引きずり込まれた。七桶の足で命を失ったので、この場所を七桶の里と呼ぶようになった（『民俗学』五（一〇）、昭八、五九）。②〔福井県東浦村（現・敦賀市）〕白ぐりという貝が沢山とれる岩に貝をとる為に潜った孫介という男が余り長く浮き上がって来ないので探してみると、水面下三尺のところを廻っており、その身体に周囲五尺の柱が繋がっている。引き上げてみると柱と見えたのは大蛸の足だった（『南越民俗』三（四）、昭一六、一三）。③〔青森県岩崎村（現・深浦町）〕文化三、四年頃に病没者を火葬している時に沖から大蛸がやって来て、火葬の火を消し死体を搦めて引き返そうとするのを村人が鉈や鎌で切り殺したところ、頭は六尺、脚の周りも五、六尺あり、中から人や馬の骨が出てきた（平尾魯仙『谷の響』万延一）。

（広川英一郎）

〔参考文献〕小野耕世「小野佐世保の葬儀」『図書』七二八、平二一。刀禰勇太郎『蛸』平一六、法政大学出版局。

たこのかいい【凧の怪異】

凧は平安時代に中国から伝わり、『和名類聚抄』に「紙老鴟《しろうし》」「紙鳶《しえん》」とある。江戸時代に一般に普及し、大凧揚げや糸を切り合う凧合戦など、子どもの遊戯に止まらず地域行事にも取り込まれた。関東でタコ、関西でイカと称することが多い。男児の初誕生に成長を祈願して凧を贈り、端午の節句に揚げる初凧の風習のほか、「上がる」の連想から様々な内容を凧に書き入れて揚げ祈願する行事もある。少数だが、凧が人を襲う、風を吹かすなどの怪異が報告されている。

⇩きぶつのかいい

事例 ①〔山形県〕凧怪というものがあり、単なる凧と思って見ていると、みるみる近寄ってきて人に噛みつく。凧に描かれた顔と思ったものは、怪物の本体である（『西郊民俗』一三五、平三、三六）。②〔山形県〕突風凧という大嵐を起こす凧があり、その風は竜巻のように被害を与える（『西郊民俗』一三五、平三、三六）。③〔大阪府〕凧揚げの時、無風であれば子どもは「天狗さん風おくれあまったらかえす」と歌った（『郷土研究上方』六一、昭一一、一九）。

（池田浩貴）

たじからおのみこと【手力雄命、手力男尊、手力男命】

日本神話に登場する神であり、文献では『古事記』に天手力男神と、『日本書紀』では天手力雄神と表記されている。日本各地に祭神として祭られており、神楽としても人気があり各地で奉納演舞されている。天岩戸の話にもある通り、大変力が強く、怪力と関連した伝承が多く見受けられる。

⇩おおひと

事例 ①〔長野県長野市〕神代の昔、天照

た

大神が、天岩戸に隠れ給うた時、手力雄命は、其岩戸に手を掛け、力を籠めて引き開ける烈しい力の勢いが余って、その天岩戸は下界に飛んだ。戸隠山は、その岩戸の落ちて出来たものである（『旅と伝説』一（一）、昭三、七）。②［山梨県富士吉田市］杓子山にある岩穴を、天照大神が岩戸隠れをした場所であるという。手力男命が扉を外して山に向かって投げつけ、その扉のあった所を扉（とびらお）という（『向原の民俗　上』九、昭五八、八九）。③［島根県益田市］昔、岩ばかりごろごろしているので、人が住めなかった。村人達は、手力男尊にこの地の開墾を願った。すると、易々と平地になり、岩勝神社を建てお祀りした（『旅と伝説』九（八）、昭一一、一二六）。

（阿部宇洋）

たじひ【太地非】

日本武尊《やまとたけるのみこと》が封じたという蝮。

⇩まむし

たたみたたき【畳叩き】

夜中に畳を叩くような音が聞こえる怪異。

⇩おとのかいい、ばたばた

事例 ①［高知県高知市］昔、高知城下中島町に小八木某という侍が住んでいた。広く庭も美しい屋敷には、家の西表に大きな榎があり、その元に祖先を祀っていた。そこに古狸が住み着いて、夜更けになると、畳の塵を払うような音をたてる。小八木の畳叩きといって評判になった。この怪音は家の中や近所には聞こえず二三町遠方にはよく聞こえた（『土佐　風俗と伝説』大一四、九五）。②［和歌山県、広島県］夜中に畳を叩くような音がする。和歌山付近ではこれをバタバタと呼び、冬の夜に限られる。広島でも冬の夜、雨北風の吹き出しにこの音が六町七曲がりあたりに起こるという。そこには人が触ると痕になるという石があり、バタバタ石と呼んだ。怪音はバタバタ石の精がなすものと考えられていた（『民間伝承』三（一〇）、昭一三、一二）。

（神田朝美）

たたり【祟り】

怨霊により災禍がもたらされる事態を「祟り」と呼ぶ。この怨霊は、皇祖神アマテラスなど記紀神話に出てくる由緒ある神々の場合もあるが、民間伝承においては、ほとんどが名も無き神霊である。動物では蛇（事例①②）や狐（事例③④）などが代表的で、猿（事例⑤）・鼠（事例⑥）・蝦蟇（事例⑦）など様々な事例がある。その場合、殺された（あるいは邪険にされた）ことへの報復が祟りの理由とされるが、理由もなく祟ることもある（事例④）。動物の祟りが、殺されたことへの報復と説明されるのに対応し、植物の祟りは事例⑧のように、しばしば伐採されたことへの報復と説明される。人の死霊の場合、殺された者がいわば犯人へ直接報復する（事例⑨）のはもちろん、犯人（その一族）が滅んでもしばしば同所で祟りが継続される（事例⑩）。また犯人よりもむしろその幇助をしたとみなされる者（事例⑪イ）や、殺された者の死体を放置していた者（事例⑪ロ）へ祟ることもある。また稲垣純男が報告する祟り山の伝説のように、殺人だけでなく、不慮の事故死による死霊も祟る（「祟り山」）。いずれにせよ祟る死霊はしばしば異常死であったと説明される。そのような死霊の発見（ときに捏造）に活躍するのが口寄せ・拝み屋などと呼ばれる宗教者である。ことの順序としては、異常現象が祟りとみなされ、その原因として死霊が発見（捏造）され、その発端として異常死が想起されることになる。祠を建て祀ることで、死霊は慰撫され、祟りは沈静化する（事例①②⑦⑨⑪ロ）。

こうした怨霊による祟りとは別に「神の祟り」がある。本居宣長のいうカミの定義、すなわち古典にみえる神々に限らず、人はもちろん鳥獣木草また海山含め何であれ世の常を超えたものごとをカミと呼ぶならば、由緒ある神々と名も無き神霊を区別する必要はない。とはいえ「神の祟り」と比較すると、先に列挙した人や動植物による祟りがしばしば殺されたことへの報復と説明される一方、そのような説明は「神の祟り」において基本的にありえない。祟りを、殺されたことへの報復とする説明は、いうなれば（カミではなく）ヒトの理屈として過剰に合理化されているとみなすこともできよう。このようなヒトの理屈は、近現代においても広範に影響を与えており、たとえば桂井和雄が「遍路や六部などの持ち金を盗んだ家筋の話」（『怪異の民俗学　七』所収）を、伝説ではなく噂や世間話の類として取り上げたことも、この文脈で再考する必要があるだろう。

⇩いんねん、おちむしゃ、かみのたたり、こんじん、すとくいん、たたりち、むえんぼとけ、れいこん

事例 ①［長野県］旭山に大仁王・小仁王という二匹の大蛇がいた。樵夫が大仁王を殺し、その死骸を見世物にして非常にもうけたが、蛇の霊がたたって親類一族悉く死に絶えた。そこで大仁王の死骸を刈萱堂におさめて供養した。小仁王は今も生きており、郵便脚夫を追ったことがあった（『郷土趣味』四（二）、大一一、三六-三七）。②［新潟県］ある人が七尺余りの青大将を仕留めてから、ひだるがみに憑かれたように半年ほどふらふらしていたが、蛇の祟りであると告げられ、祠を建て祀ったところ平癒し、その祠は流行神となった（『民族』二（五）、昭二、一五九）。③［長野県］火薬を仕込んだ肉団子で狐の密猟をしていた親爺の母親は、山に慣れ親しんだ人であったが、迷うことない場所で、霧にまかれ凍死した。親爺も火薬の暴発で目を潰し、警察に密猟がばれた。世間では、狐の祟りだと噂された（『あしなか』三〇、昭二七、一一-一二）。④［山形県］赤子の夜泣きは野狐の精が祟っているので、「奥山の池のほとりに泣く狐／おのれ泣けどもこの子泣かさぬ」と半紙に書き付け、赤子の寝室の床柱裏に貼り付ける。それでも泣き止まぬときは、赤子の胸に三度書くまねをして夜泣きを止める（『郷土趣味』四（八）、大一二、一四）。⑤［京都府船井郡］梅若家代々の一人であった實延は、ある大雪の日、庭園の老松の陰に大猿を見つけ、これを弓矢で射ようとした。その猿は自分の腹部を指差し、哀れみを乞うような素振りを見せた。それにかまわず射止めたところ、それは妊み猿だった。それ以来梅若家には不幸が続き、ついに没落して江戸の地へ移り住んだという（『旅と伝説』一二（九）、昭一四、三九）。⑥［滋賀県神崎郡（現・

東近江市、彦根市、愛荘町）」鼠を足で追うと祟られておびえる（『郷土研究』三（七）、大四、五九）。⑦〔宮城県栗原市〕秋葉神社がもっと上の方にあった当時、夜になると時々小豆をころがすような音と前後して落雷のようなもの凄い音が聞こえた。神主が祈祷師にたのんだところ、その家の子に殺された蝦蟇《がま》の祟りだという。神主はそこに祠を建てて蝦蟇の霊を弔い、神社を現在の地に移した（『宮城県史　二二』昭三一、五二五－五二六）。⑧〔東京府保谷村（現・東京都西東京市）〕かつて古塚の上に生えていた古松を老人が伐り倒したところ、老人はまもなく病床に就きしばらく後に死んだ。村人は松の祟りだと語り合った（『民族』四（三）、昭四、一五九）。⑨〔山梨県〕盗人をして困らせていた某を、村人が相談して村の辻で殺した。その後、殺された某が祟るというので、辻に堂を建て観音をまつったところ祟らなくなった（『民俗学』二（一〇）、昭五、四九）。⑩〔宮城県名取町（現・名取市）〕佐久間屋敷と呼ばれる場所がある。昔、この地方を治めていた佐久間家で、一人の女中が非業の死をとげた。その祟りで同家は滅び、その後は誰が住んでも不吉なことが起こるという。今は畑になっているが、黍《きび》・菊は育たないといわれる（『宮城県史　二二』昭三一、五二二）。⑪〔静岡県両河内村（現・静岡市）〕（イ）山伏の祟りはナナソデの祟りといい、殺した者よりも、犯人に道を教えた者に祟る。（ロ）昔、敵に追われた武者が殺された。死体をそのままにしておいたので、近くの家には祟りがあった。八幡様を祀ったら、祟りがなくなった（『民俗採訪』昭和二九年度号、昭三〇、一〇七－一〇九）。（土居浩）

〔参考文献〕稲垣純男「祟り山」『民間伝承』一三（九）、昭二四。小松和彦「ノロイ・タタリ・イワイ」山折哲雄・川村邦光編『民俗宗教を学ぶ人のために』平一一、世界思想社。小松和彦編『怪異の民俗学　七　異人・生贄』平一三、河出書房新社。

たたりち【祟り地】

類いはいだ【位牌田】、いみだ【忌田】、いみち【忌地】、いやち【忌地】、いらずやま【入らず山】、いわいやま【斎山】、くせち【癖地】、くせやま【癖山】、けちやま【ケチ山】、しにだ【死に田】、ばちやま【バチ山】、びょうにんだ【病人田】、まけやま【マケ山】、やまいだ【病田】、やみだ【病田】　大塚民俗学会編『日本民俗事典』は「祟り地」を、同内容・別呼称の項目として「聖地」を参照するよう指示している。類似項目を他事典に求めると、「癖地《くせち》」（『日本大百科全書』）や「忌地《いみち》」（『日本民俗大辞典』）として立項されていることを併せると、術語として「祟り地」は未成熟であることがうかがえる。しかし『日本民俗事典』の「聖地」が、みだりに出入りすることの禁忌およびそれを犯すことでの祟りを指摘し、また「癖地」「忌地」が、所有者や耕作者に不幸をもたらすいわゆる「因縁づき」の土地として説明される屋敷や山林・田畑のことであるからすれば、「祟り地」とはそこで発生し伝承された怪異現象の原因へと焦点化した用語である。

　また農学においては連作障害として理解される「忌地」現象について、柳田國男は「実際は是は生理よりも心理の現象である」

として、「田の神」を祭る問題の一環として注目した（「御刀代田考」）。柳田は、利用者に不幸があるとされる同様の伝承でも、山林は伐採も開墾もしていないのに対し、病田はむしろ相応に美田であり、祟り地としての欠点があるにも関わらず、放棄されることなく耕作され続けることを指摘する。これは病田が「そこで念入りな祭をすべき田、其祭には物忌といふ特別の謹慎をすべき田で、たまたまその条件を守らぬ者だけに何か不安を与へる田ではなかったか」と想像している。このような柳田の解釈は、今でこそ〈神〉という自動説明装置（上野誠）として批判の対象とされるが、怪異現象を（自然科学的還元ではなく）人文科学的に考察する端緒を開いたとして、あらためて学史的に検討する必要がある。

⇩たたり、もいやま、やぶさやま、よめごろしだ

事例 ①［徳島県西祖谷山村（現・三好市）］山中の祟り地には、キヤウシユロウ、ムクトウグワン、コウコウノコウシユロウがあり、何れも付近では伐採ができない（『民間伝承』一〇（一）、昭一九、七五-七六）。②［徳島県相生町（現・那賀町）］明治三五、六年頃、幼少の時分に父とともに、癖地で飛行する白い火の玉に遭遇した。帰宅してからもしばらく父の体調は優れず、村人は「癖地をつついたんできっと何かあったんだろう」と噂していた（『土佐民俗』一六、昭四五、二四-二五）。③［群馬県板倉町］石塚にある二ヵ所の忌田は、耕作する家に災難が続くという。持ち主の一人は、この地を所有していたところ、主人が交通事故に遭ったり、病気をしたりしたために、安い値段で現在の所有者に売り渡した。すると元の持ち主は平穏になったが、現在の所有者には不吉なことが起こった。現在は水稲を作っている（『利根川中流水場のムラの民俗』昭四三、一〇八）。 （土居浩）

〔参考文献〕柳田國男「御刀代田考」『伝承文化』二、昭三六。

たたりもっけ【祟りもっけ】

青森県津軽地方などで、恨みをのんで死んだ者の霊がタタリモッケとなり、さまざまな祟りを引き起こすという怪異。堕胎された胎児や窒息死した子どもの霊がフクロウに宿って嬰児の鳴き声をあげたり、非業の死者が死霊となって現れ、恨みのある相手やその家族・子孫に祟ったりすることがある。荒海に面した津軽半島では、漂着した難破船の生き残りの乗組の者を村人が殺して金品をかすめたところから、船員がタタリモッケになることも多いという。モッケは嬰児、物の怪の意味とする解釈がある。

近年では高橋留美子による少年漫画『犬夜叉』で取り上げられ、不慮の火災で死亡し、生きのこった家族を恨んでいる少女にタタリモッケが宿っているという逸話が盛り込まれている。

⇩ふくろう

事例 ［青森県嘉瀬村］死んだ嬰児の霊がタタリモッケになり、梟《ふくろ》に宿って泣くという（『宮城県史 二一』昭三一、四六八）。 （渡部圭一）

だつえば【奪衣婆】

三途の川の番人であり、亡者の衣服をは

ぎ取る恐ろしい形相の老女とされる。江戸末期には疫病除けや咳止めなどに霊験のある流行神として民間信仰の対象となり、これを祀るお堂などが建立された。

新宿の正受院の奪衣婆は咳止めの霊験があるという。礼拝した後に咳が治ると奪衣婆にかぶせる綿を奉納する。そのため、正受院の奪衣婆は「綿のおばば」と呼ばれる。

⇩うばがみ、しょうずかのばば

事例 ①［不明］『黄門鏡志』によれば、俗に三途の川の婆という（「立路随筆」『日本随筆大成　第二期一八』一三八）。②［東京都新宿区］冬のある夜、新宿辺りをねぐらにしていた乞食が正受院の前を通りかかると堂内の奪衣婆が分厚い綿をかぶってあたたかそうなのでこれを盗んでかぶって寝た。すると夢枕に怖い形相の奪衣婆が立ち「どうだ。盗んだ綿布団はあたたかろう」と言ったため乞食は驚いて、翌日これを返しに行ったという（『西郊民俗』一二四、昭六三、一三）。（藤井紘司）

だっき【妲己】

殷の紂王に寵愛され、その悪政の原因となったとされる美姫で、九尾の狐の化身。

⇩きゅうびのきつね

たつくちなわ【竜蛇】

北九州地域に伝えられる物の怪。蛇に耳が生えたものをタツクチナワといって恐れていた。タツクチナワは、池を泳ぐものに危害を加えるものと信じられていた。

⇩へび

事例 ［佐賀県］竜王池ではタツクチナワが水面を通過したときに、水泳をすると必ず河童の難にあうとされていた（『兵庫県民俗資料　一』昭七、四二）。（金子祥之）

たていし【立石】

㊮かなめいし【要石】、たていわ【立岩】

墳墓や道のしるべとして立てる石。メンヒル。他にも、謂われがあって特別視されている石が広く立石と称される。通常、立てた石・立っている石をいうが、自然石の場合は横石や一部埋まっている石も少なくない。地震鯰を押さえつけているという要石と同一視されている例もある。

⇩いしのかいい、なまず

事例 ①［福島県松川町（現・福島市）］田の中にやや斜め上向きに突き出して立つ自然石で、立石と称する。しめ縄が掛けられてあり、秋新藁でつくって奉納し神酒を供えてまつる。子の無い女性はこの石に抱きついて祈る。また性病治療によい。昔嫁入りの女がこの石のそばを通るとにわかに腹痛を催して赤児を産んだので、地名を産子内といい、それ以来嫁入りの女性はこの道を通らないという（『福島県史　二四』昭四二、三五二）。②［下総国立石村（現・東京都葛飾区）］元名主の畑に高さ一尺ほどの丸石があった。耕作のため掘ってみたが根が深く諦めた。翌日行くと元のように埋まっていた。埋めて帰るとその翌日には再び石が地表に出ていた。石の上に稲荷の祠を立てた（「兎園小説」『日本随筆大成　第二期一』二三四-二三五）。（鄧君龍）

たてくりかえし【立繰返】

㊮しんぐりまくり、てぎねがえし【手杵返

し】、てんころころばし【テンコロ転ばし】

特定の場所で道具などが人に向かって転がってくる怪異。手杵、砧《きぬた》、木槌など打つ道具の他、笊、茶碗、肥桶などの家財、石や綿などが転がってくる例もある。これらは真っ直ぐにしか進まず、直前で横にかわせば避けられる。手杵の怪異としては、雪の降る時期に、手杵形の足跡が続くものがある。また、いたずら好きな子どもを竹籠に入れて階段から転がす怪異もこれに近い。

⇩ちゃわんころがし、よこづちのかいい

事例 ①［高知県田ノ口村（現・黒潮町）］大きい手杵が転倒しながら驀進《ばくしん》してくる。方向転換できないので、もう少しの所で脇に外せば避けられる（『民俗学』三（五）、昭六、六二）。②［宮崎県西郷村（現・美郷町）］雪の時期に、道に手杵形の跡が続いている。（『民俗採訪』昭和三八年度号、昭四〇、二六）③［奈良県山添村］いたずら小僧をシングリ（魚入れの竹籠）に入れて階段から転がすシングリマクリが出る（『奈良県史一三』昭六三、三七〇－三七一）。

（堀口祐貴）

たとうのへび【多頭の蛇】

通常の蛇とは異なって、複数の頭をもつ蛇のこと。多いものでは、八頭・九頭の頭を持つものもあるという。二頭の場合には、尾がなく両端が頭の両頭の蛇と、頭の先が二つに分かれた双頭の蛇とがある。

⇩へび

事例 ①［茨城県七会村（現・城里町）］八瓶山の主は、八つの頭を持つ大蛇であった。里に下っては女性を飲み込んだ。困り果てた村人は、八つの瓶に酒を注いで大蛇をおびき出し、眠ったところを退治した（『茨城の民俗』一八、昭五四、一〇八）。②［和歌山県南部川村（現・みなべ町）］熊野川町の絹糸の滝の主は、小さな双頭の蛇である。その滝の上を、死者を連れて通ると洪水が起きるという（『南部川の民俗』昭五六、四七二）。③［秋田県東成瀬村］山に尾のない両頭の蛇がいた。馬が蛇を恐れて進まないので、村の若者が火をつけて焼き殺してしまった。やがて、その人は病気になって死んでしまった（『秋田東成瀬の民俗』昭四一、一一七）。

（金子祥之）

たなばた【七夕】

七夕の夜、水の底から機を織る音が聞こえる。

⇩おとのかいい

たなばんばあ【棚婆】

（類）たなばば【棚婆】　神奈川県津久井郡（現・相模原市緑区）にある、民家のタナに住む妖怪。タナとは養蚕のための三階部屋のこと。天井裏に住むとされることもあるが、これも養蚕部屋を指していると考えられる。似たものとして、納戸に住む納戸婆という妖怪がある。これは元々納戸神として祀られていたもので、家や家族の守り神のような性格をもつと考えられる。しかし香川県東部では、子どもを隠してしまう隠し神のようなものともいわれる。タナバンバアもそうした妖怪の一種ではないかと考えられる。

⇩なんどばば

事例 ①［神奈川県城山町（現・相模原市）］

タナにはタナバンバアというものがいる。子どもが囲炉裏の火をいたずらしたりすると、「タナバンバアにやっちまうぞ」と脅されたものである（『ひでばち』一五、昭三五、一五）。②〔神奈川県青根村（現・相模原市）〕津久井郡青根村でいうタナにいる恐ろしい婆。タナとは養蚕などに使う三階部屋のこと（『宮城県史　二一』昭三一、四五一）。

（山口拡）

だに

㊫たに、だり、だる、だるがみ【ダル神】

山道などに現れる道の怪で、餓死者の霊魂が人に取りつくとされるもの。ひだる神と同義。これに取りつかれると急に空腹や疲労を感じ、身動きできなくなる。これを「ダニつく」「ガキつく」のように表現する。このような状態になったら、手持ちの食物を口にすると逃れることができる。食物の持ち合わせがない時は、指で米の字を手に書きそれをなめるとよい。

⇩ひだるがみ

事例 ①〔和歌山県〕険しくて迷いそうな道ではダル神につかれることがある。これは飢えて死んだ人の霊である。腹が減って動けなくなるが、米粒一つでも食べれば助かる。米粒がないときには、手のひらに米という字を書いてなめるだけでもよい（『民間伝承』二二五・二二六、昭二三、一七）。②〔奈良県野迫川村〕村の荒神さんに参る道で多くの死人が出た。これにつかれることをタニにつかれた、またはガキにつかれたとも言う（『あしなか』一四四、昭和四九、八）。

（池田浩貴）

たにし【田螺】

㊫つぶ【田螺】

タニシ科に分類される巻貝の総称。日本全国の水田、池などに分布し、食用にもされる。一方で火災除けや雨乞いの神、もしくはその使いとされ、食べたり触れたりすることを忌む地域もある。また、食うと目を病むともいい、眼病治癒のために田螺を供えて祈願することもある。

事例 ①〔千葉県成田市〕薬師様が火事にあった時、タニシがくっつき、焼けるのを防いだという。そのため、遠山村久米ではタニシに触らず、食べることも忌む（『民間伝承』四（五）、昭一四、五）。②〔福島県会津地方〕初午の前に田螺を屋根に投げ越せば、一年中火災にあわない。田螺は不動様の使いで、食えば眼を病むという（『日本民俗学』四（二）、昭三一、四四－四五）。③〔新潟県下田村（現・三条市）〕山中に白田螺の棲む池がある。これをとると必ず雨が降るが、願いが叶ったらもとの池に返す。誤って殺したりすると、池が荒れて洪水になる（『日本民俗学』四（二）、昭三一、四三）。

（山口拡）

たぬき【狸】

㊫くさっこ、まみ

狸というと、巨大な陰嚢と大福帳を持つ「信楽焼の狸」や腹鼓を打つ姿が目に浮かぶが、じつは姿の見えない音の怪が狸の仕業と考えられていることが多い。その事実は、昔話をたんねんに調べた中村禎里（『狸とその世界』）によって指摘されていたところである。民俗事例をみても、木を伐る音、木が倒れる音、太鼓やお囃子の音、小豆を研ぐ音、「おーい」

た

という呼び声などが、姿は見えずとも狸の仕業だと解釈されることが多く、狸には音の怪としての性格が強い。

もちろん、狸も狐のようにビジュアルな化け姿を見せる事例も少なくない。なかでも大入道に化ける例が比較的多く、美女や行列、近代には列車に化けることもある。また自身が化けるだけでなく、木の葉を小判にしたり、肥溜めを屋敷にみせたりといった幻覚をみせることもある。また子狸を意味する豆狸《まめだ》も悪ふざけをするが、道に砂をまく程度の罪のないものである。

淡路島の芝（柴）右衛門狸、佐渡島の団《だん》三郎《ざぶろう》、香川県・屋島の禿狸《はげ》、群馬県・茂林寺の分（文）福茶釜など、名狸はみな音よりも視覚的な化かし技で名を残している。芝右衛門狸は人間に化けての芝居見物が好きで、禿狸は源平合戦を幻術で再現するのが得意だった。両者が化かし対決をしたという伝説もある。芝右衛門狸が大名行列になるというので、禿狸が待ち構えていたところに、見事な行列がやってきた。あっぱれと禿狸が行列の前に飛び出したところ、それがじつは本物の大名行列で禿狸は無礼打ちになってしまったという。これとほぼおなじ伝説が、伊予の喜左衛門狸と禿狸のあいだにも見られる。これらの名狸伝には多分に近世の香があり、中世的な音の怪としての性格と、近世的な視覚の怪としての性格が、狸には混在しているといえよう。

禿狸は灸点を下ろすのが上手だった、その子孫は日露戦争へ行ったなど、人間の役に立ったという話も伝わっている。打ち身に効く秘法の妙薬の作り方を教え、小児の夜泣きに効く「白澤図《はくたく》」を描いた狸もいる。僧に化けて「布袋《ほてい》渡河」や「白鷺」を描いたという話などもあり、絵心のある狸もいたようだ。

狸に化かされるのは、何も山中や夜道を歩いているときだけではない。夜に隠れん坊をする、夜に草履をおろす、あるいは豆を持っているだけでも化かされるという説がある。また、夜に口笛を吹いたり手を叩くと狸が来る、爪を伸ばしているとその中へ狸が入るなど、子どものしつけのためと思われる話もある。化かされないようにするには、白蓮華草の花を衣類の縫上の中に入れておく、親指を隠して夜道を歩く、山へ入るときは般若心経を唱えるといった言い伝えがある。また、狸はおなじことを二度いわないので、山で呼ばれてもすぐに返事をせず二度目で返事をすればよいという。

狸の正体を見破るには、股間や袖の下から覗くとよい。また逆なですると毛がざらつくのでわかる。運悪く化かされてしまったときは、眉に唾をつけると直るという。これらの対処法は、狐にも共通するものである。

狐と同様、狸も人や家系に取り憑くという考え方が、民俗事例にはみられる。人に憑く原因は、狸に悪ふざけをしたほかにも、単に転んだり食事が足りなかったという理由もあげられる。狸が憑くと嗜好が変わったり、荷物を急に重く感じるようになったりするという。また狸憑きの家系の人と結婚すると狸がついてくる、狸の臭いがする子が生まれるといった人権侵害にあたる伝承も、かつての民俗社会にはみられた。

最後に動物の狸との関係を見ておこう。

一七三〇年代の『産物帳』には狸の別称に狢があげられている。また『広辞苑』によると、狢は「アナグマの異称」で「混同して、タヌキをムジナと呼ぶこともある」と書かれてある。狸と狢（＝穴熊）は姿がよく似ていて、猟師でもみわけがつかないため事実上、混同されているといってよい。旧環境省の調査によると、北海道には狸はいるが穴熊はいない。また、沖縄には狸も

國芳の狸の戯画（国際日本文化研究センター蔵）

穴熊も生息していないが、その他の地域には両者とも広く分布している。妖怪の狸・狢も北海道・沖縄をのぞく全国に広く事例がみられる。また狸が多いと俗にいわれている四国については、動物分布も妖怪事例の分布も特に多いとはいえない。しかし、狐については動物分布・妖怪事例分布とも四国は際だって少ない。四国の狸文化は、狸の多さではなく狐の少なさに由来するのだろう。弘法大師が四国から狐を追い出したという伝説は、おそらくこの事実から発生したものと考えられる。

⇩おとのかいい、きんちょうだぬき、けんぞく、すなまきだぬき、ずんずくだいじん、たけきりだぬき、たぬきつき、たぬきび、にせきしゃ、まめだぬき、むじな、やしまのはげだぬき

事例 ①［山形県大山町（現・鶴岡市）］ある村では、祭りのときに娘を人身御供に出していた。娘を食べていたのは六尺もある大入道で、それが「丹波の国の和犬（メッケイヌ）に、ちっともこの事を知らせるな」といいながら食べるところを六部が目撃した。六部は丹波の国から連れてきた白い犬に大入道を退治させた。大入道の血痕を追うと、洞穴のなかには半死の老狸がいた（『旅と伝説』一（八）、昭三、六二―六八）。②［大阪府枚方市］京阪電車が開通して間もないころ、前方から来るヘッドライトがみえたので運転手が電車を急停車させたところ、何もない。おなじことを何人もの運転手が経験したので、つぎに起きても停車させないことにした。ある晩、また前方にヘッドライトがみえたが、電車を止めなくても何事も起こらなかった。翌朝、その場所で大きな狸が死んでいるのがみつかった（『郷土研究上方』九（一〇〇）、昭一四、七二―七三）。③［高知県］峠を歩いていると、後ろから「オーイ、オーイ」と声がしたが、誰もいない。ひとりで歩いていると、マントを着た大きなひとが前を歩いていたので、追いつこうとしてもできなかった。すべて狸の仕業だと思う（『土佐民俗』一八、昭四六、二五―二六）。④［秋田県山内村（現・横手市）］山でおにぎりを食べていると、山が崩れるような音がした。狸が化かしに来たんだな

と思って覗くと、狸が風のように走り回っているのがみえた。そうしたら今度は木を伐る音がしたが、それも狸が出す音だった（『伝承文芸』一七、平二、一六二）。

（山田奨治）

〔参考文献〕中村禎里『狸とその世界』平二、朝日新聞社。山田奨治「みえる狐、みえない狸─計量妖怪学の第一歩」『日本人の異界観』平一八、せりか書房。

たぬきおしょう【狸和尚】

㊫たぬきぼうず【狸坊主】、むじなおしょう【狢和尚】「狸和尚」は「文福茶釜」系統の昔話・伝説のように動物報恩の型で伝承されている。特に神奈川県内では、病気の鎌倉・建長寺の和尚に化け、身代わりになって焼失した山門の勧請の旅に出たという伝承が際立っている。一方、タヌキが和尚に化けて宿泊し、掛け軸、書画を書き残す。極端にイヌを嫌い、食事や入浴の場を見てはならぬという。家主に怪しまれ、部屋や風呂場を覗かれたりして正体がばれる。また、イヌにほえられたり、噛みつかれたりして正体を現す、殺されるという伝承も多い。この話は、東京都・神奈川・山梨・長野・静岡県など、関東・中部地方を中心に伝承されている。

江戸時代の文献をみると、『甲子夜話』「中仙道坂橋宿本陣の話」、『兎園小説』「多摩郡国分寺村の名主と川崎宿の問屋」、『燕石雑志』「沼津の某家」、『薫斎筆記』「亀浜（愛知県）の豪家」などには、書画にまつわる話として記されている。また、浄瑠璃作品として、滝沢馬琴の「狸和尚勧化帳化地蔵略縁起　化競丑満鐘《ばけくらべうしみつのかね》」などがある。

⇩たぬき

事例 ①［神奈川県秦野市］昔、建長寺の和尚が村渡しとなって視察に来た際に、当時名主であった根岸家に宿泊した。しかし、この和尚は皆といっしょに食事をせず、給仕もしなくてよいからと膳を持たせ、一人で食事した。不思議に思って覗いてみると、飯を尾でかきこんでいた。湯も終わりでよいといい、湯の中で尾をぱちゃぱちゃしていた。また、駕籠にイヌを近づけないよう気をつけてくれ、イヌが嫌いだといっていた。和尚さんはこの家に「白沢《はくたく》」という掛け軸を書き残していったが、大井川の渡しでイヌにかみつかれて正体を現した。和尚さんの正体は、実はタヌキであった。建長寺の和尚さんが書いたという掛け軸が大井川までに三幅あるという（『神奈川県昔話集　一』昭四二、三八）。②［神奈川県八王子市（現・東京都八王子市）］狸和尚が甲州から帰るとき、空源寺に宿泊。名主飯宝杢兵衛・源吉が世話をした。その礼として「白沢の図」を与えた。この地方では、橋本（相模原市）でイヌにくい殺されたとか、柿生村（川崎市）で殺されたとかいっている（『神奈川県昔話集　一』昭四三、一三九─一四〇）。③［神奈川県相模湖町（現・相模原市）］榎本鉄之助家にも狸和尚の書があった。大火で消失した。青木藤次郎家には狸和尚の「布袋河渉りの図」があった。同町の石老山に囲碁の強い僧がいて、たびたび碁を囲んだ。（『神奈川県昔話集　一』昭四三、一三三）。④［山梨県甲府市］鎌倉の建長寺の方丈様が来た。犬が嫌いだからつないでおけ、風呂場は覗くなという。食事の後はお膳も畳も飯粒で汚かった。一筆依頼すると読めない字を書いた。翌朝、駕籠で出発したが野犬二匹にかみ殺された。古ムジナであった。狢和尚の筆跡が残されている。子どもの食事が汚いと「建長寺様のようだ」という（『続甲斐昔話集』昭一一、五三）。（米屋陽一）

〔参考文献〕小島瓔禮「狸和尚」『神奈川県昔話集　二』昭四三、神奈川県弘済会。

たぬきがっせん【狸合戦】

狸の戦をめぐる伝説。小松島町日開野《ひがいの》（現・小松島市）の金長狸と、斎津村《さいつそん》津田浦（現・徳島市）の六右衛門狸が争った。

⇩たぬき、きんちょうだぬき

事例 〔徳島県〕天保年間、斎津村から小松島町にかけて多くの狸が死んでおり、間もなく日開野の狸が人に憑いて狸合戦の詳細を物語った（『民族と歴史』八（一）、大一一、二八一―二八二）。（及川祥平）

たぬきつき【狸憑き】

(類)むじなつき【狢憑き】　憑き物の一種で、狸が憑くとするもの。四国や佐渡では狐憑きが少なく、同種の精神異常を「狸憑き」「狢憑き」と称し、これを落とす宗教者も存在する。四国では狸を飼う家筋の伝承はみられないが、岡山県では狸を飼う家筋があり、その家が富むかわり、周囲の人に憑くなどの悪さをするため忌避される。

⇩たぬき、つきもの、むじな

事例 〔徳島県〕狸憑きは都市部にも農村部にも多い。海部《あま》郡の日蓮大仏は毎寅年に徳島に出開帳に来たが、その仏前で南無妙法蓮華経を連唱していて、合掌している手が振い出す人は狸に憑かれている。僧侶はこれらの人に特別に加持祈祷をして狸を落とす。人に憑いている間、狸は精神を失いブラブラしている。もし、これを殺すと、狸は憑いている人とともに死んでしまう（『郷土趣味』三（五）、大一一、二八―二九）。（及川祥平）

たぬきび【狸火】

(類)たぬきのよめいり【狸の嫁入り】、むじなのよめいり【狢の嫁入り】　狸のおこす怪火。月を真似る、あるいは焼畑の火を真似るなどという例もみえるが、提灯行列とする例が多い。その場合、葬列の真似と理解されたり、狸の婚礼と解された。嫁入りの音が聞こえる、嫁入り道具を担ぐ人の姿まで見えるという場合もある。

⇩かいか、きつねび、たぬき

事例 ①〔徳島県祖谷山村《いややまそん》（現・三好市）〕葬式の真似をした奴を太子堂の下で獲ったが、毛色がまだらだった。その他、焼畑の火を真似る（『ひだびと』九（一）、昭一六、二五）。②〔香川県〕夜も薄暗くなった頃、小雨の時に、狸の嫁入り提灯の行列が連なる。狸が自分の尻尾につばをつけて振ると灯がついたようにみえる（『あしなか』二二一、平三、五）。③〔高知県池川町（現・仁淀川《によどがわ》町）〕夜、暗い山にポッと青い火が光るのをタヌキの火という。狸の涎や目が光るのだという（『伝承文化』九、昭五〇、七七）。（及川祥平）

たのかみ【田の神】

(類)さなぶり、さんばい　稲作の神。全国的に信仰が見られる。各地で様々な神格と結び付き、複雑な性格を持つ。普遍的な習俗として、山の神との同一神であり、春に山の神が里へ下りて田の神となり、秋に帰るというものがある。東北から関東では二月或は三月に臼を搗いて神迎えし、十月に神を送る。臼を搗くのは、田の神がその音を聞いて山から下りてくるためとされる。実際に餅を搗く地方もある。多くの地方で姿は目に見えないと考えられているが、鹿児島県では田の神像が各地に祀られている。

⇩いのこ、さくがみ、じじん、しゃじつさま、のがみ、やまのかみ

事例　［新潟県佐渡市］春の社日に神棚にぼた餅を供える。春には田の神が餅を食べて田に下り、秋には田から上がってくるので夕方に供えるという（『新潟県史　資料編二三』昭五九、六七九）。　（田村明子）

たべもののカムイ【食べ物のカムイ】

アイヌに伝わる散文説話に、不思議な女が村々を訪れ、そこの人たちに自らの汚物を食べるように要求するという話がある。実は女はカムイ（神）で、人間たちが食べ物とは知らずに捨てているのを嘆いていたため、それが食べられることを教えに来たのだった。なお、こうした話では、食べ物全般を司る神ではなく、ウバユリの神、カジカの神など個々の食べ物についての神が村を訪れる。

事例　①［北海道］二人の女が、村々をまわっては椀に脱糞し、ドロドロしたものを食べろと言う。二人の正体は、オオウバユリとギャウジャニンニクの神で、それらが食べられることを教えに来たのだった（『知里真志保著作集　二』昭四八、四三一―四三三）。②［北海道平取町］石狩川流域の村に神のような女が来て、杯に注いだ自分の小便を飲むように言う。飲むと酒だった。その女が言うには、自分は酒の女神だが、アラモイにある村が流行病で全滅してしまい、酒も含めてすべてのものがそのまま放っておかれているので助けを求めに来たという（『ウウェペケレ集大成』平一七、四三―五五）。　（遠藤志保）

たまもののまえ【玉藻前】

鳥羽上皇に仕えたとされる女房で、九尾の狐の化身。

⇩きゅうびのきつね

たまよばい【魂呼、招魂】

㊫たましいよび【魂呼び】、たまむかへ【魂迎え】、たまよび【魂呼び】、ますうち【枡打】、よびかえし【呼び返し】　人が意識や生活反応を無くしたとき、または行方不明になったとき、その霊魂を呼び戻して生き返らせようと、家族や縁者が屋上に登ったり、井戸の底に向かったりして、その人の名を大声で呼ぶ行為。実際に蘇生することを、去った霊魂が戻って来たとして、「魂《たま》返り」と呼ぶ。「魂呼び」とも言われるが、「魂呼ばい」の「呼ばい」は、「呼ぶ」の未然形「呼ば」に継続の助動詞「ふ」がついた「呼ばふ」の名詞形であるから、「魂呼ばい」は「魂を呼び続けること」の意であり、単に魂を呼ぶに留まる「魂呼び」とは異なる。魂を呼び戻す努力を強調したヨバリモドシという言い方もある。「魂迎え」と呼ばれることもあるが、こ

ちらは盆に祖霊を迎えることを指すことが多く、「魂送り」と対になった言葉である。

　福島県会津地方では、人が死にかかったとき、または子どもが神隠しにあったとき、屋根に登って一升枡を打ち叩いたり掻い（枡掻きで招き寄せ）たりしたが、これを「枡打ち」と呼んだ。昔は人が死ぬと身内が死者の衣を持って屋根に登り、北に向かって死者の名を大声で三度叫んだという。『日本書紀』にも仁徳天皇が弟の死に際して三度名を呼んだことが記されている。これらは中国古代の復魂に由来するものらしい。中国の『儀礼』「士喪礼《しそうらい》」の冒頭にも「復」と三回名を呼ぶ事が見える。

　陰陽道には、病気や死は魂の遊離によるとして、出産や危篤のとき、その人の名を呼び、身代わりの衣を振り、遊離した魂魄を招き戻して体内に安鎮する招魂続魄祭《しょうこんぞくはくさい》がある。これは招魂祭とも呼ばれる。

　死者の魂を呼び返す方法としては他に反魂香や反魂丹がある。西行が人を造ったのは「反魂の秘術」（『選集抄』五−一五）とよばれる術である。

⇩いきかえり、ちょう

事例　①［京都府舞鶴市］舞鶴地方では重態に陥った病人を身内の者が屋根の棟に跨って名を呼ぶが、こうして生き返ったとしてもせいぜい二、三年しか生きられない（『ひだびと』一一（九）、昭一八、一四）。②［和歌山県請川村（現・田辺市）］野竹では人が怪我や急病で突然死にそうになったときは、枕元でその人の名前を呼ぶと同時に、何人もが屋根に上って棟を剝ぎ、その穿った穴に向かって大声で叫ぶ。これで戻って来なければ助からない（『民間伝承』一二（八・九）、昭二三、二九）。③［和歌山県東牟婁郡］元文年間、彌七郎という老人が急病で倒れた。家族が喚び戻すと、しばらくして蘇ったが、急に態度が変わって、妻子すら知らないという。言葉も木地屋の使う言葉に変わってしまった。彌七郎が倒れたとき、ちょうどこの村の山奥で死んだ木地屋があり、その名も彌七郎であった。その魂が消失していない所へ呼んだために入ったのだろうということである（『民間伝承』一二（八・九）、昭二三、二九）。④［高知県物部村（現・香美市）］岡ノ内では枕元で名前を呼んだり、竹の筒に米を入れて振って聞かせたりして魂呼びをした（『伝承文化研究』九、昭五八、四二）。⑤［青森県五戸町］菖蒲川では死ぬときに名前を呼ぶなど必ず声をかける。そうしなければ成仏できないという（『青森県史　民俗編資料南部』平一三、二六六）。

（中山和久）

〔参考文献〕『日本国語大辞典　第二版』平一二−一四、小学館。福田アジオ他編『日本民俗大事典』平一一−一二、吉川弘文館。

たゆうぐろ【太夫黒】

源義経の愛馬の名で、数々の伝説がある。

⇩うま

たら【鱈】

タラは北半球の冷たい海に生息するタラ科の海水魚の総称。日本では北日本沿岸に分布するマダラが重要な水産資源として利用されており、生活に近しい魚である。タラの怪異として、タラが男に化けて毎晩女のもとに通うが、針を刺されて、もしくはタラの苦手の小豆汁を浴びて死ぬという、昔話「蛇聟入」の派生形の異類婚姻譚「鱈聟入」が北日本で語られている。地名由来や、タラは小豆と煮るとよいという生活知識と結び付いて語られており、民俗社会が持つタラへの親近感がうかがえる。

⇩さかなのかいい

事例 ［宮城県本吉町（現・気仙沼市）］お姫様のもとに毎晩美男の侍が通ってきた。乳母が怪しみ、着物に針を刺して帰したら海が大時化になり、ひれに針が刺さった大きなタラが浜に打ち上げられて死んでいた。身が馬に五駄もあったので、その浜をゴンダラというようになった（『小泉の民俗』昭五七、四〇一）。

（飯倉義之）

だらし

長崎県域において、峠などを通るときに急にだるくなったり、手足がしびれたりして動けなくなることを「ダラシにつかれた」などと言う。餓死した旅人や落人の霊魂だということもある。ダラシに憑かれたときは、何か食べ物を口にしたり、手のひらに米という字を書いてなめたり、近くの藪に食べ物を放ると治るという。

⇩じきとり、ひだるがみ

事例 ①［長崎県愛野村（現・雲仙市）］峠付近でダラシが憑く。猟師がダラシに憑かれて一歩も歩けなくなり、体中がだるくなったが、四つん這いになって二、三丁行くと茶屋があり、蕎麦を一、二杯食べると元に戻った（『土の鈴』四、大九、一七-九）。②［長崎県］中学時代、山に登った帰りに頭がボーッとなり、耳がカーンと響きだんだん遠くなり、歩けなくなったのを友人に助けられて帰ったことがあった。これもダラシが憑いたのかもしれない（『土の鈴』四、大九、一九）。

（荻野夏木）

たろうくん【太郎くん】

⇩といれのはなこさん

たろうどん【太郎ドン】

ガワロと直接に呼ぶことを憚っていう呼び名。

⇩がわろ

たろうぼう【太郎坊】

『太平記』や『源平盛衰記』などにも太郎坊の名が見られ、古来より多くの人に知られる日本の大天狗である。京都の愛宕山に棲み、山頂にある愛宕宮は火伏の神として全国各地に勧請される。愛宕山は天狗の山ともされ、中国の天狗、是害坊が尋ねたのも愛宕山であることから、最大拠点であったことが分かる。太郎坊も全国各地で祀られ、その土地土地による天狗伝承が残されている。そのため眷属は日本全国に数多く、名実ともに天狗の総大将とされる。

⇩じろうぼう、しんぜい、てんぐ

事例 ①［京都府］藤原頼長の命をうけた修験者が、天狗の本拠地愛宕山の奥の院の太郎坊天狗の両目に釘を打ち込んで呪詛した結果、近衛天皇は眼病を患って崩御した（『西郊民俗』五九、昭四七、九）。②［京都府京都市］愛宕山の太郎坊は真済である。柿本の僧正と号した。染殿の妃に会って心惑い、死後天狗になったという（「江戸雀」『日本随筆大成　第二期一〇』一一四）。

た

（古屋綾子）

だんざぶろうむじな【団三郎狢】

（類）ふたついわさん【二ツ岩さん】、ふたついわだいみょうじん【二ツ岩大明神】、ふたついわのだんざぶろう【二ツ岩の団三郎】 新潟県佐渡市相川下戸《おりと》にある二岩《ふたついわ》神社に祀られている狢《むじな》（貉とも）の名称。拝殿の奥にある二つの岩の間にある穴を住処としているとされる。安永年間（一七七二―一七八〇）に書かれた『怪談藻塩草』にいくつかの伝承がみられる。滝沢馬琴が『燕石雑記』（文化八）で紹介した（事例①を参照）。柳田國男も隠里や椀貸し伝説への関心から言及している。島内各所に一〇〇以上祀られる狢神《むじながみ》の頭目で、東光寺の禅達、湖鏡庵の財喜坊、おもやの源助、関の寒戸《さぶと》を四天王として従えているとされる。その妻は新穂高橋のおろくで息子が財喜坊、鵜掛の長老と関の寒戸に嫁を出しているという。明暦三酉年に越後商人団三郎から狢を購入したと『佐渡奉行代々記』に記載があり、桂の伝三郎からつがいの狢を譲り受けたとの伝承もある（『高志路』一九三、昭三六、八）。金山、銀山でもちいる鞴《ふいご》に使う毛皮をとるためという。

⇩ぜんたつむじな、なのあるむじな

事例 ①［佐渡国二ツ岩（現・新潟県佐渡市）］団三郎は、人に金を貸していたが返さないものが増えたので貸さなくなった。伯仙という医師に治療を受けたことがある。兵火や洪水により埋もれた金を拾い集めてためた金を礼金として支払おうとしたが、受け取りを拒否された（「燕石雑志」『日本随筆大成 第二期一九』四八四―四九二）。②［加賀国（現・石川県）］上方見物の帰り、団三郎は、加賀様の行列に化けるから駕籠に声をかけるように狐に言った。行列は本物であり、狐は首をはねられた。佐渡に渡ろうとした狐を団三郎は騙し討ちにしたのだ（『新潟県史 資料編二三』昭五九、九〇八）。③［新潟県相川町（現・佐渡市）］明暦年間、酔って道に迷った佐渡奉行所の役人中沢某の道案内をした。提灯を持った男は、「わしの親方は佐渡の国の始めからここを住み家としているが、神として崇められていない。世話してほしい」と請うた。中沢は団三郎の住処を十二権現の末社とし、自ら職を辞して神主になり名も出羽と改めた（『佐渡郷土文化』一四、昭五三、七四）。④［佐渡国河原田城（現・新潟県佐渡市）］鎌倉時代末期、狐と術比べをした。狐はみごとな嫁入り行列をみせた。団三郎は、三日後に大名行列に化けると約束し、奉行に化けた団三郎の肩を叩いて賞賛するよう狐に頼んだ。本間の殿様が河原田城新築検察のために行列を出すのを知っていて狐を騙したのだ。狐は捕縛され吊るし斬りにされた（『島』昭九、二九二―二九六）。⑤［新潟県両津市（現・佐渡市）］昨年、五、六〇の背広の男と和服の女が神社を訪ねてきた。「今日こちらに二ツ岩さんからお嫁入りがあったのでお祝いを届けに来ました」という。持ってきたのは酒二本、ブリ二匹、赤飯のパック四つだった。皆で食べようと出刃を研いでいる間にブリは消えていた（『憑依と呪いのエスノグラフィー』平一三、五三）。

（梅屋潔）

［参考文献］梅屋潔・浦野茂・中西祐二『憑依と呪いのエスノグラフィー』平一三、

岩田書院。山本修之助『佐渡の貉の話』昭六三、佐渡郷土文化の会。

たんたんころりん

㊫かきのせい【柿の精】、たんころりん　古い柿の木の化けた妖怪。大入道の姿で現れると言われる。東北には他にも柿の木が化けた柿男や柿入道の民話が伝えられている。

⇩きのかいい

事例　①［宮城県仙台市］タンタンコロリンは、古い柿の木の化けた大入道である。柿の実を取らないでおくとこれになったともいう。（『現行全国妖怪辞典』昭一〇、三二）。②［青森県弘前市］文句をいう子供を脅かす時に「たんころりんが来るぞ」と言うことがある（『津軽口碑集』昭四、一二八）。③［宮城県仙台市］ある家に下女がいた。家の柿の木がおいしそうに実っていたので食べたくてたまらなかった。ある晩、戸を叩くものがあるので下女が開けてみると、真っ赤な色をした大男が立っていた。男は串で自分の肛門をほじれと言い、さらにそれを舐めろと言って帰っていった。舐めてみると甘い柿の味がした（『仙台郷土研究』一（四）、昭六、一一）。

（廣田龍平）

ち

ちいさいおじさん【小さいおじさん】

中年男性の姿をした小人。芸能人がメディアで広めた都市伝説。

⇩こびと

ちごいけ【稚児池】

㊫ちぼちのいけ【ちぼちの池】　寺の小僧や稚児が溺れ死んだ池で起こる怪異。ちぼちの池は日照りの年でも涸れないという。ちぼちは禅宗で小僧の意。ちぼちの池で死んだ小僧の祟りを鎮めるために名僧が金剛経を唱えるとその祟りがなくなったという。雨を降らせてほしいと紙に書いて投げ込み、池の水を掬って飛ばしたり、池の水が入った桶を置いておいたりすると雨が降るといわれている。また、長野県松本市では

倒れてしまった母親のため、娘が稚児池で唱えごとをし、お祈りをすると、母親への食べ物と薬が置かれていたという。

⇩いけ・ぬま・しみずのかいい・れいげん

事例 ①［広島県］稚児神社の稚児が池に水を汲みに行く時、途中水桶をおいてはいけない。置いた所に雨が降る（『岡山民俗』七八、昭四三、二）。②［長野県］日照りで寺の井戸が涸れたので、和尚は小僧を池まで水汲みにいかせたが小僧は池に身を投げ、自ら命を絶った。後に池で白い坊主が現れたり、村の田畑が荒らされた。名僧が金綱経を唱えると何も起こらなくなった。（『長野県史　民俗編一（三）』昭六二、四七八）。（前川智子）

ぢこうじん【地荒神】

㊮ぢこんじん【地荒神】　集落や家々で祀られる荒神の一種。地面に祀ることから地荒神と称したともいう。恨みをもって死んだ者が地荒神に化生したとする説話がある。

⇩こうじん

事例　［神奈川県三保村（現・山北町）］親一人子二人が峠の麓で強盗をして暮らしていた。人間を食用にすることもあった。捕えられ打ち首になったが、三人はトーリコンジン、マワリコンジン、ジコンジンになった（『民俗採訪』昭和二六年度号、昭二七、四）。（渡部圭一）

ちぞめのいし【血染めの石】

その石に血が降りかかった由緒があったり、石を動かすと血の雨が降ったり、噴き出したりする怪異。血と関連付けられる原因は様々で、特に理由が伝えられていないものもある。

⇩いしのかいい、ちのかいい

事例 ①［群馬県前橋市］赤みがかかった岩があり、血の降る石と言われている。畑の中から出そうとすると血の雨が降ったという（『勢多郡誌』昭三三、八五三）。②［奈良県大安寺村（現・奈良市）］石工が金のために大安寺の塔の礎石を割ろうとすると血が噴き出した。石工は驚いて逃げ帰ったが、病気で死んでしまった（『大和の伝説』昭八、四二）。③［三重県飯南町（現・松阪市）］血まみれ石という大きな石がある。血まみれの落ち武者がその石に寄りかかって死んだのだという。道中の妨げになっているが、祟りを恐れて動かさない（『中京民俗』二六、平一、一一七）。④［熊本県二江村（現・天草市）］馬の姿をした馬岩の背中を槌で叩くと血が流れ出たので、そのままにしておいてある（『天草島民俗誌』昭七、一七五）。（廣田龍平）

ちぞめのもち【血染めの餅】

不吉なことがあった家では、正月に餅をつくと赤く染まってしまう。不吉なことには、昔、落ち武者や旅の者、使用人が恨みを抱いて死んだなどと伝わっている。そのためその家では餅をつかないなどとして、餅なし正月の由来とされることも多い。

⇩ちのかいい

事例 ①［静岡県裾野市］裾野市の十里木の横山イットーはセッキ（正月）に餅つきをしてはいけない。ある年の暮れ、小田原の落武者が逃げ込んできて追っ手と斬り合いし、餅が血で染まった。以来暮れに餅を搗くと血で染まる、火事になる、という（『静岡県史　資料編二四』平五、一一三五）。②［長野県飯田市］昔、ある家で正月の餅米をふかしていたとき、召使いの女性が居眠りをしていた。怒った主人は彼女を火の中に投げ込んで死なせた。以来、餅米をふかすと真っ赤になるので、餅がつけなくなったという（『長野県史　民俗編二（三）』平一、六一八）。

（荻野夏木）

チチケウ

㊫チチケウナ、チチケウニッネヒ　アイヌの伝承に現れる化け物。「幽霊」と訳されたり、鹿のような化け物とされたりする場合もあるが、多くの伝承では小型の熊のような悪い化け物で、人を襲う。姿の詳細は、地域や伝承者によって多少異なり、痩せて毛がなく耳の先にだけ毛がある（北海道・地域不明）、体が小さく、足は大きく、馬の尾のように長い尾を持つ（穂別、幌別）、毛が縮れて、体の毛色の半分は赤く、半分は黒い（千歳）などとされる。

事例　［北海道千歳市］私は犬を一匹飼っている村長だ。ある日、狩をするため山に行くと、山裾に熊の巣穴があり、最も悪い熊であるチチケウナが私を追いかけてきた。犬を呼んだが間に合わず、私は化け物にやられて死んでしまった。その後、犬は妻を呼んで、妻は死体の始末を行ったが、犬は主人が死んでしまったのに自分が生きていても甲斐がないと思って、海に向かっていった（『千葉大学ユーラシア言語文化論集　四』平一三、七七-九四）。

（遠藤志保）

ちちっこかつぎ【乳っこ担ぎ】

三宅島の山中に出没する、妙齢の美しい女性の姿をしたもの。両肩にかけるほどの乳房をもち、男性を化かすという。各地の山姥にも、巨大な乳房を操って人をさらうという伝承があり、類似がみられる。

⇩やまおんな

事例　［東京都三宅村］山からきれいな女性が自分の乳房を両肩にかけて出てくる。きれいだなと思ったら、その男性はすでに化かされている（『民俗採訪』昭和三〇年度号、昭三一、一三七）。

（竹内邦孔）

ちちのおや【乳の親】

沖縄に出没する女性の姿をしたもの。黒髪に優しい顔で、巨大な乳房をもつ。あの世で幼児に乳を飲ませてくれるが、童墓《わらばか》や水辺で子供の命を取ることもあるという。

事例　［沖縄県］乳の親という妖怪は優しい顔の女で長い黒髪を垂らし、お乳が特別に大きい。小さい子供が亡くなった時に、あの世で乳を飲ませてくれる妖怪。しかし、童墓や水辺に近付くとすすんで子供の命を取ることもある（『南島研究』三九、平一〇、八）。

（竹内邦孔）

ちのいけ【血の池】

仏教では女性がお産で亡くなると、血の池に落ちて苦しむと説いている。女性の霊を血の池から救うため、水辺に布を張って通行人に水をかけてもらう。この行事を流れ灌頂という。仏教の経典・教理の中だけでなく、現実にも血の池が存在し、祭祀場所となっている。動植物や人間の異変により、血の池と呼ばれるに至ったとする言い伝えが多い。こうした伝承と名付けにより、池に神聖性・特殊性を付与していると考えられる。

⇩いけ・ぬま・しみずのかいい・れいげん、ちのかいい

事例 ①［千葉県］産後七五日の忌明きまえに、産婦が死ぬと血の池に入れられる。血の池には韮が生えているが、つかまろうとしても切れてしまう（『旅と伝説』六（七）昭八、二五七―二五八）。②［長野県佐久市］閼伽流山頂仙人ヶ嶽には血の池がある。ほととぎすが鳴いて血を吐き、池が赤く染まったと伝えられる。この池で雨乞をすると必ず雨が降る（『長野県史 民俗編一（三）』昭六二、四七八）。（金子祥之）

ちのかいい【血の怪異】

天井や壁から血が流れ出したり、血のような染みが浮かび上がる怪異。死者の祟りと考えられることが多い。若狭では、赤くて長さが数十キロメートルにも及ぶ血綿という生物が海に出現すると、戦乱が起こるという。

⇩ちぞめのいし、ちぞめのもち、ちのいけ、べにゆき

事例 ①［東京都］林間学校で泊まった部屋の天井から血が垂れてきた。昔この部屋で女の人が死んだという（『昔話伝説研究』一二、昭六一、一二四）。②［福島県福島市］大森城を壊したとき、道に堀を切った所、土の底から血が流れ出したという（『福島県史 二四』昭四二、一〇七）。③［福井県］血綿という海の生物は赤い綿のようで、幅一間で長さが五―一〇里もある。これが出ると戦乱が起こるという（「嘉良喜随筆」『日本随筆大成 第一期二一』二六二）。（山田奨治）

ちのでるき【血の出る木】

⇩きのかいい、ちのかいい

ちゃがまのかいい【茶釜の怪異】

狐狸が茶釜に化けて起こす怪異や金の茶釜にまつわる怪異などが伝えられる。前者の例としては分福茶釜や茶釜下ろしが有名である。ホラ吹きを例えた「金の茶釜の七つもあるよう」ということわざに見るように、金の茶釜は現実味のないものの象徴である。

⇩きぶつのかいい、ぶんぶくちゃがま

事例 ①［不明］猟師が山へ出るときには茶釜の蓋を忘れてはならない。ある猟師が忘れて猟に出ると、家に居た猫が化けて山に先回りし、鉄砲で撃っても忘れてきた茶釜の蓋で弾丸をよける。祈りの鉄だまというのを最後に撃つと、仕とめることが出来た（『ひだびと』九（九）、昭一六、三三五）。②［鳥取県米里村《よねさとそん》（現・鳥取市）］茶釜下し。村中の井戸辺で茶釜を下ろすようなチャラチャラという音を狐が立てたという（『綜合日本民俗語彙 二』昭三〇、九二五）。③［香川県琴南《ことなみ》町（現・まんのう町）］大川にあるイラズノ山には入ってはならない。迷いこむと大きな人や金の茶釜を見ることがあり、見ると命がない（『香川県史 一四』昭六〇、五九三―五九四）。（鄧君龍）

ちゃがらこぎつね【茶殻子狐】

青森県下北郡を中心に伝承が伝わる狐の

た

妖怪。名前の由来は毛が茶殻の色であったためと言われる。子供に化けて人間を騙し、魚を盗んだりするなどの悪戯をした。

⇩きつね

事例 ［青森県下北郡］籠の魚を皆奪われてしまうと、茶殻子が自ら名乗って左様なら、と云って狐の姿で山へ入ったという（『旅と伝説』二（八）、昭四、一〇）。

（伊藤純）

ちゃだまころがし【茶玉転がし】

何かを転がすような怪音。このような現象に対し、その原因が分からない場合は妖怪の仕業と考え、その現象に見合う名称を名付けた。茶玉ころがしのほかに、「臼ころばし」「やかんころがし」などが挙げられる。事例①の「小豆とぐべきか、人とって食おうか」は「小豆洗い」の名称で知られるが、このように妖怪は地方によって名称が異なる場合が多い。

⇩あずきあらい、おとのかいい、ちゃわんころがし、やかんころがし

事例 ①［群馬県渋川市］話者宅の西側の道を上った中腹に湧き水があり、ゴトゴト音がしていた。「小豆とぐべきか、人とって食おうか」といって茶玉転がしが出る。ぐずを言ったときなど、親が脅した（『中尾と平の民俗』平一、一二一）。②［新潟県栃尾市（現・長岡市）］山の上からステンゴロ、ステンゴロ、と臼が転がってくる音がするが、足元まで来ても止まった音はしない。イタチの臼ころがしと呼ばれている（『新潟県史　資料編二二』昭五七、九〇三）。

（神田朝美）

ちゃわんころがし【茶碗転がし】

㊫ちゃわんころばし　岡山県、長野県などで道にある怪異。夜道を歩いていると、茶碗を転がすような音が聞こえる。この場合は音が聞こえるのみで、茶碗そのものが転がってくるわけではない。一方、付喪神のように、動く茶碗そのものを茶碗転がしと呼ぶこともあるようである。同種の怪異に、徳利の転がるトックリコロガリや、テンコロ（衣打ちの砧または槌）の転がるテンコロコロバシなどがある。

⇩おとのかいい、きぶつのかいい、たてくりかえし、ちゃだまころがし、とっくりのかいい

事例 ①［岡山県本庄村（現・瀬戸内市）］小学校の近くには竹藪があり、そこの坂にチャワンコロバシが出るという。そこを通ると、茶碗を転ばすような音が聞こえる（『岡山文化資料』昭五、三四四）。②［長野県伊那市］中村城を武田信玄が攻め落とした後、城跡で、捨てられた茶碗の欠片などが道を歩くようになった。それを見たという人が増えたため、昔、皇室に仕えたという人がそれらを一ヶ所に集めて燃やした。そして経を唱えて供養した（『長野県史　民俗編二（三）』平一、六二九–六三〇）。（山口拡）

ちゅうこ【宙狐、中狐】

鳥取県や岡山県備前地方での狐火の呼称。火の玉・怪火伝承の一種である。火の玉が高く飛ぶときは天狐、低く飛ぶときは中狐と使い分ける者もいる。

⇩かいか、きつね、きつねび、ひのたま

事例 ［岡山県］二つ見えるかとおもうと

た

三つになり、四つになり、又一つになりフワフワと飛んでいる。上下に飛ばないで一定の高さ（地上から三尺か四尺）で、火の玉は寄り合ったり、離れたりしていました（『民間伝承』二四（四）、昭三五、一九）。

（伊藤純）

ぢゅりぐわー・まじむん

沖縄に伝わる遊女（ジュリ）の妖怪。遊女墓から声や三線などが聞こえたり、井戸から良い香りがしたりするなどの他、この妖怪に遇うと魂を抜かれるともいう。

⇨まじむん、ゆうれい

事例 ［沖縄県浦添村《うらそえ》（現・浦添市）］深夜アガリヌカー（共有井戸）の方で香ばしい匂いがするので村の若者たちが覗いてみると、美しい遊女が髪を洗っていた（『郷土研究』五（二）、昭六、五八）。

（神田朝美）

ちょう【蝶】

㊮が【蛾】 死者の近くで舞う蝶を、死人の魂や霊が姿を変えたものとした。死者の魂が蝶となり、身体を離れるため、タマヨバイをして死者の魂が身体から離れないように、蝶を呼び戻した。福島県では無数の蝶の飛来で呼吸が止まり、病気になり死ぬという。また、睡眠中に蛾が舞い込んでくると眼を覚ました時に死人がでるという。死を知らせるだけでなく、蝶がもたらした酒を飲むことで長寿を得たという伝承もあり、吉事と関わるものもある。三重県では鳳蝶《アゲハ》を捕ると目を煩うといわれている。また、家に落雷するという。

⇨たまよばい、むしのかいい

事例 ①［新潟県］尾袖嶽で雪崩に遭って大勢が死んだとき、死んだ人の霊が蝶々になって、家の柱で舞っていた（『民俗採訪』昭和三一年度号、昭三二、五五）。②［福島県］大きな蝶々が家の中に入ってきてお婆さんに付きまとった。追い払うと台所に死んだ人の後姿を見せて出て行った（『民俗採訪』昭和三〇年度号、昭三一、一三九－一四〇）。

（前川智子）

ちょうたむじな【長太狢】

石川県鳳至《ふげし》郡門前町（現・輪島市）の尾沢周辺に現れた狢。名の由来は、炭焼きの長太という者のもとに現れ、撃退されたことにちなむ。

⇨なのあるむじな

事例 ①［石川県門前町（現・輪島市）］山小屋の長太のところにムジナが毎晩来ては外で「長太、長太」と呼んだ。ムジナが中に入ってきて金玉を広げたので、長太がそこにオキを投げ入れたら、ムジナは逃げて行った（『常民』二七、平三、一〇一）。②［石川県門前町（現・輪島市）］長太が狢を殺して食べたところ、その晩、「長太おるかー、山のムジナだー。今日親父を殺しただろう」と雌の狢がやってきた。追い返したところ、次の日もきたのでまた追い返し、マサカリを研いでおいた。三日目の晩、長太は外に出て、襲ってきた狢に切りつけた。狢は逃げていったが、血の跡を辿っていくと、雄の狢を殺したところで死んでいた（『常民』二七、平三、一〇一）。

（及川祥平）

ちょうちんこぞう【提灯小僧】

宮城県の伝承。暗い夜道に提灯をぶら下

げた少年が現れ、追い越したり追い越されたりを繰り返し、そのうち消えるというもの。似た話は本所七不思議の「送り提灯」があるが、この提灯小僧はホオズキのような真っ赤な顔をしているという。伝承では少年の姿で語られるが、江戸時代から大正時代に流行した妖怪かるたにおいては、提灯を擬人化したような姿で描かれている。

⇩かいか

事例 〔宮城県仙台市〕堤通りの東横丁、北七番丁と北六番丁の中間あたりで、雨の夜など、提灯を下げて南下すると、小僧が小提灯を持ってあとさきになって行く。北一番丁あたりで消えるが、そこは乱心して妻を切り殺した富岡十之介の屋敷跡だった（『宮城県史 二一』昭三一、四七九-四八〇）。

（中村祥子）

ちょうちんころばし【提灯転ばし】

墓地などで、遠くの灯がついたり消えたりする怪異。イタチのいたずらであるともいう。灯明が人の手によらず急に消えることを怪しんだもの。

⇩いたち、かいか

事例 ①〔長野県木島平村〕墓地には提灯転ばしが出る（『長野県史 民俗編四（三）』昭六三、六八）。②〔新潟県安塚町（現・上越市）〕遠くで、灯がパッパッとついたり消えたりする。これを提灯転ばしと言い、イタチの仕業であるという（『高志路』三一〇、平五、三四）。

（池田浩貴）

ちょうづけばあさん【帳付け婆さん】

一二月八日の晩に来訪する「訪れもの」の一つである。神奈川県に伝承される。家々を巡って履物が片付いていないと印をつけ、帳面に持ち主の名を記す。そうすると必ず疫病にかかることから、人に敵対する負の霊的存在といえる。この伝承は「一つ目小僧と道祖神」伝承の一つとみてよい。八日は斎日にあたり、仏教ではこの日には悪鬼が人の命を奪おうとしたり、使者がこの世に下って人々を観察したりすると説かれた。帳付け婆さんもこうした説話の影響のもとに作り出された想像上の存在とみられる。

⇩きょらいしん

事例 〔神奈川県川崎市〕八日僧の晩に履物を外へ置くと、帳付け婆さんが印をつけ、帳面に名を記す。その人は必ず疫病にかかるといわれる。その帳面は道祖神に預ける（『川崎の民俗』昭五四、二一六）。（入江英弥）

〔参考文献〕入江英弥「行事由来伝説『一つ目小僧と道祖神』の形成」『民具マンスリー』三四（一〇）、平一四。

ちんちんうま【チンチン馬】

類 しゃんしゃんうま【シャンシャン馬】 辻に現れる妖怪。夜、首のない馬や馬の首だけが四辻を走り回る。地方によっては神様やヤギョウサンという妖怪を乗せているとも伝える。現れる日は節分・大晦日・庚申日・夜行日などと言われる。この馬を見てしまうと不吉なことが起こるため、その日の夜は外出を控える。

⇩うま、くびきれうま、やぎょうさん

事例 ①〔福島県など〕首切れ馬は福島・伊豆・福井・四国など各地できかれる。夜口笛を吹くとこれが来るといい、見てしまうと怪我をする（『宮城県史　二一』昭三一、四五四-四五五）。②［愛媛県］元弘三年（一三三三）に朝廷方の土居氏が北条時直を破った星ノ岡の戦い以来、首無し馬に乗った武将達が現れる。その時シャンシャンチキ・シャンチキと音を立てるので、シャンシャン馬・チンチン馬と呼ばれて怖れられた（『愛媛県史　民俗下』昭五九、五八八）。

（池田浩貴）

つ

つかずのかね【撞かずの鐘】

⇨かねのかいい

つかのかいい【塚の怪異】

一般に、土を盛り上げて人工的に造った丘状の場所のことを塚という。岩や木材を用いる場合もあり、形状は多様である。多くは死者の墓所あるいは信仰儀礼の場所であったと考えられる。土盛りの上に碑や塔婆を建てることもあり、碑のみをさして「つか」と呼ぶこともある。集落や村の境に位置することも多く、その場合、境界指標の役割を果たしたとみられる。

塚は概ねその由来に関する伝承を持つ。それらの実否は判断できないことが多いが、長く命脈を保った伝承は少なくない。特に多いのは、合戦で命を落とした者、財産を目当てに殺された者など、不幸な死を遂げた人物にまつわる伝承である。平将門や小野小町、平家もしくは南朝の落人など、歴史上の有名人を対象とする伝承は各地に残っている。なお、動物に関わる塚の場合、主人に忠義な行いをした生物（猫や鶏など）を記念して建てられたものもある。

塚およびその付近は、一般に聖なる場所と見なされる。その土地を耕す、生えている植物を切る、供養を怠るなどの行為に対しては、病気になる、不慮の死を遂げるといった祟りが恐れられた。火の玉や蛇、亡霊の出現や、火の雨が降る、伐った木から血が出るなどの怪異が生じた。人の叫び声が聞こえるなど音声の怪異も認められる。祟りを避けるために塚への干渉を止める、供養を加えるなどの対応がなされた。

ただし、人々に善いことをもたらしたとする例もある。塚に願うと、食器などを貸してもらえたという伝承もその一つである。また、イボなどの治療に効くとされる塚もある。

⇩ごりょう、ごりんとう、たたり、めいどう

事例 ①［宮城県本吉町（現・気仙沼市）］寛文のころ（一六六一―一六七三）、津谷村東禅寺の木陽和尚が無実の罪で打首になった。和尚は村の方をにらんで「無実なら首は飛び上がるだろう」と言いのこした。言葉の通り、刎《は》ねられた首はどこへともなく飛んでいった。その後、食事中に血に塗れた腕がぶら下がってくる、夜更けに怪しいうめき声が聞こえるなどの怪異が村内に相次いだ。事件の一、二年のち、通りかかった托鉢僧が、夕闇の中で僧らしき人物に出会い、供養を依頼された。翌朝、周囲の草むらから石にかじりついた骸骨が見つかったので、懇ろに弔ったところ、怪異は途絶えた。この後、村人たちも供養塔を建てて手厚く祀るようになった。また頭部の病に利益があるとして参詣者を集めた（『宮城県史 二一』昭三一、五一二―五一三）。②［愛媛県伊予三島市（現・四国中央市）］平家の落人、山城大夫が使い切れないほどの財宝を持って逃げてきて、村人七人にこれを隠させた。しかし財宝の秘密が露見することを恐れて、山城大夫はこの七人を斬り殺した。財宝を埋めた場所にまつわる謎の歌が伝えられているという（『あゆみ』四、昭三八、二九）。③［山梨県増穂町（現・富士川町）］膳・椀・金などほしいものがある村人は塚に行って頼む。翌朝そこに行くと、塚の入り口に頼んだ品が用意されている。しかし、不心得者が膳椀の一部を返さなかったため、そののち何も貸してもらえなくなった。一説によると、この塚の近くに老婆が住んでいたという（『甲斐路』七〇）。（徳永誓子）

〔参考文献〕唐澤至朗「塚」『季刊考古学』九七、平一八。

つき【月】

十五夜・十三夜のお月見や十九夜・二十三夜・二十六夜の月待ちなど、月は農事に関連して厚く信仰されており、月待ちの夜には月が三つ出るなどという。月を用いた占いは多く、月の形や月光の作る影で余命や米相場を予測する。その月に人間が着陸したことは大きなショックであり、その年の不作は月を汚した祟りとも噂された。

事例 ①［佐賀県鎮西町（現・唐津市）］二十六夜待はお月様が蛇から逃げる夜で、月が三体出る、三つに分かれて出るという（『民俗採訪』昭和四二年度号、昭四三、六―七）。②［秋田県］正月一五日の晩、月明かりで雪に映った影に首が無ければ、その年中に死ぬという（『旅と伝説』一〇（六）、昭一二、二〇）。③［滋賀県余呉村（現・長浜市）］アポロ一一号が月へ行った数日後、月が真っ赤で不吉だった。その年、雨続きで稲が不作だったのは、アメリカがお月様を汚した祟りだ（『余呉村の民俗』昭四五、一六四）。（飯倉義之）

つきもの【憑き物】

憑き物とは、文字通りに解すれば、人間その他の事物に憑依する「もの」（霊的存在）のことである。このように理解すれば、憑依する可能性をもったさまざまな霊的存在すべてが憑き物であり、こうした憑依が作り出すさまざまな信仰的行為や諸観念、すなわち「物憑き」などと呼ばれてきた事柄

が憑き物信仰ということになる。

しかしながら、旧来の意味での「憑き物」および「憑き物信仰」とは、こうした広義の憑き物ではなく、きわめて限定的な意味で用いられてきた。ここでいう限定的な意味とは、民俗学が対象として取り上げた憑き物ということであって、民俗学では、特定の家において神として祀られている、あるいは飼い養われている特定の主としての動物霊のことであって、この動物霊は、家の主人の命令もしくは意を汲んで他人に憑依し、病気や死をもたらすと信じられている。こうした妖獣の行状は、日本版の吸血鬼ともいえるもので、憑依した霊は、被憑依者の体内に入り込んで体の内部を食い荒らすのだといわれている。

そのような動物霊を祀ることによって、その家は富貴自在となるが、それは他人の犠牲によってもたらされたものであると信じられている。しかも、こうした動物霊をひとたび勧請すれば、末代まで祀り続けねばならず、また祀り方が不十分ならば、祀る家のみならずその周囲の人々にまでも祟りをなすとされることが多い。憑き物筋は好ましくない家筋とされたために、婚姻関係を嫌うなどのさまざまな差別をともなっていた。

憑き物筋を形成する憑き物は、例えば、関東地方では「オサキ」、中部地方では「クダショウ」、山陰では「ニンコ」など呼ばれ、これらは狐の霊の一種とされているが、九州では「トウビョウ」と呼ぶ蛇の霊、四国では「イヌガミ」と呼ぶ犬の霊が主流である。この他、ゲドウ、狸、猫、猿などの憑き物も家筋を形成するところがある。

この種の動物霊に憑かれた場合には、修験（山伏）や神職、巫女などに祈祷をしてもらうことによって祓い落としてもらった。このような祈祷師はしばしば憑き物を使役することができるとも見なされ、「クダ使い」「犬神使い」などといった呼称もあるが、多くの祈祷師は、これらの動物霊よりもより高位とみなす神仏の力によって憑き物を祓い落としたようである。例えば、関東では、オサキを祓うために三峯山の神とされた大口眞神（狼）を用いたり、中部ではクダ（クダショウ）を祓うために飯縄《いづな》山の神である飯縄権現を頼ったりした。また、犬神のように、飼い犬の首を切り落としてその魂魄を意のままに操ることができるようになったのが犬神の起源であるといった伝承もある。

憑き物筋の成立に関してはいくつかの説があり、例えば、動物霊を駆使して病気なおしなどをする宗教者が村落に定着して憑き物筋となったとする説や、あるいは近世中期以降の商品経済の浸透によって村落内部の階層変動が生じたとき、新たに台頭した有力な勢力に対して旧勢力が排斥に及んだとき、新勢力が祀る神などを邪神視したために生じたとする説などがある。たしかに、そうした信仰には、福の神としての稲荷神の使いである狐が邪霊視されたという側面もあるが、土佐の犬神筋の形成は近世初頭にまでさかのぼり、ここでは新参の家をさまざまな災厄の元凶として差別しているかのようにも思えるので、こうした説が憑き物筋の成立をすべて説明しうるものではない。

家筋の形成に関しては、そのような家筋の経済的上昇が憑き物の力を借りて周囲の家々の富を奪ったり破壊したりした結果の上昇と見なされていることから、比較的閉鎖的な共同体的社会における経済的上昇の理由づけとして憑き物信仰を利用してきると推測されている。したがって、外部との経済的結果として経済的な変動が生じることが十分に理解されるようになるにつれて、家筋をめぐる信仰的な観念は衰退していったと思われる。その過渡期的現象として、行商人や宗教者を殺してその所持金を奪い、その金を元手にして裕福になったが、その後、殺された者の祟り（憑依）があったといった、いわゆる「異人殺し」伝承をもつ家の伝承も生成されたようである。

民俗学では、主として家筋に限定するかたちで憑き物を議論してきたが、近年は、憑き物の概念を拡大して、広義の意味からも迫るようになってきている。すなわち、好ましい霊を招いて依座（霊媒）に憑依させ、霊の語り（託宣）を聞くといった諸事象もまた、憑き物研究にはきわめて重要な側面であり、また招かざる邪悪な霊の憑依にともなう語り（託宣）もまた、憑き物研究には重要であることが明らかになってきている。例えば、天狗や狐、さらには人間の死霊などが人に憑いて、憑いた理由を物語るといった事例は、憑き物が物語の生成に大きな役割を果たしていたことを示している。つまり、広義の憑き物たちの憑依の物語に耳を傾けることが、憑き物信仰の意義をより深いところから理解する手がかりとなってきているのである。

このように考えると、狭義の憑き物信仰も、それに限定せず、死霊憑き、天狗憑き、河童憑き、山姥憑きといった悪霊憑きという信仰の一形態として、広い視野から捉え直す必要がある。

⇩いちじゃま、いづな、いぬがみ、おさきぎつね、かぜもち、きつねつき、きんまもん、くだぎつね、ごんぼだね、たくせん、たぬきつき、てのすいき、どうつうさま、とうびょう、トゥレンカムイ、ひょういげんしょう

事例 ①［群馬県］オサキ（オーサキ）は人に憑く動物。鼠やイタチに似ており、群れをなす。オサキモチと呼ばれる特定の家に飼われていて、婚姻や分家で持ち筋となる。持ち筋の家は経済的に上層である場合が多い（『民族学研究』四〇（二）、昭五〇、一四六－一四七）。②［静岡県］クダショウという狐を使う家がある。クダショウが稼ぐのでお金が幾らでも貯まる。クダショウは病人や心の弱い人に憑く（『女性と経験』一〇、昭六〇、六〇）。③［徳島県］犬神は女性だけが伝える。犬神持ちの家筋から嫁を貰うと、貰った家も筋になる。犬神は感情の起伏によって動き、怒りや羨望のほか、嬉しくても憑く。犬神に憑かれると、熱が出て意識が朦朧とする（『民族と歴史』二六、平六、四二－四三）。④［大分県由布市］犬神は枡の容量を操作したり、他所の家から金品を運び込んだりして主人の家を儲けさせる。犬神は欲が強く、物を欲しがって憑く。犬神に憑かれると急病人が出たり、不運が続いたりする（『民間伝承』一五（二）、昭二六、一四）。⑤［島根県］トウビョウとは土瓶の中に養われるたくさんの蛇で、トウ

ビョウ持ちはこれを使って様々な厄災を与えるという。トウビョウを持つ家は富むが、トウビョウ持ちの恨みを買うのが恐ろしいので、村人はトウビョウ持ちとは結婚はもちろん、日常の交際もしない（『民族と歴史』八（一）、大一一、二六二―二六三）。⑥［宮崎県北部］憑物に憑かれたときは、オフドウサンという祈祷師に頼んで憑物を落としてもらう（『民俗採訪』昭和三八年度号、昭四〇、四三）。⑦［長野県下伊那郡］昔、ある旧家の主人が、六部を殺して所持金を奪った。その主人が病死した夜、この家の梁にクダショがずらりと並んでいた。このクダショは主人を失ったために、殺人者についてきたものであった。以後、この家がクダショ持ちの家となったといわれている（松山義雄『山国の神と人』昭三六、一七五―一七六）。

（小松和彦）

つくもがみ【付喪神、九十九神】

長い年月を経て霊性を獲得した器物が化けたもの。器物の妖怪の総称。百鬼夜行の正体。「九十九」の字は一〇〇に一足らない程の長い期間、あるいは多種を意味する。「付喪」は藻が付くほどの長い期間を表すとも、当て字ともいわれる。器物は一〇〇年を経ると人を誑《たぶら》かす付喪神になるため、その前に煤払いをして捨てるものであった。室町時代に描かれた『付喪神絵巻』や『付喪神記』には、この煤払いによって捨てられた器物が無念を晴らそうとして妖怪化した姿がある。付喪神を伝える書物の多くは絵巻であり、恐ろしい異形としてではなく、見る者を愉しませる趣向があると指摘される。似た存在に物の精があるが、これは物から生まれ出たり、物の本質的な姿が具現化したりするもので、器物自体が変化する点で付喪神とは異なる。付喪神の伝承は、物を大切にしなければ祟るという考え方を下地にしており、古い器物を捨てるときによく供養すれば付喪神の難を防ぐことができるといわれている。

⇩かまなり、きぶつのかいい、げたのかいい、ばけものやしき

（鄧君龍）

〔参考文献〕小松和彦『日本妖怪異聞録』平七、小学館。

つちかい【土掻】

㊫せい　熊野地方で穴熊のこと。土掻きの意と考えられ、和歌山県秋津地方などではメダヌキとまとめてセイと呼ばれる。化けて少女の姿になり、山小屋の男に挑むなどと伝えられる。

⇩ゆきんぼ、たぬき

事例［和歌山県みなべ町］三重県の朝日というところで、雪や雨の降った日、山の中で六、七才の子供の足跡が見られた。それはツチカイの足跡といわれ、ツチカイとは、赤い毛が背中まで伸びているものだという（『南部川の民俗』九、昭五六、四七五）。

（鄧君龍）

つちぐも【土蜘蛛】

古代日本においては、朝廷に屈しない土着の豪族を蔑視した呼称であった。『古事記』『日本書紀』や『風土記』でも「土蜘蛛」の名が見られる。そのような土豪を一方では脅威と感じていたためか、時代が下るに

したがって、土蜘蛛は退治されるべき化け物としてとらえられるようになる。

『平家物語』の諸本である屋代本や百二十句本などに収められた「剣巻」には、源頼光がその配下である四天王（坂田公時、渡辺綱、臼井貞光、卜部季武）を引き連れて土蜘蛛退治をした逸話がある。病の床についていた頼光を怪しげな僧が襲い、傍らにあった刀、膝丸で切りつけた血痕をたどると、僧の正体は巨大な蜘蛛であった。四天王とともに見事退治し終えた後、膝丸は「蜘蛛切り」と呼ばれたという。この話は能の「土蜘蛛」へと脚色され、明治以降「新古典劇十種」の一つとして歌舞伎にも取り入れられた。能、歌舞伎ともに和紙で作られた蜘蛛の糸が舞台でふんだんに投げられるので、見応えのある作品となっている。

『土蜘蛛草紙絵巻』（鎌倉時代、国際日本文化研究センター蔵）にも、頼光の土蜘蛛退治が描かれる。頼光が、空を飛ぶ髑髏《どくろ》を渡辺綱とともに追っていくと一軒のあばら屋に着き、そこでは多くの妖怪が頼光たちを苦しめる。ついに巨大な土蜘蛛が現れ、その首をはねると無数の髑髏が出てきたという。ここに見られる蜘蛛の絵は、首が虎か犬のようで、その手足は蜘蛛というよりも昆虫によく似ており、鵺《ぬえ》のような異種動物の合体した妖怪を思わせる。

土蜘蛛（『土蜘蛛草紙絵巻』国際日本文化研究センター蔵）

⇩くも、むしのかいい、やつかはぎ

事例 ①［福島県東白川郡］日本武尊《やまとたけるのみこと》が槻の木をもって矢を作り、八人の土蜘蛛を退治した。その箭がここに根をおろし、巨木となった（『旅と伝説』二五、昭五、七）。②［京都府］昔、土蜘蛛族が地下に大きな石を積み重ねて居を設けたところは、今日でも足踏みするとビーコ、ビーコとものすごい地響きが聞える（『旅と伝説』九（一二）、昭一一、四六）。③［奈良県御所市］一言主神社の土蜘蛛塚は、神武天皇がカツラの網で土蜘蛛を捕まえ、頭と胴と脚に切り分けて埋め、その上に石を据えたあとだという。カツラの網を使ったので、この地を葛城と呼ぶようになった（『奈良県史　一三』昭六二、三八九）。④［大分県］宇佐八幡宮の内の尾のいわむろは、広さがいかほどのものか分からないものの、いにしえの土蜘蛛などがこもった室という（『筱舎漫筆《ささのやまんぴつ》』『日本随筆大成　第二期三』三三六）。⑤［不明］蜘蛛が人に化けて、源頼光をたぶらかそうとした。これを大きな穴の中で捕らえたところ、その長さは四尺ばかりであったという。古くは、世を逃れて山中の岩穴に住み、乱暴で道理に反し、王化に服さなかったものを土蜘蛛と称したが、それも故のあることだ

（「鋸屑譚《おがくずばなし》」『日本随筆大成　第一期六』四三二）。

（永原順子）

〔参考文献〕麻原美子・春日宣・松尾葦江編『屋代本高野本対照平家物語』平二、新典社。「謡曲集（下）」『日本古典文学大系　四一』。

つちのこ【槌の子】

(類)きねのこへび【杵の子蛇】、ぎんづち【ギン槌】、ごはっすん【五八寸】、ごんじゃ【ゴン蛇】、しゃくはちへび【尺八蛇】、すきのとこ【鋤の床】、だいはちたろう【大八太郎】、つちころび【槌転び】、つちへび【槌蛇】、つとへび【槌蛇】、どてんこ、のづち【野槌】、ばちへび【バチ蛇】、よこづち【横槌】

一九七〇年代に、日本中でブームを起こした幻の蛇。北海道と沖縄を除く全国で伝承が確認され、地域ごとに名称も異なる。一般的には、ビール瓶ほどの太短い胴体と、それに似合わない細い首と尾をもってイメージされるが、ブーム以前のツチノコは、妖怪の範疇に入れられる存在であった。

『遠野物語拾遺』には、頭だけの蛇、もしくは胴体だけの蛇を「ノヅチ」としている。こうした説明は民俗資料に多い。『三州横山話』には、切られた蛇の頭が死なないでいて、それに尻尾がついたものが「ツトヘビ」になるという説明がされており、頭に魂が宿るという思想が、ツチノコ伝承の背景にあると思われる。

一方、ツチノコには器物の妖怪としての側面も見られる。報告された資料のなかには、蛇ではなく、槌そのものの妖怪として記されているものも多い。

文献では近世の本草書にしばしば「野槌蛇」の名で載せられ、ときに中国の怪蛇「千歳蝮」と併記されたり、同一視されたりした。千歳蝮の特徴のいくつかは、後年のツチノコ伝承に受け継がれたと推察される。

在地伝承であったツチノコが曲がり角をむかえるのは、一九七〇年代になってマスコミに取り上げられてからであった。その契機を作ったのが、釣り人の趣味グループ「ノータリンクラブ」の山本素石である。その活動の様子は、素石の著書『逃げろツチノコ』に詳しい。その後は各地の観光産業にも組み込まれ（奈良県吉野村のツチノコ共和国など）、今日にいたる。

⇩こうがいへび、のづち、へび、よこづち
のかいい

事例 ①〔奈良県大塔村（現・五條市）〕ノヅチは槌の形をした蛇のようなもので、人影をめがけて突進してくる。こちらが先に見つければいいが、ノヅチに先に見つけられると、高熱が出て死ぬこともある（『中京民俗』九、昭四七、八〇）。②〔滋賀県伊吹町（現・米原市）〕シナミという谷で、槌に口のある怪物が、茶摘みをしている人の上から襲いかかって噛み殺した。以来、「シナミにはツチノ子がいる」と人々は恐れ、その場所に行かなくなった（『民俗文化』一七八、一六八七－一六八八）。③〔和歌山県本宮町（現・田辺市）〕丸い、頭だけの蛇。ごろごろとまくれかかってくる（『近畿民俗』一〇一－一〇三合併号、昭六〇、二九六）。④〔愛知県新城市〕ツトヘビとは、蛇の首だけになったのが、死なないでいて、それに短い尾のようなものが生えたもの。沢にいるのは、ウナギの頭だけになったものがなった

た

のだともいう。非常に強い毒を持っていて、噛まれると命はない（『三州横山話』大一〇、八一）。⑤〔兵庫県〕恨みを残して死んだ人の魂は、槌の子となって、夜道を行く人の足をとる。槌の子に足をとられると、動くことも声を出すこともできなくなる（『西郊民俗』一三、昭三五、五〇）。⑥〔徳島県美馬市〕槌の子狸というのがいて、夜になると槌に化けて道に転がり、「助けてくれ、助けてくれ」と言いながら、歩いている人の足にまつわりつく（『阿波の狸の話』昭二）。⑦〔石川県金沢市〕城下町の槌子坂には、小雨降る夜、真っ黒な横槌の形をした怪物が出る。あちらこちらと転げ回ったあと、笑い声を発して消える（『北国奇談巡杖記』文化四）。

（伊藤龍平）

〔参考文献〕伊藤龍平『ツチノコの民俗学』平二〇、青弓社。

つの【角】

類じんかく【人角】、にくかく【肉角】　人間の額にはえる角。先天的なものと後天的なものがある。主に子供や老人にみられる。自然に抜け落ちる場合もあり、その場合、角が抜け落ちた跡は普通の腫物のようになり平癒する。しかし他の皮膚病を併発し最悪の場合は死に至ることもある。

事例　①〔薩摩国（現・鹿児島県）〕薩摩国に加世田という村がある。その村の年老いた百姓が、特に病気をしたわけでもないのに額が少しずつ高くなり、腫物であろうかと思っていたところ、角が生えて三、四寸の長さになった。生きたまま鬼になるのかと親族は歎いたが、百日ほどすると抜け落ち、その跡は普通の腫物のようであった。角は寺へ納めたという（『黄華堂医話』『続日本随筆大成　一〇』二四二）。②〔美濃国高須（現・岐阜県海津市）〕美濃国高須の近くにある松木村の武右衛門という者の三歳の娘の額に肉角が生えた。中指程の太さで、その後顔に痕が生じて目も鼻も一つになり死んだ（『塩尻』『日本随筆大成　第三期一五』三九五）。

（村山弘太郎）

つばき【椿】

類つばきじょろう【椿女郎】　ツバキは聖なる樹木、怪異と深く関わる樹木として各地に伝承されている。また、八百比丘尼が移植した樹木だとする伝説は広く分布している。ツバキの北限の地・青森県には、椿山、椿岬、椿山の地名があり聖域になっている。「椿明神の由来」には女の怨念が語られ、その霊を祀っている。江戸時代の菅江真澄も記している。

ツバキの古木は化ける、根元が光る、ツバキの木で造った木槌は化けるから家に置いてはいけない、あるいは神秘な力を持つという。また、ツバキの花は、花びらが一枚一枚落ちるのではなく花全体が一度に落ちることから「首が落ちる」ので「縁起が悪い」から屋敷内に植えてはいけない、見舞いに持参してはいけないという俗信もよく知られている。このようにツバキには、聖なる樹木としての要素と民間信仰・俗信にみられるような妖怪的な要素の両面がみられる。ツバキが登場する伝説や昔話のなかにはそれらの要素を背景に、あるいは要素に支えられて伝承されてきたものが多くみられる。

⇩きのかいい、ていていこぶし、やおびくに

事例 ①〔青森県平内町〕昔、田沢村に薬売りが来て家々を回り売薬を置いていった。薬売りは村々をまわってくるたびに、病弱なおたまの家に宿をとった。薬売りはおたまに、今度来るときには上等な椿の油を持ってきて髪につけてあげると約束した。約束の日になった。薬売りは田沢村の近くには来たのだけれど、時化で船泊まりして約束の日にはおたまの家に着かなかった。おたまは恋焦がれてとうとう亡くなってしまった。私の来るのを待ちながら死んだおたまの話を聞いた薬売りは、再び椿の油と種をいっぱい積んで田沢村に向かったが船は浜でひっくり返って遭難してしまった。さかさまになった船の形が椿明神の前にある。それが椿山の神さまだという。今でも船形を見れば拝む。ツバキの枝を折ると必ず雨が降る。ツバキの枝に願掛けの掛札を掛ける（『浦田の民俗』昭五六）。②〔新潟県柏崎市〕柏崎の鯨波の長者が財宝を椿の木の下に埋めた。湯治に行くと、「越後鯨波玉屋の椿、枝は白銀葉は黄金」と歌っていた。長者はもどってツバキを見ると、枝は白銀に葉は黄金になっていた。長者は死ぬ前に妻に告げ、妻がツバキの根元を掘ると何もなかった（『旅と伝説』一（二）、昭三、二四–二五）。③〔新潟県岩船郡〕化け物が出る寺に僧が泊まっていると、大坊主が出てきた。僧が、化け物は大蟹や大鯉やツバキの槌が化けたものだろうと言い当て、最後に地獄に行けと言うと、それ以来、化け物が寺に出ることはなかった（『高志路』四（二）、昭一三、六一–六二）。④〔福井県今立市〕ツバキジョロウ。弓形の坂がある。その頂上に何百年もあるツバキの古木がたくさん生い茂っていたので、昔から椿女郎という化け物が毎晩出てきて、道行く人の袖を引くといわれている。（『南越民俗』昭一三、三ニ）⑤〔京都府〕古いツバキの根が光って飛んだという話があったという（『民間伝承』四（二）、昭一三、一六）。　（米屋陽一）

〔参考文献〕野村純一『伝説とその伝播者（著作集　六）』平二四、清文堂出版。

つゆじんさん【梅雨神さん】

梅雨の頃に現れる蛇。

⇩へびつき

つりがね【釣鐘】

⇩かねのかいい

つりぎつね【釣狐】

⇩はくぞうす

つる【鶴】

㊫こうつつれ　中国の道教思想では、不老長寿の象徴として、仙人の乗り物と考えられた。日本でも千年の齢を保つ縁起の良い鳥と見なされた。鶴が穀物を日本にもたらした、温泉を発見した、などの伝承があり、鶴は常世とこの世を往復できる存在と見られていたようである。そうした鶴の神秘性を背景として、昔話「鶴女房」なども語られたと考えられる。

⇩とりのかいい

事例 ①〔福島県佐波古村（現・いわき市）〕

鶴が温泉で傷を治していたので介抱してやると、後に美女が訪ねてきて、稲・粟と神書を置いていった。その湯は神の作ったもので、その地を開き、稲・粟を撒いた（『旅と伝説』九（八）、昭一一、四二‐四三）。②［島根県］戦国時代に尼子と毛利が戦った。毛利が若侍を集めて狩を行った時、一人の侍が要害山で鶴を見つけて射た。鶴は足に傷を受けたが、石金山の南に飛んで、無妙異という赤土を傷に塗り再び空に舞い上がった。すると要害山は見る間に石金山と同じ高さになった。尼子はこの山に築城し、毛利を悩ませた（『旅と伝説』五（七）、昭七、六〇）。

（森本恵一朗）

つるぎみさき【剣御崎、剣妖森】

㊫まいけんさま【埋剣様】　多くの場合、土中から出てきた刀剣を祀ったもの。武神である摩利支天との関係が深い。切腹した人の霊や狐の一種などと言われることもある。

⇩みさき

事例　①［岡山県湯原町（現・真庭市）］ツルギミサキを祀ると狐や魔性のものを避けることができる（『岡山県史　一五』昭五八、五二六）。②［鳥取県倉吉町（現・倉吉市）］狐の一種で力が強く、行きあうとすぐに死んでしまう（『民族と歴史』八（一）、大一一、一一二）。

（廣田龍平）

つるべおとし【釣瓶落とし】

㊫つるべおろし【釣瓶下し】　木の上に棲む妖怪。その姿は人の頭部、井戸の釣瓶などの形をしている。人気のない夜に木の下を通ると、井戸の水を汲み上げる釣瓶が落ちるように、すごい勢いで上から落ちてきて人を脅かす。人を釣り上げ、食べてしまうこともあるという。江戸時代の怪談本『百物語評判』は、大木の枝から上下する火を釣瓶下しとしている。これは木生火《もくしょうか》の理《ことわり》（木は火を生ずるという陰陽五行説）を表し、本来は大木の精とも考えられる。そのため火に関係したものとして語られることもある。

⇩うまのあし

事例　①［石川県加賀市］荒れた屋敷の竹薮に釣瓶落としがでた。釣瓶が天から下がってくるが、これに手足が触れると取れなくなり、そのまま天に連れていかれるという（『加能民俗研究』一三、平四、四六）。②［三重県多気町］大きな木には「つるべおとし」がいて、木の下に落ちているものを拾おうとすると、上の方に引き上げられてしまう（『中京民俗』一八、昭五六、一五三）。

（山口拡）

つんぼさいき

新潟県中頚城郡（現・上越市、妙高市）にみられる植物。人間のような形をした草といわれるが、詳細は不明。佐渡では昼顔のことをツンボバナといい、採ると耳が聞こえなくなるといわれる。ツンボサイキもこうしたいわれを持つ草であろう。

事例　［新潟県吉川町（現・上越市）］つんぼさいきという草がある。これはちょうど人間に化けたような形をしている（『民俗採訪』昭和三一年度号、昭三一、五四）。

（山口拡）

て

ていていこぶし

㊮ていていこぼうし【テイテイ小法師】　椿の槌の化け物。昔話で「化け物問答」などと呼ばれる話に登場する。旅の僧が山寺で怪物に襲われるが、その正体を見破ることで撃退する。テイテイコブシは椿の槌の化け物とされるが、年経た椿の木そのものが化ける力を持つともいわれる。そのため、椿で器物を作らないとする伝承もある。

⇩きぶつのかいい、つばき

事例　［不明］六部が、怪物が出るという山寺に泊まった。夜に読経していると、大きな音とともに巨大な僧が下りてきた。ついで「南池の鯉魚」と「西竹林の鶏三足」と「北山の白狐」という、やはり巨大な僧が、「テイテイコブシ」を訪ねてくる。六部が、正体を見破ったというと、怪物は立ち去る。翌朝、南の池、西の竹林、北の山を探し、古鯉、三足の鶏、白狐を捕えた。最後に寺の天井で、椿の木で作った槌を見つける。これを焼くと化け物が出なくなった。テイテイコブシは椿の木の化け物であった（『旅と伝説』四（七）、昭六、五〇–五一）。

（山口拡）

てぃやーちゃー

指が八つある者、という意味で、キジムナーの別称。

⇩きじむなー

でえかべえ

平家の落ち武者三人が、但馬国戸田村（現・兵庫県西脇市）に落ちのびた末、刺し違えて自ら死んだ。以来、毎月下一五日の間は、「百姓に火を見せる」といって、飯を炊くような音を立てて亡霊が燃える。村人たちはこれをでえかべえと呼んでいる。暗い夜になると、一丁ほどの間隔をおいて田んぼの上を飛ぶかと思えば、目の前に寄って来て燃えている。かつては納涼の時期にこれを見物する粋人も多かったという。

⇩かいか

事例　［但馬国濱坂（現・兵庫県新温泉町）］ある資産家の男がでえかべえの正体を見届けようと橋の下に潜んだ。すると櫓を組んだような火が立ち、分かれたりひとつになったりした。次いで二本の火柱が立つと、大入道が橋の下をのぞきこんだ。更に一七、八歳の美しい娘があらわれ、男に笑いかけた。男は家まで逃げたがそこで気を失い、やがて熱病で死んだ（『俚俗と民譚』一（五）、昭七、一九–二〇）。

（三柴友太）

てけてけ

㊮**けたけた、けてけて、こつこつばあ【コツコツ婆】、ことこと、しゃかしゃか、てくてく、ぱたぱた**　上半身のみで両腕を前で組み、出会った人をすごい速さで空中を飛んで追うもの。一直線にしか進めないので、曲るか屈むと助かる。時に右手に鎌、左手に大鋏を持ち、追いつくと下半身を切りとるともいう。「事故で体を真半分にされた

上半身がすごいスピードで這ってくる」モノもテケテケ等の名で呼ばれることもある。前者が映画「学校の怪談」の影響もあって「花子」ブーム以降、小学生に広まった「お化け」とすれば、後者はその前から、より上の世代に「本当にあった人間の話」として知られている。

⇩がっこうのかいだん、ひゃっきろばば

事例 ［宮城県］小学生の頃話されていたテケテケお化け。人気のない廊下をものすごいスピードで一晩中往復する。テケテケとは体が肩までで切れ、腕をコサックダンスのように組み、左右の肘を上下にゆらして走るから。出会ったら曲ると助かる（『不思議な世界を考える会会報』五〇、平一二、一二、五四）。（渡辺節子）

でこにんぎょう【デコ人形】

⇩にんぎょうのかいい

てのすいき

憑き物筋の一つ。「犬の筋」という意味。この家筋の人は、婚姻差別を受けていた。

⇩いぬ、つきもの

事例 ［岐阜県］昔、ある家の大切な人が死んだとき、犬の肝を腹に入れて生き返らせた。それ以来、村ではテテノスイキと言って、この家との縁組を忌む。それでも男たちは嫁を娶っていたが、女たちは四〇歳を過ぎても独身のままだった（『民俗採訪』昭和三二年度号、昭三三、一二二）。（廣田龍平）

てながあしなが【手長足長】

㊮あしながてなが【足長手長】 主に手長と足長二体で一対であり、伝承された大人《おおひと》の一種である。日本各地に伝承されているが地域によって性質が異なる。共通して天候を急変させる力をもち、山と海、あるいは湖がある場所に伝承されていることが多い。

東北地方では鳥海山や磐梯山などの比較的高い山に生息し、貝塚などの遺物を伴うことがある。山の奥地から長い手を使い、貝をとって食べていた、人を食べていたという伝承も付随することがある為、「悪鬼」「怪物」「魔物」という言い方をされる。手長は山奥から海岸まで届く手をもっていること、足長は山を一跨ぎにするほどの歩幅をもつことから、強大で畏怖すべき存在であった。

長野県諏訪地域では、神として伝承されており、手長神社、足長神社が存在する。手長神社には手摩乳命《てなづちのみこと》（手名椎命とも）が、足長神社には足摩乳命《あしなづちのみこと》（足名椎命とも）が祀られている。手摩乳命、足摩乳命は夫婦神であり、八岐大蛇退治譚に櫛名田姫の両親として登場する。

京都府、御所の清涼殿には手長足長が描いてある「荒海の障子」が存在する。障子に関して『枕草子』に記述があることから、当時の宮中では障子の絵が手長足長であるという認識は浸透していたようである。

『枕草子』をはじめ史料の中にもみることができ、中国の奇書である『山海経《せんがいきょう》』では、海外南経に長臂国、海外西経に長股国の記述があり、その国の住人について解説されている。それによると、長脚の人は常に長臂の人を背負い海中に入り、魚を捕らえるという。松浦静山の『甲子夜話』では、長崎県での目撃が記述されている。ここでは足長のみの登場であるが、松浦は足長を見たことから、三才図会にある長脚国も存在するやもと思ったようである。

江戸時代にはいると手長足長が浮世絵に登場し、歌川国芳、葛飾北斎、河鍋暁斎に描かれた。史料や浮世絵では、異国の民として存在していたのである。

⇩おおひと、てながばばあ、ながすねひこ

事例 ①［山形県・秋田県の境、有耶無耶《うやむや》の関］手長足長が関の通行人を捕らえて食ったという。そこに三本足のカラスがおり、手長足長がいるときは「有耶」と鳴き、いないときは「無耶」と鳴いたという（『郷土趣味』三（一二）、大一一、一九）。②［福島県猪苗代町、磐梯町、北塩原村］磐梯山には昔、手長、足長と言う怪物がおり、雲を集めて会津一帯を真っ暗にし、洪水や嵐を起こして農作物を荒らしては喜んでいた。そこで弘法大師が手長足長をだまして小箱に閉じこめ磐梯明神として祀ったという（『あしなか』二二七、平四、八）。③［宮城県気仙沼市］手長山の手長明神が山頂に腰をかけ手をのばして海から魚や貝を取って食べたという。頂上近くに手長明神の腰掛石がある（『宮城県史　二二』昭三一、二六三）。④［福島県新地町］鹿狼山の手長明神は年を経た鹿を愛し、白狼を馴らして連れ歩いた。山頂から長い手で海から貝を取って食べ、その貝殻を捨てた所が相馬郡の方のふもと新地の小川集落にあって、貝塚屋敷という（『宮城県史　二二』昭三一、二六三）。

（阿部宇洋）

〔参考文献〕寺島良安編『和漢三才図会』正徳二年序。

てながばばあ【手長婆】

下総《しもうさ》（旧国名。主に現在の千葉県北部および茨城県の一部）などに伝承される怪。水の底に住んでいて、水辺で遊ぶ子どもを水中へ引きずり込んでしまうという。長い手を持った白髪の恐ろしい老婆と考えられており、井戸端や池など、危険な場所で遊んでいる子供を脅す時に用いられる語でもある。また、手長足長の類話とも考えられる伝承もある。

⇩てながあしなが

事例 ［青森県田子町］大昔、田子町の北にある貝守が岳の頂上に手長婆が住んでおり、毎日この山から遠くの八戸の海を眺めては、手を伸ばして海中の貝をとって食べていたという。そのため、今でも頂上の岩には手長婆の食べた貝殻がたくさんくっついているのだという（『青森県の伝説』昭五二、一四）。

（小澤葉菜）

てのかいい【手の怪異】

出るはずのない場所から手が出てきたり、胴体がなく手だけが現れたりする怪異。撫でたり掴んだり招いたりして、遭遇した者に恐怖感を与えたり、死に追いやったりする。

事例 ①［京都府京都市］下宿で相部屋だった友人が自殺を遂げた。夜寝ていると、白い大きな手が現れて手招きをし、黒い手が現れて頭を締め付けた（『郷土研究上方』三（三三）、昭八、九-一二）。②［不明］姉弟が海に行き、弟が海に飛び込むところを写真に撮ったが、弟は帰ってこなかった。写真を現像してみると、海から突き出た無数の手が弟を掴んでいた（『下野民俗』三九、平一一、四八）。③〔不明〕自動販売機でジュースを買うと、小さな指がたくさん付いて動いている手が出てきた（『下野民俗』三九、平一一、五二）。（山田奨治）

てるこがみ【テルコ神】

奄美のテルコ・ナルコは、沖縄のニライ・カナイに対応する、海の彼方にあるとされる浄土。テルコ神は、その浄土から訪れると観念される神。

⇩たいよう、にらいかない、ねりやがみ

事例　〔鹿児島県瀬戸内町〕加計呂麻《かけろま》島の花富《けどみ》、須古茂《すこも》では、海の彼方の島あるいは海底の国（竜宮）から訪れる神を、「ネリヤ神」とも「テルコ神」とも呼んでいる（『沖縄の宗教人類学』昭五五、一八二）。（澤井真代）

てん【貂】

㊩ふちかり、へこ　イタチ科テン属に分類される、体長四、五〇センチほどの食肉類。伝承上のテンは、狐や狸のように様々なものに化けるといわれる。三重県伊賀地方では「狐の七化け、狸の八化け、貂の九化け」といわれ、九種類のものに化けられるという。寺に住み着いたとする話は多いが、悪さをするだけでなく、盗人や怠惰な僧をこらしめたりもする。福島県では山中で死んだ者の霊がテンに姿を変えるといわれる。

事例　①〔新潟県亀田町（現・新潟市）〕ある人が寺の草履を盗もうとしたが、帰り道がわからなくなる。盗んだものを返せという声が聞こえ、急いで取ったものを返して逃げた。その声を出したのは貂であった（『高志路』七（二）、昭一六、六二）。②〔福島県檜枝岐村〕貂の事を山言葉でヘコやフチカリという。これは山中で雪崩などのために死んだ者の怨念が貂に姿を変えてくると信じられているからである（『旅と伝説』九（六）、昭一一、二六–二七）。（山口拡）

てんぐ【天狗】

㊩てんでー、てんぱく【天伯】、やまのもの【山のもの】　日本の代表的な妖怪の一つ。山中に住み、自在に空を翔るなどさまざまな能力を持つとされる。現在は、赤ら顔に高い鼻、山伏のような服装に羽団扇を持った姿でイメージされているが、これは江戸時代に一般化したイメージで、それ以前は鳶《とび》のような姿の妖怪とされていた。

日本における天狗の初出は『日本書紀』舒明天皇九年（六三七）二月の条で、雷鳴のような音を立てて東から西へ流れた大きな星を、旻《みん》という僧侶が「これは流星ではない。天狗だ。その吠える声が雷鳴に似ているだけだ」と説明したことが記されている。流星を「天狗」として解釈するのは中国を起源とするもので、司馬遷の『史記』には「天狗」は大きな流星のようで音を発し、地表に落ちた姿は狗に似ていて、それが現れると軍が敗れ将軍が殺される、とある。大きな流星は大気中で衝撃波を発生させ、それが轟音として響き渡るため、咆哮する犬としてイメージされたものと考えられる。こうしたまさに「犬」としての「天狗」は現在の中国の民間信仰のなかにも生きており、天から降りてきて子どもを病気にしたり、妊娠・出産を妨げる魔物として恐れられている。

　このような中国的知識の流入のなかで、「天狗」は初めて日本に現れたのであるが、この「流星＝天狗」という観念はその後定着をみることはなかった。しかし、平安時代後期、一〇世紀末から一一世紀にかけて、天狗はさまざまな怪異を惹き起こす魔物として再登場してくる。『宇津保物語』では、山から聞こえてきた琴の音が天狗の仕業と疑われ、『源氏物語』の最終巻「夢の浮橋」では、宇治川に入水した浮舟が横川僧都《よかわそうず》に救助された際、天狗に欺かれて連れ去られた者ではないかといぶかしがられる。山中の怪音や、いわゆる「神隠し」などの怪異が、このころすでに天狗のしわざとされるようになっていたことがわかる。また、『大鏡』天・三条院の巻には、比叡山延暦寺の僧侶桓算が翼を持つ天狗となって三条天皇の眼を患わせていたことが記され、怨念や妄執を抱いて死んだ僧侶の霊が天狗と化すという考え方ができあがっていたことをうかがわせる。

　天狗が本格的に説話のなかに登場し、活躍を始めるのは、一二世紀前半成立とされる『今昔物語集』においてである。このなかで天狗は、「仏法を妨げる魔物」として明確な属性を与えられ、また鳶のような姿の怪物として形象化されている。巻二〇第二「震旦《しんだん》の天狗智羅永寿《ちらようじゅ》、此の朝に渡れる語《こと》」は、震旦（中国）の天狗の首領・智羅永寿が、日本の僧侶と法力くらべをしようとやってくるが、余慶や良源などの比叡山の高僧らにさんざんに打ち負かされ、ほうほうの体で逃げ帰るという話で、一四世紀にはこれを元に『是害房絵《ぜがいぼうえ》』という絵巻が作られ、また謡曲『善界《ぜがい》』や古浄瑠璃『愛宕の本地』となった。同巻第三「天狗、仏と現じ木末《こずえ》に坐《まし》ませる語」、第一二「伊吹の山の三修《さんしゅ》禅師、天宮《てんぐ》の迎えを得たる語」は、いずれも天狗が仏の幻影を見せて人をたぶらかす話で、殊に後者の話では阿弥陀仏の来迎の幻影（偽来迎）を見せて長年修行を続けてきた聖人を狂死させており、仏法の敵、魔縁としての性格がより強くあらわれている。

　中世に入ると、こうした仏敵としての性格に加えて、乱世を好み、兵乱を呼ぶ存在としての性格をもつようになる。『太平記』巻五には、鎌倉幕府第一四代執権・北条高時が田楽に興じるなか、天狗が宴席に混じって「天王寺ノヤヨウレボシヲ見バヤ」と囃したという怪異が記されている。それはやがて天王寺の辺りから動乱が起こって、幕府が滅亡することの予兆であった。「ヨウレボシ」は「妖霊星」であり、天下が乱れようとする時に災いをなす悪星と解釈されているが、ここに「流星＝天狗」という思想の残滓を見ることができる。

　同じ『太平記』巻二七では、雲景という羽黒山の修験者が、不思議な山伏に愛宕山へと連れて行かれ、そこで崇徳院や後醍醐院、あるいは玄昉《げんぼう》・頼豪など、権力争いに敗れて憤死した帝や高僧が魔王と化して天下に乱を引き起こす相談をしているところに立ち会う。崇徳院は大きな金の鳶という天狗の姿に化しており、一座の長老と見えた僧は、日本一の大天狗と恐れられた愛宕山の太郎坊であった。愛宕山は修験道の霊場であり、天狗と山伏のイメージが重ね合

た

わせられていることに注目すべきであろう。中世には、山を拠点とする宗教者である修験者（山伏）と天狗とがイメージの上で混淆し、また修験道も天狗信仰をその中に取り込んでいったのである。

なお、ここに名前の挙がっている愛宕山の太郎坊をはじめとして、鞍馬山の僧正坊、比良山の次郎坊、飯縄《いずな》の三郎坊、大山の伯《ほう》耆《き》坊、彦山の豊前坊、大峯の前鬼坊、白峯の相模《さがみ》坊など、固有名を持った大天狗が各地の修験道の霊山に棲むと考えられるようになる。とりわけここに掲げたものは八天狗と称され、修験道の山ではいずこも八天狗社を祀るようになる。

江戸時代以降の天狗は、もはや仏法の敵でも政権の敵でもなく、民間伝承のなかで一種の山の神のような存在として人々の畏怖を集めるようになる。鼻高の天狗イメージが流布するのもこの時代で、俗伝では、室町時代の絵師・狩野元信が最初に鼻高の天狗の絵を描き、それが世に広まったのだとされている。享保五年（一七二〇）に刊行された大岡春卜《しゅんぼく》の『画本手鑑《えほんてかがみ》』によると、元信はある人から天狗の絵を依頼されたが、先例がなくどのように描けばよいのか悩んでいたところ、夢のなかに天狗が現れ、その姿を写して絵を完成させたという。もっとも、鼻高のイメージは明らかに伎楽に用いられる「治道《ちどう》」の面や、「王の舞」と呼ばれる民俗芸能に用いられる鼻高の面などの影響を受けていると思われる。

山にはさまざまな禁忌があり、それを犯す者に制裁を与えるのが天狗であった。山入りを禁じられている日に山に入ったり、あるいは不浄の者が山に入ったりすると天狗の怒りを買うとされた。また山中には、「天狗の止まり木」とか「天狗の休み場」「天狗松」などと呼ばれる木があり、これを切ると祟りがあるとされていた。

山中で遭遇するさまざまな怪現象も、多くは天狗のしわざとされた。木を切り倒す音が聞こえるが、音がした場所へ行ってみても何もない「天狗倒し」、笛や太鼓でにぎやかに囃す音が聞こえてくる「天狗囃し」、大勢の笑い声や高笑いが聞こえてくる「天狗笑い」、どこからともなく石が降ってくる「天狗礫《つぶて》」、山小屋が激しく揺さぶられる「天狗ゆすり」など、全国に同様の伝承がある。

また、人が突然行方知れずになる「神隠し」も、天狗のしわざとされることが多かった。江戸時代の随筆類のなかにも天狗による「神隠し」の話がしばしば見られるが、最も有名なのは、国学者・平田篤胤の『仙境異聞』で知られる「天狗小僧寅吉」に関する話であろう。江戸下谷の少年寅吉は七歳の時に天狗（「山人」とも呼ばれる）に連れられて常陸国の山中の仙境を訪れて以来、江戸との往来をくりかえしながら神仙の修行を積んだとされている。篤胤は幽冥界の実在を示すものとして寅吉に強い関心を示し、自分の家に住まわせて仙界の様子を聞き出し、文政五年（一八二二）に『仙境異聞』としてまとめている。

天狗に隠されるのは少年が多いとされ、「天狗の情郎《かげま》」という言葉もある。だが、「天狗の止まり木」とされる木を伐るなどして天狗の怒りを買った人が隠されるという話も多く、その場合隠された者は天狗に引き裂かれて木の上に懸けられた無惨な姿で発見されることもしばしばである。

「神隠し」に遭った者を捜索する際には鉦や太鼓を鳴らして探すのが定番であるが、特に天狗に隠された者を捜索する場合、枡の底を叩いて探すということが多く見られる。その音のうるささに耐えかねて、天狗が隠していた人を放すのだと説明されるが、逆に枡の底を叩くと天狗が来るという俗信もある。いずれにしても枡の底を叩くことが、天狗との交信手段と考えられていたことを示している。

天狗は鯖を嫌うともいわれ、「鯖喰った誰々」と名を呼びながら探すと「神隠し」に遭った者が出てくるとされた。石川県や富山県では、天狗が家に入ってこないように、鯖や干鰯などの生臭ものを家のなかに吊した。また天狗は産婦の着物や女の腰巻、葬式の団子など不浄とされるものを嫌うともいわれる。生臭ものや不浄を嫌うのは、天狗が神や仏に近い存在と考えられていたことを示している。

天狗は火伏せの神としても信仰を集めたが、それは火災を好むという性質の裏返しであったと考えられる。また戦時中には、天狗を祀った寺社や小祠が武運長久や弾丸除け、徴兵除けに効験があるとして信仰を集めるという現象が見られた。天狗が出征し戦地の兵士たちを守護するという話は日清戦争の頃からあり、例えば富山県では昭和一二年（一九三七）の日中戦争の勃発から約五か月後にそうした噂が流れたという。

このように、妖怪のなかでもとりわけ神に近い存在として恐れられまた敬われていた天狗だが、昔話のなかでは人間に簡単にだまされる間抜けな存在として登場することが多い。ただの竹筒を遠眼鏡だと言って天狗から隠れ蓑を騙し取る「天狗の隠れ蓑」の話などはその代表的なものである。

⇩あきばさま、あきばさんじゃくぼう、あたごさん、からすてんぐ、かわてんぐ、ぐひん、くらまさんそうじょうぼう、しんぜい、すとくいん、てんぐつぶて、てんぐのこしかけぎ、とび

事例 ①［鳥取県、岡山県］大山には天狗が棲むと伝えられており、大山の祭礼には、子どもは二歳の時に詣でた後は一〇歳になるまで詣でることを禁じられた。この禁を犯すと天狗が罰を当てるとされ、背負った子どもの首がいつの間にか失われていたり、行方知れずになったりすることがあったという（『あしなか』二四、昭二六、五）。②［鹿児島県鹿児島市］山ン神講を行う正五九月の一六日は山に行って草を刈ったり木を伐ったりしてはならないことになっている。ある人がこの日に山に登ると、遠くで笛や太鼓の音が聞こえるので、それにつられて進んでいくと天狗が舞を舞っていた。それを見ていると手足がしびれて動けなくなった。またある人は笛太鼓の音に誘われて山のなかをさまよい歩き、ようやく三日目に死人のような顔をして帰ってきた（『薩南民俗』一四、昭三四、一）。③［長野県南信濃村（現・飯田市）］尾根はグリンサマ（狗賓様、天狗のこと）の通り道とされ、真夜中にグリンサマが鳴り物でにぎやかに囃しながら通ることがあったという。昔、独り暮らしをしていたお松という女性のもとにグリンサマが通うようになり、土産にアメノイオ

（アマゴ）を置いて帰るのが習慣になっていた。ある時、お松がタヤ（月経）になっている時にグリンサマが来て、帰りがけに「お松、ここへ置くぞ」とアメノイオを置いたので、お松も何気なくいつもと同じように「ハイ」と返事をすると、グリンサマは非常に立腹して、お松の両足を持って体を二つに引き裂いてしまったという（『旅と伝説』七（一一）、昭九、七一―七二）。④［石川県石川郡（現・金沢市）］新築の家には天狗が巣を作るといわれ、それを防ぐために主柱の棟木の下に生鯖を吊したという（『金沢民俗談話会報』三、昭一一、三）。⑤［富山県砺波市］棟上げの時、囲炉裏を作る場所の上に鈎の模型を吊し、そこに味噌と干鰯を包んだ藁苞《わらづと》を下げる。これは天狗が家に入るのを防ぐためで、家を移る時まで吊しておくという（『昔話伝説研究』二、昭四七、九）。⑥［千葉県君津市］近所で火災が発生した時は、米一升を炊いておむすびにし、飯櫃の蓋にのせて「コブガワラ様にあげます」と言って屋根に置くと、火は別の方に行くという。コブガワラ様というのは関東・東北地方で広く信仰を集めた日光の古峯ヶ原の天狗のことである（『民俗』四七、昭三七、五）。⑦［石川県白峰村（現・白山市）］天狗は穢された火、つまり粗末に扱われた火を取って火災を起こすとされる。天狗が子どもの火遊びを見つけると、その火を取りに来るといわれ、その時に素早く家の主人がケッテン（十能）でその火を押さえつければ、「親爺が判を押した」と言って諦めるという。天狗の付け火は何をしても消火できないといい、また「天狗の火鳥」といって、思いもよらぬ方角に飛び火するという（『昔話伝説研究』二、昭四七、一八―一九）。⑧［福井県本荘村（現・あわら市）］日清戦争の終わった後、天狗さんが戦場で働いてくださったということで、各家では屋根の峰に赤飯と酒を供えてお祀りをした（『南越民俗』一二、昭一五、五一）。

（香川雅信）

［参考文献］小松和彦編『怪異の民俗学五 天狗と山姥』平一二、河出書房新社。杉原たく哉『天狗はどこから来たか』平一九、大修館書店。

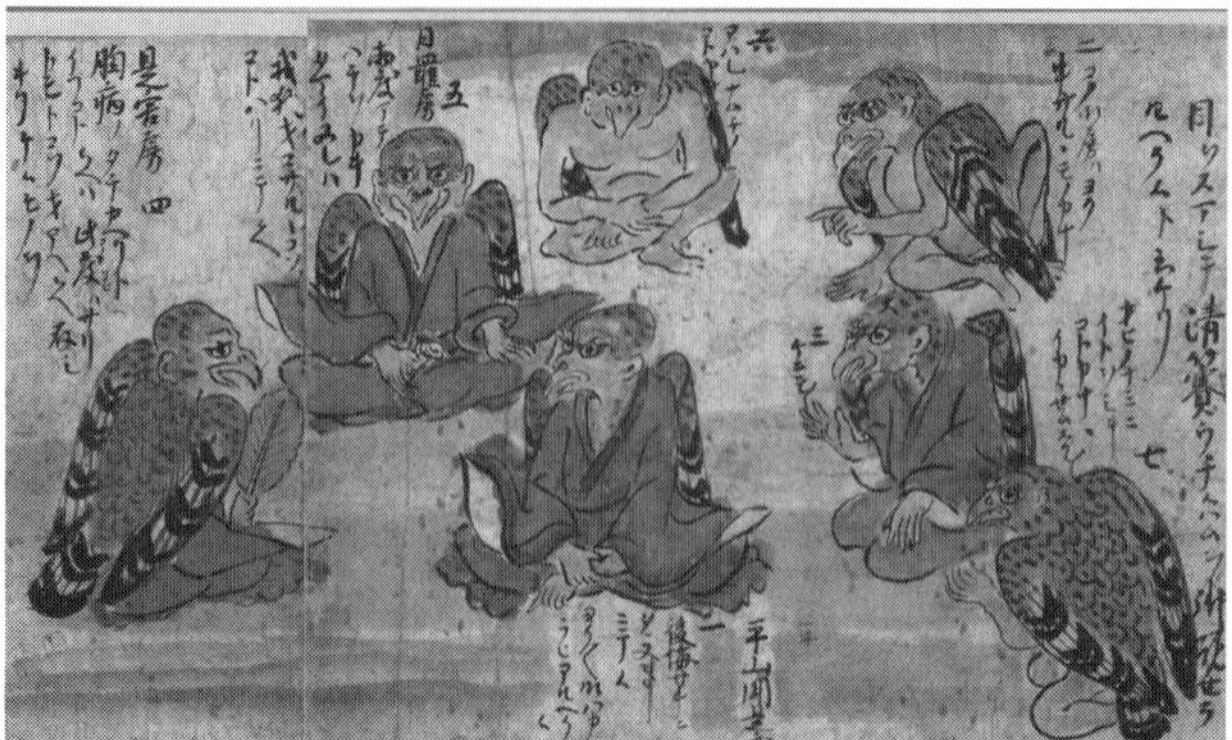

『是害房絵詞』（曼殊院蔵）

てんぐいわ【天狗岩】

㊫てんぐのごばんいし【天狗の碁盤石】、てんぐのころびいし【天狗の転石】、てんぐのわらぶちいし【天狗の藁ブチ石】　山などにある、天狗が棲んだり休んだりする岩。ま

た

たは天狗が転げ落したり、転がす音を立てたりするという石。

⇩てんぐ

事例 ①［埼玉県］碁盤石山には碁盤石があり、囲碁の強い天狗が棲んでいたという（『あしなか』二四、昭二六、二七）。②［岡山県富村（現・鏡野町）］小川家、為本家らの先祖は度々大山に日帰りで参って草履の裏に土をつけなかったという。これは天狗の助けによったという。この村の天狗岩は天狗が羽を休める所で雪の降り始める頃に異様な音響をたてて岩を鳴りわたるという（『岡山民俗』一六、昭三〇、四）。③［茨城県高岡村（現・高萩市）］土嶽では、麓をサカナツケの馬が通ると天狗が石を転がし落す。馬が跳ね飛ばされて木に引っかかったこともある。また、穢れた人や馬に乗って通る人がいると、すれ違いざまに放り投げられる（『民間伝承』二〇（一二）、昭三一、四八）。

（中村遼）

てんぐつぶて【天狗礫】

㊩つきのくそ【月の糞】、てんぐのいしころ【天狗の砂礫】、てんぐゆうせき【天狗遊石】、てんぐれきせき【天狗礫石】　山の怪音の一つ。山道や対岸などから飛来してくる石。木などに石が当たる音。この石に当たると病気や不猟になる。山の上から石が転がり落ちる音がする天狗の石ころがしと呼ばれるものもある。狐狸や山伏の仕業ともいわれる。

⇩いしなげげんじょ、いしのかいい、いしふり、てんぐ

事例 ①［福島県］夜、雨戸などに石の当たる音がする。天狗が度胸試しに石を投げつけるのだという。天狗礫石と呼ばれる（『旅と伝説』一一（三）、昭一三、七七）。②［新潟県山古志村（現・長岡市）］山のカノン畑で桑つみなどしていたり、山道を歩いているときに、どこからか投げた石つぶての音が、木にパラパラとする。ただ音だけで天狗の投げつぶてという（『新潟県史　資料編二二』昭五七、九〇二）。

（中村遼）

てんぐのこしかけぎ【天狗の腰掛け木】

㊩てんぐのやすみぎ【天狗の休み木】　枝が広くはっていたり、大きく二股になるような大木は、天狗の休息場所であるとか、天狗の巣であると言われる。杉や松などに多い。伝承では、天狗の腰掛け木を伐ると祟りや怪我などの不幸があるので伐採を忌むというものが多い。古来より異形の樹木には霊魂が宿るとされ、神聖視されていたため、山の精霊とされる天狗に対してもこのような大木に伝承が付与されることが多い。

⇩きのかいい、てんぐ

事例 ①［群馬県利根郡］万太郎天狗の松と呼ばれる老松がある。正月一五日にお山の万太郎天狗が降りてきて、松の二又に分かれたところに腰掛けて集落の様子を見るという（『あしなか』一〇五、昭四二、八-九）。②［山口県］枝ぶりの変わった大樹には山の神が降りたり、天狗が休む神木なので伐らない。伐ると祟りがあるという人もいる。変事があった場所を山の神の祭場にすることがある（『伊勢民俗』三（三・四）、昭三二、三）。

（古屋綾子）

てんぐのすもうとりば【天狗の相撲取り場】

山中に突然開けたような場所、または断崖の上にある狭い平らな場所は、天狗が相撲を取る場所であるという。そのような場所は人が歩いたり、風雨で地面が乱れたりしてもすぐに元通りになるという。

⇩てんぐ

事例 ［山形県西村山郡］月山へ行く途中に天狗の相撲取り場がある。そこの土は歩いて乱しておいてもいつのまにかきれいになっている（『民俗採訪』平成元年度号、平二、一二三）。

（古谷綾子）

てんぐのつめ【天狗の爪】

三－一二センチほどの、根本が分厚くて先の尖った爪のような石で、山中や海岸などで見つけられる。社寺の宝物とされたり、病の時に服用されたりした。正体はサメの歯の化石と判明している。

⇩てんぐ

事例 ①［不明］天狗の爪はサメの歯の化石である（『あしなか』二四、昭二六、一二三）。②［不明］風邪のときは天狗の爪を削って飲むと治る（『旅と伝説』三（一）、昭五、八八）。

（飯倉義之）

てんぐび【天狗火】

㊫てんぐのちょうちん【天狗の提灯】　呼ぶと飛んでくるという火。または山の中で見える火の玉のことを指すこともある。

⇩かいか、てんぐ、ひのたま

事例 ①［愛知県岡崎市］天狗の火を見たら頭へ下駄や草履を揚げれば去るという（『郷土趣味』一三、大八、三〇）。②［埼玉県］ある人が夜中に女の子を連れてネノ山に登ったとき、真っ暗だったので「天狗さん提灯をつけてくれ」というと、周りに次々と灯がついて真昼のように明るくなった。別の人が見た天狗の提灯は、一つだけ青白く光っていた（『あしなか』二四、昭二六、二四）。③［愛知県設楽町］川向山の頂上に夕方、テング様の火が出て、幾つにも増えたり一つになったりして、火が遊んでいるようだった。大人も子どもも見た。鹿島山にも出た。梅雨頃から秋の彼岸までに良く見たが、話者が小学校に上がるころから見られなくなった（『文化人類学研究会会報』八、昭四九、二四）。

（山田栄克）

てんぐわらい【天狗笑い】

山奥で遠くから人の笑い声が聞こえる怪異現象。逃げても止まず、笑い声はますます大きくなり、山をも揺るがすほどであるが、その正体を見ることは出来ず、天狗の仕業とされる。人間を驚かせて山でとった獲物をまきあげることもある。大抵は普段人の立ち入らない深山で起こる怪異。

⇩こえのかいい、てんぐ

事例 ①［埼玉県］岩山に天狗が棲んでいてそこを通ると岩の上から大声で呼んだり、ゲラゲラ笑ったり、手拍子を打ったりする。天狗に悪戯される人は特定の人で、その人だけにしか天狗の声は聞こえない（『あしなか』二四、昭二六、二五）。②［新潟県南魚沼郡（現・南魚沼市、湯沢町）］山小屋に何人かで泊まった夜、山の夜話で天狗の話をしていた。すると急にガシン、ガシンと誰かが山小屋を揺さぶるので、天狗だと震え上がった。その後でアハハハと天狗の高笑いが聞こえてくる（『新潟県史　資料編二二』昭五七、九〇一）。　（古屋綾子）

てんじん【天神】

本来は天津神、すなわち高天原の神・天下った神の総称。のちに菅原道真の怨霊が雷神と化して祟りをなしたとする御霊信仰が広まると、天神と言えば道真を指す方が一般的となった。道真を天神とする信仰では学問成就を願い梅花を供える等するが、一方で道真と関連の薄い古来の意味での天神信仰も各地に残る。関東・中部地方には一・二月に子どもが同宿して遊ぶ天神講の行事が見られる。

⇨すがわらのみちざね

事例　①［大分県姫島村］梅・梅干・梅の種を海に捨ててはならない。天神様の紋所は梅であり、流されることを嫌うからである（『伝承文学研究』二五、昭五六、六六）。②［山梨県甲府市］上今井《かみいまい》には七ケ所の天神の小祠がある。上今井から優れた人物が出るのはこの七天神を祀るからである。祠のある土地を耕すとその人物は死ぬ（『民間伝承』一三六、昭二四、一九）。③［福井県福井市］神様が去来される時には火を焚く。天神様は正月二五日の天神講で焚く火の煙に乗って天上へ帰られる（『福井県史　資料編一五』昭五九、一〇三）。　（池田浩貴）

てんにょ【天女】

㊫せんにょ【仙女】、てんにん【天人】、てんにんにょうぼう【天人女房】　天上の世界に住む乙女。人間の男と婚姻する異類婚の説話が日本各地に分布する。天女が水浴びをしていたところ、羽衣を男に取られて天上に帰れなくなり、やむなく男と結婚する。後に子どもの言葉によって羽衣を発見し、天上に帰っていく。結末は、子どもが高名な人物となる異常誕生の説話と、七夕説話との結合とに分かれる。天女説話は風土記にも見られ、水浴びしたとされる場所や衣をかけたという松が伝説として各地に残っている。

⇨あもれをなぐ

事例　［福島県鹿島町（現・南相馬市）］葉山権現の側の大池で天女が水浴していた。漁夫がそれを見つけ、木にかかっていた羽衣を盗んで家の庭に埋める。昇天できなくなった天女は漁夫と結婚し、一男を設けるが、子どもが羽衣を掘り起こしたため天に帰る。子どもは後に高僧となる（『昔話と伝説』一（七）、昭四二、五九七）。　（田村明子）

てんのうさま【天王様】

㊫ぎおんさま【祇園様】、たてんのう【田天王】　悪病除けの神であったり、疫病神であったりすることが多いが、田天王という田の神としての天王様を祀る地域や、河童除けとしている地域もある。多くの場合、胡瓜《きゅうり》に関連する伝承をもっていて、天王様の紋が胡瓜の切り口に似ているといって胡瓜を作らないとする村や、天王様の祭日に胡瓜を供える地域などがある。

⇨ごずてんのう

事例　①［東京都東村山市］村の一部に胡瓜と南瓜《かぼちゃ》を作らない家がある。どうしても作る場合は天王様の許しを得てから作る。天王様の紋が胡瓜の切り口と似ているからだという（『西郊民俗』五〇、昭四四、一七）。②［新潟県青海町（現・糸魚川市）］七月一四日、一五日が天王様の祭日で、この日は天から神様が降り、悪病を咥えて立ち去るといい、初生り胡瓜を天王様に供える（『新潟県史資料編二二』昭和五七、七〇九）。（塚原伸治）

てんのうづか【天王塚、天皇塚】

この名称で呼ばれる塚には、天皇ないし牛頭天王にまつわる伝承を持つものが見られる。宮城県仙台市定義には平家の忠臣平貞能が落ちのびてきたという、落人伝説が伝わっており、集落内の西方寺本堂裏にある天皇塚は、貞能が安徳天皇の御物を埋めた場所といわれている。七つの小墳からなる千葉県千葉市の七天王塚には、安永二年（一七七三）の牛頭天王の石碑が建っており、千葉氏や平将門にまつわる伝承が流布している。近年の発掘調査により七つの小墳の中央に二基の前方後円墳があったことが明らかになり、これと関連するものとの見方が強まっている。なお、天王塚・天皇塚の名がつく古墳は、各地に数多くのこる。

⇩つかのかいい

事例 ［茨城県江戸崎町（現・稲敷市）］下君山の天王墳附近は、古代に信太の郡衙（信太郡の役所）が置かれた場所であり、誕生仏や塔の礎石、瓦などが出土する。この墳の物をとると祟りがあると言われていて、篠の原野になっており、手を加える者もいない（『茨城の民俗』二四、昭六〇、一七八）。

（徳永誓子）

てんび【天火】

佐賀県や岐阜県などでは火の玉や怪火の異称であり、秋田県では落雷を指す。大きさは提灯ほどで、尾を曳かずに空中を飛ぶ。岐阜県では夏の夕方ごろに出て、大きな音を出す。佐賀県では天火は斜めに飛んで、人家に落ちると火事になったり、病人が出たりするので太鼓や鐘を打って追い出すという。隕石や流星も天火として説明される場合もある。

⇩かいか、ひのたま

事例 ①［佐賀県］火の玉のことを天火と呼び、その火は斜めに飛んで潜伏する。火事を起こすと言われ、見つけた時には太鼓や鐘を打って追い出す（『旅と伝説』四（一）、昭六、一一四）。②［熊本県南関町］天火は流星や星として説明され、赤や青白い光を放ち、尾を曳かずに飛ぶ。人家に落ちれば火事になる（『民俗学』四（六）、昭七、四一）。③［岐阜県藤橋村（現・揖斐川町）］天火は火の玉で、ふいに夕方空を通る。大きい音がする（『旅と伝説』一三（五）、昭一五、六三）。④［秋田県］落雷のことを、天火と呼ぶ場合がある（『旅と伝説』一〇（六）、昭一二、二四）。

（五十嵐大晃）

てんま【天馬】

天から地上に降り立った神の乗る馬の伝承。しばしば地上の馬の及ばない走力を持ち、空を駆けるなどして乗り手に超人的な力をもたらす。地上のたぐいまれな名馬が死後に天馬となったとされる場合もある。また、山腹に積もった雪形が馬のように見えることから名付けられた全国の「駒ケ岳」

の中には、天馬伝承を持つ山がある。

現代ではギリシア神話のペガサスと同一視され、天馬と言えば翼を持ち空を飛ぶ白馬という、かつての日本の伝承とは異なったイメージが一般的となっている。

事例 ①［栃木県］那須国造は八溝山《やみぞさん》の大蛇を退治するため、駒ケ岳に天津速駒《あまつはやこま》を求めた。見事大蛇を退治した後、天馬は山に戻り、雪のある峰々に現れた（『旅と伝説』一、昭三、二）。②［徳島県勝浦郡］宇治川の戦いで梶原景季が乗った池月《いけづき》という名馬は、佐々木高綱の乗る摺墨《するすみ》に先陣争いで敗れたのを恥じ、死んで村にある天馬石と化した（『本朝古事因縁集』）。（池田浩貴）

てんまる

群馬県甘楽郡あたりに伝わる妖怪。死者を葬列から奪ったり、掘り起こしたりして、それを喰うという。テンマルが死者を喰いにくるのを防ぐために、目籠を伏せたり、埋葬の際に呪いを行うこともある。動物のテンのことをいうとする地域もある。同様の妖怪に火車と呼ばれるものがおり、全国的に伝えられている。テンマルもこの一種だと考えられる。

⇩かしゃ、てん

事例 ①［群馬県秋畑村（現・甘楽町）］テンマルは火車と同じような妖怪だが、北甘楽郡のあたりではテンマルのほうが大きな勢力を持っているようである。これが人間の死体を喰いに来るのを防ぐため、目籠を伏せるという（『民間伝承』一三（一二）、昭二四、一二）。②［群馬県甘楽町］テンマルという魔物が埋められた死人を喰いに来るので、死者の胸の上に木片を三本組み合わせて、その上に鎌か刀を置いて埋葬する（『群馬県史 資料編二六』昭五七、一二七六）。（山口拡）

てんろくじゅう【天禄獣】

㊮てんろく【天鹿】 鹿または牛に似、尾が長く、一角の獣。『宋書』符瑞志では純霊の獣で五色に光り輝き、王者に道が備われば現れるとする。桃抜《とうばつ》と同一視したり、辟邪《へきじゃ》と対にされることもある。

⇩はくたく

事例 ①［不明］至和年間、交趾国が牛に似て大きく体が鱗で覆われた獣を麟として献上したが、実は天禄（東洋文庫三六二『夢渓筆談』二、昭五四、二六九―二七一）。②［不明］辟邪天禄は獅子に似、神前の扉にかく物。上賀茂では影の駒という（「遠碧軒記」『日本随筆大成 第一期一〇』一一八）。（熊澤美弓）

と

といとい

山に住む一つ目の鳥の妖怪。事例は全国的に分布する昔話「牛方山姥」とほぼ同じ内容であり、昔話「牛方山姥」の地域的なバリエーションと考えられる。身体欠損を神性とする点は、他の妖怪にも共通する。

⇨とりのかいい、やまんば

事例 ［高知県東津野村（現・津野町）］男が山越えをしていると、後ろからトイトイが追って来て、積み荷を食べる。逃げ込んだ小屋はトイトイの家で、隠れていて、帰ってきたトイトイを退治した（『旅と伝説』一六（一）、昭一八、一九―二六）。（堀口祐貴）

トイポクンオヤシ

㊫トイポクンペ　樺太アイヌに伝わる説話に登場する、土中に潜んだまま性器だけを見せて人を驚かす化け物。「トイポクンオヤシ」は「土の下に住む化け物」という意味。男も女もおり、男の化け物は人間の女の前に、女の化け物は人間の男の前に現れるようである。性器以外の姿は見せない。遭遇したら、慌てずに「したいならしよう」と言って性交の所作を真似すると満足して退散するという。

事例 ［ロシア連邦樺太］林野を女が歩いていると、地中から忽然としてキノコ様のものが現れる。その時あわてずに前をまくって、「お前さんだけが立派なものを持っているというの？　私だって持っているわよ。したいのならしましょうよ」と言って、その所作をまねると満足して退散する。また、相手が女性のトイポクンオヤシなら、カラス貝様のものだけ地表に現れて、ゆらゆらしているので、同じように言うと大いに満足して退散するという（『アイヌ民譚集』昭五六、一七九―一八〇）。（遠藤志保）

といれのはなこさん【トイレの花子さん】

㊫はなこさん【花子さん】　学校の女子トイレに現れるとされる女の子の怪異。三回ノックする、「花子さん」と呼びかけるなど、一定の方法で呼び出すと現れるといい、三番目の個室など、場所が特定されることもある。姿は見せないが返事が聞こえるとか、手が出てくるという場合もある。

外見についての話は少ないが、赤い服を着ている、人形を抱えているなどといわれる。死んだ少女の霊と考えられていることが多く、見るとどこかへ連れ去られる、一緒に遊ぶと危険な目にあう、などの話もある。男子トイレには「太郎くん」が出るともいう。

⇨がっこうのかいだん、べんじょのかいい

事例 ①［不明］トイレの中で「花子さん遊びましょ～」と問いかけると、赤いちゃんちゃんこを着た少女がどこからともなく現れる（『不思議な世界を考える会会報』五〇、平一二、八九）。② [不明] 学校のトイレでドアをノックし「花子さん、遊びましょ」と言うと、花子さんがドアを開けて出てくる。ただし、花子さんは絶対に帰らせてくれないため、永遠に遊び続けることになる（『不思議な世界を考える会会報』五一、平一三、七四）。

（岩倉千春）

どういちぼう【道一坊】

山口県小鯖村鳴瀧の泰雲寺の山に棲む天狗。別名道一護法神とも呼ばれる。『山口県風土誌』に、覚隠和尚が道一坊の目を火箸で突いた話があり、同様の伝承が残されている。

⇩てんぐ

事例 [山口県秋穂二島村（現・山口市）] 石工が道一坊天狗に誘われ諸国の寺社を参詣した。天狗は、去り際に笠と杖を与え、緊急時はこれに告げると一度だけ望みを叶えてやると言った（『ドルメン』二（一〇）、昭八、七）。

（古谷綾子）

トゥカプ

⇩アイヌトゥカプ

どうさい

岐阜県に伝わる大ガマの妖怪。巨大に成長したガマガエルが人に化けたり、人間に害をなしたりする。

⇩かえる、がま

事例 ① [岐阜県] ガマガエルはざらざらした表皮のために成長が妨げられている。人が年に一度表皮を剥いでやると、ガマはぐんぐん大きくなり、七年繰り返すと礼として妖術を教えてくれる。この大ガマをドウサイと呼ぶ。子どもがこれをいじめるとその家の飯が腐る。また執念深く、家の前に来たのを何度捨てても元の場所に戻ってくる。ドウサイが床下に住み着くと蚕が病死するので、養蚕の時期にはガマを退治する蛇を大切にする（『ひだびと』九（四）、昭一六、三五－三六）。② [岐阜県丹生川村（現・高山市）] 山小屋に毎晩美しい女が来て糸車で木綿糸を引いた。杣人たちは女があまりに美しいので化け物に違いないと思い、猟師に頼んで撃ってもらったが何度撃っても当たらなかった。ある猟師が行灯を撃つと、翌朝三尺もあるドウサイの目に弾が当たって死んでいた（『ひだびと』四（六）、昭一一、三三）。

（池田浩貴）

どうじきりまる【童子切丸】

㊮どうじぎり【童子切】 頼光が伊吹童子を切った刀。その刀には、切られた伊吹童子の呪いがかけられ、頼光の末弟美女丸や松平忠直の奇行の伝説の要因として語られている。

⇩いぶきどうじ、かたなのかいい

事例 ① [不明] 童子切という刀は、伯耆国安綱の作で源氏の重宝。越後の家に伝わっており、狐付きを落とすという（「異説まちまち」『日本随筆大成　第一期一七』一四二）。② [滋賀県] 松平忠直の乱行の原因は、頼光が伊吹童子を切った妖刀童子の怨念だという（『民俗文化』四六四、平一四、五三〇三）。

（熊倉史子）

どうじばやし【童子林】

宮城県大郷町の地名。見知らぬ童子が集

落の子どもと遊びに来たためこう呼ばれる。あらゆる遊びで年上の子どもにも負けない少年だとされる。

事例 ［宮城県大郷町］集落の丘に、身元の知れない童子が集落の子ども達と遊ぶことがあった。相撲・かけっこ・木登りなど、年上にも負けなかった。いつの間にか帰っているため正体はわからない。その丘を、童子林と呼ぶようになった（『宮城県史 二二』昭三一、四七八）。（堀口祐貴）

どうじまる【童子丸】

「狐女房」と人間の間に生まれた子の名。
⇩きつねにょうぼう

どうじょうじ【道成寺】

類きよひめ【清姫】 和歌山県日高川町の天音山道成寺（天台宗）。この寺の創建（大宝元年・七〇一）を説いた髪長姫（宮子姫《みやこひめ》）伝説と、蛇体となって僧安珍を鐘といっしょに焼き殺した清姫の話で知られる。後者の安珍清姫伝説の原型は、長久年間（一〇四〇―一〇四四）の『大日本法華経験記』にみえる。熊野参詣の僧が紀伊国牟婁郡の後家の求愛を拒み、蛇体に変じた女のために鐘ごと焼かれる。のちに『法華経』の功徳により蛇身は救われる。同様の説話が『今昔物語集』にあり、『道成寺縁起』も同系の内容をもつ。能の『道成寺』は、これらの後日譚として二代目の鐘の供養の場に現れた白拍子に蛇身の女の怨霊が憑依し、鐘に隠れた僧をとり殺すまでの物語を語る。室町期の道成寺縁起（絵巻）とならんで、日高川を渡る一念の蛇身といったイメージが形成されたのは、これら中世芸能の影響であった。ただし廻国僧と蛇身の女に、安珍清姫の名が与えられたのは近世以降の浄瑠璃、歌舞伎の時代まで下る。寛保二年（一七四二）初演の『道成寺現在鱗《げんざいうろこ》』は安珍清姫ものの代表作であった。

安珍の出目については鞍馬寺の僧とする説（『元亨釈書《げんこうしゃくしょ》』）の他に宮城県角田市金津・大門寺東光院（天台宗）の山伏とした伝承もある。安政年間の書上げ書によると、醍醐天皇の時代、延長六年（九二八）八月に当寺の修行者・安珍が熊野詣でに出立し、紀州真砂の庄司の娘「佐夜姫」の恋慕を受け蛇身に追われたという（事例②）。この書上げには、東光院の住職が熊野に詣でて日高川を渡ろうとすると、必ず風雨洪水のため難渋して渡れないといった伝承や、安珍・佐夜姫の自筆の詠歌一軸の伝来がしるされている（『伊具郡誌』大正一五）。

なお、道成寺の鐘は戦国期の豊臣秀吉による紀州攻略の際、臣下の仙石権兵衛の手で京都に持ち去られたが、凶事が重なったため、寺町二条の日蓮宗妙満寺（現左京区幡枝町）に奉納され今日に至っている（『昭和京都名所図会』昭五七）。鐘や道成寺の鐘楼跡をめぐる不吉な噂話（事例③〜⑤参照）の源流を連想させる。

近世中期の妙満寺は江戸浅草で鐘の出開帳を行い安珍清姫伝説にもとづく唱導活動を行った（『武江年表』）。宝暦九年（一七五九）版の『道成寺鐘《どうじょうじのかね》今《いま》在妙満寺《みょうまんじにあり》和解《わげ》略縁起《りゃくえんぎ》』は、霊鐘開帳の折に配布された略縁起であろう。こうした動きに対抗するかたちで、道成寺側も文政元年（一八一八）に江戸回向院《えこういん》にて宝物の出開帳を行っている。

この時は寺宝の「清姫の角」を拝ませたと伝える（『武江年表』）。

⇩じゃたいのにょにん、へび

事例 ①［和歌山県みなべ町］安珍という山伏が那智へ行く途中、真砂の庄に泊まったら、そこの娘の清姫に見初められた。安珍が座っていると清姫の髪が外から障子に当たるので安珍は怖くなり、日高川を船で渡って逃げた。清姫は追ってきて日高川を蛇になって渡った。安珍は道成寺に逃げ込んで釣鐘の下に隠してもらったが、草鞋の紐が出てしまった。紐を中に引き込もうとしたが、草鞋の先の結び目が邪魔になって隠し切れずに、見つかった。清姫は鐘を七巻半巻いて溶かしてしまった。溶け残った清姫の死骸は蛇だった。そのようないわれで、草鞋の紐の先は結ばないという（『南部川の民俗』昭和五五年度号、四五六）。②［宮城県角田市］東光寺は本山派修験道で、平安時代白河にあり、のち仙台に移り大先達となる。藩政時代は清水小路五橋西南角に屋敷があった。三世安珍は延長六年八月、二七歳のとき紀州道成寺に修行に赴き、真奈古の庄司の娘清姫に恋慕され、日高川を越えて逃れようとしたが、清姫は大蛇と化して追い、安珍は道成寺の鐘の中に隠れたが取り殺される。それ以来東光院では歴代二七歳の修行を禁じたという。また祐慶の代、熊野にいたり那智山に捨身一千日の行を修して帰ったのち、安達ケ原の黒塚に住む鬼女を調伏したという。今も子孫は金津に残り、鬼女の頭蓋骨といわれるものを蔵する（『宮城県史　二一』昭三一、三〇九）。③［京都府京都市中京区］京都の寺町通りにあった妙満寺の鐘は、もともと道成寺にあったものというが、この鐘を所持している家に凶事が起きる時は必ずこの鐘が鳴動するという（「笈埃随筆」『日本随筆大成　第二期一二』五二一-五三）。④［京都府京都市中京区］妙満寺の鐘を鋳つぶして新しく作り替えようとした際、にわかに大雨が降り煙が鐘から吹き出たという（前同）。⑤［和歌山県日高川町］道成寺の昔の鐘楼堂の跡には垣が廻らされている。そこを踏めば必ず瘧《おこり》に罹るか、煩う（「嘉良喜随筆」『日本随筆大成　第一期二一』三一八）。

（提邦彦）

〔参考文献〕五来重『絵巻物と民俗』昭五六、角川選書。高田衛『女と蛇』平一一、筑摩書房。徳田和夫「絵解きと縁起絵巻」『一冊の講座・絵解き』昭六〇、有精堂。

とうしん

犬神に類した蛇の憑き物のこと。

⇩いぬがみ、へびつき

事例 ［中国地方］犬を生きたまま土中に埋め、呪いを唱える。犬は埋めた人の子孫まで憎いと思い、その人に取り憑き煩わせるが、詫び言をして祀ると、すぐに癒える。これを犬神という。同じことを蛇に対してするのを「とうしん」という（「遠碧軒記」『日本随筆大成　第一期一〇』一一八）。

（廣田龍平）

とうじんがみ【唐人神】

唐人の下半身が流れ着き、それを祀ったのが唐人神であるという。西日本の島々では、海の向こうから来た客人（まろうど）を神に近いものとして扱う民俗があった。唐人神は全国に広くみられるものではなく、そうした地域に限られている。腰から下の病気を治してくれる。折口信夫により紹介されたことは識者の間で知られるが、司馬遼太郎の『街道をゆく（壱岐・対馬の道）』一三（朝日文芸文庫）で唐人神が取り上げられ、一般的にも有名となった。

事例［長崎県壱岐市］印通寺と黒崎に、流れついた唐人の死骸を祀った唐人神がある。どちらも下の病気を治してくれる神である。黒崎の唐人神は、流れついた死骸を葬ったところ、そこを通る人に悪さ（「魂の風」が身体に這入って歩けなくなる）をするので、祀りかえたものであるという（『民俗学』一（四）、昭四、五七）。（平井勇介）

とうせんぼう【東せん坊】

東尋坊伝説のバリエーション。昔、腕力だけはある悪僧がいた。人々は一計を案じて、彼を海沿いの断崖での酒盛りに呼び、酔わせた上で海へと突き落とした。その亡霊が毎年突き落とされた日の前後に強風を起こし、近くを通る船に災いをなした。東せん坊伝説では、僧侶はもともと岩手の寺院にいたという。

事例［陸奥国高松村（現・岩手県花巻市）］昔、高松に宗元という僧侶がいたが、愚鈍だったのを悩み、願掛けをして強大な力を得た。それ以降、彼は、暴力を働いたり、ひそかに桜の木を折って、それに近づいた人々を幹で跳ね飛ばしたりするなど、悪事を働き続けた。そのため高松で暮らしにくくなったので、放浪した末に、越前にいついた。しかしそこでも悪事を重ねたため、人々は彼を四月八日に酒盛りに誘い、酔わせた上で、崖の上から突き落として殺した。その亡霊が風となり、今でも四月八日にはとうせん坊の風が吹き、この時期に通る船に災いをなすという（「吾妻むかし物語」『南部叢書　九』昭三、一一-一六）。（廣田龍平）

どうそじん【道祖神】

(類)さいのかみ【塞の神】、せえのかみ【塞の神】、どうろくじん【道陸神】　境に配置される石碑や石像の形態で祀られる神の総称。疫病の感染を防ぎ、魔物を追い払うため、ムラの境などに道切りとして配置される。

⇩あかごづか、さるたひこ

事例①［三重県椿村、庄内村（現・鈴鹿市）］土の中にいる道ろく神は季節によっている場所が違うという。ただし土間にくいを打つと道ろく神の頭にぶつかるためこれを避ける（『民俗採訪』昭和四七年度号、昭四八、一二四-一二五）。②［神奈川県大磯町］一二月八日に一つ目小僧が泣く子を調べに来てその旨を記帳した帳面をセエノカミに預けて、一月一四日に取りに来るという。そのためこれに先立ってセエトバライの火でこれを燃やしセエノカミが燃やしたと一つ目小僧に伝えると諦めて帰るという（『神奈川県史　各論編五』昭五二、六五二）。③［長野県長和町］二月八日には道祖神におはぎを作って供える。道祖神の顔にあんこを塗ると良縁がえられるという（『長野県史　民俗編一（三）』昭六二、五〇七-五〇八）。（藤井紘司）

どうつうさま【道通様】

(類)かめごぜ【亀御前】　憑きものの一種で、

蛇神憑きのこと。岡山県や山口県を中心に道通様と呼ぶ蛇神が祀られている。道通様を迎えた家は栄えるというが、道通様が機嫌をそこねると、すぐに出て行ってしまう。呪われると無数の蛇があらわれるとされる。道通様の効き目は強力であるから、「人の目の付かないところに隠して祀る」ものだという。

⇩つきもの、へび

事例 ①［香川県多度津町］ある家の結婚に不満を持った人が、嫁の女性を恨んで道通さんを送った。女性が夜寝入ると、蛇が障子の間から入り込んできた。部屋に入ると蜘蛛に姿を変える。驚いた女性は、便所で身を汚して追い払った。すると道通さんは、汚らわしいと怒り、送った人の家には不幸が襲った（『香川の民俗』五四、平二、五六-五七）。②［岡山県］久米郡地方では、道通信仰を亀御前といっている。呪われると無数の蛇があらわれ、それを「亀御前が追いかける」という（『岡山県史　一五』昭五八、五九四）。

（金子祥之）

とうないぎつね【藤内狐、唐内狐】

鳥取県で伝承される化け狐。馬子や馬子の母に化ける。人を騙して悪さをしていたが、村の人びとの仕返しにあい、尻を焼かれたという。鳥取県米子市東部を流れる日野川の支流、尻焼川の由来といわれている。

⇩なのあるきつね

事例 ［鳥取県米子市］戸上山の唐内狐は「七変化の玉」で人を化かした。両足院の和尚が神官のふりをしてそれをとりあげ、神通力がなくなってしまう。狐はそれをとりかえし再び化けようとするが、馬子につかまり尻を焼かれた（『郷土趣味』一二三、大一〇、一二五-一二七）。

（野田岳仁）

とうびょう【蛇蠱】

類 とうべ、とんびょう　中国・四国地方で土瓶に蛇を飼養すると噂される家をトウビョウ持ちと呼び、蛇を使って人を苦しめると考えられている。この家は婚姻で忌まれる。名前の由来に関しては、土瓶、湯瓶の転訛説が有力である。地域によって、狐憑きもトウビョウと呼ばれる場合があるため、老女の意であるトウメが次第に老巫女の祀る狐神を指すようになり、大陸由来の蛇蠱にも当てられたという説も提唱されている。

⇩きつねつき、つきもの、へび、へびつき

事例 ①［岡山県加茂川町（現・吉備中央町）］首に輪のある小蛇をトウビョウと言う。某家を訴えた者が背中の痒みや痛みを感じた。祈祷師はその家のトウビョウが身体に入ったと言う（『岡山民俗』三八、昭三五、四-五）。②［兵庫県美方町（現・香美町）］口寄せをトウビョウ使い、稲荷使いと言う。トウビョウは白狐の姿をしている（『近畿民俗』一一、昭三一、一）。

（近藤祉秋）

〔参考文献〕石塚尊俊『日本の憑きもの』昭三四、未來社。吉野裕子『蛇』平一一、講談社。

とうふこぞう【豆腐小僧】

盆にのせた豆腐をもつ子ども姿の妖怪。主に、江戸時代の草双紙などに登場する。

一目小僧の姿で描かれることもある。

⇩ひとつめこぞう

とうぼうさく【東方朔】

異例の長寿で知られる中国の神仙の名。日本では次のような庚申の説話がある。庚申待の晩に赤子の姿の不気味なご馳走が出される。皆が遠慮するなか、他から訪れた者が食べ、八千年の長寿を得る。この人物が東方朔だという。近世には東北から関東地方にかけて、『東方朔秘伝置文』などと題し、この長寿異能の人物に仮託された陰陽道書が流布した。

⇩こうしん、ふけつのかい

事例 ［福島県会津若松市］昔話で、昔々湖水から流され、女ばかりの竜宮へ行った者が「不潔の貝」となって戻ってくる。庚申の宿にあたった男がこの貝を拾い、食べれば千年生きられる御馳走を作る。庚申に集った七人は、人間の手足を大鍋で煮る異様なさまを見て逃げ出すが、たまたま滞在していた旅人は八人分を平らげて八千年の寿命を得る。この者が東方朔様で、また旅に出て日本全国を回った（『磐城民俗』二五、昭六〇、二一‐二二）。　（渡部圭一）

［参考文献］小池淳一『陰陽道の歴史民俗学的研究』平一三、角川学芸出版。

とうめごぜん【専女御前】

伊賀での「白狐」の呼び名。

⇩きつね

トゥレンカムイ

㊮イトゥレンカムイ、トゥレンペ　アイヌ語で「憑き神」。「トゥレン（〜に憑く）」は神が付着すること。ぼんのくぼにいるという。憑き神は行動パターンの一部を支配したり、人間を守ったりする。動物神、自然神など様々な神が憑き神になりうる。藤村久和『アイヌの霊の世界』によれば、誰でも必ず先天的に一〜三つ憑いており、後天的に得られる憑き神もある。集団にも憑き、家系の祖先神や居住する地域（村）を守る神もある。

⇩つきもの

事例 ［北海道平取町］ある日、私が夕張岳を通ると一頭の鹿を熊がつけていく。私も後を追うが見失い、熊が鹿の角で刺されて死んでいるのを見つけた。「化け物鹿に仕返しするので私の憑き神となってください」と熊に祈り、化け物鹿を追って殺した。その夜、夢に熊の神が現れ、「お礼に一生獲物に困らないようにしてあげよう」と言う。その熊が憑き神となったため、私は猟運に恵まれて一生を過ごした。と、ある村の長は言って世を去った（『アイヌの昔話』昭四七、二一七‐二二一）。　（遠藤志保）

とーじ

高知県の方言として存在する。「暴風雨中に起こる怪光」を意味するが、トージの現象を直接物語る話は皆無である。

⇩かいこう

事例 ［高知県］トージ・名詞・暴風雨中に起こる怪光。（『土佐方言の研究』昭一一、一六二）。　（阿部宇洋）

とおりあくま【通り悪魔】

㊮いきあい、であいがみ【出会い神】、とお

りかみ【通り神】 特別な理由もなく人間に憑依して病気にしたり乱心させたりする怪異。江戸期の随筆には通り悪魔として多くの事例が見られる。日常生活に突然やってくるが、それでも心を平静に保っていないと魂を奪われ、殺人まで犯してしまうことになる。民間伝承にはイキアイや通り神と言うものがあり、たまたま神が通っているところにぶつかるなどすると病気になってしまうのだという。

⇩あかしさま、かぜ、なんじ、みちだきのかみ

事例 ①［武蔵国江戸（現・東京都）］ある武士が庭を眺めていると、突如炎が立った。心を静めてみていると、白襦袢の男が塀から来て、睨んできた。それでも平静を保っていると何もなくなっていた。しばらくすると、隣家の主人が刀を振り回すなどして乱心してしまった。これが通り悪魔である（『世事百談』『日本随筆大成 第一期一八』一三八－一四二）。②［岡山県］不意に悪霊に遭遇して体の調子が悪くなり、病気になることをイキアイという（『岡山民俗』九、昭九、一二八）。

（廣田龍平）

とかげ【蜥蜴】

爬虫綱有鱗目トカゲ亜目に分類される構成種の総称。日本では霊的な力を持つ動物の一つとされる。特に呪術的な用途で用いられることが多い。この場合は憑き物のように用いられる。また大型化したものは人を呪ったり、襲ったりすることもある。蛇や蛙などと同様に、不気味な物の一つとしても認識され、昔話や世間話で登場する。

事例 ①［徳島県宍喰町（現・海陽町）］トカゲを祀る家があった。口が二つあるトカゲを、家全体に這わせていた。家は富んだが、二、三代で潰れた（『民俗採訪』昭和五三年度号、昭五四、一〇七）。②［大阪府大阪市］堀の開削のため、ゴミ山を取り壊していた所、大トカゲが姿を現し、川へ飛び込んだ。その後水死者が多数出た。トカゲの呪いではないか（『郷土研究上方』三（三三）、昭三八、三六）。③［山形県］花子さんは頭が三つあり、三メートルのトカゲの形をしている。女の子の声で安心させ、人を食べる（『西郊民俗』一三一、平二、三一）。

（堀口祐貴）

とけび

㊫とかび、とっかび、とっけび、どっけび

朝鮮半島で伝承される妖怪。箒やトリケ（唐竿）、パガジ（瓢箪）などの器物が変化したものともいわれる。いたずら好きで、人や動物に化ける、怪火を灯す、道に迷わす、相撲を挑むなど、多くの怪異の原因とされる。四国における狸の怪異などの一部の例外を除いて、日本の妖怪の多くは一体が一つの怪異（怪音、怪火など）を起こすのみであるのに対し、東アジアの他文化圏においてはトケビのように、一種類の妖怪の存在が多くの怪異の原因とされる場合が多いことは、妖怪文化の比較研究の上で注目に値する。

⇩きぶつのかいい、けんむん

事例 ［平壌（現・朝鮮民主主義人民共和国平壌市）］トカビの火と呼ばれる青い火が春夏の晩によく出る。そのトカビの火を見ても声を出してはいけない、災いがある。トカビは酔っ払いを山に連れ込んで迷わせ、死

なせてしまうこともあるという（『旅と伝説』一四（八）、昭一六、二五）。（飯倉義之）

〔参考文献〕金容儀「韓国のトケビと日本の『付喪神』」『妖怪文化の伝統と創造』平二二、せりか書房。

どこうじん【土公神】

㊫おどくうさま【オドクウ様】、おふげんさま【お普賢様】、ろっくうさま【ロックウ様】　陰陽道に由来する地神。屋敷地に宿る神として、家屋が移転しても留まる神とされる他、春は竈《かまど》、夏は門、秋は井戸、冬は庭にいる神だといい、あるいは竈神や火の神であるともいう。土公神の宿る土地の土や井戸などをみだりに動かすと恐ろしい祟りがある。また土公神は目と口が不自由な神であるといわれることがある。

⇩かまどがみ、こうじん、こんじん、じじん、ひのかみ

事例　①〔岐阜県揖斐川町〕土公神さんは春は竈に、夏は井戸に、秋はカドに、冬は土間にいる。そういうところにお茶を捨ててはいけない。土を取るときは祟りがないようにお祓いしてもらう（『民俗採訪』昭和四六年度号、昭四七、一五三）。②〔群馬県只上町（現・太田市）〕土公神は目と口が不自由である。そのため土公神に腹を立てられると除けようがない。竈を清めればいいともいう（『群馬県史　資料編二六』昭五七、三〇〇）。（渡部圭一）

としがみ【年神、歳神】

㊫しょうがつさま【正月様】、としとくじん【歳徳神】、わかどしさま【若年様】　正月、家に迎えて祭る神のこと。家々ではこれを祭る棚を設けたり、納戸に据えられた俵を祭壇にしたりする。作神としての性格が強いとされる。

⇩さくがみ

事例　①〔島根県〕歳神が村人に歳魂を配って歩くという（『旅と伝説』一〇（九）、昭一二、一〇）。②〔岡山県奥津村（現・鏡野町）〕庚申さまと喧嘩して足を折られた年神さんには元旦に草履を片方だけ供える（『伝承文学研究』三、昭三七、六八）。③〔岡山県哲西町（現・新見市）〕二月一日はトシトコさんが「高天原の飯比べ」をするため、お盆に飯を高く盛って供える。高く盛る程、米ができるという（『奥備中の民俗』昭四五、八五）。④〔広島県〕二月一日の朝、歳徳神は田野へ行き、十月亥の日に家に戻るという（『広島県史　民俗編』昭五三、四七九）。⑤〔岡山県〕納戸に二つの籾俵を据えて年神を祭る（『岡山県史　一五』昭五八、四六九）。（藤井紘司）

としでんせつ【都市伝説】

㊫げんだいでんせつ【現代伝説】　都市的・現代的社会の日常を舞台に、主として不思議な出来事や物事の真相を題材として語られる物語ないし言説。民俗学の分類においては「世間話」の一部ないし近接領域と見なされるが、一般には怪談や噂話・ゴシップの類として享受される。とりわけ、マスメディアや電子メディアに媒介されて流布する傾向が顕著である。都市伝説の名は、アメリカの民俗学者J・H・ブルンヴァンの著作『消えるヒッチハイカー』の邦訳に際し、urban legend の訳語として用いられ、今日一般に流通している。一方、現代

伝説はドイツ民俗学のR・W・ブレードニヒの提唱するsagenhafte Geschichten von heute（伝説風の今日の物語）の訳語である。都市・現代の語は、民俗学における従来的な説話との差異化を意図して選択された。

⇩がっこうのかいだん

（及川祥平）

〔参考文献〕J・H・ブルンヴァン『消えるヒッチハイカー』昭六三、新宿書房。R・W・ブレードニヒ『悪魔のほくろ』平四、白水社。

としどん【年殿】

類 としじいさん【年爺さん】　鹿児島県下《しも》甑島《こしきじま》の来訪神。当該地域では、年殿の青年たちに役を頼んで、顔を隠した恐ろしい姿で家に来てもらうという年中行事が行われる。子供を脅して親のいうことを聞くようにし、前年の事を改めさせてから年玉の餅を子供に与える。年玉の餅は貰わないと年を取れないといわれる。

⇩きょらいしん、としがみ

事例　〔鹿児島県下甑村（現・薩摩川内市）〕年とりの夕方、首のない馬を牽いて鈴を鳴らしながら門口にやってくる（『西郊民俗』一〇一、昭五七、四-七）。

（鄧君龍）

どじょう【泥鰌】

泥鰌の怪異は水田や用水など、人里を遠く離れない領域に出現し、多くは巨大な姿が目撃される。通常は大蛇や巨大な川魚が正体とされる事の多い「水に潜む主」の一類といえる。人間に身近な生物のせいか、口をきいたり、実在の人間にまつわる世間話と密接な関係をもっていたりする。四国では牛鬼の正体とされる事もある。

⇩うしおに、さかなのかいい

事例　①〔福島県高郷村（現・喜多方市）〕どじょう取りの名人がどじょうをとったところ、「おれがとられたからお前たち気をつけろよな」と口をきいたので、あわてて放した（『民俗採訪』昭和五一年度号、昭五三、一二三）。②〔新潟県坂井輪村（現・新潟市）〕川で蛇のような大泥鰌を釣った男が、驚いて墓をつくり坊主を呼んで供養したところ、夢で美しい女がお陰で成仏できたと礼をいった。男は長寿した（『高志路』五（五）、昭一四、二六）。③〔長野県塩尻市〕ある乱暴者が隻眼の坊主になってかえってきたのを金目当てで溺死させたところ、その池の泥鰌は皆隻眼になった（『長野県史　民俗編三（三）』平二、四八三）。

（広川英一郎）

どち

類 とち　岐阜県や愛知県など中部地方の一部における、河童または河童に似たものの呼称の一つ。ドチやトチとはスッポンの異称だが、これらが水中において人に危害を加えると恐れられていたのであろう。

⇩かっぱ、かめ

事例　〔愛知県下山村（現・岡崎市、豊田市）〕六月一五日の祇園の日に泳ぐと、トチに尻を抜かれるという（『西郊民俗』九、昭三四、九）。

（小澤葉菜）

どちゅうのうお【土中の魚】

土中から発見される魚。発見される場所は普請中の増上寺霊屋や開墾中の田、拝領した植木鉢などさまざま。発見される魚の種類もフグ、カジカ、ドジョウ、フナなどがある。水から離れて長期間生存していることをのぞけば、普通の魚と変わるところはない。

⇩さかなのかいい

事例 ［上野国硯田村（現・群馬県沼田市）ほか］『松宮俊仍日新録』の享保一〇年（一七二五）二月一七日の条によれば、増上寺御霊屋御普請の時、三丈ほど土を掘ったところフグを発見した。奇異なこととして海に放したという。『五行記』によれば、唐杭州富陽県韓珣荘で五、六尺土を掘ったところ、数千匹の魚を得たという。また『上野志』には利根郡沼田領硯田村で開墾していた時に、土中からカジカ、ドジョウ数匹を得たという。古池が草地となったためだろうか（「柳庵随筆」『日本随筆大成　第二期一七』四〇二）。（村山弘太郎）

とっくりころがし【徳利転がし】

⇩とっくりのかいい

とっくりのかいい【徳利の怪異】

徳利に関する怪異。徳利自体が怪異である場合と、怪異の持つ秘宝が徳利である場合がある。前者の例では、道や坂で人に向かって転がる徳利であることが多い。また北海道では徳利が人に化けて出た例も報告されている。後者の例は、河童や天狗などが持つ特殊な徳利に関する話がある他、常念坊の伝説が有名である。

⇩きぶつのかいい、じょうねんぼう、とっくりだぬき

事例 ①［北海道網走市］首の短い男が各地の村に寄り、村長と小便の飛ばし合いをした。村長は帰ってこなかった。ある村長が男の正体を徳利と看破し、徳利を供養した所、他の村長も帰ってきた（『旅と伝説』七（一二）、昭九、九四－九六）。②［長野県安曇野市］夕方になると、一人の坊主が酒屋にやってきて、徳利に酒を入れてくという。徳利は小さいが、酒がいくらでも入る。酒を買うと常念岳のほうへ消えて行く。雪解けの季節には、常念岳の斜面にこの坊主の雪型が出る（『長野県史　民俗編三（三）』平二、四五九－四六〇）。（堀口祐貴）

とっくりだぬき【徳利狸】

路傍に現れる狸の怪異。酒徳利に化けて、拾おうとする人をたぶらかすという。

⇩たぬき、とっくりのかいい

事例 ［香川県］土橋の見付屋の前によく徳利狸が出た。いつも酒徳利に化けて道路の真ん中に立っており、これは好いものがあると思って拾おうとすると、ころりころりと転がってどうしてもつかまらない（『郷土研究』七（一二）、昭八、三〇）。（及川祥平）

どっちんぐゎん

徳島県にある怪異。僧形をした数人が一組になって太鼓・鉦をドッチングヮンと交互に叩き、家の門口に立って物乞いをする。四国には「七人同行」や「七人ミサキ」という七人一組の亡霊があり、ドッチングヮンもその一種と考えられる。

⇩みさき

事例 ［徳島県桑野村（現・阿南市）］子どもなどは、ドッチングヮンが来るのを恐れて

隠れる。また、これが来ると戦争になるという（『旅と伝説』一〇（二）、昭一二、四八）。（山口拡）

どっぺるげんがーげんしょう【ドッペルゲンガー現象】

⇩りこんびょう

とび【鳶】

鳶は鷹と同じ猛禽類に属する鳥。神武天皇の頃に金の鳶が戦場に飛来し、敵を惑わせたことで愛宕山に住ませて天狗神とした。鳶が僧に幻覚を見せたり、反対に人間に捕まって痛めつけられたりする説話がある。中世には天狗の正体であるとされた。

⇩てんぐ、とりのかいい

事例 ［京都府］永承の頃、西塔の僧が京に出た折、子供たちにいじめられていた鳶を助けた。その帰りに藪から出てきた法師が先ほどの礼をしたいという。僧が霊山で釈迦の説法を聞きたいと望むと、法師は下松の上の山に僧を連れて行き、ここで説法の声が聞こえるまで目を閉じて待て、ただし信心を起こしてはならないと告げた。その通りにして待つと説法の声が聞こえてきた。目を開けると周囲は霊山で、釈迦や菩薩衆がいたので、おもわず手を合わせると、山が鳴動し、元の草深い山になった（『諸国里人談』昭五〇、四五一―四五二）。（三村宜敬）

とびだま【飛び玉、飛び魂】

㊮とびたまし【飛び魂】、とびひ【飛び火】、とびもの【飛び物】　火の玉とも人魂とも言われる怪火の一種。色や大きさには様々あるが、出現時間は夜間が多い。正体はこんにゃく玉であるとも、山鳥が夜に飛ぶと光ることがあるのを見間違えたものとも言うが、正体不明の光とされる。

⇩かいか、ひのたま

事例 ①［秋田県仙北郡］秋田県仙北郡地方では、宙を飛びまわる夢をよく見るような人は、死ぬときに「飛びタマシ」（魂）になって行くとか、鳥になって近親者の頭上を鳴きまわるといわれている（『宮城県史 二一』昭三一、四六八）。②［神奈川県相模湖町（現・相模原市）］あたりはうす暗かったのに、突然長屋の屋根の西方大樹の木の間越しに、丁度自動車のライトのような青い光り物が、与瀬の上方辺を北方から、相模湖の南方へ向かって飛び、近くの西沢辺までもあかるくなった（『ひでばち』一三、昭三四、一―二）。（高橋奈津子）

とまこ

香川県の道の妖怪。トマコとは香川・徳島で鼬のことで、人の先に立って歩く。送り犬・送り狼の類例か。

⇩いたち、おくりおおかみ

事例 ［香川県仲多度郡］トマコは人の先に立って行く化け物である。「トマコトマコ顔見せ」と言うと、振り向いて丸い顔を見せる。鼠や鼬と同じだとも、違うとも言う（『香川の民俗』二一、昭四九、四）。（池田浩貴）

とまっこ

岡山県美作地方西部で言われる、人に憑く狸の一種。岡山県下では同種の怪異を豆狸と呼ぶ例が多い。大人の拳ほどの大きさで、群をなして動くという。鼬の一種ともされるが、鼬のように体が長くはなく、丸いともいって区別される場合もある。多くの憑き物と同様、トマッコを飼う家は栄えるが、繁殖し過ぎると家の財産を食いつぶす。飼われているトマッコは目に見えないが、野生のものは姿が見えるといい、これを目撃したという記録もある。

⇨たぬき、つきもの

事例 〔岡山県落合町（現・真庭市）〕人に憑く狸は豆狸とかトマッコといい、群をなす小さな奴である。実際にはこれは狸ではなくて鼬の一種であるという。早朝に草刈りに行っていると群をなして移動しているのによく出会うらしい。これが憑くとよく腹痛がするという。トマッコは、よく飼えば家が富み、飼いようが悪いとすぐに貧しくなるという（『岡山民俗』八一、昭四四、三）。

（及川祥平）

ともかづ（ずき）【共潜き】

㊮うみあま【海海女】 三重県に現れる海の妖怪。海女が海中で漁をしていると、自分と同じ姿をした別の海女を見かける。海女を深みに誘ったり、近づいてアワビを差し出したりしてくるが、これに従うと潜水時間が延び、窒息してしまう。鉢巻の尻を長くなびかせていることで区別ができ、アワビを差し出されたら後ろ手に受け取ればよいという。福井県あわら市では同様の怪を海海女《うみあま》と呼ぶ。

事例 ①〔三重県鳥羽市〕鳥羽の海女は、海女の幻影に誘われないようにするため、晴明九字（五芒星）と縦四本・横五本の格子の模様を縫い付けた手拭いを持つ（『島』昭和九年前期号、昭九、四五）。②〔三重県鳥羽市〕トモカヅキは海中で蚊帳のようなものを投げてよこす。包み込まれたら助からない。海草を刈る鎌やアワビを獲るノミで切り破れば助かる。（『島』昭和九年前期号、昭九、八七-八八）。③〔三重県〕トモカズキに逢った海女は、その後暫く海に潜らない（『宮城県史　二一』昭三一、四四九）。

（池田浩貴）

とら【虎】

中国やインドの森林などに生息する、ネコ科の大型肉食獣。白虎《びゃっこ》としては四神の一つであり、また龍と並び称される、強大な動物の代表でもある。しかし日本には分布していないためか、虎の怪異や妖怪が語られることは滅多にない。それでも、彫刻や屏風に描かれた虎が怪異をなすという事例がいくつか見られる。

事例 ①〔埼玉県東秩父村〕虎岩と獅子岩があり、それぞれ虎と獅子の形をしている。虎岩の周りを一〇回まわると虎が出る。獅子岩なら四回（『秩父民俗』一〇、昭五〇、三五）。②〔武蔵国吉見（現・埼玉県吉見町）〕安楽寺の観音堂の欄間《らんま》に虎の彫刻があり、名工の作だったが、毎晩欄間を抜け出しては田畑を荒らしていた。寺の僧侶が鋸で背中から胴体の中ほどにかけて切ると、それからは抜け出さなくなった（「十方庵遊歴雑記」『江戸叢書　五』大五、三一三）。③〔京都府京都市〕南禅寺の、狩野探幽の襖絵の水飲の虎は、毎晩外に出るので近所が濡れていた（『改訂京都民俗志』昭四三、二〇三）。

（廣田龍平）

トラサンペ

アイヌ語でマリモをトラサンペという。ト「湖」ラサンペ「化け物」の意味とされるが、萱野茂はト「湖」ラウ「底」サンペ「心臓」と解釈している。決して良い名称ではないが、これはマリモが生活の役に立たないものであるうえ、増えると魚が獲れなくなってしまうこともあって、沼の化け物の巣だと考えられていたためだという。

事例　［北海道釧路市、弟子屈町］昔阿寒湖にヒシの実（ペカンペ）があったが、阿寒湖の神はそれを喜ばず邪魔にしていた。ヒシの実は何とかして湖の神の機嫌を直そうとしていたが、湖の神は「お前たちを置くと湖が汚くなるし、お前たちを採るために人間が多くなって、いっそう湖が汚れる」と言うだけだった。とうとうヒシの実は憤慨して、あたりにあった草をむしって丸めると湖に投げ入れて阿寒湖を去ってしまった。その投げ込まれた草が、現在のマリモになったという（『北海道伝説集　アイヌ篇』昭三一、二〇二－二〇三）。

（遠藤志保）

とりけ

㊮**じばくれい【地縛霊】、とりき**　鉄道の踏切や川、池など、よく変死があった場所にはトリケがいるという。そこで死んだ者の霊が人を誘い込むのだという。一九七〇年代にメディアで広まった「地縛霊」は、トリケと同じ死霊観をもっているといえる。また人間を水辺に引き込み殺すガータロも、トリケに含まれている。

事例　①［香川県丸亀市］先に死んだ人の亡魂がそこを離れずにいて、通りかかった者を誘い込むのを「トリケがいる」という（『郷土研究』九（二）、昭八、三〇）。②［徳島県名西郡］井戸を覗くと影法師に引っ張り込まれる（『郷土研究』三（八）、大四、六〇）。

（渡邉一弘・三村宜敬）

とりのかいい【鳥の怪異】

その容姿や鳴き声に不吉な俗信が語られ、怪異の原因とされたり、妖怪視されたりする鳥がある。カラスに関する鳥鳴きの俗信、ヤマドリやゴイサギ、フクロウ・ミミズクが夜の山で火の玉などに化ける、トビを天狗の正体とする、猛禽類が赤子などをさらう、などの伝承は全国的に分布しており、類例も多い。

小鳥はかつて人間であり、なんらかの事件を経て鳥に転生したと語る小鳥前生譚の昔話や、白鳥を魂の化身、神の使いとするように、鳥はあの世とこの世を結ぶ存在とみられており、それを反映して、先祖や故人の魂が鳥の形をとって子孫や遺族を訪問するという俗信がある。

また「鳴き声を聞くと死人が出る」「見るとその人は死ぬ」など、その出現を死の予兆とする俗信も多い。「地獄鳥の鳴き声を聞くと気絶する」なども、こうした俗信の延長上に考えることができる。

またそうしたことから鳥が屋内に飛び込むことは死を呼ぶ凶兆とされ、公家の日記類にも内裏や貴族の邸宅に鳥が飛び込む事件や、怪鳥・異鳥の鳴声や出現を、災害や戦乱、天皇・貴人の死の予兆（怪異）と判断している例が多く記されている。内裏に出現し源頼政に退治された鵺《ぬえ》も怪鳥と記されており、鳥の怪異と見られていた。

さらに病気や火事をふりまくという「エギリ鳥」や「火吹き鳥」など、鳥の怪異は鳥を凶事の先触れや原因とする場合が多い。

昔話や伝説には翼長が差し渡し十数メートルにもなるという大鳥が語られることがあるが、そうした鳥の実在は日本では信じられておらず、空想上の存在といえる。

⇩あおさぎ、がおう、からす、からすなき、きしゃちょう、しらとり、とび、ひどり、ほうおう、やまどり

事例 ①〔香川県丸亀市〕初七日の前の夜に死霊が帰ってくる。仏壇の横に膳を置いて灰を均《なら》しておくと、翌朝鳥の足跡がついている（『日本民俗学』九七、昭五〇、一〇）。②〔新潟県新発田市〕家人の死後、鳩のような鳥が初七日まで家の梁にいた。四十九日に巫女に口寄せしてもらうと、仏が「死んでも離れがたくて鳥になってとどまっていた」と語った（『新潟県史　資料編二二』昭五七、一〇二〇）。③〔愛知県長篠村（現・新城市）〕ニヲヒ鳥が病人のいる家を差し挟むように鳴くと病人は死ぬ。ニヲヒとは呻き声の意味で、この鳥の姿を見た者はいない（『郷土研究』四（五）、大五、一〇）。④〔愛知県〕ごきとん鳥は秋の夜にさみしい声で鳴く。この鳥を見たものは死ぬ（『旅と伝説』一〇、昭三、二四）。⑤〔山形県金山町〕オワオワ鳥は尾の長い鳥。この鳥の巣は葬式のガンダイと同じ形で、この巣を見つけると三年以内に死ぬ（『有屋の民俗』、昭六二、一六二）。⑥〔東京都八王子市〕地獄鳥の鳴き声を聞くと村人が悶絶した。ある老人が地獄鳥を山に探しに行き、頭の上で鳴かれてやはり気絶した（『昔話研究と資料』一〇、昭五六、一二八）。⑦〔神奈川県〕建久四年一月、工藤佑経《すけつね》の屋敷に鳥が入った。卜筮《ぼくぜい》で凶兆と判断され謹慎したが、佑経はその年の五月に曾我兄弟に討ち取られた（「燕石雑志」『日本随筆大成　第二期一九』四九五）。⑧〔沖縄県石垣市〕夜、エギリ鳥が鳴きながら通過したところでは、疫病が流行ったという（『旅と伝説』四（一）、昭五、三六）。

（飯倉義之）

〔参考文献〕武藤鉄城「鳥の俗信と魚の伝説」『旅と伝説』九（四）、昭一一。森口多里「化鳥考」『日本民俗学のために』三、昭二二。

とんごしばばあ【トンゴシ婆】

白髪の老婆の姿をした妖怪。口は耳まで裂けている。「お崎のはな」という、昼でも薄暗く寂れた場所でお米や小豆などを研いでおり、悪口などを言うと追いかけてきたという。

⇩やまんば

事例 〔宮崎県高鍋町〕ある晩、村の青年二人がここを通りがかって「今でもトンゴシ婆ァはいるか」と覗いてみると、「今でもおります」と返事が返ってきて、二人を追いかけてきた（『宮崎県史　別編民俗』平一一、七〇三-七〇四）。

（廣田龍平）

トンチトンチ

樺太アイヌの伝承にみられる小人で、北海道での「コロポックル」にあたる。

⇩こびと、コロポックル

た

事例　［ロシア連邦樺太］川下の者が砂浜に妻を「真ん中の穴」を残して埋め、そこに料理を詰めておいた。すると舟に沢山の荷物を積んだトンチトンチたちがやってきてその料理を食べた後、穴が動いたことに驚き慌て、荷物を置いて逃げてしまう。川下の者は妻と一緒にその荷物を持ち帰った。川上の者も同じことをするが失敗した（『アイヌ民譚集』昭五六、五五―五八）。

（矢崎春菜）

とんちぼ【頓智坊】

㊫とんちぼう　新潟県佐渡島において用いられる狢《むじな》の別称。同地における狢の呼称はこれのみに留まらず、山の神と同一視されるなど、複雑な状況にある。また、人間のような名をもった狢も数多い。

⇩むじな、なのあるむじな、やまのかみ

事例　①［新潟県相川町（現・佐渡市）］長兵衛という狩人がトンチボウ（狢）を罠で捕っていた。夢枕にトンチボウが立ち、「大年の晩だけ、罠をとってくれ」と言ったが、長兵衛は罠を仕掛けた。すると、クマガリ（祝いの大盃）をくわえてトンチボウが死んでいたので、それ以後、狩りをやめた（『民間伝承』五（九）、昭一五、七）。②［新潟県相川町（現・佐渡市）］木挽きや大工が山に小屋掛けして暮らしていると、トンチボ（狢のこと）が、夜更けに木の葉をはねたり、木を倒したり、木材を引きずる音をたてる。人の声真似もするが、トンチボは人間のように長音を出せない（『季刊民話』五、昭五〇、三九）。

（及川祥平）

とんぼ【蜻蛉】

㊫だんぶり　とんぼは祖霊や精霊《しょうりょう》の使いとされた。そのため、とんぼを捕まえることや追いかけることは戒められた。特に秋が訪れる前、盆の時期に見かけるとんぼは盆とんぼや精霊とんぼと呼ばれ、祖霊を連想することから、信仰の対象であった。とんぼを捕まえると火事が起きたり、目が悪くなるような災いが生じる。一方で、とんぼは不思議な予兆を知らせ、時には富をもたらすという伝承もある。

⇩しょうせつとんぼ、はち、むしのかいい

事例　①［鹿児島県喜界町］奄美群島の喜界島では七月の初めのとんぼを盆とんぼといい、先祖の乗り物であることや、鞍に似た斑紋があることから採ることを戒めている（『日本民俗学』四（二）、昭三二、四七）。②［滋賀県］赤蜻蛉を捕ると火事がある（『郷土研究』一（七）、大四、五八）。③［福島県］奥州南部の田山に、とんぼの導きで貧乏な正直者が美酒と黄金を手に入れ、ついには長者になったというダンブリ長者の話がある。ダンブリとはとんぼのことである。眠っていた長者の魂がダンブリになったという（『旅と伝説』一〇（一二）、昭一二、五―六）。

（前川智子）

とんぼがみ【トンボ神】

憑きものの一種で、首に輪のある小蛇。

⇩とうびょう

た

な

ながすねひこ【長髄彦】

日本神話に登場する人物。大和地方で東征に抵抗した豪族の長。安日彦《あびひこ》という兄弟がいるとされる。

⇩てながあしなが

事例 ［奥羽地方］ 日本の東の海上には巴太温《ハユタラス》という国があり、奥州南部の海辺には、その国の住人のものと思われる骨が漂流する。はるか昔にいたという長髄彦は、もとこの国の住人で奥羽の地にやってきたのだろう（「消夏雑識」『続日本随筆大成　第一期二』三三一―三三三）。

（磯貝奈津子）

ながれぼとけ【流れ仏】

水死人のことをこう呼ぶ。引き上げる時には、おもかじの方からする。また手でするものだという。丁寧に扱えば大漁となるが、扱いが悪かったときには、反対に魚は取れなくなるという。流れ仏の魂は、雨の日に海に出る。流れ仏は必ず連れて帰らなければならない。無視した船主の子孫には、一代に必ず一人変死者が出る、そのような家も伝わっている。

⇩ふなだまさま、ふなゆうれい

事例 ①［香川県多度津町］ 備中へ行くとき、死人が流れてきた。急ぎの用事があったので拾うことができず、むしろをかぶせて、帰りに拾うことを約束して行った。帰ってきたとき、死人は流れずに同じところで待っていた（『香川の民俗』五四、平一一、五五）。②［山口県萩市］ 流れ仏―漁をさせる仏と漁をさせない仏とあり、悪い仏はその家を取り殺すことさえある（『山口県史　資料編民俗二』平一四、六三二）。

（玉水洋匡）

なきいし【泣き石】

⇩よなきいし

なきごえ【泣き声】

⇩こえのかいい

ななひろにょうぼう【七尋女房】

㊩ななひろおんな【七尋女】、ななひろにょうば【七尋女婆】 島根県、鳥取県にある妖怪。尋とは尺貫法における長さの単位で、七尋は約一二・六メートル。七尋女房は、その名の通り背丈あるいは首が七尋もある大女で、様々な怪異をなした。島根県海士《あま》町海士日ノ津には、武士に斬られた七尋女房が石と化した巨大な女房ヶ石が残っている。

事例 ①［島根県都万村（現・隠岐の島町）］ 十字路や橋の下には七尋女婆がいて、小豆研ぎをしている。背が伸びて七尋にもなる。人が通ると、ガラガラザラザラと音を立て、追いかけて噛み付いたりする（『民間伝承』二五（二）、昭三六、七七）。②［鳥取県西伯町（現・南部町）］ 今はダムの底だが、上長田には念仏岩というものがあった。そこに女の化け物が出て、七尋に伸びて人を脅かした。しかし修験僧が岩に経を彫りつけると、化け物は出なくなった。しばらくは経を消す

ために岩をなめる音がしたが、どうしても消えないので諦めたという（『常民』二五、平一、一七〇‐一七一）。（山口拡）

ななふしぎ【七不思議】

かわった現象や怪異などを七つ数え上げて示すことを七不思議という。不思議は仏教用語の不可思議の略で、思いはかることも言葉で表現することもできない、人知の及ばない、われわれの思考世界を超えていることである。日本の七不思議については、嘉禎《かてい》三年（一二三七）に制定された「諏訪上社物忌令之事」に、「七不思議事」として、正月一日蝦蟆狩之事・寒気之御渡・正月十五日筒粥・楠井池御幣・高野之鹿之耳之拆たる事・御作久田・御射山ニ不レ種麻おゆる事、が記されている。菊岡沾涼の『本朝俗諺志』（延享四年（一七四七））には「信州諏訪上宮七不思議」として、湖水神事・元旦蛙狩・五穀筒粥・高野鹿之耳割・御作田・葛井社清池・宝殿点滴を挙げて説明している。ここでは、神事や信仰に根差した事柄や自然現象が七不思議としてあげられている。

近世の記録にはしばしば七不思議が書き留められている。宮田登は、七不思議がしきりに話題にのぼるようになったのは一八世紀の半ばを過ぎてからのことで、江戸の知識人たちが、江戸から離れた諸国の七不思議を奇事異聞の情報として記録したことによると述べている。各地にはさまざまな七不思議が伝えられているが、「越後の七不思議」や「土佐の七不思議」のように広い地域にわたるもの、「本所の七不思議」「百宅の七不思議」のように都市や村のなかの限られた地域での七不思議、また「大中寺七不思議」や「祇園八坂神社七不思議」のように特定の寺社や城、学校などにまつわるものなど、取り上げられる不思議の範囲によって大きく分けることもできる。

越後の七不思議については、橘南谿《たちばななんけい》の『東遊記』に、三條如法寺村の地中より燃え出る火・カラメキ村の同様の火・蓼村の臭水《くそうず》（油の出る池）・鎌鼬・寺泊の海中にある波の題目・逆様竹・文田の八ツ房の梅をあげて解説している。横井赤城が昭和九年（一九三四）に「越後の七不思議」と題して「田舎」一号に報告したのは、逆さ竹・八房の梅・三度栗・つなぎ榧《かや》・草生水《くそうず》の油・火の井戸・浪の題目である。石油やメタンガス、親鸞伝説などを挙げている点にこの地方の特色がみられる。現在からみれば、科学的に説明できる自然現象もみられるが、当時の人びとにとっては理解を超えた不思議として認識されていた。ただ、越後の七不思議といっても、何を取り上げるかによって不思議の内容が異なっているが、こうした例は他でもよく見られる。

「本所の七不思議」は本所（東京都墨田区）を舞台にした七不思議で、ふつう、無灯蕎麦《あかりなしそば》・送り拍子木・片葉の葦・足洗邸《あしあらいやしき》・送り提灯・置行堀・狸囃子《ばやし》をいう。ただ、一部異同があり足洗邸を含まないこともあるが、内容はいずれも怪異談である。江戸・東京にまつわる七不思議では他にも「番町七不思議」や「麻布七不思議」などが知られている。

学校の七不思議は、子どもたちが話題にする現代の七不思議である。たとえば、音

な

楽室のベートーベンの眼が夜中に動く・音楽室のピアノがひとりでに鳴りだす・校長室のキジのはく製が夜中に飛びまわる・二宮金次郎の像が背負っている薪の数が変わる・トイレのドアを叩くと返事があるが開けると誰もいない・ガイコツの模型が夜中に踊りだす・階段の数がかぞえるたびに違う、といった類いのものが多い。音楽室や理科室などの特別教室、トイレ、階段など登場する場所はだいたい決まっている。数は必ずしも七つではなく、もっと多かったり、少なかったりする場合もある。七不思議を全部知ると呪われるなどともいう。

⇩えちごななふしぎ、えんしゅうななふしぎ、おいてけぼり、かたはのあし、かためうお、がっこうのかいだん

事例 ①［讃岐国（現・香川県）］讃岐の七不思議。〈安戸池の鯔《ぼら》〉安戸池の鯔は網を入れる者があると山を越えて海へ逃げるといわれている・〈龍頭の松〉大川郡白鳥村の新たに植えた龍頭の松は盆の一五日の夜だけ龍燈を見ることができる・〈動石〉大川郡志度の浦にあるこの石に腰を掛けると善人ならば石が動く・〈由良の甕《かめ》洗い〉木田郡阪上村の山良神社にある甕は洗うと必ず雨が降る・〈聖社〉小豆郡の苗羽村にある聖社の境内で人が踊ると神池も音をだして踊る・〈血の池〉屋島の山上にある血の池はいつも血のような赤黒い水をたたえている（『里俗と民譚』昭七、一八－一九）。②［遠江国（現・静岡県）］遠州の七不思議。秋葉山及び光明山の御使者の天狗の火・秋の彼岸中日に亡者の霊魂が集う佐倉村の桜が池・中内田村應聲教院前の片葉の蘆・橋の下を流れる水で洗えば下の病が治る大淵村のビッタレ橋・暴風雨のとき遠州灘の波の音が聞こえる・日阪村の夜啼石・浜松市のザザンザの松（『郷土研究』三（一〇）、大五、四六－四七）。③［東京都中央区］八丁堀の七不思議。東京本所の七不思議は誰でも知っているが、昔は京橋の八丁堀にも七不思議があった。一はお寺があって墓のないこと。二は地蔵堂があって地蔵尊のないこと。三には女湯に刀掛けのあること。その他の不思議は今日では明らかでない（『郷土趣味』三（一一）、大一一、三五－三六）。④［豊後国姫島（現・大分県姫島村）］豊後姫島の七不思議。〈阿弥陀蠣〉洞窟に付着した蠣の形が仏像に見える・〈浮田〉田の畔に立って飛躍すると田面が動いて船に乗っている感じがする・〈比賣許曾《ひめこそ》神社〉・〈鉄漿《かね》水〉比賣許曾神社の真下の岩から出る冷泉は鼓のような音がする・〈かねつけ石〉姫島の女神と男神が夫婦の契りを結び、女神が操を変えぬしるしに歯を染められたのがこの石だという・〈逆さ柳〉女神がさした楊枝が根を生じたものという・〈海中に突出した巨石の上に祀った観音様〉（『郷土研究』三（九）、大四、五三）。⑤［栃木県富山村（現・栃木市）］

三代歌川国輝「本所七不思議之内・足洗邸」（明治一九年　国立歴史民俗博物館蔵）

大中寺の七不思議。〈門前の杉の数〉何度数えても数が同じでない・〈馬の首の井戸〉晃石太郎の乗馬の首が現れるという・〈開かずの雪隠〉尻を手でなでられるという・〈本堂の枕返り〉北を枕に寝ると必ず南北にせられる・〈すべり坂〉昇降すると必ず転ぶという・〈火絶たずの竈《かまど》〉常に火を絶やさない。絶えたときには本山の永平寺まで貰いにいくという・〈根無しの藤〉本堂西の墓所にあったというが今はない（『郷土研究』四（二）、大五、四五）。⑥［常陸国鹿島（現・茨城県鹿嶋市）］常州鹿島神宮の七不思議。要石・御手洗水・末無川・海の音・御藤・松の箸・根上り松（『郷土趣味』一七、大九、二四－二五）。　（常光徹）

〔参考文献〕飯島吉晴「七不思議を読み解く」『フォークロア』二、平六。野村純一『世間話と怪異』平二四、清文堂。宮田登『現代民俗論の課題』昭六一、未來社。『別冊歴史読本』二七、平九、新人物往来社。

ななめ

ヤツメウナギのような生き物。山に登っているところを武士に退治された。

⇩うなぎ、さかなのかいい、だいじゃ

事例 ［兵庫県竹野町（現・豊岡市）］ナナメは川口に住んでいたが、笛を吹いて山へ登っているところを、武士に殺された。ナナメを桶に入れたところ、七つ半もあった。それ以降、武士の家は衰えた。山の奥にいる蛇《じゃ》と夫婦だったともいう（『民俗採訪』昭和三八年度号、昭四〇、一〇二－一〇三）。　（廣田龍平）

なのあるきつね【名のある狐】

日本各地に固有の名称をもつ狐・狸の伝承がある。名のある狐の名は、溝山狐・倉谷狐のように出現場所を冠するもの、ねんねこ狐・婆狐のように化かし方によるもの、おさん狐・おはる狐・ロクエモン狐のように人名を冠するものとある。狐や狸は霊力を持つ動物とされ、怪異を起こすもっとも身近な存在とされてきた。狐・狸に固有の名称を付け、特別な存在であるとするこれらの伝承は、そうした親近感の表れといえるだろう。

⇩おさんぎつね、おとひめぎつね、きつね、げんくろういなり、こじょろうぎつね、さんきちぎつね、そうたんぎつね、とうないぎつね

事例 ①［福井県坂井郡（現・坂井市）］おはる狐は人をだます事が上手で、だまされない、だまされないと思っている内に、いつの間にか頭を坊主にされてしまっている（『南越民俗』一、昭一二、二六－二七）。②［和歌山県金屋町（現・有田川町）］ロクエモンギツネが人についたときは、ウカガイ師に家までできてもらい、日本刀を振りまわして追い出す（『民俗採訪』昭和三五年度号、昭和三六、五七）。　（伊藤純）

なのあるむじな【名のある狢】

狢の中でも固有の名をもつもの。狢が住む土地の名や家の名ないし屋号が冠せられるほか、人のような名をもつものも多い。佐渡では固有の名をもつ狢が多数おり、いずれも有力な狢で、頭領・団三郎に統べられている。寒戸、禅達、財喜坊、源助は団三郎配下の四天王とされる。また、団三郎

の妻は高橋お六、その子が財喜坊とされるなど、相互に親類関係を結んでいる。

⇩げんすけむじな、さぶとのむじな、だんざぶろうむじな、ぜんたつむじな、ちょうたむじな、まつとむじな、むじな

事例 ①［神奈川県］火の番のもとに正九郎モヂナが出てきて相撲をとろうと言われ、一晩中相撲をしていたところ、腰に付けていた提灯の火が着物に燃え移り焼け死んだ。正九郎は家の名（『民間伝承』四（一一）、昭一四、一二）。②［富山県井波町（現・南砺市）］半兵衛狢の話。半兵衛という屋号の家に毎夜狢が来たので、白い石を焼いて餅だといって金玉に投げつけたところ、焼け死んだ（『伝承文芸』一五、昭六二、五四-五五）。

（及川祥平）

なべかつぎ【鍋担ぎ】

㊫なべっかぶり【鍋被り】 鍋をかぶせたかのように人の視界を奪う怪異。狸のしわざとされる。

⇩たぬき

事例 ［兵庫県加東市］ナベカツギとは、夕方から夜にかけて狸が人を化かすもので、鍋をかぶせたように目の前が真っ暗になる。昭和の初めくらいまで出た（『上鴨川の民俗』、平一一、二四二）。

（及川祥平）

なまくび【生首】

生首の怪の民俗的背景について、宮田登は「首塚」に代表される怨霊観念を指摘する（「女の首のフォークロア」）。説話史のなかにその類例を求めるなら、梟首《きょうしゅ》されてなお復仇を誓った平将門《たいらのまさかど》の伝承（将門塚）や、三浦荒次郎《あらじろう》の首にまつわる敗者怨霊の怪異が知られている。

近世初頭の怪異小説において、城中に起きた生首の怪が強調されたのは、戦国期以前のそうした怨霊伝承の変奏であろう。例えばお伽衆《とぎしゅう》の関与が推測される『曽呂里物語《そろりものがたり》』（寛文三年・一六六三刊）巻二の一三は、奥州小松の城を舞台とする女の首の怪談をしるす。留守居の奥方が雪隠でにこにこ笑う生首に出会う。勇気を出して睨み付けたところ怪異は消え失せた。ここでは、武家の妻女の武勇談に話の主軸が変容している。

一方、『曽呂里物語』は次のような奇談も収める。越前北の庄の夜道で旅人が一羽の鶏を見かける。よく見るとそれは女の生首だった。刀を抜いて斬りかかるが、首はするすると逃げながら、やがて一軒の家の中に入る。主の女が言うには、夢の中で斬られそうになって逃げたのだという（巻一の二「女の妄念迷ひ歩く事」）。「離魂病」の奇談を生首の怪にからめたもので、生霊になった女の魂が精神をつかさどる「首」の姿態に表現されたと考えられる。この系統の話は、夢中に首が抜け出て浮遊するろくろ首（飛頭蛮《ひとうばん》）の伝承とも関連する。

なお、恋の悩み故に女の生霊が火の玉と化して夜道をさまよう『甲子夜話』巻一一の目撃談も同系統の変奏とみてよかろう。

恋愛を原因とする生首の怪という点では、天和三年（一六八三）刊『新御伽婢子《しんおとぎぼうこ》』巻二の四「女の生首《いきくび》」は最も伝承圏の明確な類例である。関東の寺で修行することになった京都の若僧は、自分を慕う娘の首を切り落し荷物に隠して僧院に入る。と

ころが首は腐ることなく、生きて僧との交情を嬉しむ。やがて僧は急死し、女の首も枯ち果てた。

この話とほぼ同内容の生首奇談をしるしたものに臨済禅系の説教書である『怪談信《かいだんしん》筆《ぴつ》』（正徳五年・一七一五写）がある。女人禁制の寺で修行する若い学僧のあいだにこうした生首談が語られ、怪異文芸の素材となったのであろう。福井県永平寺《えいへいじ》の七不思議のひとつ「首座単《しゅそたん》の生首」は、同型説話を今日に伝えたもののひとつである。学校の怪談の原風景がみてとれる。

⇩くびづか、りこんびょう、ろくろくび

事例 ①［東京都千代田区］関東大震災後に病人が続出して現職の蔵相らが死んでいくので、これは将門の怨霊のせいだということで衆議が一致した。バラックを建てる時に、首塚を縁の下に叩き込んで靴で毎日踏み付けていたから、将門が怒ったのだという。そうして盛大な鎮魂祭が行われた（「東京朝日新聞」昭三、三月二七日）。②［神奈川県小田原市］一六世紀の初頭、北条早雲が三浦荒次郎義竟の首を小田原城下に晒したところ、そこを通る人、見た者に災いを成した。誰が供養しても成仏せず、三年間目を見開いていた。一説には刎ねられた首が小田原城下の居神神社の松の枝にかかり、下を通る人を睨み殺したという（『常民文化研究』一三、平八、一九）。③［島根県松山村（現・江津市）］永禄三年、尼子と毛利が争った頃、松山城主は毛利に敗れて戦死した。落城の際、城主は姫に城の名宝を託して落ち延びさせた。土地の豪族がこれを知り、姫を殺し名宝を奪って死骸を川に投じた。村の首塚は落城の際の武士の死骸を祀ったものだが、今でもそこを通ると、剣戟の声と女の叫び声がするという（『旅と伝説』五（七）、昭七、六〇）。④［宮城県仙台市］義山様（二代忠宗公）の頃、元寺小路観音堂前南角に住む進藤勘四郎という者が夜更けて我が家に帰り、門扉をあけて入ろうとすると、門際の杉の上から呼びかける声がする。「何者じゃ」と仰ぎみたら、白衣の女が散らし髪で、木の上から生首を二、三〇も投げ下ろしてきた。「それこそ、拙者の望むものじゃ」と、手を広げ止めようとしたら、女も生首も消えうせた（『宮城県史 二一』昭三一、四七一–五六二）。⑤［不明］轆轤《ろくろ》首は寝ている間に体を離れて首が飛び、虫を食べたり人を襲ったりする（『近畿民俗』一六二・一六三、平一三、一–二〇）。⑥［東京都］ある俳諧師が新吉原で轆轤首と噂される女を買ったら、夜中熟睡する女の首が三〇センチほど伸びていた。騒ぐと、家の主にもてなされ、口止めされた（同上、原話は『閑田耕筆』巻之二）。⑦［福井県永平寺町］ある時、永平寺の首座《しゅそ》に決まった若い雲水は、門前の娘と恋仲だったが、百日の間境外に出られないことを苦に、相手の娘を殺して生首を戸棚に隠した。だんだん悪臭がたち、発見されて大さわぎになったという（熊谷忠興『永平寺』昭五七）。

（堤邦彦）

〔参考文献〕宮田登「女の首のフォークロア」『江戸文学』一、平一。後小路薫「近世学寮の怪談――女の生首譚をめぐって」『文芸論叢』五〇、平一〇。

な

古くは雨や洪水を呼ぶ力があると考えられ、湖沼の主とされていた。また洪水を呼ぶともいう。

繁殖力が強く、鯰の大発生は洪水や天変地異の前触れとして考えられた。江戸期には地震の原因は地下の巨大な鯰とされ、安政江戸地震後には鹿島の神が地震の原因である鯰を「要石」で抑えつける構図の「鯰絵」が流行した。鯰が地震を予知するという俗信を基にして、動物による地震予知の研究がなされているが、未だ実証には至っていない。

⇩おとぼうなまず、さかなのかいい、たていし

事例 ①［滋賀県虎姫町（現・長浜市）］大井城のひょうたん池には大鯰がいて、日照りの際はグーグー鳴いた（『民俗文化』四六三、平一四、五二八八）。②［和歌山県九度山町］雨乞いの最後の手段として丹生川で鍋墨を洗うと、白い鯰がその身体が汚れるのを嫌って雨を降らし、河水を清めようとする（『民間伝承』四（六）、昭一四、三）。③［岩手県岩手郡］地震が来ると囲炉裏にキワリを突き立てて「カシマ様にお授けしますマジャラクマジャラク」と唱える（『旅と伝説』四（八）、昭六、四〇）。

（広川英一郎）

鯰絵「鯰と要石」（国際日本文化研究センター蔵）

なまだこ【生団子】

埼玉県秩父地方や長野県に分布する憑き物。秩父地方ではオサキ・ネブッチョウと並び、忌まれる家であったといい、この家筋では、彼岸月見などで団子を茹でると、甑の中に必ず三つ生の団子ができるという。長野県ではかつては婚姻を忌避する家系とされた。葬式を扱ったため、生の団子である枕団子を食べる所から呼ばれたとも言われるが、南無阿弥陀仏講の転訛であり、一種の念仏団体であったともされる。

⇩つきもの

事例 ①［埼玉県秩父市］武州秩父ではナマダコの家は忌まれた。この家では、彼岸月見などで必ず生の団子が三つできるという（『郷土研究』一（六）、大二、三二六－三二七）。②［埼玉県秩父市］秩父地方の憑き物にナマダコの記述がある（『秩父民俗』五、昭四五、三三）。③［不明］かつては生団子と呼ばれ賤民扱いされた。南無阿弥陀仏講の転訛で葬式などを扱う門前と関係があったとされる（『郷土研究』二（五）、大三、三〇六－三〇七）。

（堀口祐貴）

なまとんかなし【奈麻戸奴加奈之】

㊮うしぼぜ【牛ボゼ】、びゅう　鹿児島県の南島から沖縄に伝承される怪牛。耕作の神として崇められる。八角八足の姿、もしくは前足後ろ足が八本ずつ、計一六本の足を持つ怪牛で、夜間に現れるとされる。鹿児

島県の南島では、春祭りの際に行われる稲作の予祝行事で、儀礼の最後に造り物の牛が用いられ、これがびゅうであるとする。

⇩うし

事例　〔沖縄県〕夜間、村落に八角八足の怪牛が現れると、人びとは地に頭をつけて拝んだ（『国立民族学学博物館研究報告別冊』三、昭六一、一二〇－一二二）。（田村明子）

なまはげ【生剥げ】

㊫あまめはぎ【あまめ剥ぎ】、なもみはぎ【ナモミ剥ぎ】、ひがたたくり　秋田県男鹿半島などで毎年、大晦日の晩に行われている民俗行事、あるいはそこに現れる鬼。旧暦一月一五日の小正月に行われていたともされる。

ナマハゲの名は、怠け者にできる皮膚のシミすなわちナモミを剥ぐことから。行事としてのナマハゲは、面を被り蓑や脛巾《はばき》を着け木製の刃物を手に持つことで恐ろしい鬼の扮装をした村の青年たちが三－五人ずつの組になって各戸を回るもので、その際に箱に入れた小さなものをカラカラ鳴らしながら大声を上げて子供らを脅かす。村によって「泣く子はいねがー」「ナモミコはげたかはげたかよ」などと唱える。迎える家は酒肴などでもてなす。来訪神による新年に向けての祝福や訓戒の意味がある。昭和五三年には「男鹿のナマハゲ」として国の重要無形文化財に指定された。近年ではなまはげの伝承をモチーフにした地域ＰＲのマスコットやヒーローキャラクターなど新しい姿のなまはげが誕生している。

⇩きょらいしん

（鄧君龍）

〔参考文献〕日本海域文化研究所『ナマハゲ　その面と習俗　男鹿半島史　別巻』平一六、秋田文化出版。

なみこぞう【浪小僧、波小僧】

静岡県に伝わる妖怪で、海にいて波の音などで天気予報をするという。河童の異称とする地域もある。小さな子供の姿もしくは、もとは藁人形だとする話が多く、田植えの手伝いなど何らかの理由で作られた藁人形が、仕事が済んだ後、川に流され、それが海に至って波の音で天気を知らせるようになったというものである。同じように、河童にも人形起源伝承があるため関連性が考えられるが、こちらは、川に捨てられた藁人形が人を襲う河童となったのだとする話が多く、浪小僧とは性格が異なる。

⇩かっぱ

事例　①〔静岡県浜松市〕河童のことを浪小僧という。もともとは、流されて海に至った藁人形であるが、波の音で天気予報をして農作を保証するといわれ、農神とみられている（『民間伝承』一三（八）、昭二四、六）。②〔静岡県〕行基が、老母の田植えの手助けに作った藁人形を、仕事が済んだ後に、風雨災害は必ず告げよ、と命じ川に流した。これが海に流れて浪小僧になり、天気が変わるたびに知らせてくれる（『民間伝承』一六（八）、昭二七、三五）。（小澤葉菜）

なめらすじ【ナメラ筋】

㊫かみのとおりみち【神の通り道】、けものすじ【獣筋】、てんぐのとおりみち【天狗の通り道】、なまめすじ【ナマメ筋】、なわす

じ【縄筋】、なわめすじ【縄目筋】、ますじ【魔筋】、まどうみち【魔道道】、れいどう【霊道】

神霊・魔物が通るとされる道。岡山県および四国に多く伝承されている。この道筋の上に家を建てると不幸や災難が続いて栄えないとされ、また家鳴りなどの怪しい現象が起こるという。

岡山県ではナメラ筋、ナマメ筋、魔道などと呼ばれ、いずれも魔物が通る道とされている。魔物というのは十二支以外の獣であるともいわれ、狼道、ケモノスジという呼称もあるように、獣類が通る道というイメージが強い。真庭郡川東村（現・真庭市）では、ナマメ筋を通るのはナマメという犬くらいの獣であるとされている。また久米郡や真庭郡では、ナメラ筋にはギンヅチという槌の形をした蛇（いわゆるツチノコ）が転げ出るという。一方、四国ではナワ筋、ナオ筋、ナワメなどと呼ばれ、首切れ馬が走るとする伝承がしばしば聞かれる。また、峰から峰へ通る尾根づたいの道はナワメとされることが多い。香川県では、ナオ筋（ナワ筋）は行く先が見えないほど細く長く続く一本道とされているが、尾根筋も同様に長く続く道とみなすことができる。こうした道は一種の境界線であると考えられるため、そこに境界に対する特別な意味づけが反映されていると見ることもできる。またナメラ筋やナワ筋が古代の条里制に一致するという指摘もあり、民俗社会における空間認知の問題を考える上で興味深い材料を提起するものである。

⇩きょうふのばしょ、くびきれうま、ましょうみち

事例 ①［岡山県美甘村（現・真庭市）］ナマメ筋はありとあらゆる魔物の通る所という。そこに建てた屋敷では、夜中に木を切る音や武士が地響きを立てて駆けていく音が聞こえたり、坊主がお経を上げながら歩いていく音が聞こえた。また病人が続出し、二度も火災に遭ったりした。その後家を別の場所に建て替えると、不思議なことは起こらなくなった（『岡山民俗』一四七、昭五七、八）。②［愛媛県今治市］毎年二月四日の節分の夜に首のない人が首なし馬に乗ってナワメを通るので、そこには家を建てない。その一方で、首なし馬を見ることは縁起のよいことで、どんな人でも出世できるともいう（『あゆみ』一二、昭五〇）。③［徳島県池田町（現・三好市）］節分の夜にヤゲンさんが片目の馬に乗り、銭をたくさん持って峰から峰を通るので、峰の四つ辻で待つと銭をくれるという（『阿波池田の昔話と伝説資料集』昭五二）。④［高知県檮原町］高知県と愛媛県の境の尾根が途切れずに長く続く「通しの畝」をナワメノミチとかマドウミチといい、魔年《まとし》の晩（節分の夜）にはそこをマドウ（魔道）が通るという。マドウのなかには銭か何かを担いで通るものがいるので、それを斬り殺すことができれば金が手に入るという（『土佐の世間話』平五、四七-四八）。

（香川雅信）

〔参考文献〕常光徹「なめら筋—妖怪の通り道—」『音声としての呪文・呪歌・唱え言の総合的研究』平一三。三浦秀宥「ナメラ筋系伝承魔道考」『岡山民俗』九、昭二九。

なりいし【鳴石】

類じごくいし【地獄石】、しずくいしたんたん、なりいわ【鳴り岩】　ひとりでに鳴動する等の怪異を伴う岩石。地獄石は地獄の釜の音が聞こえるという。

⇩いしのかいい、おとのかいい

事例　①［長野県立科町］立科の鳴石（鏡石）は風が強く吹けば鳴り、天気が悪くなる。ある時石工が割ろうとすると、山が鳴り谷が答えて鳴動し、火の雨が降って石工は死んだ（『上田盆地』一八、昭五四、一二四）。②［岐阜県上之保村（現・関市）］小那比川に面した山林に鳴り岩がある。岩の下を通るとザアーと鳴るという（『中京民俗』二〇、昭五八、一三九）。③［岩手県西根村（現・雫石町）］村社滴石神社の境内の一巌石に銚子状の湧口があり、「シズクイシ」と鳴って湧いては下の石に「タンタン」と滴っていた。見物人が多く、そこの別当は長者となったが、案内を煩わしく思った妻が湧口を叩き割ってしまった。その祟りで家はだんだんと貧乏になり、子孫も絶えたという（『旅と伝説』四（八）、昭六、三五―三六）。

（大里正樹）

なんじ

類おーなんじ　熊野古道に出没する恐ろしい魔性のもの。武士が不意に死んだという場所にもナンジがいる。ナンジにあうと、信仰心がないとその場で狂ってしまうという。イキアイのようなものだが、火を発して山火事を起こすこともある。

⇩とおりあくま

事例　［奈良県川上村］熊野古道には、ヒダルガミとともにナンジという魔性がいる。一九七〇年の三月下旬～四月上旬、このナンジが燃えて、大火事になったことがある。このときは、水を二杯汲むだけの短い間にも火がどんどん周辺へと燃え広がって、魔性の火が飛んでいき、谷や尾根を越えて大きな火災になってしまった。また、ナンジのたくさんいる場所をオーナンジと呼び、川上村には三つあると伝えられている。二つは白川渡にあり、残り一つは上川のだろうと言われている（『あしなか』一四四、昭四九、一〇）。

（廣田龍平）

なんじゃもんじゃ

類あんにゃもんにゃ　種名が判然としない日本各地の大木に付けられた名称。従って正体をあげればきりがないが、代表的な樹種はクスノキ、ヒトツバタゴ、バクチノキ等。明治神宮内のナンジャモンジャがヒトツバタゴであり、それが有名になったことから、近年、ナンジャモンジャがヒトツバタゴの別名のように考えられるに至ったという（長沢利明「ナンジャモンジャの樹拾遺」）。一つ目小僧が、この木より北にしか現れないとする土地もあり、一種の境界的な意味合いも持ちあわせている。また長崎県生月島には、殉教した切支丹の老夫婦にまつわる「ジサンバサンの屋敷跡」と呼ばれる土地があり、大きなバクチノキが生えている。ナンジャモンジャという語感との共通点が注目される（今井秀和「怪しの変則反復語」）。

⇩きのかいい

事例　［長野県上田市］虚空蔵山上に霊木ナンジャモンジャがあり、見る度に枝葉が

違って見える（『長野県史　民俗編一（三）』昭六二、四五八）。　（今井秀和）

なんそぼう【南祖坊】

八郎を十和田湖から追い払って主となった僧。蛇体ともいわれる。

⇩はちろう

なんどばば【納戸婆】

(類)なんどばぁさ【納戸婆】、なんどばじょ【納戸婆ジョ】　納戸にいる、老婆の姿をした妖怪。主に子供に恐れられていた。

⇩くらわらし

事例　①［岡山県高月村（現・赤磐市）］納戸にはナンドババアという額の禿げあがった老婆がいて、ホーッと言って現れる。子供がこの妖怪を恐れていた。庭ほうきで叩くと、縁の下へ逃げ込んでしまう（『岡山文化資料』二（三）、昭五、五二）。②［岡山県］納戸婆《なんどばあさ》は納戸に座っている（『現行全国妖怪辞典』昭一〇、三六）。③［香川県詫間町（現・三豊市）］納戸には納戸ババが出る（『民俗採訪』昭和四七年度号、昭四八、七六）。④［宮崎県本庄町（現・国富町）、倉岡村（現・宮崎市）］ナンドバジョは納戸の奥の暗い場所にいる（『日向郷土志資料』二、昭六、九四）。⑤［愛知県大治町］母屋の納戸にはナンドババサがいる。子供たちに怖がられていた（『大治町民俗誌　下』昭五四、八九三－八九四）。⑥［大阪府河内長野市］旧暦一一月三〇日、納戸に納戸爺さんと納戸婆さんを祀り、二股大根などを供えた（『河内長野市史　九』昭五八、四五九）。　（廣田龍平）

に

におう【仁王】

(類)におうそん【仁王尊】　半裸忿怒の力士形で表される。子供を脅かしたり食べてしまい、怒った村人が仁王像を谷に落としたり、首をつけかえたという報告がみられる。また、「におう」は笑話でしばしば「匂う（臭う）」と関連づけられる。

事例　①［埼玉県都幾川村（現・ときがわ町）］子どもが仁王様の近くで赤ん坊を背負って遊んでいた。赤ん坊が泣きやまないので、仁王様の前に下ろしたが、夕方帰りぎわ姿が見えない。母親と探したが見つからず、ふと仁王様を見ると帯ひもが口から垂れ下がっていた。村中大騒ぎとなり、仁王様を谷底に落とした。仁王様は「オホホン、オホホン」と笑ったので、そこをオホホン沢と呼ぶ（『新編埼玉県史　別二』昭六一、五九九-六〇〇）。②［神奈川県平塚市］仁王様が夜遊びに出かけ、お婆さんが糸を紡ぐのを覗いたところ、大きな屁をした。仁王様がおかしくて笑ったところ、お婆さんが「におうか」と言ったので、仁王様はびっくりして逃げ帰った（『神奈川県史　各論編五』昭五二、九四二）。
（山越英嗣）

にくづきめん【肉付面】

被ると顔から外れなくなってしまうという面。邪な考えをもつ者が被ると外れなくなるともいう。伝説では嫁姑の確執に関連して語られる。特に越前の吉崎御坊の霊験譚となっているものが広く知られており、最後は仏教への帰依が説かれる。吉崎御坊近くの嫁威谷《よめおどしだに》が伝説の地であるとされ、そのときの面が近隣の寺院に残されている。

⇩めんのかいい

事例［長野県北安曇郡］北城の切久保の宮に伝わる七道の面の話。嫁が苛められた仕返しに鬼面を一つ盗み、しゅうとを驚かしたが、面が取れなくなり、楠川の洞窟に入って出てこなくなってしまった。そのため今でも七道の面は一つ欠けている（『長野県史　民俗編三（三）』平二、四三四）。
（中村祥子）

にこんぼうのひ【二恨坊の火】

大阪府二階堂に出る怪火で、小雨の夜に遠くに見えることがあるという。『諸国里人談』には、三月頃から六、七月頃に出る長さ一尺ほどの火とされ、家の棟や木の梢に止まる。近くでは人間の顔かたちを備えているように見える。害をなすこともないので、人びとはさして恐れなかった。かつて日光坊という山伏が村長の妻の病気を加持によって平癒したが、妻との密通を疑った村長に殺された。平癒の恩も知らず、その上に殺害するという二重の恨みが妄執となって村長を殺した。そのため日光坊の火を二恨坊の火と呼ぶようになった。

⇩かいか

事例［大阪府二階堂村（現・茨木市）］小雨の降る夜にあらわれる怪火。一説には法を破った山伏ふたりが共に罰せられ、その亡霊が怪火となった。火炎の中に山伏ふたりの頭が見えることから二恨坊の火と呼ばれるようになったともいう（『郷土研究　上方』三（三三）、昭八、三一）。
（三柴友太）

にしきとべ【丹敷戸畔】

『日本書紀』における神武天皇の東征の記述に登場する。神武天皇が熊野の丹敷浦とも呼ばれる荒坂津《あらさかのつ》に至った際に誅した。その時神が毒気《あしきいき》を吐いたために皇軍が振るわなくなったという。荒坂津は三重県度会郡大紀町や熊野市二木島町などに比定されている。丹敷戸畔の「戸畔」は上代において女性につけられた名称で、トは戸、べはメから音転したもので女を意味するとされる。つまりは本来「戸女《とめ》」であり女性の戸主、あるいは一族を代表する女性を指すものと考えられる。神武天皇にまつろわぬ土豪の一族であったのだろう。

事例［和歌山県那智勝浦町］補陀落山寺には丹敷戸畔の墓と称するものがある。この女傑は毒気を吐いて神武天皇の軍をなやましたと悪し様に語られているが、立場をかえて見れば如何になるか。和歌山の方には名草戸畔というのがいた。紀伊・熊野地方は女酋の支配する国であったらしい（『フォクロア』一五、昭四六、一六）。（村山弘太郎）

ニシポソインカラ

ニシ（雲）・ポソ（透かす）・インカラ（見る）＝「雲を透かして見る」の意。アイヌの伝承にみられる化け物。「～を透かして見る」という同系統の名前の化け物は他にもいるが、それらに比べると報告例が少なく、入手しやすい文献では『萱野茂のアイヌ語辞典』しか記述がみられないようである。

事例 ［北海道平取町］ニシポソインカラは雲を透かして見る化け物。その姿はわからない、想像上の化け物である（『萱野茂のアイヌ語辞典』平一四、三四三）。（矢崎春菜）

にじゅうごにちさま【二十五日様】

二十五日様は水難事故で死亡した霊とされ、伊豆諸島では海難法師《かんなんほうし》と呼ばれる。伊豆諸島の多くでは二十五日様・日忌様という忌籠りの風習があり、一月二四日～二五日の間は「外出はしてはいけない」「海をみてはいけない」というような禁忌がある。これを破ると二十五日様の祟りがあるとされる。二十五日様は海を渡ってやってきて、その姿を見た者は間もなく死ぬとされる。

⇩ひいみさま

事例 ①［東京都神津島村］二十四日・五日島の人たちの忌篭ることは大へんなものである。この両日は仕事をせず、大きな音をたてず、夜もあかりをつけない（『民俗採訪』昭和三〇年度号、昭三一、一一五）。②［東京都神津島村］二十五日様は日忌様ともいい、その正体はもちろん島では知られていないが、海を渡ってくる神様だという（『民俗採訪』昭和三〇年度号、昭三一、五四）。（伊藤純）

にせきしゃ【偽汽車】

㊟きつねのばけぎしゃ【狐の化汽車】ある夜、蒸気機関車の機関士は反対方向からくる機関車に気づき、急ブレーキをかけた。衝突する瞬間に相手の機関車は消えた。翌日も同じ場所で同じことがあった。三日目に機関士は、どうせ消えるだろうと思ってブレーキをかけなかった。何事も起こらない。翌日、その場所で狐（狸・貉《むじな》）が死んでいたのが発見された。これが、明治・大正期に盛んに語られていた「偽汽車」の話である。明治五年（一八七二）に日本最初の鉄道が開業して以来、西へ北へと単線軌道が延びていくにしたがい、実際にあったこととして「偽汽車」の話が各地に広まっていった。東日本では狐が汽車に化けることが多く、西日本では狸が汽車に化ける傾向がみられる。

柳田國男が大正七年（一九一八）に「能く貉が汽車に化けて軌道を走り、そして本当の汽車に轢かれて往生したなどといふ話をも聴き」（「狸とデモノロジー」）と述べた後、佐々木喜善が大正一五年（一九二六）に「偽汽車の話」（『東奥異聞』）と題して各地の類話をまとめたことにより、世間話の一型として認知されるようになった。

「偽汽車」とともに、狐狸が何物かに化

けて汽車に轢かれた話も数多く報告されている。常磐線亀有駅（東京都葛飾区）近くの見性寺には貉塚があり、明治三〇年（一八九七）の鉄道開通時に、貉の親子が軌道上で腹鼓みをしていて汽車に轢かれたのを憐れんで祀ったと伝えている。神奈川県足柄上郡には汽車に轢かれた狐を祀った線守稲荷大明神がある。「偽汽車」はこうした狐狸轢死譚の一形態と位置づけることができる。

⇩きつね、くるまのかいい、たぬき、むじな

事例 ①［岩手県和賀町（現・北上市）］明治二二、三年頃、夜汽車が野原を走っていると向こうから列車がやってくる。機関士が汽車を止めると向こうも止まる。走れば走り出す。そんなことがしばしばあったある夜、機関士は汽車を向こうからきた汽車にぶつけた。相手の汽車は消滅したので翌朝調べてみると、そこには大きな古狐が轢死していた（佐々木喜善『東奥異聞』大一五、一五八）。②［愛知県新城市］明治三〇幾年のこと、豊川鉄道が長篠へ通じたとき、川路の勝楽寺森の狸が線路工事のために穴を荒された仕返しに、或晩機関車に化けて走って来て、此方から行く汽車を驚かした。初めの時は機関手もあわてて汽車を止めたが、次の晩は構わず走らせるとその機関車はフッと消えて、何やらコトリと轢いたと思った。翌朝見ると線路に古狸が一匹轢かれて死んでいた（早川孝太郎『猪・鹿・狸』大一五、一九八）。③［山形県最上町］陸羽東線が大正七年に開通したころ、汽車が走っていると向こうから機関車がやってくる。機関車はブレーキをかけたが間に合わずぶつかってしまった。よく見ると機関車がない。また走り出すと何か轢いたようだった。駅につくなり人を走らせて現場を探させると、大きな古狸が死んでいた（佐藤義則『羽前小国郷の伝承』昭五五、一三〇）。

（大島廣志）

〔参考文献〕松谷みよ子『現代民話考三（偽汽車ほか）』昭六〇、立風書房。柳田國男「狸とデモノロジー」『定本　柳田國男集二二』筑摩書房。

ニタッラサンペ

萱野茂氏によると、ニタッ（湿地）・ラウ（底）・サンペ（心臓）＝「湿地の底の心臓」の意。アイヌの伝承にみられる化け物で、湿地におり、茶褐色で羽根が生えているが鳥とも獣ともつかず、大きさ約二〇センチの丸い姿をしている。

⇩いけ・ぬま・しみずのかいい・れいげん

事例 ［北海道平取町］これの姿を見ると運が悪くなる。滅多に見ることはないのだが、見てしまったペナコリの村人の一人は、本当に運が悪くなったものだという（『おれの二風谷』昭五〇、二六五）。（矢崎春菜）

にたんばえ【二反生え】

鹿児島県志布志町中川内に伝わった怪異で、地面から二反もある反物が生える。ここには人は住めなかったという。

事例 ［鹿児島県志布志町（現・志布志市）］中川内の、いま田んぼになっている場所は元は野原で、ニタンバエが出るといわれ、

誰も家を建てなかった。ニタンバエは二反くらいの反物で夜に出た（『民俗採訪』昭和六三年度号、平一、一八三）。（山田奨治）

にっこうさん【日光山】

昔、日光山の明神と赤木山の明神が争った際、日光山の麓に住んでいた弓の名手の万三郎は日光山の明神に味方して勝利し、全国の狩猟を許されてマタギの祖となった。マタギ関係の文書でも確認できる伝承である。

⇩ばんじばんざぶろう

事例 ［宮城県］貞観元年、上野国の赤城明神と日光山二荒大権現の神々が戦争を始めた。日光山麓に住む弓矢の名人、万三郎為信は大蛇となった赤城明神を討ち取り、以来万三郎はマタギの神として崇められ、マタギの先祖であると伝えられるようになった（『宮城県史　二〇』昭三一、三〇一-三一二）。（山田栄克）

にったよしおき【新田義興】

㊮にっただいみょうじん【新田大明神】　新田義興とは新田義貞の次子で、南朝方の有力武将であった。延文三年（一三五八）に江戸遠江守・竹沢右京亮の謀略によって自害させられたが、その後江戸・竹沢の両人は義興の祟りによって死ぬ。また義興の自害した場所である矢口村にも度々怪異が起こったため、人々は社を建てて義興を新田大明神として祀った。現在も新田神社に祀られている。江戸遠江守を殺害しに行く際には角の生えた馬に乗っていたという話もある。また享保一三年（一七二八）に矢口村へ竹沢右京亮の子孫がやってきた際には強い風雨を起こし、非礼者が来た際には気絶させた話も残っている。

事例 ［武州矢口村（現・東京都大田区）］新田義興は江戸遠江守・竹沢右京亮の謀略により自殺し水中に入る。その後竹沢・江戸の両人は、義興の霊の祟りにより程なく死す。また矢口村にもあやしき事度々あり、人々は恐れて、社をたてて新田大明神と崇め奉る（「増補江戸年中行事」『続日本随筆大成　別一二』九二）。（五十嵐大晃）

ニッネカムイ

アイヌの説話や伝承に登場する化け物。「魔神」などと訳される。「鬼」と訳されることもあるが、和人の伝承における鬼とは異なる存在である。ニッネ「性悪な、凶悪な」カムイ「神」の意。人間を食うなど、人間に災いをもたらす凶悪な存在として語られる。また、人文神に敵対する存在として登場することもある。海の真ん中にある島の岩屋や空の果てなどに住むとされ、しばしば巨人のようにも描かれる。

⇩おに

事例 ①［北海道平取町］私は二人の兄と海に出たが、見知らぬ島につく。そこにはニッネカムイがおり、兄たちを石の串に突き刺して焼いて食べてしまう。私はどこからかやってきた神によって助けられ、その後は幸せに暮らした。と、ある女が語った（『アイヌ・フォークロア』平三、二六八-二七八）。②［北海道旭川市］昔、ニッネカムイが石狩川を堰き止め、人間を困らせようとした。これを知った人文神は刀を抜いて

な

ニッネカムイの首を飛ばした。その胴体は今も岩となって残っている（『アイヌ伝説集』昭五六、二五〇─二五一）。（遠藤志保）

ににんぼうず【二人坊主】

葬式のときに現れる坊主の妖怪。カラスの化けたもの。葬式では普通の坊主と一緒にお経をあげ、木魚を叩くが、聞こえるのは一人分だけである。油や豆をあげると、カラスの坊主のほうだけニターッと笑うという。

⇩からす

事例 ［福島県喜多方市］後生のいい老人が亡くなると、普通のお坊さんのほかに、もう一人の坊主が見える。帰るときは鎮守の森に姿を消す。その正体はカラスである（『季刊民話』一、昭四九、五四）。（廣田龍平）

にのみやきんじろうぞう【二宮金次郎像】

学校の校庭などにある二宮金次郎（尊徳）像にまつわる怪談。薪を背負って運びながら本を読む少年の姿の金次郎像が、勤勉の手本として昭和初期に各地の学校に建てられた。その像に、夜中に動きまわる、目が光る、背負っている薪の数が変わるなどの怪異が起こるという。学校によっては、マリア像など他の像についても同様の話がある。

⇩うごくぞう、がっこうのかいだん

事例 ①［不明］小学校の校舎の前に二宮金次郎の銅像があって、午前零時になると校庭を走り回るという話があった。もちろん薪をしょって、本を読みながら（『不思議の世界を考える会会報』五三、平一五、六三）。②［不明］小学校にいる「二宮金次郎」さんの像が手に持っている本を読み終わってしまい、その本を閉じていた（『不思議の世界を考える会会報』四五、平九、三六）。③［神奈川県］夜中に二宮金次郎の銅像の前を通ると銅像が追っかけてきて、背負っている薪をむりやり背負わせるらしい。朝日が昇ると消えてくれる（『不思議な世界を考える会会報』五二、平一四、四八）。

（岩倉千春）

にょらい【如来】

如来は、大乗仏教における仏の尊称である。如来は厚い信仰者に対して霊験をもたらす一方、不信心者には祟る。如来の霊験は、笈分《おいわけ》如来や身代り如来など仏像に関わるもの、信仰する者のもとに仏が現れるものなどがある。

⇩あみだにょらい、だいにちにょらい、やくしにょらい

事例 ①［宮城県泉市（現・仙台市）］笈分如来。慈恩寺の覚明と仏師快慶が別れる時に笈を開けると、一体の阿弥陀像が二体となっていたため、各自一体ずつ背負って別れた（『宮城県史 二一』昭三一、三〇七）。②［東京都］身代り如来。文政七年（一八二四）、ある人が群衆の中で転んだ際、後ろの侍の脇差しが抜け肩に当たったが、風呂敷が切れただけだった。家に帰ると、阿弥陀像が切れており、仏の肩から流血していた（『兎園小説』『日本随筆大成 第二期一』二七─二九）。③［京都府］方公寺の仏像が大地震で壊れた時、豊臣秀吉が仏は信じるに

たらずと言い、仏像に矢を射かけた後、善光寺から如来を勧請して本尊とした。すると残暑が厳しかったが、にわかに雪が飛び、寒気となった。これは如来の祟りであるという（『諸国里人談』『日本随筆大成　第二期二四』四三二―四三三）。（田村真実）

にらいかない

奄美〜八重山の琉球列島地域において、海の彼方／海底／地底にあると観念される、他界・異界。ニール、ニレー、ニローなど、N音で始まる異称が多数ある。史料や、各地に伝わる祭祀儀礼・神話などからよみ取ることのできる、この他界の性格は、神々の原郷、稲や火の発祥地、あるいは害虫や荒ぶる神の居所、さらには死者の国と、多様である。

⇩かいじん、てるこがみ、ねりやがみ

事例 ①［沖縄県知念村（現・南城市）］久《く》高《だか》島の旧暦四月・九月の儀礼「カンジャナシー」では、色鮮やかな神衣装を身に着けた神女達が、ニラーハナーから来臨した神として島内を祓い清め、島の繁栄を予祝し、海難死者を祀って慰め、海の彼方へ帰っていく（『沖縄県久高島の祭り』昭五六、五九―一〇一）。②［沖縄県下地町（現・宮古島市）］来間《くりま》島の島立ての祭り「ヤーマス・ウガン」を中断した時、神様が怒って、島民をピシ（珊瑚礁）の下の世界に連れて行ったと、同祭りの由来伝承にある。ピシの下を「ニーの国」という島人もいる（『国立民族学博物館研究報告　別冊三』昭六一、四〇―四七）。（澤井真代）

にわとり【鶏、雞】

鶏に霊力を認める伝承は多い。山や塚、城跡に黄金の鶏が埋まっており、その声を耳にすると必ず出世するといった「金鶏譚」は全国に伝わる。『古事記』では、天の岩戸に隠れた天照大神を誘い出す為に常世《とこよ》の長鳴鳥《ながなきどり》を鳴かせる。宮城の二渡神社、和歌山の闘鶏《とりあわせ》神社、福岡の香椎宮内にある鶏石神社など、鶏に関わりのある神社が各地に散在するほか、鶏塚や鶏石を有する地も多い。鶏に関わる信仰を持つ地域では、鶏肉や鶏卵を食べることを禁忌とする場合がある。また鶏を食べてから漁に出ると魚が獲れない（福岡県新宮）、鶏肉を餌に出漁して戻らなかった者を祀ったのが鶏塚（青森県八戸）ともいう。鶏は生産に関わる神聖な存在とみなされているのである。

鶏は毎日一定の時間帯に鳴くことで、人間に朝の到来を告げる。その為逆に、宵ドキ（夜にトキの声をあげること）があると、火事や洪水、死者を出す前触れ等の不吉の前兆と解される。こうした鶏の「能力」を、能動的に利用しようとする俗信もある。水死者の捜索に鶏を用いる例は広く各地で行われ、古くは江戸期の『遠碧軒記《えんぺきけんき》』『秉穂《へいすい》録《ろく》』等にも記載がある。水死した者の遺体が見つからない場合、捜索の船に鶏を乗せると、遺体に近付いた際に鳴き声をあげるという。雪山の遭難者に同じことを行う地域もある。「カラス鳴き」などの俗信と同様、通常と異なる鳴き声に凶兆としての意味が持たされているのである。

平安末期の絵巻『地獄草紙』には、肉食の罪等を犯した者が堕ちる鶏地獄の場面がある。火焔を連想させる真っ赤な鶏冠や、雄鶏の攻撃的な性格を誇張して描いたものであろう。江戸期の『絵本百物語』に載る鶏の妖怪「波山《ばさん》」（婆娑婆娑《ばさばさ》）も、鶏地獄を参考に描かれたようだ。また昔話「化け物問答」には「西竹林の鶏三足」という鶏の化け物が登場する。

⇩きんけい、とりのかいい、にわとりづか

事例 ①［岩手県磯鶏村（現・宮古市）］明治二九年の津波に大害を被った磯鶏村の伝説である。さる高貴の人が流罪の果てに海中に身を投じた。これを悼んだ里民が遺骸を捜索するが見つからない。ひとつがいの家鶏を舟に乗せて再び捜索すると、家鶏が高く鳴いた場所で遺骸を見つけることが出来た。その為、この地を磯鶏と称するようになった（『旅と伝説』一四、昭四、一七）。②［宮城県仙台市］関山街道を横切る渓流に架かる橋の欄干に、毎夜一羽の牡鶏がとまって宵ドキの声をあげていた。やがて大崎八幡の絵馬から抜け出したものと分かり、絵馬に金網を張った。それから間もなく大洪水が起こり、人も家も流された。洪水を知らせる為に鶏が鳴いていたことが分かり、この橋は「鶏橋」と呼ばれるようになった（『宮城県史　民俗三』昭三一、二五三）。③［宮城県女川町］女川では氏神として二《に》渡《わたり》神社を祀っている。ニワタリを鶏と誤信しており、鶏を飼うと死人が出るという（『宮城県史　民俗二』昭三一、二四-二五）。

（今井秀和）

〔参考文献〕山口健司『鶏』昭五八、法政大学出版局。

にわとりづか【鶏塚】

㊮にわとりのはか【鶏の墓】　ある家の者が宵鳴きをする鶏を嫌って殺してしまう。檀家になっている寺の住職の夢に殺された鶏が出て「飼い猫が主人を殺そうとしているのを教えるつもりだった」と告げる。翌日住職がその家を訪ねると、飼い猫が蓋をしないまま炉にかかっている鍋の上を飛び、尻尾で毒を入れている場面に遭遇する。その後、鶏を殺した主人は鶏のために塚を作り供養したとする伝説。

さらに、怪猫が死んだ後死骸を埋めると、そこから瓜がなり、その蔓の根本を掘ると骸から生えていたと結ぶものもある。

⇩にわとり、ねこ

事例 ①［宮城県仙台市］檀家某の家に飼われていた鶏が、住職の夢に出て、飼い猫が主人の殺害を企てていることを告げる（『東北民俗』七、昭四七、二四）。②［宮城県仙台市］忠義な鶏の墓が山門の内側にある（『宮城県史　二一』昭三一、二五八）。

（熊倉史子）

にんぎょ【人魚】

㊮にんぎょのいず【人魚の魚】　水中に棲息するとされる人面魚身の怪物。古代中国の地理書『山海経《せんがいきょう》』には人魚に類する怪物がいくつか記述されているが、日本でも古くから人魚出現の記録がみられる。『日本書紀』推古天皇二七年の条には、近江国および摂津国で人とも魚ともつかない生き物が捕らえられたことが記されている。また寛永一八年に刊行された『北条五代記』によれば、文治五年から宝治二年の間に秋田・津軽の海岸に人魚の死骸が漂着することが

たびたびあり、そうした年には奥州藤原氏の滅亡や鎌倉幕府三代将軍源実朝の暗殺など、不穏な出来事が起こったとされている。秋田県井川町の洲崎遺跡からは、一三世紀末期ごろのものとみられる人魚の絵が描かれた杉板が出土しているが、当時は二度の蒙古襲来の直後であり、「凶兆」である人魚を供養することでさらなる災厄を避けようとしたものであったと考えられている。

このように、日本において人魚の出現は不吉な予兆ととらえられていたわけだが、一方でよく知られた「八百比丘尼」の伝説にみられるように、人魚が不老長寿をもたらすという伝承も存在する。八百比丘尼の伝説は広く諸国に分布しているが、最も有名なのは若狭国（現・福井県）小浜に伝わるものである。ある漁師が、頭が人に似た珍しい魚が取れたので、親しい者を集めてふるまうが、みな気味悪がって箸をつけず、土産として持たされた肉も道に捨ててしまう。だが、一人だけ家に持ち帰った者がいて、その家の幼い娘が肉を食べてしまう。そのため、娘は若く美しいままいつまでも年を取らず、その身を恥じて尼となり諸国を巡り歩いたのち、生まれ故郷の若狭に戻って入定したと伝えられる。この八百比丘尼の伝説から、人魚は不老長寿と結びつけられ、文政二年に「コロリ」という疫病が流行した際には、人魚の見世物や絵姿、土人形などが疫病除けに霊験ありと喧伝された。

なお、沖縄では、人魚は津波を呼ぶものとして伝承されている。与那国島でも、「人魚の魚《いず》」を釣り上げると津波が来るとの伝承があるが、こうした津波を呼ぶものとしての人魚や、津波を予言する人魚の伝承は、かつて人魚の出現が凶兆とされていたことと関連しているように思われる。

⇩アイヌソッキ、やおびくに、よなたま

事例 ①［沖縄県石垣市］村八分となった三軒の家の者が人魚を釣り上げ、その肉を調理して食べようとしたところ、鍋や塩漬けの瓶の中から「津波が来る」という声が聞こえてきた。一同はおおいに恐れて人魚の肉を海に帰して謝罪した。はたして明和八年三月一〇日、大津波が石垣島に押し寄せ、彼らを追放した村は流されてしまったが、三軒の家の者は助かり、村を再興したという（『旅と伝説』二（五）、昭四、三八）。②［沖縄県石垣市］元は人魚であったという美女を妻にしていた医者がいたが、彼は竹富島にも妾を囲っていた。しかし本妻のことを知った妾が嫉妬に狂い、この本妻を刺し殺してしまった。その途端、大津波が押し寄せて村は流されてしまった。それが明和の大津波であるという（『フォクロア』三六－三八、昭五三、一六－一七）。（香川雅信）

にんぎょうのかいい【人形の怪異】

人形はしばしば不可思議な現象を引き起こすと考えられた。例えば、人形がおこす怪異は、家の繁栄や衰退を招く事象として語られる（事例①②）。『西鶴諸国ばなし』巻四では人形浄瑠璃一座の人形が深夜騒ぐ現象を狸の仕業とする。一方、霊魂の宿った人形が意思を持って自ら動き出すとも考えられた（事例③）。さらに霊魂を吹き込まれ使役される人形の伝承も残る（事例④⑤）。著名な大工などによって使役された

な

後、捨てられた人形は河童になったとされた（事例⑥）。人形自体を動かすのではなく、人形の霊異を借りて、祈願（事例⑦）と呪詛（事例⑧）に使用する場合もある。災厄をもたらす悪霊を人形に移し鎮めて外部へ送り出す「人形送り」などのような行事は各地で行われた。

⇩おひなさま、きぶつのかいい、ひんながみ

事例 ①［秋田県上小阿仁村］カマドのひっくり返った金持ちの家からカブキリ人形が出て行き、向かった先の家は金持ちになった（『上小阿仁の民俗』昭五五、四三九）。②［香川県高松市］阿波デコ使いの子孫で大庄屋の久保家では、屋敷で見つけた古いデコ人形を双子山の端へ投げ捨てた。山の麓で赤子の泣く声が聞こえると噂が立ったので、大庄屋はデコ人形を拾って来て、新屋遠藤家の門さきにデコ神さんを祀った。赤子の声は聞こえなくなったが久保家は没落した。遠藤家の屋敷も取り壊され、デコ神さんは東植田八幡の境内に移された（『香川の民俗』四〇、昭五九、五）。③［茨城県水戸市］縫左衛門一座で宗吾の人形がひとりでに動いた（『民俗芸術』二、昭二、一四－一五）。④［岡山県］備前と備中の境にあるお宮を大工が一人で建てた。その様子を殿様がこっそり覗いて見ると、大工と寸分違わぬ三〇－五〇人の大工が働いていた。お宮が出来上がると他の大工は谷間へ落ち、そこにたくさんの藁人形が重なっていた（『旅と伝説』五（八）、昭七、三三）。⑤［愛媛県河辺村（現・大洲市）］ロンデンの和尚さんは働かない檀家の性根をこしらえた人形にうつらせ畑を打たせた。山を人形が打ったので人形畑という（『民俗採訪』昭和六〇年度号、昭六一、一〇四）。⑥［東京府東京市四谷（現・東京都新宿区）］潮見神社には河童の主である渋江氏が祀られている。渋江氏の祖先・島田丸が春日の社を造営した際、使役した人形を川に捨てると河童になった（『郷土研究』三（六）、大四、三二）。⑦［青森県］卵食が禁忌のカノキジンジョ（桑木人形）をオシラ神とする家でこれを川に捨てると目を患った。イタコの宣託に従い近在の別当にオシラ神を作らせ祀った。近隣の者も目を悪くしたり病気をしたりするとこの神に参る（『旅と伝説』一一（九）、昭一三、一七－一八）。⑧［熊本県球磨郡］立ち木を削って人形を描き、釘を打つと、相手の釘を打った所が腐るという（『郷土研究』三（三）、大四、四七）。

（神田朝美）

〔参考文献〕神野善治「建築儀礼と人形―河童起源譚と大工の女人犠牲譚をめぐって―」『日本民俗学』一四六、昭五八、日本民俗学会。

にんぎょうのかいい（アイヌ）【人形の怪異】

アイヌに伝わる散文説話には、人形が魂を持って動き出す話がある。大事にしていた人形が持ち主を守るために敵と戦ったり、婿候補の男を殺したりする。そのため、説話の中で「人間の形をしたものを作って遊ぶな」といった戒めが語られることも多い。実際に北海道アイヌでは、人や動物の形をしたものを作ることはタブーとされた。

事例 ［北海道静内町（現・新ひだか町）］ある男が、刀をさした小さな木の人形を作っ

な

て、自分の娘と遊ばせていた。娘が年頃になり、婿をもらおうと若者を家に泊めると、翌朝には若者の首が飛んでいる。そんなことが何度も起きた。噂を聞いた一人の若者が志願して娘の家に泊まると、真夜中に家の隅から小さい男のようなものが出てきて、若者の寝床を斬っていた。翌朝、調べると木の人形が出てきた。娘が大きくなり、放っておかれた人形が、よそから来た若者に腹を立てて殺していたのだった（『世界の魔女と幽霊』平一一、一七二-一七六）。

（遠藤志保）

ぬ

ぬえ【鵺、鵼】

㊮さるとらへび【申寅蛇】　本来はトラツグミの異名であるが、平安時代の武将・源頼政が退治した怪物がこの名で呼ばれる。頼政の鵺退治は『平家物語』および『源平盛衰記』の中で語られている。仁平（一一五一-五四）のころ、丑の刻になると東三条の森の方から黒雲が湧き出でて紫宸殿の上を覆い、そのたびに天皇が恐怖に気を失うということがあった。高僧に命じて祈祷をおこなわせるものの効験なく、ついに頼政に怪物退治の命が下る。頼政は家来の井（猪）早太を伴い、黒雲のなかの怪物目がけて矢を射かける。はたして手応えあり、井早太が刀でとどめを刺したのちに火をかざして見ると、頭は猿、胴は狸、尾は蛇、手足は虎で、鳴き声は鵺に似るという怪獣だった。怪物はうつぼ舟（丸木をくりぬいて作った舟）に入れて流され、頼政はその功により天皇から師子王という剣を与えられた。この時退治された怪物は、鳴き声が鵺に似ているとされただけで、名前は伝わっていない。しかし『平家物語』では、その後応保（一一六一-六三）のころに頼政が宮中で鳴く鵺を射たというエピソードが続けて語られていることもあって、この「鵺に似た鳴き声の怪物」もまた鵺と呼ばれるようになったと思われる。『平家物語』の鵺退治説話は、「物の怪」などの霊的存在に高僧や陰陽師などの呪術により対抗してきた旧来のあり方に対し、武力による制圧の有効性を主張している点で新しく、武士勢力が台頭する一二世紀の時代性を象徴的にあらわした説話であるといえるだろう。

なお、うつぼ舟に乗せて流された鵺の死骸は、その後、摂津国芦屋の浜（現・兵庫県芦屋市）に流れ着き、祟りを恐れた住民たちによって鵺塚に祀られたという。世阿弥の能「鵺」は、旅僧が芦屋の里で鵺の亡霊に出会うという筋立てで、『摂津名所図会』には、鵺塚は芦屋川と住吉川の間にあったが、すでにその場所は定かではないと記されている。摂津国涬上江《かすがえ》（現・大阪市都島区）の里にも鵺塚があり、その縁もあって、大阪港の紋章には鵺が意匠としてあしらわれている。また、鵺の頭は讃岐国に漂着して猿神に、胴は阿波国に漂着して犬神に、尾は備前国に漂着してスイカズラ（蛇神）になった、という憑きものの起源譚として語る伝承もある（『郷土研究上方』六（六三）昭一一、七一）。

愛媛県には、鵺の正体を頼政の母親とする伝承が伝えられている。上浮穴郡久万山の麻生ヶ池に住む大蛇はもと頼政の母親で、我が子を世に出したい一念から怪物と化して禁裡を悩まし、頼政に自らを射させて功名を上げさせた後、麻生ヶ池の主となったという。久万山の二箆《ふたつの》という地名は、二本並んだ竹が生えることからついたもので、頼政はこの竹から製した矢で鵺を退治したとされている（『松山旧記』）。

⇩やまどり

事例 ［愛媛県中津村（現・久万高原町）］上浮穴郡中津村の二箆《ふたつの》に源頼政親子が住んでいたが、頼政が都に上ったのち、母親はその出世を祈って池で水行をし、ついに頭は猿、体は竜で尾が八つある鵺という怪物に変化した。それが父二峰を通って都に上る途中、吐いた息が霧となった。以来、父二峰には霧が出るようになったという（『ひだびと』九（五）昭一六、一九）。（香川雅信）

ぬけくび【抜け首】

㊟いとくび【糸首】、くびぬけ【首抜け】、ひとうばん【飛頭蛮】 夜中、おもに女性の首から上だけが身体から離れ、さまよう怪異。病気の一種とされることもある。同様の怪異が『和漢三才図会』では「飛頭蛮俗に轆轤首《ろくろくび》という」と紹介され、中国の南方に住む種族であるとされている。中国の飛頭蛮の伝承が日本に伝わって抜け首や轆轤首になったと考えられている。

⇩ろくろくび、なまくび

事例 ①［香川県長尾町（現・さぬき市）］朝起きてみると、嫁の顔が真っ黒になっている。これは抜け首であり、二階のネズミを探していて真っ黒になったものである。抜け首の首には輪が入っている（『香川の民俗』一一、昭四四、二）。②［武蔵国本芝（現・東京都港区）］増上寺の僧侶が夜寝ていると、首のようなものがやってきた。翌朝、下総から来ていた寺の奉公人が、あの首は自分であると申し出、自分には抜首疾《ぬけくびのやまい》があり、これ以上はいられない、といって国に帰っていった（『蕉斎筆記』『百家随筆 三』大七、二七八）。③［岡山県］女性で、夜に首が長く伸びるのを抜け首という。朝には元に戻っている。首抜けともいう（『岡山文化資料』二（三）、昭五、八三）。④［石川県小松町（現・小松市）］轆轤首のことを小松ではイトクビという。讃岐ではヌケクビという（『風俗画報』二四九、明三五、七）。

（廣田龍平）

ぬけだすえま【抜け出す絵馬】

絵馬に描かれた馬が夜に抜け出すという怪異。

⇩うごくかいが

ぬし【主】

㊫ぬち　同じ場所に長い年月棲みつづけ、巨大な体と、特殊な能力を持つようになった生物をいう。また、角が生えていたり、片目であったり、通常と異なる体色をしていたりするなど、身体的な特徴を有する例も多い。山や里、家にも棲む場合もあるが、ぬしの多くは池や沼、淵、堀、滝壺など、流れの淀んだ水中を棲みかとしている。

　ぬしの多くは、蛇や蛙、魚（ウナギ、イワナなど）といった水棲生物だが、牛や馬、蜘蛛など、一見、水に縁の薄い生物の例もあるほか、龍や河童をぬしとする例もある。また、神木もぬしの一種と捉えられる。ぬしは人間に変身することもあり、その場合は、若い女性や老僧の姿をとることが多い。

　人の命を軽々と奪うぬしだが、積極的に人間の領域を侵すことはない。ぬしが脅威となるのは、人間の側が領域を侵犯した場合に限られる。ただし、年に一度、ぬしが人身御供を要求することもあり、その場合、英雄に退治されることになる。

　人間はぬしを恐れるだけではなく、その力を利用してきた。干ばつのときに、ぬしの棲む水中に石や汚れものなどを投げ込み、わざと怒りを買って、雨を降らせるのもその一例である。

　ぬし同士の交流もあり、ある池のぬしが、べつの池のぬしに手紙を届ける話がある。また、ぬし同士が争うこともあり、その場合、劣勢に立ったぬしが人間に助けを求めることもある。ぬしを通して、日本人と自然の関わり方を探ることも可能だろう。

　⇩さかなのかいい、いけ・ぬま・しみずのかいい・れいげん

事例　①［東京都］明治の中ごろ、人々が聖滝に毒を流す漁をおこなおうとしたところ、ひとりの少年が現れ、計画を中止するように警告した。しかし、人々はその警告を聞かず、少年に握り飯を与えて追いはらった。翌日、毒流しを実施したところ、大量に死んだ魚たちのなかに、淵のぬしと思われる大イワナがいて、腹を裂くと、昨日の握り飯のものと思われる飯粒が出てきた。少年はぬしの変身した姿だったのだ（『あしなか』四六、昭三〇、一六）。②［青森県］八戸へ向かう旅人が、沼館の沼で呼びとめられ、勘太郎場の友人宛てに手紙を託される。了承したものの、途中で中身を見ると、「この手紙を持参した者のだっこが旨そうだから抜け」と書いてある。手紙は、沼館の河童から、勘太郎場の河童に宛てたものだった。そこで手紙の内容を「宝をくれてやれ」と書き換えると、米がいくらでも出てくる石臼がもらえた。旅人はその後、長者になった（『青森県史　民俗編資料南部』平一三、五七五）。③［神奈川県］老人が淵のそばで休んでいると、水のなかから蜘蛛が出てきて、足首に糸を巻きつけ、また水のなかに帰っていく。同じことを何度もくりかえすので、「おかしな蜘蛛だ」と思ってその糸を取って、わきの立ち木にひっかけておいた。すると、その立ち木が蜘蛛の糸に引かれて水中に引きずり込まれてしまった（『神奈川県史　各論編五』昭五二、九三五―九三六）。④［新潟県越路町（現・長岡市）］池之平というところにある小さな池にはぬしがいて、人々が入り用なときには、お膳や

お椀を貸してくれていた。しかし、ある村人がお椀をこわして返したところ、お膳やお椀を貸さなくなったという（『新潟県史資料編二二』昭五七、一〇二三）。（伊藤龍平）

〔参考文献〕柳田國男「妖怪談義」『柳田國男全集 二〇』筑摩書房。

ぬすびとがみ【盗人神】

㊮とうじんがみ【盗人神】、どろぼうがみ【泥棒神】 山や森などへ逃げ込んだ盗人を保護する神と考えられている。神社に逃げ込んだ盗人を匿ったとされる例もある。

事例 ①〔長野県飯田市〕ある人の家に泥棒が入ったので、追いかけていくと、山の神様の辺りで見失った。この神様が泥棒を隠したのではないかということになり、盗人神様と呼ばれるようになった（『伊那』三二（一）、昭五九、三二）。②〔岐阜県大八賀村（現・高山市）〕大字三福寺に釜の森がある。昔からこの森に入った盗賊は出たことがない、すなわち、縛られたことがないため、この森に盗人神がいると信じられている（『旅と伝説』二（五）、昭四、二）。③〔岡山県大供村（現・岡山市）〕戸隠神社では、盗賊が隠れて命が助かったので、御礼に松二本を社前に植えたのが今も栄えている。地元ではこの社を盗人宮と呼んでいる（『旅と伝説』二（五）、昭四、二）。（平井勇介）

ぬまのぬし【沼の主】

⇨ぬし

ぬりかべ【塗り壁】

㊮かべぬり【壁塗り】、ぬりぼう【塗り棒、ヌリ棒】 夜道を歩いていると、急に先が壁になり進めなくなったり、目が見えなくなったりしてしまうことがある。この怪異を塗り壁や壁塗りなどと言う。大分県をはじめとして九州北部に伝わる。

⇨かべぬりてんぐ

事例 ①〔福岡県遠賀郡〕海岸で夜道を歩いていると、急に行く先が壁になり、どこにも行けなくなる。棒で下を払うと消えるが、上のほうをついても何も起こらない。これを塗り壁という（『民間伝承』四（一）、昭一三、一二）。②〔大分県三光町（現・中津市）〕急に前方が真っ暗になることがある。これをヌリカベといい、狐か狸の仕業である（『三光村誌』昭六三、九一六）。③〔埼玉県秩父市〕奥山《おくざん》にはヌリカベが出る（『秩父市久那の生活と伝承』平九、一一七）。④〔大分県臼杵市〕夜道でカベヌリにあうことがある。狸か狐が陰嚢を広げたものなので、火をつけるとよい（『臼杵石仏地域の民俗』昭五三、一三五）。⑤〔長崎県壱岐市〕ヌリボーは、夜、道沿いの山から突き出てくる妖怪である（『壱岐島民俗誌』昭九、二八六）。⑥〔熊本県木倉村（現・御船町）〕ある坂に塗り壁が現れる。真っ白な壁が立ちはだかるのだという。狸の仕業とされる（『熊本日日新聞』大一〇、一月二〇日）。（廣田龍平）

ぬれおんな【濡れ女】

島根県石見地方でいう妖怪。この地方の外海では、牛鬼という妖怪が船を襲うといわれる。濡れ女は牛鬼の女房とも、牛鬼の化けた姿ともいわれる。赤ん坊を抱いた女の姿で現れ、通りかかった人に子を抱いてくれと頼む。人がその子を抱くと濡れ女は海に戻り、かわりに牛鬼が襲ってくる。その時には赤ん坊が石のように重くなって手に張り付き、逃げることができずに殺されてしまう。それを避けるために、赤ん坊を抱く時は手袋などで手を覆い、牛鬼が出てきたら手袋ごと放りだせばよいとされる。

⇩いそおんな、うしおに

事例 ［島根県大田町（現・大田市）］男が夜釣りをしていると、濡れ女が現れて赤ん坊を抱いてくれと言う。男は手袋がなかったので、前垂を外して手を覆い、赤ん坊を抱いた。濡れ女が消えると、前垂ごと赤ん坊を放り出し、逃げだした。すると牛鬼が追ってきたが、間一髪で農家に逃げ込んだ。牛鬼は家の周囲を回ってから、「取り逃がして残念だ」といって去った（『郷土研究』九（五）、昭八、四四－四五）。

（山口拡）

ぬれよめじょう【濡れ嫁じょう】

㊫ぬりよめじょう【ぬり嫁じょう】 長髪に着物姿で現れる女性の幽霊。鹿児島県種子島で報告されている。難産で死んだ女性が成仏できずに出るもので、雨の日にずぶ濡れで目撃されることからこの名で呼ばれている。子どもを抱えていることもあり、目撃者にその子を抱かせようとする。煙草など、火を持ち歩いている場合には遭遇しないと言われる。

⇩うぶめ

事例 ①［鹿児島県南種子町］子が産まれないうちに母親が死んだら、夫は腹を鎌で切って子を出してから埋葬した。そうしないと、埋葬後に母親がヌレヨメジョウとなって出ると言われる（『民俗研究』六、昭四八、七九）。②［鹿児島県中種子町］ヌレヨメジョウが子どもを抱いてくれと言ったら、その通りにする。抱かせているあいだヌレヨメジョウは日本中を廻ってくるという。子どもが泣かないとなかなか帰ってこないので、その子のお尻をつまんで泣かせる（『種子島民俗』六、昭三五、七）。

（塚原伸治）

ね

ねこ【猫】

㊫ねこまた【猫又】、ばけねこ【化け猫】 怪異現象を起こす魔物と考えられるとともに、信仰の対象とされた動物。古代エジプトにおいて、猫は家畜化され神として尊敬されていた。猫が世界各地にもたらされるとともに、猫の信仰もまた伝播し、地域によって独自の発展をとげたと考えられている。日本には奈良時代ころに中国から渡来したとされ、鎌倉時代には典籍を輸入する際、鼠の害を防ぐために猫も導入したという。猫は鼠除けとして大切にされ、各地で猫信仰が育まれた。なお、古文献では、中国の用法に準じ、「狸」の字でネコを指すことがある。そのため、狸と猫の関係は深く、両者はしばしば混同され、物語の役割

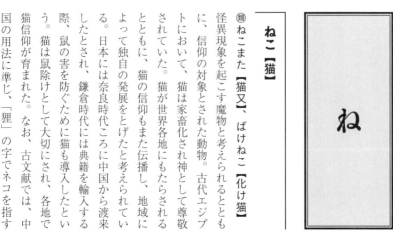

上互換性を持つ。

猫の霊力は人間にプラスの面をもたらすがゆえに崇拝されたが、同時に恐れられもした。怪奇的な猫の呼称として「猫また」も使われた。『徒然草』をみると、猫またが人を食うという考えがあったことがわかるが、中世においては猫が人に化けるというイメージは成立していなかったらしい。江戸時代になると猫を飼うことが一般化し、猫が日常的に観察の対象とされると、その性質が注目されるようになった。愛玩動物としてのかわいらしさを備える猫は、どんなに飼い慣らしても猛獣的な野性を失わない。猫のこうした性質は、野生の狐や狸とは異なる怪奇味を人間に感じさせ、近世以降猫にまつわる多くの怪談が作られた。

猟師の間では、自分の家の飼い猫が山の中で魔物に化けることをおそれる言い伝えがあるが、ペットであっても気を許せない野獣である猫の猫らしさが認められる。猫が人間に変身し、しゃべったり、歌ったり踊ったり、飼い主に報恩したり、敵に復讐するという怪奇的なイメージは、様々な文献や口頭伝承にみられる。また、猫は狐のように人に憑くとも考えられていた。猫の祟りを避けるため、飼う年数を限る地方もあった。近代化とともに日本列島の豊かな自然が損なわれ、野生動物が減少していくなかで、動物をめぐる怪談は全般的に現実味を失ったが、身近な生き物である猫の怪談は、現代でも語られている。猫と死を結びつける俗信は古くからあるが、現代人の間でも猫を忌むまじないは語り伝えられており、例えば「黒猫を見た時は三歩さがらないと呪われて死ぬ」などという。猫の怪異は、日本のみならず諸外国でも伝えられており、類似の信仰や類話が世界的に認められることにも注目すべきである。歴史的には、中国の文献における猫についての記述が、日本人の猫イメージに大きな影響を与えたと思われる。現代においては、魔女信仰と結びつけられた西洋的な猫イメージが日本にも流入し、不思議な動物としての猫像はよりふくらんだのである。

⇩かしゃ、ねこつき、ねこやま、やまねこ

事例 ①［栃木県、大阪府］左甚五郎は大阪天王寺にある牡の眠り猫と日光東照宮の牝の眠り猫の二つだけを作ったといわれている。眠り猫は魔除けになる。この猫の絵を描いて蚕室に貼っておくと鼠害がないという。居室に貼ると神経衰弱や不眠症にならない。この猫が大きく目を見開いた絵を貼っておくと眠くならない（『民間伝承』六（六）、昭一六、五）。②［福島県耶麻郡］猫魔岳の北に猫石という畳ほどの大きさの石がある。昔、ここに猫またがいて人を食らったので、その辺りは草木も生えず塵もなく掃いたようになっている（『福島県史　二四』昭四二、五七〇）。③［鹿児島県瀬戸内町］猫は猟師がいくつ弾丸を作ったかを知っていて、打ち尽くすと化けて出る。猟に行くときは、鉄の弾丸を一つ別に用意する。化け物をこの弾丸で撃ったら、自分の飼い猫だった（『南島研究』三四、平五、四）。④［埼玉県所沢市］昔、桶屋職人が猫を飼っていた。ある夜猫が踊っていたので追い出した。捨てられた猫は、泉屋という料理屋に拾われ、旅人を手招きするようになった。これが評判になり、店は繁盛した。猫は福猫と呼ばれ、死後は塚に祀られた（『新編埼玉県史 別編二』昭六一、五九五）。⑤〔新潟県小木町（現・佐渡市）〕老人に飼われていた猫が借金のかたに美女に化け、身売りをして、おけいと名乗って出雲崎の遊女屋で働き、その唄が「おけい節」と呼ばれるようになる。ある夜、おけいが行灯の油をなめる姿を見た商人は、口止めをされるが、ついしゃべってしまう。猫の化身が現れ、商人をわしづかみにして飛び去る。「おけい節」は「おけさ節」になった（『新潟県史 資料編二三』昭五九、九〇〇）。⑥〔愛媛県宇摩郡（現・四国中央市）〕猫を殺すととり憑くといい、決して猫に危害を加えない。豪農の主人であった男は飼い猫を殺してしまい、それから気がふれて財産も何も失ったという（『民族と歴史』四三、大一一、三〇〇）。⑦〔石川県七尾町（現・七尾市）〕猫をもらったら「お前を何年置いてやる」と期限を決めておかないと、年をとって化け猫となる（『旅と伝説』一〇（六）、昭一二、四五）。⑧〔神奈川県津久井郡（現・相模原市）〕猫が死体をまたぐと、死人が蘇生すると言われる。その時台所で水桶の水を柄杓で飲むと、猫が猫又になる（『旅と伝説』六（七）、昭一八、一三一―一〇）。（横山泰子）

〔参考文献〕小島瓔禮『猫の王』平一一、小学館。常光徹「学校の世間話―中学生の妖怪伝承にみる異界的空間」『昔話伝説研究』一二、昭六一。

猫（『怪物画本』国際日本文化研究センター蔵）

ねこがみ【猫神】

(類)ねこがめ【猫神】 猫の憑き物。江戸期から記録があるが、犬神ほど広く伝わっているわけではない。犬神と同様、猫を殺して埋めることによって誕生する。また、何らかの原因で死んだ猫が祟るのを鎮めるために祀るのも猫神という。

⇩いぬがみ、ねこ、つきもの

事例 ①〔愛媛県城辺町（現・愛南町）〕犬神や猫神の家がごく少数ある。犬や猫を殺して土に埋め、それを祀ったものである。これに祈り、願いをかなえてもらう（『常民』二八、平三、七一）。②〔備前国、備後国（現・岡山県、広島県）〕猫神や猿神といった憑き物がいる（『茅窓漫録』『日本随筆大成 第一期二二』三〇四）。③〔岡山県阿哲郡（現・新見市）〕猫神は人に憑く。あるいは祟る（『阿哲郡誌 下』昭六、八八九）。④〔大分県〕豊後には猫神《ねこがめ》という憑き物がいる。犬神《いんがめ》よりも一層猛烈である（『郷土研究』二（六）、大三、三八〇）。⑤〔宮城県筆甫村（現・丸森町）〕猫が死んで祟るときには猫神という石碑を建てる（『山村生活の研究』昭一二、四三二）。

（廣田龍平）

ねこだぬき【猫狸】

猫に化けるのが得意な狸。宇多津の水門

な

に住んでいた。

⇩たぬき、ねこ

事例 ［香川県丸亀市］猫狸は可愛い猫に化け、人に追いかけさせる。どこまでも捕まりそうで捕まらない。追うほうは夢中になって田畑も気にせず駆け回るのだが、そのときは背中を一度叩いてやると正気に戻る（『郷土研究』九（二）、昭八、三〇）。

（廣田龍平）

ねこづか【猫塚】

㊮ねこいし【猫石】 猫を葬った塚で、猫の報恩譚や化け猫譚など何らかのいわれを持つ。鼠除けや船乗りの信仰と結び付いたり、椀貸伝説としての事例もある。

⇩つかのかいい、ねこ、わんかしぶち

事例 ［宮城県仙台市］侍の飼い猫が妻から離れないので猫の首を斬ると天井に飛び、大蛇に噛み付いていた。危険を知らせるためだったとわかり葬った。今は大杉神社が立つ。北側には大蛇の塚があった（『宮城県史 二一』昭三一、二五六-二五七）。

（高塚さより）

ねこつき【猫憑き】

猫の憑依する怪異。猫を殺すと殺した人間に取りつき、気を狂わせたり、子孫七代にわたって祟ったりする。ただし憑依の原因が必ずしも具体的な猫殺しではないこともある。戦後もなお事例が報告されている。

⇩つきもの、ねこ

事例 ［愛媛県上山村（現・四国中央市）］ある豪農が誤って飼い猫を殺してしまった。それから気が狂い、財産もすべて滅茶苦茶にさせられた（『民族と歴史』八（一）、大一一、三〇〇）。

（廣田龍平）

ねこのおどりば【猫の踊り場】

猫が踊っていたという場所。ムラ境の広場など決まった場所であることが多い。猫の怪異以外にも様々な民俗や伝承を伴う場合がある。柳田國男が「踊の今と昔」で指摘する「舞台」・「踊場」の地名との関わりも考えられる。猫が踊る怪異や話はヴァリエーションに富み、猫の怪異性を象徴する行為となっている。話の伝播者として寺院や宗教者の関与が言われる。

⇩ねこ

事例 ①［東京都調布市］二、三軒の猫が弁天様の山の広場で踊っていた（『調布の動物ばなし』平二、九四）。②［群馬県月夜野町（現・みなかみ町）］月夜野の二十三夜堂は猫の集会所だった。ある人が猫の後をつけて行くと、一匹の猫が土蔵の戸締めを食ったと言って遅れて来た。しばらく踊ると帰って行った（『世間話研究』一五、平一七、一一四）。③［神奈川県横浜市］モンザエモンという人が戸塚から帰って来る途中、踊場（地名）で猫が輪になって踊っていた（『昔話伝説研究』二一、平一二、六三-六四）。

（高塚さより）

ねこまた【猫又】

⇩ねこ

ねこやま【猫山】

㊮ねこだけ【猫岳】 猫が集まる所で、化け猫が棲む、修行に行く、死ぬ時に行くなどと言われる。迷い込んだ飼い主を助ける

な

報恩譚もある。熊本県阿蘇山の根子〔猫〕岳などは実在の山名である。猫の習性から、猫が山や別世界に通じると考えられていた。

⇩ねこ

事例〔群馬県前橋市〕猫が年を取ると飯土井の猫山の猫神様に納めに行った。ここへ納めた猫は殆ど帰って来なかった（『世間話研究』一五、平一七、一三七―一三九）。

（高塚さより）

ねずみ【鼠】

鼠は、穀物等を荒らす害獣として嫌われていた一方、数を増やすことから蓄財を連想され、神の使いとも考えられてきた。とくに白鼠は大黒天の使いとして尊ばれる。また鼠は、サイキョウネズミなど憑き物のイメージ形成にも一役買っている。山に入ったマタギにはコダマネズミが付き従い、山の神の怒りに呼応すると鉄砲の音を立てて破裂する。この音を聴くと雪崩が起こるともいう。四国や九州には「犬神」という憑き物が伝わるが、その姿を鼠のようなものとして考えている例も多い。全国的に、神隠しのような状態を指して「鼠に引かれる」という。また、いわゆる金縛りを「鼠に押される」などともいう（大阪、奈良、岐阜等）。こうした現象を座敷童の仕業とする岩手では、座敷童の正体を、死人を食った鼠が化けたものとも考えていた。家屋の内部に住み、神出鬼没の存在である鼠は、屋敷内における怪異の元凶と見なされることが多かったのである。

『平家物語』等に登場する三井寺の僧「頼豪」は、憤死の果てに大鼠と化し、仏像や経書を食い荒らす。江戸期の妖怪絵師、鳥山石燕の描く「鉄鼠」は、この説話を下敷きにしている。山東京伝『昔語稲妻表紙』や曲亭馬琴『頼豪阿闍梨怪鼠伝』には、頼豪が鼠の妖術使いとして登場する。

昔話「鼠の浄土」は、正直者の爺さんが取り落とした団子を追って山中の穴に入り、鼠の国へと到って宝を持ち帰るという異郷訪問譚である。隣の爺さんもこれを真似るが、失敗して散々な目に遭う。ここでは、鼠の住む地中が富の溢れる異郷として設定されている。鼠は火事の起こる前にこれを察し、家を逃げ出すともいう。『日本書紀』には鼠の移動を遷都の兆しと捉える記事があり、古くから鼠の移動に予兆を見出そうとしていたことが分かる。

⇩さいきょうねずみ、しろねずみ、ねずみにおされる

事例 ①〔茨城県小幡村（現・石岡市）〕筑波山の裏口に通じる十三塚の地に古寺があり、年を経た大鼠が住みついていた。住職が飼い猫に大鼠の退治を命じると、猫は仲間を集め、一二匹で大鼠の退治に向かった。住職が天井裏を覗いてみると、見事大鼠は退治されていたが、猫達も討ち死にしていた。住職は鼠を埋めて塚を作り、その回りには一二匹の猫の塚を作った。これが十三塚の由来である（『社会史研究』五六、大一一、六八―六九）。②〔秋田県角館町（現・仙北市）〕マタギの小屋には小さな鼠がいるものだが、これがいなくなると雪崩などの異変が起こる（『旅と伝説』一〇三、昭一一、一二三―一二四）。③〔岩手県岩手町〕古い家には、ザシキワラシが住んでいる。寝ていると鼠が歩くような音がし、足下から次第に布団を上

がってくる。起きようとしても起きられない。ザシキワラシの正体は、死人を食った古い鼠とも言われている（『民俗採訪』三三、昭三三、三五）。④［愛知県幡豆郡（現・西尾市）］呪文を唱えると、人をサイキョウネズミにかけることができる。かけられた者は催眠状態になる（『民族と歴史』四三、大一一、二二三）。（今井秀和）

〔参考文献〕南方熊楠『十二支考』下、平六、岩波書店。

ねずみにおされる【鼠に押される】

㊩ねずみにおさえられる【鼠に抑えられる】

睡眠時に目が覚めても身体の自由が利かない、いわゆる「金縛り」現象を、鼠の起こす怪異だとする俗信。ある特定の部屋で起こる、鼠の悪口を言うと起こるともいう。

⇩かなしばり、ねずみ

事例 ［大阪府］鼠に抑えられると圧力をかけられて身動きが取れず、目は開いても声が出ず、大汗をかき、くたびれる。鼠が走り去ると解ける（『田舎』三、昭九、五）。（飯倉義之）

ねねこ

㊩ねここ　一九世紀中葉の地誌『利根川図志』には、『望海毎談』によると、利根川にはネネコという河伯《かっぱ》がおり、毎年その居場所が変わるが、土地の人はその居場所を知っている。居場所には禍がある、などと記されている。また、民間では、ねねこは女河童としても語られている。

⇩かっぱ

事例 ［不明］一八世紀成立の『望海毎談』には、ねねこがねここと、禍が渦と表記されているものがある（「望海毎談」『近古文藝温知叢書　八』明二四、一三）。（小澤葉菜）

ねぶっちょう

埼玉県秩父地方の憑き物。ナマダコ・オサキと並び秩父地方で忌まれた憑き物である。小蛇であるとされ、これを祀る家は絶えた後も住む者がなく、荒れ放題であるという。

⇩おさきぎつね、つきもの、なまだこ、へび

事例 ①［埼玉県秩父市］西秩父地方の富豪の話としてネブッチョウの名前を聞いたことがある（『秩父民俗』一〇、昭五〇、一〇）。②［不明］ネブッチョウという小蛇を祀る家筋がある。これを祀った家は滅んだ後も誰も住まないという（『郷土研究』一（六）、大二、三二七）。（堀口裕貴）

ねりやがみ【ネリヤ神】

奄美の諸集落において、海の彼方の理想郷「ネリヤ」の国から訪れると観念される神。旧暦二月の「ウムケ」で女性神役に迎えられ、二ヶ月の間、集落の「オボツ山」や「トネヤ」にとどまり、旧暦四月の「オーホリ」で送られる。

⇩かいじん、てるこがみ、にらいかない

事例 ［鹿児島県瀬戸内町］請島《うけ》請阿室《うけあむろ》では、ネリヤ神を海の東方彼方に送る旧暦四月のオーホリ当日、「神送りの風」と呼ばれる西風が吹いた（『沖縄の宗教人類学』昭五五、一七六）。（澤井真代）

ねろは

㊮ねろはーねろはー　コト八日（二月八日と一二月八日）に来訪してくる魔物。コト八日の行事もネロハと言う。「もう寝ろ」と言う意味。

⇨おに、きょらいしん

事例　①［埼玉県幸手町（現・幸手市）］八日節句には早く寝ないと一つ目の鬼ネロハに食われるので、早く寝る（『土の香』九（四）、昭八、三五）。②［埼玉県騎西町（現・加須市）］コト八日に遅くまで起きているとネロハがくる。一つ目とも鬼ともいう（『古利根の村と山の村と』四（四）、昭四四、五二）。③［埼玉県久喜市］コト八日にはネロハーネロハーやヒトツマナコが来るので、目籠を掲げておく（『久喜市史　民俗編』平三、三二六ー三二七）。④［群馬県明和村（現・明和町）］一二月八日にいつまでも起きているとネロハがやってくる（『明和村の民俗』昭五七、二九五）。

（廣田龍平）

の

のがま【野鎌】

㊮ぶち【鞭】　山野で不意に転んで手足に大きな傷を負うことを、四国で「ノガマが食う」という。ノガマは、冷たい風に乗って人を切りつけ、生き血を吸う怪異で、石垣や大石の所にいるというが、姿を見た者はない。山野に捨てた鎌や、埋葬の折、墓に立てた鎌がなるとされ、新しい刃物は砥石に当ててから使わないとノガマになる、ともいう。鎌鼬同様に痛みもなく、あまり血が出ないとも、逆に痛みとともに血がどっと噴き出すともいう。高知ではブチ（鞭）ともいい、同じく風の怪異とされる。

⇨かまいたち

事例　①［高知県大豊町］山で不意に怪我をするとノガマに切られたという。墓におかれた鎌の魂魄が山中を通っているのに突き当たったのだ（『讃岐民俗』二、昭一四、三）。②［愛媛県宇和島市］ノガマは風に乗ってきて人の生き血を吸う魔物。ノガマにやられた傷は出血しないという（『伊予の民俗』三七、昭六〇、三五）。

（飯倉義之）

のがみ【野神】

㊮のうがみ【農神】、のずこ　農業神・牛馬の神で野神の名称は近畿地方に多い。地方により田の神・農神・作神などの呼称をもつ。一般に五月五日の節句に祭りを行うところが多い。山の神・田の神の去来伝承と関連があり、春には田の神として里に下り農事を守護し、秋には山へ戻るという伝承がある。また、野神祭りでは大蛇を模した麦藁のつくりものをつくるなど、蛇との関連性が窺われる。

⇨さくがみ、たのかみ

事例　①［青森県］三月一六日に、山の神からノウガミになり、九月一六日山の神になるといわれており、両日団子を作って供えた（『青森県史　民俗編資料下北』平一

な

三、二九六)。②〔奈良県〕昔、蛇が出て田を荒らしたため、百姓が神にまつるから荒らさないでくれと頼んだので、野神祭りをするようになったという伝承がある(『奈良県史 一三』昭六三、一二一―一二二)。

(伊藤純)

のつご【野つ子】

東四国地方の伝承で、山道などを歩いていると、突然頭がぼーっとして、足がもつれて歩けなくなる状態を「ノツゴに憑かれた」という。ノツゴは子どもの亡霊で、赤ん坊のような声で泣くとも伝えられている。ノツゴを土地神や家畜の守護神とする地域もある。

事例 ①〔愛媛県〕夜、山道を歩いているとノツゴに憑かれて歩けなくなった。ノツゴはさ迷う子どもの亡霊とみてよい。ノツゴは家畜の守護神でもある(『伊予の民俗』三七、昭六〇、三三―三四)。②〔愛媛県城辺町(現・愛南町)〕手の中に入る大きさの、四つ足の白いものを山の中で見付けた。ノツゴという魔物らしい(『西郊民俗』八、昭三四、一三)。

(山田奨治)

のづち【野槌】

㊮つとへび【槌蛇】 槌子蛇の原型となった怪物。槌状の短くて太い蛇。地面を転がり、猛毒を持つ。切られた大蛇の頭が人間に復讐する話との関連性も指摘されている。記紀には野原の神の別名として野椎《ぬつち》の神、もしくは野槌と記され、水霊を意味するミヅチと同様にノヅチも山野の霊を原義とする説もある。昭和四〇年代の槌の子ブーム以降、野槌は短くて太い蛇の姿で定着したが、安永八年(一七七九)『妖怪《ばけもの》仕打《しうち》評判記《ひょうばんき》』では目鼻を欠く口だけのヒト型妖怪として図像化されている。

⇩こうがいへび、つちのこ、へび

事例 ①〔和歌山県中津村(現・日高川町)〕野槌大明神の碑がある。ノーヅチは手杵とも、太くて短いミイサンとも言う。縦に体を返して進み、人に飛び掛る(『近畿民俗』六〇・六一、昭四九、六八)。②〔岐阜県古川町(現・飛騨市)〕三〇年前、畑でノヅチを見た。山鳥のような格好だった(『あしなか』九六、昭四〇、九)。

(近藤祉秋)

〔参考文献〕伊藤龍平『ツチノコの民俗学』平一〇、青弓社。

のっぺらぼう【野箆坊】

㊮ずんべらぼう【ずんべら坊】、ぬっぺらぼう【ぬっぺら坊】、のっぺらぼん【野箆坊】

人の姿をしていて目、鼻、口がない妖怪。地域によっては髪の毛をつけていたり、つけていなかったりする。男の妖怪が多い。女の妖怪は男と同じように目、鼻はなく、お歯黒をつけた口をぱっくり開いて薄気味悪くニタニタと笑う。のっぺらぼうは、人に害を与えるのではなく、人を驚かせて喜ぶいたずら好きな妖怪である。『画図百鬼夜行』(鳥山石燕)『狂歌百物語』(竜斎閑人正澄画)、『妖怪《ばけもの》仕内《しうち》評判記《ひょうばんき》』(恋川春町画)、『化物づくし』『曾呂利《そろり》物語』『新説百物語』など、江戸時代の絵巻や文献に紹介されている。

のっぺらぼうを一躍有名にしたのは、小泉八雲(ラフカディオ・ハーン)の『怪談』である。江戸・赤坂の紀伊国坂界隈には、のっぺらぼうに化けて人を驚かせるムジナの伝承があった。それを再話作品として発表したのが「貉」である。のっぺらぼうの伝承の多くは、ムジナ、タヌキ、キツネ、カワウソが人を驚かせるために化けたものというが、正体不明のものもある。多くは世間話として記録されているが、人間を二度も驚かす昔話「二度のおどし」や「さとり」「鬼を一口」「山寺の怪」の中にも「のっぺらぼう」が登場している。

事例 ①［新潟県相川町（現・佐渡市）］トンチブ（ムジナ）が化けた話。海の上で会ったのっぺら坊の怪物に、節分の豆を投げつけたら助かった（『民話』一（一）、昭三三、五三–五四）。②［岐阜県高山市］旧家の裏庭で大工が仕事をしていた。すると土蔵の間の道で長い袖の着物を着た七歳くらいの女の子が踊っていた。声を掛けると振り向いた。顔がなかった。そして、急に姿を消し、あとには履き古した下駄が残っていた。ムジナの仕業だった（『ひだびと』六（一一）、三五）。③［福井県福井市］鯖江の人があぜ道に寝ているムジナに石を投げた。夜、そこを通ると若い女がいた。顔をのぞくとのっぺらぼう。驚いて家に帰り話をすると、「こんな顔か」とのっぺらぼうの顔をつきだした（『越前の民話』昭四一、九〇）。④［大阪府］雨がショボショボ降る晩、一七、八の娘が派手な模様の友禅を着て、袖で顔を隠しながら泣いていた。「どうしたの」と袖を引っ張って聞いてみると、目も鼻もないノッペラボウだった。その身体はぐんぐん伸びて、見上げると電信柱がそびえていた（『民間伝承』一六（一）、昭三七、八一）。⑤［香川県］日も暮れかかる頃、男が首切り峠まで帰ってきた。気味が悪いのでつれがいないものかと思っていると、前の方をお坊さんが歩いていた。呼び止めた。振り返ったお坊さんの顔は、ノッペラ坊だった。男はもと来た道を走って逃げた（『香川の民俗』昭六〇、七）。⑥［鹿児島県上屋久町（現・屋久島町）］漁師が飲料水を求めて川口へ上陸したとき、川上から奇妙な叫び声が聞こえてきた。目も鼻もない頭のつるつる光った怪物があらわれたので船に逃げたが、怪物は胸のあたりまで海に入ってきて追いかけてきた（『南島民俗』一（五）、昭四三、二七）。

（米屋陽一）

のび【野火】

怪しい火のことで、傘程の大きさであるものが砕けて数十の星になって、地上四、五尺の高さを数百間も走るという怪異。草履に唾を吐いてこれを招くと、忽ち消えて頭上に来て煌煌と空中を舞うという（『国府村誌』）。『倭訓栞《わくんのしおり》』によると、北海のたこ火、湖水のしる火、東寺縄手の宗元火、伊勢阿濃の五体火、悪路神の火などもこれと同じであるという。

⇩あくろじんのひ、かいか

事例 ①［高知県国府村（現・南国市）］野火というのは怪火で、傘程の大きさのものは、すぐに砕けていくつもの星になる。時には地上一メートル程を何百メートルも走る。草履に唾をつけてこれを招くとたちまち消えて、頭上に来てきらきらと空中を舞う（『民間伝承』一二、昭一一、八）。②［不明］燐火も野火と同じである。北海のたこ火、湖水のしる火、東寺縄手の宗元火、伊勢阿

な

濃の五体火などもこれのことで、悪路神の火というのも野火と同じである（『伝承文学研究』七、昭四〇、六三）。（高橋奈津子）

のぶすま【野襖、野衾】

類ふくまかぶせ、ふすま【襖、衾】、ふとんかぶせ【蒲団被せ】　ノブスマには大きく分けて二種類ある。一つは道中に現れる壁のような妖怪であり、もう一つは夜道を行く人の顔を布のようなもので覆う妖怪である。江戸期の随筆には、ムササビの妖怪を野衾と呼んでいた事例がみられる。

⇩こうもり、むささび

事例 ①［高知県田ノ口村（現・黒潮町）］野襖は、全面に壁を立てたように果てしなく広がっている。斬っても撃っても無駄だが、腰をおろして数服していれば消える（『民俗学』三（五）、昭六、六二）。②［東京都］野衾はムササビか蝙蝠のようなもので、ふわりと来て人の目口を覆う（『民間伝承』四（二）、昭一三、一二）。③［新潟県佐渡市］フスマは、夜、人気のない道で風呂敷のようなものを頭にかぶせる。名刀でも切れないが、鉄漿で染めたことのある歯でなら切れる（『佐渡の昔ばなし』昭一二、一四六）。④［滋賀県信楽町（現・甲賀市）］道を歩いているとフッと目の周りが暗くなることがある。フクマカブセの仕業である（『民俗採訪』昭和三七年度号、昭三九、八四）。⑤［愛知県佐久島村（現・西尾市）］フトンカブセはふわっと来てスッとかぶせて窒息させる（『海村生活の研究』昭二四、三二〇）。（廣田龍平）

のろい【呪い、詛い】

類じゅそ【呪詛】、のろいごと【呪い事】、まじわざ　恨み、憎む相手に災いが起きるように念じたり、神仏に祈ること。語源はいのる・いのろふ（祈）とか、のる（宣）・のるおふ（告）などから変化したものと諸説あるが、のろいの基本はことばに出して相手に災いが起きることを祈る呪文から出発しているのだろう。

呪文を唱えるだけでなく動作を伴うのろいもあり、『古事記』に出雲の事代主《ことしろぬし》神が国譲りの時に「天の逆手《さかて》を打」って去っていったとある。「天の逆手」は拍手《かしわで》を打つような手のしぐさだろうが、具体的にはどんな動作なのかはわからない。

道具を使ってのろいをかける術も早くからあり、『日本書紀』の用明紀には仏教招来をめぐっての争いの折に、ふたりの皇子の像を作ってのろいをかけたとある。その人物の像を作り、人形《ひとがた》としてそれを傷つけて、死を祈ったのだろう。「像を作りて厭《まじな》ふ」と表記されている。養老二年（七一八）に選定された「律令」の「賊盗律」にも人形を使ってのろいをかける「厭魅《えんみ》」というのが罪に規定されている。これが後の「呪いのわら人形」に進化していく。後世「丑《うし》の刻《こく》参り」と呼ばれ、京都・貴船神社などが有名であるが、午前二時頃に人目につかないように、白装束にロウソクを三本灯した鉄輪を頭に載せて、わら人形を神木に釘で打ちつけるという呪術が行われていた。謡曲『鉄輪《かなわ》』にはそうしたのろいをかけるために「丑の刻参り」をする女が登場する。今でも時折、神社境内の神木に打ち込まれた古釘を見かけることがあるので、まだこの習俗はひそかに生きているのかもしれない。

古代の巫覡《ふげき》から陰陽師まで、のろいの専門家が社会の片隅で暗躍していたことは歴史的事実であろうが、こうした人々は日本に限らず、西洋にも魔女がおり、パプア・ニューギニアにはウイッチ・ドクターと呼ばれる森の呪術師がおり、地中に埋めた呪物を対象者に踏ませるという呪術が今も行われているという。

⇩うしのこくまいり、くち、しきがみ

事例 ①〔奈良県〕聖武天皇の娘、不破内親王は異母姉妹である称徳天皇をのろって罰せられた。佐保川に放置されていたどくろを拾ってきて、その中に盗んだ天皇の毛髪を入れて、宮中に持ち込み「厭魅《まじもの》」をしたとある。（『続日本紀』神護景雲三（七六九）五）。②〔奈良県〕光仁天皇の皇后、井上内親王が「巫蠱《ふこ》」の罪で皇后を廃されたとある。長年に亘って夫である光仁天皇を呪詛していたという。「巫蠱」とはどんな呪術なのか具体的には分からないが、「巫」は、まじないや祈祷をする「巫女」であり、「蠱」は漢字を見て分かるように皿の上に毒虫を数匹遊ばせる呪術だろう（『続日本紀』宝亀三（七七二）三）。③〔不明〕祝詞の中にも祓うべき国つ罪の最後に「蠱物《まじもの》する罪」というのがあり、道具を使ってのろいをかけることが罪になっていたことがわかる（「六月の晦の大祓」）。④〔不明〕約束を裏切って消えてしまった女に対してその行方が分からないので、男が「天の逆手をうちてなむ呪ひをるなる」とある（『伊勢物語』九六）。⑤〔不明〕安部晴明と芦屋道満との陰陽師同士の呪力争いでは、地中に埋めた厭物《えんぶつ》を時の権力者・藤原道長に踏ませようとする感染呪術が紹介されている（『宇治拾遺物語』巻一四ノ一〇「御堂関白御犬晴明等奇特の事」、『古事談』六、『十訓抄』七、他）。

（大森亮尚）

な

は

ばーされ

㊫ばーにしゃる　「この話を聞いたらその後聞いた人の方に○○が現れ、襲う」という恐怖が伝染していく話の一つ。「カシマさん」や「キジマ君」と同型。現れるのは聞いたその夜から一年後まで幅広いが、必ず現れノックするという。開けると殺される。これを防ぐにはバーサレ・バーニシャル・バリアサレ・ババサレ（婆去れ）等の定句を三回唱える。時に家族の声を真似て呼びかけるが、下の隙間から女の足が見えるのでばれる。

⇩かしまれいこ、がっこうのかいだん、さっちゃん

事例　［不明］夜、一人で部屋で寝ているとドアを三回叩く音がする。音が聞こえたら素早く「バーニシャル」と三回唱えないといけない。忘れるとドアが勝手に開き、そこに正座したお婆さんがいる。お婆さんは正座のまま進んでくる。そこで殺される。この話は襖でも有効。この話を耳にした人は、夜、必ずバーニシャルお婆さんが訪れる（『不思議な世界を考える会会報』五八、平二二、一、六九）。

（渡辺節子）

はーめー・まじむん

㊫しらがー・はーめー　老婆の姿をした魔物。老婆の幽霊とも。

⇩まじむん

事例　［沖縄県与那原町］タムン（薪）を積んだ馬車が那覇へ行くためには、必ず一日橋を通らなければならないが、一日橋はユーリー（幽霊）が出ることで有名だった。ある夜、タムンを売り終えた馬車が一日橋に差しかかった。車夫は恐ろしかったが、サーヨー（琉歌）を歌いながら一日橋を通り抜けようとしたとき、骨と皮だけになったシラガー・ハーメーが橋の欄干をよじ登り、車夫を呼びとめようとした。車夫は驚き、馬の尻を叩いて逃げたが、シラガー・ハーメーは手招きしながら追ってきた（『沖縄の昔面影』平九、一六〇―一六二）。

（田村明子）

はい【灰】

ある種の特殊な灰には不思議な力が宿っていると考えられている。例えば小正月に左義長などで燃やした注連縄などの正月飾りの灰には魔除け、虫除け、あるいは蛇除けなどの力があるとされ、四国ではその灰を家の周囲にまくことがある。

また空から大豆や土、泥、白い毛などの異物が降る現象があるが、灰が降ってくることもある。寛永八年（一六三一）十月には諸国に、明和元年（一七六四）五月には京阪地方に降ったとされる（『茅窓漫録』）。しかしこの場合は何らかの前兆現象などと理解されることは少なく、空から異物が降るという異常性のみから記録が残されている。

⇩いしふり

事例　［香川県小豆島町］家によると、ト

ンドのあとの燃え残りの飾りを探し出して家の壁に掛けてその年の息災を祈ったり、あるいはトンドの灰を家の周囲に撒いて魔除けとしたり、また畑に撒いて虫害を防ぐといったりした（『四国民俗』三三、平一二、八一）。
（村山弘太郎）

はいたつごんげん【拝竜権現】

毎年生きた人間をお供えしなければ祟るという神。人身御供にまつわる伝承と共に語られている。拝竜権現の祟りを避けるためには、毎年三月三日の朝早く、その道を通る人を捕らえてお供えをしなければならなかった。この噂が広まってその日に人が通らなくなると獣類を捕まえて供物とした。お供えがなかった年は必ず近くの川で溺死する人がでたという。

事例　［愛媛県大洲市］毎年三月三日の夜が明けないうちに、村役人が石の瀬戸というところまで出かけていき、その道を三番目に通る人を捕らえてお供えした。人身御供の噂が広まると、その日にその道を通る人がいなかったので、兎などを捕らえて供物としたが、その日にお供えがなかった年は必ず近くの川で溺死する人がでたという（『愛媛県史　民俗上』昭五八、八〇七-八〇八）。
（野田岳仁）

パウチ

アイヌの伝承に登場し、「淫魔」「淫乱の神」などと訳される。通常は天の国のススランペッという川のほとりにいる。時々、人間界に来ては裸で群れて踊り、人間を誘惑して仲間に加えつつ世界をまわって歩くという。これに魅入られると、狂ったようになり、裸で踊りまわったり騒がしく暴れたりする。浮気などもパウチに憑かれたせいだと考えられた。

事例　①［北海道名寄市］層雲峡は昔、パウチがつくった村で、ここの奇岩はパウチの砦であるという。パウチは、神々の着物をつくらせると、誰も真似のできないほど立派なものをつくる技をもっているが、元来心のよくない神だ。（『アイヌ伝説集』昭五六、二六五）。②［北海道］千歳に住む男が山から降りると、川岸で大勢の男女が一糸まとわず、にぎやかに踊っている。その中から美女が出てきて、彼の方へ近寄ろうとした。男は「これがパウチの群だな」と気づいて神に祈ったので、女は男のそばに近寄れなかった（『アイヌ民譚集』昭五六、二〇五-二〇八）。
（遠藤志保）

はえ【蠅】

双翅目の昆虫の一種で一般的にはイエバエ・クロバエ・ニクバエなどがよくみられる。寝ている人の体を虫が出入りする類話では、ハチなど他の昆虫と共に、人の霊魂の化したものとみなされる。その発音から江戸期の随筆などに灰とハエの関連を述べるものが複数ある。

⇩むしのかいい

事例　①［新潟県小千谷市］昔、あねとおばが山菜採りに行き一休みしていると、眠ったおばの鼻の穴からハエが飛び出した。しばらくしてハエが戻り、またおばの鼻の穴に入ろうとしたので叩き殺したら、おばは死んでしまった（『日本民俗学』八五、昭四八、五六）。②［不明］蠅は水に溺れて

は

死んでも灰を得ればまた蘇るという。灰と訓読みが通ずるのもまた故のあることである（「鋸屑譚」『日本随筆大成　第一期六』四三三）。③〔信濃国伊奈郡（現・長野県下伊那郡）、伊勢国麻績（現・三重県明和町）〕推古天皇の三五年五月に蠅が集まり空を飛ぶこと一〇丈ばかりにして、その音は雷のようであった。また斉明天皇の六年にもこの怪異があったという（「日本書紀」『日本古典文学大系　六八』昭四〇、二一二、三四八）。（大里正樹）

はか【墓】

㊫さんまい【三昧】、ふんぼ【墳墓】、ぼち【墓地】、むしょ【墓所】、らんとう【卵塔、欄塔】

現行法である「墓地・埋葬等に関する法律」は、「死体を埋葬し、又は焼骨を埋蔵する施設」を「墳墓」と定義し、その「墳墓を設けるために、墓地として都道府県知事の許可をうけた区域」を「墓地」と定義している。われわれの日常語としての「墓」は、法のいう「墳墓」と「墓地」すなわち「施設」と「区域」の双方を含意しており、意識的に区分されることはほとんどないが、文脈からある程度の区分は可能である。たとえば事例①②などは、法のいう「施設」としての墓であろう。また、事例③④などは、法のいう「区域」としての墓であろう。事例からうかがえる重要な区分は、墓に適切なふるまいがなされたかどうか、である。事例⑤⑥は、不適切なふるまいをしてしまった事例である。このような場合、しばしば墓の建立により問題解決となる。たとえば事例⑦で聞こえてきた歌の詳細は「東風嵐が吹くと頭も痛む／洗骨の時の水洗いはこのようなものだろうか」との意味で若者達が遭遇したのは、遊女の頭蓋骨が筍に眼を差し上げられている状況であった。この問題を解決するに際し、若者達は石で墓を囲い葬ったのである。もちろん、墓の建立がすぐさま問題解決へと至らないこともままある。たとえば事例⑧⑨は、むしろ墓が建立されたことで、新たな伝承が生成されたと考えるべきであろう。

⇩したいのかいい、つかのかいい

事例　①〔滋賀県神崎郡（現・東近江市、彦根市、愛荘町）〕墓をなぶると誰か家の者が死ぬ（『郷土研究』三（七）、大四、五九）。②〔富山県大布施村（現・黒部市）〕栄海上人のものと言われる墓に触ると、仏罰により身体の自由を失う（富山県下新川郡、『民俗学』二（一二）、昭五、五三－五四）。③〔栃木県足利市〕墓地で転ぶと三年のうちに死ぬ（『郷土研究』三（一）、大四、五六）。④〔三重県多気郡〕墓地で倒れると草履の裏を嘗めなければならない（『郷土研究』三（二）、大四、五九）。⑤〔東京都〕昔墓地だった四辻がある。供養をせずにその上に道路を作ったので、そこではよく事故が起こる（『昔話伝説研究』一二、昭六一、二六）。⑥〔神奈川県横浜市〕乞食で、道で行き倒れの人のお墓というか塚があったが、そこをつぶして肥やし溜めを作ったためにウチの運が悪くなったなどということもよく言った（『昔話伝説研究』二一、平一二、七五）。⑦〔沖縄県沖縄市〕失恋により自殺したジュリ（遊女）の歌声を山で聞いた若者たちが、墓を立てると女の声は聞こえなくなった（『沖縄県史』昭四八、三三八－三四〇）。⑧〔熊本県人吉市〕村の中央部の栗林にヤンボシ（山法師）さんの墓がある。墓に近づくと頭が痛くなり、家の子供が病気になる。ヤンボシは悪魔・山姥のことと言われる。また、ヤンボシ墓は行き倒れて死んだ無縁の人々のために建てられたとも言われる（『熊本県人吉市調査報告』『伝承文化』一〇、昭五一、一〇四）。⑨［長崎県呼子町（現・唐津市）］名護屋城跡に小石を盛り上げたものがある。朝鮮征伐の時、渡海に遅れ憤死した武士の墓である。この無縁仏を、芸者は美声のために、漁師は大漁のために供養する。誤ってこれを踏むと、すぐ病気になる（『島』一五六）。（土居浩）

ばかくさん【馬角さん】

類うまのつの【馬の角】　故事成語に「烏の頭白く馬角を生ず」（『史記』）というように「馬の角」はありえない物事の例えだが、「馬の角」を所蔵する社寺や旧家は各地に存在する。和歌山県海南市藤白神社の馬の角は「馬角さん」と呼ばれ崇められている。紀州徳川家初代藩主の馬に生えた角だといい、この角を船に積むと大漁になるという（『旅と伝説』四（九）、昭六、四一）。馬の皮膚が角質化し角状になることはごく珍しいが起こり得る。そうした馬の角には超自然的な力があるとみなされたのだろう。角の生えた馬は龍馬にも通じ、寺宝としての馬の角は、高僧による龍馬退治の縁起を伴っても伝えられる。

⇨うま、りょうば

事例　［愛媛県宇和島市］一本角の馬が田畑を荒すので、村人は宗楽寺の白元和尚に相談した。和尚が一夜三回の回向をすると、満願の日に馬は息絶えた。その角は宗楽寺に祀られているという（『伊予の民俗』二六、昭五三、二〇-二一）。（飯倉義之）

はかのなかでうまれたこ【墓の中で生まれた子】

アイヌに伝わる説話に、妊婦が埋葬された墓の中で子供を産むという話がある。妊娠したままではあの世へ行けないため、子供が父親の元に行けるまで墓の中で育てていたのだという。

⇨こそだてゆうれい

事例　［北海道平取町］少年は暗くて狭い所（実は墓の中）で育てられていた。彼は墓の中で育ったため、肌の色が真っ黒になったが、無事に実の父のもとにたどりつき、息子と認めてもらい幸せに暮らした（『アイヌの物語世界』平九、九〇-一〇七）。（遠藤志保）

ばかび【馬鹿火】

亡霊の出現に伴う怪火の一つ。愛媛県では、海坊主や船幽霊など、海における怪異に伴う、怪火の名称である。熊本県などでは、古墳からよく火が出てぶらつき、それを馬鹿火と呼んだ。火の出る塚から地名もつけられている。

⇨うみぼうず、かいか、ふなゆうれい、ほぼらび

事例　①［新潟県畑野町（現・佐渡市）］塚平というところで、よくバカビが見えた。そこは人を埋葬したところだという。また見えるのは、曇った夜、雨が降るような時であったという（『伝承文芸』二〇、平一三、七一）。②［熊本県緑村（現・和水町）］古墳からよく火が出て、ぶらつき、村人はそれを

馬鹿火といったという（『旅と伝説』七（八）、昭九、七八）。

（玉水洋匡）

はがみさん【歯神さん、歯噛みさん】

歯にまつわる伝承のある社・塚などをいう。ご神体に触ると、歯痛が治るとして、附近住民の信仰を受けることが多い。伝承の内容は多様であり、当初は歯と無関係だったとする事例もある。大阪府大阪市の歯神社（綱敷天神社末社）の場合、お稲荷さんのご神体であった巨石が大洪水を「歯止め」したので、その後、歯止め、更に歯痛止めの神として信仰されるようになったという。同様の信仰対象に歯神地蔵がある。

⇩つかのかいい

事例 ①［大阪府四條畷市］楠正行の家臣和田賢秀は、湯浅某に首を刎ねられた際、鎧の上から相手に噛み付いたという。このため、和田の墓は「歯神さん」と呼ばれている（『旅と伝説』八（三）、昭一〇、四二）。②［大阪府松原市］昔、高貴な人が「ちちかみはし」の石碑近くに住んでいた。母親が愛児に乳を飲ませていたら、乳房を噛み切られてしまった。母親はまもなく亡くなり、その後、怪異な出来事が相次いだ。その場所は「はがみさん」と呼ばれ、誰も近づかなかったという（『近畿民俗』一二一、平二、二九）。

（徳永誓子）

ばく【貘】

悪夢を食うとされる想像上の獣。別名について、『爾雅』では「貘白豹」とされるほか、『本草啓蒙』では「貘象・青豹・黄熊」ともされる。姿については諸説あり、熊に似て小頭庳脚《ショウトウヒキャク》、白黒の斑を持つとされたり、象の鼻・犀《さい》の目・牛の尾・虎の脚を持つとされたりしている。日本の『鳥獣人物画巻』にはこの二つが混ざったような姿で描かれている。銅と鉄、また資料によっては竹や骨も食べ、その皮は瘟《おん》を避け、その姿を描いたものは邪を避けるとされる。白居易『白氏長慶集』にある「貘屏賛并序」では、この俗信を受けて、神経性の頭痛を患っていた白居易が寝たり休息するたびに頭部が冷えないように小さな屏風をおいていたが、その屏風に、ある画家に貘を描かせたことが書かれている。また、詩の中では南方の蜀の国で生まれるこの獣は、太平の世では好きなだけ銅と鉄を食べていたが、今では武器や仏像に使ってしまうため、貘は飢えているのではないかとうたわれている。日本の資料で貘について『白氏長慶集』を引用して白澤と混同しているものが多くあるが、本来の「貘屏賛并序」にはそのような記述はない。

『本草啓蒙』では骨がとても固いので、仏舎利に偽ることがあるとも書かれている。

夢を食べるという性質も本来もってはいなかったが、日本においてはこの面が強調されて受容されている。これについては、中国において追儺の儀式に出てくる一二神のうちの伯奇《はくき》（莫奇）との混同した可能性があるということを多くの研究者が指摘している。この「夢を食べる」という性質を基に、貘の枕、夜着に描かれた貘、夢違え貘の札など、夢と貘を関連付けたものは多い。また、正月の宝船の帆に「貘」と書かれていることもある。

⇩はくたく

事例 ①［山形県］天上にはバクがいて夢を支配している。悪い夢を見たら、誰にもしゃべらずにテントサマ（太陽）に向って「ヨンベの夢は天のバクに進ぜます」と3回唱えて拝むと悪いことが避けられるということである。（『庄内民俗』五、昭三三、三）。②［不明］貘が夢を食べることは早くに知られ、後陽成院の宝船の帆に貘の字がある。（『酣中清話』『日本随筆大成　第二期一五』三六一―三六二）。③［不明］「わざわい」を見てみたいと望む漢朝の王に天から虫が与えられる。虫は「くろがね」だけを食べて大きくなり、武器も火も効かない。有験の僧たちが天道の法を行うと、他国の山中で死に、磁石になる。鼻は象、額と腹とは竜、頸は獅子、背中はサチホコ、皮は豹、尾は牛、足は猫という姿である。今の世まで貘と言って絵に書いてお守りにするのはこの獣のことである。（『延慶本平家物語』巻四）。④［阿波国（現・徳島県）］「二日の夜、夢合貘の札とて、寶船の繪をすり物にいたし賣歩行申候。」（『阿波國風俗問状答　正月』『諸國風俗問状答』）。⑤［不明］「二日は越年にて、ある人鞍馬山に誘はれて、一はらといふ野を行けば、厄はらひの声、夢違ひの貘の札、宝舟売など、鰯柊をさして鬼打ち豆、宵より扉をしめて（後略）」（『一夜の枕物ぐるひ』『好色一代男』）。⑥［不明］「春のよの夢や売買貘の札　神野忠知」（内藤風虎撰『桜川』）。⑦［不明］「ばくハ夢五月の鯉ハ風をくひ　櫛市」（『俳風柳多留』八五篇）。

（熊澤美弓）

貘（国立歴史民俗博物館蔵）

はくさん【白山】

石川県と岐阜県にまたがる白山に関する信仰。この霊峰は泰澄大師による開山と伝えられ胸に下げた締め太鼓を打ちながら踊る「かんこ踊り」という民俗芸能が伝わる。また鎮守神として全国に白山神社がある。霊場とされ、死者と出会うことができるといわれる。

事例 ①［石川県白峰村（現・白山市）］神山として白山は恐れられ誰も登らなかった。ところがある朝、白山の中腹に煙が立ち上っている。不思議に思い登ってみると厳かな僧が焚火をしている。この僧が泰澄であり、これを歓迎するため舞を踊った。これが「かんこ踊り」の始まりだという（『民間伝承』九（一）、昭一八、三七）。②［石川県］泰澄が初めて白山に行った際に妙理大菩薩・小白山大行事・大己貴に出会った。そこで泰澄はこれらを白山権現として祀った（『江戸雀』『日本随筆大成　第二期一〇』一九〇）。③［長野県真田町（現・上田市）］白山様がごまと綿の畑に入って目を突いてしまった。それ以来この地ではこれを作らないという（『長野県史　民俗編一（三）』昭六二、五一七）。

（藤井紘司）

はくぞうす【白蔵主】

狐が僧に化けたもの。狂言「釣狐」に登場し、狐が化けることになる法師の名前でもある。白狐が法師の白蔵主に化け、猟師の甥に殺生を止めるよう説くという内容であり、同様の話は江戸時代の『絵本百物語』にも収録された。また、『諸国里人談』には、伯蔵という僧が狐だと露見する話が掲載されている。あるいは単純に化け狐を総称することもあるが、白い狐だとか三本足の狐だとか、身体的な特徴が語られることが多い。また、各地の稲荷社の由来になることもある。

⇩きつね、さんぼんあしきつね、しろぎつね

事例 ①〔大阪府堺市〕城蔵稲荷の由来。老僧に飼われていた三本足の白狐は、老僧の甥が猟師であることを恐れ、老僧に化けて甥に殺生の罪を説いたが、甥は鼠の天ぷらで引き寄せ白狐を殺した（『郷土趣味』四、大九、四六-四八）。②〔秋田県平鹿郡（現・横手市、大仙市）〕山仕事で百物語をしたら、化け物が出て寝ていた三〇人の舌を抜き殺した。ご飯炊きは起きていて化け物の足をまさかりで切った。その化け物は黒沢川の三本足狐だという（『伝承文芸』一七、平二、一三一-一三二）。

（中村祥子）

はくたく【白澤】

㊟たくじゅう【澤獣】　中国発祥の神獣。黄帝が東海を巡狩した際に海濱で出会った獣で、天下の鬼神一一五二〇種について語り、黄帝はそれを書き記し「白澤図」として天下に広め、人々はこれによって鬼神の害を防いだという。『三才図会』等では王者の徳が明らかに遠くまで及べば現れるとされ、祥瑞の獣と考えられた。前述の鬼神について知るということから、妖怪の害から人々を守るとされ、信仰の対象となり、旅の護符や屋内の掛軸として描かれている。その姿については、鱗のある獣の姿、獅子に似た姿、人面獣身の姿など様々であるが、現代の作品では鳥山石燕の描いたヤギに似た姿で描かれることが多い。中国明時代には鱗のある獣の姿が官服の意匠として使用され、琉球や韓国など東アジア地域にも流布していた可能性が高い。

⇩てんろくじゅう、ばく

事例 〔武蔵国品川（現・東京都品川区）〕品川の宿旅館に白澤図がある。添書に、文化七年御勅使広橋大納言に貸出し、返却されたものであるとある（「筠庭雑録」『日本随筆大成　第二期七』一五二-一五四）。

（熊澤美弓）

はくば【白馬】

白い毛並みの馬。一般的には芦毛馬が加齢とともに白色になるもので、生来の白馬（佐目毛・白毛）は非常にまれ。その希少性から古くから白馬は吉兆とされ、『延喜式』治部省式も祥瑞の一つとして挙げる。神馬として奉納されてきたことから、神域を穢す行為に対して白馬が現れ罰を与える伝承が多い。また、白馬は神の乗馬や神の化身として現れる。特に水神・竜神が地上に現れる際に白馬の姿をとるとされる。

⇩うま

事例 ①〔岐阜県高山市〕蛭ケ野には時々白馬が出るが、その正体は水神である竜である（『文化人類学研究会会報』六、昭四七、

九九）。②［山形県村山市］湯野沢の熊野山の白馬は、境内や山中の土を掘ったり、土蔵を建てたりすると、家々を破壊したり農作物を荒らし回ったりする（『山形県民俗学会会誌』一二、昭五五、一三三）。③［広島県廿日市市］厳島神社にはどのような毛色の馬を奉納しても、次第に白馬となる（『郷土研究』四（一）、大五、四六）。（池田浩貴）

はくりゅう【白龍】

白蛇を白龍として祀る祠が各地にある。白蛇による祟りを鎮めるために祀ったという伝承や、白蛇によって神通力を与えられたという伝承がある。

⇩しろへび、りゅう

事例［福島県平田村（現・福島市）］小平集落の子供が館跡で白蛇を殺したらその家に病人が続けて出たので住職に見てもらったところ、館の守り神を殺した祟りだと言われたので、白龍権現として祀った（『小平の民俗』昭五〇、二〇七）。（荻野夏木）

ばけいし【化け石】

夜に怪しい音をたてたり、美女や子供など人間に化けたりして通行人を驚かすなどの怪異を起こす石。殿様などに刃物で切りつけられた後は、怪異が起こらなくなったという類の報告が多い。怪異を引き起こす生きた石とされていることが特徴である。

⇩いしのかいい

事例①［岩手県赤沢村（現・紫波町）］山林の中にあった化け石という六尺四方大の石は、夜半に人が近くを通ると薪割りで木を割る音をさせるなどしていた。ある時、仙人が斧できりつけると翌朝、石から血が流れており、以後化けなくなった（『旅と伝説』三（一）、昭五、六八）。②［山形県金山町］刀の切れ味を試すために石を刀で切ると、石の中からむじなが見つかった（『常民』三一、平七、一一〇）。③［茨城県守谷町（現・守谷市）］不動尊の石碑に幽霊の姿が現れると評判になった（『茨城の民俗』三一、平四、一〇〇－一〇一）。（田村真実）

ばけぐま【化け熊】

㊫ヌプリケスンクㇽ　アイヌ文化では熊は重要な神のひとつだが、中には人間を襲うような性質の悪い熊もいる。良い熊は山の上の方に住み、体毛が黒もしくは金であるのに対し、悪い熊は山裾の方に住み、体毛は赤い。ヌプリケスンクㇽは「山裾に住む者」の意。更科源蔵・更科光『コタン生物記Ⅱ』では、四つ指（通常は五本）であったり、前足と後ろ足の長さが違ったりする化け物熊が紹介されているが、すべて悪い熊である。

⇩アラサルㇱ、くま

事例①［北海道平取町］熊神たちが人間の想像力のたくましさを語っていると、峰尻に住む、ならず者の熊は異論を唱えて人間を殺しに行く。しかし、逆に殺されてしまった（『アイヌ歳時記』平一二、八〇）。②［北海道八雲町］カンヌプリウェンユㇰという有名な悪い熊が、悪い人間に頼まれて近くの村人を襲っていた。村人たちは、熊を川へおびき寄せ、泳いでくるところを槍で突いて殺した（『アイヌ伝説集』昭五六、三五）。（遠藤志保）

は

ばけじぞう【化け地蔵】
⇩じぞうのかいい・れいげん

ばけねこ【化け猫】
⇩ねこ

ばけもの【化物、化け物】
㊫あやかし【妖かし】、ようぶつ【妖物】
妖怪とほぼ同義の語である。江戸時代の書物には、「妖怪」と書いて「ばけもの」と読ませるものもある。幽霊も含まれることもあった。何かが化けたものとされることが多く、退治されるとその正体をあらわす。正体は狐狸や狒々《ひひ》などの動物であったり、器物であったりとさまざまである。
⇩ようかいのこしょう
事例 ①［秋田県］ある化物寺に旅の僧が来る。一ツ目、三ツ目などの化け物が丑満頃に現れるが、僧はこれを退治した。翌日、化け物どもは狐、狢、雄鶏、打棒などの正体を現して死んでいた（『旅と伝説』一四（六）、昭一六、四〇–四一）。②［青森県八戸市］化け物が畑で大根をワリワリと食っていて、オボサリタイ、ダガサリタイと言っていた。兄二人は恐ろしがって逃げたが、末の弟がオボサリタガラァオボサルベシと返事をすると、のつっり負ぶさったので家に帰り、座敷に下ろしてみると三叺の金であった。兄弟三人は仲良くわけた（『日本民俗学』二、昭二八、三五）。（荻野夏木）

ばけものでら【化物寺】
㊫ばけでら【化け寺】　化け物が出るとされる寺、またはその寺を舞台とした昔話の話型。東北から九州まで広く伝承されている。主に無住職の荒れ寺で、住職が来るたびに死ぬため、管理者が不在であると説明される。この寺に旅の僧や山伏が宿泊し、怪異に会うがこれを退治するというもの。化け物の正体はキツネやムジナなどの霊的な動物や古道具であるとされ、語りの中で正体の暗示が行われる。「がんがら坊」という「一本足ののっぺらぼうで」など、正体の示唆がある。また化け物が「ふるみにふろしきふるだいこ」などの歌を唄う場合も多く、それぞれの正体が読まれる。このように名前や姿、歌などから化け物の正体を当てる謎解きの面白さを含んでいる。歌による正体の暗示においては、文字文化との関係が考えられる。「木へんに春の字のていていこぼし」などは漢字やその構成を知らなければ意味不明である。「さいちくりんのいちがんけい」は、西の竹林の片目鶏を指しており、漢字の音読みを用いた謎解きである。昔話と文字文化の関係を知る資料として有用である。
化け物の正体や謎解きは、「化物問答」と共通する部分がある。歌を解き問題を解決する点では、「猿神退治」などとも類似している。化け物の正体が金銀や宝物である場合もあり、「宝化物」と近似する。古い道具が化けて出るという信仰が反映されている。化け物を退治するのは、化け物に怯えない胆力と、謎を解ける知恵を持った者であり、人々の価値観を示している。
⇩ばけものやしき
事例 ①［青森県本吉郡］ある和尚が、化け物が出るという寺に泊まった。真夜中に

は

待ち構えていると、本堂に一本足ののっぺらぼうなどの化け物が出てくる。和尚がそれぞれの化け物の正体を言い当てると消えた（『むがすむがすあったごぬ』昭四四、三二―三五）。②〔秋田県仙北市〕旅人がある村で宿を請うたが、貸してもらえず、荒れ寺に泊まった。夜が更けると縁の下から化け物が三匹出てきて「ふるみにふろしきふるだいこ」と叫びながら踊り回った。怖かったが、水屋の味噌笊を被って化け物と踊り助かった。その後縁の下を剝ぐと、蓑と風呂敷と太鼓があった（『旅と伝説』一四（六）、昭一六、四一―四二）。③〔岡山県岡山市〕侍がある村で宿を求めたが、泊めてもらえず、化け物寺に泊まった。夜に戸を叩く音がし、「とうやのばず」と「さいちくりんのいちがんけい」と「なんちのぎょじょ」が「木へんに春の字のていていこぼし」を尋ねてくる。それらは歌いながら侍の部屋を覗くが、侍はにらみつけて近寄らせなかった。翌日村人と共に家の中から椿の槌と茶かす、東の草原で馬の首、西の竹林で一つ目の鶏、南の池で人魚女を見つけた。それらを供養するとなにも出なくなった（『御津郡昔話集』昭一八、一―四）。④〔青森県〕化け物が出るという寺に、村の強情な若者が退治に行った。夜になると古道具の化け物たちが大黒柱の下から出てきて踊り出した。若者は楽しくなり、自分もゴザを被って踊った。翌朝村人と一緒に大黒柱の下を調べると、古道具が出てきた。蓑笠は隠れ蓑・笠で、つづらの中には金銀が入っていた（『津軽むがしこ集』昭四八、六―八）。

（堀口祐貴）

〔参考文献〕小林幸夫「願人坊の話芸―〈化け物寺〉の昔話」『伝承文学研究』四九、平一一。鈴木滿「日本民話「化け物寺」の由来―中国の源泉と日本への輸入―」『武蔵大学人文学会雑誌』四〇（三）、平二一。

ばけものやしき【化物屋敷】

化け物が現れて襲われたり怪異が起こると信じられた荒れ屋敷や古寺。化け物や怪異の正体の多くは、古い年経た器物や動植物の霊、非業の死を遂げた怨霊、埋蔵された黄金の霊などとされており、付喪神《つくもがみ》や祟り神などの民間信仰が背景にあると考えられている。その正体を言い当てることは化け物を退散させるだけではなく、霊を成仏させ慰撫する面もある。

また一方で、社寺の縁日や遊園地に設けられた見世物やイベントの一種にも化物屋敷がある。怪奇な物語の場面が次々と展開する場面型と、暗い化物小屋の中を迷路のようにめぐり歩き恐怖を味わう迷路型とに分類できる。橋爪紳也によれば、日本では建物自体は妖怪や畏怖の対象とはならず、むしろ使用されずに人が不在であることが妖怪を招く原因となり、化け物が先住している空間を人が侵したとき「化物屋敷」として認識されるのであり、また見世物の化物屋敷も屋敷内の恐怖を再現することには関心がなく、真夜中の屋外を小屋内に反転したような空間演出が主流であるという。

古い器物の霊が化け物となって現れ人を脅かす昔話「化物寺」では、その正体は東北地方では古簑、古笠、古太鼓、風呂敷などであり、関東・北陸以西でも古徳利、古刷毛などの古道具が主流であるが、岡山を中心に中国・四国では、化け物の正体を言葉の力で暴き退治する昔話「化物問答」と融合して、椿の槌（てぇてぇ小法師）、北山の白狐、西林寺の三本鶏、東野の馬頭、南池の片目鯉などの奇怪な姿の生物としている。

　また「宝化物」では、廃屋となった長者屋敷に泊まって、財宝や黄金の霊の化け物に胆力で動ぜず財宝を得て長者になると語られ、三つの井戸から黄金を得て金持ちとなったという三井家の先祖の由来譚となっている伝承もある。西鶴の『日本永代蔵』巻四の「茶の十徳も一度に皆」にも、金銀の亡者となった理助の屋敷跡が化物屋敷と呼ばれ、ただでも貰う人がなく荒れ果てたとされている。また『梅翁随筆』巻二には、本田氏の後室円晴院という人が若い頃江戸六番町三年坂中ほどに居たとき、化物屋敷と呼ばれて、行灯の側の女の顔が急に伸縮したり消え失せたり、さらに屋敷内で火が燃えたりとさまざまな怪異があって難儀したので、加賀屋敷に引き移ったとある。

⇩つくもがみ、ばけものでら

事例 ①［大阪府茨木市］城の町に空家があり、夜になると人も火もない筈なのに障子に老婆が動く姿が映るため、化物屋敷として借り手がなかった。しばらく警官が借りていた間は何もなかったが、転勤後は再び借り手がなく建替えられた（『郷土研究上方』三三、昭八、三八）。②［京都府馬路村（現・亀岡市）］昔一軒の古屋敷であったが、三つに分けたため咎めがあって、そこに住むとよく病死し、また夜には時折魔物が現れるので、幽霊屋敷の名がある（『旅と伝説』九（一一）、昭一一、四四）。

（飯島吉晴）

〔参考文献〕橋爪紳也『化物屋敷　遊戯化する恐怖』平六、中央公論社。

はしひめ【橋姫】

橋に祀られた女性の神。諸処に橋姫明神を祀るところがあるなど、各地に伝説があると言われているが、宇治の橋姫が最も知られる。宇治の橋姫は、古く『古今和歌集』巻一四恋歌四のよみ人しらず「さむしろに衣かたしきこよひもやわれをまつらむ宇治の橋姫」にあることから、これ以前より伝説があったと考えられる。『奥義抄』、『顕《けん》註密勘《ちゅうみつかん》』など中世の歌学書においては、当該歌の解説で、宇治橋の下に住む女神である橋姫の元に、橋の北に住む離宮という神が夜ごとに通う話を紹介している。『袖中抄』ではこの神を住吉明神であるとする。橋という境界に祀られる神ということから、塞の神としての特徴をみることができるが、嫉妬深いという性格が付与されることも多い。こうした性格の橋姫像は、中世軍記物語等に所載される伝説に見られる。嵯峨天皇の時代に、嫉妬深い性格の公卿の娘が、妬んでいる相手を取り殺すため自らを生きながら鬼神にしてほしいと貴船社に祈り、貴船明神の示現にてついに鬼女となったという話である。その姿は、髪を五つに分け五つの角に作り、顔に朱を体に丹を塗り、鉄輪《かなわ》を頭に載せてそこに松を燃やし、さらに口にも両端に火をつけた松明を銜えるというものであった。『平家物語』「剣《つるぎ》巻《のまき》」等ではこの橋姫は渡辺綱によって退治されたとする。一方、室町時代の『御伽草紙絵巻』等に見られる「橋姫物語」では、竜王に捕らわれた夫をひたすら待ち、その後再会を果たすが、怪異が課した禁忌を、他者によって破られたことで夫を失う悲しい女という類型の話が語られている。『古今為家抄』は『山城名勝誌』にある宇治の土地の者の話からの引用という形で、竜宮に捕らわれた夫を恋うる悲しみのあまり宇治橋のたもとで死んで、そのまま神になった妻の話を、橋守明神の由来として所載する。宇治以外の各地に伝わる伝説では、架橋の際の人柱を捧げる相手として、橋姫明神が挙げられている。

⇩うしのこくまいり、かわひめ、きふねみょうじん

事例 ①［山梨県甲府市］昔江戸から甲州へ来る旅人が、現在の大月市にある猿橋を渡るとき国玉にある大橋の噂をしたところ、一人の女が現れ、手紙を託され、大橋へ届けて欲しいと言われた。途中怪しく思い手紙を見ると、「この人を殺すべし」と書いてあったので、「この人を殺すべからず」と書き直して大橋へ持参した。橋に到着すると、憤怒の気色凄まじいまた別の女が現れた。女に手紙を渡すと、「殺すべからず」とあるので急に態度を変え、手紙を届けた謝礼を言った。また、大橋の上で謡曲「葵上」を歌うと道がわからなくなり、「三輪」を歌うと道が明らかになると言われている（『裏見寒話』宝暦年間）。②［京都府宇治市］宇治の大橋に畔には、かつて橋姫を祀る橋姫社がある。当地では婚礼の行列は宇治橋を渡らない。もし渡った場合、必ず重病になり死ぬか、あるいは絶縁されると語り伝えられ恐れられている（『旅と伝説』六（一）、昭八、九六）。③［大阪府大阪市］斉明天皇の時代に摂津の国長柄で橋が架けられることになり、その際人柱が立てられた。それが、この川の橋姫になり、この川で死んだ人は橋姫の眷属となると言われている（『神道集』文和・延文年間）。

（七田麻美子）

〔参考文献〕桑原博史「宇治の橋姫伝説と橋姫物語―中世小説成立の一過程―」『国語と国文学』三六（六）、昭三三。柳田國男「橋姫」『柳田國男全集　七』。

はしひろいぼうず【箸拾い坊主】

八幡様の祭のときに現れる妖怪。境内で捨てられた箸をすべて拾って消えていく。

事例 ［香川県丸亀市］八幡様の祭が終わると、人々は使い終わった箸を縁の下に投げ込み、後ろを見ずに帰る。翌朝見てみると、投げ捨てた箸は一つもない。箸拾い坊主が拾っていったからである（『四国民俗』八、昭五三、一七）。

（廣田龍平）

ばしょう【芭蕉】

バショウ科の多年草。怪異の種類は少ないが、芭蕉の精霊あるいは化身が美女であり、さまざまな怪をなすという事例がまとまって報告されている。また、芭蕉を植えると病人がでる。葉が破れやすく、葉散は破産と通じるので縁起が悪い、という俗信も報告されている。

事例 ①［鳥取県］夜遅く美女となって化けるので、芭蕉を家の周囲に植えない。芭蕉の植えてある所を通る時は刃物を用意していく。そうでないと美人の怪物が現れ

は

る（『因伯民談』四（二）、昭一三、七三）。②〔琉球国（現・沖縄県）〕昔、琉球には芭蕉の蕉園があり、夜中ここを通ると、異形の者に逢うという。これは美しい少女であり、刃物を携帯していれば遭遇しないという（『中陵漫録』『日本随筆大成　第三期三』七九）。③〔信濃国（現・長野県）〕昔、若い僧侶が深夜まで読書をしていた。そこへ美女がやってきて戯れる。僧が短刀で切りつけると消え去った。翌、血の跡を追うと庭の芭蕉が切り倒されていた（『中陵漫録』『日本随筆大成　第三期三』七九）。

（中野洋平）

はたおりぶち【機織淵】

(類)はたおりぬま【機織沼】、はたおりひめ【機織姫】　淵や沼、池の底から機を織る音が聞こえてくるという伝説。全国に広く分布し、そこで入水した娘が機を織るとする事例が多い。また音が聞こえるのは七夕の日とされる場合もある。機織りの音を聞いた者は不幸になる、幸福になるとする話もあり、竜宮童子などと同じく、水底の異界の存在を示唆する説話とも思われる。

⇩いけ・ぬま・しみずのかいい・れいげん、おとのかいい、おりひめ、ごぜんぶち、やしゃがいけ

事例　①〔茨城県川西村（現・八千代町）〕機織りのすべを知らないため機織を背負って里に帰された娘が沼に身を投げて死んだ。以来沼の底からは夕方になると機織りの音がする（『郷土趣味』四（二）、大一一、四〇）。②〔静岡県井川村（現・静岡市）〕橋の下に機を織る音がしていたが、川上にやましが入ってからいなくなった。以来村が貧乏になった。はたおり姫といい、蛇だともいう（『女性と経験』一（二）、昭三一、三九）。

（三柴友太）

はたぱぎ【片足】

鹿児島の南島で伝承される妖怪。ハタパギは片足の意。与論島にしかいないとされる。片足で跳ねて移動するとも、いざるとも言われる。人に禍を与えることはないが、名前を呼び捨てたり、海で釣果の文句を言うと、波が荒れて魚が獲れなくなるという。火となってサンゴ礁の上を飛ぶこともある。

⇩いしゃとう

事例　①〔鹿児島県大島郡〕ハタパギは火の怪で、片足で跳ぶようにして移動する。ハタパギーなどと呼び捨てにすると、仕返しに道を迷わせたりする（『琉球史学』六、昭四九、三六）。②〔鹿児島県大島郡〕イシャトゥは大島のケンムンのようなもので、片足しかないためハタパギという。浜で、アーパンチカ・クルパンチカ（赤くはじけている・黒くはじけている）と言うと海が荒れるため、慎まなければならない。また、海でモリ漁をしているとき「何が捕れるか」と聞かれ、「ハタパキトゥトゥラリュイ」（片足しか捕れない）と返すと、魚がまったく捕れなくなるという（『奄美民俗』二、昭三六、四六-四七）。

（田村明子）

ばたばた【婆多婆多、破多破多】

(類)うじのこだま【宇治のこだま】、ぱたぱた
江戸時代から広島城下などで知られていた音の怪異。城下六丁目にバタバタという怪異があり、夜中に屋外で畳を杖で打つようなバタバタという音が聞こえてくる。外に

は

出てみても、どこまで行っても離れたところから聞こえてくる。『北窻瑣談《ほくそうさだん》』にはパタパタとある。

⇩おとのかいい、てけてけ

事例 ①［安芸国広島（現・広島県広島市）］冬の夜、どこからともなくバタバタという音がする。人が触れると瘧《おこり》を患うバタバタ石もあり、この石の精霊が音を出すともいう（『尚古』七一、大七、附録七‐八）。②［山口県岩国市］破多破多《ばたばた》という同様の怪異がある。音源を探してみると、ある家の井戸から聞こえてきた（『岩邑怪談録』昭五一、三九‐四〇）。③［紀伊国雑賀村（現・和歌山県和歌山市）］冬の夜、東方からバタバタという音がして近づいたり遠ざかったりする。霜の夜に最も甚だしい。これを宇治のこだまという（『紀伊続風土記一』明四三、八四）。

（廣田龍平）

はち【蜂】

生きている人の魂は、昼寝している間に蜂になって鼻の穴から抜け出し、ときに富へと人を導く。トンボが昼寝をしている男に富のありかを教える「だんぶり（蜻蛉）長者」の伝説と類似した構造を持っている。

⇩とんぼ、むしのかいい

事例 ①［山梨県上九一色村（現・甲府市、富士河口湖町）］二人の百姓が六部になって旅をしていた。ひとりが昼寝をしていると、鼻から蜂が出てきて、蜂はある方向を見ていた。その間、男は金を掘り当てる夢を見ていたので、その辺りを掘ってみると金の入った壺が出てきた（『旅と伝説』四（二）、昭六、三九‐四一）。②［新潟県糸魚川郡（現・糸魚川市）］寝ている男の鼻の穴からハチが出てきて、飛び回った後、鼻の穴に戻った。男は飛び回る様子を夢に見ていた（『日本民俗学』八五、昭四八、五五）。

（山田奨治）

はちだいこうじん【八大荒神】

中国地方を中心に、集落や家々で祀られている荒神の一種。仏教における八大龍《はちだいりゅう》王《おう》、すなわち仏法を守る八体の竜神の観念が影響しているものと考えられている。

⇩こうじん、はちだいりゅうおう

事例 ［岡山県］真言宗遍照寺の鎮守神を八大荒神といい、裏山の山頂にある。山頂近くに池があり、昔から大蛇が棲むという。八大龍王の信仰と関係があったようである（『岡山県史　一五』昭五八、五四三‐五四四）。

（渡部圭一）

はちだいりゅうおう【八大龍王】

雨乞いの神として、全国で祀られている。「八大荒神」などと習合したものもある。山に祀られており、大蛇を使いとする。

⇩だいじゃ、はちだいこうじん、りゅう

事例 ［香川県多度津町］龍王宮に祀られているのは八大龍王である。八大龍王は八つの頭を持った長虫（大蛇）であり、尾高に泳いで渡るといった話や、火にまつわる話などがある（『香川の民俗』五八、平七、四九）。

（荻野夏木）

はちまんぐう【八幡宮】

類 はちまんじんじゃ【八幡神社】　宇佐氏の氏神に由来することで知られている。銅山の神、海の神、鍛冶の神などの信仰がある。のちには仏教の守護神や戦の神として祀ら

は

れるようになった。おもに東北地方では麦やごまに関連する禁忌が報告されているほか、祀り方が適切でなかったり、不敬をはたらいたために、八幡宮のたたりを受けたという報告も散見される。

⇩いわしみずはちまんぐう

事例 ①［宮城県宮崎町（現・加美町）］旧正月一五日の朝、八幡神社の境内に青竹の小屋を立て、それに火をつけて煙が南に傾けば豊作、北になびけば凶といわれる（『宮城県史　二〇』昭三一、二二一）。②［福島県只見村（現・只見町）］若宮八幡宮には植栽禁忌がある。昔八幡様が麦の幹にすべってころび、ごまの幹で目をついたので、今も麦とごまを作らないという。戦時中に禰宜様に拝んでもらってごまはつくってもよいことになった（『福島県史　二三（一）』昭三九、二九三）。（山越英嗣）

はちまんほたる【八幡蛍】

㊫ゆうれいほたる【幽霊蛍】　合戦で討ち死にしたものが蛍になって飛ぶ。他の蛍よりも大きく光るという。蛍は暗闇に浮遊しており、人魂と同様にみなされていたということであろう。また「蛍合戦」という言葉があるが、これは蛍が交尾のために入り乱れて飛ぶことであり、蛍が飛ぶ姿と合戦の人々の姿を重ねて見ていたのであろう。

⇩ほたる

事例 ①［静岡県浜松市］天亀年間に武田と徳川の両軍が合戦したとき、討ち死にした兵の亡魂が変化したものである（『郷土趣味』四（二）、大一二、一七）。②［岡山県］六月の蛍は、幽霊蛍と呼ばれて採ってはならないものとされる（『なら』三七、大一四、一表）。（山田栄克）

はちめんだいおう【八面大王】

㊫やめのおおきみ【八女大王】　古代に現在の長野県安曇野市周辺に住んでいたとされる鬼神、または伝説上の人物。

伝説では、八面大王は安曇野市穂高有明宮城の山城や魏石鬼窟《ぎしきのいわや》（ドルメン式古墳の横穴式石室）に住んで、近隣の人々を苦しめていた。それを聞いた坂上田村麻呂が東北征伐の途上、矢村に住む弥助の献上した「山鳥の一三節の尾羽で作った矢」で、八面大王を退治した。鬼神をそのまま埋葬すると生き返ると言われることから、遺体を切り分けて別々の所に葬った。松本市の筑摩神社には首塚があり、安曇野市の大王神社には胴体が埋められ、同市足立には、足が埋められ、同市耳塚には耳を埋めたという耳塚がある。坂上田村麻呂の八面大王退治伝説の初出は、『信府統記』享保九年である。一方、同書には、筑摩八幡宮の社人の伝承する「魔道王」という鬼神退治伝説も見られ、田村麻呂伝説に先行する鬼神退治伝説があったことが指摘されている。

また、八女大王（筑紫君葛子《つくしのきみくずこ》）が転訛して八面大王となったという福岡の八女と関係する説や、安曇野に移住した古代の海人族、安曇族が、仁科氏に延暦八年に滅ぼされた事件と関わる伝説という説もある。さらに有明山は水源地であり、水神信仰との関わりから荒ぶる水流としての龍蛇（水神）を治める修験道の管理する治水、開発伝承としての龍蛇退治伝説を、八面大王伝説の祖型とする説もある。

は

⇩おに、きじょもみじ、さかのうえのたむらまろ

事例 ①［長野県松川村］有明山神社の後方の小高いところに八面大王の乗って来たという馬の蹄の跡がある。八面大王が住んでいた頃、手下に鼠賊という強い奴がいて各地を荒し廻った。そして奪い取った物は穴を掘って埋めておいた。今、鼠穴という地名があるがこの鼠賊の名残と言われている（『北安曇郡郷土誌稿　第二輯』昭五、一一八）。②［長野県松川村］松川村鼠穴の南に傘岩というのがある。長さ二〇間、幅八間、厚さ五間の大岩で、遠くから見ると傘の半開の形がほりつけられてあるように見える。昔、田村将軍が魏石鬼八面大王を征伐したとき、魏石鬼がこの大岩を将軍に投げつけた。将軍は直ちに持って居た傘を投げかえしてその巨岩を受けとめた。それで傘が半開してこの岩に形を留めたと伝えられている（『北安曇郡郷土誌稿　第七輯』昭一二、二七）。③［長野県穂高町（現・安曇野市）］穂高町耳塚に、高さ一・五メートルくらいの饅頭形の塚がある。これは八面大王の耳を葬ったという塚で、耳の病の人がお参りすると治してくれる。（『南安曇郡誌　第二巻下』昭四三、七七九-七八〇）。④［長野県明科町（現・安曇野市）］有明山に住む八面大王という男の鬼と、矢越の東方に住むもみじ鬼人という女の鬼は夫婦でありながら仲が悪く別居していた。田村麻呂に八面大王は退治されるが、もみじ鬼人は退治するのに苦労したが、三本目の矢が命中し、泣きながら帰った。そこが、今の名九鬼（泣く鬼）である（『中京民俗』昭五一、八三）。⑤［長野県穂高町（現・安曇野市）］弥助が山鳥を助ける。山鳥は変身して弥助と夫婦になる。山鳥の妻から山鳥の羽で作った矢を受取り田村麻呂に渡す。田村麻呂は、その矢で八面大王を退治する（『長野県史　民俗編三（三）』平二、四八六-四八七）。（小堀光夫）

［参考文献］細川恒「『八面大王伝説』の新文献」『信濃』五一（一）、平一一。『日本伝説大系　七』昭五七、みずうみ書房。

はちろう【八郎】

㊫はちたろう【八太郎】、はちのたろう【八之太郎】、はちろうたろう【八郎太郎】十和田湖、田沢湖、八郎潟をめぐる湖沼主争い伝説の主人公の大蛇、蛇神。

八郎には、大蛇に変身する前の居住地や出生地とされる伝説が青森、岩手、秋田の三県にまたがり伝承されている。居住地としては、青森県では五所川原市相内、八戸市十日市、岩手県では八幡平市田山、同市野駄、沢内村、秋田県では鹿角市十和田大湯草木等がある。特に鹿角市の黒沢家は、八郎太郎の生家との伝承がある。

伝説では、仲間と山仕事に行った八郎は、収穫は平等に分配という掟を破り一人でイワナを食し喉の乾きから水を飲み続けて大蛇に変身して十和田湖の主となる。その後、南祖坊（南宗坊）との湖沼主争いに負け十和田湖から八郎潟に移住する。この南祖坊は熊野権現の告げによって来た者で、伝説の背景に南祖坊（修験道）と蛇神（土俗信仰）との対立をみる説もある。その後、八郎は、田沢湖の主、辰子姫と夫婦となり、八郎潟と田沢湖を行き来した。その行き来の途中で、八郎が宿泊したという秋田の定宿の伝

は

説もある。定宿は、大仙市協和上淀川の宿屋や、秋田市下北手の中村家、仙北市西木町西明寺小山寺の赤坂家、仙北市角館町の仙波家等で、人の姿で泊まり、部屋を覗くなというが、覗くと大蛇となっている。それ以後、泊まらなくなり、その家は没落したという。なお天明年間に旧南部藩領内で語られた南祖坊をめぐる『十和田山本地』という奥浄瑠璃もある。

⇩さんぼたろう、だいじゃ、ぬし

事例 ①〔青森県五所川原市〕相内村に八之太郎という仙人がいた。山で岩魚を釣り食すと喉が乾き、大量の水を飲むうちに異形の者となる。十三の潟、平川の淵の主になろうとするが、河伯（河の神、河童）に追い払われて、八郎潟の主となった（『津軽俗説選』昭二六、一二七―一二八）②〔岩手県軽米町〕円子の雲谷川の岸近くに、ドンドン森と称する古墳形の小丘がある。この丘は八郎太郎が東海岸の方からやって来る途中、草履の裏についた泥土を、地に踏みはたきながらふるい落した跡だという。（『九戸郡誌』昭一一、四五八）。③〔岩手県紫波町〕志和村の南宗坊は山で岩魚を食べて喉が乾き、沢の水を飲んで主となる。その後、十和田湖に行って八乃太郎を追い出して主となった（『紫波郡誌』大一五、四三六）。④〔秋田県山本郡（現・三種町）〕八郎潟の主、八郎太郎が一の目潟の主の姫のもとに毎晩通うが、姫はうるさがって武内神主の夢枕に立ち、追い払うように頼む。神主は八郎太郎の片目を矢で射抜く。以来、八郎太郎は来なくなるが、一の目潟の鮒は片目になった（『秋田の昔話と伝説　一』昭四八、二二三―二二四）。⑤〔秋田県西木村（現・仙北市）〕八郎太郎は田沢湖の辰子と恋仲になり、冬は田沢湖で暮らす。このため八郎潟は凍るが、田沢湖は凍らず、年々水深が深くなる。霜月九日の真夜中に八郎太郎が風雨に乗って田沢湖に来るが、その水音を聞くと命がないといわれ、人々は辰子を祀る神明堂で水音を聞かないように酒を飲んで歌い騒ぐ。八郎太郎は、田沢湖に通う時、毎年、小山寺の赤坂家に泊まっていた。約束を破って寝姿を見ると大蛇だった。翌年、大洪水で赤坂家は流される（『羽後の伝説』昭五一、四九―五〇）。　（小堀光夫）

〔参考文献〕田村八重子「太平の昔話・伝説ほか」『秋田民俗』五、昭五二。『日本伝説大系　二』昭六〇、みずうみ書房。

はと【鳩】

武家においては軍神・八幡明神の使いとして信仰された。一方で庶民にはその鳴き声が季節を告げる鳥として親しまれた。東北地方に伝承される昔話「山鳩不孝」では、親が死に、子は悲痛のあまり鳩に化して鳴くのだといっている。小鳥前生譚の一つであり、人の魂が鳥と化すという信仰をも背景にした昔話といえる。

⇩とりのかいい

事例 ①〔群馬県勢多郡（現・前橋市、渋川市、桐生市、みどり市）〕鳩が巣を作った家は繁昌するといわれている（『郷土研究』三（七）、大四、四六）。②〔神奈川県小田原市〕小田原侯の御先手頭である山本源八郎の家紋は鳥居に鳩であるが、吉事がある前には鳩が集まるという。元は新御番という役目だったが、鳩が家に入ってくる度に出世していったという（「兎園小説」『日本随筆大成　第二期一』一六）。③〔青森県深浦町〕昔、なまこを「コ」と呼んでいた。あるとき、父親に「コ」を買ってくるように言われた子供がいた。なまこを買った後、沖の船が見えなくなるまで眺めてから家に帰ると、父親は死んでいた。子供は、鳩になった今でも「てで（父）、コ食え」と鳴く（『昔話―研究と資料―』二九、平一三、一〇九―一一〇）。

（森本恵一朗）

ばとうかんのん【馬頭観音】

六観音の一つ。仏典には畜生道に苦しむ者や動物を救済すると説かれて、民間では馬頭をもつことから主として馬の守護仏として信仰された。石仏が大量に造立された近世以降は路傍の石仏として祀られた。観音の造形のほかに「馬頭観世音」の文字が刻まれた文字塔あるいは自然石の形態をとる。また、馬頭観音は馬の供養塔としても造立され、牛馬の霊の祟りを治めたり、牛馬の事故死が続く場所に建立されたりする場合もあった。

⇩うま、かんのん

事例　〔山梨県甲府市〕大事にしていた馬の調子が悪くなり、上曽根の祈祷師に見てもらった。すると前に飼っていた馬が、自分よりも大切にされている馬をねたんで苦しめているので、馬頭観音を祀って供養をするように、祈祷師に言われた（『石左口の民俗』昭五九、一一五）。

（伊藤純）

はぶ【波布】

ハブは南西諸島に生息する強い毒性を持つ蛇である。体長は約一メートル。古くからハブの害にあってきた琉球の人びとは、ハブに咬まれることを神の裁きとして恐れてきた。一方、女性の神役である祝女《ノロ》は、ハブを使いこなすといわれている。なお本州では、マムシをハブ・ハビ・ハミと呼んでいる。いずれも蛇の古語へミの系統に属する語である。

⇩まむし、へび

事例　①〔沖縄県宜野湾市〕ハブ除けの詞がある。「美しい模様のハブよ、潮汲み女の子孫であるから、どけよ、どけよ」という意味の詞である。その昔、海岸の林が焼けたときに、木に逃れていたハブを、女性が潮水を汲んで救った。詞はこの伝説にもとづくと伝えられている（『蛇の宇宙誌』平三、一五四―一五五）。②〔鹿児島県奄美市〕昔の祝女は、ハブを制していた。ハブは山の神の使いで、神事やアソビを怠ると必ず現れた。アメカシギ日と巳ノ日アソビはハブの日で、仕事をすると、ハブに咬まれるといわれていた（『旅と伝説』一六（七）、昭一八、三一―三二）。

（金子祥之）

はまぐり【蛤、蜃】

日本の蛤が持つ霊的イメージは、中国の影響下にある。古代中国では大ハマグリを蜃、小ハマグリを蛤と書き、蜃は蛟（日本のミズチ）とも同一視されていた。今日でも光学的現象を指す際に使われる「蜃気楼」は読んで字の如く、蜃が吐き出した気で形成される楼閣の幻影のことである。鳥山石燕『画図百鬼夜行』シリーズの「蜃気楼」は、こうした中国由来の知識を忠実に描いている。一方、石燕描く貝の妖怪「栄螺鬼」

は、特定の生物が別種の生物に変態するという当時の俗説をもじって描かれる。中国の『礼記』には、海に入った燕が蜃に、雀が蛤になるという説が載り、『日本書紀』にはすでに、こうした説を元にした説話が記載される（今井秀和「鳥貝あるいは雀魚」）。

⇨しんきろう

事例 ［能登国（現・石川県）］老蛤が息を吐き城市山林の形を為すことを、清（中国）では蜃気楼という。能州・越州ではこれを狐松原とも称する（「鳴呼矣草」『日本随筆大成 第一期一九』二四八－二四九）。

（今井秀和）

はやまごもり【羽山籠り】

福島県二本松市隠岐津島神社の祭礼行事。羽山籠りの結願の日に託宣が行われる。

⇨たくせん

はやまのかみつけ【葉山の神憑け】

旧十月八日頃、福島で行われる託宣。

⇨たくせん

はやりがみ【流行り神】

ある一時期に突然流行する、神や仏など信仰の対象を、流行り神と言う。

たとえば、曲亭馬琴の『兎園小説』（文政八年）「由利郡神霊」には、ある夫婦が夢のお告げによって神祠を建てたところ、「腰の立たざるもの、人に扶けられて詣でけるに、帰りには独歩行くやうにな」ったという話がある。別の者は「立願の事ありて、成就せば餅を備へまゐらんといひながら、その事成就したれども、得備へざりければ、忽それが苗代を一夜に流されて跡なくなりし。」と、祟られてしまい、「一人としておそれ尊まぬものもなし。」と言う。

また、動物などに取り憑《つ》かれた人が、不可思議な力を発揮し、占いやまじない、病気の治癒などをするようになることがある。何かに取り憑かれて、神がかった状態を「はやる」と呼んでいる。「はやる」のは多くが女性であったが、男性がなることもあった。人に憑くと言われるのは、狐、狸、蛇、ムジナの他に、犬神《いぬがみ》、龍、河童、天狗、はては人の生霊、死霊などがある。これらに取り憑かれた者は、多くの場合、熱や病に苦しめられ、場合によっては命を落とすこともある。その一方で、取り憑かれた者が災害や過去の事件に対してお告げを述べることがある。そのようなお告げや神がかりに対する信仰が、流行り神を生み出したのであろう。

⇨おたけだいにちにょらい、かみのれいげん

事例 ①［宮城県花山村（現・栗原市）］はやり神様は女の人である。子供が病気になると、連れて行って子供の病気を追い払ってもらう（『民俗採訪』昭和四八年度号、昭四九、四七）。②［徳島県宍喰町（現・海陽町）］松原には二人、ハヤリ神さんがいた。一人は牟岐《むき》のばあさんといって大師を信仰していた。みな病気が治ると礼に餅やお金を持っていったので、金持ちになった。まだ亭主がいた時に狸がついて、はやり始めたそうだ（『民俗採訪』昭和五三年度号、昭五四、一〇〇）。③［宮城県花山村（現・栗原市）］一《いち》迫《はさま》のシズ村に、男のはやり神様がいた。お

天道様を信仰して神がついたという。方角を見てくれたり、神隠しの人や物を探し、病気を治してくれる。幣束《へいそく》を振り、神を呼ぶと神が乗り移る。「札を枕の下に置いておけ」「さめ日（病気の治る日）が遠ければ云々」などと言った。男女の胎児の別や、安産だろうとか、産後の肥立ちが悪いとかいうことも話した。三回流産した人が、はやり神様に拝んでもらうと、三二で初めて男の子をもったという話がある（『民俗採訪』昭和四八年度号、昭四九、四六-四七）。④［佐賀県鎮西町（現・唐津市）］坂本家の稲荷様は一七六〇年ごろから祀っており、祭日は毎月二三日。「岩倉荒熊」と記した鳥居が家の横にあり、穴があいている。昔はここに眷族《けんぞく》さんと呼ばれる狐がいたという。舟おろし、家普請の祈願のほか、ノイローゼや憑きもの落としもする。藪神《やぶがみ》であれば、二、三回の祈祷で落ちるという。（『民俗採訪』昭和四二年度号、昭四三、三八）。⑤［徳島県宍喰町（現・海陽町）］ハヤリ神さんにもらった船名を持つ船が港に来たことがある。一二人乗った船が難破した時、ハヤリ神さんを信仰している人のあととり息子だけ助かった。また、大正丸という船が打ち上げられることを、ハヤリ神さんは予見した（『民俗採訪』昭和五三年度号、昭五四、一〇〇）。

（佐藤太二）

〔参考文献〕宮田登『江戸のはやり神』平五、筑摩書房。

ばれろんばけもの【バレロン化物】

類ぶつあろん　新潟県を中心に語られている妖怪。夜中「バレロン」と言いながら出現し、通行人の背中に負ぶさってきて頭をかじる。そのため夜道は金鉢をかぶると安全だという。家まで背負って帰ると、バレロン化物は黄金や小判に変化するという。

事例　①［新潟県新津市（現・新潟市）］毎夜「バレロン」と言いながら出て来て、人におぶさり頭をかじる。正体は大きな蜘蛛であった（『高志路』九（七）、昭一八、三八-三九）。②［秋田県］毎夜山の方で「バレローン」と叫ぶ音がする。勇気ある者が確かめに行くと、男はその重い何者かを背負って帰って来た。家の土間に置いて盥をかぶせると、翌朝黄金の塊になっていたという（『旅と伝説』一一（七）、昭一三、三〇）。③［新潟県三川村（現・阿賀町）］毎晩「ぶつあろん」と言いながら背中に乗ってくる。ぶつあろんを家まで背負うと、小判になる（『高志路』九（九）、昭一八、三七-三八）。（五十嵐大晃）

はんげさま【半夏様】

類はげんさま【ハゲン様】、はげんじい【ハゲン爺】　暦の雑節の一つ半夏生に関連して伝承される、一種の妖怪。稲作の半夏半毛など農事の目安となる他、この日は竹藪に入らない、葱・豆など特定の畑の仕事を避けるなどの禁忌が語られる。これが擬人化されたものがハゲン爺、ハゲン様などの説話で、半夏生にハゲン様が畑仕事中に死んだことなどを伝えてその仕事の禁忌の由来を説くものが多い。

事例　①［新潟県六日町（現・南魚沼市）］半夏には豆を蒔かない。金持ちの半夏様がこの日に豆蒔きをしたがついに蒔き終わらず、入り日を招き返して終わらせたが半夏様は高熱で死んでしまったからだという

は

（『新潟県史　資料編二二』昭五七、七一〇）。②［長野県］昔、ハゲン様という農業熱心な方がいた。ある日葱畑を耕していて死んでしまった。以後その日をハゲンといい、葱畑には入らない（『民間伝承』二（一一）、昭一二、四-五）。

〔参考文献〕小池淳一『陰陽道の歴史民俗学的研究』平二三、角川学芸出版。

（渡部圭一）

ばんじばんざぶろう【磐二磐三郎、万二万三郎、番二番三郎】

磐二と盤三郎は盗賊の兄弟（一人の人物として語られることもある。）であったが、慈覚大師に諭されて弟子になり、得意の弓で鬼を射殺したとされる。東北地方では狩りの神の名として有名。また、上野国赤城山の神であるムカデを倒した日光派マタギの祖先とも言われている。磐司岩とよばれる岩や二人が住んだとされる岩窟などの伝承を持つ地域もあり、事物と結びついて狩りの神の話が伝わっている。

⇩しろしか、にっこうさん、やまのかみ

事例 ①［宮城県仙台市］「山立根源巻」という漁師の家によくある巻物には、万二兄弟は猿王の子で弓の名人という（『宮城県史　二二』昭三一、二六五-二六六）。②［宮城県仙台市］山寺立石寺の開山堂近くに磐司の岩屋があり、万二の木造坐像がある（『宮城県史　二二』昭三一、二六五-二六六）。

（熊倉史子）

はんそうぼう【半僧坊】

類 はんぞうぼう【半僧坊】　静岡県引佐郡引佐町奥山の方広寺に半僧坊大権現が祀られている。方広寺の鎮守であり、様々な災厄を除くとして明治以降に広く信仰を集めた。半僧坊大権現は、方広寺の開祖、元選禅師が中国からの帰国の際、船が暴風雨に見舞われたのを救ったとされるものの他、禅師に生涯仕えた半俗半僧の従者であるとの説もある。自然木を杖とした老僧の姿をしており、方広寺の縁起では「眼光炯々たる一偉人」であると伝えられ、世間では天狗であるとも言われていた。現在、鎌倉の建長寺をはじめ、各地に勧請されている。

⇩てんぐ

事例 ［岐阜県吉城郡（現・飛騨市、高山市）］旅僧から、鼻が高く、破れ衣を着て杖をもった人が描かれたお札を授かった。その晩夢枕にお札の人が出て、「山奥に大きな岩屋がある」と告げた。行ってみるとお札の坊さんがいて、付いて行くと不思議な岩屋に着いた。坊さんの頭が半分なかったから半僧坊とも言われる（『民俗採訪』昭和三一年度号、昭三三、一一三）。

（古屋綾子）

はんにゃ【般若】

もとは仏教用語で「智慧」を意味する語。鬼女の能面を般若というのは、般若坊という僧侶が見事な鬼女の面を作ったからとか、『源氏物語』で生霊を退治するときに般若経を誦んだから、などと言われている（『嬉遊笑覧』）。だから「般若」という名の特定の妖怪がいるわけではないが、鬼女を般若と形容することは多い。

事例 ①［大阪府］ある若者が大阪の宿に泊まった。深夜、首筋からゾクゾクしてきたかと思うと、誰かが身体の上に乗った。その顔は般若の面そっくりで、色は青かった。岩のように重く、息も生臭い。しかし若者は一晩中何もできないままだった。翌朝女中に聞くと、これまでも怪異があった部屋だとのことだった。若者は早々に宿を発ったが、どこに泊まっても夜な夜な般若が現れては体を押さえつけるようになった（『民族と歴史』八（一）、大一一、一二一三-一一五）。②［長野県東筑摩郡］笑い盤若は首に皺がいっぱいある（『民族』一（二）、大一四、一五六）。

（廣田龍平）

ひ

ひーじゃー・まじむん

類やぎぬむぬ【山羊ヌムヌ】　鹿児島の南島から沖縄にかけて伝承される山羊の妖怪。ヒージャーは山羊の意で、沖縄では少なくとも一五世紀後半頃から山羊が飼育され、肉食用として消費されてきた。ヒージャー・マジムンは、夜道などで突然飛び出してくる。積極的に人に害を与えるようなことはないが、驚いて声をあげたり、山羊について話すと禍があるとされる。

⇩まじむん

事例　①［鹿児島県大島郡］与論島には山羊のムヌがいる。夜道に飛び出してきて人に見られるが、見た人は黙って知らないふりをして通り過ぎなければ禍がある。突き当りそうに走ってきても、黙ってよけるとよい（『琉球史学』六、昭四九、三五）。②［沖縄県］いつも山羊を殺す場所を通りかかると、小道から山羊の毛を焼く匂いがする。用心しながら歩いていると、繁みから山羊が飛び出し、狂ったように突進してくる。棒で対抗すると、しばらくして消えてしまう（『沖縄の幽霊』平一二、一一九-一二〇）。

（田村明子）

びーふきどり【火吹き鳥】

類ほしごい、よーらーさー【夜鳥】　沖縄県八重山地域に伝わる怪鳥。夜に鳴いて通る所には不吉な事が起こると恐れられる。昔、本島から来たムヌンス（物識り＝易者）が、世を惑わす者だと牢屋に押し入れられ、虐待されていた。それを気の毒に思い、獄長の長間筑登之《ナーマックドン》は密かに食物を差し入れていた。死ぬ際にムヌンスが「私は死んだら火吹鳥に化して火事をおこすから、火吹鳥が鳴く時は貴家や親戚の家は臼を叩いてその所在を知らせて下さい」と遺言した。その後、牢屋は火事になり、村中が火の海と化した。しかし獄長とその親戚は無事であった。それ以来、暗夜に鳴いて通ると、ナーマヤードー（長間屋だよ）、ナーマヤーヌ・マリピィキドー（長間屋の親戚だよ）、などと唱えながら、どの家でも杵で臼を叩くようになったという。

⇩とりのかいい

事例 ［沖縄県八重山地方］昔、災厄を払い病気を治す霊的な力を持った物識がいた。お上は世を惑わすものとして物識を牢に入れた。物識は獄死した後に火吹鳥になって村を火の海にして焼いた（『郷土研究』五（二）、昭六、四九－五〇）。

（森本恵一朗）

ひいみさま【日忌様】

伊豆大島では日忌様といって、一月二五日の夜は外出をせず、海を見てはいけないとされる日がある。この日の夜は、家の戸口の全てを堅く閉め、神棚に二五個の餅を供えるという。

⇩にじゅうごにちさま

事例 ①［東京都大島町］大島の泉津村の代官は租税の取り立てなど、すべてにおいて暴虐であったため、正月二四日の夜、村の若者二五人は代官を切り殺した。若者たちは村を逃れ、別の島へと向かったが途中暴風の為に転覆し、全員が亡くなった。そのため、この二五人の若者の亡霊が正月二四日の夜に海上から襲ってくるので、泉津村、利島、神津島ではこの日に日忌をするといわれている（『旅と伝説』一二、昭三、五六－五七）。②［東京都大島町］伊豆大島では二四日を日忌様（火忌様）とよび、この日は海を見てはいけないとされる。さらに、この日の夜は火を焚かず、牛馬は山野に帰して家には置かない（『旅と伝説』六（八）、昭八、七七－七八）。

（平井勇介）

ぴえろ

主として小学校周辺に出て、あまり害はない。一方で、ユーモラスな姿に反し攻撃性の強い話もある。「大きな口で殺人鬼ピエロのように牙があり、血走った目」をし、出会った人を殺す。後者はスティーブン・キング『IT《イット》』（アメリカで実際にあった、ピエロに扮して少年たちを大量殺害した事件に基づくとされる小説）などとのつながりと思われる。

⇩がっこうのかいだん

事例 ①［奈良県生駒郡］午後三時半、南校舎の男子トイレに片足ピエロが出る（『学校の怪談』（ポプラ社版）、一三、平六、二一）。②［静岡県静岡市］体育館の裏に死んだピエロが出てきて、その声を聞いた人がいる（同前）。③［福岡県福岡市］満月の夜、トイレの鏡をのぞくとピエロが出てくる。満月を見るとピエロは化け物になり、のぞいた人を殺しにくるという。解くには大勢で鏡をのぞく、逃げる時は二手に別れるなどする（『映画「学校の怪談」によせられたこわーいうわさ』平八、六四）。

（渡辺節子）

ひがたたくり

岩手県大船渡市の小正月の来訪者。

⇩なまはげ

ひかりぼっく【光りぼっく】

土橋の支柱となる杭の中で一本だけ青白く発光する杭。朽ちて腐ったことから青白く発光すると言われ、奇異の目で見られた。

は

⇩かいこう

事例 ［茨城県江戸崎町（現・稲敷市）］農家の門口の往環から屋敷に入るところにあるどぶ（溝）には土橋が架けられていた。その橋の支柱にした杭の中に、腐朽して青白い光を発するものが稀にあった（『茨城の民俗』一六、一〇九－一一〇）。（保科友希恵）

ひかりもの【光り物】

㊝とびもの【飛び物】、ひかりだま【光り玉】

空中を飛ぶ謎の光を「光り物」という。手の届く範囲から天空高くまで、飛ぶ高さや速さ、そして形状は様々である。光り物の概念は人魂や火の玉と重なる部分を持つが、死者の魂と無関係な場合の方が多い。

光り物が神仏の霊験を示すこともあり、江戸時代の随筆『甲子夜話続篇』巻一四には、京都・安井観勝寺にある藤の木の上に毎夜光り物が降るので、これを金毘羅権現として祀った、という由来が載る。光り物を見た者が一時の富貴を得るものの、やがて没落する話なども多く記録されており、金玉《かねだま》や無間《むげん》の鐘との共通点を見出すこともできる。地震や火山の噴火など天変地異の前後に記録されることも少なくない。轟音を立てながら空を飛ぶなど、大気圏に突入した流星が起こす現象との共通点も指摘できよう。また光り物の正体を、尾を光らせた山鳥などの生物だとする伝承も数多く存在する。

鎌倉時代初期の『宇治拾遺物語』には、次のような話がある。後鳥羽上皇の御世、摂津国の離宮に、夜な夜な山から唐傘ほどの大きさの光り物が出て、御堂へ飛び入ることがあった。ある夜、警護の武士が池の中島で寝ていると、光り物が現れて池の上を飛び行くのに出くわした。寝たまま矢で射ると、手応えがあって何かが池に落ちた。火を灯して覗き見ると、不気味なほど大きく、老いて毛のはげたむささびであった。

⇩かいか、かいこう、かねだま、ひのたま、やまどり

事例 ①［宮城県栗原郡（現・栗原市）］死者の魂は実家へ行って戸を揺する。行く時は光り物（魂）が飛ぶのが見える（『伝承文化』七、昭四六、七六）。②［宮城県栗原郡（現・栗原市）］出征前の男子は、よく光り玉を見るものだと言われている（『普賢堂の民俗』一六、昭五一、九九）。③［岩手県遠野市］ザシキワラシが棲んでいるという長者の家が落ち目になったとき、かざぐるまのような大きな光り物が中空を飛び、別の家に入っていった。すると、その家が裕福になった。（『あしなか』一四〇、昭四九、一七）。④［茨城県茨城町］光り物が屋根の上を、シャリンシャリンと音をたてて飛ぶことがあるという。これを「金が飛ぶ」と言い、落ちたところの家は金持ちになる（『茨城の民俗』二〇、昭五六、四一）。⑤［武州稲毛（現・神奈川県川崎市）］ある人が庭で夕涼みをしていると、大きな音を立てて西から光り物が飛んできた。地上一、二間（約一・八－三・六メートル）を飛んでいたので竹竿で払うと、少し当たった様子だったが光り物はそのまま飛び去った。翌朝その辺りで銭八文を拾って以降、家は裕福になり子孫も繁栄した。拾った銭を紛失してからは没落の一途を辿ったという（『梅翁随筆』『日本随筆大成第二期一一』六三）。⑥［京（現・京都府）］享

保一五年九月の夕暮れ、丑寅の方角から、長さ一間（約一・八メートル）余り、幅一尺（約三〇センチ）余りの光り物が現れて、未申の方角へと飛んでいった。その音の響きは地震の如くであった（「月堂見聞集」『続日本随筆大成　別四』一四七）。（今井秀和）

ひかるいし【光る石】

類らいしゅ【雷珠】　夜間に光を放つ石の怪異。光る理由は様々だが、神仏の威光や高位な人の徳を感じて生じるものだと言われている。雷珠という火の精の凝り固まったものともいう。

⇩いしのかいい、かいこう、ひかりもの

事例　①［茨城県美和村（現・常陸大宮市）］この地方が佐竹家にかわって徳川家によって治められることになったとき、佐竹家の家臣の墓石を川の中に転がして壊してしまった。その中に不動様もあった。川の中の墓石に夜な夜な光るものがあり、拾って不動様として祀るようになった（『民俗採訪』昭和五七年度号、昭五八、一四七）。②［遠江国豊田郡、伊久美村（現・静岡県浜松市、島田市）］豊田郡で、灯火のように光る石が掘り出された。医者がそれを買い取ったが、翌日、家が丸焼けになり、石もどこかに行った。同時期、伊久美で光る石が見つかり、村長に渡った。前出の石と同じものだろう。このようにして名玉は高位の手へと渡っていくのだろう（「煙霞綺談」『日本随筆大成　第一期四』二二六－二二七）。（廣田龍平）

ひごい【緋鯉】

鯉の一種で、赤い体色が目立つものをいう。伝承中では池や沼の主として大型の緋鯉の伝説が語られていることがあり、人間に変身する、祟りをなすなど超自然的な能力を発揮するともいう。近代になって環境が激変するとともに姿を見ることがなくなったと伝えられている。

⇩こい、さかなのかいい、ぬし

事例　①［新潟県新津町（現・新潟市）］ある池の主は、六、七尺ほどもある大きな緋鯉だった。釣り人が朝早く糸を垂れていると水面近くに浮かんでくるが、水面上へは決して現れない。油田開発後は見かけなくなった（『高志路』六（三）、昭一五、四一－四二）。②［新潟県大江山村（現・新潟市）］丸山の池の主は、大きな緋鯉だった。三尺以上あり、見つけて網を投じても捕まらなかった（『高志路』一二七、昭二三、二三）。③［香川県三木町］山大寺池の主は大蓑サイズの緋鯉である。水上に出ては高坊主や女性に化けて人々を驚かし、暴風雨のときは池いっぱいに荒れ狂い、日照りのときは巧みに変身して上空に昇った（『香川の民俗』三、昭四一、八）。（廣田龍平）

ひじかけばばあ【肘かけ婆あ】

学校の怪談の一つで、肘で移動して近づいてくる上半身だけの老婆。

⇩てけてけ

びしゃがつく【ビシャが付く】

雪や霙《みぞれ》などの夜道で、後からビシャビシャと足音が聞こえる怪異。北陸地方はこのような足音の怪異を「ビシャが付く」といい、奈良では「ベトベトサン」と呼んでいる。ある感覚器では捉えることができても別の感覚器では捉えることができない異常な現象や説明不可能な経験を妖怪として捉えた事例は全国に分布する。

ここでは、聴覚で捉えることができても、視覚の中には入ってこない現象に対し、「ビシャが付く」と名付けることによって、似た体験を持つ者と共有の存在となって各地の伝承・俗信として根付いていったと考えられる。

⇩おとのかいい、べとべとさん

事例 ［福井県坂井郡（現・坂井市）］冬の霙雪が降る夜道を行くと、背後からビシャビシャと足音が聞こえることがあるといい、それをビシャが付くといっている（『民間伝承』三（一二）、昭一三、一二）。

（神田朝美）

びしゃもんてん【毘沙門天】

㊮びしゃもんてんのう【毘沙門天王】　甲冑を身にまとい、猛々しい武将の姿で、右手に宝棒を、左手に宝塔をもつ姿が一般的である。四天王、七福神の一尊とされ、「多聞天」の異名を持つ。

⇩ふくのかみ

事例 ①［京都府］鞍馬の奥、僧正が谷御菩薩池の端、方丈の穴に住む二頭の鬼神が都に乱れ入ろうとした。そこで毘沙門天の示現の通りに、博士を召して方丈の穴を封じ塞がせ、三石三斗の大豆を炒って鬼の目を撃ち潰させたところ災いはなかったという。これが節分の豆まきの始まりである（「案内者」『続日本随筆大成　別一一』三三三-三二四）。②［石川県大屋村（現・輪島市）］道行く人や馬、海上を交通する船を停めたりして苦しめるため、村民はやむを得ず、張本人の毘沙門天像を逆さにして安置した（『旅と伝説』一三（四）、昭一五、一四-二〇）。③［京都府］鞍馬寺の毘沙門天が壮年の僧になって、良忍上人の融通念仏に加わり、夢で一巻の書を授けた（『民具マンスリー』三三（三）、平一三、一〇）。

（山越英嗣）

びじょづか【美女塚】

美しい女性にまつわる伝承のある塚。美貌のため宮仕えを強制された女性が命を絶った場所とする事例（長崎県対馬市）、関ヶ原合戦で敗れた西軍方武将ゆかりの女性たちを葬ったとする事例（茨城県下妻市）がある。各地に多く残る小野小町にまつわる塚のうち、山形県米沢市の塚は美女塚と呼ばれており、小町以外の者にまつわる異伝も残っている。

⇩つかのかいい

事例 ［山形県米沢市］小野小町を恋い慕う深草少将は、小町の返事を聞かないまま急死した。その恨みからか死病にかかった小町は、父のいる秋田に向かおうとするが、米沢の塩井で絶命する。その地に作られたのが美女塚である。二百年後、旅僧の前に小町の霊が現れて、米沢の呉服商が深草少将の生まれ変わりだと告げた。これを知った呉服商は死んでしまい、美女塚西方の美男塚に葬られたという。これとは別に美女塚については、武田信玄に破れて会津に来た小笠原長時を謀殺したという彼の妾を埋めたという説、キリシタンの美女を葬ったとする説もある（『置賜の民俗』七・八、昭五一、四一-四二）。

（徳永誓子）

ひたちぼうかいそん【常陸坊海尊】

㊫せいえつ【清悦】　東北地方を中心に長寿伝説を持つ源 義経《みなもとのよしつね》の家臣。清悦ともいう。また宮城県の岩戸三光宮は、常陸坊海尊が眼病を治し、岩窟に籠ったという。

事例　①［宮城県仙台市］一六世紀後半頃、関東や信越地方に出没して、源平合戦や義経が欧州越智のときの模様などを詳細に語る不思議な道士のような人間がいた。人々は義経の家臣であった常陸坊海尊が仙人となって五〇〇歳に及んだのである、と評判をした（『旅と伝説』四（一）、昭六、一三二）。②［宮城県仙台市］天和の頃、岩きりの久作という正直者が眼を病んで失明しかけた時、山中で会った白髪の翁に治してもらった。二度目に会った時に名を問うと、九郎判官義経公の家来常陸坊海尊、今清悦という（『宮城県史　二一』昭三一、三一六–三一七）。

（高橋奈津子）

ひだるがみ【ヒダル神】

㊫がきどぼけ【餓鬼仏】、だに、だりぼとけ【ダリ仏】、だる、ふだるがみ【フダル神】

山中や峠を歩いている人に憑いて、急に空腹感を感じさせたり、動けなくさせたりする神霊。運搬中の牛や馬などにも憑く。ヒダルガミに憑かれた時は何かを食べると治るとされ、米粒を口に入れたり、掌に「米」という字を書いて舐めたりする。また、ヒダルガミに憑かれないように、山へ出かける時は必ず食べ物を持参したり、弁当のご飯粒を少し残しておいたりする。

ヒダルガミは多くの場合、行き倒れた人や飢え死にした人の亡霊などと考えられている。したがってヒダルガミの出現場所も、特定の峠や山道、四つ辻などと決まっている場合が多い。伊予ではヒダルガミをジキトリと称し、とりわけ南伊ではこれを山の神の化身とみなしている。そのため山に入った時は必ず最初に弁当の飯粒を山の神に供え、山の神の空腹を満たしておくとジキトリに憑かれないという。なお、ヒダルガミの信仰は、主として近畿地方や四国地方を中心に西日本に多くみられ、東日本にはほとんどみられないとされる（直江廣治「能野路の現状」）。また南方熊楠は、ヒダル神（さいでの王、餓鬼、ダリとも）が文献に紹介された事例として、安永四年（一七五五）の歌舞伎脚本「東海道七里渡」第四段を挙げている（南方熊楠「ひだる神」）。

⇨じきとり、だに、だらし

事例　①［兵庫県高平村（現・三田市）］人につく神の中に「ひだる神」という神がいる。兵庫県有馬郡高平村の山野で弁当を食べる時は必ずその一部を残して、かたわらに置いて「ひだる神」に供す。もしこれに食べ物を与えなければ、必ず人につく。また空腹に耐え忍んでもいけない。とくに空腹で山に入れば、「ひだる神」が必ず取り付いて離れないからだ（『兵庫県民俗資料』七、昭七、三五七）。②［和歌山県古座川町］道を歩いていて、急にだるくなる時がある。これをダルに憑かれたといって、その場合、弁当の残りの御飯を一口食べるか、ない時は手のひらに米という字を書き、それを三回なめると元気になるという。宇筒井でダルにつかれる場所として、おいわしの坂がある（『南紀小川の民俗』一、昭四〇、四四）。

は

③〔奈良県十津川村〕ダルは、ものを食べず死んだ人、のたれ死んだ人の妄念である。ダルの出現する場所は決まっており、憑く人と憑かない人がある（『あしなか』一四四、昭四九、八）。

（安井眞奈美）

〔参考文献〕南方熊楠「ひだる神」『民族』二（五）、昭二。直江廣治「熊野路の現状（一）」『民間伝承』一二（八・九）、昭二三。柳田國男「ひだる神のこと」『定本柳田國男集　四』。

ぴと・とり・ぴ【ピト・トリ・火】

沖縄の青い火の玉で大凶とされる。

⇩まーざぁぴ

ひとことぬし【一言主】

奈良県葛城山麓の奈良御所市にある葛城一言主神社が総本社となっている。一言の願いであれば何でも聞き届ける神とされ、「無言まいり」の神として信仰されている。一言主が確認されるもっとも古い文献は『古事記』（七一二）であり、そこでは天皇よりも地位が高く描かれているが、その後地位が低下する。一言主にかかわる伝説で共通しているその特徴は、醜い顔をしており、なかなか昼間に人前に出ないことである。

⇩えんのぎょうじゃ、こだま

事例 ①〔奈良県〕役行者は夜しか働かない一言主を縛りつけて谷間に突き落とした。憤慨した一言主は宮女に取憑き、帝をそそのかして行者を捕らえようとする。最終的に行者は伊豆大島に流罪となった（『旅と伝説』五、昭三、二八―三二）。②〔奈良県〕天皇が葛城山を登ったとき、何者かが行く手を阻むので矢を射った。すると相手は一言主之大神であったので、天皇はかしこんで衣を献上した（『旅と伝説』二（八）、昭四、五四）。

（平井勇介）

ひとつめこぞう【一つ目小僧】

㊮いっちょめ【イッチョ目】、ひとつまなこのだんじゅうろう【一つ眼の団十郎】、ひとつめごろう【一つ目五郎】、めひとつこぞう【目一つ小僧】　顔の真ん中に丸い目を一つだけもち、舌を出した小僧姿の妖怪。豆腐小僧や墓場の鬼太郎のように、草双紙やマンガなどの創作されたキャラクターにもその系譜を引く妖怪がみられる。なお、異常な数の目をもった同系の妖怪として、目が一つの一つ目小僧だけでなく、唐傘の化け物のように足も一本しかない妖怪のほか、三つ目入道や百目などのように多くの目をもった入道姿の妖怪もいる。一つ目といっても二つの目の一方が傷ついてつぶれたり小さかったりする片目を意味している場合も少なくない。

なお、一つ目形象は妖怪だけではなく、神にもみられ、その背景には山の神、鍛冶神、御霊信仰、風の神、雷神小童などの影響があると説かれている。柳田國男は、日本各地の一つ目の信仰伝承を検討し、祭りの日まで生贄とすべき人や魚を聖別しておくために片目をつぶしておいたことが一つ目伝承の由来だと論じている。しかし、片目や片足の神々は世界各地に数多く分布し、いずれも生死や新旧など相反する二項を媒介する表象とされ、季節や年の替わり目に頻出する。

各地の民間伝承をみると、主にコト八日に出現して厄災をもたらす負の存在として恐れられ、悪臭をたて、目籠《めかご》や笊《ざる》に棘の多い柊の枝葉や刃物をつけて屋根などに高く掲げたり、米のとぎ汁を置いたり多様な方法で退散させている。また下駄などは判を押されないように家の中にしまい、晩には特別の食物を作って家に籠もるという。災厄や病気になる家を記した帳面を道祖神に預けて小正月の火祭りで焼いてしまう道祖神祭りの由来伝承もある。一つ目小僧は目の効果で人を驚かす不気味な妖怪として、『怪談老の杖』や落語の一眼国の噺にも登場する。このほか、狸や狢《むじな》が一つ目小僧に化けたり、一つ目入道も出現するなど、一つ目小僧は神の零落した化け物形象の代表的なものの一つとして多様な妖怪に受け継がれてきている。

⇩いちもくれん、きょらいしん、しつけんけん、みつめにゅうどう

事例 ①［伊豆対馬村（現・静岡県伊東市）］一二月八日には、柊の小枝を門口にさし、赤御飯を炊き、家族の数だけおにぎりを作り、病気や風邪にかからぬように囲炉裏の炭火で焼いて食べる。また、蓮根、里芋、人参、牛蒡、魚などの煮物を作った。昔、村人が据風呂に入っていたら、一つ目小僧が出てきて、風呂桶ごと持ち上げられ連れて行かれたが、途中で運良く道端の柊の枝に体がひっかかり、危ないところを助かったという。このことから、柊は鬼除け、悪魔除けになるようになった（今野円輔『日本怪談集（妖怪篇）』昭五六、九七）。②［神奈川県相模原市］一二月八日と二月八日に一つ目小僧が来ないように四つ目笊を棒にかけて高く掲げ、こうの葉や線香を燃やした。悪病を流行させるため、履き物に判を押し帳面につけるために廻って来るので、帳面は家の中にしまっておく。一二月八日に、その帳面を塞の神に預けておくと、正月一四日の火事で焼けてしまい、二月八日に取りに来ても帳面がなくなっているので病気が流行らずにすんだという。そこで、毎年ダンゴ焼きをして塞の神を祀る（『日本民俗学』七三、昭四六、五六）。（飯島吉晴）

〔参考文献〕柳田國男「一つ目小僧 その他」『柳田國男全集 五』。

ひとつめにゅうどう【一つ目入道】

⇩ひとつめこぞう

ひととりぶち【人取り淵】

人を飲み込んでしまうという由来、怪異が伝承されている淵。奈良県には、子どもが取られる人取り淵などが伝わっている。また人取り淵は別の場所に通じる穴があり、そこへ吸い込まれるのだという。

⇩いけ・ぬま・しみずのかいい・れいげん

事例 ［山梨県早川町］奈良田の居平より向側の塩島に至るに今は橋がかかっているが孝謙帝行幸当時は、ほんの丸太が渡してあるほどだった。ある時のこと洪水のためこの丸木橋が流れてしまった。帝は諸氏の困却のほどを察せられ水の治まるよう祈願せられた。効験もあらたかにさしもの濁流は治まり水が澄んだ中に櫛がみえた。住民はことの由を氏神八幡社にお伺いすると櫛の所有者が入水すれば橋がかかるとのお告

げであった。村人はそこでその櫛の持ち主である少女を探して人柱に立てた。それがこの人取り淵である(『甲斐路』六七、平一、一五三―一五四)。 (玉水洋匡)

ひとばしら【人柱】

㊮ひとみごくう【人身御供】 堤防や橋などの土木工事にあたって、人を生き埋めにすると建造物が強固なものになると信じられていた。生き埋めにされる人を人柱、そのような行為を含めて人身御供という。人柱にはしばしば女性や罪人、宗教者が充てられた。

⇨ぎょうにんづか、はいたつごんげん

事例 ①〔三重県鈴鹿市〕昔、台風のたびに池の堤防が切れるので、お竜という女を人柱にした。それから堤防は切れなくなり、池には竜が池という名が付いた。ここを通るときに「お竜」と呼ぶと「おう」と応える声がするという(『民俗採訪』昭和四七年度号、昭四八、一四二―一四三)。②〔徳島県徳島市〕川に橋を架ける際に、通りかかった山伏を捕らえて人柱にした。毎年大晦日になると川底から鉦の音が響く。また雨の日には、橋桁の石垣の白石がお多福の顔になりゲラゲラと笑い出したという(『歴史民俗研究』二、昭五四、一〇―一一)。 (山田奨治)

ひとぼし【火点し】

怪火の一種。富山県では、雨が降る夜や霧が立ち込める日には、後光の見えない青い炎が地上近くを行ったり来たりするという。墓場や畦畔に現れ、人が近づく気配がするとさっと消えてしまう。狐火のことだという人もいる。

⇨かいか、きつねび

事例 ①〔富山県砺波市〕雨の降る夜に、ヒトボシという青い火が燃えながら走り、人影が近づくと消える(『富山県史 民俗編』昭四八、八五六)。②〔富山県砺波市〕ヒトボス(火点し)は狐火のことで、雨の夜など地上近くを青くて後光のない火が見える。人の気配があると消える(『とやま民俗』一〇、昭五二、五)。 (中村祥子)

ひどり【火鳥】

青森県五戸で火事の時に出て飛ぶ鳥。火鳥の飛んだ範囲だけが焼けるとされる。その他にも、鳥が夜に鳴くと火事がある、鶏が夜鳴きすると火事が出るとする俗信や、雄の雉が夜になると光るなど、夜間に飛来する発光体の正体を夜鳥とする伝承、あるいは火の玉の形状が鳥に類似しているとする伝承は全国に広くみられ、日本の民俗における火と鳥の関係は殊のほか深いと思われる。

⇨かいか、とりのかいい

事例 〔青森県五戸町〕火鳥は火事の際に飛ぶ鳥で、その飛んだ範囲だけ焼ける。烏などは家の中から火をくわえて出るといい、その予防として屋上の両端に烏の止まり木を立てる地方があることからも、烏と火事とは深い関係を持っていると考えられていたのであろう(『民間伝承』一八(二)、昭二九、五五)。 (三柴友太)

ひとりま【火取魔】

夜、道を歩いていると、ろうそくの火が小さくなったり消えたりする。これは火取魔の仕業だという。その正体を狐やイタチとする伝承地もある。沖縄県ではキジムナーの仕業とする。

事例 ［石川県加賀市］ 蟋蟀橋の近くにウバノホトコロという所がある。夜にこの辺を提灯を持って通るとすーと火が小さくなり、過ぎたらまた火が明るくなる（『民間伝承』三（九）、昭一三、一〇一）。

（山田栄克）

ひのかみ【火の神】

㊫だぬかん 家の火を扱うところにまつられる神。火伏せの機能の他、家族の守護神、農作物の豊饒をもたらす作神などの性格をもつ。全国的に有名な秋葉神社、愛宕神社の神々が神棚でまつられる一方、荒神、竈《かまど》神《がみ》、土公神《どこうじん》などとよばれる、人びとの生活に身近な火の神は神札に表示されることなく、民家の土間にまつられることが多い。

⇨あきばさま、あたごさん、かまどがみ、こうじん、どこうじん

事例 ①［岩手県岩手郡］ 火の神（炉の神）は不動様で、不浄を嫌う。幼児などが誤って小便をしたときには灰を取り除いて塩を撒く。不浄なことをすると口が曲がるといわれている（『旅と伝説』四（八）、昭六、四〇）。②［沖縄県］ カマドには家族の守護神としての火の神（ダヌカン）が祀られる。主として、主婦が朝晩線香をあげて拝む（『国立民族学博物館研究報告 別冊三』昭六一、八五）。

（平井勇介）

ひのたま【火の玉】

㊫おにび【鬼火】、かねだま【金魂】、けちび【けち火】、ひじゃま、ひだま【火玉】、ひとだま【人魂】 ふつう青白い光を放ちながら飛ぶ怪火をいう。夜間に出現することが多いが昼間に目撃したとの報告もある。色は青白いというほかに、赤色・橙色・黄色だともいい、形についても円形・楕円形・杓子型などさまざまである。飛び方も中空を尾を引いて飛ぶ、低空をふわふわと飛ぶ、ぴかぴか光りながら飛ぶなどという。火の玉が現れるとあたりが明るくなるとか、怪音を発しながら飛ぶといった伝承も少なくない。

火の玉の性格は多様だが、一般には人間の体から抜け出た魂の姿だと信じられてきた。多くの場合、死の前後に遊離するとされ、日ごろ親しかった人のもとを訪れたり寺に行ったという話が各地に伝えられている。火の玉を目撃した後で病気で寝ていた者が死んだとか、事故が発生して死者がでたなどといい、火の玉の出現を死の予兆と見なす俗信は全国的といってよい。また、不慮の死をとげたりこの世に怨みや未練を残して死んだ人の亡魂が、火の玉となって夜な夜な出没したとの話も多い。人の魂は死の前後だけでなく、まれには睡眠中に抜け出て火の玉の姿で浮遊することがある。柳田國男の『遠野物語拾遺』には、町役場に勤める某が土間に入ってきた火の魂を箒で追い回しているとき伯父の危篤の知らせが届き、すぐに駆けつけると、伯父が薄目をあけて「今こいつの家に行ったら、箒で俺を追廻した」と言ったという話が紹介されている。ただ、火の玉の出現がすべて人

の死や不吉な事態を予示しているわけではない。中には、火の玉の色を見て病人の助かる前兆だと判断した話も報告されており、火の玉の色や移動する方向などから凶事か否かを占う場合もある。

火の玉を人体から遊離した魂とする認識は広くみられるが、ほかにもさまざまな原因からこの現象が発生すると考えられている。狐は涎《よだれ》をたらしてそれを火の玉にみせるといい、山鳥は羽を擦り合わせて火の玉をつくるといわれる。古木の霊が化したものとか、川天狗の仕業だとする土地もある。地中に埋められた宝物が火の玉となって飛び回るとの伝承も知られている。突然現れたというだけで原因不明の場合も多く、また、火の玉の出現を火災や地すべり・洪水・日照りなど災害の起きる前ぶれとする例も散見する。飛来してきた火の玉が落ちたところから出火した話も伝えられている。

火の玉に関する人々の関心は早くからあり『万葉集』巻第一六に「人魂のさ青《を》なる君がただひとり逢へりし雨夜の葉非左《訓義》思所《不詳》念」の歌がみえている。江戸の風聞や世情を記した『藤岡屋日記』には、嘉永四年（一八五一）の霜月に小石川春日町の路地に火の玉が出没し、占いの結果火災の前ぶれであるとの告げがでて、防火の対策を急いだ話が書き留められている。

⇩おにび、かいか、かいこう、さんとう、てんび、ひかりもの、ゆうれい、りんか、れいこん

事例 ①［愛媛県宇和町（現・西予市）］明治三〇年頃、宇和町坂戸での話。明治一一年生れの母が、夕方うす暗くなったころに、ゴーッという音がしてあたりが少し明るくなったので見上げると、軒ぐらいの高さのところを人の頭ほどの青白い火の塊が尾を引きながら飛んでいった（『伊予の民俗』三九、昭六〇、二一-二四）。②［和歌山県川添村（現・白浜町）］死期が近い人のいる家からは窓や戸口からヒノタマ（人魂）がでる。でるとその人は死ぬ。青みのある火の玉でゆらゆらと飛んでいき寺の本堂に突き当たって消える。和尚はそれで死者のでたことを知る（『民間伝承』一三（九）、昭二四、一九）。③［群馬県水上町（現・みなかみ町）］ループトンネルのある山で、一緒に登っていた全員が火の玉を見た。一尺（約三〇センチ）ほどの大きさだった。その日、トンネル事故で人が死んだ（『群馬県史 資料編二七』昭五五、九四六）。④［熊本県南関町］日清戦争の始まる前年、官軍墓地境内にあった老松が台風で倒れた。倒れる前夜か前々夜、樹上に赤い火の玉がいくつか点っていた。この老松は加藤清正所縁の名木で、勝手に伐ったりすることを畏れてきた。怪火を伝えている老人たちは松のタマシ（霊）であったろうと言っている（『民俗学』四（六）、昭七、三九-四〇）。⑤［長崎県福江島（現・五島市）］ある人が夜中に火の玉を見た。それを追いかけていくと、ある家の垣根を越えて窓から中に入っていった。様子をうかがうと窓が開いていてなかには爺さんと婆さんが寝ている。うなされていた爺さんが目を覚まし、婆さんを起こして「今夢で変な男に追いかけられた」と話した（『旅と伝説』八（五）、昭一〇、四〇）。⑥［佐賀県東背振村（現・吉野ケ里町）］野狐は涎をたらして火の玉にみせ、これを自在に動かすこともあるという。野

狐に化かされそうなときは、ゆっくり腰をおろし煙草の火をつけると退散する。朝早く草刈りにでたとき火の玉が木の枝に下がっているのを見た。出る時刻は真夜中と夜明け方だという（『民間伝承』一一（六・七合併号）、昭二一、二五）。⑦〔群馬県利南村（現・沼田市）〕山鳥が羽を擦り合わせたときに火の玉を発するという。晩秋や初雪が降ったときによくみられる。その理由は、餌を求めて夜間でも飛び回るためと考えられる。某家の娘が死ぬ直前、屋根から直径が一尺ぐらいで中心から赤・黄・青の色をした火の玉が飛び出るのを分家の者が見たという（『民間伝承』九（六・七合併号）、昭一八、五五）。⑧〔三重県紀勢町（現・大紀町）〕五月の夕方、田の水を見に行くと、川のふちに赤い玉と青い玉が転がりこんできたという。昔から「日照りが続くと火の玉が地面を転がる。雨降りが続くと水玉といって真っ青な玉が水の上を転がる」という（『民俗採訪』昭五六年度号、昭五七、一四七）。⑨〔愛知県野間町（現・美浜町）〕夜、浜辺にでて大声で「かりやたろう」と叫ぶと火の玉が来る。初めは沖の方に小さな火が見えるが、みるみる大きくなって真上に来たときには、風呂桶のような大きさになりぐるぐる回りだす。もし、逃げ遅れたときには草履を頭にのせて這っていると去っていくという（『野間町史』昭五六、四〇）。（常光徹）

〔参考文献〕今野円輔『日本怪談集〈幽霊編〉』昭四四、社会思想社。

ひのとり【火の鳥】

火のように輝く金色の羽根を持った鳥。ロシアの民話では、灰色狼や駿馬の助けで手に入れる宝物の一つだが、一九一〇年初演のバレエ作品「火の鳥」では王子を助ける存在として描かれている。バレエを見た手塚治虫は火の鳥の精の魅力にまいり、漫画「火の鳥」を描く。その中では弓矢でも死なず、首を切られても火の中から生まれ変わり、怒ると体から火を発し、夜も光り輝くとされる。また、ファイア・バード、鳳凰、フェニックス（不死鳥）と同一視されている。作中で火の鳥は、自身を地球の分身であると述べている。

⇨かいか、とりのかいい

事例 ①〔鳥取県八頭郡〕マンド山から火の鳥が飛び立ち、集落が焼けたので、以後この山の木は切らないことになった（『常民』五号、昭四一、一三〇）。②〔新潟県北蒲原郡〕三枚のお札類話。小僧が元飼猫の婆に三つの玉をもらう。婆の夫の山猫が小僧を追いかけてくるが、三つの玉で変身して逃げる。最後は赤い玉で火の鳥になり、追いついた山猫は焼け死ぬ（『日本昔話通観』一〇、昭五九、一一）。（熊澤美弓）

ひばかり【日ばかり】

㊩さんじゃくごろし【三尺殺し】、ひかぎり【日限り】 体長四〇から六〇センチの細い蛇である。ヒバカリの特徴は、咬まれた人がその日のうちに絶命してしまうことである。ヒバカリの名もこの伝承に由来する。その日ばかりの命という意味だが、現実のヒバカリは無毒種である。

⇨へび

事例 ①〔愛知県長篠村（現・新城市）〕ヒバカリは、赤色の小さな蛇である。ヒバカ

は

リに朝咬まれれば晩に死に、晩咬まれれば朝に死ぬという（『郷土研究』三（二）、大四、五三‐五四）。② ［徳島県三好市］ヒカギリは山の神か水神の化けている蛇で、首に輪がついている。咬まれれば、命はその日限りである。執念深い蛇といい、誤って獲物の雉を持ち帰った人を、家まで追ってきた（『ひだびと』九（二）、昭一六、二五）。③［山梨県北杜市］南アルプスの山中には、サンジャクゴロシがいる。緑色の三〇センチほどの蛇である。咬まれると三尺（九〇センチ）も歩けずに死んでしまう（『柳沢の民俗』平八、一三二）。

（金子祥之）

ひばしら【火柱】

㊮いたちのひばしら【鼬の火柱】 火柱とは藪や墓地や陸地、杉の木の上や山の上などに起こり、一丈ほどの高さに火を噴出して燃え上がるもので、火事の前兆として伝えられている。火柱が倒れる方角に火事が起こるとされ、また火柱を見た人に災いをもたらすとも言われている。火柱の正体として、イタチや狐などが尻尾を立てて光らせたものだと説明される場合もある。

⇩いたち、かいか、まえじらせ

事例 ①［東京都足立区］火柱はイタチが焚くと言われている。燃え上がる赤い焔であり、これを見ると良くないことが起こる（『民間伝承』四（一）、昭一三、六）。②［長野県下伊那郡］青田山に火柱が立つと倒れた方に火事が起こるという（『郷土研究』三（七）、大四、四七）。③［茨城県茨城町］秋の日暮れに杉の木の上に橙色の火柱が立っていた。数分で火柱は消えたが、これを人々は「イタチの火柱」と呼んでいた。これはイタチが尻尾を立てて光らせたものだという（『茨城の民俗』二〇、昭五六、四三）。

（五十嵐大晃）

ひひ【狒々】

㊮いひひ、さるがみ【猿神】、さるのふったち【猿の経立】、ひいひいざる【ヒイヒイ猿】

年老いた大猿の妖怪。娘を生贄に要求したのを通りがかった者が犬の助けを得て退治するという伝説が『今昔物語集』以来知られている。これ以外にも女に化けて騙したり田畑を荒らしたりするなど、害をなす存在だった。猿神を憑き物とする地方もある。

⇩さる

事例 ①［三重県名張市］ヒイヒイ猿が山から降りてきて子供を捕り畑を荒らしていた。通りがかりの由井正雪が話を聞きつけ、猿を切り捨てた（『伊賀黒田の民俗』平五、一四三‐一四四）。②［秋田県山内村（現・横手市）］山小屋で寝ていると、ヒヒが舌を抜きに来た。一人だけ逃れた者は熊に助けられたので、熊野山神社を建てて祀った（『伝承文芸』一七、平二、一三七‐一三八）。③［新潟県］ある漁師が、山奥で声がするので仲間だと思って返事をすると、イヒヒだった。逃げる途中で網を被って隠れたのでやり過ごすことができた（『高志路』二二五・二二六、昭四七、一三八‐一三九）。

（廣田龍平）

ひめこんじん【姫金神】

屋敷にあって家を守ってくれる女の神である。姫金神の存在に気づかずに穴を掘るなどすると、強烈な祟りがあるといい、除けが効かないとする地域もある。群馬県・山梨県で報告されており、目・耳・口が不自由だとする報告もある。

⇩こんじん

事例 ［群馬県前橋市］姫金神様は年によっている場所が違い、暦によってしか知ることができない。金神様がいることを知らずに引っ越して障ったこともある（『群馬県史　資料編二六』昭五七、三〇〇）。

（塚原伸治）

ひゃっきやぎょう【百鬼夜行】

類 **いぎょういるいのものども【異形異類のものども】、ひゃっきやこう【百鬼夜行】**

鬼や妖怪、異形のもの、魑魅魍魎《ちみもうりょう》の類が、深夜に列をなして街路を行進すること。これに出会うと命がないとされた。転じて「得体のしれない悪人たちが跳梁跋扈《ちょうりょうばっこ》するさま」の喩えとしても用いられている。

百鬼夜行は特に平安京の貴族に恐れられた怪異で『今昔物語集』『宇治拾遺物語』『古今著聞集』『宝物集』等の説話集には、百鬼夜行との遭遇譚が収録されている。大納言藤原常行が二条大路で百鬼夜行に遭遇するも、襟に縫い込められていた尊勝陀羅《そんしょうだら》尼《に》の法力により難を逃れた逸話は、『今昔物語集』他の多くの説話集に採られている。

この常行が出歩いたのは「百鬼夜行日」であったとされる。百鬼夜行日は夜間の外出を忌む日で、月ごとに日が決まっていた。一四世紀成立の『拾芥抄《しゅうかいしょう》』には「百鬼夜行日　不可夜行　正二子　三四午　五六巳　七八戌　九十未　十一十二辰」とある。民間信仰の「夜行さん」や「首切れ馬」が特定の日時に特定の道筋を疾走するのと同様、百鬼夜行も二条大宮の辻やあはの辻など、特定の街路に特定の日時に出現するとされた。こうした百鬼夜行の行進する場所は、平安京の歪みが蓄積した、異界との境界とまなざされる都市の周縁であった。

百鬼夜行の群れは、説話では大勢の騒ぐ声や異形の影と松明の行進として表現され、その構成員は目一つの者、角の生えた者、牛頭の者、口がない者などの異形と描写されるが、室町期成立の『百鬼夜行絵巻』が描くような、器物の化け物の行進とはされていない。『百鬼夜行絵巻』はあくまで器物の化け物の行進を描いた絵巻で、化け物の行進というモティーフ上の一致からの命名であり、平安京の百鬼夜行そのものを描いた絵巻物ではないとされる。また、平安期から中世にかけての百鬼夜行の異形者のイメージ形成には、都市周縁に集った被差別民や芸能民、特に都市の芸能者としての田楽者などの影響があると指摘されている。

⇩おに、くびきれうま、やぎょうさん

事例 ①［京都府京都市］夜行日の夜に外出した藤原常行と共の者は、二条大路で大勢の恐ろしげな鬼どもに行き会い、神泉苑に隠れた。鬼の一人に見つかり、捕まりそうになったが、乳母が着物の襟に縫い付けてくれていた尊勝陀羅尼の法力のおかげで難を逃れた（『今昔物語集　一四』四二話）。②［摂津国（現・大阪府、兵庫県）］修行僧がある古寺に泊まると、夜中に目一つの者や角の生えた者など、人ではなく薄気味悪く恐ろしげな者たち百人ばかりの百鬼夜行の群れが入ってきて座り、修行者は軒下につま

は

み出された。夜が明けてみると、肥前国（佐賀県）まで移動させられていた（『宇治拾遺物語集　二』一七話）。③［不明］古画に百鬼夜行の図というものがある。器物が化け物になった様を巧みに描き、最後は朝日で鬼形が退散する構成になっている。狩野法眼の画だという人もいる（『理斎随筆』『日本随筆大成　第三期一』三五四）。（飯倉義之）

〔参考文献〕田中貴子『百鬼夜行の見える都市』平一四、筑摩書房。小松和彦『百鬼夜行絵巻の謎』平二〇、集英社。人間文化研究機構『百鬼夜行の世界』平二一、角川学芸出版。

ひゃくものがたり【百物語】

類かいだんのかい【怪談会】　百本の灯心に火を灯し、それぞれが怪談を語り、一つ語り終えるごとに灯心を一つ消していく、という形式をもった怪談の会のこと。ついに百話を語り終え、百本目の灯心を消すと、化け物が出るという。

たとえば、『諸国百物語』（延宝《えんぽう》五年）「百物がたりをして富貴になりたる事」には、次のような話がある。

「京の五条《ごじょう》の堀川《ほりかわ》の辺りに、米屋八郎兵衛という者がいた。その八郎兵衛が留守の時に、その家の一六になる息子が近所の子どもたちと百物語をしようということになったが、話が九〇ほどになったら、怖くなって近所の子どもは皆帰ってしまった。この家の息子はなんとしても化け物の正体を見たいと言って、一人で残りの話を語り、百物語を終えた。その後、裏口へ小便をしに行くと、庭から毛の生えた手が伸びてきて、しっかと足を握った。息子は驚き、「何者だ、姿を現せ。」と言うと、化け物は一七、八の女となって「私は以前この家に住んでいた者です。お産で死んでしまったのですが、後を弔《とむら》う者がいないために浮かばれません。どうか千部の経を読んで、弔ってください。」と言った。息子が「私のうちは貧しいので千部の経を読むことは無理だ。」と言うと、女は「それならば柿の木の下に小判を埋めておくので、そのお金で弔ってください。」と言って消えてしまった。夜が明けて、帰ってきた八郎兵衛と共に柿の木の下を掘ってみると小判百両が埋まっており、そのお金を使い、女をねんごろに弔った。その後、米屋はだんだんと商売が上向き、そのあたり一番の米屋となったということだ。」

この『諸国百物語』のように、百物語怪談会を下敷きにした怪談集は、江戸時代の初期から中期頃にかけて数多く出版されている。

事例［東京都］新聞で広告を出し、百物語の怪談会を開くことになった。話をする人が起立して、「さて」と話し出すのも話がしにくいだろうということで、まず話の聞き役を一人決め、怪談を語る人はその聞き役に語りかけ、他の者は周りでそれを傍聴するということに決めた。自分が聞き役になった時に、怪談を語った人がいた。「自分の父はもと大阪の天満《てんま》で、蔵屋敷の留守居役を勤めていたのですが、文久《ぶんきゅう》の年のある時に、田中河内介父子がひそかに逃れて来て、何とかかくまってもらいたいという。父は同情してなんとかしたいと思ったが、どうにも都合が悪く、そのうち薩摩《さつま》へ船で落ち延びるという一段になったのですが、それについては、藩の秘密、一家の秘密……」と、そこで口を切って黙り込み、またしばらくして、「自分の父はもと大阪の天満で……」とやり出す。何度もそれを繰り返すので、周りで話を聞いていた人達は一人、二人、と帰ってしまい、自分も明日には予定があるので、機会を見つけて帰ってしまった。その会に共に出席していた泉鏡花さんから後になって聞いた話によると、話を繰り返していた人は、皆が散会した後も「藩の秘密、一家の秘密……」と語り続けているうちに、いつの間にか倒れてしまい、手当ての甲斐もなく息を引き取ったという（『郷土研究上方』八（八五）、昭一三、二三―二五）。 （佐藤太一）

〔参考文献〕太刀川清校訂『叢書江戸文庫二　百物語怪談集成』昭六二、国書刊行会。堤邦彦『近世仏教説話の研究―唱導と文芸』平八、翰林書房。

ひゃっきろばば【百キロ婆】

高速で走る車を追い抜いていく老婆。北海道から九州まで分布は広い。ダッシュババァ、カール・ルイスより速く百メートル二秒のカールおばさん、着物と下駄で一跳び四メートルのジャンピングババァ、背中にターボと張り紙のターボ婆ちゃん、ジェット婆など、速さ由来の名も多様である。男性版もUターンじじい、マラソン爺さん、スキップ少年、高速サラリーマンとふえている。

彼らは危険なことはないが、「乗せて」と頼み、四つん這いで追ってくる「四つん這い女」は乗せても乗せなくてもその後事故や死につながることが多い。「テケテケ」同様上半身のみで追ってくる肘子さん、肘かけババァ、コツコツ婆にも追い抜かれると死ぬという。

⇩がっこうのかいだん、てけてけ

事例　〔不明〕高速で走っていると白い着物のお婆さんが立っていて、不思議に思いつつ過ぎると、一二〇キロで走っているのに追いついて「乗せてー」と笑いながらずっと追ってくる（『不思議な世界を考える会会報』四九、平一二、五、五六）。 （渡辺節子）

ひょういげんしょう【憑依現象】

㊫のりうつる【乗り移る】　霊的なものが人や物に「つく（憑く・付く）」現象。専門的には、憑入（霊が身体に侵入し、人格が変わる）・憑着（身体に付着する）・憑感（外側から影響を与える）の三つに分けられる。憑依には術者が意図的に行う場合と、そうではない偶然的な場合とがある。憑依を操作しうる宗教者は多種多様で、憑くものも神仏から獣、無機物まで多岐にわたる。日本の場合、死霊や狐の例が特に多い。近代医学においては、精神病の一種と見なされる。

⇩つきもの

事例　①〔岡山県落合町（現・真庭市）〕戦後間もない頃、二人の主婦にお大師様が憑いた。どちらも半年ほどで憑きが落ちた。その内の一人は、附近の大師堂の熱心な信者となり、その数年後には天理教の信者となった（『岡山民俗』八一、昭四四、一）。②〔不明〕精神科の臨床では、西洋人形が取り憑いたといって、子供服を着て髪を三つ編みにし、腹話術のようにしゃべる老婆や、黒人兵が憑依して、急に英語混じりで演説する初老婦人などの、憑依症例を診ることがある（『国立民族学博物館研究報告』一二（四）、昭六二、一二一七）。（徳永誓子）

ひょうすべ【兵主部】

㊮ひょうすぼ【兵主坊】、ひょうすんぼ【兵主坊】　柳田國男（「河童駒引」『山島民譚集（一）』）は、九州南部の河童の別名が水神・ヒヤウスヘだとした。今もヒョウス（ン）ボ等の語が生きている宮崎県の伝承では、春に田に降りて秋には山に戻る水の神、尻子玉《しりこだま》を抜く、相撲好き、お辞儀で頭の皿の水が零れて脱力、金属を恐れる等の属性も、馬に引かれる、厠《かわや》で手を切られて失う、許されて詫び証文を書く、秘薬の製法を教える等の逸話も河童とほぼ変わらない。唯一の特異性であるヒョウヒョウと鳴く声を名称の由来と見る憶説（飯倉義之）は、実証的な裏付けを欠く。

延喜式に名が見え、主に近畿地方に分布する兵主《ひょうず》神社に淵源を求める説（折口信夫）は、関連する伝承がなく、無理が大きい。

ヒョウスベの名の流布は、河童避けの呪《じゅ》歌《か》「ヒョウスベに約束せしを忘るなよ川立《かわたち》男《おとこ》氏は菅原」に負う。類歌は、『和漢三才図会』（一七一二）、『諸国里人談』（一七四三）や後続の『笈埃随筆《きゅうあいずいひつ》』に見える。だが、河童信仰で名高い肥後渋江家の古い護符（一六七五）では、川立男が約束する相手は兵部《ひょうぶ》、つまり渋江家《しぶえけ》の高祖で、春日大社が三笠山に鎮座した際に部下の匠（菅原氏）に命じ、人形を駆使して社殿を速やかに造営し終えたと伝承される橘島田丸《たちばなのしまだまる》になっている。この内容は、完工後に川に放置された人形が河童になり、それを鎮めた功によって称徳《しょうとく》天皇が島田丸に水神を勅許したという河童人形起源譚とよく符合する。すると、呪歌の文言は護符の崩れた形と見られ、ヒョウスベが河童を管掌する神だとする柳田の異説は成り立たなくなる。

河童人形起源譚は、渋江氏の先祖橘氏が一三世紀初めに伊予宇和郡から入部した肥前長島庄《ながしまのしょう》（現・武雄市潮見）に伝わるだけでなく、『北肥戦史』（一七二〇以前）に記され、肥前渋江水神信仰の中枢だった波佐《はさ》見《み》水神宮所蔵の渋江家系図にも見えている。

ところが、先の護符以上に古い大蔵流の『虎清《とらきよ》狂言本』（一六四六）では、約束の相手は兵部ではなくヒョウスベなのだが、巻末のこの部分だけは乱雑な筆跡で、後世の書き足しであるのは明らかだ。また、渋江水神信仰を九州一円に広める要となった渋江公師《きみもろ》が一六世紀末に暫く住み、彼の名前を末尾に記す独特の形式を伝える壱岐の護符では、約束の相手は兵部神《ひょうぶしん》なのである。やはり、兵部が古態と見て誤るまい。

公師の三男公延《きみのぶ》とその息子公姿《きみなり》を開基とする長崎水神社では、人形が化した水魅《すいみ》（水の妖怪）を川立神《かわたちがみ》とも兵統良神《ひょうすべらがみ》とも呼び、河太郎（河童）のことだとする。事実、その霊が宿るという境内の「河童石」の傍らの立札に両神の名を併記してきた。つまりヒョウスベは、『北肥戦史』の説の通り、兵部を主《あるじ》とする部民《べみん》（眷属）なのだ。なお、大村の渋江公男家には、包紙《ほうし》に墨で明記された兵主部神《ひょうすべしん》の片手が伝わる。

⇩かっぱ

事例 〔熊本県〕鎮西探題北条時定が一三世紀末に勅命で創建した肥後小国《おぐに》満願寺に次の伝承がある。竹田の番匠《ばんしょう》が大師堂の建立に駆使した麦藁人形群をヒョースベリと名付け、この土地（菅原）の者は取るなと命じ、頭を打ち凹ませては川に投げ込んだ。また、或る時稚児を河童に取られて悲しんだ同寺の法印が、「ヒョースベリ、ヒョースベリ、約束したは忘れたか、姓は菅原、名は菅原」と河童を諌めると、その後水難が絶えた。

第二次大戦後も、憑いたヒョウス（ン）ボを落としてもらいに日向の人々が肥後渋江家（菊池天地元水神社《てんちげんすい》）をよく訪ねて来た。（小馬徹）

〔参考文献〕小馬徹「『河童信仰の歴史研究』序説—『氏は菅原』呪歌とヒョウスベ再考」『歴史民俗資料学研究』一一、平一八。

ひよくちょう【比翼鳥】

㊮けんけん【鶼鶼】、ばんばん【蛮蛮】 鳬に似て青赤色、一目一翼で二羽が互いに支えあって飛ぶ鳥。『山海経』では現れると天下に大水が起こるとされているが、後の時代には祥瑞とされ、『三才図会』では王者の孝徳が幽遠ならば現れるとされる。また、二羽が互いに支えあい、互いがいなければ飛ぶこともできないというところから、深い愛情で結ばれた男女の例えとして使われる。玄宗皇帝と楊貴妃の悲劇を謡った「長恨歌」では連理の枝とともに再び契りを結ぶ誓いとして謡われている。『瑯嬛《ろうけん》記《き》』に引用する『博物志餘』には「比翼鳳」として、雄を野君、雌を観諱、総名を長離と呼び、死んでもまた生まれて必ず同じ処にいるという記事がある。

⇩とりのかいい

事例 〔不明〕比翼鳥の形をうつした紋として官家指貫等に付ける鳥だすきという紋がある。享保の時、肉の尾で連なる比翼鳥が蛮船から将来された。また、狩野探幽の描く比翼鳥は正徳年中に紅毛人が長崎に持って来て、商人によって江戸に来たものである（『古今沿革考』『日本随筆大成 第一期一七』三〇―三一）。（熊澤美弓）

ひよりぼう【日和坊】

常陸の国（現在の茨城県）の深山にいるという妖怪。安永八年（一七七九）に刊行された鳥山石燕の『今昔画図続百鬼』巻之中に紹介されているもの。それによると、日和坊は雨が降っているときにはその形が見えず、太陽が出ているときにはその影が現れるという。石燕の絵によると、岩肌に彫られた石仏のような姿をしている。石燕は、近年、女性たちの間でてるてる法師（坊主）というものを紙でつくり、晴天を祈るのは、日和坊の霊を祭ることに由来する、と述べている。しかし実際にてるてる坊主の起源となったのかどうかは疑わしい。

妖怪としての日和坊も石燕の文献以外には報告例がない。ただしてるてる坊主のことを『笠附類題集』（一八三四）は日和坊《ひよりぼん》と言い、『大坂繁昌詩』（一八五九）は大坂の風習として祈晴僧《ひよりぼうず》を紹介している。また長崎県長崎市では日和坊《ひよりぼん》さんと呼ばれていた（『長崎方言集覧』『長崎市史 風俗編』昭一三、一五二）。妖怪日和坊はこうした語彙と何らかの関係があると思われる。
（廣田龍平）

ひる【蛭】

蛭はそのグロテスクな姿と、血を吸って人を苦しめることから忌み嫌われる存在である。富と引き替えに蛭に苦しめられる伝承が、各地に伝わっている。

⇩むげんのかね、むしのかいい

事例 ①〔神奈川県〕撞くと長者になれるという無剣山の鐘のことを聞いた男が寺を訪ねた。住職は握り飯を池に入れ、飯粒が蛭に変わる様子を見せ、死後に蛭に苦しめられてもよいなら鐘を撞けといった。男は鐘を撞いて長者になったが、その男の葬式の日、棺から遺体が無くなり片腕が門の前に落ちていた（『民俗学』五（五）、昭八、四五–四六）。②〔和歌山県清水村（現・有田川町）〕ある男が無間の鐘を撞いて大金持ちになったが、正月五日の小豆粥は蛭に変わったという（『近畿民俗』六六・六七・六八、昭五一、七六）。
（山田奨治）

ひる・よる【昼・夜】

ヒルとヨルと別個の怪異である。ヒルもヨルもただただ飛んでいるだけである。高知県の一部の地域に伝わっている。

⇩ひかりもの

事例 〔高知県田ノ口村（現・黒潮町）〕「ヨルという怪は昼間空間を飛行する影の塊の如きもの。ヒルというは、夜間飛行する火ではないが明かりの塊。ヨルもヒルも格別人に危害を与えることをしない」（『民俗学』三（五）、昭六、六二）。
（阿部宇洋）

ひるまぼうず【ヒルマ坊主】

㊫ひるまんぼうず【ヒルマン坊主】 河童やシバテンの同類で、道を通る人に相撲を挑む妖怪。月夜に小坊主の姿で現れる。

⇩かっぱ、しばてん

事例 〔高知県高知市〕宇津野山にたびたびひるまんぼうずが現れては悪さをしていた。この妖怪は小坊主のかっこうをしており、通りがかった人に「おんちゃん、相撲とろ」と言い、相撲に誘う。ある人が相撲を取ってみると大変なことになり、フラフラになって腰をつくと、トゲだらけの木に組みついていた。着物は破れ、顔も手もトゲに傷つけられ血だらけになっていた。また別のときにひるまんぼうずが現れ「おんちゃん」と呼ぶが無視して歩いていると、「相撲は取らない、おいしい饅頭を食べよう」と言うので行ってみた。すると湯気立つ饅頭がたくさんあったので食べていると、通りがかった人から、食べていたのは饅頭ではなく馬糞だと指摘され、背中をたたかれて正気になった。それでも二、三日苦しんだ（『土佐民俗』三一、昭五四、一八）。
（廣田龍平）

びわ【枇杷】

バラ科の常緑樹。果樹として栽培され、人々の生活に身近な存在。一方、病気や死に関する俗信も多い。枇杷の木はうめき声を好むので、庭木にすると病人が絶えないといわれる。庭木の枇杷が成長すると、葬式の棺桶の担い棒になりたいと泣く、という。これはその家に死を呼び込む暗示である。死と連関した樹木であるので、逆に魔除けとして植えたり、罪人を打つ木刀として使用されることもあった。他の樹木のように、枇杷じたいが怪異をなすという報告は少ない。

⇩きのかいい

事例 ①［山口県］枇杷の木はうめき声を好むから、屋敷内に植えると病人が絶えないという（『民間伝承』六（二）、昭一五、四）。②［高知県高岡郡］屋敷に植えた枇杷が大きくなると、棺の担い棒になりたいといって泣くといわれている（『郷土研究』三（八）、大四、五九）。③［鳥取県］枇杷は魔除けの木として植える。昔は枇杷の棒で罪人を撲殺したので嫌った。枇杷の棒で打つと肉と骨とが別れて傷が回復しないので木刀に使用する（『因伯民談』四（二）、昭一三、七四）。

（中野洋平）

ひんながみ【雛神】

㊫こちょぼ　富山県礪波地方の憑き物。土で作った人型をしているという。欲しい物を持ってくるとされ、急に富んだ家がヒンナを使ったと言われた。墓場の土を大勢の人に踏ませ、人型をつくる。また七つの墓の土を用いるともいう。さらに千体のヒンナから一体を選出したものを、コチョボと呼ぶこともあった。適切な処置をしないと、死に際に大変苦しむという。

⇩つきもの、にんぎょうのかいい

事例 ①［富山県］急に富んだ家をヒンナ憑きと呼んだ。墓場の土を三千人に踏ませて象る、七つの墓の土を集め、人の血でこねて人型にしてから、千人に踏ませるなど作成法があった。三寸ほどのヒンナを千体作り、鍋で煮ると一体だけ浮かんでくると言う。これをコチョボと呼び用いることもあった。川に流して捨てなければ死に際に苦しむ（『民間伝承』一三（一二）、昭二四、四一）。②［富山県小矢部市］七カ所の墓の土を戻さなければ、死に際に苦しむ（『とやま民俗』一一、昭五二、七）。

（堀口祐貴）

びんぼうがみ【貧乏神】

㊫きゅうき【窮鬼】　人や家にとり憑いて貧乏をもたらす神のこと。鎌倉時代の『沙石集』（巻七）に貧窮法師や貧窮冠者が、『発心集』（巻七）に貧報冠者が夢の中に登場する話がある。その後、中世末期から近世初頭頃、貧乏を擬人化・神格化した貧乏神と表象されるようになった。

室町時代末頃の『梅津長者物語』では、貧乏神は、かむろ髪で柿色の帷子《かたびら》を身につけ、団扇を持つ童子として描かれている。これは差別されていた人々の姿であり、当時の貧困は最下層への転落を意味したと考えられる。貧乏神を追い出し、七福神に代表される福の神を招き入れるためには正直・勤勉・努力とともに神仏への熱心な信仰が必要であった。

江戸時代に入ると、固定化された身分階層内での貧困へと変化したため、貧乏神は痩せこけて、顔色が青ざめ、渋団扇を持つ男の老人の姿となった。貧乏神を追い払う方法は勤勉と努力以外に、信心ではなく、大晦日に炉の火を盛大に焚く、貧乏神が嫌う食べ物を食べる、毎日家を掃除して風を通す（『待問雑記《だいもんざっき》』）ことなどが行われた。焼き飯と焼味噌を作り、折敷に載せて裏の戸口から持って出て川に流す（『譚海』巻一二）方法は、貧乏神が好む焼味噌に食いつかせ、それとともに家から送り出してしまうというものである。

また、大晦日に貧乏神から黄金の玉をもらうという「大歳の客」系の説話と関連した話や、貧乏神をいじめたり、だましたりして金をせしめる話があり、近世以降の貧乏神は、福の神の要素も示すようになった。

⇩ふくのかみ

事例 ①〔宮城県〕大晦日の夜は炉に山盛りに火をおこして深更まで起きている。炉の火が少ないと貧乏神が訪れる（『宮城県史 二〇』昭三一、一六）。②〔新潟県吉川町（現・上越市）〕上名木では七日が若木迎えで生木を伐り、一四日に燃やして小豆を煮る。昔貧乏な男が夜逃げした。変なやつがついて来る。生木を燃やして小豆を煮ることが嫌いだと言うのでその通りにすると、貧乏神は銭を投げて寄こした。それからこの行事をするようになった（『民俗採訪』昭和三一年度号、昭三二、三二）。③〔新潟県吉川町（現・上越市）〕大賀では正月二日の伐りそめにミヅクサとヌルデを伐って来る。貧乏な男が、焚物がないので山から伐って来たばかりの生木を燃やした。家の天井にいた貧乏神が煙たがり、嫌いなものを尋ねるので「金に困っている」と答え、さらにいぶすと千両箱を三つ投げつけて逃げ去った。そのため一五日はヌルデをいぶして粥を煮る（『民俗採訪』昭和三一年度号、昭三二、三二）。④〔兵庫県八鹿町（現・養父市）〕大年の夜に酢の物や握飯にミショウの味噌をつけて食うと、貧乏神は辛いから逃げる（『民俗』一（一）、昭三二、二二）。⑤〔神奈川県城山町（現・相模原市）〕ヒヂロの灰に鉄瓶を置いて、灰が平らになったところは、貧乏神の坐りッ場だといって、必ず火箸で突き崩しておく（『ひでばち』昭三五、一五）。⑥〔愛媛県北宇和郡〕炉の火をやたらに掘ると貧乏神が出て来る（『西郊民俗』一（九）、昭三四、六）。⑦〔不明〕昔貧乏な爺と婆がいて、大晦日の夜にも米がなく、仕方がないので炭を半俵くべて、火をドカドカ焚いていた。そこへ烏帽子をかぶった男が来た。男は貧乏神であったが、火にあたらせてもてなしたところ、大きな黄金の玉をもらった（『旅と伝説』七（一二）、昭九、五七-五八）。

（髙岡弘幸）

〔参考文献〕小松和彦『福の神と貧乏神』平一二、ちくま文庫。

びんろうじだぬき【檳榔子狸】

徳島県に出現したという狸。いつでも檳榔子の着物をきていたのでこの名がある。真昼にも現れて人に化けたという。

⇩たぬき

事例 〔徳島県高原村（現・石井町）〕郷社新宮神社の森の裏に竹藪に檳榔子狸が住んでいる。他の狸と異なり真昼に出没して人間に化け、何時でも檳榔子の重ねの衣類を着ている。油揚げを好み、人が油揚げをもって通ると必ず奪われるという（『郷土趣味』二四、大一〇、一四）。

（及川祥平）

ふ

ふぁちはんば

類はちはんばー　沖縄県において、人に危害を加えると伝えられる怪物。鉢をかぶったような姿だと考えられ、恐れられているが、その実態を伝える資料は少ない。その容姿から、河童との関係性も考えられる。

⇩かっぱ

事例　①〔沖縄県大宜味村〕ある日どこかの男性が、手ぶらで血相を変えて奥山から逃げ帰ってきた。人に危害を加えると言い伝えられている、ファチハンバという奇怪な動物に出会ったためだという。ファチハンバは、鉢かぶり者という意味である（『昔話―研究と資料―』一四、昭六〇、一七九―一八〇）。②〔沖縄県〕ハチハンバーは、県北部において鉢かぶりの妖怪といわれているものだが、実態はよくわかっていない（『南島研究』三九、平一〇、八）。

（小澤葉菜）

ふぃーだま【火玉】

類ひたま【火玉、火魂】　沖縄に伝わる火の玉。沖縄には火事のタマであるフィーダマ、人の魂であるマーダブー、海の火ダマであるトゥレープーの三つの火の玉があるという。

⇩ひのたま

事例　〔沖縄県〕火事の際には「ホーハイ、ホーハイ」と叫ぶ。「ホー」は女陰、「ハイ」はあらわすで、女陰を露わにして火玉、つまり火災の神を寄せ付けないことを意味する（『旅と伝説』（南島談話第三号）五（二）、昭七、六二）。

（岡田浩司）

ぶーすぅ

沖縄県の与那国《よなぐに》島において、死後の世界にいると観念されるカミ。植松明石《うえまつあかし》によれば、ブースウとは後生（グショー、死後の世界）において人間を生れしめたカミ、死を定めるカミ、運命を定めるカミ、またあの世の会計、戸籍係であるという。与那国島では、人は死後、三十三回忌に至るまでは人の仲間として「グスヌトゥ（後生の人）」と呼ばれるが、三十三回忌を過ぎるともはや「人（トゥ）」ではなく、「ブースウのシンカ（仲間）」「ブースウの後輩」あるいは「アミダヌフトギ（あの世で最も高いカミ）のシンカ」「カミ」になると言われる。

⇩ぐそー

事例　〔沖縄県与那国町〕与那国島では、死者は三十三回忌を過ぎるとブースウの仲間になったとされる。死者の個性は位牌の処理（焼くか裏返しにする）により失われ、それまで供えられていた獣肉料理や火にかけた料理は必要なくなり、線香と水が供えられる（『国立民族学博物館研究報告　別冊三』昭六一、八六―八七・九二・九五）。

（澤井真代）

〔参考文献〕植松明石「神観念の問題」『国立民族学博物館研究報告　別冊三』昭六一。

ふうらいみさき【風来御崎】

水死した迷い仏や無縁仏、または妊娠中

絶や交通事故などによって死んだため成仏できない、さまよえる霊のこと。誰にでも取り憑き、その人を病気にするという。宗教職能者によって祓われることが多い。

⇩みさき

事例 ①［岡山県山陽町（現・赤磐市）］風来霊にとり憑かれると、本来の風貌や人格が悪魔のようになってしまう。加持祈祷をしてこれを祓い、人形に封じ込め、川に流す（『岡山民俗』一四七、昭五七、一一二）。②［香川県高見島村（現・多度津町）］水死して死体のあがらなかった霊をフウライミサキといい、人に取り憑く（『海村生活の研究』昭二四、三一八）。

（廣田龍平）

ふえのね【笛の音】

山中や淵、塚や大木から笛の音が聞こえるという、音の怪異。多く、その場所で非業の死を遂げた者の霊が出す音だとされる。笛の上手な若者を天女が見初める昔話「笛吹き聟」や「夜に笛（口笛）を吹くと蛇（泥棒・幽霊）が出る」という俗信にみるように、笛の音は神霊や妖怪に働きかける音であると同時に、山中の天狗囃子や町中の狸囃子のように、神霊の出現を予告し、その霊威を表現する音でもある。

⇩おとのかいい

事例 ①［兵庫県三木市］笛吹松の横を夜通ると笛の音が聞こえる（『日本民俗学』一八一、平二、一〇）。②［山梨県山梨市］権三郎という孝行者の母親が笛吹川の洪水で行方不明になった。権三郎は母の好きな笛を吹きながら母を探したが見つからず、世をはかなんで川に身を投げた。その後、笛吹川から笛の音が聞こえるので、村人は権三郎の亡霊と思い、塚を設けて供養した（『甲斐路』一、昭三六、六三）。

（飯倉義之）

ふく

ガマガエルの方言。

⇩がま

ふくのかみ【福の神】

類 ふくがみ【福神】、ふくじん【福神】 幸福や利益をもたらす神。また、そうした神々の総称。物質的な富によって現世の福をもたらすのが基本的な属性であり、七福神が代表的な福の神として知られる。しばしば貧乏神と相対して考えられ、快い対応をしなければ貧乏神に転ずるともいわれる。

⇩えびす、だいこくさま、たからぶね、びしゃもんてん、びんぼうがみ、べんてん

事例 ①［長崎県壱岐郡（現・壱岐市）］雀の鳴かぬうちに起きて居ないと、此家は留守だと云つて福神様は通り過ぎられるといふ（『旅と伝説』八五、昭一〇、一六二）。②［愛媛県西海町（現・愛南町）］福浦では、松明で一度井戸の中を照らしてから若水を汲むが、昔、そうして中を覗いたら福の神を見つけたので、今もそのようにするのだと伝えている（『愛媛県史　民俗下』昭五九、四二六）。③［福島県南郷村（現・南会津町）］坊主を「貧乏神」といったら、その家は貧乏になってしまった。その後、坊主を家に入れて丁重にもてなしたところ、それからは金がたまるようになった。坊主は福の神であった（『西郊民俗』一一六、昭六一、一三）。

（鄧君龍）

ふくろう【梟】

類しまこぶんざ、つくぐる、ふるつく、みみずく　梟は農民にとって、ネズミを捕食する益鳥である。しかし、夜行性で、特徴ある鳴き声をしているせいか、火の玉に化ける、子供をさらう、人の死を告げるなど、不気味な鳥と畏怖されている。

⇩アフンラサンペ、たたりもっけ、とりのかいい、ひのたま

事例　①［秋田県角館町付近（現・仙北市）］梟は人をおどろかすために羽毛を樹上で光らせることがある。その下で「おお怖い」と何回もいうと、そのたび羽毛を落としてよこし、しまいに皆毛の抜けた姿になってボタリと落ちてくる（『旅と伝説』一〇（五）、昭一二、三二―三三）。②［岩手県東和町（現・花巻市）］子供が夜更かししていると「そまこぶんざ（しまこぼんず）来んど」と威した。しまこぶんざはフクロウ。フクロウに連れて行かれるぞ、という意味だったらしい（『常民』一九、平五、一六三）。③［四国地方］フルツク（ふくろう）が、人の頭上や人家の端、または村境を鳴いて回ると、人が死んでしまう（『四国民俗』三四、平一二、三五）。

（森本恵一朗）

ふくろさげ【袋下げ】

類じゅうばこたたき【重箱叩き】、ちゃぶくろ【茶袋】　白い袋や縄、ふんどしなどが木の上から下りてくる怪異は各地にある。いろいろなパターンがあり、ただぶら下がってくるだけのこともあれば、病気を引き起こしたり人を引き上げていったりしてしまうこともある。

⇩うまのあし

事例　①［長野県大町（現・大町市）］人が林の中を通ると、高い木の上に登った狸がそこから白い袋を下げてきた。これを袋下げという（『北安曇郡郷土誌稿七』昭一二、一一八）。②［山梨県富士吉田市］ケヤキの木にジュウバコタタキという鳥とも獣ともつかないものがいて、泣く子がいると縄をおろして引き上げてしまう（『向原の民俗　上』昭五八、八五―八六）。ジュウバコタタキは音を立てる妖怪で、子どもを引き上げるのは「シップッタ下し」だという話もある（『富士吉田の文化財　八』昭五二、五）。③［高知県奥内村（現・大月町）］気味の悪い道にチャブクロが下がってくる。当たると病気になる（『民間伝承』四（二）、昭一三、九）。

（廣田龍平）

ふけつのかい【フケツの貝】

類くけつのかい【九穴の貝】、ふふきのかい【フフキの貝】、ふふぎのけや　庚申講をしていると、見知らぬ老人に「次の庚申の日は私の家で」と家に招待される。次の庚申講の時に、老人は「フケツの貝を食べさせてやる。調理中は中を見ないでくれ」と言い料理を始める。しかしいくら待っても料理が出てこないので、調理場を覗いてしまう。すると、老人は汚いもの、もしくは童子のようなものを調理している。一同は驚いて逃げ帰るが、一人だけはその肉を食べてしまう。それ以降、その人は年を取ることなく、いつまでも長生きした。実はその老人は庚申様で、調理していたフケツの貝というのは不老不死の薬だったという。肉

は

を食べたのは庚申講に行った者の娘で、その娘が長生きして八百比丘尼となった、とも伝える。

⇩とうぼうさく、やおびくに

事例 ①［秋田県］フフギのケヤを食べた爺さんばかりは、いつまでもいつまでも長生きした（『旅と伝説』七（一二）、昭九、三三―三四）。②［秋田県鷹巣町（現・北秋田市）］庚申さんがやってきて信心深いことをほめ三人に「フケツの貝」を食べさせようと言い料理する（『庚申』一七、昭三五、九―一〇）。

（熊倉史子）

ふじ【藤】

マメ科フジ属の総称。自生する天然のものから観賞用のものまで、さまざまな種類がある。蔓が枝垂れることから、屋敷に植えると家運が下がるとか、家が衰えるなどといわれる。「朝藤夕縄」といって、朝に藤を燃やすことを忌むことがある。また岡山県では、二月五日に藤の実が飛び、これに当たると病気を患い死亡するといわれる。長く伸びた蔓からの連想で、藤が蛇に化けるという報告もある。

⇩きのかいい

事例 ①［秋田県］藤を植えると家が下がり目になる（『郷土研究』三（六）、大四、五九）。②［宮城県白石市］朝に藤を燃やすと、その日一日不自由な目にあう。また、夜に縄を火にくべるのは自分の縄（名は）をくべることになるので、他の縄をくべるのだという（『宮城県史　二〇』昭三一、一六四）。③［岡山県新見市］二月五日は藤の実が走る日。その実が人に落ちるとその人は患ったり死んだりする（『奥備中の民俗』七、昭四五、七五）。

（中野洋平）

ふじわらのちかた【藤原千方】

天智天皇の時代に伊賀・伊勢（三重県）で勢力を持っていた伝説上の豪族。金鬼・風鬼・水鬼・隠形鬼の四人の鬼を従え、朝廷に反乱を起こすが、紀朝雄《きのともお》の和歌によって、四鬼が逃げ、藤原千方は退治される（『太平記』）。

⇩おに

事例 ［不明］天智天皇の時代に藤原千方という者がおり、金鬼・風鬼・水鬼・隠形鬼という四つの鬼を使役していた。これに妨げられて、伊賀・伊勢の両国は天皇にに従わなかった。ついに紀朝雄という者が、朝廷の命でそれらの国に赴き、一首の歌を詠んで鬼へ送った。その歌は「草も木も我大君の国なればいづくか鬼の栖《すみか》なるべき」という歌であった。四鬼はこの歌を見て、たちまち四方に去っていなくなり、千方は勢力を失って、まもなく朝雄に退治されたという（「燕石雑志」『日本随筆大成　第二期一九』三二四―三二五）。

（高橋奈津子）

ぶぜんぼう【豊前坊】

福岡県と大分県に跨る英彦山《ひこさん》に鎮座する高住神社に祀られ、九州の天狗の首領。伝承によると、天津日子忍骨命が天下った旧跡を役行者が訪ねた時、それを祝福して出現したと言われる。英彦山は修験霊場として全国的に名高い。

⇩てんぐ

事例 ［宮崎県西郷村（現・美郷町）］豊前坊を信心している家の牛が、危険な場所から転げ落ちて瀕死の状態であったが回復した。豊前坊に救われたという（『民俗採訪』昭和三八年度号、昭和四〇、四二-四三）。

（古屋綾子）

ぶた【豚】

⇨うわーぐわー・まじむん

ふだふり【札降り】

神仏の御札が空から降ってくるとされる現象。江戸時代末の社会変動期に集中して日本全国で発生した。御札は裕福な者の家の屋根や軒先で発見されることが多く、御札が降った家では半ば強制的な振る舞いが行われた。人為的なものも多数含まれ、逮捕者も出ている。また御札降りを契機として爆発的伊勢参宮現象である「おかげ参り」や幕末の民衆運動、「ええじゃないか」などが展開した。

⇨いしふり、いせじんぐう、かみのれいげん

事例 ［静岡県三島市］慶応元年（一八六五）のこと。前年の暮から世の中が何となく騒がしくなり、人々も不安を募らせていたのだが、伊豆三島宿のある裕福な人の家に、どこからともなく金の御幣が降ってきたといい、「神の御下り」と言いながら目出度いことであると人を集め酒宴を行ったところ、程無く他の家でも「御下り」があったと騒がれるようになり、ついには降ってくるところを目撃したという者まで現れた（『郷土研究』三（二）、大四、五六）。

（村山弘太郎）

ふたらさん【二荒山】

栃木県日光市の神社。百足姿の赤城明神と神争いをした。

⇨ばんじばんざぶろう

ふちざる【淵猿、渕猿】

岩手県や広島県における河童の異称の一つ。もしくは、淵の周辺に出没する猿に似た怪を指すようである。一八世紀中葉に記された奇談集『老媼茶話』では、「釜渕川猿」と題されているが、文中では渕猿としている。天文三年（一五三四）八月、芸州高田郡吉田の釜か淵に化け物が住みついて人々を襲ったため、毛利元就は家臣の荒源三郎《あらげんさぶろう》にこれを退治するよう命じた。水際での格闘の末に水中から引き上げられたのは渕猿（川太郎）だった。渕猿の頭には水の入ったくぼみがあり、その水をこぼし弱らせたところを生け捕りにしたという。なお、一八世紀末の『絵本高名二葉艸』では、源三郎と渕猿が格闘する場面が描かれている。

⇨かっぱ、さる

事例 ［岩手県］淵猿とは河童の異名らしいが、ある淵の岸の岩の上で、変な子供が遊んでいた。馬子はそれを見て、河童がいると言ったが、一緒にいた和尚は、そうではない、淵猿だと言った（『郷土趣味』五（二）、大一三、二一-二三）。

（小澤葉菜）

ふちのぬし【淵の主】

⇨ぬし

ぶつぞうのかいい・れいげん【仏像の怪異・霊験】

多くの場合、何らかの予兆として、仏像

に変化が起こる。発光する、汗をかく、振動するという三パターンが代表的である。また信心深い人間の身代わりになる例も多く報告されている。仏像じしんに火事などの災難が降りかかったとき、仏像が飛行して難を逃れる場合がある。仏像を盗んだり、損壊したりする者に対しては、必ずといってよいほど仏罰が下る。

⇩かみのたたり、かみのれいげん

事例 ①［兵庫県明石市］大山寺の薬師像は、国家に災いがある時、大いに汗をかいて災いが起こることを世に告げたという（『雲錦随筆』『日本随筆大成　第一期三』昭五〇、二六）。②［青森県三戸町］交通事故に遭い車がぶつかったとき、鞄から本尊様が落ちて壊れた。自分の身代わりになったのだろう（『青森県史　民俗編資料南部』平一三、四五一）。③［福島県須賀川市］厳峯寺は天正年中に兵火にあい、堂宇は灰燼に帰した。しかし、七堂の本尊は岩窟まで飛び去り難を逃れた（『福島県史　二四』昭四二、一〇九三）。

（中野洋平）

ぶつだん・ぶつぐのかいい・れいげん【仏壇・仏具の怪異・霊験】

古い仏具が化ける付喪神は絵巻物などに描かれるが、実際の仏壇・仏具に関係する怪異は少ない。仏壇の蝋燭に継ぎ足しをすると、重ねて死人が出る、仏壇の鉦がひとりでに鳴る、という報告がある。また深夜に仏壇が振動しガタガタ鳴る時は、遠方の両親が死んだ知らせなのだという。

⇩しのよちょう

事例 ①［秋田県］仏壇の蝋燭に継蝋燭をするとさらに死人が出る（『郷土研究』三（六）、大四、五九）。②［不明］子供のころ、祖母とふたりで仏間にいると、仏壇の鉦がひとりでにちーんと鳴って驚いたことがある（『民間伝承』一〇八、昭二一、二四）。③［長野県］たましいは火の玉だけではなく、音でも表現される。遠方の両親が死んだときには、深夜に仏壇をガタガタ鳴らす（『民族』四（三）、昭四、一四三）。④［宮城県］南部藩公が奥の三戸から盛岡へ移ったとき。共に移ってきたある家の十月仏の掛け軸は、その家が火事にあったとき、自ら仏壇を飛び出して林の木に引っかかっていた（『旅と伝説』三（六）、昭五、三二一-三二三）。

（中野洋平）

ふどうみょうおう【不動明王】

㊫ふどう【不動】、ふどうそん【不動尊】

一面二臂で剣と羂索《けんさく》をもち、背後に火炎を背負った姿で縄につないだ犬を連れている。大日如来の使者であり、悪魔を降伏するために恐ろしい姿をしている。強い霊験を発揮して眼病を治したり、降雨の祈願や「便所神」として祀られている。

事例 ①［静岡県沼津市］犬を連れている様から、狂犬病の犬は不動明王を祀ってある村には入らないとされ、狂犬病の発生した村では不動明王を祀る（『郷土研究』五（二）、昭二四、七）。②［宮城県白石市］弘法大師一刀三礼の作といわれる不動明王が祀られている。堂が焼失したとき、不動明王は飛んで山の岩窟に避難したため、「飛び不動」と呼ばれる（『宮城県史　二一』昭三一、三〇九）。③［山形県］赤滝の不動明王は眼

は

病に霊験があるとされていたが、時々、大蛇に変身し、見たものはたたりを受けるとされた（『庄内民俗』二八、昭四七、四-五）。

（山越英嗣）

ふな【鮒】

もっとも身近な淡水魚で、食用にもなる。生活に密着した魚であるだけに伝承も多く、沼の主の正体を大鮒とする伝承や、神威や遺恨によって片目の魚しかいない「片目の魚」伝承の魚を鮒とする例などがある。

⇩かためうお、さかなのかいい

事例　［宮城県大郷町］沼のほとりに身を隠していた平氏の残党の従僕で茂右衛門という弓の名人が、沼に大魚が二尾泳いでいるのを見つけ、そのうちの一尾を射た。矢はその目を貫いていた。その夜彼の夢にもう片方の大鮒が現れ、「私達はこの沼の主の夫婦鮒だが今日夫があなたの矢で殺され、生き長らえる望みも無くなった。あなたの殺生が恨めしい」といって消えたので茂右衛門は後悔したが、翌朝未明ふらふらと沼のほとりに歩いていった。岸辺には二尺余りの雌鮒が片目を潰して死んでいた。数日後村の人が沼のほとりで片目を刺されてしんでいる茂右衛門を発見したが、その手には大きな片目の魚を握っていた。彼の目を刺したものはわからなかった。それ以後沼の鮒は皆片目となり、それを捕る者もいなくなった。その沼を「メッコ沼」というようになった（『宮城県史　二一』昭三一、四八八）。
（森本恵一朗）

ふないし【舟石、船石】

（類）いわふね【岩舟、岩船】、ふねいし【舟石、船石】　自然石だが舟に近い形状の石または岩をいう。類例の多くは長さ一丈ほどの石である。神の造ったものあるいは神功皇后・素戔嗚尊《すさのおのみこと》といった神や貴人が乗り捨てた船が石と化したなどの伝説を伴う。

⇩いしのかいい、すさのおのみこと

事例　①［山梨県大月市］親鸞が東国を巡錫して立が河という場所に至った際、大雨の為に河を渡ることができず、石の上に佇んで悩んだ。するとこの石が舟のように動き出して、対岸に行くことができたという。この石は形が舟のようであったので、舟石と呼ばれる（『旅と伝説』八（一二）、昭一〇、三三-三四）。②［長野県小諸市］舟ヶ石は舟ヶ沢にある。昔、雲之助の娘のお坪が、せぎ（用水路）を引くために、「舟になれ」と叫んだ。すると水が出てこの石が舟に変わったが、お坪はそのまま狂死したという（『長野県史　民俗編一（三）』昭六二、四七一）。
（大里正樹）

ぶながや

（類）あかげもの【赤毛者】、ぶなが、ぶながい、ぶながやー　キジムナーの別称とされるが、沖縄中南部ではキジムナー、北部ではブナガヤと区別されている。正体は木の精であると言われ、姿は小さい子どものようで、全身に赤い毛が生えており、顔も赤いとされる。力持ちで人間が家を作るのを手伝ってくれる事もある。屁をしたり、蛸や熱い鍋の蓋を投げつけたり、木の股に釘を打ち込むと出てこなくなると言われている。川の石の上で「シッチョイ、シッチョイ」と尻を振って踊っていたのを見たという伝承も残されている。

⇩かっぱ、きじむなー

事例 ①［沖縄県大宜味村］ブナガヤが毎晩訪れ、材木を運んだり家の手伝いをしてくれるが交際が嫌になった家人が、この世で一番嫌いな蛸を投げつけると二度と訪れなくなった（『日本民俗学』一七九、平一、一一〇）。②［不明］ブナガヤが出没する近くの野原には巣があるという伝承がある（『昔話―研究と資料―』一四、昭六〇、一六九）。 （三好周平）

ぶながやび【ブナガヤ火】

ブナガヤが持つ火の事で、ブナガヤはキジムナーの別称とされる。シバサシ（柴差し）の行事の日には、夜になるとブナガヤ火を見るとされ、人の寝静まった頃に森などに上がって集落内を見下ろすと、死者の出る家はタマガイが出たり、板を投げたりする木の音、人の泣き声、茶碗を割る音、タライの音などがすると言われている。タマガイとは霊が上がり火玉のようなものを発するという意味である。森に小屋を作って泊まり、火を見るという事が昭和一五年ごろまで行われていた。その時に火が出た家では必ず年内に死人が出るということである。

⇩かいか、きじむなーび、ぶながや

事例 ［沖縄県］シバサシの行事の日に、人の寝静まった頃に森などに上がって集落内を見下ろすと、死人の出る家にはタマガイが出たり、何かの音、板を投げたりする木の音、人の泣き声、茶碗を割る音やタライの音などがあると伝えられている。その火が出た家では年内に必ず死人が出る（『昔話―研究と資料―』一四、昭六〇、一七五）。 （三好周平）

ふなぐらぼーこ【船倉ボーコ】

静岡県の音の怪異。無人の夜の浜辺で、人の集まり騒ぐ声や石を投げる音がするというもの。

⇩おとのかいい、こえのかいい

事例 ［静岡県伊東市］夜、浜が賑やかなのでイカ船でも帰ったかと思って行くと、何もない。家に帰るとまた石を投げる音や人声がする。これを船倉ボーコという。子どもがいつまでも遊んでいると「船倉ボーコが出るぞ」とおどかす（『静岡県史 資料編二三』平一、一〇九三）。 （池田浩貴）

ふなしとぎ

フナシトギはコバンザメの異名の一つ。コバンザメはその姿形や、大型の魚類に張りつく生態から、怪異を起こす魚とみられている。船底に吸い付いて船を止めたり、人を殺したりするとされる。

⇩さかなのかいい

事例 ［長崎県壱岐郡（現・壱岐市）］フナシトギという魚はドンコに似て、白い腹の両側に足がある。船底に吸い付いて船を止めたり、綱を伝わって船内に入り、人を殺害したりするしいう（『宮城県史 二二』昭三一、四四九）。 （飯倉義之）

ふなだまさま【船霊様】

㊫ふながみ【船神】、ふなさま【船様】、ふなのれい【船の霊】 船に祀られる神のことで、漁船に大漁を授けるとともに、航海

の安全を司る女性の神様と伝えられる。

船が船として生まれるためには、造船工程の最後にその船に魂や生命を入れ込む「ご神入れ」という行事をする。それを行うのは、船大工の棟梁であるが、船下ろしの前夜に、身を清め、ウシミツどき（午前二時半）の満潮時をねらって、一人で船の舳先の小柱《こばしら》（帆船時代は帆柱）の下にオフナダマのご神体を入れた。ご神体は、男女の紙人形を抱き合わせ、それに天照皇太《てんしょうこうたい》神宮のお札・お金を一二枚（閏年は一三枚）・五穀（豆・麦・籾・ヒエ・ソバなど）・カツノキで作ったサイコロなどを入れ、浜によっては、船主、船頭、船大工の奥さんの髪の毛を入れたりする。岩手県の大槌地方では、勝気で気のきいた幼女の髪の毛を入れる。大漁をしたときには、この子にカケノヨと呼ばれる魚をあげたり、終漁祝いにカンバン（大漁記念）として、衣服を買ってあげたりした。その子が成長すると、オフナダマを取り換えたという。

八丈島でも、新造船のフナダマ様には幼女の髪の毛を入れるが、船下ろしの日に、幼女は新調した晴着で盛装して船に乗る。この幼女のことをフナダマササギあるいはフナダマサマと呼んでいる。宮城県の気仙沼地方では、船を下ろすと、乗船した者たちが船を揺らすが、これを「船だめし」と呼ぶ。東海地方ではこのことを「山の神おろし」と呼び、それまで材木に込められていた「山の神」に下りてもらい、フナダマサマだけが残るようにすると伝えられている。オフナダマを入れる場所は、帆船時代には帆柱を支える袴木（ツツまたはシャダツとも呼ばれる）の中である。動力船の時代になると、舳先にある、陸と船とをつなぐ小柱の下に埋め込むようになり、三陸地方ではこれをタツと呼んでいる。

廻船やカツオ船などの海上で生活することの多い船では、カシキ（炊事係）と呼ばれる、船に乗り始めの少年が、船員のご飯を炊くたびに、最初にオフナダマにご飯を捧げる。それには作法があって、オフナダマの前に立ち、片手に釜の蓋を持ち、その上に釜から最初に盛ったご飯をのせ、ヘラで二つに割ってから、大漁と航海の安全を願う言葉を語った。そのために、岩手県の大船渡地方では、カシキのことを「オフナダマのオガダ（主婦）」と呼び、遭難してもカシキだけは助かるという言い伝えもある。

大漁旗のことを「オフナダマの衣装」と呼ぶ地方は、宮城県の大島や高知県中土佐町の久礼などである。久礼のカツオ船の出漁祈願祭では、神前にそれぞれの船の大漁旗が上げられ、祓われる。フナダマサマの祭礼は日本海の沿岸や下北半島を中心に一月一一日としているが、宮城県の宮戸島（東松島市）の月浜でも同日にフナゼックと呼んでお膳を上げている。「オフナダマが泣く」といって、その声を船上で聞いて吉凶を占うことは全国的である。

⇩ながれぼとけ、やまのかみ

事例　［新潟県佐渡市］そのとき（正月一一日）、船霊さまに似せた女装した飯焚き（船乗りのなかの最年少者、カシキともいう）が、伝馬船頭をつれて、親類や有志の家をまわってあるいた。飯焚きの女装は、カツラと装束で、椀籠を背負い、それに杓子や火

は

鉢・火吹き竹などの飯焚道具をさし、ガチャガチャいわせながら、はきものは一方に足駄を、もう一方に下駄をはき、妙な姿であるいた。船霊さまは、船ばりや、舷の内側にお札函をうちつけ、その中には女の髪道具を一二品収めてある。海上シケのときは、ともからみよしまでキューキューと鳴って船霊さまがしらせてくれるといわれていた（北見俊夫『畑野町史松ヶ崎篇』昭五九、四七二）。

（川島秀一）

〔参考文献〕徳丸亜木「漁民信仰論序説―フナダマ信仰を中心として」『歴史人類』二一、平五。

ふなゆうれい【船幽霊】

㊮なだしりょう【ナダ死霊】、のそうま、はまゆうれい【浜幽霊】、ひきもうれい【引キ亡霊】、ぼうこんせん【亡魂船】、ぼうれいせん【亡霊船】、ほっこくゆうれい【ホッコク幽霊】、もうかゆうれい【モウカ幽霊】、もうれんせん【亡霊船】　明かりだけのものもあるが、基本的に船の形をした幽霊で、海上で見える怪異の一つ。海難者の霊だと語られている。船幽霊の出現時は季節や天候を選ばず、春先の靄《もや》のかかった時分や雨の降る夜、雪が降って四方が真っ白に見える時などに現れることが多いが、凪《なぎ》の良い日もある。元日や盆の一五日などの船を出してはいけない日に沖へ行ったために出くわしたという例も多い。全国的によく語られる話の型は、船幽霊が現れるとヒシャクを貸せと願われるが、そのまま貸すとそれを用いて水船にされるので、必ずヒシャクの底を抜いて貸すものだという話である。

菅江真澄が天明六年に宮城県の気仙沼地方で聞いた話では、あるカツオ船が沖で停泊しているときに、大勢の人が乗っている怪しい船がやってきて「そちらの船に乗せてくれ」と言い、次々と乗ってきたという。亡霊船と判断したので、飛び乗ってくる者の頭を次から次へと押さえ、船内の一室のナマという所に押し入れたが、夜が明けてきてから板子を上げてみたところ、クラゲがたくさん入っていたという。ナマというところは現在でも、水死体を船から拾い上げたときに安置するところを指している。クラゲは潮の流れと共に移動するために、風上に向かうこともあると言われるが、船幽霊も風上に向かって走ると言われている。

また、岩手県の釜石や宮城県の七ヶ浜には、カツオのつもりでクラゲを釣っていたという話もあるが、カツオ船が船幽霊と出あうことが多く、あるいはそれらの怪異譚を語り合う場所も提供している。カツオ船は、一昔前までは沖船の象徴であり、人知の及ばぬ海の異界と、もっとも接する機会が多かった漁船であった。船幽霊自体も小舟よりは大きな船であることが顕著で、近世では廻船が船幽霊に出会うことが多く、その話を醸成した。特に「船頭の神様」として有名な、桑名屋徳蔵や大坂徳蔵と名乗る廻船の船頭が、船幽霊と問答をしたという話がある。船幽霊の対処法としては、ホトケ（死者）に上げた食物を与えることがよいとされ、盆舟の団子や施餓鬼団子などを投じた。また、灰や燃えきりなどの火に関するものも船上から撒くことがあった。

⇩いなだかせ、うみぼうず、しきゆうれい、ながれぼとけ、ばかび、ぼうれい

び、もうれん、ゆうれいせん

事例 ①〔岩手県釜石市〕「釜石の又吉船というが沖にありてしきりに大漁のつもりにて一生懸命に釣上げて居るのを他の船が通り合せて見しに何れも「クラゲ」なりしを以て注意をなし帰帆せしという」（『釜石郷土文化資料』一〇、昭三三、五一）。②〔広島県地御前（現・廿日市市）〕徳蔵はまた大胆な男でもあって、船では夜走りする時など往々、魔に魅かれることがあるが、徳蔵はびくりともしなかった。例えば、雨夜などはミヨシの前に何者とも知れんものが出て来て、「徳蔵、お前はこの世の中で何がいちばん恐ろしいか」と尋ねると、「鼻の下一寸四方がいちばん恐ろしい」と言うたら、そのまま影も形もなくなったと言う（野尻抱影『星の民俗学』昭五三、二一二）。

〔参考文献〕花部英雄「船幽霊の型」『昔話伝説研究』一〇、昭五八。

（川島秀一）

ふねとがめ【船咎め】

神仏が、沖をゆく船を止めて進めなくする怪異。

⇩かみのたたり

フリ

㊫フレウ　アイヌの伝承中に出てくる巨大な鳥。高いエゾマツのてっぺんや山奥、洞窟などに住むといい、クジラを丸一頭抱えられるほど大きい。そのため、フリが飛んでくると翼で太陽の光がさえぎられて辺りが暗くなり、羽ばたきで風が起きるほどだという。多くの伝承では人間をさらっていくといった悪い化け物として登場する。

⇩とりのかいい

事例 ①〔北海道音更町〕女が子供を背負って歩いていると、急に大きなフリが舞い降りて女をさらった。それを見た村人がフリの後から、矢を射かけると命中して、女は助けられた（『アイヌ伝説集』昭五六、一九〇）。②〔北海道平取町〕私が浜へ出ると大きなトドが寝ている。それを爪でつかまえて持って帰ると、カラスが来て「少し分けてくれ」と言うが、私はカラスを殺した。今度はミソサザイが来て私に文句を言う。私が爪で裂こうとしてもすり抜けるので、私は自分で自分を引っかいて死んでしまった。と、フリが語った（『萱野茂のアイヌ神話集成三』平一〇、二六―三五）。

（遠藤志保）

ふるそま【古杣】

高知県・徳島県に伝承される山中の音の怪異。

山仕事で山小屋に泊まっていると、深夜に斧で木を伐る音、のこぎりで木を挽く音が聞こえ、やがて「いくぞー」の声とともに木が倒れる音が響くが、翌朝、音の方に行っても何の跡もない。昼に天候が変わるときにも音を立てるという。山仕事で死んだ者の霊の仕業といったり、山の神の仕業としたりする。また山中に忘れられた杣道具の墨さしが立てる音だともいう。

⇩おとのかいい、きのかいい、そらきがえし、やまのかみ

事例 ①〔高知県長岡郡〕深山で「いくぞー、いくぞー」という声がして大木が倒れる音がするが、音のほうに行っても何もない。古杣といい、山仕事で死んだ者の仕業とい

は

う（『郷土研究』三（五）、大四、四七）。②［高知県西土佐地方］山中で大木を切り倒す音だけがするのをふるそまと言い、山の神の腹立ちだと言う。また杣が忘れた墨さしに精が入って出す音だともいう（『季刊民話』三、昭五〇、一四）。

（飯倉義之）

ふるづか【古塚】

⇩つかのかいい

ふろしきのかいい【風呂敷の怪異】

類おおふろしき【大風呂敷】　香川県の道の怪異。夕暮れの道で大きな風呂敷のようなものが飛んできて、人にまとわりつくというもの。

⇩きぶつのかいい

事例　［香川県琴南町（現・まんのう町）］日暮れになって、大きいフロシキがどこからともなく飛んでくる。これをオオフロシキと呼んでいる（『香川の民俗』四一、昭五九、四）。

（池田浩貴）

ぶんぶくちゃがま【文福茶釜、分福茶釜】

狐狸の登場する動物援助譚ないし動物報恩譚、あるいは、そこに登場する不思議な茶釜。「ぶんぶく」とは不思議な力で「福を分ける」意とも、突然湯の沸く音にちなむともいう。

群馬県茂林寺の伝説では、和尚・守鶴に化けた狸の所持していたいくら湯を汲んでも尽きない茶釜が分福茶釜とされる。一方、狸が茶釜に化け、綱渡りの見世物をして報恩する説話は、近世の赤本や巌谷小波の絵本の題材となり、一般に流布した。山形県米沢市の常慶院の伝説では主人公は狐である。

⇩かまのかいい、ずんずくだいじん、たぬき、ちゃがまのかいい

事例　［山形県米沢市］常慶院の和尚に弥八郎狐が巻き物を預けて京に登り、和尚はそれを守った。狐は京土産に文福茶釜をくれ、狐の綱渡りをみせてくれた。狐の格好がおかしく和尚が笑ってしまうと、文福茶釜の蓋が落ちて割れてしまう。そこに米を一粒入れておくと翌朝には米がいっぱいになっている（『置賜の民俗』九、昭五四、六七）。

（及川祥平）

へ

へいけがに【平家蟹】

甲面の凹凸が怒った人の顔のように見える、鬼面蟹の一種。瀬戸内海に多産する。平家の一族の怨霊が、蟹になったと言われる。

山口県の亀山八幡宮における豊浦祭の前後には、赤間関の海辺に平家蟹が上がるという。また他に、平家の亡霊が化したものとして伝承される、「ヘイケダホシ（平家倒し）」「ヘイケ」と呼ばれる鳥がいる。さらに怨霊が蟹になったとされるものに、「コシモトガニ（腰元ガニ）」などもいる。群馬県の箕輪城が落ちる時、姫が榛名湖に身投げし、腰元も後を追い、カニになったという。

⇩おさだがに、おちむしゃ、かに、しまむらがに、たけぶんがに、へいけのおちうど

事例 ①［不明］「平家ガニは源平合戦で、もくずとなった平家の人々がカニとなった」（『西郊民俗』一八、昭三六、二〇） ②［長門国赤間関（現・山口県下関市）］長門国赤間関のあたりに、怒った顔のような甲の蟹がいる。これは元暦二年に平家の一門が戦い負けて、入水して死んだ霊だという。よって平家蟹と呼んでいる。（「諸国里人談」『日本随筆大成　第二期二四』五〇〇）。（玉水洋匡）

へいけだおし【平家倒し】

⇩へいけがに

へいけのおちうど【平家の落人】

治承・寿永の乱において敗れ、僻地へと遁走した平家の敗残兵のこと。日本全国へ散った彼らについては、各地にさまざまな伝承が残されており、逃げおちたその地には「平家谷」「平家塚」といった平家に関する名の史跡も多い。現在でも彼らが名乗ったという苗字、あるいは鯉のぼりを出さないとか犬を飼わないといった独自の風習を伝える土地もある。また、その土地に近づくと祟られるとか、落ち武者の霊が出るという話も多く語られている。

⇩おちむしゃ、かいば、へいけがに

事例 ①［福井県大野郡（現・岐阜県郡上市、福井県大野市）］平家の侍の墓といわれる平家の塚がある。村民が雨の降る夜にこの塚から光が発しているのを見つけ、掘り出したら一振りの刀が出てきた（『郷土研究』三（一二）、大五、五四-五五）。②［奈良県宇智郡（現・五條市）］平家の娘が残党の子を懐妊するが、夫は敵襲で死んだ。姫は池に飛び込んで自殺し、以後、姫の亡霊が通行人を池に引き込むようになった（『旅と伝説』一二（一）、昭一四、九-一〇）。（中村祥子）

へいしろうむし【平四郎虫】

盗みの疑いで処刑された平四郎の怨念が虫になって稲を食い荒らした。

⇩じょうげんむし

べとべとさん【ベトベトさん】

㊮ごうりきさん【強力さん】、しりうまおい【尻馬追い】 ひとりで夜道を歩いていると、背後から誰かがつけてくるような足音を聞くことがある。道をあけて、「ベトベトさん、さきへおこし」といえば、足音は消える。柳田國男の「妖怪名彙」には、「ビシャがつく」という類似の妖怪の記述がみられるが、これは冬のみぞれ雪の降る夜道に出るもので、背後からびしゃびしゃという足音が聞えるのだという。こうした夜道に出没する妖怪は、歩行者の背後や足元といった、人間の死角となる空間にあらわれることが多い。また行路での遭遇に限らず、人が死んだときや、いわくつきの場所などで何者かの足音を聞くという怪異は、現代の怪談のなかでもよく語られるモティーフのひとつであり、場合によってはそうした足音を、近親者の死の予兆とみなすこともある。なおベトベトさんは、漫画家の水木しげるによって図像化されたことで、かなりの知名度を得た妖怪だが、民間の伝承では、姿かたちのない足音だけの妖怪である。

⇩おとのかいい、びしゃがつく

事例 ①〔奈良県大宇陀町（現・宇陀市）〕ひとりで帰り道を行くとき、背後から誰かがやってくるような足音を聞くことがある。そのような場合には、道の脇へ寄って、「ベトベトさん、さきへおこし」というと、足音はしなくなるという（『民間伝承』三（一二）、昭一三、一二）。②〔香川県綾上町（現・綾川町）〕とある細道を夜に通ると、後ろから足音がついてくるが、ふりかえっても誰もいない。同地ではこうした現象を称して、シリウマオイといっている（『四国民俗』八、昭五三、一二三）。③〔群馬県沼田町（現・沼田市）〕買い物に行った帰りが遅くなり、夜の一二時頃になってしまった。背後から、ザックザックチヨチヨチヨチヨという音が聞こえ、それが後をつけてくる。立ち止まって音のする方角に石を投げると止んだが、歩きはじめるとまたついてくる。ついには怒って、「この馬鹿野郎、何をするんだ」と怒鳴りつけ、五分ほどその音のほうを睨みつけたところ、それ以降、音はしなくなった（『上毛民俗』四〇、昭四一、三七）。④〔山形県〕夜道を歩いていると、後ろから誰かがつけてくる。ふりむいてみても誰もいないが、「ゴウリキさん、先さこう」といえば足音は消える。ゴウリキとは強力の謂で、そんなものにあとをつけられては生きた心地もしないから、この呪文をとなえたのだという（『西郊民俗』一三〇、平二、三二）。

（三柴友太）

〔参考文献〕柳田國男「妖怪談義」『柳田國男全集二〇』。

べーとーべんのえ【ベートーベンの絵】

⇩うごくかいが

べにゆき【紅雪】

紅色の雪。その色の異常性から天変と理解されることもあるが、赤土の成分を含んだ赤い水が雪となって降ると説明されることもある。しかしながら赤い水が空に昇る理由は竜が汲みあげるとされる。

⇩いしふり、ちのかいい

事例 〔越後国高田（現・新潟県上越市）〕文

は

化六年（一八〇九）の冬から春にかけて、越後の高田付近に紅雪が降った。この地の老人がいうには、昔もこの辺りにこのような紅雪が降ったという。建武九（ママ）年正月にも紅雪が降り、人々は天変のように恐れたという記録がある。私は先年、吾妻山に上ったのだが、山上はみな赤土で大部分が崩れて沼地のようになり赤い水が溜まっていた。案内人はこれを「神田竜池」と称し、ここに竜が下りてきて水を汲み他の場所に「淡赤」の雨や雪を降らせるのだという。つまり紅雪は赤土の溶けた水が降ったものであるため、恐れることはない（「中陵漫録」『日本随筆大成　第三期三』三一九）。

（村山弘太郎）

へび【蛇】

㊩おおむし【大虫】、くちなわ【口縄】、ながかみ【長神】、ながむし【長虫】、ながもの【長物】、みーさん【巳さん】、やまうなぎ【山鰻】　蛇の怪異については、古今そして東西を問わずに枚挙するに遑がないほど知られている。かつて小島瓔礼《よしゆき》は、蛇を「動物としての蛇」と「文化としての蛇」に分けたことがあったが、むろん我々に問題となるのは「文化としての蛇」の方である。ただし、両者は不可分の関係にあることはいうまでもない。「動物としての蛇」が持つ形態の様々、たとえば足を退化させた長い体、ぬめぬめと湿っぽく光る鱗のある皮膚、人や動物を死に追いやる強力な毒、獲物を動けなくする不思議な力、棲息する場としての穴、そして成長のための脱皮などである。こうした「動物としての蛇」に触発されることで人々の心に多様で複雑なイメージが喚起され、人類はそれに基づいて様々に「文化としての蛇」を表出させてきた。ぬめぬめと光る皮膚と獲物に巻き付く長い体は粘着的な性格をイメージさせるし、鱗は蛇の子孫であることの証拠となり、穴に棲息することは冥界との関わりを連想させる。また、毒や脱皮は死や再生、そしてそこから福の神としての信仰が派生する。そうした性格は時代や環境により付加され、あるいは変化する場合もあるが、おおくはそれらを超越して現代にまで受け継がれているものも多い。そのことはひとえに「動物としての蛇」が人間の本源的な精神世界を刺激するらしいことを示唆しているのである。

蛇の怪異譚をカテゴリー化することは難しい。ここでは、便宜上ごく大づかみに三つに整理して考えてみよう。

まず第一には、古代の神話体系を原郷とする話柄群がある。ここにカテゴライズされる話は、宗教的には古代的アニミズム信仰を背景に持ち、それは必然的に人と自然との関わりを基礎とした話を紡ぎ出す。人々の自然に対する感覚を蛇が象徴的に表すことになるのである。たとえば、『常陸国風土記』に記されるあの著名な夜刀神《やつのかみ》の話はその典型的な例の一つであろう。

継体天皇の御代、マタチという人物が開墾をすすめるとき「夜刀神」が現れ立ちふさがった。マタチは鎧を着け矛を持ちつつ標識を建てて「ここより上は神の領域、下は人の領域」と宣言する。山の聖域と麓の俗域との境界を明確にしたわけである、そして以後子々孫々にいたるまで祭祀を行うことを約束する。それより後は、新田開発を無事に進めることができたというのである。このとき夜刀神は蛇の形をしていた。山の神が蛇をもって捉えられていることは興味深い。それは両者が同様なイメージの中で捉えられていたことを示している。そしてそれはマタチの行動によっても知られるように人にある程度制御可能な存在でもあったのである。

こうした話柄は、後に仏教と結びつくことでいわゆる「神人化度《しんじんけど》」の話群へとつらなる。たとえば、沼などに棲む大蛇が、天変地異や人身御供などによって周辺の人々を悩ませていたが、そこへ旅の僧がやってきてその法力を発揮することで蛇を教化・救済してその災いを鎮めるといった話である。この場合、折伏《しゃくぶく》のあと蛇は多くの場合で龍女として現れ出る。またこのときの僧の多くは、空海や親鸞、日蓮、蓮如などの高僧の名を冠せられて、彼らの聖性が称揚されるのが一般的である。こうした話の背後には、土着の産土神が新来の仏教に取り込まれていくといった宗教史的事情を横たえている。在来の自然神は、仏教の教化を受けて抜苦され、彼らはその報謝のために自らの土地を差し出し、仏教はそこに寺院を建立してその自然神との関係を創建縁起に語ることになるわけである。この場合、治水や湿地開拓などの自然改良にかかわる歴史と結びついた例も指摘できる。

鎌倉時代の浄土宗の僧・信瑞（?—一二七九）によって建長八年（一二五六）に書かれた『広疑瑞決集《こうぎずいけつしゅう》』という書物がある。これは関東武士・上原広敦の信仰上の疑問に信瑞が答えたものだが、その中で広敦は「仏の信施と、神の信施といづれがつみふかき事にて候。又いかなるもの蛇にはなり候やらんと」という疑問をたて、それに対して信瑞は「宿縁ある者は、今生に霊廟の神民となる。なれる者のねんごろに事るは、現世には神恩をかうぶり、後生には蛇身を受べし。（中略）処々の禰宜祝等の多く蛇身をうけりと聞ゆるは、大きにこの義なり」と答えている。神祇信仰は、仏教側からすれば自らのコントロール化におきたい信仰体系である。その意味で対抗すべき存在と言えるが、仏教の立場からすれば、土着の神やその神に仕える人々は蛇をあててより下位に位置づけるべきものだったのである。

ところで、仏教説話などにおいては、人の悪性に蛇を結びつけることが多い。たとえば生前人や物に強く執着したがために死後蛇に転生する話などはその代表的事例である。「執着」は、仏教にとっては煩悩の源ともなるもっとも戒めるべき心のあり方であった。仏教では人体をはじめ万物の構成要素として四大（地・水・火・風）をたてる。これらが相克して安定しないことで様々な苦しみを生み出しているというのである。『金光明経』や『涅槃経』などでは、そのことを一つの箱の中に入れられた四匹の蛇が互いに争うことに喩えており、また「仏足石歌」には「四つの蛇、五つの鬼の集まれる穢き身を厭い捨つべし、離れ捨つべし」とも歌われている。こうした点から推察するに、仏教には人の悪性を言挙げする際に蛇をもってすることへの思想的環境があらかじめ用意されていたと言ってよいだろう。そこに「動物としての蛇」のイメー

「破奇術頼光袴垂為搦」（国際日本文化研究センター蔵）

ジが影響すれば、人の邪念と蛇を結びつける話はほとんど無理なく生み出されてくることになる。こうして仏教唱導のなかで語られる蛇は、神話的な系譜につながる話を包含しつつ、さらに教化という目的から、人における様々な悪性に関連づけられて多様な話を創り出し、その結果蛇の怪異譚における第二のカテゴリーを形成することになるのである。

さて、蛇の怪異譚についての第三のあり方は、主として近世期のいわゆる怪異小説のなかにその代表的事例を見いだすことができる。その場合、多くは蛇が女性の悪性との関係に特化して物語化される。むろん中世以前においても女性と蛇が結びつけられることはあった。しかし、一方で男に化身して人々の前に現れる事例も多く指摘できる。たとえば、女の元に通う男が実は蛇であったといういわゆる三輪山型の伝説を思い出せばそのことをよく理解できるであろう。だが近世期の小説においては、ほとんどが蛇は女性の化身したものとなり、その原因は「嫉妬」あるいは愛しい男への「執着」であることが圧倒的となる。こうした結びつき自体は、すでに唱導の場で盛んに行われていたことではあるが、ここに分類される話群の特色は、確かに仏教唱導という場を源としつつも、そこからは浮揚して、女の悪性がただ蛇にシンボライズされて物語化されていくことにある。山東京伝の『風流伽三味線』の挿絵「土佐之筆意　百鬼夜行図」には人面蛇体の女が描かれ、その説明には「しっとのじゃしん」と記されているし、鳥山石燕の『今昔百鬼拾遺』の「蛇帯」では、男女の交合の後と思われる場から女の帯が蛇となって屏風を超えていく姿が描かれている。近世期に現れる女性と蛇の関係は、宗教とは一定の距離を置いたかたちで、しかしリアリティーをもって人々に受容されるようになっていたのである。

⇩こうがさぶろう、じゃこつ、じゃたいのにょにん、じゃぬけ、しんじゃ、すわみょうじん、だいじゃ、つちのこ、どうじょうじ、とうびょう、のづち、へびつき、へびのたま、へびのつの、へびやなぎ、やとのかみ、やまたのおろち

事例 ①［宮城県蔵王町］昔、この地方に母娘が住んでいた。毎晩のように娘のもとに美男の若者が忍んでくるが、どこの誰かわからない。どうも化生のものらしい。母の言葉に従ってこっそり長い糸を針で袴の裾に縫い付け、翌朝二人で糸を辿っていった。糸は裏山の大木の所まで続いていたが、根本の穴の中からは呻き声と「俺が死んでも、子供を千疋つくったから未練はない」という言葉が聞こえてきた。驚いた母娘が和尚の教えに乞い、それに従って菖蒲と蓬の湯を沸かして娘を入浴させると、娘の体から千疋の子蛇が出てきた。若者は蛇の正体を現して死んでいたという（『宮城県史 二一』昭三一、五五八）。②［遠江国（現・静岡県）］ある男が仕事から帰ってくると蛇が妻にまとわりつき犯そうとしていた。男はすぐさま払い除け、本来ならば殺すべきところだが杖で少し打ってからゆるしてやった。しばらくすると家人が騒いでいる。見ると山の中からたくさんの蛇が出てきて家を取り囲んでいる。ボスと思われる大蛇の横に例の蛇がいた。男はすぐさま武具を身につけて、蛇にいう「以前に妻を犯そうとした蛇を少し打ち懲らしめたことがったが、お前たちはそれを恨みにやってきたのか。本来ならば、辱めを受けた故に殺害してもしかるべきところを特別の慈悲をもってゆるした。それなのに恨みに思われるのは道理に合わない。人畜異なるといえどもものの道理は変わらないはずだ」と。それを聞いたボス蛇は、横にいた例の蛇をひと噛みするとくるりと向きを変えて山へ帰っていった。ほかの蛇たちもすべてそれにならって山の中へ消えた（「蛇ノ人ノ妻ヲ犯シタル事」『沙石集 巻七』）。③［茨城県石下町（現・常総市）］葦を刈るのを見た大蛇が住み家を失う不安で悪戯をし邪魔をした。村人が困っているので、和尚と大蛇が話し合い、大蛇は今後十年間霞ヶ浦に移住することになった。大蛇は証文を要求したが、書く間に和尚は十年の上に一を足して千年にした。十年後戻る大蛇に契約は千年と言って追い返した（『茨城の民俗』一八、昭五四、九八）。④［愛媛県宇和町（現・西予市）］安楽寺は昔淵であったが、そこに霊蛇が住んでおりしばしば庶民に害をなしていた。嘉元二年に宇都宮永綱がその蛇を射止めたが、その霊蛇が祟りをなすようになった。そこで嘉暦元年、その淵の半ばを平らげ、大小二つの池を掘り、精舎を草創して霊蛇を断した（『愛媛県史 民俗上』昭五八、八一一）。⑤［山梨県富沢町（現・南部町）］南朝の落武者吉野某がおちのびて甲州河内領福士の奥に世を避けている間に村長の娘との間に女児が生まれ、さつき姫と名付けられた。姫が一七才の夏。征者二、三人をつけて村の上手にある池のほとりに出かけさせたが、娘が行方知れずになった。村中を探すが見つけることはできなかった。多数の僧を招いて池の畔で施餓鬼供養を行った。すると読経が終わらぬうちにどこからともなくさつき姫が現れ、自殺し先立つ不孝を母親に詫びて蛇体となって元の池に姿を消した。すると雷鳴豪雨で山が崩れ池が氾濫し、蛇体さつき姫は福士川から富士川の彼方へ所在をくらました（『甲斐路』三、昭三六、七一）。⑥［長野県上伊那郡］日蓮が美濃郡で説教をしていると、山に登れぬはずの娘が現れた。

は

水をかけると本体の蛇体を現した。驚いた殿様は蛇体を七面様と祀った（『西郊民俗』六、昭三三、一二）。⑦［山梨県大月市］この付近の川辺を親鸞が歩いていると、美人が現れて助けを求め消えた。この話を宿泊先の小俣重澄に話すと、その娘お葦が近くに住む僧に惚れたが、僧は拒絶した。悲嘆にくれたお葦は川に投身したが、間もなく川辺に毒蛇が現れて僧を食い殺したことがあったという。哀れに思った親鸞は、河原の石に名号を書いて池に投げる。するとお葦、僧は観世音菩薩と勢士菩薩となって、石の名号に導かれて西南の空に消えた。蛇は観音菩薩となった（『旅と伝説』八（一一）、昭一〇、三二）。⑧［和歌山県南部川村（現・みなべ町）］安珍という山伏が那智へ行く途中、真砂の庄に泊まったら、そこの娘の清姫に見初められた。那智の帰りに迎えに来ると約束したが、清姫は蛇で、杓子を舐めて弁当を作り、蛇の舌で髪を梳かしていたので安珍は怖くなり、那智に御参りした後、日高川を船で渡って逃げた。清姫は追ってきて日高川を蛇になって渡った。安珍は道成寺に逃げ込んで釣り鐘の下に隠してもらったが、草履の紐が出ていて見つかった。清姫は鐘を七巻半巻いて溶かしてしまった（『南部川の民俗』昭和五五年度号、昭五六、四五六）。⑨［滋賀県大津市］ある曹洞宗の僧が比叡山の麓坂本の地で説法していたところ、一人の女が熱心に通ってくる。やがて僧の私生活にまで入り込むようになった。ある日僧は、隙をみて逃げ出す。僧の蓄電を知った女は、なりふり構わぬ形相で追いかけてくる。ちょうど勢多橋まできたとき観念した僧は、川の中へ身を投げる。女も身を投げたが、水底で蛇体にかかわり僧を締め付けていた（『奇異雑談集　巻二の一』）。⑩［新潟県下田村（現・三条市）］家の初代は、川の淵にいる蛇（龍神）と名主の娘との間にできた子供である。証拠にこの人は脇の下に三枚の鱗をもっている（『高志路』三〇五、平四、九）。⑪［摂津国（現・大阪府、兵庫県）］摂津の国に一人の下女がいた。昼寝をしているときに大蛇が天井から尾をたる木に巻き付けながら、女に落ちかかろうするが、すぐにまた引きかえることを何度も繰り返していた。それを横から見ていた男は、そっと女のそばに寄ってみると着物に大きな針が刺してあった。もしやこれをおそれているのかと思い、ためしに針をとって様子を見ていると、今度はさぁーっと蛇は女の上に降りてきた。そのときはじめて男は蛇を打ち払った。目が覚めた女は、夢ともうつつともわからない状態で美しい男が自分を懸想していた、と言った（『古今著聞集　巻二〇』）。⑫［栃木県宇都宮市］女の人がバスに乗っている時にトイレに行きたくなった。バスを止めて林の中で小便をしていると、蛇が体の中へ入ってきてとれなくなり死んでしまった。だから女の人は、林で小便をしてはいけない（『下野民俗』三九、平一一、五一）。

（堤邦彦）

〔参考文献〕小島瓔礼『蛇の宇宙誌―蛇をめぐる民俗自然誌』平三、東京美術。堤邦彦『女人蛇体―偏愛の江戸怪談史』平一八、角川選書。

へびいし【蛇石】

蛇石の伝説には、水辺の特定の石に、特

殊な力がそなわっていると伝える例が多い。蛇石は、川や湖、淵などの水辺の主として祀られている。また、雨を降らせる力に代表される水にまつわる力をもつとされる。日照りが続くと、蛇石を祀り、雨乞いを行ったという。こうした蛇石の性質は、蛇が水の神と考えられてきたことに由来すると考えられる。ほかに、蛇除けとして祀られている場合もあった。

⇩いしのかいい、へび

事例 ①［愛媛県立川村（現・内子町）］中山川の淀みに蛇石という珍しい石がある。幅八尺・高さ四尺の自然石で、水を注げば鱗があらわれる。むかし大洲藩主が城に運び込んだが、一晩経つと元の場所に戻っていた（『旅と伝説』三（一一）、昭五、四八）。②［群馬県松井田町（現・安中市）］信州岩田村にある蛇石様から、春に蛇除けのお守りのムシキリガマを受けてきた（『西郊民俗』四三、昭四二、五）。

（金子祥之）

へびだこ【蛇蛸】

㊮しろなぶさ、やむしだこ【やむし蛸】 蛇が水際で水を跳ねているうちに蛸に変わるという伝承で、足の数や頭の形が通常の蛸とは違うという。法華経の功徳で蛇が天界に転成する唱導説話の影響を受けたものと考えられるが、近世期には暦や陰陽五行による変生の実例として考えられ、議論を呼んできた。現在でも北九州地方などで蛸の変身現場は目撃が相次いでおり、中には集団で目撃したという証言もある。海辺に暮らしながら海上には出ない人々が海面下に想像を豊かにさせた結果の、「磯の伝承」というべきものである。

⇩たこ、へび

事例 ①［越前国（現・福井県）］山菜を採っていたある女が蛇が姿を変えた蛸を食べたところ、妊娠してしまい、夢の中のお告により経を聴いて転生した蛇とわかる。子供は高僧になる（『日光天海蔵直談因縁集』平九、二三六）。②［長門国黄波戸（現・山口県長門市）］大勢が見ている前で蛇が波打ち際でもがくうちに白い鞠のようなものになり、杖で破ると蛸の手足ができていた（『ありのま〻』巻二、文化四）。

（広川英一郎）

〔参考文献〕広川英一郎「世間話と目撃体験―蛇が蛸に変わる話―」『世間話研究』一八、平一九。

へびつき【蛇憑き】

蛇に憑かれた者は、蛇のように、のた打ち回るとよく言われる。中国・四国ではトウビョウ持ちと呼ばれる家筋があり、その家では小蛇を土中の瓶で飼養すると噂される。その家から恨まれると蛇霊を送り込まれて病気になるとか、その家が裕福なのは蛇を飼養するからだとかと説明され、婚姻忌避の対象となる。憑きもの筋以外にも、蛇神の祀り方を誤ることによって憑く場合もあり、殺した蛇が祟るという意味で蛇憑きと言われる場合もある。

⇩つきもの、とうびょう、へび

事例 ①［愛媛県東予地方］大正時代初頭まで、トンビョウガミを飼う家と喧嘩すると、蛇群が襲い、蛇神に憑かれると恐れられた。その正体は一〇、二〇センチの小蛇であると言われている（『伊予の民俗』三七、昭六〇、二二―二四）。②［大分県南部］蛇神

は

のトビノオガミは時に憑く。憑かれた者は発熱して、蛇のように身体をくねらせる。ホシャ（祝者）や巫女に祈祷してもらい、蛇霊を下野国の蛇塚に流してもらう（『日本の民俗　大分』昭四八、一四三）。

（近藤祉秋）

へびにょうぼう【蛇女房】

㊮へびのよめ【蛇の嫁】　異類婚姻譚の一。ある男が訪ねてきた娘を妻とするが、妻の正体が蛇であることを知る。正体を知られた妻は竜宮に帰るが、その際、自分の目玉を宝珠として残していく。話の後半には殿様や領主が登場することが多く、蛇の玉を献上したので出世したという話、それを取り上げた殿様の城が崩れ去るという話などがある。また盲目になった蛇のために鐘をつくことになったとする話も残る。

⇩じゃたいのにょにん、へび

事例　［長崎県］ある医者が殺されそうになっていた海蛇を助けた。その後家に女が訪ねてくる。ふたりには子どもができるが、女は正体が海蛇だと知られてしまい、宝珠を置いて去っていった。しかし玉は領主に奪われ、二つ目の玉も奪われる。この玉は蛇の目玉をくりぬいたもので、蛇はこの恨みはいつか晴らすと言って去った。その後、寛政の大地震と津波が起きた（『旅と伝説』二（一二）、昭四、二一―二三）。

（三柴友太）

へびのたま【蛇の玉】

㊮たまんこ、へびのほうじゅだま【蛇の宝珠玉】、ほーしょうのたま【ホーショウの玉】

蛇が尾に持っている、あるいは蛇（特にマムシ）が交尾時に大勢群がった中心にあるとされる玉で、丸い石とも泡の塊ともいう。これを蛇の中から取り出して祀ると金運や豊漁に恵まれるという。交尾時の、複数が絡み合った状態の蛇のことも「蛇の玉」といい、見るだけで出世する、金運がよくなるという。

⇩へび、ほーしのたま

事例　①［和歌山県かつらぎ町］ハビ（マムシ）が交尾するとき、幾重にも重なり合って固まりになる。これをハビ塚といい、この真ん中にタマンコという小さな丸い石がある。これを持ち帰って祀ると金持ちになるという（『紀北四郷の民俗』昭六〇、一三七）。②［山口県萩市］ウジヤという海蛇は尾に紫色のホウショウの玉がある。漁師はウジヤがかかると豊漁でマンがよいと喜ぶ（『山口県史　資料編民俗一』平一四、六六）。

（飯倉義之）

へびのつの【蛇の角】

アイヌの伝承では、蛇が年老いると、角が生えてくることがあるという。そういう蛇に対して身につけている衣類を差し出すと、角を落としてくれることがある。この角を入手すると、流行病にかからずに済むとか、幸福になれると言われる。

⇩へび

事例　［北海道幌別村（現・登別市）］山へ行くと、まれに角のある蛇を見かける。鉢巻と引きかえに角を置いて行く。それを秘蔵しておくと流行病にかからず、家運が栄える（『知里真志保著作集　二』昭四八、二一〇）。

（遠藤志保）

は

へびむこ【蛇婿、蛇聟】

蛇が娘との婚姻を求める異類婚姻譚のひとつ。この話は大きく二つの話型に分けられる。一つは、娘のところに夜中、見知らぬ男が通ってくる。怪しんで、その男の着物に糸を通した針をさし、翌朝その糸をたどっていくと、そこにいたのは蛇であった。蛇は、死ぬ間際、娘に残した子種をおろす方法として菖蒲湯に入ることなどを話す。その方法で娘に宿った蛇をおろすことができる。これは菖蒲湯の由来としても伝承されている。この話型は針と糸を使うことから苧環《おだまき》型といわれる。また、子をおろさずに生まれた人物が後に立派になるという話もある。この型は『古事記』などでも確認できる。もう一つは、爺が水に困っていると蛇がきて三人娘のうち一人を嫁としてよこせば水を与えると約束する。末娘が嫁ぐ際や里帰りの際に蛇を殺す。これは水を求めることが発端となっていることから水乞い型といわれる。これらは昔話や伝説として確認することができる。

⇩へび、へびにょうぼう

事例 ［群馬県利根郡］長者のところに娘を求めてくる男の正体は蛇であった（『旅と伝説』八（九九）、昭一〇、三七）。

（山田栄克）

へびやなぎ【蛇柳】

㊩じゃやなぎ【蛇柳】　蛇を封じたと伝わる柳。高野山には弘法大師が蛇を封じた蛇柳がある。学文路苅萱堂《かむろかるかやどう》には、蛇柳と称される寺宝が伝わる。蛇柳の下を通ると、怪異現象が起こる。

⇩へび、やなぎ

事例 ［福島県内郷村（現・いわき市）］柳の虚《うろ》に大蛇が棲んでいた。葬列が下を通ると、棺が吊り上げられる。願成寺では、陰暦正月二日に蛇霊を慰める祭が行われる（『旅と伝説』九（六）、昭一一、四六-四七）。

（近藤祉秋）

ペポソインカラ

ペ（水）・ポソ（透かす）・インカラ（見る）＝「水を透かして見る」の意。アイヌの伝承にみられる化け物で、漁の邪魔をして人間に危害を加える。

事例 ［北海道登別村（現・登別市）］白ギツネの神が、世界が飢饉で苦しんでいるのに気がつき、かろうじて動ける狼の兄弟と協力し、川の中で鮭の群の先頭を泳ぎ、神や人間たちの漁の邪魔をしていたペポソインカラを、ヨモギの矢で退治した（『炎の馬』昭五三、七一-八二）。

（矢崎春菜）

べろべろのかみ【ベロベロの神】

一同が輪形に座った中で、複数の人間の中から特定の人を言い当てる占い。子供の遊戯のみならずお座敷芸としても行われた（土佐）。託宣や信仰的な場の伝承にも通じる。

⇩こっくりさん、たくせん

事例 ［宮城県］先の曲がった紙縒りなどを両手で回し「ベロベロの神は正直神で、誰が屁放ったか、ひった方サフン向け」などと唱え、唱え終わったところで曲がった先の向いた方の子供を皆ではやす（『宮城県史　二〇』昭三一、二一五）。

（高塚さより）

へんじょうぼうむし【遍照坊虫】 一揆の首謀者として処刑された佐渡の遍照坊の僧の怨念が虫になって稲を食い荒らした。
⇩じょうげんむし

べんじょがみ【便所神】
⇩べんじょのかいい

べんじょのかいい【便所の怪異】
㊜といれのかいい【トイレの怪異】 便所（厠・雪隠）という空間に恐ろしい妖怪が出現したり、不思議な現象が起きたという話。「便所の年取り」や「雪隠参り」の民俗が示す通り、便所は神が祀られている場であり、異界と交流可能な場と考えられていた。

こうした特別な空間という意識がさまざまな怪異譚を発生させた。河童が便所の中で女の尻をなでたため、主人が河童の手を切る。河童は切られた手と交換に薬法（骨つぎ膏薬など）を教え、その家では河童薬を家伝薬として売り出したという話が、便所の怪異譚としてはもっとも著名である。

昭和に入ってからの便所の怪異は師範学校における七不思議の一つ「開かずの便所」に継承され、さらに、昭和一〇年代になると、小学校の便所の個室で「赤いマントほしいか青いマントほしいか」という不気味な声がするという話が加わってくる。「赤い紙青い紙黄色い紙」は、これらの派生形と思われる。

現代は、追いかけてきた妖怪や魔物から逃れるため学校の便所の個室に逃げ込み、安心して上を見ると、上からのぞかれていたという話や、学校の便所で「花子さーん」と呼ぶと、だれもいないのに、「はーい」と返事がするという話が広まっている。こうしてみると、近代以後の便所の怪異の特色は、その発信地を学校の便所としているという点にあるといえよう。

⇩あかいかみ・あおいかみ・きいろいかみ、あかいちゃんちゃんこ、かいなで、かっぱ、かみをくれ、からさでばば、がんばりにゅうどう、といれのはなこさん、むらさきばばあ

事例 ①［北海道函館市］小学校の女子トイレに入って奥から三番目のドアの前に立ち、「花子さんあーそーぼ」と言うと誰も入っていないトイレの中から「はーい」という声が聞こえてくる（『女子高生が語る不思議な話』平九、七一）。②［北海道函館市］高校の警備員が夜の巡回中、トイレに灯りがついていたので行ってみると、個室から「カミがない」と言ってきたので、トイレットペーパーをドアの上から投げてやった。すると、「そのかみではない。お前の髪だぁー」と、警備員の髪をつかんだという（『女子高生が語る不思議な話』平九、七四）。③［東京都］都下のある小学校の女子トイレのうち、中央のトイレに入ると声がして、「赤・青・黄色のうちで何色が好きか」と聞かれる。その時、赤と答えると血まみれで殺され、青と答えると身体の血を抜かれて真っ青になる。黄色と答えた者だけが助かる（『昔話伝説研究』一二、昭六一、一三）。④［長野県豊科町（現・安曇野市）］昭和六年入学、一二年卒業。五年生の頃の話。学校の

便所に入ろうとするとマントを着た男の人がいて、「赤いマントがほしいか、青いマントがほしいか」と聞く。「赤いマント」と答えるとナイフで刺され、「青いマント」と答えると体中の血を吸われ青くなって死ぬという（『現代民話考七』平一五、一一四）。⑤［大阪府］ある人が学校の体育館で車椅子を押す看護婦を見た。看護婦が追いかけてくるのでトイレに逃げた。一つ一つドアを開けて確かめている。自分の番になったけど何の音もしない。変だなあと思ったら、上からじっと見られていた（『不思議な世界を考える会会報』四〇、九）。（大島廣志）

〔参考文献〕常光徹『学校の怪談』平五、ミネルヴァ書房。

ペンタチコロオヤシ

樺太アイヌの伝承に出てくる化け物で、夜中にたいまつをかざしながら人間の後をついて歩く。ペンタチは「たいまつ」、コロは「〜を持つ」、オヤシは「化け物」の意味。ジョン・バチェラーが『アイヌの炉辺物語』で紹介している話では、その正体はワタリガラス（オオガラス）が化けたものであった。同書の話は、樺太の物語だが北海道でもよく知られていたという。

⇩イシネレプ

事例 ［ロシア連邦樺太］東海岸北部のコタンケシを、暗くなってから訪ねて行く男がいた。彼の後ろを、火を持った化け物がついて歩いてくる。たいまつの火は雪の上を太陽のように照らした。男がコタンケシに着いてからこの化け物の話をすると、コタンケシの男は刀を下げて出かけていった。岬の先で、後ろに何者かの気配がする。振り返るとペンタチコロオヤシであったので、刀を抜いて殺した。翌日、見に行くと、殺された化け物はワタリガラスの姿に変わっていた（『アイヌの炉辺物語』大一四、六一−六三）。（遠藤志保）

べんてん【弁天】

㊝べんざいてん【弁才天】、べんざいてんにょ【弁財天女】、べんてんにょ【弁天女】 七福神の一尊であり、美しい女性や蛇の姿で現れる。また、降雨や洪水など、水と関連した報告が各地でみられ、豊作祈願の信仰が伝えられる。また、茨城県では弁天が足の悪い道祖神に追われるという説話が報告されている。

⇩じじん、ふくのかみ

事例 ①［東京府保谷村（現・東京都西東京市）］その昔、ある橋の近くに祀られていた弁天は、馬にまたがったまま橋を渡る者を落馬させたり、姐さん冠をして若い男たちをだましたりして、悪戯ばかりしていた（『旅と伝説』一二（一二）、昭四、一二一）。②［群馬県赤城村（現・渋川市）］溝呂木にはワクタマという清水がわき出る場所がある。そこに弁天様の石祠を祀っている。その祠に水をかけると必ず雨が降るという。夏に日照りが続き、陸稲がよれてしまったとき、ワクタマにいき、この祠の弁天様に水をかけたら、翌日夕立ちがあり、陸稲が助かった（『民間伝承』一三（五）、昭二四、三四）。（山越英嗣）

は

ほ

ほいほいどん

㊩よいよい　山道や夜道で人に「ホイホイ」「ヨイヨイ」と呼びかける妖怪。これに答えてはならず、もし答えた時は「千口万口ホイホイ」と唱える。

⇩かりこぼう、こえのかいい

事例 ［宮崎県椎葉村］ホイホイどんは秋に山へ上り春に川へ下る。その通り道の尾根筋に物を置いてはならず、どうしても置く時は「山の神様、この刃物を置き申す。気をつけてたもれ」と言う（『宮崎県史　資料編　民俗二』平四、三四三）。　（財津直美）

ほいほいび【ホイホイ火】

奈良県に伝わる怪異であり、松永弾正に殺された十市遠忠の怨霊の火のことを指す。雨の降りそうな夏の夜などに、城址の山に向かって二、三度「ホイホイ」と呼ぶと、必ず火の玉がジャンジャンとうなりをたてて飛んで来る。これを見た者は二、三日熱にうなされるなどの病気になるといわれ、人々に恐れられていた。

⇩かいか、ひのたま

事例 ①［奈良県］天正年間、松永弾正によって滅ぼされた十市遠忠の怨恨が残り、ホイホイ火となって恐れられている。城地に向かってホイホイと叫ぶとジャンジャンとうなりをたてて飛んで来るという（『民間伝承』八（一一）、昭一八、七）。②［奈良県天理市］殺された十市遠忠の怨念が城に残り、雨の降りそうな夏の晩にこの城跡に向かってホイホイと二、三度叫ぶ。すると城跡から火の玉が飛んできて、ジャンジャンとうなりをたてて消え失せると言う。これを見た者は二、三日熱に浮かされる（『奈良県史　一三』昭六三、三五一）。　（五十嵐大晃）

ほう【封】

小児のような形で、手はあるが指はない。「肉人」とでも呼ぶべき姿。徳川家康が駿河にいた頃、駿府城の庭に現れた。「変化の物」であろうと駿府城の裏山に追いやられたが、その肉を食べると多力武勇になると識者が惜しんだ。しかし封とは「ツトヘビ」「ソウタ」のような形であり、家康の前に現れたものとは異なるともされる。

事例 ［駿河国（現・静岡県）］徳川家康が駿河国におられた時、ある朝、背格好は小児のような肉人とでもいうべきようなものが庭に現れ、指の無い手で上を指して立っていた。人々は「変化の物」であろうと驚き家康に対処を伺ったところ、人の見ないところへ追いやれと命ぜられたので、城から遠い小山へと追いやった。ある人がこれを聞き、それは「白澤《はくたく》図」に描かれる封というもので、食べると多力になり武勇も優れるようになる仙薬であるのに、居合わせた人々が不学であったために惜しいことをしたと嘆いた（『一宵話』『日本随筆大成　第一期一九』四二一―四二三）。　（村山弘太郎）

ほうおう【鳳凰】

㊮ほう【鳳】、らん【鸞】 鳥類の王である霊鳥。吉祥の象徴であり、天下太平で仁政のときのみ出現するとされている。日本に現れた記録はほとんどないが、寺社縁起などで鳳凰の降臨を由来とするところがある（大阪府鉢峰神社、福井県羽賀寺、愛知県鳳来寺）。

⇩とりのかいい

事例 ①［常陸国宮中村（現・茨城県鹿嶋市）］ある夜、鹿島神宮で光り輝き鳴動するものを新井白石が目撃した。翌日、来たのは鳳凰であるとの託宣があった（「鳩巣小説」『続史籍集覧 六』昭五、四八一–四八二）。②［東京府東京市本所区（現・東京都墨田区）］ある年の元旦、芥川龍之介の父親の知人が、白い鳳凰が西へ飛んでいくのを見た（『文芸春秋』四（七）、大一五、一）。③［兵庫県多可郡］春の七草で歌われる「唐土《とうど》の鳥」は鳳凰である。鳳凰は毒鳥であり、日本に禍をなすために中国から来る（『多可郡誌』大一二、三三九）。④［奈良県天川村］鳳凰は鳥の王で、風を鎮める。人々は、風が吹くと「ホーオー」と叫ぶ（『吉野西奥民俗採訪録』昭一七、二五〇–二五一）。（廣田龍平）

ほうきがみ【箒神】

お産にまつわる神として考えられている。出産の際に立ちあう神で基本的には安産をもたらす。だが、日常的に箒を大事にしなければ、出産の際に不遇に見舞われるという。難産の際には、箒を立てたり、箒で腹をなでるなどして、安産を祈願するということもおこなわれていた。

事例 ①［東京都神津島村］産気づくと、一番先に箒神が立ち寄るという。普段箒を粗末にしていると産の時にきてくれず、難産になる。もし生まれても五日以内に河童がおじいさんの姿になってその子を捕りに来る（『民俗採訪』昭和三〇年度号、昭三一、五〇）。②［岐阜県坂下村（現・飛騨市）］産婦が掃除の際、箒の毛を一本燃やした。そのとき箒の神が火傷をして怒り、難産になってしまったという。箒にお明しを挙げてお祈りするとすぐに子が生まれた（『西郊民俗』四、昭三二、九）。（平井勇介）

ぼうずび【坊主火】

昔、油売りがいたが、油を売る時に枡の底に鬢《びん》付け油を入れ、量増しをして売っていたので、死後にその罪から火になったと言われている。その伝承を持つ地域では、その火が飛び歩くことがあったという。

⇩かいか

事例 ①［石川県加賀市］生前油を売る時に枡底に鬢付け油を塗り実量を減らしていたために、死後罪を償う為に火になって来る（『石川県能美郡誌』大一二、一一〇）。②［石川県］加賀の鳥越村では坊主火という火の玉が飛び歩くことが有名である（『民間伝承』四（六）、昭一四、一六）。（熊倉史子）

ほうそうがみ【疱瘡神】

㊮とうそうじん【痘瘡神】 疱瘡（天然痘）を司る疫病神。近世、疱瘡に罹ると患者の寝床に疱瘡棚をつくり、疱瘡神を祀って歓待した。治ると神社などへ持ち込み、処分した。こうした疫病神は病人の枕元に出た

り、病人の口を借りて喋ったりもする。疱瘡神は赤を好むと言われるため、患者は赤の着物を着るなど周りを赤尽くしにして回復を願った。

⇩あまざけばば、しょうじょう、ほうそうばあさん、やくびょうがみ

事例 ①［新潟県吉川町（現・上越市）］疱瘡が治ると、疱瘡神の神放しとして、藁のサンバイシを子供の頭に乗せ、束ねた笹の葉でお湯を掛けて、サンバイシを庭かお宮の木に下げた。重症のときに行うと、子供の苦痛が和らいだ（『民俗採訪』昭和三一年度号、昭三二、五二―五三）。②［東京都八王子市］本疱瘡に罹った男が高熱を出し、寝床で薄目を開けていると、枕元に娘がかしこまっていたという。その娘は疱瘡神さんであったという。女の場合は、男の疱瘡神が枕元にかしこまっているという（『民俗』二六、昭三二、七）。（荻野夏木）

ほうそうしん（アイヌ）【疱瘡神】

㊩アプカシカムイ、パコロカムイ　アイヌに伝承される、疱瘡（天然痘）をはじめとした流行病を撒き散らす神。アプカシ「歩く」カムイ「神」、パ「天然痘」コロ「～を司る」カムイ「神」ほか、様々な呼称がある。神の国にいる際には霰の模様（疱瘡の跡を象徴している）のついた小袖を着た人間の姿をしているとされ、人間の国には鳥の姿や船でやって来るという。

⇩ほうそうがみ

事例 ［北海道鵡川町（現・むかわ町）］昔、疱瘡神が暴れてどうにもならなかった。神々が退治しても、すぐに生き返って暴れる。そこで空の女神の中で一番美しい、明けの明星を疱瘡神の嫁にやると、疱瘡神も暴れるのをやめた。まもなく明けの明星は、疱瘡神との子供を一人連れて空に現れるようになった。その子供が女神から離れているときは世の中は平和だが、女神の近くに寄りそって出るときは何か悪い病気の流行するしるしだ（『アイヌ民話集』昭五六、二一五―二一六）。（遠藤志保）

ほうそうばあさん【疱瘡婆さん】

㊩ほうそうばば【疱瘡婆】　疱瘡をはやらせる神とみられる。メヒトツカナジュウロウに悪病にかかる人を調べさせるように、悪病を司る主宰者的立場にあるといえる。福井では、こうした疱瘡神が夫婦神として理解されている。宮城の事例のように、死人を食らう化け物とされた所もある。

⇩きょらいしん、ほうそうがみ

事例 ①［神奈川県厚木市］道祖神の小屋には、ホウソウバアサマがメヒトツカナジュウロウに悪病にかかる人を調べさせた帳面がある（『厚木市文化財調査報告書　二七』昭五九、二六八）。②［福井県名田庄村（現・おおい町）］節分の夜にホーソーじいさんとホーソーばあさんの訪れを待つ（『若狭の民俗』昭四一、二一八）。③［宮城県七ケ浜町］疱瘡によって死んだ人が食われたのは、「ほうそうばば」によると噂された。後に一丈もある老婆のような獣が目撃される（「只野真葛集」『叢書江戸文庫　三〇』平六、二〇四―二〇七）。（入江英弥）

ぼうふり【棒振り】

㊩ぶりぶり　高知県の山道で、棒または手

杵を振るような音を立てながら通るという妖怪。目には見えないが、何らかの実体は持っているらしい。この妖怪に遭遇したときはうつぶせになるとよいと言われている。

⇩おとのかいい

事例 ①［高知県越知町］ボーフリは、夜の山道で姿を見せず、ビュービューという音を鳴らしながらやってくる（『旅と伝説』一五（六）、昭一七、一二五）。②［高知県神谷町（現・いの町）］ボーフリまたはブリブリなどとも言う。手杵を振るような音を立ててやってくるという。ある人が紙漉き場から張板をかついで帰ってくる途中、余りに重くなってきたので地面に板を立てて一休みしていると、後ろのほうからブリブリがやってきて板につきあたり、ひっくり返ったという（『旅と伝説』一五（六）、昭一七、一二五）。

（廣田龍平）

ほうもんだま【訪問魂】

死の予兆を知らせる人魂のこと。青白い尾を引いた怪火のようなものが来訪し、だれか近しい人が亡くなったことを知らせる。

⇩しのよちょう、ひのたま

事例［兵庫県神戸市］大正の終わり頃、若い嫁が夕方洗濯物を取り込んでいると表から青とも黄色ともいえない尾を引いたものが飛び込んできたので悲鳴を上げて卒倒した。ちょうどその頃外出していた夫は出先で脳溢血をおこして死んでいたという（『兵庫民俗』一（一）、昭二七、一一）。

（藤井紘司）

ほうらいさん【蓬莱山】

異界の一種。海上にある仙人の住む島で豪華絢爛な外観をそなえており、理想郷としての異界と考えられていたと言える。また、蓬莱山も龍宮と同じく現世よりも時間の流れがはるかに遅いとされる。

⇩せんにん、りゅうぐう

事例 ①［広島県］広島県厳島沖から蓬莱山が出現した。海上の中筋須の浜である。所々金の屏風が立ち並んでいるように見え、岩組は五色で結構な様子あった。段々集まってきた島夫が江島の沖まで見渡したところ、蓬莱山が見えた。二、三歩の間見えると言い、海老浦の役人たちが注進したことである（「月堂見聞集 中」『続日本随筆大成 別三』三一九）。②［丹後国（現・京都府）］雄略天皇二二年（四七八）三月三日に丹後国水江の浦島太郎が釣りをしていて、蓬莱にいった。そこの姫と結婚をした。その間、天皇は三二代、歳は三四七年を経て、淳和天皇の時代に天長五年（八二八）四月に帰ったという（「正月揃」『続日本随筆大成 別一二』四三六-四三八）。

（高橋奈津子）

ぼうれいび【亡霊火】

㊝もうれいび【亡霊火】、もうれんび【亡霊火】、ゆうれいび【幽霊火】、れいか【霊火】 海上や海岸で見られる怪火。無数の火が明滅し、またその位置をかえて出没する。船とともに現れる時もあり、「舟幽霊」や「ヒキフナダマ」と見なされることもある。山や島の上に移動することもあり、島で霊火を見たという伝承も存在する。

⇩かいか、ふなゆうれい

事例 ①［福島県平市（現・いわき市）］雨の降ったような霧の深い晩に、海の中に火の燃えるのを認めることがある。もうれん火とかもうれいと呼び、青い火で、三〇センチか、四五センチくらいの大きさであった（『福島県史　二三』昭三九、五六三）。②［長野県伊那市］鎌倉時代の始、曽我兄弟に仇を討たれた工藤祐経の子犬房丸が、小出村（西春近村）に流されて来た。この地で終りその墓があるが、そこから霊火が出て、対岸の孤島（伊那市）から見えたとのこと（『伊那』三七三、昭三四、三二）。　（玉水洋匡）

ほーしのたま【ホーシの玉、宝珠の玉】

㊫きつねのけだま【狐の毛玉】、きつねのほーしょーのたま【狐の宝珠の玉】　直径四センチほどの白い毛の玉で、狐が尻尾から落とすといい、狐が人を化かす力の源ともされる。拾って大事にすると幸運が舞い込む、家が富むという反面、稲荷を祀らないと祟る、狐持ちの家筋になるともいう。

⇩けさらんぱさらん、へびのたま

事例　①［福島県白河市］大正八年頃、白狐の宝珠の玉を拾った。丸く白い毛の塊だった。巫女に見せたら伏見稲荷のお使いの狐の落し物だと言った（『女性と経験』一、昭五一、一九―二〇）。②［滋賀県近江町（現・米原市）］狐の毛玉は老狐の尻尾の先が離脱したもの。これを拾った家はお稲荷さんを祀らねばならない（『民俗文化』三六三、平五、四〇八八）。③［岡山県］狐の玉を拾うと狐持ちになり、狐を飼う限りは富み栄えるが、玉を捨てると前より貧乏になるという（『民族と歴史』八（一）、大一一、二七三―二七四）。　（飯倉義之）

ほおなで【頬撫で】

㊫ふうなで、ほうなぜ　夜間など人のあまりいないときに道を歩いていると、不意にその人の頬を撫でる怪異。正体は夜露に濡れた植物とされるが、人々の負の感情の影響で、切ると血を流したという話が伝わっている。

事例　①［東京都檜原村］ある兄弟が、夜、ホオナデのバケモノの出る場所に行った。弟が先に行ってみると頬を撫でられたので、兄が刀を抜いて斬った。朝方に確認してみると、夜露で濡れた茅の穂が二つに切られていた。人々の恐怖の念のせいで、切り口から血が出ていた（『常民文化研究』七、昭五八、二四）。②［山梨県道志村］少し暗く小さな道にホウナデが出た。暗闇から青白い手が現れ、頬を撫でたのだという（『道志七里』昭二八、二四九）。③［山梨県忍野村］ある森に夜になるとホウナゼが出るというので、勇気ある男が行って、これを切り伏せた。翌朝見てみると、ヨシが切られて血染めになっていた。流血していたのは、人々の悪気がこもったためであろうという（『忍野村誌二』平一、四六一）。④［埼玉県越生町］夜道を歩くと頬をスッと撫でるフウナデが出る（『おごせの昔話と伝説』平四、三一）。⑤［群馬県鬼石町（現・藤岡市）］ホオナデは頬を撫でて驚かす妖怪である。正体は不明だが、狐の悪戯だともいう（『下久保ダム水没地の民俗』昭四〇、一一二）。　（廣田龍平）

ぼーろ

大分県臼杵市に出た大きな化け物。

⇩みこしにゅうどう

ポクナモシリ

アイヌの伝承で、ポクナ「下方の」モシリ「国」は、死んだ人間が暮らすとされる場所。地獄とは異なる。昼夜や季節がこの世とは逆転しており、時間の流れも異なるが、その他はこの世と同じで、死者は狩猟や食事をして暮らしている。また、先祖供養での供え物も送られてくる。ここに来てしまった生者は死者には見えないが、犬だけは気づいて吠えたてるという。

⇩じごく、ぐそー、よみのくに

事例［北海道幌別村（現・登別市）］俺の親も兄も死んでしまった。ある日、叔父が山奥の穴に入れと言う。入っていくと、穴が長く続いたあげく、急に美しい村に出た。そこにいたのは、死んだ人たちだった。兄を見つけたが、兄には俺が見えないらしく、あらぬ方に向かって「ここに来た者はすぐに死んでしまうから、叔父はお前を死なせて、我が家の宝を取り上げるつもりだ」と教えてくれた。俺は村に戻ると、自分の身代わりに叔父をあの世に送り、幸せに長生きした（『和人は舟を食う』平一二、一四一―一四六）。

（遠藤志保）

ほごつり【ホゴ釣り】

愛媛県重信町などで、夜、道を歩いていると上からホゴが下りてくるという怪異。ホゴ（ホボロ）は、色々なものを入れる大きめの竹かごのこと。ただ下りてくるだけではなく、人を乗せて引き上げてしまうという話もある。特定の場所に出没し、人々を怖がらせていた。

⇩つるべおとし、やかんづる

事例 ①［愛媛県重信町（現・東温市）］夜道を歩いているとほごつりが空から下りてきて、人をホゴに乗せて天へと引き上げてしまうという。そのため、夜道の一人歩きは怖かった。神社の裏道や竹藪のあるところなどによく出ていたという（『重信町誌』昭五〇、九四九）。②［愛媛県久米町（現・松山市）］大きな杉の木にタヌキが棲んでいた。夜中になると樹上からホゴを下ろし、通行人を化かしてホゴを車のように見せ、送ってあげるからと言って乗せ、てっぺんまで引っ張り上げ、そこから落とした。いつしかこの狸を「ほごつり狸」と呼ぶようになった（『久米村誌』昭四〇、二九八）。

（廣田龍平）

ほしのかいい【星の怪異】

星は古来、未来の事象を予測するものとしてとらえられてきた。天和（一六八一―八四）の初め頃に「扇星」と呼ばれる彗星が越後方面に出た際に越後の領主が滅んだというものなどがそれである。また星が人の姿で出現することもあり、その場合は常人とは違った能力を有する。

事例［熊本県西里村（現・熊本市）］ある子どもが、一五歳になると河童に引かれると易者に言われた。それを逃れる方法を尋ねたところ、峠で赤と青の装束を着て碁を打っている人に尋ねろというので、峠へ向かうと話通りの人々がいた。しかし河童から逃れる方法は教えてもらえなかった。その後子どもが一五歳になったある日、村の小屋で遊んでいるとしきりに川へ行きたくなった。小屋の主人が茶を出して引き留めたので、茶を飲んでから川へ行くと河童が待ち受けていた。河童は子どもを取る予定であったが茶を飲んでいる間に予定の時間が過ぎたために取れなくなったといい、子どもは難を逃れた。これは天のお星様のお加護によるもので、峠の赤青の装束の人は実はお星様であった（『民俗学』三（一）、昭六、五〇）。

（村山弘太郎）

ほそすねのばけもの【細脛の化け物】

足の化け物が路で呼び掛け邪魔をする。一本足や大足の怪異、また道行く人に呼び掛けて邪魔をする怪異には類例がある。

事例 ［山形県米沢市］小野川へ行く途中の坂の松林には細い脛にも毛がむじゃむじゃした化け物がいて、その脛をくぐって行こうとすると俺の足くぐるなよ、跨ごうとすると俺の足跨ぐなよと言って邪魔をしたと言う（『民俗』二三、昭三二、六-七）。

（髙塚さより）

ほたる【蛍】

蛍は、夏の夜におぼろげな光を放ちながら空を漂う。その姿は人の魂に見立てられてきた。なかでも、無数の蛍が群舞する様を蛍合戦と呼び、それはかつての合戦の死者の魂だとされてきた。

⇩はちまんほたる、むしのかいい

事例 ①［栃木県］夜、子供が蛍を見るために墓地へ行った。蛍を追って墓地に入ると、蛍は居なくなり三メートルばかりの坊主が現れた。驚いて墓地の外へ逃げると、坊主の姿は無く、美しい蛍が見えるのみだった（『下野民俗』五、昭四一、五〇）。②［愛媛県三間町（現・宇和島市）］蛍狩りに出かけると、大きな火の玉が青白い尾を引いて争っているように見えた。後で学校で話すと「それは蛍合戦だ」と言われた（『伊予の民俗』三九、昭六〇、一五-一六）。

（山田奨治）

ほととぎす【時鳥、杜鵑】

鶯《うぐいす》の巣に託卵して、仮親に雛を育てさせる習性を持つ鳥。歌人たちは、時鳥の初音を愉しんだ。しかし俗信では、時鳥の初音を聞くことを吉兆とも凶兆ともする。口真似も禁忌とされた。それは血を吐くからという。農民にとって時鳥の初音は、田植えの時期を知らせた。一部の地域では、飢えを凌ぐ為の、山芋掘りの時期を知らせた。

⇩とりのかいい

事例 ①［長野県伊那市］兄が病気で寝ていると弟がホドイモを持ってきた。兄は弟の食べ物をうらやみ弟の腹を裂くが、中はホドイモの皮ばかりだった。自分は皮を食べて、よい部分を兄に食べさせていたのだった。悲しんだ兄はホトトギスになり、「ホッチョカケタカ、オトットキタカ」と鳴く（『民間伝承』三八（三）、昭四九、一八八）。②［不明］杜鵑は巣を作らずに、鶯の巣に卵を産む。しかし鶯の巣は杜鵑の卵が入らないほど小さいので、これは鶯の子の中に自然と杜鵑が生まれるのだろう（「醍醐随筆」『続日本随筆大成　一〇』四一）。

（森本恵一朗）

ほぼらび【ホボラ火】

㊖おほらび【オホラ火】、しけび【シケ火】、ほほろび【ホホロ火】　瀬戸内海上に現れ

る怪火。単に幽霊と言う意味で「ほぼら」と呼ぶこともある。海上の怪異に関する名前は土地によって多種多様なものがあるが、瀬戸内海の限られた海域だけでも「オホラビ」「ホホロビ」「シケビ」「バカビ」などさまざまに呼ばれている。怪火ではあるが帆をたたんだ船の姿をしており、ものすごいスピードで海上を走っていくという。

⇩かいか、ばかび、ゆうれいせん

事例 ①〔岡山県倉敷市〕サバを積んで市場に運ぶとき、夜中にサバを造りにしていると、帆を捲いた船がものすごいスピードで走ってきて行き過ぎた。一旦行き過ぎた船がまた帰ってきたので、料理していたサバをぶつけると船はおかの方へ行った（『岡山民俗』一六、昭三〇、五-六）。②〔岡山県〕海上で夜遅くホボラ火という怪火に遭遇した。帆をたたんだままものすごいスピードで進んでいた。このホボラ火は、難破した船がその沈んだときのままの姿で現れるという（『岡山県史　一五』昭五八、一九〇）。

（中村祥子）

ほらがい【法螺貝】

山の中から大きな音とともに巨大な法螺貝が現れて抜け出て、それに伴って激しい風雨や洪水、土砂崩れが起こった、という伝承が江戸期から知られている。天保一二年（一八四二）の『絵本百物語』では出世螺と言われ、山と里と海にそれぞれ三千年を経て龍になるのだという。

⇩じゃぬけ

事例 ①〔近江国（現・滋賀県）〕伊吹山から大蛇が現れて湖に入り、そのため山から法螺貝が飛び出て、山麓の村が崩れた。その後、風雨がやまなかった（『月堂見聞集』『続日本随筆大成　別四』四四）。②〔和歌山県西富田村（現・田辺市）〕洪水が起きたとき、大池から黒く大きな法螺貝が出た。その後、池に洞穴が出来た。海、河、山にそれぞれ千年生きると神通力を得て大蛇となり殻を抜け出るのだという（『牟婁口碑集』昭二、八四）。③〔遠江国浜名（現・静岡県浜松市）〕洪水のとき、大きな法螺貝がたくさん現れて天地が震えるほどの鳴き声を出す（「笈埃随筆」『日本随筆大成　第二期一二』二四七）。④〔甲斐国逸見（現・山梨県北杜市）〕斑山の地中には螺が棲んでいるので、その上には草木が生えない（『甲斐国志』『甲斐志料集成　四』昭九、三七五）。

（廣田龍平）

ぽるたーがいすとげんしょう【ポルターガイスト現象】

⇩いしふり

ま

まーざぁぴ【マーザァ火】

㊩とーれーび【トーレー火】、とぢ・まちゃー・びー【トヂ・マチャー火】、まーざのひ【マーサの火】、まちゃーび【マチャー火】　沖縄でいう怪火。死者の亡霊であるとされるが、マーザという妖怪が起こす火とする地方もある。集合と分裂を繰り返す火の一団であるといい、夜道で通行人の道を照らすが、別れるときに礼を言わない者の頭髪を焼く。また火の色で吉凶を判断したりもするという。

⇩かいか

事例　①［沖縄県］トヂ・マチャー・ビーは刀自（妻）待火のこと。ふたつの火の玉がひとつに結合する怪。かつて横恋慕した男に、夫はすでに死んだと知らされた妻が失望して自殺した。夫も妻の後を追って死んだ。ふたりの魂がこの火になってあらわれるという（『郷土研究』五（三）、昭六、四一）。②［沖縄県竹富町］マーザは漁が好きだが、やどがりという貝が嫌い。また海の上を走る火の玉をマーザの火と呼んだりした（『季刊民話』二、昭五〇、六五−六六）。

（三柴友太）

まえじらせ【前知らせ】

㊩ぜんちょう【前兆】、むしのしらせ【虫の知らせ】、よち【予知】　おもに不吉なことが起こる前に、普段とはちょっと変わったことが起こり、のちにこれがこの不吉の知らせだったとわかるといった事例である。やたらに燃えるようなにおいがして調べたが、何もなかったが、翌日火事になった。来客がかえったあと、何もないのに強い線香の香りがした。翌日、前日までは元気だったその来客は死んだ、といった話だ。肉親の死の知らせは事例が多く、茶碗が突然理由もなく割れたり、しきりにカラスが鳴いたり、死者の世話していた植物が枯れたり、反対に狂い咲きをしたりする。死の直前、動けないはずの人があちこちの縁者をたずね歩いたとか、四日連続で同じ時刻に時計が止まり、四日目に母親が亡くなったといった例もある。

⇩からすなき、しのよちょう、ひばしら、めいどう

事例　［兵庫県神戸市］小学生が血相を変えて学校から早引けして帰り、自分の部屋に水を撒きだした。その日の夕方、隣の家が火事になった（『走るお婆さん』平八、一二〇）。

（高津美保子）

まくらがえし【枕返し】

㊩まくらのかい【枕の怪】　寝ているうちに、頭を置いた位置と足を置いた位置とを逆転させられる、もしくは北枕にされる怪異。ザシキワラシや河童、化け狸、化け猫のしわざであると言ったり、霊的なものの通り道で起こると言ったりする。不吉な事件などがあった場所でも、同じようなことが起こる。

⇩ざしきわらし、まくらこぞう

事例 ①［岩手県鱒澤村（現・遠野市）］鱒澤村の某家に、座敷の床の間の前からたたみ一畳去って寝ないと、夜中にワラシが来て揺り起こしたり、体を上から押し付けたり、枕返しをしたり、とても寝させぬところがある（『日本民俗学』一七九、平一、一一四）。②［愛媛県砥部町］大山の大尾根通りの山筋をナワメといい、魔性筋と呼んで嫌う。不気味な場所で、ここに家を建てると枕返しをされる。朝起きると反対向きに寝直っているという（『愛媛県史　民俗上』昭五八、五一二）。（荻野夏木）

まくらこぞう【枕小僧】

夜中、人が寝静まっているときに現れる、子供の姿をした妖怪。枕をひっくり返したり、金縛りにあわせたりして悪戯をする、といわれている。神社や寺に関係する建物の一室に出没するようである。柳田國男や佐々木喜善はこの妖怪を座敷小僧や座敷童子の類だと考えている。

⇩ざしきわらし、まくらがえし

事例 ①［香川県長尾町（現・さぬき市）］ある晩、町の寺にある寺務所で寝ていると、目が覚めた。小さい子供が足の上に来て立っていた。目は開いているのに、叫ぼうと思っても叫ぶことができなかった。この化け物を枕小僧と呼ぶ。こういうことがあるので、寺務所では寝るな、と言われている（『香川の民俗』四（二）、昭四四、二）。②［静岡県奥山村（現・浜松市）］ある神社の祀官宅に、枕小僧が出没する部屋がある。この妖怪の身長は三尺にも満たず、一人でこの部屋に来て寝ると現れ、悪戯をして枕返しなどをするという（『遠野のザシキワラシとオシラサマ』昭六三、九九）。（廣田龍平）

まさかどづか【将門塚】

関東で乱を起こした平将門の首塚（東京都千代田区大手町）にまつわる怪異。関東大震災後に、首塚を整地して仮庁舎を建てたが、役人から怪我人や病人が続出し、幹部には死人が出た。これは首塚の祟りだという噂が広がった。また、将門塚周辺のビルに勤める会社員が次々と発熱して倒れる事態が起こり、これは将軍塚にお尻を向けて座っているためだとされた。

⇩くびづか、たいらのまさかど

事例 ［東京都千代田区］戦後、ブルドーザーの運転手と作業員が事故死し、将門の首塚の祟りとされた（『日本常民文化紀要』一八、昭七、九七）。（山田栄克）

まじむん【魔物】

㊫まじむぬ、まずむぬ、やなむん　鹿児島の南島から沖縄にかけて伝承される妖怪。魔物の意で、人や鳥獣、古道具などに化けて現れる。化けたものに応じて名前がつけられる。また、不慮の死を遂げた者や死後祀られずに成仏できなかった霊がマジムンになるとも考えられている。いずれも人に災いをもたらすとされ、マブイ（魂）を奪ったり、病気にすると考えられている。祓いには米や塩が用いられる他、夜道でマジムンに出会った場合には、豚小屋の豚を起こして鳴かせると魔除けになると考えられている。

⇩じろむん、まよなむん、むん

事例 ①［沖縄県うるま市］マジムンはほ

ま

とんど犬の形をしており、死後の霊を祀る人がいないために成仏できず迷って化けて出る死人の霊といわれる（『沖縄民俗』一八、昭四五、一二三）。②［鹿児島県］マジムンに出会ったときの用心のために、夜は塩を持って歩く（『南島研究』四〇、平一一、三）。（田村明子）

ましょうみち【魔性道】

(類)ましょうもんみち【魔性者道】、ますじ【魔筋】、まどのみち【魔道の道】、なまめ、なわめ　怪異や不気味なことが起こるとされる不吉な道。この道に家を建てると、家が滅ぶ、家内で不思議な現象があるとされ、家を建てることを忌む地域もある。

⇩きょうふのばしょ、なめらすじ

事例　①［岡山県勝山町（現・真庭市）］ナマメのことを魔筋と呼び、ここで鴉が鳴くと死人が出る。ある老女の葬式の際、棺桶を墓に担いで持って行く途中、魔筋で夕立にあった。すると棺が急に軽くなり、開けてみると遺体がなくなっていた（『岡山民俗学会会報』一一八、昭五七、四）。②［香川県高松市］家を建てるときに、笹を四隅に立て注連縄を張り、それが一晩のうちに倒れたらマショウモンミチといい、家を建てるのをやめた（『香川の民俗』六五、平一四、四二）。③［愛媛県伊予郡］大山の大尾根通りの山筋をなわめと呼び、魔性筋と呼んで嫌う。不気味な場所でここに家を建てると枕返しをされる。朝起きると反対向きに寝直っている（『愛媛県史　民俗上』昭五八、五一二）。（後藤知美）

またのぞき【股覗き】

股越しに見ると怪異を見破ることができる（解説「妖怪と呪的なしぐさ」参照）。

⇩きつねのまど

まためがね【股眼鏡】

股覗きと同意。股越しに見ると怪異を見破ることができる。

⇩きつねのまど

まつ【松】

マツ科の常緑樹の総称。日本では赤松、黒松の二葉松がよく知られる。生活のなかでは、衣食住をはじめ、燃料、薬用、観賞用などに幅広く用いられる。

用途の多様性と比例して、その俗信も多い。松を門の屋根にはわすと主人が早死にする、家の北側に植えてはならない、松を屋根より高くすると貧乏になる、庭の松が枯れると主人が早死にするなどは庭木としての松の俗信である。嘘をつくと肩に松が生える、あげた物を取り返すと肩に松が生える、食事の後すぐに寝ると腹から松が生えるなど、教訓的な俗信も報告されている。

「夜泣き松」は子供の夜泣きを封じると信じられている松で、全国に伝承がある。夜泣きを治すには、松の枝を子供の枕元に置く、松皮を煎じて飲ませるなどの方法がとられる。

また祭祀などで神霊の依代としても用いられることから神聖視され、瑞木《ずいぼく》としても喜ばれた。それが故に、松が祟りをなすことがあった。多くの場合、伐ってはならない松を伐ったため、関係者に死や災厄が訪れるというものである。伐採中に幹から血が吹き出たという報告もあり、このような松を「血松」と呼んだ。

ほかに伐ってはならない松のひとつに笠松がある。これは天狗が座る「お天狗さまの腰掛け松」だから、天狗が宿る「天狗松」「ぐひん松」だからだと説明されることが多い。松の木に宿る神霊は天狗のほかに、翁や媼はよく知られる。童子が松の精であるとする場合もある。また「荒神松」といって、自宅の荒神へ欠かさず青々とした松を供えると小遣いに困らないといった報告がある。

このように神霊と松の関係がある一方で、神が松の葉で目を突いたので門松は飾らないなど、門松や庭木の松が無い理由として神仏との不仲が語られる。

⇨きのかいい、よなきまつ

事例 ①［栃木県足利郡（現・足利市、佐野市、群馬県桐生市）］松を門の屋根に這わすと主人が早死にする（『郷土研究』三（一）、大四、五六）。②［徳島県名西郡］嘘をつくと肩に松が生える（『郷土研究』三（八）、大四、六〇）。③［長野県大鹿村］河合という集落に樹齢数百年に達する老松がある。夜泣きする子供の枕もとにその枝を折って置けば、治まるという（『伊那』一九（二）、昭四六、三七）。④［静岡県函南町］血松という松があり、その名の通り、伐採すると血が出てきて止まらないと言い伝えられている（『民間伝承』八（二）、昭一八、一六）。⑤［新潟県糸魚川市］崖の中央に「天狗の腰掛松」と呼ばれている松がある。天狗は疲れると松に腰掛けて休んだ。昔、この松を伐ろうとした寒谷の人が谷に投げ飛ばされて死んだという（『新潟県史　資料編二二』昭五七、一〇二〇）。⑥［東京都多摩村（現・多摩市）］荒神松といって、毎月晦日に男松を取ってきてあげる。こうすると小遣い銭に困らないという（『西郊民俗』五、昭三三、二〇）。⑦［山梨県大草村（現・韮崎市）］正福寺という禅寺に薬師堂がある。正月の夜、この堂に安置されていた薬師様が小用に出た。ところが闇の中で門松の葉で目をつき失明した。だからここでは門松を立てないようにしているという（『民間伝承』五（四）、昭一五、六）。　（中野洋平）

まつとむじな【真人狢】

新潟県小千谷市の真人に出現する狢。しばしば人をたぶらかした。佐渡島内では各地の狢の穴が互いに通じているという伝承があるが、真人も、海を越えて佐渡と穴でつながっており、双方に交流があったという。

⇨なのあるむじな

事例 ①［新潟県小千谷市］夜遅く、産婆のところに「お産しそげだすけ、来てくんねか」という迎えがきた。ついていくと大きな屋敷があり、そこでお産を手伝った。朝になってみると体中に狢の毛がついており、お金は椿の葉になっていた（『高志路』一九三、昭三六、八）。②［新潟県小千谷市］与助という男が狢を退治し、狢汁にして食べてしまった。やがて与助は山にいったまま行方不明になり、翌年白骨化して見つかった。それから狸大明神の石塔をたて、与助と狢を供養した。この種の供養塔は真人山地にほかに二基ある（『高志路』二九一、平一、四五）。　（及川祥平）

まつむしひめ【松虫姫、松蟲姫】

青森県八戸地方や千葉県の下総地方において、蚕とは姫が虫になった姿だと伝えられている。千葉県印旛沼松蟲寺では、蚕の由来として松蟲姫の伝説が語られている。松蟲姫は聖武天皇の第三皇女であり、継母である皇后の憎しみを受けた上に業病にかかったため、激しく虐待を受けていた。ある時、ある北面の武士が松蟲姫を伴って関東に落ちたが、姫は印旛沼近くで病死した。その姫の御霊を祀ったのが松蟲寺である。

⇩かいこ、かいこがみ、さいとうべっとうさねもり、むしのかいい

事例 ①［青森県八戸市］八戸にはまんのふ、しまん、きんまん長者物語の三つがあり、どの話も姫が虫になったというものである。この虫は蚕だと言われている（『民間伝承』二（四）、昭一一、二）。②［千葉県印旛沼］継母である皇后は松蟲姫を憎むあまり、冬に炭ではなく松の葉を燃やして暖を取らせた。それゆえ、蚕は炭よりも松の葉を燃やした暖かみの方がよいのだ（『郷土研究』三（七）、大四、四八）。

（五十嵐大晃）

まぶい

㊩たまし、まぶり　奄美から八重山にかけての琉球列島地域において、人の体内に宿るとされる魂。体内に宿るマブイによって、人は精神と身体を正常にはたらかせることができると考えられている。奄美ではマブリ、宮古・八重山ではタマシの語例が多い。

マブイは身体から抜け出る性質をもつ。とくに子供は、驚いた拍子にマブイを「落とす」、またマブイが「抜ける」ことによって病気がちになる場合が多い。マブイを戻すためには、近親の女性かユタなどの宗教的職能者が「マブイ込め」を行う。人が健全な心身を維持するために、マブイの身体への定着が一生にわたってはかられる。死期が近づくと、本人の姿をした「生きマブイ」が身体から抜け出て、人々に目撃されることがある。人が死をむかえると、死者のマブイすなわち「死にマブイ」は、死者儀礼の最終的行事「マブイワカシ（別し）」によって、生前の縁者達と訣別し、死後の世界「グショー（後生）」へ旅立つとされる。

⇩れいこん、ぐそー

事例 ①［鹿児島県大和村］七歳までの子供はマブリが抜けやすいので、着物に蝶形《はぶらはぎ》（三角形で蝶の形を象る模様。脱皮する蝶に、生き続ける力を見出す）を用いた。マブリの抜けていく背すじにあたるところだけでも、蝶形にした（『奄美女性誌』昭五三、一六八–一七二）。②［沖縄県本部村（現・本部町）］「マブイ込め」を担うユタは、子供がマブイを落とした場所で、一厘銭を七個結んだ糸を持ってマブイを誘い寄せる。ユタは、時には数時間も逃げ回るマブイを追い回し、同伴の家族が広げる子供の着物のところへ追い詰めて包み、持ち帰ってこの着物を子供に着せることによって、マブイを戻す（『山原の土俗 付・南島説話』昭四五、一一五–一一八）。③［沖縄県石垣市］子供が転んだ時や驚いた時は、その場にある小石三個を拾って手に握らせる「タマシ拾い」をする。また、子供に限らず不元気が続くと、抜け出た霊魂を身体に戻す「タマシツキ」

をする。タマシを落とした場所か、便所の神または火の神の前で祝詞をあげ、線香の上で苧糸に結び玉を作り、本人の首にかけ、食事をとらせる（『八重山生活誌』昭四七、五八〇‐五八二）。④〔沖縄県仲里村（現・久米島町）〕夕暮れ時、日射病で寝込んでいるはずの女性に畑で会い、挨拶した。女性は頭に何か載せて、髪を垂らし、畑の向こうへ歩いていった。もう良くなったのかと思い家に帰ると、今しがたその女性が息を引き取ったと聞いた。畑で会ったのは女性の「イチマブイ（生き霊）」だったのだ（『南島研究』三三、平四、六）。⑤〔沖縄県宜野湾村（現・宜野湾市）〕四十九日の晩に行う「マブイワカシ」では、亡者はユタの口寄せによって、生者と別れを告げた（『シマの話』大一四、一〇九）。⑥〔鹿児島県瀬戸内町〕死んだ母のマブリが、嫁をとらない息子を心配して出てきて、炊事をした。死後に「マブリワハシ（別し）」をしなかったから、出てきたのである（『南島研究』二二、昭五六、三四）。

（澤井真代）

〔参考文献〕酒井卯作『琉球列島における死霊祭祀の構造』昭六二、第一書房。

まぼろし【幻】

旅先で死んだ者の霊魂が家族の前に姿を現し、面影を見せること。特に事故死や戦死などの不慮の死を遂げた者が、知らせに現れたという例が多い。後ろ姿で現れて顔を見せない、腰から下がない、などという。夢枕に立つこともある。霊魂一般ついてもマボロシといい、目撃者とは直接関係のないマボロシを見る人もいる。

⇩おねき、れいこん

事例 ①〔和歌山県川添村（現・白浜町）〕旅先で死ぬ者は、必ず生前最も親しかった家族にマボロシを見せる。「会いに来る」ともいう。夢に見る事もある（『民間伝承』一三（九）、昭二四、一九）。②〔福井県三方村（現・若狭町）〕雨の晩、お婆さんが甚太郎の田というところまでくると人がいるので、いい連れだと思って近づいたら消えてしまった。幻は必ず後姿で顔を見せず、腰から下が無いという。その場所に行くとマボロシが見えるというので、半年くらいだれも近づかなかった（『民俗採訪』昭三三年度号、昭三四、二五）。

（渡邉一弘）

まむし【蝮】

㊫はみ、はめ　蝮は日本の広範囲において生息するため、蝮に関する多様な俗信が全国的に伝わっている。一般的に蝮酒・蛇胆などは滋養強壮があるとして食される。他の蛇と同様に、多くの蝮が組み合っているのを目撃すると長者になるという俗信がある。このような神の使いとしての性格をもっている一方で、毒性の強い蛇のため、噛まれないようにするための独自のまじないが広く伝わっている。

⇩はぶ、へび

事例 ①〔愛知県長篠村（現・新城市）〕「蝮は魔虫なりと云ふ。蝮を殺すに柳又はウツギの木を以てする時は、立ち所に何千匹と無く現はれ来ると云ふ」（『郷土研究』三（二）、大四、五四）。②〔愛媛県松山市〕「はめがたなりのむしなれど、やくりあしなのしばのなか、やままいのあしだかの。」と、三辺唱えて家を出ると、はめにくわれんという

（『あゆみ』一〇・一一、昭四九、二六）。

（伊藤純）

まめ【豆】

総じて怪異は少ない。しかし豆が空から降るという現象は、比較的多く存在するようである。また豆は年越しなどハレの日に食す儀礼的な食物であり、年占や節分の鬼追いに用いる呪物でもある。したがって取り扱いを間違えると災厄が降りかかる場合がある。例えば節分にまいた豆を布団の下に入れて寝ると腫れ物ができる、などである。

事例 ①［長崎県］筑前・筑後の辺りで空から豆が降ったという。同じ頃、丹波では竹が多く実ったという（「筆のすさび」『日本随筆大成　第一期一』八四）。②［大分県中津市］大小豆が空から降り、夜、傘にはらはらと音がするほど降った。その豆を見ると、前年備後に降ったものよりは熟して見えた。小豆の色は赤くなかった（「筆のすさび」『日本随筆大成　第一期一』八四）。③［京都府京都市］文安元年三月四日、豆が降った。雨の降る時に混ざって降り、下女が拾ってきたのを見れば、米の実のようでもあった（「茅窓漫録」『日本随筆大成　第一期二二』三四〇）。④［愛媛県松山市］節分の晩に撒いた豆を敷いて寝ると腫物ができるといわれている（『郷土研究』三（八）、大四、五九）。

（中野洋平）

まめだぬき【豆狸】

㊫まめだ【豆狸】　西日本でいう、怪異をなす狸の一種。各地一様に普通の狸よりも体が小さく、猫くらいの大きさであるとする。四国では豆狸は悪戯はするが、滅多に人には憑かないといい、音を真似るのに長けるという。一方、岡山県では豆狸は憑物の一種とされ、これを飼う家は富み栄えるが、他家に害をなすこともあり、周囲に敬遠されたという。

⇩たぬき、つきもの

事例 ①［徳島県徳島市］出来島の北浜の土手の大楠で、子供が履物を置いてその根元を回って来ると必ず豆狸が履物を隠す。近所の子供は退屈すると履物を隠されて豆狸と遊んでいる（『郷土趣味』三（五）、大一一、二七-二八）。②［兵庫県神戸市］灘では、どこの酒蔵でも豆狸が一匹か二匹か住んでいないと酒ができないとまで崇められていた。物音を真似るのを好み、桶の栓を抜いて酒が迸り出る音をたてて人々を驚かせたことがあった（『郷土研究上方』三（二九）、昭八、七四-七五）。

（及川祥平）

まゆんがなし【真世加那志】

沖縄の来訪神。「真世」は「真の豊年・豊穣」、「加那志」は敬称。「真世加那志」は、真の豊穣の国たる神の国から、人間に豊穣をもたらしに来る神様。「マヤヌカン」「マインガナス」等とも。かつては八重山諸島の石垣島北部の諸集落で、男性数人が仮面仮装してマユンガナシの男・女神に成り代わる来訪神事が行われていたが、明治～第二次世界大戦時にかけて廃村や村移動に伴い中止が相次ぎ、現在は石垣島北西部の川《か》平《びら》集落のみで継続されている。川平のマユンガナシは、旧暦八～九月の年の変わり目の夜、クバ笠を深く被り蓑を着けて現れ、二人一組で家々を訪問し、諸作物の作り方を描写する唱え言「神口《かんふつ》」を唱える。

⇩きょらいしん

事例 ［沖縄県石垣市］桴《ふ》海《かい》集落では、昭和一五、六年頃まで、マユンガナシの儀礼が続いていた。魂が抜けてしまった家族がいる家を訪問したマユンガナシは、魂込めの祈祷も行った（『八重山文化論叢―喜舎場永珣生誕百年記念論文集―』昭六二、五三―八三）。（澤井真代）

〔参考文献〕宮良賢貞「根来神〝まゆん・がなしぃ〟について」『八重山芸能と民俗』昭五四、根元書房。澤井真代『石垣島川平の宗教儀礼』平二四、森話社。

まよいが【迷い家】

山中にある不思議な家のこと。愚鈍な妻が、家の前の小川に沿って蕗を取りに行くと、いつの間にか谷奥に行きつく。そこに立派な屋敷があり、鶏や牛馬がたくさんいる。家の中には立派な膳椀が用意され、奥の座敷には湯が煮立っているが人影が全くないので、恐ろしくなって逃げ帰ってくる。それから後、庭先で洗い物をしていると川上から赤い椀が一つ流れてくる。非常にきれいだったので拾い上げ、米を量る椀とすると、一向に米が減ることがなかったという。その後この家は栄えたと言われており、家の出世を語る伝説や昔話になっている。

⇩かくれざと

事例 ［岩手県遠野市］遠野では、山中の不思議な家を「マヨイガ」という。女が無慾で何物をも盗んで来なかったために、この椀が自ら流れて来たと伝えている（『遠野物語』『柳田國男全集　二』一九二―一九三）。（熊倉史子）

まよいぼとけ【迷い仏】

⇩むえんぼとけ

まよいび【迷い火】

㊩まよい【迷い】　海上などに出現する正体不明の火のことで、怪火の一種。または流木などが発すると言われる火のこと。人魂とは区別される。

⇩かいか

事例 ①［大阪府大阪市］「人魂、幽霊、迷火ノ出現ヲ信ズ」（『なら』四七、昭二、一裏）。②［福岡県］単なる海上の怪火をも、筑前の海ではマヨイと言い、元は夜漁に出てよく火を見た（『島』昭和九年前期号、昭九、五五一）。③［福井県三方村（現・若狭町）］「流木を拾ってくると、迷いの火を焚くものだという（流木が）、これをマヨイ火という」（『民俗採訪』昭和三三年度号、昭三四、一二五）。（高橋奈津子）

まよけ【魔除け】

㊩おふだ【お札】、おまもり【お守り】、ごふ【護符】　悪霊や疫病神などを避け、退散させるための呪術や呪物。

現在でも通夜などで悪霊がとりつかないように死者の枕元や胸元に刃物を置くという習俗は残っている。魔除けの方法は多種にわたる。音声を発して悪霊を退散させるものとして代表的なものは『源氏物語』夕顔の巻に描かれた鳴弦、弦打《つるう》ちがある。弓の弦を鳴らすのである。弦楽器や打楽器はそういう悪霊退散の効果が期待されていた。声を出す時もあり、警蹕《けいひつ》と呼ばれ宮中などで「おしおし」など大声で唱えて回る。後世「火の用心」と拍子木を叩いて町中を回って歩くのもその名残りである。雷が鳴ると「くわばら、くわばら」と唱えたり、夜、爪を切る時などに魔除けの唱え言を発する。狐にだまされないように煙草の煙を吐き出すことなどもした。

五体を使う場合では「耳なし芳一」や『雨月物語』吉備津の釜で描かれているように全身に経文を書いて魔除けをする。古代から体に刺青をする習俗があるのも基本は魔除けのための防御策だろう。異様なものに遭遇した時に、扇で顔を隠し、扇骨の間からのぞいたり、指を特殊に組んでその穴からのぞく「狐の窓」や、自分の股の間から顔を出して逆さまに見る「股のぞき」なども魔除けの動作である。指を使う魔除けでは、現在でも葬儀の行列に出会うと、親指を隠すしぐさが残っており、今はことばだけになってしまったが、「爪弾き《つまはじき》」も元は魔除けのしぐさだったのだろう。

峠や道の辻、村の入り口、家の玄関などの境界には塞《さい》の神や道祖神などを刻んだ石塔などさまざまな魔除けの装置が施された。沖縄諸島では「石敢當《いしがんとう》」と刻まれた魔除けの石を道の辻に置き、東北津軽地方では村の入り口に「後生車《ごしょぐるま》」という通過する度に回す鉄の輪などがその例である。神社などに設けられる注連縄《しめなわ》や勧請綱《かんじょうづな》なども聖域・結界への占有標と同時に一種の魔除けでもあった。

魔除けが集中する空間はやはり家の玄関・門口であろう。節分に鰯《いわし》の頭と柊《ひいらぎ》の枝を戸口に刺したり、ショウブやニラなど臭いの強いものを置いたりする。あるいは嫌な客の退散を願って箒を逆さに立てるなど各地にさまざまな習俗が伝えられている。全国的に見られるのは災難除けの神仏の守り札や呪文を書いた護符で、それを玄関口に貼る。修験道系の「牛王《ごおう》宝印」や陰陽道系の「五芒星」の図などが有名であるが、他にも「蘇民将来子孫の宿」や「鎮西八郎為朝御宿」と書いたものを貼ったり、捧に記したものを飾って疱瘡の神の侵入を防ぐ工夫がこらされたりする。蘇民将来伝説に基づく魔除けの茅の輪を腰につける習俗がやがて全国の神社で行われている茅の輪くぐりに広がっている。

⇩きつねのまど、きもん、ふだふり

事例 ①［岩手県閉伊地方］この海岸地方では、軒ごとに鏡魚《かがみうお》といって、やや円形で光沢のある魚を陰干しにして掛けておく。魔除けだといわれる（『遠野物語拾遺』二二〇、昭一〇）。②［宮崎県椎葉村］出産の際、産婦の夫や父が魔除けのために竹で弓矢を作ったり、鋏《はさみ》を産婦や新生児の側に置いたりする（野本寛一『民俗誌・女の一生』平一八、文藝春秋）。

（大森亮尚）

まよなむん

㊩まいなむん　鹿児島県奄美諸島で伝承される妖怪。マヨナムンとは広く妖怪全般を示す言葉で、様々な姿や性格が伝承される。説明のつかない怪異に遭遇した場合や祟りも、マヨナムンとして説明される。昔話では、人の魂を取る悪魔のような存在としてマヨナムンが登場する。女や猪の姿で現れ、何もせずに消えていく場合もあるため、姿も性格も一定しない。

⇩まじむん、ようかいのこしょう

事例 ［鹿児島県大島郡］夜道で家路を目指したが、いくら歩いても辿りつかないため、マヨナムンに引き回されているのだと思った。ようやく隣の家に辿りついたので、生垣をこわして自分の家へ帰った。こんなときは真っすぐ自分の家には入れないためである（『南島研究』三四、平五、一三）。（田村明子）

まわりこんじん【回り金神】

金神とは方位の神で、祟りの強い神とされる。この神のいる方角に向かっての工事、移転、婚姻などは大凶とされる。回り金神といい、干支や季節によって居場所が変わる。この移動に遭遇すると、怪我や祟りがあるとされる。

⇩こんじん

事例 ［鳥取県郡家町（現・八頭町）］桑の木から落ちた人の背中に、赤い色の足あとがついていた。これは回り金神に蹴られたのだろう（『因伯民談』四（五）、昭一三、一〇八）。（山口拡）

まんじゅうくわせ【饅頭喰わせ】

子供に毒饅頭を食わせて歩く者が各地に横行している、という怪異な噂。明和年間に流行したようである。実際に子供が被害を受けた事実があったのか、「饅頭食わせ」が人間なのか、疫神のような超自然的な存在なのかも不明のまま、出現の噂だけが独り歩きし、役人や村人を振り回した。災害や騒動が多かった明和年間の不安定な世相が、こうした噂を生んだのだと思われる。

事例 ［愛知県犬山市］明和六（一七六九）年のこと。諸国に毒饅頭を子どもに食わせてまわる「饅頭食わせ」というものが出るとの噂が横行した。羽黒村の和尚が、落ちていた饅頭を拾って確かめると毒饅頭だったので役所に届け出、評定しているところへ「饅頭食わせが出て子供が二人死んだ」との知らせがきた。急いで行けども何も起きておらず、知らせたはずの村の者も何も知らなかった。狐か狸に化かされたのだろう（『郷土趣味』四（八）、大一二、一七）。（飯倉義之）

み

みかりばあさん【みかり婆さん】

㊮みかえりばあさん【みかえり婆さん】、みかわりばあさん【みかわり婆さん】、めかりばあさん【めかり婆さん】　ミカリはミカワリで、物忌みを意味し、物忌み日を人々に守らせるために登場する存在とみられる。神奈川県や東京都の多摩川流域に伝承される。一二月と二月の八日には疫病神として、一一月や一二月の二五日、一二月一日には火事を起こす妖怪として来訪する。罰を与える負の存在として説かれたのであろう。

⇩きょらいしん

事例 ①［神奈川県横浜市］一二月一日にミカリ婆さんが火を口にくわえて飛んで来る。火事がないように団子を供える（『ひでばち』一四、昭三四、一六）。②［神奈川県川崎市〕一二月と二月八日にミカリ婆さんという一つ目の疫病神が家々を巡る（『川崎の民俗』昭五四、二一七）。③〔東京都世田谷区〕一二月二五日にミカエリバアサンが家に火をつけに来る（『等々力』昭五九、一三八）。
（入江英弥）

みがわりだいし【身代わり大師】

⇨おだいしさま

みこしにゅうどう【見越し入道】

類おおにゅうどう【大入道】、おおぼうず【大坊主】、しだいだか【次第高】、せいたかにゅうどう【背高入道】、たかせんぼー【高背坊】、たかぼうず【高坊主】、どうしんぼうず【ドウシン坊主】、のっとぼーず【ノット坊主】、のびあがり【伸び上がり】、のりこし【乗り越し】、みあげにゅうどう【見上げ入道】

坊主姿の巨大な化け物。暗い道を歩く人を後ろから見越し、顔を覗き込むのが名の由来である。人が見上げれば見上げるほど、大きくなる場合もあるので、見上げ入道ともいう。背が高くなるケースと、首だけが伸びるケースに分けられるが、どちらも、体を変化させることによって、人を脅かす効果がある。たとえば、安永六年（一七七七）の黄表紙『妖怪《ばけもの》仕《し》内《うち》評《ひょう》判《ばん》記《き》』には、見越し入道は「夜暗い時、通る人の後ろより見越して、向かふへぬつと首を差し伸べて、怖がらする」と定義される。見越し入道の正体が動物（古狸など）あるいは本人の持ち物だとされる場合もある。

見越し入道の難を逃れるには、さまざまな手段がある。たとえば、「見越し入道見抜いた」といったような呪文を唱えると、死なないですむという。煙管《きせる》に火を付けて煙草を吸うことによって、見越し入道が消える。正体が持ち物の場合、その持ち物を壊せばいいとされる。細くなった胴を鋏で切るという話もある。

見越し入道（『怪物画本』国際日本文化研究センター蔵）

江戸時代後半の草双紙のなかでは、見越し入道が化け物たちの親玉をつとめるのが一般的である。そのため、多くの話に登場するようになっており、当時の人たちにとっては認知度が高い化け物であった。首を伸ばすタイプの見越し入道のイメージも定着してきた。その姿は坊主頭と無精髭にがっちりした体格。童子格子の着物を着ており、鉄棒を手に持つ。男版のろくろ首だともいえるが、典型的なろくろ首の細い首と違って、太くて皺が入っている。首を伸ばすのは人を脅かすためだけではなく、恋人に逢うため、あるいはどこかへ遊びに行くためだというような滑稽な話もある。また、草双紙の挿絵や戯画のなかで、見越し入道の長い首が見立て絵（物差しや帆柱など）に使われている例が多くみられる。

⇨こぼうず、ろくろくび

事例 ①［新潟県佐渡市、長崎県壱岐市］佐渡では小坊主のような形のものが坂道の行く手に立ち塞がる。見上げると坊主の背が高くなり、後《のち》には後ろへ仰向けに倒れるという。これに気づいたら、「見上げ入道見こした」という呪文を唱えて前に打ち伏せば、消え去る。壱岐《いき》（長崎県）では「見こし入道見抜いた」と言わなければならないという（『民間伝承』四（三七）、昭一三、一二）。
②［福島県］イタチの化けたものは最初小さく見えるが、人が見るうちに段々大きくなる。これにつられて見上げた瞬間、のど笛に噛みつかれて殺される。このミコシの入道という化け物は必ず手に手桶とか提灯を持っている。その持ち物がイタチの正体だから、それを狙って叩き殺せばよいという（今野圓輔『檜枝岐民俗誌』昭二六、一二二）。
③［新潟県］見越し入道がある村の人々を悩ましている。頓知のよい男が村はずれの寂しいところに行くと、見越し入道が現れ、背を伸ばして後ろから覗き込む。男が用意した竹竿の先につけた人形の首を高く持ち上げると、見越し入道は負けまいと思い、さらに背を高く伸ばす。男は糸のように細くなった見越し入道の胴を鋏で切って退治する（『高志路』一（六）、昭一〇、三〇）。

（アダム・カバット）

みさき【御崎】

類おおさき、おさき、おんざき、しちにんどうぎょう【七人同行】、しちにんどうじ【七人童子】 動物霊や非業な死を遂げた怨霊など、祟りやすい神霊のこと。また主神の使令神、眷属神、さらに「おんざきさま」と呼ばれるときは、氏神、先祖神の場合もある。

「みさき」信仰でもっとも多いのは、くだ狐、みさき狐、野狐、稲荷みさきといった人に取り憑く動物霊である。これらは禰宜、大夫、法者といった民間系の宗教者が憑き物落としをするときに、病人の体から切り離した「みさき」が、同時に宗教者の使令神として働くという姿も見られる。また非業な死者の霊魂が祟る「みさき」として多いのが「七人みさき」である。とくに四国、高知県に事例が多いが、旅の途中に不慮の事故で死んだものの霊魂で、道を通る者の七人まで取り憑いて殺すとされる（事例①）。愛知県北設楽郡では「七人塚」「七人狩人の塚」と呼ぶ。落ち武者七人を祭ったとも、旅の法印七人を殺したあとという伝承もある。これらは「異人殺し伝説」のバリエーションであろう。そのために七人で旅行することは不吉とされ、もし七人になった場合は、家族の写真などを入れて「八人」とする。また「七人狩人の塚」では、七人の狩人が犬を連れて山に入り、そのまま帰らなかったという話もある（事例②③）。このように「七人」という数が固定しているのは、「七」が仏教における死者供養の日数に関わることと繋がっていよう。一方、動物霊、怨霊といった「みさき」信仰とともに、村落の氏神、家の先祖神といった神霊も伝わる（事例④）。その場合は「おんざき様」「こうざき様」と呼ばれる。

また高知県香美郡物部町の「いざなぎ流」の伝承地域では、家の天井裏、サンノヤナカという場所に「おんざき様」を祭る。家の先祖神ともされるが、奥物部の別府周辺では、おんざき様は単独の神格ではなく、大八幡・矢喰い八幡・小八幡・摩利支天・式王子・伊弉諾・天神・御子神と一緒に祭られる「グループ神」となっている。またそれらの神格はいざなぎ流の大夫たちの守護神、使役神が多く、「おんざき様とは大夫が祭る神」という見解をもつ大夫もいる（斎藤英喜『いざなぎ流　祭文と儀礼』一六五）。またこの地域には「山ミサキ」「川ミサキ」の伝承もあるが、太夫によれば、それらは山の神、水神の眷族とされる。岡山県には「摩利支天ミサキ」「ツルギミサキ」という名称もあり、「みさき」が宗教者の使令神、守護神とされたこととも繋がる面も見える。いずれにせよ、「みさき」信仰は一筋縄では解きえない、日本の神信仰の複雑なあり方を示していよう。

⇩かわみさき、しちにんづか、つるぎみさき、ふうらいみさき、みさきかぜ、みさきだいみょうじん、やまみさき

事例 ①［高知県］山川に棲むものを「山みさき・川みさき」。道のみさきを「ドウロクジン」と呼ぶ（『旅と伝説』一六（三）、昭一八、二四）。②［愛知県北設楽郡］「七人狩人の塚」では、七人の狩人が犬を連れて山に入り、そのまま帰らなかった（『旅と伝説』一二、昭三、五一）。③［愛知県北設楽郡］猪を獲るときに押しつぶされたとも伝わる（『民族』三（二）、昭二、一五三－一五四）。④［岡山県新見市］豊永の比売坂鐘乳穴神社の境内の奥の院に祭られている「おんざき様」は、村に変事があると鳴いて知らせるという氏子の守り神である（『日本民俗学』七（八二）、昭四七、一二－一三）。（斎藤英喜）

〔参考文献〕斎藤英喜『いざなぎ流　祭文と儀礼』平一四、法蔵館。三浦秀宥『荒神とミサキ―岡山県の民間信仰』平一、名著出版。

みさきかぜ【御崎風】

（類）はかぜ【八風】　悪い風で、あたると病気になったり死んだりする。横死した人の霊魂が浮かばれず、取り憑くのだともいう。

⇩かぜ、みさき

事例 ①［山口県阿東町（現・山口市）］ミサキ風にさわると、皮が切れたり、血が出たりする（『西郊民俗』三八、昭四一、一七）。②［愛媛県南宇和郡］ミサキは祀り手のない迷い仏であり、悪い風だともいう。ミサキに憑かれるのを、ハカゼに打たれたという（『民俗』二四、昭三二、六）。（廣田龍平）

みさきざる【御崎猿】

宮崎県三股村の御崎神社の使いで、ガラッパの天敵。

⇩さる、がらっぱ

みさきだいみょうじん【御崎大明神】

（類）ひのみさき【ヒノ御崎】、まりしてんみさき【魔利支天御崎】、みさきたいしん【御崎大神】　非業の死を遂げた者の霊魂である、ミサキの祟りを鎮めるために祀った神のこと。ミサキは人にとり憑いて引きこむとされる。主に中国地方を中心とした西日本に伝えられる。旧家の屋敷地や山裾の小祠《しょうし》などを祭場とし、御神体は自然石や木、短刀など多様である。その内容も地神《じじん》や荒神《こうじん》、鎮守神《ちんじゅかみ》、稲荷、魔利支天《まりしてん》、先祖、氏神などが混同されている。

⇩みさき

事例 ①［岡山県倉敷市］ミサキが憑く、ひっぱる、人をとるなどというが、御崎大明神を祀ると悪いミサキが近寄らなくなる（『岡山県史 一五』昭五八、五二一）。②［岡山県阿哲郡（現・新見市）］大石の久右衛門の南東隅に小祠があり、魔利支天ミサキが祀られ、鎮守荒神とも呼ぶ（『岡山県史 一五』昭五八、五二四）。③［岡山県小田郡］ヒノミサキは地区の鎮守であり、神体は自然石である。その石を撫でた手で目などの痛い箇所をさすると治るという（『岡山県史 一五』昭五八、五一）。（岡田真帆）

みしげー・まじむん

㊩なびげー・まじむん　沖縄で伝承される妖怪。ミシゲーは飯笥（しゃもじ）の意。古い食器が化けたものと考えられており、他に鍋笥（杓子）が化けたものとしてナビゲー・マジムンがある。人に害は加えず、若い男女の姿に化けて毛遊《モーアシビ》びに興じるとされる。

⇩きぶつのかいい、まじむん

事例 ①［沖縄県］夜半に戸を叩く音がするので開けてみると、一本のミシゲーが倒れていた（『郷土研究』五（三）、昭六、四二）。②［沖縄県］夜半、蛇味線の音が聞こえるので外を見ると、毛遊びに興じる男女がいた。頬かむりをして仲間に加わり、飲み食いしていたが、疲れて寝てしまう。朝起きると、ミシゲーやナビゲーの散乱した床下で寝ていた（『郷土研究』五（三）、昭六、四二）。③［不明］夜道で牛を見つけ、小屋に連れ帰って砂糖蔗を与えた。翌朝見てみると、うず高く積み上がった砂糖蔗の上に一本のミシゲーが乗っているだけであった（『郷土研究』五（三）、昭六、四二）。（田村明子）

みずいたち【水鼬】

水辺に棲む動物あるいは妖怪。普通の鼬に比べてごく小さく、水中で魚を取り食らうという。人狐とも称するということから、同称の山陰地方の憑き物との関連も考えられる。また後掲の新潟県の事例では河童などと似た水棲妖怪の側面が強い。

⇩いたち、つきもの

事例 ①［山陰地方］水鼬は普通の鼬に比べてずっと小さく、人間のような複雑な凹凸のある耳を持つ。そのため人狐とも呼ぶ。池に生える柳の根の間に子を産む。柳の根をのぞいて見ると、重なり合って声を立てて騒いでいる。田に水を引いて池の水が涸れる季節には、池の中心の水溜まりに出て雑魚を取る。本鼬と違い、獲っても金にはならない（『山陰民俗』六、昭三〇、一六）。②［新潟県能生町（現・糸魚川市）］水鼬は、狐と同様に人をだます。水鼬は、灯りがついたように幻想させ、人を水の中へ引きずりこむ（『成城大学民俗調査報告書』六、昭五五、八七）。（池田浩貴）

みずうみのぬし【湖の主】

⇩ぬし

みずくし【水クシ】

一人で漁に出かけると、船に乗り込んできて水を入れるもの。海で行方不明になったときには、「水クシがとった」という。

⇩ふなゆうれい

事例 ［石川県能都町（現・能登町）］一人でイカ釣りに行くと水クシが乗ってきて舟に水を入れるので、行ってはいけない。海の行方不明は水クシがとったと言われる（『常民』六、昭四二、一〇七）。（荻野夏木）

みずこ【水子】

流産や中絶などで死産となった胎児。子供を産めなかった女性の身体的苦痛、精神的苦痛から、水子の魂を供養する水子供養は各地にある。水子供養の論理のひとつに、水子は自分だけが苦しむ怨念により、祟るとされていることがある。

⇩うすごろ、れいこん

事例 ①［新潟県佐渡市］観光客が水子地蔵を持ち帰りテレビの上に飾ったところ、急死した。遺族がテレビを見ている時、水子地蔵が大きな白い笠を被った形に見えたため、水子地蔵を持って佐渡へ渡ると、主人の死は水子の祟りと告げられたので、地蔵を基の場所へ戻し、供養して帰った（『新潟県史　資料編二三』昭五九、八〇五）。②［和歌山県平村、大久保村（現・かつらぎ町）］嫁が来ない、嫁に子供ができないのは水子の祟りであると考える（『紀北四郷の民俗』二〇、昭六〇、一三八）。③［栃木県宇都宮市］「かごめかごめ」の「後の正面だあれ」と歌った時に振り向くと水子の霊がいる（『下野民俗』三九、平一一、五三）。（田村真実）

みずし

⇩めどち

みずち【蛟】

古代に水の精とされた龍蛇。

⇩かっぱ、だいじゃ

みそなめばばあ・みそなめじじい【味噌嘗め婆・味噌嘗め爺】

古寺の大門先の前を、馬に乗って通った人は、みそなめばばあとみそなめじじいに田の中に放り込まれると言われている。

事例 ［群馬県薄根村（現・沼田市）］うばが堂という古寺の大門先にこの妖怪がいた。その前を馬に乗って通るとみそなめばばあとみそなめじじいが出てきて、田んぼの中に人を放り込んだ。その田は「ほうり田」と呼ばれていたが、昭和二二年上越線が電化されたため、変電所の敷地になった（『上毛民俗』四〇、昭四一、三九）。（後藤知美）

みちだきのかみ【道抱きの神】

道を歩いていると、後ろから悪霊に抱きつかれるという怪異がある。この悪霊から道行く人を守ってくれる神をいう。先祖の神であるともされる。

⇩とおりあくま

事例 ［鹿児島県徳之島町］道を行くとき、後ろから抱きつかれるような悪霊がいる。ミチダキの神はそんなとき道行く人を守ってくれるような神である（『南島研究』三四、平五、八）。（岡田真帆）

みつみねさん【三峯山】

埼玉県秩父市の三峰神社。狼を神使とする。

⇩おおかみ

みつめにゅうどう【三つ目入道】

㊮みつめ【三つ目】、みつめこぞう【三つ目小僧】　目が三つある妖怪。一つ目小僧など隻眼の妖怪と比較すると報告数は圧倒的に少なく、三つ眼がある以外に共通する特徴もあまりない。江戸後期には嘉永六年（一八五三）の『狂歌百物語』などで娯楽の題材として消費された。

⇩ひとつめこぞう

事例　①［長野県東筑摩郡］三つ目入道は人前で踊るという。この地方には三つ目小僧や四つ目小僧も伝わっている（『民族』一（一）、大一四、一五六）。②［神奈川県川崎市］一二月八日に三ツ目の悪魔がくる。目が二つのメカリバアサマも、もう一つの目を借りるためにやってくる（『民間伝承』一四（六）、昭二五、二五）。③［香川県琴南町（現・まんのう町）］炭を焼くときは特別に小屋をつくって、そこで寝泊まりする。そのときは必ず手斧を入り口に立てかけておく。手斧には四つ筋がついているので、三つ目小僧が来ても四つ目がいるからと退散していくという（『香川の民俗』四一、昭五九、四）。

（廣田龍平）

みのむし【蓑虫】

㊮みのひ【蓑火】、みのぼし【蓑ボシ】、みのもし【蓑モシ】　雨の晩、歩く道の途中で、着ている蓑から落ちる雨滴が火花に見えるという怪異。蓑虫の様子から、考えられた怪異と推察される。蛍火のようなものがつくとされる話もある。はらい落とせば落とすほど、燃え広がるが、熱くはないという。大工と石屋にはつかないとされる。狐、鼬《いたち》、狸などの仕業だと語られる。漁師は荒天の前兆だとし、水死した人の亡霊が浮いたものだとする。また、悪戯するとミノモシが連れに来る、という伝承もある。

⇩かいか

事例　①［新潟県］小雨の降る晩などに、火が出てきて蓑の端にくっついて払えば払うほど全身を包むという。ただし、この火は熱くはないという。それをミノムシといい、鼬の仕業であるとされている（『西頸城郡郷土誌稿　二』昭一二、一三二）。②［新潟県］蓑から垂れる水滴が、火になって落ちる。払うほど多く出る。ところが、人家に入ると消えてしまう。この火を蓑火といった（『高志路』一一一、昭四六、七二）。

（玉水洋匡）

みみきれだんいち【耳切団一】

㊮みみなしほういち【耳無し芳一】　琵琶法師が平家の公達《きんだち》の亡霊に毎夜演奏させられるという伝承。小泉八雲の『怪談』に「耳無し芳一」の題で取り上げられたことから広く知られるようになるが、幾通りもの類話が語られ、話の展開や結末も異なる。寛文年間刊行の『曽呂《そろ》利物語』にも同様の話が掲載されているが、主人公は芳一ではなくうん市という座頭であり、舞台も信濃の善光寺内の尼寺となっている。

事例　［徳島県鳴門市］団一という盲目の琵琶法師が、女に誘われ毎晩御殿に琵琶を弾きに行った。ある旅の僧が墓地を通りかかると、やせ衰えた琵琶法師が一心不乱に琵琶を弾いていた。旅の僧は話を聞き、琵琶法師の体中にまじないを書いたが耳だけに忘れた。翌晩、女が来て団一を連れて行こうとしたが、まじないがあるから連れて行けず、耳だけを持って行ってしまった（『郷土研究』二（四）、大三、五七）。

（中村祥子）

みみず【蚯蚓】

環形動物の一種。養分豊富な土壌中に多く生息する。民間伝承においてミミズの怪異が語られることはあまりないが、怪異の小道具として使われることはある。たとえば、寛政年間に起こった怪異を記録した『稲生物怪録《いのうもののけろく》』には、頭からミミズを大量に出してくる妖怪が書きとめられている。

⇩むしのかいい

事例 ①［尾張国（現・愛知県）］ミミズがムカデになるという話がある。津島の例では、頭のほうはムカデになっていたが尾のほうはミミズのままだった。名古屋の例では、身体はミミズのままだが、全身にムカデの脚が生えていた（「想山著聞奇集」『日本庶民生活史料集成 一六』昭四五、一〇九）。②［島根県大田市］三瓶山《さんべさん》の主はミミズである。男二人が山小屋に泊まったとき、小屋の主人が二人の寝姿を何度もうかがっていた。一人は警戒して寝たふりをしていたが、もう片方は寝てしまっていた。朝起きてみると寝ていた方が舌を抜かれて死んでいた。ミミズは舌をとるものだという（『島根県三瓶山麓民話集』昭五二、一七三）。

（廣田龍平）

みみちりぼーじ【耳切坊主】

㊎みみきりぼうず【耳切坊主】　那覇に伝承される、黒金座主《くろがねざあしゅ》の怨念。幻術を使って悪行を重ねた黒金座主が、耳を切り落とされ、殺された後に怨霊となって祟った。彼を殺した北谷《ちゃたん》王子の大村御殿《うどぅん》では子どもが次々死んだので、男が産まれると「大女が産まれた」、女の時は「大男が産まれた」と叫び難を逃れたといい、この習慣は民間にも伝わった。また泣き止まない子どもに、「耳切坊主が耳を切りに来る」と脅すといい、子守歌にも読み込まれている。似た怨霊に伊江島ハンドー小《ぐゎー》、逆立ち幽霊などがある。

⇩くろがねざあしゅ

事例［沖縄県沖縄市］耳切坊主の歌が子守歌として伝わっている。「はいよう、はいよう、なくなよう。大村御殿の門で。耳切坊主が立っています。幾人も、幾人も、立っています。鎌も包丁も持っています。泣く童の耳を切るから泣くなよ。」などと歌う。黒金座主の怨霊のことである（『ひでばち』九、昭三三、三-四）。

（堀口祐貴）

みみらくのしま【みみらくの島】

㊎みいらく【三井楽】、みねらく【美禰良久】、みんらく【旻樂】　亡き人に逢えるところ。源俊頼『散木奇歌集』には「みみらくの我日の本の島ならばけふも御影にあはましものを」という一首が収められており、この島に行けば亡くなった人の顔を見ることができると詠っている。古くは『万葉集』巻一六に「美禰良久」と、『続日本後紀』の承和四年の記録には「旻樂」とあり、これらの古歌や古典にあらわれる「みみらく」とは長崎県三井楽町（五島市）のことと推定される。

事例［不明］『蜻蛉日記』を綴った藤原

道綱母は、その母の葬式の際に僧たちが話していた「みみらくの島」について書き記している。そこでは亡き人があらわに見えて近付くと消えるという。亡母を想う筆者の兄は「いづことか音にのみ聞くみみらくの島隠れにし人をたづねむ」と歌を詠んでいる（「傍廂」『日本随筆大成　第三期一』八三）。（藤井紘司）

〔参考文献〕柳田國男『海上の道』昭三六。

みやじまさま【宮島様】

宮島の神体である女性。安芸の領主だった平清盛の求婚に対して一日で大邸宅を建造せよという難題を提示し、清盛がそれに応えたところ大蛇となって、逃げる清盛を追跡したという伝説をもつ。現在の呉市にある音戸の瀬戸と呼ばれる海峡は、清盛が宮島様の難題に応えるために夕日をあおぎ返した場所だと言われている。

⇩だいじゃ

事例　〔山口県周防大島町〕清盛が安芸の領主だったころ、美しい姿をした宮島様に恋慕した。清盛が求婚したところ宮島様は、一日で千畳の畳が敷ける家を建てるならば求婚を受け入れると言った。清盛は神通力を使って日をあおぎ、日没を遅らせることで成し遂げた。宮島様は清盛の妻になることになったが、その姿は大蛇に変わっていた。清盛は船で逃げたが、大蛇はこれを追った。清盛は眼力で潮流を変えてなんとか逃れることができた。しかし、清盛は、日をあおぎ返した罪のため、熱病で黒焦げになって死んでしまった（『旅と伝説』三（七）、昭五、三七-三八）。（塚原伸治）

みやほうほう【宮ホウホウ】

周防大島のお宮の石段の上のほうに座っており、その左足が下まで伸びているという妖怪。民俗学者の宮本常一が子供のころ祖父にミヤホウホウという化け物について話を聞かされ、この妖怪が現れる夢を見たという。

事例　〔山口県東和町（現・周防大島町）〕宮本常一は子供のころ、祖父に、宮の森にはミヤホウホウという化け物がいるということを聞かされていた。ある夜、この妖怪が現れる夢を見た。ミヤホウホウは四二段ある宮の石段の上から一番目に腰をかけ、左の足は石段の下のほうまでのびていた。白い着物を着て、ニタニタと笑っていた。この夢のことは今でも忘れていない（『近畿民俗』一（五）、昭一一、一三）。（廣田龍平）

みるめかぐはな【見目聞鼻】

⇩かぐはな

みろく【弥勒、身禄】

(類)みるく【弥勒】　仏教上の教理では五六億七千万年後に浄土より現世に下生して衆生救済を果たす菩薩のこと。世直しを期待する民衆によって民間信仰の対象となった。八重山諸島では世が直る契機「節（シチ・シツ）」において、海上他界（ニイラ・ニライ）から豊かな世をもたらす神とされ、同様に茨城県から東海地方の沿岸部に残る「鹿島踊り」の詞章には弥勒が遠い海のかなたから訪れるとある。また宮田登によれば、近世江戸における身禄らによる富士講の展開の背景には、民衆の抱く「弥勒の世」

ま

を希求する思考があったという。

事例 ①〔山梨県富士吉田市〕この地域で潰れた家のほとんどは身禄派であるという。身禄さんのたたりは怖く、身禄さんをメシの種にしたものは必ずたたられるという（『あしなか』一九〇、昭六〇、一七）。②〔沖縄県竹富町〕小浜島ではシツの日にミルクが登場し祝言を述べる（『日本民俗学』一二（四）、昭三〇、八四）。

（藤井紘司）

〔参考文献〕宮田登『ミロク信仰の研究』昭五〇、未來社。

みんきらー・うわーぐわー

㊝みんきら・うわーくゎ　鹿児島県南島から沖縄に伝承される妖怪。ミンキラーは耳がない、ウワーグワーは子豚の意。耳以外にも、手足のない子豚や、頭のない子豚の怪異が伝承されている。ウワーグワー・マジムンと同様、股の下をくぐられると魂をとられるという伝承もあるが、特に何もせず転がっていく姿が目撃される場合もある。

⇩うわーぐわー・まじむん、じーぬむん

事例 ①〔鹿児島県名瀬市（現・奄美市）〕ミンキラーウワクヮは夜道に現れ、人の股をくぐろうとする。これにくぐられると死ぬと言われ、足を交叉して歩くとよいとされた（『琉大史学』六、昭四九、三四）。②〔鹿児島県名瀬市（現・奄美市）〕宵の口、長さ二尺五寸ほどの俵のようなものが転がってきた。ウワクヮともハギキラウワクヮとも言った（『季刊民話』八、昭五一、一九）。

（田村明子）

ミントゥチ

㊝ニントゥチ、フントゥチ　アイヌに伝わる河童。もともとは草人形であるという伝説がある。昔、オキクルミ神が沖から渡ってきた疱瘡神と戦ったとき、六一体の草人形《チシナプカムイ》を作り、生き残った最後の一体が疱瘡神を撃退した。ミントゥチは、このとき水死した草人形がなったものだといわれ、蓬《よもぎ》を十字に結んで作ってあるので、片手を抜けば両手とも抜けるのはこのためだという。ミントゥチは人を水辺に引き込んだりする一方、人を守護することもある。また、シリサマイヌともいい、神の使いとして漁業を司るとも考えられているようである。

⇩かっぱ

事例 〔北海道〕昔、ある首領が薪運びをしていると、途中でどうしても重くて持ち上がらなくなった。首領が何気なく河童の助けを乞うと、突然河童が現れ手伝ってくれた。首領が河童を家に招いた夜、他村から襲撃があったが、河童の呼び掛けで首領の家に集まった村人達は無事だった。この河童は、沙流川の河童神《ニントゥチカムイ》であり、魔除けに金の煙草入れをくれた（『北海道の伝説』昭五二、二〇二―二〇五）。

（小澤葉菜）

む

むえんぼとけ【無縁仏】

㊫がきぼとけ【餓鬼仏】、きゃくぼとけ【客仏】、けどうがみ【外道神】、ふけじょろ【浮精霊】、ほーかい【法界】、ほかじょうろう【外精霊】、まよいぼとけ【迷い仏】、みえんぼーかい【無縁法界】、めいん【无縁】 後生を弔う縁者のない死者。日本では死者の霊魂には供養が必要であるとされ、供養されない死霊は怨念を抱き、わずかでも縁のある者に祟ると考えられた。

「無縁」とは、ある人や物事に対して縁が無いこと。「縁」は仏教語で結果を引き起こす間接的な原因を指し、直接的原因の「因」とともに、生起や消滅に関係を持つことを意味する。因があっても縁が無ければ結果は生じない。転じて仏縁が無いことも無縁とされた。仏縁とは仏に救済される機縁であり、有縁の衆生は導かれるが、生前または前世で結縁してない者は済度が困難とされた（縁無き衆生は度《ど》し難し）。ただし、生前・前世に無縁でも、死後に働き掛ける者があれば救われるとされ、死後に供養する者の無い死者の霊魂が無縁とされるようになった。具体的には、子孫が絶えた死者、未婚や独身で死んだ人、災害や戦禍による無数の身元不明死者、行き倒れ、水死体などの霊が無縁仏とされた。

無縁仏は祀り手がないので常に飢えさまよっており、人に災をもたらすという。そのため共同体では三界万霊塔や無縁塚、無縁墓を築いて祭祀し、御盆のとき無縁棚を設けて供物をあげるなど、慰撫に努めた。

⇩たたり、れいこん

事例 ①［和歌山県西牟婁郡］無縁にとりつかれた人は先祖への供物とは別に供え物をする。死んだ乞食かなにかに憑かれた人はいやしくなり、ガツガツして食べた（『ひでばち』六、昭三二、一四）。②［佐賀県加部島（現・唐津市）］名護屋城跡に小石が盛り上げてある。朝鮮征伐で憤死した武士の墓という。この無縁仏を弔うと功徳があり、芸者は美声のため、漁師は大漁のために供養する。誤ってこれを踏むと、すぐに病気になる（『島』前期、昭九、一五六）。③［愛知県山吉田村（現・新城市）］ある男が満光寺の施餓鬼から帰る途中、一人で坂道を下っていると、ボンノクボがモソモソしたかと思うと体中がダルくなり、腕を上げることもできなくなってしまった。這うように家へ帰り、修験者に見てもらうと、無縁仏に憑かれたという。指示通りに茶を飲ませるとケロリと治った（『民族』一（二）、大一五、一九〇）。④［和歌山県本宮町（現・田辺市）］アマシダレはガキや無縁仏が寄り集まる所で、ここから内側には仏がいるので入れない。無縁仏が来るのでお茶を供える（『近畿民俗』一〇一（三）、昭六〇、三二二）。⑤［兵庫県］無縁仏は人に祟るので怖れられた。主に祀ってほしい人に祟り、全く関係の無い人に祟ることはまずない。墓地のついた田畑を買うと祟ることがある。度々祟るときには、煮えたぎった茶を墓石の頭から注

ま

ぎかけると軽くなる（『西郊民俗』一三、昭三五、四九）。⑥［岐阜県加茂郡］家が絶えたり旅で死んで無縁になって辻に迷う亡霊を慰めるため、七月一四日または一五日に、一五歳以下の少女が四つ辻に集まり、オシヨロ様の箸を薪にして炊いた米や茄子、大角豆を食べる。辻飯という（『民間伝承』九（三）、昭一八、一五―一六）。（中山和久）

〔参考文献〕『日本国語大辞典　第二版』平一二―一四、小学館。

むかえいぬ【迎え犬】

深夜の山中で人を待ち受けて襲う狼。

⇩おくりおおかみ

むかえにくるふね【迎えに来る船】

㊫あのよのふね【あの世の船】　臨終を迎えた人を迎えに来るという船。死ぬ人が直前に「船がくる、船がくる」と言い出す。きれいな船だと言われることが多く、きれいな人や先祖が乗っているといったりもする。この船は大晦日に出ると伝わる地域もある。船が定員いっぱいにならないとあの世へ行けないので、集まらないときは同じ集落の人を道連れにする。そのため一二月にはたくさん人が死ぬとされる。瀕死の人に呼びかけ、船に乗らないよう呼び戻すという風習もあった。

⇩いきかえり

事例　①［兵庫県姫路市］あの世の船が一二月末日に出る。船には定員があって、集まらないときには弱っている人を連れに来て人数を集める。だから一二月にはたくさん人が死ぬ（『御影史学論集』一五、平二、五九）。②［高知県土佐清水市］病人が死ぬときにはきれいな船が迎えにくる。船で行かないようにと名前を大声で呼んで呼び返す（『御影史学論集』一五、平二、五六）。

（荻野夏木）

〔参考文献〕河野朝子「船が来た」『御影史学論集』一五、平二。

むかで【百足】

多足性の虫。移動性に富んでいるため、人目に付きやすい。肉食でアゴには毒があり、これで動物を補食する。よく咬まれるなどの被害にあう。容姿のグロテスクさと被害の多さから、人に忌み嫌われる虫のひとつ。故に害虫としてのムカデは、縁起が悪く、怪異の原因とされる場合が多い。

ほかにも、ムカデは死や病に関連づけられ、首の周りを一周されると死ぬ、肩を越されると大病をするなどの俗信がある。

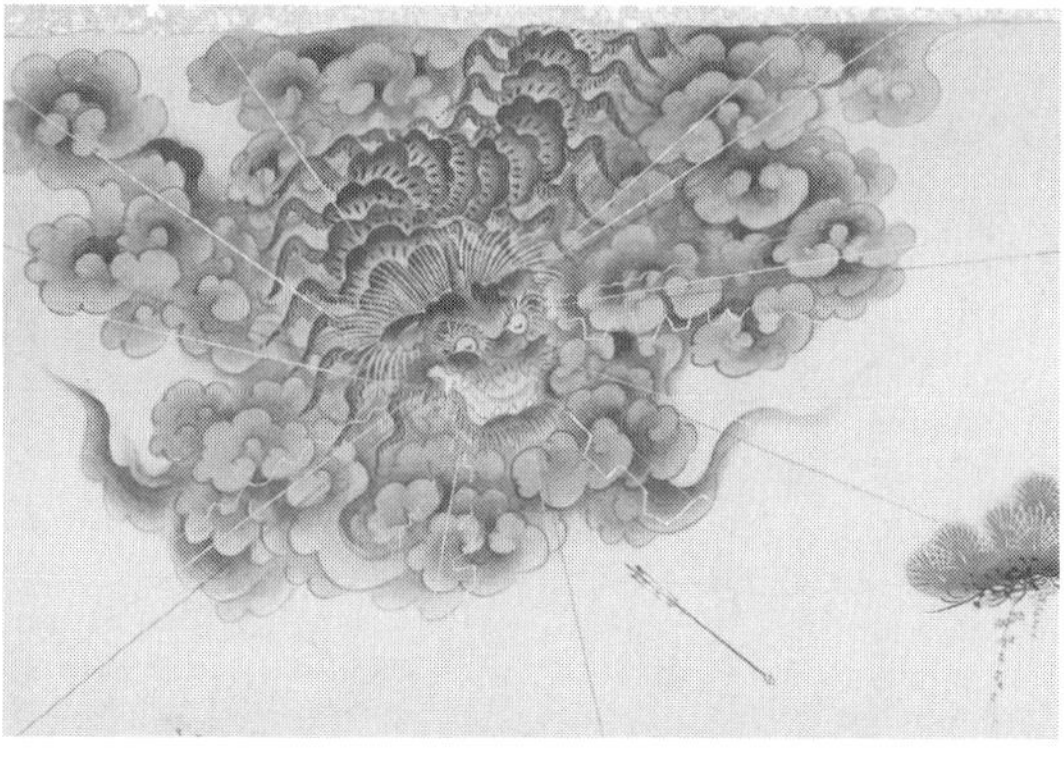

百足（「俵藤太秀郷」国際日本文化研究センター蔵）

ムカデを避けるためには様々な方法が採られた。唾をかけると死ぬ、咬まれたときは歯くそをぬるとよい、人糞をぬるなど、人間の排泄物などが効果的と考えられたようである。

害虫として忌避される反面、商家などでは縁起がよいとする場合もある。これは多足が「お足」つまり「銭」が多いことと連関するためで、ムカデの夢をみると金が入ってくるとか、一日に三匹捕まえると金持ちになるという俗信が報告されている。また毘沙門天の使いであるとされ、武家には戦の守護神として重要視された。

ムカデが登場するもっとも知られた伝説は、俵藤太《たわらのとうだ》の大百足退治と日光・赤城山の神戦である。俵藤太こと藤原秀郷は平安中期の武将。室町時代に成立した『俵藤太絵巻』によって彼の大百足退治の伝説が広まった。藤太は近江国瀬田の唐橋で出会った大蛇に大百足の退治を依頼される。野洲郡の三上山を七巻きもする大百足に、藤太は弓矢を携えて挑む。しかし大百足は硬く、矢を射ても通らない。最後の一本に唾を付けて放ったところ、これが刺さり退治に成功した、という内容である。もうひとつは日光男体山《なんたいさん》と上州赤城山が争った伝説である。このとき男体山は大蛇に、赤城山は大百足に変化して闘ったという。男体山ははじめ劣勢だったが、弓矢の達人である猿丸太夫の加勢により赤城山を打ち破った。この猿丸太夫が俵藤太に置き換えられる場合もある。

ムカデ、俵藤太、赤城山の関係は、赤城山麓を中心に活躍した豪族赤堀氏の説話とともに語られる場合も多い。赤堀氏は俵藤太の子孫なので、ムカデの化身である赤城山との相性が悪く近付けないなどという。

⇩むしのかいい

事例 ①［大阪府大阪市］無家賃でも借り手のつかない屋敷に、女が一人で住む事になった。ある夜、目が覚めて障子をみると、その外側を幅約一尺、長さ約一丈余りもある大百足が音を立てて移動していた（『郷土研究上方』三三、昭八、四三）。②［新潟県］越後では百足と蜘蛛は人間の唾をかけたら死ぬと信じられている（『旅と伝説』八（九）、昭一〇、一四）。③［新潟県佐渡島（現・佐渡市）］ムカデは毘沙門様のお使いだから殺してはいけない。福神様でもある（『新潟県史　資料編二三』昭五九、七八九）。④［群馬県］赤城山の神はムカデ。赤堀家の先祖は三上山のムカデを退治した俵藤太だったので、その恨みを受けて赤堀家の御内室が赤城に登ったときに沼に引き込まれ、大蛇にされた。以来赤堀姓は赤城山に参ってはいけない。（『群馬県史　資料編二七』昭五五、七八七）。⑤［群馬県桐生市］昔、赤城の神と日光の神が、赤城はムカデ、日光はヘビになって戦った（『群馬県史　資料編二七』昭五五、八三一）。

（中野洋平）

〔参考文献〕野口実『伝説の将軍藤原秀郷』平一三、吉川弘文館。

むくりこくり【蒙古高句麗、蒙古国裏、牟苦利骨口利】

㊫もくりこくり【蒙古高句麗】　本来、鎌倉期に日本を襲った蒙古・高句麗連合軍を指す言葉だったものが、時代を経る内に具体的な情報を失い、妖怪化した。室町期の芸

ま

能である幸若舞の台本『大臣』において、すでに鬼に近い姿の「むくり」が見える。その後、江戸期の文藝でムクリコクリの名が散見されるようになる。モクリコクリの名称は、近代以降登場したものと考えられる（今井秀和「モクリコクリについて」）。近代に入ってからのムクリ（モクリ）コクリは、イタチやクラゲの姿に似るなど、本来の情報を失って奇妙な語感の印象のみが一人歩きしている。妖怪を指す方言「モッコ」等との関連も指摘されるが、古い語形がムクリコクリであることから、その可能性は低いと言える。

⇩ようかいのこしょう

事例 ［不明］子供が泣き出した時には、「むくりこくりの鬼が来る」と唱えて泣き止ませる（『世事百談』『日本随筆大成　第一期一八』七三―七四）。　（今井秀和）

むげんのかね【無間の鐘、無剣の鐘】

㊫むげんのかね【無間の鐘】　小夜の中山にある観音寺の「無間の鐘」を撞いた者は現世で富を得るが、死後、無間地獄に落ちるという。『東海道名所図会』巻四は、小夜の中山に近い阿波々神社（現・静岡県掛川市）の下に観音寺があり、無間の鐘は堂の下に埋められたという別説を載せる。現在、阿波々神社境内には無間の鐘を沈めたという井戸が残る。また他の話では富貴が一代限りで終わり墓地が蛭だらけになるとも、死体が無残な損壊を遂げるともいう。無間の鐘を撞いた者の住んでいた土地を「無間長者の屋敷跡」と称し、そこには家が建たないとする話もある。この場合、皿屋敷伝承の語源とも言われる「更屋敷」（更地に近い意味）との共通点を指摘できよう。

⇩えんしゅうなふしぎ、ひる

事例 ［佐渡国（現・新潟県佐渡市）］慶長の頃、但馬の夫婦が佐渡の金山に入った。困窮の中、妻がすり鉢を無間の鐘に見立て、すりこぎで撞くと、夫は金塊を掘り出した。ただし財産は一代で尽きた（『旅と伝説』八（九）、昭一〇、二七―二八）。　（今井秀和）

むささび

㊫とびくら【飛倉】、ばんどり【晩鳥】　飛膜によって滑空する哺乳類の一種。野衾《のぶすま》や晩鳥ともいい、その生態からモモンガと同一視されることも多い。夜中に人の顔に飛んできて呼吸を止めてしまうとか、人の持っている松明の火を消してしまうなどと伝えられている。

⇩のぶすま、ももんが

事例 ①［不明］野衾はムササビのことである。コウモリのようで、毛が生え、羽根も肉である。木の実を喰うが、火炎もまた食す（『画図百鬼夜行』平四、一五九）。②［岩手県岩泉町］バンドリは獣のようなもので、山にいると灯を取りに来る（『民間伝承』二四（七）、昭三五、四三）。③［不明］むささびは俗に野ふすまといい、肉の翼を広げている。この化け物は昼は深山に隠れ、夜に入ると明かりを持っている人のところに飛んできて火を消し、煙や火を吹きだす。それゆえに妖怪とみなされている（「鋸屑《おがくず》譚《ばなし》」『日本随筆大成　第一期六』四三一）。　（廣田龍平）

むしおくり【虫送り】

⇩さいとうべっとうさねもり

むじな【狢・貉】

怪異をなす獣。狢が生物学的にどの動物と対応するのかは地域的に多様である。一般に東日本では狢は狸を意味し、関東より西ではアナグマに対応するとの指摘もあるが、個人により、それらとは異なる動物と認識されている場合もある。狢の性格は狐・狸の類と同様ないし近似したものと理解されており、狢のなす怪異も他地域における狐狸のそれと代替可能である。変化や幻影によって人をたぶらかすものとされ、あるいは、砂をかけたり、提灯行列・嫁入り行列をするなど怪光・怪音の正体とされる。また、人に憑くと伝える地域もある。狐狸と狢の相違が意識されている場合は、狐は前から人を化かすが狢は後から化かすなどと化かし方の相違が語られるほか、狐・狸は人を殺さないが狢は人を化かして殺すなど、危険性が強調される。打ち負かされた報復に祟りをなすという伝承もみえる。ちなみに、このような嗜虐的《しぎゃくてき》な性格は狐と比較した場合、狸にも見受けられるものである。

狢の伝承は佐渡に豊富で信仰対象ともされているが、祀られる狢と野生で悪さをする狢とをシロムジナ・アカムジナなどと区別する場合もある。同地に狐は存在しないが、それは狐が移住を試みた際に、団三郎狢が化け競べをして退けたためという説話がある。また、狢の名はラフカディオ・ハーンの小説によっても知られているが、当該作品に変化としての狢は登場しない。

⇩けんぞく、じじん、じゅうにさん、たぬき、たぬきつき、けしぼうず、とんちぼ、なのあるむじな

事例 ①［山形県小国町］タヌキはいたずらはするが人は化かさない。またキツネにだまされても殺されないが、ムジナにだまされると殺される（『成城大学民俗調査報告書』二、昭五二、七七）。②［千葉県長柄町］ムジナは顔は長くて、犬に似たようなもので、身体つきなどは丸い。狸とは違うものであり、現在でもまだいる（『長柄町の民俗』昭四七、二五八）。③［山梨県山梨市］山梨市七日市場では藤兵ヱ屋敷とよばれる村名主の家に、狢が化けた建長寺《けんちょうじ》の坊さんが宿をとったと伝えている。藤兵ヱの家にはムジナの書き物があるという（『山梨県史 民俗編』平一五、四〇五）。④［新潟県畑野町（現・佐渡市）］狢は前に見えるが後にいる。狢に追いつこうとして倒れると狢憑きになる（『伝承文芸』二〇、平一三、九〇）。⑤［新潟県畑野町（現・佐渡市）］お爺さんが奥山の田圃の水掛けをしていた。晩方、お終いにして帰る頃とてもにぎやかな音が聞こえてきた。人の声のようでもないし、にぎやかな声がするなと思っていたが、それは狢の嫁入りだった。たくさんの提灯をつけたにぎやかな行列が、ずうっと歩いて見えた（『伝承文芸』二〇、平一三、六六）。⑥［茨城県七会村（現・城里町）］ムジナは木に登って赤い提灯をつけたり、月を出して人を化かしたりする。ムジナの毛は裏から見ると玉のように光るので、毛を逆立てたら月の光を受けて光ることができる（『民俗採訪』昭和四

五年度号、昭四六、一〇九)。（及川祥平）

〔参考文献〕中村禎里『狸とその世界』平二、朝日新聞社。梅屋潔「邪まな祈り」『民族学研究』五九（一）、平六、日本民族学会。

むしのかいい【虫の怪異】

前近代的な価値観においては、人や鳥獣、魚以外の動物はみな虫であり、蛇も「長虫」と呼ばれていた。蛇・蜘蛛・蛙等は、古くから土地神の要素を持っていた。数多くの神話・伝説で人間と交わり、ときに殺害する蛇は、水や湿地、山といった自然の化身としての神あるいは妖怪であり、古代「土蜘蛛」と呼ばれた先住民は、中世になると絵巻『土蜘蛛草紙』で化け物として描かれることになる。水蜘蛛、女郎蜘蛛等、後世の妖怪譚にも蜘蛛は数多く記される。『古事記』にはタニグクという蝦蟇《がま》の神が登場するが、蛙も、虹を吐いたり餌を引き寄せたりと、近代に至るまで不思議を為す虫と考えられていた。

古代では害虫をサバエと呼び、怪異の現れと捉えていた。近代以降も稲の害虫を村外に追いやる為に「虫送り」という行事が行われる。送られる対象は、斎藤別当実盛が化したという実盛虫（イナゴ）等である。人間生活に害を及ぼす虫とは違い、外見から怪異の現れとされた虫もある。古代、蛍火は怪異であり、後世に至っても、蛍の集団交尾は源平合戦で死んだ武者達になぞらえて蛍合戦と呼ばれる。江戸期に流行した「お菊虫」「常元《じょうげん》虫」は、縛られた人間に見える蝶のサナギから発想された。また甲羅に人面の模様が浮かんでいる平家蟹は、平家の怨霊が化したものといわれる。これらが外見の異様さから怨念の発現とされた一方で、優雅に空を舞う蛍や蝶、蜻蛉等は浮遊する霊魂と同一視された。

庚申信仰に関わる三戸虫《さんしちゅう》等、人間の体内に棲む虫もいる。虫の知らせ、疳《かん》の虫等の観念も、体内に潜む虫を想定している。こうした思想の背景には寄生虫の存在があり、中世の鍼灸書『針聞書《はりききがき》』等には、人体に寄生する様々な空想上の虫が描かれている。応声虫や人面瘡等も、寄生虫に近い要素を持った妖怪であると言えよう。

⇩かみきり、さいとうべっとうさねもり、さんしのむし、じんめんそう、つちぐも、まつむしひめ

事例 ①〔江戸（現・東京都）〕寛永一四年、髪切虫という妖怪の話が流行した。誰も切られた者がいないにも関わらず、腰元や下女達は髪を切られることを恐れた（「嬉遊笑覧」『日本随筆大成　別九』）。②〔長野県〕古木の霊気が凝縮した化け物を尺取虫という。子供が登ると一文字に山に走り込んで振り落とす（『旅と伝説』四三、昭六、七四）。③〔京都府京都市〕嘉永七年の御所失火に関する説である。公卿屋敷で風呂を沸かす下女が火箸で大毛虫をつまんで火にくべた。すると緋の法衣を着た大坊主が現れてピョイピョイと屋根から屋根を飛び回り、その先々が火事になった（『郷土趣味』三三、大一一、二五―二六）。④〔奥州斎川宿（現・宮城県白石市）〕桜戸姫は要之介と結ばれるが、これを妬んだ一角は要之介と姫の父を殺す。姫が斎川で産んだ子「孫太郎」は疳が強く重体に陥る。姫が田村神社のお告げ通りに河原の虫を食べさせると、孫太郎は回

ま

復して敵討ちを果たした。これが疳の虫の薬、孫太郎虫の起源である（『民具マンスリー』四一一、平一四、一四）。（今井秀和）

〔参考文献〕小西正泰『虫の文化誌』昭五二、朝日新聞社。

むぬび【ムヌ火】

類むぬのひ【ムヌの火】、むんのひ【ムンの火】 沖縄で怪火・怪光が見られる怪異。火のかたまり。火の玉。旧暦八月一〇日の盆踊りの夜、海上にムヌ火が燃えると信じられている。キジムナーが出すキジムナー火、ケンムン火、ムン火と同義。

⇩かいか、きじむなーび、けんむんび、むん

事例 ①〔鹿児島県大島郡〕女がカーウンローという所の近くを歩いていると、カンテラのような灯が急に大きく広がり、その灯が後ろから追ってきたが、カーウンローまで来ると小さくなった（『奄美の民俗』一、昭三六、四九）。②〔沖縄県〕旧暦八月一〇日は全ての妖怪が出る日だと言われ、その日にはキジムナーはよく火を出すので、その火を見物に出る人が多い（『日本怪談集妖怪篇』昭五六、三〇〇）。（保科友希恵）

むらさきかがみ【紫鏡】

「紫鏡という言葉を二〇歳までに忘れないと死ぬ」という。一九八〇年代から小中学生の間で話され、九〇年代に大流行した。忘れずにいると二〇歳になったときに、血だらけの女が鏡の中からカミソリを持って殺しに来るという話もある。

⇩かがみのかいい、がっこうのかいだん、むらさきばばあ

事例〔東京都〕死ぬのを避ける方法として、横断歩道の白い部分をふめばよいともいわれる（『走るお婆さん』平八、九九）。（高津美保子）

むらさきばばあ【紫婆】

学校の怪談で、主にトイレに現れるという老婆。紫の着物または洋服を着ている。特定のトイレや、特定の時間に現れると言われることが多い。深夜や四時四四分のように数字がそろう特定の時間に鏡から出てくると言われる場合もある。見た人はどこかへ連れ去られるなど、危険な目にあうというが、紫のものを手に持っているか、「ムラサキ、ムラサキ」と唱えると撃退できるという。

⇩がっこうのかいだん、べんじょのかいい、よじばば

事例 ①〔不明〕小学校のトイレにムラサキババアが出るという。姿を見てしまうとトイレに引きずりこまれてしまうそうだ。でも、ムラサキのものを持って「ムラサキ」と三回言うと大丈夫ということだった（『不思議の世界を考える会会報』四八、平一〇、一四）。②〔大阪府〕小学校の時にトイレに一人で行って、手前から三番目のところに入ると、「むらさきばばあ」がでてきて「好きな色は」と聞かれて、「むらさき」と答えなかったら首を絞められてしまうという話が広まった（『不思議な世界を考える会会報』四〇、平七、一二）。（岩倉千春）

むん

類むぬ 沖縄や奄美大島で、死霊や妖怪を

総称して「ムン」「ムヌ」と呼ぶ。人を惑わせたり、病気にさせたり、ときにはとり殺したりする。神隠しにあったことも「ムンにもたれる」と言ったりする。また、ムンに遭うことを「ムンにあたった」などと言う。これを避けるために、占いやまじないをする。与論島では戸と戸袋の間を「ムンの道」といい、ここを開けて置くことを忌み嫌った。

⇩まじむん、むぬび、ようかいのこしょう

事例 ①［鹿児島県瀬戸内町］夜に歩いていて急に気分が悪くなるときや、ビーンと頭が痛くなったり、悪寒におそわれたりするのはムンのせいだと思われている。「私にはトガはないぞ」と大声で言って通ればよい（『南島研究』三六、平七、七）。②［沖縄県］人が神隠しにあったように突然いなくなることをムヌにもたれるという（『郷土研究』五（二）、昭六、五九-六〇）。

（荻野夏木）

め

めいどう【鳴動】

寺社や神体、仏像、神木、陵墓などが鳴り動く現象をいう。震動とは音声の有無によって一応区別できるが、震動と表記されていても音声を伴っていたと注記される場合もあり、鳴動と震動の識別は史料上からは困難である。

鳴動は神霊の意志の表れ、特に王権に対する危機の前兆とされ、それに如何に対処するかが時の政権に問われていた。室町時代までは、鳴動をはじめとする不思議な現象が生じた場合、軒廊御卜《こんろうのみうら》（内裏紫宸殿脇の回廊で行われる怪異判定の儀礼）を行って怪異だと認定された後、慎みや祈祷などの対処がなされた。つまり、怪異の鳴動は、王権の危機管理のためのツールとして位置づけられていた。

史料上での鳴動の初見は、七〇二年に倭建命《やまとたけるのみこと》の墓が震えたことであり（『続日本紀』）、これ以降さまざまな場所で鳴動が起きた。男山石清水八幡宮、多武峯《とうのみね》、水無瀬《みなせ》神宮などがそうである。石清水八幡宮は国家の宗廟、多武峯は藤原氏の祖・中臣鎌足が、水無瀬神宮は後鳥羽上皇が祀られる地と、いずれも王権と関わりのある場所であり、そうした地で鳴動が起きることは直接王権への危機を意味していた。

また、東山将軍塚は桓武天皇によって作られた人形が埋まる地であり、『平家物語』「都遷」や『太平記』「天下妖怪事」など文芸でも取り上げられる、鳴動で有名な場所であった。特に『平家物語』では、桓武平氏の裔である平清盛の福原遷都に対して将軍塚の鳴動が語られるのは、これまでの鳴動にはなかった始祖の神霊（桓武）が暴虐な子孫に対して警告を行う意味が新たに付加されている点で注目される。

中古で多く見られた鳴動は、軒廊御卜が行われなくなった近世においても、王権の危機を知らせる前触れとして生じている。豊臣秀吉が死去する前に将軍塚が鳴動し（一五九八年『当代記』）、後桃園天皇が死ぬ間際に多武峯と将軍塚が鳴った（一七七九年『続史愚抄』）のがそうである。しかし近世の鳴動記事の中には、凶兆であっても王権とは関係のないものもあり、例えば一八〇七年に深川富岡八幡宮祭礼の見物客が多く乗った永代橋が落下した事件の前日、八幡宮の社壇が鳴動したという（『街談文々集要』）。この他にも、髪を剃らずに死亡した娘の墓が鳴動した（『半日閑話』）など、凶兆ではなく恐怖そのものとして鳴動が語られる場合もあるなど、近世の鳴動が含む意味は多様化していった。

また一八世紀以降、不思議な現象を当時の科学的知識をもって論断していく傾向が見られるが、鳴動についても、西川如見が『和漢変象怪異辨斷・天文精要』の中で、中国の運気論に基づきながら、地の気が発動し岩石や家屋に当たって起きる現象だと説明している。

こうして千年以上にわたって史料が残されてきた鳴動は、一八六二年の後醍醐天皇陵の鳴動を最後に見られなくなる。幕末の動乱という新たな時代への転機の中で、王権の危機の前兆としての最後の鳴動が起きたのである。

⇨おとのかいい、かみのたたり、つかのかいい、まえじらせ

事例　［京都府京都市］「末代に此都を他国へうつす事あらば、守護神となるべしとぞ御約束ありける。されば天下に事出でこんとては、この塚必ず鳴動す。将軍が塚とて今にあり」（『平家物語』巻第五「都遷」）。

（木場貴俊）

〔参考文献〕西山克「中世王権と鳴動」今谷明編『王権と神祇』平一四、思文閣。

めおといし【夫婦石】

㊇ふうふいし【夫婦石】、めおといわ【夫婦岩】　二つの石や岩が対に見えるのを夫婦に例えたもの。三つ以上岩が並んでいたり一つしかなかったりと実際には対になっていないこともある。男女が石になったものであるという伝説や石に乗るなという禁忌などを伝えているものが多く、子孫繁栄や夫婦和合といった信仰の対象としても一般的である。

⇨いしのかいい

事例　①［福島県月舘町《つきだてまち》（現・伊達市）］伊達郡月舘町小手荘の道の両わきに向かい合っている石にめおと石というのがあって、この道を婚礼嫁入りなどに通ると、この婚姻は不縁になるといわれている（『福島県史』二四』昭四二、五六〇）。②［長野県］川をはさんで白い女石と黒い男石がある。道を作るために弁慶が割って投げたもので、大晦日の夜にそばを通りかかった漁師が奇妙な泣き声を聞いた。以来、夜泣き石とか夫婦石とかいわれる。数年後、石屋が割って穴を掘ると石の粉が赤くなって飛び散った。今でもこの辺を夫婦石という地名にしている（『伊那』六一二、昭五四、四一－四二）。

（鄧君龍）

めし【飯】

㊇ごはん【ご飯】、こめ【米】、はくまい【白米】　飯は召し上がるものという意味の言

葉で、おもに米の飯のことを指す。米は日本人の主食として、神聖なもの、特別な力を持ったものと考えられていた。飯の持つ特別な力を信じるゆえに、それにまつわる俗信や怪異が信じられた。

事例 ①〔兵庫県揖保郡〕焦げた飯を食べると出世をしない（『郷土研究』三（五）、大四、五九）。②〔秋田県〕南部の鉱山に怪異が出現したため、これを恐れ坑夫たちは坑道を閉鎖したが、豪勇の山師が見に行ったところ、怪異の正体は握り飯であり、毛が生えただれて白光を立てていた。これを捨てたところ怪異の出現はやんだ（『あしなか』四七、昭三〇、一三）。③〔宮城県三本木町（現・大崎市）〕祭に使うホガイという飯櫃の形をした新沼という沼があった。若宮八幡宮造営に際し、社殿が落成するころ、蒸し立ての赤飯が入っているホガイが毎日沼から現れ、働いている人がいくら食べても尽きなかった（『宮城県史　二一』昭三一、二四三）。

（後藤知美）

めどち

㊫ぢっどん、みずし、みずち【蛟】、みっつどん、めーしり、めぞち、めどつ　青森県や岩手県、石川県、鹿児島県の一部における河童の異称の一つ。古語では水の神のことをミズチとも称しており、それとの関係が考えられる。容姿は、小さな子供ほどの大きさで、頭に皿があるものもいるという。胡瓜を好み、川などの水辺で人を溺れさせたり、馬を水中に引きずり込もうとしたりするといわれる。

⇩かっぱ

事例 ①〔青森県南郷村（現・八戸市）〕馬を川に引き込もうとしたが失敗し、逆に馬屋まで引きずり込まれたメドチを家の人が見つけたが、今後はいたずらをしないと約束させて助けた（『常民』一七、昭五五、一二二）。②〔岩手県晴山村（現・軽米町）〕二戸のユウタ沼には、身長五〇センチほどで、頭に三枚の皿をかぶったメゾチがいた（『晴山の民俗』昭和五七年度号、昭五八、三一一）。③〔石川県高浜町（現・志賀町）〕夏に子供が川で溺死するのは、メーシリにはらわたを抜かれるからだという（『加能民俗』四（三）、昭三三、一一－一三）。

（小澤葉菜）

めりーさんのでんわ【メリーさんの電話】

㊫りかちゃんのでんわ【リカちゃんの電話】

だんだんにせまってくる恐怖を楽しむ話。「私リカちゃん、いまあなたのマンションの入り口にいるの」「いま二階」「いま三階」「いま四階」「いま五階」……「いま、あなたの玄関の前」と階を上がるごとに電話をかけてくる。とうとう家まで入ってきて「ほら、あなたの後ろに」というところで話は終わる。携帯電話のある現在では階ごとに電話をかけるのは可能だが、固定電話が主だった頃には、この話はさらに恐怖だったろう。

一九世紀のチロル地方には、魔女に届けるはずのケーキを食べてしまった女の子のところに、その晩、「いま行くぞ」という声が近づいてくる話がある。声はしだいに大きくなり、「いまおまえのベッドの横」といって、魔女は女の子に襲いかかる。

⇩がっこうのかいだん、こえのかいい

事例 [不明] かわいがっていた人形を女の子が引っ越しでなくしてしまう。数年後、一人で留守番中にその人形がやってくる(『不思議な世界を考える会会報』四〇、平七、三三)。

(高津美保子)

めん【面】

類 **めんこー【面コー】** メンやメンコーは、鹿児島県の一部における河童の異称の一つ。メンは、春と秋に山と川を行き来するとか、夜にヒョウヒョウと鳴くというような伝承がある。一方、メンコーは相撲をとるのが好きで、よくこれと相撲をとる人もいたというが、他人からはメンコーの姿は見えないという。なお、メンは、子供を脅かす時の妖怪の名称としても用いられ、ガゴ面や面どんともいう。

⇩かっぱ、ようかいのこしょう

事例 ①[鹿児島県南種子町] 川のほとりで、女の赤子のようなメンを見た(『種子島民俗』二、昭三四、一七)。②[鹿児島県南種子町] メンコーは人の尻をとるのがうまく、とられると死んでしまうため、相撲をとる時はよく注意した。メンコーは、頭の皿に溜まった水がなくなると、弱くなって死んでしまうという(『種子島民俗』二、昭三四、二)。③[鹿児島県西之表市] メンは顔がものすごく赤い。奥山で赤子が泣いていたら、それはメンコーだといわれる(『種子島民俗』六、昭三五、一八)。

(小澤葉菜)

めんのかいい【面の怪異】

面にまつわる怪異。魂をもった面が笑う、歌うという怪異も伝えられる。神社に奉納された面にまつわる由来のほか、面を盗んだりして神威に触れた者が不幸になる、という説話も少なくない。祭日に面を祀り、その印象によってその年の豊作を占う地域もある。

⇩きぶつのかいい、にくづきめん

事例 ①[山形県] 能面が夜になると歌い、家人を驚かせた(『庄内民俗』二八、昭四七、四)。②[不明] 鳴物師がおかめの面を拾うと家は不幸になった。灰にしたはずの面が元に戻り、口を開けて笑っていた(『旅と伝説』五(九)、昭七、二二)。③[長野県下伊那郡] ひのうという神の面を被ると国中が一望でき、禰宜は驚いて帰宅したが、家族は狂い、女房は子を殺して死んだ。禰宜も狂気のうちに死んだ。以来、屋敷に住むものは狂う人が多い(『旅と伝説』二(一二)、昭四、六-七)。④[福井県勝山市] 二月一日にお面様の祭りがある。面が笑顔に見える時は豊作、険しい顔に見える時は凶作である(『福井県史 資料編一五』昭五九、一〇六)。

(岡田真帆)

も

もいやま【森山】

神社や一族の先祖の墓地周辺の森で、禁忌を有する土地。鹿児島県において報告されている。多くの場合、樹木伐採に関する禁忌があり、葉を取るだけで祟りがあるとされることもある。森山自体が祭祀の対象となっている事例もあり、その場合は、特定の同族によって祀られている場合と、集落全体で祀られている場合がある。

⇩たたりち、もりさま

事例 ①［鹿児島県上屋久町（現・屋久島町）］中山神社の一帯はかつて森山といって、木を伐採してはならないという禁忌があった。あるとき青年団が活動資金のために森山の木を伐ったところ、団員や樵の体に故障が出て苦しんだ（『種子島民俗』一七、昭四〇、一三―一二）。②［鹿児島県大根占町（現・錦江町）］瀬戸山という集落の後背地の小さい丘にモイヤマドンがあって、その中にはある一族の先祖だとされる真田幸村父子の墓があり、一帯の木を伐ったり、ビロウの葉をとったりすると祟ると言われている（『民間伝承』三二（二）、昭四三、一〇六）。

（塚原伸治）

もうじゃ【亡者】

⇩ゆうれい、れいこん

もうみ

青森県の八甲田山や岩木山に住んでいるとされた、恐ろしい化け物。雨風を起こして遺体を奪うともいう。

⇩かしゃ

事例 ［青森県］モウミは水の中に住んでおり、怪異をなすとして、人々から恐れられていた。死人があれば風雨が起こり、遺体が奪われてしまう（『あしなか』一二〇、昭四五、四三）。

（廣田龍平）

もうれん【亡霊】

㊫ぼーこ【亡魂】、もーれい【亡霊】　主に海難者の亡霊とされる海の怪。その属性はいわゆる船幽霊に共通し、多岐にわたる。船の姿であらわれて漁船を追いかけたり、船の舵を乗っ取るともいう。他に水死者の姿であらわれ柄杓をねだるという地方もあれば、海に浮かぶ発光体をこの名で呼ぶという地方もある。地方によっては死者の霊の総称とされ、特に鹿児島県にはその傾向が顕著である。

⇩ふなゆうれい、れいこん

事例 ①［宮城県女川村（現・女川町）］モウレンは水死者の亡霊であり、「助けてくれ」と声をかけられたら、バケツや柄杓の底を抜いて投げ与えないと、自分の乗っている船が沈没するという（『あしなか』一七三、昭五六、一三）。②［鹿児島県瀬戸内町］海で死んだ者をモーレイという。モーレイの指にはアカリがつき、その光で船頭は舵を取られるので、それより先に船にアカリをつけねばならない（『南島民俗』六、昭四三、

ま

三）。　（三柴友太）

もーこ

㊮もうくんどう、もうもうが、もーもー、もっこ　妖怪を「モーコ」「モウモウ」と呼ぶ。幼児語であり、子どもが悪いことをしたとき「モーコが来るぞ」と言って脅かした。島根では日暮れ時をモウモウ時と言い、死の知らせを一人で告げに行くとモウモウに隠されるので必ず二人で行く。モーコとは「蒙古」であると伝わる地域も多い。柳田國男は『妖怪談義』で、かつて妖怪が「咬もうぞ」と言って出現すると信じられたことから、ガゴやモッコへ転じたと推測している。

⇩ようかいのこしょう

事例　①［青森県、岩手県］子どもをおどして寝かしつけるときにアモッコ、アンモー、アモコ、アンゴー、マンモー、マモッケー、マモー、モッケ、モッコ、モコ、モクヲ、モーコなどと呼ばれる恐ろしいものを使う（『方言と民俗』四、昭二四、二九―三〇）。②［富山県堀川村（現・富山市）］もうもうという言葉は怖いものや悪魔を意味する。おそらくは「蒙々」で、泣いたり暴れたりする子供を威嚇するときに用いる（『民間伝承』二二（一〇）、昭三三、三六）。　（荻野夏木）

もぐら【土竜】

土中に穴を掘って棲む哺乳類の一種。巨大化したモグラの怪異がいくつか伝えられている。

事例　①［熊本県人吉市］モグラが悪魔になり、人を取って食らうようになった。村の人々はモグラを祭り、毎年、子供の人身御供を捧げることになった。宮本武蔵がそこを通りかかったところ、老夫婦が泣いていた。武蔵がわけを聞くと、娘をモグラの生贄として観音堂に出さなければならないとのことだった。武蔵が娘のかわりに藁人形を作り、モグラ打ち棒を作って観音堂で待っていると、モグラが現れたので、これを打ち倒した。これ以来、子供はモグラ打ちをするようになった（『伝承文化』一〇、昭五一、一〇九）。②［薩摩国（現・鹿児島県）］白鳥山のふもとに大きな寺があった。しかし天和三年（一六八三）、仏殿が一晩中大きく振動し、大伽藍が跡形もなく消えてしまった。その跡はモグラによるもののようであり、地底に沈んでいったのではないかと思われた（『新著聞集』『日本随筆大成　第二期五』三五〇）。　（廣田龍平）

モシリコロエッケチェプ

モシリ（島）・コロ（の）・エッケウ（腰骨）・チェプ（魚）＝「島の腰骨の魚」の意。アイヌに伝わる、コタンカラカムイ（国造神）の失敗でその背中の上に世界を作られてしまった大アメマスのこと。

⇩さかなのかいい

事例　［北海道平取町］コタンカラカムイが世界作る時、泥海の中の固いところに島を作ったと思ったら実は大アメマスの背中の上だった。そのため大アメマスが動くと大地震が、海水を飲んだり吐いたりすると大津波が起きるのだという（『アイヌ民話集』昭五六、一六二―一六三）。　（矢崎春菜）

モシㇼシンナイサム

㊫モシㇼイコンヌプ　アイヌの伝承に出てくる化け物。モシㇼ「国」シンナイサム「化け物」の意という。見たと思ったらすぐに姿を消してしまう。その姿は、牛や馬、熊、鹿などといった動物に見えるという。これを見ると長生きしないとか、一生不幸になるという。

事例　①［北海道平取町］ある日、弟が義姉と二人で沼のほとりを歩いていると、沼の中ほどの水が急に盛り上がり、子ウシくらいの頭をした得体の知れない生き物が現れた。それは弟の目には見えたが、姉には見えなかった。後に姉は、弟はあんな化け物を見たので早死にしたのだろうと語った。（『アイヌ歳時記』平一二、一一二）。②［北海道幌去村（現・平取町）］ある男は十勝に行ってモシㇼシンナイサムを見、追いかけて仕留めたと思ったら、今まで馬ほどに見えたその化け物は、影も形もなくなったという。そのためか、彼のところでは兄弟五人が一人残らず死に絶えた（『人類学雑誌』二九（一〇）大三、四〇三）。

（遠藤志保）

もなりざ【モナ・リザ】

⇩うごくかいが

ものいううお【物言う魚】

淵で捕った大きな魚を背負って帰る途中、他からの声に答えて、背中の籠の中の魚が物を言ったという怪異譚。岩手県から沖縄県まで全国に分布するものの、報告例は多くはなく、一五例ほどである。物を言う魚には、鰻（岩手・宮城・神奈川）、山椒魚（鳥取・広島）、山女《やまめ》（神奈川）、鯰（岡山）などがある。この魚には「まさぼう」（宮城）、オトウボウ（神奈川）、黒太郎（大分）と固有の名が付いていることや、大魚であったと語られている点から、普通の魚とは異なる特別な魚、つまり、淵の主と考えられる。魚が物を言う怪異は実際の出来事として伝えられていて、まさぼう滝（宮城）、オトウボウガ淵（神奈川）、おとぼう淵（静岡）、褌ケ淵（京都）などの地名由来ともなっている。

物言う魚が恐ろしくて魚を放り出す結末が一般的なのだが、沖縄では、物を言った魚を食べようとした者は津波に襲われ、魚を放そうとした者は命が助かったと伝えている。この禍福の両面を備えた譚が原型で、淵の主の怪異話は破片であるとする説もある。静岡県、岡山県、大分県では、魚がどこへ行くと問われたとき、いずれも「背中あぶりに行く」と答えている。遠隔地におけるこの一致は伝播の面で興味深い。

⇩おとぼうなまず、さかなのかいい、よなたま

事例　①［宮城県錦織村（現・登米市）］岩手との境の相川に沿って一人の坊さんが歩いていると、滝があった。滝の淵に大きな鰻が二尾いた。捕まえようとすると一尾は逃げ、一尾は捕まえて袋の中に入れた。出かけようとすると、滝の淵から「まさぼうや、まさぼうや、いつ来るか、まさぼうや」という声がした。すると袋の中の鰻が「来るや来ずの、まさぼうや」と言った。坊さんはたまげて袋の中から鰻を出してやった。それからこの滝を来不来滝と書いて、

ま

まさぼう滝と読ませるようになった（『郷土の伝承』一、昭六、一七七）。②〔神奈川県清川村〕清川村にオトウボウガ淵がある。炭焼きの老父が淵のそばを通った。淵を見ると大きな魚がいた。老父は魚を捕り、背負って帰ろうとすると、淵から「オトウボウよ。オトウボウよ。テンゴウボウが負われて連れて行かれるぞい」と声がした。老父は魚を淵に投げ捨てて帰ってきた。それからこの淵をオトウボウガ淵と呼ぶようになった（『神奈川県昔話集』第一冊、昭四二、七九）。③〔静岡県上川根村（現・川根本町）〕ある人が山奥の淵で大きなやまめを釣り、背負って帰った。すると後方から大きな声で「おーい、どこへ行く」と呼ばれた。すると背中の蓑の中で「千頭《せんず》へ背中あぶりー」と声がした。その人は魚をふるい落として逃げた（『静岡県伝説昔話集』昭九、三三七）。④〔京都府京北町（現・京都市右京区）〕ある男が池の尾という山へ仕事に行った。男は池の尾の主を捕まえて背中に褌でくくりつけて帰ってきた。淵から「池の尾のおばあちゃんどこへ行く」と声がした。すると背中で「褌にくくられて行くわいな」と言った。男が主を淵へ放ったところから褌ケ淵という名がついた（『伝承文芸』十、昭四八、一一九）。

（大島廣志）

〔参考文献〕柳田國男『一つ目小僧その他』昭九、小山書店。

もののけ【物の怪】

悪霊から狐憑き等、妖怪までを総じて「物の怪」と言い表す。また、こうしたものが引き起こす祟り自体を指すこともある。もとは「モノ」とは霊的な存在、「ケ」とは病気を意味するとされる。この語源が示すように、古くから、人の病気や死は物の怪の仕業であるとされた。また、火や煙によって物の怪を追い払うことができるという。

⇩ようかいのこしょう

事例 ①〔不明〕竈《かまど》の火や火桶の熾《お》き火などは、賑やかに焚いておかねばならない。火というものほど、もののけを退けるものはないからである（『待問雑記』『続日本随筆大成　五』二七一）。②〔奥州平泉（現・岩手県平泉町）〕奥州平泉の村々ではタカタテモツケといって、豊作の年に色々と化け物の形を作ったのを頭に戴き、踊って念仏を唱える風習がある。これは高舘に拠点をおいた奥州藤原氏が滅亡する前に、色々とものけが出たという言い伝えによる（「しがらみ」『続日本随筆大成　二』二六八）。

（荻野夏木）

ももんが

類ももっか、ももむささび【毛美無佐々美】、ももんがー　妖怪の類を総じて「モモンガ」と呼んだ。この呼び方は、子どもへの脅し文句に使うことが多かった。夜になると山から子どもを攫《さら》いにくるといい、遅くまで遊んでいると「モモンガが出るぞ」と言って怒られたという。動物のムササビであるとする伝承や、鼬《いたち》のような姿の化け物、あるいは狸が正体であるという伝承もある。

⇩むささび、ようかいのこしょう

事例 ①〔山梨県白州町（現・北杜市）〕倉の中にはモモンガがいて子どもを食べる。子どもが悪さをすると「お倉にいれるぞ」と威す（『白州の民俗』昭五三、三一〇）。②

ま

〔埼玉県〕家の松の木にむささびが住んでいる。子供の頃はモモンガーと呼んで恐れた。モモンガーは足の皮で子供の目をふさぐから夕方には早く帰って来いと言われた（『あしなか』二〇一、昭六二、四）。（荻野夏木）

もゆら

山口県に伝わる伝承で、海で死んだ仏のこと。目には見えず、盆の月になると祀られたくて生者を刺すという。刺された人は具合が悪くなるので、祀りをする。

⇩れいこん、もうれん

事例 〔山口県見島村（現・萩市）〕盆月にはモユラといって、海で死んだ古い仏が祀られたくて刺すことがある。モユラは目には見えず、刺されると気分が悪くなる。祈祷かミズマツリをすると治る（『山口県史　資料編民俗二』平一四、六五）。（渡邉一弘）

もりさま【森様】

大木に宿る神。家で祀る場合と集落で祀る場合の双方がみられる。家で祀る際は、しばしば家の鎮守様とも捉えられていた。森さまの宿る大木を伐ると祟りがおこるとされ、もし伐るときは苗木を植えなければならないと伝えられているところもある。

⇩きのかいい、もいやま

事例 ①〔山口県下関市〕ある家の裏山の中腹にある森さまは、きちんと掃除をしてきれいにしておくと、お金に困らないといわれていた。森さまは家の鎮守様だといわれる。森さまの近くにある松の木をきったら、伐った人が怪我をした（『民俗採訪』昭和四九年度号、昭五〇、四四）。②〔山口県下関市〕モリサマは旧家で祀られている。モリサマの木を伐った人がいたが、その家は火事をおこして焼けてしまった。どうしても伐るときは、後で植え戻すので許してくださいと言って伐り、苗木を植えたという（『民俗採訪』昭和四九年度、昭五〇、四五）。（平井勇介）

もんすけばばあ【門助婆】

㊫もすけばばあ【茂助婆】　何らかの理由で神隠しにあった女が山姥のようになり風と共に帰ってくるという遠野の伝説。『遠野物語』にある「寒戸の婆」の原型とも考えられている。

⇩さむとのばば、やまんば

事例 ①〔岩手県遠野市〕ある渓谷中に異類がいて、人里に下りてきては女性をさらっていった。あるとき、門助という者の妻が誘拐されたが故郷が恋しく度々夫の家を訪れた。その際には必ず風雨があった（「遠野のくさぐさ」『日本民俗文化資料集成一五』平六、六三）。②〔岩手県遠野町（現・遠野市）〕門助ではなく茂助の家の娘だという話もある。この娘は秋ごろに草履を脱ぎ置いたまま行方不明になってしまった。しかし何年か経った後、娘は奇怪な姿の老婆となって一晩だけ戻ってきた。肌には苔が生え、指の爪は長く伸びていた。それ以来彼女は毎年やってきたが、そのたびに大風雨を伴うので、ついに村境に石塔を建て、ここから先は来るな、と封じた。それ以来婆はこなくなった（『東奥異聞』大一五、六一－七）。（廣田龍平）

もんどういし【問答石】

㊮おうむせき【鸚鵡石】、よばりいし【呼ばり石】　音を発する石の怪異の一つ。石の周りで音を立てたり声を出したりすると、石から音や声が返ってくるもの。同じ音が返ってくることもあれば、別の音が発せられることもある。また、笛など特定の音だけ返ってこないこともある。残響が強いともいう。江戸期の随筆には鸚鵡石という名称で多く記録されている。

⇩いしのかいい、こえのかいい

事例　①〔長野県小諸市〕問答石というものがあり、二つの石が向き合っている。尋ねたいことを唱えると答えてくれる（『長野県史　一（三）』昭六二、四七一）。②〔伊勢国宮川（現・三重県宮川市）〕鸚鵡石から五〇歩ほど離れて人が歌うと、石の中から同じような歌が聞こえてくる。器楽でも同様に響く（「笈埃随筆」『日本随筆大成　第二期一二』九〇）。③〔愛知県振草村（現・設楽町、東栄町）〕ヨバリ石というのが道を隔てて二つ向かい合っている。年越しの夜に岩と岩が交互に呼び合う（『民族』二（五）、昭二、一七三）。

（廣田龍平）

ま

や

やおびくに【八百比丘尼】

㊧類 しらびくに【白比丘尼】、せんねんびくに【千年比丘尼】、はっぴゃくびくに【八百比丘尼】　人魚の肉、九穴《くけつ》の貝（鮑）を食して八百歳まで生きたという長命の比丘尼のこと。北は秋田県、南は宮崎県と日本各地に話が伝えられていることから、遊行する熊野比丘尼がこの伝説の伝播者と推測されてきた。一方、福井県小浜市では、父の名を道満とする話もあり、民間の陰陽師の伝承への関与も指摘されている。庚申講の夜に人魚の肉を食し八百比丘尼となった話は各地に伝承され、山形県西置賜郡小国町の話では、庚申講の夜に東方朔《とうほうさく》が九穴の貝を食し長寿となっている。庚申信仰や、『東方朔秘伝置文』の流布が背景にあると思われる。

日本各地にある八百比丘尼の足跡の中心地は、福井県小浜市を起点に日本海の海岸線にそって東は新潟県、西は島根県にわたる地域、埼玉県の東南部を起点に東京、千葉、群馬の三都県にわたる関東平野の低湿地地帯、岐阜、愛知の両県にわたる濃尾平野の低湿地地帯等、水辺と関わっている。

八百比丘尼の出生、出身地は、福井県小浜市の他、北は岩手県奥州市江刺区から南は佐賀県鹿島市まで広く分布している。家筋も、新潟県佐渡市の田屋等、今も続く家がある。また各地を来訪し、柳田國男の『雪国の春』に記された椿ばかりでなく、杉、松、銀杏、欅、榎等の神木を植えている。

八百比丘尼の死没は、福井県小浜市の神明社の『八百姫宮略縁起』、空印寺の『八百比丘尼略縁起』に小浜で入定したことが記されているが、これも三重県鈴鹿市等、各地に塚や墓、入定地がある。古くは、中世の文献、『康富記』文安六年五月二六日の条、『臥雲日件録』文安六年七月二六日の条に、都に現れた八百比丘尼の記事がある。

⇩つばき、にんぎょ、ふけつのかい

事例 ①［福井県小浜市］昔、道満という漁父に一人娘がいた。ある日、海岸に流れ寄った人魚の肉を焼いて食べ八百比丘尼となった（『福井の伝説』昭一一、五七〇）。②［山形県小国町］庚申の晩に各自が持ち寄ったものを一つの鍋に入れて食う。東方朔という男が赤ん坊のようなものを当てて食う。このために「東方朔ざァ八千年」といわれるほど長生きする。この食べ物は九穴の貝であった（『羽前小国昔話集』昭四九、二二九-二三〇）。③［新潟県羽茂町（現・佐渡市）］八百比丘尼は大石の七軒町田屋家の生まれであるという。人魚の肉を食ったために何代過ぎても年も寄らず死にもせず、後、若狭の国に住んで八百姫神社に祭られたと伝えられている（『佐渡の昔のはなし』昭一六、一一〇-一一二）。④［埼玉県川口市］峯の八幡宮の境内、社殿のかたわらに銀杏の古木がある。昔、この神社に参詣した若狭の八百比丘尼が一休みしたあと、置き忘れていった杖が根付いて成長したものという（『川口市史　民俗編』昭五五、九三二）。⑤［三重県鈴鹿市〕昔、若狭から、年齢八百歳にして容姿少女の如き一婦女が、伊勢神宮参拝のためこの地を通り、ここで亡くなった。このため、塚を築き「八百比丘尼塚」として埋葬したという。里人は、八百比丘尼にあやかり、子供の長寿をこの塚に祈る風習がある（『神戸平原地方郷土史　後編』昭一三、二五四）。（小堀光夫）

〔参考文献〕大島建彦『日本の昔話と伝説』平一六、三弥井書店。

やおやおしち【八百屋お七】

愛しい男会いたさに放火事件を起こし、天和一三年鈴が森で処刑されたと伝えられるお七。この悲恋が生んだ事件は歌舞伎や浄瑠璃などの題材ともなったが、同時に、お七の亡魂にまつわる怪異も生み出された。お七の亡霊が、頭は少女で身体は鶏の異形として生まれ変わってきたり、疫病をもたらせたりするなどが挙げられる。お七の亡霊が円乗寺に現れるという噂は昭和三〇年代まであった。

⇩ゆうれい

事例 〔鳥取県〕おたふくかぜが流行するとき、「きちさん、をらん（いない）」と書いて、門口に逆さに貼り付けておくと、おたふくかぜがその家に入ってこない。「きちさん」は火あぶりになった八百屋お七の恋人で、お七の亡魂が「頬八丁（おたふくかぜ）」となって「きちさん」を慕ってうろつきまわるため、「きちさん、をらん」と書いて戸口にはる（『旅と伝説』六（四）、昭八、六五―六六）。（神田朝美）

やかんころがし【薬缶転がし】

(類)かんすころばし【鑵子転ばし】、やかんざか【薬缶坂】　人通りの少ない道や、夜中の道中に、薬缶が気味の悪い音を立てながら転がってくる怪異、または薬缶を転がす妖怪のこと。薬缶を転がすだけではなく提灯の火を消したり人の姿をして現れたりすることもある。鼬《いたち》の仕業ともいう。薬缶ではなく、同じく湯沸かしに使う鑵子や水《みず》甕《がめ》、鉄瓶が転がってくる怪異もある。

⇩いたち、おとのかいい、きぶつのかいい、ちゃだまころがし

事例 ①〔新潟県十日町市〕村はずれにヤカンコロガシの化け物が出た。山の上からガラガラと薬缶を転がすような音を立てた。鼬《いたち》の仕業である（『新潟県史　資料編二二』昭五七、九〇三）。②〔東京府井萩村（現・東京都杉並区）〕薬缶坂という坂があって、雨の夜に薬缶が転がり出すことがあった（『東京府豊多摩郡誌』大五、九九三）。③〔福島県〕カンスコロバシというのが山の上にいて、夜の通行人に向けて鑵子を転がす（『民間伝承』四（二）、昭一三、八）。（廣田龍平）

やかんづる【薬缶ヅル】

夜中に森を歩いていると木の上から薬缶が下りてくる怪異。同様の伝承では、薬缶のほかに茶釜や洋傘、土瓶、鍋のフタなどの生活用品がただ下がっているだけのこともある。いずれも具体的な被害は伝えられていないが、そういった場所は恐れられていることが多かった。鼬《いたち》の仕業とされることもある。

⇩いたち、きぶつのかいい、ほごつり

や

事例 ①［長野県］ヤカンヅルは、夜遅くに森の中を通ると木の上から薬缶が下がってくる怪異である（『民間伝承』三（一二）、昭一三、一二）。②［新潟県新津町（現・新潟市）］夏の夜遅くに歩いていると路傍の木から薬缶がぶら下がってきたり、女性が立っていたりする場所があった（『高志路』一一八、昭二三、一七）。③［鳥取県小田村（現・岩美町）］大きな木によく茶釜が下がった。それを供養するために地蔵が作られた（『民俗採訪』昭和四四年度号、昭四五、五七）。④［愛媛県南宇和郡（現・愛南町）］ある坂の地蔵の近くの木から洋傘がぶら下がったことがある（『女性と経験』二（二）、昭三一、一二）。

（廣田龍平）

やぎょうさん【夜行さん】

夜間の外出を控えて家の中で慎むべき日があり、それを人々に守らせるために登場して来た妖怪である。来訪日は夜行日のほか、節分の日、毎月二七日などで、時を定めて来るとされる。悪魔の大将や王と理解され、一般に首切れ馬に乗って来るという。この首切れ馬自体を夜行さんと呼ぶ場合がある。また、節分の晩にやって来る髭の生えた一つ目の鬼を夜行さんと称する所もある。伝承地は、おもに徳島県と香川県の一部である。

⇨きょらいしん、くびきれうま、ちんちんうま、ひゃっきやぎょう

事例 ①［徳島県］夜行日の夜、悪魔妖怪の王といわれる「やぎょうさん」が首切れ馬に乗って徘徊する（『土の鈴』一一 大一一、五七）。②［徳島県山城谷村（現・三好市）］節分の夜はヤギョウサンが来る。片目で髭の生えた鬼だという（『民間伝承』三（一一）、昭一二、七）。③［香川県白鳥町（現・東かがわ市）］ヤギョウサンは、節分の夜に来る首切れ馬の妖怪のことである（『香川県史 一四』昭六〇、五八）。

（入江英弥）

やくしにょらい【薬師如来】

薬師如来は、衆生の病根を救い疾病を治す現世利益招来の仏として古くから信仰されている。したがって薬師如来自体はもちろん、その姿を彫った像にまつわる話も多く伝えられている。薬師如来が与える加護は多岐にわたるが、特に病気平癒の加護を与える話が多い。その一方で意に沿わぬことをした者に災いをなすという話も聞かれる。

⇨にょらい

事例 ①［岩手県湯口村（現・花巻市）］薬師如来が病に苦しむ人を救おうとして川に落ちた。流れてきた仏像を持ち帰った人の夢に薬師如来が現れ「祠を建てよ」と言った。そこで薬師神社を建立したところ多大な御利益があった（『旅と伝説』九（八）、昭一一、四五）。②［長野県松本市］信濃の国司が眼を悪くしたため、薬師如来にお参りしながらそばの白糸温泉に通ったところ完治した。この薬師様は子どもの神様であり子どもがどんないたずらをしても罰があたらなかったが、大人には罰が当たった（『長野県史 民俗編三（三）』平一、四六七-四六八）。

（後藤知美）

やくびょうがみ【疫病神、厄病神】

㊮えきじん【疫神】、びょうま【病魔】、や

くじん【厄神】　災厄、特に病気をもたらすとされる神。あるいはそうした災厄をもたらすものを統括していると信じられてきた神をいう。そして災厄を防ぎ、平穏をもたらすためにはそうした存在に対する一定の祭祀が必要であるとされてきた。またそうすることで、厄神は福神に転化するという発想が近世以降には顕著にみられるようになった。神霊は人間たちに幸福や豊饒をもたらすばかりではなく、時には恐ろしい祟りを発現するという考え方は古代以来の御霊信仰に顕著であるが、疫病神や厄神はそうした負の側面を具体的に示す存在といえよう。民俗的には境界の時空においてそうした神霊の進入を防いだり、丁重に歓待した後に送り出す儀礼が多くみられる。そこで用いられる民具や形代などがこうした負の性格を持つ神霊へのイメージを増幅し、発展させてきた面も見逃せない。

　時間の区切り目である大晦日や節分などにおける鬼を追い払う儀礼では、さまざまな形式や宗教的な手順で、視覚的、演劇的にも悪しきものが追放されることが確認される。その一方で、少数ではあるが、「鬼の宿」などと称して、追い払われる鬼を迎え入れ、供物などを捧げて祀ることが家の行事として伝られている場合もある。これは悪しき祟りをなさぬよう神霊に対して入念かつ丁寧に祭祀する感覚の表出ととらえることができよう。またコト八日（二月、一二月の八日）には恐ろしいものがやってくるとして、家の外に目籠《めかご》などを設え、履き物をしまい込んで屋内に慎む習俗は、一目小僧やミカワリ婆さん、ダイマナグ（大眼玉）といった妖怪に類する神霊への畏れとともに伝承されてきている。こうした神霊がしばしば病気をもたらすと信じられてきたことにも注目すべきであろう。そうした家ごとの防御や祭祀ばかりではなく、ムラや一定の地域で病気をはじめとする悪しきものが進入してこないように、共同で集落の入り口などの境界地点に異様な大きさの形状の形代を作る習俗も数多い。それらの姿は男女一対であったり、ことさらに性器を強調する場合がある。そこからは性に象徴される日常的かつ健康な生命力が病気の状態に対抗する力を持つという観念を看取することもできよう。

⇨あくろじんのひ、きょらいしん、さえぞぼん、ほうそうがみ

事例　①［新潟県新発田市］厄神が家に入ると鍋・釜・下駄の歯にまで化けるという（『新潟県史　資料編二二』昭五七、六八六）。②［神奈川県津久井町（現・相模原市）］一二月八日には厄病神がやってくるので下駄を見えないところに隠す。厄病神は下駄にハンを押す。ハンを押された下駄をはくと病気になる。当日は門口に目籠をつるし、柊の枝を刺しておく。疫病神は目を柊の葉の棘で刺されるので入ってこない（『民俗』一八、昭三一、五）。③［宮城県気仙沼市］大晦日の晩、宿屋業の家では門口に枕布団などを積み重ね、その前にお灯明をあげる。これは疫神様が年越しに泊まるところがなくて迷っているので、一晩だけ宿を貸すのだという。そうすると疫病にかからないという（『気仙沼町誌』昭二八、四九四‐四九五）。

（小池淳一）

［参考文献］大島建彦『疫神と福神』平二〇、

や

三弥井書店。紙谷威廣「福神と厄神」五来重ほか編『講座・日本の民俗宗教（三）神観念と民俗』昭五四、弘文堂。西尾正仁「疫病神信仰の成立」『民俗宗教』三集、平二、東京堂出版。

やこうのたま【夜光の玉】

みずから光を放つ玉のことで、工事中に出土したり山の中心に存在したりするなどの伝承がある。また、『新著聞集《しんちょもんじゅう》』には鎌倉光明寺の壇通和尚を火葬にした際、五〇～六〇粒ほどの念珠が光を放ったことが記録されている。

⇩かいこう

事例 ①［岡山県倉敷市］寛政九年（一七九七）、備前国（岡山県）児島の榧ヶ原で豪農が石垣を作らせていると、巨石の中から二つの玉が出てきた。一つは六寸ほど、もう一つはその半分ほどの大きさで、小さい方は石工が打ち砕いてしまったが、大きい方は豪農の子どもの遊び道具となった。その玉は白い粉を塗ったように見え、暗室へ入れると文字が見えるほどに周囲をよく照らす、夜光の玉というべきものであった（「退閑《たいかん》雑記」『続日本随筆大成』一、二〇七）。②［長野県南安曇郡（現・安曇野市）］有明山の中心には夜光の玉がある。そのためこの里は、鼻をつままれてもわからなくなるような闇にはならないと信じられている（『郷土研究』三、大四、四九）。（財津直美）

やざいどん

藪神の一種。もとは藪だったところに祀られている。よく人に取り憑いて病気にするなど悪いことをしていた。

⇩やぶがみ

事例［長崎県平戸町（現・平戸市）］ヤザイドンは、今は小さな瓦葺の祠に祀られているが、もとは藁束製のトビイエを毎年作り直していた。病気でふらふら歩いている人がいると、ヤザイドンが憑いたといい、また家に病人が出ると、その都度トビイエを作って祀っていた（『山陰民俗』三、昭二九、四一）。（廣田龍平）

やさぶろうばば【弥三郎婆】

(類)やさぶろうのはは【弥三郎の母】佐渡を含む新潟県各地、福島県、山形県の一部地域に伝わる、人を食う老婆。一方で心優しい正直な若者に富豪の娘を世話し、富をもたらすという伝承もあり、山姥のような性質ものぞかせる。

弥三郎婆は、猟師・百姓などを生業とする弥三郎の母親であるが、もともと村で鬼婆と噂される存在であったり、孫や村の子供をかわいさのあまり食ってしまって鬼婆となったり、あるいは弥三郎の母を殺して成りすましていたりする。黒雲に乗って現れ、空中から腕を出して悪さをしようとするが、腕を斬られて傷つき、その正体が露見した後には失った腕を取り戻しに再び現れる。また、オオカミを引き連れて弥三郎を襲う事例もある。婆と対決するのは、息子の弥三郎や、各地の豪傑である。そして多くの場合、弥三郎婆が最後に向かう場所は、越後国一の宮として広く尊崇を集めた弥彦神社のある弥彦山である。各地で腕を切り取られ、逃げてきた弥三郎婆は、弥彦村の宝光院で住職の典海阿闍梨にさとされて、罪を悔いて妙多羅天女という神になったとか、山に住みついて悪さをするので、神として祀ったという。

また、彼女の生れ故郷は佐渡の五十里《いかり》東野であるため、故郷を追われた後も、五十里祭りの前夜には暴風雨とともに帰ってくるといったり、十二月八日の吹雪は弥三郎母の移動に伴って生じるため、この日は弥三郎母に子供の腕を切り取られないように、家の入口に竿の先にザルをつけて吊るしておき、その帰りである二月八日にも同様にするという習俗も報告されている。

⇩おにばば、かぜのかみ、やひこさん

事例 ①［新潟県弥彦村］弥三郎という男が老婆と暮らしていたが、鬼婆が老婆を食べてしまう。鬼婆は弥彦山の岩山に潜み、子どもを捕らえては食べたので、「妙多羅天」という神にされ、まつられた（『西郊民俗』一二六、平一、二七-二八）。②［新潟県佐和田町（現・佐渡市）］駄栗毛左京が諏訪社の森近くまで来ると雷がきて、何者かが馬をつかんで放さないので切ると、鬼女が黒雲に乗って逃げ、後に腕が残される。雨の晩に老女が訪れ、自分は越後弥彦在の農夫弥三郎の母だといって許しを乞い、悪事を改めると誓いを立てたので腕を返すと、それ以来弥三郎婆さんは姿を見せなかったという（『新潟県史　資料編二三』昭五九、九一〇-九一一）。③［福島県三島町］昔、弥三郎母という鬼女がいた。片腕を切り落とされたため毎年一二月八日に人家に飛び込んで子どもの腕を切り取っていく。これを防ぐため、家の入口にざるを竿の先につけてつるしておく。弥三郎母は二月八日に帰るので、その際も同じようにしておく（『近畿民俗』一三五、平五、三四-三五）。④［新潟県新津市（現・新潟市）］獲った魚を盗って行く者がいるので、待ち構えていると空から手が出てきたのでその手を切り落とした。帰宅してみると、婆が切り取った腕を取り上げて自分の手につけ、鬼女となって去って行った。その後弥三郎の家は傾いた（『高志路』六（一）、昭一五、四八）。

（竹内邦孔）

［参考文献］谷川健一『鍛冶屋の母』昭五四、思索社。

やしきがみ【屋敷神】

屋敷内や付属地に祀られた家の守護神。地方により、内神、地神、氏神、荒神などとも呼ばれることがある。直江廣治は、屋敷神を「各戸屋敷神」と「本家屋敷神」「一門屋敷神」の三つに分類し、本家の屋敷神を同族のものが一緒に祀る型を最も古いものとしている（『屋敷神の研究』昭五二、吉川弘文館）。また、日本の村落研究によれば、同族であるということの重要な事実として、本家の屋敷神（氏神）を祀ることが指摘されている。いずれも、日本民族の成り立ちを考える上で屋敷神の存在が重要であることを示しているといえよう。

事例 ［山梨県富士吉田市］屋敷神をアズマヤサマと称する家がある。アズマヤサマの場所をかえると、家業の杣《そま》（林業のこと）で怪我ばかりするようになったので元の場所へ戻したところ、怪我をしないようになった（『向原の民俗　上』九、昭五八、五四）。

（平井勇介）

やしまのはげだぬき【屋島の禿狸】

㊫はげだぬき【禿狸】　四国の著名な狸。屋島（香川県高松市）に住み、源平屋島合戦を見物したとされ、死後、人に憑くと屋島の合戦の様子をつぶさに語ったという。また、屋島の禿狸は人に憑いても悪戯はせず、吉凶を占ったり、他の狸による憑依を落とす方法を教えたりしたという。

⇩たぬき

事例　［徳島県西林村（現・阿波市）］屋島の禿狸は源平屋島の合戦を見物していたので一部始終を知っている。その後、居を香川県木田郡牟礼村（現・高松市）の八栗寺に移し、希望により屋島合戦を演じてみせていたが、或る時狩人に殺された。屋島合戦を見物する時は無言で居らねばならず、笑ったりすると中止して再び演じなかった。死後、どうしたわけか阿波（徳島県）に来て方々にいたようだが、人に憑くと吉凶その他を予言したり、他の狸憑を全癒させたり、自分の身上話や屋島合戦を語った（『民族と歴史』八（一）、大一一、二八八–二九〇）。

（及川祥平）

やしゃ【夜叉】

㊫やしゃおに【夜叉鬼】、やしゃがみ【夜叉神】　人をさらったり、苦しめたりする恐ろしい鬼。古代インド神話の鬼神・ヤクシャが仏典を通じて伝えられたものとされる。夜叉ヶ池といわれる池があり、雨乞いなどの伝説を伝えている。

⇩おに、やしゃがいけ、やしゃへび

事例　①［秋田県］宝亀元年に保呂波山から夜叉鬼がきて女米鬼山に住み、里人の娘を奪い妻として、大瀧丸を生んだ。略奪を繰り返すので、村民は恐れて古種沢鏡池より保量大権現を勧請し、その難を逃れようとしたという（『民族と歴史』二（二）、大八、五一）。②［山梨県芦安村（現・南アルプス市）］芦安の夜叉神峠には昔、夜叉神という体が大きく足が長い悪い神がいて、村人を苦しめていた。ある夏に大雨が幾日も続いて甲府盆地に大被害をもたらした。村人達はこれを夜叉神のたたりだと恐れ、その霊をおさめるために御勅使川の谷を一望できる峠の上に石の祠を造って手厚く祀った（『甲斐路』五五、昭六一、二四–二五）。

（山田栄克）

やしゃがいけ【夜叉ヶ池】

福井・岐阜県との県境に位置する池を夜叉ヶ池と呼ぶ。夜叉ヶ池の伝説は、近江・美濃・越前で語られている。近江では佐々木秀義の乳母である夜叉御前を、雨乞いのためにこの池に沈めたという。美濃では安八太夫の娘お里が雨乞いのために池の主である大蛇と入水し、越前では諸国行脚の若い僧が池の主に魅入られたという伝説が語られている。美濃国では夜叉ヶ池で雨乞いの際に、娘お里の喜びそうな白粉、縫い針を笹の葉船に乗せて池の水に浮かべて扇で仰ぐ。船が沈めば雨は降り、吹き返すと雨は降らないという。

⇩いけ・ぬま・しみずのかいい・れいげん、はたおりぶち、へび、やしゃ

事例　［滋賀県、岐阜県、福井県］美濃国安八郡に安八太夫という人がいて、娘が二人いた。ある年の夏、干ばつで困っていると

山伏が「娘を一人くれたら雨を降らす」と言った。娘のお里は承諾し、安八太夫が山伏に告げると、山伏は大声でお経を唱えた。するとたちまち大雨が降りだした。山伏は古池に住む大蛇で、女房をくれたお礼を言い残して姿を消した（『民俗文化』四六二、平一四、五二七七）。（五十嵐大晃）

やしゃへび【夜叉蛇】

岐阜県揖斐川町の赤池にいる蛇。赤池の付近には金山淵があり、村人はその淵を埋め立てて水田にした。そのときに経塚を作り、蛇の祟りがないように供養した。

⇩だいじゃ、ぬし、やしゃ

事例 ［岐阜県藤橋村（現・揖斐川町）］金山淵の埋め立て工事中、関係者にご馳走するため、夜叉蛇が旅人の姿に変身し、膳と椀を借りる。その家はお礼に魚をもらうが、「かぎ」を金属製に換えたら魚をもらえなくなった（『美濃民俗』九四、昭五〇、五）。（近藤祉秋）

やちゃり・むちょり【山坊・海坊】

ヤチャリ（山坊）とムチョリ（海坊）が一緒に表記される場合が多い。兄弟神の面影が残る山の神である。山の怪とされる。

⇩けんむん、やまひと

事例 ［鹿児島県瀬戸内町］ケンムン（木の精）はヤチャリ・ムチョリという人間からなった。大木を何十本も倒す音を出したり、山の石を落とす。山の木を伐採するときには「ヤチャリボー」とイトゥー（労働歌）を唱えると山の怪は近づかないという（『南島研究』二二、昭五六、三一）。（阿部宇洋）

やつかはぎ【八束脛】

八握り分の長さの脛《すね》を持つ、足の長い大男のこと。古代、大和朝廷に服属しない先住民を、中央から蔑視して呼んだ称。岩穴に住んでいる。

⇩おおひと、つちぐも

事例 ［群馬県沼田市、みなかみ町］三峯山の岩穴にヤツカハギという大男が住んでいて、秋になると集落へ稲を取りに来る。稲穂を一つ一つ大きな手でこすると米になってしまう程の力があった。毎夜毎夜山から出てくるのであとをつけると翌日から出てこなくなった。翌年から伝染病が流行したのでヤツカハギ様として祀った（『上毛民俗』四〇、昭四一、三八）。（磯貝奈津子）

やていさま【ヤテイ様】

類 おやて、やって　岡山県の一部で信仰されている異形の小動物の呼び名のひとつ。村の氏神として祀られ、当屋による祭祀が行われる場合が多い。災難がおきる前にはヤテイ様が鳴くという。姿は狐に似るが、狐の声とは異なるという。

⇩いなり、おいつきさま、きつね

事例 ①［岡山県真庭市］栗原では村に火難、盗難など変事がある前に「ヤテイ様が鳴かっしゃれる」と老人が言い、実際聞いた人もまだ生きている（『岡山民俗』八一、昭四四、二）。②［岡山県津山市］国司神社の当屋では氏神様を床の間に祀るが、その表の縁側を夜も一五センチばかり開けておく。庭先にヤテイ様を祀ってあり、夜中に氏神様が召されることがあるためである（『岡山県史　一五』昭五八、五一〇）。③［岡山県真庭市〕下市瀬では災難がある前にヤテイ様という馬のような神の使いが「ヤー」と地響きのする大きな叫び声をあげて通る（『岡山県史　一五』昭五八、五〇四）。

（渡部圭一）

やとのかみ【夜戸神、夜刀神】

類やつのかみ【夜刀神】『常陸国風土記』行方郡の条によれば、頭に角がある蛇で、姿を見た者の家は滅びる。継体朝の時代、箭括麻多智《やはずのまたち》が郡西部の葦原を開墾する際、夜戸神が群れで押し寄せ、水田耕作を妨害した。麻多智は仗《ほこ》を執って追い払い、標の杖で境界を定めた。その後、彼は夜戸神の社を建て、子孫がそれを継いだ。東国方言で山地の谷を意味するヤトが名前の由来とされる。また、『常陸国風土記』の編纂にあたり、土着の物語に儒教的な解釈が加えられた可能性を指摘する研究者もいる。

⇩へび

事例 ①〔茨城県玉造町（現・行方市）〕愛宕神社にて、夜戸神を祀る。昭和四九年に「夜戸神」の石碑が建てられた（『日本の神々　一一』昭五九、四二三）。②〔大分県北海部郡（現・大分市、佐伯市）〕「夜戸神」と書いた札や軸をトビノオサマ（富尾様）として祀る。トビノオサマは蛇神で時に人に憑く（『日本の民俗　大分』昭四八、一四三）。

（近藤祉秋）

〔参考文献〕『茨城県史　原始古代編』（第五章第六節、志田諄一執筆）昭六〇。

やどり

北海道における巨大な蛸の怪。松前地方では、婦人がこれの足に触れると妊娠するとされ恐れられていた。松前の方言では、章魚《たこ》（蛸）のような異体のものをカッパと呼び、これが海に入ればヤドリといった。

⇩かっぱ、たこ

事例 〔北海道〕難産の婦人の治療中、章魚の足が二本現れたので切断したが、残りの部分が出ず妊婦は死んでしまった。章魚が腹の中に吸い付いて出てこなかったのだという（『旅と伝説』三（一〇）、昭五、七四-七五）。

（小澤葉菜）

やなぎ【柳】

ヤナギ科ヤナギ属の樹木の総称。多くの種類があり、日本ではしだれ柳がもっとも身近な柳のひとつ。材質は柔らかく軽い。色が白く様々な工芸品に利用される。また葉は薬用として歯痛・火傷などに効くという。

正月の祝い膳で用いる箸が「柳箸」であるように、柳は縁起がよい吉祥の樹木とされる。しかしその反面、縁起の悪い不吉な樹木という性格も併せ持つ。例えば鳥取県では、柳はおめでたい幸福な木であり、よく枝が垂れたものを庭木とすれば出世できる、という俗信と共に、庭木にすると女難を受けるだとか、大酒飲みがでるなどの報告がある。他に柳に関する俗信としては、焼くと死臭がする、庭木にすると祟る、など不吉なものが目立つ。

伐ると祟りがあるともされ、新潟県では「化け柳」と呼ばれていた古く大きな柳を伐ろうとしたところ、血が噴き出してきたので伐るのをやめたという報告がある。

柳に宿る精霊は、美男美女と考えられていたようである。彼らは寺社建立の説話によく登場する。例えば甲斐善光寺建立のとき、棟木として選定された古柳の精は男であった。彼は隣村の娘のもとへ夜這いを重ね、伐採の前夜に別れを告げて消えたという。また京都三十三間堂建立のときにも、「おりゅう柳」という大きな柳を棟木とした。この精は女で、伐採前に人間の男と子をなしたとか、自ら柳を引き川を下ったという話がある。

　また堀や水辺の柳が幽霊の出現場所として知られている。しかしそれは、江戸時代の説教浄瑠璃や怪談のなかで舞台設定が行われ、挿絵や幽霊画などに描かれてからのものである。それ以前の中世期では、幽霊と柳は結びついていなかったという。

　柳は挿し木が容易で、大地に力強く根を下ろすという。「笈入柳《おいれやなぎ》」といって、源義経が笈に入れた柳を地面に指したところ根付き、それが地名になったという伝説や、弘法大師が柳の杖で突いたところ泉が湧いたとする伝説などは、柳の性質をよく表しているといえよう。

⇩きのかいい、へびやなぎ

事例 ①［鳥取県］柳はめでたい幸福の木。柳の枝がよく垂れるものがあれば出世する。柳の木があるとその家の誰かが女難をうける。柳の大木がある家には大酒呑みが出る。柳があると美男美女が出来るが胸の病となる（『因伯民談』四（二）、昭一三、七三）。②［新潟県栃尾市（現・長岡市）］化け柳と呼ばれる古い柳の大木があり、伐ろうとしたら血が出た（『新潟県史　資料編二二』昭五七、一〇二二）。③［山梨県］善光寺の本堂を建てるため、数百年を経ても朽ちない古柳が伐られることに決まった。その夜、隣里の農家の娘に二年通っていた男が、自分が実は古柳の精であり明日伐られることを告げて消えた（『旅と伝説』五（八）、昭七、一〇）。④［三重県紀和町（現・熊野市）］柳の精がお柳という女に化身し、人間と子をなした。しかし、京都の三十三間堂の柱にするため、その柳は伐られてしまった（『旅と伝説』八（三）、昭一〇、七四）。⑤［宮城県河南町（現・石巻市）］和渕明神に源義経が武運を祈って、笈の中に入れていた柳の枝を地に挿したところ、それが繁茂し、地名となる（『宮城県史　二二』昭三一、二一九）。（中野洋平）

〔参考文献〕安永寿延「幽霊、出現の意味と構造」『国文学　解釈と教材の研究』一九（九）、昭四九。

やなり【家鳴り、屋鳴り】

何もないのに家に不可解な怪音が響く現象。誰かの、もしくは、何か（動物・植物など）の「死」を契機に始まると考えられた。

⇩おとのかいい

事例 ①［愛知県犬山市］寛政一二年氏神である針綱《はりつな》神社境内の老木を伐ったところ、社地の隣家である勘左衛門宅で夜になると家鳴りがした。翌晩家鳴りはどんどん激しさを増した。祈祷してもらっても家鳴りは止まない。勘左衛門宅の盲目の子・千之助に何かがとりつき、祟りが恐ろしければ社内に木を植えるように告げる。その後も千之助は不思議な力を発揮し、やがて修験者になった（『郷土趣味』四（八）、大一二、一七‐一八）。②［長野県下條《しもじょう》村］一軒の百姓に旅人が一夜の宿を借りた。だが旅人は夜中に強盗に早がわりしたので、百姓は強盗を打ち倒してしまった。その後、夜になるとたたりで家鳴りがした。そこで村の中ほどにある丘の上に霊を祀ると家鳴りはおさまった（『伊那』一九（二）、昭四六、三八）。（神田朝美）

やのねいし【矢の根石】

㊮いしのやじり【石の鏃】、かみやのね【神矢の根】　毎年特定の時期に発生する「神軍」と呼ばれる大風雨の際などに空から降ってくるとされる矢じり状の石。神軍の後に砂浜や木陰などで見つかる。形状は矢じり以外にも鉾や斧、環などがあり、色も赤、青、灰、黄などさまざま。出羽国に多いが、陸奥国、佐渡国などでも見られる。

⇩いしのかいい、いしふり、らいふ

事例　［出羽国吹浦（現・山形県遊佐町）］福浦村の辺りでは、激しい雷雨の後に神矢の根というものが降る。その地の人は神軍があったので空から降ってくると説明する。また井岡山や飯盛山でも度々降ることがある。降ってくる物の形は様々で、大きさも四、五分から三寸ほどの物まであり、色も白、黒、赤、灰色など数種類ある。鹿島などでも降る事があるが、西国にはないことで、関西の人はこれを重宝する（「一挙博覧」『日本随筆大成　第二期八』一九）。（村山弘太郎）

やひこさん【弥彦山】

新潟県西蒲郡弥彦村と長岡市の境界にある山。弥彦山に祭られている弥彦神社もしくは山を総称してお弥彦様と呼ぶ。悪者をこらしめたり、困っているときに鳥を遣わして、問題を解決へ導くなど、弥彦山の様々な霊験が由来譚や伝説として残っている。弥彦神社内に祀られる妙多羅天女は、弥三郎婆という鬼女が改心したものともいわれる。

⇩やさぶろうばば

事例　①［新潟県黒埼町（現・新潟市）］源義綱軍は、越後の国を荒らしまわっていた黒鳥兵衛征伐に向かう途中、黒鳥兵衛の幻術の雪で行く手を阻まれる。その時、弥彦山の方から飛んできた鳥が、三本の木の枝を雪上に置いて歩き始めた。義綱軍はこれを見てカンジキを作り、黒鳥兵衛の所に辿り着いた（『黒埼町史　資料編六』平八、四七四-四七八）。②［新潟県新津市（現・新潟市）］弥彦明神は、日ごろの大蔵兵衛の悪行を罰しようと、大蔵兵衛が日光浴をしているところへ大石を投げた。その石は三日二晩がかりで飛んできて大蔵の踵にあたり、半分ほど地中に埋まったという（『黒埼町史　資料編六』平八、四八三-四八六）。（保科友希恵）

やぶがみ【藪神】

屋敷の隅や藪に祀られる。家の守り神と考えられている場合が多いが、複数の家々で祀られていることもある。また、無縁仏と関連する記述もしばしばみられ、祀らないとそこを通る人びとに災いをもたらす存在とされていた。

⇩むえんぼとけ、やざいどん

事例　①［岡山県玉野市］石島の草分けの旧家では、屋敷の隅にヤブガミ荒神を祀っており、それを家の守り神としている（『岡

山県史　一五』昭五八、五四九−五五〇）。②［佐賀県唐津市］藪神様を祀っている家がある。神様ではなく、仏様として祀る。無縁仏で、藪神の木や竹を伐ったり、祀らなかったりすると祟る。また、藪神様の前を通るときには、咳払いをしないと咎められるという（『民俗採訪』昭和四二年度号、昭四三、六八−六九）。③［岡山県金光町（現・浅口市）］ヤブガミは屋敷の一隅か木のもとに祀られていることが多い。つばを吐いたり触ったりしてはならず、ヤブガミのそばの木を伐るなどするとできものができる（『岡山民俗』八二、昭四四、一−三）。

（平井勇介）

やぶさやま【ヤブサ山】

信仰の対象となっている藪山。石の神体を祀っていることもあり、ヤブサ山の竹を切ったり、けがれた人が入ったりすると祟りがあるとされる。おもに南九州の西側で報告されている。

⇩たたりち

事例 ［鹿児島県下甑村（現・薩摩川内市）］小さい石四体があり、神功皇后がこの神を勧請したという。ヤブサ山の竹などを取ると海が大シケになり、けがれた人が入ると倒れる（『民間伝承』三二（三）、昭四三、一六五−一七一）。

（塚原伸治）

やまあらし【山あらし】

㊫しい　山に出る妖怪。地方によって伝承が大幅に異なる。江戸後期の妖怪絵巻である松井文庫本『百鬼夜行絵巻』にも山あらしという妖怪が描かれているが、その姿は現実の哺乳類ヤマアラシのように全身から針を生やしている。また、哺乳類のヤマアラシも江戸時代に輸入された当初は奇獣とされていた。

事例 ①［奈良県大塔村（現・五條市）］ヤマアラシは、山で木を刈る音をさせる怪物である（『吉野西奥民俗採訪録』昭一七、三八七）。②［和歌山県広村（現・広川町）］シイとも言う。牛がこの獣を非常に恐れるので、牛飼いは「進め進め」ではなく「シイシイ」という（『民間伝承』四（三）、三二）。③［栃木県益子町］ある人が山奥に入ると、山のアラシと名乗る者に出会った。沢で氷を砕いており、それを里に降らすと言う。そこで自分の畑には降らさないでくれ、と頼むと、目印を立てろ、と言われた。その人は畑に棒を立て、目印とした（『民俗学』二（一二）、昭五、三二）。

（廣田龍平）

やまいもうなぎ【山芋鰻】

山芋が鰻に変化する怪異。『和漢三才図会』によると、谷のあたりに端を出している山芋は、時々風水に感応して鰻に変化するという。半分鰻になっているのを見た人は多いとも述べている。この怪異は日蓮の文書や『塵袋』などに言及があり、鎌倉期から知られていた。植物が魚に変ずるという伝承は他にも見られ、竹の葉がイワナに変ずる事、菖蒲の根が魚に変ずる事などが記録されている。

⇩うなぎ

事例 ①［阿波国鵠浦（現・徳島県）］川の岸で、水につかっている部分が鰻の尾になっている山芋が見つかった。割いてみると、尾の先のほうは魚の肉だったが、中ほどにいくにつれて堅くなっていき、白い山芋になっていた（「俗説正誤夜光璧」『日本衛生文庫　六』大七、三一四-三一五）。②［不明］ある人が山芋を食べようとして切ってみると、釣針が出てきた。鰻が山芋になることもあるらしい（『甲子夜話　五』昭五三、一四三）。③［徳島県海部郡］ある者が山芋鰻を二つ得たが、八〇円で売れ、見世物にされることになった（『東京絵入新聞』明治一四年五月六日）。

（廣田龍平）

やまおとこ【山男】

㊮やまおのこ【山男】、やまじょう【山丈】

山中の怪。全国的に報告例がある。柳田國男の山人論においては、「山人」の下位分類とされる。全身が毛深く、半人半獣の大きな体躯をしていて、動物の皮や木の葉で作った腰蓑をまとっていることもある。一つ目だったり、一本足だったりすることもある。山中で独自の生活を営んでおり、山女と一緒にいる例も多い。

怪力をもっているが、普段は里に下りてこないため、山男が積極的に人間と敵対することはない。しかし、山中に足を踏み入れた人間の男にはよく勝負を挑む。その場合、腕力で優勢に立っていた山男が、銃で撃たれて退散させられるという展開になることが多い。山男に勝った男の猟の腕が上がるという後日談がつく話もある。

一方、山男が友好的な態度で人間に接し、交流を求める例もある。多くは、人間から食べもの（握り飯や酒など）をもらった山男が、木の皮や山菜、魚介などをお礼に差し出したり、荷物運びや農作業を手伝ったりする。山男と人間の交流は偶発的に行われることが多いが、まれに定期的に山男が人間の市に顔を出す例もある。

山男（『怪物画本』国際日本文化研究センター蔵）

山男の多くは人語を話さないが、解することはでき、身ぶり手ぶりで人間と意思を疎通する。一方、山男が短い言葉を発したり、人間の心中を悟ることもある。

しばしば山男は人間の女性をさらって妻とし、時には子を作る。山男と契った女性は二度と人界に戻れず、山の人生を生きることになる。これは人身御供の伝承の変奏であり、山男の神性の名残りとみなせる。

⇩キムナイヌ、さとり、さんき、さんしょう、しらひげどうじ、やまおんな、やまちち、やまひと

事例　①［新潟県阿賀町］行方不明になっていた酒屋の娘おりんは、山の中の掘っ立て小屋に山男と暮らしていた。山男は一生おりんを帰さなかった。いまも「おりんが平」という地名が残る（『西川の民俗』昭五一、二六九）。②［長野県南信濃村（現・飯田市）］雨の降るなか、猟師が小屋で休んでいると、山男が出てきて勝負を挑む。普通の弾で撃っても効かないが、特別な弾で撃つと、谷底へ落ちていった。猟師は下山後、銃を埋めて家族に殺生を戒めたのち、死んだ

(『伊那』一三―(一)、昭五九、五三―五四)。③[愛知県北設楽郡]山男のことを「サトリ男」ともいう。杣人《そまびと》が山中で働いていると傍らに座り、心中を悟る。杣人が木作りをしていると、木片が跳ね飛ぶのに驚き、「人間は悟りきれぬことをする」と言って逃げ去る(『民族』三(一)、昭二、一四三)。④[静岡県佐久間町(現・浜松市)]「白髯童子」という山男がいた。身長は五メートルもあり、神通力があった。神主の夢に出てきて、雨乞いの神として祀られたという。いまでもときどき現れて、一本足の足跡を残す(『日本の石仏』二四、昭五八、九九―一〇二)。⑤[岩手県遠野市]山中で猟をしていた男が、遠くの岩の上で、丈の高い美女が長い黒髪を梳いているのを見かける。男はその女を撃ち、証拠に髪を切り取って束ね、懐に入れた。男が家に帰る途中、急に睡魔に襲われて、物陰でまどろんでしまう。夢とうつつの境にいるとき、丈の高い男がやって来て、懐中に手を差し入れ、髪の束を取り返して行った。山男なのだろうという(柳田國男『遠野物語』一八)。 (伊藤龍平)

〔参考文献〕伊藤龍平『江戸幻獣博物誌』平二三、青弓社。柳田國男「妖怪談義」『柳田國男全集 二〇』。花部英雄「山人編の一視点」『國學院雑誌』九九(一一)、平一〇。

やまおに【山鬼】

山にいる鬼。はっきりとした姿について語られることは多くないが、姿を見ていなくとも山に入って正気を失った後に、懐妊が分かると山鬼と交じわったとされた。

⇩おに、さんしょう、やまひと

事例 ①[東京都青梅市]日本武尊《やまとたけるのみこと》が山蛭を取って鹿に投げつけたら目に当って死に、山鬼の正体を現した(『民俗』一九、昭三一、四―五)。②[秋田県上小阿仁村]山鬼が人の骨を抜くと蛭子になると言われている(『秋田民俗』一二、昭六一、六五)。 (熊倉史子)

やまおんな【山女】

㊫やまうば【山姥】、やまおんば【山姨】、やまじょろう【山女郎】、やまひめ【山姫】

山中の怪。全国的に報告例がある。柳田國男の山人論においては、「山人」の下位分類とされる。半人半獣の猿のような姿をしている場合と、比較的人間に近い姿の場合とがある。行動は山男と重なる部分も多いが、この怪が女性であるため、性差が生じている例もみられる。また、若い山女の場合と老いた山女の場合とで、話の内容と性質が異なる。

若い山女は山姫とも呼ばれる。容姿は美しく、谷川の水で長い髪を洗ったり、半裸で行水したりするなど、性的要素が強調されることが多い。人間の命を奪う恐ろしい存在で、猟師や炭焼きなどが犠牲になる点、雪女伝承にも通ずる部分がある。

山女の話には、伝承者の性別や伝承の場の問題が関わっている。登場人物に猟師が多いのは、この伝承が、猟師仲間という男社会で話されていたことを暗示している。

一方、老齢の山女は山姥と呼ばれ、昔話「食わず女房」や「牛方山姥《うしかたやまんば》」などに登場する。金太郎の母の山姥のように、山姥の伝承ではしばしば母性が強調される。また、鬼女伝承との関わりも想定される。

人間の女性が、山に入って山女になる例もある。山に入った理由については、自発的に行方をくらました場合、山男にさらわれた場合、確たる理由がない場合とさまざまであるが、いずれにせよ、いったん山の世界に入った女性は二度と人間の世界に戻ることはできない。人間が変身した山女は、産女《うぶめ》や船幽霊などと異なり、死というプロセスを経ておらず、妖怪と人間の中間に位置づけられる。

⇨ちちっこかつぎ、やまおとこ、やまじょーろ、やまひと、やまんば

事例 ①〔徳島県〕猟師が人里離れた山中で美しい女に遭った。崖の上にたたずみ、尻まである長い髪を梳いている。妖怪だと直感した猟師は銃で女を撃つが、当たらない。鏡に映った姿を見て狙いをつけると命中し、女は谷底に落ちた。山女郎だという（『土の鈴』一三、大一一、六〇-六一）。②〔香川県琴南町（現・まんのう町）〕男が谷川の湖のほとりに通りかかったとき、水の跳ねる音がする。見ると、女が長い黒髪を淵のなかに垂らしている。声をかけると、黒髪に水をしたたらせながらふり返り、笑った。くちびるは耳まで裂け、馬鍬のような歯が口元からはみ出していた（『香川県史　一四』一四、昭六〇、五九六）。③〔高知県〕四万十川上流で、炭焼きをしていた男が、夜更けに厠に行くと、入口から女が覗いていて、長く紅い舌を垂らし、ケタケタと奇妙な声で笑う。笑うたびに長い舌が男の顔につきそうになる。それ以降、男は寝たきりになり、まもなく死んだ。山女郎に肝を吸われたのだという（『季刊民話』三、昭五〇、一六-一七）。④〔宮崎県東臼杵郡〕猟師が猿を撃とうとしたが、不憫に思って逃す。すると、その猿は猟師にナメクジを握らせた。帰り道、猟師は山女に遭うが、山女はナメクジが嫌いなため、危害を加えることができなかった（『民族』二（六）、昭二、一七〇）。⑤〔岩手県遠野市〕山中で猟師が会った女は、以前、行方をくらました長者の娘だった。女の話によると、ある者に取られてその妻となり、子もたくさん産んだが、すべて夫に喰われたという。女は猟師に帰るように言い、姿を消した（柳田國男『遠野物語』一八）。（伊藤龍平）

〔参考文献〕竹内邦孔『山姥さん』から『山姥』に」『昔話―研究と資料―』三〇、平一四。柳田國男「山の人生」『柳田國男全集　三』。

やまかがし【赤楝蛇】

㊮やまかがち【蟒蛇】、やまがち　生物学的にはナミヘビ科ヤマカガシ属に分類される蛇。『和名抄』では、大蛇を指して「夜万《やま》加加《かか》智《ち》」と読んでいる。民俗社会では、奥山に大きなヤマカガシがいるとか、人間に見られると成長が止まるなどと言われ、大蛇になる蛇と考えられている。

⇨だいじゃ、へび

事例 ①〔愛知県長篠村（現・新城市）〕ヤマカガシが雷鳴のするとき、昇天するのを見た話を多数聞く。愛宕の使とも、山神の使とも言う（『郷土研究』三（二）、大四、五四）。②〔愛知県御殿村（現・東栄町）〕首に黄色い輪をはめているヤマカガシは川の主である。「小さいなぁ」と言うと、急に大蛇

になるため、どんなに小さくても「大きいなぁ」と言う（『設楽』一五、昭一二、四七四-四七五）。③［茨城県茨城町］ヤマガチは人間に見られないと大蛇になる。人間の行かない山には大きなヤマガチがいる（『茨城の民俗』一八、昭五四、八〇-八一）。

〔参考文献〕吉野裕子『蛇』平一一、講談社。

（近藤祉秋）

やまじょーろ【山女郎】

㊫やまじょろ【山女郎】、やまよめじょ【山嫁女】　山に出没する女。容姿は若く美しいが、不気味にニヤニヤ笑ったり大女になったりする。山の神の娘や行方不明になった女といい、またカワウソが化けたものともいう。

⇩かわうそ、さる、やまおんな、やまんば

事例　①［徳島県三好郡（現・三好市）］昔、二人の男性が山へお参りに行って帰るときに、きれいな女に出会った。近づいてみると、大女になり、馬鍬のような歯を見せながら笑い出した。驚いた二人のポケットから落ちてしまった包丁を見たら逃げたという。またヤマジョロにあった人が病気になって死んだという話もある（『ひだびと』九（一）、昭一六、二四）。②［愛媛県伊予市］梢川の石橋にはお山女郎が出る。夜石橋の上に真白い化粧をして、竹かごを下げた娘が佇み手招きをする。近づくと振り返り、振り返り先に立ち、一〇間ほど歩いて、村の墓に通ずる上り坂にさりかかると消える。カワウソが化けたのではないかという（『伊予の民俗』三九、昭六〇、二〇）。（中村遼）

やまずみごんげん【山住権現】

㊫やまずみさま【山住様】　主に山住神社とその使いである信仰対象としての山犬（狼）を指す。邪気退散などの利益があるとされ、奥三河を中心に山犬信仰がさかんである。また山犬は益獣であるために焼畑の守り神としての信仰もある。山住神社は静岡県浜松市天竜区水窪町山住に鎮座する式内社で、大山祇命を祀り山住大権現と称する。三方ヶ原の戦に敗れた徳川家康がこの地に落ち延びた際、山犬がしきりに吠えて追手を阻んだと伝える。

⇩おおかみ

事例　［三河国長篠村（現・愛知県新城市）］おとら狐が憑いた時は陰陽師や修験者の祈祷を頼むが、それでも離れぬ時は遠州秋葉山の奥の山住様を迎えれば必ず離れる。山住様を迎えるには御札と御姿と二通りある。この地方の民家では山住様の姿を描いた札が魔除けとしてしばしば門口に貼られる。山住様は山の犬のことで、御犬様ともいう（『郷土研究』四（六）、大五、四五）。

（大里正樹）

やまずみひめ【山住姫】

山中で蛇などを支配しているといわれており、山の神信仰の系譜に連なる伝承と考えられる。そのため、山に入る際には蛇除けのまじないとして、「山ずみ姫にしらせるぞ」という唱えごとをするとよいという。

⇩やまのかみ

事例　［不明］蛇よけには、蛇などを支配する山ずみ姫に知らせるぞという（『西郊民俗』六五、昭四八、一二）。

（竹内邦孔）

やまたのおろち【八岐大蛇】

八つの頭を持つ大蛇。『古事記』上巻、『日本書紀』神代上には、八つの頭と八つの尾を持ち、八つの峰と八つの谷にわたる巨大な蛇と書かれる。高天の原から追放されたスサノオノミコト（須佐之男命、素戔嗚尊）は、出雲国の斐伊川《ひいかわ》の上流に降り立ち、老夫婦に出会う。彼らから娘のクシナダヒメ（櫛名田比売、奇稲田姫）を八岐大蛇に捧げなければならないと聞き、スサノオノミコトは策略をめぐらして大蛇を退治し、クシナダヒメを娶る。切り刻まれた大蛇の尻尾からは、草薙剣《くさなぎのつるぎ》が出てきたという。

一般に大蛇は水神と見なされており、この伝説は人々を脅かす大蛇＝斐伊川の氾濫を英雄が克服する、治水を実現したことを示す、と解釈されることが多い。「高志」の大蛇と呼ばれることから、「越《コシ》」（現在の北陸地方）と関係があるとする説なども提唱されている。

『日本書紀』には異伝も収録されており、中世に入ると『平家物語』や神道書において様々な説が語られた。この伝説を題材にした芸能も多く作られており、江戸時代末頃から普及した神楽「大蛇退治（八重垣の舞）」は、現在も主に中国地方で盛んに演じられている。

出雲地方には伝説にちなんだ名所が多く残っており、それ以外の地域、出雲から遠く離れた茨城県や岩手県などにも、八岐大蛇にまつわる伝承がみられる。それらの中には、スサノオノミコトが登場しないもの、出雲の伝説とは大きく違うものもみられる。また、舞台となる場所の名に「八」の字が含まれることも少なくない。例えば、八溝山（茨城・福島県境）には、那須国造が駒ヶ岳で捕らえた天津速駒や他の山々から借りた武具を用いて、八岐大蛇を退治したという伝説がのこっている。

⇩すさのおのみこと、だいじゃ、へび、りゅう

事例 ①［茨城県七会村（現・城里町）］村内徳蔵の八瓶山に、八つの素焼きの瓶が埋まっており、ヤマタノオロの話がある。のちに、三つのカメは飛んで行き、今は笠間の飯田神社の裏にミツガメサンがある。雨が降らない時は、そこへ行ってカメに溜まった水をかきまわすと雨が降る（『民俗採訪』昭和四五年度号、昭四六、一一一）。②［青森県十和田湖町（現・十和田市）］播磨国書写山の麓に、法華経の読誦にあけくれる難蔵という僧がいた。長谷寺に籠もった難蔵は、常陸国（「三国伝記」はこのように書くが陸奥国の間違いと思われる）と出羽国の間の湖に行くよう、夢告をうける。その湖に至り、食物を断って法華経をよんでいると、美しい女が現れた。難蔵が怪しんでいると、女は、自分はこの湖に住むオロチである、同じ湖の身の丈八尋にあまる八頭のオロチが自分を長い間妾にしてきた、これを追い払ってほしい、と頼んできた。難蔵は法華経を頭にいただいて待ち、八頭のオロチがあらわれると、九頭のオロチに変じた。激しい戦いの末、八頭のオロチは齶田（秋田）の湖に退いていった（『菅江真澄全集　第四巻』昭四八、未來社、一五四－一五五）。

（徳永誓子）

〔参考文献〕西脇哲夫「八岐大蛇神話の変

容と中世芸能―多武峯延年風流と能『大蛇』―」『國學院雑誌』八五（一一）、昭五九。

やまちち【山父】

㊫やまおじ【山爺】、やまおんじ【山おんじ】、やまじい【山爺】　四国地方に多く分布する山の妖怪で、一眼一脚で毛むくじゃらの猿に似た老人とされるが、報告によっては、一眼一脚にくわえて片腕であるとするもの、背が高い以外は普通の人間と変わらないとするもの、向うの山からこちらの山へ飛んで来るほど巨大であるとするもの、また、きれいな男や蜘蛛に化ける、山姥と夫婦であるともいわれ、その性格は多岐にわたっている。四国では、昔話、伝説、世間話のいずれにも登場するメジャーな妖怪であり、近世の随筆や本草書に記述がある他、江戸中期から後期頃の作とみられる『土佐お化け草紙』にも、山父の話が紹介されている。山父は機嫌の悪いときに大声で笑う、あるいは出会った人間に大声で吼えかかり、吼え負けした者を取って喰うといわれ、吼え競べを挑まれた猟師が、自分の声とみせかけて、山父の耳元で銃を撃ち鳴らし、これを撃退するという昔話は四国各地に伝承されている。昔話における山父は、人の心を読むサトリ、馬方を追いつめ喰らおうとするものの逆に焼き殺される山姥など、他の山の妖怪の役割を担う存在といえる。かつて山父が住んでいたとされる場所に、ヤマチチクボやコヅ谷といった地名が冠されていたり、山父のしゃれこうべを祀った祠があったりしたともいう。

⇩あまのじゃく、こうもり、さとり、やまおとこ、やまひと

事例　①［高知県幡多郡］山爺は深山に住んでおり、これが叫ぶと生葉が落ちるほどの大声を出す。昔ある猟師が山で山爺に出遭い、大声競べを挑まれた。まず山爺が叫ぶと、あたりの木の葉が舞い落ちるほどの激しさであった。そのため猟師は山爺に後ろを向かせると、銃に隠し弾を填め、耳元で撃ち鳴らした。すると山爺は「ちッと聞えた」と言って姿を消したという（『旅と伝説』一五（六）、昭一七、二〇-二二）。②［香川県三豊郡（現・三豊市）］昔仕事好きの男がいて、八幡様の祭の日だというのに山に入ったところ、山父に遭遇した。山父は火で自分の睾丸をあぶり伸ばして人間を包みこむものだということを聞いていたので、石を焼いて睾丸に投げつけてやろうと考えた。すると山父はその考えを悟り、男を嘲笑った。これはかなわないと思い途方に暮れたが、ふと横をみると青竹が二、三本置いてある。そこで青竹を火にくべると、青竹は音を立てて弾け飛び、驚いた山父は逃げ出した。青竹は八幡様が男を助けるために刈ったものであった（『香川の民俗』四六、昭六一、四）。③［徳島県相生町（現・那賀町）］山父が住む山に杣人が二人泊まったところ、その内の一人が何者かに食べられたという。このとき杣人が泊まった谷をコヅ谷と称している。また明暦二（一六五六）年、霧口家の御林番役を勤めた徳右衛門という男が山林を巡見中に山父に出遭い、鉄砲に刀の小柄を込めて見事に撃ちとめたとも伝わっている（『芸能』四（二）、昭三七、一二-一三）。

（三柴友太）

〔参考文献〕常光徹「妖怪絵巻と民間説話―土佐お化け草紙の民俗的背景―」『異界談義』平一四、角川書店。

やまてんぐ【山天狗】

⇩てんぐ

やまどり【山鳥】

「やまどり」は野鳥全般を指す場合もあるが、日本のみに生息するキジ科キジ目の特定種の呼称である。赤褐色をした、小型のキジのような外見であり、特徴的な長い尾羽に黒い横筋が入っている。年月を経て尾羽が長じ、この「節目」が一三節に達したものは夜間に人魂のような火を灯して人間を化かすという。山鳥の尾羽の節の数に関しては松本藩の編んだ『信府統紀』（享保九年）に、八面大王という通常の弓矢を受け付けない鬼を退治に来た坂上田村麻呂が、筑摩八幡のお告げにより一三の節のある山鳥の尾羽で作った矢を用いてようやく退治できたという記事がある。山鳥の尾羽を用いて作られた矢は、軍記物説話集に数多く登場する。『源平盛衰記』に引かれているところでは、楚の養由という弓の名人は文殊菩薩から「水破」と「兵破」という鏑矢《かぶらや》を授かり、それぞれ黒鷲と山鳥の尾羽を用いてつくられていたという。それらは養由の後継者として大江山の鬼退治で有名な源頼光に伝わり、『平家物語』ではその子孫である源頼政が二本の山鳥の矢を用いて鵺《ぬえ》退治に成功している。また、『保元物語』で猛将として知られる源為朝が白河殿の攻防で使用したのも山鳥の矢であった。このように山鳥の矢は武威によって魔を祓う力を現すステイタスシンボルであったと言えるのである。『信府統紀』に見えるのは、尾羽に刻まれた節の数にまつわる伝承が付随した事例であると考えられる。一三節の尾を持つ山鳥は、火の玉を作り出す以外にも自らが火の玉になることもあり、福島県では富士山頂から飛来した山鳥の火の玉が滝壺に入り、石川県では火の玉として飛び去ったという事例も報告されている。この場合は水に入る事によって火の玉に身を変えている。宮城県の事例では、山小屋に入り込んできた空飛ぶ生首を捕らえてかますに入れておいたところ、尾羽に節が一二ある山鳥が入っており、「水をくぐってから来ていたのでかますが濡れていた」という解釈が加えられている。両者ともに山鳥が水に入って変身すると考えられていたことを示している。ヤマドリには求愛や威嚇の際にその場で翼を広げてドラミングと呼ばれる羽音を出す習性がある。間近で聞くと驚く程の音が出るため、この羽ばたきに対してもまた伝承があり、鉄砲玉をはじき返したり（事例③）、絡みついた蛇を寸断したりするとされている。これらは従来、魔を退ける能力を秘めた霊獣として考えられていた山鳥の、水浴びやドラミングという習性が注目され、そこに様々な想像がはたらいて膨らんでいった伝承であると考えられる。

⇩さかのうえのたむらまろ、とりのかいい、ぬえ、はちめんだいおう、ひかりもの

事例 ①〔岩手県岩泉町〕ある人が山鳥が

来たので鉄砲で撃とうとしたが、どうしても撃てない。そのうちに頭上を三回、回られてしまった。帰ってくると口がきけなくなり、ついに死んでしまった（『民間伝承』二四（七）、昭三五）。②［茨城県七会村（現・城里町）］山鳥も夜は羽が光る。飛行すると、その跡が青く光ってのこる。飛ぶとき大きな音がして明るくなる（『民俗採訪』昭四六、一〇九）。③［埼玉県皆野町］父が山鳥を撃って当たったが、翼を「ばあさっ」と羽を広げて枝から落ちない。五発撃ったところ、その鳥が大きくなって飛び去ってしまった。翌日行ってみると、岩の上に鉄砲玉がちゃんと五粒並べて置いてあった（『秩父民俗』一一号、昭五一、六）。（広川英一郎）

やまなり【山鳴り】

旅人が行き倒れて亡くなるなど、過去に事件があった場所で山鳴りがするという怪異。その音源にいた大蛇を祀ると、音が止んだともいう。また、山鳴り後に山が移動していたという事例もある。

⇩おとのかいい

事例 ［福島県田人村（現・いわき市）］月夜の真夜中、旅人が行き倒れて死んだ場所を通ると、山鳴りがするという（『民俗採訪』昭和三〇年度号、昭三一、一三八-一三九）。（竹内邦孔）

やまのぬし【山の主】

⇩ぬし

やまねこ【山猫】

大型の猫の妖怪。隠岐や宮城県の網地島など狐狸のいない島嶼部に多くの伝承がある。木の葉の金を掴まされる、一晩中歩かされるなど、他では狐狸の仕業とされるようなことをする。人を食い殺す話もある。

⇩ねこ

事例 ①［宮城県石巻市］網地島で、屈強な漁師が山に薪を取りに行って帰ってこなかった。翌朝、全裸で踊っている漁師が発見された。後に語るには、山で相撲を挑まれたがどうしても勝てなかったという。山猫に騙されたのだろう（『旅と伝説』二（三）、昭四、三二）。②［東京都新島村］式根島に人が住んでいない頃、島へ行く人を山猫が食い殺していた。侍に退治されたが、今度は霊が人を取り殺すようになった。そこで役行者が祠を建て、「猫」を禁句にすると、祟りがおさまった（『旅と伝説』二（七）、昭四、一八-一九）。③［島根県隠岐の島町］島後島では猫が化かしたり憑いたりすると言うが、それは普通の猫ではなく山猫の仕業である（『伝承』二、昭三四、三二）。（廣田龍平）

やまのかみ【山の神】

類さんじん【山神】 山に宿る神として、全国的に今も広く信仰される霊的存在である。山の神は山での狩猟、樵、焼畑など生業の守護神、里では農民の田の神・野神などの農耕神、そして、漁業では漁場の山当てとの関係から信仰することが見られる。神道的には大山祇神《おおやまつみのかみ》・木花之開耶姫《このはなのさくやびめ》が山の神に該当する。また、女房を山の神と言い習わすのは近世初期から認められる（「花子」『狂言記』）。

民俗学では柳田國男以後、先祖の霊と深

く関わる神として長くとらえられてきたが、近年では生業との関連でとらえるべきとの見解も出されている。また、近世の庶民への急速な文字普及から、特に猟師の所持する狩猟文書や山の神の由来譚を記した文書が広くいきわたり、修験者などの宗教者によって、山の神信仰が一八世紀以後、急速に広まったとの見方もある。女房を山の神とする信仰から、山の神を女性とする地域は多いが、男神、または、夫婦神とするところもある。あるいは、鬼神・天狗・荒神などと山の神が同一視される地域もある。

東北地方では十二山の神として信仰され、山の神の神像も多く作られた。熊狩をするマタギたちは十二山の神を信仰し、獲物の熊のサンベ（心臓）に刃物で十文字を入れて捧げる。マタギは山の神を必ずしも女性だとは語らない。長野県諏訪地方では、山の神祭りは一月一七日に行われ、恵方に向かって住民が一斉に矢を放つ。弓矢は一年間、各家の門口に飾られる。新潟県ではオサトサンと称し、熊狩の猟師の守り神となる。山形県置賜《おきたま》地方では、田の神との交替を語るところもある。南九州の猟師は山の神は女性で多産であると信仰し、女房を山の神として獲物の肉を授けるなどして敬う。このため、同地方の女房は獲物の解体に積極的に関与しており、女性の関与を強く忌避するマタギたちの習慣とは対照的である。

伐木作業では切り株に梢を立てて山の神を祀る鳥総立てが行われる。『木曾式伐木運材図会』の「株祭之図」には、樵《きこり》が鳥総立てをする様子が描かれており、「その木の中間を山神より賜る」と記されている。運ぶ際の木遣りでも、山の神の歌が歌われる。長野県諏訪の七年に一度の御柱祭りでは、引き出し時の木遣り歌は「奥山の大木里に降りて神となる　ヨーイサ」と歌い、山の神を迎える歌となっている。曳行中、神社に到着したときも、山の神の歌は歌い続けられる。御柱祭りは諏訪上社・下社以外にも、諏訪を中心とする広域で小宮祭りと称して、各地域で小規模な御柱の曳行があり、山の神を迎える木遣り歌が歌われる。高知県香美市物部に伝えられるいざなぎ流の伐木儀礼でも、作業中は「作場《さくば》山の神」「ホノギの神」と呼ばれる山中の山の神を祀る。作業開始は「祝い起こし」、終了時は「祝い鎮め」の儀礼が執り行われ、山の神の庇護のもとで伐木の作業が行われることになる。

九州では焼畑の木おろし、火入れなどの作業工程で山の神が深く結びついている。特に、木おろしでは鳥総立てをするところもあるが、山の神を勧請する場所として木を一本だけ残して、その先端の青葉を残す習わしがある。これをセビと呼んでいる。山から田の神、畑の神が降臨するという伝承は各地に残るが、里に下りて農耕神と化すとされる山に存在する神が、一般的にいう山の神と同一の性格を有するかは疑問である。東北の山の神信仰は奥山での狩猟や伐木には顕著に認められるが、焼畑や畑作との関係は希薄であるとされる。柳田以後、山の神・田の神交替説が通説となっているが再検討の必要がある。山の神がオコゼを好むという伝承は全国各地にある。秋田マタギは責任者であるシカリが所持するとされる。鹿児島・宮崎の狩猟文書にはオコゼの由来譚を説くものが多い。特に、宮崎県椎葉村ではオコゼは魔物だと言って恐れられる存在である。

山の神は産神としての性格が強い。『遠野物語』には、産気づくと、馬を外に連れ出して山の神を家に迎えてから出産が行われると記されている。福島県では、お産のときに主人が馬を引いて山の神を迎えに行き、境内に着くまで馬が止まらないとお産が重いとされる。山の神は多産とされ、西日本では猟師が山中で山の神の産を介助した／しない、によって、その後の獲物に変化が現れたとする説話は多い。山の神は一眼一足の姿だという。一つ目は御霊、金作りの神としての天目一箇神との関係があり、たたら・鍛冶師の信仰も含まれる。山の神は一足であり、片足の草鞋を供えるのだという地方もある。案山子《かかし》との関連性も指摘されている。

山の神祭文は東北地方と四国・九州に多く分布している。東北地方はマタギが伝授する文書として、日光派、高野派の由来を説くものが主流で、これに対して、四国・九州では山の神の由来と狩猟の個々の儀礼についての記述が多い。そのため、山の神祭祀としては、四国・九州地方では祭文の記述通りの祭祀形態をとるところが多く、奥山・中山・山口の三箇所の山の神を祀ることが見られる。鹿児島県大隅地方の柴祭りはその典型例で、その一つ肝付町岸良のテコテンドン祭りは、奥山において三種類の柴を束ねて山の神の神籬を祀り、その後、中山と山口に降ろして祭儀が行われる。山の神祭文の内容は神楽祭文にも取り入れられ、九州山間部の荒神・鬼神などの演目で語られている。宮崎県椎葉村嶽の枝尾の「宿借り」、諸塚村戸下神楽の「山守」は山の神祭文が延々と語られ、ともに蓑笠を着て杖をつく姿は山の神の示現と捉えられている。

⇩おこぜ、かりこぼう、がぐれ、さんきちさん、じゅうにさま、たのかみ、てんぐ、とんぼ、ばんじばんざぶろう、ふなだまさま、ふるそま、やまひと

事例 ①［秋田県上小阿仁村］ここには山の神を女神とする地区と男神とする地区がある。女神とする地区では、結婚後数日間は山に入ってはならない。山の神が嫉妬して守ってくれなくなるからだ（『西郊民俗』九六、昭五六、一二－一四）。②［青森県田子町］ここでは、妊娠中に山の神への供物を食べると、山の神には一二人の子供がいるので、多産になる（『青森県史　民俗編』平一三、二四一－二四二）。③［岡山県備中町（現・高梁市）］西油野の小谷では、荒神は山の神とされており、よく祟るものだと考えられている（『岡山県史　一五』昭五八、五四〇－五五〇）。④［愛媛県富郷村（現・四国中央市）］ここでは、山の神の木を伐ってはいけないという。山の峰にある大木は天狗の休憩場所なので切ると祟りがあるという（『あゆみ』四、昭三八、一六－二二）。⑤［愛知県豊根村］ここでは、山の神は一ツ目一本足だという。老人が山仕事に行き、一本足の怪物に出会ったことがあるが、詳しいことはわからない（『民族』三（一）、昭二、一三五－一五四）。（永松敦）

〔参考文献〕「総特集　山の神とはだれか」

赤坂憲雄編『東北学』一〇、平一六。佐々木高明『山の神と日本人』平一八、洋泉社。ネリー・ナウマン・野村伸一『山の神』平一六、言叢社。永松敦『狩猟民俗研究―近世猟師の実像と伝承―』平一七、法蔵館。堀田吉雄『山の神信仰の研究（増補改訂版）』昭五五、光書房。柳田國男「先祖の話」『定本　柳田國男集一〇』。柳田國男「山宮考」『定本　柳田國男集一一』。

やまばやし【山囃子】

㊩たぬきのかぐら【狸の神楽】、たぬきばやし【狸囃子】、てんぐのはやし【天狗の囃子】、もりばやし【森囃子】、やまかぐら【山神楽】

笛や太鼓など神楽の囃子が主に夜の山中から聞こえてくるという音の怪異。特定の日時に音がするという地域もある。それらは、天狗や狸、山に祀られている神の所業とされている。このうち、狸囃子は江戸の本所七不思議の一つにも数えられている。

⇩おとのかいい

事例 ①［群馬県松井田町（現・安中市）］仲木山では六―九月にかけて不思議な音が聞こえる。鳴るのは二ヶ月に一度程度で、薄曇りの日の夜七時から明け方三時頃まで。笙や三味線のような音色で、付近の人は「天狗さんの囃し」と呼ぶ（『民間伝承』三（九）、昭一三、七―八）。②［山梨県都留市］小御嶽神社の山頂で一月一四日に主上が集ってオノウをあげるので、晩に太鼓や笛の音が聞こえる。一月一四日にはオテングさんに叱られたら困るといって山に全然いかない人がいた（『平栗・加畑の民俗』、昭六〇、六七―六八）。

（竹内邦孔）

やまびこ【山彦】

㊩やまのこぞう【山の小僧】、よぶこ【呼子】

山中で聞こえる声の怪異。多くは山の神やその眷属の性格をもっている。静岡県の南伊豆では山彦を山の小僧と呼び、中部では山の婆々、県西部では山のオンバァという。関東ではアマンジャク、鳥取では呼子・呼子鳥など、さまざまな名称で知られる。

⇩あまのじゃく、おらびそうけ、こえのかいい、こだま

事例 ①［島根県］山彦は山の神に使われる化け物の声である。雪山で暖を取ろうとした猟師が枯れ枝をポンと折ると、向うの森からポンと音がする。驚いてアッといったら、アッと答える。肝をつぶして逃げ帰る途中、煙草に火をつけると高い音が出てしまったので「思わぬことをした」というと、化け物も「思わぬことをした」と真似た。その後は何も怪しいことがなく、無事に帰り着いた（『郷土研究』二（四）、大三、四八）。②［高知県橋上《はしかみ》村（現・宿毛《すくも》市）］ヤマヒコの怪とは昼夜問わず深山で突然聞こえる恐ろしい声である（『旅と伝説』一五（六）、昭一七、二三）。

（神田朝美）

やまひと【山人】

㊩さんじん【山人】、やじん【野人】、やまじょう【山丈】、やまもり【山守】、やまんし【山主】　山中に現れる半人半獣の怪。山の奥深くに棲み、普段は人と接することがない。猟師や炭焼きのように山で生活を営む人や、山路を行く旅人がこれに行きあった。

伝承は全国に及び、地域によって呼称が異なる。近世以前の文献にも記載が多い。

民俗資料として報告された話のなかには、文献記録が口承化したものもあったと思われる。山の神の零落した姿とも解釈でき、「天狗《てんぐ》」や「狒々《ひひ》」の伝承とも関連が想定される。

柳田國男は「山人外伝史料」などで展開した山人論において、これらの山中の怪を「山人」と総称した。柳田山人論は、山人を日本の先住民族と見なしたうえで、山人と日本人の交渉史を辿り、現在（大正時代）の山人の足跡を追うというものである。

山人論を展開するに当たって、柳田は文献や同時代の談話を資料に用いたが、山人の超常的な能力を説く伝承は排除した。例えば、山人が夏になると河童になるという俗信は、山の神と田の神の往還を説く伝承と通じ、また、山人が女性の月経を止めるという話は、山の神の産神としての面と関わり興味深いが、ともに採択されていない。

研究史のうえでは、柳田山人論は「常民」概念の発生と深く関わる。一方、柳田山人論とは別の、心意伝承研究の文脈からの山人論も待たれる。以下、本項の事例では、柳田が山人論で用いた資料を紹介する。

⇩さむとのばば、さんき、さんしょう、しらひげどうじ、やちゃり・むちょり、やまおとこ、やまおんな、やまちち、やまのかみ、やまんば、やまわろ

事例 ①［福井県丹生郡］秋の末ごろ、枯れ木を採りに山に入った少年が、クヌギの木にもたれている大男に会った。見上げても目が届かないほどに背が高い。慌てて逃げるが、ふりかえると、まだ大男はじっとこちらを見ていて、恐ろしさに少年は気を失った（『柳田國男全集　二四』二二五）。②［新潟県上越市］江戸時代の話。高田の大工が一人で山道を歩いていたところ、大人《おおひと》に行き遭った。裸身で身の丈は八尺（約二・四メートル）ばかり、髪は肩に垂れ、目は星のように光っていて、手にはウサギを下げていた。大工も驚いたが、大人のほうも驚き、山奥に去っていった（『柳田國男全集　二四』二二六）。③［福島県耶麻郡］磐梯山の西北の谷で薬草を採っていた村人二人が、猿のような怪物に遭った。丈は六尺（約一・八メートル）、髪も六尺ばかりで、女に似ていた。二人を見て笑ったが、その凄い様子は言語に絶するほど。火のそばに来て、沢ガニを炙って食べた。これは俗にいう「ヤマワロ」というもので、歳を経たサルのことだという（『柳田國男全集　二四』二二六）。④［静岡県］大井川の奥の深山に、山丈《やまじょう》がいた。材木業を営む者が、山中で山丈に遭ったが、見つかると命を落とすため、繁みに身を隠してやり過ごした。全身が毛に覆われていて、顔は人間のようで目が輝き、唇が長く、髪は一丈（約三メートル）ほどあった。あとで山丈が去った場所に行くと、あたりの木の皮が剝かれ、糞のなかに篠竹が混ざっていた。山丈は、木の皮や篠竹を食べるのだという（『柳田國男全集　二四』二二八）。

（伊藤龍平）

〔参考文献〕赤坂憲雄『山の精神史』平三、小学館。永池健二「柳田民俗学における山人研究史の変容と展開」『柳田國男の学問形成』昭五〇、白鯨社。柳田國男「山人外伝資料」『柳田國男全集　二四』。

やまみさき【山御崎】

山に出没する亡霊、または怪物のこと。行きあった人間に害をなす。川の亡霊である川ミサキと並べて語られることもある。

⇩かわみさき、みさき

事例 ①〔山口県萩市〕ヤマミサキは山にいる恐ろしい亡霊である。不慮の死を遂げたものがなる（『島』一（三）、昭八、六六）。②〔山口県豊浦郡（現・下関市）〕深山に出る怪物で、人の生首の形をして落葉の上を車のように転ぶ。その風にあうと大熱を起こす（『長門方言集』昭一二、七五）。

（廣田龍平）

やまわろ【山童】

㊮ほいほいさん【ホイホイさん】、やまおとこ【山男】、やまわらし【山童】、やまんたろう【山ん太郎】、わろ【童】　山に住む童形の妖怪。山中に群居し、ヒューヒュー、ヒョイヒョイなどの鳴き声をあげながら移動するという。全身が毛に覆われており、人を恐れずに近寄って来るが、犬を嫌う。山に入った人間が山童に出会い、問答や勝負をする話が各地に伝わる。人の声真似を得意とし、ヤマワロが「山笑う」の意として解釈されることもある。土地によっては山彦とも呼ばれる。サトリ、カシャンボ、セコ、カリコボウズなどの山中の妖怪とも多くの共通点を持つ。

酒や米を好み、それらと引き換えに山仕事を手伝ってくれることもあるが、人間が約束を破ったり、礼を欠いたりすると災いを為す。童形であること、風呂や相撲を好むこと、金物を嫌うことなど、山童には河童との共通点が多い。ヤマワロとカワワロ（河童）を同一視する地域も少なくない。

柳田國男の『山の人生』には、ミズシン・ガアラッパと呼ばれる九州の河童が、冬になると山に還って山童となり、夏になると再び川に戻るという例が紹介されている。寛政七年（一七九五）に記された橘南谿の紀行文『西遊記』等にも、季節に応じてヤマワロがカワタロウになるという、鹿児島における同様の例が記録されている。

⇩がたろ、かっぱ、やまひと

事例 ①〔熊本県一丁田村（現・天草市）〕元禄の頃、板河内は山わろが跳梁する地だった。宰川荒左衛門は山わろに、笑い声で何枚の木の葉を落とせるかという勝負を挑む。荒左衛門は耳栓をして山わろの笑い声を聞くが、葉は落ちない。次に山わろをだまして目隠しをし、鉄砲をその耳元にあてがいつつ、木の葉を撃ち落とす。こうして山わろは勝負に負けたと思いこみ、人間は山わろから板河内の土地を奪って開拓を行った（『民俗学』二（八）、昭五、二一-二三）。②〔熊本県佐敷町（現・芦北町）〕夜道を歩くと小さなヤマワロが四、五人ついてきて、一人が足をつかんできた。落ち着いて座り込むと、提灯の火を消された。飛びかかってくるヤマワロを次々に投げ飛ばすうちに、腰に下げた握り飯を狙っているものと気付いた。投げ与えてやると皆で食ってしまったが、犬の遠吠えが聞こえた途端に逃げていった（『民間伝承』一四（八）、昭二五、二〇-二一）。③〔福岡県福岡市〕河童は春から秋にかけて、ヒョイヒョイと鳴いて歩き、そのあとには子供の足跡のようなものが残る。冬は川から出て山に上る。河童が山に上ると川で姿を隠す必要がなくなるので、水が澄む。山に上った河童は山わろになる。冬の山に蜘蛛の巣がないのは、山わろが蜘蛛をとって食う為である（『あしなか』三七、昭二八、二四）。④〔熊本県人吉市〕ヤマンタロウは山の木の数を数えてカワンタロウに教える。逆にカワンタロウは川のことを調べてヤマンタロウに教える（『伝承文化』一〇、昭五一、九二）。（今井秀和）

〔参考文献〕柳田國男『遠野物語・山の人生』昭五一、岩波書店。

やまんば【山姥】

㊝やまうば【山姥】、やまはは【山母】　山中に棲む女性の妖怪。山女、山姫、山母、山女郎などの呼称がある。容姿としては、長い髪を振りかざし、口は耳まで裂け、樹皮や木の葉を身にまとっているという共通点が見られる。橘南谿『西遊記』巻の四（一八世紀）に、日向国飫肥領の山中での山女の記述がある。「色、殊の外に白く、黒き髪長くして赤裸なり。…人に尋けるに、山神なりといふにぞ。…又、人のいひけるは、是は山女といふものにて、深山にはまま有ものといへり。」とあり、日向国では山姥の容姿と同様のものを山の神、あるいは、山女という呼称を併用していることがわかる。日向山中では山の神の産にまつわる話が多く語られている。長い髪をふりかざした女性が山中で出産しているところに猟師が遭遇するという内容である。同じ容姿でありながら、山の神と山女との違いは何か。山の神は猟の獲物を授けてくれるのに対して、山女は笑うと人間の血を吸って命を奪うという、相反する性格をもつ。

高知県では、入山するのに産火・死火・祝言火を嫌うところを、禁忌を無視したものが山女郎に遭遇したという伝承が残る。山の禁忌に触れた者に対して山女郎が笑いかけると、やがて死に至ると伝えられる。この場合、妖怪は山での規律に背いたものに対して懲罰を課すのであり、動植物などの資源の保全に役立っている。

山姥が文献に登場する早い例は、謡曲『山姥』、『御伽草子』の「花世の姫」などで、前者は「山姥の山巡り」の曲舞を得意とする百万山姥と呼ばれる白拍子が山中で実際の山姥に舞を披露する話であり、後者は、少女が山姥から受け取った姥皮を身に纏うことで、醜い姥の姿に身を変えて長者の屋敷に奉公し、やがては幸福を掴むという継子いじめ譚である。継子が山姥から助けられる話は「継子の栗拾い」にも見られる。山姥が継子には恩寵をもたらし、悪事を働くものに対しては食い殺すという鬼一口《おにひとくち》の面を持ち合わせている。『今昔物語』巻第二七に「猟師の母、鬼となりて、子をくらはむとすること」では、山中で狩をする兄弟が鬼のようなものに襲われたので、その手を切って退治し、帰宅すると、年老いて病弱の母の手がなくなっている。襲ったのは母であったという説話が載せられている。ここでは山姥の記載はないが、母が山姥となって子を襲う説話が伝承されている。子を寵愛する性格と、子を食い殺すという暴力性の二面性が端的に現れている。

しかし、昔話「牛方山姥」や「三枚の札」では、山姥の鬼一口の面のみが強調される。前者は、牛方が鯖などの魚を運搬して峠を越えようとするところを山姥が襲い、最後

や

には牛方が山姥を焼き殺す仇討譚で幕を閉じる。牛方が鯖を運ぶことから、鯖大師信仰と峠の神との関連を指摘する説もある。また、牛方が山姥から魚を投げつけながら逃亡する様を、イザナギの黄泉の国からの帰還説話に求められるとする見解もある。山姥の死後、人間に恩寵をもたらす説話は多く、焼き殺した灰が銀貨や妙薬になったと語られる。昔話「天道さん金の綱」では、子供を食い殺した山姥が、兄弟を追いかけて崖から落ち、その血で畑のソバが赤く染まったとしている。これらの説話は妖怪の死と再生が重要な要素となっている。『古事記』のオホゲツヒメ、『日本書紀』のウケモチノカミ（食物の神）が、死後、体中から様々な穀物を生み出す再生神話と一致を見ている。

　食わず女房譚も山姥伝承の一種である。口からは何も食べず、頭の口から食物を吸い込むとされる。妻の正体を見抜いた夫が、妻（妖怪）に桶に担がれて山に連れて行かれるところを、蔓につかまって一命を取り留めると、最後は、妖怪が菖蒲と蓬に目を突いて死ぬという筋書きである。

　江戸時代になると、山姥と金太郎の絵画が生まれる。両者は母子として描かれている。金太郎、坂田金時（公時）は平安期の源頼光に仕えた人物とされるが、金太郎と山姥が同一説話として語られるのは江戸時代以後のことである。金太郎の説話が全国に流布する契機となるのは、近松門左衛門の『嫗山姥《こもちやまうば》』で、遊女（のちに山姥）と坂田時行との間に誕生するのが金太郎である。山姥は怪力のある子供を育てる母性に満ちた妖怪として知られるようになる。絵画としては、一八世紀後半から長沢蘆雪、喜多川歌磨ら作の浮世絵が残る。足柄山のある神奈川県箱根町の公時神社では、金太郎に因み五月五日に子供相撲が行われている。山姥が母性を示す説話としては、熊本県八代市泉町（五家荘）に、平家落人の姫とされる鬼山御前が母乳の神として崇められており、乳の大きい女神だとされる。

山姥（『化物尽絵巻』国際日本文化研究センター所蔵）

⇩うばいし、うばがみ、おにばば、おまんのはは、きんたろう、しちなんのそそけ、やまおんな、やまじょーろ、やまのかみ、やまひと

事例　①［宮崎県椎葉村］男が山仕事を終えて帰る途中、笠を飛ばされて籔に入ると、足元までの長い髪をした、白衣の女がケタケタ笑っていた。ヤマオナゴだと思い、とっさにキセルを構えて身構えた。女は身構えると下がり、退くと近づいてくる。これを繰り返して村まで近づいたら、ようやくあきらめて帰った。男は恐怖のあまり、人が変わったようになってしまったという（『宮

崎県史　資料編民俗二』平四、三四五）。②〔香川県詫間町（現・三豊市）〕行商人が鯖の干物などを馬に乗せて山道を行っていると、山ン婆が出て来て一匹ずつ鯖を食べてしまい、ついには馬まで食べられたが行商人は逃げて、二階建ての家にたどり着いた。家には誰もおらず、隠れていると山ン婆が帰ってきた。すると「今夜は寒いから釜の中で寝よう」と言うので、行商人は夜中を待って山姥を焚き殺してしまった（『民俗採訪』昭和四七年度号、昭四八、七八―七九）。③〔福岡県〕昔々、あるところに一三歳の娘と九歳の娘と赤ん坊を持った母親がいた。あるとき、母親は隣村からの帰りに山姥に食われてしまった。山姥は母親に化け、子供たちを騙して家に入り、赤ん坊を食べてしまった。それに気づいた姉は妹を連れて柿の木の上に逃げ、天の仏に祈ると、じゃんじゃんじゃんという響きとともに金の鎖が降りてきて、それを伝って天に上った。山姥はくされ縄を上ったが、途中で切れて落ちて死んだ。姉妹は天に上った後、姉妹星になったという（『旅と伝説』六（八）、昭八、七七―七八）。④〔静岡県小山町〕足柄山の山姥は、元々八重桐と言う名で、坂田蔵人の妻であった。蔵人が自害した後、八重桐は山姥になり、金太郎を産んだ（『御影史学論集』三、昭五一、六八）。（永松敦）

〔参考文献〕川村邦光「金太郎の母―山姥をめぐって―」田中雅一編著『女神―聖と性の民俗学』平一〇、平凡社。小松和彦『憑霊信仰論』平六、講談社。小松和彦編『怪異の民俗学〈五〉天狗と山姥』平一二、河出書房新社。五来重『鬼むかし』平三、角川選書。今野円輔『日本怪談集（妖怪編）』昭五六、社会思想社。吉田敦彦『妖怪と美女の神話学』平一、名著刊行会。

やもり【守宮、家守】

㊫いもり【井守】　トカゲに似た小型爬虫類の一種。江戸期の随筆には、誤って板に釘で打ちつけられてしまい動きが取れなくなったが、つがいの片方が日々餌を運んできたために生き長らえた、という逸話がいくつか掲載されている。

事例　①〔遠江国金谷（現・静岡県島田市）〕二五年間も放置していた雨よけの板を取り替えようとしたとき、打ちつけた当時に釘に貫かれたと思しき、生きているヤモリが見つかった。人々を呼び集めてよく見てみると、ツガイの片方が餌を運び食わせていた。それで二五年もの間生きていたのだった（「煙霞綺談」『日本随筆大成　第一期四』二一二）。②〔越前国湯尾（現・福井県南越前町）〕ある夜、城址の庵に身長が四、五尺しかない男たちが一万ほども現れ、そこに住んでいた僧侶を襲った。後で辺りを探してみると、二万ものイモリが出入りする穴があった。戦死した武士の亡霊だという。経文をあげると成仏した（「伽婢子」『新日本古典文学大系　七五』二七九―二八六）。（廣田龍平）

やろかみず【やろか水】

㊫やろかあめ【やろか雨】　木曽川中流域の洪水を予兆する声、また予兆による洪水の怪異。大雨の時、川の濁流やその周辺から聞こえてくる「やろか、やろか」という声に、「いこさばいこせ」と答えると、川の水は増水し人家に水が浸水してしまい、

その洪水をやろか水と言う。物事を断定する難しさが怪異の形で語られている。木曽川流域には水に纏わる超自然的存在の伝承が多くあるが、その中で洪水を予兆する話の一つ。人間以外のものの人語は、予言や現在の事実を述べていると考えられており、やろか水は、自然に介入する人間への警告とも捉えられる。

⇩こえのかいい

事例 ［愛知県犬山町（現・犬山市）］貞享四年、雨が降り続き、木曽川の増水し、村人が心配していると対岸の淵から「やろかやろか」とする。一人の男が「いこさばいこせ」と叫ぶと流れが急に増し一帯は水没してしまった。入鹿池にも同様の伝承があったと言う（『郷土研究』四（九）、大五、四四―五七）。

（高塚さより）

ゆ

ゆーたーんじじい【Uターン爺】

⇩ひゃっきろばば

ゆうたいりだつ【幽体離脱】

本人の意識、無意識にかかわらず、魂が体から抜けだすことをいう。高いところから落ちたり、交通事故にあったりといった平時とはちがうショックを受けた時などに起こる。死にそうになった人の魂が抜けだし、横たわる自分自身を上から眺めていたといった体験談がしばしば語られる。また若者の中には、特別なショックがなくても日常的に魂が抜けだし、空を飛んで遊びに行ったりできる人もいるという。魂が抜け出ている間に魂の抜けた体を動かされると、元にもどれないともいう。魂がネズミや蜂などに姿を変えて出ていくといった伝承は世界的に見られ、ドッペルゲンガーも幽体離脱の一種と考えられている。

⇩れいこん

事例 ［北海道函館市］一人でテレビゲームに熱中していると、自分自身がゲームをしている姿が上や後ろから見える。おかしいなと思うと、抜け出た魂は元の場所にもどっていることがある（『女子高生が語る不思議な話』平九、一七四）。

（高津美保子）

ゆーふぉー【UFO】

㊮そらとぶえんばん【空飛ぶ円盤】、みかくにんひこうぶったい【未確認飛行物体】 未確認飛行物体（Unidentified Flying Object）の略語。英米ではユー・エフ・オーと発音されるが、日本ではユーフォーという読み方が一般的である。本来は空中を飛行する正体未確認の物体すべてをさすが、現在では宇宙より地球に飛来した地球外知的生命体の乗り物（エイリアン・クラフト）だという理解が大勢を占める。世界中で目撃報告があり、アマチュア研究家も多い。

近代以前より空空飛ぶ船・人間等の怪異の目撃はあった。「空飛ぶ円盤」の出現は一九四七年、アメリカのケネス・アーノルドの目撃証言に端を発する。アーノルドは自家用機で飛行中、「投げた皿か円盤が水面を跳ねるように」高速で飛行する九機の奇妙な物体を目撃、マスメディアがその物体を「空飛ぶ円盤（Flying Saucer）」と名付けて大々的に報道した。以降、円盤型のUFOが世界中で目撃されるようになる。

初期のUFO伝承においては、地球外生命体は人類を導きに来た救世主的存在としてイメージされ、宇宙服を着た長身で優美な金髪の白人男女の姿で描写されていたが、冷戦終結以降は軍や政府と密約を結んで人体実験を行う存在という伝承に置き換わり、目撃譚における宇宙人の容姿も、小柄で体毛がなく、吊りあがった大きな目の「グレイ」タイプが主流となった。現在のUFO伝承は、墜落したUFOをアメリカ政府が隠匿し、秘密を探る者には口封じにMIB（メン・イン・ブラック、黒スーツの男たち）が差し向けられるとするなど、陰謀論的性格を強く帯びている。

英米におけるUFO伝承には妖精伝承との共通性が指摘されている。宇宙人による誘拐（アブダクション）は妖精の隠れ里や取り換え子（チェンジリング）伝承と、UFOの着陸地に出現するというミステリーサークル（クロップサークル）は妖精の踊った跡に出現するという妖精の輪（フェアリーリング）伝承と、UFOが実験のため牛を殺して血や臓器を抜くというキャトルミューティレーションは妖精が家畜を傷つけるという伝承と共通性を持つ。一方、日本におけるUFO目撃譚のほとんどは飛行する発光体の目撃例であり、火の玉やカネダマの伝承との共通性を持つと言える。

UFO伝承は妖精・妖怪の遭遇譚・目撃譚の現代的変奏と言いえる特性を持ち、なおかつマスメディアによって伝播・変容・生成される、都市伝説の一領域ということができる。なお、UFOの報告のほとんどは飛行機・鳥・風船、惑星・隕石・雲、遠方の灯火等の誤認で、真の未確認飛行物体の報告はごく少ない。

⇩かねだま、としでんせつ、ひのたま

事例 ①［大阪府茨木市］人魂や火の玉のかわりに現在目撃されるのはUFOである。昭和五一年に大阪府茨木市で光り輝く三角形の大きな物体が目撃された（『美濃民俗』二六三、平一、三）。②［栃木県宇都宮市］UFOを見たと騒いでいた友人が、数日後何者かに襲われたが、誰に襲われたのか言おうとしなかった（『下野民俗』三九、平一一、四九）。

（飯倉義之）

〔参考文献〕皆神龍太郎『UFO学入門　伝説と真相』平一六、楽工社。

ゆーむちかみ【世持ち神】

沖縄において「豊穣」を意味する「ユー（世）」をもたらす神。ユーの到来を願い、迎えようとする「世願い」「世乞い」「世迎え」などの祭祀儀礼は沖縄に数多いが、地域によっては、ユーをもたらす神としての「世持ち神」がまつられ、あるいはまつりに登場する。八重山諸島西表島《いりおもて》古見《こみ》の豊年祭に出現する仮面仮装の来訪神「赤マタ」「黒マタ」「白マタ」は、『八重山島諸記帳《やえやまじましょきちょう》』

（一七二七）に記される起源伝承で「世持神」と名付けられている。「猛貌」の神が出現した年は豊年になり、出現しない年は凶年になったので、人々は、身に草木の葉をまとい頭に稲穂を頂くこの「世持神」の姿形を模《かたど》る「世持役」を立て、来訪神事を行うようになったという。

⇩あかまた

事例 ［沖縄県与那城町（現・うるま市）］宮《みや》城《ぎ》島の村落のはずれに祀られるアガリュウノカミは、別名ユームチ（世持ち）神といい、シヌグ祭りの日はこの神に大漁と航海安全を祈る（『国立民族学博物館研究報告　別冊三』昭六一、一〇六）。

（澤井真代）

〔参考文献〕鈴木正崇「八重山群島における時間認識の諸相」『神々の祭祀』平三、凱風社。

ゆうれい【幽霊】

㊮おんりょう【怨霊】、しりょう【死霊】、ぼうれい【亡霊】　成仏できない人間の霊魂がこの世に姿を現すという素朴な信仰は、およそ平安中期以降、怨霊の祟りを畏れる御霊信仰や仏教の説く霊魂観、死生観の影響を受けながら、ひろく民間に伝播した。院政期の貴族日記『中右記《ちゅうゆうき》』一〇八九年の条に「幽霊」の語の初出がみえており、平安末には死者の霊魂を幽霊と呼称していたのがわかる。

幽霊をはじめて民俗学の対象としてとりあげ、妖怪との差異から説明したのは柳田國男であった。柳田は『妖怪談義』のなかで、定められた時刻に特定の相手を目指して出現するものを幽霊とし、妖怪は特定の場所に出没し相手を選ばない存在といった分類を試みた。柳田説はその後の幽霊研究に指針を与えるものであったが、〈交通事故現場に地縛した幽霊〉の世間話などを思いおこすなら、妖怪との対比、区別は必ずしも明確でない。そこで近年、柳田の分類基準に対する大幅な見直しがなされるようになっている。すなわち小松和彦は、幽霊とは、祀られない霊的な存在である妖怪の一部であるものの、生前の姿で固有名詞や個人史をになって出現するところに、一般的な妖怪との違いがあると考えた（『妖怪学新考』『怪異の民俗学〈六〉幽霊』解説）。また、諏訪春雄は幽霊を死者の世界である「他界」からこの世に現れるものととらえ、「異界」に住む妖怪との差異に言及した（『日本の幽霊』）。もともと人間であったがゆえに、生前の姿で人々の目にうつるという考え方は、小松の指摘にも通ずる。いずれも、死後の他界観が民衆生活のすみずみに行きわたった中世以降の葬式仏教の布法活動と密接なかかわりをもつものであろう。

さらに幽霊の姿かたちには、江戸時代の文芸、芝居、絵画の強い影響がみとめられる。すでに中世能楽の世界において、死霊の形象化は行われていたが、江戸の庶民芸能や文芸の普及は、幽霊の姿かたちをより明確なものにした。たとえば、今日の民俗社会に伝承された典型的な幽霊像は、「死んでも浮かばれない時に、白装束で額に三角の紙をはった姿で墓地の柳の下に出る」（『長野県史民俗編二（三）』）、「女の姿をしており、髪を乱して着物を着、両手を前にだらりと下げていて足がない」（同）というように、生前の未練、白衣乱髪の女、腰より下が消える表現などをともなう。こうした特徴は、死者葬送の儀礼との関連はもとより、近世怪異小説の描く女霊のイメージや、女方のケレン芸であった元禄歌舞伎の怨霊事《おんりょうごと》、悋気事《りんきごと》の舞踊表現に通底している（服部幸雄『さかさまの幽霊』）。また、足のない幽霊の登場は、逆立ちの姿の幽霊像からの変遷を思わせる。現在確認できる無脚幽霊の初出例は、寛文一三年（一六七三）刊の古浄瑠璃『花山院きさきあらそひ』といわれ、一八世紀の絵師円山応挙（一七三三―九五）によって図像的な完成をみるが、他方古く一七世紀前葉において、怨みをもつ死霊は、足上頭下の格好を基本とした。いずれにしても、中世末から江戸期を通じて生成した文化事象が、我々の幽霊イメージの原風景を形づくる主な要因となっている点は明らかである。

それでは、今日の民俗社会で語られる幽霊話は、説教僧の説きひろめた死者鎮魂の儀礼や説話とどのような結び付きを示すのか。あるいは江戸の文芸、美術の創り出した幽霊像の痕跡を身近な世間話にさぐることは可能か。具体例にそって以下にこれらの諸点を検証してみよう。

『宮城県史』二一巻所収の本吉町の口碑に、昭和の初め頃の奇談として赤ん坊を残して死んだ若い母親の幽霊がバスで自宅に帰った話が見える。嬰児を気遣う亡き母の哀切を伝えた内容であると同時に、この話は昔話「子育て幽霊」に代表される幽霊話の伝統につらなる事例であった。じつは子育て幽霊型の伝承は、その源流に産死婦の葬祭に深くかかわった唱導僧の布法説話のながれをうかがわせる（堤邦彦『近世説話と禅僧』）。中世から近世の庶民仏教においては、産死供養のための棺中出産呪符の配布と弔祭の指南がしばしば執り行われていたからだ。

一方、この系統の伝承は、幽霊の育てた遺児がのちに歴史上の高僧になったと説く場合も少なくない。とくに曹洞宗の通幻《つうげん》（一三二二―九一）をめぐる墓中出生譚は有名で、東北から中国地方におよぶ広汎な伝承圏をもつ。宮城地方に流布した通幻伝説は、明治初年の奥浄瑠璃にとりこまれ、昔話「ホヤノの扇」「扇屋おつる」の名で現在に至った。女幽霊の出産と子育てを話の基幹とする東北の通幻伝説は、僧坊ゆかりの亡魂譚が民話化するプロセスを如実にものがたる事例とみてよい。なお、福島に伝播した子育て幽霊譚は、「四十九院《つるしいん》」家当主の異常な出生にまつわる話を派生する。すなわち元禄六年（一六九三）刊の説教本『礦石《こうせき》集《しゅう》』に載る「奥陸国四十九院氏が事」により話の大概を知ることができるが、一方、近代以降も四十九院伝説は新たな幽霊話を再生産している。郷土誌『あしなか』七六号所収の南会津の伝承をみると、大正一三年に同家の嫁が墓中で子を産み、正雄と名付けられた遺児はその後北海道大学の学生になったという（事例②）。唱導説話を淵源とする幽霊話の近代的変遷がよくわかる事例である。

我が子への執念やこの世の未練、物欲が幽霊出現の原因にほかならないと説く仏徒の言説は、近世説話にさまざまな話のバリエーションを生み出して行く。仮名草子『因果物語』に蔵の財宝が気になって成仏できない死霊（上巻一八）、金に執着して死後蛇になる僧（下巻五）などが散在するのはその証拠であろう。一七・八世紀の無縁本（葬式手引書）に財物・情愛への妄執を断ち切り亡者を成仏させるための適切な呪法が指南されている点を確認するなら、「成仏できない幽霊」のイメージ形成が僧坊主導の結果であったことは間違いない。そしてその延長上に落語「へっつい幽霊」などのハナシの系譜が成立する。『甲斐路』所収の昔話（事例⑤）に年季証文の返却にこだわる下男の幽霊が登場するのは、そうした説話展開の一部分として理解すべき近現代の事例であろう。

この他、旅僧に片袖を渡す女霊（『近畿民俗』、事例⑥）、鬼の責めを受ける老婆の幽霊（『民俗文化』、事例⑦）といった事例はいずれも僧坊由来の寺院縁起を下敷きにしている。前者は大阪平野の大念仏寺、後者は岐阜県今須の妙応寺の宝物縁起にもとづく口碑である。

一方、今日の幽霊話のルーツに江戸怪談の影響が見え隠れする点も見逃せない。たとえば妻を死なせた浦賀の職人が亡霊といっしょに旅をする話（『民俗学』五巻一〇、事例⑧）は、井原西鶴の『万《よろず》の文反古《ふみほうぐ》』巻五の二「二膳居る旅の面影」の民談化であろう。もともと中国の因果応報談（明代『迪吉録《てききつろく》』）を原点とし、浅井了意の『堪忍記』に翻訳されたのを皮切りに西鶴小説を経て岡本綺堂「木曽の旅人」にいたる息の長い説話の流れが知られている。逃亡した殺人者につきまとう犠牲者の亡霊と、一膳多い夕飯の怪を語る怪談文芸の名作である。また『郷土研究』九巻三号に載る漆塗りの死人の後妻殺し（事例⑩）は、延宝五年（一六七七）刊の怪異小説『諸国百物語』巻二の九の完全なる翻案である。先立たれた妻の遺体を漆で固めて小堂に安置する筋立て、あるいは夫の再婚に怒って後妻の喉に喰らいつく亡婦といった酸鼻な結末など、細やかなストーリー展開の照応をみるかぎり、岩手県盛岡地方の民談として語られたこの話が、じつは『諸国百物語』をなぞった翻案であることは否めない。文芸から口碑への変容を示す一例といえよう。ちなみに小泉八雲の「破約」もまた『諸国百物語』の影響下に創作されている。

ところで、幽霊話のなかには、その正体が目の錯覚であったとか、幽霊を騙った犯罪であったといったオチをもつ類話が散見する。かような一群も文芸史的にみれば、近世に隆盛した「弁惑物《べんわくもの》」（怪異の正体を見破るスタイル）を発生母体としている。儒学の合理精神をよりどころとする怪異否定の思想は、貞享三年（一六八三）刊『百物語評判』以来、江戸怪談の一ジャンルに弁惑物の一群を派生していた。こうした怪異と民衆のかかわりを背景に、人々は市井に実在するニセ幽霊事件の噂に好奇の目を向けていた（『飛鳥川』など）。江戸時代人の知的な怪異観を基層として、今日の錯覚型幽霊談が生成したのであろう。

なお、興味深いことに仏教の側も幽霊の真偽を確かめる方法に言及している。無縁本のひとつ『浄土無縁引導集』（正徳三年〈一七一三〉刊）には、化け物の正体を真実（正真の人間の幽霊）、変化（狐狸・妖魔のしわざ）、妄相（気のせい、幻覚）の三つに分けて各々を見破る手順に触れ、呪符・経文の詳細を教化する。かような発想が庶民の信仰生活に根付いた一八、九世紀を経過することで、今日の怪異観、幽霊像に古代中世とは異なる合理とオソレの混交がもたらされたのであろう。『民俗学』一巻六号の伝える「幽霊とムジナの見分け方」（事例⑭）は幽霊話の歴史性を示す典型例である。

⇩アイヌトゥカプ、いきりょう、かさね、こそだてゆうれい、ごりょう、さかだちゆうれい、さくらそうごろう、したいのかいい、ひのたま、よつやかいだん、れいこん

事例 ①［宮城県本吉町（現・気仙沼市）］昭和の初め頃、若い婦人が料金も払わずバスを降りて駆け出していった。翌日も同じ場所で同じ人が降りていくので、後を追いかけていくと、忌中の札を貼った家に入っていった。車掌がその家でバス料金のことにつき話したが要領を得ないので、よくよく話し合ってみると、若い母が赤ん坊を残して一週間ほど前に死んだが、あの世に行ききれず赤ん坊をみとりに来たのだという事がわかった。バスの運転手と車掌は蒼くなって三日ほど休んでしまった（『宮城県史 二一』昭三一、五一三‐五一四）。②［福島県湯本村（現・天栄村）］福島県伊具郡の四《つ》十《る》九院《しいん》という家の息子にまつわる話。女が死に、棺桶に入れられて埋められたが、その後毎晩飴屋で飴を買っていったという。お墓を掘ってみたところ、正雄という子が棺の中で生まれていた（大正一三年生まれ）。この話は中村町小泉の慶徳寺の住職がよく知っている。正雄君は現在北海道大学予科の学生である（『あしなか』七六、昭三六、二‐一〇）。③［岩手県］些細な誤解がもとで、男は妻を殺してしまった。それでも男への愛情は変わらず、女は幽霊となって通い続けた。そのうち、女の幽霊は男の子ができ、女はその子を養育したのであるが、やがて幽霊界へと帰っていき、男の子はある僧に育てられ、通幻という僧になった（『旅と伝説』一四（七）、昭一六、一‐八）。④［東京都板橋区］専称院の幽霊観音にまつわる話。この村の娘が身ごもったまま死んだが、夢枕で腹から子を出して改めて埋葬してくれるよう頼んだので、家の者が言うとおりにしてやった。異説では、左鎌で腹を切って子を取り出したら母子ともに死んだのでこれを祀ったともいう。専称院には母子の戒名を刻んだ如意輪観音の石碑があり、その図様を刷った安産の守札を配布する（『季刊民話』八、昭五一、七八‐八三）。⑤［山梨県都留市］男衆（下男）が急性肺炎で亡くなった。納棺の時に年季証文を中に入れなかったので、夜な夜な現れてなさけなさそうに主人を眺めた。ある晩開いてみると「証文を返してくれないのでいつまでもここに縛り付けられている」といったので、墓に年季証文を埋めてやるとそれきり出なくなった（『甲斐路』六七、平一、一〇六‐一〇七）。⑥［大阪府松原市］ある日、旅の僧がお堂で一泊していると女のゆうれいがやってきて「私はここにいるが大阪の両親が供養に来てくれないので頼んできてくれ」と言った。そんなことを言っても誰も信じないと僧が言うと、幽霊は着物の片袖を引きちぎって渡した。大阪の両親はあわてて供養したという（『近畿民俗』一二一、平一一、三一）。⑦［岐

阜県関ケ原町〕昔一人の旅僧が今須にさしかかり村はずれの墓場で一夜を過ごした。夜半五、六匹の鬼が出てきて妙という老婆をいじめるのを目撃した。女は生前欲深く村人に恨まれていたため、成仏できないのだろうということになり、僧は供養のためにお寺を建てた。その後鬼や老婆の幽霊は出なくなった（『民俗文化』一八九、昭五四、一八三一―一八三三）。⑧〔神奈川県浦賀町（現・横須賀市）〕浦賀の寿司職人が遊女に夢中になった。女房は遊女を恨んで自殺する。それから、毎夜、遊女の寝ている部屋の障子に髪の毛をサラサラあてるものがあった。男も気味悪がり、発心して札所巡りに出たが、宿で必ず「お二人さま」と呼ばれた。ついに龍本寺に入り一生を終えたという（『民俗学』五（一〇）、昭八、五八）⑨〔長野県〕明治二五、六年の暮れ、道に迷った洋装の紳士が白馬の蓮華温泉を訪ねた。宿の主人は彼を泊めようとしたが、息子があまりに怖がるので出ていってもらった。まもなく紳士は若い女を殺して逃げていたと分かった。息子は紳士の背後に血みどろで髪が乱れた若い女の姿を見たという（『あしなか』二二四、一三―一六）。⑩〔岩手県〕あるところに夫婦がいた。お互いに死んでも再婚せず、葬らずに身体に漆を塗ってお堂に供えるように約束していた。そのうち妻が死んだ。夫はしばらくして後妻をもらう。夫が旅に出たとき、前妻の幽霊が後妻の喉に喰らいついて殺してしまった。夫が帰ると漆を塗った前妻の口が血みどろになっていた（『郷土研究』七（三）、昭八、三九―四〇）。⑪〔福井県池田町〕寺島の女が、毎夜丑三つ時に雄岩で狼除けのために幽霊に変装して板垣の男の所へ通った。男は想いの強さを不気味に思い、女を遠ざけようと、友人に自分は死んだ事にしてくれと頼んだ。友人は雄岩で狼の死体を焼き、男は死んだと伝える。女は幽霊の衣装を着ずに帰ったので狼に食われた。男は女を悼んで雄岩に南無阿弥陀仏と彫った（『福井旧上地田村の民俗』四三、昭四三、一八〇）。⑫〔大阪府天王寺村（現・大阪市）〕桃山病院の礼拝堂の窓に白い髪でやつれた顔の老人の顔が浮き出た。噂はすぐに広まり、病院が見物客で一杯になった。とうとう警察沙汰となったが、目の錯覚と結論付けたうえ、窓に布を被せることで一件落着した（『郷土研究上方』三（三三）、昭八、二八―二九）。⑬〔京都府〕ある民家で妻が死んだ。ある夜、夫が引きこもっていると、亡妻がやって来て生前大切にしていた鏡を取りに来て、冥途に持ち帰る。その後も夜毎に来て存命中に使っていた調度を持ち帰る。いぶかしく思い糾問すると、幽霊と思ったのは欲深な隣家の女だった（『飛鳥川』）。⑭〔石川県〕次郎兵衛が女房と娘を残して死んだ翌晩から、白衣を着た幽霊が出た。人間の幽霊か獣の幽霊か見分けるために灰を撒いておいたところ、狢の足跡があり、それから来なくなった（『民俗学』一（六）、昭四、四四―四六）。⑮〔京都府京都市下京区〕妹と夫の仲に嫉妬して自死した先妻おみつが幽霊となり夫の直次郎と妹のゑきの首を絞めた（『郷土研究上方』三（三三）、昭八、四四―四五）。

（堤邦彦）

〔参考文献〕小松和彦編『怪異の民俗学六〈幽霊〉』平一三、河出書房新社。堤邦彦『江戸の怪異譚』平一七、ぺりかん社。

同『近世説話と禅僧』平一一、和泉書院。

幽霊（『怪物画本』国際日本文化研究センター蔵）

ゆうれいせん【幽霊船】

類ぼうれいせん【亡霊船】、まよいぶね【迷い船】、もうじゃぶね【亡者船】、もうれいぶね【亡霊船】、もり、ゆうれいぶね【幽霊船】

航海中に前方に突然出現した船を避けようと舵を切ると、転換した前方に再度現れるが、そのまま衝突すると船が消えてなくなるという怪異。姿がなく、声だけ聞こえる場合もある。柄杓を要求する場合があり、底の抜けた柄杓を貸すと助かるが、底のついた柄杓を貸すと船に水を汲み入れられて沈没するという。海難事故などで命を落としたり行方不明になったりした船の亡霊であるとされる。

⇩おおさかまる、ふなゆうれい

事例 ［青森県東通村］「モザブネという妖怪がある。夜、真暗でさみしいとき、海の上で人の乗った船が急に近づいてきて、オケ、アカトリ、タルなどをかせという。モザブネがきたときはオケなどの底をぬいて渡して逃げる」（『民俗採訪』昭和三七年度号、昭三九、一二）。

（高橋奈津子）

ゆうれいやしき【幽霊屋敷】

⇩ばけものやしき

ゆきおとこ【雪男】

雪が降った翌朝、雪上に残されている人間とは思えない大きさや歩幅の足跡を雪男の足跡だとする、山中の怪異。山人伝承の一種といえる。しかし一九六〇年代、ヒマラヤ山脈において外国登山隊が、現地語でイエティと呼ばれる大型類人猿形態の未確認生物をしばしば目撃しているという情報が日本に伝えられ、マスメディアがこれを「雪男」と称したため、以降、雪男はヒマラヤのイエティやアメリカのビッグフットなどの、大型類人猿形態の未確認動物の総称として定着した。

⇩やまおとこ

事例 ①［徳島県三好郡（現・三好市）］雪の翌朝、雪面に雪男の足跡がある。踏み跡の間隔が一間もあるという（『民間伝承』四（一二）、昭一三、一〇）。②［青森県田子町］狩人が、しら尾坂の雪男を退治に行ったが、住処の穴が冷すぎて撃てなかった（『上郷の民俗』昭五二、一二九六）。

（飯倉義之）

ゆきおんな【雪女】

類しがまにょうぼう【氷柱女房】、つららおんな【氷柱女】、ゆきおなご【雪オナゴ】、ゆきおんば【雪オンバ】、ゆきじょろう【雪女郎】、ゆきんぼ【雪坊】　雪中の妖怪。雪の精霊とも横死者の霊ともいう。その容姿は白い着物、色白、すらりと痩せて背が高いなどと伝えられる。若くて美しいと形容される一方、のっぺりとした顔立ちともい

や

う。同種の存在を老女や男性、童子と伝える地域もあり、一本足とする場合もある。人間への害を説かない話がある一方、人命を奪うともされる。後者の場合、雪女に対するタブーが伝承されている。雪女は山中や路上で行き逢う怪異とする場合が多いが、特定の期間に来訪する、あるいは大雪や吹雪にのって現れるとも伝えられ、田の神、山の神等の去来伝承や歳神《としがみ》との関係が指摘されている。

雪女は子連れで現れるとする伝承がある。ウブメに重なるイメージが投影されることもあり、子どもを抱いてほしいと呼び掛けてくる。ウブメ同様、大力を授けたという説話もある。また、雪中での女性の横死者が妊娠していたり、子連れであった場合、子どもを抱いた雪女が現れるのだともいう。

説話における雪女譚には異類婚姻譚的構成を有し、禁忌のモチーフを含むものがある。この点についてはラフカディオ・ハーン『怪談』所収の物語の影響が指摘されている。一方、ハーン作の「雪おんな」も説話に題材をとったものとされている。また、結婚後、風呂で溶けてしまったという笑話的な伝承にも雪女は登場するが、これらはむしろ氷柱《しがま》女房として知られている。

⇩うぶめ

事例 ①［長野県］雪女は積雪の霊女であるが害はしない。杣人が大木を伐り倒しておくと、一夜のうちに谷に横たえて橋にする。雪女の姿は夢のように影がちらちらと見えるのだという（『信濃国怪異奇談』昭六、七三―七四）。②［宮城県仙台市周辺］雪女が出た時は、道をゆずったり、うしろに逃げたり、話しかけたりすると必ず食い殺される。その時は何もかまわずに、雪女に体当りをするようにして一目算に走ればよい（『宮城県史　二〇』昭三一、三九―四〇）。③［岩手県遠野市］小正月の夜（旧正一五夜）または冬の満月の夜、雪女が多くの童子をつれて雪の上で遊ぶといわれ、子供らはこの夜は外で遊ぶことを禁じられた（『宮城県史　二〇』昭三一、四五〇）。④［秋田県］雪女の顔はのっぺりとしており、ちゃんとした顔をみせないが、若く美しく調ったのに逢うと災難にあうといわれている（『旅と伝説』一―（一）、昭三、四二）。⑤［京都府美山町（現・南丹市）］お婆さんが正月の餅つきの準備をしていると、軒先に人の気配がしたので障子を開けてみた。雪が降るのに何もかぶらず、色白のきれいな若い女が雪まみれになって立っていた。ニコニコ笑いながら「婆さんはげしいな」と言った。びっくりして大声でどなったら、女はパッと消えてしまい、雪の上に足跡だけが残っていた（『近畿民俗』一一〇、昭六二、一九）。（及川祥平）

［参考文献］藤澤衛彦「スキーと雪と雪の怪」『旅と伝説』一―（一）、昭三。大島廣志「『雪おんな』伝承論」『民話―伝承の現実』平一九、三弥井書店。

雪女（『化物尽絵巻』国際日本文化研究センター蔵）

ゆきふりにゅうどう【雪降り入道】

㊩ゆきのどう【雪の道】、ゆきぼうず【雪坊主】　雪中に現れる妖怪の一種。各地にさまざまな類似伝承がある。一本足で雪に大きな足跡をつけるという特徴が伝えられていることが多い。

事例　①〔長野県東筑摩郡〕雪ふり入道は雪ふり坊主ともいい、一本足の妖怪である。袋をかぶり、襤褸の着物、笠と蓑を着て、野原に立っている。汽車を埋めるという（『民族』一（二）、大一四、一五四）。②〔岐阜県徳山村（現・揖斐川町）〕ユキノドウは本来は目に見えないものだが、女や雪玉に化けて現れることがある。山小屋を訪れて水をくれと言うが、そのとき水ではなく熱いお茶を出さないと殺されてしまう。ユキノドウを撃退する呪文も伝えられている（『旅と伝説』一三（八）、昭一五、一一）。③〔九州地方〕冬の夜、子供が外を出歩くと雪坊主が出てきて、ヒュウヒュウ叫びながらさらっていく（『あしなか』四四、昭三〇、一九）。

（廣田龍平）

ゆきんぼ【雪ん坊、雪坊】

雪の降り積もった夜に出没し、一本足の足跡を残していく妖怪。子供の姿をしているとされる。ただし普通の女性の姿をして家屋に入り込み、人を取って食うという伝承もある。

⇩しっけんけん、つちかい

事例　①〔和歌山県見好村（現・かつらぎ町）〕ユキンボ（雪坊）は雪の降り積もった夜に出没する妖怪である。子供の姿をしており、一本足で飛び歩く。雪の朝に木の下に円形のくぼみが所々にあるのは、ユキンボの足跡だといわれている（『郷土研究』四（一）、大五、五三）。②〔京都府大宮町（現・京丹後市）〕大雪の夜、山中の家で婆さまと孫が二人でいると、美しい女が訪ねてきた。火をたいてやると、女の胸元が溶けてきた。女は雪んぼだったのだ。雪んぼは雪と松脂から出来ていて、溶けた熱いところをちぎって人に投げつけ焼き殺し、食べてしまう。婆さまはすぐに孫を背負い、吹雪の中、家の外へと逃げてふもとの庄屋の家に逃げ込み、山中の家には二度と帰らなかった（『季刊民話』一、昭四九、一一－一二）。

（廣田龍平）

ゆだま

幽霊の火の玉のことで、死者の家の近くで上がったり下がったりする。はじめは蛍の光ほどの大きさだが、墓に着く頃にはソフトボールくらいの大きさになっているという。主に鹿児島県奄美大島などに伝わる。

⇩ひのたま、ゆうれい

事例　〔鹿児島県瀬戸内町〕長病気をする人からはユダマが出る。それが軒先の上を飛ぶとその人は死ぬが、軒下を飛ぶと運気がもらえる（『奄美民俗ノート』六・七、昭五七、一二－一三）。

（財津直美）

ゆのかみ【湯の神】

㊩ゆじんさま【湯神様】　温泉地に伝わる、源泉の発祥に関する伝承の一類型。源泉の発掘あるいは枯渇を、湯を司る湯の神の利益や怒りの結果として語る伝承。

事例　①〔山梨県忍野村〕昔、湯の本の屋号を持つ家には温かい湯が湧き、子どもの格好の遊び場であった。あまりに子どもが遊んでばかりで家を手伝わないので、大人が湯の湧く所に猿の生首を置いたため、子どもは怖がって近寄らなくなった。しかしそれ以来湯は水になってしまった。信心深い老婆に、猿の生首を置いたため湯の神様が怒ってお湯をくれなくなったとお告げがあった（『甲斐路』八八、平九、五六）。②［宮城県一迫町（現・栗原市）］オグリという場所にお湯が湧いていた。ある時オグリからアラユという場所に、四歳の女の子に卵を持たせて送ったのを土に埋め、ユジンサマとして祀った。以来オグリの湯はなくなり、アラユで湯が湧くようになった（『民俗採訪』昭四八年度号、昭四九、六八―六九）。

（池田浩貴）

ゆめ【夢】

睡眠中に様々な物事を現実のように感知する現象。生理的要因によって生じる。夢を通じて神仏や死者のメッセージが届けられる、また未知の世界で起こったことを知りうるという考えは広範な地域において認められ、現代にも受けつがれている。

異界との交流手段としてみた場合、現実世界において霊的存在と直に交流することができるのは宗教者や支配者など特殊な立場の人間に限られる。これに対し、夢による交流はそれ以外の人々にも開かれた手段といえ、一般人の日常生活にも影響を及ぼした。

このような信仰のもとで人々は能動的に夢に関わってきた。吉夢を招く、あるいは凶夢を吉夢に転じるまじないは現代人も行っている。夢告を期待しての寺社参籠も、価値ある夢を求める営みにあたる。

夢解き・夢占・夢合わせも重視された。実際の夢は概して筋書きがなく意味が取れないので、それを解釈する能力を持つ者が求められた。彼らは巫女や陰陽師、僧など専門的宗教者であることが多かったが、一般人の中にそれを得意とする者がいる場合もあった。解釈が不適切であれば夢は益をもたらさず、また交換や売買などを通じて夢見た本人以外の者の手にわたることで効力を発揮した例も知られており、夢と人との関係は流動的であった。人間関係に左右される、逆に、関係を左右することも多く、特に前近代において夢は高い政治性・社会性を有した。

⇩たくせん、ゆめまくら

事例 ①［愛媛県松山市］シベリア抑留から帰ってきた男が妻と共に工場内の借家で暮らし始めた。男は夜中に不気味な水音を聞くようになったが妻に黙っていた。あるむし暑い夜、戸を叩く音がして起きると、家の前の柳の木の下に老婆が立っていた。早くお出でと言うので近づこうとするが、スーッと遠ざかってしまう。ところが、急に老婆の頭髪に火が点き、あがきだした。その悲鳴で目を覚ますと、妻も起き上がっており、二人して同じ夢を見ことが分かった。家主に話すと、一人息子の帰還を待っていた老婆が、空襲で全身火だるまとなって、井戸に飛び込んで死んでおり、その井戸の上に建てたのが今の借家で、幾人もの借家人が同じ夢を見て逃げて行ったと教えてくれた。男と妻もすぐにその家を出た。（『伊予の民俗』三九、昭六〇、一七―一九）。

②〔和歌山県和歌山市〕鳴神社の末社夢神社に詣でると、夢見が悪かった人は悪運を止められ、善い夢を見た人は幸運を捕まえられると称して、徳川時代より一部の信仰を集めているという。その祭神は熊野に降りた高倉下と同神の天香具山命だと伝えられている。(『旅と伝説』四(九)、昭六、四一―四二)。③〔山梨県落合村(現・南アルプス市)〕落合村の女性はよく夢占いし、百発百中で不思議がられている。特に妊娠など本人が知らないうちから言い当てる。彼女の亡舅は普段は平凡で無口だったが、よく吉凶を予覚し村人から尊敬されていて、駒ヶ岳講の先達として帰依者も多かった。ある乱暴者もこの男性に弟子入りして駒ヶ岳さんを信仰するようになってから善良になり、例の男性が死亡した時にはその時間まで予覚したという。(『民間伝承』一一(一二)、昭二一、二五)。

(徳永誓子)

〔参考文献〕河東仁『日本の夢信仰―宗教学から見た日本精神史―』平一四、玉川大学出版部。

ゆめまくら【夢枕】

夢の中に、神仏や死んだ肉親などが現れてお告げをすることを、「夢枕に立つ」という。内容は、よい知らせのこともあれば、死や火事、戦争など悪いことの知らせのこともある。また、神社や寺の建立をうながしたりすることもある。

⇩しのよちょう、たくせん、ゆめ

事例〔岩手県東磐井郡(現・一関市、平泉町、奥州市)〕オシラサマが夢枕に立つのは、その家に火事が起きるとき、大黒柱が倒れるとき、世の中に大きな災害の起きるとき(『民間伝承』三九(一二)、昭五〇、八二)。

(高津美保子)

ゆりばーさ【ゆり婆さ】

㊧はいばあ【灰婆】、ゆりばば【ゆり婆】

囲炉裏や火鉢などの灰の中にいて、子どもが囲炉裏の灰を火箸でいじったり、火鉢の中の灰をかき回したりして灰にいたずらをすると、出てくる妖怪。いたずらした子どもをさらったり食べたりすると言われる。

事例 ①〔静岡県森町〕ユルイ(囲炉裏)の中の灰を火箸でいじったり、火鉢の中の灰をいじったりすると、「ユリバーサが出てくるぞ」と大人に脅かされた。ユリバーサはおばけのようなものだと思っていたという(『民俗』一六二、平九、一)。②〔秋田県象潟町(現・にかほ市)〕灰ばばあは、囲炉裏の灰の中におり、子どもがいたずらして灰を掘るなどすると、灰の中から出てきて、子どもをさらっていく。頭の上にもう一つ口がついていて、子どもをバリバリと食べたという。また年に一度若い娘をさらって行くという(『西郊民俗』一二六、平一、一二七)。

(後藤知美)

よ

ようかいのこしょう【妖怪の呼称】

㊮あもこ、おざおざ、おじょも、がもがも、どーてんかー、まどー【魔道】、まもー、もーこ【蒙古】、もっけ、もんもう、わうー　日文研の妖怪データベースには、三万五千件あまりの事例のなかに、一万五千を超える呼称が収録されている。単純に平均すると、同じ呼称の妖怪事例は三つとないことになる。「お化け」を意味することばひとつを取っても、アモコ、オザオザ、オジョモ、ガモガモ、ドーテンカー、マドー、マモー、モーコ、モッケ、モンモウ、ワウーなど、多数に及ぶ。どうして妖怪の呼称は、これほどたくさんあるのだろうか。

妖怪の多くは、個人の体験がもとになっている。妖怪にはもともと呼称などなく、体験者が個人の解釈を加えた名付けをすることによって、ひとつの妖怪として存在しはじめることになる。

名付けの方法は人によって違う。たとえば、橋の下から小豆を洗うような音が聞こえてきたとする。この体験に「小豆洗い」という呼称を与えることによって、ひとつの妖怪が生まれる。だがこの体験を「怪音」「橋の下のお化け」と呼ぶことも許される。これは狸の仕業だと思ったのならば、「狸」と名付けることもできる。

体験された現象は似かよっていても、それに使われる語彙によって呼称の種類は増幅される。小豆を「洗う」ではなく、「研ぐ」の語が選択されると、この妖怪は「小豆研ぎ」になり、行為ではなく音に着目すると「小豆さらさら」になる。そこに姿形の要素が加わると「小豆研ぎ婆」や「小豆婆」になる。「小豆」を離れてまったく新しい呼称を作っても、もちろんかまわない。同じ種類の体験から、いくつもの呼称が生まれるのだ。

妖怪の呼称は、方言や訛りによる音の変化によっても増える。たとえば「タヌキ」の方言には、「ムジナ」「ダンザブロウ」など、「テング」の音が変化したものに、「テンゴ」「テンゴウ」「テンコゾー」「テンゴン」などがある。さらには、「オタヌキサマ」のように「オ」や「サマ」が付く／付かないによっても呼称のバリエーションは広がる。体験者だけでなく、妖怪事例を集め紹介する研究者によっても、妖怪呼称は与えられる。たとえば、「松の木に落雷があった。雷の正体は猫のようなものだった」という事例を研究者が収集したとしよう。この事例にはもともと呼称などないが、名無しのままでは事例を識別することが難しい。そこで、研究者はこの事例に呼称を与えるのだが、それには「猫」「猫のようなもの」「雷」「雷獣」「松の木」など、さまざまな可能性がある。ある研究者がこの事例を「猫」として紹介し、それが学術誌に掲載されるなどしてメディアに固定されると、これが「猫」の妖怪として認識され、流布されることになる。

こういった、妖怪への名付け行為によっ

や

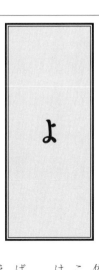

て現象が共同化され、また複数化した呼称によって日本の妖怪文化は多様で豊穣なものになっているといえよう。

⇩あやかし、オコッコ、がぐれ、がごじ、カミアシ、ばけもの、まよなむん、むくりこくり、むん、もーこ、もののけ、ももんが

（山田奨治）

〔参考文献〕京極夏彦『妖怪の理　妖怪の檻』平一九、角川書店。小松和彦編『妖怪学の基礎知識』平二三、角川書店。

ようかぞう【八日ぞう】

㊫ようかどう【八日どう】　一二月と二月の八日に巡って外出者を探索することから、人々に物忌みを守らせるために登場してきた「訪れもの」の一つとみられる。東京都の多摩川流域や神奈川県に伝承される。千の眼を持つとか、疫病神とされる。ようかぞうは「八日ぞ」と八日を強調する表現だったと考えられている。すなわち、「大悪日の八日であるぞ。物忌みせよ」という意味から「八日ぞ」と呼びかけが盛んになされ、その結果、この表現が定着し、ついにはこの日にやって来る訪れものの名称にまでなったのであろう。

⇩きょらいしん

事例　①〔神奈川県川崎市〕一二月と二月の八日に八日僧が来るというので、棒の先に目籠をつけて軒先に立てかけた（『川崎の民俗』昭五四、一二三）。②〔東京都多摩村（現・多摩市）〕一二月と二月の八日にヨーカゾーという厄病神が、外出者がいると帳面に判を押し、それを道祖神に預ける（『民間伝承』一四（六）、昭二五、二六）。

（入江英弥）

ようかび【妖怪火、八日火】

沖縄県において旧暦八月一〇日前後にでる火玉。また行事の名称でもある。ヨーカビーアシビともいう。戦前までは、多くの村落でその火玉の出現を見守った。村落を見下ろせる小高い丘か木の上から、火玉（タマガイ）の出没をみるという。多くの村で、その火玉のでた屋敷からは死、もしくはなんらかの不幸がでるという前兆としてうけとられているが、そのあがり方等によっては、吉（出生など）の前兆とみる村もあったようである。

⇩かいか

事例　〔沖縄県糸満市〕旧暦八月八日、糸満でヨーガァー・ビという行事が行われる。軒、門柱にすすきと桑の枝を差して祝する。夜は高い場所から海上の怪火に注意すると言われている。なお、この行事は八重山では行わない（『旅と伝説』四（一）、昭六、一一四-一一五）。

（玉水洋匡）

ようごういし【影向石】

㊫こうみょういし【光明石】、ようごうせき【影向石】　神仏が降臨する御座石。また、神仏が一時仮の姿をとって、もしくは姿を見せずに現れる場所にある石。遥拝《ようはい》するときの標となっている石と伝えられることもあり、その場合拝み石とも呼ぶ。

⇩いしのかいい、かみのれいげん

事例　①〔宮城県塩竈《しおがま》市〕塩釜神社の東南、七曲坂下にある。高さ八尺、幅三尺の光沢ある石で、神の姿が映るという（『宮崎県史　二二』昭三一、一二三二）。②〔神奈川県川

や

崎市〕天台宗影向寺に影向石がある。天平一一年、皇后が重病になられた際、僧が天皇の夢枕に立ち、橘にある霊石に薬師如来を祀るよう告げる。像の彫刻が完成すると皇后は快癒した。後に像を運んだ際には独りでに霊石の上に立った（『神奈川県史　各論編五』昭五二、九五九）。③〔長野県小谷村〕あみだが原にある。昔、塩六という人が、雨飾山から阿弥陀を背負って光明石めがけてとんだ。そのとき光明石に阿弥陀様の足跡がついた（『長野県史　民俗編三（三）』平二、四三四-四三五）。

（鄧君龍）

ようじゅつつかい【妖術使い】

物を触らずに動かす、幻を見せる、火水や刃物に害されない等の超常的現象を操る人物。奇人譚・地域の有名人の逸話として伝承されている。その力は占いや式神の法のように、学習した魔術的技法によるとされる。単に手品を用いている場合も多かったと思われる。切支丹伴天連に関係があるとされ、天草四郎は妖術使いだといわれる。なお、文化人類学の用語で邪悪な魔術を指すSorceryの訳語として妖術が当てられ、憑物やイチジャマをそう呼ぶ場合もあるが、前記の妖術との関連は薄い。

事例　①〔長崎県〕鉄砲で撃ち落とした海鳥を、天草四郎が妖術で岸まで動かした（『旅と伝説』一二、昭三、四九）。②〔京都府京都市〕元禄の頃、塩屋長次郎という者が牛馬を呑む見世物をしていた。安永の頃、二条川端で弟子をたくさん取っていた妖術の先生がいたが、後に処刑された（「嬉遊笑覧」『日本随筆大成　別九』三四四）。

（飯倉義之）

よこづちのかいい【横槌の怪異】

民具の横槌が起こすとされる怪異。横槌は、村人の死が続くときに、後続を断つために死者とともに埋葬するなど、呪具としても用いられる。最も多いのが、横槌、或いは横槌によく似た形状の蛇が転がってくる怪異である。時には人を襲い、殺すこともある。飛ぶように跳ねるともいい、雷のような声で笑うともいう。頭も尾も同じ大きさの横槌蛇は、後にツチノコのイメージの原形にもなっていく。民具の横槌が石に叩きつけられる日々を怨み、家を呪う話も報告されている。

⇩きぶつのかいい、つちのこ

事例　①〔新潟県三条市〕堤防の近くでぴょんぴょん飛び跳ねる、頭と尾の太さが同じ蛇を見た（『越後三條南郷談』大一〇、四五）。②〔秋田県神代村（現・仙北市）〕家に不幸が続いたので横槌を棺に入れて祈願すると、横槌が口をきいた。元は桑の木で、綺麗な所で仲間の木と生えていたのに、家の者に切られて横槌にされた。毎日台石に叩きつけられる、夜は厩の前の土間である。自身の不幸故、祟ったという（『旅と伝説』六（七）、昭八、四五）。

（堀口祐貴）

よじばば【四時婆】

㊫よじげんばばあ【四次元婆】　四時に学校のトイレに現れるという正体不明の老婆。四時頃にトイレに行くと襲われる、金縛りにあう、トイレに閉じ込められる、さらわれるなどとうわさが広まり、女子生徒の間で恐れられた。同じくトイレの怪談にまつ

や

わる「赤い紙、青い紙」のモチーフが加えられている場合もある。トイレは異界的空間、さらに四次元婆とは四次元世界、異界との繋がりを暗示しているのだろう。また、四月四日、四時四四分四四秒、四番目のトイレ、四回ノックする、など「死」を連想させる「四」の数字が絡んでいるが、具体的な被害が語られることはないようである。

⇩がっこうのかいだん、べんじょのかいい、むらさきばばあ

事例 〔不明〕小学校の女子トイレに四時に一人でいると鈴の音が近づいてきて、「赤い紙いらんか」「青い紙いらんか」「白い紙いらんか」と老女の声がする。その都度「いらん」と答えると老女が現れ、トイレに入った人は連れ去られてしまう（『不思議な世界を考える会会報』四〇、平一七、五）。

（杉本栄子）

よすずめ【夜雀】

㊪たもとすずめ【袂雀】 チッチと鳴きながら夜道を往く人の後をついて来るといわれ、その鳴き声はチンチンともチュンチュンとも伝わる。歩けなくなる程飛んで来ることもあるといい、正体はコウモリとも蛾の一種ともされるが、姿を見せることはない。憑かれるとさみしいと感じる、不吉だというところがある一方、恐ろしくない、怪我をしないで良いという土地もある。夜雀は、送り雀同様狼の先触れとされ、これを除けるための「ちっちと鳴くものは、しちぎの棒が恋しいか、恋しいならばぱんとひと撃ち、アラビウンケンソワカ」等の呪文もある。紀伊半島や愛媛・高知県に伝わる。なお、宮崎県にも同内容の「チッチ」の伝承が一例確認される。

⇩おくりすずめ、とりのかいい

事例 〔愛媛県城辺町（現・愛南町）〕真夜中に山道を歩いていると、急にちっちっと鳴いてついてくるものがある。ときには、その声で行先がさえぎられ、一歩も歩けなくなる。これをヨスズメに憑かれたという。（中略）一種の蛾のようなものといわれる（『伊予の民俗』三七、昭六〇、二四）。

（菱川晶子）

よすまさがし【四隅さがし】

㊪よすみのげーむ【四隅のゲーム】 山で遭難した四人が山小屋で凍死しないよう行ったゲーム。四隅に一人ずつ立ち、A→B→C…と順にタッチ、を一晩中続け、無事朝を迎える。だがこのゲームはD→Aの時、AはBの所にいるので四人では成立しない。そこで遭難したのは五人で一人が死に、その霊が助けた、と説明することも多い。また明りを消した教室等で純粋に遊びで行われることもある。似た遊びは江戸時代の『童子百物語』（天保九年序）にもみられる。

⇩がっこうのかいだん

事例 〔不明〕教室の四隅に一人ずつ立つ。一人が右手にいる人の所へ行ってタッチ。その人も右手の人に行ってタッチ。次も同様。最後の人も同様にタッチ。何故か一人増えているらしい。同じように四隅に一人ずつ立ち、いっせいに中央に向って走っていくと、全員消えてしまうらしい（『不思議な世界を考える会会報』五八、平一一、一、五八）。

（渡辺節子）

や

よたか【夜鷹】

類かいし【怪鴟】、かすい【蚊母鳥】、せきこ【隻狐】　夜鷹は夜鳥である。昼は樹上もしくは地上で眠り、夜になると動き出す。飛びながら嘴《くちばし》を大きく裂開し、蚊をはじめ、多くの害虫を捕食する。農民にとって益鳥である。しかしその姿や生態から、夕方に目の前を通り過ぎると忌まれる、人をさらう等、怪鳥として畏怖された。

⇩とりのかいい

事例　①［宮城県］夕方にヨタカが目の前を通り過ぎると忌まれるという（『宮城県史　二二』昭三一、五八）。②［岩手県岩泉町］ヨダカは人を攫《さら》う（『民間伝承』二四（七）、昭三五、四三）。③［武蔵国品川（現・東京都品川区）］今井良臭が荏原郡戸越村に住んでいた頃、黄昏時に木立の茂みより立ち出でる鳥があり、道路に伏して、人が通れば移動して、また伏したのを見たという。形は定かに見えなかったというが、これは夜鷹だろう（『傍廂《かたびさし》』『日本随筆大成　第三期一』六一）。

（森本恵一朗）

よだそう

類あぎょうさん・さぎょうご、そうぶんぜ

この話を聞くとヨダソウという妖怪（怪人）が夜やってきて殺される、防ぐにはヨダソウの名を早口で逆さに唱えなければならない。唱えるうちに呪文が「嘘だよ」だと気づくという、学校の怪談。

呪文が「アギョウさん、サギョウご（ア行三・サ行五＝う・そ）」であったり、夢に「ソウブンゼ（全部嘘）」という寺に行くので、そこで儀式を間違わず行わないと夢に閉じ込められる、と脅す類話がある。

⇩がっこうのかいだん

事例　①［不明］ヨダソウは後ろからカマで首を切って持っていく怪獣。名前を下から読むと消えてしまう（『怪異百物語』一〇、平一九、九七）②［茨城県］「日没までに『アギョウさん、サギョウご』という呪文を見知らぬ七人に聞かせないと死んでしまう」と従姉妹に脅されて信じた（『不思議な世界を考える会会報』五六、平一九、七四）。

（飯倉義之）

よつやかいだん【四谷怪談】

類おいわ【お岩】、とうかいどうよつやかいだん【東海道四谷怪談】　江戸四谷左門《よつやさもん》町に伝わる於岩稲荷《おいわいなり》にまつわる物語。その古形は、文政一〇年（一八二七）の文書『於《お》岩稲荷来由書上《いわいなりらいゆかきあげ》』や実録小説『四谷雑談《よつやぞうだん》』、天明八年（一七八八）年の黄表紙『模文画《もんが》今怪談《こんかいだん》』などに伝えられる。御先手組同心田宮又左衛門の娘いわは、疱瘡を患ったため顔が醜く、性格も頑であった。聟《むこ》の伊右《いえ》衛門《もん》はいわを離縁し、上司伊東喜兵衛《いとうきへえ》の妾を後妻にした。それを聞いたいわは鬼女のようになって狂乱し、行方不明となった。その後怪事が続き、伊右衛門と伊東ら関係者十八名は変死、家名は断絶したために、於岩稲荷を勧請したという内容である。以上の物語をもとに、文政八年（一八二五）年歌舞伎の『東海道四谷怪談《とうかいどうよつやかいだん》』（四代目鶴《つる》屋《や》南北《なんぼく》作）が上演され、三代目尾上菊五郎《おのえきくごろう》がお岩役をつとめた。歌舞伎の場合は、民谷伊右衛門（塩冶浪人《えんやろうにん》）を父の敵と知らずに仕える貞女お岩が、夫に裏切られ、毒薬を盛られて醜い顔に変えられる。お岩は恨みを述べつつ絶命し、幽霊になって祟るという筋になっている。お岩の幽霊は赤子を抱いた産女の姿で出現するなど、伊右衛門を徹底的に苦しめて復讐するが、祟りの力が強いがゆえに、日本の幽霊のなかでもよく知られる存在となった。歌舞伎で『東海道四谷怪談』を上演する時は、祟りを避けるため、関係者は於岩稲荷に参詣する。役名も呼び捨てでなく、「お岩様」と呼ぶ慣習がある。四谷怪談は歌舞伎以外にも講談や映画などでも上演されるが、現代の芸能関係者たちもお岩を恐れ、於岩稲荷に参詣している。

⇨うぶめ、かさね、ゆうれい

事例 ①［東京府東京市四谷（現・東京都新宿区）］昔住んでいた東京の家は化物屋敷と呼ばれていた。家の前の道は「鬼横町」と呼ばれており、四谷怪談のお岩が鬼のような形相で通ったからだと聞いた（『なら』三七、大一四、二）。②［東京都］お岩の家跡に住む者の家へは、毎年の盆の精霊棚に必ず蛇が寄って来る。この蛇はお岩の霊であると信じられていた（『郷土研究』三（七）、大四、三五）。③［東京都墨田区］江戸東京博物館の四谷怪談の装置はコンピュータで動かしていたが、動かなくなった。誰かの発案でお岩稲荷に詣でると動き出したという（『茨城の民俗』三六、平九、一〇三）。

四谷怪談　蛇山庵室（国立歴史民俗博物館蔵）

（横山泰子）

〔参考文献〕横山泰子『四谷怪談は面白い』平九、平凡社。

よつんばいおんな【四つん這い女】

四つん這いになって猛スピードで車を追ってくる女。

⇨ひゃっきろばば

よなきいし【夜泣き石】

夜になると泣くような音が聞こえる石は、さまざまな伝承をともなって日本各地に存在している。多くの伝承は、この石で頭を打って死んだ子どもがいたとか、殺された女の墓石代わりになっていたなどの内容で語られる。あるいは、子どもの夜泣きがひどいとき、特定の石を踏ませると夜泣きが治るのでこの石を夜泣き石と呼ぶという呪いを伝える地域もある。

⇨いしのかいい、えんしゅうななふしぎ、こえのかいい

事例 ①［長野県飯田市］急に流れてきた大石が、夜な夜な子供の泣き声を立てる。山から押し流されてきた石は、その間に幼児を圧死させていたことが分かり、石の上に地蔵を置くと、泣き声が止んだ（『伊那』三二（一）、昭五九、一一二）。②［岐阜県恵那郡（現・中津川市）］夜、峠道の石の近くを馬に乗って通ると、赤ん坊の泣き声がする。行者が石に×印をつけてから、泣き声は聞えなくなった。この石にお参りすると子供

や

の夜泣きが治るといわれる（『中京民俗』三〇、平五、一五一）。（中村祥子）

よなきじぞう【夜泣き地蔵】
子供の泣き声がする地蔵、もしくは夜泣きを止めてくれる地蔵。
⇩じぞうのかいい・れいげん

よなきまつ【夜泣き松】
子供の夜泣きを治す効果があると信じられている松。多くが老松で、葉や枝を布団に入れたり、皮を燃やした炎を見せると、夜泣きが止むという。
⇩きのかいい、まつ

事例 ［岐阜県］夜泣き松と言われる松があった。この松の葉をとって夜泣きする子どもの寝床の下に敷けば治るという。松の根の近くに処刑された七人の山伏が葬られ、その法力によるものといわれた（『美濃民俗』二五五、昭六三、六）。（中野洋平）

よなたま【ヨナ魂】
㊫ゆないたま【ユナイ魂】、ゆなたま【ユナ魂】　魚が人語を話す怪。捕った魚を鉄網の上で焼いていると、沖の方から声がして、「ヨナタマ、ヨナタマ、どうして帰りが遅いぞ」と言う。すると焼かれていた魚は、「いま何某の家で背を炙っている」と答えたという。柳田國男はヨナタマを海の霊の意に解している。またヨナタマは津波を起こす力を持ち、人間に災厄をもたらす人魚だともいう。
⇩にんぎょ、ものいううお

事例 ［沖縄県宮古島市］ひとりの漁師が大魚を釣りあげ、これを網の上で炙っていると沖合から、「ヨナタマ、ヨナタマ、なにをしているのか、はやく帰って来い」と叫ぶ声がした。すると魚が、「おれはいま網の上で炙られているから、はやくサイ（大波）をよこせ」と怒鳴った。漁師は驚いたが、あっという間に津波が来て、村は海に飲まれてしまった（『フォクロア』三六・三七・三八、昭五三、一一-一七）。（三柴友太）

よばわりやま【呼ばわり山】
神隠しにあった際に村人が総出で子供などを見つけようとする対応の一つである。山に登って神隠しにあった人の名前を呼ぶと、その人が帰ってくるという。
⇩かみかくし

事例 ［東京府川口村（現・東京都八王子市）］今熊山は昔から呼ばわり山といって、そこへ登って天狗にさらわれた人の名前を呼ぶと、その人の足が止まって見つかるという（『民族と歴史』七（五）、大一一、五〇-五一）。（野田岳仁）

よみのくに【黄泉の国】
死後に霊魂が行くとされる場所。
⇩ぐそー、じごく

よめごろしだ【嫁殺し田】
㊫よめがた【嫁が田】　嫁に重労働をさせ、嫁が耐えかねて死んだという伝承がある田。大人数が必要な手植えによる田植えが重労働であったことから生まれた伝説である。田の米に血がまじる、田が池になったといった伝承をもつ場合もある。
⇩たたりち

や

事例 ①［鹿児島県財部町（現・曽於市）］姑から、夏の日に二反もの田植えを一人で行うよう命じられた嫁が、夕方に死んでしまった。その田を嫁殺田と呼ぶ（『旅と伝説』三（二）、昭五、五三）。②［静岡県］掛川郊外に嫁が田という田がある。辛苦に耐えかね田で嫁が死んだ時、落雷で姑も死んだ（「煙霞綺談」『日本随筆大成　第一期四』二二〇–二二一）。

（田村真実）

や

ら

らいじゅう【雷獣】

㊫かみなりいたち【雷鼬】　雷獣とはその名のとおり落雷のときに空から現れる見たこともない獣で、雷に驚いて木から落ちてきたモモンガやムササビなどからイメージされたともいわれるが、さまざまに記録された雷獣をみるとこの世のもとは思われないほどの異形の生き物だったりもする。空の上は誰も行ったことのない世界で、あれこれと想像を巡らすしかなかったなかで、そこに自分たちの知らない何かがあると思うのも当然な成り行きといえる。その天空で雷という異変が起り、そこに棲む生き物が地上に出現する、そうした思いが雷獣を生み出したといえよう。

雷獣は雷のときに天空から現れる不思議な生き物の総称であり、その姿形はけっして一様ではない。描かれた記録のいくつかをみてみると、明和二年（一七六五）一〇月二五日に相州（神奈川県）大山で見つかった雷獣は大きさは書かれていないが太った狸に似た姿をしている。享和元年（一八〇一）七月二一日夜に奥州（福島県）会津の古井戸に落ちてきた雷獣は大きさは一寸五、六分（約四六センチ）で太い尾を持ち、一見狸のような姿をしているが、眼光は鋭く、牙があって、足には水掻きもある。享和二年（一八〇二）に江州（滋賀県）琵琶湖の竹生島付近に落ちてきた雷獣は二尺五寸（約七五センチ）ほどの大きさで、狼のような姿で鋭い牙があり、足には水掻きがある。これらはいずれも動物に似た姿といえるが、いっぽうで普通の動物とは似ても似つかない格好の雷獣も目撃されている。そのなかでももっとも多く描き残されているのが享和元年（一八〇一）に芸州（広島県）に落ちてきた事例だ。蜘蛛とも蟹ともつかないような不気味な姿で特筆されることも描き継がれた理由だろう。

雷獣のミイラといわれるものも新潟県の西生寺をはじめとして何体か伝えられている。また、見世物に供されたという記録も多く残されていることから、雷獣を実際に自分の目でみたという人も少なからずいたと思われ、よく知られていたといえる。

⇨かみなり

事例 ①［常陸国久慈郡、那珂郡など（現・茨城県久慈郡、那珂郡など）］苗代の育成中に激しい雷鳴があると雷獣が天下って苗を荒らすと信じられ、雷が鳴ると村人は割竹を叩いて山中に分け入って雷獣を追いまくる。また、苗代田には所々に小竹を立てる風習がある。この竹があれば天から落ちた雷獣が再び天に昇ることができる（『郷土研究』三（五）、大四、五七）。②［阿波国伊島沖（現・徳島県那賀郡）］文化の頃、航海中に船に落雷がありその後に戦中に獺に似た獣がいたので、雷獣だと言って見世物にした（『郷土趣味』三（五）、大一一、一九–二〇）。

（湯本豪一）

〔参考文献〕湯本豪一『日本幻獣図説』平一七、河出書房新社。

ら

らいふ【雷斧】

㊝へきれきふ【霹靂斧】、らいかん【雷環】、らいこうぼく【雷公墨】、らいさん【雷鑽】、らいぼく【雷墨】　雷が落ちた場所で発見される石状の物質。様々な形状があり、その形状により名称が異なる。色も黒、白、赤、青、紫などがあり、大きさも二寸から四、五寸と一定しない。また「神軍」と呼ばれる大風雨の後に得られるともいう。

⇩いしふり、かみなり、やのねいし

事例　〔阿波国津田山（現・徳島県徳島市）〕雷が落ちた跡では、長さ三、四寸で紫黒色の石よりも硬い三味線の撥のようなものや、直径二寸程の環状のもの、紫色で牛の角あるいは天狗の爪のような硬いものなど、様々な異物を発見することがある。これらは「霹靂斧」や「雷環」などと呼ばれるものだろう（『卯花園漫録』『日本随筆大成第二期二三』六二三）。（村山弘太郎）

らくせきのおと【落石の音】

㊝かでもーさ、てんぐのいしころがし【天狗の石転がし】　山中で岩や石が転がり落ちる音が響く怪異。全国で聞かれる伝承だが、徳之島ではカデモーサと呼ばれる。実際には岩石は落ちておらず、天狗のいたずらや、山の神のいましめ、もしくは来臨の徴とされる。

⇩おとのかいい

事例　〔埼玉県秩父市〕夜、峠を通ったら岩石の落ちてくる音がして前に進めなかった。音だけで、実際には落ちていなかった（『民俗採訪』昭和二七年度号、昭二八、三九）。（飯倉義之）

らしょうもんのおに【羅生門の鬼】

酒呑童子を退治したという伝承で知られている渡辺綱の武勇伝。羅生門で鬼の手を切り取った渡辺綱のところに養母や叔母に化けた鬼が来て、それを奪って逃げていく。これは能「羅生門」にもとられ、伝説としても伝承されている。また、手を切られた異界のものが、取り返しにくるというのは昔話「千匹狼」や「鍛冶屋の姥」といわれ、日本各地で語られている。

⇩いばらきどうじ、おに、かじやのばば、せんびきおおかみ

事例　〔不明〕渡辺綱が羅生門で鬼の手を切り取った後、七日間の物忌みをする。その時、養母に化けた悪鬼が取られた手を奪いに来て、家の破風を破って外へ逃げた。以来、渡辺の姓は破風のない家を作るようになった（『郷土研究上方』一一（一八）、昭七、三九－四〇）。（山田栄克）

らぶさま【ラブさま】

こっくりさんの変種の恋愛占い。

⇩こっくりさん

ラプシカムイ

アイヌの伝承に登場する怪鳥、あるいは羽の生えている蛇の化け物。ラプ「羽」ウシ「〜に生える」カムイ「神」の意味。吉田巌が報告している十弗《とおふつ》の伝承では怪鳥の姿だが、知里真志保『分類アイヌ語辞典動物篇』の記述によると、名寄《なよろ》では沼に住む蛇体の神とされているという。だがどちらも、その毒気によって草木や獣、人間に

ら

至るまで死に至るか、病になるという点では共通している。あるいはラプシオヤウ（羽のあるオヤウ）と同じものか。

⇩とりのかいい

事例 ［北海道豊頃村（現・豊頃町）］豊頃の十弗に怪鳥が住んでおり、ラプシカムイと呼ばれた。その鳥が十弗の山にいるときに風が吹くと、風下にいる人々、鳥、獣のすべてがラプシカムイの毒気をうけて、死んだり、病んだり、災いをこうむったりした。恐ろしい鳥であるが、その正体はわからないという（『民族学研究』一七（三・四）昭三一、一四五）。（遠藤志保）

ラプシヌプルクル

羽根の生えた魔力ある蛇の神。

⇩オヤウ

り

りかしつのひょうほん【理科室の標本】

標本、人体模型（骸骨）、さまざまな実験器具が置かれ、さらに薬品の臭いなどもする理科室は、普通教室とは違った雰囲気が漂っている。骨格標本は本物の人骨でできている、夜になると動きだしカタカタと音をさせて歩く、または追いかけてくるなどといわれ、学校の七不思議のひとつに数えられている。人体模型が動き出す話は「動く像」と同じパターンになるが、人体模型の一部が不足したり、壊されたりすると、それに関わった人は自分の体の同じ場所に問題が起こるとも語られている。

⇩うごくぞう、がっこうのかいだん

事例 ①［関西地方］生物の先生が人体模型の内臓をはめ込むときに腎臓だけが大きくてはまらなかったので、他の箱にいれた。その晩胸が苦しく呼吸困難に陥った。腎臓を箱から出すと治ったが、急性腎臓炎と診断された（『学生・生徒の伝承する現代伝説』平一九、一二五―一二六）。②［関西地方］高校生が人体模型の顎を殴って壊した。その後バイク事故で顎に重傷を負った。それから模型に水を供えている（同前、一二六）。（杉本栄子）

りこんびょう【離魂病】

㊫かげのやまい【影の病】 一人の人間の魂が体を離れ、もう一人の姿形を成して現れるという病。他人に目撃されることもあり、自分自身で目にすることもある。多くの場合、抜け出た魂には意識がない。創作物では、山東京伝の読本『桜姫全伝《さくらひめぜんでん》曙草《あけぼのぞう》紙《し》』に、離魂病で二人に分裂した桜姫の姿が描かれる。江戸期、離魂病は一種の病気として捉えられており、その意味では轆轤《ろくろ》首《くび》とも深い関わりを持っていた。轆轤首は妖怪的な存在のほかに、睡眠中、本人の意

ら

志とは無関係に首が胴体を離れて浮遊する病気としても認識されていたのである。離魂病は西洋のドッペルゲンガーにも近く、晩年の芥川龍之介はこうした「もうひとりの自分」を目撃する恐怖に苛まれていたという。

⇩なまくび、れいこん、ろくろくび

事例 ［越前国敦賀（現・福井県敦賀市）］夜更けに下女が呻くので見に行くと、首が外れて屏風を上り下りしていた。世に言う轆轤首、離魂病の類であろう（『北窓瑣談』『日本随筆大成　第二期一五』二五〇―二五一）。

（今井秀和）

りゅう【龍・竜】

㊮たつ　龍あるいは龍神は世界中で伝承されているが、常に蛇、蛇神と混同されている。妖怪と神の両面性を持ち、その属性の多様さは、まさにカオスそのものである。その様相は九つの他の動物（頭は駝《らくだ》、角は鹿、眼は鬼、耳は牛、うなじは蛇、腹は蜃《しん》、鱗は鯉、爪は鷹、掌は虎）と類似する龍の姿（『和漢三才図会』）にも反映されている。

しかしながら人々は、それぞれの文化体系のなかで、このカオスを秩序立てようと苦心した。中国文化においては王権の象徴、仏教文化においては守護者、キリスト教文化においては悪の象徴とみた。しかし詳細に伝承を追えば、その性質はいまだ多様と言わざるを得ない。

神話にあっては、天地創造や人類の起源に関わる。中国においては天地を創造した盤古《ばんこ》が龍頭蛇身（『山海経』）で、人類の祖である伏羲《ふっき》と女禍も腰から下が龍（あるいは蛇）の姿をしている。古代日本においては王権の起源とも関わった。豊玉姫や三輪山のオホモノヌシは龍あるいは蛇体であり、王権の始祖につながる。

これらの特性を伝承地域に限定すれば土地の開拓につながる。日本においても長野県の松本盆地のように、龍が湖を排水し農地の開拓に関わる伝承が各地に見られる一方、京都府の亀岡盆地のように龍が神々の手で退治されることによって農地が開拓される伝承もある。また風水信仰においては山脈などの土地の起伏を龍脈と見立て、都市から村落、家あるいは墓の場所の吉凶を占い、国や共同体、家の平安を願った。

これらの点から、農業に必要な水神や雷神あるいは龍神となり、季節を司ることともなる。各地の雨乞いは龍神の祀られた池や淵で行われることが多い。しかし反対に洪水や旱《かん》ばつを起こすこともある。また水だけでなく火とも関わり、寺や神社の龍灯となり希望を照らす場合もあれば、火災の原因ともなるし、それを消火もする。

天候や暦とも連動する龍は、昇天することが目撃され天界に棲むとされるが、水界の龍宮にも居する。また山の神にもなり、樹にも宿る。竜宮界を人が訪問すれば富を与えてくれるし、禍をもたらすこともある。また人間の美男に化けて娘を要求し、美女に化けて男を奪う場合もある。人間が龍に化することもあるが、その場合女性が多い。

美女に化けた龍が高僧を訪ね、仏教に帰依し寺院を守護する話は全国的である。仏法伝授の礼に縫い目の無い袈裟や、卵塔を贈ったり、角や鱗、清水や珠、材木、杓子などを残していくこともある。反対に龍が退治され死骸が落ちた場所に寺が建立される場合もある。寺に奉納された龍の天井画が夜に抜け出し、村で様々な悪戯をする伝承も各地にある。また神社のご神体になることもあるし、修験道とも関わる。

　このような両義的性格から、龍は中世ヨーロッパの錬金術において、対立物を中和するウロボロスと見立てられ、深層心理学においては無意識にまで言及された。また龍を自然そのものと見ることで、伝統的な社会の龍の伝承に、人類と自然の持続的な関係を見い出そうとする立場もある。

⇩いけ・ぬま・しみずのかいい・れいげん、くずりゅう、しちめんだいてんにょ、はくりゅう、はちだいりゅうおう、やまたのおろち、りゅうがいけ、りゅうぐう、りゅうこつ、りゅうせき、りゅうとう、りょうば

事例 ①［福島県塙町］昔、川上一帯は湖で、主の龍が棲んでいた。この龍に八幡太郎義家の家来、源八がのまれてしまった。そこで義家は弓張堂にある石に腰を下ろして眺め渡し、この龍を射殺した。そのとき龍がのたうちあばれたので、九つ山と羽黒山が分かれてでき、湖水が久慈川となって流れ、他の一帯は丘となって笹原・常世・中野・北野などの平野ができた（『奥州東白川の民俗』昭四六、一六六）。②［新潟県新川］美しい娘が箱根の長者の一人息子に嫁入りした。娘の嫁入りの時に、地面を踏まないようにと、一里余りに餅を敷き詰めて、その上を歩かせた。しかしこの夫婦も離婚し、悲しんだ娘は愛本の深淵に身を投じて悪龍となり、洪水を起こし、箱根の長者の家も人も流してしまった（『旅と伝説』一二、昭四、五〇）。③［茨城県十王町（現・日立市）］大字山部の琴平神社の祭礼である旧七月一〇日の夜になると、おこもりする参詣人が多かった。丑満の頃になると友部の友部川と小石川、そして高萩の花貫川から赤い火の玉がかわるがわる水の上から中空に舞上って川に消える。そしてまた次の火の玉が次の川から上がるというふうに一晩中龍燈があがっては消え、上がっては消えるということである（『茨城の民俗』六、昭四二、六七）。④［武蔵国金河宿（現・神奈川県横浜市）］武蔵の国の金河というところにあった禅寺の硯が常に水を湧かせていた。その硯がある時割れて、そこから小さな虫が出てきた。それを寺の蓮池に入れると、徐々に大きくなり、ついには竜となり天へ登った。竜子は海に千年、山に千年、里に千年、三千年すぎて竜になり天に昇る。この硯の石は山から削ったとき、たまたま竜の子が入っていたのだろう（「奇異雑談集」『江戸怪談集　上』平一、二四九―二五二）。⑤［長崎県壱岐郡（現・壱岐市）］いつのころか、長者原に夫婦がいて長い間龍宮を信仰していた。あるとき龍宮に招かれ、龍王から「はぎわら（禿童）」をもらった。その「はぎわら」を先達にすると海が割れ、即座に家に帰り着いた。家に着き、居宅と四方四万の蔵が欲しいというとその通になった。また夫婦ともに二八歳になりたいという願いも叶った。しかし「はぎわら」を龍宮に返すと全てを失った（『旅と伝説』九（四）、昭一一、一七五―一七六）。⑥［兵庫県三田市］永沢寺の開山通幻禅師が百日の法会を行った時、龍が女人に変じて参じていた。九九日目に女人は前世の罪に

ら

よって龍になったことを禅師に述べた。満願の日に昇天し、鱗九枚を残した。その鱗を外に出すと、雨が降るという（『近畿民俗』四九、昭四五、六）。⑦［奈良県奈良市］池に龍が住み、村人を食べている。旅の武士が池に矢を射込み、出てきた龍に切りかかる。龍は武士をつかんで空に上がるが、龍の死骸が空から落ちてくる。死骸を埋めた所に建てた寺が龍象寺である。武士は春日明神の化身だという（『大和の伝説』昭三五、四八‐四九）。（佐々木高弘）

凧絵　龍（国立歴史民俗博物館蔵）

［参考文献］フランシス・ハックスリー（中野美代子訳）『龍とドラゴン』昭五七、平凡社。竹原威滋、丸山顯徳編『世界の龍の話』平一〇、三弥井書店。

りゅうがいけ【竜ヶ池】

竜が棲むとされる池の伝説。三重県鈴鹿市の竜ヶ池では水害を防ぐため、堤防に女性を人柱として生き埋めにした話が伝わっている。生き埋めにされた女性はお竜といい、そのため竜ヶ池という名が付いた。滋賀県にも竜ヶ池があるが人柱の伝説はなく、昔から竜が住んでいて、水の絶えることがなかったという話が残されている。

⇩いけ・ぬま・しみずのかいい・れいげん、りゅう

事例 ①［三重県鈴鹿市］昔、台風の度に田が流れたので、堤防に人柱を埋めることになった。すると庄屋のお竜という女性が人柱になり、それから堤防が切れなくなった。それから竜ヶ池という名がついた。下を通る時に「お竜」と呼ぶと、「おう」と答える声がする（『民俗採訪』昭和四七年度号、昭四八、一四二‐一四三）。②［岐阜県］小泉大原の高社山の中腹に竜ヶ池がある。昔から竜が住んでいて水の絶えることがなかった（『旅と伝説』一〇（一一）、昭一八、四二）。（五十嵐大晃）

りゅうぐう【竜宮】

池・海・滝・淵などに住む龍の宮廷。竜宮女房・竜宮童子などの昔話、碗貸し淵・機織り淵などの伝説と結びつく。竜宮があるとされる場所に、刃物などを落とすと祟りがあるとされる。一方で薪や萱を投げ入れると竜宮に招待され、幸運が訪れる昔話がある。雨乞いなどを行う場所としても認識されており、この際にも物を投げ入れたり、周囲で芸能を奉納したりする。

⇩かいじん、ほうらいさん、りゅう、りゅうぐうこぞう

事例 ①［愛媛県魚島村（現・上島町）］刃物や茶袋、梅干しを海に落とすと竜宮様が嫌う（『あゆみ』一、昭三五、三二）。②［熊本県］ある男が、歳の暮れに薪を竜宮様に投げ入れると、竜宮に招待された。もてなしを受け帰りに金の糞をする猫を貰い、それを飼って金持ちになった（『郷土研究』六（三）、昭七、三八‐四〇）。③［岐阜県伊自良村

ら

（現・山県市）」山の頂上にある池は竜宮に通じているとされ、旱魃のときは萱を入れると雨が降る（『近畿民俗』五八、昭四八、一五）。
（堀口祐貴）

りゅうぐうこぞう【龍宮小僧】

㊫はぎわら【禿童】、はなたれこぞうさま【鼻垂れ小僧様】　人間の欲と盛衰を語る昔話。貧乏な老人が商売で売れ残った柴や花を川に投げると、龍宮の姫からお礼に小僧をもらう。その小僧は願いを何でも叶えてくれる小僧で、老人が欲しいと言ったものは何でも出してくれた。老人はみるみるうちに長者になったが、強欲になり汚らしい小僧が忌々しくなり、龍宮に帰るように言う。小僧はその家を出る時に鼻をすすり、今まで出したものを全て消し去ってしまう。そうして、老人は元の貧乏な暮らしに戻ってしまうという話。

⇩りゅうぐう

事例　①［熊本県玉名市］売れなかった柴を橋の上から投げ込むと、龍宮の姫からお礼に鼻たれ小僧様を貰った（『旅と伝説』七（八）、昭九、七二）。②［静岡県引佐町（現・浜松市）］大淵という大きな淵に河小僧がいて、夏の夕立の時に久留女木集落の干し物をしまうのを手伝ったりした（『中京民俗』一七、昭五五、一五二－一五三）。
（熊倉史子）

りゅうこつ【龍骨、竜骨】

㊫りゅうのうろこ【龍の鱗】、りゅうのお【龍の尾】、りゅうのつの【龍の角】、りゅうのひげ【龍の髯】　社寺や旧家の宝物として、龍の骨や角などが残されているという伝承。龍骨・龍角は『本草綱目』などの本草書に薬物として載せられている。土中から掘り出されたという事例が多く、骨の正体は古生物の化石らしい。寺宝の場合は高僧の龍退治譚・龍女成仏譚と結びついている場合も多い。蛇骨と同じく雨乞いに霊験があるとされ、日照りの折はこの竜骨に水をかけたり、泉水に沈めたりする。

⇩じゃこつ、りゅう

事例　①［滋賀県大津市］ある農夫が畑から龍骨を掘り出した。骨は鉄さびのような色をしていた（「提醒紀談」『日本随筆大成第二期二』一一七）。②［大阪府四条畷市］龍尾寺の龍の尾は行基菩薩が雨乞いをした際、雨とともに空から落ちてきたものだという（『近畿民俗』四九、昭四五、一二三）。③［群馬県前橋市］赤城山の常光寺の竜骨に、赤城神社から頂いた水をかけると雨が降るという（『近畿民俗』四九、昭四五、一〇）。
（飯倉義之）

りゅうじゃ【龍蛇】

⇩りゅう

りゅうせき【龍石、竜石】

中から龍が出現して昇天したという岩石や、龍が化した、竜の持ちものであったといわれる岩石。いずれもむやみに触れたり動かしたりすると祟りや障りがあるという。前の二例は土中で年を経た蛇や法螺貝が昇天して龍になるという伝承や、石の中で魚が生きているという「魚石」の伝承と、後の一例は龍が手に宝玉を持つという伝承と類縁関係にある伝承と思われる。

⇩いしのかいい、じゃこつ、りゅう

事例 ①［新潟県］ある百姓が山で拾った五、六寸ぐらいの丸い石がある日二つに割れて中から煙が立ち昇り、にわかに雷鳴大風雨がおこった。竜の昇天だろう（「宮川舎漫筆」『日本随筆大成　第一期一六』三三九）。②［長野県松本市］竜がくわえてきて落としたといわれる竜石が田の畔にあった。庭に動かしたら災難が続いたため、元へ戻した（『長野県史　民俗編三（三）』平二、四二九-四三〇）。（飯倉義之）

りゅうとう【龍燈、竜灯、竜燈】

(類)おとうみょう【御燈明】、おりゅうどさま【お龍燈様】、ちゅうび【龍燈】、りんとう【竜燈】　夜、川や海などの水辺に火の玉が現れる怪異。現れた火が、水上から陸上の木の上へ移動して消える。灯る木は松・杉が多い。竜のように連なる、竜が燈すなどとも言う。また、特定の寺院や僧の伝説として語られる伝承もある。

⇨あかはち、かいか、りゅう

事例 ①［千葉県長柄町］元旦の朝、笠森観音のお堂に上って、大船若というお経を唱えると、東の海の方から、オリュウド様（火の玉のようなもの）が上がって来る（『長柄町の民俗』昭四七、二五七）。②［栃木県］下野国に雷電山という所がある。その麓に池があり、小雨の降る夜には、この池から、かならず竜燈を出す。その数は、幾つともなく、松の枝に上る。これを竜燈の松と言う（「斉諧俗談」『日本随筆大成　第一期一九』三五三）。（高橋奈津子）

りょうとうのへび【両頭の蛇】

⇨たとうのへび

りょうば【龍馬、竜馬】

(類)りゅうば【龍馬】、りゅうめ【龍馬】　仁馬であり、体長八尺五寸、頸が長く、額に垂毛がある。八卦の元とされる河図を背負って現れた神馬も龍馬である。すぐれた駿馬のことも言い、万葉集でも「竜馬（たつのま）」と表現されている。竜駒とも。『大唐西域記』によると、屈支国の東辺にある竜池では、竜が牝馬と交わり竜駒が生まれ、その子になってようやく馴らすことができ、善馬を多く産出するようになったとされている。『太平記』巻一三「龍馬進奏事」に出てくる龍馬は月毛で、筋骨隆々、鬣は膝より長く、背中は龍のようで四二の辻毛を持ち、眼は鈴を掛けたように見開いていると描写されている。

⇨うま、たかつきわ、ばかくさん、りゅう

事例 ①［不明］藤原広継は一五〇〇里駆ける龍馬に乗り、午前は都で、午後は大宰府で政務をしていた（「古今著聞集」『日本古典文学大系　八四』昭四一、五〇九）。②［兵庫県宝塚市］源満仲は竜女に頼まれ大蛇を退治したが、その時に龍馬を貰った。普明寺にその頭蓋骨があり、雨乞いに効果がある（『近畿民俗』六四、昭五〇、四七-四八）。（熊澤美弓）

りんか【燐火】

(類)りんこう【燐光】　墓地や戦場など人の血が多く流れた場所に現れる火の玉。出たり消えたりし、人の精気を奪うという。その火に触っても、熱くはないとされる。一

ら

説には馬鎧を打って音を出せば消えてしまうという。また比叡山の西の麓で、夏の夜に飛ぶという伝承もある。この火は油坊といい、仏前の油を盗んだ人の魂が死後、火の玉となったものであると語られる。

⇩あぶらぼう、かいか、ひのたま

事例 ①［青森県新郷村］小学校の並びの高台に日向のハカショ（共同墓地）があり、燐が飛んで赤く燃えていることがあったという（『青森県史　民俗編資料南部』平一三、一九二）。②［秋田県平鹿町（現・横手市）］ある時大塚の墓地に火玉が燃える噂で一杯であった。そして誰一人近付く者がなかった。これを聞いた人が、墓地を通りすがら、燃ゆる燐火に下駄ばきの足を延べてみたということであったが、熱くはなかったと語った。地点は今の、馬洗場の端で、当時は岩富の墓があった所だそうである（『旅と伝説』九（一一）、昭一一、一九-二〇）。

（玉水洋匡）

りんしたいけん【臨死体験】

⇩いきかえり

る

ルルコシンプ

㊫アトゥイコシンプ、ルルコシンプイ、ルルコシンプク　アイヌの伝承に見られる化け物。コシンプの一種で、海にいるものを特にルルコシンプという。ルルは「潮」の意。他のコシンプと同様に変幻自在で、美男美女の姿で現れ、魅入られた人間は遠からず死ぬという。正体は海の泡であるとも言われる。

⇩コシンプ

事例［北海道名寄市］ある日、夫が綺麗な斑点のあるアザラシをとってきた。それ以来、夫は妻を虐待するようになる。ある夜、あまり背の高くないものが家に入ろうとしたので、妻はマサカリで一撃を加えた。するとと女の片腕が落ちていた。次の晩、綺麗な女が家に来て、妻に「私はコシンプだが、斑のあるアザラシに化けて、お前の夫に憑いたため、昨夜は片腕を取られた。お前は一生不自由することなく暮らせるようにしてやるから、夫は片腕の代償として私にくれ」と言う。夫は間もなく死んでしまったが、妻は一生不自由せず暮らした（『アイヌ伝説集』昭五六、三〇一-三〇二）。

（遠藤志保）

ら

れ

れいかん【霊感】

辞書的な意味としては、①神仏の霊妙な感応（お告げ）、②いわゆるインスピレーション（ひらめき）、という二つのものがあるだけだが、近年はこの言葉を「霊が見える能力」という意味合いで使うことがまま見られる。こうした「霊が見える能力」はもともとシャーマン的な宗教的職能者に限定されたものであったが、一九七〇年代ごろからごく普通の人々のあいだにも「霊感の強い人」がいると考えられるようになった。さらに昭和六二年（一九八七）に「霊感商法」が社会問題として大きく取り上げられてから、「霊感」という言葉は広く人口に膾炙するようになった。現在では人を「霊感がある／ない」で区別することが当たり前のようになり、「霊感」があるという人の体験談が怪談として多く聞かれるようになっている。

⇩あまさんちゅう、かなぶい

事例 ［不明］中指と薬指を曲げて、人さし指と小指を近づけることができると、霊感が強いという（『霊感少女論』平九、九一）。

（香川雅信）

〔参考文献〕近藤雅樹『霊感少女論』平九、河出書房新社。香川雅信「〈霊感〉考―怪異のヴァーチャル・リアリティ化」『国際宗教研究所ニュースレター』五一、平一八。

れいこん【霊魂】

類 **こんぱく【魂魄】**、**しょうろう【生霊、精霊】**、**しりょう【死霊】**、**せいこん【精魂】**、**たま【霊、魂】**、**たましい【魂】**、**みたま【御霊、御魂】**、**れい【霊】** 古今東西で確認される霊魂の観念は、一般に二つに分化する傾向がある（『日本大百科全書』）。一つは「生命霊」と呼びうる、生命体を維持し、動かす原理としての霊魂の観念である。もう一つは「個体霊」と呼びうる、肉体に潜み、感情や意志などの精神活動を引き起こす原理としての霊魂の観念である。日本において前者は「気」の観念が近い。また後者は、他者や生者に影響する生霊・死霊・祖霊・精霊などの観念であり、古くからタマ・モノと称せられてきた。この区分を用いれば、民俗事例として報告される怪異現象の原因としての霊魂は、ほとんどが後者の「個体霊」となるだろう。また日本語の「霊魂」は、小学館『日本国語大辞典』が「霊魂」の第二義として「人だま」を挙げているように、また後述する事例が示すように、文脈によっては死霊や亡霊などに換言しうる。通常であれば身体に宿り安定しているはずの霊魂が露顕するために、その安定が破綻するような事態に至らなければならない。そのような事態の代表は、死である。だからこそ時に「霊魂」が、そのまま死霊や亡霊の意味を持つ（事例①②）。

死と霊魂の観念は密接な関係にあり、中でも『広辞苑』をはじめとする辞典類が「霊魂」の複合語として挙げる「霊魂信仰」と「霊魂不滅」の観念は、葬送儀礼や俗信など死にまつわる習俗の与件となっている。霊魂の存在を信じる（むしろ霊魂の存在を前提としてふるまう）ことが「霊魂信仰」であり、霊魂の容器としての身体が消滅して（＝死んで）も霊魂は不滅であると考えるのが「霊魂不滅」である。霊魂信仰・霊魂不滅につき辞書類では、あたかも前近代的遺風のごとき記述が散見されるが、たとえば『親と子のためのとちぎの学校の怪談』に収録された「栃木県内の学校にかたりつたえられているおそろしい話（怪談）やとても不思議な話（奇談）」に様々な死者が登場することからも、死してなお生者に影響を与える存在を前提とする霊魂信仰・霊魂不滅の観念が、むしろ近代的な装置（学校）において再生産されているのである。

さらには、霊魂が肉体から抜け出すことを認める「霊肉分離」すなわち「遊離魂」の観念が重要である。身体に宿っているはずの霊魂は、死を契機とせずとも、しばしば身体を離れる。「人間の体の中には霊魂があって、すばらしいものや美しいものがあると、その人の意志にかかわらず、霊魂だけがとび出してそのほうへ行ってしまうことがある」（『日本の葬式』）。また、くしゃみやあくびと一緒に身体から抜け出すこともある、とされるほど霊魂は不安定なものとみなされる。霊魂の出入り口として想定される身体部位をより詳細に検討すると、口・耳・鼻などの開口部、指と指の間・指と爪の間・脇の下など二股の部位、そして背中だという。

また霊魂は人間のみならず、事例③の猫、事例④の鯉、事例⑤の樫などの動植物、また山・川・石・岩など自然物、はては宝器・道具など人工物にも想定される。たとえば事例⑥の「魍魎山精」は居場所も姿も不確定であるとされることから、城主など特定人物の死霊とするよりも、古城跡という人工物（あるいは自然物）の類の霊魂とみるべきだろう。その意味では「個体霊」よりも「生命霊」に近い存在といえよう。

このような森羅万象に霊魂を認める観念は、アニミズムとして解説される。そもそも宗教の起源を説明する概念であったアニミズムは、現在では宗教の類型論として読み替えられている。ときには草木成仏論また天台本覚思想などと結びつけられ、日本（あるいは東アジア）的特性であるとして一神教的世界観との対抗的図式が強調されたエコ・ナショナリズム的言説に動員される。このようなきわめて現代的な傾向に対して、アニミズムと草木成仏論との関係の批判的検討（北條勝貴）や、あるいはアニミズム説そのものの再考（久保田力）が、さらに求められる。

⇩アイヌカイセイ、いきりょう、いんねん、おしょうろうさま、おねき、がおう、かなぶい、ぐそー、したいのかいい、しのよちょう、すいせい、それい、たたり、とりけ、ひのたま、まぶい、まぼろし、みずこ、むえんぼとけ、もうれん、もゆら、ゆうれい、りこんびょう

事例 ①［神奈川県藤沢市］海が時化ている時、和船のギィギィいう音や人の声が聞こえてくることがあるという。漁師にだけしか聞こえないとも言われる。帰れ帰れと

ら

霊魂が知らせているのだという（『藤沢民俗文化』六、昭四五、五）。②〔福島県〕病気をしていたはずの隣のお婆さんが歩いていた。声をかける間もなく、人影は家の方に歩いていった。三日後にそのお婆さんは亡くなった。ちょうど私がお婆さんを見かけた頃から、意識を失って何の反応もしなくなったという。お婆さんの霊魂が家に帰るところを見たことになるのだろうか（『福島の民俗』二一、平五、六四）。③〔山形県朝日町〕昔、死んだ人の霊が抜けた後に猫の霊が入り、死体が立ち上がったのを無理に棍棒で押さえて寝かせた（『民俗採訪』昭和五六年度号、昭五七、六〇）。④〔福島県郡山市〕湖水が氾濫した際にたくさん昇ってきた鯉のうち、とくに大きな緋鯉を食べた網元の家の者が次々と病気となり、民間宗教者に拝んでもらったところ鯉の霊の祟りだとされ、供養を依頼すると全快した（『猪苗代湖南の民俗：福島県郡山市湖南町三代』通巻八号、昭四五、一三四）。⑤〔東京都〕畑が陰になるからと樫の枝を降ろしたところ瘧を振るったため、その後この樹に手を加えるものはなく、霊あるものとして恐れられるようになった（『旅と伝説』二（九）、昭四、四二）。⑥〔岡山県赤磐市〕古城跡には地元の人に貝吹坊と呼ばれている魍魎山精があり、その声が法螺貝の音に聞える。ただ、居場所も姿も不確定であるという（『吉備群書集成』第二輯、昭五、一〇六）。（土居浩）

〔参考文献〕井之口章次『日本の葬式』平一四、ちくま学芸文庫。久保田力「アニミズム発生論再考」『東北芸術工科大学紀要』一五、平二〇。下野民俗研究会現代民話研究班『親と子のためのとちぎの学校の怪談』平六、随想舎。竹沢尚一郎「霊魂」『日本大百科全書』小学館。北條勝貴「草木成仏論と他者表象の力」長町裕司ほか編『人間の尊厳を問い直す』平二三、上智大学出版。安井眞奈美「妖怪・怪異に狙われやすい日本人の身体部位」小松和彦編『妖怪文化研究の最前線』平二一、せりか書房。

ろ

ろくさん【六三、六算】

ロクサンは体のなかにいつも居る神様で、毎年場所を変えて病気を起こす。年齢を九で割った余りが一・三なら足、二・六なら腕、四なら腹、五・七なら肩、八なら股にロクサンが居て、そこが悪くなることをロクサンに当たるという。ロクサン除けのまじないに、算盤で撫でる、護符を貼るなどがある。

事例 ①〔埼玉県戸田市〕六三さまという神様は、毎年場所を変えて体のどこかにくっついている。六三さまのいる所が病気になりやすい（『西効民俗』一〇八、昭五九、一四）。②〔山梨県秋山村（現・上野原市）〕突然原因がわからず痛くなったとき、年令を九で割った余りから導かれる部位と痛い所が同じなら六三になっているという（『甲州秋山の民俗』一四、昭四九、九一）。

（山田奨治）

ろくろくび【轆轤首】

類 ひとうばん【飛頭蛮】、ろくろくび【ろくろく首】　首が長く伸びる妖怪。語源は定かではないが、廻転するロクロと関係しているという説がある。夜ごと美しい娘が首をどんどん伸ばし、屏風や鴨居を越えて行燈《あんどん》の油を嘗めるのは一つの典型的な姿である。首が伸びたり縮んだりするタイプのろくろ首とは別に、頭が完全に胴体から離れ、飛行するタイプのろくろ首もある。これを「飛頭蛮」「抜け首」ともいう。飛頭蛮の起源は中国であり、南方の異人などを示している。だが『和漢三才図会』の「飛頭蛮《ろくろくび》」の挿絵では、頭と胴体が細い線で繫がっており、伸びる首を彷彿とさせる。『怪物輿論《かいぶつよろん》』（十返舎一九、享和三年〈一八〇三〉、小泉八雲の"Rokuro-kubi"〈明治三七年〉の原話）では、胴体から離れた五つの頭が虫を食べる場面があるが、草双紙では、首を伸ばすタイプのろくろ首も虫を食う姿がみられる。ろくろ首にせよ、飛頭蛮にせよ、本人が寝ている間に無意識に行動する話が多いので、魂が抜ける現象（離魂病）の具現化だという見解もある。

　このように、ろくろ首と飛頭蛮の語彙の使い分けが曖昧であり、イメージが重なっている場合が多かったが、江戸後期から絵画や草双紙のなかで、髪を結ってある美女が首を長く伸ばしているというイメージが定着してきた。名前はおおむね「お六」という。太い首と糸のような細い首の両方がみられるが、皺が入っていない細めの首の方が一般的である。首を伸ばさない限り、容姿が人間と変わらないので、ろくろ首は人間にかかる奇病とされることが多い。この奇病のせいで、器量のいい娘が嫁に行けないという類の話をよく目にする。この場合、ろくろ首は妖怪ではなく、あくまでも人間だと考えられる。たとえば、黄表紙『狂言末広栄《きょうげんすえひろのさかえ》』（山東京伝、天明八年〈一七八八〉）では、人間のお六は上方に行ったきりの夫が恋しいがゆえに、思わず首を江戸から上方まで伸ばすが、話の最後に名医の治療を受けて体が元の形に戻る。逆に、黄表紙『化物《かいだん》見越松《みこしのまつ》』（十返舎一九、寛政九年〈一七九七〉）では、化け物のお六は首が一切伸びないという「病気」にかかっているため、化け物の仲間はずれにされる。「畢竟娘がろくろ首なればこそ、化け物なれ、首が伸びねば、常の人間なり」とある。

　女のろくろ首に匹敵する男の妖怪として、「見越し入道」が挙げられる。見越し入道がろくろ首の恋人になっている設定はしばしばあり、二つの長い首が絡み合う構図が面白い。また、江戸後期には、見越し入道同様、ろくろ首が見立て絵の題材としてよく使われている。ろくろ首は歌舞伎狂言や見世物の仕掛けにもなっており、または妖怪映画の定番であり、大衆文化の中で長らく愛されてきた。現在でも認知度が高い代表的な妖怪の一つだといえる。

⇩ぬけくび、みこしにゅうどう、りこんびょう

事例　［江戸（現・東京都）］ある俳諧師が若いとき、吉原で美しい遊女と一夜を過ご

したが、その後遊女の正体がろくろ首だと聞き、次の夜に確かめに行く。女が寝ている間、首が一尺ほど伸びるのを目撃し、大いに驚く。「轆轤《ろくろ》の名のごとく、頸《くび》の皮の屈伸する生質にて、心ゆるぶ時は伸《のぶ》るなり。病にはあらじ。もとより飛頭蛮の話のごとく、数丈延て押下《なげし》に登るなどやうのことは、あるまじきことなり」と説明される（「閑田耕筆」『日本随筆大成　第一期』一八、二二九）。

（アダム・カバット）

わ

わかみず【若水】

飲むと若返るという水、或いは年始に汲みに行く水。若返り水とも。山などで、飲むと若返る水を見つけた爺・婆がこれを飲み、若返るが、欲を出したどちらかが飲み過ぎて赤ん坊になるという話。年始に年男や家長が人に見られずに水を汲みに行く若水・初水の習俗と無関係ではなく、若返ったのが正月であるとする昔話も採話されている。若返りや不死という誰もが持つ欲望と霊水への信仰を基盤に成立している昔話であろう。

事例　［鳥取県中山町（現・大山町）］お爺さんが山に行くと、小鳥が「谷底の水を飲めば若返る」と唄っているのを聞き、飲みに行った。飲むと実際に若くなった。お婆さんは訳を聞いたが教えて貰えず、お爺さんを酔わせて方法を聞き出した。お婆さんは川の水を飲んで若返ったが、飲み過ぎて赤子になってしまった。いつまでもお婆さんが帰ってこないので探しに行くと、赤子になったお婆さんが見つかった（『伝承文学研究会』一二五、昭五六、九四）。（堀口祐貴）

わかみや【若宮】

神社や屋敷地に新たに祀られた御霊神をいい、本社の神の御子神と説明されることもある。多くは非業の死者の祟りを恐れて祀られ、村の氏神のほか村内の小祠や家々の屋敷神などさまざまな形をとる。祭祀の始まりには、災いの原因を明らかにする巫女や拝み屋の判断が関わっていることも多い。若宮の祠やその岩・木・土などを粗略に扱った者には、突然の死や病気、不可思議な事件などの怪異がもたらされる。

事例　①［愛媛県津島町（現・宇和島市）］乱世のこと、ある殿様の奥方が山へ逃れ、金目当ての猟師に殺された。以来、猟師の家は馬鹿や眼の悪い者が出る家筋となり、殺害の場所に若宮様を祀った（『愛媛県史　民俗上』昭五八、八〇六）。②［広島県大和町（現・三原市）］若宮の岩といわれる神の岩がある。昭和になってトンネルを造るため、岩に爆破のダイナマイトを仕掛けたところ半分が空発し、男が近づくと突然爆発して大怪我をした（『むさしの』一一、昭六二、四一）。（渡部圭一）

わざうた【童謡】

自然発生する流行り歌を変事の予兆とみること。

⇩まえじらせ

わたふり【綿降り】

元禄一五年（一七〇二）九月に発生した現象。日の光が赤みを帯び、日輪の中から湧くように降った。形状は蜘蛛の糸、蓮の糸、あるいは綿の糸に似る。色は白く長さは二、三尺で、火にくべても香りはなく、切ってみても脆くはない。また似た現象として白い毛のようなものが降る事があるが、こちらは多くの報告例が残されている。

特徴的なものは文政七年（一八二四）八月一四日の江戸での事例で、白い毛のようなものが降ってきた際に、何かを食べながら飛行している馬のようなものが目撃されている（『耽奇漫録』）。

⇩いしふり

事例 ［不明］『和漢三才図会』に、元禄一五年（一七〇二）九月、連日綿が降ったことが記録されている。それによると巳の刻から午の刻にかけて晴天であったが、日の光が赤みを帯び、日輪の中から出るようにして降り、その形状は蜘蛛の糸や蓮の糸、あるいは綿糸に似ており、色は白く長さ二、三尺ほどで、試しに火をつけたが香は無く、切ってみると脆くはなかったという。いまだに何であったのかは不明である（「斉諧俗談」『日本随筆大成　第一期一九』三〇〇-三〇一）。

（村山弘太郎）

わたりびしゃく【渡り柄杓】

京都府における怪火の呼称。青白い杓子のような形をしており、ふわふわと飛んでいく。このワタリビシャクに、テンピ、ヒトダマの二つを加えた三種類を特に「トビモノ」「光り物」という名で呼ぶという。

⇩かいか、ひかりもの、ひのたま

事例 ①［京都府知井村（現・南丹市）］光り物が三種類あり、テンビと人ダマとワタリビシャクである。ワタリビシャクは蒼白い杓子形のもので、ふわふわと飛ぶという。名前の起こりはほぼ明らかになっているが、何がこれになるのかは知られていない（『妖怪語彙』五、昭一三、一六）。②［丹波国（現・京都府）］夜空を飛ぶ流星や、もっと近いところを飛ぶ火のことをテンピと呼ぶ。地方によってはコンニャク玉が光って飛ぶといわれ、また山鳥が夜飛ぶと光るといわれた。光り物にはこのテンピ、次にヒトダマ、次に蒼白い杓子形のものがふわふわ飛ぶワタリビシャクがあるという（『宮城県史　二一』昭三一、四五三）。

（中村祥子）

わに【鰐、鰐魚】

㊫わにざめ【鰐鮫】　今日ではワニ目に属する肉食水棲爬虫類の俗称であるが、伝承の中では海や水辺に潜む恐ろしい存在とさ

鰐（『ちりめん本　因幡の白兎』国際日本文化研究センター蔵）

わ

れ、漠然とした水辺の怪異現象までがワニとされる。記紀神話にも登場し、鯱や鮫と同一視される一方、『奇異雑談集』（三二五、貞享四）では海上に現れた黒い大入道の頭を「鰐」と表記している。伝承の鰐は鮫や鯱よりも正体が漠然としており、人間への加害性や怖ろしさといった妖怪味の強い存在と言える。

⇩かげわに、さめ

事例 ①［鹿児島県沖永良部島（現・和泊町、知名町）］沖永良部島東岸にある唯一の泉には大鰐が棲んでおり、これを獲ると祟りがあると伝えられている（『民間伝承』四〇（二）、昭五一、八二）。②［千葉県君津市］海で船が止まってどうしても動かない時はワニザメが船中の人を欲しがって止めているので「誰が欲しい」と言いながら衣類を海に投げ入れると求める人物の物をくわえて沈んでしまう。鰐に見入られた人はどうしても海に入ってくわれてしまう（『民俗』四七、昭三七、四）。（広川英一郎）

わらいおんな【笑い女】

㊫**わらいおなご【笑い女子】** 高知県の山の中にいる妖怪。人に出会うと笑い始めるが、次第に声が大きくなっていき、最後には山全体に笑い声が響きわたる。被害に遭うと自分にも笑いが移り、笑い死んでしまうともいう。姿は見えないとも、女の姿をしているともいう。

事例 ①［土佐国山北（現・高知県香南市）］樋口関太夫という奉行が地元の人の警告を無視して領地の山へ殺生に行くと、林に若い女の姿がみえる。女は彼を見て笑い始め、その笑い声は山全体へと広がっていった。その時の笑い声は一生耳に残った（「土佐化物絵本」『異界万華鏡　高知編』平一五、一六－一七）。同じ怪異が笑男によるものと記されていることもある（「土州淵岳志」『土佐国群書類従　八』平一八、一七四－一七五など）。②［高知県香我美町（現・香南市）］土居山城跡に笑い女が出た。これを退治した剣が祠に祀られている。口は裂け、髪は長く背中まで伸びていた（『香我美町誌　下』昭六〇、九五〇－九五一）。③［愛媛県南宇和郡］ヌレ女子ともいう。男にニタリと笑いかけて、先端が鈎針になっている長い髪で引っかけて連れて行ってしまう（『宇和地帯の民俗』昭三六、二二八）。（廣田龍平）

わらいごえ【笑い声】

⇩こえのかいい

わらいじぞう【笑い地蔵】

まわりを三度回ると笑い出すという地蔵。

⇩じぞうのかいい・れいげん

われいみょうじん【和霊明神】

㊫**やんべせいべいきんより【山家清兵衛公頼】**、**やんべみょうじん【山家明神】** 伊達家の家臣・山家清兵衛公頼は、冤罪によって殺され、その霊が祟りをなした。清兵衛の霊を鎮めるために建てられたのが和霊明神と山家明神である。

事例 ［宮城県仙台市］ 山家清兵衛は伊達政宗に信任され、正宗の子・秀宗が宇和島に封ぜられた際、懐守役として秀宗に従った。ところが家老のざん訴によって、秀宗は家臣に清兵衛を襲わせ殺害した。その夜、

わ

政宗の前に血まみれの清兵衛が現れて、えん罪を訴えた。政宗は秀宗を勘当し、清兵衛を陥れた家老らは次々に変死した。清兵衛の霊を鎮めるために宇和島には和霊明神が、仙台の山家邸内には山家明神が建てられた（『宮城県史　二二』昭三一、三二八）。

（山田奨治）

わんかしぶち【椀貸淵】

類ぜんわんぶち【膳椀淵】、わんかしあな【椀貸穴】、わんかしいけ【椀貸池】　宴会などに使う膳椀を借りたいと、何者かに頼むと調えてくれる場所があった。この貸し借りは互いに顔を合わさず行うことになっていた。借り手はそこに出向いて、声や手紙で願いを告げる。すると、翌朝、必要な数の膳椀がそこにある。これを返却するときも同様だった。あるとき不心得者が膳椀を返し忘れたり、壊したり、盗んだりした。あるいは貸し主の姿を見ようとした。そのため二度と貸さなくなった。その場所が今に残るという伝説。多くは淵・池・滝・穴などに伝わり、底が深く竜宮に通じる、奥に隠れ里があるなどともいう。また、返さなかったという椀を持ち伝える旧家もある。貸し主が不明な話も多いが、正体を語る場合、その地の主である竜神、河童、大蛇、乙姫など水界の超自然的存在が登場する。なかには鼠や狐、狸という例もあるが、いずれも大地の穴を出入りする者で、地下と地上を往来する霊的な生き物といえる。

　椀貸淵の伝説は、超自然的な異界との交流を物語る伝承として注目されてきた。民俗的な考え方では、異界はこの世の禍福の源泉である。また、この世と異界は連続せず、接触に際して日常的行為を禁じるなど儀式的な作法が求められる。本伝承には、こうした異界観がよくうかがえる。なお、伝説の設定は、異民族・異文化集団間で接触を忌避して行われる沈黙交易を連想させる。しかし、伝説は、この交易を報告、または素朴に反映したものでなく、むしろ同じ世界観の上に成り立つ物語として理解すべきだろう。柳田國男は大正七年（一九一八）の論考「隠れ里」で椀貸伝説を論じ、本伝説が地下や水界の富貴自在の神秘的世界、つまり異界についての物語であることを説いた。それが伝承によって隠れ里とも表現され、さらに「隠れ座頭《ざとう》」という妖怪にもなった。また、柳田は伝説の形成や伝播に関し、山中で木椀を作った木地屋の関与を想定したが、十分な資料は見つからず、必ずしも支持されてはいない。昭和二九年（一九五四）、北見俊夫は「日本人の異郷観念の一断面―椀貸伝説をめぐって―」（『日本民俗学』一（四））で各地の伝説約一五〇例を集成し椀貸伝説を概観した。それによると、全国に分布し、特に中部地方に多い。また、類話が中国、ドイツ、フランス、イギリスにもあるという。中国の伝説は澤田瑞穂「洞窟の神と財宝」（『金牛の鎖』）が紹介しているが、異界がもたらす富は調度《ちょうど》什器《じゅうき》一般、米穀、金銀の類《たぐい》であり、膳椀が多いのは日本の特徴のようである。

⇩いけ・ぬま・しみずのかいい・れいげん、いしのかいい、かくれざと、りゅうぐう

事例　［岐阜県加茂郡（現・美濃加茂市）］古《こ》井《び》の村の木曽川の亀淵には竜宮に達する深

い所がある。大岩の傍らの龍王神社の祠《ほこら》で、膳腕何人前入用につき貸して下さいと頼むと、翌朝、水上に浮いていた。返すときも水に浮かべた。あるとき一個を壊し、詫びもせず返して以来、頼んでも貸さなくなったという。この龍王に願掛すると下《しも》の病が治るといい、お札に餅二個を供える（『郷土研究』三（一二）、大五、五五-五六）。

（齊藤純）

〔参考文献〕齊藤純「椀貸淵伝説」宮田登ほか『日本「神話・伝説」総覧』平五、新人物往来社。

わ

あとがきにかえて――

妖怪データベースから妖怪事典へ

山田奨治

妖怪データベース誕生

怪異や妖怪のデータベースを作りたいんだ――そんなお話を同僚にして妖怪研究の泰斗・小松和彦氏からいただいた。一九九八年の秋ごろだったと思う。妖怪文化についての大規模な科学研究費を申請し、その目玉として妖怪データベースを作る構想があるというのだ。それが国際日本文化研究センター（日文研）の「怪異・妖怪伝承データベース」（http://www.nichibun.ac.jp/YoukaiDB/）として結実し、さらに本書へと発展した経緯を書いておきたい。

学生時代から尊敬していた小松先生からのお話だし、わたしもアニメの「ゲゲゲの鬼太郎」をみて育った世代で、妖怪には興味があった。だが何しろ、学界では「きわもの」あつかいだった「妖怪」を前面に出した研究なので、大規模な研究費が認められるかどうか半信半疑だった。データベース作りやその経費の見積もりには多少の経験があったので、予算さえ取れたらできますよ、経費はこれくらい必要です、といったお話をさせていただいた。そうしたところ、ほんとうに幸いなことに研究費が認められて、妖怪データベースを作りはじめることになった。それが一九九九年春のことである。

手許の記録をみると、事例収集のためのカード・フォーマットを決めたのが一九九九年七月で、日文研の作業者三名が民俗学の全国誌と近世随筆の調査を、国立歴史民俗博物館（歴博）の五名が地方誌の調査をはじめたとある。

最初のころは何もかもが手探りだった。文献から怪異や妖怪の事例をひとつひとつ切り出してくるのだが、どういう単位をひとつの事例と考えるべきなのか、そもそも「怪異・妖怪とは何か？」という根本的な課題にも直面することになった。

データベースを作る目的は、怪異・妖怪とは何なのかを研究するためだ。ところが、データベースに収録する事例を集めるには、何が怪異・妖怪なのかの選択基準がいる――これはあきらかに矛盾している。事例から帰納的に概念を考えようとする研究によくあることで、事例を集める最初の段階で何らかの概念形成が必要になるパラドックスに悩まされた。

しかし、その矛盾に悩んでいると議論が堂々巡りをしてしまって、作業が進まない。そこで作業グループで考えだしたのが、「この話は不思議か？　この話は怖いか？」という選択基準だった。とはいっても、これは基準とはいえないような、あいまいなものだ。

たとえば、池のほとりで老婆が糸を紡いでいたとしよう。これは不思議だろうか？　怖いだろうか？　「不思議」や「怖い」の判断は、作業者の主観が影響する。そういうバラツキが出るのはやむをえないと、わたしたちは考えた。個々の事例をまえにして、「ねえ、この話って怖い？」という会話が、プロジェクト室のなかでは交わされていた。

二〇〇二年一二月当時に事例カードの作成作業者のあいだで共有していた作業マニュアルには、どんな事例を集めるのかの選択基準として、つぎのようなことが書かれてある。

怪異現象や、一瞬でも「不思議だ」と認識される出来事、あるいは妖怪や不思議な能力を持った動物、神、仏など、超自然的存在が関わる出来事の記述のうち、わずかでも物語性があるもの（世間話・体験談・伝説・昔話）。不思議や超自然を認識する主体は、①話者、②調査・執筆者、③カード取りの作業者、のいずれでも構わない。

どこまでが「一件」の事例なのかも、悩ましかった。前述の作業マニュアルによると、原則は怪異・妖怪の事例一件につきカードを一枚取るのだが、「七不思議」のように、時間と空間が比較的まとまった範囲で限定される一連のエピソードやモチーフは、一件の事例とする。ただし、複数のエピソードで構成されている事例は、それぞれ一件として分割してカードを取る。ひとつの妖怪が複数の怪異を起こしている場合や、おなじ内容の語りが複数の媒体に掲載されている場合は、それぞれ複数の事例として分割してカード化している。

この基準のせいで、妖怪事例のカード数が爆発的に増えてしまった。データベース上で数万件を数える妖怪事例の多さは、この選択基準に起因している面もあるだろう。数字というものは、とかくひとり歩きをするものなので、データベースを利用される方は、これがどのような作業の結果、できあがったものなのかに注意を払ってほしい。

事例の選択基準と並んでわたしたちを悩ませたのが、怪異・妖怪の呼称だった。民俗学の文献で報告されている妖怪は、正体のわからないものが多い。「山奥や橋のたもとで不思議な音を聞いた」と書かれてあっても、それが「山爺」だ「小豆研ぎ」だと、認定されているものばかりではない。妖怪に遭遇したという事例には、「あれは妖怪何某だった」とはっきりと述べられている場合はむしろ稀で、名前のない「何やら得体の知れないものに出会った」という場合がほとんどである。むしろ、名づけ得ないものこそが妖怪の本質でもある。

だが名無しのままでは、その事例を特定できない。そこでたとえば、「お宮のお旅の松木に落雷があった。見ていた老婆は、雷は猫のようなもので手に毛がはえていて、松の木をよじ登って迎えにきた雲に乗って走り去ったと話した」という事例に「ネコノヨウナモノ」という呼称を、作業者がつけた。元の文献に記載されている呼称はそのまま使用し、作業者がつけた呼称は括弧に入れて区別できるようにした。

しかし、元の文献に記載されている呼称をなるべく使用するにしても、その選択基準を厳密にすることはむずかしい。たとえば「さまざまな怪火を飛び物という。なかにはコンニャク玉が飛び物になることがある」という事例があったとすると、呼称には「怪火」「飛び物」「コンニャク玉」など、いろいろな可能性がある。最終的には、なるべくそれらすべてを呼称として採用するようにしたが、データベース全体をとおしての均質性は、残念ながらないのが現状だ。この点は、現在の妖怪データベースの限界として知っていてほしい。

日本の怪異・妖怪現象には、呼称の豊かなバリエーションがある。たとえば「カッパ」と近い音を持つ妖怪呼称には、「ガッパ」「ガーッパ」「カワッパ」「ガアッパ」「ガワッパ」「ガラッパ」などがある。これらは、「カッパ」の方言であったり、表記のゆれであったりすることが多い。だが一説には九州北部にみられる「ガッパ」は、広範な怪異現象を引き起こす妖怪のことをいい、たんに「カッパ」の「カ」が濁音になっただけのものではないらしい。データベースに収録するにあたっては、表記を統一したり標準化したりせず、文献にある表記そのまま転記した。

このような方法を取ると、当然の結果として、収録される妖怪呼称の数がかなり多くなる。妖怪データベースの最終版では、三万五七〇一枚の事例カードに対して、呼称の種類は一万五七一二種類ある。つまり、ひとつの呼称あたり平均でふたつ程度しか事例がないことになる。事例がひとつしかない呼称は、一万一九〇二種類を数える。この呼称のバリエーションの多さが、妖怪データの最大の特徴である。

妖怪事例の調査対象をどの範囲にするのかも悩んだ。事例研究のための情報源としてデータベースを利用したいのなら、特異な事例を落とさない網羅性が欠かせない。だが妖怪事例を網羅的に集めるとなると、作業量が膨大になるのは目にみえている。

悩んだあげく、民俗学の専門雑誌で報告された妖怪事例をすべて集めるという、壮大な構想でスタートすることにした。幸いなことに、竹田旦が編集した『民俗学関係雑誌文献総覧』（一九七八）という本があった。これには日本で出版された民俗学関係雑誌が網羅されている。そこに載っている雑誌をすべてカバーすれば、網羅性は確保できる。入手困難な一、二誌を除くと、雑誌数は二六一誌で約一万冊になる。これに加えて近世の事例を『日本随筆大成』『続日本随筆大成』に納められている三一三篇の随筆から拾うことにした。また、これらの文献を収録し終えた二〇〇六年からは、県史の民俗篇からも事例を拾った。

妖怪事例のカード化

これらの民俗学の専門雑誌や近世随筆から妖怪事例を抜き出し、原則としてひとつの事例に対して一枚のカードを作っていた。これも作業の開始当初は、どのような項目をカード化していけばよいかわからず、まったくの手探り状態だった。

わたしたちは、事例要約文の作成には労力を惜しまない方針にした。もちろん、事例の内容は論文そのもののコピーをみればよいことなのだが、部分的であっても論文のコピーをネットで公開することは、著作権法に抵触する恐れがある。そこで、採録した事例がどのような内容を持つものなのかを、一〇〇字程度を目処に要約した文章を作り、カードに記載した。なかには元の報告自体がたいへん短いため、それ以上要約のしようがなく転記に近いカードもある。しかし大半は長文の報告を読み込み、そのエッセンスを文章化したもので、作業者の努力と知的労働の跡がこの要約文には詰まっている。無論、大勢の人間が別個に作業したので、要約文に拾う情報や書きぶりに、ある程度のばらつきが生じる。そうしたばらつきは、作業統括者になるべくそろえてもらうよう努力はした。

事例要約文を作ることにこだわらなければ、妖怪データベースはもっと早く完成させることができたに違いない。だがもしこの要約文がなかったとしたら、このデータベースは無味乾燥な書誌情報だけの文献データベースにしかならなかっただろう。要約文を作りそれを公開したことで、妖怪データベースは生き生きとしたものになり、数多くのユーザの心をつかむことができたのだと確信している。作業者の苦労はじゅうぶん報われたと思う。

さて、作業のための予算は、先に述べた科学研究費のほか、データベースを作るための科学研究費や、日文研の所内の予算などを充てた。こうして、一九九九年七月の作業開始から二〇〇二年三月までの三年間で、一万三三六四件の事例カードを作成することができた。カード化作業は、日文研、歴博、國學院大学などに所属する大学院生らが、それぞれの拠点で行った。

妖怪データベースの公開と反響

科学研究費で作られたデータベースは、作成費はあっても将来にわたる公開のための維持費はない。その場合、有料ソフトを使わないことが重要になってくる。多くの有料ソフトでは、年間に支払う料金によってユーザ数や受けられるサポートに制限がある。また、頻繁にあるバージョンアップの度に、少なからぬ費用を請求される。予算に制約があるアカデミック・ユーザにとっては、たいへん困ることなのだ。また、学術データベースの多くは、一般的なセキュリティ対策は必要だが、企業のような厳密な管理が必須ということもない。アイドルの公演チケット販売システムのように、短時間に大量の処理ができなくてもよい。極端なことをいえば、システムが一日中ダウンしていても、誰かが経済的に大きな損害を受けることは考えにくい。市販の有料ソフトは処理能力も信頼性も高いが、学術機関にとっては高価で機能過剰なのである。

妖怪データベースで動いているプログラムは、試験版から現行版まで一貫してすべてわたし自身が書いた。ただし、全文検索についてはフリーソフトの全文検索エンジンを使用している。したがって、データベース本体には商業ベースの有料ソフトをまったく使用していない。もちろん、有料ソフトのような堅牢さはないかもしれないが、公開初日のアクセス集中時を除けば、これまでまったく問題なく動いている。

システム開発を業者まかせにしないことも、実は重要である。業者にまかせてしまうと、先進的・実験的なことがやりにくくなる。先進的なことができるエンジニアは作業単価が高いからだ。また、細かな調整のたびに作業費を請求されることも覚悟しなければならない。ハードウェアのベンダー移行を阻止するための手段として、開発したシステムの権利を業者が主張してきたことも、わたしの過去の経験からあった。

プログラム開発は自前でできたが、わたしにはデザインのセンスはないので、そこはプロに頼むことにした。日文研や京都国立博物館などのホームページ・デザインを担当していた、京都のディライツ広告事務所に、トップページほかのウェブ・デザインをしてもらった。

怪異・妖怪伝承データベース第一版は、二〇〇二年六月二〇日に公開し、同月二四日に日文研においてプレス発表を行った。すぐにインターネットのニュースに載り、翌二五日の朝日・読売・日経・産経・京都の各紙でいっせいに取り上げられた。報道の影響はすさまじく、データベースにはアクセスが殺到した。二五日の一日だけで、アクセス・カウンタはおよそ四万を、一〇日間で一〇万を記録したが、じつはこの数字は正しくない。想定外のアクセス集中のため、日文研のサーバが一時ダウンしてしまったのだ。サーバの復旧後もアクセス・カウンタが正常に動かなくなっているのを発見し、急いで別の種類のカウンタと入れ替えた。その間、おそらく二〜三万アクセス分くらいは、カウンタに記録が残らない状態だったのではないかと推測している。

第一版で公開したカード数は、一万三三六四件だった。公開後もカード作成作業はつづき、前年度に新しく作ったカードを五月の連休ごろに追加公開していった。そうして二〇〇三年四月には一万六一三二件、二〇〇四年五月に一万八六七七件、二〇〇五年五月には二万七一一八件、二〇〇六年五月には二万二七三八件、二〇〇七年六月には三万五七〇一件となって一応の完成をみた。そして完成記念にデザインを一新し、若干の機能追加を施して現在にいたっている。

検索画面へのアクセス数は、二〇一三年現在で一日平均一五〇件程度である。これはあくまで検索画面へのアクセス数なので、個別のカード表示画面への直接アクセスを含めると、たぶんこれの何一〇倍かの数字になるだろう。学術データベースとしては、図書館の目録類を別にすれば、かなりの人気ぶりといえるだろう。とくにメディアで取り上げられた直後とお盆の季節に、多くアクセスされる傾向がみられる。

累積アクセス数の記録は取ってはいないが、二〇〇四年二月時点で三三万件超だったというメモがある。一〇〇万件を突破したのは、二〇〇九年三月はじめだった。その日、小松先生はインドのデリーに客員教授として滞在しておられて、わたしも公務でデリーに行っていた。ジャワハルラル・ネルー大学の小松研究室のパソコンで、アクセス・カウンタが一〇〇万件を超えているのを確認しあったものだ。

妖怪データベースがこんなにも人気を博しているのは、なぜなのだろうか？　そこに収録されている妖怪の世界の豊かさが、人気のいちばんの理由であることは、いうまでもない。しかし、もし妖怪データベースがただの文献データベースだったならば、これほどアクセスが多くはならなかっただろう。データベースを作るにあたって、留意したいくつかのポイントもまた、人気の理由になっているのだと思う。

最大のポイントは、事例の要約情報をつけたことだろう。この点はすでに述べたので、ここでは繰り返さない。

もうひとつのポイントは、データベースの利用制限を設けなかったことにあるだろう。せっかく作成したデータベースも、多くのひとに使ってもらわなくては意味がない。そのためには、データベースへのアクセスの制限を、できる限りなくすことが重要である。

近年、学術データベースを「知的財産」として囲い込み、有料で提供することが当然のような風潮がある。学術論文誌の大手出版社が論文データベースを独占的に支配し、利用者である大学や研究機関に法外とも思える利用料を請求している。利用料を支払う財力のない大学や研究機関は、最先端の研究成果にアクセスすることができず、競争力を失っていくことになる。

二〇〇四年度から日文研は国立機関から大学共同利用機関法人に移行し、自己財源の拡充を求める圧力が、国立だった時代よりも強まった。新自由主義が学術行政をも席巻していた時代には、有料化を求める圧力は常に感じていた。しかしフリーにアクセスできる情報が増えていくなかで、データベース・サービスから料金を徴収しようとする動きは、現在では下火にはなった。

妖怪データベースの場合、根強い妖怪ブームのなかで商業的な価値が少なからずある。仮に有料サービスにしても、ある程度の利用者が見込めるだろう。しかし、このデータベースは、民間に伝承された物語を民俗学の先達たちが集めたものを、公的な資金を使ってデータベース化したものであるから、無償で提供されるべきものだと、わたしたちは考えている。つまりデータを集めたのは偉大な先人たちであり、データベース化のためのお金の一部を、税金という形でわたしたちは支払っているのだ。わたしたちは、公的資金で作られたデータベースのパトロンとして、それを自由に使わせろという権利があるはずなのだ。

そのような立場から、われわれはユーザ登録なしで誰もが無料で使えるデータベースを形で公開した。こうした方針が功を奏したのか、小中学生が夏休みの自由研究として妖怪データベースを使うケースもあるようだ。これは、子どもたちに民俗学、ひいては日本の文化に関心を向けてもらうために、たいへんよいことだと考えている。もし妖怪データベースが有料だったとしたら、このような利用の形態は芽生えなかっただろう。現在の無料サービスを維持するには、「公共財としての学術データベース」という考え方に対する、利用者のみなさんの支持が欠かせない。

事典への展開

このようにして妖怪データベースに集積され、公開された情報をもとに、そこに専門家の知識と知的作業をさらに加えることで、これまでにない充実した妖怪事典を作ることができる。それはデータベースを作る当初から意識していたことではあったが、本書のような形に完成するまでには、データベースの完成から六年の歳月を要した。

その過程には実に多くのかたがたのご助力があった。データベースから抽出した呼称から項目名と執筆者を選定する作業には、飯倉義之の多大な貢献があった。総勢九九名に及ぶ執筆陣の中心は、実際に妖怪データベース作りに携わったメンバーと、日文研での小松研究会の班員に加えて、多くの若手研究者、ならびに神奈川大学・國學院大學・成城大学・総合研究大学院大学・筑波大学・早稲田大学の大学院生に執筆していただいた。さらにアイヌの事例の選定・執筆とアイヌ語表記の監修は千葉大学の遠藤志保氏に、琉球弧の事例の選定・執筆は澤井真代氏に、現代の事例の選定・執筆は渡辺節子氏を中心とする「不思議な世界を考える会」のかたがたに、それぞれご協力いただいた。そして全体の査読を、編者の小松和彦・常光徹・山田奨治・飯倉義之が行った。

本事典の特徴的な部分は、各項目の本文末尾にある「⇩」で示した「みよ参照」と、巻末に収めた「怪異・妖怪名彙要素索引」といえるだろう。前者は、ある項目に関心を持った読者をさらなる探求へと誘うものである。それと同時に、日本の怪異・妖怪現象が織り成す、複雑なネットワークを浮かび上がらせるものとしても構想したものである。この「みよ参照」の作成作業は飯倉義之と山田奨治が行った。後者は、怪異・妖怪の呼称を構成する要素から事典を検索できるようにしたものである。この索引をみれば、日本の怪異・妖怪の呼称に頻出する名詞、形容詞、動詞と、それと共起する語を総体的に把握することもできる。この索引は、主として山田奨治が担当した。

本事典の作成に関わった者はみな、小松妖怪学の集大成を作るのだという意気込みを持って作業にのぞんだ。本書の完成によって、小松和彦が切り開いた学問を若手が少しでも継承し、愛読者のなかから次の世代の妖怪研究者が誕生すれば幸いである。

最後になったが、本書の出版と編集をご快諾いただいた、東京堂出版の堀川隆氏と酒井香奈氏に感謝を申し上げる。

福島県

茨城県

栃木県

群馬県

事例地名索引

この索引は、事例中で［　］内に記した現代地名を抜き出し、その事例を含む項目名を示したものである。

北海道

青森県

岩手県

ら

り

る

れ

ろ

わ

ゐ

へ

ほ

ま

み

む

ね

の

は

ひ

ふ

て

と

な

に

ぬ

さ

し

く

け

こ

か

き

え

お

別称・類似現象索引

この索引は、本文中で項目名に続いて㊪で示した別称・類似現象を抜き出して50音順に配置したものである。「→」以後はそれを別称・類似現象に持つ項目名を示す。

つ

て

と

な

に

ぬ

き

く

怪異・妖怪名彙要素索引

この索引は、半小項目以上の項目名を構成する、代表的な名彙要素（語の意味を構成する要素、漢字表記の一部となっている語）から項目名を探すものである。

編集委員

小松和彦（こまつ・かずひこ）

常光　徹（つねみつ・とおる）

1948年生まれ。國學院大學卒業後、都内の公立中学校教員を経て、現在、国立歴史民俗博物館名誉教授・総合研究大学院大学名誉教授。博士（民俗学）。日本民俗学会会員。主な著書に『学校の怪談—口承文芸の展開と諸相』（ミネルヴァ書房）、『妖怪の通り道—俗信の想像力』（吉川弘文館）など。

山田奨治（やまだ・しょうじ）

1963年生まれ。国際日本文化研究センター教授。筑波大学大学院修士課程医科学研究科を修了。京都大学博士（工学）。専門は情報学。著書に『コモンズと文化—文化は誰のものか』（東京堂出版）、『著作権は文化を発展させるのか—人権と文化コモンズ』（人文書院）、『新版〈海賊版〉の思想—18世紀英国の永久コピーライト闘争』（皓星社）など。

飯倉義之（いいくら・よしゆき）

1975年生まれ。國學院大學大学院修了。国際日本文化研究センター機関研究員を経て、國學院大學教授。専攻は民俗学・口承文芸学。世間話・都市伝説研究の一環として怪異・妖怪文化研究を手がける。編著に『ニッポンの河童の正体』（新人物往来社）など。

監修者

小松和彦（こまつ・かずひこ）

1947年生まれ。国際日本文化研究センター名誉教授。埼玉大学教養学部教養学科卒業、東京都立大学大学院社会科学研究科（社会人類学）博士課程修了。専攻は文化人類学・民俗学。

主な編著書に『いざなぎ流の研究―歴史のなかのいざなぎ流太夫』（角川学芸出版）、『妖怪学新考―妖怪からみる日本人の心』（講談社学術文庫）、『妖怪文化入門』（角川ソフィア文庫）、『妖怪文化の伝統と創造―絵巻・草紙からマンガ・ラノベまで』（せりか書房）、『妖怪学の基礎知識』（角川選書）など多数。

日本怪異妖怪大事典　普及版

2025年１月30日　初版印刷
2025年２月10日　初版発行

＊本書は、2013年７月に小社から刊行した『日本怪異妖怪大事典』の普及版です。刊行に際し、Ａ５判、並製本としました。

監 修 者――小松和彦
編集委員――小松和彦・常光徹・山田奨治・飯倉義之
発 行 者――金田　功
発 行 所――株式会社東京堂出版
〒101-0051　東京都千代田区神田神保町１-17
電話　03-3233-3741
https://www.tokyodoshuppan.com/

装　　丁――常松靖史［TUNE］
印刷製本――亜細亜印刷株式会社

ISBN978-4-490-10956-6　C0539
© Kazuhiko Komatsu 2025
Printed in Japan